民法总则基本理论研究

Fundamental Theory of General Rule of the Civil Law

主　编　姚　辉
副主编　梁展欣

撰稿人（以姓氏笔画为序）
叶　翔　刘宇晗　许中缘　李付雷
焦清扬　雷震文　阙梓冰　熊谞龙

中国人民大学出版社
·北京·

国家社科基金后期资助项目
出版说明

后期资助项目是国家社科基金设立的一类重要项目，旨在鼓励广大社科研究者潜心治学，支持基础研究多出优秀成果。它是经过严格评审，从接近完成的科研成果中遴选立项的。为扩大后期资助项目的影响，更好地推动学术发展，促进成果转化，全国哲学社会科学工作办公室按照“统一设计、统一标识、统一版式、形成系列”的总体要求，组织出版国家社科基金后期资助项目成果。

全国哲学社会科学工作办公室

目　录

第一编　民法的体系化与法典化

第二编　民事权利

第三编 民事主体

第四编 法律行为

第五编 代 理

第六编 民事责任

第七编 诉讼时效

第一编　民法的体系化与法典化

第一章　民法的体系化

民法法典化是几代中国民法学人的梦想。然而，自 1954 年第一次起草民法典以来，虽然中国先后四次启动民法法典化工作，但由于受不断变动的经济体制的影响，或者受法典化研究和起草水平的限制，之前的历次法典化运动都无果而终。2002 年 12 月，全国人民代表大会法制工作委员会提出了新的民法典草案。不过，全国人大常务委员会并未决定将该民法典草案提交全国人民代表大会表决通过，而是决定采用分阶段、分步骤的方式，先制定民法典的各个部分，然后制定统一的民法典。2014 年 11 月，党的十八届四中全会提出"编纂民法典"，再次启动民法典编纂工作，2017 年 3 月 15 日，第十二届全国人民代表大会第五次会议表决通过了《民法总则》，标志着编纂民法典"两步走"战略的第一步已经完成。比较法上法典化的经验表明，一个科学合理的民法体系或者民法典体系，离不开一个民法体系化和法典化理论体系的背后支撑。值此"编纂民法典"之际，检讨中国民法法典化、体系化之路，仍然有其必要性。

第一节　体系与体系思维

一、体系、体系化与体系思维

（一）体系

体系，是指"若干事物或某些意识互相关联而构成的整体"。这是《汉语大词典》所下的定义，这个过于简单的定义显然不足以把握体系概念的实质。事实上，由于构成体系的成分之间相互关系的不同，体系呈现出不同的样态和组织结构，因而讲体系不得不落实到对具体事物的认知之上。"体系"的发展在很大程度上应归功于博物学的分类法，该学科在对植物和动物分类之后，还力求找寻它们相互之间的关系，并使其构成一个整体，这种分类被认为是“提供了基于科学线索之有序划分方案的最辉煌典范”①。人们对体系的关注也仅仅是晚近的事情，“在古代世界，对体系性安排的胃口从来就不强烈。现代人对它的欣赏或许追溯到中世纪的经院哲学，这种哲学花了大量时间思考逻辑学家所称的划分（division）”②。发展到后期，体系已经成为在各个学科中常用的一个概念，诸如知识体系、教育体系、价值体系、学科体系等不一而足，无论什么结构性事物都可以后缀以“体系”一词，以表示其为一独立完备且相互关联的结构。福柯在他的《词与物：人文科学考古学》中曾明确指出：“体系在由自己通过描述详细地并置起来的要素之中，选择了一些特殊的要素。这些要素确定了优先的和实际上独一无二的结构，人们探讨了与这个结构相关的一组同一性或差异性。任何无关于这些要素中的一个要素的差异性，将被视作无关紧要的。”③ 体系显现出了它一致性和协调性的特点。

（二）体系化

“体系”为人所称道，“体系化”亦常为人所用。按照语言学的基本规律，名词后加一“化”字即实现了名词的动词转变。“体系化”即“体系”的动态概念。何谓体系化？有学者概括为“取向于目的，设定所期功能，将知识和事务根据其存在上之关系、作用组织起来的方法，便是体系化”④。体系的优势在于价值的一贯性、考量的整体性、存在的统一性、适用的平等性，法律的伦理性和法律的安定性都要求法律规范的体系化。但颇值疑惑的是，是先有“体系”这一目标再有“体系化”之指向，还是先有“体系化”这一行为再有“体系”之形成这一事实。这种疑惑也是造成人们在从事学术研究和写作的过程中对于“体系”和“体系化”并未作过多的明确区分，更不对二者何为手段何为目标、何者在前何者在后作过多的争执。

在法学中，由于其研究对象涉及纷繁复杂的社会生活，决定了其规范形式和内容形态不一，因而对于体系的渴求更加突出，通过体系的建构将这些繁杂的内容组合成一个有机联系的整体，以有利于法律的检索和适

---

①② 〔英〕詹姆斯·布莱斯：《法学的方法》，杨贝译，载《法哲学与法社会学论丛（六）》，北京，中国政法大学出版社2003年版。

③ 〔法〕米歇尔·福柯：《词与物：人文科学考古学》，莫伟民译，上海，上海三联书店2001年版，第185页。

④ 黄茂荣：《法学方法与现代民法》，北京，中国政法大学出版社2001年版，第458页。

用。这种对体系的渴求是在社会发展到一定阶段之后才产生的一种强烈需求。在罗马法产生的那个辉煌时代，包括五大法学家在内的那些古罗马的智者并没有倾注过多的精力对体系问题予以关注。① “第一次将市民法整理为一个体系的法学家昆图斯·穆齐，是布布里·穆齐的儿子，他生活于公元前1世纪的前半叶。”② 但真正的罗马法体系是中世纪以后的学者在整理、注释罗马法的过程中所形成的，即所谓的学说汇纂体系和法学阶梯体系。

（三）体系思维

体系思维在大陆法系尤为常见，也成为法学的一个追求目标。“合理化的要求以及法律伦理的要求为法律学利用体系思维将法律规范体系化的发生背景，盖以可以理解的方式将公平正义实现到人间，为当今法律学所追求的目标。”③ 体系具有价值的一贯性、考量的整体性、存在的统一性、适用的平等性等优势。现代法律“由于必须调整更为复杂的社会，所以是一个更宏大、更庞大的结构体。但与罗马法相比，它少一些匀称和一致，而多一些烦琐和造作”④。它遭遇到了来自各方面的挑战和质疑。“自十九世纪末以来，封闭的法律体系为一切案件准备好了一个唯一正确的答案这一传统法律观，由于法律自身的缺陷和法律功能的扩展，相继遭到来自诸如心理学、社会学、法律现实主义、语言学、新修辞学、经济学、诠释学、后现代主义等方向的思考的批判和补充而被基本放弃。”⑤ 尽管遭到诸多指责，但是体系仍然成为法律发现和创造过程中一个无法回避的选择，体系思维依然是法律训练中不可或缺的一项专业训练手段。“分类体系是一个社会诸多因素的合作的产物，是一个特定知识型的产物，从这种不同中，我们感到差别的结果不应当是一种简单的褒贬，而应当是‘震惊’和对世界的新理解。”⑥

---

① 这并不等于说古罗马法没有体系，只是这种体系更多的是与古罗马法学者所崇尚的自然法观念一样，没有太多的人为雕刻痕迹，更多地表现为一种自然理性所形成的形式。

② 〔意〕阿尔多·贝特鲁奇：《从市民法（Ius Civile）到民法（Diritto Civile）——关于一个概念的内涵及其历史发展的考察》，载《私法研究》第二卷，北京，中国政法大学出版社2002年版。

③ 黄茂荣：《法学方法与现代民法》，北京，中国政法大学出版社2001年版，第405页。

④ 〔英〕詹姆斯·布莱斯：《法学的方法》，杨贝译，载《法哲学与法社会学论丛（六）》，北京，中国政法大学出版社2003年版。

⑤ 郑永流：《法学方法抑或法律方法》，载《法哲学与法社会学论丛（六）》，北京，中国政法大学出版社2003年版。

⑥ 〔法〕米歇尔·福柯：《词与物：人文科学考古学》，莫伟民译，上海，上海三联书店2001年版，前言。

体系思维的缘起及盛行与概念法学的兴起密切相关。“概念法学作为资本主义经济的法律的分析，理论上是最现实的实质性现象。”① 概念法学的目标即在于通过创设一个全面的法律概念系统，把“这些概念通过理论的抽象精炼成为各种绝对的实体性概念，作为严格规范结构中演绎推理的可靠和恒久不变的支柱”②。概念法学的巨大贡献在于为人们对行为后果提供可预期性，满足人们对于法律秩序安定性的需求。

尽管在萨维尼的学说中已经包含了概念法学的萌芽，但概念法学的产生和盛行必须归功于普赫塔（Georg Friedrich Puchta 1789—1846）和温特夏德（或译为温德沙伊德，Bernhard Windscheid 1817—1892），尤其是前者。普赫塔是概念法学的代表人物，其概念法学的体系观是在理性主义指导之下，通过一个抽象性的基本概念演绎扩展建立起整个体系。他通过对罗马法的研究，将罗马法分解成为一个由概念、规则、原则层层相因而构成的体系。根据普赫塔的见解，“法学的使命在于将法规范体系化排列，以至于能够向下直至各个细节”。普赫塔的体系是一个纯粹按照形式逻辑的标准所构成的体系，而不关心规范背后的评价。温特夏德通过对学说汇纂教科书的研究编写，“成功地建立了普赫塔所熟悉的概念金字塔”③。温特夏德认为“从对与其规范相衔接的法律概念的完整理解可以表明法的真正体系”④。“把法律概念完全包括，就可以产生出规范之间内部配套的法的真正体系。”⑤ 概念法学发展到极致是认为概念创造了法律秩序并产生了法律规则，概念法学派认为，在法律秩序形成以前，法律概念就以一种潜意识的形式存在于人脑之中。概念体系、规范体系、法律体系逐层上

---

① 〔日〕川岛武宜：《现代化与法》，申政武等译，北京，中国政法大学出版社 2004 年修订版，第 27 页。

② 〔美〕博登海默：《法理学、法律哲学与法律方法》，北京，中国政法大学出版社 1999 年版，第 489 页。

③ 〔德〕于·奥伯：《纯洁化》（注 2），第 43 页，转引自〔德〕米夏埃尔·马丁内克：《伯恩哈德·温德沙伊德（1817—1892）——一位伟大的德国法学家的生平与作品》，田士永译，载《法哲学与法社会学论丛（六）》，北京，中国政法大学出版社 2003 年版，第 484 页。

④ 〔德〕伯·温特夏德：《学说汇纂教科书》（注 19），第 1 卷第 21 节，转引自〔德〕米夏埃尔·马丁内克：《伯恩哈德·温德沙伊德（1817—1892）——一位伟大的德国法学家的生平与作品》，田士永译，载《法哲学与法社会学论丛（六）》，北京，中国政法大学出版社 2003 年版，第 466 页。

⑤ 〔德〕伯·温特夏德：《学说汇纂教科书》（注 19），第 1 卷第 24 节，转引自〔德〕米夏埃尔·马丁内克：《伯恩哈德·温德沙伊德（1817—1892）——一位伟大的德国法学家的生平与作品》，田士永译，载《法哲学与法社会学论丛（六）》，北京，中国政法大学出版社 2003 年版，第 484 页。

推，形成了一个完整封闭自足的法律体系。

体系思维的兴起很大程度上还缘于法学家使法律成为科学的冲动，“法学坚固本质的价值始于对实在法律体系所提供的材料的处理，始于为使古老习惯与人们不断变化的需求保持一致而对之进行的塑造”①。法学的科学化，理性主义成为其哲学基础。理性法学以理性主义为其哲学基础，“唯理性是法学成为科学的保障”②。但是在德国，其发展已经慢慢脱离了它的这一哲学起源，而发展成一个独立的私法理论体系，借助逻辑演绎的工具，从理性法的基本原理中推导出个别的法律规定，构建出了一个分类清晰、体系完备的大厦。在这个恢宏的法律大厦里面，建筑师并不关注法律与社会现实的联系，而更多的将其精力投入到概念的精确和逻辑的联系上。

起初人们对体系的作用并不过分乐观，而仅仅在于通过体系为人们检索法律规范并进行适用提供便利，而并不期待从这种体系中获得解决问题的明确答案。概念法学最大的特色也正是引入了形式逻辑中的归纳演绎方式，创建出一个抽象概念体系，这个体系试图为任何法律问题提供一个通过逻辑计算即可获得答案的百宝箱。

二、体系思维与法律的科学化

法律的科学化仍然存在诸多争议，如基尔希曼即提出了作为科学的法学的无价值性这一命题。他在柏林法学会的演讲中认为：“法学尽管是一门科学，却不像其他科学那样能够并且应当对现实以及人们的生活产生影响；另一方面也可以理解为：法学作为‘科学’从理论上说是无价值的，它并非‘科学’，不符合‘科学’一词的真正定义。”③ 然而法律的科学化已经成为近代理性精神的体现，并成为现代法学发展的一种基本趋势。威廉·冯特（Willhelm Wundt）曾把法学视为所有科学中的一种本土精神，是“所有科学中的最复杂的科学”④。但是也“只有在德语中法律学科被称为科学，这在传统上归因于艺术理论，法学家因此享有历史的声望和职

① 〔英〕詹姆斯·布莱斯：《法学的方法》，杨贝译，载《法哲学与法社会学论丛（六）》，北京，中国政法大学出版社 2003 年版。

② 〔瑞士〕菲利普·马斯托拉蒂：《法律思维》，高家伟译，载《法哲学与法社会学论丛（六）》，北京，中国政法大学出版社 2003 年版。

③ 〔德〕J. H. 冯·基尔希曼：《作为科学的法学的无价值性——在柏林法学会的演讲》，赵阳译，载《比较法研究》2004 年第 1 期。

④ 〔德〕拉德布鲁赫：《法学导论》，米健、朱林译，北京，中国大百科全书出版社 1997 年版，第 174 页。

业的社会重要性”①。“德意志共同法早已被司法化、体系化和法学化，而且现存的汇纂仅仅是以实证主义法律形式再现法，只是目前要进行的法典编纂的范例和模型。所以人们不应做单纯的汇编工作，而应系统地整理制定法、习惯法、法学和实践，使之具有制定法形式。这项工作是一项法学的、系统的、甚至可以说是艺术性的任务。”②

“科学性表现为存在一种可以用来证明或者推翻命题的程式。”③ 法律科学化的进路至少有两种选择。一种基于法律现实主义立场，强调经验对于法律科学形成的作用，系实证法学的进路，这种方式源自 19 世纪中叶在西方兴起的实证法学运动，这个运动的奠基人是法国哲学家奥古斯特·孔德。值得一提的是，孔德还是一个对数学研究非常有造诣的数学家。实证主义法学反对形而上学的思辨方式，不承认任何先验的终极原理，强调应该将理论建立在经验材料之上，通过逻辑上的归纳，建构法学理论。同时，分析实证主义很注意借鉴社会学方法，就是所谓的社会学实证主义，这个学派主要对法律制度变迁的社会因素进行分析，对影响法律制度产生和适用的各种社会力量进行描述和评析；实证主义对于法律体系的认识还有一个著名的“渊源命题”，该命题认为规范的效力来源于上位法，层层相叠，由此形成一个位阶清晰、层次分明的法律体系。但是对于究竟什么才是法律体系中的最高有效规范，不同的学者也仍然存在着认识分歧，如凯尔森就认为是基础规范，有的学者认为是宪法规范。

另一种进路是基于法律逻辑理想主义的立场，强调逻辑对于法律科学的作用，通过逻辑的推演形成一个圆融自洽的体系。其在法律科学化的进程中发挥着举足轻重的作用。法学的科学化通过价值无涉的形式逻辑建立起来。这种逻辑体系奠定了法律科学之基础。“其体系的概念，便以‘将所有的法律规定加以分析，抽象化后纳入一个在逻辑上位阶分明，且没有矛盾，以及原则上没有漏洞之规范体系为其特征，该体系要求任何可能的生活事实在逻辑上皆必须能够涵摄于体系之规范下，否则，便不受法律之规范’。④”

---

① 〔瑞士〕菲利普·马斯托拉蒂：《法律思维》，高家伟译，载《法哲学与法社会学论丛(六)》，北京，中国政法大学出版社 2003 年版。

② 转引自〔德〕雅可布斯：《十九世纪德国民法科学与立法》，王娜译，北京，法律出版社 2003 年版，第 125 页。

③ 〔瑞士〕菲利普·马斯托拉蒂：《法律思维》，高家伟译，载《法哲学与法社会学论丛(六)》，北京，中国政法大学出版社 2003 年版。

④ 黄茂荣：《法学方法与现代民法》，北京，中国政法大学出版社 2001 年版，第 422 页。

体系化借助逻辑工具实现法律的科学化是一种对数学的模仿。法学力求往科学化靠近，无法通过数学的方式，就只能借助逻辑的工具，“法按形式的逻辑操作，形成一个体系”①。德国人乌尔里克·克卢格（Ulrich Klug）和澳大利亚的伊尔玛·塔曼鲁（Ilmar Tammelo）就建构了一种以大量运用数学符号为特点的法律逻辑体系。②

通过学说汇纂派的不懈努力，德国将其法律秩序完全建立在罗马法的制度基础之上，并发展出一系列制度、概念和原则，形成了一个完整的理论体系。这个完备体系的一个重大作用是可以通过逻辑工具的运用，能够从中找到对所有法律纠纷的解决之道。在这个过程中，法律适用就变成了一个类似于算数的技术，只要依循着法律内的逻辑秩序，任何一个裁判者都能得出同样一个结果。这个过程只是一个纯粹的机械过程，而无须考虑伦理道德、社会评价、政策考量等方面的因素，法律这种高度技术性的特征使得其与自然科学可以比肩而立。尽管这种比肩而立仅仅是无数概念法学家所追求但永远无法达到的一个梦想。法国学者就认为：“对法不可能实现任何严格的系统化，这实际上也决定了法不可能构成符号化的代数公式。”③ 学说汇纂派对于德国民法典最大的贡献还是在于通过设定了一系列精确无误的概念使得其在技术上达到了一种前所未有的高度。

这种简单模仿并未得到多少好评，哈特就认为：“法律科学在方法和概念上对数学进行错误的模仿，以致全部的法律推理成了纯数学计算，并于其中通过逻辑推演获取法律概念的内涵。”④ 卡纳利斯也认为，逻辑学上的公理式演绎的体系，并不适用于法学。⑤ 而反体系化的学者如恩吉施认为，法学不可能达到数学那样严格的“公理式”体系。因为将属于特定法秩序的一大堆概念还原为类似公理的基本概念将会数量过多，而且这些概念本身并不能构成一个封闭完结的概念群。不过，恩吉施只是反对公理

① 〔日〕川岛武宜：《现代化与法》，申政武等译，北京，中国政法大学出版社 2004 年修订版，第 27 页。

② Ulrich Klug，Juristische Logik，3rd ed.（Berlin，1966）. Ilmar Tammelo，*Outlines of Modern Legal Logic*（Wiesbaden，1969）. 转引自〔美〕博登海默：《法理学、法律哲学与法律方法》，北京，中国政法大学出版社 1999 年版，第 127 页。

③ 〔法〕雅克·盖斯旦：《法国民法总论》，北京，法律出版社 2004 年版，第 33 页。不过作者也认识到“数学的权威仍然促使法学家们思考如何在法律推理中运用数学推理，以便使法律推理更具说服力，更加简便，更加可靠”。

④ 〔英〕哈特：《耶林的概念天国与现代分析法学》，陈林林译，http：//www.chinalegaltheory.com/detail.asp? id=1206&name=法理译文选登&types=海外来风&detail=。

⑤ 〔德〕卡尔·拉伦茨：《法学方法论》，陈爱娥译，北京，商务印书馆 2003 年版，第 46 页。

式演绎的方法，并没有放弃体系思想，恩吉斯的体系是“由若干彼此有意义地相互结合之法律指导原则所构成的体系，其运用某些概念及分类观点，惟并未主张彼等具有一般有效性或完足性”。“只有当法秩序的基本思想及主要价值决定彼此协调一致，法学就应该将此等一致性显示出来，并由此得出应有的结论——在这个意义上，必须体系的从事法学研究。”[①]

体系在法律科学上的贡献表现在立法上运用法律概念创造法律规范，在司法适用上运用体系思维弥补法律漏洞，使得法律的续造仍然处于法律体系之中，而无体系违反现象。概念法学对形式逻辑的重视，的确存在忽略法律背后的价值的倾向，因为价值问题最难以把握，按照拉德布鲁赫的看法，也不存在关于唯一公正的价值问题的科学答案。福柯也指出：“体系是相对的：它能够依照人们所想要的精确性而起作用。[②]”因此，在我们承继体系的时候并不如科学一样，答案是唯一确定的。这也是法学与科学最大的区别。

三、法学方法与法律思维之辨

法学方法与法律方法的混用在我国曾经长时间存在[③]，这之间的区别我国学界已经有所察觉，并作出了明确的区分。郑永流曾经专门著文对于德国法上的“法律方法”与“法学方法”两个概念进行了区别。按照其观点，“法学方法是研究和预设法律的方法，主要着眼于什么是法律的本体性理论，形成一定的法律观；法律方法是应用法律的方法，致力于实现既有的法律又生成新的法律”[④]。法律方法主要是指法律适用的方法，以德国法系为代表的大陆法系对于法律方法的理解仅仅指法律续造，局限于法律适用的过程，即司法阶段。按照更为狭义的解释，法律方法即为法律解释学，而且这种法律方法首先在民法中大行其道。而法学方法则主要是法律研究的方法。本书在接纳这种区别论的基础上，认为法律方法更多的体现的是一种思维方式，一种法律实践过程中独特的思维程式，对法律方法

---

① 〔德〕卡尔·拉伦茨：《法学方法论》，陈爱娥译，北京，商务印书馆2003年版，第46页。

② 〔法〕米歇尔·福柯：《词与物：人文科学考古学》，莫伟民译，上海，上海三联书店2001年版，第187页。

③ 影响深远的拉伦茨所著的《法学方法论》并未明确区分法学方法和法律方法，但该书本身并不局限于对法律运用的方法的讨论，还对历史上法学研究的各种方法进行了较为全面的论述。这种观念也影响到我国法学理论对于法学方法论的认知。

④ 郑永流：《法学方法抑或法律方法》，载《法哲学与法社会学论丛（六）》，北京，中国政法大学出版社2003年版。

进行研究和讨论的目标都是指向法律运用过程中对于司法者的一种思维训练，通过一种程式化的操作技巧的训练，使不同的法官适用同一法律的结果趋于一致，以此保持法律的统一性。因此，本书用“法律思维”这一概念取代“法律方法”，进行同义置换，指称法律在适用过程中一些思维程序和运用技术；而将法学方法定位为研究方法，主要从立法学和法理学的角度研究如何建构法律规则体系，并对法律体系进行合理的价值诠释。通过这种概念置换，以期更为准确地表达传统意义上的“法律方法”，并严格将“法律思维”与“法学方法”在用语上进行更为明显的区别。

体系究竟是一种法学方法，还是法律思维呢？体系与方法究竟是一种什么样的关系，福柯曾明确地剖析了体系与方法之间的细微差别，“体系如同‘算术中的试错规则’：它是作出决定的结果，但它必须完全协调一致；反之，方法则是‘对依据某些便利或相似性而联系在一起的对象或事实所作的任意排列，人们是通过一个可应用于所有那些对象的一般观念，来表达这一点的，而不把这个基本观念或原则视作绝对的或不变的，或如此普遍，以至于它没有任何例外……方法与体系的差异，只在于由作者赋予其原则的想法，这个想法认为原则在方法中是可变物，而在体系中是绝对物”①。在法律体系与法律方法之间，这个差别同样存在。

法律思维和法学方法都注重形式逻辑的运用，但是前者更注重程序价值；而后者是对规则设置的价值考量，讲求思辨，尤其注重价值的引入和体系的融合贯通。“法学研究活动不只是知识的活动，而是创造的活动、审美的活动、评价的活动、意志趋向的活动。这些层面的活动无法仅用先定的知识加以解释和涵盖。”② 法律思维与法学方法并不是完全割裂的，二者存在着密切的联系。法学方法可以促使法律思维进一步发展，但并不仅限于知识和理性的运用方面的理由，同时也是为了增强法学方法，使之更具有实现价值与意志的能力。同理，法律思维也可以促进法学方法的发展。法学研究包含着一组组来自法律实践中的“问题域”和“命题群”。法律思维可以为法学研究的“问题域”和“命题群”提供新的经验事实，以及在此基础上形成的新概念。法学方法的重要性在于它为法律思维的运用所必需，通过法学方法，可以检验法律思维运用的正当性，可以对不符

① 〔法〕米歇尔·福柯：《词与物：人文科学考古学》，莫伟民译，上海，上海三联书店2001年版，第190～191页。

② 戚渊：《法理学·法律论证·法学方法》，http：//law-thinker.com/show.asp? id=2962，最后访问日期：2017-06-28。

合知识和理性的法律方法进行修正，而以知识与理性为内容的法律思维的运用又可以丰富以实现价值与意志为内容的法学方法。①

在对法律进行研究的过程中，也不得不考虑其可适用性。尤其在进行立法研究的过程中，必须考虑立法当初的背景以及该规定在体系中的位置。“实质上，法律应用还在造就新的法律，指向何谓正确的法律，正是这一点，体现出法学的实践品格，导致了从预设法律观向应用法律观的转变。同时，使应用法律的方法与法学方法的主要功能重合。”②

从逻辑上说，法律思维的前提是存在一定的规范的基础上的思维。“在萨维尼集成的解释理论基础上的传统法律方法，是狭义的认识论上的法律方法。其功用是去认识预设的法，特别是制定法，这是把法看成是一个预设的、封闭的、自主的知识体系，这个体系为一切案件准备好了答案这一法律观的必然结论。”③ 但是缺乏这一前提仍然可以发挥法律思维的创造功能。因为法学方法仍然是在创造整合一个全新的法律体系，这个法律体系元素的获得是无数法律思维的结晶。

第二节　体系化的基础与路径

法律的体系化是法治国家的共同选择。尽管不同法系的国家选择的路径不同，但都将法律的体系化作为一个追求目标，将体系化设定为一个目标，其理论基础可以在一定程度上从韦伯的形式理性和实质理性理论得到阐释。

一、体系化的理性主义基础

理性主义认为，客观世界的基本结构是一个有序的体系，科学研究的任务就是发现理性的秩序。自笛卡尔以来的理性主义者都试图建构自己的宏观体系，以便把世界纳入一种理性的结构之中④，在理性主义者看来，凭借理性就可以发现一个放之四海而皆准的伦理标准。如斯多葛学派学者

---

① 戚渊：《法理学·法律论证·法学方法》，http：//law-thinker.com/show.asp？id＝2962，最后访问日期：2017－06－28。

②③ 郑永流：《法学方法抑或法律方法》，载《法哲学与法社会学论丛（六）》，中国政法大学出版社2003年版。

④ 〔英〕约翰·科廷汉：《理性主义者》，江怡译，沈阳，辽宁教育出版社1998年版，第7页。

以“自然”作为其理论体系的核心概念，在他们看来自然的实质就是理性，因此，自然法就是理性法，理性应该成为法律和正义的基础。但是这种对人类理性过分的自信也带来了一些负面效应，甚至为极权政治和管制经济提供了理论基础。

（一）形式理性

理性主义对法律重要影响之一就是形式理性。对于形式理性，人们至今还是借鉴马克斯·韦伯的理论框架进行解释。韦伯把“合理性”区分为“实质合理性”和“形式合理性”两种。所谓实质合理性，是指立足于某一信念、理想的合理性，为达此目的可牺牲一切，实质合理性讲求实质的平等，对全体社会成员的需求给予同等的满足，保证其权利和义务分配上的实际平等；所谓形式合理性是指一种纯形式的、客观的、不包含价值判断的合理性，它主要表现为手段和程序的可计算性、形式的合逻辑性。[①]在韦伯看来，所谓形式法律，来源于罗马法中的形式主义审判法律体系原则，它是由一整套形式化的、意义明确的法规条文组成的，它把每个当事人都以形式上的“法人”对待并使之在法律上具有平等地位，它只依据法律条文对确凿无疑的法律事实作出解释和判定，而不考虑其他伦理的、政治的、经济的实质正义的原则，同时还要排除一切宗教礼仪、情感和巫术的因素。[②] 马克斯·韦伯还总结了“形式法”的四个特征。第一，它是由一套形式化的、意义明确的法规条文组成，而不是由宗教命令、伦理规范和风俗习惯组成的。因此，它是由代议制的立法机关依据立法程序自觉制定的。第二，这些法规条文已经体系化了，经过分析得出的法律判断以整合的方式构成逻辑清晰的、内在一贯的、至少在理论上是非常严密的法规体系。一切可预见的实际情况都必须在逻辑上被包含在其中。因此，法能够像技术合理性的机器一样运行，从而保证个人和群体在这一体系内获得相对最大限度的自由，并且极大地提高了预言他们行为的法律后果的可能性。程序变成了以固定的，不可逾越的“游戏规则”为限制的、特殊类型的和平竞争。第三，构成这些法规的法律概念是语义明确的、经得起逻辑分析的。第四，这些法规能用理智加以控制，摆脱了神秘的方法和手段，诸如宗教仪式、巫术方法等。此外，这种法律还有实体法与程序法、法律问题与法律事实、立法工作和司法工作分开等特点。[③]

---

①② 董茂云：《法典法、判例法与中国的法典化道路》，载《比较法研究》1997年第4期。

③ 严存生：《法之合理性问题》，载《法律科学》1995年第4期。

“只有采用逻辑解释的抽象方法才有可能完成特别的制度化任务，即通过逻辑手段来进行汇集和理性化，使得具有法律效力的一些规则成为内在一致的抽象法律命题。”体现在司法上，便是试图实现法律适用的机械主义和形式主义。在形式主义下，一切皆以它自己特有的概念和逻辑为出发点，在自己的体系下而展开，它拒绝其他任何因素在它那不可思议的缜密接合处嵌入。而这些特征无疑是法治主义的基石，它表达了法治国家的基本价值：所有人在法律统治下的自由与平等，对私有财产的保护和自由处分。① 体系化代表的是一种通过逻辑清晰、前后一致的方式和至少在理论上是完美无缺的规则体系，将所有分析得出的命题综合起来。② 在韦伯看来，“法律的一般理性化和系统化以及在法律程序中具体的可预见性是经济活动存在，尤其是资本主义活动的最重要的条件。没有法律的保障，这一切是不可想象的。而形式理性的法律类型恰恰就具有‘纯形式的确定性’。”③

韦伯的这一套理论具有充分的解释力，得到后世许多学者的追随，如D. M. 特鲁伯克指出：“法律思维的理性建立在超越具体问题的合理性之上，形式上达到那么一种程度，法律具体规范和原则被有意识地建造在法学思维的特殊模式里。那种富有极高的逻辑系统性，因而只有从预先设定的法律规范和原则的特定逻辑演绎程序里，才能得出对具体问题的判断。”④ 也有学者对此提出了批评，如庞德认为，人们过去认为可以发现一个确定的、永恒的原则体系。从这个体系出发，通过纯粹的逻辑运算，一个包罗万象甚至连每个细节都完美无缺的法律体系可以推导出来。立法者的任务就是用法典的形式推广这个推论。他们还认为可以通过理性而一劳永逸地发现这些原则，因为这些原则只不过是抽象的人生的表现而已，也是抽象的个人行为内在的理性原则。可是，这种法理学方法已经有些过时。⑤ 尼尔·麦考密克也对法律合理性问题有过专门论述。他说：“我们在构筑我们的法律制度和执行这些制度的程序中都需要高度的合理性。法

① 〔德〕罗伯特·霍恩：《百年民法典》，申卫星译，载《民商法纵论》，北京，中国法制出版社2000年版，第26、23页。

② 〔德〕马克斯·韦伯：《论经济与社会中的法律》，张乃根译，北京，中国大百科全书出版社1998年版，第61页。

③ 〔德〕马克斯·韦伯：《论经济与社会中的法律》，张乃根译，北京，中国大百科全书出版社1998年版，第62页。

④ 〔美〕艾伦·沃森：《民法法系的演变及形成》，李静冰、姚新华译，北京，中国政法大学出版社1992年版，第130页。

⑤ 〔美〕罗斯科·庞德：《普通法的精神》，夏登峻译，北京，法律出版社2001年版，第101页。

律推理不仅是由实践合理性所支配，而且是实践合理性的一种形式。我们不应当低估合理性在法律推理中的广泛运用。但我们应当认识到即使在这种情况下也有一些限度，即经验的判断不能超出为何可以用法律的逻辑解释的理由。在法律和法律程序中，合理性是首要的优点……"①麦考密克还强调了价值合理性问题，尤其是实质合理性与形式合理性兼容的问题，他认为这种形式理性应该贯彻到由法律制定到法律运作的全过程。

（二）实质理性

按照韦伯的界定，实质理性具有价值的性质，是关于不同价值之间的逻辑关系的判断。与之相对的形式理性主要被归结为手段和程序的可计算性，是一种客观理性。实质理性基本上属于目的和后果的价值，是一种主观的合理性。就法律的制定和施行而言，形式理性体现为法律本身符合形式法治的要求；而实质理性则主要指立法者将其主观认定的社会公认的实体价值固定于法律规范之中，并在司法当中根据主观的社会正义价值标准来解决纠纷。②

必须明确的一点在于，法学理论的作用在于为规范的生成奠定基础，为制度的构建提供平台，为价值的遵循树立指向，这是由法学的规范与价值属性所决定的。法学不单单只是一门关涉理论的学问，更为重要的在于法学还具有实践性，其归根到底是以解决现实社会的诉愿纷争为目的的实用性学科。作为市民社会的基本法，民法的功能旨在通过对市民社会成员之间的权利、义务、责任以及风险的分配来确定他们之间的法律关系和法律地位，进而实现市民社会私法秩序的构建。由立法行为形成的制定法固然可以为人们提供一种确定的行为规范，使人们对行为的法律效果有一个基本的预期，但这并不能阻止社会交往中各种利益的冲突与碰撞。毕竟较之于理想的法典所预设的行为模式，真正的社会交往要更加现实，也更加复杂。因此，民法功能的实现不能仅依靠一种"纸面上的法律"(law in paper)，更需要的是一种"行动中的法律"(law in action)，旨在具体的民事纠纷裁判中，平衡互相冲突的各方利益，落实市民社会成员的法律关系。按照一位德国学者的说法，"制定法（Gesetz）并不等同于法律规范(Rechtsnorm)，只有在法院对法律的适用当中，法律规范才获得更加明

---

① 〔英〕尼尔·麦考密克、〔奥〕魏因·贝格尔：《制度法论》，周叶谦译，北京，中国政法大学出版社1994年版，第248页。

② 〔德〕马克斯·韦伯：《经济与社会》下卷，林荣远译，北京，商务印书馆1997年版，第15、16页。

晰的形象，适用法律并不仅仅只是推导出结论，而是还要构建法律变得更为精确的价值评判”①。

由于在理论逻辑上强调制定法法源的唯一性，法官的实际裁判思维及过程往往有一种被异化的危险。即对于案件事实，法官依据“先见”可能已经形成了某种价值上的倾向，对案件裁判已经达成了某种结果意义上的认知，从而在进行涵摄的过程中，法官通过求助于可以达到此种倾向或认知的法律规范来对案件进行说明和论证。这种裁判的过程在实际上使作为制定法法源的裁判依据的意义仅仅流于形式。在笔者看来，裁判思维的异化、利益衡量的滥用，其原因或多或少可归结于严格刻板的“依法裁判”，这正是极端形式主义的后果之一。制定法实证主义的主要目的之一曾在于防止法官擅用造法权对案件径行裁判，但在我国，由于凡事都必须讲求“有法可依，依法裁判”，“由果寻因”的裁判思维因而成了制定法实证主义下法官径行裁判的变种。而所谓裁判，无非是希冀获得一种最利于实现理性和正义的解决方法，并不是只为获得立法者的成文法律规范在其文本实现上的满足。② 因此，裁判的过程在实质上涉及“由规范到个案正义”的推进。如果我们将民法典视为体系化的最高形态，那么，体系化思维下的民法规范，也就应当从这种实质理性的范畴上加以界定和理解。

二、体系化的路径分野与趋同

体系化是形式理性的必然要求，体系化的目的就在于探寻将从不同阶段、不同地域获得的全部经验和知识的逻辑联系予以整合，使其以一个整体的方式呈现出来，并得以统一适用。“仿效自然科学家所采用的科学方式，通过对自然发生的社会现象的研究，从中发现一定的法律原则及其相互关系，以推论出法学概念，从法律的一般材料中经科学研究得出原则，用复杂的组合形成一个体系，以使法学高度系统化。”③ 这套以法律概念和法律格言编织成的形式化语言造就了精致的私法法律体系、概念和原则，使私法富有深刻的法理性、严密的逻辑性和系统性，从而产生了法律科学。④ 但体系化的途径并不是唯一的，更不是只有法典化这“华山一条

---

① 〔德〕迪特尔·施瓦布：《民法导论》，郑冲译，北京，法律出版社2006年版，第15页。

② 姚辉：《论民事法律渊源的扩张》，载《北方法学》2008年第1期。

③ 杨联华：《德国概念法学的产生、影响及其历史地位》，载《法学译丛》1985年第2期。

④ 郑戈：《法学是一门科学吗——试论“法律科学”的属性及其研究方法》，载《北大法律评论》1(1)，北京，法律出版社1998年版。

路”。韦伯认为法律的体系化有两种途径，一种是法典化，另一种是说教式的活动，特别是所谓的“法律书籍”的创设。① 在韦伯看来，体系化与法典化是有所区分的。法律的形式合理性已经成为法治现代化的一个重要标志，形式合理性包括法律的法典化和法律运作的程序化两个重要方面，分别代表了不同法系的体系化路径。不仅民法典的制定得益于理性的演绎法，民法典的适用也是一个演绎的过程，每一个案件的处理就是对法规的演绎推理。要实现民法的形式理性，则必然要依靠对演绎法的运用。大量的判例法也在迫使英美普通法学家采用系统化、抽象化和集体化的方法，这方面的例证，有美国的各种法律重述。② 大陆法系的法典法和英美法系的普通法都可以看成是具有形式理性的法律形式，不过是循着不同的路径在追求体系化的目标。

（一）大陆法系的法典化之潮

“法典编纂意识主要是启蒙运动的产物，其设想是以一部自觉设计的、理性的和构造清晰、全面丰富的立法成果来取代源于历史的、零散纷乱和漫无头绪的法律。”③ 正如哈耶克所阐述的，欧陆的法典化运动是一种建构主义的理性，因为法典化的哲学前提就是“人仅凭理性，就能够重构社会”④。形式理性意味着法律以其自身合理的制度存在着⑤，立法者相信通过一部大全的民法典，可以统辖所有的私法关系，并最终成为一个适用于全国的制度体系。⑥ “在他们看来，所有的要求都可由理性独立完成，似乎过去从未有过立法。惟一需要做的就是调动起国内最有力的理性，通过运用这一理性获取一部完美的法典，并使那些具有较弱理性的人臣服于法典的内容……法典化是自然法哲学的结果……”⑦ 法国民法学家波塔利

---

① 〔德〕马克斯·韦伯：《论经济与社会中的法律》，张乃根译，北京，中国大百科全书出版社1998年版，第268页。

② 〔德〕罗伯特·霍恩、海因·克茨、G. 莱塞：《德国民商法导论》，楚建译，北京，中国大百科全书出版社1996年版，第13页。

③ 〔德〕K. 茨威格特、H. 克茨：《比较法总论》，潘汉典等译，北京，法律出版社2003年版，第208页。

④ 〔英〕哈耶克：《法律、立法与自由》，第1卷，邓正来等译，北京，中国大百科全书出版社2000年版，第5、181页。

⑤ 〔美〕艾伦·沃森：《民法法系的演变及形成》，李静冰、姚新华译，北京，中国政法大学出版社1992年版，第33页。

⑥ Alexander Alvarez, “Dominant Legal Ideas in the First Half of the Century after the French Revolution”, in *The Progress of Continental Law in the Nineteenth Century*, Rothman Reprints, Inc., New Jersey, 1969, pp. 12-13.

⑦ 〔美〕庞德：《法律史解释》，曹玉堂、杨知译，北京，华夏出版社1989年版，第13、14页。

斯相信，立法者只是制定以理性为基础的高级法的特殊规范，他声称："法是广泛的理性，建立在事物的真正本质上的最高理性。生效的法律只能是或应该是分解为实定的规则，分解为特殊规范的法。"这种高一级的法反映在罗马法学家们创造的"法律科学的有价值的集合"中。17世纪后，许多欧洲大陆的法学家以"凭观察和经验得来的理性"检验生效的法律，"把生效的法律进行对比"，并"从人们的权利与社会的需要方面研究它们的关系"①。

形式合理性的理论虽然可以用来阐释大陆法系的法典化潮流，但大陆法系的法典化的发端还得从古罗马时期开始起算。"大陆法系的法典法（特别是民法），与罗马法有直接的渊源关系，它承袭了罗马法后期经优士丁尼皇帝编纂法典而成的理性主义形式，又与由古典时期之后的罗马法衍生而成的教会法有渊源关系，同时，它深受欧洲大陆源远流长的自然法观念的影响。这种形式的法律，大部分是理论深厚的法学家努力研究的结果，它代表着高等学府中根据理性主义的精神，用演绎法和分类法追求各种观念和逻辑原则的传统。"② 其体系又可分为法学阶梯体系和学说汇纂体系。

从17世纪开始，现代的被强调的体系化精神在《法学阶梯》中找到了比《民法大全》的其他部分更得到发展的基础。而且它把规则与制定规则的理由分离开来并编订纯粹的定义与规则的汇集。③《法学阶梯》体系的形成得益于三个因素，分别是昆图斯·穆齐以来的法学家的严格的体系化方法；西塞罗根据希腊模式奠定的为了导论式教学而确定的术语；由萨宾丰富和整理的晚期共和国法学所完成的对法律规则的阐述。④ 斯奇巴尼教授认为，《法学阶梯》在后世的重要性得以增长主要是因为"对人法使《法学阶梯》体系的基本合理性凸现出来，而它与对该体系作出使之得到发展的重释的目标和谐一致"⑤。《法学阶梯》既可以作为建构"阐述和整

① 〔美〕詹姆斯·高德利：《法国民法典的奥秘》，张晓军译，载梁慧星主编：《民商法论丛》，第5卷，北京，法律出版社1996年版。

② 〔英〕丹尼斯·罗伊德：《法律的理念》，张茂柏译，台北，联经出版事业公司1983年版，第211页。

③ 〔古罗马〕优士丁尼：《法学阶梯》，徐国栋译，北京，中国政法大学出版社1999年版，斯奇巴尼教授的序言，第Ⅲ页。

④ 〔古罗马〕优士丁尼：《法学阶梯》，徐国栋译，北京，中国政法大学出版社1999年版，斯奇巴尼教授的序言，第Ⅱ页。

⑤ 〔古罗马〕优士丁尼：《法学阶梯》，徐国栋译，北京，中国政法大学出版社1999年版，斯奇巴尼教授的序言，第Ⅲ页。

合各个国家的法”的基础，也可以作为道德和法律的理性主义被运用于罗马法之成果的“自然法”的基础，通过不同方式为现代法典编纂做了准备。① 法国著名法学家波提尔正是通过收集整理《学说汇纂》中的多数规则，并把这些规则按照法学阶梯的体系顺序进行了编排，形成了《法国民法典》的基础。因此可以说，《法国民法典》在体系的架构上来源于《法学阶梯》，其被人们称为是《法学阶梯》模式，但其规则内容还是来源于《学说汇纂》，这与《德国民法典》相同。而且事实上《法学阶梯》体系对于学说汇纂体系并非毫无意义，它其实是奠定了学说汇纂体系的基础。在德国，理性法学转变成一个私法原理体系很大程度上要归功于德国人自身的抽象思维习惯，“他们总是以严谨的、逻辑数学的演绎从最一般的、有牢固理性法基础的基本原理中获得最具体的个别法律规定，以至于其法律制度就像是完全艺术化分类的、系统而明确设计的建筑”②。

体系化的途径不仅仅在于提供一个经典文本，还在于提供一整套法律运作的流程架构。这一个架构不仅包括了立法、司法运行制度，还包括为体系提供一个活力源泉。“德国的法典编纂的真正特点是在法典编纂过程中对立法者的诸多限制，尤其是它对许多人们期望得到答案的问题都没有作出回答，而是将文义解释的工作留给了法学界和实务界。法学的任务是思维，而不是在照本宣科中掌握时代。”③

（二）普通法系的体系化思维

普通法系崇尚形式理性，形式主义为普通法系打下了深深的烙印，但是这种形式主义并不主要表现在法典这样一个形式文本上，这与普通法的传统有关。在普通法中，法律是由先例和类推支配的。先例的拘束力是实现英美法体系化的重要途径。普通法系从先例中获取一些基本概念，或者通过先例中不断重复的一些概念、制度获取新的基本概念和规则、原则。曼斯菲尔德就已经注意到了判例背后的决定性因素：“判例中的理性和精神形成了法律，而非具体先例中的文字。”④ 普通法系的法律家也深刻认识到了体系化的好处，并将体系化的追求作为普通法系的目标之一。正如

---

① 〔古罗马〕优士丁尼：《法学阶梯》，徐国栋译，北京，中国政法大学出版社 1999 年版，斯奇巴尼教授的序言，第Ⅳ页。

② 〔德〕K. 茨威格特、H. 克茨：《比较法总论》，潘汉典等译，北京，法律出版社 2003 年版，第 209 页。

③ 姚辉：《法典化的趋同与鸿沟》，载《法学杂志》2004 年第 3 期。

④ 〔英〕费福特：《曼斯菲尔德勋爵》，第 198～229 页，转引自〔美〕卡尔·N. 卢埃林：《普通法传统》，陈绪纲等译，北京，中国政法大学出版社 2002 年版，第 72～73 页。

霍姆斯所言："创造一个普通法的智识体系（intellectual system）有重大利益：使普通法成为自我包容的、非政治性的、中立无私的体系；而且，这会通过使'法律推理像数学一样'，传播一种关于法律判决的'……必然性……'论调。"[①] 在美国，法律形式主义是 1850 年以后发展起来的。美国一些法学家坚信"只有市场才能提供摆脱了所有'政治'（就是危险的平均主义）影响的'中立'原则，所以创造完全反映市场真实的法律规则就成了法律的任务"[②]。

与大陆法系不同的是，普通法体系主要是由法官掌握和发展的。在普通法系国家，法律被认为是法官所宣布的东西，所有的成文法、先例、习惯、道德和理论著述都需要经过法官消化之后转变为实在的法律，因此，它们仅仅是法律的渊源，而非法律。更多古老精微的"法"的含义也会随着在特定案件中可预见的结果，沿着可预感的创造路线，逐渐产生测试、改变和重新形成法律的规则。……运转中的法得到扩展，而且，我们会慢慢地实现正统的，也是可爱的真理的全部再生，这种真理及其地位只是因为被程式和拘泥于文本的做法抽干而摇摇欲坠。[③] 在判例法方面，公开探究情境感以及情境正确性作为通向明智的判决的一个主要途径，另一个主要途径是：对于已经接受作为权威先例的判决意见，以及对于指导将来案件更为妥当和明晰的措辞加以反复记录援用。[④]

这一特征也就决定了普通法自身不可能产生如大陆法系那般的法律体系，其法律系统化的程度相对较低。布莱克斯通（1723—1780）曾经撰写了一本《英国法释义》，以简洁明了的形式对当时英国所存在的粗糙原始和杂乱无章的判例法进行了编排整理，尽管与大陆法系学者所进行的高度抽象严密的体系化相比仍然有不少的差距，但也算是对英国已有的法律材料进行了相当程度的系统化。边沁曾经主张对英国的普通法进行改造，尤其倡导全面的法典化，他还曾就此思想给美国总统麦迪逊写过几封信，建

---

① O. Holmes, "Privilege, Malice and Intent," 8. *Harv. L. Rew.* 1.7 （1894）；K. Llewellyn, *The Law Tradition*: *Deciding Appeals*, 38 （1960），转引自〔美〕莫顿·J. 霍维茨：《美国法的变迁（1780—1860）》，谢鸿飞译，北京，中国政法大学出版社 2004 年版，第 384 页。

② 〔美〕莫顿·J. 霍维茨：《美国法的变迁（1780—1860）》，谢鸿飞译，北京，中国政法大学出版社 2004 年版，第 387 页。

③ 〔美〕卡尔·N. 卢埃林：《普通法传统》，陈绪纲等译，北京，中国政法大学出版社 2002 年版，第 224 页。

④ 〔美〕卡尔·N. 卢埃林：《普通法传统》，陈绪纲等译，北京，中国政法大学出版社 2002 年版，第 229～230 页。

议将美国普通法编纂成一部法典，并愿意承担该工作。遗憾的是，这一思想既无法在普通法传统深厚的英国得到积极的回应，在年轻的资本主义国家美国也无法得到实践。但是边沁的主张并非一无所获，至少有力地推动了英国其后大量单行法的制定，如 1882 年的《汇票法》、1890 的《合伙法》、1893 年的《货物买卖法》和 1906 年的《海事保险法》等，制定法在整个英国法律中的比重越来越大。而在美国，纽约州编纂了《菲尔德民法典》，这部法典在美国西部的一些州，如爱达荷、加利福尼亚、北达科他、南达科他等地得到了适用。这些制定法的主要目的是对判例法中某些不合时宜的规则进行修正，是"法典化的制定法"，也是将普通法法院发展起来的现行规则体系化的产物。但是美国的法典化运动还是遭到了挫折，仅在一小部分地区发挥了影响。法典化运动与美国人民的普遍情感不相容。詹姆斯·费尼莫尔·库伯在《邓斯库姆》一书中表达了人民的普遍情感，即宁可要体现在普通法当中的"纯粹的人类理性，"也不要"全新的被人挂在嘴边上的法典"所包含的"巨大变革"①。

提到美国，不能不重视的是其独特的体系化方法，即通过撰写重述的方式使浩如烟海的判例法得到相当程度的条理化。担纲此重任的是"美国法学会"，其组成人员包括法官、律师和学者。重述作为美国自 20 世纪初实行的一种体系方法得到广泛的运用，并对美国的法律实践产生了重要影响。重述分不同的专题进行，如侵权法、合同法、信托法等，根据各个专题全面收集相关的判例，从中抽象出一般的规则，编纂成法律条文，形成一种系统结构，但这种编纂并不能对法律加以改进或使之现代化，而仅仅是对现行实在法的一种整理、认可。当然，重述在美国司法实践中的地位当然不能与法典在大陆法中的地位相提并论。

（三）路径的趋同

有学者认为法律的形式理性表达了这样一种法典化思想，即人们应当在一部唯一的系统划分的法典中对公民的权利清楚而明白地加以规定，以便每个人都可以知道他的权利，并且独立地对权利加以运用。② 现代法学理论中仍然存在其他许多将体系化与法典化相混淆的认识。如大木雅夫认为："法典是体系性的，因此确实与所谓体系性思维（Systemdenken）接

① 〔美〕伯纳德·施瓦茨：《美国法律史》，王军等译，北京，中国政法大学出版社 1990 年版，第 87 页。

② 〔德〕罗伯特·霍恩：《百年民法典》，申卫星译，载《民商法纵论》，北京，中国法制出版社 2000 年版，第 23、26 页。

近。……所以判例法表现为非体系性的论题式（topisch）、受所谓情境思维（Falldenken）支配的特征。[①]”这种观点实际是持体系一元化的立场，并不符合对体系认识的实际情况。事实上，我们已经很清楚地看到了体系化的方式不仅仅限于法典化。大陆法系和英美法系的体系化手段不同，但都达到了体系化的目的。人们对于英美法系一直存在一个误解，认为判例法国家缺少体系，只注重经验，而不强调逻辑。尤其是霍姆斯的一句名言——“法律的生命不在于逻辑，而在于经验”更为英美法系下面的经验哲学提供了脚注。然而本杰明·卡多佐对此评论道：“霍姆斯并没有告诉我们当经验沉默无语时应当忽视逻辑。”卡多佐同样指出了必须保持逻辑体系的一贯性。“除非有某些足够的理由（通常是某些历史、习惯、政策或正义的考虑因素），我并不打算通过引入不一致、无关性和人为的例外来糟蹋法律结构的对称。”[②] 普通法系也讲求逻辑体系的一致性。姑且不论英美法系早已开始了其成文化运动，制定了很多成文法典，如《加利福尼亚民法典》《美国统一商法典》。而且在判例的积累和整理过程中也把握住了一个体系的原则，否则在浩如烟海的判例之中，英美法国家的案件审理无法保证其审理结果的一致性。在能够产生拘束力的判例群中同样有着内在的逻辑联系着彼此。因此，判例法国家并非忽视体系化，而只是体系化的途径和对象不同而已。

体系的形成是一种经验性的选择、一种历史性的偶然。正如施莱辛格所说，普通法和大陆法的差异不过是历史的偶然。[③] 大陆法系和英美法系在体系化路径的选择上既与其本国的历史传统和现实国情有关，也和其政治制度、司法制度相匹配。但同样体现的是某种形式合理性。“一般说来，一个民族或一个国家的法律形式是经过一个民族或一个国家长期的实践而形成的，它与相应立法、司法机构的设置，专业人员经验的积累，民众的普遍适应性相结合，具有一定的独立性与稳定性，并形成相应的自我完善机制，当它自我完善到一定水平时，就是所谓的‘合理性’。”[④] 以系统论的观点看来，大陆法系和英美法系都是一个完备的系统。因为系统是相互

① 〔日〕大木雅夫：《比较法》，范愉译，北京，法律出版社 1999 年版，第 123 页。

② 〔美〕本杰明·卡多佐：《司法过程的性质》，苏力译，北京，商务印书馆 1998 年版，第 17～18 页。

③ Schlesinger, *Case and Materials on Comparative Law*, 2 ed., 1959, p. 189

④ 〔英〕尼尔·麦考密克、〔奥〕魏因贝格尔：《制度法论》，周叶谦译，北京，中国政法大学出版社 1994 年版，第 254 页。

作用的多元素的复合体，它具有多元性、相关性和整体性的特点。系统是一切事物的存在方式之一。所以，对任何事物都可以用系统的观点来考察，用系统的方法来描述。① 英美法的系统由浩如烟海的判例所构成，这些具有先决力的判例在经过多年发展之后本身就形成了一个协调一致的系统，有自己内在的调控机制，而且能够使这个系统保持相当的开放性。英国的王室法院以判例形成了普通法，具备了相对的统一性，所以英国未进一步进行全面的法典编纂。但是对于法典化所独具的功用，如实现法制的统一、保持法律的稳定性，也为英美法系国家所认识和借鉴。因此，英美法系国家也越来越重视成文法的编制，除了单行法的纷纷出台，也开始法典编纂。

法典化当然并不能代表体系化的全部，如果将体系区分为封闭的体系和开放的体系的话（这种区分是埃塞尔作出的），则法典化只代表封闭的体系。而通过个案形成的有拘束力的裁决构成开放的体系。即使作出这种二分法，前者对于后者还是具有决定性的作用。因为个案的裁决判断还必须依据法典中隐含的概念、价值而形成的推论脉络。“盖惟借助此等推论脉络，才能对个案决定作合理的事后审查，并将所有的决定组成一个体系。”② 尽管现代法典也通过不同手段追求体系的开放性，但这种体系的开放性是通过在法典中设置一般性条款和抽象性原则，由法官在具体案件的裁量中发现法律、创造法律的，这种手段的运用实质也是在借鉴英美判例法中法官造法的手段。法官这种发现法律的手段已经超越了法典化本身的意义，“在所有的法文化中均一再重复，‘发现问题、形成原则及巩固体系三者之间的循环’。构筑体系的真正要素乃是法律原则而非抽象概念”③。体现出了两大法系趋同的态势。两大法系在认识到各自的不足之后，都开始向中间阶段靠近。成文法国家开始放松体系，保持体系的开放性，通过对个案发现新的法理和规则；而判例法国家也开始将历史沉淀下来的合理要素形成法律原则并通过向后的约束力，不断将该原则予以巩固。

三、民法的体系效应

（一）体系效应之一：对脱法行为的规制

民法的体系效应，既表现在规范之间可以相互配合，还表现在规范缺

① 许国志主编：《系统科学》，上海，上海科技教育出版社 2000 年版，第 17 页。

② Grundsatz und Norm，S. 44，239. 转引自〔德〕卡尔·拉伦茨：《法学方法论》，陈爱娥译，北京，商务印书馆 2003 年版，第 44 页。

③ Grundsatz und Norm，S. 7. 转引自〔德〕卡尔·拉伦茨：《法学方法论》，陈爱娥译，北京，商务印书馆 2003 年版，第 44 页。

失的情况下，可以通过体系解释的方法弥补法律的漏洞，从而在体系框架之内实现法律的动态发展，并使法律的这种发展不脱离人们对法律的既定预期，有助于维护法律秩序的稳定，保持法律的可预期性。因此在这个意义上，法律的可预期性不仅仅表现为对既定法律的预期，还应该表现对为法律所展现出来的价值和体系的一种预期。两种预期要区分的话，可能前者更多地表现为一种实然，后者更多地体现出一种应然。但此种应然与自然法中所谓的应然又多了体系的保障，因而具有相对稳定性，少了随意性。

也正是这种体系效应，民法可以对脱法行为进行有效的规制。事实上，人们在从事脱法行为或有意识的规避法律或寻找到法律漏洞之后而为之，其对于脱法行为的法律效力本身并没有抱有很确定的态度，甚至可以说在一定程度上抱有侥幸的心理，因此，当通过体系效应，对这种法律行为进行否定时也均在当事人的意料之外。因此，通过体系发挥作用并不违反法治中对于法律后果的可预期性这一基本原则。法典编纂的过程即是一个继承和创新体系的过程。尤其是在现有单行法律较为齐备的中国，在法典编纂的过程还可以对现有法规体系进行整理，发挥整合效应。

（二）体系效应之二：对于平等原则的保障

从公民基本权利角度来看，法制统一实际是宪法中平等原则的体现。我们在立法时过多强调了地方的特殊性，赋予了地方过大的立法权，造成了立法的不一致。这种不一致不独在民法，在刑法中也广泛存在，如根据经济发达地区和欠发达地区的不同而确定不同的包括盗窃罪在内的侵犯财产犯罪的入罪起点，这实际上违反了宪法中的平等原则。① 在民法典中，我们尤其要注意保持这种法制的统一性，因为民法体系事关我国统一大市场的建立，民法涉及主体资格的取得、交易规则的制定必须保持统一性。从更广的意义上讲，我们还必须研究国际公约，注意国际范围内交易规则的统一性，事实上，国际交易规则的统一性已经成为自 20 世纪下半叶一直延续到现在的一种潮流。我国合同法就非常注意吸收联合国国际货物销售公约以及其他一些统一的国际交易规则。

民法的统一性，还体现在应该强调农村市场和城市市场的统一性。反

---

① 可喜的是，这一局面已经为立法机关所认识并有所改观。

映在我国的物权法立法过程中，在谈到物权登记制度的统一性时，有论者认为，考虑到我国农村社会目前仍然是一个熟人社会，因而在农村中应暂不推行土地登记制度，这种过于考虑中国国情的出发点似乎情有可原，但从立论角度而言，其理由仍然脆弱得不堪一驳：首先，这种对农村想当然的认识是否正确值得怀疑。其次，即使部分农村的确如此，也存在以偏概全的倾向。最后，这种观点放弃了法典化对于确立规则、引领秩序的积极作用，造成了规则本身的紊乱。事实上，我们每次在立法过程中，引进或创建的新制度都对社会生活发挥着积极的引导作用。尤其是我们不能以一时一地的情况之特殊性而放弃了整个统一交易规则的目标。因此，我们讲物权法具有固有法的特点，是最有可能产生中国特色的民法部分，并不等于要肆意割裂自己的制度，无法形成一个自足的体系。

（三）体系效应之三：公序良俗的体系展开

公序良俗作为民法基本原则，是对意思自治原则的补充和限制。民法通过许多规则与制度的配合体现公序良俗的价值。具体规则的展开，已经不再限于民法体系本身，而是扩展到民法体系之外，通过所谓的“社会法”以及其他一些行政规制，使公序良俗在整个民法体系中的地位得以确立。

具体说来，公序良俗的体系化分为以下两个层次展开。

第一个层次，公序良俗原则日益成为一个贯穿、指导整个民法的基本原则，与民法意思自治原则相匹配，成为指导民法的一般原则，共同服务于现代社会。

民法的最高理念乃意思自治，它是经济上的自由竞争在法律上的基础，舍此，民法的价值荡然无存，自由竞争也不复存在。意思自治作为民法的核心原则，自罗马法以来其地位一直未有动摇。自 19 世纪末至整个 20 世纪，人们开始从关注形式平等到关注实质正义，在私法中渗透了越来越多的社会法的因素，也更加关注法律行为的社会妥当性，这也是为了保护势单力薄的民事主体能够真正实现自己的意思自由。我们可以看到，即使是在惊呼“契约的死亡”的年代，对于意思自治作出的限制努力也仅仅是作为修正意思自治的一个手段，其终极目的仍然是要实现主体的自由。在法的社会性因素渗入私法的过程中，其仍然是借助民法体系内的因素来进行有效的控制，所凭借的手段即是同样发轫于罗马法时代的公序良俗原则。

公序良俗原则在民法中的奠定有着一个漫长的过程。法国民法典制定当时，不过把其当作是对于契约自由原则的例外规定，发展到后世，已经将其效力扩展到支配整个私法。从最初仅仅作为辅助意思自治的一个原则，至近现代社会，伴随社会性因素在法律中的比重不断加大，其地位也日渐提升，成为一个堪与意思自治相匹配的一般性条款，统领着法律中的社会性因素。“公共秩序、善良风俗原则支撑自由竞争原理，以该原则为代表的界限原理构成了自由竞争的框架，使受到管理的竞争秩序正当化的实质性法律原则变得重要了。”① 公序良俗作为自由竞争的边界，与意思自治发挥着相互补充、协调的作用，对于维护整个法律的竞争秩序有着不容忽视的作用。

第二个层次，通过民法体系内增删、修改一些具体规则和民法体系外制定一些单行法满足公序良俗的价值要求。

公序良俗在民法中的地位从仅仅作为一个价值宣示意义的原则，到成为社会性因素大幅渗入民法的一个通道，是与这一原则本身的独特性分不开的，公序良俗原则作为一个一般性条款，具有价值宣示与法律行为修正的双重功能，公序良俗不仅成为法律行为的一个限度，也成为事实行为的一个限度。公序良俗原则具有非常强的价值储存功能，将整个法律的秩序与社会伦理道德相沟通。但它还需要一些更为具体的原则将其存储的价值传递下去，诚实信用原则与权利不得滥用原则即发挥此传递功能。

更高层次的法律原则，如果不至于沦为摆设或空洞说教，就应该具体化为可执行的法条形式，即用具体的法律规定落实。② 公序良俗原则除了一个基本原则的宣示之外，还需要与许多具体规则和集体制度相匹配，形成一个完整的规则体系。在民法中体现公序良俗原则的具体制度有习惯法的筛选、法律行为标的的社会妥当性判断、时效制度、格式合同的规制、惩罚性损害赔偿制度、背俗侵权制度、一般人格权制度等，这些制度都蕴含了对公序良俗的维护。

---

① 〔日〕北川善太郎：《日本民法体系》，李毅多、仇京春译，北京，科学出版社 1995 年版，第 113 页。

② 黄茂荣：《法学方法与现代民法》，北京，中国政法大学出版社 2001 年版，第 48～49 页。

还有一个趋势也反映了这种价值体现：越来越多的国家，包括相当多的法典法系国家，民事单行法日益增多。这种趋势并不意味着民法体系的分崩离析或者说民法体系已经不适应现代社会的发展，而只能说是对于这样一些影响社会秩序甚巨的制度，已经无法包容在传统民法的体系之内，其所具有的特殊性也远远大于其与其他民事规则所具备的共性，通过民法体系内仅有的几个条文已无法规制详尽。劳动法就是一个典型的例子，尽管许多国家的合同法中依旧保存了雇佣合同这一章节，但是仅仅靠民法中一个建立在雇佣双方的形式平等基础上的合同制度设计还不足以建立一个公平正当的雇佣秩序，因此，对于这样一些特殊的规定，需要一部单独的劳动法进行调整，其中新设的许多规则，早已不再局限于私法中的规定，而是有了更多倾斜性的规定来保证被雇佣方也就是劳动方的合法权益，以对抗日益强大的用人单位。

第三节　我国民法典的体系化选择

“形式理性的一个重要作用是保持民法与整个社会体制的和谐，使民法条文虽抽象于具体的社会形态，但在实践中具体应用时又能协调社会其他部分的运作。形式理性的精髓就在于使民法与社会体制的其他部分既和平共处又相互包容。”① 中国民法以形式理性作为体系化的理论基础，兼顾实质理性的要求，选择法典化方式来实现法律体系化已经成为我国民法学界的一个基本共识，这一共识的建立可以寻求很多理由，不少学者从中国传统的法典文化寻找一种历史必然性的解释，这种解释有可能是欠缺说服力的，中国选择大陆法系的成文化其实也是一个历史的偶然。

一、中国法律的法典化抉择

首先，中国的传统文化颇为复杂。我国传统哲学的基础是经验还是理性论本身就争执不休。总体而言，中国哲学在探索认识问题时，总是结合着天人关系、伦理关系、价值关系进行论述。② 所谓“人谓已有知，由耳

① 苏永钦：《私法自治中的国家强制》，载《中外法学》2001年第1期。

② 夏甄陶：《中国认识论思想史稿》，北京，中国人民大学出版社1992年版，第36页。

目受也”（张载《正蒙·大心》），又所谓“今日格一物，明日格一物”，以至于“豁然开通”（朱熹《张子正蒙注·太和》）。正如金岳霖先生所言：“中国哲学家都是不同程度的苏格拉底，道德、政治、反思的思想、知识都统一于一个哲学家之身，他的哲学需要他生活于其中，他自己以身载道。”① 中国人并不擅长逻辑思辨，在诸子百家中，逻辑思辨的流派并不多见且没有在后世产生重大影响。当然进入近代以后，“中国学人治西方哲学，一般更喜欢德国哲学，而常常轻视忽略英美经验论”②。这样，中国人逐渐形成这样一种认识：“与经验相比较，技术（即理性思辨的技术）才是真知识。”法律形式理性的缺失已使我们领受了法律在中国历史中的多舛命运，它使道德与法律义务、伦理的说教和法律的命令融为一体，而没有明确的界线。③

其次，中国古代虽然有悠久的成文法传统，但“判例法”也不少见。法律之外的“判例”，包括因义而生例、因例而生例、因律而生例、因俗而生例。④ 曾任国民政府司法院院长的居正在修订民法典时分析过中国的判例传统，他指出：中国的“春秋折狱”便是司法审判中重视判例制度的明证，民法典颁布前，支配人民生活的“几乎全赖判例”，因此“判例势力之伟大，实无可争辩”。他把成文法与判例法看作一般与个别，“观念法律”与“实在法律”的关系，甚至论述道：“中国向来是判例法国家，甚似英美法制度。”⑤ 这大概也可以解释为什么曾属于中华法系的香港地区，在被英国统治的近百年里融入普通法系而无任何不适，也没有产生所谓的与法律传统的轩轾。

最后，事实上，中国选择法典化是近代中国救国图强所选择的一个捷径，因为“法典是我们了解人类法律制度文明以至整个制度文明最集中最权威的典籍，是我们能够得以近距离或直接而真切地观察某种法以至某种法律制度文明的主要钥匙”⑥。法典具有可移植性，而且能够在最短的时间内进行移植。在清末民法典编纂的准备初期，经过多方考察之后，已经

① 冯友兰：《中国哲学简史》，涂又光译，北京，北京大学出版社 1985 年版，第 14 页。

② 乔丽嫦：《培根及其哲学》，李泽厚序，北京，人民出版社 1987 年版，第 1 页。

③ 〔德〕马克斯·韦伯：《论经济与社会中的法律》，张乃根译，北京，中国大百科全书出版社 1998 版，第 226 页。

④⑤ 武树臣：《中国传统法律文化》，北京，北京大学出版社 1994 年版，第 428～458 页。

⑥ 封丽霞：《法典编纂论——一个比较法的视角》，北京，清华大学出版社 2002 年版，序言。

有了"以德为镜"的主张，如1906年尚在德国考察的清政府官员戴鸿慈奏呈说："其（德国）人民习俗，亦觉有勤俭质朴之风，与中国最为相近，盖其长处，在朝无妨民之政，而国体自尊，人有独立之心，而进步甚猛。是以日本维新以来，事事取资于德，行之三十载，遂至勃兴。中国近多钦羡日本之强，而不知溯始穷源，正当以德为镜。"① 清政府为此翻译了大量的欧洲各国的法律，其中主要是法国、德国的法律（也包括日本的）。沈家本主持法律修订馆时就翻译了德国的《德意志裁判法》，1907年以后，又翻译了《德意志刑法》《德意志民事诉讼法》《普鲁士司法制度》以及没有完成的《德国民法典》和《德意志旧民事诉讼法》。当时的商务印书馆还组织翻译了《普鲁士地方自治法》。②

当我们今天面对体系化的选择时，应该以近代中国以降所选择的那个法典文化传统来进行参照。我国近代化过程中承继的德国法系产生的"路径依赖"形成了一个新的法典化传统，这个传统是通过移植并扎根于中国近代以来的国家治理方式之中而无法被忽略的。中国现在编纂民法典的过程与清末立法和民国初年的立法背景相比早已时过境迁，当时的国人在进行民法典创制的时候真正就是在一穷二白的基础上进行全盘移植活动，连消化的过程都省略了。而现在我们在起草民法典时，当代的中国法律人已经浸润多年的民法意识，民法这一学科的发达以及人们对民法的认知度越来越高，立法机关在民商事立法方面的突飞猛进也使得我们在起草民法典时有了大量的素材。经过这么多年的发展，我们已经形成了以《民法通则》为核心，一大批单行法、司法解释构成的民事法律体系，调整着我们现有的社会经济生活。"借助于先验范畴体系的统一性可以处理一个国家法律规则的多样性，而那个统一性也促成了一个国家表面分裂的法律科学不可见的一致性。"③ 我们当前面对的这些散乱的单行法仍有通过法规汇编无法解决的问题，因而迫切需要通过法典编纂的手段来完成这一整理工作。

在法典化过程中，如何处理既有法律，是我们必须面对的一个问题。《法国民法典》起草委员会主席波塔利斯曾经在阐述立法者的职责时指出：

---

① 《清末筹备会立宪史·序例》，第10页。

② 李贵连：《沈家本年谱长编》，济南，山东人民出版社2010年版，第282页。

③ 〔德〕拉德布鲁赫：《法哲学》，王朴译，北京，法律出版社2005年版，第123页。

"与其改变法律，不如给公民提供一个热爱旧法的新理由。"[①] 荷兰在起草民法典时，"一方面，很清楚，人们不希望民法典从根本上改变已为立法与司法所发展了的现有法律体系；另一方面，这项工作也不能简单理解为只是对现行法的重新阐述，意在除去多余的和含糊的条文，并将法官立法和特别法法典化"[②]。民法典能够为我们提供一个热爱旧法的理由，融入法典之中的旧有规范，通过这个法典整理过程又获得了新的生命力，在体系格局中发挥出了更大的能量。因此，中国当今的法典化过程第一要务是整理现有的民事规范，在规范整理的过程中理顺这些规范的内在逻辑以及明了其中的缺损，这既是保持立法的延续性又是维持秩序的稳定性的需要。很多国家的民法典创制过程大多也采取较为温和的方式，而忌讳采取过为激进的变革，以将其对人们生活的影响降低到最低程度，避免引起人们的不适。

有学者认为，法国式和德国式思路仍然遵循传统民法所坚持的绝对的形式理性，即民法典的内部结构仍过多地关注其逻辑体系的完备性，使其成为一个封闭、稳定的系统，不能适应社会经济的发展需要，并主张传统民法所倡导的形式理性应从绝对理性向相对理性转变，尤其是应学习英美法的开放体系的做法来制定我们的民法典。[③] 事实上，法、德两国的民法典由于其完备的逻辑体系并非一个封闭的系统，它们在民法典中设置了很多具有开放性的结构，如一般原则的广泛采用、概括性条款和抽象性概念的运用，使得这两部法典历经一两百年的历史，仍然在现代社会焕发着旺盛的生命力，并成为后发法典化国家一个绕不过去的样板。从民法典的认识论基础来看，一方面，从绝对理性向相对理性转变已经成为当代法典法系国家的共识，人们早已抛开了对人类自身理性的盲目自信，对于人类理性的有限性有了更为深刻的认识，因此也早已抛弃了法典万能论。另一方面，即使在大陆法系内部也存在不同的流派，如 1896 年的德国民法典的立法者所抱持的理念是将对德国法律的深入细致的历史性研究成果所提炼出来的法律原则予以法典化。与法国法长期在自然法的影响下，从对人性

---

① 转引自傅静坤：《〈法国民法典〉改变了什么?》，载《外国法译评》1996 年第 1 期。

② 〔荷兰〕亚瑟·S. 哈特坎普：《荷兰民法典的修订：1947—1992》，载《外国法译评》1998 年第 5 期。

③ 冯乐坤：《从绝对理性到相对理性》，载《现代法学》2003 年第 6 期。

假定之下试图发现法律的真实原则不同的是，德国人通过对德国法中一些数据的科学研究找到德国法的基础原则。法国法表现为体系性，德国法同样表现为体系性。从不同的逻辑前提出发，得出不同的体系安排。“法律科学的任务不是要将具体的、德国的或者法国的法律体系向前推进成为所有原则相同的法律规则，而是要理解个体性中的法律规则。”①拉德布鲁赫曾经对法学家的任务有清楚的阐释：“面对法律，法学家的任务有三：解释、构造、体系。”② 从这个阐述来看，无论是解释论的视角还是立法论的视角，法学家的任务最终还是要落脚到构造体系上来。当今中国的体系化路径选择注定应该是以法典化为主，同时需要在法典之后留下一个开放的入口，发挥判例经验的一种混合模式。事实上，这种模式也是大陆法系和英美法系正在共同走向的一个趋势。科因认为，每个体系都是“透过研究个别问题所获致认识状态的概括总结，它包括，被认识的法律原则及其间的相互关系，以及我们在个案，在规定的客体中所认识的事物结构。因此，它不仅有助于概观及实际的工作；它也成为借助那些——透过体系才清楚显现的——脉络关系以发现新知的根源，因此也是法秩序继续发展的基础。只研究个别问题，而没有能力发现较广脉络关联的学问，并不能继续发展出新的原则；在从事法比较时，以不同方式表达出来的实证制度、规定彼此功能上的近似性，它也不能认识。因此，体系性工作是一种永续的任务。只是大家必须留意，没有一种体系可以演绎式地支配全部问题；体系必须维持其开放性。它只是暂时的概括总结”③。

二、走向开放的民法典体系

在民法典的适用上，立法者已经充分意识到一个封闭法典体系的不足，作为对时代转换的回应，民法典经历了一系列自身的调整与修正。具体来说，从近代社会演进至现代社会，民法对现实生活的回应首当其冲地体现在理念与价值的转变上，即在理念上由形式正义转向实质正义，在价

---

① 〔德〕拉德布鲁赫：《法哲学》，王朴译，北京，法律出版社 2005 年版，第 123 页。

② 〔德〕拉德布鲁赫：《法学导论》，米健、朱林译，北京，中国大百科全书出版社 1997 年版，第 169 页。

③ Coing，Grundzuge der Rechtsphilosophie，4. Aufl.，S. 353. 转引自〔德〕卡尔·拉伦茨：《法学方法论》，陈爱娥译，北京，商务印书馆 2003 年版，第 45 页。

值取向上由追求法的安定性转向追求法的妥当性。① 这一转变乃是通过对近代民法所确立的所有权绝对、契约自由及过错责任三大原则进行修正得以实现的。民法典自身的修正即是对制定法实证主义的一种反思，标志着封闭法典体系的瓦解。而理念的更新与制度的创设已经开始注意到社会生活对法典开放性的需求。关于制定法的缺陷，在大陆法系国家开展法典化运动的过程中已经引发了学者的许多争论。极端的观点甚至提出所谓的“去法典化”思路。在方法论方面，更多的学者认为法官应在填补法律漏洞方面发挥更大的能动性和创造性，这样也有助于实现立法目的及满足社会需要，即建立和发展“活的法律”。拉伦茨教授曾经根据奥地利民法学家韦根伯格的动态系统理论并进一步指出，法官应该想清楚，在系争案件中，立法背后的法律原则，即使经由立法者实施了具体化，也并非形成“固定化”，原则间内在的位阶排序，需要通过具体的个别规则或裁判方式被具体化。在进行具体化的每一个阶段，法官有必要实施追加的价值评价。②

由于民法典已经不能满足现实生活的需要，因而除了对法典进行更新之外，人们已经开始寻找制定法以外的其他法源。这使得众多的判例应运而生，并大量地被运用于司法实务以及法律制度的创设中，各种各样的判例集也不断出版，成为人们所经常诉诸的法典之外的重要法源。法院的判例也逐渐成为法源的一种。③ 尽管《法国民法典》第 5 条规定，法官不得用确立一般规则的方式进行判决，亦不得用遵循先例的方式进行判决。但《法国民法典》在颁布不到五十年的时间里，就要求立法强制下级法院必须遵循法国最高法院的神圣判例。一个世纪过后，不但法国法学家开始承认上述第 5 条的规定在事实上是失败了，司法判例也作为法律诉讼格式传授给法国学习法律的学生。④ 在德国，法院的实践尤其是联邦最高法院的长期判例也成为法典之外的重要法源，正如拉伦茨所指出的：“法院在遵

---

① 梁慧星主编：《从近代民法到现代民法》，北京，中国法制出版社 2000 年版，第 164～191 页。

② 顾祝轩：《制造“拉伦茨神话”：德国法学方法论史》，北京，法律出版社 2011 年版，第 195～196 页。

③ Arthur Taylor von Mehren&James Russel Gordley，*The Civil Law System：An Introduction to the Comparative Study of Law*，Little Brown and Company，1957，p. 1136.

④ 〔美〕罗斯科·庞德：《普通法的精神》，唐前宏、廖湘文、高雪原译，北京，法律出版社 2010 年版，第 106 页。

循‘长期判例’的时候，它的确构成了事实上适用的法（即在大多数情况下得到遵循）的一个很重要的部分。”① 而在判例对于法律制度的创设作用方面，一般人格权概念及相关制度的创设即为著例。正如学者所指出的那样，“法典化的民法法系的显著特征是历史上，由法典化前的民法法系的性质所决定的，这种特征正逐渐减弱”②。后法典化时代的民法法源已经逐渐走出制定法实证主义的囹圄。

中国最高人民法院在 2005 年《人民法院第二个五年改革纲要》中正式将“案例指导制度”作为一项改革任务列入；2010 年 11 月 26 日，最高人民法院关于案例指导制度的规范性文件《关于案例指导工作的规定》正式出台；2011 年 12 月 20 日，第一批“指导性案例”正式发布。应当说，所谓“案例指导制度”，在当今世界的两大法系中均不存在完全对应的制度设计，实际上是我国司法机关在既有的制度框架和现行司法体制基础上进行的一项法律适用上的机制创新。如果我们认可这是一项能够体现中国特色、并顺应世界两大法系逐渐融合发展大趋势的制度变革举措，那么，在案例指导制度被定位为促进司法统一和实现司法续造的机制的情况下，选择指导性案例的实质性标准亦不难确定。也即是说，指导性案例的选择，应以待选案例是否具有法律续造的价值，也即是否产生了无法为既有的法律渊源所包含的新的规则作为主要标准。③

法律的形式理性固然代表了或者说表达了一种法典化思想。④ 然而，随着封闭完美的法典之构想在 20 世纪成为历史的灰烬，现代各国民法典的修正及制定趋势逐步由封闭走向开放，不少国家也已经注意到法源作为一种方法对于整体法秩序之实现的重要性。因此，作为司法之方法的法源也开始对立法产生了某种反射作用。这首先表现为在制定法中出现了明确的法源条款之规定。1907 年制定的《瑞士民法典》堪称在立法上规定法

① 〔德〕卡尔·拉伦茨：《德国民法通论》上册，王晓晔等译，北京，法律出版社 2003 年版，第 15 页。

② 〔美〕艾伦·沃森：《民法法系的演变及形成》，李静冰、姚新华译，北京，中国法制出版社 2005 年版，第 234 页。

③ 就像有的学者所指出的，最高法院最使人尊敬之处，在于能将高超成熟的司法技艺与发展法律的宏大抱负完美地结合在一起，推动法律发展的同时又谨守司法的界限。参见宋晓：《判例生成与中国案例指导制度》，载《法学研究》2011 年第 4 期。

④ 即人们应当在一部唯一的系统划分的法典中对公民的权利清楚而明白地加以规定，以便每个人都可以知道他的权利，并且独立地对权利加以运用。参见〔德〕罗伯特·霍恩：《百年民法典》，申卫星译，载《民商法纵论》，北京，中国法制出版社 2000 年版，第 23、26 页。

源条款的开山之作。[①] 较之于在其之前制定的德国、法国、奥地利、日本等国的民法典，《瑞士民法典》首次在立法中对法源进行了明确列举。根据其第1条规定，法官在实务中可以将制定法、习惯法、学说及判例作为法源来进行裁判，当然，各种法源之间存在适用上的优先顺序。这一规定明确承认了法典的不完美性，赋予法官在发现法律的漏洞时，立于准立法者的地位造法的正当性，同时也对法官造法的“补充性”作一警示，在法典主义与自由法之间找出一个适当的平衡点。[②] 立法上的法源条款作为法源理论在立法上的反射对于现代民法来说有极为重要的价值和意义。事实上，我国2002年独创的“九编制”民法草案已经因为其与传统体例的大相径庭而令人猝不及防，目前正在编纂的民法典也可能突破成例将人格权独立成编，中国民法典或许正好可以在一种全新的法典理念下显示其21世纪民法的特征。

法律作为一门社会科学，与其他学科门类相比，最大的特点就在于其所具有的实践性。法律的价值并不在其形式，而在其应用，因此，无论采用什么法源的法制度，有关法的运用的技术与理论注定要成为法学关心的课题。即使是按照科学的标准和方式来展开的法学研究，不论是关于实体法的还是理论法学的，也都必须关注如何将法所贯彻的理念与实际的社会变动有机结合的方法；关注那些研究乃至解决具体问题的技术。[③] 因此，就整个法律科学来说，以法律适用为中心的法律实践活动才是值得我们关注的重点。如果认同这样的理念，那么法律首先应当是法官的，是一种裁判规范。法典化并不能代表体系化的全部，而应通过个案形成有拘束力的裁决并构成开放的体系。在中国正在实现“法典化”的宏伟蓝图的时候，强调这一点非常重要。进入近代以来，两大法系在认识到各自的不足之后，都开始向中间阶段靠近，成文法国家开始放松体系，保持体系的开放性，通过对个案的裁判发现新的法理和规则。中国法院的指导性案例制度

---

① 《瑞士民法典》第1条规定：“(1) 任何问题，凡本法在文字或解释上有相应的规定，一律适用本法；(2) 如本法无相应的规定，则法官应依据习惯法裁判，亦没有习惯法时，法官应推测立法者就此可能制定的规则予以裁判；(3) 在前款条件下，法官应遵循经过实践所确定的学理和实务惯例的做法。”

② 苏永钦：《“民法”第一条的规范意义——从比较法、立法史与方法论角度解析》，载苏永钦：《私法自治中的经济理性》，北京，中国人民大学出版社2003年版，第3页。

③ 姚辉：《法律：法官的还是法学家的》，载《法学前沿》，北京，法律出版社2001年版，第32～33页。

的实践，也未尝不是这种努力当中的一个方向。而判例法国家也开始将历史沉淀下来的合理要素形成法律原则并通过向后的约束力，不断将该原则予以巩固。上述发展路径及其轨迹，值得我们深思。在创建 21 世纪的民法典的过程中，中国民法界如何实现体系化思维下的民法典与包括案例指导制度在内的法律适用制度的有效衔接与配合，如何达致代表封闭体系的民法典与实现开放体系的其他法律规范的和谐统一，是时代赋予民法人的历史使命。在中国，法典化的过程就是一个开放的体系化过程，体系的开放成为法典化的必然选择。

第二章　民法的法典化

第一节　法典是体系化的最高形式

一、“法典”概念的由来

将散乱的法律整合以符合一定的标准进行编纂后才可以称为“法典”，这个过程也就是“法典化”。事实上，当今中国学界和立法机构对于“法典”“法典化”一词的运用过于泛滥，对于任何一部法律，在称呼上若不缀以“法典”则无法表达对于这部法律的尊重，对于任何一部法律的系统化整理若不冠之以“法典化”则无法表达其研究之深远意义。这也造成了“法典”一词的滥用以及“法典化”和“体系化”两个术语的混用，我们认为有必要在二者之间作一校正。

（一）“法典”的语源

“法典”一词系舶来品，译自拉丁文中的“Codex”“Codice”或者英文中的“Code”，追根溯源，这两个外文词的原意为“树干”，后引申指称为一种书写材料，而后世的文字、典籍大多是记载在这些材料之上。“拉丁文中‘法典（codex）’一词最初的含义与我们今天使用的‘书（libro）’的含义相同。”① “法典”（codex）一词含义的转化及充实伴随着古罗马法的发达而展开。在公元4世纪到5世纪的时候，法学家先后制定了“艾尔莫折尼亚诺法典”（Codice Ermogeniano）、“格来高利亚诺法典”（Codice Gregoriano）、“狄奥多西法典”（Codice teodosiano），这些法典都是对皇帝宪

---

① 〔意〕桑德罗·斯奇巴尼：《法典化及其立法手段》，丁玫译，载《中外法学》2002年第1期。

令进行收集整理、汇编成“书”，因此到5世纪时，“Codice”已不再仅仅指“书”，而开始包括了“法律汇编”的意味。但这种语义上的转变的最终完成的标志是直到6世纪时古罗马皇帝优士丁尼大帝编纂法典工作的结束。优帝在位时编纂了《优士丁尼·法典》《学说汇纂》和《法学阶梯》三部法典。优士丁尼开始赋予了“法典”双重含义①，其中狭义的“法典”（Codex）是指对于历代皇帝敕令的收集和汇编。因此Codex一词又可以译为“敕令汇编”。而广义的“法典”同时包括了其所编纂的那三部法典——《法典》《学说汇纂》和《法学阶梯》。②“最终确定了‘Codice’在罗马法系中法律术语的含义——法典。”③

（二）多义的“法典”

“法典”一词沿用下来，后世又发生了许多细微的变化，其语义也更为丰富，所指也更为多样。其中，与现代意义上的“法典”距离最为遥远的似将法典指称《旧约全书》中各种规则的集合体；不过法典一词，“通常用来指各种古代法律规则的总体，如《汉谟拉比法典》。但这些规则总体显然不是古代君主领土上任何法律部门规则的完整陈述”；有时“法典一词也用来指被称为蛮族法或日耳曼法的法律，以及在整个欧洲被广为接受的海事习惯和惯例汇编”；不过自从15世纪以来，“该词开始用来指书面形式的主要法律部门相对全面和系统的陈述，如一特定国家的民法和刑法，从而取代原先该词所指的习惯、判例以及零碎立法的混合物”④。此时“法典”的含义真正与我们现在所使用的“法典”一词的含义开始接近了。“法典一致被定义为对特定主体之主导性法律规则（leading rules of law）的有序和权威性表述。”⑤

（三）“法典”的标准

纷繁多样的“法典”概念潜藏着一些共同性的因子，这些构成了“家

---

① 其实在狄奥多西皇帝时期，其已经有了将皇帝宪令和法学家著作汇编的宏伟计划，只可惜其在位时只完成了狄奥多西法典，还没有来得及将法学家的著作汇编成册，这项宏伟的工作后来由优士丁尼完成了。

② 薛军：《优士丁尼法典编撰中“法典”的概念》，载徐国栋主编：《罗马法与现代民法》，第2卷，北京，中国法制出版社2001年版，第63～65页。

③ 〔意〕桑德罗·斯奇巴尼．《法典化及其立法手段》，丁玫译，载《中外法学》2002年第1期。

④ 〔英〕戴维·M. 沃克：《牛津法律大辞典》，社会与科技发展研究所译，北京，光明日报出版社1988年版，第171页。

⑤ 〔美〕约翰·L. 戈蒂德：《〈统一商法典〉的方法论：现实主义地看待〈商法典〉》，徐涤宇等译，见清华法学网。

族相似性”。最早研究“法典”概念的英国法学家边沁曾经归纳了法典的四条标准：第一，它必须是完整的，提出十分充分的整套法律，以致无须用注释和判例的形式加以补充；第二，在叙述其包含的法则时，必须使每一句话都达到最大可能的普遍性；第三，法典中的法则必须是以严格的逻辑顺序叙述出来的；第四，使用一致的术语叙述法则，给法典提到的每个事物以唯一一个准确界定的名词。[①] 我国有学者在研究法典编纂的历史之后归纳出了法典的四点基本内涵：“其一，法典应该是用书面的方式表示的；其二，法典是通过编纂形成的；其三，法典所表述的是法律规则；其四，法典是和法律创制活动与机制联系在一起，具备这些基本内涵的便是广义上的法典”[②]。董茂云先生认为：“第一，法典必须是包罗万象、完美无缺的。如果法官需要处理一个法典未加规定的案件，那就要导致法官立法，也就破坏了编纂法典的宗旨。第二，法典必须是逻辑严密、前后一致的。如果法典中的条文互相矛盾，需要法官选择对案件事实更为适用的规定，就会导致法官立法，破坏编纂法典的宗旨。第三，法典必须是清晰明了的。如果允许法官对模棱两可或含糊不清的条款确定其真实含义，也会导致法官立法，破坏编纂法典的宗旨。”[③]

在笔者看来，上述对于法典的标准的概括都从不同侧面触及到了法典精要的部分，但仍然无法涵盖“法典”现象之全部。

首先，“法典”一词并非立法称谓，而更多的是指一种法律形式。凡是具备这些形式结构基本特点的法律都可以称为法典。因此，在实际的法律中虽未冠以法典名称的，后世的学者也习惯于以法典称之。以民法典为例，在各国正式公布的民法典之中，其立法文件中明确指称民法典的并不多见，但这仍不妨碍学者和一般人称之为民法典。

其次，“法典”从某种意义是一种体系整理的过程。“有序或许是法典形式最为重要的属性，同时它也是法典最独特的特征之一。有序意味着要将某一法律领域的全部规则缩编为一个完整的体系，它要求对原则和规则进行有序安排，并保持该主体领域内各制定法条文间的一致性。”[④] 因而从某种意义上说，法典与体系构建关系密切，法典总是通过一定的逻辑结

① 〔英〕边沁：《政府片论》，沈叔平等译，北京，商务印书馆 1995 年版，编者导言。

② 陈涛、高在敏：《中国法典编纂的历史发展与进步》，载《法律科学》2004 年第 3 期。

③ 董茂云：《法典法、判例法与中国的法典化道路》，载《比较法研究》1997 年第 4 期。

④ 〔美〕约翰·L. 戈蒂德：《〈统一商法典〉的方法论：现实主义地看待〈商法典〉》，徐涤宇等译，见清华法学网。

构将众多的相互联系的规章整合在一起，形成一个有机体。

再次，“法典”一词的运用在很大程度上与历史传统因素有关。成文法国家在创制法律的过程中都比较注意体系因素和逻辑联系，但并非任何法律都能被称为“法典”。1794 年的《普鲁士普通邦法》是最后一部包括所有部门法的法典，此后，开始了多元法典的时代，如传统的六大部门法，即所谓的“六法”，尽管在立法文件上未必注有“某某法典”名称，但学者一般均将其称为法典。对于这些部门法之下的再细小的单行法却未必使用法典一词，如极少见有“物权法典”“公司法典”“证券法典”“强制执行法典”“证据法典”等称谓。事实上在这些法中，体系十分完备，但习惯上并不以法典称之。例外的是人们已经习惯于称呼瑞士的债法为《瑞士债法典》，而这又有着一个习惯因素作用其中。①

我国学界对于“法典”一词的使用，“多被解释为某一时代主要法律或者某一部门主要法律比较集中、系统的规范性法律文件”②。尤其是法学理论中比较注意将法典编纂和法规汇编严格区分，将前者不仅仅局限于对现有法律的整理，而是将其作为一种技术性更强的法律创制活动、一种具有权威性的立法活动。“法典不是单一的法律，也不是法律的简单汇编；法典是科学系统的编纂成果，是对法学和法律的提炼与综合。”③ 这也是本书所采取的立场。

二、法典编纂中的体系观念

（一）法典是体系化的有效手段

萨维尼曾经把法律的发展分为三个阶段：第一阶段是自然或习惯法，存在于民族的共同意识之中；第二阶段是学术法，通过法学家的意识而体现出来，具有双重性，即它既是民族生活的一部分，又是法学家的一门特殊科学；第三阶段是法典编纂。④ 这种“三阶段”论对于自然演化发展的国家也许是适用的，但是对于一个法律移植的输入国而言，在急学先用的

① 《瑞士债法典》称谓的得来在很大程度上也取决于该法典内容的复杂性和丰富性，其债法典涵盖了公司法、证券法等大部分商法内容，不同于一般大陆法系国家的债法，因此其能冠之以法典也绝非偶然。

② 中国大百科全书总编辑委员会《法学》编辑委员会：《中国大百科全书·法学》，北京，中国大百科全书出版社 1984 年版，第 90 页。

③ 〔意〕桑德罗·斯奇巴尼：《法典化及其立法手段》，丁玫译，载《中外法学》2002 年第 1 期。

④ 王哲：《西方政治法律学说史》，北京，北京大学出版社 1998 年版，第 410 页。

年代，前两个阶段是刻意被省略的，而是直接进入第三阶段——法典编纂。这样一种跨越式发展模式能够在较短的时间内使输入国的法律在体系上比较完备，但也极易产生水土不服的问题，这样的问题在我国自然也不例外，所以有关法治本土资源的论争在我国持续至今且仍未偃旗息鼓。移入国之所以能够实现跨越式发展，在很大程度上是因为法典自身具有的一种可移植性，这种可移植性与判例法相比较而言尤为突出，因为法典作为一个文本，比较容易为人一揽子所了解、继受，而法典内部的体系性所展现出的逻辑力量容易披上科学的外衣，更具有形式说服力。因为就植入国而言，以本国法典为基础，广泛吸收本国已有的规则和借鉴他国独特的制度，形成一个新的法典，面临着一个体系重构的过程，换言之，法典编纂与体系化是无法两分的。放置在我国的背景之下，我们的法典编纂与体系的关系，可以从如下角度予以阐释。

1. 通过制定民法典进一步奠定民事法律在我国的基本法地位。对我国而言，尽管立法法已经明确规定民事基本制度属于法律保留的范围，民法应该是我国的基本法律，但是至今为止，我国尚缺一部民事法律的基本法，民法通则并不能承载民法典的全部功能。正如谢怀栻先生所言："承认并尊重私法关系（民法关系），承认私法关系的存在，承认私法关系在人民生活中甚至具有更基本的地位。这种私法思想（民法思想）通过民法典而得到表现。"①

2. 法典编纂的一个重要理由是对法律领域进行科学的完善、整理和体系化。② 以优士丁尼法典为例，其试图达到的一个主要目的就是收集所有以前的法律规范，对这些规范进行筛选、整理，使之相互协调、进而对筛选出并收录于优士丁尼法典中的法律进行压缩、确定、统一并使之体系化③，"民法典的编纂本身就是一门科学，民法典的编纂肯定要产生大量专有概念和术语，最后形成的法典，肯定是一个技术化的体系。④" 19 世纪的学说汇纂法学也在根本上影响并推动了民法典的一般概念及其体系的形成。法典化的最根本目的在于体系化，消除单行法之间的矛盾和冲突。

---

① 谢怀栻：《从德国民法百周年说到中国的民法典问题》，载《中国法学》2001 年第 1 期。

② Wieacker, Privat Rechtsgeschichte der Neuzeit 1952, S. 253 ff, 284, 291. 转引自 Manfred Wolf：《民法的法典化》，丁晓春译，载《现代法学》2002 年第 3 期。

③ 〔意〕桑德罗·斯奇巴尼：《法典化及其立法手段》，丁玫译，载《中外法学》2002 年第 1 期。

④ 孙宪忠：《制定民法典的主要难题》，载《法学》2003 年第 5 期。

如果不是出于体系化的目的，只需要法律汇编即可，而无须法典编纂。正是出于发挥体系之中的规范的协同效应和联动效应，才有了法典化的需求，才需要整理现有的法律，补充阙如的法律。

3. 在大陆法系国家，通过法典化的过程完成体系化的任务还有一个非常重要的目标在于，通过民法典可以达到整合整个私法体系的功能。如薛军先生所言，在我国，“民法典的编纂将不同于通常意义上的立法行为，它一方面可以消除中国目前法律体系中存在的冲突和混乱，将已有的立法成果整合为一个有机的整体；另一方面，它以人类认识事物的一般规律来组织法律，即从一定的原则和概念出发，借助逻辑推理来建构法律体系，再次提高法律的可接近性”①。民法典的容量毕竟有限，即使如意大利一样在民法典中收入近三千条，也无法穷尽私法的规范。因此，在当今任何一个国家，即使民法典再趋完善，还是需要相当数量的民事单行法存在，这些规范构成了特别民法。民法典对于这些在法典体系之外的私法规范仍然发挥着体系作用，这些特别私法尽管有其特殊性，但还必须遵守民法典中的基本原则和制度，没有特别理由必须接受这种体系约束。而对于民事特别法中没有规定的或暂未制定特别法的民商事法律事务都必须接受民法典原则和精神的规范。

4. 民法典的制定不仅具有是完善法律体系的法律意义，其还具有更为深远的政治意义。沃尔夫认为：“民族国家的产生、社会和政治的变革、某一经济区域内法律规定的统一以及对法律领域进行科学的清理和体系化都是推动法典化的主要原因。”② 冯·巴尔认为：“法典编纂不仅仅是‘重述’。不管其关于民法特定问题的规则如何，私法的大型编纂活动至少是高度政治化的工具，其意义在于它们总是追求着推动国内统一的目标。”③民法典的制定能够确立我国私法领域的基本精神，通过立法的统一实现市场的统一，进而促进政治秩序的统一。

（二）民法典中的体系弱化因素

尽管在近现代法典的编纂工作中，体系化一直是立法者所追求的主要目标，但体系化仍然面临一些弱化因素，这些因素的存在使法典编纂有时

① 薛军：《民法典编纂的若干理论问题研究》，载马俊驹主编：《清华法律评论》第 2 辑，北京，清华大学出版社 1999 年版，第 170 页。

② 〔德〕Manfred Wolf：《民法的法典化》，丁晓春译，载《现代法学》2002 年第 3 期。

③ 〔德〕冯·巴尔：《欧洲：多部民法典的大陆，或者走向单一民法典的大陆?》，载《法学家》2004 年第 2 期。

不得不以牺牲体系性为代价。在优帝时期，优士丁尼在判断某一法律文件是否可以冠以“法典”之名时，就没有以体系化的因素作为标准。① 斯奇巴尼在体系化目标之外提出了法典应该追求的一个更高的目标，即制定一部适用于所有民事关系——人身关系、家庭关系、个人或组织的财产关系的民法典的工作似乎更加重要。“因为民法典能够引导人们建立一个平等的共同体。”② 显然，斯奇巴尼先生更钟情于建立一个平等共同体的目标。

以工具论的立场看来，体系化始终是作为一个实现价值目标的工具，而不能作为一个终极目标，因此，在贯彻法政策和法价值有时要以牺牲体系为代价。以优士丁尼的诸法典为例，其可以划分为法律全书式结构和法律教科书式结构，前者包括优士丁尼《法典》和《学说汇纂》，后者仅指《法学阶梯》。两种不同的结构对于体系化的要求也是不同的。前者在体系化的程度上就没有后者要求的严格，因为，如果前一结构“必须同时满足其他条件（如全面、完整）时，它可以在一定程度上牺牲体系化的程度。法律的适用当然需要体系化的支持，但是这种只具有较低的体系化程度的法律文本将不构成对法律适用的障碍，因为可以推定法律家的心中自有‘体系’的存在。但对于后者而言，它必须将体系化的特征直接写在文本之上，这种要求相当严格，以至于当与其他方面的要求发生冲突时，体系化的因素必须成为优先满足的目标”③。

从认识论角度观察，人们对于体系的发现也有一个过程，而且会随着时间的推移而不断深化或变异。“将法律材料科学地整理并体系化对于法典编纂非常必要，它们常常不是存在于技术和社会变革之初，而是以认识并经历了与其紧密联系的矛盾情况为前提。……因此，对法律调整的材料进行科学的整理和体系化的时间并非在新发展的最初，而是在其中叶，甚至在糟糕的情况下，也可能在其最后。某些特定领域首先得到发展，要研究这些特殊领域必须回到其基本结构并且对其进行体系化的整理。”④ 对于体系的认识，根据人们的立场不同，由局部到整体、由特殊到普遍，其间，引起体系变动的因素无所不在。这种认识论也可以解释为什么德国放

① 薛军：《优士丁尼法典编撰中“法典”的概念》，载徐国栋主编：《罗马法与现代民法》，第2卷，北京，中国法制出版社2001年版，第61页。

② 〔意〕桑德罗·斯奇巴尼：《法典化及其立法手段》，丁玫译，载《中外法学》2002年第1期。

③ 薛军：《优士丁尼法典编撰中“法典”的概念》，载徐国栋主编：《罗马法语现代民法》，第2卷，北京，中国法制出版社2001年版，第53～58页。

④ 〔德〕Manfred Wolf：《民法的法典化》，丁晓春译，载《现代法学》2002年第3期。

弃了自身传统——日耳曼法而转投罗马法；在对罗马法的继受过程中，在对法国法进行钻研之后，德国最终放弃了法国法体系，而做出了自己的选择——学说汇纂体系。体系并未如法律科学化的目标所设定那样具有唯一性和恒定性，而是表现出一种多元性和竞争性，同一株“罗马法”之花却结出了不同的体系之果，法国民法典、德国民法典、瑞士民法典、荷兰民法典等各种流派逐一登上历史舞台，各领一时风骚，也为尚未开创体系典范的国家提供了众多可选择的典范。

考察民法典的体系稳定性还必须结合中国当前的背景，对于一个面向现代化的国家，民法典的现代性也是一个重要因素。民法典的现代性与传统民法典最大的区别在于需要解决福利国家中出现的法律问题。德国学者迪特·格林曾经在《政治与法》论文中深刻地分析了传统国家与现代福利国家的区别。在他看来，传统的国家行为与维护一个既定的社会秩序免受干扰有关，与此不同，现代福利国家的任务大多涉及着眼特定政治目标以改变现存社会关系。前者局限在个别的点上而具有回顾过去的性质，后者扩展到整个面而具有扩展未来的性质。前者在受国家掌控的已知领域活动，所以可以在规范上予以相对精确的操控；后者在不确定中前进，并且还受到许多仅仅有限地为国家所支配的因素与资源的制约，此类行为复杂到不再可能完全预先设想到，因而也不可能在规范上作出完整无缺的规定。① 福利国家的这些特性也要求法典做出相应的调整，法典保持开放性，能够面向未来，并且应该能够为政策的调控提供进入的渠道，而这些因素恰恰属于法典体系之中的异质因素，将法典的体系性弱化，以牺牲体系性为代价换取灵活性和原则性，这是一个无奈的结局，也是一种开明的选择！

三、法典化的反思

（一）体系的终结还是开端

在古罗马时期，“法学阶梯的结构是高度抽象化的，各种法律渊源被有机地整理在一部法律文件中。为了实现体系化的建构，它使用了比法典和学说汇纂更多的立法技术；为了克服体系化的困难，它将其包含的法律

① 〔德〕迪特·格林：《政治与法》，杨登杰译，载《法哲学与法社会学论丛（六）》，北京，中国政法大学出版社2003年版。

材料的范围限定在私法之中”[①]。但当今私法领域面临的问题比之前的更为复杂，需要处理的法律材料也更为丰富，一些以前存在于体系之内边边角角的问题在现代社会发展成为一个庞然大物，如消费者权益保护法，在以前的法典处理过程中并不成为一个问题，大多数处理是在对格式合同的解释采取向格式合同接受方的利益倾斜的方式以达到保护消费者权益的目的。然而随着20世纪消费者运动的开展，消费者权益保护法也开始越来越壮大。又如在德国，房屋租赁合同，从前仅仅作为债法中一个有名合同——“租赁合同”之下的一个类型发展出了自己的独有的体系，成为体系的异质因素，最终脱离体系存在于体系之外。在当今私法领域，两股趋势一直同时在进行，一方面民事特别法越来越多，民法典疲于应对，无法全部涵摄其内，而只能让其停留在体系之外；另一方面民法典本身也在不断的膨胀扩张，将商法、亲属法、知识产权法尽可能地纳入其中。在讨论这些问题的时候，就必须思考这么一个问题，将一个单行法规纳入民法典和不纳入民法典对于法律调整社会生活的影响究竟有多大，如果区别不大，又为何执意要将单行法逐步纳入民法典呢？

制定一部民法典并不意味着要幻想这部法典成为一部所有民事法律的集大成者，事实上，“《民法典》不能通过包罗万象的概念体系达到毫无漏洞地调整私法关系的目标”[②]。尤其是“愈来愈多的证据表明，正是在发展规划、经济调控与风险预防等现代领域，很难运用具有高度约束力的法规范[③]”。因此，民法典只能定位为私法的基本法，在其中规定民法的基本制度以及因为历史传统的因素一直存在于民法典体系之内的制度；主要提供权利确认规范和交易基本规则，唯此才能使民法典保持相当的稳定性。如在德国，私法中其他领域的规定都是以《德国民法典》前三编中包括的一般规则和法律制度为基础建立起来的。“预先规定所有的情况、包括那些只是偶然出现的情况不是法典的任务，法典只要对那些经常出现的情况加以调整就足够了。因为，在人类生活和生产活动中总是会出现新的问题。”[④]因此，在法典之外，还必须在民法典基本原则和基本制度的指引之下，制

---

① 薛军：《优士丁尼法典编撰中“法典”的概念》，载徐国栋主编：《罗马法语现代民法》，第2卷，北京，中国法制出版社2001年版，第60页。

② 〔德〕Manfred Wolf：《民法的法典化》，丁晓春译，载《现代法学》2002年第3期。

③ 〔德〕迪特·格林：《政治与法》，杨登杰译，载《法哲学与法社会学论丛（六）》，北京，中国政法大学出版社2003年版。

④ Costituzione Tanta，18（《唐塔宪令》第18章）。转引自〔意〕桑德罗·斯奇巴尼：《法典化及其立法手段》，丁玫译，载《中外法学》2002年第1期。

定民事单行法，以满足变动不居的社会生活的需求和满足其他价值目标。

“制定法律者是人，而不是神。这是人类困境的特征，试图依靠一般规则调整人们行为领域的任何人都会遭遇这种困境，而不仅仅是立法者——他们都在未来可能的相关情形之不可预见性这一最大障碍下工作。”① 化解这种体系困境的途径主要有两种。其一，通过对法典进行修订或者在法典之外另行制定单行法。民法典的创制并不代表体系化的终结，事实上，任何一部法典出台都无法避免被修订的命运，即使如德国民法典这般匠心独运，在上个世纪仍然经历了不下150次的修订，有学者也认为民法典正是通过如此之多的修订活动“表明了其作为德国私法中心法典的地位”②。而对于民法典之外单行法的发展，更是一个不争的事实。

其二，由法官根据法典的价值、体系、基本原则承担发展法律的任务。大陆法系国家早已抛弃了法官必须严守法律的刻板模式，早已在不同程度赋予了法官创制新规则的权力，“法官在适用法律时，必须从需要裁判的具体案情以及该案情所提出的特殊问题出发，不断地对法律中包含的判断标准进行明确化、精确化和‘具体化’。这也就是说，法官在适用法律时，必须对法律进行解释，如果他发现法律‘有缺漏’，那么还必须予以补充。法官适用法律的过程，也就是他发展法律的过程”③。

我国除《民法通则》之外，所有的民事法律均是以单行法的形式表现出来的，面对如此多的单行法，并非全然抛弃，另起炉灶，制定一部民法典，法典化的理性路径应该是择其精要，整合规范，形成民法典，这种路径其实已经得到了我国立法机关和大多数学者的认可。因此，面临的第一要务是要对我们需要的民法典进行准确的定位，以此定位为出发点，再确立我国的规则制定、制度设计和体系构造。前述对于公法和私法的讨论并非是一种空泛而陈旧的毫无意义的讨论。如果坚持公法和私法的二元构造，同时也准确地认识到了公法和私法目前所面临的一种互动的态势，如果清醒地认识到了法典的能与不能，那我们就不会抱有制定一个包容一切的“大杂烩式”的民法典这样的野心，而会在民法典体系之外保留单行法的空间。

---

① 哈特·《耶林的概念天国与现代分析法学》，陈林林译，见 http：//www.chinalegaltheory.com/detail.asp? id=1206&name=法理译文选登 &types=海外来风 &detail=。

② 〔德〕罗伯特·霍恩：《百年民法典》，申卫星译，载《中外法学》2001年第1期。

③ 〔德〕弗卢梅：《法官与法》，载《第46届德国法学家会议讨论集》，第2卷，K部分，1967年版，第25页。转引自〔德〕卡尔·拉伦茨：《德国民法通论》，王晓晔等译，北京，法律出版社2003年版，第14页。

尽管我国属于成文法国家，法律对于法官创制法律的权限也作了较多的限制，但就我国实际情况而言，由于民法典的阙如和民法规则的缺失，因而法官在发展法律方面一直处于比较主动强势的位置，这种强势地位从我国《民法通则》出台不久，最高人民法院《关于适用〈中华人民共和国民法通则〉的若干意见（试行）》也在不久后出炉，形式上类似于我国台湾地区的“民法施行法”，《民法通则意见》的出台在我国的民事审判之中发挥了积极的作用，也在我国改革开放之后民事立法活动伊始就为最高法院在民事立法格局中的强势地位奠定了基调，这种强势地位一直延续至今，包括担保法司法解释、证据规则、合同法司法解释、人身损害赔偿司法解释，都是在现有民事法律有所缺漏而立法又无法及时补充的地方，通过司法解释这一“抽象性司法行为”替代了立法机关的立法权能。这一格局在我国民法典出台之后是否应该有所变化呢？民法典的出台尽管并不意味着取消法官发展法律的功能，但给法官发展法律附加了一个限制，这个限制表现在价值限制、原则限制、体系限制。因此，最高法院在发展法律时其模式也应该从“抽象性司法行为”模式转变成为从个案中发现法律的模式。①

“民法典的编纂并不是私法发展的结束，而是法律长期发展进程中的一个阶段，在这一阶段某些价值评价被暂时明文规定下来。”② 因此，我们可以说，我国民法法典化进程的完成并不意味着一个体系的终结，恰恰相反，民法典提供了一个更为开放的体系架构、一个发展的动态框架。

（二）民法典何以保持开放性

在《民法总则》出台后，民法分则的制定也已正式进入立法机关的日程，我国的民法典可谓呼之欲出，在制定民法典的过程中，如何保持民法典体系应有的开放性，成为亟待解决的问题。

第一，民法典中的兜底性条款。在《民法总则》中，事实上存在诸多兜底性条款，如《民法总则》第 34 条第 1 款规定：“监护人的职责是代理被监护人实施民事法律行为，保护被监护人的人身权利、财产权利以及其他合法权

---

① 事实上，从个案中发现法律的模式，最高人民法院以前也在一定程度上采用，如借助最高人民法院公报、其判例对下级法院也具有审判指导作用，在 2005 年最高人民法院和最高人民检察院约请专家撰写的《中国案例指导》，扉页上更是明确注明了该案例指导的分析意见和结论可以成为律师主张权利的支持和法官裁判的理由。

② 〔意〕R. 科尼特尔：《罗马法与民法的法典化》，载《罗马法、中国法与民法法典化》，北京，中国政法大学出版社 1995 年版，第 50 页。

益等”。第151条规定：“一方利用对方处于危困状态、缺乏判断能力等情形，致使民事法律行为成立时显失公平的，受损害方有权请求人民法院或者仲裁机构予以撤销”。这些条款中的等字，并非是法律规定中的疏漏，而是为了使民法典能够适应未来的民事生活，以克服法典本身的滞后性才刻意为之。这种不完整的列举，可以通过将来对法律进行解释的方法，对“等”字作出合乎立法目的的扩充。此种制度设计为法典的完整化留下了充分空间。

第二，民法典中的链接性条款。虽然我国民法典即将正式问世，但诸多单行法诸如《消费者权益保护法》等仍将继续施行，从而形成与民法典并行存在的局面，如何使民法典既能够有效整合现有的单行法律，又不会阻碍单行法律的制定，就需要规定民法对其他单行法律的链接性条款。正如《民法总则》第11条规定：“其他法律对民事关系另有特别规定的，依照其规定”，其同样为单行法的制定以实现法典内容的“完整”奠定了基础”。第128条规定：“法律对未成年人、老年人、残疾人、妇女、消费者等的民事权利有特别保护规定的，依照其规定”。其皆为单行法律如《消费者权益保护法》和《老年人权益保护法》的修改与完善提供了连接的纽带，同时还有效地整合私法体系。①

第三，民法典对司法解释的充分尊重。尽管现行法律的制定是在总结现有的社会生活事实的基础上的最大化共识，但出于理性的限制以及如法律的实施环境的不确定性等因素的影响，法律的可预见性终究有限。民法典一经出台，其内容便可能立即落后于社会生活的需要，民法典便面临修改。但由于民法典的体系刚性以及修改程序等原因所限，民法典不可能随着社会生活的发展而立刻进行修改完善。因此，民法典意欲保持开发性，其重要基础便是尊重法官造法的权力，在我国语境下，就是要尊重司法解释的法源地位。只有民法典给司法创造了充分的空间，开放的民法典才能真正成为可能。

第二节 法典化的危机与应对

一、解法典化运动与法典化危机

“解法典化”语源“decodificazione”，出自意大利罗马大学那塔利

---

① 关于《民法总则》中规定的对民法特别法的链接条款的具体评论，参见杨立新：《民法总则规定的民法特别法连接条款》，载《法学家》2017年第5期。

诺·伊尔蒂（Natalino Irti）教授于20世纪70年代撰写的《解法典的时代》论文。客观地看，西方社会，主要是大陆法系国家，解法典化的实践和理论是在已有一部成熟民法典的前提之下所展开的，从历史背景来分析，解法典化现象出现是“福利国家”政策在欧洲的盛行，“作为私人关系的一般规范的民法典的危机，实际与‘市民’的衰弱以及社会团体的兴起是一回事”[①]。私法自治开始受到国家政权的干预，表现在立法上就是一些有别于民法典的基本原则和精神的特别立法开始大量出现，对民法典在私法体系甚至整个法律体系的中心地位构成了威胁，人们开始重新认识法典的功能和角色，以及对特别法与民法典之间的关系作深入研究，并因此形成了所谓的“解法典化”思潮。

解法典化与法典化的危机交织纠葛，因果难分。从一定意义上说，法典化的危机肇始于法典化的开始。美国纽约州法典编纂论战中的反对派卡特认为，科学仅仅是对事实的整理和分类，具体案件的实际判决就是事实。它们只有在进入存在后才能被观察和分类，要求法律科学为未来制定法律规则，在逻辑上是不可能的，换言之，法学家或法典编纂者不能对未知世界的人类行为进行分类并继而就它们制定法律，犹如博物学家不能对未知世界的动植物进行分类一样。[②] 对于未知的世界，修订民法典、单行立法的形式无法成为一种有效的方式，这一预言在大陆法系国家的法典出现之后得到了应验。在德国，民法典洋洋洒洒，恢宏巨著，结构精巧，逻辑严密，仍无法摆脱这种宿命。拉德布鲁赫以《德国民法典》为例对法典化可能带来法律体系发展的停滞进行了思索，不过其是从一种更积极的意义上考虑的，他认为：“凡是大的立法成就，经常也同时带来一种法律发展的短暂平静。在杰出和统一的建筑上，人们会对进行妨害其风格的改造犹豫不决。所以，民法典在经济与社会观念迅速改变和经济与金融状况危机性干扰的时代里，没有经历过任何实质性的转变。在某种程度上，民法典以外的许多立法重建是不可避免的，诸如居住法、劳动法和青少年法。”[③]事实上，民法典之外的立法重建之门一旦开启，解法典化也就成为

---

① 〔意〕那塔利诺·伊尔蒂：《解法典的时代》，薛军译，载徐国栋主编：《罗马法与现代民法》，第4卷（2003年号），北京，中国人民大学出版社2004年版，第100页。

② 〔德〕莱曼：《反对法典编纂的历史学派：萨维尼，卡特和纽约民法典的失败》，转引自徐国栋：《民法基本原则解释》，北京，中国政法大学出版社1992年版，第208页。

③ 〔德〕拉德布鲁赫：《法学导论》，米健、朱林译，北京，中国大百科全书出版社1997年版，第71页。

必经之路；在解法典化概念缘起的意大利，伊尔蒂描述到，民法典已“不再是私法关系的一个排他的、统合的法，而是一种‘共同法’，也就是关于最为广泛和一般的事例的规范”①。特别法“逐渐逸出了由民法典调整的整个事项或关系群，构成具有自己的逻辑体系的‘小的法律规范体系’”②。“小的体系有自己的原则，而且与法典的原则相区别或冲突，因此民法典就不再能承担普通法的功能。”③ 日本学者也注意到法典化的危机，并从民法体系内外两方面着手分析：“一是民法的适用范围的危机。其中，一个是形式民法，即民法典本身适用范围的减少，也就是说，由于特别法在质与量不断提高和增大的今天，民法典本身的空洞化现象越来越明显；二是实质民法适用范围的减少，即本属于民法调整的一些领域已经开始转为由行政法等公法规制。”④ 特别法的大量出现带来了民法典的空洞化。

总结“解法典化”运动和法典化的危机时，我们看到，解法典化运动的出现加深了法典化的危机，而法典化的危机也反过来促进解法典运动的进一步深入。一方面，民事特别法已经不可遏制的成批量出现，民法典日益空洞化，民法典所能发挥的作用也因而受到了限制；另一方面，在传统的公法与私法、政治国家与市民社会这样一个二元格局被打破的情况下，公权力日益通过扩张了的行政立法权介入市民社会，以民事特别立法的形式侵蚀民法典的传统领地，特别法的公私法定位以及和民法典的关系均存在模糊之处。

二、民法典与特别法的关系调整

由于人预见能力的有限性，人不可能创设一个封闭完结的体系，把未来都涵盖其中。认定一个体系就能穷尽所有社会生活问题的理想是不现实的，社会生活的纷繁复杂使得体系框架不足以全部将之涵盖其中，而且世

---

① 〔意〕那塔利诺·伊尔蒂：《解法典的时代》，薛军译，载徐国栋主编：《罗马法与现代民法》，第4卷（2003年号），北京，中国人民大学出版社2004年版，第83页。

② 〔意〕那塔利诺·伊尔蒂：《解法典的时代》，薛军译，载徐国栋主编：《罗马法与现代民法》，第4卷（2003年号），北京，中国人民大学出版社2004年版，第97页。

③ 〔意〕那塔利诺·伊尔蒂：《解法典的时代》，薛军译，载徐国栋主编：《罗马法与现代民法》，第4卷（2003年号），北京，中国人民大学出版社2004年版，第104页。

④ 〔日〕濑川信久：《〈丰かな〉社会の出现と私法学の课题》，载《法の科学》第19号（1991年）；〔日〕吉田克己：《现代市民社会と民法学》，日本评论社（1999年），以及1997年日本私法学会民法部会的主题研讨《转换期の民法学——方法と课题》中发表的各个报告（载《私法》杂志第60号，1998年）。转引自渠涛：《从日本民法的历史看民法在当今社会中的地位与作用》，见 http：//www. iolaw. org. cn/showarticle. asp? id＝1210。

间的事物和事件也不能完全纳入体系框架之中，存在很多模糊区域，也容易产生很多新生事物，因此，民事特别法的出台不可避免。这些特别法往往只涉及特定经济和技术领域，而这些规范在仅规定最抽象和最一般的法律制度的民法典中往往找不到准确的依据。

早期“三R运动”（文艺复兴、宗教改革、罗马法继受）使单个的人脱离了礼俗社会。它们使人脱离社会，不再把义务，而是把引诱单个人的利益作为法（权利）的出发点。这样一种法律上的人的新类型是按照商人的形象来塑造的，它是一种完全逐利的、精于算计的形象（所谓“有交易，则没有和气”）。商人的需求是罗马法继受最本质的动因，因而法律的转型也是以这种新的人像类型为基础的，我们可以稍微夸张点说：自此，法律把所有的人都当作商人看待，甚至把劳工视为“苦力”这种商品的出卖者。① 但到了解法典时代。对于法律中“人”的想象也开始起了变化，抽象的理性人开始具有了一个个具体的身份，如劳动者、消费者、房屋承租者。法律中一些特殊的主体开始出现，人开始具有了身份和符号，也不再是一个独立的个体，而成为团体的一员。“这一新的人类形象，与自由权利时代（liberales Zeitalter）抽象的自由、自利和精明的（人）图式相比，是一种更加接近生活的类型，在此同时考量的是法律（权利）主体的智识的、经济的和社会的实力状态（Machtlage）。自此以后，法律上的人不再是鲁滨逊或亚当，不再是离群索居的孤人，而是一个社会中的人，一个集体人（der Kollektivmensch）。随着这一法律上的人之类型贴近社会现实生活，法律（权利）主体也就分解了，溶化为一个社会类群的大多数，现在也是在法律上至关重要的类群的大多数。”② 这种身份的变化也带来特别法的兴盛，如劳动法、消费者权益保护法纷纷出台，这些特别法的原则和民法典中的原则不再雷同，而是具有了自己的个性。“对于‘身份’，对于个人在不同的范围或社会团体中的地位的保护，是通过具有公共权威的契约实现的。③” 以对消费者权益保护的立法为例，尽管民法的许多规则中已经包括了保护消费者利益的价值取向，如在合同法中对于

---

① 〔德〕古斯塔夫·拉德布鲁赫：《法律上的人》，载《法律智慧警句集》，舒国滢译，北京，中国法制出版社2001年版，第141页以下。

② 〔德〕迪特·格林：《政治与法》，杨登杰译，载《法哲学与法社会学论丛（六）》，北京，中国政法大学出版社2003年版。

③ 〔意〕那塔利诺·伊尔蒂：《解法典的时代》，薛军译，载徐国栋主编：《罗马法与现代民法》，第4卷（2003年号），北京，中国人民大学出版社2004年版，第99页。

格式合同的处理，以及合同解释规则中倾向于保护处于弱者地位的消费者权益。但是消费者运动的兴起，很多国家还是纷纷出台消费者权益保护法，以集中全面地规定保护消费者权益的规范。又以德国的租赁法为例，作为一项特别法存在于德国的私法体系之中，德国的房屋租赁市场与经济管制程度息息相关。早在1917年德国就制定了《承租人保护法规》(Mieterschutzveroldnung)，后来由于全面控制住房市场的需要，1923年之后，接连出台了《承租人保护法》(Mieterschutzgesetz)、《房屋缺乏法》(Wohnungsmangelgesetz) 和《帝国租赁法》(Reichsmietengesetz)，1963年、1964年和1967年的一系列租赁法修订法规①，将住房作为人的生存保障，也使得租房法成为一种社会性立法，并且随着国家管制程度的松紧经常变更。德国民法典中于房屋承租人也有一些优势条款，如买卖不破租赁原则、承租房屋的优先购买权等，尽显民法的社会性。我国民法中也有房屋承租人的优先受让权，以及买卖不破租赁规则，这些规则在未来民法典中将会继续纳入其中，但问题是有无必要在民法典中将房屋租赁法规则规定得更为详尽，还是留待以后根据社会经济政策的变动作为一项特别法予以立法。应该看到，近几年我国政府对于房地产市场的调控，以及一些地区为解决房价居高不下的困境，拟出台的经济适用房制度、廉租房制度，将会使租房问题成为我国的一个社会性问题②，相应的立法需要也会变得更为迫切，由于该法与社会政策密切相关，并且变动频繁，因而不宜全部纳入民法典之中。

正因为“人”身份的变化和民事特别法之间的密切关系，有学者认为，特别私法仅仅适用于特定的团体，这构成了民法与特别私法的区别。如迪特尔·梅迪库斯就认为：“所谓特别私法，是指仅仅适用于特定的职业群体或者生活领域的私法。”③ 这种观点看到了特别法与主体之间的外在联系，但表述并不确切。首先，特别私法不是以主体形式来立法，而是以特定的法律关系为规范对象的，任何主体只要进入该法律关系就应该受到该特别法的规范；其次，消费者、劳动者等概念并不是一个固定的团体

---

① 〔德〕罗伯特·霍恩：《百年民法典》，申卫星译，载《中外法学》2001年第1期。

② 比如，原华远地产董事长在2018年9月7日举办的“新业态变革新需求——中国长租市场峰会”中指出，在中国高速城市化过程中，各种限制条件让部分人无法买房，只能租房，这个群体主要是2.8亿在城市生活、工作但没有城市户籍的人。

③ 〔德〕迪特尔·梅迪库斯：《德国民法总论》，邵建东译，北京，法律出版社2000年版，第16～17页。

概念，而是对于进入消费关系和劳动关系的民事主体的一种别称；最后，即使如私法基本法的民法典中的规范也不是适用于任何一个主体，在一些部分如婚姻法、继承法等规范之中对主体也有着特殊的要求，只适用于特定的人群。

民法典对于特别法的调整主要借助于两个工具。一是在法典中设置大量的一般条款的规范，使民事立法保持开放性。民法通过创立一般性的概念和抽象性的原则来适应社会的发展。一方面可以成为立法者调整社会政策的一个便利工具，其无须对立法条文本身做任何改动，即可完成一个具体制度价值取向的转换；另一方面确立一般性的概念和抽象性的原则也能有效地运用司法的能动性弥补立法的滞后性，解决这些扑面而来的新问题。“特别私法与民法的各个部分之间，并不存在原则上的对立。”① 特别法虽然在具体规范上有别于民事普通法，但一般不会脱离一般条款的价值和精神，其特殊性主要表现在为实现民法的实质理性而作出的异于民法典的规定和对民法典的缺漏部分进行补充。

二是发展完善债法，确立了债权在现代法中的优越地位（我妻荣语），带来了债法的发达。“在近代法中，对于支持全部经济组织、占据优越地位的债权的最高指导原理，应该仅依对现代社会组织的根本态度来决定，纯私法上的个别问题的指导原理，也应该与这个根本态度相关联。”② 由于在债法规范中，意思自治为主，其最具有变动性，新创造的交易规范和行为规范主要在债法中得以反映，尤其应当看到，债法在现代民商合一的立法体制之下提供了商事交易的基本模型，因此，债法成为商法规范再造的源泉，上述种种原因造成了现代债法内容的丰富，许多社会政策也主要通过控制意思自治的法律效力进而起到引导人们行为的作用，如对消费者权益保护的立法政策、对格式合同的保护、对于承租人利益的保护，现在社会对弱者的保护主要是通过调整债法规则传导法政策上的影响力，通过类型化的发展，无名契约有名化，使契约的技术性规范愈来愈丰富，上述种种原因也就容易在债法领域带来新的变革。“债权法不得不把结合人类劳力的多种制度作为研究范围，以团体契约关系和团体自治规约代替个人

---

① 〔德〕迪特尔·梅迪库斯：《德国民法总论》，邵建东译，北京，法律出版社2000年版，第17页。

② 〔日〕我妻荣：《债权在近代法中的优越地位》，北京，中国大百科全书出版社1999年版，第229页。

契约关系。"① 近几年来，德国债法的修改、瑞士债法典以及我国台湾地区债法编的修订，都是在债法规范面临社会需求而不敷使用达到一定程度时，而不得不做出的一种规范调整。

我国虽然正在编纂民法典，但解法典化所列的种种现象也都在我国呈现，并且是我国未来民法典完成之后不可能回避的问题。我国目前已经存在一个以《民法通则》为中心，诸多民事单行法并行的私法体系，如何将这个大的私法体系整合成一个法典？是将那些单行法的内容依次塞进民法通则的相应部分，将民法通则充实成为一部民法典，还是另起炉灶，无原则地制作一个大杂烩式的民法典，我们所能选择的唯一正道是在遵从民法典价值体系的一贯性和逻辑体系的一致性基础上，择其必要归入民法典之中，同时仍然保持民法典之外单行法的位置。特别法"从一方面来讲，提供民法典的统一体的外在的附属品，从另外的方面来讲，也可以对现实提出的紧迫要求给出答案"②。但是，特别法"是对法典化了的法律规范的发展，因此它们仍然保留了普通法的规范体制中所具有的性质和功能，因此，对于特别法，允许法律的类推，而法的类推则必须诉诸民法典"③。

承认特别法民法典之外的地位，对于我国这样一个法律植入国而言，还具有消化改良法典、融合法典与本土国情的独特作用，这在我们的东亚近邻日本、韩国都得到了验证。日本学者铃木贤分析"日本民法典颁布以后没有经过什么大的修改，至今基本维持其本来面貌"的原因时指出，日本人应对法律与社会脱节的方法主要有二：一是"通过制定大量的特别法对民法典进行了实质性修改；二是依靠法律解释（或判例法——笔者）"④。同样，在韩国，作为一个法典继受国，韩国民法典与韩国社会、政治及经济背景格格不入，为因应民法典的内容与社会现实脱节的困窘，立法当局出台大量的民事特别法，但是特别法的大量出台更加剧了民法典与社会现实的疏离，事实上造成特别法成了一般规范，而民法典反而变成了例外，进而人们对法律的例外规范而非一般规则更为关注，乃至阻碍了日常生活

① 〔日〕我妻荣：《债权在近代法中的优越地位》，北京，中国大百科全书出版社 1999 年版，第 228 页。

② 〔意〕那塔利诺·伊尔蒂：《解法典的时代》，薛军译，载徐国栋主编：《罗马法与现代民法》，第 4 卷（2003 年号），北京，中国人民大学出版社 2004 年版，第 86 页。

③ 〔意〕那塔利诺·伊尔蒂：《解法典的时代》，薛军译，载徐国栋主编：《罗马法与现代民法》，第 4 卷（2003 年号），北京，中国人民大学出版社 2004 年版，第 97 页。

④ 〔日〕铃木贤：《中国的立法论与日本的解释论》，载渠涛主编：《中日民商法研究》，第 2 卷，北京，法律出版社 2004 年版，第 539 页；并参见前引五十岚清文第 25、31～33 页。

的法治化，以至于有韩国学者评论到："民法典已经转化为一种审判规范而不再发挥其指导人民日常生活的功能。"①

三、解法典趋势之下的民法典定位

在解法典化思潮之下，现代法典化理论和体系化理论应如何正确认识和回应这一趋势，对于正处于法典编纂阶段的中国又有何启示呢？解法典化给我们带来的最大启示莫过于使我们在法典创制之初即正确认识法典的能与不能，在构建私法体系时，只有确立一个以民法典为中心、辅之以特别法的大私法体系才能真正将民法典的功用落到实处，并且应注意在法典中为私法体系的内外衔接设计必要的通道。"民法典用语的精确化，可以维系整个民事法规的精确度，民法典内容的系统化，可以带动整个民事法规的系统化。如果考量到民法在整个法体系中的典范地位，甚至可以影响整个法体系的精确和系统化。"② 通过民法典自身的精确化和体系化来统摄整个私法体系，以达到科学化之目的。

民事特别法很难见容于以学说汇纂体系为基础的德国法体系，因此，必须在民法典体系之外求生存。特别法所构成的逻辑体系，也可以称之为民事法律的微观体系。在各自的领域建立各自的体系，因而存在私法体系、民法典体系、特别法体系三重体系，其中私法体系涵盖民法典与特别法，主要解决民法典与特别法之间的关系，私法内部之间的关系和优先性。而民法典体系与特别法体系是两个相互补充的体系，有重合也有分离，二者存在交叉。

从立法论的角度考虑民法典和特别法的关系，主要需要解决两个主要问题：第一，择取什么样的内容纳入法典体系之内，放任什么样的内容继续游离于体系之外；第二，民法典如何发挥对体系之外的私法规范的影响力。有学者提出把民法典当成一部"原则法"，将一些容易受政策影响的法律作为特别法，如意大利学者阿尔多·贝特鲁奇在考察民法概念发展时指出："特别是那些与社会—经济的环境联系密切，因此变化频繁的领域，比如家庭法、生物伦理法、消费者法、城市房屋出租等都由特别法所规范。这样的情况是如此的普遍和突出，以至有人提出了以'一般原则法

---

① Sang Yong Kim, "Amendment Works of the Korean Civil Code (Property Law)", http://www.irp.uni-trier.de/Vortrag-Kim.pdf. 转引自苏亦工：《从唐律情结到民法典情结》，载《中国社会科学》2005年第1期。

② 苏永钦：《民事立法与公私法的接轨》，北京，北京大学出版社2005年版，第15页。

典’取代现行的民法典，然后分别由特别法加以落实的提议。”① 待社会政策和经济政策适用的社会情境消失时，可以将这些特别法也废止，而回归适用民法典中的原则，这样就可以保持民法典的稳定性。“既可提供市场经济一套体系完整、理念清晰的法律规范，又容忍因市场失调所设的‘例外’规定优先适用。”② 但问题的关键是，为什么同样是法律，为什么要保持民法典的稳定性，而放弃特别法的稳定性，同样是修改法律，将其放置在民法典中和单独立法有何不同的意义吗？民法典保持稳定性有何意义？事实上，通过法典使得法律保持稳定性的目标从来没有实现过，就德国民法典而言，其法典设计可谓达到抽象化、科学化的一个巅峰，但在公布后的不长时间内就遭遇经常性的修改。但这种修改本身无害于法典本身的权威性和科学性，而是日臻完善的一个过程。其实，如果确有必要修改法律规范的，该规范究竟是采取民法典还是单行法，对人们的影响并无太大差别。真正重要的是该规范本身对人们生活的影响程度，影响人们生活越多，相应的立法程序和修订程度就应该越严格，反之就越宽松。由此可知，民法典之所以需要具有相当程度的稳定性，正是因其担当着“生活的圣经”的重任，它与人们生活的关联之深、影响之大，非其他法律可比。如果单纯为了保障民法典的稳定性，而将其实质内容抽离出去，仅仅保留特定的法律原则，将实质动摇民法典的存在基础，有舍本逐末的嫌疑。故而，可行的做法不是编纂一部“一般原则的法典”，而是根据民法典对人们生活影响的程度设置较为严格的修改程序，以兼顾民法典的稳定性。

还有学者认为随着特别法的扩张，民法典已经沦为“剩余法”，补充特别法不予规范的事项。民法典“现在起着剩余法的作用，调整一些特殊规范不调整的情形。……特别法本来是作为对法典法原则的例外出现的，现在却控制了法律关系的整个类型的调整，并且施加上新的、具有不同逻辑的规范体制，表现出一般性、自主性的标准。③”这种对于民法典的悲观主义认识也在一定程度上影响了我们创制民法典的信心。但是笔者认为，面对解法典化思潮，我们应当做的是在民法典创制之初就对民法典进

① 〔意〕阿尔多·贝特鲁奇：《从市民法（Ius Civile）到民法（Diritto Civile）——关于一个概念的内涵及其历史发展的考察》，薛军译，载《私法研究》，第2卷，北京，中国政法大学出版社2002年版。

② 苏永钦：《民事财产法在新世纪面临挑战》，载苏永钦：《走入新世纪的私法自治》，北京，中国政法大学出版社2002年版，第83页。

③ 〔意〕那塔利诺·伊尔蒂：《解法典的时代》，薛军译，载徐国栋主编：《罗马法与现代民法》，第4卷（2003年号），北京，中国人民大学出版社2004年版，第98～99页。

行准确的功能定位，以及考虑如何给未来不可避免的特别法留下足够的空间，又如何通过有效的方式约束特别立法，同时发挥民法典的价值中枢的作用。正如意大利学者所介绍的："民法典和特别法的关系的相对性，在特别法中规定的内容不会再统一到民法典中去了，民法典本身也会有发展，其将仍然处于非常核心的地位，会在私法中永远居于最核心的地位。在核心的民法典周围将会有许多小的法典，这些小的法典有其自己的原则和规范，规范的核心仍然是 1942 年的民法典，它将是整个私法领域基本原则的守望者。"① 日本学者在提到如何改进民法典空洞化时提到："在这些与民法相关的诸多法律内容中，究竟哪一部分应该纳入民法典，需要从法典的整体性、体系性、实用性、效率性，以及历史的演进和比较法等方面进行综合考虑后，最终确定。但是不容置疑的是，既然是民法典，就必须将上述相当于私法基本法的部分包括进去。应该说，这是作为基本法典的民法典需要发挥的最起码作用。因此，民法典的空洞化既然已经影响到了相当于基本法的民法，其情况的严重性就已经到了必须予以改进的地步。"②

总之，我们要放弃让民法典成为中国民事法律大全的幻想，但应当继续规定那些调整人们日常生活的基础性规范。因为在当今，信息爆炸也相应地促进了搜索引擎技术的发达，使人们能够有选择性地吸收信息。这一技术进步对法律的影响之一就是法典以前所具有的法规检索便利的优势已不复存在，因而也没必要因检索便利而提供一个大而全的法典，以满足全部法规运用之需。事实上，法规检索的目的只需一个熟练的电脑技术人员在极短的时间内制作一个检索便利的法律光盘即可达到，而无须如此之多的法学家皓首穷经、前赴后继。民法典应该"规定一些技术性的工具或调整一定的活动，对此公共或私人主体可以用来实现自己的目的；或作为规定一般条款的场所，在特殊领域之上，重新确立法律待遇的统一机制"③，它应要承担整合民事法律的价值规范，消除单行法之间的矛盾和冲突，实

① 意大利维龙纳大学 Alessio Zaccaria 教授在中国政法大学举办的"中国民法典论坛第十场——民法法典化的历史经验"上的发言，见 http：//www. 1488. com/china/Intolaws/LawPoint/22/2006－1/222418. shtml。

② 〔日〕大村敦志：《民法と民法典を考える——"思想としての民法"のために》，第 135 页。转引自渠涛：《从日本民法的历史看民法在当今社会中的地位与作用》，见 http：//www. iolaw. org. cn/showarticle. asp？ id＝1210。

③ 〔意〕那塔利诺·伊尔蒂：《解法典的时代》，薛军译，载徐国栋主编：《罗马法与现代民法》，第 4 卷（2003 年号），北京，中国人民大学出版社 2004 年版，第 101 页。

现民法的体系化和科学化，同时为以后民事特别法的起草起到一个价值引导和体系控制的作用。

第三节　《民法总则》奠定了开放的民法典体系

“法典不是单一的法律，也不是简单的法律汇编；法典是科学系统的编纂成果，是对法学和法律的提炼与融合。”[①] 其中，法典的体系性和逻辑性的一个核心标志就是《民法总则》的出现，代表了人类一种从具体到一般的认识需要[②]，标志着民法典采用了总分结构的体例，同时利用提取公因式的立法技术将基本内容予以概括，实现法律规定上的节约。如今，我国《民法总则》已经颁布，标志着“编纂民法典”的第一步已经完成，奠定了开放的民法典体系。

一、《民法总则》确立了民事权利体系

民法是权利法，这不仅应在性质和功能上体现，而且在具体的结构安排上，也应该贯彻这一宗旨，总则的结构安排即应如此。如学者所说，“贯彻以民事权利为中心建构私法体系的思想，真正使我国民法典成为一部现代的权利宣言和权利宪章”[③]。从权利角度来看，我国已经颁布的《民法总则》遵循了“权利主体——权利客体——权利行为——权利行使——权利保护”的逻辑结构。权利主体、权利客体、权利行为、权利行使与权利保护的内容与民法典总则中“法律渊源”以及民事立法的一般规定，构成了《民法总则》的全部内容。

（一）权利主体

民法典对权利主体的规定，应该适应社会生活的需要，而不能以立法者的肆意来抹杀现实生活中丰富多样的权利主体的客观存在。现实生活中权利主体丰富多样，需要民法典对此予以承认。同时，市场经济的发展，市场主体也会不断增多，民法典规定的权利主体应该是开放的、多元的。

---

① 〔意〕桑德多·斯奇巴尼：《法典化及其立法手段》，丁玫译，载《中外法学》2002 年第 1 期。

② 徐国栋：《民法总论与民法总则之互动——一种历史的考察》，载《法商研究》2007 年第 4 期。

③ 王利明：《民法总则研究》，北京，中国人民大学出版社 2003 年版，第 24 页。

《民法总则》对民事主体的规定采用了三元结构，分别在第二章、第三章和第四章规定了自然人、法人和非法人组织。其中，自然人、法人无疑应该成为民事主体的内容，立法过程中争议较大的是非法人组织是否及能否成为第三民事权利主体的问题。在《德国民法典》制定过程中，具有类似经验。该法典第 54 条中表现出对无权利能力社团如合伙的不信任态度，但是，社会的发展现在已经让位于一种至少中立的评价，虽然没有导致该条的修改，但学说与判例已经将无权利能力社团视同于有权利能力社团。① 德国在制定民法典中的这种规定及转变态度被我国《民法总则》所借鉴，以非法人组织的形式承认了不具有法人资格，但是能够依法以自己名义从事民事活动的组织的主体地位，保持了民事主体制度的开放性。

（二）权利客体

《民法总则》第五章规定了民事主体所享有的各项民事权利，而权利客体是权利的对象，属于民事法律关系必备的内容，种类多样，比如物、行为与智力成果等。根据法典编纂的体系化思想，应从作为法律规定的客体的构成要件分离出若干要素，并将这些要素一般化，形成类别概念，并借着不同层次的类型化，形成不同抽象程度的概念，并以此构建体系。②《民法总则》虽未以专章的形式规定权利客体，但在第 115 条、第 123 条和第 127 条都对权利客体进行规定。有关权利客体的其他问题，详见后述。

（三）权利行为（民事法律行为和代理）

民事法律行为是连接权利主体与权利客体的纽带，正是有了法律行为，民法典总则才具有了存在的逻辑基础。法律行为是德国民法学者对各种意思表示进行抽象的产物，好似用一根线把民法典各编的意思表示的内容串联起来，使各编成为一个密不可分的整体。在一定意义上，代理则是对民事法律行为的扩展。《民法总则》第六章规定了民事法律行为，第七章规定了代理，有关民事法律行为和代理的问题，详见下文。

（四）权利行使

该部分内容主要对权利行使的一般规则与原则加以规定。前者如《民法总则》第六章第四节规定的民事法律行为的附条件和附期限规则、第九

---

① 〔德〕迪特尔·梅迪库斯：《德国民法总论》，邵建东译，北京，法律出版社 2000 年版，第 38 页。

② 王利明：《民法总则的立法思路》，载《求是学刊》2015 年第 5 期。

章规定的诉讼时效规则、第十章规定的期间计算规则等；后者如《民法总则》第一章规定的各项民法基本原则，主要有平等原则、自愿原则、公平原则、诚实信用原则、保护生态环境原则、公序良俗原则等。

（五）权利救济

《民法总则》因袭了《民法通则》的做法，将权利救济定位为“民事责任”，在第八章以专章的形式予以规定。在《民法总则》中规定权利救济，有其存在的理论与现实意义。首先，权利保护是权利主体行使权利的必然后果，权利救济是滥用权利应该承担的不利后果。其次，民事责任基本上贯彻于民法典的全部，因侵权责任法独立成编，侵权责任不可避免地要与债权责任的规定冲突，如果在民法典的总则中对民事责任的内容加以规定，可以很好的将其统帅在《民法总则》的“民事责任”章之下。

二、《民法总则》使民法体系保持开放性

与《法国民法典》《德国民法典》等历史上伟大的民法典所处的时代不同，我国民法典不仅要面对国家和社会转型、经济和科技发展带来的挑战，还要谨慎处理特别民法与民法典之间的关系，保持相当程度的开放性，以确立民法典作为私法基本法的地位。《民法总则》作为整个私法体系的“公因式”，是“编纂民法典”的第一步，决定了整个民法典的精神气质和制度特征。《民法总则》在确立民法体系的同时，在法源、民法基本原则、民事主体、权利客体等方面都保持了开放性，以因应时代特征，以下仅择其要者说明之。

（一）《民法总则》承认了习惯法的法源地位

德国历史法学派宿儒萨维尼曾言，一切法律均缘起于行为方式，在行为方式中习惯法得以渐次形成；易言之，法律首先产生于习俗和人民的信仰，完全是由沉潜于内、默无言声而孜孜矻矻的伟力，而非法律制定者的专断意志所孕就的。① 我国《民法总则》因应了法律生成的机理，承认了习惯的法源地位。该法第 10 条规定：处理民事纠纷，应当依照法律；法律没有规定的，可以适用习惯，但是不得违背公序良俗。当一项习惯通过国家和社会所做的公序良俗审查后，并且事实上在其通行的地域形成主观确信之后，便具有了习惯法的效力。如要将习惯培育成习惯法并使之明确

① 〔德〕萨维尼：《论立法和法学的当代使命》，许章润译，北京，中国法制出版社 2001 年版，第 11 页。

化，一方面要形成具体的法律规则，即法官在适用法律时，需从具体案情及其提出的特殊问题出发，不断地对法律中包含的判断标准进行明确化、精确化；另一方面要获致普遍的内心确信，即该判例所表明的某项规则被交易实践所接受，且符合一般的法律意识，为人们所普遍遵循。① 从日耳曼法制史的早期阶段可以看出，比较实际的标准常常是经由法院在裁判中引用，甚至将之宣称为已演化成习惯法，自此而论，习惯法借裁判之途径，裁判借习惯法之名，取得形式上之法源地位。②

无论是在判例法还是成文法国家，法官造法的任务都是落在最高法院身上的。最高法院处于金字塔形的法院结构最顶层，所有案件的法律适用都可由下至上汇集于此，对法律体系负有统一适用、补充漏洞和发展续造的重大职责。因此，习惯法的发现和培育应更多地寄望于最高法院。比如，拉伦茨就认为“习惯法是通过所谓的法律实践，尤其是通过最高法院的各个长期判例产生的”，而这种“长期判例”有时甚至是最高法院的某项一次性裁判。③ 在承认先例构成法律正式渊源的英美法国家，“最高法院的长期判例”即先例，其核心仍然是习惯，因为一个“先例只不过是一种被证明了的或有效的习惯”④。在成文法国家，法官造法的能力受到严重限制，判决仅具有个案拘束力，下级法院没有遵循包括最高法院在内的上级法院的既有裁判的义务。但这并不能否认最高法院的判例在法源形成中的作用，最为典型莫过于《法国民法典》。其第 5 条规定，法官不得用确立一般规则的方式进行判决，亦不得用遵循先例的方式进行判决，但在《法国民法典》颁布不到五十年的时间里，就要求立法强制下级法院必须遵循法国最高法院的神圣判例⑤，使之构成实质的法源。长期以来，我国最高人民法院所制定与颁布的案例对于下级法院的案件审理活动有着重要的指导作用和现实的影响力⑥，实际上发挥着“近似判例”的作用，如案件请示批复制度是有实无名的判例制度，案例选编公告制度是心照不宣的

① 〔德〕卡尔·拉伦茨：《德国民法通论》，王晓晔等译，北京，法律出版社 2013 年版，第 14、16 页。

② 黄茂荣：《法学方法与现代民法》，北京，中国政法大学出版社 2001 年版，第 7 页。

③ 〔德〕卡尔·拉伦茨：《德国民法通论》，王晓晔等译，北京，法律出版社 2013 年版，第 14、16 页。

④ 曹士兵：《最高人民法院裁判、司法解释的法律地位》，载《中国法学》2006 年第 3 期。

⑤ 姚辉、段睿：《民法的法源与法律方法》，载《法学杂志》2012 年第 7 期。

⑥ 雷磊：《指导性案例法源地位再反思》，载《法学研究》2015 年第 1 期。

判例制度，案例指导制度是欲言又止的判例制度①等。有人曾经指出，我国最高人民法院的裁判在具有“个案既判力”的效力之余，应当也存在“在很重要的范围内形成和发展”成为习惯法的可能，具有“习惯法效力”。当然不是全部的裁判均有此效力。②

鉴于概念法学的种种弊端，早有学者从法源的角度论证了习惯法作为法官造法的法律方法的可行性。③《民法总则》承认习惯的法源地位，契合了法学方法论的转型，因应了法律生成的机理，为法官通过裁判将实践中行之有效的习惯确认为习惯法来解决纠纷提供了实证法基础，保持了法源的开放性，为解决实践中的具体问题提供了可行途径。比如，在物权法定背景下，我国实践和理论中长期对是否承认让与担保的担保地位而争论不休，《民法总则》确立了习惯的法源地位之后，通过习惯法承认让与担保的担保地位，不仅具有德、日等国比较法的支持，而且可借鉴吸收国内现有的理论研究，与民法体系进行有机连接，还能兼顾让与担保本身灵活多变的特性，为其后续发展留下了充分空间，满足市场中的融资需求。

（二）民法基本原则提供了弥补法律漏洞的工具

有关民法基本原则在确立民法思想理念、弥补法律漏洞方面的作用，早已被理论和实践所公认。近年来，随着法学研究范式的转型，有学者开始从司法适用角度反思民法基本原则。根据可否在个案中适用，民法基本原则可以区分为“一般法律思想”和“概括条款”。有学者提出，《民法通则》不加区分地将民法基本原则统一规定在“基本原则”章中，并非各国民法典的通例，有其特定的社会背景和历史原因，《民法总则》不应效仿《民法通则》的做法，而应放弃将一般法律思想成文化的做法，同时将诚实信用、公序良俗这些概括条款各归其位，放在各自的适用领域之中。④而在实践中，诚实信用和公序良俗原则在适用范围、保护对象、标准设立、法律效果上有重大差异，应对诚实信用和公序良俗原则进行区分，公序良俗原则针对法律行为的内容进行“内容审查”，诚实信用原则针对权利的具体行使行为进行“行使审查”⑤。

---

① 魏胜强：《为判例制度正名——关于构建我国判例制度的思考》，载《法律科学》2011年第3期。

② 曹士兵：《最高人民法院裁判、司法解释的法律地位》，载《中国法学》2006年第3期。

③ 详见姚辉、段睿：《民法的法源与法律方法》，载《法学杂志》2012年第7期。

④ 于飞：《民法基本原则：理论反思与法典表达》，载《法学研究》2016年第3期。

⑤ 于飞：《公序良俗原则与诚实信用原则的区分》，载《中国社会科学》2015年第11期。

在《民法总则》的制定过程中，这种意见并未被《民法总则》所采纳，《民法总则》继承了《民法通则》的“基本原则”章，统一规定了各项民法基本原则。除此之外，为了体现21世纪人与环境和谐发展的理念，《民法总则》还增加规定了绿色原则。《民法总则》之所以统一规定民法基本原则，不仅在于立法路径的依赖性，同时也是保持民法体系开放性的必然要求。从规范性质来看，诚实信用原则和公序良俗原则作为概括条款，本身并无特定的含义，其作用在于将社会生活中的道德、风俗以及习惯等法外因素引致到民法世界中来调整人们的行为，以实现民法体系与社会生活的互动，保持民法体系的开放性。但是，社会生活中的道德观念和风俗习惯是变动不居的，它们并非全都能够经过诚实信用原则和公序良俗原则进入民法来调整人们的行为，而是要经过一定的过滤评价，只有经过检验符合民法价值理念要求，才能通过民法基本原则来调整人们的行为。而所谓的意思自治原则、公平原则、绿色原则等“一般法律思想”正是作为“内部体系的基石，负有显示并表达规范基本评价的任务”。

但是，在《民法总则》中列举基本原则只是内在体系外显和体系融贯性追求的第一步，更加重要的工作是对这些原则相互之间的关系、价值排序、可能的动态体系化进行深入的研究，在随后的民法典编纂过程中应尽可能地将基本原则的价值理念在具体规则中体现出来，这是实现法典体系融贯性的关键。①

（三）《民法总则》拓宽了自然人权利能力范围

一般认为，自然人的权利能力始于出生、终于死亡。但是，自然人权利的获取和丧失并无一个截然分明的时间点，对于一个自然人来说，法律保护自然人出生前和死亡后的权益是其人格健全的必要条件，这就涉及胎儿和已故自然人民事权利（如名誉权及著作权等）保护的问题。鉴于实践中多次出现的侵害胎儿和死者利益的案件，比如“荷花女案件”成为保护死者利益的里程碑案件，《民法总则》明确将自然人权利能力拓宽至出生前和死亡后。《民法总则》第16条规定：涉及遗产继承、接受赠与等胎儿利益保护的，胎儿视为具有民事权利能力。但是胎儿娩出时为死体的，其民事权利能力自始不存在。该法第185条规定：侵害英雄烈士等的姓名、肖像、名誉、荣誉，损害社会公共利益的，应当承担民事责任。但是，因

---

① 方新军：《内在体系外显与民法典体系融贯性的实现 对〈民法总则〉基本原则规定的评论》，载《中外法学》2017年第3期。

上述规定明显具有权宜性，保护范围过窄，故仍然有待理论阐释和实践检验，比如“英雄烈士”的认定标准，并非“英雄烈士”的一般死者的利益的保护范围等问题，都需要进一步解释明确。

（四）法人分类模式回应了我国经济发展的要求

在《民法通则》颁布之前的很长时间内，有关民事立法虽提及“法人”一词，却没有明确的法人概念。我国《民法通则》对法人的概念及其成立、变更、消灭程序与分类作出了统一、系统、全面的规定，填补了我国经济发展初级阶段的法人制度空白，为经济社会的发展提供了最为基本的制度基础，发挥了重要的作用。《民法通则》以法人所从事的活动为标准，将法人分为企业法人与非企业法人①，然后，将企业法人按照所有制性质分为全民所有制企业法人、集体所有制企业法人和私营企业法人，将非企业法人按照功能和组织形式分为机关法人、事业单位法人和社会团体法人。毋庸讳言的是，《民法通则》有关企业、机关、事业单位和社会团体法人的分类明显源从苏联的法人基本类型模式，并照搬了计划经济体制下国家对“单位”的类型化。所谓企业法人、机关法人、事业单位法人和社会团体法人，它们本属计划经济体制下国家为直接控制和管理社会，按照生产功能所设置的机关单位、事业单位（社会团体通常在管理上不被视为独立的一类，而被划归到机关、事业单位管理的范畴），只不过在“事业单位”原名后面加了“法人”这一后缀，其他三类法人的名称都省略了“单位”一词。② 由于没有统一的划分标准，这种缺乏科学分类理念的混乱分类方法已经不能满足当代经济社会对法人分类的需要，越来越暴露出其历史局限性。

在制定《民法总则》期间，对《民法通则》的法人制度进行改革完善已成共识，对法人如何分类却存在两种严重对立的观点，一种是根据其职能区分为营利法人和非营利法人，一种是根据结构区分为财团法人和社团法人。主张采纳区分财团法人和社团法人的学者认为，在这种基于法人构成的分类模式下，社团和财团法人在成立基础、目的意思的形成、设立人地位、设立行为、组织机构、目的事业以及解散事由等方面均存在根本区别。另外，社团和财团法人在法人主体是否能以独立的意志贯彻私主体自治方面还存在根本差异，社团和财团法人分类存在充分贯彻私主体自治原

① “非企业法人”并非固有概念，其创设纯为以企业法人为参照，以解决法人类型模式的逻辑周延性，当然可以满足逻辑周延性标准。

② 崔拴林：《论我国私法人分类理念的缺陷与修正——以公法人理论为主要视角》，载《法律科学》2011年第4期。

则与近乎于他律的对立：社团法人可以通过成员大会实现社团自治；而捐助法人原则上服从于立法认可的捐助目的的他律，私主体自治几乎只存在于捐助设立行为。① 因为以上社团和财团法人之间的根本差异，可裨益于立法者针对两类法人的不同组织特征制定一般性法人规范，并为法人特别法提供基本法的制度支援，符合民法总则抽象性和形式性的编纂技术，可以为民法典提供法人分类基础，清晰地揭示自然人结社自由的目的所在、团体与成员之间的各自角色、意思表达、动态变化、监管强弱的立法态度。②

尽管如此，在《德国民法典》规定社团和财团法人分类之后的一百年间，政治、经济、社会情事发生了巨大的变化，此种分类方式是否适合于我国民法典也招致了一些非议，主要如下。

第一，社团和财团法人的分类标准日趋模糊，区分的法律意义逐渐衰微：社团法人和财团法人同样都是人和财产的集合；社团法人和财团法人的存续同样不因人的变更而变更；财团法人的理事会和社团法人的董事会具有基本类似的职能，即对外代表法人，对内执行法人事务；法人的创设人都有很大的权力（权利），只是用法不同；就法人目的而言，财团法人和社团法人都可以为公益或为私益。③

第二，20 世纪后期出现的一人公司（现行公司法亦承认一人公司）与“社团”为人的集合体的本质不符④，难以被该社团和财团法人分类模式所解释。

第三，财团法人概念脱离了我国现实，有难以被一般人所理解之虞。在学理上虽然有人介绍财团法人的原理，但在各种立法和法律实践中都无财团法人的概念和规定，基于约定俗成和便于社会公众对法人制度的理解和适用，不用财团法人概念而继续使用基金会概念，既符合中国国情，也是更为可取和现实的选择。⑤

《民法总则》最终继承了《民法通则》的做法，根据法人的目的将其区分为营利法人、非营利法人和特别法人。之所以会采纳此种分类模式，

---

① 谭启平、黄家镇：《民法总则中的法人分类》，载《法学家》2016 年第 5 期。

② 傅穹：《法人概念的固守和法人分类的传承》，载《交大法学》2016 年第 4 期；谢鸿飞：《〈民法总则〉法人分类的层次和标准》，载《交大法学》2016 年第 4 期；张谷：《管制还是自治，的确是个问题》，载《交大法学》2016 年第 4 期；蔡立东：《法人分类模式的立法选择》，载《法律科学》2012 年第 1 期；谭启平、黄家镇：《民法总则中的法人分类》，载《法学家》2016 年第 5 期。

③ 王雪琴：《论社团法人和财团法人划分的局限性及改良》，载《法学杂志》2010 年第 4 期。

④ 梁慧星：《民法总则立法的若干理论问题》，载《暨南学报》2016 年第 1 期。

⑤ 赵旭东：《民法总则草案中法人分类体系的突破与创新》，载《中国人大》2016 年第 14 期。

原因可能如下。第一，营利性与否决定了法人完全不同的权利能力和行为能力，由此也决定了法人在各种法律关系中的地位和基本的权利义务与责任，特别是在税法上的不同地位和义务。① 同时，法人目的的不同对于其设立的宽严程度、外部监管都会带来巨大差别，体现了国家对于不同目的的团体组织的态度，或为信任和鼓励，或为不信任和抑制。第二，《民法总则》采取营利法人和非营利法人的分类标准，其实和《民法通则》相当接近，因为企业法人是最为典型的，在我国现行法上甚至是唯一的营利法人，非企业法人的几种类型（如机关法人、事业单位法人和社会团体法人）都是非营利法人。② 考虑到我国民法更为注重法人在经济生活中的地位和作用③，将法人区分为营利法人与非营利法人（非营利法人作为不止涵盖了事业单位法人、社会团体法人等传统法人形式，还能够涵盖基金会和社会服务机构等新法人形式），消除了既非营利性也不符合公益性的中间法人，符合民法立法和理论发展的趋势，能够与《民法通则》的分类相互衔接，有利于保持法律制度的稳定。④ 第三，适应改革社会组织管理制度，促进社会组织健康有序发展的要求。创设非营利法人类别，有利于健全社会组织法人治理结构，有利于加强对这类组织的引导和规范，促进社会治理创新。⑤ 总之，这种分类考虑到不同法人的社会功能，凸显了中国社会市场化转型的需求，从体系建构的功能和规范功能实现的需求出发，具有形式逻辑上的周延性和自足性，其所建立的法人类型体系具有开放性和流动性，有利于与其他法律的衔接，便于充分发挥不同类型法人的功能，进而便于公共管理。⑥

尽管如此，我们并不推崇营利法人和非营利法人的分类方式：首先，这种分类方式的主要意义在于满足社会管理的需要，比如税收减免、登记管理等方面，这与民法典作为私法基本法的功能定位相左。其次，根据法人目的进行分类，不能为法人的成立基础、组织机构、意思表示的形成机

---

① 赵旭东：《民法总则草案中法人分类体系的突破与创新》，载《中国人大》2016年第14期。

② 谢鸿飞：《〈民法总则〉法人分类的层次与标准》，载《交大法学》2016年第4期。

③ 梁慧星：《民法总则立法的若干理论问题》，载《暨南学报》2016年第1期。

④ 梁慧星：《〈中华人民共和国民法总则（草案）〉解读、评论和修改建议》，载《华东政法大学学报》2016年第5期。

⑤ 张谷：《自治还是管制，的确是个问题！——对〈民法总则（草案）〉"法人"章的评论》，载《交大法学》2016年第4期。

⑥ 张新宝：《从民法通则到民法总则：基于功能主义的法人分类》，载《比较法研究》2017年第4期；蒋大兴：《民法总则的商法意义——以法人类型区分及规范构造为中心》，载《比较法研究》2017年第4期。

制、解散注销等技术规范提供区分标准，对于民法的内在体系结构助益不大。比如，在对外签订合同时，法人必须借助于一定的意思表示形成机制，该法人无论是营利法人还是非营利法人都无根本差别。最后，营利法人和非营利法人的分类本身也非泾渭分明，对于民办学校、私人养老院等法人机构，将其归类为任何一种都会产生问题。

第三章 民法与宪法的关系——以基本价值为桥梁

民法作为市民社会的基本法，在历史上长期起到了实质宪法的作用，最为学人所乐道的史实是，法国民法典被视为“最为持久和唯一真正的法国宪法”①。而现在民法典在法律体系的中心地位渐渐丧失，已不再如同私法学者一厢情愿的“想象”——一个能与宪法鼎足而立的基本法；宪法日渐“一法独大”，甚至居于“万法之母”，其调整的范围已不再限于早期对公共政治领域，而成为整个社会的价值集中地和体系发散地。“民法典已经失去了所有的‘宪法性’的价值：政治与民事自由、所有权、私人经济创业现在都已经在宪法中得到保护，也就是说得到了最高等级的规范的保护。”② 个中原因，正如那塔利诺·伊尔蒂所言：“法典的‘中心位置’的危机实际上只是现代国家危机的一个表现，也即历史性地出现了团体与阶级，以及经济集团与精英集团，它们主张特别的法规以及系列的权利。”③ 以意大利为例，该国新宪法颁布于1949年，晚于1942年的民法典，因此，其宪法对于民法典的创制无法发挥作用，而且恰恰相反，民法典对于宪法的出台发挥了积极的作用，民法中的许多价值、原则在宪法中得到了不同程度的体现。意大利宪法在其后的民法典解释中发挥了积极的作用，更为重要的是，宪法对于民事特别法的起草发挥了积极的推动作用，换言之，意大利的宪法对于整个私法体系的构建仍然发挥了积极的影响。

---

① 谢鸿飞：《中国民法典的宪法功能》，《国家检察官学院学报》，2016年第6期。

② 〔意〕乔尔加尼：《私法及其在当代的局限》，转引自〔意〕那塔利诺·伊尔蒂：《解法典的时代》，薛军译，载徐国栋主编：《罗马法与现代民法》，第4卷（2003年号），北京，中国人民大学出版社2004年版，第100页。

③ 〔意〕那塔利诺·伊尔蒂：《解法典的时代》，薛军译，载徐国栋主编：《罗马法与现代民法》，第4卷（2003年号），北京，中国人民大学出版社2004年版，第107页。

以我国的自身情况为例，我国宪法的历次修改与民事法律的立法与修订联系紧密，都是在顺应社会经济改革的大势之下作出的，将国家和社会中的一些新政策和新试验上升到宪法的高度，成为基本规范。宪法与民法的互动模式分为两种。一是宪法先行规定，然后再出台部门法，如 1988 年 4 月 12 日第七届全国人民代表大会对《宪法》第 11 条进行修订，增加了第 3 款："国家允许私营经济在法律规定的范围内存在和发展。私营经济是社会主义公有制经济的补充。国家保护私营经济的合法的权利和利益，对私营经济实行引导、监督和管理。"该条成为私营经济立法的一个宪法依据，在同年的 6 月 25 日就通过了《中华人民共和国私营企业暂行条例》，二者出台时间间隔之短，使得后者更似前者的施行法。二是单行法先行规定，再将其上升到基本法的地位，如 1997 年我国刑法修订，将"反革命罪"修改为"危害国家安全罪"，1999 年 3 月 15 日对宪法的第三次修订中也根据刑法的修订将"反革命活动"的表述修改为"危害国家安全的犯罪活动"。两种模式中以前者居多，我国的宪法修订推动了很多单行法的制定，如 2002 年通过的《农村土地承包法》，就是以 1999 年宪法修订案的第 15 条规定，"农村集体经济组织实行家庭承包经营为基础、统分结合的双层经营体制"为依据，以法律的形式稳定和完善了我国以家庭承包为基础、统分结合的双层经营体制，赋予了农民长期而有保障的土地使用权。①

国内已有学者指出："民法不仅仅是规范交易、指导裁判的工具，民法还承担着更为广泛和深刻的社会使命。如果不把民法的原则提升到宪法的高度，就无法建立起公权力尊重私人财产权、政府尊重合同自由的法秩序，也无法实现司法裁判中的公平正义。"②将这一观点置于我国的民法典编纂工作下具有相当的现实意义，如何处理民法典与宪法的关系成为当务之急。民法典的创制并非仅仅是一个部门法的修订完善工作，应该将其提到宪法的高度，进行的是一项系统工程。在一定程度上，宪法开始由"政治宪法"向"经济宪法"和"社会宪法"的功能转变。但这种紧跟政策的法律变动并不是一个法律的良性发展模式，宪法应该承担的功能是规定法治的基本原则，并在规范之间体现出国家对于社会基本价值的维护和尊

---

① 当然，这部法律的实际实施效果还有待进一步评估，尤其是这部法律与物权法基础理论还有着背离之处，此处不予讨论。

② "民法法典化与反法典化国际研讨会"会议综述，该部分系王卫国教授的发言，见 http：//jiangwu999. blogchina. com/1525691. html。

重，而不是对现实政策的亦步亦趋，更不是修改频仍，宪法应该具有包容性和伸缩性，能够容纳未来可能出现的政策变动。在我国这样一个没有私法传统的国家，还是应该强调民法典作为法律的基础这样一种重要作用，至少民法典作为私法的基本法地位不能动摇，积极将私法中一些自由、平等的理念贯彻到社会生活之中，培育人们的私法自由平等理念，对我国的宪法的最终实现发挥循序渐进的能动作用；与此同时，还应该完善与加强民法典立法之初的合宪性审查工作，在宪法框架之下开展我们的民法典创制工作。

第一节　基本价值体系

一、基本价值表达形式的变迁：由民法到宪法

“价值问题虽然是一个困难的问题，它是法律科学所不能回避的。”[①]人既属于自然世界，也属于价值世界。价值，是事物的本来含义，是一个存在的目的或存在的使命。[②] 尽管真、善、美、自由、平等、正义等价值无法通过经验和感觉认知获得，但人们可以通过直觉的过程去感触它们，它能够成为人们所追求的理想和目的。价值还可以从评价的标准和方法这层意义使用。“价值关系同时意味着文化科学研究对象的可变性：对所涉及价值的每一次重新评价都同时意味着价值所涉及对象的一次重新排列。”[③] 价值具有一种永恒性、绝对性和超越现实性，因而能够对现实发挥出引导作用。但是，价值本身具有高度的抽象性，并且不同价值之间往往会产生冲突，导致人们往往因不同的价值观而产生分歧，无论是在历史传统中还是在现实社会生活中，这样的例子都不胜枚举。为了确保各种不同的价值主张能够并行不悖地实现，必须借助于一定的社会机制，法律正是其中最为重要的一种。

路易斯·雷加森斯·西克斯（Luis Recasens Siches）提出，法律本身并不是一种纯粹的价值，而是一个旨在实现某些价值的规范体系。其首要

① 〔美〕庞德：《通过法律的社会控制》，北京，商务印书馆 1984 年版，第 55 页。

② 赵汀阳：《论可能生活》，北京，三联书店 1994 年版，第 72 页。

③ 〔德〕拉德布鲁赫：《法哲学》，王朴译，北京，法律出版社 2005 年版，第 123 页。

目标是实现集体生活中的安全；人类之所以创制法律，乃是因为他们想使他们的人际关系与财产关系得到保护和具有确定性。当然在雷加森斯·西克斯看来，安全虽然是法律的首要目标，但不是最高目标，法律的最高目标和终极目标仍然是正义。根据雷加森斯·西克斯的观点，法律评价的任务就在于寻找制定实在法内容时所应考虑的价值标准，激励所有立法的最高价值应当是对个人的保护，法律的作用应该限于保护自由、人身不可侵犯、最低限度的物质满足，以使个人得以发展其人格和实现“真正的”使命①，在法律体系内部，对于这些基本价值的表达，经历了一个从民法到宪法的变迁过程。

在罗马法时期，民法就集中表达了自由、财产、人格等与人的基本价值相关的制度内容，发展到 19 世纪，民法典通过体系化的条文集中阐释了自由主义价值观念，张扬人的个性，在很长的一段时期内，民法典表达了整个社会的价值取向，处于法律体系的中心，具有“宪法性”地位。“整个法秩序（或其大部分）都受特定指导性法律思想、原则或一般价值标准的支配，其中若干思想、原则，在近日甚至具有宪法位阶。……其作用在于：诸多规范之间各种价值决定得借此法律思想得以正当化、一体化，并因此避免其彼此间的矛盾。②”然而，“市民阶层在其鼎盛时期，在 17 世纪和 18 世纪，获得了创造一个真正系统——即个人主义的理性法和自然法——的力量，并且从私有财产和人身自由之类的概念中建构出本身有效的规范”③。尤其是进入 20 世纪以后，经过了一系列解法典化过程，“民法典失去了它在法律渊源体系中的中心地位：它不再是保障个人的场所，这样的功能已经由宪法来承担”④。在法国，“民法、甚至民法典，已经不再如其本身应该所能的那样，构成一个重要的参照系。这一方面是因为社会与其价值都发生了深刻的改变；另一方面，民法本身无论是在其概念，还是在创制方式上都经历了深刻的变迁。我们逐渐地从一种严格结构化的、由单一立法者基于全民性价值而创制的法律，演变为一种动态的、越来越由法官基于其他渊源和欧洲法而创制的法律——在最近 20 年来这

① 转引自〔美〕博登海默：《法理学、法律哲学与法律方法》，北京，中国政法大学出版社 1999 年版，第 196 页。

② 〔德〕卡尔·拉伦茨：《法学方法论》，陈爱娥译，北京，商务印书馆 2003 年版，第 316 页。

③ 〔德〕卡尔·施米特：《宪法学说》，刘锋译，上海，上海人民出版社 2005 年版，第 12 页。

④ 〔意〕那塔利诺·伊尔蒂：《解法典的时代》，薛军译，载徐国栋主编：《罗马法与现代民法》，第 4 卷（2003 年号），北京，中国人民大学出版社 2004 年版，第 103 页。

一趋势尤为加剧"[①]。其中宪法（包括其序言《人权和公民宣言》）和欧洲共同体法在其中发挥了重要影响。宪法开始成了整个法律体系的中心，这个中心地位的取得不仅仅表明宪法是整个规范的依据，也是整个价值体系的集中地。德·库皮斯指出："宪法吸收了民法典的基本原则，使它们免于受到普通法律立法者任性的干预，这是对这些原则的稳定性的重大贡献。"[②] 同时这些被吸收的价值和原则获得了最高的法律位阶，对于包括民法在内的整个法律体系有着控制作用。宪法将一个社会的基本价值蕴含其中，并辐射至各个部门法领域，达致整个法律的价值和谐。

施米特在论述作为绝对意义的宪法概念时指出，宪法是指"一般国家生活的总规范、作为完整的统一体的根本法和'诸法律的法律'。其余所有法律和规范都必须能够回溯到这个单一的规范上去"[③]。解法典化不仅出现在民法当中，实际上在宪法中也出现了解法典的现象，宪法也"不再是一般原则的场所，现在这些原则已经根据具体的财产类型或主体种类由法典之外的法律表达"[④]。开始有了宪法和宪法律的区分，前者是指形式意义的宪法。将宪法作为根本法、"法律的法律"认识虽然延续至今已成为共识，但宪法不可能为所有的规范提供规范依据，而且重建一个具有终极正当性的规范性法规系统已经不可能，宪法也被分解为各种宪法性的法律，也就产生了施米特所称的相对宪法概念。

最终，宪法和民法各自通过不同方式守护社会的基本价值，却又相互影响。法国最高行政法院认为法国现行宪法的序言具有宪法价值，所有宪法价值条文被称为"合宪性体系"，所有法律都必须与该体系保持一致。因为其宪法是以《权利宣言》作为其序言。"'权利宣言'保障的是个人对国家享有的政治自由，民法典保障的则是'个人在其私人生活中的民事自由，反对政治权力的不适当干预'。"[⑤] 在德国，《基本法》对私法制度具有双重

---

① 〔法〕让-保罗、让-皮埃尔·鲁瓦耶：《民法典：从政治意志到社会需要——两个世纪以来的评估》，石佳友译，载《法学家》2004年第2期。

② 〔意〕德·库皮斯《现阶段的民法》（1970），载《民法研究与问题》，米兰，1974年版，第6页，转引自〔意〕那塔利诺·伊尔蒂：《解法典的时代》，薛军译，载徐国栋主编：《罗马法与现代民法》，第4卷（2003年号），北京，中国人民大学出版社2004年版，第103页。

③ 〔德〕卡尔·施米特：《宪法学说》，刘锋译，上海，上海人民出版社2005年版，第10页。

④ 〔意〕那塔利诺·伊尔蒂：《解法典的时代》，薛军译，载徐国栋主编：《罗马法与现代民法》，第4卷（2003年号），北京，中国人民大学出版社2004年版，第103页。

⑤ 〔意〕那塔利诺·伊尔蒂：《解法典的时代》，薛军译，载徐国栋主编：《罗马法与现代民法》，第4卷（2003年号），北京，中国人民大学出版社2004年版，第83页。

的意义："《基本法》确认了私法制度的根本基础，同时又在很多方面决定了它的发展方向。此外，《基本法》还是普通立法工作和司法工作在私法领域里的准绳。"①

二、基本权利是基本价值的集中体现

（一）基本权利的概念和分类

在宪法中，集中表达基本价值的是宪法对于基本权利（Fundamental rights）的规定。基本权利这一概念具有模糊性，和人权、自然权利等概念关系密切，甚至经常出现混用的现象，如在《布莱克维尔政治学百科全书》中，基本权利被认为是"个人拥有的较为重要的权利；人们认为，这些权利应当受到保护，不容侵犯或剥夺。……随着洛克个人主义学说的兴起，基本权利问题日益突出，引人关注。此后，基本权利被称为天赋人权，因而又常被称为人权"②。也有学者对基本权利和人权之间的细微差别作出了分析，如德国学者奥特弗利德·赫费就认为："如果说人权和基本权利从内容上看是一样的，那么它们的存在方式却不相同。人权是法制度应遵守的道德准则，基本权利则相反，只有当它得到现存法制度的实际承认时才是基本权利"③。换言之，人权必须在具体部门法得到体现和展开时才真正具有基本权利的意义。

基本权利是自然权利的宪法表达形式，它包罗了自然权利之中的生命、自由、财产等基本内容，这些权利被认为是人与生俱来的，也被认为是人类社会的基本价值。在美国很多判例中，最高法院口中的"基本的"和"根本的"权利实质上就是原来所说的"自然权利"④。哈贝马斯指出，基本权利的功能在于"保证社会是一个私人自主权的领域，并将公共权力

---

① 〔德〕卡尔·拉伦茨：《德国民法通论》，王晓晔等译，北京，法律出版社 2003 年版，第 115 页。

② 〔英〕戴维·米勒、韦农·波格丹诺：《布莱克维尔政治学百科全书》，北京，中国政法大学出版社 1992 年版，第 283 页。

③ 〔德〕奥特弗利德·赫费：《政治的正义性》，庞学铨、李张林译，上海，上海译文出版社 1998 年版，第 402 页。

④ 〔美〕詹姆斯·安修：《美国宪法判例与解释》，黎建飞译，北京，中国政法大学出版社 1999 年版，第 167 页。美国联邦最高法院在 1945 年的蔡斯股票公司诉唐纳森一案中公开指出："现在所谓的'基本权利'即过去的'自然权利'"（参见该书第 172 页）。当然在后期，美国法院通过宪法第九修正案的正当程序保护原则对自然权利开始保护。

限于有限功能之上”[①]。但我国也有学者指出了古典基本权利和自然权利的区别，因为“古典基本权利的内容是自由主义价值的完整体现。自然权利仅仅承认基于财产的个人自由，它排斥集体认同，其所坚持的是国家与社会严格意义上的分离，拒斥国家对社会经济生活的任何干预，政府的目的仅仅在于增进个人的‘天赋’权利，故基本权利中不包括社会经济权利”[②]。现代社会基本权利的一个重大发展就是社会经济文化权利作为一项重要内容开始受到国际社会的共同关注，各国既在宪法中将这种权利予以规定，并且这种“社会化”也影响到私法，首要的影响就是对作为绝对权的所有权进行了一定程度的限制。可以说，私法的社会化肇始于宪法中个人自由和财产权利增加的一个限制——社会福利原则，又称社会公共利益原则。当然社会经济权利不局限于此，其主要目的更多的是给国家强加了通过各种手段（立法、司法、行政）积极为人民创造福利，满足人们的经济文化需求的义务。

《世界人权宣言》采取的是二分法，分别是“公民权利和政治权利”与“经济、社会和文化权利”两大类，也就因而有了《公民权利和政治权利国际公约》和《经济、社会和文化权利国际公约》两个国际人权公约，这也是得到国际社会承认的两大类基本人权，涵括了基本权利的主要内容。我国理论界一般把基本权利分为三类，有的学者认为基本权可分为：（1）消极的基本权利，包括人身自由、言论自由等；（2）积极的基本权利，包括受教育权、接受国家救济权等；（3）参政权，包括选举权、罢免权等。[③]还有的学者认为可分为：（1）人身人格权利，包括人身自由、人格尊严权等；（2）政治权利与自由，包括选举权、出版自由等；（3）经济、社会和文化权利，包括工作权、最低生活保障权、受教育权等。[④] 学者郑贤君依据自然状态与社会状态理论将人权或者宪法基本权分为公民权利、政治权利和社会权利，其中公民权利是指进入社会状态之后个人依然享有的自然权利，是人作为人的权利，也是“私”意义上人的权利；政治权利是个人在社会状态下对政治生活的参与权，是“公”意义上人的权利；社会权利依次为：经济权利、狭义的社会权利和文化权利。其中公民权利与政治权

① ［德］哈贝马斯：《公共领域》，汪辉译，载汪晖、陈燕谷主编：《文化与公共性》，北京，三联书店 1998 年版，第 129 页。

② 郑贤君：《基本权利的宪法构成及其实证化》，载《法学研究》2002 年第 2 期。

③ 王世杰、钱端升：《比较宪法》，北京，中国政法大学出版社 1997 年版，第 61 页。

④ 李步云：《宪法比较研究》，北京，法律出版社 1998 年版，第 443 页。

利属于自由权，是免于国家侵犯的权利，社会权利是要求国家给付的权利。[①] 此种划分在《世界人权宣言》的权利概称的基础上做了适当的变通，较为符合国际潮流。尤其是这种划分方法能够相对清晰地将宪法上的基本权利在公法和私法中的位置予以确立，也能从中推演权利实现和国家行为之间的合理关系。

（二）基本权利的历史沿革

基本权利的理论渊源可以从自然法学家如西塞罗、卢梭、洛克等思想家对于自然权利的讨论开始，在法律形式上，基本权利最初可以回溯到罗马法时期所规定的自由权、市民权和人格权。“诸如财产权、宗教自由、婚姻自由乃至工作自由，在很多国家都是先从社会的某些桎梏中经由抗争而解放出来，然后才转变为对抗国家的权利，因此同时具有公法和私法权利的性格。”[②] 在英国早期的一些宪章和权利法案中，如 1215 年的大宪章、1679 年的人身保护法和 1688 年的权利法案，虽然在随后的发展中逐渐具有了近代宪法原则的品质，但这些协议和规定最初仅仅是作为保护英国贵族或市民权利的协议，并不能作为基本权利保护历史的真正开端。在施米特看来，只有北美各邦在 18 世纪脱离英国的过程中颁布的一系列宣言，如 1776 年 6 月 12 日弗吉尼亚颁布的《人权与公民权宣言》、1776 年 11 月 11 日颁布的宾夕法尼亚宣言及其他殖民地的宣言，“才真正开始了基本权利的历史”[③]。这些宣言将自由、私有财产、安全、抵抗权、良心自由和宗教自由列为基本权利，国家存在的宗旨就是为了保障这些基本权利。宗教自由在这些基本权利中居于首要位置，甚至有学者如 G. 耶里奈克认为，这些基本权利观念是由宗教自由发展而来的。1789 年诞生于法国的《人权宣言》确立了包括自由、财产、安全和抵抗权在内的最重要的基本权利，但没有包括宗教自由和结社自由。这些宣言是“一种新的国家伦理的宣示”，以“庄严的形式表达了”宪法的“总体制宪目标”[④]。在德国，对于基本权利作出最完善全面的规定当推魏玛宪法，其单设了“第二编　德国人民之基本权利及基本义务”，该规定的开创性意义在于除了规

---

① 郑贤君：《论宪法社会基本权的分类与构成》，载《法律科学》2004 年第 2 期。

② 苏永钦：《民事立法与公私法的接轨》，北京，北京大学出版社 2005 年版，第 109 页。

③ 〔德〕卡尔·施米特：《宪法学说》，刘锋译，上海，上海人民出版社 2005 年版，第 169～170 页。

④ Smend 报告，转引自〔德〕卡尔·施米特：《宪法学说》，刘锋译，上海，上海人民出版社 2005 年版，第 173 页。

定自由等个人权利之外，还开始规定了社会经济权利，确立了社会福利原则对于整个法律体系的影响，这一规定也创造了大陆法系对基本权利规定的一个典范之作，德国在以后陆续推出的几部基本法，关于基本权利的规定都是以此为蓝本进行改造而成。现代许多宪法都采纳了魏玛宪法所创设的社会和经济权利，该权利在《世界人权宣言》中也得到认可，"宣言"明确规定："人人有权工作、自由选择职业、享受公正和合适的工作条件并享受免于失业的保障。"赋予"每个人"一项"享受为维持他本人和家属的健康和福利所需的生活水准，包括食物、衣着、住房、医疗和必要的社会服务；在遭到失业、疾病、残废、守寡、衰老或在其他不能控制的情况下丧失谋生能力时，有权享受保障"。当然，这些"权利"性的规定更多的是要求各国政府为本国公民实现这些权利积极创造物质条件和制度条件。

各国对基本权利作出规定，无论其内容有多少差异，但对于基本权利的效力却持基本相同的观点，即该基本权利主要是为了保护公民免受国家公权力的侵害。但是德国宪法法院在后来的宪法实践对于基本权利理论最大贡献在于突破了仅仅将基本权条款作为一种对抗政府的防御权的认识，而是将基本权利作为客观价值体系，这种客观价值体系形成了社会的客观秩序，并适用于整个法律体系。

（三）基本权利与基本价值体系

作为国家的根本法，宪法成为"法律的法律"乃是因为宪法体现了这个社会的基本价值。之所以能称为基本价值，乃是因为这种价值把人最基本的需求——自由、财产和对幸福的追求——涵盖在宪法文本之中，体现的是一种以人为本的精神。莫菲认为，宪政主义在把人类尊严确定为核心价值时，采取了一种道德客观主义或道德现实主义的形式，这种理论假设人类尊严的本质是客观存在的，可以发现的。① 因此，这种基本价值具有伦理意义。

在宪法中，集中体现基本价值的是基本权利体系，基本权利所具有的约束力日渐扩张，不仅仅对立法、行政、司法具有拘束效力②，更重要的是基本权利作为这个社会最基本的价值而存在，具有引导力。拉德布鲁赫等

---

① 〔美〕W. F. 莫菲：《宪法、宪政与民主》，信春鹰译，载宪法比较研究课题组编译：《宪法比较研究文集》(3)，济南，山东人民出版社 1993 年版，第 10 页。

② 如德国《基本法》第 1 条第 3 款规定："基本权利直接有法律效力，并约束立法、行政和司法。"

法学家“赋予各种基本权利以一种普遍的价值”[①]。德国学者 G. Winkler 认为：“价值概念的普遍性，非谓可任意地去施行这些价值，而是对内在的含有目的的价值负有义务，故基本权对立法及行政部门而言，不仅是限制，亦是具有目标意义应予遵循的价值。”[②] 德国宪法法院认为：“根据联邦宪法法院历来的裁判，基本权条款不仅是个人对抗国家的主观防御权，同时也是客观秩序。”[③] 这一观念的转变最初是在审理德国“吕特”案中开始的，德国联邦宪法法院在 1958 年 1 月 15 日宣判的“吕特”案中认为，基本法并非一个价值中立的秩序，基本权利的规定，就是要建立一个客观的价值秩序，以强化基本权利之适用力。对立法、司法及行政都有拘束力，并给他作为行为方针及动因。[④] 这一观点也成为宪法规范适用于私人之间关系的重要理论基础。

“基本权在此之独立价值性，不应单方面的由一个抽象的价值概念来为认知，亦即非由宪法之外或宪法之上的先验性来对此之观察与描述，而是基于其为国家（宪法秩序）价值实现结构的一部分。”[⑤] 德国基本法上所确立的价值秩序以社会团体中的人类的人性尊严和个性发展为核心，应当被看作是宪法的基本决定，而对所有的法领域产生影响。作为普遍的客观价值，基本权利对于立法权不再是空洞的“指示”和“纲领”，而是能够实际约束立法者的客观规范。基本权利作为客观规范的实效性充分体现在德国宪法的“自由民主基本秩序”观念中，按照德国的宪政观念，以基本权利为基础的自由民主基本秩序，“透过宪法法院之运作，即有实定法之功能”[⑥]。德国基本法开始从自由价值体系向客观价值体系转换，每项基本权利都可被看作是一项“客观价值”，作为一个整体又构成了“客观价值秩序”。德国联邦宪法法院在以后的类似判决中曾经先后使用“客观价值秩序”(objective Wertordung)、“基本权利的客观法面向”(objektive-rechtliche Grundrechtsgehalte)、“基本权利作为客观规范”(Grundrecht als objektive Normen)、“客观法的价值决定”(objektivrechtliche Wertenscheidung)、宪法

① 〔德〕科殷：《法哲学》，林荣远译，北京，华夏出版社 2002 年版，第 61 页。

② 吴庚：《宪法的解释与适用》，台北，三民书局，2004 年第 4 版，第 112 页。

③ 吴庚：《宪法的解释与适用》，台北，三民书局，2004 年第 4 版，第 113 页。

④ 陈新民：《德国公法学基础理论》上册，济南，山东人民出版社 2001 年版，第 314 页。

⑤ 陈慈阳：《基本权核心理论之实证化及其难题》，台北，翰庐图书出版有限公司，1997 年版，第 44 页。

⑥ 〔德〕Karl Doehring：《德意志联邦共和国宪法（基本法）之特征——自由民主基本秩序》，法治斌译，《宪政时代》第十四卷第四期，第 56 页。

的“基本决定”（verfassungsrechtliche Grundentscheidung），“方针”（Richtlinien）、“推动”（Impulse）、“基本原则”（Grundprinzipien）等术语来指称同一内容。① 一些德奥宪法学者认为基本权既是个人权利，则权利请求必须有法的依据，所谓基本权客观规范乃是一种语言错乱的迷雾概念，从根本上否定基本权的客观规范或者客观价值秩序的说法。② 无论其称谓如何，基本权的核心在于保障个人在社会中的自由发展，成为法律体系中的一个具有“公理性”的法则（constitutional axiom）。③ 基本权利成为整个社会共同体的价值基础，超越一切法秩序的“客观价值”以及联邦德国国家共同体的“基本秩序”。作为整个社会共同体的基本秩序，基本权利的影响力超越了“个人—国家”关系的层面，而能够笼罩社会生活的一切侧面，对法的一切领域（无论公法还是私法）都产生扩散的效力，整个社会生活都应该在基本权利这一价值基础上进行整合。④

三、基本价值体系的开放性

德国学者阿历克西（R. Alexy）认为，在进行基本权解释时，可以体认时代的价值意识，溶入快速变迁的价值观念或价值判断，从而“使基本权成为开放的规范体系”⑤。在美国，通过 Griswold v. Connecticut 一案的审理，联邦法院首席法官沃伦等多数派意见认为：宪法应解释为保护全部“基本的”个人权利，应该尊重“那些根植于市俗和政治制度的自由和正义的基本准则”⑥，将社会变迁中的实时变换的价值观念植入基本法之中，进而对整个法律体系发挥影响。因此，在宪法中构建基本权利体系相当于“将价值认识用一个体系排列起来，借此我们可以找到——依据整体秩序合理（即可得审查）地——适宜作为应当个别决定的标准，据此可合理地

① 〔德〕Robert Alexy：《作为主观权利与客观规范之基本权》，程明修译，《宪政时代》第二十四卷第四期，第 84 页；张嘉尹：《论“价值秩序”作为宪法学的基本概念》，《台大法学论丛》第三十卷第五期（2001 年 1 月），第 9～10 页。

② 吴庚：《宪法的解释与适用》，台北，三民书局 2004 年版，第 118 页。

③ 欧宏伟：《基本权之“私法性”与利益衡量——回眸德国宪法法院“吕特”案》，载《判解研究》2005 年第 2 辑。

④ 张翔：《基本权利的双重性质》，载《法学研究》2005 年第 3 期。

⑤ 吴庚：《宪法的解释与适用》，台北，三民书局 2004 年版，第 118 页。

⑥ 〔美〕詹姆斯·安修：《美国宪法判例与解释》，黎建飞译，北京，中国政法大学出版社 1999 年版，第 169 页。

控制任何决定”①。这也是埃塞尔所提出的开放体系和封闭体系之间的区别与制约的意义所在。基本价值体系构成了民法的开放体系，并对民法的封闭体系形成了制约力量。

德国学界对于基本权利的私法适用有着较大的争议并展开了广泛讨论，但是对于基本权利应该体现在具体立法之中却表现出了惊人的一致。曾担任德国联邦普通法院庭长及联邦宪法法院法官的盖格认为，整个法律秩序，都必须以不同之方式，在不同阶段，用具体的法规来承认及保障这些价值及法益。这些具体的法规产生特别规范，例如民法、经济法及劳工法等，皆系在同一的最高法律秩序下，给予那些（基本权利之）价值必要的实证内容，因此，透过私法法规对不同案件的详为规定，辅以法院诉讼实务对权利保障的继续发展，是极为必要之举。② 从保障私人主体的行为自由角度来看，这种通过私法立法将基本权利具体化的过程是极为必要的，基本权利不能越过立法程序直接约束私人主体。原因在于，它不仅可以充实其权利内容，还能明晰权利和义务的边界，为私人主体提供明确的行为指引，避免对其自由过度干涉。邓宁格（Erhard Denninger）又另辟蹊径从宪法委托的角度确立了立法者的任务，邓氏认为：“依照现行宪法的理念，要将基本权利之价值在私法关系中得到实现，已经不是一个对立法者极为困难的宪法委托。因为基本法确立了社会国家原则的立国原则”“立法者应是防卫宪法基本价值的意识形态创造者，接受者及加工者。③”简言之，基本权要转化成公民所能实际享有并能获得司法保护的权利形态最主要通过立法的形式，既可以在传统民事立法中找到基本权利的踪影，也可以通过转变立法者观念，对民法原理予以修正，以在民法中体现基本价值取向。

从基本权的另一面，也就是国家的保障义务来看，“基本法赋予国家诸多功能，国家对各种基本权负有保障义务，国家建制、作为及程序都应该以保障基本权为准则，以补个人主观上权利的不足”④。国家保护义务对于立法、行政、司法作了不同分工，在德国，“保护义务之表现形态，乃联邦及各邦之立法者负有制定规范之任务，行政权负有执行保护性法律

① Wertung，Konstruktion und Argument im Zivilurteil，S. 14. 转引自〔德〕卡尔·拉伦茨：《法学方法论》，陈爱娥译，北京，商务印书馆 2003 年版，第 44 页。

② 陈新民：《德国公法学基础理论》上册，济南，山东人民出版社 2001 年版，第 307 页。

③ 陈新民：《德国公法学基础理论》上册，济南，山东人民出版社 2001 年版，第 309 页。

④ 吴庚：《宪法的解释与适用》，台北，三民书局 2004 年版，第 132 页。

（包括行使裁量权）之义务，宪法法院以保护义务为标准，审查立法者及行政权之相关作为及不作为，普通法院以保护义务为标准，审理民事案件，并做成裁判”①。其中立法机关的义务是国家履行保护义务最主要的方式。在承认基本权利是针对国家权力而产生的基础上，同时又认为基本权利能够对立法、司法、行政有间接的约束力，一方面，通过立法机关将基本权利转化为相应的民事权利、行政权力等，另一方面，基本权利通过民法中的概括条款对私人之间的法律关系发挥调控作用。这一理论具备如下优势：首先，保证公法体系和私法体系形式上的相互独立性，既杜绝宪法对于私法体系的入侵，也能有效地防止在私法适用中出现向宪法原则逃避的问题，破坏法律体系固有的位阶科层；其次，立法机关更为积极地将宪法中的基本价值转化为部门法的原则规范，立法机关负有向司法机关提供裁判规范的义务，既符合权力分立的理念，也在实际上体现了一种立法优先的观念；最后，在立法之初即重新认识民法中概括条款的功能，使其具备扩展功能，体现了私法的灵活性和包容性，而且概括条款技术的创制、运用也为许多尚未预期的价值观念进入民法提供了重要的手段。因此，将基本权利中所包含的基本价值观念贯彻到民法体系中就成为我们目前所进行的民法典创制的一项重要任务。在体系构建的时候，必须兼顾到基本价值体系内部的位阶性，将对人格、自由、财产的尊重放在民事立法的根本位置。

第二节　基本价值体系在私法中的投射

一、主观权利和客观法

对主观权利与客观规范之间的关系的理解可以回溯到罗马法时期，并可在语源学上找到最初的踪迹。在拉丁语中，“jus”一词既指法律，又指权利，德文中“Recht”一词，也有“法”和“权利”的双重意思。因此康德认为：“权利科学所研究的对象是：一切可以由外在立法机关公布的

① Christian Starck：《基本权利之保护义务》，李建良译，《政大法律评论》第五十八期，第34页。

法律原则。”① 法律的目的，就是规定和保护权利，而不受法律规定保护的利益，则不能作为权利。因此可以说，从客观上看是法，从主观上看则为权利，二者合而为一，以致罗马人就用一个词来表达两个概念。② 在罗马人看来，一切受保障的、在外部世界实施行为的权能也叫作法权(ius)，当人们把它同作为规范的法相区别时，称它为主观法。在旧的学派中，人们习惯于称主观意义上的法为“facultas agenda（行为权利）”，称作为规范的法或客观意义上的法为“norma agenda（行为规范）”③。社会连带主义法学的代表人物狄骥认为：“同一个词‘法’指代两个绝不相同但又可能相互渗透，紧密联系的概念：客观法和主观权利。”“客观法或者法律规则即指施加于社会中个人的一种行为规则。在某一确定时期，社会认为对这种规则的遵守能保证公正及大众利益。而违背该规则的行为会引起社会的公愤。”“主观权利是指社会中个人的一种权力。个人有权获得社会对其所追求的结果的认可，条件是其追求目标和行为动机符合客观法。”他又说道：“作为个人来到世界上，人就拥有某些权利，某些作为个人自然权利存在的主观权利。”“但是，顺理成章地，对整体中所有个人权利的捍卫必然要求对每个人的个人权利加以各自的限制。由此说明，在个人主义学说中，法律规则一方面要求所有人对每个人的个人权利的尊重，另一方面为了确保所有人的个人权利，又要限制每个人的个人权利。这样就从主观权利上升到了客观法，并在主观权利的基础上建立了客观法。”④ 狄骥对主观权利的认识是与自然权利相联系的，它是一种先验的、抽象的权利，这种主观权利能够转化为客观规则，因此，主观权利成为法律规则的基础，但法律规则又将主观权利确定下来，并对权利的实现提供保障。作为实证主义法学流派代表的狄骥又用客观规则否定了主观权利概念，在狄骥看来，在法律领域中唯一能为人观察到的事实是客观规则。这些规则适用于个体时决定着他们的状态，所以他提出用法律状态取代主观权利。⑤

---

① 〔德〕康德：《法的形而上学原理》，沈叔平译，北京，商务印书馆 1997 年版，第 38 页。

② 周枏：《罗马法原论》，北京，商务印书馆 1994 年版，第 88 页。

③ 〔意〕彼德罗·彭梵得：《罗马法教科书》，黄风译，北京，中国政法大学出版社 1992 年版，第23 页。

④ 〔法〕莱昂·狄骥：《宪法学教程》，沈阳，辽海出版社、春风文艺出版社 1999 年版，第 23 页。

⑤ 〔法〕雅克·盖斯旦：《法国民法总论》，陈鹏等译，北京，法律出版社 2004 年版，第 125 页。

虽然对于主观权利概念的争议犹在，虽然主观权利是以个人为核心的，旨在保障自由价值，以对抗国家公权力的迫害，但是，“个体的权利并非由客观规则作为寻求公平的手段而赋予的；它是直接从人的本质中归结出来的，是自然的权利。”① 根据主观权利理论，这些权利是神圣不可侵犯的。主观权利概念使个体的权利能力与国家的强大权能相抗衡。从这个意义上看，主观权利概念确实“在当时有其益处，它是斗争的工具，它成为激发进步的神秘因素之一，尽管这些因素是借助自身的虚假性起作用的”②。

但是，主观权利对个人自由的推崇也有其弊端，需要通过客观规范来矫正。一方面主观权利意味着不平等，因为主观权利是一个“保留给权利主体的领域”，它限制了其他人的自由，因而在人与人之间构成了一种有利于某一特定个体（权利主体）的法律上的不平等。③ 比如，所有权意味着他人负有不得侵害所有权的义务，这一义务是对所有其他人自由的法定限制，尽管这种限制是合法的，但仍然会造成所有权人与其他人之间的不平等。另一方面，客观规范可以对主观权利施加外在限制来缓和这种不平等。根据客观规范的要求，主观权利应具有一定的社会目的，而不只是对于个人利益的满足，特定个体行使主观权利时不得背离社会公共利益，典型如所有权的社会化。

厘清客观法与主观权利之间的关系有助于人们从权利的角度看待法，在规范中发现权利，在权利中发展规范，在私法中仍然坚持权利本位的观念。从 20 世纪中叶开始，由于二战后一些新兴的民主国家和民族国家的诞生，出现了一个宪法创制高峰期，这些宪法将一些重要的基本权利纳入其中，诸如自由权、政治和宗教信仰、健康等人格权以及如私人财产权、企业私有权、遗产继承权等具有财产权内容的主观权利。

二、基本权利在私法体系上的展开

在康德的权利哲学中，权利仅限于外在行为，并不具有伦理意义，也不考虑权利行使者的动机和目的，正如其在《法的形而上学原理》中所说：“严格的权利与伦理没有任何牵连，它只考虑行为外在的方面，而不考虑行为的其他动机，因为它是纯粹的权利，不掺杂任何道德律令。所以

① 〔法〕雅克·盖斯旦：《法国民法总论》，陈鹏等译，北京，法律出版社 2004 年版，第 13 页。

② 〔法〕雅克·盖斯旦：《法国民法总论》，陈鹏等译，北京，法律出版社 2004 年版，第 121 页。

③ 〔法〕雅克·盖斯旦：《法国民法总论》，陈鹏等译，北京，法律出版社 2004 年版，第 144～145 页。

严格的权利就是那种仅仅可以被称为完全外在的权利。”① 然而，现代法学却更加强调基本权利的伦理意义，这与民事法理秩序是相通的。民法的“基本原理和思想也并不是近代法论强调的经济主义所能涵盖的，毋宁说它的原点是对人类自由、平等这种对基本价值的探求。而这个原点在今天不仅仍然是将趋于支离破碎的民法重新统合起来的基础，同时也是处理不断出现的新问题的出发点。因此今天‘民法体系的思维方法’正是应该得到重新认识的时候，而基本权利恰恰可以提供一个不同的视角”②。

王泽鉴教授认为，基本权利是连接民法和宪法的枢纽，这主要体现在两个方面：一方面是宪法作为民法典的效力基础，两者的关系主要在于基本权利，即通过民法典来具体化或者实践宪法上的基本权利；另一方面是民法的规定会不会发生违宪的问题，或者民法的规定在宪法上如何来审查。在基本权的功能上，则体现了针对立法者的基本权的防御功能与针对司法的基本权的保护功能。③ 在法国，学者从分析民法典与人权宣言的关系入手，认为人权宣言所提出的人与人之间的自然权关系是最基本的关系，对这些基本关系的界定以及保护都成为民法的任务，通过民法规范具体实现之，这也就奠定了民法作为“社会基本法”的地位。④ 但是，民法并不是简单地转换基本权利的规范位阶，这样既会模糊宪法规范的性质，又不能在部门法中取得实效，造成立法资源的浪费。基本权利对民法体系的影响在于为其提供权利体系的框架，同时又限制民事权利的外延范围，民法规范则应尽可能地将基本权利的内容予以具体化和私法化。具体来说，基本权利可以区分为人格权、平等权、精神自由、经济自由、人身自由、政治权利、社会权利以及获得救济的权利。根据基本权利对民事权利的影响，基本权利可以分为四个大的方面：人身权、财产权、社会权和家庭保障权。

首先，民法规范把人身权和财产权当做最基本的权利分类方法，并在

---

① 〔德〕康德：《法的形而上学原理》，沈叔平译，北京，商务印书馆 1997 年版，第 42 页。

② 〔日〕大村敦志：《法源・解释・民法学——フランス民法总论研究》（特别参见该书第 3 部・补论——宪法と民法）有斐阁（1995 年）；大村敦志教授 1997 年日本私法学会主题研讨中所作报告：《民法学と研究对象论——フランス法の视点から》（前引《私法》杂志第 60 号）。转引自渠涛：《从日本民法的历史看民法在当今社会中的地位与作用》，见 http：//www.iolaw.org.cn/showarticle.asp？id=1210。

③ 王泽鉴教授 2005 年 4 月 10 日在浙江大学法学院举办的“基本权利与私法”学术研讨会上的发言，参见徐钢：《宪法与私法交汇点上的人权保障》，载《人权》2005 年第 3 期。

④ 〔日〕星野英一：《民法・财产法》第 5、52 页，日本放送大学教育振兴会（1994 年），转引自渠涛：《从日本民法的历史看民法在当今社会中的地位与作用》，见 http：//www.iolaw.org.cn/showarticle.asp？id=1210。

此基础上进一步划分，最终形成民事权利体系。同时，民法规范还发展出相应的侵权法体系，以加强对这些权利的保护，德国还通过侵权法的一般条款以及悖俗侵权制度为侵犯公民基本权的行为提供民法上的救济。晚近以来，基本权利对民法最为明显的影响就是人格权的迅速扩张，不仅隐私权、个人信息权等具体人格权得到广泛承认，还形成了具有兜底作用的一般人格权，完善了民法对人格权的保护。

其次，我国宪法中有许多关于劳动权利和社会保障制度的条款，譬如第 42 条第 2 款规定："国家通过各种途径，创造劳动就业条件，加强劳动保护，改善劳动条件，并在发展生产的基础上，提高劳动报酬和福利待遇。"第 43 条第 2 款规定："国家发展劳动者休息和休养的设施，规定职工的工作时间和休假制度。"第 44 条规定："国家依照法律规定实行企业事业组织的职工和国家机关工作人员的退休制度。"第 45 条规定："国家发展为公民享受这些权利所需要的社会保险、社会救济和医疗卫生事业。"虽然这些规定主要是对国家施加积极保障的义务，需要国家通过主动地立法和物质供给来落实，但其仍然需要私法规范予以配合完成。以对劳动者的社会保障为例，国家必须基于具体的劳动关系来保护劳动者，而劳动者与用工单位之间缔结的劳动关系恰恰属于私法规范调整的范畴。受到宪法规定的影响，私法规范不仅设置了诸多保护劳动者的制度措施，还允许法官以保护劳动者为由限制合同自由。

最后，婚姻家庭是社会的组织基础，除了经济生活之维持外，婚姻家庭更有提供夫妻间之情感依赖，并促进子女之身心发展与社会化的功能。我国《宪法》第 49 条明确规定"婚姻、家庭、母亲和儿童受国家保护"，成为所有涉及婚姻家庭的公法与私法制度的一个原则性规范。同时，第 49 条第 3 款规定："父母有抚养教育未成年子女的义务，成年子女有赡养扶助父母的义务。"第 4 款规定："禁止破坏婚姻自由，禁止虐待老人、妇女和儿童。"这些规定在我国民事法律中得到了重申，甚至没有任何角度的转换。①"对民事立法者而言，要考虑的是：'保护家庭'的宪法委托如

① 苏永钦先生认为，宪法中的这些规范没有强调家庭对国家的防卫，尤其是第 49 条第 2 款："夫妻双方有实行计划生育的义务"。苏永钦先生在评论该条时指出，该条规定"对于国家干预的容忍和人民生育权的限制，更是达到罕见的程度。一方面反映了对家族自治的不信任，担心在中国社会的语境下，自治会引起对传统父权主义宰制的伦理妥协的错误联想，另一方面则反映中国对人口过度成长的担忧，确实是非常具有中国特色的部分。"苏永钦：《民事立法与公私法的接轨》，北京，北京大学出版社 2005 年版，第 44 页。

何实现，宪法虽未排斥家庭自治的理念，但在显然深具戒心的情况下，还适不适合把身份的民事关系放在以自治理念为中心的民法典中?”① 虽然宪法作为一种保障，它规范了国家权力的积极性的任务，不仅要禁止对婚姻和家庭的侵犯，还要通过适当的措施予以支持和帮助②，但这只是意味着在各部门法的制度建构涉及婚姻家庭问题时，立法者负有义务去保护婚姻家庭利益③，并不完全排除自治理念在家庭关系中的正当性。未来家庭法应发挥类似管道的功能，设置相应的婚姻标准和规则框架，通过对当事人行为的引导，来塑造、襄助和维持婚姻家庭理想，同时也能避免对婚姻家庭的过度干涉。

三、基本权利对契约自由的限制

私法自治和契约自由是私法体系的基本价值，但现代宪法原则已经对民法原理做了大量的修正。从魏玛宪法中以社会福利原则限制所有权的行使作为民法社会化的开端，强调了所有权行使的社会性义务；契约自由在侵害公民的基本权利时其法律效力也开始受到否定性评价；过错责任原则独尊的地位也受到了动摇，无过错责任、公平责任成为与之并驾齐驱的归责原则。传统民法的三大基本原则都已经受到不同程度的修正，尤其是“现代宪法原理实际上影响了契约自由的内涵与功能，扩大了基本权利效力在契约自由领域中的具体运用。……契约自由受基本权利的拘束已成为宪法实践的基本要求”④。宪法对于基本权利的保护所形成的基本价值体系对私法中的契约自由原则产生了重要影响，宪法与私法的关系主要体现在基本权利和契约自由的关系。

契约自由作为民法自由精神的重要体现，本质上是一种选择自由，这种自由甚至“包括了从事（在其他人看来是）不合理的事情的自由”⑤。因此，非有正当理由不得对契约自由进行限制。契约自由也曾经被作为一项自然权利，具有基本的价值属性。在自然法学家看来，契约自由是人类

① 苏永钦：《民事立法与公私法的接轨》，北京，北京大学出版社 2005 年版，第 44 页。

② 〔德〕康拉德·黑塞：《联邦德国宪法纲要》，李辉译，北京，商务印书馆 2007 年版，第 359 页。

③ 张翔：《“近亲属证人免于强制出庭”之合宪性限缩》，载《华东政法大学学报》2016 年第 1 期。

④ 韩大元：《论基本权利效力》，载《判解研究》2003 年第 1 期。

⑤ 〔德〕卡尔·拉伦茨：《德国民法通论》，王晓晔等译，北京，法律出版社 2003 年版，第 113 页。

不可让渡的权利之一，美国联邦最高法院就以此为依据对契约自由加以保护。在 1827 年的“奥格登诉桑德斯案”中，首席法官马歇尔说道：“合同的权利和义务的渊源先于且独立于社会而存在。我们可以合乎情理地断定，像许多其他的自然权利一样，其初始和先存的原则伴随着人们来到社会。虽然它们是可控制的，但却不受人定法的限制。”在 1905 年的“洛克纳诉纽约州案”中，最高法院明确指出：“确认与商务有关的契约普遍权利是第 14 条修正案所保护的个人自由权的组成部分。”① 不过在以后的发展过程中，美国法院开始用社会福利原则对契约自由进行了修正。“法律的终极原因是社会福利。未达到其目标的规则不可能永久性地证明其存在是合理的。”② 卡多佐提到公共政策在司法中的重要作用，认为不要轻易用契约自由干预它，并且认为“也许有一个至高无上的公共政策，它将超过暂时的不便或偶尔的艰难，不要轻易牺牲确定性、统一性、秩序和连贯性”③。

德国学者莱斯纳（Walter Leisner）认为基本权利在私法中的效力可以分为契约内和契约外的行为来论。在契约法内之行为，则需以基本权利保障的可放弃性为其前提。权利保障之可放弃的程度如何，则必须依每个法条的法律保留而定。法律保留乃是宪法许可国家（经立法）侵犯人民基本权利之部分，故而，在这种情形下，亦许可人民以契约来放弃其权利。而宪法内有绝对不可侵犯之规定者，例如人类尊严、信仰及宗教自由等，以及基本权利之核心部分，依基本法第十九条第二项之规定，不可以立法方式侵犯之，则人民亦不可依己意放弃。故而人格发展自由权，可以立法限制，所以个人可为经济目的，而予以放弃。在契约外之领域，纯粹是双方基本权利之冲突。他提出了三个方向：保护人格价值基于物质价值，基本权利乃保障自由之行使，而非行使之结果；基本权利尤其保障政治自由，使有自由之感觉，任何对基本权利之限制，都必须先审查，有无和民主理念相冲突；基本权利保障个人最小限度保障，故，愈对基本权利为限制，即愈肯定有残留部分之保障。④ “由于基本权利的影响确立了契约自由的原则。因此，公民不会有过重的经济负担以致终身负累并因此影响其

---

① 〔美〕詹姆斯·安修：《美国宪法判例与解释》，黎建飞译，北京，中国政法大学出版社 1999 年版，第 163 页。

② 〔美〕本杰明·卡多佐：《司法过程的性质》，苏力译，北京，商务印书馆 1998 年版，第 39 页。

③ 〔美〕本杰明·卡多佐：《司法过程的性质》，苏力译，北京，商务印书馆 1998 年版，第 40 页。

④ 陈新民：《德国公法学基础理论》上册，济南，山东人民出版社 2001 年版，第 324～325 页。

人格发展的自由。[①]直接或间接地使一方负担给付义务而无理地阻碍其职业自由的协议同样无效。”[②]

日本学者我妻荣认为，因私人间契约而造成基本权侵害时国家可能可采取的救济有三种方式，一是在一定程度上承认私人间存在的限制人权的情况。二是当限制人权已超过一定限度时，国家对违反公序良俗的契约不赋予效力，使契约失去实际效力。其意义在于国家虽不积极地禁止私人间履行义务，但国家表现为关心的态度。三是当出现明显的侵害人权的现象存在时，为了阻止其履行契约，国家要积极地干预，或者对强制要求履行义务的当事人进行处罚。他认为，上述三个阶段中，第一和第二阶段区别是比较难的，第三阶段国家权力的积极干预是比较明确的。阿部照哉先生则认为，分阶段的适用是必要的，但有时难以确定明确的标准，他提出的方法是：先判断是否存在支撑支配关系或契约自由的当事人之间的自由、平等的事实关系。但缺乏契约自由前提时需要直接地适用基本权。[③]

在近代民法转向现代民法之后，契约自由暴露出越来越多的局限性，对其施加限制已经成为共识，对基本权利的保护无疑能够成为这种限制的正当性基础之一。但是，合同自由依然是合同法领域的最高理念，在合同法中居于指导思想的地位，已被我国《合同法》明确承认。在中国语境下，曾经长期实行计划经济，缺乏自由民主的历史底蕴，提倡合同自由具有特别的意义。正如梁慧星教授所说，现在制定新的合同法，最重要的一点是我们的法律能够体现合同自由这个原则，如果做不到这一点，我们的法律就不可能适应市场经济的要求。[④] 在今后的很长一段时间内，基本权利能否对契约自由进行限制本身并无争议，关键在于明确限制契约自由的条件，避免过度损害契约自由。

四、价值传递路径：一般条款

基本权利对私法的影响主要是通过民事立法的方式将基本价值体系在民法规范中得到反映，但是由于立法本身的局限性，因而仍然可能出现民

---

① Dazu BVerfG NJW 1994，36 转引自〔德〕Manfred Wolf：《民法的法典化》，丁晓春译，载《现代法学》2002 年第 3 期。

② BGH NJW 1999，3553（对于运动员的赔偿）. 转引自〔德〕Manfred Wolf：《民法的法典化》，丁晓春译，载《现代法学》2002 年第 3 期。

③ 《基本人权的法理》，东京，有斐阁 1976 年版，第 108 页。转引自韩大元：《论基本权利效力》，载《判解研究》2003 年第 1 期。

④ 梁慧星：《合同法的成功与不足（上）》，载《中外法学》1999 年第 6 期。

法对基本价值体系贯彻不彻底的情形，此时，基本权利对第三人产生效力主要是通过法官对民法一般条款/基本原则（主要是公序良俗原则）的解释将基本权利这一客观价值秩序注入私法体系。

（一）具有价值满足能力的一般条款

私法中的一般条款，提供了基本权利向私法发挥效力的最佳途径。德国学者杜立希提出了私法中的概括条款作为私法实现之基本权利理想的媒介，杜氏认为概括条款具有“价值满足之能力及价值满足之必要性”来满足基本法（透过基本权利规定）所形成的价值体系。概括条款的适用“可以在法律体系及逻辑上，来保障私法的独自性；另一方面，在法律道德之下，却又可以维持整体法的一致性”①。在司法实践中，法官解释、适用一般条款应当受到基本权利的指导和限制，基本权利不仅能够为一般条款提供实质性的判断标准，强化论证理由，还能设置一定的边界，限制法官在个案中的自由裁量权。另外，一般条款还具有填补价值体系漏洞的功能。在私法体系、领域之内，有些私的及隐秘范畴可能遭遇到需要宪法基本价值保障之处，依杜立希的看法，乃因为私法在立法之时，为避免重复使用措辞，所以因陋就简，使得字义不清，便产生价值防卫之漏洞。因此，宪法要求私法的概括条款能够担任其填补价值体系漏洞之任务。② 20世纪下半叶以来的德国司法实践也正是通过私法上的概括条款对私法进行价值中转和价值补充，完满地达到保护公民基本权利的目的。

一般条款在私法中大多是以法律原则的形式出现，“法律的基本原则具有真理性，这种真理性比其他人性科学（human science）的原理更具感染力和说服力，这种真理性为每一个人所知晓并且同等地影响着每一个人的思想和灵魂、精神和理智”③。按照托依布纳关于把法律作为一个自创生系统的理论，“法律的价值存在于自创生的法律系统之中，存在于法律的根本原则之中，……从法律价值的角度对法律进行研究与从法律自创生的角度对法律进行研究是相辅相成、相得益彰的”④。他进而指出适用“诚信”和“公共政策”条款的方案是以发展实体规范的方式协调不同的

---

① 陈新民：《德国公法学基础理论》上册，济南，山东人民出版社 2001 年版，第 304 页。

② 陈新民：《德国公法学基础理论》上册，济南，山东人民出版社 2001 年版，第 306 页。

③ Shael Herman and David Hoskins, “Perspectives on Code Structure: Historical Experience, Modern Formats, and Policy Consideration”, *Tulane Law Review*, Vol. 54, 1980, pp. 1008-1009.

④ 〔德〕贡塔·托依布纳：《法律：一个自创生系统》，张骐译，北京，北京大学出版社 2004 年版，译者序言，第 37 页。

社会子系统的合理性。这并不意味着社会自治秩序被政治化。相反，这是在不止一个自治话语之间的交互协调过程，其目标是保障该话语的相对自治。① 因此一般条款也可以作为私法防卫规范，防止公法对私法的直接侵入。价值法学派也以隐藏于法概念后面的价值为基础展开“法律概念”与“法律原则”之间关系的探讨，并提出以法律原则为纽带的体系理论。这种体系理论的主要特点在于“活化法律体系，使法律不因体系化而僵化。它不但具有开放性，以便将来随着人类日新月异的社会生活而演进，而且具有动态性以配合人类各色各样的社会生活而调整。这些活力的来源便是‘法律原则’”②。

“一般条款在被纳入民法典之后，可以重新确立超越于特别法之上的法律待遇的统一性。”③ 通过创立一般性的概念和抽象性的原则来适应社会的发展，一方面可以成为立法者调整社会政策的一个便利工具，其无须对立法条文本身作任何改动，即可完成一个具体制度的价值取向的转换。另一方面确立一般性概念和抽象性原则也能有效地运用司法的能动性弥补立法的滞后性，解决这些扑面而来的新问题，其实质是在私法层面对立法权与司法权进行再分配，巧妙地“攫取”公法所独享的分配权力的功能。但是在法律上对于立法者与司法者还是应该把持基本的权力分工，一般来说，法律领域的原则性新规定和对公民权利和义务的本质性分配不能由法官确定。因为“这些技术的长处是法律的灵活性：它能够与价值观念的变化结合起来。但它的长处也是它的短处，如果法官也在为某种意识形态效劳的话，如纳粹时代所表现的那样，那么一般性条款也能为不公正的意识形态打开一扇方便之门”④。这也是本书始终强调基本权利对私法上的影响首先应以完善民事立法为要务，而对于法官的授权是一种退而求其次的方式，并且应该将法官的自由裁量权严格限制在基本价值体系之内。

（二）公序良俗在体系整合中的作用

19 世纪末大工业的兴起和社会经济的飞速发展，使得自由掩藏下的不平等逐渐被人们所意识到，因而社会性立法得到鼓吹，民法中也大幅引

① 〔德〕贡塔·托依布纳：《法律：一个自创生系统》，张骐译，北京，北京大学出版社 2004 年版，译者序言，第 33 页。

② 黄茂荣：《法学方法与现代民法》，北京，中国政法大学出版社 2001 年版，第 453～454 页。

③ 〔意〕那塔利诺·伊尔蒂：《解法典的时代》，薛军译，载徐国栋主编：《罗马法与现代民法》，第 4 卷（2003 年号），北京，中国人民大学出版社 2004 年版，第 102 页。

④ 〔德〕海尔穆特·库勒尔：《德国民法典的过去与现在》，载《外国法译评》1995 年第 2 期。

入社会性因素，法的伦理性表现得越来越浓厚。借此趋势，公序良俗在民法中的地位日益得到彰显，成为规制因单纯的意思自治给国家、社会以及意思主体自身所带来的反社会现象和不利益状态的一个重要手段，以维护实质的公平。展现在我们面前的一幅新图景是：私法自治依旧是民法中的核心，但已经得到不同程度的修正，公序良俗的地位悄然发生了变化，俨然已成为意思自治一个守护神，与之形影不离。

1. 公序良俗的立法例和学理释义

公序良俗的立法肇始于《法国民法典》，该法典的序编第 6 条规定："任何人不得以特别约定违反有关公共秩序与善良风俗之法律"，对于该规定，有学者认为并不只是民法的问题，而是近代民族国家一切法律的基本原则。①《法国民法典》还有一些更具体的规定，如第 16－5 条："任何赋予人体、人体各部分以及人体所生之物以财产性价值的协议，均无效。"第16－7 条："为他人利益生育或怀孕的任何协定，均无效。"还有其他国家与地区都有类似的立法例，如《瑞士民法典》第 27 条规定："(1) 任何人不得全部或部分地放弃权利能力及行为能力；(2) 任何人不得让与其自由，或在限制自由时损害法律及道德。"我国台湾地区"民法"第 17 条规定："自由不得抛弃。自由之限制，以不背于公共秩序或善良风俗者为限。"《阿尔及利亚民法典》第 45 条规定，"任何人不得放弃其行为能力或变更行为能力的条件"，第 46 条规定，"任何人不得放弃其个人自由"。《埃塞俄比亚民法典》第 9 条规定，"由宪法保障的人格权和自由权为不流通物"；第 12 条规定，"任何人作出的在某一特定地点居住的承诺在民法上无效"；第 17 条规定"自然人作出的不结婚、不再婚、离婚或不离婚的承诺在民法上无效"。

学理上对公序良俗的理解是分开进行的。对公共秩序的解释并无太大差异，如学者史尚宽先生认为，公序即公共秩序，是指"社会之存在及其发展所必要之一般秩序，举凡个人的言论、出版、信仰、营业自由，乃至私有财产、继承制度，皆属于公共秩序"②。王泽鉴先生将公共秩序界定为社会一般利益，并应包括整个法秩序的规范原则及价值体系，尤其是宪法基本人权的规定。③ 黄立先生认为，公共秩序乃是在实证法中存在的概

① 谢怀栻：《大陆法国家民法典研究（二）》，载《外国法译评》1994 年第 4 期。

② 史尚宽：《民法总论》，北京，中国政法大学出版社 2000 年版，第 334 页。

③ 王泽鉴：《民法总则》，北京，中国政法大学出版社 2001 年版，第 290～291 页。

括性原则，包括基本法上的基本权利，这些原则是法律的基础价值准据。[①] 梁慧星先生则进一步指出，公共秩序除现行法外，还应该包括作为现行法秩序基础的根本原则和根本理念。[②] 德国学者西米蒂斯也持相类似的见解，他认为“公共秩序”是现存社会秩序，这一对公共秩序的解释的出发点是实体法本身，而法律的一般原则和法律学说的概括，即作为秩序的结构。[③] 但是对于善良风俗的解释则有所分歧。史尚宽先生认为，良俗，即善良风俗，“社会之存在及其发展所必须之一般道德”“即道德的人民意识”且须为“现社会所行的一般道德”“应以社会所产生的文化道德观为依据”[④]。史尚宽先生的这一释义解决了善良风俗的基本内涵。西米蒂斯则认为，“善良风俗”应该是指法律在处理有关涉及种族和家庭生活领域内的案件时要考虑到的道德规范。[⑤] 将其限于种族家庭生活领域内，未免显得过于狭窄。舍此，前述二位学者对于这一概念的解释无太大差异。其他学者也有诸多的解释，但也仅仅在于表述方式的不同，而内涵则与之大同小异。如拉伦茨认为，它既包括了法制本身内的伦理道德价值和原则，也包括了现今社会占“统治地位的道德”行为准则。[⑥] 德国帝国法院曾经采用了“一切公平和正义思想者之礼仪感”来表述善良风俗[⑦]，这一表述因本身具有不可克服的缺陷不久即遭到抛弃。在法律上还有一些其他的表述，但都无法使其精确化和客观化。

综合上述对公序良俗的不同理解，可以发现其间大同小异，正如胡长清所言，对善良风俗的尊重，自然符合国家社会的一般利益；而对公共秩序的维持，也不违背社会的一般道德观念，因此，二者在范围上大致相同，其差异不过在于，前者乃从国家社会秩序方面立论，后者则由国家道

---

① 黄立：《民法总则》，北京，中国政法大学出版社 2002 年版，第 334 页。

② 梁慧星：《市场经济与公序良俗》，载梁慧星主编：《民商法论丛》，第 1 卷，北京，法律出版社 1994 年版。

③ 〔德〕西米蒂斯：《善良风俗与公共秩序》，1970 年版，转引自〔德〕卡尔·拉伦茨：《德国民法通论》，王晓晔等译，北京，法律出版社 2003 年版，第 598 页。

④ 史尚宽：《民法总论》，北京，中国政法大学出版社 2000 年版，第 334 页。

⑤ 〔德〕西米蒂斯：《善良风俗与公共秩序》，1970 年版，转引自〔德〕卡尔·拉伦茨：《德国民法通论》，王晓晔等译，北京，法律出版社 2003 年版，第 598 页。

⑥ 〔德〕卡尔·拉伦茨：《德国民法通论》，王晓晔等译，北京，法律出版社 2003 年版，第 599 页。

⑦ 〔德〕迪特尔·梅迪库斯：《德国民法总论》，邵建东译，北京，法律出版社 2000 年版，第 512 页。

德方面着眼而已。[1] 因此，尽管公共秩序在宪法价值向民法传递的过程中发挥了更多的中转作用，但对于公序良俗还是以整体把握为宜。

2. 公序良俗的价值传递功能

基本权利必须通过私法规范的转换才能对私法关系发挥调整作用，在德国，私法学者也对此形成了共识，如拉伦茨就认为，德国《基本法》的价值观念已经融入善良风俗的准则中去。在这个意义上，《基本法》的价值观念对私法产生着间接的影响[2]，通过对一些具有中转功能的条款的扩大解释、合宪性解释等方式能将基本价值贯彻到私法之中。日本学者对于其民法典第 90 条关于“违反公序良俗事项目的的法律行为无效”的功能有一个认识的过程。早期，民法的起草人所持的“古典的公序良俗论”认为契约自由是原则，而以违反公序良俗为理由判定无效是例外，而且公序良俗仅限于与行政警察、司法性风俗有关的事项。[3] 但后来学说发展出了“公序良俗＝根本理念说”，认为公序良俗是支配法律全部体系的理念的一个方面，并不是对个人意思自治的例外的限制。该学说以末川博和我妻荣为代表，末川博主张，确保社会的存在及发展乃是贯穿法律体系的根本理想，公序良俗就是这种理想的体现，民法典第 90 条揭示了法律自身的内在原理；我妻荣则以“协同体主义”的自由观为理论指导，认为公共福利是目的，自由与平等则是达到这一目的的手段。[4] 但由于私法自治和契约自由也是宪法规定的一项基本自由，不允许国家随意侵害这种基本权，因而山本敬三先生从对基本权的保护和支援角度提出了“公序良俗论的再构成”[5]。我国台湾地区学者认为，法院在个案中把宪法权利所蕴含的价值投射到私法关系，作为控制法律行为的基础。间接效力说通过公序良俗迂回控制相关的契约，并不是把人权蕴含的价值直接等同于公序良俗，而是与私法自治的价值相权衡后才标定公序良俗的门槛。[6] 因此可以看出，公

---

① 胡长清：《中国民法总论》，北京，中国政法大学出版社 1997 年版，第 201 页。

② 〔德〕卡尔·拉伦茨：《德国民法通论》，王晓晔等译，北京，法律出版社 2003 年版，第 111 页。

③ 〔日〕山本敬三：《民法讲义Ⅰ·总则》，北京，北京大学出版社 2004 年版，第 179 页。

④ 〔日〕山本敬三：《公序良俗的再构成》，东京，有斐阁 2000 年版，第 12～14 页。

⑤ 山本敬三将公序良俗分为法令型公序良俗和裁判型公序良俗，其中法令型公序良俗又分为实现政策性公序良俗和保护基本权型公序良俗，裁判型公序良俗是指在没有特别法令存在的情况下，法院为保护基本权免受侵害而利用公序良俗。参见〔日〕山本敬三：《民法讲义Ⅰ·总则》，北京，北京大学出版社 2004 年版，第 181～182 页。

⑥ 苏永钦：《民事立法与公私法的接轨》，北京，北京大学出版社 2005 年版，第 109 页。

序良俗原则已经成为各国法官依据自己的法观念和法意识对是非善恶做出价值判断的主要工具。

在其他基本权利通过公序良俗对包括契约自由在内的自由进行限制时，必须清醒地认识到自由乃是个人最重要的基本权利之一，也是这个社会最基本的价值，对于自由的限制和约束必须有充分正当的理由，同时，“社会和国家必须承认个人的道德自主性，绝不能把他仅仅当作整个社会的一部分来对待。个人是社会的一个成员，而同时又高于社会，因为他是一个人，而社会永远不能成为人”①。对个人自由的尊重和保护是民法精神之永恒所在。

（三）一般条款立法模式的选择

上述对德、日等国和地区民法典的研究显示了公序良俗等一般条款所具有的补充法律的巨大功用，这对于我国民法典起草以及民法体系的完善不无借鉴意义，笔者以为我国在民法典创制过程中，对于一般条款的立法应该注意以下几个方面。

其一，德、日等国利用一般条款弥补民法规范之不足以及价值缺漏，本为立法预见性不足所采取无奈之举，其后通过司法能动性的发挥，利用一般条款已经发展出了许多新的规范和原则，尤其是通过特别法的形式积极弥补法律漏洞。我国在民法典创制时，已经有足够的经验可以借鉴，应充分发挥后发的优势，借鉴德日等国司法经验，将人类理性目前所能预见到的一些缺漏及时通过民法典或特别法的形式予以补充，将已经发现的规则用立法语言记录下来，而不必仅局限于德、日等国“民法典”的立法形式，视法典既存漏洞于不顾，重复同样的错误。

其二，我国现有的规范体系极不完备，而且不确定性条款过多，因此，我国在民法典编纂过程中一个相当重要的任务仍然是补充规范和完备体系。一般条款是法官不得已而运用的调整社会生活的规范形式，而且在行为引导功能方面有着先天缺陷，尽管我们也无法避免将来在民法典出来之后仍然可能出现立法缺漏，但是在民法典立法时，其出发点仍然是使规范尽可能趋于完备，一般条款仍然只是备用规定，而不能成为一种主要规定。这也就决定了立法者不能过多地借用一般条款，而使法律失去了确定性和规范性。

---

① 〔美〕博登海默：《法理学、法律哲学与法律方法》，邓正来译，北京，中国政法大学出版社 1999 年版，第 215 页。

其三，立法不能过多借助一般条款之名，而行立法懈怠之实，将大部分的创制规范权力遗留给司法者。拉伦茨曾言，立法者对基本权利具体化享有优先权，只有在立法者未行使其具体化的优先权，亦即普通的成文法中存在缺漏，以及对北京，法律规定无法作出合宪解释，因而必须否定其效力的情况下，法院才能对宪法原则作出直接的具体解释。①对立法者优先权更全面的理解还应该包括立法者不能随意放弃这些“优先权”，立法者必须积极在立法中通过具体规范的设计将基本权利的价值予以贯彻。

第三节　民法体系的合宪性要求

一、民法与基本价值的一体化

关于私法原则与基本价值的一体化命题，宪法学教授有着其锋利之立场：“在现代宪法发展过程中固守传统的私法原则是缺乏合理基础的，既不适合社会发展的要求，同时不利于保持私法的原则。因为，现代法治国家中并不存在纯粹的私法领域，私法原则本身存在于宪法价值体系之中，体现宪法价值。从这种意义上说，保持私法的原则也是实现宪法价值的基本条件，两者从价值体系上存在一体性。”② 德国学者杜立希认为宪法的改变，直接影响到私法价值的改变，应将宪法价值作为私法价值的解释准则，所以，宪法所欲强调的价值，也必须在私法中被强调及强化出来。③阿列克西认为，法律可以用原则性的基本权条款来取代价值，所谓价值衡量其实就是适用基本权之际发生原则之间的竞合，而必须决定是代表哪一种价值的基本权获得优先地位。并且，价值判断涉及世界观，也是哲学上的问题，以原则代替价值，颇有“去意识形态化”的作用。④

以广受关注的自由价值为例，自由意味着没有任何束缚，康德和罗尔斯都把自由定义为拘束的不存在。在自由的最初含义里面，只有生活在国家和社会之外的人才是自由的，也就是“自然状态”下的自由。“但社会意

---

① 〔德〕卡尔·拉伦茨：《德国民法通论》，王晓晔等译，北京，法律出版社 2003 年版，第 114～115 页。

② 韩大元：《论基本权利效力》，载《判解研究》2003 年第 1 期。

③ 陈新民：《德国公法学基础理论》上册，济南，山东人民出版社 2001 年版，第 305 页。

④ 吴庚：《宪法的解释与适用》，台北，三民书局 2004 年版，第 118 页。

味着秩序，而秩序就意味着约束。国家就是一个使人们必须为一定行为的社会秩序。”因此“自由的观念就必须在其最初的消极内涵以外推定另一种内涵。自然状态的自由（freedom）就变成了政治上的自由权（liberty）”①。自由权是近代宪法人权体系中的核心内容，包括人身自由、财产自由和精神自由，其目的在于排除国家公权力介入个人领域，以保障个人决定意思及活动之自由。基于这种意义，自由权被简单地称为“不受国家干涉的自由（freedom from state）”②。

不仅如此，法律单纯地承认每个人享有各种自由的权利尚不足够，还必须积极地消除人们行使自由的外在限制条件。物质条件的不足也构成了对自由的限制，而创造物质条件的任务就降临在政府身上，由政府积极创造丰富的物质条件，并使人民获得更大限度的自由。这也就产生了社会权。社会权是20世纪宪法上的人权，即针对过度的自由放任而造成的失业、贫穷、劳动条件恶化等弊端，为保障社会的、经济的弱势群体具备最基本的生存条件形成的权利。③ 社会权的出现可以作为保障实质平等的一种权利形式。

在宪法通过基本权吸纳基本价值之后，对私法规范具有拘束力，民事立法有义务将其具体化。但与基本权不同，民事立法是以基本原则的形式来表现价值主张的，并成为克服成文法局限的一种有效方式，能够适应时代需求而不断发展，比如公平原则、自愿原则等。在基本权利被具体化为民法原则后，其背后的价值主张仍会对民法产生影响。宪法规范和价值发生变动以后，要么通过修改民法或进行特别立法的形式，要么通过概括条款中的实质内涵进行变换的方式，以合宪性解释的方法填补法律漏洞，对民法仍然产生直接和间接的影响。

民法与基本权利价值的一体化并不代表私法原则真能与基本权利完全一致，事实上，基本权利并不是都能够转化为法律中的具体权利，这受制于以下几个方面的原因。其一，有些基本权利决定了其只具有宣示价值，并不适宜转化为具体权利，“基本权利效力的‘具体化’只是实现其效力价

---

① 〔奥〕凯尔森：《法与国家的一般理论》，沈宗灵译，北京，中国大百科全书出版社1996年版，第316页。

② 〔日〕芦部信喜：《宪法》，李鸿禧译，台北，月旦出版社股份有限公司1992年版，第101页。

③ 〔日〕阿部照哉、池田政典等编著：《宪法的基本人权》，许志雄翻订、周宗宪译，台北，元照出版公司2001年版，第209～210页。

值的基本形式，是一种选择性的条件，并不是唯一条件”①。如基本权利中属于政治权利那部分（如选举权等），还有个人权利中的宗教自由等，仍然留在宪法中作为公民对抗国家侵害的法律依据。其二，基本权利的具体化需要一个过程，立法本身存在一个立法规划的问题。这也就意味着受制于立法机关立法议程的安排，在特定的阶段，一些基本权利不能及时转为部门法中的权利条款。其三，基本权利的实现还需要一定的物质基础条件，这些物质条件的获得需要政府长时间的积极作为，因此在物质条件还不成熟的时候，这些基本权利也无法得到及时的保护。其四，基本权利所蕴含的价值在具体的部门法中可能产生冲突，因此在具体立法时，一些基本权利的价值在某个阶段可能受到另一些基本权利的抑制，无法完全得到彰显，此外存在立法时的价值取向，如自由原则在某些情况下受到社会福利原则的抑制。

二、民法价值体系的独立性

文艺复兴以及人文主义在欧洲的兴盛，使得自由、平等的价值观成为社会的主流意识形态，而民法成为最能彰显这种价值观的法律形式。孟德斯鸠说：“在民法的慈母般的眼里，每一个个人就是整个国家。”② 人成为世界的中心，18 世纪的主导哲学都以探讨人的本性为主题，“世间永恒的价值也是与人本身相关的价值，它们独立于人的物质、经济和社会环境”③。近代各国民法典都以自由平等之精神作为自己的法典追求，并体现在一些具体的原则和制度之中。这种自由是以个人主义为中心的，法国民法典就被认为是自由个人主义的胜利，把法国大革命带来的自由、平等和政教分离的原则贯彻到民法典之中。这种自由和平等首先是在家庭中开展，表现在家庭中，家父权和夫权都得到削弱，个体在家庭中获得了解放，非婚生子女也取得了和婚生子女相同的法律地位。在继承法方面，取消了长子的继承权，确立了继承平等原则；个人财产权也摆脱了家庭共有

① 韩大元先生还认为，基本权利效力必须通过法律得到“具体化”的命题中存在不少误区，存在着理论与实践、逻辑与现实生活之间的矛盾。其结果混淆了宪法价值与普通法律价值之间的界限，损害了宪法价值的统一性与权威性。在这种理论背景下，富有宪法价值的神圣的基本权利被下位法盲目地“具体化”，扭曲了宪法的精神与价值。由于有些人迷信“具体化”的命题，本应通过法律得到“具体化”的某些基本权利则通过行政法规被制定为“条例”，实际上损害了基本权利价值。参见韩大元：《论基本权利效力》，载《判解研究》2003 年第 1 期。

② 〔法〕孟德斯鸠：《论法的精神》（上），北京，商务印书馆 1961 年版，第 191 页。

③ 〔法〕雅克·盖斯旦：《法国民法总论》，陈鹏等译，北京，法律出版社 2004 年版，第 13 页。

的束缚，契约自由得到了广泛的承认，婚姻被认为是一个民事合同，而且也贯彻契约自由的原则。德国民法典“不仅在形式上完全是一部私法，而且用其所具有的民法精神维护了德国人民的个人尊严和人格。希特勒执政后，要对民法典大加修改，未能得逞。德国人民终于将‘人的尊严’写入宪法”①。这些法典“都贯彻了民法的基本原则：平等、保护个体权利和自由。与之相符的是民法的三个占据中心地位的基本概念：人、主体权利和法律行为”②。这些概念构成了私法中一个完整不可分割的概念体系，成为整个私法精神的最集中的体现。

自由和平等是现代宪法中的两大价值，同样也是民法精神之所在。但两者对于自由和平等的理解却并不完全相同。在宪法中，强调自由主要体现为公民免除政府干预侵扰的一种对抗权，而在民法中，自由虽然也有免除行政干预的意思，但更多体现的是意思自治，民事主体能够自由地表达意志，并能够使意志产生法律效果。③ 这种意思自治主要是通过契约自由来实现的。在宪法中追求平等更多的是实质平等，同时要求政府履行创造实现平等条件的义务，包括劳动立法、社会保障立法、婚姻立法。而在民法中，对于平等主要是讲求主体在民事法律关系中仅仅具有平等的地位，是一种形式上的平等。台湾地区某法官曾经在释字第 526 号解释理由书中认为：“‘宪法’第七条平等原则绝非指绝对、机械之形式上平等，而系保障人民在法律上地位之实质平等，立法机关基于宪法之价值体现及立法目的，自得斟酌规范事物性质之差异而为合理之区别对待……”如果按照该法官对平等权的“法律地位之实质平等”定位，则实质平等必须兼从宪法价值体系、立法目的、规范事实、规范事物本质等要素进行综合考量，以作出“合理的区别对待”，如此，方可算是达到了“实质平等”的要求。④ 而在民法中，对于平等，尽管受民法社会化的影响，尤其宪法基本价值对于民法的体系控制，但正如卡多佐所说：“最基本的社会利益之一就是法律应当统一并且无偏私。”⑤ 民法在一些具体制度设计上也注意到使民事法律关系的主体不至于因实力悬殊较大而显失公平，对平等原

① 谢怀栻：《从德国民法百周年说到中国的民法典问题》，载《中国法学》2001 年第 1 期。

② 孙宪忠、刘静：《德国民法的结构、意义和经验》，载《法律适用》2002 年第 9 期。

③ 合同法中规定对于公用事业组织的强制订约义务，貌似有违契约自由之原则，但实质上为了保障更大多数处于弱者地位的公民的自由。

④ 陈怡如：《释宪实务有关基本权内涵建构之观察》，见 http：//law-dimention. com。

⑤ 〔美〕本杰明·卡多佐：《司法过程的性质》，苏力译，北京，商务印书馆 1998 年版，第 69 页。

则进行了一定程度的修正，但民法文化营造的这种的平等仍然立基于形式平等。[①]

拉伦茨就德国《基本法》和民法的关系指出：“《基本法》并不是想以少数几条内容尚需进一步确定的原则来取代现行私法制度，而是要承认和确认作为一个整体的私法制度及其根本基础，但同时又想以自己的价值准则来衡量私法制度，并将它纳入整个法律制度的一体化之中。”[②] 宪法一般不承担行为规范的功能[③]，行为规范的功能留待部门法去完成。在民法典中实行和转化已经改变的价值观和秩序观首先是立法机关的任务，“立法者具有更大的自由以制定法院必须遵守的法律”[④]。由立法者对于宪法基本价值观的贯彻并不是消极如司法者一样从解释论的角度出发[⑤]，而是具有能动性和建设性，它必须兼顾到私法自身的价值体系的合理性与完整性，而且要提供多元的价值选择，交由民事主体对价值做出符合自己要求的判断，选择权才是自由的本质所在。在一个价值多元的现代社会，做出孰优孰劣的一致判断是较为困难的，但是混乱的价值判断以及由此指导的立法规范既不利于市民寻找一个确定的行为规范，也显然不利于裁判者在自由裁量时准确地权衡各种价值，把握价值的权重。宪法对于民事立法首先发挥的是价值整合的作用，基本权利在私法中更多的意味着一种伦理底线，而不是意图在私法中强制推行单一的价值判断。正如苏永钦先生所言：“越是价值中立的民法典，越能凸显公权力介入社会的身影，包括化幻为民事规范的公共政策[⑥]”“以一部高度价值中立的民法，来配合蕴含

---

① 在美国，私法也经历了从实质公正走向形式公正的历史过程，斯托里法官 1836 年出版的《衡平法理论》（Equity Jurisprudence）这部“科学”论著，标志着衡平法从 18 世纪源于“自然公正”的实质性规则体系转换成了 19 世纪实证主义者的衡平法观念，即衡平法只是一个提供更彻底和更综合的一套程序的救济体系。例如，斯托里的著作在最终推翻了 18 世纪的“公正价格”规则（依据这一规则，衡平法院不强制执行显失公平的合同）中起了作用。参见莫顿·J. 霍维茨：《美国法的变迁（1780—1860）》，谢鸿飞译，北京，中国政法大学出版社 2004 年版，第 398 页。

② 〔德〕卡尔·拉伦茨：《德国民法通论》，王晓晔等译，北京，法律出版社 2003 年版，第 115 页。

③ 因此，宪法中规定的“不得侵害人身财产”等规定，并不是为了提出一个行为规范，而是宣示着国家和政府对于个人财产权利和人身权利的保护和尊重。

④ 〔德〕Manfred Wolf：《民法的法典化》，丁晓春译，载《现代法学》2002 年第 3 期。

⑤ 立法者根据宪法进行民事立法实际上也是对宪法基本原则的一个解释过程，在这个解释的过程中创制的法律，又对司法者构成了约束，因此，司法者不能绕过法律，直接求助宪法进行司法裁判。

⑥ 苏永钦：《民事立法与公私法的接轨》，北京，北京大学出版社 2005 年版，第 115 页。

许多社会价值的宪法，像纵横坐标一样支撑我们的动态法律秩序，较为妥当。”①

民法中权利意识和契约精神能够为我们这个正处于社会转型期的社会提供一个自我调控的机制，同时，社会福利观念也融入私法中成为其价值之所在。现代社会人们对于社会福利的坚守近似于一种宗教般的信仰，而且成为通贯于整个法律体系的一种价值理念。“无论是权利的确定，还是作为调整原则，对公共利益要求或便利的考量，都不能独立于有关人与社会的一定观念，或者说一种价值表而产生。”② “在今天法律中的每一个部分，这个社会价值的规则都已经成为一个日益有力且日益重要的检验标准。”③ 社会基本权利转化为特别立法，因此，在构建一个的大的民商法体系时，关于经济立法、劳动法、社会保障法都应该归入大民商法体系之中。作出这一判断的理由在于，这些特别立法是对社会经济权利的立法的落实，但其除了受基本权利的约束之外，还必须受到民法典的约束，尤其是在特别法无明文规定的情况下。“不了解民法的基本原则和一般规则，也就无法理解私法的特别领域。一些贯穿整个私法的原则在民法中体现得最为明显，虽然它们在贯穿的程度上有所不同。”④ 民商合一与民商分立的争执在此理论框架之下也可以化为无形。

三、法律保留与合宪性控制

（一）法律保留原则对基本权利的保障

法律保留原则能够更好地保障人民的基本权利，也是法治的必然要求。“法律保留原则以议会民主原则为前提，以法治国家为基础，其核心理念则是公民基本权利的保障。”⑤ 按照议会民主原则的基本要求，凡是有关人民生活的重大决定，尤其对民众具有密切关系的事项，诸如对基本权利的限制与剥夺，非国有财产的征收，应由人民选举之代表所组成的具有直接民

① 苏永钦：《民事立法与公私法的接轨》，北京，北京大学出版社 2005 年版，第 116 页。

② 〔法〕雅克·盖斯旦：《法国民法总论》，陈鹏等译，北京，法律出版社 2004 年版，第 132 页。

③ 〔美〕本杰明·卡多佐：《司法过程的性质》，苏力译，北京，商务印书馆 1998 年版，第 44 页。

④ 〔德〕卡尔·拉伦茨：《德国民法通论》，王晓晔等译，北京，法律出版社 2003 年版，第 10 页。

⑤ 高家伟：《论德国行政法的基本观念》，载《比较法研究》1997 年第 3 期。

主合法性的议会作出决议。此不仅由于议会具有直接民选之合法性，亦在于其奉行公开、透明及严谨的辩论程序，立法程序拥有较高的民主正当性，经周详讨论而议决的法案，较能确保法律内容之正确性。① 基本权利是一种个人权利，是个体面对国家而享有的权利，国家对个人的这些基本权利不仅不能干预和限制，“只有以一项法律（即一项一般规范）为依据、通过一项法律适用行为，对以基本权利形式获得的自由加以限制”②。因此，基本权利从一开始就是法律保留的内容，并左右着法律保留的范围，也是法律保留的根本目的。无论过去、现在以及未来，基本权利限制之法律保留，实为法律保留之核心。③在基本人权的保障中，法律保留表现为两种具体的方式。其一是基本人权的具体内容和保障方法须由普通法律加以具体规定，此种法律保留在德国又被称为“规范保留”。其二是对宪法权利的限制必须通过普通法律加以规定，在德国又被称为“限制保留”。但随着“依法行政”原理的确立，“法律保留”主要演变成为一种只在法律范围内保障基本权利的观念。④ 在这个意义上，基本人权必须通过法律予以具体化才能得到实现，其中民事立法担当了主要任务，用施米特的话说就是制度保障。德国《基本法》第二编确立的“德国人民的基本权利和基本义务”，对于德国宪法和法律具有根本的意义，这种根本性决定了任何法律的解释和适用都不能与这些原则相抵触，即不能通过任何新的立法对于这些基本权利进行否定。在美国宪法史上，立法机关不得随意以制定法的形式剥夺属于公民的自然权利一再被声明。“立法机关虽然是最高的，但它并没有任意的权力。”⑤ “无论是最高的还是从属的立法机关均无权使自己专横”，“没有人会同意，自然而不可让渡的权利应受到任意干预”⑥。在美国人看来，规定自然权利的第一条修正案是禁止妥协的领域，说明这一权利在美国人眼中是不可动摇、也是国家制定法不能限制和剥夺的。法官道格拉斯于 1953 年宣称，第一条修正案的命令乃是，“任何法律都不可剥夺……公民权利。

① 陈敏：《行政法总论》，台北，三民书局 1999 年版，第 143 页。

② Smend 报告，转引自〔德〕卡尔·施米特：《宪法学说》，刘锋译，上海，上海人民出版社 2005 年版，第 173 页。

③ 陈敏：《行政法总论》，台北，三民书局 1999 年版，第 134 页。

④ 陈新民：《德国公法学基础理论》下册，济南，山东人民出版社 2001 年版，第 181 页。

⑤⑥ 〔美〕詹姆斯·安修：《美国宪法判例与解释》，黎建飞译，北京，中国政法大学出版社 1999 年版，第 148 页。

这个问题乃是立法机关所拥有的调整、控制或限制的权力所不及的”①。我国现行宪法有45个条文规定了法律保留原则②，我国立法法中对于法律保留的范围作出了明确规定。③ 尽管立法法所规定的法律保留范围包括了较多对基本权利的保护，但并没有明确将公民的基本权利作为法律保留的范围，尤其是对于公民的自由权和财产权没有明确规定为法律保留的事项，社会经济权利、文化教育权利、获得物质帮助权等重要的基本权利亦被排除在法律保留事项以外，因而容易遭受一些低位阶法律对其的侵害。

在民事立法中，法律保留系指对于民事基本权利的规定只有“法律”才能加以规定。在法国1958年宪法第34条列举了法律保留的范围中，对民法而言，人的身份和能力，包括家庭、婚姻制度、继承和赠与（捐赠和遗赠），属于法律完全保留的范围，除此之外，其他如有关财产权制度、物权制度和民事、商事债务、民事责任制度只是法律部分保留的范围，议会只有权制定基本原则，而政府有权就这些原则制定技术性实施规则。在德国，“民法领域里的制定法只有国家制定法一种。那些由国家赋予独立立法权的公法团体（如乡镇）所制定的规章，是公法的渊源，不是私法的渊源”。根据德国《基本法》第74条第1项的规定，民法属于联邦即整个

① 〔美〕博登海默：《法理学、法律哲学与法律方法》，邓正来译，北京，中国政法大学出版社1999年版，第524页。

② 其规定的方式有“……由法律规定”“……以法律规定”“依照法律规定……”和“依照法律……”等几种基本形式。其中表述为“由法律规定”或“以法律规定”的共12处，即《宪法》第9条第1款、第10条第2款、第31条、第59条第3款、第78条、第86条第3款、第95条第2、3款、第97条第2款、第111条第1款、第124条第3款；表述为“依照法律规定”或“依照法律”的共26处，即《宪法》第2条第3款、第10条第3、4款、第13条第2款、第16条第2款、第17条第2款、第19条第4款、第34条、第40条、第41条第3款、第44条、第55条第2款、第56条、第72条、第73条第3款、第77条、第89条第17项、第91条第2款、第99条第1、3款、第102条第2款、第104条、第107条第1款、第109条、第126条、第131条；其他表述共7处，即《宪法》第8条第1款、第11条、第18条第1款、第62条第3项、第115条、第125条。

③ 《中华人民共和国立法法》第8条规定：“下列事项只能制定法律：（一）国家主权的事项；（二）各级人民代表大会、人民政府、人民法院和人民检察院的产生、组织和职权；（三）民族区域自治制度、特别行政区制度、基层群众自治制度；（四）犯罪和刑罚；（五）对公民政治权利的剥夺、限制人身自由的强制措施和处罚；（六）税种的设立、税率的确定和税收征收管理等税收基本制度；（七）对非国有财产的征收、征用；（八）民事基本制度；（九）基本经济制度以及财政、海关、金融和外贸的基本制度；（十）诉讼和仲裁制度；（十一）必须由全国人民代表大会及其常务委员会制定法律的其他事项。”

国家的竞合性立法权范围。[①] 我国《立法法》在第8条第8项中明确规定"民事基本制度"只能制定法律，但该项规定和第9项"基本经济制度以及财政、海关、金融和外贸的基本制度"可能存在交叉之处，也表明立法法对于"经济制度的法律基础乃是民事法律"这一命题仍然缺乏足够清醒的认识，因而才会出现民事立法与经济立法同时出现在法律保留的范围之内的情况。"基本经济制度"是一个没有明确法律内涵的词语，笔者擅自揣摩，此处所谓的"基本经济制度"应是指我国的所有制形态，我国宪法上的所有制形态转化为私法上的制度主要通过物权法，将宪法中关于所有制形态的规定转化为民法上的物权制度，因此，它属于民法基本制度的范围。孟德斯鸠认为："以民法为根据的事情就不应用政治法加以规定。"[②]"应依政治法的准则处断的事项就不应依民法的原则处断。"[③] 因此，合宪性控制确保民事基本权利的重要任务是通过民法典以及全国人大及其常委会制定的特别法予以确认的，并且其他低位阶的法律对这些基本权利不得限制和否定。我国的法律体系分为宪法、法律、行政法规、部门规章、地方性法规等各个方面，其中司法解释并没有成为法律体系的构成部分。实际上，我国司法解释对于人的权利的影响最大，却逃离了立法法的控制范围。主要原因在于，我国在立法时并没有注意理顺这种关系，一个深层次的原因是我国部门立法为了维护部门利益，利用制定法律细则的机会实际上改变了法律的价值取向，导致人民的权利实际被窃取。在民法典编纂过程中，首先面临的任务就是清理已有的民事法律规则，在清理这些法律规则的过程中，首先要考核这些法律是否都符合法律保留原则，低位阶的法律是否改变了民事基本法的规定。而且即使在民法典作为民事基本法出台以后，还会陆续有许多民事特别法出台，而这些民事特别法，可能仍然存在与民法典基本原则不一致的规范。从立法学原理来看，对于民法典与特别法之间的关系常常采取所谓的"特别法优先于普通法，上位法优先于下位法"规制，一个可能存在的矛盾是，一个下位的特别法和一个上位的普通法，究竟何者优先呢？对于这些规范，应该进行以价值控制为主导的体系控制，并容允体系例外的存在。

---

① 〔德〕卡尔·拉伦茨：《德国民法通论》，王晓晔等译，北京，法律出版社2003年版，第20页。

② 〔法〕孟德斯鸠：《论法的精神》下册，北京，商务印书馆1963年版，第189页。

③ 〔法〕孟德斯鸠：《论法的精神》下册，北京，商务印书馆1963年版，第191页。

（二）合宪性控制模式

1. 宪法：规范体系统一性的保障

“由于‘宪法’本身是实证法体系的一个阶层，同时又是法律所追求之重要价值的宣示所在，因此，关于体系因素及目的因素的讨论，在它们一致的范围内，对‘合宪’性因素亦有适用。”① 法律的一个鲜明特点是法律调整着自己的创造，在规范体系的构建理论中，凯尔森所提出的规范体系是 20 世纪最富有建设性和影响性的理论之一。在凯尔森看来，法律秩序是一个由不同等级的规范体系所形成的，这个体系的最顶端是他命名的“基础规范”，“基础规范并不是由造法机关适用法律程序创造的。……它之所以有效力是因为它是被预定为有效力的；而它所以是被预定为有效力的，是因为如果没有这一预定，个人的行为就无法被解释为一个法律行为，尤其是创造规范的行为”②。一直秉持实证主义法学理念的凯尔森最终也求助于一个先验性的概念，并把实在法规范体系中的最高端宪法的效力来源归结为基础规范。凯尔森尤其注重规范体系的统一性，他指出：“一个规范体系只有在所有其他具有同样效力范围的规范体系已被排除后，才能是有效力的。一个规范体系的统一性标志着它的独一无二性。这只不过是统一性原则的一个结果，这一原则对包括规范认识在内的所有认识来说，都是基本的原则，这一原则的反面准则就在于逻辑矛盾的不可能性。”③ 要使得规范体系排斥逻辑矛盾并保持统一性，就得按照规范等级体系创造法律，由高级规范（superior norm）决定低级规范（inferior norm）的产生方式，并且在一定范围内决定着低级规范的内容。凯尔森的规范体系理论和系统科学中对于系统最重要的特性——整体涌现性的描述相一致，即整体及于部分或部分总合所没有的性质；如果系统由若干子系统组成，是被组成的高层次系统具有组成它的若干低层次系统所没有的性质，低层次隶属和支撑高层次，高层次包含或支配低层次。④ 因此，作为“高级规范”的宪法对于整个法律体系的统一性发挥着巨大的作用。

---

① 黄茂荣：《法学方法与现代民法》，北京，中国政法大学出版社 2001 年版，第 287 页。

② 〔奥〕凯尔森：《法与国家的一般理论》，北京，中国大百科全书出版社 1996 年版，第 132 页。

③ 〔奥〕凯尔森：《法与国家的一般理论》，北京，中国大百科全书出版社 1996 年版，第 448 页。

④ 苗东升：《系统科学精要》，北京，中国人民大学出版社 1998 年版，第 29 页。

凯尔森区分了实质宪法和形式宪法，他认为实质宪法是“调整一般规范创造的那些规范，以及在现代法律里，决定立法的机关和程序的那些规范，是每个法律程序的一个主要因素”①。因此，他对实质宪法特别重视②，因为“实质宪法不仅可以决定立法的机关合程序，而且在某种程度上，还可以决定未来法律的内容。宪法可以消极地决定法律必须不要某种内容”③。对于宪法的限制立法意义，凯尔森曾经有过深刻的论述，他认为妥当的法律既可以按照宪法直接规定的方式成立，还可以按照立法机关本身所规定的方式成立。宪法授权立法机关不仅可以根据与宪法直接规定的程序有所不同的程序来创设一般性规范，而且还可以赋予一般性规范不同于宪法直接规定的内容的其他内容。宪法规范只不过是显示由宪法所设定的两种可能性当中的一种而已。另一种可能性，由宪法设定为：对于立法机关作为法律发布的规范是否是宪法意义上的法律问题的决定权，授予立法机关之外的某一机关。因而限制立法的宪法上的各种规定具有选择性规定的性质，宪法包括对立法的直接性限制和间接性限制这两个方面，立法机关在这两者之间进行选择。④

2. 立法主义的合宪性控制模式

根据宪法控制对象的不同，合宪性控制可以分为三种模式。一是立法主义模式（legalist model），它主张宪法仅仅支配那些充当立法者角色的人；二是治理模式（governmental model），它主张宪法不仅支配那些充当立法者角色的人而且支配那些履行其治理角色（governmental roles）的人；三是自然主义模式（naturalist model），它主张宪法在更广泛的范围内对一国法律管辖的每个人施与命令，每个人在纯粹私人的、非政府身

① 〔奥〕凯尔森：《法与国家的一般理论》，北京，中国大百科全书出版社 1996 年版，第 142 页。

② 凯尔森提出实质宪法和形式宪法的概念区分，主要是为了使其理论阐释范围不限于有成文宪法的国家。在没有成文宪法的国家，如英国，实质宪法的概念和理论也同样是适用的，而且实质宪法的概念的提出也能将习惯包容在宪法内容之中。在成文法国家，实质宪法的内容主要包含在形式宪法之中，但形式宪法并不完全是实质宪法，宪法中的有一些规范内容并不是那么重要，如美国宪法的禁酒令就曾经是作为第 18 条修正案出现的，该规范的内容本身并不属于实质宪法的内容，后来被废止。

③ 〔奥〕凯尔森：《法与国家的一般理论》，北京，中国大百科全书出版社 1996 年版，第 143 页。

④ 转引自〔日〕嗵口阳一《转换期的宪法?》，东京，敬文堂 1996 年版，194～195 页。原文的出处是 H. Kelsen, Reine Rechtslehre, 2. Aufl., Wien, Reanz Deutiche, S. 277，转引自季卫东：《宪政的规范结构——对两个法律隐喻的辨析》，载《二十一世纪》2003 年 12 月号。

份行为时都可能违反宪法。[①] 本章节仅从立法主义模式出发，对于在民事立法中如何进行合宪性控制作一讨论。

宪法在保障整个规范体系的正当性方面发挥了至关重要的作用。在合宪性控制中，主要是进行价值控制，“基本上都是从‘宪法’作为一个统摄的价值秩序出发，在明确区隔垂直公法秩序和水平私法秩序的结构差异下，对多元多层源源产出而不免在效果上相互冲突的公私法规范，经由各自向‘宪法’价值靠拢而迂回地发生调和效果”[②]。在立法中进行合宪性控制既有助于实现法律的统一性，也能够使公民享有平等的法律待遇，是保障人权的一个必然要求。沙兹卫伯（Jürgen Salzwebel）于 1964 年发表的《平等原则和第三者效力》一文认为：“对于立法者的立法技术错误，而制定不平等之法律，使得某些人因此得到利益或遭受不利益之时，这条法律上平等原则可宣告该法律失效。”[③]

基本权利和民事权利在合宪性控制过程中可以进行双向传递，有助于充实宪法的价值内涵。由于法律修改制定程序的难易程度的不同，有一些新的价值观念最先进入法律、法规之中，这些新的价值观念只要不违背基本价值观念，就可以得到法律确认，如 1978 年《西班牙宪法》和 1982 年《葡萄牙宪法》中就增加规定了消费者权利、环境权等许多新型权利。在合宪性控制的过程中，对于部门法所反映出来的新价值进行识别、判断、确认，并在适当的时候，根据新价值重要性程度的不同将其吸收进宪法规范之中，能充实基本价值的内涵，使基本价值具有更好的适应能力。尤其在对于民事立法的合宪性的把握，由立法到司法，这种合宪性的判断应该贯彻始终。

3. 审查机构的设置

在我国，合宪性控制的机构是我国的最高立法机关——全国人民代表大会及其常务委员会，全国人大常委会有权直接“撤销国务院制定的同宪法、法律相抵触的行政法规、决定和命令”（《宪法》第 67 条第 7 项）；“撤销省、自治区、直辖市国家权力机关制定的同宪法、法律和行政法规

---

① John H. Garvey and T. Alexander Aleinikoff, *Modern Constitutional Theory*, 1994, pp. 702 - 710; Larry Alexander & Paul Horton, *Whom Does The constitution Command? A Conceptual Analysis with Practical Implications*, Greenwood Press, 1988.

② 苏永钦:《民事立法与公私法的接轨》，北京，北京大学出版社 2005 年版，第 105 页。

③ 陈新民:《德国公法学基础理论》上册，济南，山东人民出版社 2001 年版，第 310 页。

相抵触的地方性法规和决议”（《宪法》第 67 条第 8 项）[①]。全国人大及其常委会既是我国制宪机关，也是法定的宪法解释机构。在这个意义上，它能比较准确地把握宪法的制度精神，因此有利于其对法律进行合宪性判断。但问题在于，我国宪法并没有对全国人大及其常委会制定的“法律”的合宪性审查作出规定。按照我国的习惯做法，是通过法律修改程序对于法律中可能存在的违宪规范进行纠正[②]，但实质上并没有独立的法律合宪性控制程序。事实上，即使规定由全国人大及其常委会对自己制定的法律进行合宪性审查在程序上就存在自相矛盾的问题，也不符合权力制约的基本原理。在美国，主要是法官依据宪法规定的平等保护原则和正当法律程序原则对包括民法在内的法律进行合宪性审查，宪法和民法的关系主要就是通过违宪审查制度连接起来的。因为在美国，宪法是联邦议会制定的，而民法是州法，州议会制定成文法或者州法院在审判中形成判例法，对民法的这两种不同渊源，都可以成为违宪审查的对象，都是因为涉及重大宪法性问题的案件才引发违宪审查机制的运用，而不是对法规和先例进行抽象的审查。在法国，法官无权对法律进行合宪性审查，违宪审查是宪法委员会的任务之一。根据法国宪法第 61 条第 2 款规定，所有的法律在通过之后、公布以前，都可以被提交宪法委员会以确认其合宪性。但是根据宪法第 61 条规定，宪法委员会不得对已经公布的法律再行审查，即使该法律违背了宪法价值规范，也必须得以适用。这一规定虽在 1985 年的判例中得到了修正[③]，但个人仍然无权提出违宪审查。大陆法系学者认为，不宜赋予法官在诉讼中审查法律的合宪性，主要理由在于，由法官对法律是否合宪作出判断会引起法律的不稳定，而且由于对宪法价值和原则理解的多样性，反而会伤及宪法的权威性。一旦赋予了法官这个权力，会使法律

① 目前尚没有发生直接撤销行政法规和地方性法规的案例，即使在最可能接近的“孙志刚案”，最终的结果也不是由全国人大常委会撤销《城市流浪乞讨人员收容遣送办法》，而是由国务院自己废止该办法，另出台《城市生活无着的流浪乞讨人员救助管理办法》，原有的强制收容制度改为有需要者自愿到“流浪乞讨人员救助站”接受救济。

② 《宪法》第 62 条第 3 项明确规定：“制定和修改刑事、民事、国家机构的和其他的基本法律”属于全国人大的职权范围；第 67 条第 2 项规定全国人大常委会“制定和修改除应当由全国人民代表大会制定的法律以外的其他法律”；同条第 3 项规定：“在全国人民代表大会闭会期间，对全国人民代表大会制定的法律进行部分补充和修改，但是不得同该法律的基本原则相抵触。”

③ 法国宪法委员会接受了通过违宪抗辩诉讼的途径，审查已公布法律的合宪性。对一项已公布的法律，在对其进行修改、补充或影响其范围的条款进行审查时，可以对该已公布法律的条文就其合宪性提出疑义。参见〔法〕雅克·盖斯旦：《法国民法总论》，北京，法律出版社 2004 年版，第 217～218 页。

落空，当事人都竞相在诉讼中求助于宪法条款，出现向宪法条款逃避现象，也造成了宪法的滥用，损害了宪法的尊严。要维护宪法的尊严，同时也就是要维护宪法和普罗大众以及法官的距离，只有间隔一定的距离，宪法的权威也才能更容易产生，其根本法地位也才能得到实质的树立。

因此，我国进行合宪性控制可以分为立法前后的两个阶段，在立法之初，由立法者自身对法律进行合宪性控制，由于没有进行立法机关和合宪审查机关的分离，因而在立法方面的合宪性控制取决于立法机关的“道德自律”；在法律正式出台之后，可以由全国人大及其常委会主动对法律进行审查，或者由司法机关在具体审理案件过程中，对于法律法规中出现的违宪情形向全国人大常委会提出合宪性审查建议，由全国人大行使法定的审查权，对违宪的条款规定进行修改。这样一种模式既能够在现行法框架范围之内进行法律法规的合宪性控制，也能够发挥司法审判在合宪性控制中的积极作用。

第四章　民法法源及其适用

法律渊源是实在法规范体系所要解决的基本问题。[①] 按照一种说法，对一国法律渊源的研究，比对其法律体系的研究更具有立体感和深度。因为法律体系比较侧重于法的静态组合；而法律渊源则更侧重于法的动态运作。[②] 可能正是因为这个原因，萨维尼在其巨著《现代罗马法的体系》中，开篇即研究法律渊源。当然，这也是源于他基于其历史法学派主张而对法律渊源的独到理解。而在博登海默看来，法律渊源乃是适用法律的“工具、装置、技术”方面的问题，因而将它与法律的技术组成一编。[③] 在当代中国，经过了将一切法律问题的解决难题归咎于立法不足的制度迷信阶段之后，也逐步开始意识到所谓统一和谐法律秩序的创建及维护绝非单一模式可供依赖。立法不会一劳永逸地解决所有问题，法律颁布只是法治之始。在面对法律的漏洞或制度的欠缺时，除了寻求立法机关解决之外，法官也可以运用细致、精巧的法律方法在法律渊源体系内部获得回旋的余地，即通过和谐化的、解决规范矛盾的解释来创造统一的法律秩序，从而在现行法律渊源的体系内部获得解决问题的有效途径。[④] 就民事法律的适用而言，超越形式上的法律规范的表现，进一步探究其实质内涵及运用手段，无疑是民法学理论与实务的重要研究方向。

---

① 我国法学界关于法律渊源的理解，大体上存在有两种观点。一种观点认为法律渊源即指法律的效力渊源（沈宗灵：《法理学》，北京，高等教育出版社 1994 年版，第 304 页）。另一种观点则认为法律渊源有实质意义上的渊源和形式意义上的渊源之分，前者是指法的来源、发源、源泉、根源等，通常即指法的经济根源；后者是指法律规范的创制方式或外部表现形式（孙国华：《法理学》，北京，法律出版社 1995 年版，第 304 页）。本书所涉法律渊源概念，主要是第一种观点意义上的。

② 何勤华：《清代法律渊源考》，载《中国社会科学》2001 年第 2 期。

③ 〔美〕博登海默：《法理学、法律哲学与法律方法》，北京，中国政法大学出版社 1999 年版，第 370 页。

④ 李龙、刘诚：《论法律渊源》，载《法律科学》2005 年第 2 期。

第一节 法源探源：形式，抑或方法

一、作为法学方法的法源学说回顾

法学方法，从法律适用的角度说，也就是在私法领域将法律规范适用于需要裁判的“案件”的方法，即适用法律过程中对法律进行解释的方法以及法院发展法律的方法。自 20 世纪以来，法学方法本身也发生了很大的变化。在最近几十年中更暴发了持续而热烈的讨论，争论的主要焦点在于：究竟能不能对案件作出公平的裁判及在裁判时能不能采用法律以外的评价标准。毕竟，法现象是具体的、活生生的、瞬息万变的；每时每刻都在具体的社会与历史条件下，在不断地发展运动中创造和丰富自己。直观并不意味着简单，最具体的常常又是最复杂的。因此，重要的不是探讨现象本身是什么等诸如此类的问题，而是探究如何揭示有意义的法的现象。

一般看来，法现象是由事实、价值以及逻辑这三种要素构成的。[1] 法学方法论亦循此线索展开，大致呈现出以下关联。

法源→法律体系→法律规定的逻辑结构

法律概念（人、消费者、不确定法律概念、诸如此类）→法律事实的认定

法律解释→法律漏洞及其补充的方法（习惯、类推适用、法官直接创设规则）

单独概念→普遍概念→抽象概念→模糊概念

法现象的内部结构决定其意义，研究法现象应从认识现象的整体入手而不是偏执于构成整体的某个要素。然而，这丝毫不意味着可以忽视“要素”的意义。换言之，法现象内部各个要素都是有意义的，问题在于，这种意义不是法现象的意义而是要素本身的意义。只有当各个要素按照不同的形式组合为一个整体时，现象的意义才能够被充分地予以展示。要素本身只有处于与其他要素的关系中才能发挥自己的优势并作为现象这一整体的部分起作用。因而，研究单个概念的意义并不能解释与解决法学方法本

---

① 〔日〕北川善太郎：《日本民法体系》，李毅多等译，北京，科学出版社 1995 年版，第 3 页以下。

身，只能是针对逐个概念的单体解释，而无助于法学方法的研究，只有将各个要素按照一定的形式组合成为一个整体，法学方法的意义才能够予以展现。

将法律渊源不仅当作法律规范的表现形式，更视为法律适用或法律解释的方法，这种对法律渊源的扩张理解，首先可以在学说上找到清晰的印迹。自古以来就存在一种神学的注释学和一种法学的注释学，这两种注释学与其说具有科学理论的性质，毋宁说更适应于那些具有科学教养的法官或牧师的实践活动，并且为这种活动服务。① 在罗马法时代，法学已经主要体现为一门关于理解法律文本的技艺。中世纪以降，法学沦为神学的附庸，但是作为理解的学问，法学与神学在对经典文本（如圣经）的阐发中促进了作为理解技艺的注释学的发展。12 到 16 世纪欧洲各国和自治城市的罗马法复兴运动更是重新唤起了人们对罗马法经典文本进行注释的热情。至 19 世纪，概念法学一度盛行。《法国民法典》制定后，以法典为中心的法研究曾把概念法学推向高峰。强调法典理性的结果，产生了否定法官能动作用的倾向，司法过程中不允许有法官的评价因素在内，法官被视为复制法律的机器。此时的法律渊源，确实陷于僵硬的概念式理解。19 世纪末 20 世纪初，作为对概念法学的批判，自由法学的出现又使民法在方法论上经历了一次重要的转向。耶林于 1877 年初版发表的《法律的目的》一书指出，法律是人类意志的产物，有一定的目的，因此应受“目的律”的支配。解释法律应以法所要实现的目的为出发点，并将目的奉为解释法律的最高准则。在德国自由法学兴起的同时，法国形成了主张对法进行科学的自由探究的“科学学派”。科学学派主张，对于法律漏洞应当避免个人主观因素影响，建立在客观要素的基础上，摆脱法典的约束，进行自由的探究。由于科学学派也是建立在对概念法学批判的基础上，并且承认法律漏洞的存在，主张自由的法的发现，因而它也被归入自由法学的范畴。

其后，在法的安定性与妥当性问题上，利益法学又进一步试图在自由法学与概念法学之间谋求一种平衡。利益法学以利益概念为工具，发展出各种补充法律漏洞的方法；认为应在遵循立法者意图即确保法的安定性的前提下，对具体案件中相互冲突的利益进行衡量，以求得妥当的解决。利益法学充分肯定法律解释的创造性，同时以立法者的价值判断拘束法官的自由裁量，指明了法解释学的发展方向，在二战后对司法实务和理论产生

① 〔德〕伽达默尔：《真理与方法》上卷，上海，上海译文出版社 1992 年版，第 17 页。

了很大影响，几乎成为当代法解释学的主流。然而，利益法学是在多种含义上使用利益概念的，有时指促使立法者立法的原因，有时指立法者评价的对象，有时是其评价的准则。其后产生的评价法学因此认为，应当将利益这一概念“限制在指称——努力想取得有利的法律结论之——争讼当事人所具有（或必须具有）的追求欲望”①，它应与法律所规定的评价准则严格区别。立法者必须在考虑一般的秩序观点、交易上的需求及法安定性的要求的前提下，对个人利益或团体进行评价，并在法律规定中加以落实。因此，法官可透过具体的规定以及参与立法者的言论来认识立法者的评价，并据此裁判案件。

二、制定法实证主义下的民法法源及其不足

（一）制定法实证主义与民法典

中世纪法律实证主义的盛行与轰轰烈烈的法典编纂运动，将以立法为维度的法源观推向了法源理论的顶峰。主流的理论学说旨在构建一个封闭完美的制定法体系，在这个体系中，既有的法律将一切事实涵盖殆尽，法官只须遵照制定法的相关规定便可达致公平正义的判决，并不需要掺杂任何个人的主观判断。这种信念因欧陆许多国家相继制定完备的法典而更加得到强化，在这种极致的制定法实证主义之下，“法典是法和成文法的最佳形式”，民法的法源从原则上来讲只有民法典一种，“再也没有其他任何独立的法律渊源需要获得认可；如果有一种渊源，那就是习惯法或某个惯例，它从属于成文法，只能起到次要的作用”②。

《法国民法典》制定之后，法国的民法研究开始侧重于对法典进行逻辑上的解释和分析，由于法典作为唯一的法源，对其所进行的解释和分析并不能僭越法典的立法者在立法时的原意，这种旨在发现和还原立法者原意的民法研究在《法国民法典》之后的一百年内占据主流，造就了法国19世纪的注释法学派。在他们看来，所有法律问题必须用成文的法律来加以规范，并且立足于予以规范的确信之上。因此，法源只存在于成文的法律之中，并不承认成文法律之外的法源，诸如习惯法、判例法和条理以及其他法的一般原则。相应的，法学的任务在于保障法律的严格适用，在

---

① 〔德〕卡尔·拉伦茨：《法学方法论》，陈爱娥译，北京，商务印书馆2003年版，第135页。

② 〔美〕艾伦·沃森：《民法法系的演变及形成》，李静冰、姚新华译，北京，中国法制出版社2005年版，第30页。

严密的逻辑构造中捕捉法律的真正含义，并将其适用于法律条文所预想的具体案件，帮助法律忠实地达到这个目的，不得在解释之名义下另立他说，另行其事。在对待法律解释的问题上，他们主张唯条文及立法者的原意是问，不敢越雷池一步。① 可以说，在《法国民法典》制定之后的一个世纪之内，以注释法学为代表的法国私法研究严格遵循了制定法实证主义的法源观。

在德国的法源理论上，与法国的不同之处，应当归属于萨维尼独特的法源观所产生的影响。其实，萨维尼对待法源的态度发生过由制定法实证主义到法源多元化的转变，早期的萨维尼也坚持制定法实证主义的法源观，他认为法源体系的内容是制定法，即法律规则。一个完全客观的、独立于所有人信念的制定法是更好的选择。根据最初的目的设定，制定法应该是完全客观的，也就是说，制定法在被运用的过程中，不需要运用者对它进行任何增添。因此，制定法是法的唯一渊源，所有的法均是由立法者所创造的，而制定法是通过国家的行为产生的，法官唯一的职责就是对制定法作一个纯粹的逻辑解释，而制定法固然需要完善，但这只能由立法者而非法官承担。② 但在后来，萨维尼修正了自己的看法，在其《论占有》第 2 版中，他分别论述了习惯法、罗马法学家所建立的规则、实践性法律原则以及具有法创造作用的法院习惯。萨维尼已经意识到，在罗马除了罗马制定法之外还存在其他法规定的产生方式。③ 以此为基础，萨维尼构筑了法源自民族精神的法源理论。在萨维尼与蒂堡的论战中，萨维尼极力反对蒂堡所主张的排除罗马法，废止各邦实行的习惯法，使所有法都源于制定法的观点，尽管法典的最终面世宣告了事实上制定法实证主义的胜利，但由于萨维尼以及学说汇纂派的影响，德国的法源理论仍然呈现出了与法国略有不同的面貌。

（二）民法典与社会现实生活的断裂

“法律现象只是社会现象的一部分，它是现实存在着的”，人类创造的法律命题作用于并规制着现实的社会关系，这是一个不容否认的事

---

① 何勤华：《西方法学史》，2 版，北京，中国政法大学出版社 2000 年版，第 135～136 页。

② Savigny. juristische Methodenlehre，nach der Auserbaitung des Jacob Grimm，hrsg. Wensenberg，k. f. Kohlerverlag，Stuttgart，1951. 转引自朱虎：《法律关系与私法体系——以萨维尼为中心的研究》，北京，中国法制出版社 2010 年版，第 21～22 页。

③ 朱虎：《法律关系与私法体系——以萨维尼为中心的研究》，北京，中国法制出版社 2000 年版，第 22 页。

实。“不过，通常此种法律命题是被现实的社会关系以某种方式决定着的，法律命题的最终渊源或根据，不仅存在于现实的社会生活之中，而且还被现实的社会生活所决定，这是法律命题的本来面目，也是它的宿命。”① 说到底，法律终究是一种对社会现实生活的回应，其不仅仅由大量固定的规范所组成，而且时刻面临演进变革的动态发展②，但制定法实证主义者显然只顾着在逻辑建构的世界中自娱自乐，却忽略了社会现实对法律生活的制约作用，以民法典为中心建立起来的所谓的封闭完美的私法体系，很快在变幻莫测的社会现实生活面前显得捉襟见肘，丧失了其构建者原本预期中的效用。一言以蔽之，民法典与社会现实生活之间发生了断裂。

当社会现实照进法律生活，人们很快发现民法典已经日益无法满足社会生活的需要，法律作为“封闭完美的体系”只是在重复一个美丽却欺骗人的幻梦而已。③ 制定法实证主义者原本希望通过理性法典的制定建构一个完整有序的法律及社会秩序，但面对这种由社会背景发生根本性变迁所造成的法律与现实的隔阂，权威当局不得不放弃制定法实证主义的美梦，大陆法系被迫以某种背离传统的方式转而对现实生活的变化作出回应。这或许是一种不得已的回应，但却是一种最为必要的回应。

（三）对制定法实证主义的批判与方法论的转向

大陆法系 19 世纪的制定法实证主义以及伴随而生的法典化运动，在 19 世纪末 20 世纪初，基于其与现实社会生活之间的断裂，遭致了来自欧洲大陆利益法学、科学法学以及自由法运动的猛烈批判，法源的理论与实践也发生了方法论上的转向。

德国著名的法学家耶林是利益法学的先行者。其在《为权利而斗争》《法律的目的》等著作中对概念法学进行了批判。他认为，概念法学是一种不切实际的空想，成文法典不可能是天衣无缝的。以此为基础，在对法律进行重构的过程中，耶林指出：目的是法律的创造者，无目的的法律规则是不存在的。他主张依靠类推实现对漏洞的弥补，而类推不能仅靠概念

① 〔日〕川岛武宜：《现代化与法》，申政武等译，北京，中国政法大学出版社 2002 年版，第218 页。

② Alf Ross, *On Law and Justice*, Berkeley & Los Angeles: University of Califonia Press. 1959, p. 75.

③ 林立：《法学方法论与德沃金》，北京，中国政法大学出版社 2002 年版，第 9 页。

和逻辑，必须根据有关的利益进行。[①] 由于首先提出了法律之目的的概念，耶林的学说也被称为“目的法学”，而他所提出的“利益”概念为后来德国一批年轻的法学家如赫克、施托尔、米勒·埃尔茨巴赫等人所继承并发扬，进而促成了 20 世纪德国著名的利益法学运动。利益法学运动同样建立在对概念法学批判的基础之上，他们主张严格的逻辑推论未必可以达致令人满意的判决，在成文法典不足以应对社会现实时，法官必须充分发挥主观能动性，依据法律的目的，对法律进行创造性的解释进而平衡各方利益。在法国，与德国利益法学相对应的乃是一场被称为“科学法学”的运动，以萨莱耶、惹尼为代表的法国法学家，主张应从以“探寻立法者的意图”为目的的注释法学派方法论中解脱出来，用奔放自由的思想来解释民法典的条文，在解释《法国民法典》第 1382 条规定的“过失”时，用“危险”责任来代替即为著例。[②] 在法源的探寻上，他们主张在成文法和习惯法不能解决社会问题时，应求助于“科学性的自由探究”，在既存的形式法源以外的天地中去寻找法律规范。在奥地利，也有以社会法学大家埃利希创始和代表的自由法运动遥相呼应。在埃利希看来，成文法典并非唯一的法源，相反，“活法”才是支配现实生活、决定人们行为方式的真正要素，它构成了人类社会的“内在秩序”。对于法官来讲，不仅要了解法典条文，更重要的是掌握“活法”，并利用习惯以及正义原则等进行自由裁判。自由法运动发展到后期，进入一个较为激进的阶段，一些自由法学家甚至完全否定法律的逻辑建构，主张漫无边际的法官自由裁量。针对这种趋势，利益法学再次运用利益之概念，在自由法学与概念法学之间寻求一种平衡，进而达到法典与法官之间的有效结合，即肯定法官在法典出现漏洞时可以创造性地进行解释以及法的续造，但法典作为立法者价值判断的体现要对法官的自由裁量有所约束。在此之后，围绕法典（立法者）与法官的分立与平衡，针对立法者立法时的评价因素、法官断案时的裁判标准、传统的涵摄方法与超越法律的法续造、个案裁判与论证程序等问题，现代法学展开了方法论上的论辩[③]，并渐渐形成了位居主流的民法方法论。

---

① 张文显：《二十世纪西方法哲学思潮研究》，北京，法律出版社 2006 年版，第 108～109 页。

② 何勤华：《西方法学史》2 版，北京，中国政法大学出版社 2000 年版，第 163～164 页。

③ 〔德〕卡尔·拉伦茨：《法学方法论》，陈爱娥译，北京，商务印书馆 2005 年版，第 1～71 页。

三、方法论视域下思考维度的转换

（一）民法典自身的修正

在民法典的适用上，立法者已经充分意识到一个封闭法典体系的不足，作为对时代转换的回应，民法典经历了一系列自身的调整与修正。具体来说，从近代社会演进至现代社会，民法对现实生活的回应首当其冲地体现在理念与价值的转变上，即在理念上由形式正义转向实质正义，在价值取向上由追求法的安定性转向追求法的妥当性。① 这一转变乃是通过对近代民法所确立的所有权绝对、契约自由及过错责任三大原则进行修正得以实现的。民法典自身的修正即是对制定法实证主义的一种反思，其标志着封闭法典体系的瓦解。而理念的更新与制度的创设已经开始注意到社会生活对法典开放性的需求。

（二）民法法源“由法典向判例”的扩张

在法源的理论与实践上，由于民法典已经不能满足现实生活的需要，除了对法典进行更新之外，人们已经开始寻找制定法以外的其他法源。这使得众多的判例应运而生，并大量地被运用于司法实务以及法律制度的创设中，各种各样的判例集也不断出版，成为人们所经常诉诸的法典之外的重要法源。法院的判例也逐渐成为法源的一种。② 尽管《法国民法典》第5条规定，法官不得用确立一般规则的方式进行判决，即不得用遵循先例的方式进行判决。但《法国民法典》颁布不到五十年的时间里，就要求立法强制下级法院必须遵循法国最高法院的神圣判例。一个世纪过后，不但法国法学家开始承认第5条的规定在事实上是失败了，司法判例课也作为法律诉讼格式传授给法国学习法律的学生。③ 在德国，法院的实践尤其是最高法院的长期判例也成为法典之外的重要法源，正如拉伦茨所指出的：“法院在遵循‘长期判例’的时候，它的确构成了事实上适用的法（即在大多数情况下得到遵循）的一个很重要的部分。”④ 而在判例对于法律制度的创设作用方面，一般人格权概念及相关制度的创设即为著例。正如学

① 梁慧星主编：《从近代民法到现代民法》，北京，中国法制出版社2000年版，第164～191页。

② Arthur Taylor von Mehren & James Russel Gordley, *The Civil Law System: An Introduction to the Comparative Study of Law*, Little Brown and Company, 1957, p. 1136.

③ 〔美〕罗斯科·庞德：《普通法的精神》，唐前宏、廖湘文、高雪原译，北京，法律出版社2010年版，第106页。

④ 〔德〕卡尔·拉伦茨：《德国民法通论》上册，王晓晔等译，北京，法律出版社2003年版，第15页。

者所指出的那样："法典化的民法法系的显著特征是历史上，由法典化前的民法法系的性质所决定的，这种特征正逐渐减弱。"① 后法典化时代的民法法源已经逐渐走出制定法实证主义的图圄。

（三）基于我国现实的考虑

从我国民法法源理论的外观上进行审视，很容易发现其所带有的制定法实证主义色彩。至今为止，主流的学说依然将民法的法源等同于民事法律规范的表现形式，对法源的理解仍主要局限于以立法为维度的思维方式，尤其是在"依法治国"的背景下，尽管改革开放后并没有迅即产生一部民法典，但民事立法活动层出不穷。以《民法通则》《民法总则》《合同法》《物权法》《侵权责任法》为主的制定法，在实际上发挥着民法典的作用。基于大陆法系国家的民法理论与实践已经做出的变革，我国在进行民事立法的过程中，吸收了各种法律制度的最新成果，加上本土特色的法律制度构建，使得我国的制定法具备了较高的现代性，但这并不意味着我国的制定法不存在漏洞。

从我国司法实践的实际状况来看，制定法原则上为唯一的法源，法官受到制定法的严格拘束。由于主流的权威观念依然严守着立法权与司法权分离的理论，立法权归属于全国人民代表大会及其常务委员会，法院不能僭越立法权，法官被要求恪守"依法裁判"，其自由裁量权在事实上受到极大的抑制，甚至在法律解释上，法官只能探寻立法者意图并在其范围之内进行解释，很少能够对法律条文进行自由的超越制定法的解释。由于在理论逻辑上强调制定法法源的唯一性，法官的实际裁判思维及过程往往有一种被异化的危险。即对于案件事实，法官依据"先见"可能已经形成了某种价值上的倾向，对案件裁判已经达成了某种结果意义上的认知，而在进行涵摄的过程中，法官通过求助于可以达到此种倾向或认知的法律规范来对案件进行说明和论证。这种裁判的过程在实际上使得制定法法源的裁判依据意义仅仅流于形式。在笔者看来，裁判思维的异化、利益衡量的滥用，其主要的原因可归结于严格刻板的"依法裁判"。制定法实证主义的主要目的之一曾在于防止法官擅用造法权对案件径行裁判，但在我国，由于凡事都必须讲求"有法可依，依法裁判"，"由果寻因"的裁判思维却成了制定法实证主义下法官径行裁判的变种。

---

① 〔美〕艾伦·沃森：《民法法系的演变及形成》，李静冰、姚新华译，北京，中国法制出版社2005年版，第234页。

随着法学研究的逐步深入，法学方法论研究在中国受到越来越多学者的关注。从我国法学方法论的研究内容来看，主要涉及法律解释、法律论证、法律推理、利益衡量等多个方面。近年来，也陆续有学者开始将法源与法学方法相结合进行讨论，将法源问题列入方法论的研究范畴。① 可以说，法学方法论的兴起，首先在理论上提供了一种契机和可能，使得我们可以突破传统的以立法为维度的法源定位，转而从方法论或者说司法的维度对法源重新进行解读。

（四）以民法的适用为坐标原点的法源论

如果我们将法学研究中所有关于法（最广义的法）的生成与运行的时空维度加以区分，那么大致可以做出以下逻辑演进。

作为一种法的现象或法的生活之法（习惯法、自然法）→立法→制定法→司法（法的适用）→适用于个案的确切的法律规则

如果将这样的逻辑演进作为一个坐标体系的横轴进行法源的观察，那么选择哪一点为原点则会构成不同的法源论。前已述及，在以立法为坐标原点的法源论中，制定法作为立法的结果出现而成为法的表现形式，“法源”中的“法”指的是制定法，法源问题就是指制定法得以形成的源泉，有学者以立法的“资源、动因、进路”对其进行概括，这是一种符合逻辑的法源说明。反观“法源即法的表现形式”的观点，其对法的界定同样是以立法为维度的，即“法源”中的“法”仍是作为立法结果的制定法，以此为前提进行追问，制定法的源泉为何？给出的结论却是：制定法的法源是法的表现形式（制定法）。“A 的产生原因是 A”，这显然是一种违背逻辑的推论。

制定法可以作为一种法源，但在这种情况之下，“法源”中所指涉的“法”，就不再是我们通常所理解的法律文本（即制定法）。在揭示法源的坐标横轴上，如果以司法即法的适用为原点，那么“法源”之“法”就不再是制定法，而应当转换为适用于个案的确切的法律规则，法源问题就成为法官从何处获致这些法律规则的问题，也即是“裁判依据”的问题。美国法学家格雷正是在这个意义上对法源与法律作出了明确区分。在他的理论中，法律并不是立法意义上的法律文本，而是由法官在裁判中所确立的

① 陈金钊：《法律渊源：司法视角的定位》，载《甘肃政法学院学报》2005 年第 6 期；李龙、刘诚：《论法律渊源——以法学方法和法律方法为视角》，载《法律科学》2005 年第 2 期；姚辉：《论民事法律渊源的扩张》，载《北方法学》2008 年第 1 期。

权威规则组成，相应的，法官在确立这些规则时所诉诸的各种因素都可以作为法源来看待，这正是以司法为坐标原点的法源论。由于他对于法律的界定突破了人们惯常的理解，因而多数学者并不接受这种界定，但是对于他以司法或法官为中心对法源问题进行思考的做法，给予了充分的肯定。博登海默无疑就是在格雷理论的启发下将法源作为一种“工具或技术”的代表，他对法源的界定同样以司法适用为中心。法官在案件的裁判中，首先要适用的是以制定法为代表的“正式法源”；而在制定法不足以解决案件，或者适用正式法源会与正义及公平的基本要求、强制性要求和占支配地位的要求发生冲突时，适用“非正式法源”也就理所当然地成为一种强制性的途径。① 将两者对法源的理解进行比较，我们可以发现，格雷所持的是一种完全司法中心主义的立场，在他的法源理论体系建构中并不受任何制定法实证主义的影响，在法源的位阶上，制定法与其他的法源并没有优劣的次序；博登海默则不同，“正式”与“非正式”的用语已经将其理论所坚持的实证主义原则有所表露，“非正式法源”在司法框架中仅具有极为次要的地位，因此在法源的位阶上，“正式法源”，即制定法拥有不言而喻的优越地位。

笔者认为，格雷的法源学说具有逻辑上的彻底性和一致性，尽管对法律的界定“不走寻常路”，但这种理解并非是异想天开的妄论，因为对“法律是什么”的回答自始便是一个仁智互见的认识，原本就存在派别的差异和语境的区分。更何况在法源的语境下，格雷对法律的界定并不欠缺正当性的支持，笔者将在下文对这种正当性加以证成。当然，从我国的大陆法系传统出发，博登海默的法源论似乎更加具有亲和力及适用性。毕竟就我国的法源理论而言，以制定法为中心仍是一种不可动摇的趋势，将博登海默所谓的“非正式法源”作为补充制定法漏洞的法学方法在接受程度上相对容易。在本书，笔者尝试一种将两者综合起来的民法法源理论构建，在民法法源的界定维度上，笔者坚持以民法的适用为原点的法源论，以逻辑的严谨性为基点，“法源”一语中所指的“法”，是实践中的“法官法”，法源即是法官判决的有效原因，法源问题就是法官在案件审判当中可以选择适用哪些标准进行裁判的问题。而所谓裁判，无非是希冀获得一种最利于实现理性和正义的解决方法，而不是只为获得立法者的成文法律

---

① 〔美〕博登海默：《法理学、法律哲学与法律方法》，邓正来译，北京，中国政法大学出版社 2004 年版，第 430 页。

规范在其文本实现上的满足。[①] 因此，裁判的过程在实质上涉及“由法源到个案正义”的推进，如何最终实现正义，则依靠法官对法源的运用。法官固然应当适用立法者的成文法律规范进行裁判，但在成文法律规范出现漏洞时（这种漏洞不仅包括欠缺规定，还包括适用已有规定与个案理性和正义的实现相背离），法官可以以其他法源为依据进行规则的创设和法的续造。从这个角度出发，裁判本身就涉及方法的问题，而具体到在不同类型的法源之间进行识别，对不同类型的法源在适用时作不同的解释，对不同类型的法源之适用顺序加以选择时，更是一种方法的运用。与立法者的成文法律规范相比，其他类型的法源并不存在价值上的优劣等差，只是在适用的顺序上有先后之分。而为了避开这种认识上的误区，笔者并不采用博登海默的“正式与非正式法源”的用语，而是从法源的形式特点出发，按照法源形态的不同，将其区分为“制定法法源”与“非制定法法源”。所谓制定法法源，是指由立法者制定或者授权制定的各种法律、法规以及司法解释等成文规范；所谓非制定法法源，是指诸如习惯、法理、道德原则、公共政策等可以作为法官裁判的依据，但又缺乏成文形式的实质性规范。

四、作为方法的法源之证成与解读

（一）法源与“法”：对法或法律的另一种解读

根据格雷对法源与法律所作的解释，由于将法源问题放置在以司法为中心的场域下，将法源理解为法官裁判的依据，法源中的一部分其实就是我们通常所理解的成文法律规范（法律文本），制定法在这里并非被界定为法律而是法源。相应的，在“法的渊源或法律渊源”的语境下，法或法律在逻辑上必然演变成法官在裁判中形成的对个案具有拘束力的确切规则。这就是格雷对法源与法律所作出的严格区分。这种对法或法律的理解可以在形式意义上对应到凯尔森“一般规范”与“个别规范”的划分[②]，其中提到的“一般规范、一个法律”，即法源；而“个别规范”，即法源语境下的法或法律。

在已有的研究中，我国有学者对将法律理解为个案规范的观点提出了

① 姚辉：《论民事法律渊源的扩张》，载《北方法学》2008年第1期。

② 〔奥〕凯尔森：《法与国家的一般理论》，沈宗灵译，北京，中国大百科全书出版社1996年版，第151页。

批评，认为这种观点是美国现实主义法学的偏激理论，在美国也不占主流地位，将其简单地移植到中国是不切实际的做法。[①] 诚然，将一切法律规则置于不可知的境地、将法官的地位上升至立法者，这些观点从客观的立场来看，的确是有些偏激了。其理论中的一个缺陷就在于，他们并没有看到法源对法官裁判所产生的拘束作用，但他们也不像批评者所批评的那样将法律理解为个案规范。就笔者的观察范围来看，即使是我国所属的大陆法系，亦能发现将法律理解为个案规范的观点学说。

德国学者考夫曼认为，法律适用的过程，不是传统的涵摄模式，而是一种经由存在与当为对应的“类推”过程，他将这种过程称为一种“法律现实化”或者“法律具体化”的过程。[②] 在这种理论体系中，考夫曼将法律现实化的过程区分为三个阶层：第一阶层为抽象的——普遍的、超乎实证及超乎历史的法律原则（Rechtsgrundsätze）；第二个阶层为被具体化的——普遍的形式的——实证的、非超乎历史的，但对一个或多或少长久的时期（法律时期）有效的制定法（Gesetz）；第三个阶层为具体的、实质的——实证的、有历史性的法（Recht）。简单来说，这种层次顺序可表示为：法律理念——法律规范——法律判决。这是一种从一般到具体的演进。考夫曼将法律现实化的层次运行称为“法律秩序的阶层构造”，并认为，法律是一项对应关系，法律不具有实体的性质，而是关系的性质，只有在规范与事实的对应中才能产生法，因此，法是“应然与实然的对应”（存在与当为的对应）。

根据笔者的理解，考夫曼对何为法律的理解首先也以对法或法律的区分为前提，这种区分体现在诸如法律原则（Rechtsgrundsätze）、制定法（Gesetz）、法（Recht）的划分。在这些对法的区分中，考夫曼显然是将法（Recht）放在最核心的位置，而这种法的得来，并不能由法律原则或制定法直接推出，而是需要在法律判决中将规范与事实相对照才能产生，这种法的具体化任务是法官所要承担的。同样持“具体化”理念的还有另外一些德国学者，例如弗里德里希·米勒，他认为：“具体化不仅指既存规范压缩，而是一种求得——作为该当案件裁判基准的——规范的努力过程……规定在法律中的规范（规范文本）并非最终个案裁判基准的规范

① 季长龙：《规范性司法解释的法源地位研究》，中国人民大学 2008 年博士学位论文。

② 本书关于考夫曼对“法律具体化”或“法律现实化”过程的论述，主要参考了〔德〕考夫曼：《法律哲学》，刘幸义等译，北京，法律出版社 2004 年版，第 218～221 页；吴从周：《当代德国法学上具体化之理念及其方法：以诚信原则为例》，载《万国法律》2001 年第 117 期。

(裁判规范),前者只是法官形成后者的出发点而已。”① 施瓦布对于适用法律的论述,也暗含了某种法律与法律规则的区分,他指出:“适用法律(Gesetzesanwendung),并不仅仅只是指把事实情况归摄到法律当中,而且也是适用法律的人本身在参与构建法律规则。对争议做出裁判的法庭也在加工制作前提,法庭使法律规范显现出轮廓,以便在此之后把应对这做出裁判的事实情况归摄到法律规范之下。因此,‘适用法律’同时也是参与构建法律规范。”② 和前述美国现实主义学者的观点相类似,“法律具体化”理念或方法对法的理解同样以动态的司法为核心,其均着重强调最终个案裁判基准规范的获取,认为这是具体化的关键环节。

在我国,亦不乏学者从规范与事实相结合的角度出发对法加以界定,例如,郑永流教授以法的“践行”为主线,以“法是实践智慧”为核心命题,建构起了“实践法律观”③。按照他的解释,传统的法律观分为规范法律观与事实法律观。所谓规范法律观,指的是将法看作预设的合适而精确的封闭体系,任何个案事实的解决都可在这一体系中得到满足,也即本书前面所提到的制定法实证主义;所谓事实法律观,指的是由事实出发,着眼于个案事实与规范的不对称性之解决,但它容易导向规则的怀疑主义甚至虚无主义。美国现实主义法学的观点,即可以归结到事实法律观之下。从笔者的理解来说,实践法律观可以算得上规范法律观与事实法律观的一种巧妙折中,即一方面强调在实践中发现并创造法,另一方面强调在实践的过程中不能忽视预设规范对事实的指引力。正像持论者所指出的,法乃是规范与事实相互关照的续造性结果。而由于预设的法律只是未完成的法律,要将这种完成性彻底实现,则需对规范与事实进行处理,这一处理的过程被称为“等置”,“等置就是要将事实一般化,将规范具体化”④。实际上,实践法律观中等置的任务或者规范具体化的实现,同样是交给法

① 〔德〕卡尔·拉伦茨:《法学方法论》,陈爱娥译,北京,商务印书馆2003年版,第13页。

② 〔德〕迪特尔·施瓦布:《民法导论》,郑冲译,北京,法律出版社2006年版,第15页。

③ 郑永流教授2010年6月3日曾于中国人民大学法理论坛,发表了题为“法是实践智慧”的演讲,在演讲中,郑教授系统地介绍了实践法律观的精髓之所在,其中最主要的部分就包括法律实践观下对法的理解与认识,详情可参见中国民商法律网:http://www.civillaw.com.cn/article/default.asp?id=50034,最后访问日期:2010-08-26。在此之后,郑永流教授又在《中国法学》2010年第3期发表了题为《实践法律观要义——以转型中的中国为出发点》的专题论文。本书对于实践法律观的介绍及论述主要参考了上述两部分资源。

④ 郑永流:《实践法律观要义——以转型中的中国为出发点》,载《中国法学》2010年第3期。

官来完成的，法官的“眼光在事实与规范之间发生往返流转”的过程即是“等置”的过程，但这个过程并非单纯的规范与事实间的认定，而是具有“续造”的性质，法官在等置的过程中既不能抛开既有的规范，又不能局限于既有规范，而应以此为基础对事实进行认定，同时检视事实对规范的反作用，进而尽量实现规范与事实的对接。

关于“法律或法是什么”的话题永远是法理学、法哲学以及法学方法论中最具魑魅色彩的部分。自然法学派强调法是一种具有普世性的理性法，实证主义强调法是一种主权者的命令，历史法学则认为法是一种民族精神，社会法学则将法律的多种含义统一在社会控制（social control）的观念之下。[①] 可见，在不同的语境之下，法或法律本来就有不同的含义和用法。而当对法或法律的关注从立法的维度转向司法的维度、从法的效力探寻转向法的实效追问、从法的一般规范转向法的个别规范之后，法或法律的重心也已经由立法者转移到了适用者。因此，将真正的法界定为“法官法”、“具体化的法”或者说“实践中的法”，并不缺乏正当性的支持。而具体到法源的语境，在以司法为中心的立场下，这种界定可以很好地与作为裁判依据的法源概念相契合。同时，法源的存在，也可以很好的消解诸如由裁判者掌控法将导致规则的任意甚至滥用的担忧，因为法律适用者判决案件时，并不是任意的，而是在法源的基础之上进行判断，法源既是一种依据，也是一种制约因素。其判断的过程也必须通过充分的说理加以论证。最后必须澄清的一点是，这种对法或法律的理解并不影响长久以来我们对法或法律形成的某种统一且普遍的意识，例如提及法律，人们在脑海中首先浮现的十之八九是制定法的文本。因此，以适用为原点的法源论在对法的界定上试图突破但并非颠覆对法或法律的惯常理解，而只是想借此对作为一种方法的法源进行更为科学的、符合逻辑的说明。

（二）立法权由立法者向法官让渡的法社会学分析

无论是埃利希提出的“活法”理论，还是庞德倡导的社会控制理论[②]，都强调法作为一种方法或手段对于现实社会生活的实际效用。而法

---

① 罗斯科·庞德将法律的含义归结为三种：法律秩序、据以裁决并建立预期的权威性依据、司法和行政的过程。参见〔美〕罗斯科·庞德：《法理学》（第一卷），余履雪译，北京，法律出版社 2007 年版，第 15 页。

② 以庞德为代表的社会法学理论体系中，法律实际上乃是社会控制的手段或方法之一，而并非唯一的手段或方法。参见〔美〕博登海默：《法理学、法律哲学与法律方法》，邓正来译，北京，中国政法大学出版社 2004 年版，第 154～155 页。

的工具理性作用的强化①必然要求法从严苛的立法主义中解脱出来而具有某种灵活性与可变性。但作为制定法的法典，依据其稳定性的要求并不能朝令夕改，因此，工具理性的发挥最终还应凭赖于司法的运行。而在灵活性与可变性的实现上，法条是死的，但法官是活的，既然承认预设的法条无法对现实生活作包罗万象的抽象涵盖，那么允许法官在“无法可依”时可进行法的续造就是不可避免的结果。正如卡多佐所指出的：“在正式的法律渊源沉默无言或不充分时，我会毫不迟疑地指示以下面的话作为法官的基本指导路线：他应当服从当立法者自己来管制这个问题时将会有的目标，并以此来塑造法律判决。”② 在这种情况之下，法官的职能就是补充立法者由于视域的局限性和滞后性所未尽的工作。因此，立法权由立法者向法官进行部分让渡或者说司法权的某种扩张尽管与传统的权力分立理论相矛盾，但却与社会现实背景需求相契合，具有相当大的合理性与正当性。以至于在大陆法系各国范围内，法官造法都有不同程度的体现。我们之前所提到的德国、法国通过判例的实践来对制定法进行补充和拓展，即是法官造法的力证。从 20 世纪产生之后直到今天依然盛行的法学方法论，其讨论范围中的重要内容之一也是在法律漏洞被发现时如何实现和保障法官对法的续造。由此可见，随着法社会学的兴起所带来的立法到司法的认识转向，法官造法已经演变成为近乎于不证自明的公理性质的一项原则。其实，德国联邦宪法法院的解释已经为某些情况下法官造法进行了合理性说明。根据德国学者的解释，德国联邦宪法法院已经将传统上代表权力分立原则的“法官受法律拘束”的要求在基本法中转化为“司法受‘法律及法’的拘束”的表述③，依一般的见解，这种表述首先意指对狭隘的法律实证主义的拒绝，而对于法律与法的具体解释，联邦法院认为，法并不等同于成文法律的总体，除了落实国家权力的实证规定外，法还包含来自合宪法秩序的意义整体，对法律可以发挥补正功能的规范，发现它，并将之

① 需要稍作说明的是，对法的工具理性的强化，并非意指法的价值理性的贬损，也并非导向一种纯粹工具主义的法意识，而只是就现实而言，法充当了一种社会调控的方法，而将其所蕴含的工具理性充分发挥。

② 〔美〕本杰明·卡多佐：《司法过程的性质》，苏力译，北京，商务印书馆 2000 年版，第 74 页。

③ 德国《基本法》第 20 条第 3 款规定：“司法与行政权力应受‘法律与法’的拘束。”这里的法律（Gesetz）与法（Recht）的区分，可以从我们上文对考夫曼具体化理念的介绍那里找到理解的路径。

实现于裁判中，这正是司法的任务。①

我们认为，这对于我国在处理不同类型国家公权力的配置问题上有重要的启发意义。众所周知，我国现行的立法权与司法权的配置依然以“权力分立理论”的要求为原则，法官难有创造性的裁判出现，在实践中即使遇到现行法显现漏洞而无法提供依据的疑难案件，法官也往往需要求助于最高人民法院的批复或者司法解释的说明，这在我国已经形成一种严重的路径依赖。但这种路径并不利于现代司法效率的发挥，在很大程度上仍然无法克服成文法所固有的局限性与滞后性。在允许法官造法已经成为主流趋势的情况下，为什么我们一定还要近乎顽固地守着既有的理论逻辑线路不放，而不从经验的角度出发，去关心现实世界亟待解决的那些诉求呢？因此，对于我国立法权与司法权的配置需要重新进行审视，而审视的过程需多一些社会的关照，少一些理论的坚持。

第二节 《民法总则》中的法源类型

随着封闭完美的法典之构想在20世纪成为历史的灰烬，现代各国民法典的修正及制定趋势逐步由封闭走向开放，不少国家也已经注意到法源作为一种方法对于整体法秩序之实现的重要性。因此，作为司法之方法的法源也开始对立法产生了某种反射作用。这首先表现为制定法中出现了明确的法源条款之规定。1907年通过的《瑞士民法典》堪称在立法上规定法源条款的开山之作。② 较之于在其之前制定的德国、法国、奥地利、日本等国的民法典，《瑞士民法典》首次在立法中对法源进行了明确的列举，根据该条，法官在实务中可以将制定法、习惯法、学说及判例作为法源来进行裁判，当然各种法源之间存在适用上的优先顺序。这一规定明确承认了法典的不完美性，赋予法官在发现法律的漏洞时，立于立法者的地位造法的正当性；同时也对法官造法的“补充性”作一警示，在法典主义与自

① 〔德〕卡尔·拉伦茨.《法学方法论》，陈爱娥译，北京，商务印书馆2003年版，第248页。

② 《瑞士民法典》第1条规定：“（1）任何问题，凡本法在文字或解释上有相应的规定，一律适用本法；（2）如本法无相应的规定，则法官应依据习惯法裁判，亦没有习惯法时，法官应推测立法者就此可能制定的规则予以裁判；（3）在前款条件下，法官应遵循经过实践所确定的学理和实务惯例的做法。”

由法之间找出一个适当的平衡点。① 立法上的法源条款作为法源理论在立法上的反射对于现代民法来说有极为重要的价值和意义，并被许多国家和地区纷纷效仿。我国台湾地区“民法”第1条规定：“民事法律所未规定者，依习惯，无习惯者，依法理。”系采自《瑞士民法典》第1条第2、3款之规定。《民法通则》第6条规定：“民事活动必须遵守法律，法律没有规定的，应当遵守国家政策。”此为本法关于民法渊源的规定。② 我国《民法总则》在继承《民法通则》的基础上规定了法源，并对之进行了改进，其第10条规定：处理民事纠纷，应当依照法律；法律没有规定的，可以适用习惯，但是不得违背公序良俗。

一、法　律

《民法总则》第10条规定了“法律”作为民法的第一渊源。唯就范围如何，未著明文。甚至在同一部法律之中，也可能存在对“法律”作不同解释的情形。

（一）“法律”的范围

《民法总则》第10条规定的“法律”。学说上一般称为制定法，此系从广义，即指一切有权创制法律规范的国家机关制定的法律规范的总称。在我国法上，狭义的法律专指由全国人大及其常委会制定的法律，有时还可扩及于全国人大及其常委会制定的其他规范性法律文件，如决定、决议和法律解释等。③《立法法》（2015年修正）第二章规定了全国人大及其常委会制定法律的立法程序。作为民法的渊源，“法律”一般限于民事法律，但不排除刑事、行政法律通过民事法律中的“管道”进入民法的渊源体系之中，如《民法总则》第153条所规定的“法律”，即既指民事法律，也包括刑事、行政法律。

作为具有一定法源指示意义的司法解释，最高人民法院《关于裁判文书引用法律、法规等规范性法律文件的规定》（法释〔2009〕14号；以下

---

① 苏永钦：《“民法”第一条的规范意义——从比较法、立法史与方法论角度解析》，载苏永钦：《私法自治中的经济理性》，北京，中国人民大学出版社2003年版，第3页。

② 徐国栋教授原来认为，《民法通则》第6条和第7条合为我国民法渊源体制，其适用顺序为：法律、国家政策、社会公德、国家经济计划；见徐国栋：《民法基本原则解释——成文法局限性之克服》，北京，中国政法大学出版社1992年版，第124页以下。后来则未予坚持，见徐国栋：《民法总论》，北京，高等教育出版社2007年版，第106页以下。

③ 孙国华、朱景文主编：《法理学》，北京，中国人民大学出版社1999年版，第260～261页。

简称《引用法律文件规定》）将上述“法律”的范围予以扩展。[①] 其第 4 条后段规定：“对于应当适用的行政法规、地方性法规或者自治条例和单行条例，可以直接引用。”这就将行政法规、地方性法规、自治条例和单行条例这些在法律效力位阶上一般低于法律的规范性法律文件（依法允许其作变通规定的除外，《立法法》第 88、90 条），纳入民法的渊源体系之中。[②] 其中，行政法规不包括国务院规定的行政措施和发布的决定、命令（《宪法》（2004 年修正）第 89 条第 1 项）；地方性法规中隐含有经济特区法规这一特殊类型（《立法法》第 74 条）；自治条例和单行条例依法对法律、行政法规、地方性法规作变通规定，经济特区法规根据授权对法律、行政法规、地方性法规作变通规定（同法第 90 条）。在法律效力位阶上，行政法规高于地方性法规（同法第 88 条第 2 款），这是民法渊源体系中高级规范与低级规范的关系，适用上位法优于下位法的原则。[③] 因此，法院在审理案件时，如遇需要适用行政法规和地方性法规时，尚须对它们之间是否存在抵触情形负有一定程度的司法审查职责。对此，《引用法律文件规定》第 7 条规定为“根据立法法等有关法律规定”选择适用。[④]

规章主要是为执行法律、国务院的行政法规、决定和命令、地方性法规而制定的规范性法律文件，包括部门规章和地方政府规章（《立法法》第 80、82 条），法律效力位阶低于法律、行政法规（同法第 88 条），性质上属于附属性立法。其中，地方性政府规章的法律效力位阶又低于地方性法规（同法第 89 条）。由于规章的法律效力位阶较低，故不属于民法的渊

---

① 参与起草该司法解释的法官指出：该“《规定》只解决法律引用的问题，不解决法律适用的问题”；吴兆祥：《〈关于裁判文书引用法律、法规等规范性法律文件的规定〉的理解与适用》，载《人民司法·应用》2009 年第 23 期。

② 对照我国《行政诉讼法》（2014 年修正）第 63 条第 1、2 款。另见已被废止的最高人民法院《关于加强经济审判工作的通知》（法（研）发〔1985〕28 号）第 3 条；已被废止的最高人民法院《关于人民法院制作法律文书如何引用法律规范性文件的批复》（法（研）复〔1986〕31 号，以下简称《旧引用法律文件规定》）。

③ 王利明：《民法总则研究》，北京，中国人民大学出版社 2003 年版，第 140 页。另见孙国华、朱景文主编：《法理学》，北京，中国人民大学出版社 1999 年版，第 287 页。

④ 对照我国已被废止的《旧引用法律文件规定》。《引用法律文件规定》第 7 条规定：“人民法院制作裁判文书确需引用的规范性法律文件之间存在冲突，根据立法法等有关法律规定无法选择适用的，应当依法提请有决定权的机关做出裁决，不得自行在裁判文书中认定相关规范性法律文件的效力。”该问题表面上看似乎牵涉立法权与司法权之间的分野，唯实质上则是司法权本身的正确界定问题。至于能否“自行在裁判文书中认定相关规范性法律文件的效力”，似乎只是一个表达问题，即在考察法源的效力时，裁判上不予适用即为无效（限于本案），自不待言。

源，而仅为“裁判说理依据”，法院在审理案件时可以参照适用。[①]

（二）作为物权法定原则中的“法律”

《民法总则》第116条和《物权法》第5条规定：“物权的种类和内容，由法律规定。”这是民事基本法关于物权法定原则的规定。唯就该规范之意旨为何，颇费思量。所谓“由法律规定”，解释上可以包含两个方面。一是除全国人大及其常委会制定的法律以外，其他规范性法律文件均不得规定物权的种类和内容。参与制定该法的官员指出：“物权法定，这里的‘法’，指法律，即全国人大及其常委会通过的法律，除法律明确规定有的可以由行政法规、地方性法规规定的外，一般不包括行政法规和地方性法规。”[②] 此种意义上的“法律”，与《合同法》第52条第5项中的“法律”同其意义。二是排除当事人作出区别于法律所规定的物权的种类和内容的约定，即当事人不得任意创设物权。在立法例上，2009年修改的我国台湾地区“民法”第757条规定：“物权除依法律或习惯外，不得创设。”其中所谓“不得创设”，乃指向于上述第二个方面。学者在解释该规定时，也是为此论述的。[③]《日本民法典》第175条、《韩国民法典》第185条亦采此措辞。德国学者在解释物权法定原则时，也是仅及于上述第二个方面，认为物权的类型强制仅仅排除了当事人的形成自由，但不排除成文法或者法官法发展新的物权种类。[④] 这就带来了我国《物权法》第5条的解释是否包含上述两个方面的问题。

对此，学者通说正是采取包含上述两个方面的观点。如认为物权法定原则是指物权的种类、内容应由法律明确规定，而不能由法律之外的其他规范性文件确定，或者由当事人通过合同任意设定。[⑤] 对于其中“法律”的范围，学者有主张可通过授权立法（授权论）或者因应现实需要（现实论）而予以适当扩大的论点。王利明教授在《物权法》出台前，认为行政

---

① 参见我国《引用法律文件规定》第6条；已被废止的《旧引用法律文件规定》；对照《行政诉讼法》第63条第3款。王利明教授将部门规章作为民法的渊源，但未提及地方政府规章是否可为民法的渊源；见王利明：《民法总则研究》，北京，中国人民大学出版社2003年版，第60页。

② 王胜明：《物权法定原则和物权公示原则》，载本书编写组：《〈中华人民共和国物权法〉辅导读本》，北京，中国民主法制出版社2007年版，第83页。

③ 梅仲协：《民法要义》，北京，中国政法大学出版社1998年版，第512页。

④ 〔德〕曼弗雷德·沃尔夫：《物权法》，吴越、李大雪译，北京，法律出版社2002年版，第14～15页。

⑤ 王利明：《物权法研究》，北京，中国人民大学出版社2013年版，第153页；梁慧星：《读条文 学民法》，北京，人民法院出版社2014年版，第264页以下。

法规也有设定物权的作用，如国务院颁布的《城镇国有土地使用权出让和转让暂行条例》（1990 年）、《全民所有制工业企业转换经营机制条例》（1992 年）等中包含了许多物权方面的规定。① 在《物权法》出台后，他则认为根据《立法法》（2000 年）第 9 条关于授权立法的规定，国务院经全国人大及其常委会授权，可以通过制定行政法规设定物权，但迄至其时，尚不存在这样一种授权，因而行政法规尚不能设定物权。至于行政规章和地方性法规，则不宜规定物权的类型以及内容。② 崔建远教授原来也持相同观点，认为物权的种类和内容的法律规范属于基本法律的组成部分，不能降由行政法规、行政规章、地方性法规和地方规章调整。③ 后来则改持现实论，认为如果承认行政法规可以创设物权，因行政法规的立法程序相对简单，制定较快，颁行较为及时，对权利人的保护可能更为有力和及时，从这个意义上讲，适当扩大物权法定主义中“法”的范围，具有现实意义。④

尽管立法部门的释义中似乎也有将物权法定原则归诸法律保留事项的意思，其指出：“物权是一项重要的民事权利，物权制度属于民事基本制度。依照立法法的规定，民事基本制度只能由法律规定。”⑤ 但笔者认为，物权的种类和内容似与《立法法》第 8 条第 8 项规定的“民事基本制度”的法律保留事项处在不同的法律层面之上，作此同视既无必要，亦难成立，更不利于物权制度的生长，故无须视之为法律保留事项之一。但是，法律之外的规范性文件（如行政法规、规章和地方性法规）原则上不得设定物权，应属定论。与此同时，应当承认在《物权法》的内部或者外部，均存在所谓“由法律规定”的例外情形，对此应就具体情形作具体分析。

在《物权法》的内部，有“国家有关规定”的措辞，见于第 126 条第 2 款、第 153 条⑥；也有“国务院的有关规定”的措辞，见于第 53、54、

---

① 王利明：《物权法论》（修订本），北京，中国政法大学出版社 2003 年版，第 78 页。

② 王利明：《物权法定原则》，载《北方法学》2007 年第 1 期。

③ 崔建远：《我国物权法应选取的结构原则》，载《法制与社会发展》1995 年第 3 期。崔建远：《物权：生长与成型》，北京，中国人民大学出版社 2004 年版，第 3 页。

④ 崔建远：《物权：生长与成型》，北京，中国人民大学出版社 2004 年版，第 17 页。现实论的观点另见申卫星：《物权法定与意思自治——解读我国〈物权法〉的两把钥匙》，载《法制与社会发展》2013 年第 5 期。

⑤ 胡康生主编：《〈中华人民共和国物权法〉释义》，北京，法律出版社 2007 年版，第 30 页。

⑥ 除此以外，我国《土地管理法》（2004 年修正）第 42 条、第 47 条第 5 款，《城市房地产管理法》（2007 年修正）第 31 条第 1 款、第 40 条第 1 款、第 45 条第 2 款，《合同法》第 180～183 条、第 207 条也有“国家有关规定”的措辞。

133条。这些规定必须是“国家”/“国务院”级的，地方性法规、地方政府规章等均不包含在内。如果这些规定中含有国家政策的，则国家政策在此特定情形下亦可作为民法的渊源，学者称此为就特定事项经法律认可的渊源。[①] 在强调“法定”的《物权法》中采取这样的措辞，可以窥知立法机关确有不得已的考虑。

第一，《物权法》第126条第2款规定：“前款规定的承包期届满，由土地承包经营权人按照国家有关规定继续承包。”这里的“国家有关规定”实际上是指赋予农民长期而有保障的土地使用权的国家政策，该政策具有长期延续性，却并未上升为法律。该款规定未如同法第5条那样规定为“由法律规定”，自属遗憾。

第二，《物权法》第133条规定：“通过招标、拍卖、公开协商等方式承包荒地等农村土地，依照农村土地承包法等法律和国务院的有关规定，其土地承包经营权可以转让、入股、抵押或者以其他方式流转。”该条规定实际上是对《农村土地承包法》（2009年修正）第49条的沿袭，将后者规定的“经依法登记取得土地承包经营权证或者林权证等证书的”条件，变更为“依照农村土地承包法等法律和国务院的有关规定”。这一变更，增加“国务院的有关规定”作为法源，令人颇生“倒退”之感，亦与《物权法》第5条规定的“由法律规定”相背离，亦属遗憾。

第三，《物权法》第153条规定：“宅基地使用权的取得、行使和转让，适用土地管理法等法律和国家有关规定。”依立法部门的释义，其中的“国家有关规定”应特指“现阶段国家有关农村土地政策”，即“中共中央、国务院通过有关文件，多次强调农村居民住宅要严格按照所在的省、自治区、直辖市规定的标准，依法取得宅基地。多出（指超过标准取得——引者注）的宅基地，要依法收归集体所有（指集体依所有权收回土地——引者注）。同时禁止城镇居民在农村购置宅基地”[②]。

---

① 常鹏翱：《多元的物权法源及其适用规律》，载《法学研究》2014年第4期。

② 胡康生主编：《〈中华人民共和国物权法〉释义》，北京，法律出版社2007年版，第340、337页。该条中的“国家有关规定”，主要包括：《中共中央、国务院关于进一步加强土地管理切实保护耕地的通知》（1997年5月18日）、《国务院关于深化改革严格土地管理的决定》（国发〔2004〕28号）、《国务院批转国家土地管理局关于加强农村宅基地管理工作请示的通知》（1990年1月3日）、《中共中央办公厅、国务院办公厅关于涉及农民负担项目审核处理意见的通知》（1993年7月22日）、《国务院办公厅关于加强土地转让管理严禁炒卖土地的通知》（国办发〔1999〕39号）等。关于该条立法过程中的争论，详见全国人大常委会法制工作委员会民法室：《物权法（草案）参考》，北京，中国民主法制出版社2005年版，第359页以下。

在《物权法》的外部，以专门规定土地承包经营权的《农村土地承包法》为例，其对发包方和承包方权利义务的安排，却常以“法律、行政法规”为限（第 13 条第 4 项、第 14 条第 5 项、第 16 条第 4 项、第 17 条第 3 项）。这显然超出了《物权法》第 5 条规定的“由法律规定”的限定，似可视为针对特定物权的特定事项而作出的法源扩充。

可见，对于《物权法》第 5 条规定的“由法律规定”，宜作从宽解释，除法律以外，还可以法律有特别规定为限，扩及于行政法规和“国家有关规定”“国务院的有关规定”等国家级的规范性法律文件。① 但对于“国家有关规定”“国务院的有关规定”，似应限于《物权法》出台前的规定。对于《物权法》出台后，似不宜续行由“国家有关规定”“国务院的有关规定”对物权的种类和内容进行规定，否则将造成对物权法定原则的否定。②

对于物权法定原则的第二层含义，即物权法定是否绝对排除当事人对物权的种类尤其是内容的特别约定，不无疑问。依德国学者的论述，物权法定原则的重心乃在于类型强制，而其另一义内容强制（类型固定）并不绝对排除当事人对物权内容的形成自由。③ 我国《物权法》中也多处规定了允许当事人对物权内容进行自行约定或者依约定排除法律规定的情形，如第 156、159～161 条关于地役权的内容规定等。可能有鉴于此，学者尝试从作为当事人约定的解释基准的角度对物权法定原则作解释。④ 学者指出：“关于物权法之一定权利内容规定，得依该权利之性质及目的，于不逾越或抵触其权利之核心（Rechtskern）范围内，予以类推适用；或扩张、减缩该物权之内容，俾新形态之权利亦得成为该物权之一种，而融入现行物权法体系。”⑤

此外，还有两个比较特殊的问题：一是关于变通立法。有学者认为，依《立法法》关于自治条例和单行条例可以对法律作变通规定的规定（第

---

① 常鹏翱：《多元的物权法源及其适用规律》，载《法学研究》2014 年第 4 期。

② 据学者归纳，司法实践中对《物权法》出台后的“国家有关规定”仍见有适用，包括《国务院办公厅关于严格执行有关农村集体建设用地法律和政策的通知》（国办发〔2007〕71 号）、《国土资源部关于进一步加快宅基地使用权登记发证工作的通知》（国土资发〔2008〕146 号）等。参见常鹏翱：《多元的物权法源及其适用规律》，载《法学研究》2014 年第 4 期。

③ 〔德〕弗里德里希·克瓦克：《德国物权法的结构及其原则》，孙宪忠译，载梁慧星主编：《民商法论丛》，第 12 卷，北京，法律出版社 1999 年版，第 502 页以下。

④ 孙宪忠：《中国物权法总论》，北京，法律出版社 2014 年版，第 264～265 页。

⑤ 谢在全：《民法物权论（修订 5 版）》上册，北京，中国政法大学出版社 2011 年版，第 38 页。

75 条第 2 款、第 90 条第 1 款)。“民族自治地方有权根据当地民族特点特设物权类型。”① 换言之，可以对法律作变通规定意味着在法律效力位阶上可以与法律相等同，因而自治条例和单行条例在作变通规定的场合下可以视为“法律”，两者之间是同一位阶之下特别法与普通法的关系（同法第 91 条前段），但这一“视为”并不是由于适用的地域不同所带来的，而是由于法律的特别授权所带来的。二是关于“由法律规定”中的“法律”是否包含习惯法。依目前通说，物权法定除依法律以外，亦依习惯法。②立法例上对此有明文规定者，见于《韩国民法典》第 185 条、我国台湾地区“民法”第 757 条等。“习惯法形成之物权，必须具有确定性、填补社会经济之必要性，无违物权法定主义存立之旨趣，能依一定方法予以公示者，始足当之。”③ 另有意见则认为，可以允许司法解释设定物权，而不得允许习惯法设定物权。④ 但如果将司法解释解释为法院法，则存在将法院法视为习惯法的解释空间，允许司法解释设定物权就是允许习惯法设定物权。

（三）作为民事法律行为无效的违法事由中的“法律”

《民法总则》第 143 条第 1 款规定，民事法律行为应当具备下列条件有效：“……（三）不违反法律、行政法规的强制性规定，不违背公序良俗。”第 153 条第 1 款规定：“违反法律、行政法规的强制性规定的民事法律行为无效。”对于其中的“法律”是否应予限定，原来学说上比较宽泛，后来则认为应予限定，但在标准上却出现分歧。有的谓为法律的强制性规定（包括强行性规范和禁止性规范）⑤，有的谓为法律的强行性规定⑥，

① 朱庆育：《民法总论》，北京，北京大学出版社 2013 年版，第 37 页。

② 参见梁慧星教授主持的《中国民法典草案建议稿（第 3 版）》第 235 条（北京，法律出版社 2013 年版，第 51 页）；刘志敭：《民法物权编》，北京，中国政法大学出版社 2006 年版，第 14 页；〔日〕我妻荣著、有泉亨补订：《新订物权法》，罗丽译，北京，中国法制出版社 2008 年版，第 28 页；崔建远：《我国物权法应选取的结构原则》，载《法制与社会发展》1995 年第 3 期；申卫星：《物权法定与意思自治——解读我国〈物权法〉的两把钥匙》，载《法制与社会发展》2013 年第 5 期；常鹏翱：《多元的物权法源及其适用规律》，载《法学研究》2014 年第 4 期。

③ 谢在全：《民法物权论（修订 5 版）》上册，北京，中国政法大学出版社 2011 年版，第 38 页。

④ 王利明：《物权法定原则》，载《北方法学》2007 年第 1 期。

⑤ 王家福主编：《中国民法学·民法债权》，北京，法律出版社 1991 年版，第 322 页；徐国栋：《民法总论》，北京，高等教育出版社 2007 年版，第 360 页。另见王利明教授主持的《中国民法典草案建议稿》第 152 条第 3 项（《中国民法典草案建议稿及说明》，北京，中国法制出版社 2004 年版，第 23 页）；我国台湾地区“民法”第 71 条。

⑥ 梁慧星：《民法总论》，北京，法律出版社 2007 年版，第 168 页；王利明：《民法总则研究》，北京，中国人民大学出版社 2003 年版，第 571 页；李永军：《民法总论》，北京，法律出版社 2006 年版，第 479 页。

有的谓为法律的禁止性规定。[①] 目前，应参照《合同法》第 52 条第 5 项的规定，以强制性规定限定之。对此，最高人民法院作有如下专门司法解释：一是《关于适用〈中华人民共和国合同法〉若干问题的解释（一）》（法释〔1999〕19 号）第 4 条规定："合同法实施以后，人民法院确认合同无效，应当以全国人大及其常委会制定的法律和国务院制定的行政法规为依据，不得以地方性法规、行政规章为依据。"这是采取了 1993 年《经济合同法》第 7 条第 1 款第 1 项的规定，其立法本意是"为更好地体现合同自愿的原则，如果必须强制执行的，由法律、行政法规规定，地方和部门不要规定，这样也有利于法制的统一"[②]。二是《关于适用〈中华人民共和国合同法〉若干问题的解释（二）》（法释〔2009〕5 号，以下简称《合同法司法解释二》）第 14 条规定："合同法第五十二条第（五）项规定的'强制性规定'，是指效力性强制性规定。"

在比较法上，除《荷兰民法典》第 3：15 条将法律行为无效的违法事由中的"法律"限缩规定为公法规则以外，其他国家和地区民法一般对作为法律行为无效事由的所违之"法"的范围和位阶未予限定，而系交由法院根据个案情况作出具体评价。《法国民法典》第 1133 条、《德国民法典》第 134 条、《瑞士债法典》第 20 条、《日本民法典》第 91 条、《意大利民法典》第 1343、1344 条和我国台湾地区"民法"第 71 条都规定了法律行为无效的违法事由。其中，《德国民法典》第 134 条规定："法律行为违背法律上的禁止性规定的，其为无效，法律另有规定的除外。"就其中的禁止性规定，其立法理由书指出："该规定特别考虑到那些公法中涉及法律行为的禁止性法律，特别是《刑法典》中的禁止性规定。"而从该法典施行后的法律发展来看，则主要是那些具有经济调控性质的禁止性规定发挥了作用。[③] 学者评论称："许多法律禁令，给判定［有关法律行为是否］无效的问题，提供了几乎无法把握的依据。法院只能以创造法律的方式来裁判这个问题。因此，在此类案例中往往很难见到令人信服的论证，也就不足为奇了。"[④]

---

① 梁慧星：《读条文 学民法》，北京，人民法院出版社 2014 年版，第 27 页。另见其主持的《中国民法典草案建议稿》第 120 条（北京，法律出版社 2013 年版，第 25 页）；《德国民法典》第 134 条。

② 顾昂然：《中华人民共和国合同法讲话》，北京，法律出版社 1999 年版，第 29 页。

③ 〔德〕弗卢梅：《法律行为论》，迟颖译，北京，法律出版社 2013 年版，第 402 页。

④ 〔德〕迪特尔·梅迪库斯：《德国民法总论》，邵建东译，北京，法律出版社 2000 年版，第 491 页。

最高人民法院《合同法司法解释二》第 14 条将《合同法》第 52 条第 5 项中的“强制性规定”解释为效力性强制性规定，意谓该规定的目的须为指向否定所涉民事法律行为的效力者，才可否定其行为的效力。对此一从学说向司法解释的位移，学者也多表赞同。唯就所谓“强制性规范”所应指向的法律规范而言，除了民法上可以解释为效力性强制性规定的以外，更重要的是要解决能否依此而对所涉民事法律行为的效力予以否定的问题。例如刑法规范，其规范的目的不可能指向于否定所涉民事法律行为的效力，如明知是非法集资却仍然参与，为此而订立的民间借贷合同理应无效，但该禁止非法集资的刑法规范并非什么“效力性强制性规定”。笔者认为，上述规定中的“法律、行政法规的强制性规定”，其目的在于排除民法上的任意性规范。立法本意即如此：“为什么加‘强制性规定’？因为法律、行政法规关于合同的规定，根据自愿原则，多数是倡导性的，只有违反强制性规定的才是无效合同。过去由于对这个问题不明确，在执行中产生无效合同过多、干预过多的情况。”① 对于民法上的强制性规范和各种公法规范，均应纳入“强制性规定”的范围之中作具体考察。特别是对于各种公法规范，所谓“强制性规定”具有架设公法进入私法通道的功能。一方面，不宜将“强制性规定”仅仅解释为民事法律、行政法规中的强制性规定；另一方面，如果将此限缩为民法上所谓“效力性强制性规定”，则会极大地减弱上述规定的适用效能。

对于“损害社会公共利益”和“违反法律、行政法规的强制性规定”之间的关系，不无可议。笔者认为，应当将前者视为所有民事法律行为具有某种终极性意义的无效事由；后者只是从一个侧面对前者的具体化，可以省却法院对民事法律行为无效作出实质性论证的义务，但不能因此而忽视隐藏于其背后的“损害社会公共利益”因素。如果未来有修订可能的话，仍应保留现行《合同法》第 52 条的规定，但可以调换第 4 项和第 5 项的顺序，恢复原来《民法通则》第 58 条第 1 款第 5 项规定的顺序，更为合理。盖因依人们的思维惯性，往往将居于后者作为兜底性规定，但如果仅依此就将违法作为民事法律行为无效的终极事由，则大谬矣。同时，在司法实践中，对于适用“损害社会公共利益”而认定民事法律行为无效的情形，应予以严格限制，以免被滥用。该项事由尽管可以作为民事法律行为无效论证意义上的终极事由，但法院在作此衡量时，仍须先考察是否

① 顾昂然：《中华人民共和国合同法讲话》，北京，法律出版社 1999 年版，第 29 页。

具有其他无效事由，只有在没有其他无效事由可供适用时，方可适用该项事由。

二、其他法源

无论是在历史上，还是在现实中，民法都不以法律（制定法）作为其唯一的渊源。其他法源包括国际条约、司法解释、习惯法和法理，处于法律的补充地位。

（一）国际条约

在原理上，制定法并不限于主权国家制定的内国法律，也及于主权国家缔结或者参加的国际条约。唯依我国通说，系采取修正的国际法与国内法二元论，国际法与国内法是两个不同的法律体系，只是彼此之间有密切的联系。[①]《民法通则》第 142 条第 1、2 款规定："涉外民事关系的法律适用，依照本章的规定确定。""中华人民共和国缔结或者参加的国际条约同中华人民共和国的民事法律有不同规定的，适用国际条约的规定，但中华人民共和国声明保留的条款除外。"在民事特别法中，出台在《民法通则》之前的《继承法》（1985 年）第 36 条第 3 款规定："中华人民共和国与外国订有条约、协定的，按照条约、协定办理。"而《民法通则》出台后，《票据法》（2004 年修正）第 95 条第 1 款、《海商法》（1992 年）第 268 条第 1 款、《民用航空法》（2017 年修正）第 184 条第 1 款、《海洋环境保护法》（2016 年修正）第 97 条等，均对《民法通则》的上述规定予以承继。

然而，2010 年制定的《涉外民事关系法律适用法》却对《民法通则》的上述规定未予纳入，理由似乎是此为"立法技术问题，特别是考虑到国际条约适用的复杂性"[②]。为弥补此漏洞，最高人民法院《关于适用〈中华人民共和国涉外民事关系法律适用法〉若干问题的解释（一）》（法释〔2012〕24 号）第 4 条征引《民法通则》第 142 条第 2 款等规定，并以此为基础，增设"但知识产权领域的国际条约已经转化或者需要转化为国内法律的除外"的但书规定。该但书规定以一个全称判断认为，对于我国缔结或者参加的知识产权领域的国际条约，须经转化为国内法才能适用；且

① 周鲠生：《国际法》上册，北京，商务印书馆 1976 年版，第 19～20 页；王铁崖：《国际法引论》，北京，北京大学出版社 1998 年版，第 191～192 页。

② 高晓力：《〈关于适用涉外民事关系法律适用法若干问题的解释（一）〉的理解与适用》，载《人民司法·应用》2013 年第 3 期。

不论是否已经转化，均需不存在该国际条约与我国的“民事法律有不同规定”的情况。质言之，在知识产权领域，不存在直接适用国际条约的余地。在我国缔结或者参加的知识产权领域的国际条约中，比较明确须经转化才能适用的是世界贸易组织（简称 WTO）协定项下的《与贸易（包括假冒商品贸易）有关的知识产权协定》（简称 TRIPs）。① WTO 协定对我国生效的时间为 2001 年 12 月 10 日，此前我国知识产权领域的司法解释性质文件均沿用与《民法通则》第 142 条第 2 款相一致的规定，而未见有与上述司法解释但书规定相同的表述。②

这事实上牵涉对《民法通则》第 142 条第 2 款的两个理解问题。一是如何理解其中规定的“国际条约”的范围。似应区分其具体的类型，原则上包括国际统一实体法条约和国际统一冲突法条约，而不包括国际统一程序法条约。该款规定是参照 1982 年《民事诉讼法（试行）》第 189 条的规定而作出，但后者是针对国际统一程序法条约而作出的，立法机关显然对此未予区分。二是如何理解其中适用国际条约的条件——与我国的“民事法律有不同规定”。一般认为，对于在涉外民事关系中国际统一实体法条约的适用，我国法上并未设置须经转化的一般条件，故可参照前引《继承法》第 36 条第 3 款的规定，径将国际统一实体法条约直接纳入法律适用的体系之中，使之优先于国内法而适用。学者指出：“我国与外国所缔结的条约在生效时，就当然被纳入国内法，由我国各主管机关予以适用，而无须另以法律予以转变为国内法。”③ 我国司法解释性质文件中也时见有此论，如最高人民法院《关于审理和执行涉外民商事案件应当注意的几个问题的通知》（法〔2000〕51 号）第 2 条中指出：“对我国参加的国际公约，除我国声明保留的条款外，应予优先适用。”④ 如不作此理解，将构成对国际统一实体法直接调整国际民事关系功能的否定。作为例外，对于须经转化的国际统一实体法条约，在司法实践中应可排除对其作直接适

① 王利明：《民法总则研究》，北京，中国人民大学出版社 2003 年版，第 62 页；高晓力：《〈关于适用涉外民事关系法律适用法若干问题的解释（一）〉的理解与适用》，载《人民司法·应用》2013 年第 3 期。

② 参见我国最高人民法院《关于全国部分法院知识产权审判工作座谈会纪要》（法〔1998〕65 号）第三（一）；已被废止的最高人民法院《关于深入贯彻执行〈中华人民共和国著作权法〉几个问题的通知》（法〔1993〕44 号）第 2 条第 2 款。

③ 李浩培：《条约法概论》，北京，法律出版社 1987 年版，第 384 页。

④ 另见我国最高人民法院《转发对外经济贸易部〈关于执行联合国国际货物销售合同公约应注意的几个问题〉的通知》（法（经）发〔1987〕34 号）；已被废止的最高人民法院《全国经济审判工作座谈会纪要》（法发〔1993〕8 号）第三。

用，自亦无须考察其与我国的民事法律有无不同规定。我国上述司法解释但书规定的目的似乎正在于此。

而 2017 年出台的《民法总则》对此未作规定，显然是将《民法通则》第 142 条第 2 款及第 3 款留待将来编纂民法典时，纳入涉外民事关系法律适用法编（第七编），规定在该编第一章“一般规定”中。① 但在《民法总则》生效之后、民法典编纂完成生效之前，因无国际条约适用规则，中国是否仍将适用自己缔结或者参加的国际条约以及某种条件下适用国际惯例，就将处于不确定的状态。② 我们认为，考虑到维护我国在国际社会中负责任的大国形象以及立法延续性，在此期间可以参照适用《民法通则》的规定。

（二）司法解释

我国法上的司法解释与制定法的关系为何，它是如何成为法源的，历来聚讼。司法解释作为法源，发端于 1955 年《全国人大常委会关于解释法律问题的决议》，该决议同时赋予全国人大常委会和最高人民法院以法律解释权。1979 年《人民法院组织法》对此予以沿袭，该法第 33 条规定：“最高人民法院对于在审判过程中如何具体应用法律、法令的问题进行解释。”1981 年《全国人大常委会关于加强法律解释工作的决议》将 1955 年决议的法律解释权主体，在原来的两类主体的基础上，增加最高人民检察院，国务院及主管部门，省、自治区、直辖市人大常委会及政府主管部门等主体。其中，省、自治区、直辖市人大常委会及政府主管部门的“法律解释”对象是地方性法规。但是，1982 年《宪法》并未全部采纳上述规定，而是仅规定了全国人大常委会的法律解释权（第 67 条第 4 项）。2000 年制定的《立法法》对此予以延续（第二章第四节“法律解释”），明确规定全国人大常委会的法律解释“同法律具有同等效力”（第 47 条，现行该法第 50 条）。质言之，除全国人大常委会以外，其他各级机关都不享有法律解释权。③

“司法解释”在名称上，似乎源于一种习惯上的用法。④ 对于司法解释如何适用的问题，有一个观念变迁的过程。依现已被废止的《旧引用法

①② 梁慧星：《〈中华人民共和国民法总则（草案）〉解读、评论和修改建议》，载《华东政法大学学报》2016 年第 5 期。

③ 2014 年 11 月，全国人大常委会制定了我国第一部正式的民事法律解释，即《关于〈中华人民共和国民法通则〉第九十九条第一款、〈中华人民共和国婚姻法〉第二十二条的解释》。

④ 参见已被废止的最高人民法院《关于司法解释工作的若干规定》（法发〔1997〕15 号）。

律文件规定》中的规定："最高人民法院提出的贯彻执行各种法律的意见以及批复等，应当贯彻执行，但也不宜直接引用。"后来观点逐步改变，现已被废止的最高人民法院《全国经济审判工作座谈会纪要》（法发〔1993〕8号）中明确将最高人民法院制定的司法解释与全国人大常委会制定的法律解释（"立法解释"）相并列，要求各级人民法院必须遵照执行，并可以在法律文书中引用。[①] 依前引现行有效的《引用法律文件规定》第4条前段的规定，则将司法解释与法律、法律解释相并列，正式采纳为民法的渊源之一。一般说来，司法解释的"法律"效力位阶应与其所解释的法律相一致。但在具体适用时，如果司法解释的规定与法律、行政法规、地方性法规、自治条例和单行条例相冲突时，应优先适用法律、行政法规、地方性法规、自治条例和单行条例的规定，特别是那些自治条例和单行条例以及经济特区法规中的变通规定。[②]

在学说上，多数学者主张将司法解释作为区别于法律的法源[③]，少数学者则将司法解释纳入立法文件的行列之中作为法源。[④] 为解除人们对司法解释"立法化"乃至"泛化"的普遍质疑，有法官认为应对司法解释采取"五分法"而作区别看待：(1) 对具体法律条文进行解释的司法解释，因有立法机关的授权而具有等同于法律的地位；(2) 为法院内部"审判工作需要"而制定的司法解释，相当于最高人民法院颁发的"部门规章"，各级法院必须遵照执行；(3) 对解释当事人的意思表示（比如合同各方当事人的真实意图）、认定事实进行指导的司法解释，因其解释的对象不是法律，可视为最高人民法院为各级法院提供的办案方法、规则，供各级法院在审判中参考，以提高司法能力；(4) 根据司法实践的需要，没有法律、法令为依据的"立法性"司法解释，如符合习惯法的内部、外部条件的，则形成我国以司法解释为载体的习惯法，具有法律效力；(5) 其他没有法律、法令为依据且不符合习惯法形成条件的司法解释，应视为司法政

---

① 参见最高人民法院《关于执行〈中华人民共和国行政诉讼法〉若干问题的解释》（法释〔2000〕8号，已废止）第62条第1款。

② 吴兆祥：《〈关于裁判文书引用法律、法规等规范性法律文件的规定〉的理解与适用》，载《人民司法·应用》2009年第23期。

③ 梁慧星：《民法总论》，北京，法律出版社2007年版，第27页；王利明：《民法总则研究》，北京，中国人民大学出版社2003年版，第58页；李永军：《民法总论》，北京，法律出版社2006年版，第38页；朱庆育：《民法总论》，北京，北京大学出版社2013年版，第38～39页。

④ 徐国栋：《民法总论》，北京，高等教育出版社2007年版，第108页。

策，仅在一定时期内指导法院的司法活动。[①] 颇具启发意义。

2015 年修正的《立法法》新增关于“两高”制定司法解释的规定，其第 104 条第 1 款前段规定：“最高人民法院、最高人民检察院作出的属于审判、检察工作中具体应用法律的解释，应当主要针对具体的法律条文，并符合立法的目的、原则和原意。”依此，对于最高人民法院制定的民事司法解释，系作为准立法来看待的。但是，考虑到立法与司法的基本职能差异，似不宜将最高审判机关的具体行动纳入立法行动的范畴中来。如果循以法院法发展习惯法的思路，则可以将最高人民法院制定的司法解释乃至司法解释性质文件，以及发布的指导性案例等，一并纳入习惯法的范畴之中，使之直接具有法源的意义。果如此，则可以与上述有学者认为得依司法解释而不得依习惯法创设物权的对立观点融贯起来。

（三）习惯法

《民法总则》参考国内外立法例，采纳学者建议，在第 10 条规定法律没有规定时，可以适用习惯。通常在法源意义上使用的“习惯”，应指习惯法，即国家认可的民事习惯。[②] 对于我国台湾地区“民法”第 1 条规定中的“习惯”，通说认为是指习惯法[③]；少数学者认为仅指习惯，习惯法应包含在“法律”之中。[④] 习惯法对国家制定的民事法律具有补充之效力，是为其作为法源的意义。

首先，习惯法来源于习惯。所谓习惯，须具有多年惯行之事实及普通一般人之确信，且不违背公共秩序和善良风俗。[⑤] 我国民法上的“国际惯例”[⑥]“交易习惯”[⑦]“当地习惯”[⑧]“风俗习惯”[⑨] 等，其性质均为习惯。

---

① 曹士兵：《最高人民法院裁判、司法解释的法律地位》，载《中国法学》2006 年第 3 期。

② 佟柔主编：《中国民法》，北京，法律出版社 1990 年版，第 17 页；王利明：《民法总则研究》，北京，中国人民大学出版社 2003 年版，第 62 页。

③ 史尚宽：《民法总论》，北京，中国政法大学出版社 2000 年版，第 81 页；王伯琦：《民法总则（第 8 版）》，台北，正中书局 1979 年版，第 5 页；王泽鉴：《民法总则（增订版）》，北京，中国政法大学出版社 2001 年版，第 57 页。

④ 梅仲协：《民法要义》，北京，中国政法大学出版社 1998 年版，第 49 页；黄立：《民法总则》，北京，中国政法大学出版社 2002 年版，第 45～47 页。

⑤ 参见我国《民法通则》第 150 条；《日本民法典》第 92 条，我国台湾地区“民法”第 2 条。

⑥ 我国《民法通则》第 142 条第 3 款。

⑦ 我国《合同法》第 22 条第 1 款、第 26 条第 1 款、第 60 条第 2 款，《物权法》第 116 条第 2 款等。

⑧ 我国《物权法》第 85 条后段等。

⑨ 我国《全国人大常委会关于〈中华人民共和国民法通则〉第九十九条第一款、〈中华人民共和国婚姻法〉第二十二条的解释》（2014 年）。

一般的习惯，尚不具备法的性质，而是停留在事实的层面上，虽可依法律之规定而“适用”，唯此适用并非法源意义上的适用。[①] 在这个意义上，诉讼中当事人主张“适用”习惯的，须自行举证加以证明。[②] 习惯与法的关系一直存在于学者的评判和研究之中。卢梭曾认为：“它形成了国家的真正宪法；它每天都在获得新的力量；当其他的法律衰老或消亡的时候，它可以复活那些法律或代替那些法律，它可以保持一个民族的创制精神，却可以不知不觉的以习惯的力量代替权威的力量。”[③] 而美国当代著名法人类学家鲍哈那（P. Bohannan）提出法与习惯的关系时，甚至认为只有在习惯的某些方面不能维持社会的一致性时，法律才开始发展，他说：“法律是由专门处理法律问题的社会机构再创造的习惯。”[④] 这样的说法，如果不从作者所强调的特定论域去理解的话，会显得过于极端。但是，如果我们把法律的适用看作法律效能的终极体现，并且认为所谓法治决非文本的宣示，那么我们就无法忽视作为现实基础乃至资源的习惯、惯例、风俗之类“活法”在配合或者矫正文本意义上的法律的适用中的作用。法的基础一般说来就是精神的东西，它确立的地位和出发点是意志；而意志普遍存在时代局限性，作为立法者也一样无法摆脱这一客观规律，因为就个体本身来说，每一个体都是其所属时代的产物，超越时代的行为与构想都是不现实的。

从理论上证明习惯在即使后现代的法律体系中依然留有地位，并不是很难的事情，基于前面一再阐述的同样理由，社会格局的变化从典型意义上讲要比法律的变化快得多，何况我国正所处在的调整与变革的时期。所以立法者在制定某一法律时，更多的局限性来源于自身经验和现实客观条

---

① 王泽鉴：《民法总则（增订版）》，北京，中国政法大学出版社 2001 年版，第 59 页。

② 我国《合同法司法解释二》第 7 条规定：“下列情形，不违反法律、行政法规强制性规定的，人民法院可以认定为合同法所称‘交易习惯’：（一）在交易行为当地或者某一领域、某一行业通常采用并为交易对方订立合同时所知道或者应当知道的做法；（二）当事人双方经常使用的习惯做法。”“对于交易习惯，由提出主张的一方当事人承担举证责任。”其中，第 1 款以“不违反法律、行政法规强制性规定”限制交易习惯的适用（这不是法律“适用”的意义）。一方面，交易习惯不得排除强制性规范，为显明之理；即使为习惯法，也不得排除强制性规范。对交易习惯具有限制意义的条件，应为公序良俗（参见《日本民法典》第 92 条，我国台湾地区“民法”第 2 条）。另一方面，交易习惯作为惯行，似乎也不得排除任意性规范。如我国《物权法》第 85 条规定：“法律、法规对处理相邻关系有规定的，依照其规定；法律、法规没有规定的，可以按照当地习惯。”其中后段规定的“法律、法规”，即包括任意性规范。

③ 〔法〕卢梭：《社会契约论》，北京，商务印书馆 1980 年版，第 73 页。

④ 转引自朱景文：《现代西方法社会学》，北京，法律出版社 1994 年版，第 152 页。

件的限制。因此，成文法在一些时候不免给人留下遗憾与不足，成文法也不可能达到完美的状态，成文法具有明确性，不能模棱两可，所以遇见不能预测的情况，更不能灵活处理。同时，法律语言有其拙劣性，不可避免地留有许多自由裁量的余地。① 此外，法律总是强调对象的一般性，而拒绝过分“因人而异”②。法律弊端的存在决定了调整社会生活秩序的规则不可能仅仅是由国家所制定的法律构成，社会生活中存在的习惯也是一个社会控制的组成部分，习惯也担负着调整社会秩序的功能。“习惯”较“法”而言，其执行成本比较低，人们获得公正的结果也较为便捷，这种意识中的产物在现实生活中也较为容易得到贯彻，是“法”所不能达到和取代的。如果用法律去改变应该用习惯去改变的东西的话，那是极其糟的策略。③

此时，习惯发挥使诚实信用原则内实化的作用。对于法院在裁判中对习惯的引进，最高人民法院作有明确的要求。如最高人民法院《关于为推进农村改革发展提供司法保障和法律服务的若干意见》（法发〔2008〕36号）四（一）2规定：“注重对风俗习惯中的积极因素进行广泛深入的收集整理与研究，使其转化为有效的司法裁判资源。要重视善良民俗习惯在有效化解社会矛盾纠纷，促进新农村和谐稳定中的积极作用。坚持合法性、合理性、正当性、普遍性原则，认真考虑农民一般道德评价标准、法律认知程度和是非判断的基本准则，将农村善良风俗习惯作为法律规范的有益补充，积极稳妥地审理、执行好相关案件，确保涉农审判、执行工作法律效果与社会效果有机统一。”不过，相反的观点则指出，法律是以一个“外来者”的身份出现在人们的生活中的。在法律本身还没有足够的资源和能量去瓦解和消融习惯的势力时，是很难实现和人们的亲密接触的。从这个意义上讲，习惯是对法治的否定和阻碍，是实现法治的消极力量和分裂力量。④

其次，与习惯相比较，习惯法因系国家认可而具备法的性质，而习惯则无此性质。习惯本身是一个类概念，因而在习惯的范围内，不仅有代表传统的处理问题的办法，也孕育着新的解决机制，这些都不是法律明确规

---

① 孙笑侠：《法治合理性及其代价》，杭州，杭州大学出版社1996年版，第57页。

② 苏力：《法治及其本土资源》，北京，中国政法大学出版社1996年版，第190页。

③ 〔法〕孟德斯鸠：《论法的精神》（上册第1卷），北京，商务印书馆1987年版，第310页。

④ 陈伯礼、许秀姿：《论民事习惯在我国民法典中的角色定位》，载《学术论坛》2005年第4期。

定的方法。国家对习惯予以认可，既可为制定法所明确授权，如对少数民族习惯的承认，亦可为法院对习惯具有法的效力的审查确认。《奥地利普通民法典》第10条、《葡萄牙民法典》第3条第1款仅认制定法所明确授权的习惯（法），而未采取法院得自主适用意义上的习惯，使习惯法的适用范围大为缩小。与制定法的适用不同，习惯法系以习惯事实作为基础，法院既可以待当事人之主张而予以适用，也可以依职权而予以适用。如要完成向习惯法的转变，从日耳曼法制史的早期阶段可以看出，一方面通过法律成员的实践，另一方面还要通过法律成员都表示同意的法院裁判逐渐形成。① 唯法院之裁判只能对特定事件发生效力，故其发现而采之习惯法，并不能如制定法对于将来之同类事件发生普遍之效力。因此，法院对于习惯法存否之认定，仍属事实问题②，仅系由于法院对习惯法的适用，而使之具备法的性质。当然，当事人予以主张适用时，仍应负证明责任。③ 在现代意义上，习惯法事实上已经从原始意义的民俗习惯，演变成经由法院之长期、广泛的适用而确定下来的法源，习惯法与法院法紧密地联系在一起了。④ 易言之，比较实际的标准常常是经由法院在裁判中引用，甚至将之宣称为已演成习惯法，自此而论，习惯法借裁判之途径，裁判借习惯法之名，取得形式上之法源地位。⑤

最后，不能忽略习惯升格为法律渊源所应具备的条件。按照已有的研究定论，习惯升级的最首要条件是习惯效力的普遍性，即习惯在大部分地区得到遵守；其次还包括习惯的内容应当具有比较明确的规范性；须经国家认可并由国家强制力保证其实施；等等。⑥ 实际上，伴随着社会控制方式的转变，习惯、道德、法律等控制手段的相互关系及其在控制社会中的所占权重也处于一种动态变化中。从法律形成的维度也可看出，因为一些规则首先表现为习惯，后来才成了法律。当“通过法律的社会控制”成为

① 〔德〕卡尔·拉伦茨：《德国民法通论》，王晓晔等译，北京，法律出版社2003年版，第12页。

② 王伯琦：《民法总则（第8版）》，台北，正中书局1979年版，第4页。

③ 我国台湾地区“民事诉讼法”第283条规定：“习惯、地方制定之法规及外国法为法院所不知者，当事人有举证之责任。但法院得依职权调查之。”另见《德国民事诉讼法》第293条，《葡萄牙民法典》第348条，我国澳门特别行政区《民法典》第341条。

④ 黄立：《民法总则》，北京，中国政法大学出版社2002年版，第47页；〔德〕魏德士：《法理学》，丁晓春、吴越译，北京，法律出版社2003年版，第106页。

⑤ 黄茂荣：《法学方法与现代民法》，北京，中国政法大学出版社2001年版，第7页。

⑥ 陈伯礼、许秀姿：《论民事习惯在我国民法典中的角色定位》，载《学术论坛》2005年第4期。

主流的社会控制模式，习惯或习惯法的地位与作用势必发生根本性的改变。这样，检讨法治模式下的习惯存在方式就成为必须解决的课题。习惯与法律渊源之间的关系表现为三层结构：首先是已经上升为法律的习惯；其次为习惯法；最后为一般性的社会习俗。在探讨民事法律渊源时，问题主要集中在第二和第三类型下，即主要为解释论而非立法论的问题。[①] 这里要做的是认真地识别什么是真正的具有普遍意义的习惯；谁的习惯；谁应该尊重这样的习惯；即一般性社会习俗的类型问题。[②] 更为重要的是，如前所述，“习惯”一词，有时并不作为具体的惯习，而是作为“法意识”来使用的。随之而来的问题就是，什么样的法意识，以什么样的方式，尊重到何种程度，这才是问题的根本。[③] 基于中国的国情及现代社会的国际化乃至全球化特点，提炼具有普适意义的本土化习惯恐怕无法做到；问题的解决仍需依赖制定法本身，也就是从立法技术角度为习惯进入制定法进而走进司法留有余地或设置机制。实际上，民法本身也不乏这样的装置，如公序良俗条款。余下的问题，恐怕还是司法实务中法官基于个案进行解释适用习惯的活力的激活，以及如何控制法官的自由裁量权。但这已经不能成为阻止习惯成为民事法律渊源的障碍了。

（四）法理

《民法总则》未规定法理的法源地位，其理由是，按照中国的国情，在法律规定和习惯之外，还有最高人民法院制定和发布的各种司法解释，其被认为具有相当于法律规定的效力，可以作为裁判案件的依据。[④] 有学者将法源意义上的法理解释为学说和判例[⑤]，似有未妥。在法源意义上使用的“法理”，是指法律之原理/精神，乃指向事物本质（Natur des Sache; nature de choses）之谓，源自于近代民法所由奠基之自然法论以及取材于罗马法的共同法体制，解释上还包括外国立法例乃至判例、学说等。[⑥]《民法

① 苏力：《送法下乡——中国基层司法制度研究》，北京，中国政法大学出版社 2000 年版，第 262 页。

② 如众多的行规或行业惯例，即经常以“习惯”的形式“习惯性”地成为侵害消费者或社会弱者的工具，而这样的习惯，与法律所欲构筑的社会秩序显然相悖。

③ 〔日〕星野英一：《日本民法典编纂中遇到的难题——习惯在民法中的定位》，载渠涛主编：《中日民商法研究》，第 1 卷，北京，法律出版社 2003 年版，第 42 页。

④ 梁慧星：《中国民法总则的制定》，载《北方法学》2017 年第 1 期。

⑤ 张红：《民法典之外的民法法源》，载《法商研究》2015 年第 4 期。

⑥ 参见我国台湾地区“最高法院”1970 年台上字第 1005 号判决；王泽鉴：《比较法与法律的解释适用》，载王泽鉴：《民法学说与判例研究（修订版）》，第 2 册，北京，中国政法大学出版社 2005 年版，第 11 页。

总则》没有承认法理的法源地位，实为不妥，鉴于其重要性，下文将以专节论述。

三、准法源

尽管前引《瑞士民法典》第 1 条第 3 款认为法官在进行“立法者裁判”时，可以引进公认的学理和惯例，但其并未将所谓“学理”“惯例”与同条第 2 款所列举的习惯法、法理的法源类型相并列，乃系将之作为后者的素材而非法源类型来看待。有学者称判例和学说为间接渊源①，笔者则称此为准法源。关于准法源问题的主要争议，集中在国家政策、判例、学说三者。

（一）国家政策

《民法通则》第 6 条明文规定了国家政策作为法律补充的法源地位。虽然在《民法总则》制定过程中出现了继续将国家政策作为法源的呼声，立法者最终还是拒绝了将国家政策规定为法源。所谓“国家政策”，是指具有一定权威来源的非制定法，在我国语境下主要是指以有权机关制定规范性文件的方式表现出来的中国共产党的政策。参与制定《民法通则》的学者指出：“国家政策是指党的政策通过国家立法机关或者国家行政机关的规范性文件表现出来。……在没有法律规定的条件下，国家政策就具有普遍约束力。遵守国家政策就是遵守国家法律。”② 较早地将政策作为法源，似乎出现在《中共中央关于废除国民党的六法全书与确定解放区的司法原则的指示》（1949 年 2 月）之中，其规定：“人民的司法工作，不能再以国民党的六法全书为依据，而应该以人民的新的法律作依据。在人民新的法律还没有系统地发布以前，应该以共产党政策以及人民政府与人民解放军所已发布的各种纲领、法律、条例、决议作依据。目前，在人民的法律还不完备的情况下，司法机关的办事原则，应该是：有纲领、法律、命令、条例、决议规定者，从纲领、法律、命令、条例、决议之规定；无纲领、法律、命令、条例、决议规定者，从新民主主义的政策。”

国家政策作为民法的渊源具有特定的时代背景。“有的同志认为在《民法通则》中应只写‘民事活动必须遵守法律’，不应当再提‘遵守国家

---

① 王泽鉴：《民法总则（增订版）》，北京，中国政法大学出版社 2001 年版，第 44 页。

② 王家福：《民法的基本原则》，载顾昂然等：《中华人民共和国民法通则讲座》，北京，中国法制出版社 2000 年版，第 76 页。

政策’。但是考虑到我国法律还不完备，有关民事方面的法律更是如此，城乡经济体制改革正在进行，许多问题一时尚难以法律形式固定下来，所以特意加上‘法律没有规定的，应当遵守国家政策’。这里不存在政策大于法律或政策和法律具有同等作用的问题，依照立法精神，只有当法律没有规定时才可以援引国家政策。法律是第一位的，政策是第二位的，这样就可以补充立法不完备的缺陷。这种情况完全符合新时期法制建设的需要。”① 在1981年《经济合同法》中，国家政策被作为判断合同违法与否的根据，其第7条第1款第1项规定，“违反法律和国家政策、计划的合同”无效。该“国家政策、计划”在1993年该法修正时被删除，代之以“行政法规”。其间，《民法通则》第58条第6项规定，“经济合同违反国家指令性计划的”民事行为无效。2009年该法修正时，上述规定也被删除。

在学说上，即使在《民法通则》出台后，通说似乎也未将国家政策列为民法的渊源，但同时承认国家政策可以“配合法律发挥作用”②。目前，多数学者否认国家政策作为民法的渊源③，少数学者则予以肯定。④ 也有学者参照《引用法律文件规定》第6条的措辞，称之为作为“裁判说理依据”的法源。⑤ 笔者认为，在民事法律已经逐步健全和完善的条件下，由于国家政策不具有像法律一样的确定性，当事人无法根据国家政策准确预测其民事活动的后果，故不宜继续作为民法的渊源。但是，国家政策影响民事司法，其本质是以国家规制的公法效果落实于民事活动之中，以期实现国家社会治理的效果，未来应坚持私法自治为基础，建立国家政策进入民事裁判的转介机制，将国家政策通过合法且合理的渠道引入民事司法，

---

① 孙亚明主编：《民法通则要论》，北京，法律出版社1991年版，第21页（江平教授执笔）。

② 佟柔主编：《中国民法》，北京，法律出版社1990年版，第29页。

③ 李永军：《民法总论》，北京，法律出版社2006年版，第39页；朱庆育：《民法总论》，北京，北京大学出版社2013年版，第40～41页；李敏：《民法上国家政策之反思——兼论〈民法通则〉第6条之存废》，载《法律科学（西北政法大学学报）》2015年第3期。梁慧星教授、王利明教授在其各自的民法总论书中，均未提及国家政策的法源地位。我国《引用法律文件规定》第4条显然没有将国家政策纳入民法渊源的范围之内，其第6条规定：“对于本规定第三条、第四条、第五条规定之外的规范性文件，根据审理案件的需要，经审查认定为合法有效的，可以作为裁判说理的依据。”

④ 龙卫球：《民法总论》，北京，中国法制出版社2001年版，第38～41页；刘凯湘：《民法总论》，北京，北京大学出版社2008年版，第33页；张红：《民法典之外的民法法源》，载《法商研究》2015年第4期。

⑤ 常鹏翱：《多元的物权法源及其适用规律》，载《法学研究》2014年第4期。

是实现国家调控民事生活、实现公私法融合的法治之道。①

首先，国家政策原则上不得作为民法的渊源，但在特定场合下，即法律就特定事项允许（认可）时，可以作为民法的渊源。例如，在国家有关土地承包经营权的物权法律出台之前，“当法律行为设定的‘物权’已被党的政策所肯定时，亦可成为有效的物权。承包经营权以法律行为创设之后又被中共中央文件所肯定，在全国范围内倡导，在实践中获得保护”②。又如，《物权法》第153条关于宅基地使用权的取得、行使和转让的规定中的“国家有关规定”，即包括国家政策在内。究其原因，是“考虑到目前我国农村社会保障体系尚未全面建立，土地承包经营权和宅基地使用权是农民安身立命之本，从全国范围看，现在放开土地承包经营权、宅基地使用权的转让和抵押的条件尚不成熟。为了维护现行法律和现阶段国家有关农村土地政策，并为今后修改有关法律或者调整有关政策留有余地”③。

其次，国家政策宜一般性地作为准法源，对制定法的解释具有实质性的影响，即它天然地具有充实论证、支持解释的作用。例如，在“淮安清浦振昌金属制品发展有限公司与江苏沙钢集团淮钢特钢有限公司租赁合同纠纷上诉案”中，最高人民法院认为：“‘淘汰落后产能’尽管只是国家实施的一项具体的经济管理政策，但是它是国家为实现经济结构调整和经济发展方式转变而采取的关乎国家经济和社会健康发展的重大举措，直接关系到我国社会资源的合理利用和自然环境的有效保护等社会公共利益问题，亦符合《环境保护法》关于‘国家采取有利于环境保护的经济、技术政策和措施’的原则规定。双方当事人所从事的租赁行为，违反了国家有关政策和法规的规定，损害了社会公共利益，租赁合同应当认定为无效。”④ 其中判断合同效力的根据，并非所谓“淘汰落后产能”的国家政策，而是“转换”为《合同法》第52条第4项规定的“损害社会公共利益”的无效事由，其性质属于经济的公序项下之指导的公序。

（二）判例

判例，本质上应非法源，乃为奥地利法学家汉斯·凯尔森（Hans Kelsen，1881—1973）所谓“个别规范”的特定化产物。一方面，个别规

---

① 张红：《论国家政策作为民法法源》，载《中国社会学科》2015年第12期。

② 崔建远：《我国物权法应选取的结构原则》，载《法制与社会发展》1995年第3期。

③ 王兆国：《关于〈中华人民共和国物权法（草案）〉的说明》（2007年3月8日）。

④ 最高人民法院（2010）民二终字第67号民事判决；转引自潘军锋：《论经济政策的司法融入——以政策在民事审判中的介入机制为研究路径》，载《法制与社会发展》2012年第1期。

范仅对于本案为有效，对于其他个案则难为拘束；另一方面，纵使个别规范为其他法院所自愿采用，以至于形成所谓“先例”（Gerichtsgehrauch），仍不构成客观的法律规则，更非具有普遍拘束力的法条。在理论上，法院虽可对法律规定作不同的解释，唯须于存有确信的结论时，才可变更此前之解释。否则，依法律之平等待遇与安定原则，法院对此前之解释/个别规范负有遵循之义务，以保持解释/个别规范之间的一致性。大陆法系中的判例，在相当程度上代表了正确性和稳定性的推定，是习惯法形成的基础。这与英美法系中法官作出裁判须受此前先例的拘束（即遵循先例，Stare decisis et non quieta movere），存在明显的差异。①

德国学说上认为，法官在采纳判例时，须作严格审查后始能接纳，而不应是单纯的“先例崇拜”；唯最高法院基于法律续造之利益，无须受自身判决先例的拘束。事实上，德国判例并非由司法机关审定，而是由学界自行挑选判决中具有原则性意义者加以评论发表，因而在判例与判决之间，只有出名与否的问题，而无孰轻孰重的问题。②《奥地利普通民法典》明确反对判例的法源地位，其第 12 条规定：“法院就个案所作的判决和就某类诉讼所沿袭的观点，不具有法律效力，不得拓展适用于其他案件或个人。”在欧盟法上，欧洲人权法院就判例能否成为法源曾作有专门论述，认为法院始终应从实质而非形式上理解“法律”的含义，它同时包括准立法性的文件和不成文法，因此，判例应被视为实质意义上的法源。③

在我国法上，对最高人民法院发布的指导性案例，“各级人民法院审判类似案件时应当参照”④。学者称此为最高人民法院的“自我授权”⑤。

（三）学说

尽管《瑞士民法典》第 1 条第 3 款认为法官在进行“立法者裁判”时，可以引进公认的学理，此主要是指向学说中的通说。这与大陆法系的学者法传统是相关联的。于此场合，学说主要是作为法源的素材（准法源），而非法源本身。学说原则上并无拘束法院作出裁判的效力，唯有力的学说（“通说”）能影响法院作出裁判，也往往会形成习惯法或者法理，

---

① 黄立：《民法总则》，北京，中国政法大学出版社 2002 年版，第 54～55 页。

② 黄立：《民法总则》，北京，中国政法大学出版社 2002 年版，第 55～56 页。

③ 〔法〕雅克·盖斯旦、吉勒·古博、缪黑埃·法布赫-马南：《法国民法总论》，陈鹏等译、谢汉琪审校，北京，法律出版社 2004 年版，第 447～448 页。

④ 我国最高人民法院《关于案例指导工作的规定》（法发〔2010〕51 号）第 7 条。

⑤ 朱庆育：《民法总论》，北京，北京大学出版社 2013 年版，第 39 页。朱教授又称此为“新的司法解释形式”，却未见其可也。

进而促成制定法的形成。[①] 学者指出，学说乃法律续造（Rechtsbildung）之出发点。[②] 这主要是就学说对于法院裁判发挥智识支持的作用而言的。有学者进而指出："但在成文法国家，学说实居于领导地位。关于某一法律问题，学者见解一致者，法院裁判上多会采用，学者见解不一致者，则采多数说。唯采少数说者，亦属有之。至于法院舍学者意见而不采，独创己见者，其例殊少。于此情形，法院应负有详述理由之法律上义务。"[③] 笔者认为，此论应以学说的制度化已经成就作为前提，如果尚未成就，则应予缓行。所谓学说的制度化，意味着理性的法律训练传统和法律讨论机制的形成、法律人才素质的整体性提高等一系列法治应然条件的具备。

不过，毕竟学说不具有行为规则和裁判规则的性质和功能，按照多数人观点，其只不过是学者的见解而已，通说并不被承认为法律渊源。由于学说并非民法的直接渊源，仅为间接渊源，故须经法院采用才可作为"法律"适用。通常认为，法院采用学说进行裁判时，应依据如下的标准操作：第一，就某一法律问题存在多种学说时，应采通说；第二，就其一法律问题存在旧说与新说时，尽量考虑采用新说；第三，在持论者具有不同的权威性程度时，尽量采用权威学者的学说。当然，上述各项不过是原则，法院在选择法理或学说时，有充分的自由裁量权，要结合具体案件考虑所拟采用的学说，以期达到最妥当的处理。

四、结 论

埃德加·博登海默（Edgar Bodenheimer，1908—1991）将法律的渊源分为正式渊源和非正式渊源，前者是指体现为权威性法律文件的明确文本形式中得到的渊源，如宪法、法规、行政命令、行政法规、条例、授权立法与自主立法、条约与某些其他协议，以及司法先例等；后者是指具有法律意义的、尚未在正式法律文件中得到权威性的或至少是明文的阐述与体现的资料和值得考虑的材料，如正义标准、推理和思考事物本质的原则、衡平法、公共政策、道德信念、社会倾向和习惯法等。[④] 参照该学说，民法的正式渊源包括民事法律、法律解释、最高人民法院制定的司法

① 刘得宽：《民法总则（增订4版）》，北京，中国政法大学出版社2006年版，第19页。

② 黄立：《民法总则》，北京，中国政法大学出版社2002年版，第58页。

③ 梁慧星：《民法总论》，北京，法律出版社2007年版，第50页。

④ 〔美〕博登海默：《法理学、法律哲学与法律方法》，邓正来译，北京，中国政法大学出版社2004年版，第429～430页。

解释、我国缔结或者参加的国际条约；其中的民事法律，扩及于行政法规、地方性法规、自治条例和单行条例。非正式渊源包括习惯法、法理、最高人民法院制定的司法解释性质文件和发布的指导性案例、习惯（如交易习惯、国际惯例等）、学说（尤其是通说）等。区分正式渊源和非正式渊源的实质，是它们之间权威性的差异。法律渊源的拘束力主要取决于其权威性，而权威性并非“全有或全无”的东西，它在不同法律渊源之间存在着分量上的差别，这与法律论证中为偏离权威而主张正确性所要求的论证负担呈现负相关的关系——所谓法律论证，就是一个在权威与正确性之间不断寻求平衡，以获得最佳法律答案的过程。① 可见，法官对“外于”法律的社会规范的理解和把握，是裁判活动中不可避免的法律适用课题。如果我们认同这样的理念，即所谓裁判无非是希冀获得一种最利于实现理性和正义的解决方法；而不是只为获得立法者的成文法律规范在其文本实现上的满足。那么，当一项正式法律文献表现出可能会产生两种解释的模棱两可性和不确定性的时候；所谓“非正式法律渊源”就显得至关重要。当制定法无法因应现实发展而出现“漏洞”，特别是当正式渊源完全不能为案件的解决提供审判规则时，依赖非正式渊源也就理所当然地成为一个强制性的途径。

第三节　法理作为法源的意涵

法理的存在是法源本身决定的。究其实质，民法渊源所处理的是立法与司法的关系问题。在一些法治健全的法律体系中，一般认为只有立法与司法的协作，法才能得到真正的实现，立法与司法共同赋予法以生命。而依我国通行的观点，是采取立法至上主义，司法垂手立于立法之一侧，法除了承载立法意志以外，不存在什么司法意志。客观来讲，不承认司法意志的民法，至少是不健全的，因为它缺少远行的双足。因社会是众多错综复杂利益的统一体，利益的冲突需要法律对之进行衡平保护。法律也只有在维护众多利益以实现公平与合理的分配才能得到共同的遵循。不过，社会现象是复杂的，法律不可能也不必要对所有事情作出规范，且法律本身

① 雷磊：《法律论证中的权威与正确性——兼论我国指导性案例的效力》，载《法律科学（西北政法大学学报）》2014 年第 2 期。在该文中，雷博士引进一种法律渊源的三分法：必须的渊源（must-sources）、应当的渊源（ought-sources）和可以的渊源（may-sources），分别对应于法院适用的强义务、弱义务和无义务。

的局限也不可避免地具有漏洞。反映到民法渊源上，在制定法、习惯法不足以解决本案之法律疑难时，应允许法院根据公认的法律原则，引进一般的法律观点进行判决；于此场合，法院应负法律论证的义务，自不待言。唯其如此，才能真正赋予民法以适应社会、适应时代的活的基因，才能真正并且最终地实现社会现实对民法的各项功能期许。

一、法理与实证法的关系

根据黄茂荣先生的观点，法理的存在样态主要表现在：第一，存于法律条文；第二，存于法律基础；第三，存于法律上面。①

第一，存于法律明文。也即是法律对其基本原则的内容已经进行明确规定。该法律有可能是宪法，其他制定法甚至习惯法规定的法律原则。如《宪法》第 13 条规定："公民的合法的财产不受侵犯。国家依照法律规定保护公民的私有财产和继承权。"该条规定了"公民的所有权与继承权受法律保护的原则"。第 38 条规定："中华人民共和国的公民的人格尊严不受侵犯。禁止用任何方法对公民进行侮辱、诽谤和诬告陷害。"该条规定了"公民的人格尊严不受侵犯"原则。《民法通则》第 4 条规定："民事活动应当遵循自愿、公平、等价有偿、诚实信用的原则。"第 7 条规定："民事活动应当尊重社会公德，不得损害社会公共利益，破坏国家经济计划，扰乱社会经济秩序。"在《民法总则》颁布后，除继受《民法通则》中关于基本原则的规定外，还增加规定了绿色原则。《民法总则》第 9 条规定："民事主体从事民事活动，应当有利于节约资源、保护生态环境。"这些规定的内容一般很概括，对具体个案不能直接适用，而需要运用法理进行推理所获得的具体规范才能在个案中具体适用。

第二，存于法律基础。虽然法律没有对之进行直接规定，但是，该法理为该法律存在的基础，也是法律存在的应有之义，法理作为法律的必然要求。如民法典规定的私法自治、契约自由、过错责任、严格责任、信赖责任、损益相抵、比例原则、可预见性原则、权利行使的不可滥用原则、权利能力与行为能力不可抛弃与转让等。

第三，存于法律上面。该法律基本原则的内容不但没有直接规定为宪法，也未被其他制定法或习惯法所明文规定，且不能直接或明显地从宪法或其他法律规定予以归纳出。但实证法以其为规范基础，离开了它，实证

① 黄茂荣：《法学方法与现代民法》，北京，中国政法大学出版社 2001 年版，第 377～381 页。

法也就失去了存在的基础。这些法律原则存于法律之上，本于现代法治国家对现代法律正法的要求，因而具有规范的意义。这些法律原则是超于法律之上，乃是正法的基础，如果违背这些原则，乃脱离正法要求，为“恶法”。笔者认为，存在该法律之上的原则，乃是法律维护公平秩序，实现社会正义，促进经济与社会发展的表现。该法律原则虽然抽象，却无时无刻不存在法律之中，乃是法律奋斗的目标与纲领。

二、法理的存在形式

法理的表现形式，根据学者的观点，分为平等原则、规范目的、法理念与事理四种。所谓平等原则，也即“相同的事件，应为相同处理”“不相类似的事件，应为不同处理。”前者乃为法律适用事件“类推适用”的补充方法，后者乃为适用事件“目的性限缩”与“反对解释”的补充方法。前者因为事件具有“类似性”应该相同处理，后者因为事件具有“差异性”，而应不同处理。所谓规范目的，也指立法意旨，学者认为，是指“存在于法律基础之客观目的，该意旨使系争规定成为一个有意义、亦即公正并符合目的之规定”，规范目的“不但显示法律之适用的基础，而且显示出法律之伦理基础”①。所以，为追求法律规范目的的实现，不仅要求对法律进行客观解释，而且要对之进行主观解释。为贯彻立法意旨的实现，需要将法律文义所不应该涵盖的类型，排除在法律适用范围之外；将法律应该而未涵盖的类型，包括于该法律适用范围内。所以，“目的性限缩”与“目的性扩张”的法律漏洞补充的方法亦予以适用。

“法理念”是人类追求至善意旨的实现，可以将其解析为正义、合目的性与法的安定性三个要素。② 为贯彻法的至善意旨的实现，这三个要素是相辅相成的。然而，在具体法律适用中，这三个要素也经常发生冲突，如为追求法的个案正义，将难以贯彻法的安定，在维护法的安定性的同时，难免会牺牲法的个案正义。不过，在法律适用中，力图实现三要素的平衡，实现法至善理念。事理乃为事物的性质，这里指法律规范社会生活的性质。民法规范社会生活如人、物、事以及人与人之间的关系等，这些内容为民法的规范应该符合法律的事理。举例来说，何为民法规范的物，

---

① 黄茂荣：《法学方法与现代民法》，北京，中国政法大学出版社 2001 年版，第 384～385 页。

② 具体参见黄茂荣：《法学方法与现代民法》，北京，中国政法大学出版社 2001 年版，第 388～390 页。

人的尸体、毛发、器官等是否具备民法物的性质。又如，何为人的出生，人的权利能力与行为能力的始期与终期如何等这些也需要运用事理来考量。法律要实现其至善目标的实现，应该符合法律规范的客体的事理，才能不会使法律与人类的社会生活相脱节。

关于法理的存在样式，因法理的具体化的层次不一，其与实证法的关系的密切程度也不尽相同。不过，这些法理的运用，最终必须取向于法理念，亦即公平正义之要求。法理念是法律所要追求的价值目标，虽然与实证法相隔遥远，但一直是实证法的目标，法官在具体裁断中，进行利益衡量与价值补充也需遵循这个原则。平等原则、事理与立法意旨也必须接受法理念的指导，其中，平等原则乃是法理念直接引导出来规定于实证法之中，盖为“确定法律矛盾（法律漏洞）是否存在极为有效的标准”①。法理作为法律的存在基础，也是民法典存在与发展的基础与保障。不管民法典是否承认法理为法律渊源，法理作为民法典的法律渊源一直发挥作用。因此，任何的立法的遮掩并不能掩盖存在的真实，立法明智的办法莫不如在民法典中对法理的法律渊源地位加以承认。

三、法理在民法典中的功能

民法典不可能涵盖所有的民事生活，而且，在不断发展与变化的现实生活面前，民法典必将呈现其漏洞。民法典的漏洞补充如目的性限缩、目的性扩张与创造性补充等也只有在法理的指导下才能更好地发挥其应有的作用。其实，法理作为民法典的法律渊源本身，即具有法律漏洞补充功能。正如学者所说：“虽然法秩序还不是一个完美的、为任何法律问题都预备好答案的法典，它毋宁还需要明智的解释，……也需要借助法院、借助于法伦理原则及正义的考量来继续发展。”② 存于法律条文、法律基础与法律上面的法理作为民法典的法律渊源，具有下列功能。

第一，实现民法典正法的功能。民法典调整的社会关系是错综复杂、形式多样、千变万化、层出不穷的利益冲突关系，如何实现法的公平正义的价值目标，从而使民法成为人民自由与权利的“圣经”，民法的具体制度的设计，法律适用及其漏洞补充，必须时刻以法理作为指导。也只有在法理的指导下，民法典才能成为人民“权利的宪章”。

---

① 黄茂荣：《法学方法与现代民法》，北京，中国政法大学出版社 2001 年版，第 382 页。

② 〔德〕卡尔·拉伦茨：《法学方法论》，陈爱娥译，北京，商务印书馆 2003 年版，第 316 页。

第二，法理是明确法律原则、不确定概念内涵的基础。法律原则与不确定概念对社会生活进行调整，对各种规范进行调适，其深层的基础在于其深厚的法理基础。离开了法理基础，法律原则与不确定概念所蕴含的价值的作用很难得以实现。即使得以实现，也很难实现法的公平正义观念。如民法中的诚实信用原则，其被誉为民法中的“帝王条款”，不是因该原则的内涵丰富，而在于其蕴含的法理价值深厚。

第三，民法典价值补充与漏洞补充的调节器。基于上文所述，民法典的规范组成离不开不确定概念与一般条款的应用。为了实现民法典的规范功能，实现其规范目的，需要对不确定概念与一般条款不确定的含义加以解释，只有以法理为指导，才能很好地实现民法的规范功能与规范目的。

无论在哪个国家，由判例学说构成的法理在法律发展史上均居重要地位。在制定法诞生之前，学说所确立的原则，成为法院办案的基本依据。现代法典规定，法官不得以没有法律或法律含义模糊为借口而拒绝适用法律，而是必须参照法律条文的字面意义及立法者的意旨就该法律进行解释。如遇疑难案件，不能依寻常所谓文义解释、立法解释、类推适用等方法裁判时，则应依法律的一般原则裁判。这种原则，并不是抽象的自然法或理性法上的原则，而是成文法的哲学上的原则，也就是法律哲学的一部分。所以，法律学及其哲学，也就变为法律的渊源。①

在《民法通则》制定前，我国法院长期参照教科书办案，就是这样的例子。在制定法诞生后，抽象的法律规定又有赖于学说的阐释和判例的具体化、确定化，使其丰满而有血肉。制定法历时长久之后，逐渐与时代脱节，判例学说又修正、变更制定法之内容，使其合理化。我国正处于经济腾飞、社会急遽变革时期，新问题、新情况层出不穷，立法往往难以迅速地就这些方面形成立法文件，而法院又不能以法无明文为由拒绝审判，因而不得不大量地依据法理办案。毫无疑问，在民事审判中，法官应当参考法理，因为法理本身就是对社会生活与审判实践的经验总结。民事裁判要增加其说理性，必须大量参考法理。因此，在民事案件审理无法律、习惯可资适用时，可以适用法理。

① 〔意〕密拉格利亚：《比较法律哲学》，朱敏章等译，北京，中国政法大学出版社 2005 年版，第 214 页。

第五章　民法的基本原则

第一节　民法基本原则概述

一、从一般条款到基本原则

自《德国民法典》颁布以来，其所确立的“总则编”编纂体例便备受世界民法学者的瞩目，民法典总则编对促进民法的体系化有巨大的魅力，使德国式的法典编纂体例为后世各国民法典广为效仿。但是总则编的设计也存在明显的缺点：其一，原则与例外的复杂关系。利之所在，弊亦随之，抽象规定的优点在于概括，缺点则在于必须创设例外。其二，法律适用上的各编关联。抽象化的规定脱离了实际的法律生活，增加理解及法律适用的困难。总则中基本原则、一般条款、不确定法律概念以及利益衡量尺度等“宏大叙事”（grand narrative），往往增加了法律适用的困难。

《德国民法典》的制定者自己也意识到，采用抽象概括的立法方式，虽然能够达到很大程度的法律稳定性，并使调整内容具有一般的公正性，但必须以放弃变化多端的生活关系本身所要求的细致化、放弃对具体案件作出公平处理为代价。为了减少抽象概括式立法体裁的缺点，立法者在法典中规定了一些“一般条款”。这些条款具有指令的特点，属于判断标准，其内容还需要加以填补。一般条款如诚实信用、禁止权利滥用、情事变更原则等，其外延是开放的，本质上是赋予法官以自由裁量权，为个案的裁判指引方向。[①] 一般条款在私法中大多是以法律原则的形式出现的，“法

---

① 谢怀栻：《大陆法国家民法典研究（续）》，载《外国法评译》1994 年第 4 期。

律的基本原则具有真理性，这种真理性比其他人性科学（human science）的原理更具感染力和说服力，这种真理性为每一个人所知晓并且同等地影响着每一个人的思想和灵魂、精神和理智”①。按照托依布纳关于把法律作为一个自创生系统的理论，“法律的价值存在于自创生的法律系统之中，存在于法律的根本原则之中……从法律价值的角度对法律进行研究与从法律自创生的角度对法律进行研究是相辅相成、相得益彰的”②。他进而指出，适用“诚信”和“公共政策”条款的方案是以发展实体规范的方式协调不同的社会子系统的合理性。这并不意味着社会自治秩序被政治化。相反，这是不止一个自治话语之间的交互协调过程，其目标是保障该话语的相对自治。③ 因此，一般条款也可以作为私法防卫规范，防止公法对私法的直接侵入。价值法学派也以隐藏于法概念后面的价值为基础展开对“法律概念”与“法律原则”之关系的探讨，并提出以法律原则为纽带的体系理论。这种体系理论的主要特点在于“活化法律体系，使法律不因体系化而僵化。它不但具有开放性，以便将来随着人类日新月异的社会生活而演进，而且具有动态性以配合人类各色各样的社会生活而调整。这些活力的来源便是‘法律原则’”④。

中国的《民法通则》虽未确立一般条款，但是引人注目地在其第一章规定了“基本原则”。2017年颁布的《民法总则》继承了《民法通则》的做法，在第一章“基本规定”中规定了民法的各项基本原则。应该说，在体系上，大陆法系传统上并不存在一个被称为“基本原则”的部分，其内容被分散于民法体系的相应部分。⑤ 从这个意义上说，中国的民事立法为

---

① Shael Herman and David Hoskins, “Perspectives on Code Structure: Historical Experience, Modern Formats, and Policy Consideration”, *Tulane Law Review*, Vol. 54, 1980, pp. 1008-1009.

② 〔德〕贡塔·托依布纳：《法律：一个自创生系统》，张骐译，北京，北京大学出版社2004年版，译者序言，第37页。

③ 〔德〕贡塔·托依布纳：《法律：一个自创生系统》，张骐译，北京，北京大学出版社2004年版，译者序言，第33页。

④ 黄茂荣：《法学方法与现代民法》，北京，中国政法大学出版社2001年版，第453～454页。

⑤ 比如国内翻译出版的梅迪库斯的《德国民法总论》中，乃将“对权利滥用的限制”放于第二编“私法的工具”之第十五章“权利的内容限制”（之前为第十四章“权利的时间限制”），而将“私法自治”置于第三编“法律行为”的第一章（总第十七章）。

确立现代意义的民法基本原则，无疑具有不可忽视的作用。①

二、基本原则的含义

"原则"形成于法官的司法活动和社会公众的道德意识当中，其在"法律职业和公众当中不受时间限制地产生适当的思想意识"中缓慢地演进②，最后为法律所认同。未被法律条文化的"原则"是人们在特定情境中所必须予以考虑的，虽然它本身并不一定能解决现实存在的问题。从方法论的角度来看，"原则"是用来进行法律推理的权威性出发点。③ 因此，所谓的法律"原则"，就是在长期司法实践经验的基础上，运用理性分析，将那些未成文的却在现实生活中发挥指导作用的规律，逐渐进化为一个既定的标准，并使其长期发挥作用，直到成为实在的法律。因而，那些在现实生活中被广泛运用的"原则"是社会一般法律意识和道德意识的产物，是大部分社会成员共同的根本道德价值和评价标准的一种非法律的形式。或者说，"原则"的表面内涵是一种被现实"法律"化的道德规范和道德准则，而本质内涵则是某一形态社会的一般价值标准及准则，其发展和确定与该社会的文化、政治以及道德相互联系、互相影响。这些"原则"的内容构成现实生活中法律人和社会大众普遍的法律意识和根本性价值的准则。

事实上，成文法在内容上的具体性和特定性以及在结构上的相对封闭性，决定了其在具体的现实生活中的不兼容性以及在司法适用过程中的刻板化和格式化。但是那些在日常生活中已被广为接受的"原则"，由于其内在的特性，正好可以弥补制定法的这些不足，立法者可以借此强化"原则"对社会生活的调控能力。由于成文法的设定只可能针对大多数的利益，因而会舍弃个别社会关系的特殊性原则，而当这些原来比

---

① 有意思的是在近来我国台湾地区学者的著作中也开始出现"基本原则"。如王泽鉴《民法概要》（中国政法大学出版社 2003 年版）第一编"绪论"第四章为"台湾社会变迁、民法基本原则及私法秩序的发展"。王泽鉴认为："民法，旨在实践若干基本原则，亦即民法基本目的或基本价值。此等原则或价值，乃历史经验的沉淀，社会现实的反映，未来发展的指标。"他归纳的原则有五项：（1）人的尊严；（2）私法自治；（3）私有财产；（4）过错责任；（5）两性平等。另外，曾世雄《民法总则之现在与未来》（法律出版社 2001 年版），全书第二章为"基本原则"，其实所述为法源及法律解释，实为法律适用之原则。

② 〔美〕罗纳德·德沃金：《论规则的模式——略论法律规则与原则、政策的法律效力，批判实证主义》，潘汉典译，载《法学译丛》1982 年第 2 期。

③ 〔美〕罗·庞德：《通过法律的社会控制·法律的任务》，沈宗灵、董世忠译，北京，商务印书馆 1984 年版，第 24 页。

较特殊的原则逐渐成为主流，则会出现适用法律的真空，因而适时地接受和运用这些“原则”是体现法的公正和秩序的有利手段。在一些疑难案件中，如果制定法出现缺位，而未被成文化的“原则”却正好能够规范疑案中的法律关系，审判人员乃至立法者很自然地会从这些“原则”中推导出衍生的规则，以此来否定或证成某种成文法中规定的法律行为或法律关系。

我国《民法通则》第一章标题即为“基本原则”。与前述“原则”一样，民法基本原则是效力贯穿于民事法律始终的根本规则，是对作为民法主要调整对象的法律关系的本质和规律以及立法者在民事领域所行政策的集中反映，是克服法律局限性的工具。① 民法基本原则具有非规范性、不确定性、衡平性和强行性等特征，不仅对民事主体从事民事活动，而且对司法机关裁决案件，都具有普遍的指导意义。它在给当事人提供行为准则的同时，一方面给司法机关提供裁判准则，另一方面又授予法官进行创造性司法活动、克服成文法局限的权力，从而满足现实社会民事生活多元化、复杂化发展趋势的需要。

关于民法基本原则在民事司法中可否直接适用，不仅在民法理论界极具争议，而且司法实务中对此亦有不同的做法。由于民法对能否直接适用民法基本原则作为法官判案的依据未作规定，民法原则应有的补漏功能没有得到应有的发挥。鉴于市场经济条件下经济生活的复杂多样性以及民法规范本身所固有的局限性，我国民法应当在立法中明确规定民法原则可以直接适用于具体案件。② 民法基本原则的强式不确定规定的特征，来自它所使用的许多概念的模糊性。在规定民法基本原则的《民法总则》第 4～9 条中，至少可以发现如下模糊概念：平等、公平、社会公德、诚实信用、社会公共利益，等等。坦率地说，这些概念具有很大的歧义性，兼具日常生活用语、法律、哲学等多方面的含义，是可以容纳多种理解的“空筐结构”。立法者如认为有必要，当然不是没有可能通过深入的研究、缜密的思考得出冗长的定义，在许多可能的理解中选择其一，再以定义性规范的形式确定其为立法者所理解的含义，使之具有法律的约束力。但是，

---

① 徐国栋：《民法基本原则解释——成文法局限性之克服》，北京，中国政法大学出版社 1992 年版，第 7～9 页。

② 梁慧星：《诚实信用原则与漏洞补充》，载梁慧星主编：《民商法论丛》，第 2 卷，北京，法律出版社 1994 年版。

这样做在技术上是困难的。[1] 更重要的是，由于民法基本原则所用的许多法律概念之内涵具有“空筐结构”的特征，可以作不同的理解，而立法者未以权威的方式确定其法律意义上的理解，对之加以解释就自然成为法官的工作。通过这种并非明示的方式，立法者就把根据新的时代精神的需要补充和发展法律的任务交给了法官，后者将把社会发展产生的新要求以解释的形式充实于那些抽象的原则中，完成法律追随时代发展的使命。立法者不对民法基本原则的模糊概念之内涵以权威的方式加以界定，其用意即在于此。

可以说，民法基本原则比民法规则更为模糊，更具有不确定性。民法基本原则的覆盖范围实际上超出了民法规则的调整对象。在民事法律实践中，原则对规则固然有指导作用，但规则对原则也并非没有制约。形式上，法官对原则的解释往往从属于对规则的适用，所以人们倾向于在法律解释的范围内理解法官的自由裁量权。由于民法基本原则具有不确定性、模糊性和非规范性的特征，基本原则不具有作为民法规定所要求的明确的行为模式和确定的保证手段的构成成分，其本身并未提供具体的可操作的行为模式；其存在是为了帮助人们准确地理解和正确地适用民法。换言之，基本原则本身并非产生民事法律关系的独立依据，而只有补充的性质，必须与其他民法规范结合起来或者在民法规范对具体生活事实缺乏规定时才能发挥法律调整的作用。[2] 正如有学者认为民法基本原则对社会生活关系的调整是通过如下两条途径实现的：“民法规范将民法基本原则的一般要求具体化并将之与一定的法律效果相联系，从而间接地实现民法基本原则的法律强制性。在民法基本原则的一般要求无相应民法规范加以具体化的场合，民法基本原则以抽象的强制性补充规定的形式内化为民事法律关系的默示条款，由法官行使自由裁量权，根据立法的一般精神将其具体化为具体的补充规定，并选择相应的制裁或奖励措施，以实现民法基本原则的法律强制性。”[3]

必须说明的是，强调民法基本原则的不确定性或模糊性，并非就否定

---

① 例如，在《物权法》的制定过程当中，争议最大、最难以解决的问题之一，就是《物权法》是否有必要对“公共利益”作出明确界定或概括性规定。一种意见认为，为防止商业开发以公共利益的名义进行征收，损害广大群众的利益，法律应当对公共利益作出具体界定或概括性规定。另一种是专家学者的主流意见，认为由于公共利益的多样性和复杂性，难以对公共利益作出概括性规定。立法最终采纳了后者。

② 彭万林：《民法学》，北京，中国政法大学出版社 1997 年版，第 38～40 页。

③ 徐国栋：《民法基本原则解释》，北京，中国政法大学出版社 1992 年版，第 17 页。

整个民法的确定性和精确性。在民法系统中，不确定性或模糊性主要体现在民法基本原则部分，反映了立法者对其规制对象的认识未达到充分程度，而一般的民法规范、法条、概念大都是相对确定和精确的。这种将确定性与不确定性、精确性与模糊性集于一体的立法方式，是人类认识能力进步带来的立法技术进步的结果。

三、基本原则的功能

由于立法者理性的限制，立法者的预见性本身就是有限的，而民事生活本身具有复杂性与多变性，民法典难以满足多变的民事生活的需要，为了保持民法典永久的生命力与适应性，民法典必须保持开放性，增强其广泛的适应性。任何一个设计封闭体系的想法均只能导致法典在不断变化的现实生活面前快速衰败。如卡纳利斯所说："作为具体法秩序的一个意义整体，体系亦分享其存在的方式，质言之，一如法秩序，体系亦非静态，而系动态的，换言之，其亦具有历史性的结构。"① 那么，这种具有"历史性的结构"的民法典怎样才能在不断变化的现实生活面前保持适应性呢？

笔者认为，民法典的开放性主要表现在：一方面，民法典的立法技术本身要保持开放性，使民法典在千变万化的社会生活面前具有广泛的适应性与旺盛的生命力；另一方面，单靠民法典的立法设计使民法典保持开放性是远远不够的，民法典的设计要为法官适用法律留下适度的自由裁量空间，使其保持永久生命力。现代民法典的发展在很大程度上是由法官来完成的。其中，民法典立法技术本身的开放性是法官的自由裁量权的基础，因为法官自由裁量权的运用是以不违反民法典的规定为前提的，只有民法典的立法技术使民法典保持开放性，才能为法官更好地利用其自由裁量权提供一个适法的注脚。由于民法原则的权利义务的内容是不明确的，不预先确定具体的法律事态与法律后果，可以使民法典能够适应未来的民事生活，克服民法典的刚性。它不仅能够指导和协调全部民事关系和某一领域的法律调整机制，也是制定法律规则，进行司法推理或选择法律行为时所不可缺少的，特别是对于法律没有规定的新类型案件，法律原则能够充分地实现利益衡量的功能。由此可知，法律原则在民法典中具有以下功能。

---

① 转引自〔德〕卡尔·拉伦茨：《法学方法论》，陈爱娥译，北京，商务印书馆 2003 年版，第 359 页。

第一，协调功能。民法典是一个完整的体系，但组成该体系的所有制度、规则并不总是在所有的情形下都是功能互补的，其实，在很多情形下，各种制度、规则是互相矛盾、彼此冲突的。如表见代理制度的存在就与一般代理制度存在价值矛盾、利益冲突。表见代理制度主要是保护产生信赖的第三人的利益，实现交易动态利益的调整。而一般代理制度主要是维护被代理人的利益保护，实现静的利益的保护。与此同理，善意取得、时效取得、消灭时效制度与一般财产权取得制度是互相矛盾、彼此冲突的。那么，是什么把这些彼此冲突、相互矛盾的具体制度与规则统一在一个民法典体系中，并且非常协调有序地发挥制度调整功能呢？我们认为，这正是法律原则发挥作用的结果。如上例的表见代理制度与一般代理制度也正是信赖原则与私法自治原则相互协调发挥作用的表现。离开了相关原则的指导，各种制度与规则并不能建立一个有机的体系，也不能很好地发挥作用。

第二，衡平功能。由于社会生活的复杂性与多样性，各种利益是相互缠杂、相互冲突的。由于人类理性的限制，立法又不是万能的，不可能对现实生活的所有利益的决断作出平衡。所以，仅仅依靠既定的法律规则很难面对各种彼此冲突、错综复杂的利益给出明确的答案。由于法律原则的内容规定不明确，个案中权利与义务的具体分配只有在具体个案中通过法官行使自由裁量权才能得到实现，而法官可以通过法律原则的内容不明确性，通过发挥其自由裁量权，进行利益平衡，实现法律所要贯彻的正义、公平、安全与效率等价值，达到法律调整的目的。

第三，克服民法典局限性的功能。由于诸多原因，法律的制定具有不合目的性、不周延性、模糊性与滞后性等①，一句话，法律的制定具有局限性。特别是在民法典中，这种局限性表现得尤为明显。这种局限性是法律的制定为了“防范人性弱点的工具的特质在取得其积极价值之同时不可避免地要付出的代价，是法律由于其技术上的特点不能完善地实现其目的的情况”②。法官可以根据民法的原则来合理地发挥其自由裁量权，从而克服民法典的局限性。

以公序良俗原则为例，大陆法系通过对公序良俗这一抽象原则指导下

---

① 关于民法的局限性，具体参见徐国栋：《民法基本原则解释——成文法局限性之克服》（增订本），北京，中国政法大学出版社 2001 年版，第 176～182 页。该书对此有着深刻的论述。

② 徐国栋：《民法基本原则解释——成文法局限性之克服》（增订本），北京，中国政法大学出版社 2001 年版，第 176 页。

的案例进行类型化研究，以充实公序良俗原则的内核，这对于抽象性原则在司法实践中的统一性适用有着重要的指导作用。尽管在成文法国家，法官受到法律的约束，其审判只能尊重法律和已经承认的法律原则，法院的判决只对具体案件产生约束力，但是有影响的案例所具有的潜在示范效应也是不容忽视的。一般性的价值原则和指导原则有助于法的安定性。公序良俗原则承认法官造法活动的正当化，鼓励司法能动性的发挥，而整个过程是身处其中的法官在个案中通过考察社会价值和制度原则并使之具体化。这一原则成为法官调整社会政策的一个便利工具，他无须对立法条文本身做任何改动，即可完成一个具体制度的价值取向的转换，弥补法律漏洞所带来的法律与社会的脱节。法官运用公序良俗原则所进行的造法活动是以已经改变的各种价值观和秩序观为基础的，旨在追求个案的公正以及强调法的社会保护功能。

第四，法律原则为法官运用自由裁量权提供合法基础。民法典乃是对私人生活的一种评价性描述，但是，案件并不都能通过立法者制定法律的价值标准来达到完美的审结。一旦立法者制定法律时的情势改变，立法者所持有的价值标准将会缺失；对于立法者规定的概括条款或不确定概念需要进一步明确其内涵；对于立法者尚未预见而未进行规范的新问题的出现，如规范之间或规范与规则之间竞合等情形，法官必须进行价值评判。由于法官每日必须面对社会生活中繁杂的纠纷，并试图从立法中寻找解决纠纷的途径，他们能深刻地感受到社会对于法律规范的具体需求，并在力所能及的范围内，运用自己的创造力予以满足，解决纷争。可以说，在某些方面，法官比立法机关更加适合完成发现法律的任务，也能使既有的法律制度具有更大的适应性。在大陆法系国家，法官如何进行价值评判，使发生的案件事实能够为法律所规范，乃是一个重大问题。虽然法官可以根据个人的价值标准与司法经验对之进行裁判，但这种主观性的裁判在大陆法系是否科学则存在疑问，如果这种评价标准不能统一，无疑会导致法的安定性的丧失，法官司法也会被打上“肆意”的标签。法律原则的内涵虽然会随着社会的发展而不断得到更新，但在某一具体的历史时期，其内涵是稳定的。所以，法律原则能为法官自由裁量权的运用提供一个合法的基础与注解。

正因为如此，民法的原则在法典中具有广泛的空间。“如果一部法典似乎比一部普通制定法更少变动，那大概是因为人们在制定法时有意识地只把预计不易变动的规则和原则放入法典中。”① 拉伦茨先生的设计是非常合理的，法典应该以规则、原则为主体，民法典在很大程度上也是由规则与原则组成的体系。因为由概念所构成的对应体系，必须要归入法律原则中，这些概念具有目的性，所以在有疑问时，必须回到原则中对其进行评价。“如果关于某一主题的法律并不能表述为一系列一般原则，那么竭力将它编纂成法典就没有多大意义。”② “规则必然构成民法典的主体，但是由于规则的刚性，无法单独完成对变动不居的社会生活的有效调整，这已为发达国家的民法所证实。”③ 民法原则克服了法典规范的刚性，“大陆法系民法是一个高度法典化的法律体系，法典的内部设计和安排决定了法典自身的社会适应力，法典的编纂者们已逐步认识到通过设置基本原则可为‘刚性’法典提供一定程度的‘柔性’机制，从而增强法典自身的社会适应性”④。这也是法典保持生命力的基础。毕竟，人类的理性是有限的，不可能对未发生的社会秩序作出一个完美的预见。况且，社会是发展的，而法典必须保持一定的稳定性。所以，法典的稳定与难以适应社会发展的需求是制定法国家面临的一对永恒的矛盾，而民法原则恰恰在其中起到了缓和的作用。民法原则一方面成为单行法律立法的纽带和立法的指导思想；另一方面，民法原则为保持法典的广泛适应性提供了一个注脚，这个注脚的解释是通过法官之手来完成的。一部能够经得住时代检验的法典，必须避免法典的内容过于冗赘琐细，而应具有广泛的适应性。正如法国著名学者波塔利斯（Portalis）所说：“立法机关的任务是要从大处着眼确立法律的一般原则。它必须是高度概括的原则，而不是限于对每一发生的问题的琐细规定……立法者的技巧是要发现每一领域中对公共福利最有利的原则……那些没有纳入合理立法范围的异常少见的和特殊的案件，那些立法者没有时间处理的太过于变化多样、太易引起争议的细节及即使努力预见也于事无益、或轻率预见则不无危险的一切问题，均可留给判例去解决。”⑤ 由于立法者的努力，法国民法典避免了冗赘琐细的危险。我们不

①② 〔英〕F. H. 劳生：《一个普通法学者对法典编纂的看法》，付再明译、汗点校，载《法学译丛》1987年第1期。

③ 李建华、蔡立冬、董彪：《论中国民法的现代性问题》，载《法制与社会发展》2002年第1期。

④ 董茂云：《比较法律文化：法典化与判例法》，北京，中国人民公安大学出版社2000年版，第231页。

⑤ 转引自〔德〕K. 茨威格特、H. 克茨：《比较法总论》，潘汉典、米健、高鸿钧、贺卫方译，潘汉典校对，贵阳，贵州人民出版社1992年版，第167～168页。

难想到，历经两百年的民法典，仍然在法国发生作用。① 我们也不难理解，尽管社会和经济情况发生巨大变化，在颁布之时被学者语为“生不逢时”② 的德国民法典在经历百多年后仍然保持着原来制定时的状况，这主要归功于《德国民法典》的民法原则的功效。茨威格特与克茨就高度评价民法原则的作用：“一般性条款起了一个安全阀的作用，防止了民法典那僵硬但却精确的文体被社会的压力所冲破。”③ 而罗马民法大全仍然在世界的一些地区适用，因为其本质上就很强调比较基本的普遍原则，具有很大的灵活性，而各国在罗马法基础上，建立了自己的私法秩序。④

第二节　《民法总则》中的基本原则

民法基本原则是民法价值观念和价值取向之高度抽象的表达，负载了我国社会民事领域的根本价值，集中反映民事立法的目的和方针，自始至终贯彻于全部的民事规范，体现了立法者所认可的民事领域的根本价值，对于民事主体从事民事活动具有重要的指导意义，在民事裁判中能够发挥法律解释、漏洞补充和完善法律体系的作用。《民法总则》继承了《民法通则》规定民法基本原则的立法技术和体例，在“基本规定”一章对民法基本原则进行了集中规定。除了规定平等、自愿、公平、诚实信用和公序良俗等原则之外，为了回应 21 世纪新的社会需求和理念，《民法总则》还增加了“节约资源、保护生态环境”的基本原则。根据是否具有裁判功能，可以将其区分为不具裁判功能的一般法律思想和可以直接作为裁判依据的一般条款，前者包括平等、自愿、公平和生态环境保护原则，后者包括诚实信用和公序良俗原则。

---

① 当然，200 多年后的法国民法典已经经过了大幅度的修改，其与制定之时已经面貌全非。但是，我们要看到，法国民法典的被修改的内容基本上是婚姻、亲属等内容，而关于财产法的内容修改很少。同时，该民法典的基本结构、立法精神并没有改变。

② 〔德〕拉德布鲁赫：《法学导论》，米健 、朱林译，北京，中国大百科全书出版社 1997 年版，第 65 页。

③ 〔德〕K. 茨威格特、H. 克茨：《比较法总论》，潘汉典、米健、高鸿钧、贺卫方译，潘汉典校对，贵阳，贵州人民出版社 1992 年版，第 280 页。

④ 〔德〕弗兰克·闵策尔：《求大同：德国民法典立法的成果和错误　纪念德国民法典生效一百周年》，载《中外法学》2001 年第 1 期。在此基础上，弗兰克·闵策尔先生认为罗马法的普遍原则是“世界性”的。因此认为，德国民法典虽然吸收、借鉴和发展了罗马法的各类制度，抛弃了罗马法的普遍原则，这是一个必须修改的“大错误”。

一、一般法律思想

最高层的原则根本不区分构成要件及法效果，其毋宁只是——作为进一步具体化工作指标的——“一般法律思想”；它们距离——可直接供作具体个案裁判基准的——规则还甚远，仍需进一步具体化，此工作首先多由立法者来承担；而最终的具体化则多由司法裁判针对个案为之。① 这些一般法律思想虽然不能直接用作裁判依据，却可经由立法者的细化被法官适用于具体的案件，据以正当化法律决定。原因在于，平等、自愿、公平和生态环境保护等一般法律思想作为其下位原则乃至整个民法体系的基石，具有价值属性，能够满足人的需要。张文显教授指出，价值是指某一群体或某一社会的成员认为是良好的、合意的，值得追求的目标与理想状态，又指该群体或社会成员强烈感到，并以积极的态度受之约束的一种抽象的、普遍的行为原则。② 民法基本原则通过对法律价值的弘扬、立法理念的描述、立法目的的概括、法律适用标准的明示，最大限度地将隐藏于复杂条文之中的立法意图以简洁明了的语言呈现出来，从而加固社会主体对民法典本身的价值认同。③

因私法自治、契约自由、交易保护、信赖保护、善意保护之类的一般法律思想，实为民法典赖以存在的前提，民法典的存在，就意味着这些前提一定存在，此即属于“理所当然”而不言自明之事。④ 故而，国外许多民法典并不明文规定此类一般法律思想，典型如《德国民法典》。然而，我国长期受封建历史和计划经济传统的影响，导致私权不彰、过度管制，缺乏平等、自由和权利等民法的前提性因素，《民法通则》和《民法总则》对其明确宣示，则有利于教育民众，进而改造社会。

（一）平等原则

平等原则是指在民事活动中一切当事人的法律地位平等，任何一方不得将自己的意志强加给对方，同时，法律对当事人提供平等的保护。⑤ 在民法诸基本原则中，平等原则是民法的基础原则，也是私法自治原则的逻

---

① 〔德〕卡尔·拉伦茨：《法学方法论》，北京，商务印书馆 2003 年版，第 348～349 页。

② 张文显：《二十世纪西方法哲学思潮》，北京，法律出版社 1996 年版，第 361 页。转引自王国良、胡雪梅：《论民法的价值与基本原则》，载《江西社会科学》2004 年第 5 期。

③ 赵万一：《民法基本原则：民法总则中如何准确表达》，载《中国政法大学学报》2016 年第 6 期。

④ 于飞：《民法基本原则：理论反思与法典表达》，载《法学研究》2016 年第 3 期。

⑤ 梁慧星：《民法总论》，北京，法律出版社 2011 年版，第 46 页。

辑前提，离开民事主体之间普遍平等的假定，民法就丧失了存在的根基，也就无从谈及民法的其他基本原则。[①] 比如，正是因为民事主体之间享有平等的法律地位，一方无权支配或干涉另一方的行为和意志，所以才能基于自由产生、变更和消灭权利义务关系。原则上，这种平等乃是形式平等或机会平等，而非实质平等。近代民法对于民事主体仅做抽象的规定，把社会生活中千差万别的民事主体简单化了，使其权利能力完全平等。其所描述的乃是植根于启蒙时代，尽可能地自由且平等，既理性又利己的抽象人格，是兼容市民和商人的感受力的经济人[②]，也就是说，背后的人设是一种强而智的人。进入 20 世纪以来，作为近代民法基础的两个基本判断已经丧失，出现了严重的两极分化和对立，其一是企业主和劳动者的对立，其二是生产者和消费者，劳动者和消费者成为社会生活中的弱者。[③] 形式主义之下的平等人格不但承认和固化了实质的不平等，还造成了经济地位上实质的强者对于弱者的支配。“法律人格”发生了“从自由的立法者向法律的保护对象”“从法律人格的平等向不平等的人”的转变，其背后则是“从理性的、意思表示强而智的人向弱而愚的人”的转变。[④] 现代民法对于平等的界定开始关注民事主体之间的实质平等，兼顾对弱势群体的保护，比如《消费者权益保护法》《劳动合同法》的制定颁布。但是，强式意义上的平等对待仍是民法得以存续的基石，离开民事主体之间普遍平等的假定，不仅使私法自治原则丧失了存在的前提，也使民法丧失了存在的正当性；离开民事主体之间普遍平等的假定，民法采用成文法的方式来实现调控社会生活的目标也就无所依凭；在这种意义上，弱式意义上的平等对待构成了强式意义上的平等对待的例外。[⑤]

（二）自愿原则

自愿原则，也就是所谓的意思自治原则，指当事人有权在法律允许的范围内，按照自己的意愿产生、变更、消灭法律关系，简言之，即“法无

---

① 王轶：《民法价值判断的实体性论证规则——以中国民法学的学术实践为背景》，载《中国社会科学》2004 年第 6 期。

② 〔日〕星野英一：《私法中的人》，王闯译，载梁慧星主编：《民商法论丛》，第 8 卷，第 279 页。

③ 梁慧星：《从近代民法到现代民法》，载《中外法学》1997 年第 2 期。

④ 〔日〕星野英一：《私法中的人》，王闯译，载梁慧星主编：《民商法论丛》，第 8 卷，第 297 页。

⑤ 王轶：《民法价值判断的实体性论证规则——以中国民法学的学术实践为背景》，载《中国社会科学》2004 年第 6 期。

禁止即可为”。“法无禁止即可为”有以下特点：第一，“法无禁止即可为”的主体是公民。从古希腊到现代的自由理论中，自由首先指的是公民的自由，而不是国家的自由。第二，“法无禁止即可为”的内容是权利。权利是公民依自己意志为或不为某种行为的资格或能力，在某种程度上，自由即是权利。第三，“法无禁止即可为”的相对方是权力。法律是行使权力的依据，对于法律未禁止公民行为的事项，公权力不得恣意干预。①

“法无禁止即可为”最早作为古希腊的政治准则而得以表达，是城邦制度的基本要素。在16世纪，受当时哲学上的意志论的影响，法国法学家查理·杜摩林提出了“当事人意思自治说”：当事人有权依其自我意志作出自由选择，当事人的自我意志可以而且应该成为约束其行为的准则，当事人可以而且应该对依其自我意志作出的选择负责。② 后来，霍布斯从法与自由的关系角度阐释了私法自治的合理性，世界上没有一个国家能有足够的法规来规定人们的一切言论和行为；这样就必然会得出一个结论说：在法律未加规定的一切行为中，人们有自由去做自己的理性认为最有利于自己的事情。③ 私法自治后来也成为启蒙时期卢梭《社会契约论》、孟德斯鸠《论法的精神》等著作重要的思想来源，经过西方资产阶级革命的洗礼，“法无禁止即自由”作为一项法律理念得到充分论证和发展，并转化为一项基本的法律原则，在1789年法国的《人权宣言》、1800年的《法国民法典》中得到确认，比如《法国民法典》第1134条规定：“依法成立的契约，在缔约的当事人之间有相当于法律的效力。”“法无禁止即自由”从主体（即公民）、内容（即权利）、对象（即权力）方面对法和自由的关系进行了阐述，遵循的是除非法律禁止的，否则就是自由的，公权力不得肆意干预的解释逻辑来对私权进行保护。④ 经过近代各国的反复研究和实践，到如今它已经成为社会治理体系中的共识和常识，现代法治国家的法律无一不保障意思自治的实现。

前已提及，现代民法的人设开始从强而智的人转向弱而愚的人，在任何社会都会有“强而智”的人支配“弱而愚”的人的现象发生，若一味坚

---

① 汪习根：《在“授权”与“禁止”之间——科学界定公权力的适用范围》，载《人民论坛》2012年第5期。

② 刘凯湘主编：民法学，北京，中国法制出版社2000年版。转引自林国华：《私法自治原则的基础》，载《山东大学学报》2006年第3期。

③ 〔英〕霍布斯：《利维坦》，北京，商务印书馆2009年版。

④ 张红显：《负面清单管理模式的法治之维》，载《法学评论》2015年第2期。

持绝对的意思自治原则，有可能起到合法化强者欺凌压迫弱者的实质效果，法律有必要对意思自治进行限制以保护处于弱势的一方。但这并不能改变民法维护意思自治的基本立场，若要对意思自由进行限制，应当由提出限制者负举证责任，证明其主张具有充分且正当的理由，若不能举证，则须维持自由的立场，而非由自由来自证其正当性。①

（三）公平原则

公平是一个道德概念，在近代以降的德性体系中居于核心地位，与之相近的概念还有“正义”。“公平”多用于民法层面，“正义”多用于合同法中，二者虽有细微差别，却多被交互使用。正如亚里士多德所言，正义长着一张多变的普洛秀斯的脸，与自由一样，完全是一个因人而异的概念，充满了主观感受与伦理判断的色彩。② 不同定义之间的核心差别在于，究为形式公平还是实质公平。形式正义是指交换正义，指对任何人都同样看待，双方的所得和所失相等，它是以当事人真实意思表示为基础的公正，一般不涉及实质公正③，其与抽象人格、意思自治具有家族相似性，旨在追求法的普遍性。实质公平是指以利益的均衡作为价值判断标准来合理分配各民事主体之间的权利义务，主要体现在以下两个方面：一，静态公平，各方享有的权利和承担的义务应当大致均衡；二，动态公平，当客观情况发生显著变化，导致民事活动的后果将会变得极不公平时，民事主体可以要求协商变更原权利义务关系，以更为合理地确定各方的权利和义务。④ 实质正义与分配正义相关联，特定结果只有在某一或某些主体特别是权力机关刻意的意志行动的指导或操纵下才能产生；对结果正义的欲求必然要求人们服从指导性或支配性权力，从而会造成人们对权力的普遍依赖与臣服。⑤ 实质正义往往需要考虑具体情形，诉诸当事人的身份、经济状况、价值偏好等法律外标准，容易导致法律的不确定性，甚至带来公权力的专横，与民法所具有的意思自治基本品格和对安定性的追求相悖。故而，民法的公平原则以形式公平为原则，实质公平为例外，构成对形式公平的重要补充。

---

① 陈甦主编：《民法总则评注》上册，北京，法律出版社 2017 年版，第 34 页。

② 王国良、胡雪梅：《论民法的价值与基本原则》，载《江西社会科学》2004 年第 5 期。

③ 谢鸿飞：《合同法新发展》，北京，中国社会科学出版社 2014 年版，第 23～24 页。

④ 张新宝：《〈中华人民共和国民法总则〉释义》，北京，中国人民大学出版社 2017 年版，第 12 页。

⑤ 易军：《民法公平原则新诠》，载《法学家》2012 年第 4 期。

(四) 生态环境保护原则

近年来，资源短缺、环境恶化等危机日益凸显，人与自然的关系愈发紧张，如要将生态环境保护从一个理念或口号切实地转变为现实的行动，则需要公法和私法多个维度的法律制度予以保障。我国属于人口大国，人与生态环境之间的关系尤为紧张，需要长期面对。当环境问题开始阻碍人类社会的可持续发展时，私法正在经历由“权利本位”之单一价值取向转至“以权利为前提、兼顾社会公共利益”之双重本位的价值取向。① 作为私法基本法，民法典将生态环境保护确立为一项基本原则，因应了时代需要，有利于贯彻绿色发展理念，缓和人与自然的关系。

对此，也有学者表示了异议，认为不应将生态环境保护确立为民法的一项基本原则，理由如下：(1) 生态环境保护是个人应对社会、对后代尽的义务，发生在个人与社会之间，是一项公法或社会法的原则，不应规定在民法典之中；(2) 生态环境保护是一个倡导性原则，无法得到法律的强制或救济；(3) 生态环境保护原则的内涵和外延无法明确，无法通过具体的民法制度加以细化和表达②；(4) 生态环境保护的立法目标主要是通过公序良俗原则加以表现的，与公序良俗原则相重复，其纯粹只能具有一种道德指引作用。③

生态环境保护虽然可以被解释为公序良俗的内涵，但一个问题的现实重要性越高，它在体系中的独立倾向就会越显著，《民法总则》规定生态环境保护原则就是高度重视生态环境的体现，是对当前中国生态文明建设的积极回应。④《民法总则》将其确立为一项基本原则，并未动摇乃至取代以个人为中心的体系建构，而是在尊重民法逻辑自洽和制度体系的前提下，在基本精神、理念和原则上顺应生态规律，回应时代关切，为环境资源保护和生态文明建设留有足够空间⑤，来补救或纠正民法过度以个人为中心所导致的不足，以指导未来分则编的制定。比如关于违约责任的确定和承担，在某些情形中可考虑资源消耗与环境保护因素，侵权责任编宜将破坏生态的行为纳入广义的污染环境行为，或者直接规定为与污染环境并

---

① 梅献忠：《论民法的基本原则与环境保护》，载《山西师大学报》2008 年第 3 期。

② 赵万一：《民法基本原则：民法总则中如何准确表达》，载《中国政法大学学报》2016 年第 6 期。

③ 尹田：《民法基本原则与调整对象立法研究》，载《法学家》2016 年第 5 期。

④ 陈甦主编：《民法总则评注》上册，北京，法律出版社 2017 年版，第 68 页。

⑤ 王旭光：《环境权益的民法表达——基于民法典编纂“绿色化”的思考》，2016 年第 3 期。

列的破坏生态侵权行为。①

二、一般条款

相较于一般法律思想，一般条款乃是一种“规范”，具有裁判的功能，可以被直接用作裁判依据。《德语法律百科全书》对一般条款的解释是：一般条款是一种法律规范，它仅设立了一个一般准则，其在个案中的具体含义则委托法官在学说的帮助下去确定。② 在大陆法系的民事立法中，大都规定了诸如“诚实信用”“公序良俗”等规范性一般条款，将最低限度的伦理道德引入法律，从外部对民事活动进行规制。一般条款具有一个基本特色，即须于个案中，依价值判断予以具体化，所以又被称为须具体化或须价值补充的概念③，其机能就在于使法律运用灵活，顾及个案，适应社会发展，并引进变迁中的伦理观念，使法律能与时俱进，实践其规范功能。④ 正是基于一般条款，法内漏洞才得以存在。

从功能上讲，一般条款使一些宽泛的道德准则具有了法律效力，为法官提供了价值判断依据，为检验成文规则的正当性提供了标准，经由这一理性检验器，法官可以及时地把内在规则导入正式法源，也可以把正式法源中的某些不适当规范逐出法源，使法律得以与环境和经验合拍。⑤ 这样将法律外的道德标准引入民法的做法，疏通了道德与私法的通道，道德也就有了私法的效力，为道德戒律修正和限制私法自治提供了手段。这里借用苏永钦所做的生动比喻：道德戒律就像躲在木马里面的雄兵一样涌进特洛伊城，摇身一变成为民事规范，私法自治的空间，包括法律行为和事实行为，实际上随着管制强度的增减而上下调整。

从性质上讲，一般条款属于授权条款，民事法官可以就具体情形判断并决定道德戒律是否在私法领域发生影响。一般条款的存在，固然有个案衡平及引进法外价值的功能，但根本上是人类囿于自身的认识能力，于规范设计时尚不能避免挂一漏万，从而寻求开放性概念的结果。所以，这种由开放性概念引起的不圆满状态，亦属于法律漏洞，只是法律已明文授权

① 张新宝：《〈中华人民共和国民法总则〉释义》，北京，中国人民大学出版社 2017 年版，第 18 页。

② 于飞：《民法基本原则：理论反思与法典表达》，载《法学研究》2016 年第 3 期。

③ 王泽鉴：《法律思维与民法实例》，北京，中国政法大学出版社 2001 年版，第 247 页。

④ 王泽鉴：《民法总则（增订版）》，北京，中国政法大学出版社 2001 年版，第 55 页。

⑤ 谢晓尧、吴思罕：《论一般条款的确定性》，载《法学评论》2004 年第 3 期。

法院补充这种"漏洞"而已，与一般法律漏洞之区别在于该类漏洞属于"授权补充漏洞"或"法内漏洞"[①]。受此影响，一般条款面对的最大责难是：抽象宽泛，缺乏确切内容，实施中无所适从，会剥夺对判决的正确性的检验，不利于法律可预见功能的维持。[②] 通说认为，法律解说的价值补充原则为应尽可能在文义范围内进行解释衡量。而法内漏洞说的价值补充，须适用存在于社会上可以探知认识之客观伦理秩序、价值、规范及公平正义之原则，不能动用个人主观的法律感情。至于司法实践中，"法官将不确定的法律概念具体化，并非为同类案件确定一个具体的标准，而是应 CASE BY CASE，随各个具体案件，依照法律的精神、立法目的，针对社会的情形和需要予以具体化，以求实质的公平与妥当。因此，法官于具体化时，须将理由述说明确，而且切莫引用他例以为判断之基准"[③]。

（一）公序良俗原则

《民法总则》第 9 条规定：民事主体从事民事活动，不得违反法律，不得违背公序良俗。公序良俗原则在许多国家都有明文规定，如《法国民法典》第 6 条、《德国民法典》第 138 条、《日本民法典》第 90 条等。这一法律概念意味着对行为的一种要求，并且这一要求来源于法律伦理标准的具体化。[④] 之所以要求公民参与和培养美德，是因为"人是社会的动物"，社会不仅是物质结构，也是一种精神结构，正是这种精神结构，把人凝聚在一起，社会也才成为一个有机体。[⑤] 人们从不否认，正是那些社会中自生自发地形成的道德规则，才是社会自发秩序最基本的制度构造。谈论"道德"是否能够为"法"所用，在很大程度上与前面讨论的"原则""习惯"一样，是因为这些社会意识层面的行为准则都从不同方面对"法"的制定与实施起到了十分巨大的作用。"如果不受指责，我会谈及自己的经验，我经常感到在履行司法职务的过程中，不可抗拒地被内在于案子的正义所吸引，并带着倾向——有时还有决心——将判决置于绝对公正之上。在执业过程中，我常常感到一种坚韧的自信：只要对案子的审理在

---

① 黄茂荣：《法学方法与现代民法》，北京，中国政法大学出版社 2001 年版，第 300～304 页。

② 谢晓尧、吴思罕：《论一般条款的确定性》，载《法学评论》2004 年第 3 期。

③ 杨仁寿：《法学方法论》，北京，中国政法大学出版社 1999 年版，第 136 页；亦可参见梁慧星：《民法解释学》，北京，中国政法大学出版社 1995 年版，第 297～298 页。

④ 〔德〕卡尔·拉伦茨：《德国民法通论》，王晓晔等译，北京，法律出版社 2003 年版，第 601 页。

⑤ 谢鸿飞：《论法律行为生效的"适法规范"——公法对法律行为的影响极其限度》，载《中国社会科学》2007 年第 6 期。

道德上是正确和公正的，就一定会取得成功，即使会遇到很大的技术困难；而且，结果通常能支持那种自信。”① 任何一种法律体系的建立，都需要以与该社会相关的“道德”体系作为基础，缺乏“道德”支持的法律就会与社会价值相冲突，终会遭到反对与空置，最终成为一纸空文。同时，法律还因为有“道德”的持续不断修正而具有意义与活力。

法律和道德都可以对社会关系进行调整，但两者调整最大的不同是什么呢？我认为，它们最大的不同在于法律有明确、具体的条文来规定，可以使人们一目了然，也使法官在适用法律的时候多了一种约束；而道德往往是不具有正式性、规范性的，只是人们内心形成的一种对事物、行为、善恶、公平与否的判断标准。由此导致法律具有一定的可操作性和技术规范性，道德却只是凭法官自己的感受和日常生活的积累来适用于法律判决之中。但就像上面所说的法律需要道德的辅助来共同协调社会的生活，法官们适用法律并不一定能解决所有的问题。因此，法律的适用从来没有离开过道德因素，道德因素对于法律适用的两个层面具有决定性的作用，即法律标准的适用和司法自由裁量。公正的审判大部分是依靠法律标准得以实现，在法律和道德交融的时期，这些标准借由各种自然法理论进入了法律。法律上有关过失的注意义务标准、公平竞争标准、受托人的诚实管理标准、罗马法上有关特殊交易的诚实信用标准，或者说罗马法上关于一个谨慎而又勤勉的完全行为能力人在此类情况下的行为标准，都包含了有关公正或合理的理念。另一方面就是司法自由裁量的问题，司法的过程就是法律运用于实践的过程，但是由于法律的教条性和社会关系的多样性，在法律的适用过程中，仅靠法律往往解决不了所有的问题，这时就需要法官个人的道德判断来发挥作用。

然而，立法层面对“道德”的吸收不仅是有条件的，而且必须是严格限制的，否则就会导致实践中扩大法律强制的范围，侵占“道德”调整的领域，从而构成对公民自由的妨碍和侵害。生活实践中常常有这样的行为，该行为虽不为高尚道德和文明健康的生活方式所提倡和表彰，但亦不属违法现象，不管我们多么厌恶和否定它，就其性质而言，仍属于个人自由空间或个人隐私范围，属于道德调整领域，不能施以任何非法强制或法律制裁，除非这种制裁或强制是在有明确的法律依据和严格法律程序下所

---

① Laws and Jurisprudence of England and America, 17 (1894). See Fry, *Memoir of Edward Fry*, 67.

为。法律与道德的冲突主要是立法层面的问题，应在立法层面解决，执法、司法中不宜以道德为标准，以道德评判代替法律评判，具体案件的执法和司法依据只能是法律，道德裁量仅在法律规定的自由裁量范围内进行。关于道德与法律界限的一个重要判断标准就是，法律程序接近于充分程序和理性要求，“可以从一个非参与者的眼光出发来决定一个决定是否是符合规则地产生的”。而某事是否是从道德的观点出发加以判断的，则只有从参与者的眼光出发才能决定。正是这样一种可以从功能角度得到理解的不完善程序和理性的劣性，解释了为什么有些问题只能由法律调节，而不能交给道德规则。①

民法上所谓善良风俗就是道德原则上升为法律的典型例证。现今的学术话语里善良风俗往往并称“公序良俗”，然而严格说来，“公序”和“良俗”并不是完全等同的概念。一般认为，公序是指国家社会一般的利益，良俗是指社会一般的道德观念。所以，在一定程度上，“公序”乃与“权力”结合；而“良俗”才与“道德”结合。即使是对于公序良俗，至今也并无统一的界说。依罗马法学家的解释，所谓公序即国家的安全、人民的根本利益；良俗即人民的一般道德准则。二者含义广泛，且非一成不变。即从国家的角度定义公共秩序，从社会的角度来定义善良风俗。② 德国民法典第一草案第 106 条曾同时规定了公共秩序和善良风俗两个概念。起草理由书在说明并用两概念理由时指出，善良风俗属于“道德的利益”，而公共秩序属于“国家的一般利益”。后由于受到多数论者的批评，公共秩序这一概念被删除。梅迪库斯明确指出，善良风俗，只是从道德秩序中裁剪下来的、在很大程度上被烙上了法律印记的那部分。③ 学者们或认为善良风俗为社会之存在及其发展所必要之一般道德④；或认为善良风俗指某一特定社会所尊重之起码的伦理要求，它强调法律或社会秩序之起码的“伦理性”，从而应将这种伦理要求补充地予以规范化，禁止逾越。⑤ 但总的来看，都确定善良风俗是以道德为其核心的概念；是某一特定社会应有

① 〔德〕哈贝马斯：《在事实与规范之间》，童世骏译，北京，生活·读书·新知三联书店 2003 年版，第 582 页。

② 渠涛：《公序良俗在日本的最新研究动向》，载渠涛主编：《中日民商法研究》，第 1 卷，北京，法律出版社 2003 年版，第 167 页。

③ 〔德〕迪特尔·梅迪库斯：《德国民法总论》，北京，法律出版社 2001 年版，第 511 页。

④ 史尚宽：《民法总论》，北京，中国政法大学出版社 2000 年版，第 133 页。

⑤ 黄茂荣：《民法总则》，台北，三民书局 1982 年版，第 539 页。

的道德准则。[①] 实际上，公序良俗之法理原本是作为民法的例外现象而存在的，即对契约自由的一种例外限制。其适用范围也是有限的，主要在法律行为领域发挥作用。[②] 只是由于其概括条款的性质，才得以作为引进民法以外规范的机制，结果其适用范围不断扩大，已不再是一种例外制度。典型者如《德国民法典》第 138 条和第 826 条，即为关于公序良俗的两个一般条款。

近代以来的法律制度并不是将社会成员基于其日常道德意识而形成的要求直白地确定为规则，而是将社会成员的要求上升并确立为权利和义务，再以此对可能发生的纠纷作出对应的设计。而这样的制度建构，无法不对同时也在作为一种行为规范而教化社会的伦理道德价值观念产生冲击。侵权行为理论的扩大导致其与生活世界的伦理的摩擦加剧即为著例。[③] 作为民法学者，走内在创新之路恐怕是“曾经沧海难为水”的情感使然。所要做的，也只需在对侵权行为结构性要素进行融合、挪用、迁移、重组时多些道德追问罢了。救赎也好，回归也罢，侵权行为法的危机也只有靠道德勃兴才能消解。其实，面对侵权行为法的现代窘境，传统的道德意含的勃兴并不与法制的现代化相悖。

公序良俗作为道德律的价值“传递”功能还特别体现在宪法的第三者效力上。我们知道，宪法的基本权利必须通过私法规范的转换才能对私法关系发挥调整作用。在德国，私法学者对此也形成了共识，如拉伦茨就认为《基本法》的价值观念已经融入善良风俗的准则中去。在这个意义上，《基本法》的价值观念对私法产生着间接的影响[④]，通过对一些具有中转功能的条款的扩大解释、合宪性解释，能将基本价值贯彻到私法之中。日本学者对于民法典第 90 条关于“违反公序良俗事项为目的的法律行为无效”的功能有一个认识的过程。早期，民法的起草人所持的“古典的公序

① 比较法上各国民法对此规定不一，有单用“善良风俗”的，如罗马法、德国民法（第 138 条第 1 项）、瑞士债法典（第 20 条第 1 项）；有只用“公共秩序”的，如泰国民法（第 12 条）；也有用“公共秩序”或“善良风俗”的，如法国民法（第 6 条）、日本民法（第 90 条）、中国台湾地区民法（第 72 条）。《民法通则》没有使用这一概念，只在第 7 条规定：“民事活动应当尊重社会公德，不得损害社会公共利益，破坏国家经济计划，扰乱社会经济秩序”。

② 渠涛：《公序良俗在日本的最新研究动向》，载渠涛主编：《中日民商法研究》，第 1 卷，北京，法律出版社 2003 年版，第 167～177 页。

③ 姚辉：《侵权法的危机：带入新时代的旧问题》，载《人大法律评论》，2000 年卷第二辑。

④ 〔德〕卡尔·拉伦茨：《德国民法通论》，王晓晔等译，北京，法律出版社 2003 年版，第 111 页。

良俗论”认为契约自由是原则，而以违反公序良俗为理由判定无效是例外，而且公序良俗仅限于与行政警察、司法性风俗的有关事项。[①] 但后来学说发展出了“公序良俗＝根本理念说”，认为公序良俗是支配法律全部体系的理念的一个方面，并不是对个人意思自治的例外的限制。该学说以末川博和我妻荣为代表。末川博主张，确保社会的存在及发展乃是贯穿法律体系的根本理想，公序良俗就是这种理想的体现，民法典第 90 条揭示了法律自身的内在原理；我妻荣则以“协同体主义”的自由观为理论指导，认为公共福利是目的，自由与平等则是达到这一目的的手段。[②] 但由于私法自治和契约自由也是宪法规定的一项基本自由，不允许国家随意地侵害这种基本权，因而山本敬三先生从对基本权的保护和支援角度提出了“公序良俗论的再构成”[③]。我国台湾地区学者认为，法院在个案中把《宪法》上的权利所蕴含的价值投射到私法关系中，作为控制法律行为的基础。间接效力说通过公序良俗迂回控制相关的契约，并不是把人权蕴涵的价值直接等同于公序良俗，而是以与私法自治的价值相权衡后才标定公序良俗的门槛。[④] 因此可以看出，公序良俗原则已经成为各国（地区）法官依据自己的法观念和法意识对是非善恶作出价值判断的主要工具。

在其他基本权利通过公序良俗对包括契约自由在内的自由进行限制时，必须清醒地认识到自由乃是个人最重要的基本权利之一，也是这个社会的最基本价值，对于自由的限制和约束必须有充分正当的理由，同时“社会和国家必须承认个人的道德自主性，绝不能把他仅仅当作整个社会的一部分来对待。个人是社会的一个成员，而同时又高于社会，因为他是一个人，而社会永远不能成为人”[⑤]。对个人自由的尊重和保护是民法精神之永恒所在。

（二）诚实信用原则及其与公序良俗原则的区分

诚实信用原则包含两个内容：诚实原则，即对待他人诚实不欺；信用

---

① 〔日〕山本敬三：《民法讲义Ⅰ·总则》，北京，北京大学出版社 2004 年版，第 179 页。

② 〔日〕山本敬三：《公序良俗的再构成》，东京，有斐阁 2000 年版，第 12～14 页。

③ 山本敬三将公序良俗分为法令型公序良俗和裁判型公序良俗，其中法令型公序良俗又分为实现政策性公序良俗和保护基本权型公序良俗，裁判型公序良俗是指在没有特别法令存在的情况下，法院为保护基本权免受侵害而利用公序良俗。参见〔日〕山本敬三：《民法讲义Ⅰ·总则》，北京，北京大学出版社 2004 年版，第 181～182 页。

④ 苏永钦：《民事立法与公私法的接轨》，北京，北京大学出版社 2005 年版，第 109 页。

⑤ 〔美〕博登海默：《法理学、法律哲学与法律方法》，北京，中国政法大学出版社 1999 年版，第 215 页。

原则，即承诺必须遵守。一般认为，诚实信用观念起源于罗马法，《法学阶梯》第1卷第3条写道："诚实生活、不犯他人、各得其所。"①《法国民法典》第1134条和《德国民法典》第157条相继在债法中承认之，债务应依诚信原则履行。伴随着法律理念从个人本位向社会本位的转变，诚实信用原则的适用范围从债法扩张至物权法、亲属法等所有的权利行使和义务履行领域，成为整个民法的基本原则。《瑞士民法典》明确承认了诚实信用的基本原则地位，后被日本和我国相继效仿，其第2条规定：无论何人行使权利履行义务，均应依诚实信用为之。诚实信用原则之所以能够并且应当作为民法的一项重要原则，一方面缘于这一原则的伦理性特质与民法制度的伦理性特点之间具有高度的契合性和道德的同源性，另一方面则在于这一原则具有道德的正当性和存在价值的先验性。② 与公序良俗原则性质相同，诚实信用原则也属于将某种道德标准上升为法律规范，两者的目的和功能均在补充法律规定的不足，但只在没有法律规定可资遵循的情形，才有两者发挥作用的余地。③ 因此，前述关于公序良俗原则的分析，基本可以适用于诚实信用原则。

然而，二者之间在适用范围、保护对象、法律效果等方面仍有重大差别，应该予以区别对待。首先，公序良俗原则的目的是将社会的主流道德观念纳入法律行为中，对个人进行道德治理，要求个人的行为不脱离社会的道德轨道④，维护的是"社会一般道德"，违反之后将损害社会整体利益。而诚实信用本质上为市场交易中标准较高的社会理想，旨在维护当事人之间的利益平衡，当发生特殊情况使当事人间的利益关系失去平衡时，应进行调整，使利益平衡得以恢复⑤，违背诚实信用一般只会造成有特定关联（比如交易）的当事人之间的权利失衡，不会损害社会公共利益。易言之，诚实信用原则是"我＋你"这个二人世界的交往规则，到了公序良俗原则，就进入了公共领域，在"我＋你"框架下，加入了"他/她"—

① 侯佳儒：《民法基本原则解释：意思自治原理及其展开》，载《环球法律评论》2013年第4期。

② 赵万一：《民法基本原则：民法总则中如何准确表达》，载《中国政法大学学报》2016年第6期。

③ 梁慧星：《〈中华人民共和国民法总则（草案）〉解读、评论和修改建议》，载《华东政法大学学报》2016年第5期。

④ 谢鸿飞：《公共利益·国家强制·私法自治》，载《人民法院报》2004年9月29日。

⑤ 梁慧星：《诚实信用原则与漏洞补充》，载《法学研究》1994年第2期。

不特定之任意第三人—“我+你+他/她=我们”[①]。其次，公序良俗是对法律行为的内容进行审查，使之符合现行有效的法秩序，不能通过这一审查的，将不能成为法律行为内容的一部分，这一效果主要通过法律行为的无效来实现[②]；而诚实信用适用的逻辑是否定真正的权利人的权利行使，因而常与“权利滥用的理论”基于同一论据成立，在实际适用上难以区别[③]，但是，其并不否定行为人所享有的权利本身。比如，《日本民法典》第1条第2项规定：权利行使及义务履行必须遵守信义，以诚实为之。最后，在法律效果上，因公序良俗乃是最低的道德要求，相对不易被违反，一旦违反则会因无法通过内容审查而导致无效，该权利本身将被彻底否定；反之，诚实信用所表达的乃是一种道德理想，乃是好的撒玛利亚人之法，难以被实现，也就易被违反，而违反的后果相对较轻，仅否定特定的权利行使行为，并不导致权利本身无效。

---

① 侯佳儒：《民法基本原则解释：意思自治原理及其展开》，载《环球法律评论》2013年第4期。

② 于飞：《公序良俗原则与诚实信用原则的区分》，载《中国社会科学》2015年第11期。

③ 〔日〕近江幸治：《民法讲义（第六版）》，渠涛译，北京，北京大学出版社2015年版，第18页。

第二编　民事权利

第六章　权利的民法表达①

第一节　民事权利与民法典

一、民法构造及其体系中的民事权利

民法典不是既有法律的汇编，不是简单地将各种规则、制度罗列在一个法律文件中，而是经由法典的编纂活动实现民法体系化的过程和结果。制定民法典，必须以实现中国民法的体系化为目标，而民法体系化，首先是民法典的体系化。最早研究“法典”概念的英国法学家边沁曾经归纳了法典体系的四条标准：第一，它必须是完整的，提出十分充分的整套法律，以致无须用注释和判例的形式加以补充；第二，在叙述其包含的法则时，必须使每一句话都达到最大可能的普遍性；第三，法典中的法则必须是以严格的逻辑顺序叙述出来的；第四，使用一致的术语叙述法则，给法典提到的每个事物以唯一一个准确界定的名词。② 这些说法当中的有些认识可能已经过时，但是关于体系化的基本理念，在今天仍然不失为标杆和尺度。就中国民法学界而言，关于民法典逻辑体系的线索，亦即所谓民法体系的“中心轴”，存在意思表示说、民事权利说以及法律关系说等诸种争议，目前的主流观点是主张采法律关系说来构建中国民法典的体系，然而即使认为不宜以权利作为构建民法典体系中心轴的持论者也不否认，法

---

① 姚辉：《权利的民法典表达》，载《中国政法大学学报》2017 年第 2 期。本部分在收录于本书时做了增改。

② 〔英〕边沁：《政府片论》，沈叔平等译，北京，商务印书馆 1995 年版，编者导言。

律关系的核心内容仍然是权利。① 自从传统民法进至体系化的阶段，“权利”一直是其中无可争辩的核心概念，不论是以法律关系的主体、客体与内容建立起静态的民法体系；抑或通过法律关系变动以及法律事实建立起动态的民法体系，民事权利都是其不可或缺的构件。更何况，不论采何种模式，体系化的民法的最重要方法即在于，各种问题在法律上都是从法律要件和法律效果的关系这一角度来处理和把握，在法律效果中，权利的存在与否及其性质为何，是其中重要的要素。② 肇始于 17 世纪的近代民法学体系思维模式有别于古罗马之处，就在于其以权利为逻辑基点构筑民法学的理论体系。③ “权利是私法的核心概念，同时也是对法律生活多样性的最后抽象。”④ 18 世纪晚期的德国民法开始尝试以权利为逻辑主线、通过对权利现象进行解析，将其分解为若干要素，即权利的主体、客体、效力、变动原因、救济等，所有的民法现象都围绕这些要素进行分类。按照这种思维，民法典的形式结构就是（民事）权利的展开，整个民法总论围绕私权的各种要素铺衍，而民法分论体系则建立在以私权客体为依据的私权分类的基础之上。⑤ 由此，权利成为民法典体系结构的组织线索，权利的逻辑结构成为民法典的体系构造基础。

我国现行立法采取传统民法上“提取公因式”的立法方法，按照这种方法和理念，民法总则乃是提取共通性规定，即把贯穿于民事法律中的共通性因素提取出来，从而构成民法总则的体系。⑥ 在采纳总分结构的民法

---

① 王利明：《民法典体系研究》，北京，中国人民大学出版社 2008 年版，第 416、196 页以下。

② 〔日〕北川善太郎：《日本民法体系》，李毅多、仇京春译，北京，科学出版社 1995 年版，第 43 页以下。

③ 关于权利和法律关系究竟应以何者为私法之核心概念，在法学史上呈现一个反反复复的认识过程。在冯·图尔（Andreas von Thur）1910 年提出权利乃私法之核心概念之前，法律关系居于私法的核心位置。例如萨维尼（Savigny）就不认为权利是私法体系的中心，对权利的讨论通常是在法律关系的基本范畴中顺便进行的。直到温德沙伊德（Windscheid）将罗马法的诉权制度引入权利的话语中，认为实体法上的请求权在先，诉权在后，并在其《学说汇纂教科书》中开始专门讨论权利，法律关系才开始丧失了其自萨维尼时代以来的核心地位。参见申卫星：《民法基本范畴研究》，北京，法律出版社 2015 年版，第 95 页以下。

④ 〔德〕迪特尔·梅迪库斯：《德国民法总论》，邵建东译，北京，法律出版社 2000 年版，第 62 页。

⑤ 杨代雄：《民法学体系化思维模式的谱系》，载《江海学刊》2010 年第 1 期。

⑥ 这个说法也已经得到了立法机关的认可。在向十二届全国人大常委会第二十一次会议所做关于提请审议民法总则草案的议案的说明中，全国人大法工委主任李适时即指出：民法总则草案系“以 1986 年制定的民法通则为基础，按照‘提取公因式’的方法，将其他民事法律中具有普遍适用性的规定写入草案”。

典体例当中，民法总则与其他民事基本法之间并不是简单的普通法与特别法的关系，尽管后者时常作为前者的补充或者例外而存在，但前者却构成了后者的文义、规则乃至精神的基础。民法总则的主要任务，是从现行各部民事基本法中抽取共通性的内容加以统合，形成具有高度凝练特征的规则体系。民法典总则编是建立在“权利”与“法律行为”这两个核心概念之上的，缺少这两个抽象概念，真正的民法典总则不能建立。① 总则既然具有公因式地位，首先需要追问的就是此等公因式依据何种标准而提取。“法律规范虽然事关生活关系，但它不是后者的描述，毋宁说，法律规范的意义在于，为生活关系提供特定的规范评价，其逻辑结构包括构成要件（Tatbestand）与法律效果（Rechtsfolge）两部分。相应地，公因式之提取标准，或者是法律效力（Rechtswirkung），或者是构成事实（Tatsache）。”“民法上的法律效果围绕着权利、义务而展开，以权利为切入点，所谓法律效果，指的就是权利关系的变动，主要表现在权利主体、权利客体与权利得丧变更三个方面。”② 在内容设计上，民法总则以民事主体为起点，中经负载意思自治使命的民事法律行为，最后落在民事权利的保护和救济之上。因此，民法总则是基于权利而组成的权利体系，包括权利主体（自然人和法人以及其他社团）、权利客体（物、行为与智力成果等）、设权行为（民事法律行为与代理）、权利行使（时效、期间与期日、自卫与自助等）、权利保护等内容，其中，民事法律行为起到的是连接民事主体与民事客体的纽带作用。由是观之，民法典总则无非就是遵循“权利主体——权利客体——权利行为——权利行使——权利保护”的逻辑结构来建立，以权利主体、权利客体、权利行为、权利行使与权利保护的内容与民法典总则中“法律渊源”（法例）以及民事立法的一般规定，共同构成总则的全部内容。

二、民法总则中民事权利之表达

编纂民法典从民法总则的制定起步，既符合立法科学，也尊重了民事

① 王泽鉴：《民法总则》，北京，北京大学出版社 2009 年版，第 20 页。

② 朱庆育：《民法总论》，北京，北京大学出版社 2016 年版，第 25 页。其中的“构成要件”，又译为事实构成。

立法的历史传统。[①] 业已颁行的《民法总则》是统领全部民事法律的基本法律，是基本法中的基本法，诠释了其之于民法典的价值涵摄和规范整合功能。

编纂民法典必然要在整合借鉴现行民法体系的基础上进行，《民法总则》已经颁行，故我国现行民事法律呈现的是以《民法总则》为统领、多部民事基本法和特别法并存的格局。当然，之前产生于特定历史条件下的《民法通则》是一部浓缩法，既具备总则的意义，又杂糅了许多分则性的内容，于今日而言仍具可资借鉴之意义，毕竟从《民法通则》到《民法总则》，体现的是法律的有机延续性。《民法总则》第五章专章规定民事权利，其意义在于一方面彰显民法的权利法属性，突出民法的基本使命在于赋予民事主体以各类民事权利并具体规定其行使与保护的方式，以真正落实宪法中"国家尊重和保护人权"的重要条款以及民法总则开篇所规定的"为了保护民事主体的合法权益"的立法目的；另一方面，总则详细规定各类具体民事权利，也基本奠定了分则的总体结构，分则将围绕这些具体的民事权利展开，与总则形成一个相互呼应、逻辑一致的有机整体。[②]

如前所述，权利本位理论范式下的民法是权利法，民事立法、尤其是作为其最高表现形式的民法典，一向被认为具有"权利宣言"的作用，基于这样的认识，很容易激发立法上的"权利宣示模式"。在民法总则中设专章规定民事权利，无疑最直截了当地具有民事权利宣示的意义，仅就"权利宣言"的功用而言，以上做法具有一定的合理性。然而，"成功的法典编纂绝不是对某种感性需求简单的响应"[③]，民法中的权利表达，不仅仅满足于定义上的法定权利内容，其真正的生命在于具体法律关系中的权利的实现和保障。所以，以权利为中心，为行使和实现权利所设置的规范群才是编纂民法典的核心。我国有学者在对法典编纂的历史进行研究之后

---

① 对民法基本要素的提炼迟至中世纪才由注释法学家予以强化，而民法典中专设总则的总—分则编制是到《德国民法典》才首开先河并与不设总则的《法国民法典》形成当今世界民法典模式的两大流派。尽管一直存在争议，但近代以来多数国家和地区都接受总则模式，却是不争的事实。详见王利明：《民法典体系研究》，北京，中国人民大学出版社 2008 年版，第 373 页以下；王泽鉴：《民法总则》，北京，北京大学出版社 2009 年版，第 21 页；朱庆育：《民法总论》，北京，北京大学出版社 2016 年版，第 16 页以下。

② 王利明主编：《〈中华人民共和国民法总则〉详解》，北京，中国法制出版社 2017 年版，第 443 页。

③ 〔美〕艾伦·沃森：《民法法系的演变及形成》，李静冰、姚新华译，北京，中国法制出版社 2005 年版，第 140 页。

归纳出了法典的四点基本内涵："其一，法典应该是用书面的方式表示的；其次，法典是通过编纂形成的；其三，法典所表述的是法律规则；其四，法典是和法律创制活动与机制联系在一起，具备这些基本内涵的便是广义上的法典。"① 除去形式上的要求，这些特征当中所包含的实质性蕴涵，就是法典作为规则的适用性。法学是一个有关规范的实用学科，它要以规范的有效适用为目的，通过规范的表达技术将规范中的价值予以实现。

首先，有必要区分"民法"问题与纯粹"民法学"问题，民事立法亦即民法规则的设计属于民法问题，民法问题肯定是民法学问题，但民法学问题未必都是民法问题。② 诸如关于法律或法是什么、民法的定义、民事权利的定义、权利的性质与分类乃至效力来源的话题，均属典型的民法学问题，这些问题构成民法学永恒的话题，是学者在如何完成民法理论建构层面上所展开的持续讨论。世界各国所分属的不同民法体系中，其对于各自的概念、规则等都有具体的设计，即使是表面看来相同的概念、规则，其解释结论却可能相距千里，原因就在这里。无疑，作为实用法学的民法学研究固然要以解决实际问题为导向和依归，大多数民法学研究也能够最终落实到民法规则的设计和适用上，但这绝不意味着体用之间界限的打乱。民法学的研究，无疑是民事立法的基础，其研究成果不仅为民法典的制定、更将继续为未来民法的实施提供不竭源泉，只有那些规则明确、适用性强的研究成果才可能被立法吸收转化后表现为法律规范。类似于权利的定义这种解释空间巨大，理论争议强烈的问题不应直接进入民法总则的规则设计当中，而是应该留待学者们进行讨论完善，潜移默化地影响立法者和司法者，否则，非但不具有实际意义，反而会阻碍理论争鸣和学术进步。

其次，应当区分教义学意义上的民法与规范意义上的民法。法律教义学和法律学说中的概念、理论及认识，以学理的形式说明法律行为、法律规范、法律过程，并对它们进行批判和评论，进而影响法律的形成、发展和制度建构。③ 虽然同属法概念，但规范意义上的概念与教义学上的概念是不可混淆的。按照拉德布鲁赫的说法，关于"权利"的概念，属于建构

① 陈涛、高在敏：《中国法典编纂的历史发展与进步》，载《法律科学》2004 年第 3 期，第 108 页。

② 王轶：《民法价值判断问题的实体性论证规则》，载《中国社会科学》2004 年第 6 期，第 104 页。

③ 顾祝轩：《民法系统论思维：从法律体系转向法律系统》，北京，法律出版社 2012 年版，第 283 页。

性的和体系性的诸概念，是“真正的法概念”（echten Rechtsbegriff），借由它们，人们得以把握法律规则的规范性内涵。[①] 民法典规范的属性主要体现为行为规范和裁判规范两个方面，作为行为规范，法律告知人们如何创设、变更、消灭权利；作为裁判规范，民法清晰地界定权利的作用（效力）边界，明确各种权利行为的后果。能成为民法典的规范公因式进而进入总则的，不是概念本身的基础性，而是规范适用的共通性。[②] 最显著的例证莫过于债权与物权的概念界分，作为民法财产权的两大支柱，债权与物权分别以相对权和绝对权的面目示人，透过相对权和绝对权的教义学区分，“这种简约的二分使债权与物权在财产法中非此即彼，以其为格式化模板，纷繁多样的财产利益形态能被快速定位，从而为法典编纂、法律适用以及法学研究提供了简便有效的概念工具”[③]。而当对法或法律的关注从法的意义探寻转向法的实效追问、从立法的维度转向司法的维度、从法的一般规范转向法的个别规范之后，法或法律的重心也已经由立法者转移到了适用者。因此，将真正的法界定为“法官法”或者说“具体化的法”甚或说“实践中的法”，也许更加符合主要作为裁判规范而存在的民法典对于立法者的期待。必须澄清的一点是，这种对法或法律的理解并不影响长久以来我们对法或法律形成的某种统一且普遍的意识，例如提及法律，人们在脑海中首先浮现的十之八九是制定法的文本。因此，以适用为原点的民事权利观并非要颠覆对法或法律的惯常理解，而只是想借此对作为一种方法的法典编纂模式进行更为科学的、符合逻辑的说明。关于法律科学与立法之间的关系，雅科布斯的话至今仍有意义：“在通过所谓国家行为即‘立法’而进行的法典编纂工作中，应将完成立法工作即颁布立法成果之外的任务都交给科学界，而这只有通过在法的制定及完善方面，对立法活动所体现的国家意志设定界限的办法实现。”[④] 毕竟，法律不是教科书，定义本身并不具有“法律规则”性格。立法者应当节制其立法中的“定义嗜好”[⑤]；而单纯的权利宣示由于不具有司法适用性，因而也是不必要的。

最后，民法典采取“提取公因式”的立法技术，集中前置的共通性内

① 〔德〕古斯塔夫·拉德布鲁赫：《法教义学的逻辑》，白斌译，载《清华法学》2016年第4期。

② 朱庆育：《民法总论》，北京，北京大学出版社2016年版，第31页。

③ 常鹏翱：《债权与物权在规范体系中的关联》，载《法学研究》2012年第6期。

④ 〔德〕雅科布斯：《十九世纪德国民法科学与立法》，王娜译，北京，法律出版社2003年版，第167页。

⑤ 朱庆育：《物权立法与法律理论》，载《中外法学》2006年第1期。

容有可能在民法典的分编中继续出现，典型者如《德国民法典》。因此，权利在总则中集中宣示之后，在各分编中再次出现，“必然导致民法典总则和民法典分则之间的重复”①。当年，《民法通则》之所以集中规定各种民事权利，不可忽视的一个原因是因为制定《民法通则》之时，中国的民事立法几乎是个空白，该法是在一时难以制定出完整的民法典的情况下急就的一部“迷你型”的民事基本法。② 当时的“民事权利”一章下设四节，概括地规定了物权、债权、知识产权和人身权，而这四个部分正是除掉当时已经颁布的《婚姻法》《继承法》以外的民法分则所应当规定的物权法、债权法（包括合同法）、知识产权法和人格权法。“如果将这四个部分展开，再加上婚姻家庭法和继承法就构成了民法分则的全部完整内容。因此可以说，立法者在《民法通则》中规定第五章，体现的是民法分则的宏大规划。”③ 时过境迁，30 年后的今天，我国已经决定编纂民法典，《民法通则》中的各种“民事权利”将会以分则（如债权、物权、婚姻、继承等）或特别法（如知识产权法）的形式予以规定，再也无须大而全地在总则中集中加以表彰，此时沿袭旧制所保留的“民事权利”章中，其内容如果仅仅只是宣示昭告各项权利的概念，恐怕徒有其表而并无实益。

总体而言，《民法总则》基本协调了上述所担忧的问题，在沿循“旧制”体系的基础上，作出应有变革与创新，即对各种民事权利进行列举规定，并增设了对新型权利的列举，同时对民事权利的取得方式和民事权利的行使作出了规定。当然，略显遗憾的是，从法律规则适用的角度来看，《民法总则》依旧未能跳出《民法通则》思维之固有藩篱，在编纂分则已定的情势下，这些宣示性的定义亦可能如同《民法通则》一样，渐次失去裁判规则的意义而落入或“叠床架屋”或“形同虚设”的境地。

第二节 权利的类型化及其难题

一、权利类型化的必要

必须声明的是，诚如上述评述，以专章形式规制民事权利其实在《民

① 王利明：《民法典体系研究》，北京，中国人民大学出版社 2008 年版，第 420 页。

② 杨立新主编：《中国百年民法典汇编》，北京，中国法制出版社 2011 年版，第 32 页。

③ 杨立新主编：《中国百年民法典汇编》，北京，中国法制出版社 2011 年版，第 33 页。

法总则》出台前已属大势所趋，这样的立法体例亦确系平衡各方的最优选择。值得思考的在于应如何规定——是教科书般罗列权利种类及概念，还是着眼于权利的行使规则、效力以及救济。虽然《民法总则》已经颁行，但笔者一贯认为，立法应采取后者，放弃对于民事权利的简单集中化列举和单纯“宣示”。民法是权利法，民事主体享有繁复多样的民事权利，民法典针对每种具体的权利分别规定相应的行使规则、效力以及救济途径既不经济也不现实，适宜的做法是在民法体系内，在把握每种民事权利的含义与特征、起源与发展、价值与功能、性质与地位、主体与对象、范围与界限、保障与救济等知识的基础上采取“提取公因式”的方法对各种民事权利进行归纳分类，然后在分类的基础上分别规定相应的行使规则、效力以及救济途径。

传统民法学对民事权利已有诸多分类，如依权利之内容将权利分为财产权与人身权；依权利之效力所及范围分为绝对权与相对权；依权利之客体所属分为公权利和私权利；依权利之作用分为支配权、请求权、形成权和抗辩权；依权利之间的因果关系分为原权利和补救权利；等等。这样分类的最大缺陷是狭隘和僵化，无法容纳所有的权利类型，导致一些权利游离于此权利与彼权利之间。例如，以权利之标的是否具有财产价值，可将私权分为财产权与非财产权，以及兼有以上两种性质的权利。然而，何谓财产价值？起初，以金钱价值为标准判断。但后来没有金钱价值的利益也可成为债权的内容（《德国民法典》第 241 条以“给付”为债的内容，对“给付”的解释，已经不以有金钱价值为必要。《日本民法典》第 399 条则明定“虽不能以金钱估算者，也可以作为债权的标的”），该标准便无法适用；再后来转而以能否为权利人所处分为标准，但这个标准也不是绝对的。近年来，有学者依民事权利的内容对民事权利分类而建立了颇具独创的民事权利体系，认为在我国民法里具体应当包括人格权、亲属权、财产权、知识产权和社员权五类①；有的学者则以分析法学为工具对私权进行了分析与建构②，诸如此类，不一而足。

民事权利是一个已经类型化的、为法律所保护的确切利益形态，权利

① 谢怀栻：《论民事权利体系》，载《法学研究》1996 年第 2 期。另见《谢怀栻法学文选》，北京，中国法制出版社 2002 年版，第 343～362 页。

② 王涌：《法律关系的元形式》，载《北大法律评论》第 1 卷第 2 辑，北京，法律出版社 1999 年版，第 576～602 页。另见王涌：《权利的结构》，载郑永流主编：《法哲学与法社会学论丛》（四），北京，中国政法大学出版社 2001 年版，第 242～297 页。

的这种确定性特征不仅为权利主体自己享有权利所带来的利益提供了一个范围，同时也为其他民事主体不侵害该权利提供了一个警戒线，给予民事主体以行动的自由以及不因该自由行为受法律制裁的合理预期，自由行为的可预期性取决于权利的公示性和确定性。如果权利无确定范围及行使规则，常常使得行为人因自己的行为，动辄得咎，从而陷入一种不安定的状态，例如在侵权法中，在保护对象须为权利的一般归责原则之下，人们常常倾向于将那些仅仅通过个别的命令或禁令得到保护的法律状态，或者仅仅只是将所遭受到的不利益的结果视为权利。这方面最明显的例子是对营业活动的保护，由此而发展出所谓的“营业权”这一“框架性权利”。如果无限放任这种所谓“权利”的缔造，对经济活动的有效进行以及自由竞争的正当开展等，无疑都将造成冲击。相反，如果法律对权利之外的当事人的正当利益一概不予保护，仍然会产生不公正的结果，当前比较突出的个人信息利益的保护问题即为著例。职是之故，选取妥适的标准、区分不同的功用，在“民事权利”章中集中规定不同类型权利的统一适用规则，至关重要。

二、权利之外的法益

随着封闭完美的法典之构想在 20 世纪成为历史的灰烬，现代各国民法典的修正及制定趋势逐步由封闭走向开放，保持制定法体系的开放性仍然作为现代民法的一种典型特征被继受下来。而这种特征的维持是通过诸如基本原则、一般条款、不确定概念的设定等一系列立法技术来完成的。这些立法技术在司法适用上的功能都在于维持制定法体系的开放性，避免在现实生活变迁后适用法律规范时带来严重不公正的结果甚或适用不能。《侵权责任法》第 2 条原则性地规定了“民事权益”同样受到法律保护，体现了现行法对于权利之外的利益的接纳，值得充分肯定。利益是现实的，权利则是法律拟制的，意味着权利人拥有某种法律承认和保护的利益；权利的享有主要考虑的是法律的承认和保护两个方面的因素，而利益的实现除了考虑这一因素之外，还必须考虑到个人的主观能力、主观意愿因素及其相关客观环境因素。[①] 这就产生以下问题：法定权利以外的利益，究竟如何界定。法律所保护的利益，是不加区别同等保护，还是再区分利益的种类并作不同标准的判断和保护？法益正是介乎权利和一般利益

① 孙宪忠：《中国物权法总论》，3 版，北京，法律出版社 2014 年版，第 39 页。

之间的概念，是一个社会的法观念认为应予保护的利益，对其保护乃是对违反法律基本理念行为的制止，而非直接违反了某项法律规则。法益这一概念的出现意味着“法典万能论”的破产，人们认识到在成文法上的法律权利之外还有着需要通过法律加以保护的利益，而这种利益并没有以权利的形态的出现，这一现象的出现主要归因于利益形态的多样化。由于法益这种利益形态尚不具有法律上可供概括归纳的确定特质甚至一些利益难以确定，因类型化的基础过于薄弱而无法将其上升为一种法律权利形态。

作为主体可得享有的利益，法益在法律的利益结构中低于“权利”的位阶，具有补充法律权利不足之功能。有学者已经指出，应当对权利和法益予以区别保护，对于权利以外的正当利益，应该考虑该利益是否被一些特别的保护性法规所保护，考虑侵权人的主观状态，考虑双方是否有紧密关系，对法益的保护应当弱于对权利的保护，避免过多限制第三人的行为自由。① 然而，法益在利益结构中的位置不是一成不变的，对于司法实践中已经成型的利益结构，可以将其转变为法律权利，通过权利救济制度进行保护。以一般人格权和具体人格权之间的关系为例，现实生活中民事主体常常依损害的表现而具象地提出许多新的权利诉求，作为一种人格利益，其主张当然应该受到法律的关注和重视，但由于其并非法定的权利类型，是否对其进行法律上的保护，还需要取决于裁判者基于整个社会文化价值的综合利益考量，能否受到法律的切实保护并不确定，假如这种人格利益经过长期的实践检验已经得到社会观念的认可，可以将其类型化为一种具体人格权，法律将其作为权利予以保护，有利于准确地给予实践中出现的各种新鲜的利益类型一个准确的定位。

第三节 认真对待权利客体

一、权利客体：民事权利的投射

在立法机关启动此次民法典编纂之前，中国的民法学界其实早已展开了民间的“立法”活动，而学者提出的民法典草案建议稿都在其总则编规

① 李建华、王国柱：《论我国民法典私权保护对象的扩展——从“民事权利”到“私法权益”》，载《河南财经政法大学学报》2012年第3期。

定了权利客体。例如，王利明教授主编的《中国民法典学者建议稿》总则编第 5 章规定“民事权利客体”；梁慧星教授主编的《中国民法典草案建议稿》总则编第 4 章规定“权利客体”；徐国栋教授主编的《绿色民法典草案》序编的第 3 题规定“客体”；杨立新教授主编的《中华人民共和国民法总则草案建议稿》系以法律关系为其逻辑结构，在第 5 章设有“民事法律关系客体”。问题在于，目前理论上对于何为民事权利客体，认识并不统一。事实上，传统民法之所以仅规定“权利客体——物”，原因也在于不同权利的客体共性较小，难以抽象出权利客体的一般规则，设定全部客体的通则在技术上有困难。而“物”是物权、债权中共通的重要事项，即使是以“人的行为”为目的的债权，实现其利益的中心（构成要素），一般也是“物”(向某人要求某物)①。所以，尽管“物”章实际上不过就是物权法的片段，“质言之，物权标的之规定”②。但各国民法典中仍然采用这种宽泛地将“权利客体”局限于物之范围的做法。这种体例实际上将物以外的客体排除在权利客体的范畴之外，缺点是难以周全保护权利人的正当权益。以个人信息为例，从主体角度看，大数据时代之下，信息成为社会核心的经济资源，社会价值的增长往往是通过知识和信息的生产来实现的，由此导致侵害个人信息的行为层出不穷。而对于信息的收集以及处理形成的法律关系，既有上述国家或行政机关等公权力一方参与的纵向法律关系，也有平等民事主体之间形成的横向法律关系。对于个体而言，由于横向法律关系中主体一方往往是商业机构获取利益的需要，在此关系中双方主体是平等的，不存在妥协与让步，因此，对个人信息的私法保护成为必然。从权利客体角度看，个人信息能够作为民事法律关系的客体是对个人信息进行私法保护的前提。由于个人信息通常在平等主体之间流转，对于个人信息的收集使用也发生在平等主体之间，同时，个人信息体现的是人格利益，对个人信息的收集使用与公民的人格尊严密切相关，因此，其应当成为民事法律关系的客体。此外，个人信息中也含有一定的财产利益，在一定程度上其能够被公民支配并产生一定的经济效用。尤其在当前社会环境下，个人信息中包含的财产利益已经日益凸显，从这个层面上来说，个人信息也应当成为民事法律关系的客体，从而受到民事法律的保

① 〔日〕近江幸治：《民法总则》（第 6 版补订），渠涛等译，北京，北京大学出版社 2015 年版，第 139 页。

② 〔德〕弗朗茨·维亚克尔：《近代私法史——以德意志的发展为观察重点》，陈爱娥、黄建辉译，上海，上海三联书店 2006 年版，第 467 页。

护、被纳入私法保护的范畴。然而，在现行民法框架下，个人信息并非权利客体，也就缺乏规范意义上的权利基础，如要对个人信息进行司法保护难以找到直接的法律依据，导致了个人信息保护需要依靠隐私权、名誉权或违约之诉的方式提起诉求，但由于个人信息的范围与后者之间存在差异，其侵权构成存在不同，故难以与对后者的侵权构成形成契合的投射。

笔者认为，可以从民事权利客体的角度反射性地对民事权利进行规定，这样既可以避免单纯为宣示权利而作出规定，也有利于弥补目前民事法律对民事权利客体界划不清的体系性缺陷，而且在体系上能够与此前的民事主体部分发生一定的对应关系。为此，首先需要对权利客体的内容进行界定和分类。拉伦茨先生在论及民法典的立法技术时，曾提出了三种民法典的思维方式，即个案列举式、抽象概括式以及指令准则式。① 他认为个案列举式的法律体裁能够制定一个尽可能完整的规则体系，但是这种信念是一种乐观的理性主义，由于其仅仅是针对具体事物的规范，当新事物出现时缺乏适应的柔性而不具有广泛的适应力，这已经被失败的《普鲁士普通邦法》所证实；如果立法者意识到自己不可能预见到所有可能发生的情形，因此只能设计一般规则，通过法官将一般规则适用于具体案件，其应该选择抽象概括式或指令准则式。不过，由于指令准则式留给法官的自由裁量权的权力过大，不利于保持法的安定性和裁判的可预见性。立法者要维持法的稳定性与裁判的可预见性，同时又要保持法典的广泛的适应性，应该采用抽象概括式的立法。依据民事权利所保护的法益内容，可以将权利客体抽象概括为民事主体所享有的、已经被类型化的人格法益、身份法益和财产法益。当然，无论采用何种思维方式都将具有难以克服的固有的弊端与局限性，以上界定方法同样存在问题，对于有些新类型的法益，因尚未被类型化就不能纳入民事权利的保护范围之中，难以像权利一样受到法律的周全保护。但因民事权利本身也在不断变化、发展和完善，对法益的保护在学理和司法实践中并不限于民法上所列明者，如上文所述，《侵权责任法》同样保护法益，依然可以解决对法益的保护问题。

二、权利客体：民法总则中的应然表征

从民法典编纂的角度来看，人格法益主要应由人格权法予以对应［这

① 〔德〕卡尔·拉伦茨：《德国民法通论》，王晓晔等译，北京，法律出版社 2003 年版，第 32～35 页。

里暂且搁下关于知识产权（如著作权）性质的财产权与人格权兼具说和单纯财产权说之争]，身份法益主要应由亲属法予以对应，故在总则中只须作出抽象规定，或者不作赘述，亦无不可。果如此，需要民法总则进行规定的，便只剩下财产法益了。

物是财产法益最重要的载体。在民法总则中，可以探索以传统民法上的“物”为基础，建构作为民事权利客体的“财产”范畴，将特殊的财产形态纳入其中，如人体脱离物、遗体、动物、公用物、网络虚拟财产，以及同为财产权利表彰形式的有价证券、知识产权等（此亦为彰显民商合一的一个方面）。同时，将诸如《物权法》第 115 条规定的从物随主物转让、第 116 条规定的孳息取得等财产基本规则回归于此间。在立法例上，1992 年《荷兰民法典》第 3 编“财产法总则”第 1 章“一般规定”中第 1～10 条与上述内容具有对应关系，可资参照。《德国民法典》总则中单独规定了“物和动物”（第 2 章）。但是，如前所述，且不说传统民法上物的概念对物理学研究成果的借鉴在 20 世纪初期即止步于经典物理学阶段，晚近以来更受到了来自现代社会变迁、商业活动和技术发展等各方面的新冲击。[①] 我国《物权法》第 2 条第 2 款规定了物权的客体包括物和权利两种类型，《物权法》第 5 章规定对“物”进行了广泛的列举，如国有财产（第 45 条）、自然资源（第 46、48、49 条）、无线电频谱资源（第 50 条）、国防资产（第 52 条第 1 款）、企业（第 55、67 条）等。《物权法》中“物”的范畴已经远远超出经典物理学中的有体物，其实质并非是单纯的物，而已经“进化”为财产。准确地说，物权的客体表现为物和权利之上的财产法益。因为每一条法律规则都是以特定的利益为基础的，立法者或者是要促进，或者是想协调这些利益；因此，只有了解了这些利益以及立法者赋予这些利益的意义，才能正确理解法律规范。[②] 物权作用于物和权利，但不等同于物和权利，物权规则所要保护和实现的乃是物或权利之上负载的财产利益，而非物或权利本身，因此，物或权利仅是物权的标的，“物或权利”之上的财产利益才是物权的客体。所谓“民事权利客体”，更

① 杨立新教授将当代社会物的发展给民法提出的新问题概括为六个方面：医学科学技术的快速发展、生态时代的逐步到来、海域现代化商业利用的深入发展、空间成为独立利用的对象、虚拟财产的大量出现，以及货币电子化与证券电子化。详见杨立新：《民法总则重大问题研究》，北京，中国法制出版社 2011 年版，第 150 页以下。

② 〔德〕卡尔·拉伦茨：《德国民法通论》，王晓晔等译，北京，法律出版社 2003 年版，第 74 页。

大程度上只是一种习惯称谓而已。唯其如此，才能使所谓“物”的范围远远大于作为物权标的的物的范围，进而在物和权利之间取得一致，作为民事权利标的意义的“财产”范畴才成为可能。

21 世纪对于中国的民法典编纂来说，既是契机，更是挑战。只有全面回应并且妥适地应对这些前所未有的难题，中国民法典才有可能实现“21 世纪的民法典”的愿景。这其中，针对人本身的民法学课题当中，除了前述人格利益相关问题之外，人体与权利客体之关系的处理，也是其中的焦点。人体是人格的基础，因而人体既不受侵犯（消极方面），原则上亦不得为本人所自由处分（积极方面）。从民事权利的对象来看，人体非为物，但人体分离物及遗体可以为物。对于从活体自然人身上分离出来的器官、血液、骨髓、组织、精子、卵子等，均不得作为交易或者继承的对象。对于人体分离物的利用，应依法律的规定，并受公序良俗的限制；即使是出于医疗或者科学研究的目的，也须基于自然人本人的自愿，并且不得为此而支付任何报酬。自然人的遗骸及其分离物属于物，对其的使用和处分也不得违背公序良俗。在立法例上，1994 年修改的《法国民法典》增订第 1 卷第 1 编第 2 章“尊重人的身体”和第 3 章“对人之特征的遗传学研究以及通过遗传特征对人进行鉴别”，着重强调对人的身体完整性的保护，使其具有公共秩序之性质，可谓提供了良好的借鉴。

知识产权固属民事权利，因而知识产权的客体当然是民事权利客体。然而由于知识产权篇幅过大，民法典无法全部容纳，加之知识产权法学界对于其权利属性存在较为深厚的固有观念，在民法典当中设置知识产权编显然并不现实，因而可以在民法总则中规定知识产权的客体，以明确知识产权法作为民法典的特别法以及知识产权作为民事权利的地位，借此使知识产权与民法之间建立起“血缘”关系。① 按照 1967 年《建立世界知识产权组织公约》（简称 WIPO 公约）第 2 条第 8 款规定，知识产权（的对象）包括 8 类：文学艺术和科学作品，表演艺术家、录音和广播的演出，在人类一切活动领域内的发明，科学发现，外观设计，商标服务标记、商号名称和牌号，制止不正当竞争，以及在工业、科学、文学或艺术领域内其他一切来自知识活动的权利。对于其中的“科学发现”，我国《民法通则》第 97 条第 1 款、第 118 条将其作为所谓发现权的客体。唯学说上有认为此仅涉及发现人作为“第一人”的精神性权利，不具有财产属性；另

① 杨立新：《我国民事权利客体立法的检讨与展望》，载《法商研究》2015 年第 4 期。

有学说则不认此为知识产权的客体，亦值注意。2001 年对我国生效的《与贸易（包括假冒商品贸易）有关的知识产权协定》（简称 TRIPs）规定，知识产权的保护范围包括 7 类：版权与有关权，商标，地理标志，工业品外观设计，专利，集成电路布图设计（拓扑图），未披露过的信息保护（第 2 部分第 1～7 节）；此外，还规定了兜底性的保护措施：协议许可证中对限制竞争行为的控制（第 2 部分第 8 节），可资参照。当然，学者中也有对知识产权的客体进行统合的努力，如无体财产说、智力成果说、智力成果与工商业标记说等，从智力成果说中又衍生出知识产品说、形式说、信息说、信号说、符号说等。放下如何具体加以规定不谈，至少在设计思路上，可以明确的是经由权利客体的表述，将知识产权纳入民法总则。剩下尚未解决的问题，则在于如何规定债权的客体了。一般说来，债权的客体是以给付作为内容的行为。这一行为具有财产法益的属性。

至于权利的救济问题，已经颁行的《民法总则》将此置于民事责任的体系框架内，故笔者将在后文予以探讨。

第七章　民事权利重述

第一节　民事权利概说

一、权利的语源

“权利”，作为法治社会所必需、公民所熟稔的概念，其产生却是人类语言史上较为晚近的事情——权利“并非一直是法学家理论的一部分，它是一点一滴建立起来的，直到理性法学那里才达到完善的阶段”[①]。汉语中“权利”一词，虽先秦典籍即已出现，但并不具有今天的法律含义。一般认为，“权利”一语是从日语翻译沿袭而来。[②] 日本初译为“权理”，采取道理主义；后采利益主义，遂改译为“权利”。从词源学的角度分析，它们在本源上都具有两层含义：一是指具有正当合理性；二是依其正当性而有所主张。

各国关于权利的术语，都具有法和权利的双重含义，在主观上使用是“权利”，在客观上使用则为“法”或“法律”，并且与正义相容。权利与法律在术语上的重合，说明法律以权利为基础，没有权利就没有法律。而法律的目的，也就是为了规定和保护权利及其所蕴含的利益。不过，关于权利和法律的关系，至今在法理上存有各种各样的学说，兹不

---

① 〔葡〕叶士朋：《欧洲法学史导论》，吕平义、苏健译，北京，中国政法大学出版社 1998 年版，第 156 页。

② 不过，另据考察，中文用“权利”一词翻译 rights 比日文书刊要早，最先出现在 1864 年总理衙门斥资刊印的《万国公法》上。《万国公法》由西方传教士丁韪良主译，是一部讨论西方国际法及其历史的著作。该书提到权利一词有几十处，其含义大多是法律意义上的，指合法的正当权力和利益。这证明，中国人对权利的认识也同西方一样，是从其法律层面开始的。

赘述。

对于权利概念的解释一直是近现代法学研究的重点问题之一，在法学思想史上，对于究竟什么是权利，有许多不同的解释。粗略地说，对于权利概念的解释主要可以分成两个流派，一类是本质主义流派，也可以说是形而上学的解释，这类解释总是假设在权利概念的背后有一个形而上的本质，并通过思辨的方法加以探究。[①] 另一类则是分析实证流派，并不探究权利概念的本质是什么，只是通过逻辑分析和语义分析的方法，力图厘清权利概念到底指向什么，以及其在法学话语之中到底起什么功能。[②] 怎样界定和解释“权利”一词，是法理学上的永恒话题。

二、权利的本质

从权利概念的诞生之初，关于权利的本质的争议就一直未曾停止过，这种争论至今仍在继续。在关于权利本质的论争中，众说纷呈，择其有代表性观点的而言之，主要有：萨维尼的意志说[③]、耶林的利益说[④]、梅开尔的法力说（法律力量说）。[⑤] 这些学说似乎各持所见、相持不下。中庸调和不独是中国人的策略，拉德布鲁赫对于权利本质的纷争也作了一个调和性阐述：“人们习惯于既不把它作为法律赋予的意志力量又不（如耶林）将其作为法律上保护的利益去理解：两种描述都是正确的，前者是就权利

① 狄骥认为权利的概念就是形而上学的产物，他说：“为什么在所有法律学家的著作中并在立法者所制定的法律中，到处都有而在实际上却决无其事的这种主观权利的概念呢？我已经说过，因为在法律界中始终仍存在着形而上学的心理状态。或者说得更确当些，仍存在着神学的心理状态，这种心理状态促使法律家和立法者在一切受到社会保护的活动后面放上形而上学的物质来解释这种保护。而在人类思想和意志的表示后面，人们臆想有一种有思维和有意志的物质——灵魂。主观权利的概念只是灵魂概念的一种发展。”〔法〕狄骥：《宪法论》，第一卷，钱克新译，北京，商务印书馆 1962 年版，第 197 页。

② 哲学研究的方式多种多样，人们一般认为，思辨和分析是两种主要的形成鲜明对照的方式。如何明确说明什么是思辨的方式大概不太容易，但是，分析的方式比较明确，这就是逻辑分析与语义分析。参见王路：《逻辑—哲学的方法与工具》，载《哲学动态》1998 年第 7 期。

③ 该学说认为，“权利为意志的自由，该意志自由即为人，并只有人是意志天赋的。就此在我们看来，每单个法律关系作为人格人与人格人之间的关系，通过一个法律规则加以确定”。参见〔德〕罗尔夫·克尼佩尔：《法律与历史——论〈德国民法典〉的形成与变迁》，朱岩译，北京，法律出版社 2003 年版，第 64 页。

④ 该学说认为，“权利是受法律保护的利益；主观权利的真正实质是存在主体的利益，利益的实际效用和享受上。”转引自〔法〕狄骥：《拿破仑法典以来私法的普通变迁》，徐砥平译，北京，中国政法大学出版社 2003 年版，第 18 页。

⑤ 法力说综合了意志说和利益说的合理之处，认为权利是由特定的利益和法律上之力两种因素构成的。特定利益为权利的内容，法律上之力为权利的外形。

的法律实质而言，后者则是就权利的前法律实质而言；前者是就法律后果，即立法者通过权利的赋予而产生的后果而言，后者则是法哲学动机，即在授予权利时指引给立法者的动机。”① 这种将意志说和利益说两种观点折中调和的看法似乎显现了拉氏对于“法力说”的倾向性支持。事实上，法力说在大陆法系许多国家和我国台湾地区已经成为通说，在中国大陆也获得了越来越多学者的支持，成为主流学说。② 法律力量说对于权利的界定也成为本书进行后续讨论的一个逻辑前提。

按照权利的法律力量说，法律权利被认为是由特定的利益和法律上之力两种因素构成的，特定利益为权利的内容，法律上之力为权利的外形。这一对权利本质的把握可以将权利和一般利益，以及法益相区别。

第一，法律之力是权利的外形。尽管利益是权利的最基本和主要的因素，但是只有受法律保护的利益才能称为权利，也正是在这一点上，我们可以将权利和一般的利益概念相区别。

第二，权利是以特定利益为内容的。此处所谓的“特定”利益从法律技术层面可以理解为已经类型化的利益。这种利益的特定性将权利与狭义上的法益③区别开来。法益是一个社会的法观念认为应予保护的利益，但这种受法律保护的利益乃是一种概括的、不确定的利益，不具有具体的权利形态。

因此，我们可按照受法律保护力度的不同对利益作三个层次的界分，也就是所谓一般利益、法益、权利，三种利益形态受法律保护的力度渐次加强。一项具体的利益在利益结构中的位置并非一成不变，经济技术的发展以及社会文化观念的变迁都可能引起它在利益结构中位置的变化，一般认为，从一般利益、法益再到权利，其间需要的是一个利益类型化的立法技术处理。

为了避免学术论争流于自说自话的热闹，将讨论建立在共同的基础概

---

① 〔德〕拉德布鲁赫：《法学导论》，米健、朱林译，北京，中国大百科全书出版社 1997 年版，第 61～62 页。

② 以时下国内影响甚广的几本民法总论著作为例，均采“法力说”。参见梁慧星：《民法总论》，北京，法律出版社 2001 年版，第 77 页；王利明：《民法总则研究》，北京，中国人民大学出版社 2003 年版，第 202 页；龙卫球：《民法总论》，北京，中国法制出版社 2002 年版，第 116 页。

③ 法益有广义和狭义之分，广义上的法益泛指一切受法律保护的利益，权利也包含于法益之内；而狭义的法益仅指权利之外而为法律所保护的利益，是一个与权利相对应的概念。本书采用的是狭义上的法益概念。

念之上就成为一种必要。如果我们认同以“法力说”作为民法学构建权利体系的逻辑起点的话，那么诸如一般人格“权”的权利性质之类的疑惑将成为一个值得推敲的问题。

探求权利的本质，并不是民法学研究的重心所在，民法学做得更多的，是依据不同标准对民法中的权利进行分类，并且在具体的意义上阐明或者建构不同类别的民事权利的内涵。在民法上，权利分类的意义不限于逻辑上的归类和整理，其实质在于从各个角度深入了解各项民事权利的构成、形式特点、标的区别、作用形式、利益内容、效力范围以及性质、专属限制、主从关系等，从而把握权利体系结构与整体功能。另外，分类理论在法律规范上也具有适用性。实际上，权利类型化与体系化乃法学方法论上之重要课题。作为概念法学的产物，权利分类理论以及权利的体系化操作尽管受到诸多的批判，但依然受到实务界和法学研究者的推崇。

权利的类型化是制定法的产物。大陆法系的法学家们殚精竭虑，极尽概括、抽象之能事，终于演绎成今日之权利体系及其相应的权利类型。但限于立法技术和立法者认识能力，或出于公共政策和利益衡量的考虑，法律不可能将主体的全部利益都纳入权利体系之中。与此同时，在制定法“法外无权”观念的影响下，权利类型又无法无限地自由发展。于是，在权利种类及其能否类型化问题上，始终存在无法回避的悖论。

值得一提的是，为解决权利类型化所带来的救济不周或不能的问题，并缓和权利推定原则引发的矫枉过正的矛盾，大陆法系的主要代表德国提出了“法益”的概念。所谓法益，指于法定权利之外，一切合乎价值判断、具有可保护性的民事利益。这些利益通常不能被归纳到具体的、有名的民事权利当中，但又确实为权利主体所享有，并经常成为加害行为侵犯的对象，实有保护的必要。关于法益的成文法根据，一般认为是《德国民法典》第 823 条第 2 款和第 826 条之规定。在第 823 条第 1 款中，用列举的方式规定了侵权行为的客体，即生命、身体、健康、自由、所有权或其他权利。作为第 1 款的补充，该条第 2 款宣称，凡违反以保护他人为目的的法律者，也应承担损害赔偿之责。第 826 条则规定以违反善良风俗的方式故意对他人施加侵害的人，同样要承担损害赔偿之责。在该项中，就体现了法律保护法益的目的。我国《民法通则》第 5 条规定：“公民、法人的合法的民事权益受法律保护”，而《民法总则》第 3 条规定：“民事主体的人身权利、财产权利以及其他合法权益受法律保护，任何组织或者个人不得侵犯。”上述两条规定均采用权利和利益的概念，表明在权利之外仍然有一些合法的利益存在。而《侵权责任法》第 2 条第 1 款规定：“侵害民事权益，应当依照本法承担侵权责任”，更是直接借用“权益”的概念，表达了侵权法对于游离在权利之外的诸多民事利益的关怀。

第二节 民事权利与基本权利——以一般人格权为对象的观察[①]

宪法与民法的关系可能是 20 世纪以来法学上最具争议和魅惑的话题之一，参与讨论者涵括公法私法各科学者，发展出了极其繁复的理论和学说。近些年来，我国法学界也逐步开始涉足，切入点大多集中在宪法的私法效力、民法的合宪性控制、基本权利的第三人效力等方面，而较早沸沸扬扬的“物权法（草案）违宪”之争，更使原本法学内部“科际整合”的范畴扩大化为公众话题。本节欲以人格权为例，以一般人格权的创制为线索，集中探讨基本权利（宪法权利）与民事权利二者间的关系，并借此呈现民事权利的品相。

一、宪法与民法的互动

回溯由来，一般人格权乃是由德国联邦法院为满足人格权保护需要，通过一系列判例而创制。其动因在于德国民法典对自然人的规范过于简单，在人格权部分，除了姓名权等零星的几个具体人格权列举外，并无对其他人格利益提供一种总括性保护的制度，一如梅迪库斯所言：“民法典的人法部分仅仅是一件未完成的作品。”[②] 此种状况当然难以适应现代社会对人格利益保护的需要，德国联邦最高法院遂在一些重大的、具有真正法律史意义的裁判（如 1954 年 BGHZ13，334，337f 案件、1958 年“骑士案”以及 1961 年“人参案”等）中，以人的尊严和自由发展其人格的基本权利为依据（《基本法》第 1 条第 1 款、第 2 条第 1 款[③]），通过极具

① 姚辉、周云涛：《关于民事权利的宪法学思维——以一般人格权为对象的观察》，载《浙江社会科学》2007 年第 1 期，本部分在收录于本书时有所增改。

② 〔德〕迪特尔·梅迪库斯：《德国民法总论》，邵建东译，北京，法律出版社 2000 年版，第 778 页。

③ 德国《基本法》第 1 条：人类尊严不得侵犯。尊重及保护人类尊严，系所有国家权力（机关）的义务；第 2 条：在不侵害他人权利及违反宪法秩序或公共秩序范围内，任何人均有自由发展其人格的权利。

意义的和典范的方式发展了这一一切法律的基本思想，承认一般人格权为《德国民法典》第 823 条第 1 款意义上的其他权利。[①] 德国在相当一段时间里，人们几乎都是从宪法（《基本法》第 1 条第 1 款），而不是从民法（第 823 条第 1 款，第 847 条第 1 款）中推导出一般人格权，尽管基本法不能对司法产生直接的影响。[②]

作为以基本法为依据分析民法问题之典范的“吕特案”，其在裁判中所展示的路径和方法最具典型。该案判决中阐明的核心要旨如下：(1) 基本权利主要是人民对抗国家的防卫权；但在基本法的各个基本权利规定里也体现一种客观的价值秩序（Wertordnung），被视为是宪法上的基本决定，有效适用于各法律领域。(2) 基本权利间接透过私法上的规定在民事法中扩展其法律内涵。此一内涵主要是指具有强制性的规定，它对法官而言，透过概括条款特别容易实践。(3) 民事法上的规定也是《基本法》第 5 条第 2 款所称的“一般法律”，因而得限制意见表达自由的基本权利。(4) 一个含有呼吁杯葛的意见表达未必违反民法第 826 条所称的善良风俗；在权衡个案的所有情况下，也有可能经由表达自由在宪法上找到阻却违法的理由。[③] “吕特案”中，法官以作出判决的方式肯认了“基本权利的第三人效力”，其采纳的学理，乃第三人效力学说中的间接效力说。即认可宪法对于私法的规范意义，但认为私人在其相互关系中对基本权利的尊重并非直接的，基本权利应该是在运用和解释民法规范时必须加以考虑的价值选择，尤其体现在对一般条款的应用，即透过民法的概括条款，或不确定法律概念而实践之。[④] 透过类似判例不难发现，宪法已不再满足于形式上的高高在上以及“根本大法”的头衔，经由诸如基本权利的第三人效力理论之运用，其屡屡将触角伸至以民法为代表的部门法中，借此增显其在现实

① 〔德〕霍尔斯特·埃曼：《德国民法中的一般人格权制度》，邵建东等译，载梁慧星主编：《民商法论丛》，第 23 卷，香港，金桥文化出版（香港）有限公司 2002 年版。

② 慕尼黑高等法院最新判例特别明确指出：请求权的法律基础，是在《基本法》第 1 条第 1 款授权保护的基础上予以考虑《德国民法典》第 823 条第 1 款，而不是在《德国民法典》第 823 条第 1 款的基础上同时考虑《基本法》第 1 条第 1 款的授权保护。参见 ZUM2002，S. 744 (745)，转引自〔德〕福尔克尔·博伊廷：《德国人格权法律保护问题及其最新发展》，载《中德法学论坛》2002 年第 1 期。

③ 黄启祯译：《“吕特事件”之判决——联邦宪法法院判决第七辑第一九八页以下》，载林来梵的博客：http://linlaifan.fyfz.cn/blog/linlaifan/index.aspx。鉴于本书目的不在裁判方法的探讨，故对判旨的引用乃“断章取义”未予全录，特此说明。

④ 王泽鉴：《宪法基本权利与私法——合宪性控制在法学方法上的分析》，载《“司法院”大法官释宪五十周年纪念论文集》，第 69 页。

法律世界中的影响力，内中尤以一般人格权的创制为其著例。

如果认为“吕特案”所反映的是基本权利效力力图在民事领域延伸并有所作为的一种努力，那么，在另一面，民法在自身制度不足及宪法理论的冲击影响之下，也出现各类反省，最突出者，即属质疑人格权的民法上权利属性。例如在我国有学者主张，人格权从来就不是一种由民法典创制的权利，而是由宪法直接创制并具宪法性质的权利。① 也有学者认为，人格权的类型及其内容不再是狭窄的以民法典为基础，而是可以直接援引宪法规范支持。② 究其核心理由，皆系围绕德国一般人格权的创制过程中法院所持法律价值理念尤其是对于基本权利性质的观念转变来展开的。事实上在德国，伴随着一般人格权的创制，对于其性质的认识也呈现出截然不同的两派意见。一为基本权利说。梅迪库斯就认为，德国联邦法院在援引《基本法》的有关规定时，明确将一般人格权阐述为“由宪法保障的基本权利”③。二为民事权利说。如拉伦茨主张：“《基本法》对人的尊严和人格价值的强调，促使司法机关通过相应的法律发展，承认了《德国民法典》中未加规定的‘一般人格权’，承认它是私法制度的一个组成部分。”④

上述两种现象，看似彼此相对，实具重大牵连。一方面，宪法试图走下神坛步入“民”间，其所凭依者乃基本权利第三人效力这一独特权利属性。另一方面，民法割舍自己领地，“理失而求诸宪”，同样是因为对以人格权为代表的民事权利的权利属性产生怀疑。宪法的“下凡（民）”和民法的“求仙（宪）”，这二者的互动正是基本权利与民事权利二者关系在当下的扑朔迷离所致，而基本权利性质的模糊和变幻则又是导致基本权利与民事权利关系复杂化的根源。因此，对基本权利的性质进行分析，无疑是解决所有问题的突破口。

二、基本权利的双重性质

人们在法和权利之间所作的传统区分是：法被认为是社会生活的一种

---

① 尹田：《论人格权的本质——兼评我国民法草案关于人格权的规定》，载《法学研究》2003年第4期。

② 龙卫球：《论自然人人格权及其当代进路——兼论宪法秩序与民法实证主义》，载《清华法学》2002年第2辑。

③ 〔德〕迪特尔·梅迪库斯：《德国民法总论》，邵建东译，北京，法律出版社2000年版，第806页。

④ 〔德〕卡尔·拉伦茨：《德国民法通论》王晓晔等译，北京，法律出版社2003年版，第110页。

组织方式，而权利则是指由此归结出的个体的特权。前者，由其客体即社会生活的组织所决定，被界定为客观法；后者因与其主体相联系，而被称为主观权利。① 在当代德国宪法的理论与实践中，基本权利则被认为具有“主观权利”和“客观法”的双重性质。基本权利的双重性质理论为战后K. Hesse首倡，并受到德奥学者普遍引用，在“个人得向国家主张”的意义上，基本权利是一种“主观权利”。同时，基本权利又被认为是德国基本法所确立的“客观价值秩序”，公权力必须自觉遵守这一价值秩序，尽一切可能去创造和维持有利于基本权利实现的条件。在这种意义上，基本权利又是直接约束公权力的“客观规范”或者“客观法”②。对基本权利性质的分析可以循着不同的视角切入，如根据国家承担的是消极的不作为义务还是积极的作为义务，可将基本权利划分为防御权和受益权，依据自然状态与社会状态的区分理论可将基本权利分为公民权利、政治权利和社会权利，凡此种种，不一而足。而各种权利分类之间彼此亦呈现出范围的交错，但最具普适意义、最为根本的仍是主观权利与客观秩序的双重性质理论。③ 基本权利作为宪法中集中体现价值的部分，其性质取决于所在宪法的性质，宪法本身的效力直接决定了其组成部分的基本权利的效力。④ 就笔者观察所及，基本权利的双重性质理论是与宪法自身的特性紧密相关，且暗含着某种逻辑上的内在关联。

（一）作为公法的宪法与主观权利

众所周知，公、私法的划分可以追溯至古罗马时期，建立于社会分裂为相互对峙的公、私两域的基础之上，二者确定不同的法律原则。私法领域主要体现对公民权利的保障，其核心原则是“法不禁止即自由”；而在公法领域则主要体现对政府权力的制约，奉行“法无明文规定即禁止”的原则。从政治国家与市民社会的二分上看，市民社会先于国家并具有相对的独立性展现了民法与宪法在发生史上的先后关系，早在宪法产生之前，自古罗马时代以来所形成的用以解决私人间纷争的由制定法、判例、法解释学等组成的完整、协调的高度发达的私法体系发挥着调整社会生活的功

① 〔法〕雅克·盖斯旦：《法国民法总论》，陈鹏等译，北京，法律出版社2004年版，第4页。

② 〔德〕Robert Alexy：《作为主观权利与客观规范之基本权》，程明修译，载《宪政时代》第24卷第4期。

③ 也有学者将身份理论从主观权利部分抽出，作为与主观权利和客观秩序相独立的第三重属性，参见吴庚：《基本权利的三重性质——兼论大法官关于基本权解释的理论体系》，载《“司法院”大法官释宪五十周年纪念论文集》。

④ 韩大元：《论基本权利效力》，载《判解研究》2003年第1期。

能，私法自治是这一领域内的根本原则，宪法在此背景下所起到的作用只是为国家与市民社会划分各自的范围并对政治国家进行直接调整，至于市民社会领域则是宪法所不能直接涉及的领域。美浓部达吉在20世纪30年代的结论至今仍未过时：公法与私法的区别，实可称为现代国家的基本原则。[①] 公、私法划分的标准产生过利益说、权力说、新主体说等诸多学说，然而无论采取哪种学说的划分标准，宪法当归属于公法、民法当归属于私法却是没有任何疑义的。[②] 即使是在属于普通法系的美国，虽然在理论上并没有严格的公、私法之分，但是在事实上也同样严格坚持宪法的公法性质。[③] 宪法作为公法的范畴，它调整两种法律关系：一是国家机关与国家机关之间的关系，另一是国家与公民之间的关系，后者主要是以确认公民的基本权利的形式表现出来的。在作为公法的宪法中，基本权利集中体现为"主观权利"的面向。传统宪法学理论恪守着基本权利仅作为一种"主观权利"存在，其主要的功能在于对抗国家，确保人民的自由与财产免受国家的侵犯，使人民得以享有不受国家干预的自由空间。基本权利的此种"主观属性"包含两层含义：首先，个人得直接依据宪法上的基本权利条款要求公权力主体为或者不为一定的行为；其次，个人得请求司法机关介入以实现自己的要求。[④] 宪法上规定的诸如言论自由、人格尊严、参政权等基本权利，如在个人与国家的法律关系之中受到国家公权力的不法侵犯时，皆可由当事人直接主张。因此，作为公法的宪法衍生出基本权利的"主观权利"面向，具备如此禀赋的基本权利并不必然要通过行政法等下位阶的公法具体化，其本身就具有可诉性。当下位阶法律未规定对于基本权利的保护时，权利人可以直接以宪法为依据，主张宪法上的基本权利。

（二）作为"高级法"的宪法与客观价值秩序

从体系与逻辑的角度考量，在现代社会中，宪法对整个法律体系的影响是不可忽视的，在现代宪法制度之下，各个部门法都要符合宪法的规定，在各个部门法的法律解释方法中都包含合宪性解释方法，这就是奥地利学者凯尔森（Hans Kelsen）所谓的法律规范效力的位阶理论或金字塔

---

① 〔日〕美浓部达吉：《公法与私法》，黄冯明译，北京，中国政法大学出版社2003年版，第3页。

② 李建良：《公法与私法的区别（上）》，载《月旦法学教室》，2003年第5期。

③ 张千帆：《论宪法效力的界定及其对私法的影响》，载《比较法研究》2004年第2期，

④ 张翔：《基本权利的双重性质》，载《法学研究》2005年第3期。

理论。按照凯尔森的见解，法律位阶理论是从动态的法律秩序上来讲的，主要是具有形式上的意义，是具有高一级效力的规范，或仅仅是授权规范，即规定谁有权依据一定的程序制定下级规范，很少或者不对下级规范的内容作出规定。① 对于宪法的效力根据，凯尔森认为是法律秩序的基础规范（basic norm），“基础规范维系着法律秩序的统一性”②。凯尔森体系中的基础规范是一个法律体系中所有规范得以具有效力的终极渊源，“不能从一个更高规范中得来自己效力的规范，我们称之为‘基础’规范”。基础规范是预设的，“是构建理论体系的逻辑起点也是实在法律体系的效力终点”③。因此，宪法作为“高级法”，高居于由公法与私法组成的法律体系金字塔的顶端，成为形式上法律效力的来源，这就为基本权利的“基本价值秩序”面向之产生提供了形式逻辑上的前提。

从实质与历史的层面看，自国家与社会的理想构图从简单的二元论走出以后，宪法在各国均在以不同的方式进入并改变着民法的价值中立外貌，以宪法的价值规范来统合公私法的价值，化解二者间的理念冲突，已成为各国普遍采用的方式。二战后人权运动的高涨使得那些“人之为人的根本价值”在宪法上居于极其优越的地位，某种程度上承载着超越包括宪法在内的实定法的自然法权利的价值。这便使得宪法价值化的味道愈加浓烈，也为基本价值秩序的产生提供了实质理由。苏永钦先生就认为可以通过“公私法规的合宪性控制”“人权规定的第三人效力”“合人权保障的法律解释”三个宪法机制分进合击，实现宪法价值的垂直整合。④ 拉伦茨在谈到德国基本法和民法的关系时也曾指出：“《基本法》并不是想以少数几条内容尚需进一步确定的原则来取代现行私法制度，而是要承认和确认作为一个整体的私法制度及其根本基础，但同时又想以自己的价值准则来衡量私法制度，并将它纳入整个法律制度的一体化之中。”⑤ 作为“高级法”的宪法衍生出基本权利的“客观法”面向：即基本权利除了是个人的权利

---

① 〔奥〕凯尔森：《法与国家的一般理论》，沈宗灵译，北京，中国大百科全书出版社1996年版，第126页。

② 〔奥〕凯尔森：《纯粹法理论与分析法学》，张书友译，见http://www.iolaw.org.cn/shownews.asp?id=4870，最后访问日期：2017-07-05。

③ 〔奥〕凯尔森：《法与国家的一般理论》，沈宗灵译，北京，中国大百科全书出版社1996年版，第126页。

④ 苏永钦：《从动态法规范体系的角度看公私法的调和》，载苏永钦：《民事立法与公私法的接轨》，北京，北京大学出版社2005年版，第114～115页。

⑤ 〔德〕卡尔·拉伦茨：《德国民法通论》，王晓晔等译，北京，法律出版社2003年版，第115页。

之外，还是基本法所确立的“价值秩序”(Wertordnung)，这一秩序构成立法机关建构国家各种制度的原则，也构成行政权和司法权在执行和解释法律时的上位指导原则。由于基本权利的这一性质只涉及基本权利对国家机关的规制和约束，一般不赋予个人以主观请求权，所以基本权利在这里只是“客观的法”或者“客观规范”①。基本权利作为客观价值秩序成为整个社会共同体的价值基础，这就使得基本权利的影响力得以超越“个人—国家”关系的层面，而能够笼罩社会生活的一切侧面，对法的一切领域（无论公法还是私法）都产生扩散的效力，整个社会生活都应该在基本权利这一价值基础上进行整合。“客观价值秩序”理论在“基本权利的客观面向”“基本权利的第三人效力”“基本权利作为组织与程序的保障”与“基本权利的保障义务”等一系列理论的展开过程中，逐渐取得其内涵并丰富其意义。②

（三）客观价值秩序与民法

宪法究竟是公法，还是更高的法？有学者不同程度地认为宪法应为公法③，也有学者认为宪法既不属于公法，也不属于私法，而是处于两者之上的法律。④ 在笔者看来，宪法究竟是公法还是“高级法”，这并不是一个非此即彼的选择，而毋宁是同一问题的不同侧面，因为宪法本身就是一体两面。我们可以说宪法是高级法，这是侧重从宪法的客观秩序的角度来考虑，基本权利的价值需要渗透进整个法律体系，就此种意义而言，基本权利是一种客观规范，是课以国家积极作为的义务，但并不同时构成一种可主张的权利，因为客观的价值秩序本身并不体现出权利的一面（非权利性），它必须透过立法、行政、司法等国家公权力的进一步实施来实现。同时，我们也可以说宪法是公法，这是侧重从“主观权利”的角度进行分析。基本权利对于当事人来说，是一种可主张的权利，当具体的公法如行政法等没有规定某个基本权利时，权利人可以直接根据宪法主张自己的权利。因此，对于基本权利的认知必须立于宪法性质的高度，明了双重性质背后不同的宪法性质决定因素。

作为宪法上基本权利之一的人格权同样具有双重属性。作为主观权利

① 张翔：《基本权利的双重性质》，载《法学研究》2005 年第 3 期。

② 张嘉尹：《论“价值秩序”作为宪法学的基本概念》，载《台大法学论丛》第三十卷第五期。

③ 李琦：《宪法哲学：追问宪法的正当性》；载《厦门大学学报》2005 年第 3 期；张千帆：《论宪法效力的界定及其对私法的影响》，载《比较法研究》2004 年第 2 期。

④ 蔡定剑：《关于什么是宪法》，载《中外法学》2002 年第 1 期。

的人格权代表着宪法的公法性，是从对国家权力主张的意义而言的，其适用范围仅限于公法领域；而宪法上的人格权作为一种客观价值秩序，代表着宪法的“高级法”属性，这就要求人格权所蕴含的人格尊严、人的自由与发展的基本价值贯彻到整个法律体系当中，自然包括作为私法的民法在内。至此可以明白：法院在经由判例创制一般人格权时之所以苦心孤诣大谈基本权利的双重性质，乃因为唯有基本权利作为客观价值秩序的属性才能推导出基本权利对于民法的效力问题，此时基本权利是以客观价值而非主观权利的面貌出现的。

三、民事权利与基本权利

关于宪法上的基本权利与民法中的民事权利之间在类别形态以及规范体系层面上的关系，已有宪法学者以人格权和财产权为例进行了颇有意义的比较。① 而民法学者也在规范意义上阐述了基本权利与民事权利相互影响的两个方面：其一是宪法作为民法典的效力基础，两者的关系主要在于基本权利，即通过民法典来具体化或者实践宪法上的基本权利；其二是民法的规定会不会发生违宪的问题，或者民法的规定在宪法上如何来审查；在基本权的功能上，则体现了针对立法者的基本权的防御功能与针对司法者的基本权的保护功能。② 笔者认为，探讨基本权利与民事权利的关系，首先必须意识到事实（本质）与法律（建构）的区分。基本权利代表着一些人之为人的最为重要的价值，需要通过法律予以保护，此乃事实层面的客观需要，是事物发展的本质要求。如何对这些价值进行保护，便涉及法律体系的分工，是一个法律上如何建构的问题，而后才有基本权利与民事权利的关系之探讨。建立在这一理论前提下，基本权利与民事权利的关系大致可以从以下几个方面来阐述。

首先，二者的内涵和外延不尽相同。基本权利的构成丰富多样，纵然我国理论界通说将其分为三类，也分别呈现不同品相。如有的学者认为基本权可分为：（1）消极的基本权利，包括人身自由、言论自由等；（2）积极的基本权利，包括受教育权、接受国家救济权等；（3）参政权，包括选

---

① 林来梵：《从宪法规范到规范宪法——规范宪法学的一种前言》，北京，法律出版社2001年版。

② 王泽鉴教授2005年4月10日在浙江大学法学院举办的“基本权利与私法”学术研讨会上的发言，参见徐钢：《法与私法交汇点上的人权保障》，载《人权》2005年第3期。

举权、罢免权等。[①] 而有的学者则认为可分为：（1）人身人格权利，包括人身自由、人格尊严权等；（2）政治权利与自由，包括选举权、出版自由等；（3）经济、社会和文化权利，包括工作权、最低生活保障权、受教育权等。[②] 另外，宪法所规定的公民的各类基本权利，其彼此间在性质上是有差异的，某些宪法权利（如教育权、诉讼权、参政权等）本质上仅具有国家取向，这些权利与民事权利并无任何内容上的关联；某些宪法权利则先行确立于社会民事关系之中，而后才逐渐在与国家的关系上取得公权力的地位，人身自由和财产权可谓其典型。因此，基本权利在内容范围上明显较民事权利为宽。但从另一角度观之，由于基本权利大多是原则性、抽象性的规定，很难涵盖所有的权利类型，而民法在发展过程中形塑了许多具体的权利，如对财产权、人格权的进一步细化，并产生了支配权、请求权、形成权、抗辩权等多样的权利形态，就层次的丰富程度而言，又可以说民事权利更加多样化。

其次，即便是在基本权利与民事权利极具关联的财产权和人格权领域内，也并不能简单地认为"民事权利是宪法上基本权利的具体化"。笔者认为，基本权利与民事权利的关系之探讨仍然需要区隔作为主观权利的基本权与作为客观秩序的基本权。一方面，作为主观权利的基本权仅能针对国家主张，而民事权利则是针对平等主体主张，二者的界限虽然随着 20 世纪以来宪法出现的受益权及其强化，以及由此引发的民法在功能上的社会化而趋于模糊，但这仅是法律功能复杂化的体现，本身并没有改变针对国家权力的主观权利与针对个人的民事权利壁垒分明的基本格局。在权利的救济上，受到公权力侵犯与受到个人的侵犯有不同的请求权基础，适用显然有别的法律原则进行保护。因此，作为主观权利的基本权利与民事权利虽同属主观性的权利，但请求对象、适用范围迥然有异。另一方面，基本权利作为客观秩序所凸显出的那些普适的重要价值则不仅仅与民事法领域对应，而且是普遍法律秩序的组成部分，这些价值的极端重要性使得它们必须脱离具体的法律关系独立存在而得以普遍适用。更为重要的是，自罗马法传承下来的法律科学推动了民法的法律概念，使得法律制度和民法体系的形成发展在法律技术层面上领先于其他法律部门。因此，宪法对民法的影响主要不是在法律技术层面上，而主要是通过价值判断得以实现。作为

① 王世杰、钱端升：《比较宪法》，北京，中国政法大学出版社 1997 年版，第 61 页。

② 李步云：《宪法比较研究》，北京，法律出版社 1998 年版，第 443 页。

客观秩序的基本权利实质上就是一种强制施加给民法的一个给定的完整价值体系的判断，它需要透过民事立法、行政、司法——主要是通过立法——来实现。[①] 而民事权利则属于民法内部的法律技术，作为一种价值判断的基本权利和作为法律技术手段的民事权利之间存在性质上的重大差别。

再次，基本权利与民事权利可以相互转化。转化具有两层意义。第一层含义是指基本权利作为客观价值秩序所承载的那些重要价值需要透过部门法浸润于整套法规范体系。各个法律部门实践基本价值的方式各不相同，而民法主要是通过民事权利制度来完成此任务，然而此一过程绝非单向的自上而下；宪法的整合必然会吸收下位阶法反映的社会现实，双方在彼此的互动与流转中实现宪法价值的更新。一些基本人权，如名誉权、隐私权，在许多国家是首先在民事上被承认，然后进入宪法体系之内，产生了对抗公权力的效力。以隐私权在美国的发展为例，从最初仅仅是作为一项民事权利，发展到成为宪法第 14 条修正案中所保护的权利，从中可以清晰观察到民事权利对宪法权利的影响。[②] 需注意的是，这种转化是价值意义上的，是权利所代表的实体价值或所保护的实体利益由于其重要程度而从民法的保护上升到宪法保护的高度，导致具体的保护方式也可能因此发生改变。转化的第二层含义，是指基本权利的行使或满足的结果会产生一项民事权利或民事利益。著名的"齐玉苓案"是一个很好的例子。[③] 最高人民法院对于此案所作的批复认为，加害人以侵犯姓名权的手段，侵犯了齐玉苓依据宪法规定所享有的受教育的基本权利，并造成了具体的损害后果，应承担相应的民事责任。学者们对此具文颇有争议，提出了不少见解。在笔者看来，原告齐玉苓的受教育权并未受到侵害，受侵害的应是其民事利益。因为作为基本权利的受教育权是一种典型的社会受益权，由此衍生出国家为公民提供受教育机会和受教育条件的义务，而国家通过学校的设置以及教育制度和考试制度的实施已经很好地履行了此项义务，录取通知书的发放便是证明。国家义务的履行即意味着当事人基本权利得到实现，齐玉苓因此获得一个凭录取通知书上学的机会，这属于当事人个人的

---

① 此处所谓"行政"是指苏永钦所说的通过行政行为的手段实现私法的目的，也即管制与自治相互工具化，具体论述请参见苏永钦：《私法自治中的国家强制》，载《中外法学》2001 年第 1 期。

② 详情请参见王希：《原则与妥协：美国宪法的精神和实践》（修订本），北京，北京大学出版社 2005 年版，第 428～429 页。

③ 齐玉苓案的介绍请参见《齐玉苓诉陈晓琪等以侵犯姓名权的手段侵犯宪法保护的公民受教育的基本权利纠纷案》，载《最高人民法院公报》2001 年第 5 期。

期待利益或机会利益，这种期待利益或机会利益属于民法未明定化、类型化为权利的利益，加害人对其上学机会利益的侵犯，属于一种侵犯利益的侵权行为，适用侵权法对于利益保护的相关规定即可。

最后，笔者以为，在探讨基本权利与民事权利的关系时，应避免引入“公权利”与“私权利”的范畴加以混搭。有一种观点认为，在宪法规定的“基本权利”中，有的是作为市民社会的个人（民法上称自然人、法人）所享有的权利，其性质属于私权；有的是作为政治生活主体的公民所享有的权利，其性质属于公权利。其所依据的理由是，公权利应指公民对国家政治事务和社会公共事务的参与所应享有的权利，如选举权、言论自由、集会结社、游行示威等；而作为市民社会一员的自然人所享有的、体现私人自由与利益的各种权利均应属于私权。① 这种观点固然有其道理，但会产生遮蔽效应。因为第一，在基本权利中进一步划分公权与私权的做法，将极易使得这对范畴与公法上的权利与私法上的权利这对范畴造成混淆；第二，基本权利具有双重属性，其展示了宪法作为公法与作为高级法的双重特点，而公权利和私权利的划分无疑遮蔽了宪法的双重属性这一重要性质。

四、人格权与一般人格权

且让我们再回到一般人格权的创制问题，回答人格权的权利属性。有一点必须予以承认，昔日德国联邦宪法法院的确是以宪法上的规定为依据，创制出一般人格权；但由此并不能得出一般人格权就是宪法上而非民法上权利的推论。笔者依然坚持民法的“原教旨主义”立场，认为一般人格权是民法上而非宪法上的权利。理由无非以下几项。

第一，就方法论而言，德国联邦法院于此进行的是一项权利的创制，从事的是法律的续造。众所周知，由于德国民法典缺乏对于一般的、总括的人格利益进行总体保护的规定，因而存有法律漏洞。德国的“一般人格权”，是以《德国民法典》第 823 条第 1 款中所称的“其他权利”为载体而创建的“框架式的权利”。在这个框架中，“其他权利”的范围何以确定，其依据则是德国《基本法》“人格尊严”与“人格发展”之保护的规定。该方法既可视为对民法典第 823 条第 1 款中“其他权利”所采取的一种合宪性解释，也可视为对“其他权利”这一不确定概念的“价值补充”，无论采前者抑或后者，宪法的相关规定或精神只是起到了途径或手段的作

① 马俊驹：《论作为私法上权利的人格权》，载《法学》2005 年第 12 期。

用，其最终目的仍然是创制出一项民法典中新的权利。该权利的民法属性并不会因为解释过程中引用了宪法而加以改变。

第二，从侵权法的结构看，依照德国侵权法的一般理论，《德国民法典》的侵权之债的类型，可以分成三类：一是第 823 条第 1 款规定的“法定侵权”，以“民法典”所明确列举的权利和非权利的利益为保护的目标；二是第 823 条第 2 款规定的“违反保护他人法律之侵权”，以民法典之外的“其他法律”所保护的利益为目标；三是第 826 条规定的“背俗侵权”，这种类型不再以“民法典的列举”以及“其他法律的保护”为条件，凡在法律价值上属于“应受保护”的利益，均为“法益侵权”的保护目标。通常情况下，宪法和其他公法进入民法的通道是后两者。在一般人格权的创制过程中，宪法法院引用了宪法条款，但解释的对象却并非后面二者，而是第一种“法定侵权”，这就更加证明了其所要创制和保护的是民事权利，而非宪法权利。由此可见，德国《基本法》在此仅充当了应予保护的权利的“发生器”，而“一般人格权”的概念，则充当将宪法应予保护的价值，转变为民事权利的“转换器”①。

第三，一般人格权之所以会引发不绝如缕的争议，主要是因为其内容的不确定性。一般人格权并不能如其他民事权利般直接适用，而必须“透过利益衡量的方式”，针对具体个案进行，在个案中，其权利的具体范围才能最终确定。因此才有学者对一般人格权究竟是权利还是利益的探讨。② 正是因为一般人格权这种特殊的适用方式，使其看上去仅仅是一种尚未转化为民事权利的价值秩序意义形态，而非民事权利形态。问题是，基本权利所代表的法律价值，原本在部门法中就并不能实现全部的具体化，尤其对于人格权而言，其自身属性决定了其权利内容无法被穷尽，其范围无法精准地确定，而这正是民法在规定了许多具体人格权后，仍需创制一般人格权的原因。事实上，利益衡量的适用也并非基本权利所独有，民法中权利冲突的适用同样需要利益衡量，不同种的利益或价值之间出现冲突时，取谁舍谁是所有法律所不能避免的价值判断，宪法上的基本权利和民法中的民事权利在发生冲突时都需要进行“利益衡量”，其作为司法适用的方法是君临法域的，也许宪法上基本权利之间的冲突表现得尤为激烈，因而利益衡量的运用更为典型，但这只是程度上的差别，并不能由此

① 马俊驹等：《关于人格、人格权问题的讨论》，载《民商法网刊》2006 年第 8 期。

② 熊谞龙：《权利抑或法益——一般人格权本质的再讨论》，载《比较法研究》2005 年第 2 期。

来区分和判断基本权利和民事权利。

第四，从基本权利的双重性质出发，由于主观权利与宪法的公法性相连，宪法上的人格权作为主观权利只能针对国家，而不能在平等主体之间主张，因此，基本权利对民法的影响是通过“客观价值秩序”的面向实现的。人性尊严与人格独立作为宪法上首要的价值需要渗透进民法之中，民法如何实现和保护这一价值，就属于民法内部法律技术要加以解决的问题，例如可以通过赋予权利的方式（规定民法上的人格权），也可以通过其他的方式（如有学者主张的对人本体的保护①）来实现。由此可见，宪法上作为基本价值秩序意义的人格权在民法内的实现方式并非仅权利一途。但这并非基本权利与民事权利之争，而是人格利益能否以权利的形式获得保护的问题，牵涉人格权究竟是自然权利还是法定权利、人格利益为主体抑或客体的法哲学探讨。换言之，人格权究竟是否得为权利的问题乃是基本权利与民事权利关系探讨的前置性问题，二者分属不同层面，不宜将其混淆。

对于关乎人之为人的那些重要价值，尤其是以人格尊严为核心的价值，宪法与民法都对其提供了保护和救济，就这种意义而言，可以说对于人格权，存在着作为基本权利的——也即宪法上的——人格权和作为民事权利的——也即民法上的——人格权。就作为基本权利的人格权而言，其同样具有主观权利和客观秩序的双重属性，宪法上的人格权作为主观权利因与公法相联只能向国家主张，而不能适用于平等主体之间。作为一种客观价值秩序，宪法上的人格权提供着将这种权利所蕴含的价值渗透到民法的前提和可能性，但其最终实现于民法，则需要民法内部的人格权制度相与衔接，这是法律体系分工的需要，也是法律调整精确的需要，而承担这一使命的主要是一般人格权制度。宪法仅对与人最为紧密，维系着人之存在的基本价值进行保护，而民法对人的保护无疑更加丰富，即在基本价值的基础上增添了若干民法的制度要素，表现为具体人格权，如姓名权、贞操权等；而民法对基本价值的维护则主要依靠一般人格权制度。因此，一般人格权绝非将其他人格利益一网打尽的兜底条款或万应妙式，它仅是人之为人的那些重要价值在民法的映射。如此说来，一般人格权不过是宪法价值民法化的民法工具。如果说人格权有宪法上的人格权和民法上的人格权之分，那么，一般人格权只能唯民法所独有。

---

① 马俊驹、张翔：《人格权的理论基础及其立法体例》，载《法学研究》2004 年第 6 期。

第三节　传统民事权利类型简述

权利类型化与体系化乃法学方法论上之重要课题。尽管其作为概念法学的产物受到诸多的批判，但权利分类理论以及权利的体系化操作，依然受到实务界和法学研究者的热衷推崇。“在人文科学领域，当前绝对没有一个用语像‘类型’（Typus）这个词一样受到人们的喜好。”① 事实确实如此。在民法学中，民法学做得更多的，不是对权利本质进行形而上的思考，而是依据不同标准对民法中的权利进行分类，并且在具体的意义上阐明或者建构不同类别的民事权利的内涵。在民法上，权利分类的意义不限于逻辑上的归类和整理，其实质在于从各个角度深入了解各项民事权利的构成、形式特点、标的区别、作用形式、利益内容、效力范围以及性质、专属限制、主从关系等，从而把握权利体系结构与整体功能。另外，分类理论在法律规范上也具有适用性。

一、权利分类之一：绝对权与相对权

从形式逻辑的角度看，绝对权和相对权的划分是严密而周延的。这种划分方法也是“在《德国民法典》中起着重要作用的一种划分方法”②。德国学者指出，决定其民法典第二编和第三编内容分配的原则“不是生活事实的相似性，而是另外一个原则。权利可以分为相对权和绝对权。这里的原则即是法律后果层面的相似性。第二编调整的债务关系存在于两个人即债权人和债务人（第 241 条）之间，具有相对性。而第三编规范的对象是物，物的归属是绝对的，即任何人都必须尊重这种归属。根据第 903 条，物的所有人有权排除任何其他人对物的干涉”③。

但对于绝对权与相对权的概念，学界却是众说纷纭。有学者认为，能够对抗一般人的权利就是绝对权，而仅能对抗特定人之权利则是相对权。

① J. E. Heyde, Typus. Ein Bin Beitrag zur Bedeutungsgeschichete des Wortes Typus, in Forschungen und Fortschrift 17（1941），S，220. 转引自吴从周：《论法学上之“类型”思维》，载《法理学论丛——纪念杨日然教授》，台北，月旦出版公司 1997 年版，第 293 页。

② 〔德〕卡尔·拉伦茨：《德国民法通论》上册，王晓晔等译，北京，法律出版社 2003 年版，第 300 页。

③ 〔德〕迪特尔·梅迪库斯：《德国民法总论》，邵建东译，北京，法律出版社 2000 年版，第 21 页。

也有学者称："相对权为要求特定人之行为或不行为之权利，绝对权为要求一般人不行为之权利。"① 可以看出，前一种观点，主要从权利的排除功能出发——凡属可排除不特定人之干涉的就是绝对权，反之则是相对权；后一种观点，则奠基于请求权概念之上——请求指向特定人的权利是相对权，而请求指向不特定人的权利就是绝对权。并且，相对权的请求内容包括被请求人的"行为或不行为"，而绝对权的请求内容则仅限于被请求人的"不行为"。也有学者综合前述两种观点，提出所谓绝对权，是指无须通过义务人实施一定的行为，即可以实现，并能对抗不特定人的权利，主要包括所有权、人身权、知识产权等。而所谓相对权，是指必须通过义务人实施一定的行为才能实现，权利人只能对抗特定的义务人，最为典型者当属债权。② 之所以会出现这种论证，其原因在于未能充分理解民法上请求权的概念。这一点，笔者在下文中还要详尽分析。

二、权利分类之二：财产权、人身权和综合性的权利

有学者认为，根据权利的内容和性质，民事权利可分为财产权、人身权和综合性的权利，并将此种分类推崇为民事权利最基本的分类。

所谓财产权，是指以财产利益为直接内容的权利。财产权的主体限于现实地享有或可以取得财产的人，而不像人格权那样可以为一切人普遍享有。财产权不具有专属性，可以由主体转让、抛弃，也可以继承。财产权利主要包括物权和债权两大类。

所谓人身权，是指以人身所体现的利益为内容的，与权利人的人身不可分的民事权利，包括人格权和身份权。人格权是指以人格利益如生命、健康、名誉等为内容的并排斥他人侵害的权利。它主要包括生命健康权、姓名权、名誉权、肖像权、荣誉权、隐私权、贞操权等。身份权是指基于权利人的特定身份产生的权利。身份权包括亲属权、抚养权等。身份权须有一定的行为或资格等才能产生，如具有夫妻资格，才能享有配偶权。人身权的主要特点在于：其内容主要体现为人格和身份等利益。人身权一般都具有专属性，尽管个别人格权的权能，如肖像权的权能可以转让，但人身权作为整体是不能转让的，也不能抛弃和继承。

所谓综合性的权利，就是指由财产权和人身权结合所产生的一类权

① 史尚宽：《民法总论》，北京，中国政法大学出版社 2000 年版，第 22 页。

② 王利明：《民法总则研究》，北京，中国人民大学出版社 2003 年版，第 228 页。

利。民事权利的基本类型为两大类，但是在这两种权利发生综合的基础上产生了一些新的权利。这些权利的特点表现在，其内容既包括人身利益又包括财产利益；其专属性并非十分强烈，如知识产权大多可以转让，但也有些不能转让。按照已有的归纳，典型的综合性权利主要包括如下几类。[①] 一是知识产权。所谓知识产权，就是指以对于人的智力成果和工商业标志的独占排他的利用从而取得利益为内容的权利。它包括著作权、专利权、商标权等。知识产权包括财产权和人身权两方面的内容。如著作权中作者因作品被使用而得到报酬的权利，发现权、发明权中发现人、发明人得到物质奖励的权利等都是财产权利；而作者的署名权、保护作品完整权等则具有人身权的属性。专利权、商标权则都属无形财产权。二是社员权。所谓社员权，就是指在某个团体中的成员依据法律规定和团体的章程而对团体享有的各种权利的总称。例如，对团体的收入分配请求权、投票权、管理权、监督权等。这种权利中既有作为团体成员的身份权利，又有财产权利。三是继承权。所谓继承权，就是指继承人依法继承被继承人遗产的权利。有人把它归于物权，但继承权并不是继承人直接支配遗产的权利，所以继承权不是物权。也有人认为继承权是债权，但继承权并不是继承人要求特定义务人为一定行为（作为，不作为）的权利，因此，它与债权也不同。还有人认为继承权是一种人身权，却也不得妥当。继承权以继承人的特定身份为基础，确实与人身权有较大的相关性，但是继承权又是以财产利益为内容的。因此，继承权是一种独立的民事权利。

但是，关于上述分类的标准本身也存在争议。例如有人认为，知识产权和继承权应当属于财产权的范围。也有人认为，在财产权和人身权之外不存在综合性的权利。财产权不一定具有财产价格，只要体现了一定的经济价值就可以称为财产权。德国学者通常也将财产权称为具有经济价值之权利，而非财产权通常是指人身权，即不具有一定财产内容而以身份和人格为内容的权利。按照此种分类，财产权可以包括物权、债权、知识产权、有价证券等权利，诸此等等，说明有关上述民事权利的分类仍然有待于进一步探讨。[②]

三、权利分类之三：支配权、形成权、请求权、抗辩权

（一）支配权

支配权是直接支配客体（物），并享受一定的利益的权利。物权是典

① 王利明：《民法总则研究》，北京，中国人民大学出版社 2003 年版，第 209 页。
② 王利明：《民法总则研究》，北京，中国人民大学出版社 2003 年版，第 207～210 页。

型的支配权，并且以支配作为其主要的功能。此外，知识产权、人格权、身份权，在性质上也可以称为支配权。但是现代民法已经不存在以直接支配他人人身为内容的权利，身份权只是对身份利益的支配，而不是对他人人身的直接支配。支配权的特点表现在：

第一，支配权的客体是特定的，即特定化的财产和人身；而支配权的义务主体是不特定的。尤其是就财产利益而言，支配权的客体必须特定化，才能对特定的财产产生排他的效力。权利人可以直接支配客体，以满足自己的需要，权利人可以禁止他人妨碍其支配客体。通常在同一权利客体之上不得存在双重的支配权。支配人支配一定的财产，也可以享有一定的利益。

第二，支配权的实现不需要义务人的积极作为。支配权不需要义务人的介入，即可使权利人的权利实现，所以没有相对义务存在。支配权的行使和实现都具有直接性，可以通过权利人的直接行使而实现，不需要外力介入。但是，义务人必须不实施妨碍权利人权利行使的行为，才能使支配权得以实现。支配权的行使，在大多数情况下属于事实行为，极少通过法律行为而行使。

第三，支配权因支配而产生排他性等效力。支配权所产生的各种效力，因支配权的类型不同而不一样。例如，物权人对物的支配可以产生排他性、优先权、追及权等。

支配权根据所支配的客体不同，可以分为如下几种类型。

1. 对于物的支配，即作为物权的支配权。物权人对物可以以自己的意志独立进行支配，无须得到他人的同意。在无须他人的意思和行为介入的情况下，物权人就能够依据自己的意志依法直接占有、使用其物，或采取其他的支配方式。

2. 对于人身利益的支配。人身利益是不能直接表现为一定的财产，而与人身密切联系的利益，包括人格利益和身份利益。人身利益大多具有专属性，不能由主体加以转让。对人身利益的支配，表现为人格权和身份权。

3. 对于无形财产的支配。无形财产是与有形财产相对应的概念，一般是指基于创造性的智力成果所获得的权利。但对于无形财产的概念，仍然存在不同的理解，例如在日本，许多学者认为，无形财产主要是指智力创造性成果，而在法国则认为无形财产是指特定的财产权利，是一种非物质财富，主要包括知识产权以及对现代社会的商业信息所享有的权利。①

（二）形成权

形成权理论的建立，被誉为法学上一重大发现。② 在该理论提出之前，法学者通常将法律上所承认赋予各种权利主体之权能，划分为支配权、请求权及抗辩权。自形成权理论提出后，认除上述三种权能外，又增加一新种类的权利作用。

形成权依其发展至目前通说之见解，系指依一方之意思表示，即可使权利或法律关系发生、变更或消灭的一种权利之作用。形成权之特征，在使已成立之法律行为，由一方之意思表示而发生、变更或消灭，故又名变更权或能为权。形成权的主要特征在于：

1. 权利人根据其自己的意思，就能够使既存的法律关系发生、变更或消灭。例如，权利人享有法定和约定的解除权、抵销权，可以基于自己的意志而解除合同或实行抵销行为。形成权具体包括：法定代理人的追认权、无权代理情况下本人的追认权、选择之债中的选择权、抵销权、合同解除权等。至于可撤销合同中的撤销权以及债权人撤销权，因其必须通过诉讼行使，故称为特殊的形成权。

2. 其效力的发生不需另一方作出辅助行为或共同行为。在形成权法律关系中，不存在相对应的义务，只需要他人不妨碍其权利的行使即可。

3. 具有不被侵害性，不因他人的侵害而消灭。形成权在未行使前，对原来的法律关系没有任何影响。一旦行使，就可以使具体的法律权利和义务发生、变更或消灭。由于这种特殊的行使方式，形成权在一般情况下不会因他人的侵害而消灭。形成权的消灭，一般情况下只能是在除斥期间的经过或者权利人放弃形成权下发生。

4. 具有不可单独转让性。形成权大多是依据于某种实体的权利（如债权等），并作为该权利的一项权能而存在的，例如抵销权和撤销权就是作为债权的一项权能而发生的。所以，形成权必须依附于一定的法律关系才能发挥其作用，具有专属性，不得与原权利分割而单独转让。

形成权和抗辩权都有使法律关系发生变化的作用，所以，广义的形成权也包括抗辩权。例如，时效期间届满的抗辩权一旦提出，也会导致权利

① 吴汉东、胡开忠：《无形财产权制度研究》，北京，法律出版社 2001 年版，第 37 页。

② 〔德〕汉斯·德勒（Hans Dölle）：《法学上之发现》，王泽鉴译，载王泽鉴：《民法学说与判例研究》，第 4 册，北京，中国政法大学出版社 1997 年版，第 12～15 页。

人受法院保护的权利消灭，同时法律关系因此发生变更。但二者有区别。表现在：一方面，形成权的行使并不针对请求而主张，即使没有一方提出主张，它也仍然可以被主张，但是抗辩权是针对一方提出的请求而行使的；另一方面，形成权的作用主要在于改变法律关系的效力，而抗辩权则主要在于对抗权利主张。

形成权与期待权关系如何，学者意见不一致。有学者认为期待权属形成权，有认为期待权为类似形成权之一种，有认为期待权与形成权性质各异，不相类属。比较而言，期待权与形成权的差别比较明显。从权利运作来看，期待权最终将发展为具体的权利，形成权则一经权利人行使即告消灭；期待权发展为具体的权利需要依赖于条件的成就或期限的届满，而形成权的行使则依赖于权利人的意思表示，如追认、拒绝追认等。期待权与形成权也有相同之处。从期待权本身来看，其发展为具体权利，也可认为是期待权的消灭，与形成权一经行使即告消灭类似。总之，期待权与形成权虽有相同之处，但终究不是形成权。但两者也有结合之可能。如选择权系形成权之一种，契约当事人约定特定条件发生时，当事人一方可以行使选择权，此种选择权也属将来可能取得之权利，因此期待权也可在形成权上发生。①

（三）请求权

从逻辑上看，请求权只是权利类型下的具体种类，对其探讨应该放在上面的第二部分中。但因其地位重要，故单列出来，集中探讨。

1. 请求权体系

民法中很少有权利类型能像请求权这样贯穿民法的总论（作为权利分类的一种类型）、分论（债的请求权、物上请求权），并且承接民事诉讼法（由请求权竞合导致的责任竞合）。事实上，请求权应当是整个民法学的研究核心之一，因为其覆盖了民法典各编的内容（从人格权法上的请求权到债权请求权再到物上请求权、从家庭法上的请求权到继承法上的请求权），另外，请求权体系、请求权抗辩、请求权竞合及其时效制度等都是民法典中的重要内容。毫无疑问，上述内容都倚赖对请求权的理解和研究。

学界通说认为，请求权的概念最早由德国学说汇纂学派代表人物温德夏特（Windscheid）于1856年发表的《从现代法的立场看罗马私法上的诉权》一书中提出。他认为，请求权就是要求他人作为或不作为的权利。

① 申卫星：《期待权基本理论研究》，北京，中国人民大学出版社2006年版，第142～144页。

此种观点为《德国民法典》所采纳，并为许多大陆法国家的民法所运用。

请求权根据产生的基础关系，可将其分为如下几类。

（1）债权的请求权，包括合同履行的请求权、违约损害赔偿请求权、缔约过失请求权、无因管理请求权、侵权的请求权、不当得利所产生的返还请求权等。[①]

（2）物权请求权，具体包括返还原物请求权、停止侵害请求权、排除妨碍请求权、妨碍预防请求权等。

（3）占有保护请求权，主要包括在占有受到侵害的情况下，而使占有人享有的占有返还请求权、妨碍排除请求权、消除危险请求权。

（4）人格权和身份权上的请求权，人格权上的请求权，主要是指在人格权受到侵害的情况下，产生的停止侵害、赔偿损失的请求权。身份权上的请求权主要包括抚养请求权、赡养请求权等。

（5）知识产权上的请求权，主要是指知识产权受到侵害的情况下，产生的停止侵害、排除妨碍、消除危险请求权等。

请求权是与支配权、形成权、抗辩权相对应的权利。请求权的概念使得民法典中有关债权的规定能够适用到其他非债之请求权上。由于债权主要是请求权，而其他的各项权利在受到侵害以后也都转化为请求权，所以，请求权概念的产生进一步增进了民法的体系性，民法也因而进一步形成为一个有机的整体。请求权体系理念的发展，也为从整体上把握和运用民法，提供了法理的基础和妥当的方法。理解请求权的结构是把握整个民法典体系的一个基本要求，也是寻找正确的请求权基础规范的前提条件，而寻找正确的请求权基础规范是学习民法、应用民事法律规范特别是法官判决的基本任务。此外，请求权概念的产生还确立了诉讼时效制度适用的范围。一般认为，诉讼时效适用的对象为请求权，从而使诉讼时效和取得时效、除斥期间之间具有了明显的区别。

请求权是一个完整的体系，它是由合同的请求权、缔约过失请求权、无因管理请求权、物权请求权、不当得利和侵权的请求权所构成的体系。[②] 如前所述，正确了解民法的请求权体系对于培养分析和运用法律的体系观念，从体系上把握整个民法的知识、制度和规范，从而正确适用民

---

① 赔礼道歉、恢复名誉等民事责任形式，因本质上不是一种给付关系，不应当包括在债权的请求权中。

② Dieter Medicus，Bürgerliches Recht，Carl Heymanns Verlag，1999，pp. 5 - 9.

法规则具有十分重要的意义。

关于请求权体系作为民法典的内在结构可以参见下面简要的示意图。①

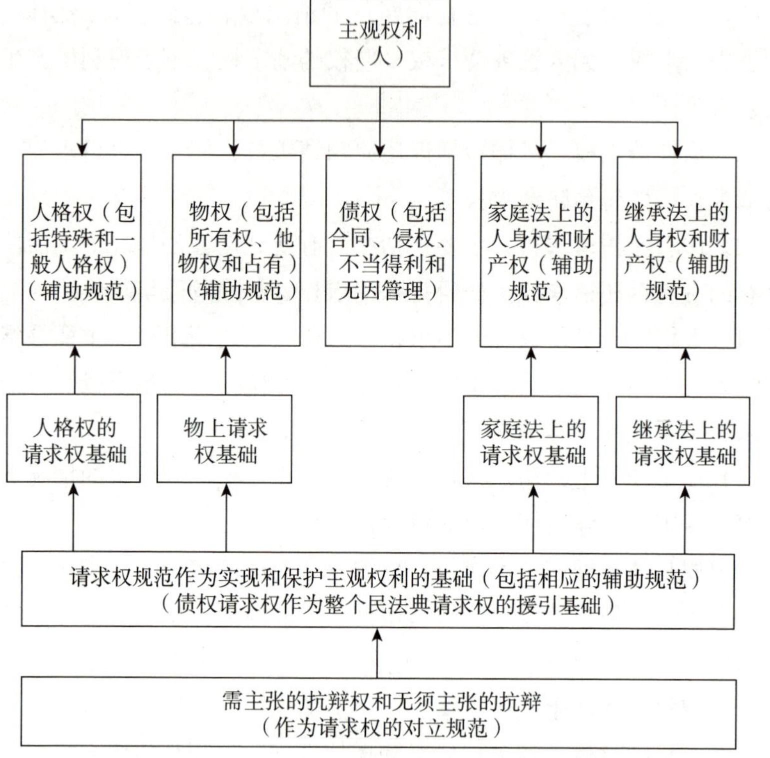

在方法论意义上，请求权及请求权制度的重要价值，在于为法官处理民事纠纷、研习者分析民事案例提供了独特的思维方式，即所谓请求权的思维方式。该方法强调处理实例应以请求权基础为出发点。请求权基础，指得以支持一方当事人向他方当事人有所主张的法律规范，也就是具体条文。任何民事案件的分析与处理，不外乎解决这样一个问题，即“谁向谁，依据何种法律规范，提出何种请求”，其中“依据何种法律规范”就是一个请求权的基础问题，探寻请求权的基础既是解决问题的关键，又是培养法律思维能力的手段。

2. 请求权的竞合与聚合

请求权竞合（Anspruchskonkarrenz），指同一法律事实产生后发生多项请求权，当事人可以选择其中一项行使。如果一项请求权行使不能使受

① 转引自朱岩：《论请求权》，载《判解研究》2003年第4辑。

害人得到充分的补救，原则上受害人可以请求另外一种请求权。如果就一个请求权因目的达到以外之原因而消灭时，仍可以行使其他请求权。[①]

在请求权竞合问题的处理上，传统学理有两种观点：一是法律竞合论（Gesetzeskonkurrenz），一是请求权竞合论（Anspruchskonkurrenz）。此外，在传统请求权竞合理论之后，学理又提出了请求权规范竞合论的学说。法律竞合论是由刑法上的法条竞合论引入民法领域而形成。这一理论以刑法上的法条竞合论为基础，认为一个法律构成要件在发生的时候，如果导致多个不同的请求权同时存在，而这些请求权的目的只有一个时，实际上是一种法律竞合的现象，竞合的是法条，而不是请求权，真正的请求权只有一个。在这种情况下，解决问题的方法，仅仅是如何正确适用法律的问题。请求权竞合论又分为请求权自由竞合论和请求权相互影响论。其中的请求权自由竞合论认为，在因为同一个事实关系而发生复数的请求权，并且这些请求权的给付目的为同一时，各个请求权可以同时并存。在成立要件、举证责任、赔偿范围、时效以及抵销等方面，各个请求权相互独立。对这些竞合的请求权，当事人可以选择其中一个请求权进行主张，也可以就所有请求权同时主张，还可以就不同的请求权先后主张。权利人还可以将其中一个请求权让与他人，自己保留其他的请求权，或者将请求权让与不同的他人。但是，如果其中一个请求权获得满足，其他的请求权即随之消灭。请求权规范竞合论由德国学者拉伦茨（Larenz）提出。拉伦茨认为，在同一事实符合侵权责任和债务不履行责任的规定时，被害人实体上的请求权只有一个。相互竞合的并不是请求权，而是请求权的基础。这样，以同一给付为目的，而有数个规范作为基础的请求权，权利人只能请求一次，债务人也只须履行一次。该请求权经裁判后，权利人不得对同一事实以其他的法律观点再行提起新的诉讼。德国另一学者 Esser 在处理侵权责任与违约责任竞合时，也采这一观点，认为是请求权基础的竞合，而不是请求权的竞合。

我国学者大多认为，在一般情形下，请求权竞合与责任竞合具有共同的内容。认为责任竞合是从不法行为人（债务人）角度观察而产生；请求权竞合则是从受害人（债权人）角度观察而产生。所以责任竞合与请求权竞合是同一问题的两个不同的方面。[②] 学理上我国学者一般都采请求权竞

---

① 王泽鉴：《法律思维与民法实例·请求权基础理论体系》，台北，1999 年自版，第 199 页。

② 王利明主编：《民法·侵权行为法》，北京，中国人民大学出版社 1993 年版，第 214～215 页。

合论，不过，在对待违约责任与侵权责任的竞合时，虽然采纳请求权竞合论而允许当事人选择请求权，但也没有采绝对的请求权自由竞合论，而是对请求权竞合作了一些限制。

请求权聚合（Anspruchshäufung），指同一法律事实产生后发生多项请求权，当事人对于数种以不同的给付为内容的请求权，可以同时主张。[①] 在诉讼中，各种请求权表现为不同诉讼标的，权利人可以同时提起诉讼，各项请求权可以同时实现。

（四）抗辩权

抗辩权是和请求权相对应的概念，其功能就是对抗或延缓请求权的行使，或使请求权归于消灭。所以，抗辩和请求是相辅相成的。例如，合同法规定的同时履行抗辩权、不安抗辩权等，都是针对履行请求权的权利。

抗辩权分为程序法和实体法上的。程序法上的抗辩权是指被告针对原告的诉讼请求从程序上提出异议，例如，对管辖提出异议、对诉讼请求提出异议等。民事诉讼上的抗辩如果以主张实体法的事项为内容，则应以实体法上的权利为基础，但又不完全等同于实体法上的抗辩权，因为实体法上的抗辩权毕竟是针对请求权而行使的，在诉讼之外也可以行使。

实体法中的抗辩权，如担保法中规定的先诉抗辩权、合同法中规定的同时履行抗辩权、后履行抗辩权、不安抗辩权，时效制度中规定的时效届满后的抗辩权等，都是法律规定由一方所享有的权利。从实体权利角度来看，抗辩和抗辩权并不是同一概念。抗辩所包括的事由极为广泛，而抗辩权则是由法律明确规定由一方享有的对抗另一方的请求权的行使的权利。

第四节　新型权利的展望——以个人信息和网络虚拟财产为视角

2017 年颁行的《民法总则》沿袭《民法通则》的体例，仍然专章规定了民事权利，在内容上则有所增加。这些新条文既是对现实社会需求的回应，也是对原有权利体系的完善。其中最引人注目的是第 111 条和第 127 条。第 111 条规定了个人信息权，即“自然人的个人信息受法律保护。任何组织和个人需要获取他人个人信息的，应当依法取得并确保信息

---

① 王泽鉴：《法律思维与民法实例·请求权基础理论体系》，台北，1999 年自版，第 199 页。

安全，不得非法收集、使用、加工、传输他人个人信息，不得非法买卖、提取或者公开他人个人信息”。第 127 条规定了数据与网络虚拟财产的保护，即“法律对数据、网络虚拟财产的保护有规定的，依照其规定”。这亦是最能反映《民法总则》“民事权利”部分具有时代精神和人文关怀的新增条文。

一、方兴未艾——以个人信息保护的多元化法律体系构建为范例[①]

(一) 理论概述：个人信息法律保护的价值和法理基础

法律体系，指由一国现行的全部法律规范按照不同的法律部门分类组合而形成的呈体系化的有机联系的统一整体。[②] 简单而言，法律体系即部门法体系，而部门法体系又是由公法、私法框架下的各个具体部门法所组成。因此，本节所述的多元化法律体系，将分别从公法和私法的角度进行论述。

关于公法和私法的诞生，最早可追溯到古罗马法。古罗马法学家乌尔比安最早提出：“公法是关于罗马帝国的法律，私法是关于个人利益的法律。”[③] 从理论上讲，“公法”调整公权力之间及公权力与私权利之间的关系，即凡涉及公权力的运行、以公权力为调整对象之一的法为公法。“私法”则调整权利与权利之间的关系，以权利作为调整对象与内容的法为私法。以此为标准对我国现有的法律体系进行审视，“公法”的范畴基本包括宪法、刑法和行政法；“私法”的范畴则基本包括民法和商法。至于经济法，由于其具有部分公权力调整的特点，需要结合具体情况予以分析。

由此，在如下的讨论中，个人信息的公法保护将主要集中于宪法、刑法和行政法领域；私法保护部分，将主要聚集于民法框架之中，包括基本法、特别法和司法解释等不同层级的规范。

1. 个人信息公法保护的价值和法理基础

个人信息保护的价值涵摄公法与私法两个维度。首先，于公法层面，个人信息保护的价值主要体现在：第一，为个人信息提供更为严格的保护；互联网技术的迅猛发展，为个人信息的快速收集、便捷使用、广泛传播提供了技术手段和环境基础。个人信息的收集、处理、利用和分享变得

---

① 姚辉、张璇：《个人信息保护的多元化法律体系构建——以大数据时代为背景的分析》，载《判解研究》2015 年第 3 辑，收录于本书时有所增改。

② 〔英〕约瑟夫·拉兹：《法律体系的概念》，吴玉章译，北京，中国法制出版社 2003 年版，第 6 页。

③ 江平、米健：《罗马法基础》，北京，中国政法大学出版社 1991 年版，第 9 页。

极为容易，个人信息收集后达成的非收集当时所预期目的逐渐显现，二度利用个人信息产生的利益不断增大，由此导致个人信息被侵害的可能性进一步增大。而对于单个个体而言，在很多时候无法反抗此种信息的收集。例一：登录商户的关联网站时，通常会要求共享用户注册的相关信息，否则，就难以进行下一步的操作以获取服务。这种情况下，用户个人无法判断在其提交了个人信息之后，何人、在何种情况下，基于何种目的，可以得知与其有关的资料，事实上在沟通过程中已经失去了作为主体参与的可能性，逐渐成为可操纵的资信客体。上述促使用户“被动交付个人信息”的行为，实际上构成了对用户个人信息的不当利用，甚至是侵害。但在现有的合同法等民事法律框架之下，用户在此种情形下“交付个人信息”的行为应属资源，商户并不违法，亦即无法通过民法等私法手段对商户获取用户个人信息的做法进行规制，对用户进行救济。此时，对个人信息的保护需要一种更为严格、更有效力的手段介入，而只有根植于公权力的公法才能对有关行业，尤其是信息获取者、信息管理者提出具有法律约束力的要求，使公民个人信息得到应有的保护。第二，对公权力进行规制；公权力自诞生之初，即隐含着潜在被滥用的风险。① 而滥用公权力所指的对象往往是“私权利”，包括作为民事权益或权利的个人信息。而公法本身，具有规范公权力运行程序、限制公权力运行边界的作用。因此，公法对个人信息进行保护的同时，也在对公权力进行控制，规范其运行，尤其是防范公权力“以保护为名”对个人信息的侵害。第三，促进形成民主宪法秩序；民主社会的建构，依赖于公民对公共事务的参与、思辨以及公民的自主决定能力，这些，都建立在公民个体独立、公民自我意识养成的基础上。② 个人信息作为公民个人权利的重要组成部分，在促进个人自我发展和实现个人独立方面起着至关重要的作用。因此，从更深层次讲，公法对个人信息的保护，表达的是对个人尊严和价值的尊重，最终将促进由独立个体组成的社会秩序的民主化。

其次，个人信息公法保护的法理基础在于：第一，人性尊严与个人信息保护之间的关联；“人性尊严”从人本思想、文化和宗教意义上发展至法律保护的基本权利，源于各国在二战之后对战争残害人性、漠视人性尊

---

① 〔法〕孟德斯鸠：《论法的精神》上册，张雁深译，北京，商务印书馆 1961 年版，第 154 页。

② 〔美〕阿丽塔、L. 艾伦、理查德 · C. 托克音顿：《美国隐私法——学说、判例与立法》，冯建妹译，北京，中国民主法制出版社 2004 年版，第 51 页。

严的反思。此后，许多国家陆续在本国最高法律中确立了尊重和保障人性尊严的有关规定。例如，德国《基本法》第 1 条第 1 项即开宗明义地宣示："人性尊严不可侵犯。所有国家权力均负有尊重并保护人性尊严的义务。"[①] 学者也尝试从不同角度对人性尊严的法律含义作出解释，尽管角度不一，但其对人性尊严法律含义的理解有共同之处，即强调对人的尊重、对人的自主权的尊重，实现人的目的的最大化。具体而言，人性尊严直接涵摄的权利，包括正当生存权、人格尊严权、行为自主权和私域控制权。[②] 其中，私域控制权包括住宅权、隐私权、个人资讯控制权。个人信息即是其中的隐私权和个人资讯控制权的客体。亦即，每一个人对于涉及自己信息提供、利用的决定过程，皆有积极参与形成自我的可能，并且得以作为抗拒他人恣意干涉的消极自由权。唯有如此，作为主体性的个人，其人性尊严才不致受到贬损。从这个意义上来说，个人信息隐私和信息自决是人性尊严必须负载的人的正当权利。第二，公共利益、国家安全利益与个人信息权益之间的平衡；任何权利都不是绝对的权利，其必然和其他权利发生冲突并需要在二者之间寻求一种平衡。(1) 公共利益对个人信息的适当限制；公共利益是关乎社会全体成员的共同利益，如果过度追求个人信息的保护，将可能造成公权力因个人信息隐私利益等的限制而无法履行行政职能，显然不利于实现公共利益。因此，当公权力以增进行政效率为由提出对个人信息加以限制时，个体应对其个人信息控制进行适度的削减与限制，方能追求较大的公益。反之，如果过多强调公共利益，则可能诱发公权力以公共利益之名而实为职权滥用或行政恣意而导致个人信息受到极大的侵害，导致个人信息公法保护制度的建立没有实际意义。因此，要求个体限制其个人信息权利时，需要有足够充分的理由，例如，建立电子政务系统而需要个体让渡其部分个人信息。(2) 国家安全利益对个人信息的适当限制；国家安全利益关系到全社会成员的共同利益，因此，当国家安全与个人信息利益发生冲突时，个人信息利益也要在必要限度内予以克减。如政府为预防犯罪、维护国家安全，可能采取监视、监听、收集敏感性个人信息等对公民的信息隐私权予以限制。或者国家在遭遇重大危及国家安全的紧急状态时，公权力也可以采取限制公民的信息隐私权的紧急

---

① 〔德〕克里斯托夫·默勒斯：《德国基本法：历史与内容》，赵真译，北京，中国法制出版社 2014 年版，第 13 页。

② 胡玉鸿：《"个人"的法哲学叙述》，济南，山东人民出版社 2008 年版，第 193 页。

措施。例二：美国在 2001 年“9·11”事件后，于 2001 年 10 月 24 日通过《爱国者法案》。在该法案的框架下，政府机关内部、政府机关之间及政府机关与私营部门的信息共享得到了加强；为某一目的收集的个人信息可以为其他目的而使用和共享；FBI 和 CIA 之间的信息共享及联邦执法部门与地方执法部门之间的信息共享将得到加强。①

综上，大数据时代下，“人性尊严”是公法对个人信息进行保护的法理基础，“权利边界”则是公法对个人信息进行保护时如何掌握边界的法理基础。

2. 个人信息私法保护的价值和法理基础

个人信息私法保护的价值主要体现在：第一，彰显对个体人格利益的保护；上文已述，个人信息属于人性尊严中私域控制权的一部分，对应私域控制权中的隐私权和个人资讯控制权。因此，对个人信息进行私法保护能够保障个体人格利益的实现。第二，促进完善民法内容和体系；无论是将个人信息作为一般人格权或具体人格权加以保护，都将丰富人格利益民法保护之内容，也将可能最终促使人格权在民法典中的独立成编，促进民法体系的进一步完善。第三，促进公民社会的形成和发展；公民社会的构建，有赖于在其中的每一个个体的自决和自我意识，社会中的每一个个体对他人权利和空间给予充分尊重，也是不可或缺的前提条件之一。个人信息的私法保护，即是在私法框架内，尤其是在现有的民法格局内进行。这种保护，将有助于规范私主体收集、利用他人信息的程序，对在此过程中违法行为的规制，也将起到示范和警示作用，从而引导公民个体在今后保护他人个人信息，充分尊重他人的私领域空间。

个人信息私法保护的法理基础在于个人信息收集、处理过程中形成的民事法律关系。首先，从主体角度看，大数据时代之下，信息成为社会核心的经济资源，社会价值的增长往往是通过知识和信息的生产来实现，由此导致侵害个人信息的行为层出不穷。而对于信息的收集以及处理形成的法律关系，既有上述国家或行政机关等公权力一方参与的纵向法律关系，也有平等民事主体之间形成的横向法律关系。对于个体而言，由于横向法律关系中主体一方往往是商业机构获取利益的需要，在此关系中双方主体是平等的，不存在妥协与让步，因而，对个人信息的私法保护成为必然。其次，从客体角度看，个人信息能够作为民事法律关系的客体是对个人信息进行私法保护的前提。由于个人信息通常在平等主体之间流转，对于个

① 见 http：//www.epic.org/privacy/terrorism/hr3162.html，最后访问日期：2015－10－06。

人信息的收集、使用也发生在平等主体之间，同时，个人信息体现的是人格利益，对个人信息的收集、使用与公民的人格尊严密切相关，因此，其应当成为民事法律关系的客体。此外，个人信息中也含有一定的财产利益，在一定程度上其能够被公民支配并产生一定的经济效用。尤其在当前社会环境下，个人信息中包含的财产利益已经日益凸显，从这个层面上来说，个人信息也应当成为民事法律关系的客体，从而受到民事法律的保护、被纳入私法保护的范畴。

（二）域外启示：个人信息保护的比较法考察

自20世纪60年代起，各国已普遍意识到网络环境下保护公民私生活的重要性。1970年最早的有关个人信息保护的国内法《个人信息保护法》在德国黑森州被制定。随后，1973年瑞典制定了《资料法》，1974年美国制定了《隐私权法》，1977年德国制定了《联邦个人信息保护法》，欧洲议会也于1981年出台了《个人数据保护协议》，1984年英国制定了《数据保护法》，1998年《欧盟个人数据保护指令》生效，据不完全统计，世界上制定了个人信息保护法律的国家或地区已经超过50个。

1. 美国

美国个人信息公法保护制度的建构以"隐私权—信息隐私权"为关键术语次第展开，大致遵循了这样一个发展脉络[①]：一是依赖于法理学说，首次确立隐私权的概念并作出与时代相回应的扩张解释，使得信息隐私权成为隐私权的重要组成内容；二是依托于实践判例发展，通过判例不断推演着隐私权的时代进程，经历了从否定隐私权到承认隐私权，私法意义上的隐私权到对抗政府的宪法隐私权、直到宪法意义上的信息隐私权，隐私权被赋予更全面的保护和更注重人性尊严及内心情感维护的品质；三是基于学说支持、判例推动和信息公开法的法制需要，于1974年制定《隐私权法》，宣示了信息时代个人信息隐私权对政府权力制约方式的实现。

以1974年《隐私权法》为核心的立法体系中，需要提到美国宪法第4和第5修正案，前者规定，个人享有不受无理搜查、扣押的权利；后者规定，个人享有反对自证其罪的权利。这两项规定，通过1995年格鲁斯沃德诉康涅狄格州案，被认定为隐私权的宪法根据。1974年，美国通过第一个隐私保护法案——《隐私权法》，对联邦政府处理及使用个人信息

① 张娟：《个人信息公法保护历程述评——以美国信息隐私权、德国信息自决权为中心》，载《安徽大学法律评论》2013年第1辑。

进行详细的规范，同时，建立了“隐私保护观察委员会”，针对该法的个人隐私保护做定期的观察与报告。《隐私权法》主要针对的是政府部门，而私法环节部分则由少数联邦特定立法、州法、普通法、工业自治及公司内部规范多种途径进行规范。此后，通过 1980 年《隐私保护法》、1986 年《电子通讯隐私法》、1991 年《电话消费者保护法》《家庭教育及隐私权法》和《财务隐私法》等，建构了保护个人信息隐私的法律体系。

在私领域，美国对个人信息保护实行行业自律模式，针对的是收集、处理和利用个人信息的私人机构领域，通过相关的行业制定出行为指引或行为规章来规范。① 美国采取的行业自律，并不是完全依靠民间行业内部规范来解决个人信息的保护问题，而是行业在政府引领下由行业自己内部进行规范，所以这是一种自下而上与政府紧密相关的规范模式，不同于由立法对个人隐私进行保护的这种自上而下的规范模式。② 在这种模式下，如果行业内部不能解决相关的个人信息保护问题，可以由政府与相关行业一起合作处理这一部分。这种模式一是减少了因为立法滞后使信息技术的发展而受到限制，二是符合各个行业收集和处理个人信息的内容和方式千差万别的实际。当然，该模式也有其缺点，比如执行和保障缺乏权威性和效力；企业作为该模式的主要参与者，其更加看重的是个人信息蕴含的财产权益，往往会忽视个人信息中蕴含的人格权益。

2. 欧盟

欧洲共同体（European Community）的成员国自 1970 年起，就开始实施各自的个人信息保护法；自 1983 年德国联邦宪法法院承认“信息自决权”（right of informational self-determination）起，个人数据保护就一直被视为一种基本人权（human right）。③ 至 1990 年，大多数成员国都通过颁布国内法来保护个人信息。④ 1995 年，为了应对成员国之间频繁的经济活动对个人信息的需求⑤，欧盟于 1995 年制定了《关于涉及个人数

① 吕倩：《论个人信息的私法保护路径》，天津师范大学 2014 年硕士学位论文。

② 杨估：《域外个人信息保护立法模式比较研究》，载《图书馆理论与实践》2012 年第 6 期。

③ 林钟千：《欧盟〈个人数据保护条例案〉（2012 年）修正之评析》，载《判解研究》2015 年第 2 辑。

④ Briana N. Godbey，“Data Protection in the European Union：Current Status and Future Implications”，*A journal of Law and Policy for the Information Society*，Vol. 2. Issue. 3（2006），pp. 803 – 804.

⑤ Paul M. Schwartz，“The EU-U. S. Privacy Collision：A Turn to Institutions and Procedures”，*Harvard Law Review* Vol. 126，Issue. 7（2013），p. 1972.

据处理的个人保护以及此类数据自由流动的指令》（以下简称《欧盟个人数据保护指令（1995 年）》）。① 该指令对“可识别性”“处理”“同意”等关键用语和概念的定义作出巨大的贡献。

《欧盟个人数据保护指令（1995 年）》虽是欧盟个人数据保护史上的里程碑，但是，随着技术的迅速发展，个人数据保护面临着新的挑战，指令的适用性限制也更加凸显。因此，2012 年，欧盟对上述指令进行了修改。②随后，2014 年 3 月 12 日欧洲议会（European Parliament）通过了《欧盟个人数据保护条例案（2012 年）》修正案。（以下简称“修正案”）③ 修正案的如下几个方面值得关注。第一，在“个人数据”的范围方面，修正案新增了匿名数据（pseudonymous data）和加密数据（encrypted data）。匿名数据指的是只有具备“附加信息（additional information）”的情况下才能够识别数据主体的信息④；加密数据指的是通过技术上的保护措施不允许无权利人利用的数据。⑤第二，在“强化同意的要件”方面，修正案新增条款如下：“同意与否的举证责任在于数据处理控制人”；由此增加数据处理控制人的举证责任，破解了在私法保护框架下被侵权人举证难度大的问题。另外，修正案强化了删除权（right to erasure）。根据该条文，数据处理控制人没有任何合法理由保存数据主体有关数据的情况下，数据主体可以要求删除与他们相关的数据或者有关第三人的链接和复制。另外，数据处理控制人在不具合理性的情况下，公开个人数据者，数据处理控制人应该采取所有合理的措施来删除数据，包括第三人保有的数据，并且通知数据主体有关第三人所采取的措施。⑥ 该项规定有助于破解当搜索引擎快照保留存在侵权可能性的链接网站上有关个人信息的内容时，数据主体难以要求该第三方搜索引擎删除相关信息的实务难题。第三，在“加

① Directive 95/46/EC of the European Parliament and of the Council of 24 October 1995 on the protection of individuals with regard to the processing of personal data and on the free movement of such data, Official Journal of the European Communities No L 281, pp. 31 - 50.

② Proposal for a Regulation of the European Parliament and of the Council on the protection of individuals with regard to the processing of personal data and on the free movement of such data (General Data Protection Regulation) COM (2012) 11 final, Brussels, 25. 1. 2012.

③ Progress on EU data protection reform now irreversible following European Parliament vote, EUROPEAN COMMISSION MEMO/14/186 (12 March 2014), p1. available at http: // europa. eu/rapid/press-release _ MEMO - 14 - 186 _ en. htm.

④ Amendment 001 - 207 Article 4 (2a).

⑤ Amendment 001 - 207 Article 4 (2b).

⑥ Amendment 001 - 207 Article17 (2).

强数据处理控制人与数据处理者的责任”方面，修正案强调在个人数据主体的权利实现过程中，规定了共同数据处理者之间的责任安排。因此，在其之间的责任范围不明确的情况下，共同数据处理者个别（severally）并连带（jointly）负责。①

3. 日本

1996 年 6 月，日本高度信息通信网络社会推进战略本部正式提出了隐私保护以后，在 1998 年 11 月制定的“向高度信息化通信社会推进的基本方针”中，又具体规定了保护个人隐私的条款；同年 12 月，政府制定了《有关行政机关电子计算机自动化处理个人信息保护法》，1999 年 4 月又制定了含 23 个都道府县和 12 个政府指定城市、全国 1 529 个团体的《个人信息条例》。② 但这些规定中，尚未考虑到民间企业在利用个人信息时对个人信息的侵害。随着近年来民间企业对个人信息的不适当应用造成的个人信息的外泄事件频发，将民间企业纳入个人信息保护的调整范围内，并对相对类型化的个人信息的采集、存储、使用和信息交换、共享等加以规制开始纳入政府的视野。因此，1999 年的《居民基本注册改正法》，特别针对民间企业对个人信息保护的必要性加强了规范。2001 年，《个人信息保护法》被提交国会审议，2003 年获得通过。至此，日本有关个人信息保护法制化的框架基本完成。

《个人信息保护法》在“个人信息”范围的界定上，对我国具有借鉴意义。该法第 2 条规定：“个人信息指有关活着的个人的信息，根据该信息所含有姓名、出生年月以及其他一些描述，能把该个人从他人中识别出来的与该个人相关的信息（包含能简单的查对其他的信息，根据那些信息来识别个人的东西）”。该条规定考虑到法律对个人信息的外延空间可随着信息技术的发展变化而变化，没有对个人信息作具体的列举，从而具有能适应时代发展的灵活性。比如，与个人有关的声音和图像数据获取、传播、复制、记录、保存和交换的数据处理可以随科技的发展成为信息保护的对象等。为顺应信息环境的变化以及协调欧盟指令等需要，推进个人信息保护体制，日本采用了美国的民间认证制度来替代争端解决机制，以配合政府的执法保障。1999 年日本工业标准调查会（JISC）制定了《关于个人信息保护管理体制要求事项》（又称 JISQ15001），2001 年制定了比较重视

① Amendment 001 - 207 Article 24.

② 谢青：《日本的个人信息保护法制及启示》，载《政治与法律》2006 年第 6 期。

管理的“安全管理系统评估制度”(ISMS 制度),并启用了 ISO/IEC17799－1 (BS7799) 国际标准;旨在给予那些对个人信息保护良好的企业一个外在的评价标准,获得上述安全认证的企业可据此提升自身形象和商业信誉,对企业今后的发展非常有利,这些成为企业保护个人信息的重要动力。

(三)现状梳理:我国个人信息保护的立法和司法现状

相较于上述几个国家,在《民法总则》颁行之前,我国关于个人信息保护的立法尚难言具备体系,也没有专门的立法,主要通过公法中刑法的相关条文、民法中关于名誉权和隐私权的相关规定等进行保护。

1. 原有法保护之评析[①]

于立法层面,我国宪法没有对个人信息进行保护的直接规定,但通过第 38 条关于“公民的人格尊严不受侵犯”、第 39 条关于“公民的住宅不受侵犯”、第 40 条关于“公民的通信自由和通信秘密受法律的保护”间接体现对个人信息的保护。刑法关于个人信息的保护主要体现在《刑法修正案(七)》(以下简称“刑修七”)第 253 条“出售、非法提供个人信息罪”“非法获取公民个人信息罪”[②] 和《刑法修正案(九)》(以下简称“刑修九”)的“侵犯公民个人信息罪”[③] 中。我国私法层面的个人信息保护,主要体现在民法框架下的保护,包括基本法、特别法和司法解释三个层级的法律规范。《民法通则》第 5 条关于“公民的合法的民事权益受法律保护,任何组织和个人不得侵犯”的规定,可以视为对个人信息进行民法保护的基本依据。第 99－102 条分别规定了公民姓名权、肖像权、名誉权和荣誉权受法律保护,由于个人信息与上述权利的边界存在重合部

---

① 此处原有法指的是《民法总则》颁行前我国的法律法规。

② 《刑法修正案(七)》第 253 条之一规定:“国家机关或者金融、电信、交通、教育、医疗等单位的工作人员,违反国家规定,将本单位在履行职责或者提供服务过程中获得的公民个人信息,出售或者非法提供给他人,情节严重的,处三年以下有期徒刑或者拘役,并处或者单处罚金。窃取或者以其他方法非法获取上述信息,情节严重的,依照前款的规定处罚。单位犯前两款罪的,对单位判处罚金,并对其直接负责的主管人员和其他直接责任人员,依照各该款的规定处罚。”

③ 《刑法修正案(九)》第 253 条之一规定:“违反国家有关规定,向他人出售或者提供公民个人信息,情节严重的,处三年以下有期徒刑或者拘役,并处或者单处罚金;情节特别严重的,处三年以上七年以下有期徒刑,并处罚金。违反国家有关规定,将在履行职责或者提供服务过程中获得的公民个人信息,出售或者提供给他人的,依照前款的规定从重处罚。窃取或者以其他方法非法获取公民个人信息的,依照第一款的规定处罚。单位犯前三款罪的,对单位判处罚金,并对其直接负责的主管人员和其他直接责任人员,依照各该款的规定处罚。”

分，因而上述规定可以实现对个人信息的间接保护。第六章民事责任部分，则可以视为追究侵犯个人信息行为责任的依据。《侵权责任法》作为民事特别法，较《民法通则》作了更为详尽的规定，该法虽也没有规定“个人信息权”，但第2条“本法所称民事权益，包括……隐私权……等人身、财产权益”明确了“隐私权”作为一种民事权益；由于隐私系个人信息的一部分，故该条规定可以视为是对个人信息民法保护的直接法律依据。此外，《侵权责任法》率先在民法领域提出了网络侵权应当承担的责任，为大数据时代下个人信息的民法保护提供规范支持。此外，2012年12月，全国人大常委会颁布的《关于加强网络信息保护的决定》，首次以法律的形式肯认了公民个人信息受保护地位，明确了网络服务提供者的义务和责任，并赋予政府主管部门必要的监管手段。该决定在一定程度上解决了我国网络信息安全立法滞后的问题，为个人信息保护提供了基本的法律依据。但由于该法中关于个人信息范围的局限性、缺乏对信息管理者的规定等不足，其适用力度和实质效果并未达到预期目的。2014年之前，最高人民法院《关于审理名誉权案件若干问题的解答》《关于确定民事侵权精神损害赔偿责任若干问题的解释》等司法解释间接对侵犯与名誉权相关的个人信息的行为进行了界定。2014年，《关于审理利用信息网络侵害人身权益民事纠纷案件适用法律若干问题的规定》出台，其中的第12条，列举了自然人基因信息等“个人隐私和其他个人信息”，第一次在规范性文件中区分了个人隐私和个人信息，并明确了“个人信息”作为法律保护的对象。除了上述相关法律规范之外，《居民身份证法》《商业银行法》《执业医师法》《邮政法》《统计法》《未成年人保护法》等法律也对特定机构或特定行业收集、处理个人信息以及信息管理者进行了一定的规范。但这些法律具有行业和行为的局限性，在个人信息保护方面并不足够。

根据上述立法状况的梳理可知，既有立法的不足之处主要体现如下。

第一，法律体系不完整。从上述立法现状看，我国关于“个人信息保护”的法律规范存在分散、不成体系且缺乏操作性的问题，由此导致对个人信息的收集、传递、处理、利用以及信息保护的执行与监督机制等事前防范保护的多个环节缺乏有效规制，造成个人信息保护内容的缺失，不能从源头上防范风险。

第二，刑法规定的局限性和模糊性。从“刑修七”第253条立法本意来看，“出售、非法提供公民个人信息罪”这一罪名主要打击的是公民个人信息的泄露源头，意在从源头上堵死公民个人信息泄露渠道；“非法获取公民个人信息罪”这一罪名则主要针对公民个人信息的转手环节，意在切断业已遭到泄露的公民个人信息转让链条。两个罪名的立法意图不同，但由于法律条文中对主体身份、行为表现的限制等问题，因而法律适用存在困境。其一，“出售、非法提供公民个人信息罪”的适用困境体现为，该罪的构成必须至少具备两个构成要件：一是行为人具有特定身份，在主体身份方面，第 253 条采用了列举式的立法技术，虽然在具体列举的六类主体身份后添加了“等”字作为补充，但在没有明确司法解释的情况下，法官实际上不可能自行对“等”字的含义作出扩大解释，使得实务中该罪状行为人的主体身份严格限制在法条明示的六类单位中。二是涉案信息须在履职或提供服务的过程中获得。罪状中关于“履行职责或者提供服务过程中”这一表述，在实务中通常也被理解为合法性要件，即行为人对涉案信息的最初获得必须具有合法性。这就排除了现实中行为人通过非法手段获取公民个人信息的情形。上述两个要件相结合，使该罪的入罪门槛极高，对大量在上述六类单位之外但又因某种业务关系能够接触到公民个人信息的个人，泄露其获取到的公民信息的行为，无法以该罪名予以定罪处罚。其二，“非法获取公民个人信息罪”的适用困境体现为，一是如何理解“上述信息”一词。根据第 253 条规定，窃取或者以其他方法非法获取“上述信息”的构成非法获取公民个人信息罪。对“上述信息”，实务中存在两种理解。一种观点认为，该罪名规定在该条的第 2 款，所谓的“上述信息”就应当严格理解为前一款所规定的信息，即满足行为人主体身份、在行为人履行职责或者提供服务过程中获取并被泄露的公民个人信息。另一种观点则认为，所谓“上述信息”可以不必局限于仅来源于该条第 1 款所规定的信息，只要是非法获取的公民个人信息，无论其来源如何，都可以成为本罪的犯罪对象。根据第一种观点，即把本罪理解为严格意义上的出售、非法提供公民个人信息罪的下游犯罪，即只有在上游犯罪成立的情况下，该罪才有成立的空间。在司法实践中上游犯罪入罪门槛极高、几乎难以实际查处的情况下，也意味着本罪基本失去了适用的可能。基于此，司法实践基本采用第二种观点，对“上述信息”一词进行相对宽松的解释。即无论涉案公民个人信息是否能查清来源、上游犯罪是否成立，只要行为人进行了公民个人信息的转让，就可以构成本罪。二是起刑点和量刑情节如何确定。由于司法解释或量刑规范性文件均未明确对非法获取公民个人信息的数量达到多少时才入刑、该罪的量刑情节具体为何，导致实践中不同法院，甚至是同一法院对类案的处理存在尺度不一的问题。

第三，民法保护的理论和规范缺失。在我国的民法理论体系中，是否承认“一般人格权”尚未达成共识，因此，民法规范缺失一般人格权基础。对于个人信息这种尚未被法律确认为民事权利的民事合法权益类型，只能通过民法等其他法律将宪法所列举的各项相关权利及人权保障具体化、明确化。例如，个人信息主体只能依照民法对属于隐私权的那部分个人信息进行救济，但隐私权与个人信息权益是存在区别的，最明显的区别即在于个人信息除了人格利益还包括财产利益，隐私权则主要指人格利益。

第四，现有直接法律依据不足。2012 年的《加强网络信息保护的决定》虽首次以法律的形式认可了公民个人信息受保护的地位，但其规定仍然存在不足。例如，该决定第 1 条规定：“国家保护能够识别公民个人身份和涉及公民个人隐私的电子信息”，将保护范围局限在直接识别身份和涉及隐私的个人信息。但在大数据时代，任何相关信息经过整合处理都有可能关联到特定个人，而不仅是直接信息和隐私性信息。而《商业银行法》等涉及个人信息保护的具体法律，仅是对金融、医疗、电信等特定行业中特定个人信息保护的规定，缺乏信息保护的全面性。

2. 司法保护现状与问题

在讨论个人信息保护的司法保护现状时，本节仍在公法和私法的框架下进行，但由于宪法在我国一般不作为司法裁判的依据，法院不直接适用宪法判案，故下文关于公法的讨论主要集中于刑法。

上文已述，刑法保护主要集中于“刑修七”和“刑修九”关于侵犯公民个人信息犯罪的规定。由于“刑修九”适用的时间不长，故本节讨论主要集中于“刑修七”。对“刑修七”第 253 条进行解读，该法条规定了两个罪名：一是出售、非法提供公民个人信息罪，二是非法窃取公民个人信息罪。前者由于入罪门槛过高①，适用率极低。因此，实践中对侵犯公民个人信息的行为，主要通过后一罪名“非法窃取公民个人信息罪”进行规制。

非法窃取公民个人信息罪的犯罪表现主要有五种形式，具体表现形式及对应案例详述如下。

(1) 通过网络购买交易公民个人信息

案例一：被告人郭某自 2013 年成立公司以来，因需联系客户，通过

① 关于“出售、非法提供公民个人信息罪”的入罪门槛过高，将在下文进行具体分析。

在网上购买及互换的方式非法获取 200 万余条公民个人信息。2014 年 2 月，在 B 市 H 区某商场肯德基店内向他人出售 10 万余条公民个人信息，获取赃款人民币 5 000 元，后被民警当场抓获。

（2）发布虚假广告骗取求职者个人信息

案例二：被告人李某在 B 市知名高校论坛中发布招聘信息，非法获取毕业生身份信息近 200 份，并将上述信息转卖给谢某，非法获利 2 000 元。后李某因被举报而被抓获。

（3）利用职务便利私自复制公司的客户资料

案例三：2015 年 3 月，6 名在京的教育培训机构员工利用工作便利，私自复制公民个人信息（包括学生和家长姓名、所在学校和年级、学生及家长的联系方式，有的还包括家庭地址）共计 200 余万条，并全部卖给被告人徐某，后徐某又将其中 60 余万条信息卖给刘某，刘某再将其中 50 多万条复制给苑某。后该六人被抓获。

（4）掌握公民个人信息的单位或个人私自倒卖公民个人信息

案例四：2009 年，被告人程某利用其在某数码公司呼叫中心做客服人员的工作之便获取公民个人信息。并与被告人王某经事先预谋，以 13 000 元人民币的价格向范某出售公民个人信息数十万条。后被抓获。

（5）其他违法手段获取公民个人信息

案例五：2014 年 12 月至 2015 年 1 月间，被告人张某分别伙同王某、杨某通过登录某知名购物平台 ERP 办公系统，非法获取该平台客户个人信息 9 313 条，造成公司大量客户信息泄露，并将上述信息售予他人。后被抓获。

前文已述，我国民法体系中尚无对个人信息保护进行专门、直接的规定，故目前对个人信息的民法保护主要通过名誉权、隐私权的形式提起侵权之诉，或在相关合同纠纷中因个人信息泄露提出违约之诉两种方式实现。

（1）在名誉权诉讼中提出个人信息保护的诉求

案例六：在黑龙江省某医院诉北京某传媒文化有限公司、戴某名誉权纠纷一案中，原告诉称，在两被告发布该医院“医疗事故频发”的不实报道中，将其副院长和法律顾问的姓名、电话等个人信息在网站上予以公布，侵犯其个人信息。由于该案最终认定不构成名誉权侵权，故未对个人信息侵权与否进行认定，但在判决主文部分对被告公布他人信息的行为进行了批评教育。

(2) 在隐私权诉讼中提出个人信息保护的诉求

案例七： 在高某诉某知名大学隐私权纠纷一案中，高某在前往该高校应聘的过程中表示愿意参加该校举办的第二届“中国与东亚”国际学术研讨会。该校会议筹办组遂将高某个人信息（姓名、单位、家庭住址、邮箱等）印制在会议通讯录上，印制70册通讯录，并发放给50名与会者。高某参会后，认为该高校的行为侵犯其个人信息，侵犯其隐私权，要求损害赔偿。法院判决认为，研讨会是学术性论坛，会议手册发放对象也是特定专家学者，并无在社会范围内无目的地随意投放，高某是作为研讨会的参会人员，会务方将其电话号码和电子邮箱信息登载于会议手册上均是出于学者之间沟通交流的便利，无泄露其个人隐私的主观恶意，故驳回其诉讼请求。

(3) 以违约之诉提出个人信息保护的诉求

案例八： 在顾某诉某银行储蓄存款合同纠纷一案中，顾某主张其借记卡在异地被他人支取，银行存在泄露个人信息等违约、过错的行为，要求银行承担违约责任。法院根据双方储蓄存款合同中的违约金条款判决银行承担违约责任，未单独就个人信息泄露的问题进行评述。

从上述典型类型案例观之，对于个人信息保护的司法适用问题突出体现在以下方面：第一，关于刑法司法保护存在的问题：一是上文已述的“刑修七”第253条规定的局限性和模糊性导致的法律适用困难。二是刑事案件中，被侵权人的实质救济难以得到实现。理论上，被侵权人可以通过刑事附带民事诉讼要求被告人进行民事赔偿，但实践中，由于单个个体损失较小、个体分散和维权成本过高等因素，一般被侵权人不会提起刑附民的诉讼，其损失实际上未得到救济。以2015年B市全市法院的统计数据为例，该市审结非法窃取个人信息罪一审案件138件，近200人获刑，上千万条个人信息遭到泄露。但无一案件的被告人对被出卖个人信息的个人进行赔偿。第二，民法框架下的司法保护困境：一是缺乏规范意义上的权利基础，由于缺乏关于个人信息保护的直接法律依据，个人信息保护需要依靠隐私权、名誉权或违约之诉的方式提起诉求，但由于个人信息的范围与后者之间存在差异，其侵权构成存在不同，因而难以与后者侵权构成形成契合的投射。二是对于个人信息被侵害的举证难问题。在大数据时代下，信息收集、处理和管理方往往是商业机构，作为被侵权人的公民个体，难以通过其个人力量打破技术限制，获取有效的证据。且我国目前尚无类似欧盟“修正案”那样“将侵权责任的举证倒置给数据处理方”的规定，导致被侵权人一方面难以证明侵权事实的存在，另一方面，即使侵权事实较为明显，在损害赔偿的计算标准方面也因为举证能力受限难以确定。

3.《民法总则》关于个人信息保护立法之评述

现行《网络安全法》第76条第5项对个人信息的概念进行了立法界定，即“个人信息，是指以电子或者其他方式记录的能够单独或者与其他信息结合识别自然人个人身份的各种信息，包括但不限于自然人的姓名、出生日期、身份证件号码、个人生物识别信息、住址、电话号码等”。《民法总则》第111条与之相衔接，系属对个人信息之保护，其规范目的在于“一方面，在隐私权之外，确立自然人对其个人信息享有的民事权利，一定程度上明确了‘个人信息权’，透过权利设计保护个人信息的安全及其不可侵犯的特征；另一方面，因应信息社会之需求，定纷止争，促进数据的自由流通和利用，即可以依法取得他人个人信息，但同时负有确保他人个人信息安全的义务”①。本条并未从正面对个人信息的民事权利进行确认，而是从信息相对方的角度出发，对其所负有的义务加以明定，具言之，苛以信息相对方从获取、储存、利用三个方面负有义务，基本涵盖了个人信息保护的完整流程，与原有法相比，具有相当的进步意义。然而，本条的规定仍然是宣示性、总括性为主，对于获取、储存与利用的方式并未提及与细化。具言之，仅就本条规定的内容而言，结合国际对于个人信息保护的规定或条例，今后的立法与司法面临的问题至少包括：第一，个人信息获取的方式与限制问题。个人信息的搜集一般经由具有较多用户的组织或个人所运作，故明确“允许”和“告知”义务显得尤为重要，即进行个人信息的搜集时，应当通过具体且明确的方式告知信息主体，使其了解其信息被搜索且今后可能出现的信息活动，同时应当告知信息主体此次搜索的根本目的，唯有信息主体对搜索行为表示允许时，个人信息的搜索方为合法。有学者提出，个人信息主体的允许应为可以撤销的允许，即信息主体享有随时撤销允许的权利；另外，针对未成年人等缺乏完全民事行为能力人应当取得其监护人的同意，方能对其个人信息进行检索。第二，对个人信息储存的要求与责任问题。本条规定依法获取的个人信息应当得到安全有效的存储。信息搜集者在获得个人信息后，应当采取相应的措施对信息进行合理的储存，且未经信息主体允许不得发布给任何第三方知悉，保护自动化数据文档中的个人数据，使其免受偶然或未经授权的破坏

① 陈甦主编：《民法总则评注》，北京，法律出版社2017年版，第785页。

或意外丢失，同时免受未经授权的获取、变更或分解；另外，倘若信息被泄露并造成信息主体的损失，信息获得者应当及时通知信息主体，已将相关损失降至最低限度，并且承担相应的赔偿责任。第三，个人信息利用的限度与边界。对于个人信息的利用问题，主要集中于信息极易被过度分析，对此应作出相应规制。例如，应当明确个人信息储存的周期时限，即个人信息在获取后不应当无期限地被占用、使用，应当规定最长的分析时间，保存时间不得超过存储数据所必需的期限，以降低个人信息被过度分析的可能；应当明确分析个人信息的目的，在诸如商业活动中，应当明确信息获得者只能够将个人信息用于研究客户的决策喜好或者预测客户的消费趋势，并不能运用所获得的个人信息过度分析进而获取客户的生活状态以及社交活动等。

（四）构建我国个人信息保护的多元化法律体系

基于上文论述，我国与个人信息保护相关的原有法规范存在体系散乱、法规之间相互冲突、保护范围狭窄、监督和救济机制缺失以及《民法总则》颁行后，亟待更为细致的司法解释予以细化等问题；现行司法保护体系则存在缺乏独立权利基础、过度依赖其他权利格局、举证责任分配不合理等缺陷。无论是立法或是司法层面，对个人信息保护的现状都是不容乐观的。笔者尝试结合上述分析，就立法和司法保护提出完善建议，即应加快研究和制定个人信息保护法，以期对构建我国个人信息保护多元化法律体系提供助益，进而为公民提供更为完善的个人信息保护，为社会对个人信息的正当化利用划定合法界限，为国家降低管理成本、提高经济效益提供法律基础。

1. 关于立法的建议

（1）立法路径

一部统一的专门法律，既有利于为个人信息保护提供周全的保护，彰显我国对大数据时代下个人信息保护的关注和作为，引导公民尊重、合理运用他人信息，也能提升我国在国际上参与制定个人信息保护政策的地位。因此，笔者建议出台专门的《个人信息保护法》，以法律形式确定公民个人对其信息享有基本权利，完善“个人信息”的立法界定、企业收集和使用个人信息的基本规定，并对与个人信息保护相关的重大问题和基本制度进行明确。同时，注意与国际接轨，对数据跨境流动规则等基本问题作出制度回应。

此外，结合现存的立法和司法问题，对已有的公法和私法规定进行完善，尤其是消除现有法律规定的局限性，对其中不够明确的予以明确，为法律适用提供好法律指引。最终形成“以专门法律为主、以相关法律为辅”的射线型法律体系。

（2）立法模式

首先，在个人信息保护专门立法的原则方面，需要考虑本国互联网产业的发展和现实的需求。尤其是要在个人信息保护和合理利用方面作出平衡，不能单方面地强调保护而忽略合理利用，导致互联网产业丧失活力。因此，尽管欧美、日本等发达国家在此方面的经验较为丰富，但需要在比较甄别的基础上，结合我国的法律传统和具体国情，进行选择性借鉴。例如，在立法精神上，可以借鉴美国模式中“注重个人信息保护与社会经济发展的平衡”原则；在规范路径上，则可以借鉴欧盟和日本进行专门性立法的模式。

其次，在规范结构方面，建议在专门立法中分为公法和私法两方面内容。公法方面主要是对公权力运用、管理个人信息的限制，以及对行业协会制定与个人信息保护相关规定时的引导和规范；至于刑法中关于个人信息保护的规定，建议不在专门立法中明确，但可以制定一条“引用型”法条，指向刑法中的相关规定。私法方面，建议将《民法总则》《侵权责任法》等民法、《邮政法》《商业银行法》等经济法以及其他相关司法解释中关于个人信息保护的特别规定均纳入。

2. 关于司法的建议

（1）完善民事诉讼相关规则

研究举证责任倒置给数据收集和处理方的可行性。另外，更多地利用合同方式解决大数据环境下的个人信息保护问题。尤其在与个体相对的是商业机构，双方建立的是网络服务合同关系的情况下，一方面要帮助用户实现权利，另一方面应以合同方式约定安全保障责任，尤其是在有第三方参与者的情况下，数据控制者向其后的信息利用方应拥有追索权。

（2）界定司法保护的边界

司法的另一项重要任务是进行利益的平衡。在个人信息保护和合理利用两种法益产生冲突的情况下，应以裁判的方式明确司法保护的标准，为个人信息的合理使用划定边界。例如，为解决法律文书“送达难”问题，有法院尝试与网络购物平台合作，利用后者的收货地址寄送法律文书。此种“司法送达”虽不属于对个人信息的商业性利用，但电商泄露客户个人信息是否构成侵权，或构成服务合同违约，将是司法需要解决的问题。

大数据时代背景之下，个人信息是否受到应有的保护、受到保护的程度高低，既体现了法律对公民权利的尊重和保护水平，也在一定程度上反映了一个社会的整体文明程度。

二、一叶知秋——以网络店铺移转之困境为范例①

《民法总则》明确赋予网络虚拟财产以权利客体之地位，虽然只是引致条款，但其所蕴含的价值却不容小觑——这一制度创新与其说是对虚拟财产的肯定，更不啻为对网络发展予以法律肯认的彰显——原始文明催生出有体财产之概念、工业革命将其衍生至无形财产，而信息时代则是虚拟财产萌发之契机。网络虚拟财产能够被《民法总则》予以规范，既是民法理论的精进、亦是民法制度之创新，互联网的发展使得传统民法需要调整规制的对象范围不断衍射。依托于庞大的网民基数，互联网交易呈现炙手可热的态势，已经成为影响我国经济社会发展、改变人民生活形态的关键行业。截至 2016 年，我国网络购物用户规模达到 4.13 亿人，较 2014 年年底增加 5 183 万人，并且我国网络购物市场依然保持着稳健的扩张速度。② 网络交易的方兴未艾所引致出的诸多法律纠纷已不再仅局限于传统意义上合同双方即网店与消费者之间，网络店铺与互联网交易平台、网络店铺自身权属争议亦多发纠纷。本节所讨论的即是上述两者共同指向的问题——网络店铺的移转。

（一）网络店铺移转的现实困境

根据网站的运营商和网站实际使用人关系的不同，网络店铺分为两种：一种是独立网店，另一种是非独立网店。独立网店拥有自己独立的店标、品牌，更为重要的是其本身就是一个完全独立的网站，独立自主经营的模式赋予商家对其网络店铺拥有自主权。在这种模式下，网络店铺其实质即是商户通过互联网这个渠道进行传统的交易。与之不同的是非独立网店，在这种模式下，网络交易平台与网络店铺的实际经营者是相分离的，网络交易平台拥有一级域名，而附之其上的网络店铺得到的是网络交易平台所分配的二级域名，最为典型的该种模式即诸如淘宝、易趣等。根据国家工商行政管理总局于 2014 年公布的《网络交易管理办法》第 22 条的规定，“……第三方交易平台，是指在网络商品交易活动中为交易双方或者

---

① 姚辉、焦清扬：《民法视角下网络店铺移转的现象反思》，载《法律适用》2017 年第 1 期，本部分收录于本书时有所增改。

② 参见中国互联网信息中心于 2016 年 1 月发布的《中国互联网络发展状况统计报告》，第 58 页。

多方提供网页空间、虚拟经营场所、交易规则、交易撮合、信息发布等服务，供交易双方或者多方独立开展交易活动的信息网络系统”。故第三方网络交易平台是通过电子手段运营的一种新秩序，其经营者是经过工商行政管理部门登记注册并领取营业执照的企业法人。本节所讨论的网络店铺即仅指非独立网店，即 C2C 模式下自然人于第三方网络交易平台之上，以非独立域名的形式存在并经营的网络店铺。也正是置于如此语境下，网络店铺的移转才有了充分的现实理由：网络店铺建立并运营后，由于网络店铺的经营者无意继续经营或者发生经营不能的事项，其希望将网店进行转让即网络店铺的移转。

司法实践中，网络店铺移转主要包含约定转让、离婚财产分割、继承“过户”等类别，其中尤以约定转让在实践中最为棘手[①]，而引起纠纷的主要肇因即是网络店铺移转双方的需求与网络交易平台对网络店铺不可转让的要求之抵牾——类似案例多呈现如此境况：网络店铺经营者 A 与 B 签订协议将 A 于网络交易平台 C 上经营的网店转让给 B，由于网络交易平台 C 不允许网店随意转让，故在 A 与 B 发生纠纷时，如何判定 A 与 B 的协议以及 C 的禁止条款之效力，甚至两者之间的关系均成为难题。针对类似案情，我国目前的法律法规无法精准规制——于法律法规层面，由于涉案网络店铺的经营者为自然人而非经过工商管理部门登记的适格商主体，所以其无法适用商法进行规制，而只能采用民法调整；但是，于民法中网络店铺尚未有其明确地位，即其应属物权抑或债权调整甚至溢出二者之外不得而知；于规章制度层面唯有 2014 年颁布的《网络交易管理办法》，但是该办法内容上主要是对网络交易所涉各方权利义务的界定，而缺乏对网络店铺移转的具体规则，同时该办法立法层级较低，法律的适用力难以彰显。综上，囿于现行法律法规薄弱、理论争议较大，网络店铺移转问题在司法实践中呈现或混沌或被动的局面[②]，亟待理论厘清进而对实践加以指引。

（二）网络店铺的属性研析

互联网发展至今，网络虚拟财产已经具有了堪比线下实体财产的经济

① 面对现实法律的滞后，实践中一些网络交易平台以及店铺已经通过自己设立的规则对网络店铺的转让行为进行约定性的规制。目前实践中比较有代表性的是淘宝网，其已经开放了关于离婚、继承等事由造成的店铺过户。由于对因离婚和继承引起的网络店铺转让已经基本得到网络交易平台的放开而争议渐息，所以本节着重讨论的是约定转让的情形。

② 在司法实践中，有的法院或采取回避态度或通过法解释学的方法尽量避免对网络店铺属性的界定以及对网络店铺移转的效力认定。

价值，围绕这些虚拟财产的归属、转让、纠纷衍生出诸多民法问题，但法律的缺位与滞后使得电商目前对于网店基于商业需求的自由转让只能持谨慎态度，实践的亟待性倒逼理论的探究。例如，在“刘某嵘与高某买卖合同纠纷案”中①，买卖方囿于网络交易平台的内部规定即根据网店后台服务商的相关规定，网店转让不能将原网店注册人及对应支付宝的户名进行更改，而是只能对登录网店的密码、支付宝的密码以及相关绑定手机等操作信息进行更改，而这些就构成了现有的网店转让程序。按照以上程序完成网络店铺的转让后，原注册人可以在提供相关资料后，再通过向网店后台服务商申请找回密码的方式对该网店及对应的支付宝取得控制权。如此明显的漏洞使得交易的安全性受到威胁。究其原因，对于网络店铺属性的模糊性判定，已经导致我们难以用传统民法的方式保护网络店铺的权利拥有者——因为仅通过“交付”相关信息的方式并不足以保护网络店铺转让中店铺受让人的利益。

1. 虚拟财产债权性质的应然性

对于虚拟财产的概念，学界有着不同的观点：广义上，虚拟财产是指在网络环境下，模拟现实事物，以数字化形式存在的，既相对独立又具独占性的信息资源②；也有学者认为，虚拟财产是“虚拟的网络本身以及存在于网络上的具有财产性的电磁记录，是一种能够用现有的度量标准度量其价值的数字化的新型财产”③。而狭义上将虚拟财产界定为网络游戏中的虚拟财产，即指以网络游戏为基础，在网络游戏空间环境中，由网络游戏玩家可以随时调用、支配等控制的数据资料和参数。④ 网络虚拟财产虽然由于网络游戏的盛行而较多地用于称呼网络游戏中的“财产”，但是这并不能否认网络虚拟财产其他方面的适用。⑤ 故从广义的概念界定，网络店铺应当属于网络虚拟财产。

作为法律意义上的财产权，网络虚拟财产的属性之争一直被学界关注，主要观点有否认说、物权说、债权说和知识产权说。否认说认为虚拟

---

① 本案审理法院为上海市闵行区（上海县）人民法院，案件字号为（2013）闵民一（民）初字第 19576 号。

② 林旭霞：《虚拟财产权研究》，北京，法律出版社 2010 年版，第 50 页。

③ 杨立新、王中合：《论网络虚拟财产的物权属性及其基本规则》，载《国家检察官学院学报》2004 年第 12 期。

④ 于志刚：《网络空间中虚拟财产的刑法保护》，北京，中国人民公安大学出版社 2009 年版，第 19 页。

⑤ 林旭霞：《虚拟财产解析》，载《东南学术》2006 年第 6 期。

财产是虚无的，且由于其不具备劳动属性没有产生价值进而无财产属性，该说由于思维保守陈旧、缺乏时代性已经被边缘化。知识产权说着眼于虚拟财产具有新颖性、创造性、可复制性以及需要一定的载体的特质，认为应当将虚拟财产视为知识产权中的著作权加以保护；但是从本质而言，网络虚拟财产并不具有创造性，因为虚拟财产是由系统按照预设的程序进行的表征，进而这种新颖性仅仅体现为其呈现方式有别于传统的知识产权，同时，虚拟财产形式上的可复制性也并非知识产权理论中的可复制性，其财产具有特定性、唯一性，所以认为网络虚拟财产是知识产权之客体并非妥适。该问题的最终争议焦点在于物权性和债权性之辨。物权说认为，网络虚拟财产是物权的一种客体物，具有财产性、真实性和合法性，应当纳入物权的保护范畴①，而且从目前有关盗窃虚拟财物的审判实例看，较多的法院倾向于将此行为定位为盗窃罪。② 但是，物权说在理论的发展中还是逐渐显现出弊端：第一，其无法解释物权的绝对性——网络虚拟财产需要依托于特定运营商的服务器之上，其权利人必须得到他人的协助才能行使；第二，其本身的有期限性使得虚拟财产无法真正如同"物"一般具有特定且永久的归属性。笔者更倾向于将网络虚拟财产定性为债权，当然这种债权属性中包含了一定的物权特性。网络虚拟财产的法律属性实质上是一种通过合同确立的债权，是一种近乎于债权凭证的虚拟合同，其符合债之要素即债权是"以对于特定之人，请求特定之行为（作为或不作为）为内容之权利"③。但是其同时显示了债权物权化的特征，即其在运营商正常运转时，网络虚拟财产的拥有者对该虚拟财产确实具有"对世权"，其可以对抗一切不特定的第三人。

2. 网络店铺债权属性的合理性

如上所述，虚拟财产应当被定性为债权之一种，而网络店铺作为一种虚拟财产，其民法性质为债权理所当然。"法律之所以保护某类财产，不

---

① 邓佑文、李长江：《论虚拟财产的物权保护》，载《社会科学家》2004 年第 2 期。

② 吴向正、曾祥生：《宁波首例全省第二例盗窃网络虚拟财产案宣判》，载《宁波日报》2006 年 2 月 10 日。"物权说"以及司法裁判的重要的理论依据是我国台湾地区"法务部"关于虚拟财产的一个法律解释，即 2001 年 11 月 23 日作出的（90）法检决字第 039030 号函释，该函释认为"网络游戏中的虚拟财务和账户都属于服务器的'电磁记录'，而'电磁记录'在刑法欺诈及盗窃罪中均可以看作'动产'，视为私人财产的一部分"。相关论述参见于志刚：《论网络游戏中虚拟财产的法律性质及刑法保护》，载《政法论坛》2003 年第 6 期。

③ 史尚宽：《债法总论》，北京，中国政法大学出版社 2000 年版，第 1 页。

在于它是否是‘物’，而在于其上存在着法律必须保护的社会关系。”① 所以，保护某类财产实质是保护其背后的社会关系。认定网络店铺的债权属性，其更多的是考虑到保护其背后的主体——网络店铺的经营者以及网络店铺所依附的网络交易平台。在此债之关系中，债之主体为网络店铺经营者和网络交易平台，双方订立服务协议遵从以下流程：网络交易平台提供平台发出要约，店铺准经营者同意交易平台提供的合同视为承诺，经营者设置用户名与密码，此时即注册成功、合同成立。网络店铺是其经营者与网络交易平台之间的债之凭证，是权利义务指向的对象；而合同的内容是网络店铺经营者于网络交易平台之上享有对店铺的管领、经营的权利，遵守网络交易平台提出的要求，服从其对网店“外观”以及内容的设置等管理措施；在某些情况下亦有可能需要缴纳一定的管理费用。而网络交易平台享有相应的管理权利，包括诸如投放广告等；同时，履行其诸如保证平台运行顺畅等义务。如此，将网络店铺认定为网络店铺经营者与网络交易平台之间固化了的权利凭证，网络店铺经营者具有该凭证后就获得了要求网络交易平台提供相应服务的权利即其具有债权属性，这既符合民法理论要求，又能够保护债之双方当事人的合法权益，平衡双方的利益。

（三）网络店铺移转的法律关系与应有效力

网络店铺与线下的实体店在商业用途和经营功能上并没有本质区别，甚至一些 C2C 平台网络店铺在其商业价值上已经超越传统的实体店铺，其于市场之间的流转以及增值亦是符合市场经济规律的。网络店铺的权属变动一方面能够突破原先经营者的固有思维以打破僵局、冲破瓶颈，另一方面也能够让承受者从较高的平台入手、快速打造新的店铺环境与价值。但是囿于现有的制度以及市场管理的不成熟，大部分网络交易平台不支持转让或者仅仅是以出让密码的方式开放网店的管理权限，但网店的经营主体无法变更，这就使得网络店铺的合伙经营、转让、质押以及夫妻离婚时如何分割、继承人能否继承甚至是跨平台流转以及线上线下店铺置换等，缺乏顺畅的法律渠道加以支持与保护。

1. 现有网络店铺转让模式的呈现与分析

一般而言，实践中网络店铺转让会出现两种方式，方式之一（见图一）是网络店铺的转让双方自己于线下或线上得知并表达交易意愿，然后签订一份转让合同，受让者需履行付款义务，出让者即将出售网络店铺的

---

① 陈甦：《虚拟财产在何种情形下应受到法律的保护》，载《人民法院报》2004 年 2 月 12 日。

账号及现有密码告知买方，受让者无法更改账号而只需修改密码即可。在这种情况下，双方一般会约定出让者不得再以任何方式向网络交易平台申请密码遗失重置密码等，即其应“全身而退”，从事实而言将其与网络交易平台的权利义务关系转让给了现网络店铺的经营者。方式之二（见图二）是通过第三方网店转让平台进行网络店铺的转让①，转让双方均需要在第三方网店转让平台上进行注册登记，在有意向目标后通过转让平台进行更深层次的沟通，并通过签署转让平台提供的转让合同而完成交易。

出让者流程：

签订合同→移转账号（无法变更）→告知密码→退出经营

受让者流程：

签订合同→取得账号（无法变更）→修改密码→经营网店

图一

出让者流程：

注册用户→登记店铺信息→买家拍下付款→在网店转让平台的协助下约定看店时间→签订合同→交接网络店铺→出售完成

受让者流程：

注册用户→选店并支付→在网店转让平台的协助下核对店铺→签订合同→交接网络店铺→购买完成

图二

通过第三方网店转让平台这一渠道进行交易，在获取信息的效率性、转让行为的专业性上更有优势，但是究其实质，其与完全由买卖双方进行交易的模式一样，均是对原网络店铺经营者与网络交易平台合同之债的“金蝉脱壳”。网络店铺的转让模式无论是否使用第三方网店转让平台，均是网络店铺受让者与出让者之间的契约行为；由于交易的标的物是涉及网络交易平台的网络店铺，是网络店铺出让者与网络交易平台之间服务协议的凭证，所以现在的交易模式均无视网络交易平台作为服务协议当事人一方的应有地位与原有功能，这为交易的合法性、妥适性埋下有悖合同法理论的隐患。

2. 网络店铺移转的实质是依托于其债权属性的概括转移

从上述网店移转流程看，网络店铺的移转实质上是依托于其债权属性

---

① 目前较为典型的网店转让平台有舞泡网、易店无忧网等，其均分类提供各大交易平台上网络店铺的转让信息及相应咨询，并提供网店估价等附带服务。根据网站介绍，舞泡网提供天猫、淘宝、蘑菇街、京东等近三十个电商平台的网店信息，成功交易量 4 万余次；易店无忧网交易量为 5 万余笔，交易金额达到 784 667 520 元。见舞泡网，http：//www.5pao.com，易店无忧，http：//www.yidian51.com，最后访问日期：2016-03-01。

而进行的概括移转，即网络店铺出让者（经营者）将其与网络交易平台之间的网络店铺这一债所蕴含的权利义务转让给网络店铺的受让者，由受让者取代出让者的地位享有权利、履行义务。这完全符合传统民法中合同法所规制的概括转让。

合同权利和义务的转让是指在合同给付内容不变的情况下，合同当事人的变更。按照合同转让的类型差异，可以分为合同权利的转让、合同义务的转让及合同权利义务概括移转三种形态。合同权利义务的概括移转，也称为契约承担或合同承受，是指“原合同当事人一方将其债权债务一并移转给第三人，由第三人概括地继受这些债权债务”①，即一方当事人与第三人之间订立合同，经原合同的另一方当事人同意，由第三人概括地继受这些债权和债务的债之移转形态，并由第三人取代债权债务转让人地位成为合同当事人的现象。概括移转的特点在于只要经过另一方当事人的同意，合同当事人即可将合同项下所有的权利义务一并移转，并且债权债务的承受人完全取代原当事人的法律地位。我国《合同法》第 88 条规定了概括移转，即“当事人一方经对方同意，可以将自己在合同中的权利和义务一并转让给第三人”，而第 89 条对概括移转的效力进行了规制：“权利和义务一并转让的，适用本法第七十九条、第八十一条至第八十三条、第八十五条至第八十七条的规定”。根据《合同法》第 89 条的指引，概括移转也应当适用《合同法》第 79 条对债权转让之限制即“债权人可以将合同的权利全部或者部分转让给第三人，但有下列情形之一的除外：……（二）按照当事人约定不得转让；……”以及《合同法》第 84 条规定的“债务人将合同的义务全部或者部分转移给第三人的，应当经债权人同意”。对于上述法条所包含的法理指向与意义，应当作出以下理解。由于债权债务概括移转在转让债权的同时亦有债务的转让，为保护当事人的合法权利，不因债权债务的转让而使另一方受有损失，所以法律规定概括移转必须经另一方当事人同意，否则转让协议不产生法律效力。对于概括移转的限制，在国际统一私法协会编纂的《国际商事合同通则》（Principles of International Commercial Contracts，简称 PICC）中亦有直接规定。《国际商事合同通则》（PICC 2010）第 9 章对权利的转让、债务的转移、合同的转让进行了规制，其中第 9.3.1 条对“合同的转让”进行定义即合同的转让“是指一人（‘让与人’）将其在与另一人（‘另一方当事人’）

① 马俊驹、余延满：《民法原论》，北京，法律出版社 2010 年版，第 601 页。

订立的合同项下的权利与义务，以协议方式转移给另一人（‘受让人’）”；而在第 9.3.3 条表征了转让的限制即“一项合同的转让须经另一方当事人的同意”；同时，在第 9.1.9 条之（2）明确了非转让条款即“如果违反让与人与债务人之间限制或禁止转让的协议，则转让无效”以及第 9.2.3 条规定“原债务人和新债务人以协议方式转移债务，须经债权人同意”。由于《国际商事合同通则》是一部兼备国际性、权威性与实用性的商事合同统一法，其为各国立法、司法、仲裁以及当事人之起草合同、谈判提供参考与适用，故概括移转唯有经过另一方当事人同意始发生效力亦契合国际契约惯例与精神。

综上，对网络店铺移转中的法律关系以及效力应当进行如下认定：原网络店铺经营者为开设并管理网络店铺而与网络交易平台签订服务协议，系双方当事人一致的真实意思表示，该成立并生效的合同理应对双方当事人有合同法上的约束力且双方互相享有权利、负担义务。而后由于种种原因，原网络店铺经营者作为出让人与网络店铺受让人签订标的为网络店铺的网店转让合同，约定将以原网络店铺经营者为实名认证的店铺线下转让，该转让行为属于原网络店铺经营者将其与网络交易平台签订的服务协议项下的权利义务之概括移转。在经济交易客观化的现代社会，法律上对当事人于合同上的地位不再机械地采取禁止变动原则，只要不给对方造成不当的不利益，便允许自由地移转。然而，移转的自由并非绝对，为了防范不当利益之产生，以要求移转须经对方同意作为限制与底线，故该概括移转必须经网络交易平台同意方发生效力。倘若原网络店铺经营者置原合同当事人网络交易平台于不顾，违反双方合意达成的服务协议，私自与网络店铺受让人于线下签署转让合同而不经网络交易平台同意，意图将其权利义务概括移转，该行为不仅漠视双方约定，更是违反了我国《合同法》的法律规定。

（四）网络店铺移转中禁止转让条款的现实意义

电商行业在其发展之初就制定了一系列行业规范对平台自身以及网络店铺进行规制，而随着其不断发展壮大，部分规则与现实经营中所发生的情况出现不适甚至矛盾，这在困惑网络店铺店主的同时也困扰着网络交易平台。网络店铺过户这一问题即具有代表性。基于开放网络店铺过户可能会滋生并间接使得例如炒信等不良产业链持续发酵等问题，目前网络交易平台大多在其服务协议中明文禁止转让店铺，这成为实践中网络店铺移转的最大障碍，亦成为理论诘责的对象——认为禁止转让条款是充斥着不公平、不合理的格式条款。对此，笔者认为直至现今，关照实际交易情况与立法司法情势，网络交易平台所设置的禁止转让条款不仅具有合法性，亦兼具一定的现实合理性。

1. 禁止转让条款非属不合理的格式条款

所谓格式条款，是当事人一方预先拟定的定型化的合同，其适用于不特定的相对人，而且相对人在订约中一般处于附从地位。格式条款的出现是基于简化重复合同、提高交易效率而生，但其确实极易产生不合理条款以致经济上之强者假借格式条款压倒弱势者，所以规范格式条款、认定其效力成为维护合同自由、契约正义的使命。我国《合同法》第 40 条规定了格式合同的无效事由，即“格式条款具有本法第五十二条和第五十三条规定情形的，或者提供格式条款一方免除其责任、加重对方责任、排除对方主要权利的，该条款无效”。笔者认为，目前网络交易平台所提出的禁止转让协议并不属于以上无效情形。首先，禁止转让协议非为《合同法》第 52 条合同无效以及第 53 条无效免责事由所涵摄；其次，禁止网络店铺转移并未免除网络交易平台自己的责任也没有加重相对人的责任，因为在网络交易平台与相对人网络店铺经营者所订立的合同中，网络交易平台的主要责任在于提供顺畅的平台以及推广服务等以供经营者良好经营，其对相对人的责任主要在于为经营者提供“经营”的支持；最后，禁止转让条款更非排除对方当事人的主要权利，与前述相关联，网络店铺经营者的主要权利在于能够借助网络交易平台经营自己的网店以创造经济价值、获取利润，其权利归属点在于管领、使用该网络店铺，其转让该店铺实则是对自身权利义务的移转，属于上文所述概括移转，已经脱离了正常运营的范围与界限，不应归位于经营者的主要权利。网络店铺准经营者想要借助交易平台建立并运营网店，须签署网络交易平台提供的“格式条款”并在经营后不能随意转让店铺，这并非表明该格式条款的不公平性，而恰恰是合同意思自治与合同严守的精髓彰显。况且，实践中网络交易平台一般亦规定了禁止转让条款的“例外规定”，例如为离婚和继承事由引致的网络店铺移转“过户”单独作出规定，同时将法律规定、司法裁定以及网络交易平台自身的同意也列入网络店铺可移转的条件。以此例外观之，更难言禁止转让条款是不公平、不合理的格式条款。

2. 禁止转让条款契合民法应有理性

网络店铺其生成于用户与服务公司之间的协议关系，其存在更是依赖于用户与服务公司之间的服务合同，其中对于店铺的开张与经营之规制则是双方共同达成意思表示的体现。与线下实体店相异，对于依附于网络交易平台上的店铺之卖家，其经营的网店之价值全在于通过交易累积带来的店铺信誉。以较为有代表性的淘宝为例：在淘宝公司“一证一店”的运营模式（会员需按照淘宝认证要求，提供本人真实有效的信息，对于信息不全、无效或虚假的，将无法通过认证。而淘宝公司为保障会员认证信息的持续真实有效、维护消费者权益，对已经通过淘宝认证的会员，将视情况通过不定期复核的方式，验证认证信息的真实有效性，对认证信息不全、无效或虚假的，将采取监管措施）下，淘宝平台对网络店铺采取信用制度的评价体系①，从而为消费者的甄选商品提供参考依据，为交易平台的安全与可持续发展提供制度保障。

如果完全放开店铺转让，任何人都能够利用金钱买到信誉较好的优质店铺，在众多网购消费者不知情的境况下，迅速成为店铺经营者进行服务。虽然我们不能排除在一些个案中，网络店铺的买受人在继受优质店铺后，秉承诚实、敬业进行经营，继续并发扬良好的商业道德，但是我们无法也不能够将理想中的善意行为推及到所有案件中，我们更难以保证良莠不齐的继受者都能够为网络交易的安全与信誉做出贡献。随意地将店铺转让，将会导致具有商誉特征的信用等级一并转让，这会在根基上架空“信用制度”，进而扰乱网络交易平台构建的评价体系，对蕴含网络经营秩序的店铺信息之公示性产生动摇，最终影响消费者的选择，产生危害消费者权益之虞。店铺信用制度与商誉所涉，具有较强的人身依附属性，以其为标的的转让行为在民法理论体系中理应得以限制；基于该缘由，目前大多网络交易平台均制定了禁止转让店铺的规则，该规则类似于商法领域中的营业转让——营业转让就是基于一定目的将一系列财产或营业转让给他人，并且概括地承受他人的债权债务，因为营业资产是由器材、设备、物品等有形要素和租赁权、商事名称、商事招牌等无形要素构成的整体物，考虑到名称与商号所包含的专属性价值，新企业并不能沿用转让营业的企业之名称、商号，故对包含着涉及商誉性质的“信用制度”的网络店铺之

① 淘宝公司采用的“信用制度”是指淘宝平台对会员购物实行评分累积等级模式的设计。在信用评价中，会员每在淘宝网上购物一次，至少可以获得一次评分的机会，分别为“好评”“中评”“差评”，每得到一个“好评”，就能够积累 1 分；每得到一个“差评”，将减少 1 分，而且为了严防“炒信”行为，淘宝还设置了相同买卖家任意 14 天内就同一商品的多笔交易的多个好评只加 1 分、每个自然月相同买卖家双方增加的信用积分均不得超过 6 分等规则。见淘宝网服务中心，https：//sellerhelp. taobao. com，最后访问日期：2016 - 03 - 20。

转让，应当采取保守态度。从网络交易平台限制网络店铺移转的初衷看，其实也不乏遵循并彰显诚实信用原则之意。故线上的网络店铺转让不同于线下实体店的转让，实体店进行转让时有工商管理部门等进行变更登记等规制方式，从而获得对外的公示效果，而网络店铺因为包含有体现商誉性质的“信誉制度”且缺乏相应的公示方式，所以应当对其转让采取限制措施，网络交易平台的禁止转让规则有其合理性，体现着互联网经济风行下法律理性的进阶，合同双方应当予以遵守。

3. 禁止转让条款符合消费者权益保护的终极目的

由于我国网络交易的急速发展，现行法律体现出滞后性，对于网络店铺的转让问题既缺乏明确的法条依据，亦无成熟的案例可资借鉴。此时，法理与裁判应当肩负明确导向、正确指引之责任。因此，在面对网络店铺转让问题时，应当在谨慎、谦抑的前提下综合考虑多重因素。

从经济学角度看，在缺乏相关监管部门的情况下，如果摒弃网络平台自发形成的自身监管体系，允许网络店铺随意转让，则会使得网络交易平台本身的发展因为假货与盗版的猖獗而导致运营成本增加、发展受限，在某种程度上，每一个店铺的信誉叠加而构成了网络交易平台的信誉制度，而网络交易平台的信誉度在一定程度上亦能折射我国当前电商平台的信誉度，破坏信誉制度的行为最终会对电商行业的进阶产生效率与监管上的负面作用，使得消费者对电商的信任度走低，对于网络交易这一方兴未艾的产业造成重大打击，甚至对我国市场经济健康发展产生不利影响。而网络交易安全与市场经济秩序直接关涉对消费者权益的保护，我国网络购物用户规模达到 4.13 亿人且规模呈稳定增长趋势。[①] 面对如此庞大的消费群体，国家必然给予充分重视，而法律则更应当为网络消费者群体提供坚强保障。在当前随意转让网络店铺，会使得实名认证体系崩溃、信用评价制度架空，而公示制度的缺乏更是剥夺了消费者应当享有的知情权，使得消费者的选择变得盲目，最终会导致消费者的权益遭受重大侵害。

综上，从维护网络交易安全与市场经济秩序以及保护消费者权益的视角出发，囿于现有法律制度、网络监管制度的匮乏，不应禁止反而理应对

① 截至 2015 年 12 月，中国网民规模达 6.88 亿人，全年共计新增网民 3 951 万人。互联网普及率为 50.3%，较 2014 年年底提升了 2.4 个百分点。参见中国互联网信息中心于 2016 年 1 月发布的《中国互联网络发展状况统计报告》，第 1 页。

网络交易平台的自身监管行为给予肯定，应当秉承专业、谨慎、谦抑的态度面对网络店铺转让问题，并为司法实践提供助益，以期达至良好的社会效果。

（五）余论——网络店铺移转的制度展望

如前所述，互联网技术的发展推动了经济形态的变革，线上交易如火如荼、方兴未艾；这也催生了大量网络店铺的诞生。网络店铺的开设与经营较之于线下实体店而言，更具低成本性与便捷性，这些因素成为其发展优势的同时也使得其能够更容易地退出市场或者转让他人。市场需求的变化、运营成本的波动、经营范围的调整、店主自身营业的意愿乃至店主自身客观境况均成为其关闭或者转让网络店铺的适当动因。较之于关闭网络店铺，转让既能够发挥店铺商业价值的最后“余热”，又能够使得苦心经营的店铺得以在平台上实际保留，这使得网络店铺经营者对兼具经济与情感双重优势的转让方式青睐有加，愈演愈烈的现实需求对网络店铺移转形成倒逼之势。从互联网整体环境看，频繁而大量的网络店铺之移转虽然带有强烈的不稳定性，但笔者认为这也不失为一种优化资源配置的体现；在网络店铺经营者无法经营或无意经营的情形下，仍一味地禁止其将店铺移转，只允许其将商品下架、关闭店铺无疑是一种网络资源的浪费，也是对该店铺已经积累形成经济利益的信誉资源的暴殄，更是对网络经济持续发展的弱化与冲击，所以从经济效益层面看，允许网络店铺移转对网络店铺经营者以及整个网购经济的发展均是有所助益的。网络店铺从建立到运营，需要网络店铺经营者以及网络交易平台付出相当时间成本与金钱成本，凝聚了经营者无差别的人类劳动，店铺的信誉由销量与好评率共同构成，其需要经营者诚信、辛勤地对待每一笔交易。所以，随着时间的推移、交易量的增加，网络店铺经营者与网络交易平台所订立债之客体——网络店铺愈发承载更多的经济利益，倘若不允许网络店铺的移转，无疑是限制了经营者的合法权益，亦是对其合法财产利益的剥夺。而本节所述，对于转让甚至赠与网络店铺等移转行为，囿于多重因素所限，多数网络交易平台在自行拟制的交易规则中进行了禁止或限制。但“因噎废食”抑或“饮鸩止渴”均非长久之计。随着网络实名制的逐步推行，网购的交易透明度愈加提升，这也为网络店铺转移提供了契机——网站后台实名更改制度，前台店铺进行变更公示制度，辅之以更为严苛的保证金制度等措施，应当是解决网络店铺移转问题的应有路径。

第五节　权利冲突[①]

一、权利冲突的构造与解读

现今提到权利冲突，几乎都要提及美国经济学教授、诺贝尔经济学奖获得者科斯。因为在相当部分的学者看来，超越损害赔偿一般视角，从权利的相互性角度观察到的“权利冲突”正是科斯的一个“重要发现”[②]。科斯在分析“公害”（nuisance）及诸如此类的侵权案件时指出，传统的做法是要求公害施放者对其引起的公害给予损害赔偿；这种似乎是毫无疑问的做法实际上“掩盖了不得不作出的选择的实质。人们一般将该问题视为甲给乙造成损害，因而所要决定的是：如何制止甲？但这是错误的。我们正在分析的问题具有相互性，即避免对乙的损害将会使甲遭受损害，必须决定的真正问题是：是允许甲损害乙，还是允许乙损害甲？关键在于避免较严重的损害”[③]。

作为经济学家的科斯，从生产资源的有限性出发，将生产要素视为权利，认为“行使一种权利（使用一种生产要素）的成本，正是该权利的行使使别人蒙受的损失——不能穿越、停车、盖房、观赏风景、享受安谧和呼吸新鲜空气”[④]。在此观念下，一个人所失去的正是另一个人所得到的。这样，任何权利的行使都被抹上了相对性的色彩，也就意味着，凡有权利行使之处，便是权利冲突所在。这种泛权利冲突论遭到了一些批评。首先，其认为一个权利的实现必定意味着对另一个权利的侵害，或者另一个权利不可实现，从而将特定情形下权利的相对性普遍化，也与法律现实相违，例如实现一个人的生命权并不必然导致另一个人生命权不能实现。其次，在科斯的理论中，权利边界是模糊的，以至于完全否定权利边界的确定性、清晰性，进而认为权利并非事先在当事人间依法配置，而应该在冲突中重新配置、划定界限。这就忽视了权利边界在模糊性的同时还具备清

---

① 姚辉：《人格权法论》，北京，中国人民大学出版社 2011 年版，第 398～418 页，收录于本书时有所增改。

② 苏力：《〈秋菊打官司〉的官司、邱氏鼠药案和言论自由》，载《法学研究》1996 年第 3 期。

③ R. H. 科斯：《社会成本问题》，载《财产权利与制度变迁——产权学派与新制度学派译文集》，上海，上海三联书店、上海人民出版社 1994 年版，第 4 页。

④ R. H. 科斯：《社会成本问题》，载《财产权利与制度变迁——产权学派与新制度学派译文集》，上海，上海三联书店、上海人民出版社 1994 年版，第 52 页。

晰性、确定性的一面。①

上述这种争论，在法学界内部也有完整的反映。在宪法学上，对基本权利保障范围的不同理解会直接影响对权利冲突的认识。对于基本权利的保障范围，有两种截然不同的理论看法："外部理论"和"内部理论"。外部理论把权利和对权利的限制当作两个问题来处理。也就是说，针对某项基本权利，我们首先需要解决的是权利的构成问题，也就是确定哪些人是该权利的主体、哪些行为是该项权利保障的对象。这时候，权利的保障范围是宽泛和没有边界的，存在无限可能性。接下来再去考虑权利的限制问题，也就是通过衡量公共利益、他人权利、国家功能等现实因素，从外部去确定什么样的权利主张不能得到支持，这样权利的范围才最终确定下来。② 换言之，外在理论虽然认为基本权利是应该受到限制的，"但基本权利本身完全可以无限制的形态存在，基本权利与基本权利的限制并无必然联系，限制外在于权利，基本权利的构成并不包含对其的限制。前者可以称为权利本身（right in itself），而限制后的基本权利在结构上可以表述为'基本权利＋限制'。权利本身相当于基本权利的'初步'保障范围，而限制后的基本权利才是一种确定的权利，亦即基本权利的实际保障范围"③。与此相对，内部理论把"权利的构成"与"权利的限制"当作一个问题来处理。它认为，权利自始都有其"固定范围"，权利的保障范围并非漫无边界。相反，按照权利的本质，任何权利都有自然而然的、固定的范围。当我们确定"权利是什么"的时候，就同时确定了"权利的限制是什么"。"权利的构成"与"权利的限制"是互为表里的同一个问题。④质言之，内部理论认为"基本权利必然具有内涵的限制，该限制并不是外在于基本权利，而是基本权利本质内涵或基本权利的构成部分。由于基本权利存在一定界限，因此那些超越基本权利界限的行为自始被排除在基本权利的保障范围之外"⑤。

宪法学上外部理论和内部理论的论争，会直接影响对权利冲突现象的认识。如果采用外部理论，那么"基本权利的构成无比宽泛。艺术家可以

---

① 张平华：《权利冲突辨》，载《法律科学》2006年第6期。

② 张翔：《基本权利冲突的规范结构与解决模式》，载《法商研究》2006年第4期。

③ 徐振东：《基本权利冲突认识的几个误区——兼与张翔博士、马岭教授商榷》，载《法商研究》2007年第6期。

④ 张翔：《基本权利冲突的规范结构与解决模式》，载《法商研究》2006年第4期。

⑤ 徐振东：《基本权利冲突认识的几个误区——兼与张翔博士、马岭教授商榷》，载《法商研究》2007年第6期。

主张自己的故意杀人行为是艺术自由的形式，而小偷也可以主张自己的盗窃行为是劳动权的保障范围，只不过他们的主张在与相冲突的他人的生命权、财产权作利益衡量之后没有被支持而已。……如果按照'内部理论'，杀人行为与盗窃行为天然地被排除在艺术自由与劳动权的构成之外。因为持'内部理论'的人会认为，艺术自由当然不包含杀人，而盗窃也绝对不是一种劳动。从而，行为艺术家不能主张艺术自由，而小偷也不能主张劳动权。既然权利不存在，也就不存在与其他权利的冲突问题了"①。如果将内部理论推向极致，那么就会彻底否定权利冲突现象，就会认为"被学界搞得沸沸扬扬的权利冲突，实际上是一场误会，是一个伪问题。……只要人们找到（权利）边界，不越雷池一步，根本就不会发生所谓的权利冲突"②。

也许在宪法研究上倾向于外部理论，具有使"基本权利效力最大化"的实益③，但具体到民法，其权利观念毋宁是采用了内部理论。与宪法上基本权利具有更多的宣示、定纲意义相异，民事权利更多的具有功能性意义。当今的民法学研究注意到愈是抽象的、高层次、一般性的概念，其意义内涵愈空洞，不敷现实之用。"假使这些被追寻的概念要足资应用，它们就不能仅仅是抽象程度越高就越没有内涵的、抽象一般的概念。反之，这些概念的内容必须可以将——作为规整基础之——其与决定性原则之间的意义关联，以浓缩但仍可辨识的方式表达出来。事实上，今日的法学也广泛应用此类概念。我们可以将之名为'规定功能的概念'。……假如说到'人格权'，那么我们意指，其功能在对外保障人的固有范围的权利，在新近的法学中，'人格权'的概念并不是借省略掉不同的人格权间的差异，确认其共同处而获得的，毋宁是借找出人格权的特殊意义内涵及其功能而得者。"④ 所以，在今天的民法体系中，包括权利在内的各种概念，应该是包含某些基本原则在内、划定某些适用界限以明确其适用功能的概念。尽管这些适用界限有时较为模糊，但并不能否认这些模糊的界限确实

① 张翔：《基本权利冲突的规范结构与解决模式》，载《法商研究》2006 年第 4 期。

② 郝铁川：《权利冲突：一个不成为问题的问题》，载《法学》2004 年第 9 期。

③ 有学者认为："'外部理论'在讨论基本权利构成的时候，不会先验地、人为地把一些事项作为基本权利本质上就不能包含的内容，不会过早地把一些本来有可能属于基本权利内涵的事项武断地排除，不会导致基本权利范围自始被严重限缩，而是以一种开放的姿态去尽可能地保护一切可能的基本权利，只是在该基本权利的行使与其他利益发生不可共存的对立时，才对基本权利作出限制。因此，'外部理论'较之'内部理论'能够为基本权利提供更为充分的保障。"张翔《基本权利冲突的规范结构与解决模式》，载《法商研究》2006 年第 4 期。

④ 〔德〕卡尔·拉伦茨：《法学方法论》，陈爱娥译，北京，商务印书馆 2003 年版，第 355 页。

就是权利概念的有机组成部分。例如，债权本身就应包含只能向相对方主张的限制，否则，就难以将其和物权区分开来。

以内部理论来解读民事权利，是否会如上文所提到的那样，进而去否定权利冲突现象呢？笔者认为，内部理论不能被推向极致，否则便是一种概念法学式的过度自信。诚如有学者指出的那样："权利边界的特性将决定权利冲突的可能性。如果权利边界是清晰的，则在边界内的自由是绝对的，行使权利意味着安分守己，绝无伤害他人的危险，也就不可能存在权利冲突。反之，如果权利边界是模糊的，则在模糊地带里，自由是相对的，在相对的自由中人们难以界定不同主体行为的合法性和非法性，也就可能存在权利冲突。可见，权利边界是否清晰是判断权利冲突是否为真命题的逻辑前提。……现实难以尽遂人愿。权利边界清晰化进而无权利冲突的美好蓝图，总被权利冲突的必然性所打破：权利边界构造手段经常失灵；实质合理性与形式合理性存在紧张关系；法律解释的非客观性。"①

二、权利冲突与权利滥用的区别

值得一提的是，《民法总则》第 132 条规定了"权利不得滥用"，即"民事主体不得滥用民事权利损害国家利益、社会公共利益或者他人合法权益"。该条规定具有立法例与理论上的双重价值：在立法维度，其彰显了《宪法》第 51 条"中华人民共和国公民在行使自由和权利的时候，不得损害国家的、社会的、集体的利益和其他公民的合法的自由和权利"，承接了《民法通则》第 7 条"民事活动应当尊重社会公德，不得损害社会公共利益，扰乱社会经济秩序"的规定；此外，在域外法系，"权利不得滥用"亦有规定：《德国民法典》第 226 条规定："权利的行使只具有给他人造成损害之目的的，不准行使"②，《日本民法典》第 1 条第 3 款规定："禁止权利滥用"③，《瑞士民法典》第 2 条第 2 款规定："显属滥用权利者，不受法律保护"④，《俄罗斯联邦民法典》第 10 条第 1 款规定："公民和法人不得实施仅以致人损害为目的的行为，也不得以其他形式滥用权

① 张平华：《权利冲突是伪命题吗？——与郝铁川教授商榷》，载《法学论坛》2006 年第 1 期。

② 杜景林、卢谌译：《德国民法典》，北京，中国政法大学出版社 2014 年版，第 46 页。

③ 王爱群译：《日本民法典》，北京，法律出版社 2014 年版，第 18 页。

④ 戴永胜译：《瑞士民法典》，北京，中国政法大学出版社 2016 年版，第 2 页。

利"[①]，我国台湾地区"民法"第148条都1款规定："权利之行使，不得违反公共利益，或以损害他人为主要目的"[②]，故《民法总则》本条规定借鉴了域外立法之经验，具有宽阔视域；于理论层面，"权利不得滥用"是对诚信原则的具象化，是高度抽象立法原则的司法化运用，亦是对民事主体享有权利、运用权利的呼应。

权利滥用，顾名思义，"乃权利人行使权利，违反法律赋予权利之本旨（权利之社会性），因而法律上遂不承认其为行使权利之行为之谓"[③]。质言之，权利的行使，超越了其本身所应蕴含的体现"权利社会性"的界限，就构成了权利滥用。在德国法上，法律上明确禁止的权利滥用行为主要是"恶意刁难"，即"损害他人是行使权利的唯一可以想象的目的"[④]的权利行使行为。总而言之，滥用权利的情形往往就是指"'形式上的'法律地位过大，超出了对应予保护的利益的适当保护。……即一个人所获得的决定权能，多于为达到规定目的之所需"[⑤]。

可以看出，权利滥用即是对作为权利实质内涵之一部分的某些界限的逾越。那么，权利滥用的前提即是可以或能够较为清楚地判明权利内涵的这些界限。正是因为依照法律或诚实信用原则可以判明权利行使的某些界限，而权利主体竟然明知故犯，故意越界，故而招致民法强烈的否定性评价。而在权利冲突的情形，权利冲突之所以会发生，乃是因为权利边界本身模糊不清，各个权利主体在不明界限的情况下渴盼充分挖掘各自权利的利益内涵，这便是民法能够理解和容忍的。只不过面对冲突，民法需要采取技术性手段进行调和、平衡和处断。明乎此，我们便可以将权利滥用与权利冲突区分开来。也许下面这个案例能更加清楚直观地说明权利滥用和权利冲突的区别。

扬和彼得是邻居。扬"在其房子前面"竖起一根柱子，并在柱子上面挂满大幅布条，以遮挡彼得的美好视线。法院判决扬排除妨碍。扬却在同一地方建造了一台风车，内设风力涡轮机，并称是用于灌溉目的。不过风车上没有接上出水管道。法院再次判扬排除妨碍。扬没有拆除风车，却在

① 黄道秀译：《俄罗斯联邦民法典》，北京，北京大学出版社2007年版，第39页。

② 陈聪富主编：《月旦小六法》，台北，元照出版公司2003年版，第3～14页。

③ 郑玉波：《民法总则》，北京，中国政法大学出版社2003年版，第549页。

④ 〔德〕迪特尔·梅迪库斯：《德国民法总论》，邵建东译，北京，法律出版社2000年版，第109页。

⑤ 〔德〕迪特尔·施瓦布：《民法导论》，郑冲译，北京，法律出版社2006年版，第179页。

风车上接上了出水管道。这样，法院便驳回了“原告”要求扬排除妨碍的请求，理由如下：由于现在扬有自身利益，因此其行使权利不再是不合目的的；虽然扬建造风车同时也是为了使其邻居生气，但其行为并不因此即构成滥用权利的行为。然而，上诉法院推翻了初审法院的判决，改判如下：扬如在其他地方建造风车，亦可达到同样目的，因此他本来是能够不对邻居的视线加以干扰的。最后，荷兰最高法院（Hooge Raad）认为上诉法院对所有权作如此广泛的限制是不妥当的。①

本案中，扬竖起挂满大幅布条的柱子，建造没有出水管道的风车，其权利行使仅为“遮挡彼得的美好视线”，就构成了典型的权利滥用。但其后来将风车接上出水管道，俨然准备开工的架势就让人难以直接将其认定为权利滥用了。如果此后，扬确实利用风车进行工作，那么，尽管风车遮挡了彼得的视线，也不能将扬的行为视为权利滥用，而应将其作为权利冲突来对待了。另外，学者指出，权利冲突主要有两种形态。一种是在法律逻辑上的权利冲突，是指法律对权利界定的逻辑矛盾，是一种存在于法律体系中的未表现出来的形态，实际上是人的思维进行逻辑推演而得来的，是一种逻辑的假设。另一种是现实化的权利冲突，指的是法律逻辑上的权利冲突现实地表现出来的形态。权利冲突从思维的推论和假设变为现实地发生。② 准此以言，权利冲突除有行使上的冲突以外，尚有法律界定上的冲突。而权利滥用，则仅发生在权利行使的领域。

三、权利冲突的解决路径

解决权利冲突，最为理想的做法当然是完善立法，以求明确划出此权利和彼权利的界限，井水不犯河水，一劳永逸解决权利冲突问题。但因语言的局限、解释的非客观性、社会现象的纷繁复杂以及立法者有限的预见能力等因素制约，指望在立法体系里预先完全清晰地划出各个权利之间的界限，建立起毫无抵牾的权利体系，只能是梦幻泡影。所以，对权利冲突的解决，法学界的务实态度就是找寻到一些合适的方法，在权利行使的领域内对权利冲突予以解决。

---

① 〔德〕迪特尔·梅迪库斯：《德国民法总论》，邵建东译，北京，法律出版社2000年版，第109页。

② 王克金：《权利冲突的概念、原因及解决——一个法律实证主义的分析》，载《法制与社会发展》2004年第2期。

（一）权利限制

权利人通过实施行使权利的行为，可以实现权利所体现的利益，以满足自身的需要．在行使权利的方式上，权利人可以实施某种事实行为来行使权利，也可以实施某种民事法律行为来行使权利，可以由自己行使权利，也可以依法由他人代理行使权利，或将权利的内容移转给他人享有并行使。权利主体行使自己权利的结果，即为自己权利的实现。不过，任何权利的实现，不仅关涉权利人的利益，而且关涉义务人、国家和社会的利益。因此，民事主体在行使其民事权利时，应尊重他人的利益，不得滥用权利。现代民法对于民事权利的内容及其行使已设置了越来越多的限制，从而使民事权利具有了社会化的特点。

权利限制是与权利冲突相联系的法现象。19 世纪以来，民法的社会化思潮日益高涨，维护社会公共利益的要求和保护雇工、消费者等利益的观念渐次渗透。与之相应，各国在立法政策方面均作出调整。随着诚实信用原则和当事人利益平衡的价值取向在民商法律制度中的确立，愈加凸显出民事权利的社会化倾向。民事权利限制即为其中重要的方面。其具体表现，如相邻关系中容忍义务的确定、人格权法中对特定主体人格权的克减等，散在于民法的具体制度当中。

在学说上，关于权利限制亦存在所谓的外在理论（external theory）和内在理论（ internal theory）之分。[①] 权利限制也因而被区分为内部限制和外部限制。前者指权利本身负有义务，权利应为社会目的而行使，为实践公益优先原则，必要时应当牺牲个人利益以维护社会公益。而权利的外部限制则是在承认权利之不可侵性、权利行使之自由性的前提下，以公法的措施适当限制权利之不可侵性，以民法上的诚实信用原则、权利滥用禁止原则及公序良俗原则限制权利的自由性。[②] 抛开学理上的争议不论，一项具体的民事权利是否可能在事实上存在限制上的所谓内外区别，其实不无疑问。在民法领域，所有权的社会化理论是对所有权进行限制的理论依据之一。该理论旨在否定个人所有权的绝对排他性，强调个人所有权的社会义务。若个人所有权的行使可能危及他人或社会共同体利益，为了整个社会的利益，就要对所有权进行限制。此种认识似乎更接近于内在理论，即权利本身要反映公益的要求，权利附义务是权利内在属性之必然。

---

① 有关学说详见张平华：《私法视野里的权利限制》，载《烟台大学学报》2006 年第 3 期。

② 梁慧星：《民法总论》，北京，法律出版社 2001 年版，第 286～287 页。

我国《物权法》第7条明定：物权的取得和行使，应当遵守法律，尊重社会公德，不得损害公共利益和他人合法权益，即为其著例。正如基尔克（Otto Gierke）所说："私的所有权依其概念本身并非绝对，基于公共利益的限制包括征收的可能性均寓于所有权本身，渊自最深处的本质。"所有权兼括权能和义务，限制及拘束乃所有权的本质内容。[①] 由此，"限制"一词在民法上含有两种意义。一种是指规定权利能够实现的最大范围，从普遍意义上对权利范围予以界定，比如在解释所有权概念时，将法律（令）限制纳入所有权意义之内，法律规制就是权利边界的基础。另外一种意义则是指在特殊情况下，为实现特定目的而缩小在一般情况下原本可能实现的权利的范围。这种限制属于法律上的特殊情形，例如，对机动车所有人的"单双号限行"就是这种意义上的限制。

所有权行使之所以保有边界且应当受到限制，首先是源于权利冲突的客观存在。所谓权利限制，无非就是为了避免权利主体在权利行使中出现冲突；也为了使法院在裁判中享有裁量和权衡的依据，因而在具体的法律（令）中由权力机关对权利的行使及其范围作出限制性的规定。在德沃金（Ronald Dworkin）看来，一个国家根据某种特定的理由取消或者限制权利之前，势必要问清楚这些限制性理由是否适当。而在所有的理由当中，权利冲突是最为充分的理由。换言之，如果涉及的权利不受到限制，那么与之冲突的权利就会受到破坏。所以，我们必须承认，如果政府有理由相信彼此对立的权利中有一方是更为重要的，那就有理由限制另一些权利。[②] 除此之外，在法制尚处初创时期的中国，权利行使引发冲突的另一个现实因素，是执法者的单向度法律思维。如同从事私法研究的人大多只有民法的思维，只从民法角度来看待和解决问题（如在财产权的理解上就可能只认定其专属于民事权利）；对于公权力机关比如政府官员来说，则可能更多地关注行政性（或者说管理性）的法律或法规，比如对违法经营财物的依公法规则扣押、没收，就往往没有顾及到政府的决定及行为（如收缴及销毁违法经营者的经营工具和产品）可能对私人的物权所产生的影响，没有考虑到私法上关于权利保护的规定。由此难免引起行政决定与私

---

① 转引自王泽鉴：《民法物权（1）通则·所有权》，北京，中国政法大学出版社2001年版，第162页。

② 〔美〕罗纳德·德沃金：《认真对待权利》，信春鹰、吴玉章译，北京，中国大百科全书出版社1998年版，第255页。

权享有的冲突、行政法与民法之间的冲突。①

权利限制因来自于公法或私法而有别。私法上，民事权利的限制可以基于法律的直接规定，也可以基于当事人之间的约定即所谓债法上的拘束，还可以受到来自第三人权利的限制。其中，基于民法规定而产生的限制，除了与权利限制相关联的制度性规定，如诉讼时效和除斥期间等具体制度外，主要表现为各国民法典大都规定了的诚实信用原则、禁止权利滥用原则和公序良俗原则。第三人权利上的限制，指于所有物上设定他物权而言，如地上权、抵押权之类。债法上的拘束则是指所有人因租赁、借用等债权契约而就物的使用收益等受到的限制。经常为人们所讨论的机动车行驶的“单双号限制”，当属公法上之限制，原则上，公法对所有权的限制，旨在保护社会公共利益，多由行政法规加以完成。具体到受限制的标的，既可以是不动产（如土地征收），也可以是动产（如机动车分单双号限制使用）。限制的内容通常就是以所有权人承担相应的义务为实现条件，至于所有人应负何种义务，往往散见于物权及其相关的法律条款之中，该种条款往往是从权利主体、客体、内容或效力等角度对物权进行限制。其内容有的为应负一定不作为义务，有的为负一定作为义务，也有的为对于他人干涉或侵害的容忍义务等，不一而足。

（二）利益衡量

法律适用不仅仅是按照法律的规定依法办事，对司法者而言可能更重要的是，按照一定的方法适用法律即采用妥当的裁判方法。虽然直到目前，中国的法学教育和司法裁判中都还没有形成统一的法律适用和案例分析的方法，但法律解释理论和以利益衡量为代表的裁判方法的介绍和研究已经受到较大的关注。“法律之适用，非纯为概念逻辑之推演，实系价值判断及当事人间利益之衡量。”② 在当今的法学研究与法律实践中，“利益衡量”业已成为一个高频词，用来指称在案件涉及多个利益冲突的场合，法院判决究竟如何作出或应当如何作出。

学界对利益衡量的使用和研究基本上是从两个层面进行的：一是从纯粹分析方法的层面，即“工具性”层面的利益衡量，一是从方法论理论构成的层面，即作为方法论的利益衡量。所谓“方法”意为“遵循某一道

① 杨解君：《物权法不应被笼统地视为私法》，载《法学》2007年第7期。

② 王泽鉴：《民法学说与判例研究》，第1册，北京，中国政法大学出版社1997年版，第386页。

路，即为实现一定的目的，必须按照一定的顺序所采取的步骤”①，方法侧重于人们为达到一个目的而采用的行动、手段或方式。② 方法论则是“人们对一门学科的概念、理论以及基本推理原则的研究”③，是作为一种探讨和研究方法的专门学说，其以方法为实践基础，通过理论抽象而获得有关方法知识体系的说明。由此可见，“方法”提供了“方法论”的体系基础，而“方法论”则重在说明方法在何种程度上具有恰当性，从而为人们思维提供相应的科学基础。④ 从方法的工具性角度看，利益衡量不失为一种普遍意义上的分析法律问题的工具。脱胎于法理学的利益衡量方法也因此被广泛应用于法学研究的各个学科领域。但此处笔者是从方法论的角度阐述利益衡量。即作为法学方法论意义上的一个重要理论组成部分的法律适用理论。

在使用“利益衡量”一词时，我们经常会看到与之相关的一串语词：“法益衡量”“价值衡量”“价值判断”“价值衡量”等，这些词语基本上是利益、价值、衡量、判断四个词之间的排列组合，利益与价值缠绕在一起。有关利益和价值的概念，人们并没有形成统一的认识，有学者主张价值属于超验层面的范畴，利益属于现实层面的范畴⑤；也有学者主张价值就是利益，利益就是价值。⑥ 其实，“利益是不属于任何更广泛的逻辑种类的词汇之一，无法以正常的方式来定义”⑦。区分利益和价值对于我们要探讨的主题并不重要，本节也无意去尝试梳理这一剪不断、理还乱的法哲学话题，我们关心的是利益衡量的过程究竟是在为一种事实判断还是价值判断，重要的是界定利益衡量和价值判断的关系。

事实判断与价值判断的界分滥觞于休谟。⑧ 休谟在《人性论》中指出，人们不能从“是”推导出“应该”，即纯事实的描述性说明凭其自身的力量只能引起或包含其他事实的描述性说明，而绝不是做什么事情的标

---

① 严平：《走向解释学的真理——伽达默尔哲学述评》，北京，东方出版社 1998 年版，第 18 页。

② 〔德〕阿·迈纳：《方法论导论》，王路译，北京，三联书店 1991 年版，第 6 页。

③ 〔英〕马克·布劳：《经济学方法论》，石士均译，北京，商务印书馆 1992 年版，第 1 页。

④ 胡玉鸿：《法学方法论导论》，济南，山东人民出版社 2002 年版，第 90 页。

⑤ 龙宗智：《相对合理主义》，北京，中国政法大学出版社 1999 年版，第 31 页。

⑥ 谢鹏程：《基本法律价值》，济南，山东人民出版社 2000 年版，第 41 页；周晓亮：《休谟及其人性哲学》，北京，社会科学文献出版社 1996 年版，第 251 页。

⑦ 〔英〕边沁：《道德与立法原理导论》，时殷红译，北京，商务印书馆 2000 年版，第 58 页。

⑧ David Hume, *A Treatise of Human Nature*, Book Two and Tree, ed. by Pall S Ardal. 2. Impr. London 1978, S. 203f.

准、道德准则或规范，这个观点后来被称为“休谟铡刀”①。“从对实然的经验事实描述，无法做一种逻辑的跳跃到不同层次的应然（价值判断）之命题。”② 休谟的这一观点被后世作为一个理论研究的基本范式接受下来，即事实判断和价值判断的二分法。“价值问题虽然是一个困难的问题，但却是法律科学所不能回避的。法律科学与自然科学不同，自从韦伯主张科学中的价值中立的立场以来，不断有人继续坚持这种观点，但我们不难发现最草率的或最反复无常的关系调整或行为安排，在其背后总有对各种相互冲突和互相重叠的利益进行评价的某种准则。”③ 利益衡量就其实质而言是一种对不同的利益（价值）进行各种角度的比较和斟酌，以得出一个自认为可以接受的较优结果的过程；对法官而言，则是得出一个让双方当事人，乃至整个社会认为公正的结果，它是一个动态的过程。在这一过程中，衡量者（法官）不断地分析、评价每个利益（价值）及其可能造成的社会影响，以及利益（价值）相互之间的权衡、参详，即持续为价值判断。因此，利益衡量实质上是由一连串互相影响、层层推进的价值判断锁链组成，在性质上当属价值判断的过程集合，它与价值判断本身不是一个面向上的问题。认识到利益衡量过程的性质，也就将作为法律发现的方法之一的利益衡量与法律证立手段的法律论证内在地联系起来，其实是同一个东西，只是观察的角度不同而已。

按照拉伦茨先生的学说，广义的法律适用过程基本分为三个阶段。首先以是否在法律文言的界限内——文义射程——作为区分的标准。在法律文言框架内所可能存在的不同意义上选择其中一种，即为第一阶段：“狭义的法律解释”。这一阶段由文义解释、体系解释、历史解释、目的解释、合宪性解释等诸多解释方法来调整，主要是针对文本意义的解读，其间并非直接介入冲突的利益，且解释的过程要受到成文规则的严格约束，无须利益衡量的参与。第二阶段，在超越了法律文言界限的情况下，则以立法者在制定法律时是否有规整的意图来划分。如果立法者有规整的意图，就可以判断为“法律漏洞”。所谓“法律漏洞”是指关于某一个法律问题，法律依其内在目的及规范计划，应有所规定却未设规定的现象。它具有两

① 谢鹏程：《基本法律价值》，济南，山东人民出版社 2000 年版，第 41 页；周晓亮：《休谟及其人性哲学》，北京，社会科学文献出版社 1996 年版，第 251 页。

② 林立：《法学方法论与德沃金》，北京，中国政法大学出版社 2002 年版，第 106 页。

③ 〔美〕庞德：《通过法律的社会控制——法律的任务》，沈宗灵译，北京，商务印书馆 1984 年版，第 55 页。

个特征：一为违反立法计划性，一为不圆满性。① 具体需要用类推适用、目的性限缩、目的性扩张等方式，按照立法者的计划加以补充，即“法律内的法的续造”。于此阶段，虽然案件性质已然超越法律文言的界限，但是立法者原来即已有规整的意图，因此法官需努力探求立法者的意图，更多取向于历史的分析，作为民意代表的立法者意志的优位使得法官无法自为利益之衡量。而梁上上先生则认为：“从作用领域来看，利益衡量的作用领域在于：依利益衡量弥补不确定概念和一般条款，依利益衡量排除反对解释，依利益衡量来弥补法律漏洞。一句话，利益衡量的作用在于弥补法律漏洞。”② 笔者认为，此举颇有扩大利益衡量适用范围之嫌，恐加剧法官的主观恣意。也许梁先生是从广义上理解法律漏洞的，将法律漏洞补充等同于法律的续造。但即便如此，法律续造又分为法律内的法律续造和超越法律的法的续造，对于前者而言，法官必须追随立法者的足迹，而不得随性妄为，此间是无法适用利益衡量的。还有一种观点则认为“法律续造与价值衡量不同，法律续造是法官造法，法官所拥有的价值衡量权，是立法者赋予的，仍然是在法律范围内的衡量”③，并引用拉伦茨的话“在狭义的法律解释和价值衡量中，法官的权限，不过就法律内部的事项而为阐释而已，而所谓漏洞属法律外部的缺漏，其补充即令由法官以解释或裁量为之，仍不足以济事，必须透过造法运动，始能填补圆满”作为佐证。笔者以为，其在引用拉氏文献时似乎有断章取义之嫌，所引之“价值衡量”，其实仅仅是作为法律解释中的一种比较权衡利益的技巧而已，是“利益的衡量”，绝非方法论意义上的“利益衡量”。接下来进入第三阶段，“解释法律，补充漏洞，虽系法院之重要工作，但法院创造法律之活动，并不限于此，在甚多情形，法院亦得改进现行规定，创造新的制度，但此不得恣意为之，必须合乎法律之基本原则，符合宪法价值判断，并得纳入现有之法律内在体系。”④ 如果相关的欠缺事项在立法者制定法律时并没有规定的意图，或者立法者对制定规定明确表明否定的场合，法官进行内容不同的法创造时，就不能说是法律内在的一种展开，而是超越法律的法创

① 王泽鉴：《民法实例研习・基础理论》，台北，三民书局 1993 年版，第 164 页；黄建辉：《法律漏洞・类推适用》，台北，蔚理法律出版社 1988 年版，第 21～22 页。

② 梁上上：《利益的层次结构与利益衡量的展开——兼评加藤一郎的利益衡量论》，载《法学研究》2002 年第 1 期。

③ 李秀群：《司法中的价值衡量》，载陈金钊、谢晖主编：《法律方法》，第 4 卷，济南，山东人民出版社 2005 年版，第 476 页。

④ 崔建远：《我国民法的漏洞及其补充》，载《吉林大学社会科学学报》1995 年第 1 期。

造，即“超越法律的法的续造”。拉伦茨先生认为第三阶段的出现主要基于以下原因：（1）鉴于法律交易上的需要从事之法的续造；（2）鉴于“事物的本质”从事之法的续造；（3）鉴于法伦理性原则从事之法的续造。①

那么利益衡量究竟在多大程度上得以适用呢？我们认为，利益衡量的本质是对成文法规则的一种超越，是以牺牲法的安定性为代价，不得已而跨过法律规则，直接进入背后的利益评价，其主观性尤烈，必须严格限定其适用之范围。“只有在一切其他发展方法都不能奏效，而又不能从立法者那里期待得到及时的补救措施时，‘超越法律的法律发展’才是允许的。”② 因此，只有在第三阶段，即超越法的法律续造的领域才能适用利益衡量。在德国法中，拉伦茨先生是通过学说上的努力诠释，构建所谓的“内在价值体系”来修葺、填补现行法的不足，使得法判断所援引的价值内在于整体法秩序之中，这也是其所主张的“评价法学”方法论的精华之处，可谓将人类的“理性之光”发挥到极致。乍观之，似乎在德国法无利益衡量适用的必要，万物皆入吾法秩序，一劳永逸乎！其实不然。于此，评价所依据的价值标准虽然是内蕴于总体法秩序的价值体系，但其实质仍脱不开道德、伦理、习惯、传统等其他法外社会规范，正如有人所看到的，“法不能没有道德，但此道德是法秩序之内的道德”③，“司法过程就是一种需要技巧的艺术——公正地追求好的艺术——而且，正是法律实施过程中公正原则和好的原则的相互作用赋予了法律秩序以道德的内容（且不用说在制定法律时道德观念的影响）”④。拉伦茨仅仅是巧妙地通过诠释学的手段将道德等伦理价值解释进法的内在价值体系或内在法秩序，问题却依然存在：法无明文规定时一个具体的法律决定是如何产生的，此具体决定的理由何在？显然前述符合整体法秩序的理由是苍白的，必须以一种“务实的理性”针对该具体个案为利益衡量。具体而言，之所以要进行利益衡量，主要是因为出现了不能再认为是“违反计划的不圆满性”的情形，大抵有以下几种。

a. 由于新的需要，法律调整的情事出现且无相似法规可供类推之用；

① 〔德〕卡尔·拉伦茨：《法学方法论》，陈爱娥译，北京，商务印书馆 2003 年版，第 286～300 页。

② 〔德〕卡尔·拉伦茨：《德国民法通论》，王晓晔等译，北京，法律出版社 2003 年版，第 108 页。

③ 颜厥安：《法与道德——由一个法哲学的核心问题检讨德国战后法思想的发展》，载《政大法学评论》，1993 年总第 47 期。

④ 〔英〕W. D. 拉蒙特：《价值判断》，北京，中国人民大学出版社 1992 年版，第 333 页。

b. 由于“法律无涉之空间”内的情事随着人们认识的深化转而进入法律调整领域；

c. 数个法律原则在调整某一具体事件上出现冲突，需要指明适用之先后顺序或适用的强度。①

此时，既没有明文规定的指引，亦出乎立法者当时之意料，乃是一种全新的状况，需要法官基于“禁止司法沉默”的职责，通过利益衡量去寻求妥当的判决。由此可见，利益衡量的大规模运用主要在超越法律的法的续造领域。当出现新的案件在现有的法秩序内无法得以妥善解决，或不能导致公正的结果时，通过利益衡量的运用作出公正判决，总结提炼判决中保护此利益而牺牲彼利益背后的理由，进而铸造新的规则或原则，回归到法的续造轨道，进一步完善法的内在体系。因此，利益衡量理论只有在法的续造领域内才能找到展现自己的舞台，并向世人证明自己是使法律更加体系化、更加富有逻辑和理性的必不可少之工具。

此时需要指出一种极其特殊的情形，就是在法有明文规定，但适用该规定将导致显失公平的结果，亦即“恶法”的情况，法的安定性与实现正义之间发生冲突，于此利益衡量将发挥“纠错”功能，但在面临仅仅轻微损伤到正义的法规时，法官仍应首先尊重法的安定性，只有“当一条法律其违反正义的程度已达到‘不可忍受的程度’，适用之将带来立即巨大的不正义时，则法律的安定性应让位给正义”②。法官进行衡量时必须高度谨慎。在恶法出现时，利益衡量将扮演世俗中“自然法”之角色，当然，这对法官说理无疑提出了更高的要求。唯现代法治国已将正义或法理念具体化为宪法原则，并设立专门的宪法监督机构监督宪法实施，审查其他法律、法规是否抵触宪法，抵触者无效，此为各国所普遍确立之违宪审查制度，这便使“恶法非法”有了制度性的保障。利益衡量的“纠错”功能的发挥将与违宪审查制度相结合，在违宪审查制度的框架制约下实施。

前已指出，权利位阶不具有整体的确定性。正因为缺乏一个由所有法益及法价值构成的确定阶层秩序，由此可以像读图表一样获得结论，所

① 只包括原则冲突而不包括规则冲突。因为规则发生冲突时采用的是狭义的法律解释方法选择应该适用的规则。而当原则之间发生冲突时，每一个原则都对当下案件产生影响，不能简单地说适用某一原则而不适用另一原则，毋宁是对每个原则影响下的利益变化进行衡量。

② Gusta v. Radbruch, Gesetzliches Unrecht und ubergesetzliche Recht, in Rechtsphilosophie, Stuttgart 1973, S. 345.

以，必须采取个案之中的利益衡量方法。如果将对权利位阶的考量也看作是广义的利益衡量的范畴，那么，面对权利冲突，我们进行利益衡量的通常步骤就应该是：首先取决于——依基本法的“价值秩序”——于此涉及的一种法益较他种法益是否有明显的价值优越性。可以认为，相较于其他法益（尤其是财产性的利益），人的生命或人性尊严有较高的位阶。因为言论自由权及资信自由权对于民主社会具有“结构性的意义”，所以，在出现相关的权利冲突时，往往须赋予言论自由权更崇高的地位。其次，在大多数的案件中，或是涉及位阶相同的权利（例如同种人格权）间的冲突，或者正因涉及的权利如此歧异，因而根本无法作抽象的比较，例如，个人自由权与社会法益（如国民健康的冲突），新闻自由与联邦共和国的安全利益间的冲突。在这种情况下，就要慎重地考虑两个方面，一方面是看应受保护的法益被影响的程度（例如，在公众知情权和国家保守秘密权产生冲突时，需要考虑的就包括公众知悉此事务和国家对此事务保密的利益程度各是如何）；另一方面要考虑，假使某种利益必须让步时，其受害程度如何。最后尚须适用比例原则、最轻微伤害手段或尽可能微小限制的原则。根据后者，为保护某种较为优越的法价值须侵及一种法益时，不得逾越达此目的所必要的程度。①

为防止法官在利益衡量的具体操作中过于“功利主义”“唯利是图”，忽视价值方向的考虑，利益衡量论要求法官还必须将他衡量得出的初步结论置于“宪法的基本价值体系”的背景中再度审视、揣度，并兼顾法律政策的要求。利益衡量论通过两个层面的功能预设，既保证了具体衡量过程中的“法官独立”和司法裁判的纯粹性，又最大限度地保证判决不至于偏离正确的轨道。需注意的一点是，在利益衡量的每一步的过程中，法官都要注意说理的充分性，对其所持的理由尽量地阐释清楚，将参与的配置实体权利和社会资源的过程展示于当事人和社会公众，使越来越多地渗入司法过程的伦理因素昭然于阳光之下，从而使司法裁判结果更容易获得普通公众的认同。

（三）公共利益

权利冲突解决路径的第三个方面公共利益的介入。众所周知，将包括宪法在内的实定法之外的价值意识、法律秩序纳入民法的主要通道就是公

① 〔德〕卡尔·拉伦茨：《法学方法论》，陈爱娥译，北京，商务印书馆 2003 年版，第 285～286 页。

序良俗、公共利益之类的一般条款。[①] 在民法上，限制民事主体自由的足够充分且正当的理由之一就是公共利益。[②] 在这种意义上，民事权利的边界需要借助公共利益予以划定，权利冲突的解决也需要公共利益的介入作为重要的方法而发挥作用。

"公共利益"原本为公法上的核心概念。与直接指涉个人生活及以个人生活名义提出主张、要求或愿望的个人利益相对应，公共利益涉及的乃是政治组织社会的生活并以政治组织社会名义提出的各种主张、要求和愿望。[③] 在现代民主国家的公法领域，任何具有正当性的法律都必须是为了社会的"公共"利益而不是任何特定私人的利益而制定的。[④] 但基于社会的有机组成，个人作为基本的组成要素，其利益与整体的社会利益之间必然无法达成完全合致。而公共利益之概念在私法上被引入，主要目的即致力于解决现代社会个人权利、自由与国家利益、社会利益经常可能发生的矛盾和冲突。按照这种逻辑，在国家、社会因安全、秩序、发展等需要而必须适度限制或损害个人权利时，个人在国家给予适当补偿后必须能够容忍这种适度的限制或损害。

对于权利冲突的解决而言，公共利益发挥作用的空间主要集中于国家对私人财产的征收与征用。按照一种说法，公共利益原本乃是与征用权（eminent domain）关联密切的一个词语，其内涵的界定须追溯至征用权。按照征用权的一般理论，为了限制政府获得私人财产的能力，宪法规定私人财产的征用须服从"公共利益"，其目的是抵制个人财产由于政府的专断或者不公正行为而丧失。但在实际上，由于征用权从属于主权范畴，是国家行使主权的警察权力的体现，具有绝对性、至上性和不可限制性，这使得"公共利益"只能是一个在法律上极为模糊的概括条款或者弹性条款。立法者只能就"公共利益"作概括性规定，其具体判断标准留待行政

---

① 辨析起来，类似公序良俗、公共政策、公共利益等不同概念的表述之间肯定是存在差异的，但本质上无非都是国家试图以某种经济秩序或道德秩序来对当事人的私人自治进行一定程度的控制所采纳的手段。参见易军：《论私法上公序良俗条款的基本功能》，载《比较法研究》2006年第5期。

② 按照王轶教授提出的民法价值判断问题的实体性论证规则，得以限制民事主体自由的足够充分且正当的理由最终落脚于国家利益和社会公共利益。参见王轶：《民法价值判断问题的实体性论证规则——以中国民法学的学术实践为背景》，载《中国社会科学》2004年第6期。

③ 〔美〕博登海默：《法理学、法律哲学与法律方法》，邓正来译，北京，中国政法大学出版社2004年版，第156页。

④ 张千帆：《"公共利益"的构成——对行政法的目标以及"平衡"的意义之探讨》，载《比较法研究》2005年第5期。

机关在个案中确定，司法机关唯在出现纠纷之时才予介入，因而其也是一个法官在各种冲突的法益之间进行判断、取舍和平衡的问题。[①] 由此，公共利益既成为立法者在表述权利限制上的最大“托词”，也造成实务上最难以实证化的难题。

就我国的现实情况而言，公共利益在解决权利冲突时所遇到的最大障碍，即公共利益如何加以确定的问题。在笔者看来，将“公共利益”予以确定的途径大致有以下几方面。

其一，界定“公共利益”的标准和范围。众所周知，在我国《物权法》的制定过程中，对《物权法》第 42 条的规定，立法中争议极大，最难以解决的首要问题就是物权法是否必要及是否可能对“公共利益”作出明确界定或概括性规定。立法机关经反复研究后认为，在不同领域内，在不同情况下，公共利益是不同的，情况相当复杂，《物权法》难以对公共利益作出统一的具体界定。考虑到《物权法》的私法性质，《物权法》重点是对征收以及由此发生的拆迁中的补偿问题进行规范，对公共利益的具体界定还是分别由有关法律规定较为切合实际。实际上，无论是社会公共利益还是国家利益，都属内涵和外延皆不明确的框架性概念。而试图通过对其外延以穷尽列举的方式加以界定，在很大程度上实属徒劳。2011 年 1 月 19 日国务院第 141 次常务会议通过的《国有土地上房屋征收与补偿条例》第 8 条对公共利益作了抽象加列举的规定。[②] 尽管这一规定对公共利益的列举由草案稿的七项缩减为六项，但从解释论上来说，其仍有将公共利益明显扩大化的倾向。有学者认为：明显的“公共利益”扩大化倾向，是一个退步，这将是一个巨大的制度“漏斗”。将“促进国民经济和社会发展”作为“公共利益”的表现，则会明显出现误读。例如，对于一个市县而言，建一个娱乐场所，设立一个公司，开发一个小区等，无疑都属于促进国民经济和社会发展的行为，如果将所有的“促进国民经济和社会发

---

① 郑贤君：《“公共利益”的界定是一个宪法分权问题——从 Eminent Domain 的主权属性谈起》，载《法学论坛》2005 年第 1 期。

② 《国有土地上房屋征收与补偿条例》第 8 条规定：“为了保障国家安全、促进国民经济和社会发展等公共利益的需要，有下列情形之一，确需征收房屋的，由市、县级人民政府作出房屋征收决定：（一）国防和外交的需要；（二）由政府组织实施的能源、交通、水利等基础设施建设的需要；（三）由政府组织实施的科技、教育、文化、卫生、体育、环境和资源保护、防灾减灾、文物保护、社会福利、市政公用等公共事业的需要；（四）由政府组织实施的保障性安居工程建设的需要；（五）由政府依照城乡规划法有关规定组织实施的对危房集中、基础设施落后等地段进行旧城区改建的需要；（六）法律、行政法规规定的其他公共利益的需要。”

展”的行为都认定为公共利益，则大大扩张了公共利益的范围，公共利益完全成了一个可以随便捏的“橡皮泥”①。笔者赞同这一观点，促进国民经济和社会发展通常体现为一种商业利益，而商业利益在客观上往往与“公共利益”相关，但并不属于公共利益的范畴。实际上，在法律范围内的私人商业利益在客观上都会有利于公益，亚当·斯密所谓“每个人在追求自己利益最大化的过程中，最大限度地促进了公益”，说的大致就是这个道理，这就是著名的“自动公益说”。这一理论的基本思路是：进入市场中的个人受价格机制的引导，依照利益最大化原则行事，彼此之间展开竞争，其结果，带来的竟是意想不到的收获，社会财富的增加，从而客观上促进了社会福利即“公共利益”②。但商业利益与公共利益之间的这种相关性并不足以支持将商业利益直接纳入公共利益的范围之中，对公共利益作类似的界定，不但使得公共利益的边界更加模糊，而且造成了实践中确认上的困难。正如学者所言，如果我们不是盲目崇拜理性，而是多少采纳一点经验主义的智慧的话，就必须意识到，国家利益和社会公共利益的内容根本无法一一列举。③ 对于一个抽象的法学范畴，最重要的不是对概念本身的界定，而是建立一套科学可行的判断机制。

其二，确定认定“公共利益”的方法和程序，建立科学的判断机制。明确由谁判断、认定和怎样判断、认定“公共利益”。为防止公共利益概念被滥用，应当强调最终判定公共利益的机制须限定为三个途径。第一，由立法机关遵循法律所认可的表决程序和表决规则，通过相应的立法行为去确定。第二，由司法机关按照法律所认可的表决程序和表决规则去认定。第三，行政机关尽管可以对公共利益作出初步认定，但其认定的结论必须能够成为司法审查的对象。

其三，确定处理公共利益与私人利益关系的准则，明确只有在何种条件下公共利益才能优于私人利益，才能限制或损害私人的利益以及能在多大程度上限制或损害私人的利益。也就是说，公共利益优于私人利益并非无条件的。遵循讨论民法价值判断问题的实体性论证规则，没有足够充分且正当的理由，不得限制民事主体的自由；同时考虑到诸如国家利益、社

---

① 马祚波、戚庆燕、于英杰：《新拆迁条例“公共利益”界定、补偿机制遭质疑》，见 http://news.sohu.com/20101217/n278350354.shtml，最后访问日期：2011-03-26。

② 刘连泰：《“公共利益”的解释困境及其突围》，载《文史哲》2006年第2期。

③ 王轶、董文军：《论国家利益——兼论我国民法典中民事权利的边界》，载《吉林大学社会科学学报》2008年第3期。

会公共利益、他人的合法权益等均为我国现行民事立法中可以限制民事权利的足够充分且正当的理由，主张公共利益存在的一方应承担相应的证明责任。这也同时意味着，可以行使国家公权力对公共利益在具体情形中进行类型化的立法机关或司法机关应当慎重对待自身的该项权力，应该在“逻辑的力量”用尽之后，方可动用“力量的逻辑”，不得动辄就以维护国家利益和社会公共利益为由，去否定或者限制民事权利。①

就目前已经出现的通过行政机关的决定而限制权利的个例来看，较为突出的问题是法出多门以及缺乏必要审查程序。现实当中，除法律以外，其他行政法规范性文件也都或多或少涉及对私有财产权的限制，长此以往，会使行政机关形成一种任何规范性文件都可以限制私有财产权的错觉。进而容易使行政机关产生立法冲动，不考虑自身职权的范围与界限任意地制定限制私有财产所有权的行政法规范性文件。如果任由行政机关既不考虑自身在国家机构中的地位，也不考虑《立法法》有关授权立法中的授权规定，纯凭自身利益和自身感受的社会现实需要进行立法，甚至造成某些行政法规范性文件非法限制和减少公民依法享有的财产权利；增设法律法规没有规定的限制私人所有权的方式和对所有权人进行处罚的方式。其后果将是可怕的。这些依行政法规范性文件限制财产所有权的行为，在我国现行违宪审查制度不够完善的情况下极易获得形式上的合法性与正当性，从而使主要表现为私有财产所有权遭到侵害的一些不法行为极难纠正。② 公法学者早就指出，对于公益和私益的衡量，应该是个由司法机关在个案中作出最终判断的问题，这就要求建立对于法律和行政法规的违宪审查制度。③不过遗憾的是，在我国目前的司法审查中，这个环节是暂告缺失的。

四、权利冲突的立法透析与制度反思——以国有土地上房屋征收问题为例④

随着经济社会的进一步发展，城市化进程的不断推进，用地规模激增，使得土地及附着于其上的建筑物之征收不可避免，并因此需要拆除相应土地上的建筑物、安置相关人员。在征收中，产权主体均竭力争取对城

---

① 王轶、董文军：《论国家利益——兼论我国民法典中民事权利的边界》，载《吉林大学社会科学学报》2008 年第 3 期。

② 肖北庚：《论我国私有财产权行政法限制之“依据法律规定”》，载《政治与法律》2008 年第 2 期。

③ 张翔：《公共利益限制基本权利的逻辑》，载《法学论坛》2005 年第 1 期。

④ 焦清扬：《国有土地上房屋征收的立法透析与制度反思》，载《河南财经政法大学学报》2016 年第 1 期。本部分收录于本书时有所增改。

市土地中蕴含无明确归属之显化的潜在租值，且相关征收制度被异化所生之权利和权力的冲突与较量，而科学、合理的法律法规之暂付阙如引致了城市发展与私有财产权保护关系的扭曲，使得各方以利益博弈者的身份相互对峙。虽然 2011 年《国有土地上房屋征收与补偿条例》已经颁布施行，但具体的规制内容仍存有漏洞，对被征收人私权保障的力度依然孱弱，暴露出国有土地上房屋征收[①]法律制度的结构性悖论和实践操作中的功能性混乱等诸多问题。因此，有必要对国有土地上房屋征收问题进行深入研究。

（一）国有土地征上房屋征收的私权保障要求

我国《物权法》第 42 条第 1 款规定："为了公共利益的需要，依照法律规定的权限和程序可以征收集体所有的土地和单位、个人的房屋及其他不动产。"其第 3 款继续规定："征收单位、个人的房屋及其他不动产，应当依法给予拆迁补偿，维护被征收人的合法权益；征收个人住宅的，还应当保障被征收人的居住条件。"从一定意义上说，《物权法》确立了国有土地上房屋征收补偿的私法基础与私法要求，填补了规范与事实的缝隙，体现了"法治的基本要求（形式法治）是'法律主治'"[②]。

国有土地上房屋征收这一行为的属性符合私法上的所有权社会化原则。传统私法秉承所有权绝对原则，其过度强调个人的绝对权利所带来的弊害使得现代权利观念逐渐由个人权利转向社会权利。德国学者耶林在其《法律的目的》一书中指出："所有权行使之目的，不独应为个人的利益，同时也应为社会的利益，因此现今应以'社会的所有权'制度取代'个人的所有权'制度。"[③] 而《魏玛宪法》第 153 条所规定的"所有权负有义务，其行使应同时有益于公共福利"即表征了这一理念。从另一侧面与此

---

① 在我国，"房屋征收"与"房屋拆迁"的含义与关系一直是一个令人纠结的话题。国务院 1991 年制定、2001 年修正的《城市房屋拆迁管理条例》使用的是"房屋拆迁"，《宪法》使用的是"私有财产征收"，《城市房地产管理法》《物权法》同时使用了房屋征收和拆迁的概念并将二者视为同一性质的行为，国务院 2011 年 1 月 21 日发布实施的《国有土地上房屋征收与补偿条例》使用的是"房屋征收"。但在实践中，人们仍习惯将该条例称为新《拆迁条例》。在理论上，拆迁是拆迁人对已经取得所有权的房屋的处置和对原房屋所有人的安置行为，所以拆迁既可能是征收后的行为，也可能并非是征收的结果。本节中所使用的"拆迁"均属于所有权征收后的一个环节，是以征收为基础而表征在事实上的行为与效果。参见王克稳：《"房屋征收"与"房屋拆迁"的含义与关系辨析——写在〈国有土地上房屋征收与补偿条例〉发布实施之际》，载《苏州大学学报（哲学社会科学版）》2011 年第 1 期。

② 孙笑侠：《拆迁风云中寻找法治动力——论转型期法治建构的主体》，载《东方法学》2010 年第 4 期。

③ 梁慧星：《中国物权法研究》（上），北京，法律出版社 1998 年版，第 249～250 页。

相关照的是“对所有权的拘束与个人在社会秩序中承担的内在和外在义务拘束相符”①。在现代社会中，任何私人财产权利都不是绝对的、不受限制的权利。国家为了维护公共利益的需要，有必要在特殊情况下通过征收的方式限制私人财产权。这既是所有权社会化限制的表征也是私人所有权的义务所在。诚然，所有权社会化并非是对私人所有权的否定，其本旨是调适所有权保护与所有权内在义务拘束的平衡，在最大程度上使得私人所有权的行使与社会公共利益并行不悖。正如王泽鉴先生所言：“所有权并非绝对，基于公共利益的限制（包括征收的可能性），实乃寓存于所有权本身。所有权的内容兼括权能和义务、限制及拘束，使私的所有权更具存在的依据，而发挥其功能。”② 因此，所有权社会化并非导致所有权失去独立的价值意蕴，倘若在所有权社会化的过程中对所有权造成了损害，仍然应当参照私权的损失加以救济。

1. 拆迁补偿的私法基础

公民的合法财产受法律保护，确立物权法律关系的重要意义就在于明确物之归属及利用，保障所有权人对所有权的信赖保护以及合理预期利益，强化所有权的安全属性及稳定性。从私权保障的角度检视，城市房屋拆迁却有违物权稳定性，且极易破坏所有权的安全属性。国有土地上的房屋拆迁法律关系中所涉及的物权内容至少包括三个方面：土地所有权、土地使用权以及土地附着物房屋的所有权问题。根据我国现行法律，城市土地所有权归国家所有，城市土地使用权被相应的房屋所有权人所享有，作为城市土地附着物的房屋所有权亦归城市居民所有。土地所有权归属于国家，其不能成为国家征收的对象，不构成城市房屋拆迁补偿的私法基础。根据我国《物权法》第146条、第147条所确立的“房随地一体转移”与“地随房一体转移”的规则，我国城市土地使用权与房屋所有权从权利流转的归属分析是一致的。城市房屋拆迁直接损害的是城市居民的房屋所有权，所有权的灭失直接导致损害赔偿，因此，国有土地上房屋拆迁补偿的私法基础首先在于对城市居民房屋所有权的侵害。同时，城市居民享有城市土地使用权，而城市房屋拆迁的最终目的即是提前终止土地使用权并收回土地以使土地资源得以重新分配。所以，从应然的角度出发，在房屋拆

① 〔德〕哈里·韦斯特曼：《德国民法基本概念》（第16版），张定军等译，北京，中国人民大学出版社2013年版，第168页。

② 王泽鉴：《民法概要》，北京，北京大学出版社2011年版，第389页。

迁法律关系中，拆迁补偿的私法基础包括两大方面的内容，即拆迁主体对被拆迁人房屋所有权以及土地使用权的损害。忽略二者其中的任何一个都是不全面的，因为此两种基础法律关系关涉补偿原则及范围的问题。

2. 拆迁补偿的私法原则

国家基于公共利益的需要，即依循“Necessitas pubulica major est quamprivata.（公共利益较个人之必要为大）”及“Privatum commodum publico cedit.（私人利益，次于公共利益）”[①]，可以对城市房屋进行拆迁并依法给予拆迁补偿。城市房屋拆迁行为是对公民私有财产权的限制甚至“侵害”，但这种限制并不能表明国家力量可以毫无对价地随意剥夺公民的私有财产权，因为“征收虽然是基于公共利益的目的而对个人和集体财产权所做出的限制，但这种限制并不是对财产的无偿征收，而是强制性地以适当补偿为前提的权利移转”[②]。“由于行政征收权就是公权力的一种特权，具有自我扩张的性质，加之公共利益的不确定性，征收机关在适用时往往体现了较大的自由裁量权。如果不对之进行合理约束，必然会侵犯被征收人的合法权利。”[③] 具体到房屋征收法律关系，拆迁行为在实效上与一般的侵权行为无异，只不过这种行为基于法律的规定而产生，具有法律基础，拥有合法形式，因而不能被判定为侵权。但征收人因公共利益导致房屋被征收的后果一方面造成被征收人合法财产权的灭失，侵害了物权，造成权利人的损害（这种后果与侵权行为引发的后果别无二致）；另一方面又引起其他主体（被侵害人除外）的受益，并且后者受益之广度与延展性显然优于前者，这在土地使用权的补偿上尤为凸显，在地价补偿标准方面，我国采用的以法定方式辅之以裁定方式作为计算基数的地价，一般来说低于市场交易的地价[④]，所以，虽然基于公共利益导致的城市房屋拆迁行为不具有侵权性质，但依据民法之等价有偿、公平原则以及侵权法的归责原理，侵权赔偿的标准理应被参照实行，赋予权利人以请求损害赔偿或诉请承担其他民事责任的权利，征收人也应当对被征收人的损失给予公平补偿。《宪

① 郑玉波：《法谚（二）》，北京，法律出版社 2007 年版，第 147 页。

② 王利明：《〈物权法〉的实施与征收征用制度的完善》，载《法学杂志》2009 年第 4 期。

③ 王士如、郭倩：《城市拆迁中公众参与机制的功能与立法建议》，载《行政法学研究》2010 年第 2 期。

④ 以《北京市房屋拆迁评估归责》规定的计算公式为例：房屋拆迁补偿价＝（基准地价×K＝基准房价）×被拆迁房屋建筑面积＋被拆迁房屋重置成新价（该公式中的 K 为容积率修正系数。）参见冯玉军：《权力、权利和利益的博弈——我国当前城市房屋拆迁问题的法律与经济分析》，载《中国法学》2007 年第 4 期。

法》第13条规定："公民的合法的私有财产不受侵犯"，即使该合法利益需要绝对服从于社会公共利益，基于此所产生的损害赔偿却也是不可敷衍了事甚至置之不顾的，否则，将会诱发公权力过度侵犯公民私权现象的产生。所以，从公民私权受法律保护的角度而言，基于因公共利益所生之房屋拆迁补偿必须采取公平补偿的标准，才能更好地保障私权。

3. 拆迁补偿的私法保障范围

拆迁补偿的私法保障范围在利益分配上应当包括合理利益的保障范围以及预期利益的保障范围；在保障主体上应当包括直接利益主体与间接利益主体。合理利益的保障属于直接损失的范畴，当然属于拆迁补偿的范围。至于预期利益，根据私法精神，出于对被拆迁人利益的充分考虑以及公平原则的要求，也应当纳入补偿范围之中。与此同时，主体保障的范围也应当扩及到间接利益主体的范围，才能够保证拆迁补偿的公允性。以美国联邦宪法所规定的征收三要件之一的公平补偿为例，第5条修正案强调："未经公正补偿，不得将私有财产充作公用。"（nor shall private property be taken for public use without just compensation.）其部分内涵即体现出多维度补偿的理念。一是有权得到补偿的不仅包括财产的所有人，还包括财产相关的收益人，如房地产的承租人。二是取得补偿的对象不仅包括房地产本身，还包括其附加物，以及与该房地产商业信誉有关的无形资产(Goodwill)。① 此外，1970年美国联邦国会还制定了《针对联邦或联邦资助规划的统一搬迁补助与不动产征收政策法》（Uniform Relocation Assisted and Real Property Acquisition Policies for Federal and Federally Assisted Programs Act），规定应当向被征用人补助搬迁费用、搬家津贴以及其他杂项费用。很多州受其影响，肯定搬迁费用等应当计入征收补偿的数额之内。② 三是补偿的公平市场价值并不单纯反映被征用财产的当前用途，它还反映该财产适宜投入使用的其他合法用途。③ 通过全方位的保障，被拆迁人并不会因公益而生的征收、征用导致利益减损，这是符合当代私权保障的民法精神的。因此，在借鉴国外经验的基础上，扩大拆迁补偿的私法保障范围在我国成为一项重要任务。

---

① 周大伟：《美国土地征用和房屋拆迁中的司法原则和判例——兼议中国城市房屋拆迁管理规范的改革》，载《北京规划建设》2004年第1期。

② 刘东亮：《拆迁乱象的根源分析与制度重整》，载《中国法学》2012年第5期。

③ W. Harold Bigham, "Fair Market Value", "Just Compensation" and the Constitution: A Critic View, 24 *Vanderbilt Law Review*, 63 (1970—1971).

（二）国有土地上房屋征收规范述评

1. 国有土地上房屋征收问题的形成与现状

从广义“法”的角度看，国有土地上房屋征收由我国现行的多部法律同时进行规制①，既有国家的根本大法《宪法》，又有如《土地管理法》《国有土地上房屋征收与补偿条例》等行政法律法规，还有如《物权法》这样的民事法律。鉴于涉及法律规范的位阶层次之较大跨度和部门领域之数目繁多，我们必须承认和强调我国现行的房屋征收制度兼具复杂性、重要性以及必要性。通过对涉及的各法律施行之时间、具体规定以及实践操作的境况之分析，我国房屋征收问题的形成与现状可得以基本把握。

第一，由 1990 年 5 月国务院颁布的《城镇国有土地使用权出让和转让暂行条例》和 1991 年 1 月国务院颁布的《城市房屋拆迁管理条例》时间间隔之短暂，我们可以窥知我国对土地使用权制度的法律调整与对城镇房屋征收问题的法律调整几近同步。因此，城镇房屋征收问题之独立存在和极易产生纠纷的现状背后必然存有多元化因素，而非仅仅是土地使用权制度的不完善所致。

第二，土地与建筑物“房、地分离”的本质关系与“一体主义”的法律后果所引致的结构性悖论是导致我国现行房屋征收相关法律问题的重要根源。为凸显房屋的本身价值与独立地位以及便利房屋的流转交易，我国并未延循古罗马法的“一切建筑物从属于土地”的土地吸附地上物原则②，而是采纳了建筑物所有权独立于土地所有权的所谓“房、地分离原则”③。然而在法律后果上，“房随地走”或“地随房走”的房地一体之自由流通模式，从立法技术和思想上体现的交易模式是建立在国家所有权基础上的“国家物权主义”，“在土地国有的条件下，土地所有权与使用权（从而土地所有权与房屋的所有权）的分离变成强制性的，不能通过相关各方的谈判来加以改变。人们并非是在各种可能的选择中去选择自己认可

① 我国当前涉及城市房屋拆迁的法律法规主要包括：《宪法》《土地管理法》《城市房地产管理法》《城市房屋拆迁管理条例》《城镇国有土地使用权出让和转让暂行条例》《物权法》以及《国有土地上房屋征收与补偿条例》等。本节中，原有法主要指《土地管理法》《城市房地产管理法》《城镇国有土地使用权出让和转让暂行条例》《城市房屋拆迁管理条例》等，而新《条例》则特指《国有土地上房屋征收与补偿条例》。

② 优士丁尼《法学阶梯》第二卷第 1 题“物之分类”第 I. 2. 1. 29 规定：“在某人于自己的土地上以他人之材料为建筑的情况下，该人被认为是建筑物的所有人，因为在土地上建筑的一切，添附于土地。”参见〔古罗马〕优士丁尼：《法学阶梯》，徐国栋译，北京，中国政法大学出版社 2005 年版，第 125 页。

③ 朱广新：《房屋征收补偿范围与标准的思考》，载《法学》2011 年第 5 期。

的权利分配模式，而是被强制接受某种权利分配结果”①。这使得国家在对国有城市土地进行征收的同时，不重视或者根本否认国家对城镇房屋的征收，抑或只着眼于房屋本身的补偿而回避土地使用权随征收活动潜在租值的显化而导致的利益纠纷。这种房地结构性矛盾实际上根源于我国的计划经济体制，其更加强调公民对国家安排的绝对服从。随着我国社会主义市场经济的提出与发展，房屋流转交易形式逐渐多样态化、土地使用权出让和转让的法律制度日臻完善，如何促使房产与地产妥适结合以体现客观价值的最优化愈加到重视。

第三，随着社会主义市场经济发展的深入和公民权利意识的自觉而生，在对房屋违法征收的一片反对声中，立法者开始密切关注并愈发重视房屋征收中被征收人的合法权益。这最突出地反映在我国2004年《宪法》第四修正案、2007年《物权法》以及2011年《国有土地上房屋征收与补偿条例》的颁布与施行。在城市房屋征收法律关系中，作为相对弱者一方的被征收人的合法权利越来越受到全面、合理的保障，在补偿范围、补偿程序上也逐渐体现出私权保障的价值诉求。

2. 国有土地上房屋征收的法律框架

国有土地上房屋征收所涉及的原有法律法规为房屋征收行为构建了大致的法律框架，但该法律框架还远不能满足和解决现实生活中房屋征收出现的诸多法律问题，国家权力运作和公民权利保障相协调的宪法要求无从实现。原有法律规制的问题主要体现在以下方面。

首先，公共利益界定不明确。我国《宪法》《土地管理法》《城市房地产管理法》《城镇国有土地使用权出让和转让暂行条例》《城市房屋拆迁管理条例》和《物权法》等原有法对公共利益都或详或略有所提及，然而，于诸多规制中，“公共利益”依旧“犹抱琵琶半遮面”的不明确性与模糊性，并未降低实践中区分公共利益和非公共利益的难度，由此行政主体滥用职权侵损私权的较高几率仍是房屋征收中存有的较大隐患。修正原有法立法技术上的弊端以及规制上的漏洞以击破制度性障碍成为准确界定公共利益的原动力。

其次，政府角色定位不清晰。我国有关征收的原有法律规制由于对行政权力缺乏有效制约，导致其过于膨胀，司法程序的作用没有得到应有的

① 钟瑞庆：《城市拆迁，土地国有与交易权利》，载孙笑侠、钟瑞庆等：《复活的私权》，北京，中国政法大学出版社2007年版，第278～279页。

重视与发挥。在征收法律关系中、政府毋庸置疑是作为最终归责者的一方主体，但在征收过程中，政府作为指挥者、执行者、服务者抑或裁决者的定位又迟迟得不到明确，而出于设法减轻自身机构直接的担责压力或缓解现行补偿的经济负担的考量，政府或扮演多重角色或隐匿幕后，由此导致的主体错位造成认定程序上的混乱，从而引发政府信用危机与公信力下降等现实问题。

最后，拆迁补偿安置不合理。第一，补偿安置实质上是充满利益博弈的伪商谈。因行政部门的强势“兜底”，原有法从安置补偿协议的启动到制定均刻有明显的强制性烙印，这就使得缺少双方充分沟通和意见交流的补偿安置协议是一种冲突博弈而非议价博弈。由此，征收方案的制定过程就离“接近于一个完全信息的双方议价博弈，其最后的均衡将趋向于纳什议价解①”这一理想模式渐行渐远。第二，房屋补偿标准偏低，国有土地使用权被提前终止后未得到应有补偿。原有法尚未就城市建设拆迁中国有土地使用权的补偿作出具体规定，将若干问题淡化为仅对征收房屋所有权而产生的补偿安置问题，被拆迁人土地使用权的损失被悄然“隐去”。第三，被拆迁人难以得到真正妥善安置。按照原有法的补偿标准，较低的货币补偿使得大批拆迁户易陷入难以承受按面积差价重新购房的经济压力和在外租房又明显不能满足利益优化的两难境地，最终只能选择迁移到地价相对便宜的城市边缘居住。随着城市经济的不断发展、用地需求的无限增长，如此迁移循环往复，被拆迁人的地理位置渐次被“边缘化”，最终导致的是整个社会中低收入群体的被“边缘化”。

(三)《国有土地上房屋征收与补偿条例》评述

2011年《国有土地上房屋征收与补偿条例》(以下简称新《条例》)颁布施行，该条例较《城市房屋拆迁管理条例》(以下简称旧《条例》)在权利保障方面设置更为周全，立法理念、立法技术更为先进与合理，制度的嬗变促使了许多现实性问题的解决，但新《条例》仍有许多规制有待完善。

1. 公共利益的界定

是否应正面界定以及能否正面界定作为公权与私权连接点的公共利益

---

① John Nash (1950) 证明了，当满足最优性、不变性、对称性以及独立性四大公理之后，议价将确定唯一使得议价主体实现增量效用最大化的解。在议价实力对等时，该解常常意味着议价者平均分享合作剩余。See John Nash, The Bargaining Problem, 18 *Econometrical* 155 - 162 (1950). 转引自赵骏、范良聪：《补偿博弈与第三方评估》，载《法学研究》2012年第3期。

一直是学界讨论的热点与难点问题。面对因立法的暂付阙如而导致实践中“公共利益”之滥用境况，尽管王利明先生曾在制定《物权法》时就明确指出：“仅仅寄希望于物权法对公共利益内容的界定是物权法所不能承受之重。”[①] 但不可否认的是，公共利益承担了揭橥《宪法》第10条[②]精神的责任，成为《物权法》第42条[③]规定的征收程序启动之实质要件与最终目的之应然归宿。因此，研究公共利益的界定成为完善我国房屋征收法律制度的首要任务。新《条例》第8条就公共利益的范围进行了具体规制：“为了保障国家安全、促进国民经济和社会发展等公共利益的需要，有下列情形之一，确需征收房屋的，由市、县级人民政府作出房屋征收决定：（一）国防和外交的需要；（二）由政府组织实施的能源、交通、水利等基础设施建设的需要；（三）由政府组织实施的科技、教育、文化、卫生、体育、环境和资源保护、防灾减灾、文物保护、社会福利、市政公用等公共事业的需要；（四）由政府组织实施的保障性安居工程建设的需要；（五）由政府依照城乡规划法有关规定组织实施的对危房集中、基础设施落后等地段进行旧城区改建的需要；（六）法律、行政法规规定的其他公共利益的需要。”

一方面，立法上将公共利益作为房屋征收的前置条件，有助于界分公益征收与商业征收。判定公共利益的需要还必须坚持必要性原则，即“为了实现某种特定的公共利益必须对特定范围内的房屋进行征收，否则该特定公共利益不能实现。也就是说，哪怕房屋征收行为的目的确实具有公益性，但若该方案不是唯一的，还有其他不需要通过房屋征收也能实现公共利益的途径，那么该征收行为就不符合必要性原则，其为了公共利益需要的‘确需’性就不具备。必要性原则能够有效防止政府在为实现公共利益的过程中为削减成本或其他不适当考虑而滥用征收权。”[④] 另一方面，在立法技术上兼采了列举式和概括式并举的立法方式，妥善地处理了公共利益因具有发展性、开放性、抽象性和模糊性等特征而引致的难以界定的问题，以相对明确的标准使得其在法律实践中更具操作性。通过对公共利益

---

① 王利明：《物权法草案中征收征用制度的完善》，载《中国法学》2005年第2期。

② 《宪法》第10条第3款规定：“国家为了公共利益的需要，可以依照法律规定对土地实行征收或者征用并给予补偿。”

③ 《物权法》第42条第1款规定：“为了公共利益的需要，依照法律规定的权限和程序可以征收集体所有的土地和单位、个人的房屋及其他不动产。”

④ 唐忠民：《“公共利益”司法审查的相关问题——以〈国有土地上房屋征收与补偿条例〉为例》，载《理论学刊》2012年第10期。

进行列举性的规定，法条能够为一般民众及行政主体提供统一的标准指引，对于判定某一行为是否违反公共利益的要求也大有裨益，这种具体化的法律操作模式实质上就是对公共利益的类型化分析，正如拉伦茨所言："当抽象——一般概念及其逻辑体系不足以掌握某生活现象或意义脉络的多样表现形态时，大家首先会想到的补助思考形式是'类型'。"① 而概括式的"兜底条款"即"法律、行政法规规定的其他公共利益的需要"之规定，一方面因开放式"兜底条款"的运用而"期待能弹性地、演变地对生活事实加以规范，而不至于挂一漏万或不能与时俱进"②；另一方面也使得规制"公共利益"的法律层级有所保障，这决定了地方性法规和政府规章都无权创设新的"公共利益"的情形，限制了对"公共利益"的扩大解释。③

诚然，在房屋征收和拆迁的过程中，就新《条例》列举的六种公共利益而言，"最容易出现公共利益被'掉包'的情形就是政府组织实施的保障性安居工程和旧城区改建，在这两项建设中往往存在公共利益与商业利益交织的情况，而使它们成为地方政府大量引入商业利益的缺口"④。因此，在判定因该两项建设需要而进行的房屋征收与拆迁活动时，应该严格审查征收房屋收回土地使用权后的土地使用主体、征收与拆迁的受益者、产权的可能承受人与土地的使用功能等，以确保作为房屋征收与拆迁目的的公共利益在房屋被拆迁后能够在相当程度上得以实现。

2. 拆迁补偿标准的重塑

补偿系征收制度的必备要素，注重补偿的征收制度，"既遵循了法制发达国家征收制度的发展规律，也抓住了我国城市不动产征收纠纷的主要矛盾"⑤。房屋拆迁补偿既具有深厚的宪法基础，又体现私权保障的价值内涵，在房屋拆迁法律关系中，房屋拆迁补偿理应体现人权保障的宪法要求以及等价有偿、公平的民法原则。基于注重完善与提升拆迁补偿标准的理念，具体补偿举措应体现在以下方面。

---

① 〔德〕卡尔·拉伦茨：《法学方法论》，陈爱娥译，北京，商务印书馆2003年版，第337页。

② 黄茂荣：《法学方法与现代民法》(增订第六版)，台湾大学法学系法学丛书编辑委员会2009年版，第570页。

③ 芦雪峰：《我国城市房屋征收补偿的法律分析——以上海市房屋征收补偿新规为例》，载《行政论坛》2014年第2期

④ 唐忠民：《"公共利益"司法审查的相关问题——以〈国有土地上房屋征收与补偿条例〉为例》，载《理论学刊》2012年第10期。

⑤ 朱广新：《房屋征收补偿范围与标准的思考》，载《法学》2011年第5期。

第一，从适当补偿到公平补偿——价值理念的转变。

我国2001年颁布实施的旧《条例》对被拆迁人采适当补偿标准，这在实践中多被等同于象征性或抚慰性补偿。依据适当补偿标准，被拆迁人的直接利益无法得到全面补偿，更毋论预期性的利益。此外，行政补偿的范围偏小，补偿基本上只限于财产权补偿，而财产权补偿中也只局限于对直接损失的补偿。2011年实行的新《条例》首次将拆迁补偿的标准确定为公平补偿标准。① 公平补偿原则纳入了严密的利益评估机制，并与市场挂钩，实现了私权保障价值理念的转变，对房屋拆迁法律关系中被拆迁人的利益保护更为周全。

然而，新《条例》尚未关注或解决的问题在于：城市居民房屋所有权和土地使用权虽然归属主体一致，但二者的价值标准却是相异的。新《条例》虽然对被拆迁人采用公平补偿标准，但这种补偿的公平性所针对的对象却不甚明晰。新《条例》第17条第1款限定了房屋征收补偿的范围："（一）被征收房屋价值的补偿；（二）因征收房屋造成的搬迁、临时安置的补偿；（三）因征收房屋造成的停产停业损失的补偿。"从条文字面看，补偿仅限于基于房屋所有权所产生的合理利益，对城市土地使用权的补偿不在考虑之列。然而，新《条例》第8条关于公共利益需要的界定，"无论是为了保障性安居工程建设、旧城区改建的需要，还是为了基础设施建设、公共事业的需要，地方政府对他人房屋进行征收的真正目的并不是为了取得房屋的所有权，而是为了尽快拆除房屋和重新开发、利用土地"②。事实也是如此，随着现代化进程的加快，城市土地使用权的市场价值往往要远高于基于房屋所有权所派生出的各项利益。况且，新《条例》第21条第3款"因旧城区改建征收个人住宅，被征收人选择在改建地段进行房屋产权调换的"规定已暗含了地价在补偿中所占有的重要分量；第19条"对被征收房屋价值的补偿，不得低于房屋征收决定公告之日被征收房屋类似房地产的市场价格"中的"房地产"更是直接显露"地产"在征收补偿中难以被忽略；住建部颁发的《国有土地上房屋征收评估办法》第11条也规定，被征收房屋价值是指被征收房屋及其占用范围内的土地使用权在正常交易情况下的交易金额。由此，被征收房屋的价值补偿，当然包含了对建

---

① 《国有土地上房屋征收与补偿条例》第2条规定："为了公共利益的需要，征收国有土地上单位、个人的房屋，应当对被征收房屋所有权人（以下称被征收人）给予公平补偿。"

② 朱广新：《房屋征收补偿范围与标准的思考》，载《法学》2011年第5期。

设用地使用权价值丧失的补偿，否则“公平补偿”只是“金玉其外”，而在实质上对被征收人有失公允——新《条例》对补偿标准所依据的基础对象之暧昧不清的态度值得反思。日后立法需要完善的事项在于：其一，在考虑补偿时，是否需要同时补偿基于房屋所有权及土地使用权所产生的利益之总和；其二，是否将二者价值进行比较而补偿价值较高者。笔者认为，第二种方法更为合理。原因在于，我国实行房地一体主义，对二者进行总和性补偿一方面会加重政府负担；另一方面可能会引发道德风险，加剧公民的信誉危机。如前所述，土地使用权具有独立的价值，且此价值在某些情况下相对于房屋而言在理论上甚至更为显著，但是在实践交易中，土地使用权的对价一般已经“吸附”于为取得房屋所有权时所支付的对价中，所以在厘定补偿规制时，也理应将实践考虑其中，故补偿标准按两者价值之和显然并非合理。根据十八届三中全会中国务院机构改革和职能转变方案所指出的建立不动产统一登记制度，“房地一体”的模式将会更为明显地体现，在补偿价值计算时，立法应参照实践中“地产”之于“房产”价值的“吸附”这一事实对补偿标准进行明晰规制，以两者价值较高者为准。

第二，由单一性到多样性——亟待解决的问题。

在拆迁补偿方式上，目前我国基本上采以货币补偿为主、实物补偿或产权调换为辅的做法，新《条例》依然没有解决该漏缺。① 补偿方式的简单化使得被拆迁人所面临的际遇难以被顾及甚至于遭到漠视。在房屋拆迁过程中，房屋的灭失往往直接导致居民就业成本和生活成本的增加，从而引发新的生存危机，这关涉公民权利的保护及社会秩序的安定与和谐，因此，有必要坚守公平补偿的原则与标准。美国研究不动产征收及补偿的著名学者 Abraham Bell 和 Gideon Parchomovsky 指出，随着公共利益范围的不断扩张，公平补偿几乎成了仅有的对私人财产权有意义的保障和对政府滥用征收权的审查。② 究竟什么是“公正补偿”? 美国联邦最高法院认为，需要补偿的是因征用行为给财产所有人造成的损失，衡量损失的标准是财产被征用时的公平市场价值（fair market value）。③ 在坚持公平补偿

① 《国有土地上房屋征收与补偿条例》第 21 条规定：“被征收人可以选择货币补偿，也可以选择房屋产权调换。”

② Abraham Bell & Gideon Parchomovsky，“Taking Compensation private”，*Stanford Law Review*，Vol. 59，2007，p. 872. 转引自刘东亮：《拆迁乱象的根源分析与制度重整》，载《中国法学》2012 年第 5 期。

③ United States v. Chandler-Dunbar Water Power Co.，229 U. S. 53，81（1913）. 转引自刘东亮：《拆迁乱象的根源分析与制度重整》，载《中国法学》2012 年第 5 期。

标准时，立法需要考虑两方面的因素。一方面，公平市场价值并不单纯反映被征用财产的当前用途，它还反映该财产适宜投入使用的其他合法用途。① 纯粹从现有价值出发去评估的补偿数额往往难以弥补当事人的实际损失，对被限制和剥夺私有财产权的公平补偿必须包括私有财产的既有价值如被拆迁人处分不动产自主权遭受破坏的损失，潜在价值如被拆迁人对不动产情感价值的损失以及与不动产所处社区联系割裂的损失、满足个人正当的特殊需要投入的损失②，同时还应该将可得利益纳入考虑之中。另一方面补偿的方式必须考虑到分配正义，补偿方式差异的背后蕴含的是价值冲突及利益冲突。庞德认为："法学家所必须做的就是认识这个问题，并意识到这个问题是以这样一种方式向他提出的，即尽其可能保护所有的社会利益、并维持这些利益之间的、与保护所有这些利益相一致的某种平衡或协调。"③ 故，为平衡或协调公共利益与个人利益，立法所提供的补偿方式理应能够保证个人的生活水准不会因为私有财产权的征收或征用而降低。因此，建立多样化的补偿机制成为必需。多样化的补偿方式除了以货币补偿为主、实物补偿或产权调换为辅外，还可以考虑增加安排就业、提供升学机会、扩大社保范围等其他措施，从多方位、多维度保障被拆迁人的合法权益。

第三，由笼统到唯一——补偿主体的特定化。

房屋拆迁责任主体不明确是导致房屋拆迁纠纷的重要原因。房屋拆迁中实际包含了两层法律关系——政府与开发商之间的土地使用权出让法律关系、政府与被拆迁人的土地使用权收回与房屋所有权征收法律关系，被拆迁人与开发商之间并没有直接法律关系。旧《条例》规定，拆迁人应当依照本条例的规定，对被拆迁人给予补偿、安置。在旧《条例》下，何谓拆迁人？拆迁主体是谁？拆迁由谁补偿？这些问题对于被拆迁人而言往往不得而知，加之缺乏公共利益的前提性要求，诸多商业性拆迁大行其便，无所顾忌，这些均使得主体错位、责任承担混乱的现象成为常态。新《条

---

① W. Harold Bigham，"Fair Market Value"，"Just Compensation" and the Constitution：A Critic View，24 *Vanderbilt Law Review*，63（1970—1971）. 转引自刘东亮：《拆迁乱象的根源分析与制度重整》，载《中国法学》2012 年第 5 期。

② 范振国：《论市场价值补偿标准的限度及超越——基于我国国有土地上房屋征收背景的考察》，载《社会科学战线》2013 年第 12 期。

③ Pound，*Introduction to the Philosophy of Law*，Rev. Ed.（New Haven，1954），p. 46. 转引自〔美〕博登海默：《法理学、法律哲学与法律方法》，邓正来译，北京，中国政法大学出版社 2004 年版，第 155 页。

例》第 4 条则明确规定："市、县级人民政府负责本行政区域的房屋征收与补偿工作。市、县级人民政府确定的房屋征收部门（以下称房屋征收部门）组织实施本行政区域的房屋征收与补偿工作。市、县级人民政府有关部门应当依照本条例的规定和本级人民政府规定的职责分工，互相配合，保障房屋征收与补偿工作的顺利进行。"这一规定揭示了"房屋拆迁"归属于"征收"，是政府行为，即市、县级人民政府负责本行政区域内的房屋征收与补偿工作，政府部门成为公益拆迁补偿的唯一主体而明确归位。新《条例》第四章又就政府职能部门的不法拆迁行为规定了严格的责任机制，补偿主体的特定性使得政府的责任得以明定，在权利保护方面避免了被拆迁人求偿无门的被动局面，健全了被拆迁人的补偿保障途径。新《条例》中，房屋拆迁补偿法律关系中的政府部门承担的是严格责任，"一个国家要实行法治，总要会牺牲一些原本由国家、政府、官员所拥有的东西，或者是放弃某些希望取得并且可能取得的正当目标，诸如国家的部分权力、阶级利益、政党影响力、官员职权、工作效率，甚至经济效益"①。虽然政府需从之前的"幕后"走入"台前"且承担更多的责任与风险，但这与责任政府、服务政府的科学行政理念是相符的。但新《条例》需要进一步完善的地方在于有必要具体细化被拆迁人求偿程序，拓展求偿救济途径，在归责主体明确化的同时，只有构建起健全完善的求偿程序才能在终极意义上保障被拆迁人行使求偿权。

3. 征收正当程序的完善

目前，我国房屋征收正当程序的不完备甚至缺失是房屋征收违法现象屡禁不止的主要根源。"一个健全的法律，如果使用武断的、专横的程序去执行，不能发生良好的效果。一个不良的法律，如果使用一个健全的程序去执行，可以限制或削弱法律的不良效果。"② 严格程序的规制及施行是达至实体正义的前提。"征收程序要实现的基本功能是：对征收决定权的制约和对被征收方权利的保障。"③ 在我国有关规定程序的法律法规中，保障公民或行政相对人的知情权和参与权尤为必要，正当程序原则应当成为房屋征收高度关注的原则。

第一，完善征收许可中的听证程序。

① 孙笑侠：《法的现象与观念》，济南，山东人民出版社 2001 年版，第 359 页。
② 王名扬：《美国行政法》，北京，中国政法大学出版社 1995 年版，第 41 页。
③ 刘东亮：《拆迁乱象的根源分析与制度重整》，载《中国法学》2012 年第 5 期。

根据我国《行政许可法》第 46 条的规定，“法律、法规、规章规定实施行政许可应当听证的事项，或者行政机关认为需要听证的其他涉及公共利益的重大行政许可事项，行政机关应当向社会公告，并举行听证”。该规定存在的问题是，听证程序的启动完全依靠行政机关的价值判断，在具体行政行为所涉及的利益关系中，行政主体既是参加者同时又享有决定听证的启动权，缺乏一定的监督机制。新《条例》第 11 条明确规定：“市、县级人民政府应当将征求意见情况和根据公众意见修改的情况及时公布。因旧城区改建需要征收房屋，多数被征收人认为征收补偿方案不符合本条例规定的，市、县级人民政府应当组织由被征收人和公众代表参加的听证会，并根据听证会情况修改方案。”可见，该规定在提高听证的公众参与度以及过程、结果的透明度上有所进步。但是，对于何谓听证、何时听证、如何听证、向谁主张听证这些问题的法律规定过于粗泛，听证信息机制的设置依然严重失衡，被征收人缺乏实际参加听证的路径保障以致《行政许可法》赋予公民主张听证的权利有被“虚化”或“架空”之嫌。新《条例》关于听证事项中，只有因旧城区改建需要征收房屋才关涉严格听证的问题，在其他事项上则无严格听证的要求。“不管如何界定公共利益，也不管是哪一级别的公共利益，只要公共利益的主张会引起私人实体利益的限制与克减，就必须存在一种程序系统来保证这种限制与克减的正当性与合法性。”① 尽管新《条例》第 9 条规定，作出的征收决定必须符合国民经济和社会发展规划、土地利用总体规划、城乡规划和专项规划等，而这些规划的制定就必须广泛征求社会公众意见，经过科学论证。这其中完全可以将其明定为必须经过公益调查和公益听证程序。笔者还认为，对关涉房屋征收中的所有事项都应当纳入听证程序中来，听证应该严格依据《行政许可法》所要求的程序进行，听证笔录应当完整、全面，准确反映听证过程及参加者的意见，并以此作为决策的依据。“正当法律程序就是要求征用当局必须听取被征用人的意见，同时要充分说明行使征用权的理由，而不是根据其单方意志作出征用决定。”② 对于行政机关未经听证所作出的违法行政行为，应根据征收进程中的不同情况，依法分别作出撤销、驳回诉讼请求或者确认违法判决。

第二，完善拆迁补偿安置的评估程序。

---

① 杨寅：《公共利益的程序主义考量》，载《法学》2004 年第 10 期。

② 刘东亮：《拆迁乱象的根源分析与制度重整》，载《中国法学》2012 年第 5 期。

完善拆迁补偿安置评估程序的关键在于保证评估机构的独立性、客观性与公正性。旧《条例》虽然规定补偿定价以市场评估价进行确定，但同时又将评估办法的制定权划归省、自治区、直辖市人民政府，市场评估受到政府政策的左右。新《条例》规定在评估办法上增加了相对人复核评估以及向房地产价格评估专家委员会申请鉴定的权利。在房地产价格评估机构的选任上，规定评估机构应由被征收人协商选定；协商不成的，通过多数决定、随机选定，将被拆迁人的索偿权与行政主体的行政权相剥离，尽量避免行政主体的过分干预。总体而言，新《条例》推行后的最终议价结果较之于旧《条例》应更为趋近公平。由于“健全第三方评估市场，赋予公民以自由选择评估方的权利，引入有效的竞争机制应该是完善征收补偿制度的一个必要进路”①。不难看出，在评估机构的遴选机制以及对评估机构的监督等方面，新《条例》仍有细化的空间。

第三，完善房屋征收的裁决程序。

完善房屋征收裁决程序应当强化司法权与行政权的分离，强化司法权对行政权的监督，坚持司法终局原则。根据旧《条例》的规定，行政裁决程序是提起行政诉讼程序的前提条件，如果不满行政裁决，即使申请诉讼，也不能避免房屋被强制征收的命运。赋予政府部门对征收纠纷的行政裁决权后，政府部门在下发行政许可后还对其自己作出的行政许可予以裁决。“在中国现行的房屋拆迁制度框架中，政府既是给予房屋拆迁许可的初始界定者，同时也是判定该拆迁是否为合理拆迁的裁判者，行政许可、裁决及执行的角色重叠，政府一身兼具运动员和裁判员的双重身份。”②行政主体行使行政权时往往肆无忌惮，不利于被征收人合法权益的保护。行政的特点固然讲求效率，但是在公民权利可能受到极大损害的时候，还应当充分注重正义、公平的要求，这是实现最优效率的途径之一。新《条例》第 14 条规定：“被征收人对市、县级人民政府作出的房屋征收决定不服的，可以依法申请行政复议，也可以依法提起行政诉讼。”这是对房屋征收的裁决权实行司法终局原则的确认。从私权保障的角度而言，只有将房屋征收的最终裁决权由行政裁决转化为司法裁决，建立起有效的监督机制，才能避免行政主体对房屋征收裁决权的权力垄断，更好地保障被征收人的合法权益。

---

① 赵骏、范良聪：《补偿博弈与第三方评估》，载《法学研究》2012 年第 3 期。

② 侯琦：《论城市房屋拆迁中法律制度的反思与重构》，载《理论与改革》2008 年第 4 期。

在国有土地上房屋征收中，房屋征收作为越来越普遍的社会现象所引发的一系列社会问题不容忽视。新《条例》在保障被拆迁人的权利方面虽有显著进步，但关于拆迁补偿的制度设计无论在理论层面还是立法技术层面都存在着不足。在正确处理社会公共利益与私权冲突的过程中，需要构建起公平合理的平衡机制，强化被征收人合法权益的保护，健全被征收人权利救济途径，将公平补偿、正当程序纳入法律保障体系之中，这样才能更好地处理好城市房屋征收纠纷，促进社会和谐秩序的发展。

第八章 人格权研究

第一节 人格权：何以可能[①]

一、人格与人格权：仍然必要的辨析

“人格”一词[②]，自其诞生之日起便带着特有的面具行走[③]，面具之内个中光景如何，学者们则各有各的说法：一曰权利主体、一曰权利能力、一曰人格利益。近些年来的研究和争鸣，使得这一原本扑朔迷离的概念逐渐清晰[④]；对人格的认识也由最初“权利主体、主体资格（权利能力）、人格利益”的三位一体，精确到仅与主体资格相对应，而其中的人格利益部分也渐次披上了权利的外衣，纷纷蜕变成了人格权/一般人格权。但这样一种对位，毋宁是学术积累至一定程度的约定俗成；而人格的一词多义依然存在。时至今日，人格与人格权二者的关系，似乎仍然是一个课题。

（一）作为法律技术的“人格”

肇始于罗马法的人格理论，其最重要的特点就在于人与人格相分离技

① 姚辉、周云涛：《人格权：何以可能》，载《法学杂志》2007年第5期，收录于本书时有所增改。

② 有学者经过考证，认为人格应属公法概念，而非民法所有。笔者认为人格概念当然会随法律制度变迁和法律体系的变化发生衍变；也会因观察者视角及立场的不同而呈现多重面相。基于私法学的定位，本节的人格是专就民法中的人格而言。

③ 在词源学上，“人格”一词来源于拉丁语Persona，原指演员演出时为掩饰声音而戴在脸上的面具。

④ 有关人格的历史分析卷帙浩繁，可参见徐国栋：《寻找丢失的人格——从罗马、德国、拉丁法族国家、前苏联、俄罗斯到中国》，载《法律科学》2004年第6期；马俊驹：《从身份人格到伦理人格——论个人法律人格基础的历史演变》，载《湖南社会科学》2005年第6期；姚辉：《人格权的研究》，载杨舆龄主编：《民法总则争议问题研究》，台北，五南图书出版公司1998年版，等等。

术的创始，进而构成近代大陆法系民法体系的逻辑原点。民法理论中所有的概念、原则和制度的构建，都是以人格作为起点的。“人格”是法律给予那些具备一定条件的“适格者”承受法律上权利与义务的依据。而“适格者”所需具备的条件，则因不同的时代背景而有不同。在罗马法上，身份是构成人格的要素，立法者以人格为工具，“标记出法律舞台上的存在、标记出各种不同的角色与功能，并依据身份将此种角色和功能分配给现实中的人，同时，通过此种角色与功能将现实中的人与活着的物相区分”①。及至封建社会，生产力的发展促使封建经济基础形成，社会中个人的等级地位发生了变化，但那时的社会仍具有鲜明的等级森严的身份制特征。人的私法地位依其性别、所属的身份、职业团体、宗教的共同体等不同而有明显的差异，一定财产权利（如土地）的取得须依赖特定的身份，平等的“法律人格”仍然无法形成。这种现象一直持续到近代。直到17、18世纪，随着欧洲启蒙运动与罗马法的复兴，自然法的影响力迅猛异常地发展。在人文主义与近代自然法的影响之下，人格与人的伦理性开始产生密切的联系，“内在于作为种属物的人的道德的自由及其意志，该自由与意志的因素证明人具有资格成为人格人”②。人格与人的伦理性之间的关联遂逐渐在立法上展现出来。法国民法典开始将自然法上表达的关于人的伦理性看成是实定法的直接渊源。这种立法思想，正如法国民法典最终草案的序编曾经表述的那样：“存在着一种普遍的永恒的法，它是一切实在法的渊源：它不过是统治着全人类的自然理性。”③ 在德国，康德创立的伦理人格主义学说对民法典制定者的精神世界产生了深刻的影响，1900年颁布实施的德国民法典在实定法上构造出权利能力概念，但其背后的依据则仍是人的伦理价值，正如德国民法典第一草案说明书中所明确指出的：“不论现实中的人的个体性和其意志，承认其权利能力是理性和伦理的一个戒律。”④

由是以观，人格实质上包含着两部分的内容。其一是作为民法上主体

① 〔德〕罗尔夫·克尼佩尔：《法律与历史——论德国民法典的形成与变迁》，朱岩译，北京，法律出版社2003年版，第59页。

② 〔德〕罗尔夫·克尼佩尔：《法律与历史——论德国民法典的形成与变迁》，朱岩译，北京，法律出版社2003年版，第63页。

③ 〔法〕阿·布瓦斯泰尔：《法国民法典与法哲学》，钟继军译，载徐国栋主编：《罗马法与现代民法》，第2卷，北京，中国法制出版社2001年版，第290页。

④ 〔德〕罗尔夫·克尼佩尔：《法律与历史——论〈德国民法典〉的形成与变迁》，朱岩译，北京，法律出版社2003年版，第58页。

资格取得的判断标准，是“民法准入”的关卡。这是一个形式的、功能性概念，表明民法在主体资格审查上所作出的价值判断，从而使得“民法上的人”与自然人相分离。这一角色被德国人用更为到位和传神的“权利能力”概念所替代。其二是作为判断标准的实质性内容。人格在这一层面的含义，反映出法律所作出的价判断背后对重大利益的取舍与价值的衡量，其内容当然是不断变化的。按照有学者所指出的，其经历了一个从“身份人格到伦理人格”的变迁。[①] 实际上，在身份人格到伦理人格的变迁之外，伴随着法人作为新一类民事主体的出现，人格还经历了从“一元人格到多元人格”的变迁，自然人和法人分别代表着两种相异的人格基础[②]，自然人主体资格的取得来源于人的伦理基础，而法人主体资格的取得则是出于适应现代社会经济活动需要的一种工具性、功用性的考虑。由此可见，在伦理意义的人与民事主体（民法上的人）关系的问题上，并非人的伦理意义决定了人得成为民法上的人，而是因为人的伦理意义符合人格判断标准的要求。“人类有权利能力，简单易懂；但如回溯设计之整个过程，人类有权利能力并非因为其为人类，而系因人类符合权利义务驻足集散之要件。”[③] 换言之，“只有人格人是法律主体，人并非必然是法律主体”[④]。诚然，民法发展到今天，可以为我们肯定的一点是，民法制度设计的出发点和最终归宿都是为了人的价值的实现，以人为本乃不可逆转之历史大潮，但这并不表明法律在主体资格问题上只能以伦理意义的自然人作为唯一选择，事实上，也正是为了更好地实现人的价值，法律完全可以选择自然人以外的社会组织体——法人作为另一类主体，而这就更加鲜明地体现了人格的法律技术本质。

（二）人格权中的“人格”：伦理的法律表达

与“人格”拥有源远流长、意义隽永的历史不同，“人格权”的法律概念则肇始于近代。[⑤] 传统大陆法系国家民法对人格权采取了自然权利主

① 马俊驹：《从身份人格到伦理人格——论个人法律人格基础的历史演变》，载《湖南社会科学》2005年第6期。

② 需要指出的是，《民法总则》新设第四章“非法人组织”，从而已经改变了民事主体“两分法”的传统。至少在中国，已经出现了自然人、法人和非法人组织三类民事主体。

③ 曾世雄：《民法总则之现在与未来》，北京，中国政法大学出版社2001年版，第80页。

④ 〔德〕罗尔夫·克尼佩尔：《法律与历史——论德国民法典的形成与变迁》，朱岩译，北京，法律出版社2003年版，第59页。

⑤ 有关人格权概念创立和流变的考证，详见王利明：《试论人格权的新发展》，载《法商研究》2006年第5期。

义和法定权利主义两种体例，前者以法国为代表，后者以德国为代表。无论各国民法在形式上对待其态度如何，但就其保护范围来看，大致都包括生命、身体、健康、姓名、名誉、隐私、肖像、信用等。也就是说，各国法对于人格权态度的相同点在于都对其进行保护，并且在范围上也逐渐趋同。尤其是二战以后，受国际"人权运动"的影响，各国尤其关注人格权的地位及其保护的规定。

人格权的定义建立于对"人格"定义的基础上。人格权，乃存在于权利人自己人格之权利。此处所言人格，其实是自然人主体性要素的总称①，是指在法律上自然人处于独立状态下应具有的精神的和物质的内容，是被认识的人之为人的那些属性或性质。② 显然，人格权中的人格，指向的是具有伦理意义上的人的本体。③

因此，在使用人格与人格权这两个概念时，其在民法上所指称的，其实是两种截然不同的含义：人格指的是一项民法上的法律技术，而人格权中的人格指向的则是伦理意义上的人；人格指的是"民法上的人"，人格权中的人格指向的则是现实中的人；人格是从整体上予以抽象，而人格权中的人格则表现为一系列的人格要素。④ 二者虽皆冠以"人格"二字，鲁鱼亥豕，实则意义各别。

辨析人格与人格权，真正目的是在民法的话语体系中准确安置"人格"一词。既然权利能力概念和主体制度已然成型，作为法律技术的"人格"之功能已经完全被权利能力和主体制度所固定，况且此一"人格"的存在易使人格权中的人格一词滋生歧义，于今之计，不如舍去法律上特有之人格概念，仅保留作为伦理意义上的人格含义。言人格者，伦理意义上的人及其构成要素是也。

---

① 张俊浩主编：《民法学原理》，北京，中国政法大学出版社 2000 年版，第 10 页。

② Savatier，Metamorphoses economiques et socials du droit prive daujourdhui，Ⅲ，n. 335〔法〕萨瓦第埃：《当代私法的社会与经济条件的变化》，转引自〔日〕星野英一：《私法中的人——以民事财产法为中心》，王闯译，载梁慧星主编：《民商法论丛》，第 8 卷，北京，法律出版社 1997 年版，第 176 页。

③ 于此则牵涉法人有无人格权问题。笔者认为，在民事主体制度上承认法人尚可以接受，因为主体制度涵盖财产法和人格、身份法领域，法人的意义主要就在于财产法领域。而人格权乃是民法上与人的伦理性直接对应的部分，法人无法搀入，至于法人名称权等问题则完全可以交由知识产权法加以解决。

④ 有学者称其为法律人格与事实人格。关于法律人格与事实人格的联系与区别，请参见姚辉：《人格权的研究》，载杨舆龄主编：《民法总则争议问题研究》，台北，五南图书出版公司 1998 年版，第 97～99 页。

（三）人格权与法律关系

虽然伴随着其从个别人格权到一般人格权的发展，以及人格权体系与类型的日渐丰富，特别是一系列新型具体人格权如雨后春笋般地出现，人格权在事实上已经成为一类民事权利，法律技术上的权利化也早已不成其为问题，但在理论意义上证明人格权如何可能，仍然是极富挑战与颠覆性的问题。质言之，是否可以证成一项人对于自己的生命、身体、名誉乃至人格尊严的权利，此项疑惑伴随着人格权理论的成长，至今挥之不去。有学者从哲学上主体与客体关系的逻辑出发，认为权利是人与外在于人的事物的法律上的连接。如果权利的客体是“内在于人”的，那么这就意味着权利将“反指”主体本身。这种情况下，由于主体与客体发生了混同，权利便丧失了存在的意义。[①] 也有学者如是阐述：“如果承认人格为权利，则必然要将生命、身体、自由等人格利益作为权利客体，这样必然造成人是权利主体、又是权利客体的混乱现象。”[②] 在历史上，民法人格权法理从创始之初就有两种对立的观点存在。一种认为，人对自我本身具有某种权利。这种权利随着人的出生而必然产生并且伴随一世，因此也被称为原权（Urrecht），包括两种情况：一种是针对自我身体的权利；另一种是针对自我的精神力量的权利。此项主张被概括为“人格权肯定说”。与之相反的认识则否认人格权为真正的权利。比如萨维尼就认为，人如何能够妨害他人思想，或者反之在他人之中思想，并且被这人或那人侵犯上述所有权呢？即使是前者（即对自我身体的权利），虽然能够排除可能的伤害，但由于其会导致自杀权的观念，所以也同样是荒谬的。因此，萨维尼认为，以自我人格为指向的原权，是一种错误的观念。基于这样的立场，萨维尼所得出的代表法律关系的三种主要权利为家庭权、物权和债权。[③]

争辩或论证的前提在于：权利必须是人与外在于人的事物的法律上连接吗？客体指向人本身，而非人外之物是否就意味着对其享有的利益不能成为一项权利呢？承认人格为权利必然会造成人既是权利主体、又是权利客体的混乱现象吗？

认为“权利是人与外在于人的事物的法律上连接”的观点，乃纯哲学式的思辨，而忽略了权利得以有效探讨的法律语境。哲学上的“主体—客

① 马俊驹、张翔：《人格权的理论基础及其立法体例》，载《法学研究》2004 年第 6 期。

② 陈民：《论人格权》，载《法律评论》1962 年第 28 卷，第 8 期。

③ 王利明：《试论人格权的新发展》，载《法商研究》2006 年第 5 期；金可可：《私法体系中的债权物权区分说——萨维尼的理论贡献》，载《中国社会科学》2006 年第 2 期。

体”与法律上的“主体—客体”其实是两种不同的思考维度。哲学上之主体与客体的关系是建立在思维与存在二分的基础上，其主体是抽象意义上的人的整体，其客体是作为整体的人的对立面。换言之，哲学上的主客体关系是从高度抽象、整体、宏观的角度进行阐述的。与此不同，法律上的主客体关系的探讨，是以具体法律关系的存在为前提，法律关系构成了法律上探讨主、客体关系的具体语境。其主体是处于每一个具体的法律关系之中的具体的、微观的个人，其客体则是从处于具体法律关系之中的个体间的关系——也即“主体间性”——的角度而言，因此，法律上的主客体关系是处于法律关系之中的主体与客体的关系；是微观的、主体间关系上的判断。好比债权，如果将债权法律关系中的债权人与债务人看成一整体，从第三人侵害债权的角度看债权，与从债权内部的债务人与债权人的关系角度看债权所得出的结论是不一样的；虽然其观察的是同一事物，却具有不同之面向。

从法律关系的角度加以考察，客体完全可以指向人本身而不影响该利益成为一项权利。站在一个“非哲学”却未必非法学的立场，权利之所以会被称为权利，最为关键的是其所代表的那部分利益在人与人的关系中是否有受到侵害的可能，是否有在法律上加以保护的必要。权利总是与法律关系联系在一起的。私法上的第一个基本概念是作为权利主体的人，即权利的所有者和义务的承担者，第二个基本概念就是法律关系。① 从法律关系的角度看，只要某项利益处于法律加以调整和保护的范围之中，就有承认其为权利的可能与必要，而不论该利益所附着的客体是在人之外，还是在人之内。因为，不管权利的客体指向的是人外之物抑或人本身，权利就其本身而言都是在“法律关系”——法律规定的人与人之间的关系——的语境下发生意义的。正如学者所指出的，人格权，如身体的完好无损权，并不是“对自己这个人”的权利，而是就个人的生命利益而言相对于其他人的权利。② 权利总是只调整权利主体之间的关系。对自己享有某种权利只是一个简化的表达方式而已，完全的法律表述应当是：我享有这样一种权利，即可以并且应该要求他人对我的以私人领域这个词所表述的生活空间予以尊重。

所以，承认人格为权利，不会造成人既是权利主体、又是权利客体的

① 〔德〕卡尔·拉伦茨：《德国民法通论》，王晓晔等译，北京，法律出版社 2003 年版，第 255 页。

② 〔德〕迪特尔·施瓦布：《民法导论》，郑冲译，北京，法律出版社 2006 年版，第 141 页。

混乱。如果再度回到概念的辨析，这一问题似乎会有更好的解决。如前所述，作为权利主体的人格，此人乃“民法上的人”，可能是自然人，也可能是法人；而作为权利客体的人格，是专指自然人的伦理构成要素。权利主体意义上的人格是一个法律技术概念，权利客体意义上的人格则是法律背后的、为法律提供正当化理由的伦理概念，两者不在一个层面。须知“作为人格权主体的是人而不是人格，人格只是人之所以作为人的主体性要素的整体性结构，而不是人本身”①。

二、一般人格权再定性：人权与宪法人格权的视角

人格权真正引起争议的，还是概括的一般人格权。② 因此对于一般人格权的性质似有单独予以重申的必要。众所周知，一般人格权是法律科学和司法判例发展形成的新制度。③ 这一概念自诞生时起就引发了学者间无休止的争论，以至于“要在法律上承认和规定这种人格权保护，还面临着诸多法学理论上的，特别是法律技术上和实践上的难题。一直到今天，这些难题仍然阻碍着一条保护人格的一般性法律规定的产生”④。对于一般人格权性质的争议集中在以下几个层面展开。第一，一般人格权是一项权利抑或只是一项受保护的、尚未达到权利属性密度的法益。第二，在一般人格权与具体人格权的关系上，二者究竟是包括的关系、补充的关系还是选择的关系。⑤ 第三，一般人格权究竟是宪法权利还是民事权利。⑥ 笔者认为，欲准确认识一般人格权的性质以及正确解答上述三个问题，必须将一般人格权置于宪法与民法关系，以及人权的高度加以认识和辨析。

（一）一般人格权：宪法权利？民法权利？

从宪法与民法的关系来看，人格权确有宪法上的人格权与民法上的人

① 张俊浩主编：《民法学原理》，北京，中国政法大学出版社 2000 年版，第 141 页。

② 苏永钦：《民事立法者的角色——从公私法的接轨工程谈起》，载苏永钦：《民事立法与公私法的接轨》，北京，北京大学出版社 2005 年版，第 39 页。

③ 〔德〕迪特尔·梅迪库斯：《德国民法总论》，邵建东译，北京，法律出版社 2000 年版，第 38 页。

④ 〔德〕霍尔斯特·埃曼：《德国民法中的一般人格权制度——论从非道德行为到侵权行为的转变》，邵建东等译，载梁慧星主编：《民商法论丛》，第 23 卷，香港，金桥文化出版（香港）有限公司 2002 年版，第 413 页。

⑤ 薛军：《人格权的两种基本理论模式与中国的人格权立法》，载《法商研究》2004 年第 4 期。

⑥ 主张一般人格权为宪法权利者，其观点可见于尹田：《论人格权的本质——兼评我国民法草案关于人格权的规定》，载《法学研究》2003 年第 4 期。主张为民事权利的观点，可参阅马俊驹：《论作为私法上权利的人格权》，载《法学》2005 年第 12 期。

格权之分。[1] 对于关乎人之为人的那些最基本、最重要的价值，尤其是以人格尊严为核心的价值，宪法与民法都对其提供保护和救济，就这种意义而言，可以说，存在着作为基本权利的——也即宪法上的——人格权和作为民事权利的——也即私法上的——人格权。前者作为公民享有的基本权利旨在保护公民免受国家强制力的损害；后者作为私法关系主体所享有的对其人格利益的权利，旨在调整民事主体之间发生冲突和损害的情形。宪法仅对与人最为紧密，维系着人之存在的基本价值进行保护，这一基本价值的保护在民法上就交由一般人格权来解决。所以，一般人格权就其功能而言系一种法律上的建构，是民法上的一种法律技术而非事物本质，其作用在于让宪法上那些人之为人的重要价值进入民法，成为民法上人格利益判断的组成部分。因此，一般人格权是宪法价值民法化的民法工具。[2]

事实也是如此，德国联邦最高法院在创制一般人格权的过程中，所援引的乃是《基本法》中的有关规定，即根据《基本法》第 1 条和第 2 条把“个人的要求尊重其人之尊严和要求发展其个人人格的权利”作为一项一般人格权而认可为《德国民法典》第 823 条第 1 款所指的“其他权利”[3]。可见，一般人格权的实质性内容主要是指“人之尊严和人格自由发展”，即“人之为人”的那些最基本、最重要的价值，而这与道德伦理意义上的人权的内容基本无差，因此，笔者赞同某些学者所主张的从人权的高度出发，在价值理念上统合宪法与民法的人格权的见解。[4] 我国利用 2004 年修宪的契机实现了“人权入宪”，突出了人权在国家生活中的坐标与功能，使人权从一般的政治原则转变为统一的法律概念和具有独立规范价值的宪法原则。[5] “国家尊重和保护人权”的规定沟通了人权与宪法上的人格权[6]，而一般人格权则沟通了宪法上的人格权与民法上的人格权，从而实现了人权——宪法上人格权——民法上人格权之间畅通的价值输送渠道。

---

① 王泽鉴：《人格权保护的课题与展望（二）：宪法上人格权与私法上人格权》，载《台湾本土法学》2006 年第 3 期，第 92 页。

② 姚辉、周云涛：《关于民事权利的宪法学思维——以一般人格权为对象的观察》，载《浙江社会科学》2007 年第 1 期。

③ 〔德〕迪特尔·施瓦布：《民法导论》，郑冲译，北京，法律出版社 2006 年版，第 209 页。

④ 马俊驹、曹治国：《人权视野中的人格权》，载《政治与法律》2006 年第 5 期。

⑤ 韩大元：《宪法文本中人权条款的规范分析》，载《宪政与行政法治评论》，第 2 卷，北京，中国人民大学出版社 2005 年版，第 23 页。

⑥ 怎样实现人权向宪法上基本权利（包括宪法上的人格权）的转换已成为我国宪法学一重大课题。

(二) 一般人格权：权利？法益？

人们之所以对一般人格权的本质究竟是权利还是利益产生争议，是因为在权利的判断依据上出现的悖论。一项利益能否成为权利而受法律的保护，取决于两个因素：其一是该当利益值得为法律所保护的重要程度①；其二是该当利益是否具有特定性。因为权利本身即为类型化的产物，类型化的权利借由相对清晰的权利边界，可为社会所认知而减少被侵犯之可能。而一般人格权则恰恰在这两个要素间产生冲突。一方面，一般人格权所保护价值的重要程度毋庸置疑，其所蕴含的人格尊严等价值当然是最高位阶的法益，完全需要权利“规格”的保护才堪匹配。但问题在于，另一方面，宪法所注入其中的价值过于概括和抽象，以至于并不适合以权利的形式表现出来。生命、身体等具体人格利益，毫无疑问也都属于高位阶的法益，并且具有可被感知的形式，使得其无可争议地得以凌驾于个案之上，有明确的受保护的范围。而一般人格权则不同，仅以其内容的确定为例，由于可能和其他人同样主张的“一般人格权”或其他同样受到宪法保护的价值在同一层面上发生冲突，因而有时无法像具体人格权那样因权利被侵害即推定违法，而是对于是否违法还要先与相冲突的其他法益作一番权衡后才能认定。② 这也是一般人格权被称为“框架性权利”的原因。诚如学者所言，对于一般人格权，确定对人格权地位的侵害看起来有多容易，从正面具体规定受侵害地位的内容就有多难。③

一般人格权由于其所保护的“人格尊严”的不确定性，其无法与其他权利相提并论，但由于其位阶的重要性，又使其也必须与一般的人格利益（或法益）相区隔，以昭示其与宪法人格权直至人权的内在关联，因此，认其本质为权利或利益似乎都难以令人满意，一位德国学者暗合中庸的描述，或许是对一般人格权尴尬处境最为形象的表达：“一般人格权是介乎权利和法益之间的中间产物。”④

---

① 通常而言，权利的保护程度最高，法益次之，利益更次之，相关探讨请参见熊谓龙：《权利抑或法益——一般人格权本质的再讨论》，载《比较法研究》2005 年第 2 期。

② 苏永钦：《民事立法者的角色——从公私法的接轨工程谈起》，载苏永钦：《民事立法与公私法的接轨》，北京，北京大学出版社 2005 年版，第 40 页。

③ 〔德〕迪特尔·施瓦布：《民法导论》，郑冲译，北京，法律出版社 2006 年版，第 214 页。

④ 〔德〕霍尔斯特·埃曼：《德国民法中的一般人格权制度——论从非道德行为到侵权行为的转变》，邵建东等译，载梁慧星主编：《民商法论丛》，第 23 卷，香港，金桥文化出版（香港）有限公司 2002 年版，第 413 页。

（三）一般人格权与具体人格权：可比？不可比？

现今关于一般人格权与具体人格权关系的见解大致有如下几种：其一，一般人格权是以民事主体全部人格利益为标的，概括和决定其具体人格权的总括性权利①；其二，一般人格权的范围是仅对法律没有类型化为具体人格权的人格法益进行权衡救济、拾遗与补缺，而不包含任何具体人格权②；其三，一般人格权与具体人格权是有我无他，有他无我的相互排斥或选择关系。③

既然一般人格权是宪法上关乎人之为人的基本价值在民法上的投影，是人权理念的法律化、民法化，那么一般人格权与具体人格权之间的关系，似乎更接近于你中有我、我中有你的“你侬我侬”。一方面，一般人格权其实依然包含着与“人之为人”至为紧密的一部分具体人格权，如关于生命、身体、名誉等的权利；另一方面，其又包含着一部分尚未具体化的人格利益，也就是人格尊严尚未——或者永远无法——完全具体化的潜在的那些方面。④ 由此也许可以说，一般人格权其实与具体人格权并非可相对比的概念，具体人格权是与尚未权利化的人格利益相对应的横向概念，而一般人格权则是包括部分具体人格权与部分人格法益的纵向概念。体现在立法上，不能指望一般人格权的规定能够对所有具体人格权和人格利益予以一揽子概括和涵摄，而是必须与其他人格法益相区分，以突出和保持其与宪法权利、与道德意义上人权相关联的品格。具体表述上，在规定一般人格权的同时，其他人格利益的相关规定当然不能省略。

第二节　关于人格权性质的再思考⑤

迄今为止，不论是《法学阶梯》式的法国民法还是源于学说汇纂体系的德国民法，固守着民法典传统的法典法国家，都仍然对于在 21 世纪贸

① 王利明、杨立新、姚辉：《人格权法》，北京，法律出版社 1997 年版，第 26 页。

② 熊谓龙：《权利抑或法益——一般人格权本质的再讨论》，载《比较法研究》2005 年第 2 期。

③ 薛军：《人格权的两种基本理论模式与中国的人格权立法》，载《法商研究》2004 年第 4 期。

④ 从立法技术上讲，一般人格权作为成文法刚性克服及法律适用的工具，将永远保持其价值判断的模糊性和法律解释上的弹力性。

⑤ 姚辉：《关于人格权性质的再思考》，载《暨南学报（哲学社会科学版）》2012 年第 3 期，收录于本书时有所增改。

然闯入的“人格权”这样一个外来的权利家族抱有一种怀疑、谨慎乃至反感的保守主义立场。《法国民法典》《德国民法典》《日本民法典》《瑞士民法典》《俄罗斯联邦民法典》等都没有采用“人格权”或者与之相类似的概念，遑论将其集中规定甚或独立成编。人格权作为一种司法的创造，还远远没有得到所有人的承认和接受。就像一位法国学者所写道的：人格权这个领域曾是“民法学上最荒谬的理论”之一，在该理论中他只看到了“由毫无节制的想象所设计的有名无实的权利”①。这种看法具有相当的代表性。在德国，虽然民法典生效至今已历百余年，然而值得保护的人格领域究竟该如何界分仍是一疑难问题。更有学者称其为“法学上的怪兽”②。日本学界也认为，到今天，可以说在判例法中，“人格权”这一概念已经算是得到认定。但是，基于此类判例而认可的“人格权”是否就确定了人格权的规范性内容，则不无疑问。③ 即使在制定一部独立的“人格权编”已经成为学界的主流观点和立法机关的规划的中国，关于人格权法要否、能否独立成编，仍然存在各种不同的声音。其中，对于人格权性质的认识，即折射出各自不同的立场和判断，并且直接影响到未来民法典人格权编制定的理论基础和结构设计。

一、私法性

在民法学的语境当中议论人格权，其权利的私法属性似乎是一个不容置疑的前提性判断。然而放眼人格权的发展历史，不论是在英美法系的美国还是大陆法系的德国，人格权的形成却无不与宪法基本权利的主张缠绕在一起。

不妨更深入地了解一下德国法上的情形。德国基本法开篇便对人格权作了鲜明的阐述：“人类尊严不得侵犯。尊重并保护人类尊严，系所有国家权力（机关）的义务”（第 1 条）。“在不侵害他人权利及违反宪法秩序或公序良俗规定的范围内，任何人均有自由发展其人格的权利”（第 2 条）。人格权在法律体系中的“上位”，使得德国法对于人格权性质的认识突破了民法视野的局限。有学者认为这表现了“人格权观念的根本性革

① 〔法〕让·米歇尔·布律格耶尔：《人格权与民法典——人格权的概念和范围》，载《法学杂志》2011 年第 1 期。

② Esser, Schuldrecht, Bd II Besonderer Teil, Karlsruhe, 1969, p. 401.

③ 〔日〕加藤雅信：《日本人格权论的展开与最近的立法提案》，载《华东政法大学学报》2011 年第 1 期。

命”，即人格权的类型及其内容不再是狭隘地以民法典规范为基础，而是可以直接援引宪法规范为支持，由此，人格权由以前的所谓“民法典权利”一跃而为“宪法权利”①。同时，基本法对人格权的染指，也促成了德国法上极具特色的人格权制度：其构成上一部分为宪法人格权，主要由《基本法》第 2 条第 1 款结合第 1 条第 1 款予以调整；而另一部分则为民法人格权，其内容或者在民法总则部分集中阐述（如姓名权之类），或者放到侵权行为部分，在民法第 823 条第 1 款的“其他权利”项下予以探讨。宪法人格权与民法人格权制度在各自法域并行不悖，却又通过学说与判例的互动而互相影响、互相促进，从而呈现出跨越公法与私法同时又彼此缠绕的独特镜像。

近年来，人格权与基本权利之间的暧昧关系也引发了我国学者对前者的规范品质的反思。有学者提出，人格权的类型及其内容不再是狭窄地以民法典为基础，而是可以直接援引宪法规范支持。② 更有学者主张，人格权从来就不是一种由民法典创制的权利，而是由宪法直接创制并具宪法性质的权利。③ 由民法列举规定人格权，必然造成下位法律规定超越上位法律规定的法律逻辑冲突。④ 这些观点虽未能动摇学界关于人格权作为私权的共识，却客观上引起了学者对人格权与基本权利关系问题的关注和思考，并推动对这一问题的讨论不断走向深入。

笔者认为，无论是基于权利救济的便利考虑，还是从权利关系的常态出发⑤，都有将人格权归之于私法上的权利并在未来中国民法典中为其存留一席之地的必要。但同时不可否认的是，宪法上的基本权利，确实体现出其对人格权的关怀乃至辐射。因此，在肯认民法人格权的私法属性的同时，对于其与宪法上人格权的关系，不可不察。仅以宪法上的基本权利为参照，即至少可区分以下间隔并发现两者之间的关联。

首先，二者的内涵和外延不尽相同。基本权利的构成丰富多样，纵然

---

① 〔德〕迪特尔·梅迪库斯：《德国民法总论》，邵建东译，北京，法律出版社 2000 年版，第806 页。

② 龙卫球：《论自然人人格权及其当代进路——兼论宪法秩序与民法实证主义》，载《清华法学》2002 年第 2 辑。

③ 尹田：《论人格权的本质——兼评我国民法草案关于人格权的规定》，载《法学研究》2003 年第 4 期。

④ 米健：《人格权不宜独立成编》，载《人民法院报》，2004 年 10 月 15 日，第 3 版。

⑤ 宪法规范由于缺乏直接的司法适用性，在人格权损害救济方面的乏力表现已颇受学者诟病；现实生活中人格权的法律关系则更多地发生于平等主体——私人之间，而非相互隶属的公权力机关与私人之间。

我国理论界通说将其分为三类，仍难以穷尽其品相。另外，宪法所规定的公民的各类基本权利，其彼此间在性质上是有差异的，某些宪法权利（如教育权、诉讼权、参政权等）本质上仅具有国家取向，这些权利与民事权利并无任何内容上的关联；某些宪法权利则先行确立于社会民事关系之中，而后才逐渐在与国家的关系上取得公权利的地位，人身自由和财产权可谓其典型。因此，基本权利在内容范围上明显较民事权利为宽。但从另一角度观之，由于基本权利大多是原则性、抽象性的规定，很难涵盖所有的权利类型，而民法在发展过程中形塑了许多具体的权利，如对财产权、人格权的进一步细化，并产生了支配权、请求权、形成权、抗辩权等多种多样的权利形态，就层次的丰富程度而言，又可以说民事权利更加多样化。

其次，基本权利与民事权利的关系之探讨，仍然需要区隔作为主观权利的基本权与作为客观秩序的基本权。一方面，作为主观权利的基本权仅能针对国家主张，而民事权利则是针对平等主体主张，二者的界限虽然随着 20 世纪以来宪法受益权的出现及其强化，以及由此引发的民法在功能上的社会化而趋于模糊，但这仅是法律功能复杂化的体现，本身并没有改变针对国家权力的主观权利与针对个人的民事权利壁垒分明的基本格局。在权利的救济上，受到公权力侵犯与受到个人的侵犯有不同的请求权基础，适用显然有别的法律原则进行保护。因此，作为主观权利的基本权利与民事权利虽同属主观性的权利，但请求对象、适用范围迥然有异。另一方面，基本权利作为客观秩序所凸显出的那些普适的重要价值则不仅仅与民事法领域对应，而且是普遍法律秩序的组成部分，这些价值的极端重要性使得他们必须脱离具体的法律关系独立存在而得以普遍适用。更为重要的是，自罗马法传承下来的法律科学推动了民法的法律概念，使得法律制度和民法体系的形成发展在法律技术层面上领先于其他法律部门。从而，宪法对民法的影响主要不是在法律技术层面上，而是通过价值判断来完成。作为客观秩序的基本权利实质上就是一种强制施加给民法的一个给定的完整价值体系，它需要透过民事立法、行政、司法——主要是通过立法——来实现。①

---

① 此处所谓“行政”，在苏永钦教授看来，应当理解为通过行政行为的手段实现私法的目的，也即管制与自治相互工具化。参见苏永钦：《私法自治中的国家强制》，载《中外法学》2001 年第 1 期。

最后，宪法基本权利与民事权利确实可以相互转化。在一些涉及政治或重大社会问题的敏感权利或者因为程序的欠缺而不敢或无法触及的情况下，通过曲线的权利救济方式，人们可以发现民法补充宪法的功能。结果，宪法和民法的分工在现代社会中变得日渐模糊和纠葛，二者通过不同的方式体现的都是对权利的尊重和对人的关怀，宪法功能和民法功能各自发挥着能量；而现代社会生活的日益复杂性，又使得各法独居一隅既无必要、也不可能，因而出现了宪法与民法的对话与合作。正如有的学者所指出的，人格权发端于民法，本为民事权利，但民法上人格权遭遇国家权力侵害时民法往往无能为力。而基本权利体系中攸关人格利益的那些，如尚未落实到具体法律中来，亦可借民法上权利为通道，实现民法上的保护。故此，为周全人格权保护，宜建立民法上人格权与宪法上人格权的互化机制。① 宪法上的人格权作为主观权利因与公法相联只能向国家主张，而不能适用于平等主体之间。作为一种客观价值秩序，宪法上的人格权提供着将这种权利所蕴含的价值渗透到民法的前提和可能性，但其最终实现，则仍需要民法内部的人格权制度相与衔接，这是法律体系分工的结果，也是法律调整精确的需要。

二、专属性

人格权为一种原始的权利，是与生俱来的，人身专属性为其首要性质。自然人的人格权仅因出生而当然发生，且仅因死亡而当然消灭（其他民事权利均得根据权利人自己的意思，依法律行为而取得，原则上亦均得根据自己的意思，依法律行为而处分），所以，人格权一般也被评价为一种固有权利。尽管个别人格权（如肖像权等）的权能可以转让，但人格权作为整体由权利人专有，不得转让、抛弃、继承，也不受他人的非法限制，不可与民事主体的人身相分离；同时，其也和权利能力一样，不得抛弃，亦不得由他人代为行使。民事主体抛弃、转让、继承人格权的行为，均属无效。

专属性决定了人格权与其他权利相比具有独特的个性。一是这种权利与主体的权利联系非常密切。可以说，诸多人格权乃是依存于主体而存在。当然，并不能说这些权利完全不能脱离开主体；必须指出的是，人格权的专属性并非意味着其与主体资格始终是合而为一的。强调人格权的专

① 张红：《基本权利与私法》，北京，法律出版社2010年版，第85页。

属性，即强调人格权不得转让、抛弃、继承，并不意味着人格权本身与权利能力完全不可分割。权利的专属性与主体资格是两个不同的问题。即使强调生命、身体、健康、自由为主体所当然固有，也并不意味着这些权利就等同于主体资格，更何况，人格权本身是一个开放的发展的体系。近几十年来，人格权得到了广泛的发展，许多新的人格权（如法人的名称权等）不再像生命、健康、自由等权利那样具有强烈的专属性和固有性，而可以与主体依法发生适当分离。二是这种权利不能如财产权那样自由流转。人格权的发展中，人格利益在很大程度上只被看作纯精神范畴的利益。对人格利益之保护也仅是纯粹的人格利益并无财产的内容。我国民法始终坚守"人格权绝对不得转让"的理论，认为："人格权是专属权，或一身专属权。人格权由权利人专有，不得让与或继承，也和权利能力一样，不得抛弃，也不得由他人代为行使。"①

但是现实的一面是，人格权中的某些权利，如肖像权、姓名权、法人名称权等，其权利客体在现代社会已经被赋予了物的某些属性，能够用于交换，发挥与其他商品一样的等价交换物的作用。关于人格权的商业化利用所产生的机理尚存有争议甚至非议，但部分人格权能够转让则是不争的事实。这也就决定了人格权能够产生法律关系。但人格权是不是意味"人格法律关系"呢？这也正是反对私法上作为民事权利的人格权独立存在的学者的主要质疑。人格权能否如物权、债权等权利一样，本身即形成人格权法律关系？答案应当是肯定的。因为"人格"本来就是一种法律地位，处于这种法律地位的人当然具有某种法律关系。否则便无法解释其为何受到法律保护。所谓的"人格关系"，本来就是一种法律关系。不过，这种关系与一般的关系确有不同之处，那就是其与主体不能分离。但是，这种"不能分离"并不是绝对的，在现代，特别是人格权的商品化的现象出现，使得人格权中的某些内容已经能够脱离主体成为独立的权利。总之，人格权法上的人，一如民法上的人，是作为法律关系的基本构成要素而出现的；整个民法典的体系构建也由此展开。即人作为权利的主体，人作为法律义务的承担者，人对于非法行为承担责任；所有权是法律所承认的主体对物的支配，主体的意思自治通过契约自由得以体现。也就是说，所有权与契约自由的正当性依据均来源于主体资格的法律承认，而法律所承认的是主体所具有的人格，经由法律承认，人即以人格人的面目在私法世界中

① 谢怀栻：《论民事权利体系》，载《法学研究》1996年第2期。

存在，其主旨则在于人格的自由与人的解放。①

三、支配性

依据权利之基本权能的不同，传统民法理论对权利有支配权、请求权之分类。支配权为支配一定利益，仅凭权利人之意志即能实现权利内容之权利。人格权为支配权之一种，似乎已为理论通说。然在过去的学说中，鲜有对之展开论述者。就传统观念而言，对于名称权、肖像权的支配性尚可理解，但对于名誉权、隐私权等社会评价性或纯粹精神性的人格权乃至生命权、身体权、健康权等与自然人身体攸关的人格权的支配性质，却很难令人信服。有学者明确指出，人格权是基于对人格的保护而产生的。法律设置人格权的根本目的，不在赋予自然人对其人格利益进行支配利用的权利，而在于保障决定“人之成其为人”的那些基本要素（生命、健康、名誉等）不受非法侵害。因此，“支配”不是人格权的“首要权能”和基本特性。②

绝对权的支配性，由于其在财产权（典型者如物权）理论上的圆满体现而变得几乎不证自明。但是在人格权领域，谈论作为“绝对权”的人格权的支配性，确实是一个极具争议的话题。主要疑问仍然在于：人能否对内在于人的伦理价值进行支配，人格利益能否从人自身中被抽取出来作为外在于人的权利客体？

基于诸如康德的伦理人格主义哲学（ethischer Personalismus）等人文思潮的影响，人们在相当长的历史时期里无法接受人本身或者有关人格的利益成为权利的客体。例如康德就明确指出：“没有理性的东西只具有一种相对价值，只能作为手段，因此叫做物；而有理性的生灵叫做‘人’，因为人依其本质即为目的本身，而不能仅仅作为手段来使用。”③ 因此，以“人格”为客体的人格权无法得到证立。对人格权权利属性的最彻底的质疑，其矛头首先直接指向于人格权权利结构的逻辑合理性。人格权，通常被理解为权利人针对自己本身的权利。这在某些人看来，因人格权的主

---

① 〔德〕卡尔·拉伦茨：《德国民法通论》，王晓晔等译，北京，法律出版社 2003 年版，第 48～56 页。

② 尹田：《自然人具体人格权的法律探讨》，载《河南省政法管理干部学院学报》2004 年第 3 期。

③ 〔德〕康德：《道德形而上学》第 2 章。转引自〔德〕卡尔·拉伦茨：《德国民法通论》上册，王晓晔等译，北京，法律出版社 2003 年版，第 46 页。

体与客体是同一的，故其在权利逻辑上是荒谬的。此外，对于人格权支配性的否定，还包含对于萨维尼所提出的承认人格权将会导出存在“自杀权”的道义上的担忧。萨维尼虽承认每个人独立支配自己意思领域的权利，但却否认对自己自身的实定法上的支配权，并由此引申认为，对自己身体支配权的承认等同于对自杀的正当化。而且，萨维尼还认为，自然人对于其自身的合法权利不需要实定法予以承认，它受到旨在保护生命、名誉等免受侵害、免受欺骗及暴力等损害的刑法以及大量的民法规范的保护。[①] 我国也有学者对于人格权的支配性会否导致出售器官、借腹生子行为的合法化表示关注，认为“应当对人的属性定位于保护而非支配”，从而“切断主体对自身支配的任何可能性”[②]。这种忧虑事实上系将人格权直接理解为支配权所生之结果。

伴随着人格权从具体（特别）人格权到一般人格权的发展，以及人格权体系与类型的日渐丰富，尤其是一系列新型具体人格权的涌现，人格权事实上已经成为实定法上的权利，法律技术上都已不成其为问题。人格权被表述为人之为人所固有的、维护人之所以为人的所有要素的权利。因此，自然人当然得为人格权主体，在今日也已是无可争议的共识。但仍有一点我们无法回避：那就是在理论意义上证明人格权如何可能这一极富挑战与颠覆的问题。也就是说，是否可以承认一项对于生命、身体、名誉乃至人格尊严的权利？有学者从哲学上主体与客体关系的逻辑出发，认为权利是人与外在于人的事物的法律上的连接。如果权利的客体是“内在于人”的，那么这就意味着权利将“反指”主体本身。这种情况下，由于主体与客体发生了混同，权利便丧失了存在的意义。[③] 此项论证的前提值得我们反思，权利是否必须为人与外在于人的事物的法律上连接，客体指向人本身而非人外之物，是否就意味着对其享有的利益不能成为一项权利？一般认为，权利之所以会被称为权利，最为关键的是其所代表的那部分利益在人与人的关系中是否有受到侵害的可能，是否有在法律上加以保护的必要。权利总是与法律关系联系在一起的。私法上的第一个基本概念是作为权利主体的人，即权利的所有者和义务的承担者，第二个基本概念就是

---

① 具体可参阅〔德〕弗里德里希·卡尔·冯·萨维尼：《萨维尼论法律关系》，田士永译，载《法哲学与法社会学论丛（七）》，北京，中国政法大学出版社2005年版，第5～8页。

② 李永军：《论我国人格权的立法模式》，载《当代法学》2005年第6期。

③ 马俊驹、张翔：《人格权的理论基础及其立法体例》，载《法学研究》2004年第6期。

法律关系。[①] 只要某项利益处于法律加以调整和保护的范围之中，就有可能承认其为权利，而不论该利益所附着的客体是在人之外，还是在人之内。因此，对于人格权的认识必须置于法律关系的角度。正如学者所指出的，人格权，如身体的完好无损权，并不是“对自己这个人”的权利，而是就个人的生命利益而言相对于其他人的权利。[②] 权利总是只调整权利主体之间的关系，所谓对自己享有某种权利只是一个简化的表达方式而已，完全的法律表述应当是：主体享有这样一种权利，即要求他人对主体的以私人领域这个词所表述的生活空间予以尊重。

但或如有学者所认为的，将吾人自然享有之生命、身体、自由与法律保护之生命、身体、自由相混同，将自然的能力与法律上之力相混同，实属错误。生命权、身体权、自由权等人格权，非直接支配自己之生命、身体、自由等人格之全部或一部分之权利，此等权利之内容，在不被他人侵害而享受生命、身体之安全、活动之自由。[③]这是基本可资赞同的见解，其至少说明，无论如何，人格权不会有如所有权所表现的纯粹的支配性。所谓人格权的支配性，反映的是权利主体对权利客体的关系，是指人格权的权利人可以在法律规定的范围内按照自己的意志直接享有、管领和处理其人格要素而无须他人行为或意思的协助。[④] 事实上，对于人格权支配性所引发的种种道义顾虑在法律上并非是无解的。当我们对自己人格权的处分、限制被认为系违反人道主义、善良风俗时，完全可以由法律基于伦理道德的考虑借由权利限制的理论加之应对。毫无疑问，较之物权等支配权，人格权权利人对权利客体的支配会更多地受到来自社会的伦理道德、公序良俗等的限制，但这并不足以彻底否定人格权的支配权性质。

四、非财产性

一般认为，根据民事权利是否包含直接的财产内容，其可以分为财产性权利和非财产性权利。人格权以民事主体的人格利益为客体，而人格利益主要体现为人们的尊严、情感、社会评价等，本身并不具有直接的财产

① 〔德〕卡尔·拉伦茨：《德国民法通论》上册，王晓晔等译，北京，法律出版社 2003 年版，第 255 页。

② 〔德〕迪特尔·施瓦布：《民法导论》，郑冲译，北京，法律出版社 2006 年版，第 141 页。

③ 龙显铭：《私法上人格权之保护》，上海，中华书局 1937 年版，第 2 页。

④ 王利明主编：《人身损害赔偿问题》，北京，中国社会科学出版社 2004 年版，第 4 页。

内容。从这一意义上说，人格权应当属于非财产性权利。当然，人们从不否认人格权与财产权之间所存在的关联性，具体表现为：其一，人格权是某些财产权取得的前提。其二，人格权可以转化为财产权。如，附着良好信誉的法人名称可以有偿转让，并获得财产利益。其三，人格权受到损害时可以进行财产性补偿。如自然人名誉权受到损害时受害人得主张精神损害赔偿。但由于这些关联仅是“间接的”，因而“并没有改变人格权的非财产权属性”①。

不可否认，以“直接财产内容”的有无为标准区分财产权与非财产权的思路，相较于既往直接将非财产权等同于人身权，而把在其以外的诸种权利皆归之于财产权的权利划分方法而言，更多地关注了权利内容的性质，无疑更富建设性，也有助于更为精确地反映人格权非财产权利性的特点。但遗憾的是，由于学者并未就“直接财产内容”的内涵作出明确的界定，使得这一分类的说服力，在实践与学说的不断追问中，日显弱化。

人格权的商业化利用对其非财产权性质的拷问无疑是最为现实和直接的。随着经济社会发展、科技进步以及观念的转变，在经济往来中，对于自然人的姓名、肖像，法人的名称、信用等人格利益为授权使用、转让等商业化利用的现象日益增多。以至于我们可以断言，除了生命、健康、自由等权利之外，几乎其他所有的人格权都可以商品化了。② 为了描摹人格权商业化利用这一现象，学者中几乎掀起了一场不大不小的“造权运动”，先后创造出“商品化权”“公开权”“形象权”“商事人格权”等诸多概念，并在此基础上引发了人格权说、财产权说、商事人格权说以及知识产权说等诸多权利性质之争。但是，“造权运动”并未获得我国学者的普遍认可，主流观点否定了商品化利用造就新权利的说法，认为其仅是人格权的某些权能特别是利用权能扩张的结果。然而，权能扩张的理论虽然可以将商业化利用涵摄于人格权的概念内涵之下，进而清理了概念上的杂芜，却未能终结权利性质之争，反而是直接将之引向了人格权本身：既然商业化利用中权利人经济利益的来源是人格权权能实现的结果，那是否意味着人格权本身便包含着直接的财产内容？包含了财产性利益且可以明码标价进行商事交易的人格权是否应该继续居留在非财产权的家族之中呢？不得不承

① 王利明：《人格权法研究》，北京，中国人民大学出版社 2005 年版，第 26 页。

② 王利明：《试论人格权的新发展》，载《法商研究》2006 年第 5 期。

认，我国学者目前对于这个问题的讨论仍然较少。[1]

笔者认为，法律对社会生活的类型化抽象确实正在遭遇日益丰富的实践现实的冲击与挑战。尽管对于人格利益的商业化利用深入透彻的解说可能尚待时日，但是，人格权所包含的财产性因素在其商业化利用中的凸显至少表明了，人格与财产的界分并非如想象中的那样泾渭分明。这一发现不仅有助于促使我们对既有财产权与非财产权权利分类理论的反思，同时亦在表明我们对人格权内在属性的认识需要进一步深化。特别是人格权作为民法领域一项最新开发的实定法上的权利，对于其性质的若干界定也仍处于相对模糊状态，需要一种更为灵活的对待。

五、法定性

人格权法定性其实内含了对两个基本命题的判定：人格权在权利品质上与自然权利相对应的实证法取向；以及在设权模式中与权利意定相对应的人格权法定主义立场。对于法定性的判断而言，其中前一命题的判断通常被认为带有前提性；而后一命题的选择则具有更强的目的意义。

（一）法律权利与自然权利的争议

人格权作为一种权利在法律中得到承认经历了一段比较漫长的历史。在罗马法上，身份是构成人格的要素，立法者以人格为工具，“标记出法律舞台上的存在、标记出各种不同的角色与功能，并依据身份将此种角色和功能分配给现实中的人，同时，通过此种角色与功能将现实中的人与活着的物相区分”[2]。及至封建社会，人的私法地位依其性别、所属的身份、职业团体、宗教的共同体等不同而有明显的差异，一定财产权利（如土地）的取得须依赖特定的身份，平等的“法律人格”当然无法形成。直到17、18世纪，随着欧洲启蒙运动与罗马法的复兴，自然法的影响力迅猛异常地发展，在强调人性解放和人文关怀的思潮推动下，人格与人的伦理性之间的关联才有可能逐渐在立法上展现出来。

对人格权究属于自然权利还是法定权利，从历史到今天都存在不同的

---

① 有学者在论及人格权商业化利用时曾指出，商品化权旨在保护主体的“人格标识”或“人的确定因素”的价值，它的产生以人格特质为前提，以人的情感、声誉、地位为基础，这是区别于任何财产权利的本质特征。此项观察为人格权的商业化利用提供了有力的解说上的支撑；但这仍是基于人格权与财产权对立所作的判断，而非对于作为前提的人格权本身属性的回应。参见杨立新：《人身权法专论》，北京，人民法院出版社2006年版，第375页。

② 〔德〕罗尔夫·克尼佩尔：《法律与历史——论德国民法典的形成与变迁》，朱岩译，北京，法律出版社2003年版，第59页。

看法。《法国民法典》作为大革命的产物，认为自然人对自身有着高于法律权利的支配权，因而否定从法定权利论的角度规定人格权。① 其基本思想正如学者所指出的那样，正由于不是以权利的观念而是从更高的自然法地位看待人格，所以才不在法定权利的意义上规定人格权。人格之被承认和受尊重无须法律规定，也不受法律规定的限制。而至《德国民法典》，尽管在萨维尼的影响下，人格权被视为原权利，但是，观念上仍然将包括人格权在内的各种原权视为一种法律权利而不是所谓自然权利。② 当下，虽然人格权的法律属性已经得到立法和学说较为广泛的支持，但自然权利的主张却并未就此终结，而是以新的形态继续着其未竟的事业。③ 概括考察双方观点，自然权利说以人不享有支配其自身的权利为主要理由，辅之以人格权为人所固有，先于法律而存在以及具有相对于其他权的超然性的主张，力图证明人格权的脱法性。而法律权利说则主要从法律对权利所具有的逻辑前提关系以及实证法化对人格权保护的便利角度阐明人格权法律化的必要性。经过长期的争论，虽说二者都出现了一定程度的退让，但在核心立场上仍然没有太大的改变。

（二）人格权法定主义的立场

意定主义与法定主义两种设权模式的并存，乃私法区别于公法（如刑法的罪刑法定）的重要特点。物权法上的法定主义与契约法上的意定主义，也各自代表了民法上两种法律调整方式的典型。所谓人格权的法定性，是指人格权的种类及侵害人格权的侵权行为形态原则上由法律规定。人格权之所以奉行法定主义，主要是因为人格权的对世权、绝对权性质。享有人格权者，其权利可以对抗所有其他的人，任何他人均得对其负有不得侵害或妨害的义务，此种性质的权利如果似合同般以意思自治原则任由当事人确定，则有可能动辄得咎，过度限制社会成员的行为自由，反不利于社会秩序之稳定和行为自由的保障。因此，人格权必须像物权一样奉行法定主义原则。

不难发现，一方面，所谓人格权的法定化主要是指人格权种类的法定化。其遵行的是民事权利类型化的思维。而权利的类型化是制定法的产物。大陆法系的法学家们殚精竭虑，极尽概括、抽象之能事，终于演绎成

---

① 〔日〕齐藤博：《人格権法の研究》，东京，日本　粒社 1979 年版，第 10 页以下。

② 龙卫球：《民法基础与超越》，北京，北京大学出版社 2010 年版，第 164 页。

③ 笔者认为，从主张权利的超然性角度讲，将人格权归之于宪法上权利的学说，可以一定程度上被视为人格权的自然权利观在当代的发展。

今日之权利体系及其相应的权利类型。但限于立法技术和立法者认识能力，或出于公共政策和利益衡量的考虑，法律不可能将主体的全部利益都纳入权利体系之中。另一方面，在制定法“法外无权”观念的影响下，权利类型又无法无限地自由发展。于是，在权利种类及其能否类型化问题上，始终存在无法回避的悖论。在人格权是否为一项法定权利，具体人格权能否采法定主义立场予以界定等问题上，其困惑和争议至今仍在延续。笔者坚持奉行人格权的法定主义立场，主要基于以下考量。

首先，规定与否的考量并不在于权利是否可被认为系自然权利。应该说，自然法与法典化并无内在矛盾，自然法只是在言说权利的本源。在有法典法传统的大陆法系国家，一种利益诉求保护，较好的方式应是于实证法上以权利的方式实现，这关系到权利类型化及其宣示的价值以及法律的强制力品质。① 法学之所以要建立许多现实生活中没有对应物的概念，目的在于法律建构中的涵摄目的，即将不同样态的现象纳入一个一般概念之中，以便于法律的陈述和推理。② 用费孝通先生的话来讲，“说”是“有”的开始。这在物质宇宙中尽管可能不对，在文化中却是对的。没有象征体系也就没有概念，人的经验也就不能或不易在时间里累积，如要生活也终不能超过禽兽。民事权利（传统的“私权”）的种类很多，各种权利的性质千差万别，我们必须把各种不同性质的权利加以整理分类，使之成为一个比较系统完整的体系。在这个体系里，不同的权利各得其所，各种权利的特点都能显示出来。这是建立民事权利体系的实益所在。③

其次，将人格权进行法定化，就是要在立法上对“人之伦理价值性要求”进行类型化处理，给每一个具体的人格权划分出相对清晰的适用范围（即彼此间的界限），明确每一个具体的人格权的核心价值与独特存在方式，这既有利于权利人对于自己人格权的正当行使，也给人格权的保护提供了理论依据与应受保护的范围，实现了人格权权利行使与权利保护上的可预期性。④

最后，就绝对权的保护而言，由于权利的义务主体为不特定的除权利人之外的所有人（故而绝对权又被称为对世权），因而实为一项“杀伤力”

---

① 郑永宽：《关于人格权概念的质疑与反思》，载《北方法学》2007 年第 6 期。

② 〔德〕卡尔·拉伦茨：《法学方法论》，陈爱娥译，台北，五南图书出版有限公司 1996 年版，第 397、401 页。

③ 谢怀栻：《论民事权利体系》，载《法学研究》1996 年第 2 期。

④ 曹险峰：《论人格权的法定化》，载《吉林大学社会科学学报》2006 年第 2 期。

极大的权利。法律乃平衡的艺术，始终行走于个人权利保护与他人行为自由的两个极端之间，力求公允。如果绝对权的创设如相对权般得由当事人自由任意进行，难免在注重了当事人一己权利的同时，造成社会公众的动辄得咎。因此，人格权必须奉行法定化，方可使各具体人格权的内涵与外延在立法上得以明确，权利的边界得以相对确定；从而清晰定义人们自由的界限，各得其所。

对于人格权法定化情形下，权利体系的开放性如何维持，传统学说主要依赖于一般人格权的抽象性和适用上的“框架性”加以涵摄；笔者对此，也深以为然。不过也有学者提出，人格权法定主义下，即使为避免人格权法的封闭性，也不必采取“一般人格权”的制度设计，而是设立“人格权一般规定”或者采用“保护其他人格法益”的概念表达，足堪保持人格权法的开放性的大任。[①] 此项见解，亦不妨作为比较，容后详察。

第三节　关于人格权商业化利用的若干问题

对于人格权性质的一项基本判断，就是其所具有的非财产属性。原因既有本质上的，比如人格权的意志性和伦理性；也有观念上的。可以说，在观念上，将人格权非财产化的真正意图，是对于人格财产化的担心。这种人文关怀可溯及于康德、黑格尔哲学中的道德律令，即人类永远只被当作目的而不是单纯的手段。在康德看来，人的尊严是人的绝对价值，是超越所有价格的。由此最高实践理性原则可推导出的结论就是：“人作为法权的主体，是他自己的主人，但不是他自己的所有者。”[②] 财产是对象化的经济利益，主要表现为一种工具性价值。因此，人不可像支配财产一样随意处分自己，包括自己的身体，否则，将导致人被支配、人成为权利客体。

然而，随着经济社会发展、科技进步以及观念的转变，在经济往来中，对于自然人的姓名、肖像，法人的名称、信用等人格利益为授权使用、转让等商业化利用的现象日益增多。以至于我们可以断言，除了生

---

① 易军：《论人格权法定、一般人格权与侵权责任构成》，载《法学》2011年第8期。

② 朱高正：《康德的自然法学——自由与和平的哲学》，载郑永流主编：《法哲学与法社会学论丛》，第2辑，北京，中国政法大学出版社2000年版，第279页。

命、健康、自由等权利之外，几乎其他所有的人格权都可以商品化了。①在司法领域，一系列缘起于人格利益商业化利用的案件，也迫切期待并推进将这一社会现象纳入法律调整领域。因此，意图将人格权法律关系单独以立法加以调整和规范的模式下，不能不对人格权的商业化利用问题作出回应。

一、人格权商业化利用的性质

为了描摹人格权商业化利用这一现象，学者们创造出了“商品化权”“公开权”“形象权”“商事人格权”等诸多概念。各个概念不仅在称谓上不同，在内涵和外延上亦颇有差别。某些概念称谓，譬如“商事人格权”“商品化权”等，虽然包含了人格权商业化利用的内容，却未尽贴切和周延。② 概念是对认识对象的高度抽象，学者们在对人格权商业化利用概念描述上的杂芜首先折射出了他们对这一现象在性质判定上的莫衷一是。

（一）人格抑或财产

对于人格权商业化利用的认识，学界目前主要存在着人格权说、财产权说、商事人格权说以及知识产权说的分歧。而其中财产权说和人格权说的争论，不仅泾渭分明地区分了权利的属性，同时暗含着调整和保护人格权商业化利用的两种不同制度选择，尤具根本性。③

主张财产权说的学者认为，人格权的商业化利用不仅将财产性因素带入人格权中，同时将权利的关注点放到了财产性利益上，已构成对传统人格权的突破。他们主张以财产权制度调整人格权的商业化利用，并且构建出了商品化权、形象权等概念以区分于人格权，并从以下几个方面向后者发出诘问。第一，人格权是非财产性权利，而商业化利用直接以财产权益为内容。诸如姓名、肖像、形体、名誉等人格因素，在商品化过程中已由传统人格利益演变成商业人格利益，即非物质化的新型财产利益。这些显然不能再由人格权法调整。④ 第二，专属性是人格权的显著特征，而商业

① 王利明：《试论人格权的新发展》，载《法商研究》2006 年第 5 期。

② 如“商品化权”的概念便包含了真实人物形象与虚构角色形象商品化，跨越了人格权、财产权、知识产权三个完全不同的权利类别。

③ 国外在对人格权商业化利用的法律调整上主要存在着美国法上的双重权利模式和德国法中的统一权利模式的不同做法。前者通过公开权与隐私权二分的方法，将人格表征中具有财产性质的内容归入公开权中，确定为财产权，适用财产调整制度，而将非财产性的人格利益归由隐私权调整。德国则通过人格权商品化理论，将财产利益纳入人格权的权利内涵加以调整。

④ 吴汉东：《形象的商品化与商品化的形象权》，载《法学》2004 年第 10 期。

化利用则建立在权利主体与权利相分离的基础上。主体之所以能够许可他人对自己的某些人格表征加以商业化利用，正是由于其权利本质上的财产性所致。第三，商品化权利主体为特定的人格主体，不为民事主体普遍享有。作为一种特权，商品化权为少数人实际所拥有，难以为现行人格权法所包容，甚至还与民法或者人格权法既有的逻辑和理路相左，因为传统人格权源于天赋人权的宪法要求，并不存在一个授予或者加入的先决条件和既定标准。将商品化权纳入传统民法的制度框架中，必然扰乱现有立法的形式理性，甚至会背离人格追求的价值理念。[①] 此外，尚有学者以商品化权具有无形性、专有性、地域性、时间性等与知识产权相同之特性为由，提出应将人格权的商品化利用归入知识产权范畴的见解。[②] 但鉴于商品化权与知识产权之间仍旧存在较明显的差异，学者中应和者不多。

坚持人格权属性立场的学者则认为商业化利用并未颠覆人格权的权利属性，主张通过扩充人格权内涵的方式对商业化利用现象加以统摄。即仍在人格权的范围内、以人格权制度调整人格权或人格利益的商业化利用问题。在其看来，第一，人格权可以包含财产利益内容。“人格权非财产性的理念已被现代民法所突破”“商品化权所保护的是能够被商业化开发的人格利益，属于人格利益中的一类。”[③] 第二，以标表性人格权为代表，人格权可以在特定条件下与主体分离。“自然人的姓名、肖像等标表性人格权，具有在特定条件下与主体人格相分离，从而具有商业化利用的可能性。”[④] 第三，人格权的商业化利用并非特定主体所享有的特权。借助于大众传媒的传播功能，名人的姓名权、肖像等商业化利用价值越来越大的事实是对商业化利用的现实可能性的一种佐证，但并不表明权利的商业化利用仅是名人的特权，任何人都有将自己的人格表征加以商业化利用的机会，不应将权利的实现和权利的享有混为一谈。

不难发现，关于财产和人格的分歧主要来源于对人格权中能否包含财产性因素的问题，权利与主体相分离的问题以及名人人格权的商业利用问题的不同解读。这些虽然一定程度上触及了人格权与财产权区分的某些方面，但大多是表象层面的，缺乏对权利本质的把握，而仅以二者表现出的

① 谢晓尧：《商品化权——人格符号的利益扩张与衡平》，载《法商研究》2005 年第 3 期。

② 刘春霖：《商品化权论》，载《西北大学学报（哲学社会科学版）》1999 年第 4 期。

③ 杨立新、林旭霞：《论人格标识商品化权及其民法保护》，载《福建社会科学学报（哲学社会科学版）》2006 年第 1 期。

④ 王利明：《人格权法研究》，北京，法律出版社 2005 年版，第 284 页。

某些差异性作出的判断是缺乏说服力的。就以财产说颇为得意的“可转让性”（亦即主体与权利可分离）标准来说，德国宪法法院判例就曾明文指出，财产价值的权利并不以可转让为前提。①

笔者认为，对人格权商业化利用性质的判断，应当建立在对以下前提性问题回答的基础之上。

首先，对于人格权的商业化利用是否意味着一项新权利的创设。对象独立性的判断是性质判断的前提，在没弄清楚对象是独立的个体还是某个个体的组成部分之前便对其属性侃侃而谈，是有失草率且缺乏意义的，因为部分在属性上往往要服从于整体的制约。日本学者对人格权商业化利用是否构成一项独立权利的回答是十分干脆的，他们认为，在日本，商品化权不是独立的权利，而应该认为是姓名权或肖像权的各自一个组成部分(进一步讲，可以说是人格权的一个组成部分)。② 而我国学者也大多认为，人格权的商业化并非产生一种特殊的权利，其出现只是包括在人格内，只能理解为某些人格权的权能，特别是利用权能发生扩张，而不是生成了其他的独立的权利，更不能说在人格权之外还存在着另一项并立的商品化权。③ 既然并未承认商品化权作为一项独立的权利，人格权的商业化利用也便仅能以人格权权能之一或者使用方式之一的形式，涵摄于人格权的概念内涵之下，失去了参与人格抑或财产的权利性质之争的资格。进而言之，既然寄身于人格权的概念之下，则必定要受到人格权属性的制约，其人格权性质也就不言自明了。

其次，商业化利用的价值基础何在。不可否认，所谓人格权的商业化利用，其希冀达到的目的不外乎将包含于权利客体当中的使用价值通过让位使用等方式转化为具有流通性财产利益，进而为权利人现实享有。而对权利属性讨论的价值则主要体现在不同的权利属性对这一转化过程的限制和影响以及由此带来的差异。从这一取向出发，仅从商业化利用的结果去判断权利属性并无太大的意义，属性之争应该更多地考虑价值来源（基础）的问题。有人认为，商品化权是一种通过人格的符号语言固定化或者“物化”的权利，强调的是人格力量通过这些符号因素对社会公众的影响和吸引力，并非是人格因素的权利，而是人格因素符号化后的有关符号价

① BVerfG vom 9.1.1991，774，775.

② 〔日〕五十岚清：《人格权法》，铃木贤、葛敏译，北京，北京大学出版社 2009 年版，第 141 页。

③ 王利明：《人格权法研究》，北京，中国人民大学出版社 2005 年版，第 282 页。

值的权利。[①] 这一观点过度强调商业化利用对人格商业化利用现象中人格因素符号的作用，而忽略符号的价值所倚并非符号本身而是隐藏于其后的人格性因素的事实，不可不谓有失偏颇。诚如杨立新教授所言，商品化权旨在保护主体的“人格标识”或“人的确定因素”的价值，它的产生以人格特质为前提，以人的情感、声誉、地位为基础，这是区别于任何财产权利的本质特征。[②] 人格权商业化利用以人格因素为价值基础，进一步表明了其人格性的基本取向。

最后，从功能上讲，提出人格权的商业化利用概念的意旨，一方面在于通过人格因素的出让使用实现人格权财产价值的析出，使权利人更为充分地享有权利。另一方面则是为了将财产性的考虑引入人格权的损害纠纷中，突破人格权损害以精神损害赔偿为主的藩篱，为权利人提供更为全面的权利救济。正如有人所指出的那样，承认人格权本质上具有经济利益内涵并不是“人格和尊严商品化”和降低对人格权的保护，而正是加强对人格权的全面保护的表现。[③]

（二）民事权利抑或商事权利

商事人格权的概念缘起于人格权的商业化利用，却要比后者走得更远。面对人格权财产利益属性的不断彰显，学者提出了商事人格权的概念，以自然人和法人的商事人格利益为保护客体。进而认为，商事人格利益一方面表现于自然人的一部分人格因素商品化；另一方面表现于从事商事活动的自然人和法人（如公司等）所拥有的商号（商业名称）、商誉、商业信用和商业秘密等人格因素的经济利益性，它们与普通的名称、名誉、信用以及生活秘密等人格因素具有很大的差别，包含着极大的财产价值。[④] 这种提法，虽然包含了某种将部分人格权商事化的尝试，但其仍然极力固守传统的普通民事人格权的基本属性。后续有学者基于商主体与民事主体上的差异判断，提出了纯粹商法意义上的商主体人格权的概念，即商主体所特有的经法律确认而以商事人格利益为客体的商主体之商事法律人格所必备的基本权利。[⑤] 诸如如此将商事人格权“商化”的做法，使得

---

① 谢晓尧：《商品化权——人格符号的利益扩张与衡平》，载《法商研究》2005 年第 3 期。

② 杨立新：《人身权法专论》，3 版，北京，人民法院出版社 2006 年版，第 375 页。

③ 赵宾、李林启、张艳：《人格权商品化法律问题研究》，北京，北京知识产权出版社 2009 年版，第 96 页。

④ 程合红：《商事人格权刍议》，载《中国法学》2000 年第 5 期。

⑤ 范健、王建文：《商法的价值、源流、本体》，北京，中国人民大学出版社 2004 年版，第 217 页。

对人格权商业化利用性质的判断愈发复杂。

应该说，商事人格权概念的提出存在其理论和实践上的意义。一方面，其反映出了学者在解决民法理论对其体系内日益增多的商事法律问题解释力不足的困境上的努力。另一方面，在普遍承认法人人格权具有相较于自然人人格权更为直接的财产属性的语境下，所谓商事人格权“商化”，实际上无非是为帮助前者更大程度上摆脱人格权固有属性的束缚，争取更多的权利自治空间，更充分地实现商业化的利用。人格权的商业化利用和商事人格权的“商化”代表着在调整法人和部分自然人格权的商业化利用中两种不同的制度选择。或者采取统一的人格权制度，在坚持人格权民事权利属性的前提下，依据法人和自然人在人格权中财产性因素的比重而在商业化利用的程度上有所差别；或者首先对民事人格权和商事人格权予以界分，在民事人格权的范畴内讨论商业化利用问题，而对后者，鉴于其明显而直接的财产属性而对其商业使用尽量减少限制。应该说，二种路径都反映出了区别对待的思想，各自在理想状态下都体现出不相上下的合理性。问题在于，制度的选择不仅需要权衡制度自身的合理性问题，更需要兼顾其与现有制度的兼容。基于这一考虑，民事人格权商业化利用的理论在我国相对占有优势。民事人格权商业差别待遇的基础是自然人和法人的区分，这一点在理论和实践上都无疑是清晰的。而作为商事人格权和民事人格权的区分依据的商主体和民事主体的界限，则至今仍是令学者们颇为困惑的难题。有人指出，如果将商事人格权独立化，会导致一系列的法律问题，包括权利的归属、区分、行使以及法人的人格权等。① 相较而言，民事权利的取向更具有现实的可操作性。此外，同为私权，民事权利与商事权利在权利属性上并无太大区别，而在具体权能差异可以借由现有理论和制度加以弥补的情形下，实在无须叠床架屋地再创造出新的权利类型。

二、人格权商业化利用的调整方式

（一）民法调整

基于对人格权的商业化利用是作为民事权利的人格权的商业化利用的基本判断，在对人格权商业化利用的法律调整中，民法必须有“挑大梁”的觉悟。而从权利实现过程的角度出发，民法对人格权商业化利用的调整应当首先致力于对人格权商业化利用的现实可能性加以确认，进而规范商

① 刘昕杰：《商事人格权独立理论反驳》，载《重庆社会科学》2006 年第 4 期。

业化利用的实现过程，最后，为保障人格权商业化利用的顺利实现，必须配之以相应的保障性机制，对商业化利用过程中的异常和损害加以矫正。

1. 确认性调整

人格权之商业化利用欲得以实现，细而言之，有赖于：(1) 人格权中所包含的财产性价值得到承认；(2) 权利人对这一财产性价值享有垄断性的控制权；(3) 权利人的控制权不仅包含消极保有的权能，还具有积极的使用内容。其中，条件 (1) 的达成有赖于社会的发展以及人们认识的提高，而非法律得直接确认的内容。对于垄断性控制而言，且不论《民法通则》第 100 条中“未经本人同意，不得以营利为目的使用公民的肖像”的规定，仅就人格权作为绝对权所赋予的权利人的控制力，便可较为充分地满足这一要求。

法律对人格权商业化利用可能性的确认，主要集中在促进人格权权能由消极向积极扩张上。传统的人格权理论和规范主要是基于保障人格之完整性的目的而构建的，主要强调权利对外来侵扰的消极对抗性，对权利人在人格要素的积极利用方面的需求则关注较少。而后者则恰恰是人格权商业化利用必须跨越的鸿沟。因此，推动对人格权积极权能的理论和规范确认，成为进一步促进人格权商业利用发展的重要环节。在既有的规范资源下，我们发现《民法通则》第 99 条在对自然人、法人及合伙组织的姓名权、名称权的规定上采用了“使用”“转让”的用语，肯定了权利内涵中的积极性权能，一定意义上为自然人、法人及合伙组织的姓名权、名称权的商业化利用作了一般规定。当然这仅是小小一跬步，我们期待其能在未来人格权的立法中走得更远。

2. 过程性调整

对人格权商业化利用的实现过程调整应当包括对商业化利用方式及其实现途径的两方面的规范。后者具有明显的过程性，应主要诉诸私法自治，借由契约的方式加以实现。而商业化利用的方式则是实现过程中具有前提性的问题，集中体现了商业化利用的范围和程度，对商业化利用过程中当事人的意思自由具有明显的限制，是法律调整中需要着重规范的内容。

在商业化利用程度的认定上，存在着一个随利用方式自许可、继承再到转让商业化程度由弱到强发展的基本序列。其中，许可使用的商业化利用方式已在我国的理论和实践取得了较为普遍的认同。在现有的理论下，许可他人使用被认为是人格权商业化利用的主要的形式，而在实践中，对于自然人的姓名、肖像的商业化利用，亦主要是通过签订许可合同的方式授权他人使用来实现的。而对商业化利用较强的继承和转让方式，鉴于人格权的固有性及专属性的限制，国内外理论和实务界都保持较为谨慎的态度，较为常见的做法是对继承及法人人格权的转让二者实行有条件的承认。而对于自然人人格权的转让则基本采否定态度，因为其人可以一时地允许他人使用自己的姓名、肖像，也可以向他人吐露隐私，但不能把自己的姓名、肖像、隐私等“委由他人的意志去占有”，若如此，他的人格就是残缺的，必将丧失“人之为人”的资格。换言之，主体可以容忍他人的侵害，但必须保有不再容忍的权利。① 笔者认为，在不同主体以及不同类型的人格权所包含的财产性程度存在轻重之别的共识下，商业化利用方式区别对待的做法具有较高的合理性，可以期望在人格权立法中得以实现，在立法技术的处理上可以采取在规定具体权利权能时加以罗列的方式实现。

3. 保障性调整

民法对人格权商业化的确认性调整和过程性调整，仅仅是使其取得了理想状态下的现实可能性，人性的逐利性以及市场竞争的残酷性意味着，在人格权的财产性一面得以在世人面前彰显的同时，侵扰和妨害也便免不了要接踵而至。若无法律规定周全而有力的保障，权利的享有和实现将旋即化为幻想。

由于人格权商业化利用主要体现的是人格权权利内涵中的财产性面相，故而，民事领域中的诸多救济机制如人格权请求权、合同责任、侵权责任、不当得利等皆可以为其打开方便之门。而其中，基于人格权作为绝对权的权利属性，侵权责任制度成为人格权商业化利用中主要的权利损害救济手段和纠纷化解机制，不言自明。作为涵摄于人格权当中的概念，在责任的承担方式上，停止侵害、赔礼道歉、消除影响等责任形式，也同样适用于对人格权商业化利用的保护，已是自不待言。而作为一项具有明显财产性价值的权利，当权利遭受损害时，损害赔偿的救济方式应该是法律救济的主要选择。但由于人格权商业化利用使其兼具了人格和财产的属性，因而在对其进行损害赔偿的救济时，我们遇到了新的问题和挑战。

首先，是损害赔偿内容或者说性质的问题。由于人格权商业化利用使其兼具了人格和财产的双重属性，则对其进行损害赔偿的性质究竟为何，

① 李琛：《质疑知识产权之“人格财产一体性”》，载《中国社会科学》2004年第2期。

学者间出现了认识上的差距。有学者认为，这种损害赔偿，既不同于精神损害赔偿那种非财产损害赔偿，又不同于对有形财产损害进行赔偿的那种财产损害赔偿，是一种特殊的财产损害赔偿，或者称之为人格性无形财产损害赔偿。这种赔偿有其独立性，不依附于精神损害赔偿，也不依附于对其他具体经济损失所进行的财产损害赔偿，并不被它们所包容。① 有学者主张，应借鉴我国台湾地区学者邱聪智的观点，将非财产损害赔偿概念分化为二：一为固有意义之非财产赔偿；另一为慰抚金。前者属于一般的非财产损害赔偿，人格权的被害人均得请求赔偿；后者只适用于明文规定限制的精神损害赔偿。② 笔者认为，诚如上文所述，人格权商业化利用的意义不仅在于实现其财产价值因素的转让变现，同时还在于将财产性的考量引入人格权损害赔偿的范畴之中。据此，我们不妨将人格权商业化利用损害赔偿确定为财产性的损害赔偿，因为借由法律的填补机制，损害赔偿本身亦可以作为人格权中财产性因素析出的途径，法律此时填补的仍旧是财产性利益。只不过，加害行为在对商业化利用造成损害的同时，亦极可能同时导致对其中不含财产性内容的纯粹人格性利益造成损害，此时，则需要在财产损害之外，附加非财产性损害赔偿。

其次，是赔偿数额的确定。人格权中虽然包含了财产性的内容，但其并不如债权、物权那样具有明确性，人格权商业化利用的价值往往是难以进行精确的测量计算的，此时便不可避免地产生了“赔多少”的问题。王利明先生负责的课题组提供的民法典草案建议稿在第二编（人格权编）第八编（侵权责任编）第2043条就侵害“商品化的人格权”的损害计算方法作出过规定：“人格权依法已经或者按照权利人的意思即将进入市场的，应当对非法使用该人格权造成的财产损失予以赔偿。前款损失不能确定的，可以按照使用该人格权使用费的市场价格或侵权行为人获得的利益计算。”③ 主张先适用具体损害计算法，必要时适用合理的许可费计算法以及加害人获利计算法。也有人借鉴德国法上通过不当得利返还请求权给予原告合理许可费的赔偿的做法。有学者认为，人格标志利用权具有许可他人商业利用的财产权权能。未经许可商业利用他人的人格标志的，侵害人节省了本应支付给权利人的许可费，属于无法律原因而获得财产上的利

① 程合红：《商事人格权论》，北京，中国人民大学出版社2002年版，第254页。

② 邱聪智：《新订民法债编通则》上册，北京，中国政法大学出版社2003年版，第165页。

③ 王利明主编：《中国民法典学者建议稿及立法理由・侵权行为编》，北京，法律出版社2005年版，第381～382页。

益，应当返还给权利人。至于权利人（原告）是否同意和接受这种侵害行为，对于不当得利返还请求权的成立不产生影响。[①] 另外，在故意侵权的情形，民法上的非真正的无因管理，也可以作为剥夺加害人全部获利的救济方法。[②] 笔者认为，对于人格权商业化利用的侵害所造成的损失，属于一种机会性的损失，亦即由于加害人的行为使其丧失了将其人格权的财产性利益加以商业化利用的机会所造成的损失。这种损失具有常态下难以计量的特性，因而在赔偿数额的计算上，可以借鉴不当得利返还以及非真正的无因管理的推算方法，当然有时还需附带考虑当事人之间的实际情况，在可能的范围内引入公平性考量。

（二）其他法律的调整

无论是基于对人格权商业化利用性质的不同认识，还是从法律调整系统的角度出发，借助其他相关法律部门对人格权的商业化利用问题加以调整，都具有实现意义。实践中，鉴于人格权商业化利用与知识产权、市场秩序、商事行为之间都有较为紧密的联系，不少学者认为，可以借助知识产权法、反不正当竞争法和商法的相关规范实现对人格权商业化利用的调整。

1. 知识产权法的调整

首先，以自然人的姓名、肖像或者以企业的名称、商号作为商标或其组成部分加以使用时，受到知识产权法中的商标法律制度的保护。商标权人享有对注册商标的专有使用权、禁止权、许可权和转让权，他人未经许可，不得在相同或类似的商品或服务上使用与其注册商标相同或近似的商标。如果是驰名商标，不论其是否注册，都要受到有关法律的保护。如根据《与贸易有关的知识产权协定》的规定，对驰名商标还提供跨类保护，即禁止在不同类的商品或服务上使用与驰名商标相同或近似的商标。其次，根据《商标法》第 27 条及《商标法实施细则》第 25 条的规定，注册商标因侵犯如姓名权、肖像权、著作权、工业品外观设计权及商号权等在先权利而导致无效。如超过合同规定的对他人姓名、肖像的使用期限、方式或范围，未经著作权人的许可，擅自使用他人肖像作品（包括虚构形

---

① 陈龙江：《人格标志上经济利益的民法保护》，中国政法大学 2007 年博士学位论文。

② Vgl. MünchKomm/ Rixecker（2001）§12 Anh. Rn 227；See Huw Beverley-Smith，Ansgar Ohly and AgnèsLucas-Schloetter，*Privacy*，*Property and Personality*：*Civil Law Perspectives on Commercial Appropriation*，（Cambridge 2005），p. 142；王泽鉴：《人格权保护的课题与展望（三）——人格权的具体化及保护范围（3）——肖像权》，载《台湾本土法学》2006 年第 10 期。

象），都将因侵害他人的在先权利而使已注册的商标无效。但是，在注册商标是以姓名或厂商名称构成时，他人若使用自己的与注册商标相同的姓名或厂商名称，在不损害商标权人及第三人合法利益的前提下，这种使用被认为是正当使用，并不构成对商标权人的侵害。最后，对商事人格权的保护还体现在有关的知识产权国际公约中，如《保护工业产权巴黎公约》《保护文学艺术作品伯尔尼公约》《与贸易有关的知识产权协定》等。《巴黎公约》第1条明确规定了对商标、厂商名称以及制止不正当竞争提供法律保护，《与贸易有关的知识产权协定》还进一步对未披露信息即商业秘密和一切未公开的数据提供了法律保护。依据《与贸易有关的知识产权协定》的规定，未披露的信息只要具有秘密性、商业价值性，并已由合法控制人采取了合理的保密措施，就应受到法律保护，禁止他人非法获取或予以公开。因此，当企业的商号、商业秘密、经营信息、商业信用等商事人格利益受到侵害时，可以通过有关的保护知识产权的国际公约来寻求保护。①

2. 反不正当竞争法的调整

有人认为，反不正当竞争法是知识产权法的重要组成部分，在知识产权法不能提供保护或者超出其保护范围时，可由反不正当竞争法来调整。就商事人格权的保护而言，具体表现为以下几个方面。第一，借由对不正当竞争为目的使用已为公众所知悉的他人的姓名、企业名称、商号，或者是对未注册的驰名商标进行假冒而侵害他人商事人格权的行为的禁止，实现对他人商事人格权的救济。我国《反不正当竞争法》第6条规定："经营者不得实施下列混淆行为，引人误认为是他人商品或者与他人存在特定联系：（一）擅自使用与他人有一定影响的商品名称、包装、装潢等相同或者近似的标识；（二）擅自使用他人有一定影响的企业名称（包括简称、字号等）、社会组织名称（包括简称等）、姓名（包括笔名、艺名、译名等）；（三）擅自使用他人有一定影响的域名主体部分、网站名称、网页等；（四）其他足以引人误认为是他人商品或者与他人存在特定联系的混淆行为。"该规定涉及了对不同权利的保护。第二，对侵害他人商事人格权的商业诋毁行为的规制。我国《反不正当竞争法》第11条规定：经营者不得编造、传播虚假信息或者误导性信息，损害竞争对手的商业信誉、商品声誉。第三，借助《反不正当竞争法》第9条实现对侵害他人商业秘

① 熊进光：《商事人格权及其法律保护》，载《江西财经大学学报》2001年第5期。

密权之商事人格权行为的规制。第四，《反不正当竞争法》第 17 条规定了从事违法行为经营者对被侵害的经营者的赔偿责任即赔偿金额的计算方式，为商事人格权的损害赔偿提供现实的法律依据。同时，学者还指出，随着商誉权、信用权在民法中的确立，原规定于反不正当竞争法中的损害赔偿制度，如以侵权人因侵权所获得利益额作为受害人所受损害额予以赔偿的制度，也应纳入民法的人格权损害赔偿制度之中，成为商事人格权制度的另一个重要法律渊源。①

3. 商法调整

持商事人格权为商事权利观点的学者指出，应当改变通过反不正当竞争法等法律对商事人格权予以保护的现行做法，恢复商事人格权在商法中原本应当有的地位。对于民法中规定的能够适用于一切民商事法律关系的制度，商法当然无须重复规定，但是，对于商法中不能为民法一般规定包含的特殊制度，则只能也应当由商法单独规定。商事人格权可以分为一般商事人格权与具体商事人格权。具体商事人格权除了能够在商法典或相关商事立法中得到规定外，还能够通过民法人格权制度、反不正当竞争法以及其他相关法律予以规制。一般商事人格权的制度价值难以通过其他法律得以实现。② 一般商事人格权仅以人格独立与平等为内容，而这两项内容既是对具体商事人格权的抽象，又是对具体商事人格权的补充，应该在商事法律中规定。

三、商业化利用的限制

在市场环境下，人格权当中的经济价值得以充分发掘和利用，进而成为一项具有“财产内容”的权利，但是，不管是在理论还是事实上，这一判断都尚不足以颠覆现今关于人格权基本属性的理解。在人格性与财产性的对峙中，人格性无疑占据着优势地位。当人格权中的财产权价值的保护与权利主体的人格利益发生冲突时，法律的天平会毫不犹豫地向着人格利益倾斜，这在各国的理论和实践中都表现得非常明显。同时，在私权至上的神话破灭之后，基于社会公共利益和公共秩序的考虑而对个人权利的加以限束的做法亦几乎成为常态，而作为以权利扩张为实质的人格权的商业

① 程合红：《商事人格权论》，北京，中国人民大学出版社 2002 年版，第 254 页。

② 范健、王建文：《商法的价值、源流、本体》，北京，中国人民大学出版社 2007 年版，第 343～345 页。

化利用在不断挤压社会权利空间的同时，便很可能影响他人的权益或者社会的公共利益。

显然，探讨人格权商业化利用环境下如何避免人格利益的过度被侵扰乃至侵害，是一个现实而迫切的课题。如果将对于这种利用的限制当作一种有效的控制手段的话，那么，综合地来看，以下一些基本的准则肯定是必要的考量因素。

（一）人格自治

人格权的商业化利用虽然以权利中的具有财产属性的人格因素的让位使用为主要内容，但我们不能就此否定其人格权的基本属性。“以市场为导向的无形财产权的创造将不可避免地对抗个体的人格并将其人格交由第三人来处置。”① 在此情形之下，应当强调对于本人人格利益的意思自治加以维护的重要性。对于姓名利用权、肖像利用权等人格标志的利用权而言，人格利益自治意味着以下特点：其一，除非本人同意，对姓名、肖像等人格标志进行商业利用的权利不是民事强制执行的对象，在承认个人破产的情况下，也不属于破产财产，不是破产分配的对象。这是维护个人的“人格自治”及“人格利益自治”的应有之义。类似的情形是，根据《德国著作权法与邻接权法》第 113 条，只有在作者同意的情况下，才可以因金钱之债对著作权实行强制执行。这是因为，德国著作权法对“作者与著作权的人格联系的评价超过了对债权人的财产利益的评价”②。著作权为一种通常具有经济利用价值的权利尚且如此，那么在这里，更有理由为了维护本人的人格利益，禁止未经本人允许而将人格利用权作为强制执行的对象。其二，在许可他人商业利用人格标志的情形下，应当在特定条件下赋予许可人撤销许可的权利。虽然人格权商业化主要是基于自愿选择的结果，但是随着主客观环境的变迁，这种许可有可能会演变成对权利人人格发展的限制。在这种情形下赋予权利人撤销许可的权利，也是为了维护许可人的人格自治利益的需要。但是同时为了保障合同相对人的交易安全，必须对撤销权行使的条件加以明确。并且，因行使撤销权对无过错一方造成损害的，应由权利人承担相应的赔偿责任。

（二）公序良俗

虽然法律秩序必须满足不断向前发展的人格权商业化所提出的要求，

---

① Schack, Haimo, Rezension zu: Götting, Horst-Peter, Persönlichkeitsrechte als Vermögensrechte, in: AcP 195 (1995), S. 594f.; Urheber-und Urhebervertragsrecht, 1997, Rdn. 51.

② 〔德〕M. 雷炳德：《著作权法》，张恩民译，北京，法律出版社 2005 年版，第 600 页。

但同时更要面对来自更高位阶的法律或伦理原则的要求和挑战。[①] 公序良俗原则是现代民法一项重要的法律原则，是指一切民事活动不得有违于公共秩序和善良风俗，否则该行为将受到否定性的评价。一般认为，公序良俗包括公序、良俗两个方面的内容，公序指向法律本身的价值体系，良俗指向社会伦理道德。借助公序良俗这个媒介，法律规范体系就与法律体系内的法律价值层面和法律体系外的社会道德达致沟通。[②] 对于人格权的商业利用，并不意味着形象使用的“无序化”“非正当化”“低俗化”和“不良化”。虽说民法中的这些基本原则并不直接涉及民事主体具体的权利和义务，具有高度的抽象性，且类似公序良俗这样的不确定概念在类型化上尚存在难度，“它不预先设定任何确定的、具体的事实状态，没有规定具体的权利和义务，更没有规定确定的法律后果”[③]，但它对于处于裁判困境中的法官并不是一项可有可无的标准，而是一项有约束力的、对其就法律上的权利义务所作的裁决具有实质性影响的标准。对违反公序良俗原则的商业化利用行为，法官可依社会正义的一般观念，确认其为无效。

（三）表达自由

表达自由是各国普遍认可的宪法权利，即公民对国家和社会的各项问题自由发表意见的权利。表达自由的方式，有语言形式和文字形式，包括报纸、杂志、绘画、服饰、照相、电影、音乐、唱片、收音机、电视机、电脑等一切表现手段。作为表现自由权所涉及的信息，即消息、图像、资料、观念、意见等，可能就是形象权中的形象确定因素，因而在一定情况下两种权利会发生冲突。一般认为，相对于经济自由等权利，表现自由应当具有“优越地位”，即应看作是具有优先性的法价值。[④] 以公众人物的姓名权的合理使用为例，某公司曾以“黎明”作为服务商标向国家商标局申请注册商标。歌星黎明对此提出异议，国家商标局裁定驳回了异议，认

---

① Schlechtriem，Peter，Bereicherung aus fremdem Persönlichkeitsrecht，in：Strukturen und Entwicklungen im Handels-，Gesellschafts- und Wirtschaftsrecht ：Festschrift für Wolfgang Hefermehl zum 70. Geburtstag am 18. September 1976，München：Beck，S. 445，453，457；Chr. Krüger GRUR 1980，628，637；Dasch，Norbert，Die Einwilligung zum eingriff in das Recht am eigenen Bild，München：Beck，1990，S. 22f. ；Götting，Horst-Peter：Persönlichkeitsrechte als Vermögensrechte，Tübingen：Mohr 1995，S. 66f.

② 于飞：《公序良俗原则研究——以基本原则的具体化为中心》，北京，北京大学出版社 2006 年版，第 101 页。

③ 〔美〕迈克尔·D. 贝勒斯：《法律的原则》，张文显等译，北京，中国大百科全书出版社 1996 年版，第 468 页。

④ 杜钢建：《论表现自由的保障原则》，载《中外法学》1995 年第 2 期。

为在演艺界，黎明作为一名演员虽具有一定的知名度，但在现代汉语中，"黎明"是一种自然现象，不属独创性词汇，冠以"黎明"商标的商品在流通中，没有使消费者误认为与某人有关。在没有恶意的情况下，他人的正当使用只要不导致消费者的混淆，就是合理使用。在司法实践中，公众人物姓名较弱的排他力为法官的自由裁量创造了更多空间，其权利状态也就更不稳定。显然，公众表达自由的权利占据了上风。

（四）权利穷竭

权利穷竭原本是对著作权的限制。在著作权法中，权利穷竭原则又被称为"首次销售理论"，它意味着"法律允许权利人控制着对著作权的使用，但这种控制并未延及对作品本身的使用"①。而在这里，所谓权利穷竭，是指含有知名形象的商品以合法方式销售后，无论该商品辗转何人之手，形象权人均无权再控制该商品的流转，即权利人行使一次即耗尽了有关形象权，不能再次行使。这一制度设计，既维护了形象权人对其形象商品化的获益权，又维护了该特定商品购买人的合法利益，避免了贸易中的无限制垄断，为商品的自由流通消除了障碍。② 值得一提的是，在人格权商业利用的语境下，所谓的权利穷竭，仅是指权利人对该商品上的人格标志的财产性控制的权利穷竭，而并不代表着权利人非财产利益上的人格权的穷竭。虽然权利人失去了对该人格标志进行财产性利用的权利，但该标志仍旧是其人格的体现，应当禁止他人利用该标志作出有损权利人人格的行为。

第四节　民法典编纂中人格权法的体系定位

一、人格权请求权与民事责任体系

人格权请求权为权利救济体系的一环。权利救济体系，自义务人承担的法律后果角度观之，则为民事责任体系。人格权请求权规定与否，规定在民法典的什么位置，其具体如何规定，这些问题的解决首先有赖于明晰民事责任体系的建构。物权法立法时刻，众人对于以侵权责任为核心的民

① L. Ray Patterson，Stanley W. Lindberg，*The Nature of Copyright：A Law of Users' Right*，p. 187，The University of Georgia Press，1991.

② 吴汉东：《形象的商品化与商品化的形象权》，载《法学》2004年第10期。

事责任体系的探讨多集中在物权的保护模式，也即物权请求权与侵权请求权的关系之上。由于物权请求权之产生系直接来源于物权作为绝对权、支配权的属性，因而二者关系的探讨所折射出的问题意识对于同样作为绝对权、支配权的人格权的请求权与侵权请求权的关系，以及作为物权请求权上位概念的绝对权请求权与侵权请求权关系之探讨具有重大的借鉴意义。与关于物权保护三种模式的争论一样[①]，人格权的保护也面临着以下三种模式的选择与取舍：人格权请求权是应当规定在人格权法部分，还是规定在侵权法部分，或者是在人格权法与侵权法中同时规定？人格权请求权的安置问题牵涉整个民法典的民事责任体系的建构，人格权请求权如何规定必须服从于这一大局。

（一）基调：请求权模式还是责任模式

责任与权利之救济是相应的法律概念，其关系如同一枚硬币的两面。民事责任是从义务人的角度来谈，请求权则取自权利人保护权利的角度。在民事法律关系中，原来的权利人因其权利受到侵害而取得救济权，而原来的义务人因其违反义务而依法承担民事责任。因此，关于民事责任体系的建构，从权利人的角度视之，则是一个救济性的请求权体系的建构问题。在民法中，权利与义务是从不同主体的角度来指称同一个法律关系的内容。正因为二者所指的内容重合，从避免重复规定的角度考虑，在权利的救济问题上就存在两种立法模式的选择：其一，从权利人的角度以请求权的形式规定“权利的救济”；其二，从义务人的角度以责任形式规定侵权人的民事责任。如果选择请求权立法的模式，则请求权将成为实定法上的概念，并借此形成“权利——权利的救济”这一贯穿法典始终的红线，如此将更有利于展现民法典“权利法”的本质。如果选择责任立法的模式，则应当是“义务——责任”的逻辑展开，请求权则只有在学理上发挥作用。但就目前的立法而言，《民法总则》采取的是一种混合模式，即在前部各章（各编）规定各种权利，而最后则以一章（编）“民事责任”（“侵权责任”）压阵。这种“权利——责任”的前后衔接，似乎有违“权

① 目前关于物权保护的模式有三种：第一种观点主张应坚持我国目前民事立法确立的物权保护制度的框架，并在进行适度微调的基础上，用基于侵权的请求权取代物权请求权，完成保护物权的任务；第二种观点主张应回归传统民法，如德国和我国台湾地区的做法，认可独立于基于侵权请求权的物权请求权，二者结合完成对物权进行保护的使命；第三种观点主张一方面坚持我国目前民事立法对物权进行保护的做法，即保留《民法通则》所确立的侵权责任模式，另一方面还要认可独立的物权请求权，共同完成保护物权的任务。参见王轶：《物权保护制度的立法选择——兼评〈中华人民共和国物权法〉（草案）第三章》，载《中外法学》2006 年第 1 期。

利——权利的救济”或“义务——责任”的逻辑，显得有点不伦不类；且与民法以权利为轴心的基调不太相符。当然这仅仅是在立法技术层面上分析，其实，不管立法上采取的是请求权模式抑或责任模式，学理的任务并不会因此减轻，因为即便是采取了责任模式，责任模式的背后仍然存在着请求权及请求权体系。

（二）请求权体系下的人格权请求权

以权利相互之间的关系为标准，民事权利可分为原权（又称原权利）与救济权。因权利之侵害而生之原状回复请求权及损害填补之请求权谓之为救济权；与救济权相对待之原来之权利则谓之为原权。① 就请求权的体系而言，请求权在民事权利中包含两个系统。一个是民事权利的请求权；另一个是民事权利保护的请求权。前一个系统，是指具有请求权性质的民事权利，如债权；后一个系统，是对民事权利进行保护的请求权系统，包括原权利的保护请求权和侵权请求权。前一个民事权利保护请求权是民事权利所固有的保护请求权；后一个民事权利保护请求权则是基于权利被侵害，依照侵权法的规定而产生的权利保护请求权。② 人格权请求权当属民事权利保护的请求权系统中的原权利的保护请求权。通说认为，人格权在性质上为绝对权，具有不可侵犯性，人格权受侵害时，受害者有“除去请求权”，排除侵害以恢复原有的状态。为扩大对人格权的保护，尚未发生的侵害而有侵害之虞时，当事人并有“防止请求权”，以预防侵害的发生。③ 其实，人格权请求权是规定在人格权法部分，还是侵权法部分，其本身的请求权内容以及与整个请求权体系的关系并不会因此发生改变，但如果在人格权法与侵权法中同时规定人格权请求权，则将会引发请求权体系的重大变动，因此，首先要予以明确的是有无必要在人格权法和侵权法中同时规定人格权请求权，还是仅仅单独规定即可。

请求权竞合的意义在于赋予权利人不同的救济途径和不同的结果选择。例如违约损害赔偿请求权与侵权损害赔偿请求权，就其目的而言，都是赔偿权利人所造成的损失，但两种请求权的构成要件以及法律后果不同，法律因此授意权利人可以根据自身的具体情况选择适合于自己的请求权。就人格权请求权而言，其核心内容为除去请求权和防止请求权，权利

---

① 李宜琛：《民法总则》，台北，正中书局1952年版，第51页。

② 杨立新、曹艳春：《论民事权利保护的请求权体系及其内部关系》，载《河南省政法管理干部学院学报》2005年第4期。

③ 施启扬：《民法总则》，台北，三民书局2005年修订版，第103页。

的行使并不以加害人有过错为必要，而精神损害赔偿的请求也并不必然要求对方有过错，受害人精神痛苦后果的严重性是请求的主因。由此可见，在人格权法和侵权法中同时规定人格权请求权应该没有必要。

至于人格权请求权规定于人格权法还是侵权法，这并不仅仅是纯粹的立法技术或法律适用问题，其中仍然牵涉民法的一些基本理念与体系逻辑。

第一，民法典的体系效应。虽然就目前的表现判断，民法典是采取分编制定和通过的方式；但既然是制定民法典而不是制定单独的人格权法，因而必须将整部民法典置于体系化思考的范畴，以满足民法典其他各编各自的目的和需求，使各编之间连成一个有机整体。特别是，作为绝对权的人格权与侵权行为法的立法设计尤其紧密相关。虽然学界对于侵权行为法独立成编仍存争议，但从现有的学者草案及官方草案来看，其独立成编基本已成定局。侵权法独立成编的最大好处在于将侵害各种权利的责任形态集中加以规定，使受害人一旦遭受侵害之后就可能明确其在法律上享有的各种补救手段，甚至可以在各种救济手段之间依法进行理性的选择。① 这也就意味着未来将继续沿着《民法通则》（不管其出现是因应一时之需，还是当时的高瞻远瞩）定下的集中规定权利救济的基调前进，事实上，民法草案“侵权责任编”的提法也在暗示着本编的重心将放在责任的承担也即权利的救济上，对侵权行为进行分类和列举的最终目的也是更有针对性和有区分地对权利所受到的不同程度的侵害进行救济。因此，将救济方式集中规定在侵权责任编，对分则诸编所列举的权利进行一体化集中保护的模式无疑更符合侵权法独立成编的意义。从体系效应的角度出发，人格权请求权作为绝对权请求权之一种，自然应规定在侵权法中。

第二，权利的自有逻辑。如果民法典体系采纳学说汇纂模式，应以法律关系的要素来构建总则，以法律关系的内容即民事权利来展开分则。在分则关于民事权利的各编之后，应规定一个对各类民事权利加以保护的侵权责任编。② 如此，民法典体系的展开同时就是权利自身逻辑的展开：在总则规定了主体、客体，“权利之一般”以及时效等项之后，分编首先应规定的是各项民事权利，将各种权利在立法上予以明确，再在最后一编规定各种侵权行为，因为侵权行为的出现，才导致权利需要救济，也才会有

① 王利明：《论侵权行为法的独立成编》，载《现代法学》2003年第4期。

② 王利明：《试论我国民法典体系》，载《政法论坛》（中国政法大学学报）2003年第1期。

作为救济权的人格权请求权的出现。如此分析，则作为救济的人格权请求权应当出现在侵害人格权的侵权行为的规定之后，这样才符合“权利——被侵害——进行救济”的逻辑顺序。以此观之，人格权请求权也应规定在侵权法中更为适宜。

第三，民法典预设读者的巧妙折中。民法规范究竟是行为规范还是裁判规范，还是二者兼而有之，如何平衡行为规范与裁判规范，这就涉及民法典的预设读者是专业法官还是普通民众、民法典的取向是大众言说还是精英话语。法国民法典与德国民法典不同风格的形成一定程度上是民法典在读者的选择上各有侧重的体现。将民法定位为行为规范，就意味着民法典的首要目的在于对民事主体的行为模式进行塑造和指引，将民法定位为裁判规范，就意味着民法典的首要目的是为法官进行裁判提供法律指引。笔者认为，将人格权等绝对权请求权统一规定于侵权法中恰恰有助于柔化和调和民法典在读者选择上的冲突。在前面分则诸编明列各类权利及其行使的规则，便于民众清晰地了解自己所拥有的各种权利及其界限，为民众提供行为规范的指引；在侵权责任编中对各种权利的救济予以总括性的规定，则为法官集中提供了裁判规范上的指引，这样可以降低将人格权请求权等绝对权请求权分编规定导致救济方式分散所带来的“目光往返流转”的搜寻成本。从而使得行为规范与裁判规范各得其所，普通民众与专业人士各取所需。

至于学者颇有争议的绝对权请求权内部的差异性问题，如人格权请求权中的“恢复名誉”“消除影响”①，知识产权法中的“销毁侵权工具和侵权产品”② 等，其能否“求同存异”于侵权责任编，则属于侵权法内部的立法技术需要认真对待和加以解决的问题了。

二、人格权法与侵权责任法的关系③

（一）人格权法何去何从

尽管存在诸多非议，但近年来的势态发展仍然清晰地表明，未来的中国民法典将秉持 2002 年 12 月 17 日全国人大法工委提交给全国人大常委

---

① 关于恢复名誉、消除影响的分析，请参见崔建远：《债法总则与中国民法典的制定——兼论赔礼道歉、恢复名誉、消除影响的定位》，载《清华大学学报》（哲学社会科学版）2003 年第 4 期。

② 关于销毁侵权工具和侵权产品的分析，请参见魏振瀛：《〈民法通则〉规定的民事责任——从物权法到民法典的规定》，载《现代法学》2006 年第 3 期。

③ 姚辉：《论人格权法与侵权责任法的关系》，载《华东政法大学学报》2011 年第 1 期，本部分在收录于本书时有所增改。

会审议的独到的“九编制”体例进行创设。[①] 继较早之前已经完成的《婚姻法》《继承法》《收养法》《合同法》之后，2007 年《物权法》、2009 年《侵权责任法》、2010 年《涉外民事法律关系适用法》亦陆续颁行，人们的目光自然聚焦到除总则之外唯一剩余的工程：人格权法。在已经于 2010 年 7 月 1 日起施行的《侵权责任法》中，除了在第 2 条一般条款中列举了生命权、名誉权、隐私权等具体人格权并概括规定“……等人身、财产权益”；以及在第二章“责任构成和责任方式”中规定了侵害人格权的责任方式外，其他并无专门的有关人格权的条文设计，此举被认为显然是仍为人格权的单独立法留有余地。[②]

无论在未来的民法典中人格权是否独立成编，毫无疑问，如何处理人格权法与侵权责任法的关系，将是未来可能进行的人格权法立法无法回避的问题。和主流观点一样，我也认为侵权行为法替代不了人格权法律制度。因为侵权法不是规范权利规则的法；不具有确认和规范权利的功能。但是，同样不容否认的是，侵权法是民事权利的保护法，主要保护包括人格权在内的绝对权。由此，对人格权的侵害在性质上都是一种侵权行为，除加害人已触犯刑律构成犯罪以外，受害人的“人身权益”主要通过侵权行为法获得救济；除去法定权利之外，大部分人格利益（最典型者如个人隐私）的损害，是在立法缺乏规定的情况下，通过适用侵权行为法的规定实现救济。而与此同时，人格权范围的扩大，也历来被作为侵权行为法保障范围扩张的例证。毫无疑问，侵害人格权所造成的后果应当是、甚至只能是侵权民事责任。尤其是因侵害人格权所产生的精神损害赔偿责任，更是极大地丰富了侵权法中损害赔偿的内容。至少从这些意义上说，侵权法对于人格权的救济将会直接决定人格权法的实际存在价值。恐怕也正是在这个意义上，学者才会指出在未来民法典的人格权编只规定人格权的种类和具体内容，严格不涉及权利的保护问题，将人格权的保护问题放在侵权行为法（侵权责任法）编中加以规定。[③] 另外不可不注意到的是，与物权

---

① 该民法草案的体例设计为：第一编“总则”，第二编“物权法”，第三编“合同法”，第四编“人格权法”，第五编“婚姻法”，第六编“收养法”，第七编“继承法”，第八编“侵权责任法”，第九编“涉外民事关系的法律适用法”。

② 迄今为止，人格权法的“起草”主要在学术领域进行；非官方的人格权法“专家建议稿”已经多达数部，包括王利明《中国人格权法草案专家建议稿》《中华人民共和国民法典（草案）学者建议稿·人格权编》；杨立新《中国民法典·人格权法编建议稿》以及梁慧星《中国民法典草案建议稿》和徐国栋《绿色民法典草案》中关于人格权的规定等。

③ 王利明：《中国民法典草案建议稿及说明》，北京，中国法制出版社 2004 年版，第 321 页。

法、债法等法律规范不同，法律对于人格权的规定主要在于宣示权利，因此，民法典关于人格权关系的专门规定只有权利和客体，基本不涉及行为规范，因此不仅内容少，而且条文数量不多。按照前述全国人大法工委提出的民法草案，人格权编仅 29 条。其中，不少章节（如第四章“肖像权”）仅 2、3 条而已。相对于已有的《合同法》的 428 条、《物权法》的 247 条，乃至《侵权责任法》的 92 条，其体例结构上的失衡之严重，很难令人接受。而在包括笔者在内的部分学者看来，能设计出 29 个条文，已经是勉为其难。因为有些条文的内容其实可以合并；有的条文则属于侵权行为法的内容，总体上看，编入侵权责任法更为合适。① 所以，正确认识人格权与侵权法的关系，妥善处理好两者之间的关系，实在是必须认真对待的课题。

（二）分歧概览

在人格权法与侵权责任法的关系问题上，存在截然不同的两种判断。

主张人格权法独立成编、单独制定的学者认为，侵权法独立成编必然在体系上要求人格权法单独成编。我国已经制定了作为单行法的《侵权责任法》，集中规定了侵害各种民事权利的侵权责任。《侵权责任法》旨在保护各项民事权利，这就需要首先在民法典分则中具体规定各项民事权利，然后再集中规定侵权的民事责任，从而才能形成权利与责任的逻辑结合和体系一致。如果民法典还是仅仅规定物权、知识产权等权利而不对人格权进行体系化的规定，显然使侵权责任编对人格权的保护缺乏前提和基础。如果侵权法仍然像传统大陆法那样对侵害人格权不作重点规定，则侵权法独立成编的意义就大打折扣，它也就不是一个真正意义上的完整的侵权法。并且，大陆法系民法典如德国也不完全是在总则中规定人格权，在侵权法中也有人格权的内容，因此，与其在侵权法中进行反向规定，还不如集中地对人格权进行规定。②

学者撰文指出，将人格权专门规定为一编，就会有更大的空间对人格权进行规定，可以清楚、明确、详细地规定各种具体人格权，不仅有助于帮助人们掌握自己究竟享有哪些人格权，他人应当如何进行尊重，同时，也能够为法官裁判案件提供明确的依据，防止出现人格权列举不足，而导

---

① 柳经纬：《民法典应如何安排人格权制度》，载《河南政法管理干部学院学报》2004 年第 3 期。

② 王利明：《我国民法典中的人格权制度的构建》，载《法学家》2003 年第 4 期。

致法官滥用或者“向一般条款逃逸”现象的发生。因此，在民法典制定中，应当继续坚持具有中国特色的人格权法立法模式，将人格权法单独作为一编，置于民法分则之中，并且应当规定在第二编即民法分则中的第一编，以突出人格权的地位和作用，规定好人格权的具体内容，以更好地保护民事主体的人格权。① 持同样倾向观点的学者进一步认为，侵权行为法替代不了人格权制度。侵权法是民事权利的保护法，主要保护包括人格权在内的绝对权。侵权法只能对侵害某种权利所造成的后果承担责任，它不应该是规范权利规则的法，即侵权行为法不具有确认和规范权利的功能。② 按照学者的系统归纳，侵权法不能够替代人格权法，主要理由在于：第一，侵权行为法的主要功能不是确认权利，而是保护权利；第二，人格权不仅受侵权法的保护，也受合同法等其他法律保护；第三，法律规定在侵害人格权以后所产生的停止侵害、排除妨害、恢复名誉、赔礼道歉等责任形式是由人格权的支配性和排他性所决定的；第四，通过人格权制度具体列举公民、法人所具体享有的各项人格权，可以起到权利宣示的作用。③

与此相反，质疑人格权法独立制定的可行性的学者们则认为，从民法典的传统看，关于人格权的法律救济属于侵权行为法的内容，但侵权行为法除具有人格权提供救济的功能外，还具有为物权、知识产权、身份权乃至债权提供法律救济的功能。因此，除非特别需要，民法典不宜在关于人格权的规定中重复侵权行为法的内容。④ 值得注意的是，即使主张单独制定人格权法的学者，在涉及人格权法与侵权法的关系时也认为，人格权法在规定权利行使的具体规则上，没有物权法和债权法那样复杂，主要涉及的问题，是人格权的保护。“涉及人格权的保护问题，就是侵权行为法的内容了。在编制人格权法的内容时，稍有不慎，就有可能造成人格权法编与侵权行为法编的内容重复。”⑤ 持该观点的学者提出的解决方案是：“人格权法编只规定权利的种类和具体内容，严格地不涉及权利的保护问题，将人格权的保护问题放在侵权行为法中加以规定。”⑥ 但如此一来也更令质疑者担心未来人格权立法在内容和条文数量上的单薄。

---

① 杨立新：《制定我国人格权法应当着重解决的三个问题》，载《国家检察官学院学报》2008 年第 3 期。

② 马俊驹：《关于人格权基础理论问题的探讨》，载《法学杂志》2007 年第 5 期。

③ 王利明：《人格权法研究》，北京，中国人民大学出版社 2005 年版，第 129～134 页。

④ 柳经纬：《民法典应如何安排人格权制度》，载《河南政法管理干部学院学报》2004 年第 3 期。

⑤⑥ 杨立新主编：《中国人格权法立法报告》，北京，知识产权出版社 2005 年版，第 14 页。

非常有意思的是，在立场不同的情况下，即使面对同样的现象和论据（比如侵权责任法已经独立成编这样一个既定事实），论者们也会各自得出完全不同的结论。显然，在这场先于立法的可行性分析过程中，言说者的主观价值判断主导了其观念的形成和发展。哈耶克曾经说过，那种关于法律先于立法的论辩对于现代人来说在很大程度上具有一种吊诡的性质。①眼下正在这块东方热土上轰轰烈烈展开的争论，莫非真的是要给哈耶克提供佐证？

（三）民法典的科学体系与人格权法的设置

大陆法系的立法体例当中，不论是法国的三编制，抑或德国的五编制，有关人格权的规定均极为简略，相关规范"散见于"人法、总则或者债法（如在侵权行为中规定侵害人格权的救济）之中。虽然晚近的立法如《埃塞俄比亚民法典》（1960）、《荷兰民法典》（1992）、《巴西民法典》（2002）、《柬埔寨王国民法典》（2007）等都较为详尽地规定了人格权，但也均未将人格权法列为独立一编，至多是以专章来加以规定。其中的道理（学理），发人深省。人格权及其制度在21世纪的迅猛发展及其重要作用已经有目共睹、无须赘言。但是权利的彰显与制度的重要，却未必与立法上的独立成其编制形成必然呼应。② 作为法典化、体系化当中的一个组成部分，人格权法的制定所必须遵循的理念，除了其重要性之外，同样不能忽略的，是其逻辑性和科学性；因此必须纳入民法（典）的科学体系的要求来予以思考和对待。

尽管对法律的科学化仍然存在诸多争议，如基尔希曼即提出了作为科学的法学的无价值性这一命题。③ 然而法律的科学化已经不可阻挡地成为

① 〔英〕弗里德里希·冯·哈耶克：《法律、立法与自由》，第一卷，邓正来等译，北京，中国大百科全书出版社2000年版，第113页以下。

② 苏永钦先生的批评虽然尖锐，但不失中肯："难道只能用独立成编才足以凸显它的重要性，或突出中国的特色？尤其无法理解的，是初稿还是决定在八编之前设'总则编'，里面也有自然人和法人的章节，如果把人格权的规定放在这些章节之后，既符合逻辑也最能宣示政策上对人格权的重视，舍此而另定专编，既与总则的自然人、法人割裂，又反而更让人看不清它和合同法、侵权法的关系"。详见苏永钦：《民事立法与公私法的接轨》，北京，北京大学出版社2005年版，第42页。

③ 在柏林法学会的演讲中，基尔希曼认为："法学尽管是一门科学，却不像其他科学那样能够并且应当对现实以及人们的生活产生影响；另一方面也可以理解为：法学作为'科学'从理论上说是无价值的，它并非'科学'，不符合'科学'一词的真正定义。"详见〔德〕J. H. 冯·基尔希曼：《作为科学的法学的无价值性——在柏林法学会的演讲》，赵阳译，载《比较法研究》2004年第1期。

近代理性精神的体现，并成为现代法学发展的一种基本趋势。在中国，法律科学化的突出表现，就是民法的法典化和体系化运动的方兴未艾。在中国经济快速增长并正以大国之势迅速崛起之时，中国民法学界更是萌发了制定一部与法国民法典、德国民法典相媲美的“立于人类最优秀民法典之林”的中国民法典的宏大愿景。[①] 既然要制定民法典，就必须坚持和恪守民法典编纂的基本作业规范或者要求，否则将会导致体系上的违反和法统上的背离。在学者看来，民法典的编纂并不是孤立的立法活动，必须要做好立法的规划和统筹，增强立法的科学性、针对性和体系性，为未来的民法典设计一个科学合理的体系。体系本身的科学性在相当程度上决定了民法典制定工作的质量；如果事先对民法典不进行一个体系化的安排，显然会浪费立法资源，而且事倍功半。[②]

以《德国民法典》为蓝本制定的民法典以及受学说汇纂法学影响而建立的民法理论及立法体系，都是以法律关系这一概念作为基础而编排的：民法典之总则为法律关系的共同要素（主体、客体、法律事实以及权利义务的共同准则），分则则是对四类法律关系的具体规定（债权、物权、亲属、继承）。在这种系统编排法中，由于法律关系的概念在表现法律体系所适用的社会现实上被认为是合适的框架，因而其被用作整理法律及展示法律的技术工具。在这种分析模式当中，人的行为被予以强制性评价，并且与权利义务直接相联系。从而构成权利——义务——义务的违反——救济（权利的保护）这样一个完整的逻辑结构。

大陆法系通说认为，人格权、物权、继承权为绝对权；债权为相对权。侵害绝对权构成侵权行为，因此承担侵权责任；侵害相对权构成违约，承担违约责任。人格权受到侵害情形下，其损害主要为非财产形式。而就非财产损害赔偿而言，我国《合同法》上并不予以支持，故而，被害人欲就其人格权受侵害请求损害赔偿时，其请求权基础多为侵权行为之损害赔偿请求权。

历史上，早在罗马法中，不法之诉（*actio iniuriarum*）就已经保护人格尊严和名誉（*Dignitas/fama*）。19 世纪欧洲大陆的民法典追随法国民法典的立法模式，实际上采取了罗马法中的做法。20 世纪以后，全球范围内出现了重视人格权的共同发展趋势，第二次世界大战之后，由于宪

① 张新宝：《民法的时代使命》，载《法学论坛》2003 年第 2 期。

② 王利明：《民法典体系研究》，北京，中国人民大学出版社 2008 年版，第 11 页。

法中规定了大量涉及人的精神利益的基本权利，宪法的基本权利保护扩张到民法尤其是侵权法中。德国通过一系列判例所逐步承认和创制的“一般人格权”更是为保护广泛的不具有财产利益的人格法益打开了大门。虽然世界范围内有关人格权保护的立法例存在诸多差异，但是，在侵权法中需要保护人格权，则是各国就此达成的广泛一致。在中国，将人格权单独加以特别规定的做法始于 1986 年《民法通则》。在该法第五章“民事权利”中，立法者列第四节为“人身权”，与第一节财产所有权和与财产所有权有关的财产权、第二节债权、第三节知识产权并列，使之具有了与物权、债权和知识产权同等的地位。《民法通则》中第 98～105 条则列举规定了诸如姓名权、名称权、肖像权、名誉权等具体人格权；第六章“民事责任”中规定了人格权的民法保护。此种设计，被认为是《民法通则》所启迪的新中国民法特色及传统，必须予以坚持。但就其逻辑思路而言，仍然未脱“权利——义务——义务的违反——救济”的模式，只是集中一节的专门规定以及《民法通则》独特的“民事责任”的专章设计确实使得其无法归入任何一种既有的立法先例。

与物权法、合同法等民事权利确认法律相对应，《侵权责任法》被定义为一部全面保护私权的法，是在民事权利或者说基本人权遭受侵害后为私权主体提供有效救济的法。该法第 1 条开宗明义：“为保护民事主体的合法权益，明确侵权责任，预防并制裁侵权行为，促进社会和谐稳定，制定本法。”不过，如何以高度概括而又具有弹性的表达涵盖世间林林总总的权利乃至利益，实为技术上的巨大挑战。立法机关用“权益”一词统摄私权，亦可谓颇具匠心。第 2 条第 2 款规定：“本法所称民事权益，包括生命权、健康权、姓名权、名誉权、荣誉权、肖像权、隐私权、婚姻自主权、监护权、所有权、用益物权、担保物权、著作权、专利权、商标专用权、发现权、股权、继承权等人身、财产权益。”在多数人看来，这样一个史无前例的周全规定，全面地张扬了民事权利，在社会生活中将会进一步提高民事主体的民事权利意识。甚至，《侵权责任法》的颁布实施，除了具有强化私权救济的直接意义外，还可被看成是中国人权保障事业的重大进展，是法治建设的重要成就。显然，侵权责任的规范设计，为包括人格权在内的所有民事权利的保护提供了足够的空间。人们也因此不得不担心，倘若侵权责任法不独立成编，尚可探讨人格权法独立存在的可能；而在如此周到细致的侵权责任法的保护之下，如何才能开拓出仅供“人格权法”施展的空间？

（四）一般条款与一般人格权

在《侵权责任法》的制定过程中，学者提出了“侵权行为法的一般条款”问题，并主张中国侵权行为法立法模式的选择应当采用“法国一般条款模式＋英美侵权行为法列举模式”的混合模式；进而又提出了“全面的一般条款＋全面列举”的侵权行为法立法模式。[①] 可以明确地说，侵权法的一般条款问题既是立法模式问题也是立法技术问题。二者的关系在于一般条款这一立法技术的运用形态的不同形成了不同的侵权法立法模式及侵权法立法体系。而一百多年来，德国侵权行为法在理论构造及解释上历经重大演变，其最具突破性的做法之一是将《德国民法典》第823条第1款前段所称“其他权利”扩张及于一般人格权。[②]

首先应当指出，一般人格权的产生主要乃是起因于人格权法自身的发展逻辑；而不只是为了因应侵权法上权利类型列举的局限性所带来的法益扩张。由于人权思想的深入，关于人格权的法律观念发生了巨大变化，并且作为一种制度化的力量，推动了人格权制度的急剧发展。一方面，新型的具体人格权如隐私、形象等不断被“发现”；另一方面，则从具体人格权发展出“一般人格权”。在法源上，一般人格权是宪法价值民法化的民法工具。[③] 在理念上，一般人格权的实质性内容主要是指“人之尊严和人格自由发展”，即“人之为人”的那些最基本、最重要的价值，而这与道德伦理意义上的人权的内容基本无差。

当然，侵权法立法模式所蕴含的功能缺陷，客观上的确为一般人格权的出现提供了温床。如前所述，侵权行为法是保护已经存在的权利的法律，而不是由此创设新的权利。侵权法只能起到保障权利的功能，但不能产生确认权利的作用。社会生活中损害涉及他人的情况是时有发生的，如果没有侵权法保护范围的限定，得以认定的侵权行为责任就会没有边际，过于宽泛，甚至导致动辄得咎。因此，将侵权法的保护对象限于绝对权，具有明确行为规则、保护人们的行为自由的功能。绝对权的这种确定性的特征不仅为权利主体自己享有权利所带来的利益提供了一个范围，同时也为其他民事主体不侵害该权利提供了一个警戒线，予民事主体以行动的自

---

① 张新宝：《侵权法立法模式：全面的一般条款＋全面列举》，载《法学家》2003年第4期。

② 〔德〕冯·巴尔：《欧洲比较侵权行为法》上卷，张新宝译，北京，法律出版社2001年版，第22页。

③ 姚辉、周云涛：《关于民事权利的宪法学思维——以一般人格权为对象的观察》，载《浙江社会科学》2007年第1期。

由以及不因该自由行为受法律制裁的合理预期。就人格权而言，其在严格意义上讲并不是一种行为规范或交往规范，更多的是一种价值规范或观念规范；只能以一般的、高度抽象的规则或原则予以宣示或体现。按照一种更为绝对的说法，“不能具体规范，更不能列举规范”①。

其次，侵权法保护的权利尤其是人格权，是与基本的人权密切联系的，其所保护的利益是与基本的法律价值和最低限度的道德要求相联系的私人利益，这些利益尽管从形式上来看，仅与特定民事主体有关，但对于个体生命和健康的尊重与保护，维系着一个社会的基本秩序。基本权利所代表的法律价值，原本在部门法中就并不能实现全部的具体化，尤其对于人格权而言，其自身属性决定了其权利内容无法被穷尽，其范围无法精准地确定，而这正是民法在规定了许多具体人格权后，仍需创制一般人格权的原因。

在“认真对待权利”的时代里，权利得到了极度的张扬，法益则鲜受关照。② 实际上，现代民法对法益的关注和保护具体而言就是侵权法一般条款对法益的保护。侵权法一般条款是当事人提出侵权损害赔偿请求的直接依据，依据侵权法对法益损害提供救济就是赋予当事人依据侵权法一般条款向侵权行为人请求赔偿的权利。一项利益能否成为权利而受法律的保护，取决于两个因素：其一是该利益值得为法律所保护的重要程度；其二是该利益具备法律上使之定型化的特性。因为权利本身即为类型化的产物，类型化的权利借由相对清晰的权利边界，可为社会所认知而减少被侵犯之可能。而一般人格权则恰恰在这两个要素间产生冲突。一方面，一般人格权所保护价值的重要程度毋庸置疑，其所蕴含的人格尊严等价值当然是最高位阶的法益，完全需要权利“规格”的保护才堪匹配。但另一方面，宪法所注入其中的价值过于概括和抽象，以至于并不适合以私法上权利的形式加以表现。仅以其内容的确定为例，由于可能和其他人同样主张的一般人格权或其他同样受到宪法保护的价值在同一层面上发生冲突，因而有时无法像具体人格权那样因权利被侵害即推定违法，而是对于是否违法还要先与相冲突的其他法益作一番权衡后才能认定。③ 这也是一般人格

① 米健：《民法编纂——人格权不宜独立成编》，载米健：《法以载道》，北京，商务印书馆2006年版。

② 曾世雄先生指出，法益失宠于法学界之缘由在于行为本位学说，然从资源本位考量，法益则事关宏旨。参见曾世雄：《民法总则之现代与未来》，北京，中国政法大学出版社2001年版，第61～62页。

③ 苏永钦：《民事立法者的角色——从公私法的接轨工程谈起》，载苏永钦：《民事立法与公私法的接轨》，北京，北京大学出版社2005年版，第40页。

权被称为“框架性权利”的原因。一般人格权的任务就是找到属于自己的具象化的客体，而这只能在个案中通过法益和利益的衡量推导出来。以具一般条款宽度的框架权为基础，最后使得法律适用者成为事实上的立法者，而授权立法的基础正是该一般条款——一般人格权。因此，一般人格权是内在于一个客观的可确定和可界分的空间（保护范围）的自我决定，决定是否，以及在多大程度上允许或禁止使用关于自己的信息，在多大程度上可以侵犯人格所建立于其上的利益。人格的保护空间据此可以客观地界定；而对于加害人来说，则可以客观预知和识别（行为后果）。此项功能，凸显其侵权法规范模式的特点。

未来人格权法的制定当中，是否规定一个关于“一般人格权”的部分，是一个颇为棘手的难题。作为人格权法上的基本理论，中国的学界已经广泛接受了一般人格权的概念，也正因为如此，几乎所有的专家建议稿中，都留有关于一般人格权的条文设计。然而解读之后可以发现，“中国化”的一般人格权其实已经是一个被全面注入中国元素的改造了的概念和制度。不论是在外部环境（如宪法上基本权利及价值的导入）还是内部条件（如作为框架性权利最重要实现手段的法官裁量权）上，我国人格权法上的一般人格权都已经与起源于德国的本来意义上的该项制度相去甚远甚至南辕北辙。如果我们仍然坚持已经成形的中国民法关于一般人格权的理念，那么此项被认为是具体人格权基础或者上位概念的“权利”如何予以定义；其与具体人格权究竟属于一种什么样的相互关系，都必须进一步思考。

三、再议人格权法独立成编

在民法典的编纂和《民法总则》的制定进程中，关于人格权保护的问题在学界持续发酵。主张人格权法应当在民法典中独立成编的理由是，财产权通过物权债权已独立成编，身份权通过继承制度也已独立成编，但人格权则没有，这既会造成我国现代民法体系的不完整，也不能体现出对人文之关怀，更无法彰显现代民法价值的核心，也易导致一些误区的产生。反对人格权法独立成编的意见，则主要呈现为触碰政治风险、难言准备充足、违背立法美学之虞，等等；不过，尽管存在上述争议和分歧，立法机关仍然草拟了民法典人格权编的室内稿并且征求相关部门和学界的意见。

按照最初的立法计划，民法典将物权、合同、侵权、婚姻、继承都单独成编，已经颁行的《民法总则》仅在民事权利一章中提及人格权且对其规定简单而粗糙——《民法总则》第109条规定“自然人的人身自由、人格尊严受法律保护”——如此笼统的、概括性的、宣誓性的规定，被认为无法满足人格权内容不断扩大的现实需求。人格权的内容因为现代经济、科技、社会的发展得以极大丰富，加之名誉权、个人信息、人体器官等新问题产生的纠纷也逐渐增多，如果这些问题仍旧只是用一个与《民法通则》时代相同的词、句加以表示与规范，明显颇为单薄和欠缺，仅举人身自由权与人格尊严权即可窥知，这两项人格权作为民事权利一章之“领头”，却无法在民法典的其他部分找到对应的规则以体现这是一种“权利”，对此其他法律中更是没有涉及，这种现象应引起立法机关进行更为审慎的考虑。

综合学者、实务者的“众说纷纭”，持肯定态度者皆认为人格权法独立成编具有理论的科学性、立法的妥适性、司法的亟须性以及社会期待性之多重价值，在此归纳、呈现如下。[①] 学理论证上，对人格权进行规制自当涵摄丁且不限丁权利确认、权利行使与权利救济等方面，而与人格权最为接近的侵权法体系，主要功能在于规范权利行使与侵权之救济，而对权利确认问题却“鞭长莫及”；同时，随着社会的变革、科技的发展，人之主体身份在法律制度上却面临“客体化”危机，人格权法的制度设计能够在法律制度上明定“人之为人”，并对人格进行诠释与保护。立法技术上，首先，《民法总则》仅有区区几条与人格权有关，且不能够充分、完整表征我国现今对人格权保护的境况，与《民法通则》相比都略显“寒酸”，难以体现理念先验之改革与立法技术之进步；其次，《民法总则》之亮点之一即在于更加凸显人文精神，将人身关系置于财产关系之前，为“人”本位而非“物”本位之时代铺垫，然而当所谓“物格”有物权编保护时，我们却无法找到能够映射“人格”的单行编，唏嘘之余令人喟叹；再次，人格权编与立法计划中的各分编并无明显重合，其所应当规制的内容，诸如各类具体人格权的规定、人格权的行使与限制、人格权的保护均不能被其他各分编所囊括；最后，立法技术已难言存有障碍，学界共识促使人格权独立成编的建议稿、理由书络绎不绝，支持人格权独立成编的情境蔚为大观，人格权法独立成编的立法环境空前统一。实践需要上，当前司法审判实践面临大量纷繁复杂的人格权纠纷，对此有必要以独立一编加以单独

① 参见王利明教授、蒋惠玲法官在中国法学会民法学研究会于2017年5月24日在中国人民大学苏州校区召开的“《民法典人格权编专家建议稿》研讨会”中的发言。

处理，这是对人之主体性的尊重，亦是对社会关系稳定的保障，更是对国家司法体制进步的彰显。社会希冀上，我国的人格权启蒙正值伊始，以民法之力让公民触及、体悟人格权的真义实乃个体之发轫、社会之福祉、历史之进步。

除却上述理论、立法、司法以及社会功用性价值，还可以看到的是，人格权独立成编不啻一次文化启蒙——不论历史意义上的启蒙是否还有现实意义，但我国的人格权启蒙并未过时，而是出发伊始且一直在路上，一旦我们醒悟，我们会恍然发现，自己已接近人格权之真谛。人格作为人的文化心态和社会行为的集合，是个人自身特质和与之相关的社会现象的多重复合的产物。民法人格权制度则是从道德伦理方面，对人的品德、良知等人格因素的法律规制。它要求把人真正当成“人”，承认人作为一个“人”所应有的最起码的社会地位并且保证每个人受到社会和他人最低限度的尊重。按照人们已经耳熟能详的马斯洛的需要层次理论，除了少数病态的人之外，社会上所有人都有一种对于他们的稳定的、牢固不变的、通常较高的评价的需要或欲望，有一种对自尊、自重和来自他人的尊重的需要或欲望。马斯洛把这种心理需要归纳为自尊需要，认为这种需要的满足导致一种自信的感情，使人觉得自己在这个世界上有价值、有力量、有能力、有位置、有用处和必不可少。然而这些需要一旦受到挫折，就会产生自卑、弱小以及无能的感觉。社会发展首先是作为构成社会的人的发展。民法人格权制度对民事主体法律人格及事实人格的平等赋予，一方面奠定了“人之为人”的基础条件，另一方面又必然因此而推演出“人之为人”体面的生活的实现方式。其中有关各类具体人格权的设计以及权利救济的规定，更是将民事主体人格的独立、平等、自由和尊严体现到极致。私法主体就其本质来说就是主宰自己的意思，选择自己的行为，谋求自己的利益，承担自己的责任。“成为一个人，并尊敬他人为人”，是私法的最高命令。因此，在讨论人格权问题时如果不涉及它与文化的关系、人格权的文化意蕴、人格权发展与文化进步的互动，那么这种讨论就是不全面的。这是因为，其一，文化是一个社会、一个民族特定的生存方式的展示，从根本上决定着人的发展；其二，人与文化又是相互创造的，两者互为促进因素。① 所以，人格权法独立成编问题亦不能单纯归结为解决纠纷的技术和手段之争，其实可能更多关涉社会的观念、价值和目的，关照人类文明和

① 姚辉：《人格权的文化启蒙》，载《检察日报》2012年5月3日，003版。

理性中最难以跨越的那一面，应当超越孤立的和机械的法律观，超越学术本位，而以更宽阔的视角对人格权法独立成编的意义进行剖析、体悟。当我们意识到，所谓的人格权法独立成编，是人之常情之要求、是社会品相的水到渠成之时，人格权法独立成编这一“我本将心向明月”之议，亦不会道阻且长。

第三编　民事主体

第九章　民法上个人地位的变迁

第一节　罗马法上的“人”

近、现代民法所采取的个人主义，乃发端于罗马法。古罗马法学家盖尤斯（Gaius，约 130—180）在其《法学阶梯》（*Institutiones*，161）中开宗明义：“我们所使用的一切法，或者涉及人，或者涉及物，或者涉及诉讼。我们首先谈谈人。”① 优士丁尼（Justinian Ⅰ，483—565）皇帝予以袭用，其组织编写的、本意系作为教科书使用而后来被赋予立法意义的《法学阶梯》（*Institutiones*，533）对此予以重申，并指出：“事实上，如果不了解法律为之制定的人，对法的了解就太少了。”② 这一法学阶梯体系意义上的“人”，与近、现代民法意义上的个人人格可谓径庭，前者乃从属于共同体主义，而非个人主义。③ 即使是所谓“家父”（*pater familia*），也不与近、现代民法意义上的自然人相等同，而只是作为原始共同体的“家”的代表而已。尽管如此，罗马法上的“人”由于蕴含着人系基于自然而得以独立——不以外在的他人为条件的存在——的可能性，因而

---

① 盖尤斯 I. 1，8；载〔古罗马〕盖尤斯：《法学阶梯》，黄风译，北京，中国政法大学出版社 1996 年版，第 4 页。以下凡引该书，均据该译本，不赘。

② 优士丁尼 I. 1，2，12；载徐国栋：《优士丁尼〈法学阶梯〉评注》，北京，北京大学出版社 2011 年版，第 52 页。以下凡引优士丁尼《法学阶梯》，均据该译本，除非例外说明，不赘。

③ 德国学者弗里德里希·卡尔·冯·萨维尼（Friedrich Carl von Savigny，1779—1861）对此有专论，认为罗马法上“人—物—讼”三分法中的“人”，并非如一般所认为的包含法律主体理论，毋宁是相当于近、现代民法意义上家庭法（Famielierecht）的规定。“人的 *status*（身份）和 *conditio*（状况）并不具有状况（Zustand）或性质（Eigenschaft）所具有的全部不确定的含义，它们完全特别地指代个人在不同的家庭关系中所具有的地位（Stellung）——作为配偶、家父、监护人等。”〔德〕萨维尼：《当代罗马法体系Ⅰ·法律渊源、制定法解释、法律关系》，朱虎译，北京，中国法制出版社 2010 年版，第 307～309 页。

成为后世民法奉行个人主义之圭臬。总之，“人”始终处在罗马法的中心位置，“法”（*ius*）是因“人”的体制，“人”亦因之而具备法的属性。我国学者王伯琦（1908—1961）教授指出：“这个‘人’字不了解，一切法律科学或法律哲学均无从下手。”① 诚哉斯言。

一、“人”的法律属性

公法、私法的划分，在法律上具有本体论、方法论等多重意涵。对于民法上“人”的解析，亦应放在此一大的法律背景之下进行探讨。罗马法上的“人”，乃该法中此一重大划分之下的诞育物。

（一）公法、私法的界说

公法（*ius publicum*）和私法（*ius privatum*）的划分，起源于罗马法。在优士丁尼《法学阶梯》中，皇帝以他的口吻说：

> I. 1，1，4　这一研究有公法和私法两个领域。公法是关系到罗马人的公共事务之状况的法律；私法是关系到个人利益的法律。因此，关于私法，必须说它分为3个部分。事实上，它要么由自然法的戒条、要么由万民法的戒条、要么由市民法的戒条组成。

这种界说，明显地取自法学家多米第·乌尔比安（Domitius Ulpianus，约170—228）的总结：

> D. 1，1，1，2　这个研究的论题有两个，公法和私法。公法是涉及罗马［公共］事务状态的法，私法是涉及个人利益的法：实际上，有一些事务是公共利益的，有一些事务是私人利益的。公法由神圣法、有关宗教祭司和执法官制度组成。私法由三部分组成，即自然法规则、万民法规则和市民法规则。②

---

① 王伯琦：《从义务本位到社会本位》，载王伯琦：《近代法律思潮与中国固有文化》，北京，清华大学出版社2005年版，第249页。王教授在另一处还指出：“至于我们的现行法律上，则充满了个人独立人格观念，而且可以说，抽去了这一独立人格观念，我们的现行法律制度整个的必然垮台，‘民法’第1篇‘总则’在‘法例’一章之后，第2章就名曰‘人’，这个‘人’字，我们看到了，真是触目惊心！这是中国四万万五千万的人，这是国本之所以立的‘人’，亦就是民族主义的‘民’，民权主义的‘民’，更是民生主义的‘民’。这个‘人’字的精义倘不予以发扬，我敢说三民主义不会有真正实现之日。这个责任，必然地落在学法者的肩上，尤其是学民法的，更是义不容辞。”王伯琦：《超前立法的出路》，载王伯琦：《近代法律思潮与中国固有文化》，第77页。

② 载《学说汇纂（第1卷）·正义与法、人的身份与物的划分、执法官》，罗智敏译，北京，中国政法大学出版社2008年版，第7页；以下凡引该书，均据该译本，不赘。

按照德国学者尤尔根·哈贝马斯（Jürgen Habermas，1929—）的解析，早在古希腊时代，城邦里自由民所共有的公共领域（*koine*）和每个人所特有的私人领域（*idia*）之间已经泾渭分明。自由民在公共领域（城邦广场）从事公共生活（政治生活），既有相互之间的对谈（*lexis*）——包括讨论、诉讼等，又有共同的活动（实践）——包括战争、竞技等。而私人领域，则是指不进入公共生活视线的活动领域。随着“公”和“私”在罗马法中被明确界定，公共领域称作“*res publica*”而流传了下来。① 罗马法上的“公”（*publicum*），来自拉丁语 *populus*（民众的）。起初，“法”（*ius*）表现为市民法（*ius civile*），即“市民自己的法”，尔后才成为“城邦自己的法”。这是因为，城邦起初尚处在私人关系制度的调整范围以外，后来才以“民众共同体”（*populus*）的形式发展起来。

私法是“涉及个人利益的法”，它“是私人利益的”。所谓“私”（*privatum*），即指个人；更直接地说，就是指罗马市民（*cives*）。随着氏族解体，大量家庭群体产生；这些群体的生活和相互交往，产生一系列的相互关系，由此形成被意大利学者朱塞佩·格罗索（Giuseppe Grosso，1906—1973）称为跨家庭社会的秩序，这些关系的总和被称为“法”，具体地表现为市民法。在这个过程中，城邦发展起来，公法也在“法”的领域以外产生；作为对称，私法作为市民法的代称随之产生。“正是由于城邦与这些较小群体之间的早期共存关系，才使人清楚看到城邦最初功能的有限性以及公法与私法之间并驾齐驱的关系。”② 可见，公法、私法的划分是为处理家庭与城邦之间“法”的关系而发生的；在一定意义上，“私”是以对公共事务的排除而被规定的。

后世有学者认为，罗马法就只是罗马私法，公法、私法之分在罗马法，特别是罗马法学中，并没有实际意义。③ 这并不全然正确。应当承

---

① 〔德〕尤尔根·哈贝马斯：《公共领域的结构转型》，曹卫东、王晓珏、刘北城、宋伟杰译，上海，学林出版社 1999 年版，第 3～4 页。

② 〔意〕朱塞佩·格罗索：《罗马法史》，黄风译，北京，中国政法大学出版社 1994 年版，第 25、95、97 页。

③ 〔法〕勒内·达维德：《当代主要法律体系》，漆竹生译，上海，上海译文出版社 1984 年版，第 74 页；〔日〕川岛武宜：《市民社会中的法与伦理——以民法为中心》，李旺译，载〔日〕川岛武宜著，〔日〕棚濑孝雄编：《现代化与法（修订译本）》，北京，中国政法大学出版社 2004 年版，第 17 页；沈宗灵：《比较法研究》，北京，北京大学出版社 1998 年版，第 118～119 页。

认，罗马法中公法、私法之间界限模糊，正如市民法上个人与市民的等同一样。[①] 这一划分的意义，并不在于其是否清晰地表达了某种“后视”（即现在看来）的观念，而在于其提示了“公”与“私”、公法生活与私法生活之间的异质性。正是在私法的层面和格局上，“人”经由各种身份得到承认和张扬。罗马法上这种个人与国家之间根据利益的划分，更成为后世法律公法、私法划分标准中利益说之滥觞。

(二)“人”的用词与法律建构

相较于其规则内容方面的合理性，罗马法的方法论特点亦值重视，即其已经初步形成了一般化的法律技术，这是其他类型的古代法所难以企及的。“人”作为法律上指示个人（如市民、万民等）的一般化使用，以及“人格”作为法律主体资格原初概念的提出，即其显例。

在罗马法上，有三个关于“人”的用词。

1. *homo*，指生物意义上的人，即所谓生物人。乌尔比安说这是万民法（*ius gentium*）上关于“人”的“惟一的自然名称”，包括自由人、奴隶和解放自由人。[②] 有时甚至用 *homo*（/*homines*）取代了“奴隶”的称谓。[③]

2. *caput*，原意是指头颅或书籍的一章，引申意指市民法上的主体，是罗马法上标准的人格概念。如盖尤斯说：“而被解放的奴隶并不改变人格，因为他本来就无任何人格。”[④] 以 *caput* 为词源，有“人格减等”（*capitis deminutio*）制度，是指自由人丧失自由权、市民权或者某种家庭身份。[⑤]

3. *persona*，原意是指戏剧中的假面具。最初在希腊的戏剧中使用，

---

① 〔意〕朱塞佩·格罗索：《罗马法史》，黄风译，北京，中国政法大学出版社 1994 年版，第 109 页；〔意〕彼德罗·彭梵得：《罗马法教科书》，黄风译，北京，中国政法大学出版社 1992 年版，第 9 页。我国学者王伯琦教授对此有不同的意见，认为古代（成文）法的发展轨迹为先公法而后私法，《优士丁尼法典》中大部分是政事法刑事法等公法，其民事法乃停留在整理汇编之上，原因在于古代社会的条件并不宜于民事法的成文化，乃委诸习惯矣；见王伯琦：《习惯在法律上地位的演变》，载王伯琦：《近代法律思潮与中国固有文化》，北京，清华大学出版社 2005 年版，第 287 页。萨维尼较为详细地分析了“*ius publicum*”的多义性，见〔德〕萨维尼：《当代罗马法体系Ⅰ·法律渊源、制定法解释、法律关系》，朱虎译，北京，中国法制出版社 2010 年版，第 52～53 页。

② D.1，1，4.

③ 〔意〕皮尔安杰罗·卡塔拉诺：“法与人的概念”，宋晓君、李静译，载费安玲主编：《学说汇纂》第 2 卷，北京，知识产权出版社 2009 年版，第 130 页。

④ 盖尤斯 I.1，16，6。

⑤ 黄风教授则认为：*caput* 的最初含义是“头”、“脑袋”，引申泛指人，无论是自由人，还是奴隶，见黄风：《罗马法词典》，北京，法律出版社 2002 年版，第 45 页“caput”条。

后来被罗马的演员所采用。传说一个有名的罗马演员为遮掩他的不幸的斜眼而使用了假面具，称之为 *persona*。[①] *Persona* 一般仅指自由人，而不包括奴隶和解放自由人。

此外，拉丁语中的 *status* 也用来泛指身份、地位等。

尽管有了“人”的这几个用词，“人格”概念的抽象仍然是曲折和复杂的。首先，对于 *homo*，是最一般意义上的关于“人”的术语。除上引乌尔比安的表述以外，另如盖尤斯在对万民法的界定中，“根据自然理性在一切人（*homines*）当中制定的法为所有的民众共同体共同遵守”[②]。赫尔莫杰尼安（Hermogenianus）也说：“所有的法都是为人（*hominum*）而设立的。”[③] *Persona* 则主要用于对“人”的法律概括，盖尤斯在谈及“人法”时，也使用此概念，如“我们首先谈谈人”“人法中最重要的划分是：所有的人或者是自由人或者是奴隶”等。[④] 意大利学者桑德罗·斯奇巴尼（Sandro Schipani，1940—）指出，优士丁尼组织编纂《民法大全》（*Corpus Iuris Civilis*，533；又译为《国法大全》），是“不加区别地为所有人服务，‘异邦人’的古典概念消灭了，出现了 *persona*（人格）和 *homo*（人）彻底统一的趋势，这都符合普遍主义，‘罗马法’对于‘所有的人（*omnes*，*universi*，*cuncti*）’，成为共同法（*ius commune*）”[⑤]。这为后世大陆法系民法以生物人范围来界定法律人，最终完成“人格”（personality）概念埋下伏笔。

其次，对于 *caput*“人格”意义的引申，历来歧见不少。在我国学说上，陈朝璧（1905—1982）教授认为，*caput* 寓意人格对于人来说，犹如头颅对于人一样重要。[⑥] 周枏（1908—2004）教授认为，罗马古时，户籍

① 陈仲庚、张雨新：《人格心理学》，沈阳，辽宁人民出版社 1986 年版，第 29～30 页。对于 *persona* 的原意，歧见不少，例如假面具的大嘴、插在嘴中的芦管装置、不指声音而指视觉特性等；见同书，第 30 页。

② 盖尤斯 I. 1，1。其中的“自然理性”，黄风教授翻译为“自然原因”。这里采取徐国栋教授和罗智敏博士的译法，分别见优士丁尼 I. 1，2，1 和 D. 1，1，9。

③ D. 1，5，2.

④ 盖尤斯 I. 1，8、I. 1，9。对于盖尤斯 I. 1，9 中的“最重要的”，罗智敏博士翻译为“总的”；见 D. 1，5，3。

⑤〔意〕桑德罗·斯奇巴尼：《〈民法大全选译·正义和法〉（Ⅰ.1）汉译本序Ⅱ——优士丁尼及其〈民法大全〉》，黄风译，载〔意〕桑德罗·斯奇巴尼：《桑德罗·斯奇巴尼教授文集》，北京，中国政法大学出版社 2010 年版，第 343 页。

⑥ 陈朝璧：《罗马法》上册，北京，商务印书馆 1937 年版，第 37 页；转引自王利明、杨立新、姚辉：《人格权法》，北京，法律出版社 1997 年版，第 1 页。

登记时每一家父在登记册中占有一章，由家父代表家庭，家属则名列其下，当时只有家父才有权利能力，所以 *caput* 就被转借指权利义务主体。① 江平（1930—）教授认为，只有具有头颅才能称其为人，寓意只有具有 *caput* 才能成为市民法主体。② 可见，陈、江两位教授注重由 *caput* 的“头颅”之意引申，周教授则注重由其“书籍的一章”之意引申。笔者认为，从以 *caput* 为词源的“人格减等”制度来看，其中的减等主体并非仅指家父，而是包括全部具有市民身份（*status civitatis*）的人。因此，江教授的解释是比较合适的，*caput* 寓有某种身份支配—从属的意涵。

再次，对于 *persona* “人格”意义的引申，语言学家有认为是从“在身体周围”派生的，有认为从“头或面”派生的，或“自身包含”派生的。但必须承认的是，戏剧和生活、演员和角色，都是关系紧密、难免混淆的。因此，即使在古代，这是一个抽象的和意义很多的名词。③ 周枏教授认为，可以从 *persona* 的戏剧角色意义，引申出为权利义务主体的各种不同身份，如一个人可以具有家父、官吏、监护人等不同的身份。④ 就其根源而言，是用在某一特定时刻以确定个人所归属的团体，最初是初级群体（部落、氏族、家庭），被用来指明个人在初级群体中的位置（如所属家庭），而不是将之作为一个个体来考虑的。由此，*persona* 至少兼具有个体性和团体性的双重意涵。这可以追溯于西塞罗在《论义务》（公元前 44 年）一书中的“同心圆”比喻。意大利学者塞巴斯蒂亚诺·塔法罗（Sebastiano Tafaro，1936—）指出：

---

① 周枏：《罗马法原论》上册，北京，商务印书馆 1994 年版，第 97 页。徐国栋教授采此观点，见徐国栋：《“人身关系”流变考（上）》，载《法学》2002 年第 6 期。

② 江平主编：《法人制度论》，北京，中国政法大学出版社 1994 年版，第 2 页。另见江平、米健：《罗马法基础（修订本第 3 版）》，北京，中国政法大学出版社 2004 年版，第 108 页。

③ 参见陈仲庚、张雨新：《人格心理学》，沈阳，辽宁人民出版社 1986 年版，第 30 页。该书列举了古罗马著名学者马尔库斯·图利乌斯·西塞罗（Marcus Tullius Cicero，公元前 106～43 年）在四种意义上使用 *persona*：一是一个人表现出别人眼中的印象，二是某人在生活中扮演的角色，三是使一个人适合于他的工作的那些个人品质的总和，四是优越和尊严。作为斯多葛（Stoic）哲学在古罗马的杰出代表，马可·奥勒留（Marcus Aurelius，121～180）皇帝在他的名篇《沉思录》（约 170～180）的末尾写道：人顺应自然，即为合法，“因为与法相合的事情对一切都是公正的”；就如一名被执法官雇用的演员，在自然要他退场的时候，就得“满意地退场”；见〔古罗马〕马可·奥勒留：《沉思录》，何怀宏译，北京，中国社会科学出版社 1989 年版，第 118 页。

④ 周枏：《罗马法原论》上册，北京，商务印书馆 1994 年版，第 97 页。

> 实际上，自然的原则并不体现为一个唯一的聚合，比如作为一个整体的人类；而是通过一个由不同模式的聚合构成的阶梯来实现的，这些模式相互交织、逐渐趋于扩大，就像具有不同周长的几个同心圆。在这种形式的发展中，每个人各得其所，每个人的位置预设了他既属于一个较为狭小的团体又属于较小团体嵌入其中的较为广泛的团体。归属的范围和进程，通过落实自然的原则赋予了每一团体的存在理由和其正当性。①

最后，*homo* 无疑指示了“人”作为个体的纯粹性质，学者认为其具有体系性的意义，“使得法律体系更加有序”②。同时，*homo* 在一定程度上模糊了罗马法上“人”的意涵的多重性，如它不能表达“人”的团体性。相对于 *caput*，*persona* 在社会生活层面的应用更为广泛，如盖尤斯说：“毫无疑问，‘人’（*persona*）这个词涵盖女人和男人。”③ 后来由于对应自然法（*ius naturale*）、万民法和市民法，演变为涉及人类间彼此关联的方式——在家庭或者城邦中：不仅可以包含父与子，也可以包含妇女。④ 再后来，*persona* 与 *caput* 在使用上逐渐趋同，都作为“人格”概念的指称。正是由于 *persona* 所具有的意涵多重性，经由对“人/人格”意义的挖掘与阐扬，最终在中世纪后期完成“人格”（personality）概念。其中，源于古希腊斯多葛哲学的 *persona* 的个体性意涵，即“具备理性的独立实体”得到引申和强调⑤，最终发展出近、现代民法主体意义上的

---

① 〔意〕塞巴斯蒂亚诺·塔法罗：《罗马法中的人与家庭》，娄爱华译，徐铁英校，载《法律科学（西北政法大学学报）》2015 年第 3 期。

② 〔意〕皮尔安杰罗·卡塔拉诺：《法与人的概念》，宋晓君、李静译，载费安玲主编：《学说汇纂》第 2 卷，北京，知识产权出版社 2009 年版，第 130 页。

③ D. 50，16，152，载〔意〕桑德罗·斯奇巴尼选编：《民法大全选译·人法》，黄风译，北京，中国政法大学出版社 1995 年版，第 1 页。

④ 〔意〕塞巴斯蒂亚诺·塔法罗：《罗马法中的人与家庭》，娄爱华译，徐铁英校，载《法律科学（西北政法大学学报）》2015 年第 3 期。

⑤ 〔日〕星野英一：《私法中的人——以民法财产法为中心》，王闯译，载梁慧星主编：《民商法论丛》第 8 卷，北京，法律出版社 1997 年版，第 162 页。包括这种诉诸语源学以及语词的真实或假想的意涵来解释的方法，也是斯多葛哲学中常常使用的方法，他们认为所有的语词都有其语源学上可阐明的自然含义；参见〔爱尔兰〕J. M. 凯利：《西方法律思想简史》，王笑红译，汪庆华校，北京，法律出版社 2002 年版，第 49 页。

“人格”概念。①

（三）“人格”诸要素

至此，罗马法完成了“人格”概念的初步抽象：以各种不同的身份（*status*）为基础，结合其他观念要素抽象而成，学说上称此为身份人格。所谓“人法”中的“人”，本质上即指身份。身份是人格的基础，不同的身份承载着不同的人格；人格差异即身份差异，不存在整齐划一的、抽象的“人格”概念。“人格”概念含有诸多性质不同的要素，这说明该概念还处在发生的初期，内涵比较复杂和含混。尽管如此，长时段和整体来看，自由是罗马法“人格”的基本规定，自由人身份是“人”的最基本身份。

1. 家祭（*sacra*，又译为家庭崇拜、圣物）。家祭香火不绝，意味着作为社会单位的家庭得以延续。家父是家祭的司铎。家父身份既承载着家父的个人性的人格，也承载着家庭的团体人格。当然，这里对家父两种人格的区分只是理论上的，因为“家父就是整个家庭”，家父人格延续的意义在于家庭本身的延续，这是后期罗马法发展出团体人格的引源。②

2. 财产。例如，作为家父权客体的 *familia*，既指家庭，也指家产；家子在某种意义上相当于家父的财产，德国学者格奥尔格·弗里德里希·威廉·黑格尔（Georg Friedrich Wilhelm Hegel，1770—1831）称之为

---

① 此一经由民事主体制度的历史转折，似乎较早地见于荷兰学者胡果·格劳秀斯（Hugo Grotius，1583—1645）的论述，他在《荷兰法学导论》（1619）一书中解释盖尤斯《法学阶梯》中“人法—物法”的安排时指出：“由于法律存在于人与人之间，权利归属于人，而物是权利作用的对象，因此，要理解人对物的权利，我们必须首先要论述人的法律地位，其次论述物的法律地位。”见朱晓喆：《近代欧陆民法思想史——十六至十九世纪》，北京，清华大学出版社 2010 年版，第 85～86 页。另有学者则将这一时间推迟至德国学者古斯塔夫·胡果（Gustav Hugo，1764—1844）和格奥尔格·阿诺德·海泽（Georg Arnold Heise，1778—1851）的时期；见杨代雄：《古典私权一般理论及其对民法体系构造的影响》，北京，北京大学出版社 2009 年版，第 136 页。徐国栋教授将罗马法上的“人法”直接等同于近、现代民法中的“人身关系法”，包括人格法（即民事主体）和身份法（即家庭法）两项内容，见徐国栋：《民法哲学》，北京，中国法制出版社 2009 年版，第 48 页；徐国栋：《罗马私法要论——文本与分析》，北京，科学出版社 2007 年版，第 20 页。这种观点似嫌简单化，更有“后视”之嫌。事实是，罗马法上并未产生近、现代民法上的民事主体制度。将罗马法上的“人法”引申于近、现代民法上的主体制度，是徐教授一贯的观点，如另见徐国栋：“民法典草案的基本结构——以民法的调整对象理论为中心”、“两种民法典起草思路：新人文主义对物文主义”，载徐国栋编：《中国民法典起草思路论战——世界民法典编纂史上的第四大论战》，北京，中国政法大学出版社 2001 年版，第 63、71、161 等页。

② 〔意〕彼德罗·彭梵得：《罗马法教科书》，黄风译，北京，中国政法大学出版社 1992 年版，第 126、421 页。“家祭”的译法，系采自沈景一教授；见〔英〕梅因：《古代法》，沈景一译，北京，商务印书馆 1959 年版，第 109 页。

"物与非物这两种规定完全不法的规定"①。此外，自由人因欠债成为债务奴隶，债权人有权把他拘押于私牢，甚至出卖或者杀死。② 在这里，财产是作为人格的物质要素，"人"与"物"（*res*）尚未实现分离。③

3. 名誉（*existimatio*）。名誉是指"一种未受到损害的或者根据法律或习俗而赋予的尊严状态，它可以因犯罪或者依据法律而被削弱或被剥夺"④，是体现"人"在城邦生活中获得社会认同程度的标记。每个人都在其同胞中拥有通常的名誉。名誉本身既是一种权利，同时又是其他权利的基础，因而构成一种身份。这种身份对人格具有支撑作用，名誉减损将使他的人格受到限制。所谓破廉耻（*infamia*，又译为不名誉），其对象即为名誉。⑤

4. 性别。罗马法依据性别将人区分为男性、女性和两性人（*hermaphroditus*，又译为阴阳人）。法学家艾米里·帕比尼安（Aemilius Papinianus，约 140—212）说："在我们法的许多地方，女性的地位不如男性。"⑥ 女性的人格不能超越男性，这似乎是古代法上"人格"概念中性别不平等的通例。罗马法上更对女性实行终身监护制。然而，正是从优士丁尼废弃终身监护制出发，英国学者亨利·萨姆纳·梅因（Henry Sumner Maine，1822—1888）指出：优氏"在'自然法'理论的指导下，在这个时期明显地以两性平等作为其衡平法典的一个原则"⑦。

5. 宗教。相对于人格的其他要素而言，宗教要素发生较晚。君士坦丁一世（Constantinus Ⅰ Magnus，272—337）皇帝和李锡尼（Gaius Valerius Licinianus，263—325）皇帝于 313 年颁布《米兰敕令》（*Edictum Medio-*

---

① 〔德〕黑格尔：《法哲学原理》，范扬、张企泰译，北京，商务印书馆 1961 年版，第 52 页。

② 参见《十二表法》（*Lex* Ⅻ *Tabularum*，公元前 450 年）第 3 表第 3～7 条。公元前 325 年为《珀特利亚·帕披里亚法》（*Lex Poetelia Papiria*）所废止，嗣后除私犯外，债权人不得拘押债务人，更不得出卖为奴或杀戮；载周枏：《罗马法原论》下册，北京，商务印书馆 1994 年版，第 933～934 页和第 933 页注释 5。

③ 正是在"财产"的意义上，德国学者卡尔·马克思（Karl Marx，1818—1883）在《黑格尔法哲学批判》（1843）一书中指出："其实是罗马人最先制定了私有财产的权利、抽象权利、私人权利、抽象人格的权利"；"就像在一切古代民族中一样，人（作为奴隶）是私有财产的对象"，这是"罗马人的政治制度和私有财产之间的联系"之一。《马克思恩格斯全集》，第 1 卷，人民出版社 1956 年版，第 382 页。

④ D. 50，13，4，1；载〔意〕桑德罗·斯奇巴尼选编：《民法大全选译·人法》，黄风译，北京，中国政法大学出版社 1995 年版，第 79 页。

⑤ 徐国栋：《罗马私法要论——文本与分析》，北京，科学出版社 2007 年版，第 41 页。

⑥ D. 1，5，9.

⑦ 〔英〕梅因：《古代法》，沈景一译，北京，商务印书馆 1959 年版，第 88 页。

lanense)，承认了基督教的合法地位，宣布罗马帝国境内有信仰基督教的自由，并且发还没收的教会财产。狄奥多西一世（Teodosio Ⅰ，约 346—395）皇帝于 393 年宣布基督教为罗马帝国国教。由此，法律上开始依据是否信奉基督教来对人进行区分。信仰基督教以外的异教或者基督教内部的异端者，会导致丧失市民籍，相当于人格中减等（*capitis deminutio media*；具体详后）。

总之，以罗马法上的“人格”概念及其诸要素为先导，近、现代民法最终实现了“人格”概念的抽象化和实证化。罗马法的开创性意义在于，“人”和“人格”被作为一个独立的法律论域，为后世民法最终走上个人主义的道路埋下了伏笔。至于现代民法上的“人格”概念，已经完全脱去了身份的意涵，而是作为一个纯粹的民事主体资格概念。即使是予以保留的名誉要素，也是作为人格权项下名誉权的客体，而丧失了其原初的身份性的意涵。

二、“人”的基本类型

罗马法上对“人”的类型化，系源于市民法、万民法的划分。

（一）市民法、万民法的划分

尽管优士丁尼采取了乌尔比安对私法的“三分法”分类，即包括市民法、万民法和自然法，但其时被普遍采取的观点，则系将万民法与自然法视作等同，即采取仅包括市民法和万民法在内的“二分法”。例如，盖尤斯在其《法学阶梯》开篇说：

> I. 1，1　所有受法律和习俗调整的民众共同体都一方面使用自己的法，一方面使用一切人所共有的法。每个共同体为自己制定的法是它们自己的法，并且称为市民法，即市民自己的法；根据自然理性在一切人当中制定的法为所有的民众共同体共同遵守，并且称为万民法，就像是一切民族所使用的法。因而罗马人民一方面使用它自己的法，一方面使用一切人所共有的法。

市民法，是“市民自己的法”，亦即罗马城邦的法。市民（*civis*），是指自由人具有罗马市民籍（*civitas*）的身份，即市民身份。罗马法上的“人”，系以市民身份作为核心要素，才成为市民法的适用对象。没有市民身份的“人”，只能是一般的、万民法上的自由人。市民身份是家父的首要条件。

至于万民法，单从其中的“一切人所共有的法”“一切民族均使用的法”的界定出发，可知万民包括罗马市民和其他所有民族。尽管作为“人法中最重要的划分”“所有的人或者是自由人或者是奴隶”①。但并不是一切生物意义上的人（即生物人）都能成为万民法的适用对象。奴隶原则上属于“物”，不在万民的范围之内。万民仅包括所有的自由人，这是万民的第一层含义。

万民的第二层含义，出自盖尤斯对万民法的另一层意义的界定：“根据自然理性在一切人当中制定的法”。这种“根据自然理性”、适用于一切人的法，已与自然法的界定相当接近，更使对万民的解释有了与生物人相等同的可能。② 可能是出于对解决这种双重含义的矛盾考虑，乌尔比安采取“三分法”，并对不符合自然法的万民法制度——奴隶制度提出控诉，他说：

> D.1，1，4 根据自然法，所有人生下来都是自由的，由于没有奴役，也不可能有解放奴隶的制度；但是，后来根据万民法产生了奴隶制度，接着有了解放奴隶的恩惠。在根据惟一的自然名字被称为“人”（*homines*）时，根据万民法，人被分为三类：自由人；与其相反的，奴隶；第三类，解放自由人，也就是那些解脱了奴役的人。

尽管在当时非属主流，乌氏“三分法”的积极意义在于，至少在自然法的层面上，肯定了一切“人”的法律地位。换言之，它为万民法上的“非人”——奴隶成为“人”确立了递进的基础和阶梯。斯奇巴尼指出：“三分法最直接的意蕴之一，是它允许确认奴隶制尽管符合万民法，但违反了自然法，而这就允许把一个植根于自起源开始的罗马法的原则纳入到这个概念框架中，根据这一原则，所有的人都可通过各种各样的事实从一种身份转入另一种身份，没有任何人天然是奴隶，这一原则曾经允许把一度为敌人者纳入到罗马市民名册中。”③ 优士丁尼采取了乌氏的“三分法”，从表面上看只是一个简单移用，但实质上却应被看作是对罗马法经

---

① 盖尤斯 I.1，9。另见优士丁尼 I.1，3pr.。

② 格罗索将此称为“万民法”概念的双重含义：一是理论上的含义，二是实在的和具体的含义。参见〔意〕格罗索：《罗马法史》，黄风译，北京，中国政法大学出版社 1994 年版，第 239～240 页。

③ 〔意〕桑德罗·斯奇巴尼：《〈民法大全·法学阶梯〉汉译本序言》，徐国栋译，载〔意〕桑德罗·斯奇巴尼：《桑德罗·斯奇巴尼教授文集》，北京，中国政法大学出版社 2010 年版，第 388 页。

由自然法所获得发展的确认。

（二）市民、万民

市民法和万民法中的“民”，具有不同含义。

1. 市民法上的“市民”。“市民”最初是一个统一的概念，并不仅仅指平民、私人，它也具有公共的因素，甚至它最初就是指士兵（执矛夫）的意思；后来含义才发生缩减，主要用来指人的私人性的、非公共性的身份。① 如前所述，罗马市民法的特征，是跨家庭社会的秩序。对于“家庭”（*familia*），法承认它的存在以及家父对它的统治。可见，市民法主要是从外部关系上调整家父们的关系的法。市民法的基本单位是家庭，而非普遍的市民个人。对家庭身份（*status familia*）的界定，成为市民法的基本任务。家庭身份包括自权人（*sui iuris*）身份和他权人（*alieni iuris*）身份。

（1）自权人，是指行使罗马家庭权力（*manus* 或 *potestas*）的人；主要是指家父，即没有任何活着的父系尊亲属的男性家长。② 家父身份，是在具有自由人身份和市民身份的基础上享有的支配家庭的身份。这是享有最充分权利的标志，格罗索称它“对于权利能力来说是最为重要的”③。乌尔比安说：

> D. 50，16，195，2　被称为“家父”者在家中有着最高的地位，即使他没有儿子，依然宜用这一称谓。因此，我们理解为：家父不仅仅是指他这个人，也是指一种支配权。④

起初，家父对其家庭享有绝对的主权，称为“家父权”（*patria potesstas*）。家父终生享有家父权，除非他通过转让儿子、送予他人收养或者“脱离父权”（*emancipatio*）等方式终止行使权力。家父是家庭全部的财

① F. Serrao, Diritto Privato, Economia e Società nella Storia di Roma, vol. 1, Napoli, 1993, 319ss. 转引自薛军：《人的保护：中国民法典编撰的价值基础》，载《中国社会科学》2006年第4期。

② 〔意〕彼德罗·彭梵得：《罗马法教科书》，黄风译，北京，中国政法大学出版社1992年版，第42、124页。在家庭身份上，除家父以外，享有自权人身份的人还包括因“脱离父权”而成为一个新家庭的“家父”的人和享有的权利十分有限的“家母”（*mater familias*）（即“家父”的妻子或者独立于家父权的女子）。参见黄风：《罗马私法导论》，北京，中国政法大学出版社2003年版，第88～89页。

③ 〔意〕朱塞佩·格罗索：《罗马法史》，黄风译，北京，中国政法大学出版社1994年版，第125页。

④ 〔意〕桑德罗·斯奇巴尼选编：《罗马法民法大全翻译系列·婚姻、家庭和遗产继承》，费安玲译，北京，中国政法大学出版社2001年版，第5页。

产——“家产”（*familia*）的唯一所有者，从属于他的人为家父取得财产。此时，针对家庭内部秩序以及限制家父权力的规则，属于尚未上升为法的一般习俗（*mores*）。这种习俗原本与法相对立，后来在法的世俗化进程中逐渐受到侵蚀，家父权也逐渐丧失了其主权的特点，分为对人的权力（*manus*）和对物的权力（*mancipium*），包括对子女、奴隶的支配权（*potestas*）、对妇女的夫权（*manus*）和对家庭财产的专属所有权等。①

（2）他权人，是指从属于罗马家庭权力的人。② 广义上的他权人，包括奴隶、家子（*filii familias*）和处于受役状态的人（*personae in causa mancipii*）。但从家庭身份的角度看，他权人主要是指处于家父权力之下的家子，包括遵从家父权的家父的所有子女和归顺夫权（*conventio in manum*）的出嫁妇女（称为家女［*filia familias*］）。家子虽然享有自由人身份和市民身份，但就家庭关系而言，他不属于法律主体，也不能拥有自己的财产，而只能在家父的同意下，有条件地依法缔结某些债的关系，或者在特有产（*peculium*）的范围行使一定的权利。在例外情况下，家子可被认为处于家父的地位。③ 处于受役状态的人，是指自由人因特定的原因（如家子因侵害他人被家父出卖或实行损害投偿［*noxae deditio*］、成为债务奴隶［*nexi*］等）而沦为一种“准奴隶”（*servi loco*）的地位；他身份不变，只是处于一种财产性的受役状态，可以被任意役使。④ 此外，女性作为男性以外的性别，不能享有家父身份；在早期法中，自权人妇女要受到终身监护，这是直到优士丁尼的时候才失效的。⑤

2. 万民法上的“万民”。赫尔莫杰尼安说：“所有的法都是为人而设立的。”⑥ 这里的“人”，是指自由人。自由人身份（*status libertatis*），是罗马法上能够成为“人”的最基本的身份识别。自由是“人”的“自然能

---

① 〔意〕朱塞佩·格罗索：《罗马法史》，黄风译，北京，中国政法大学出版社 1994 年版，第 97、110～111 页。新法对家父权的逐步削弱，可参见〔意〕彼德罗·彭梵得：《罗马法教科书》，黄风译，北京，中国政法大学出版社 1992 年版，第 127～129、132～133 页。

② D. 1，6，1pr.

③ “在涉及公共事务时，家子被认为处于家父的地位，例如为了能从事执法官职务或者被指定为监护人。”（D. 1，6，9）

④ 黄风：《罗马私法导论》，北京，中国政法大学出版社 2003 年版，第 89～91 页。

⑤ 〔意〕彼德罗·彭梵得：《罗马法教科书》，黄风译，北京，中国政法大学出版社 1992 年版，第 45～46 页。《十二表法》第 5 表第 1 条规定：“除威士塔（*Vesta*）修女外，妇女受到终身的监护。”载周枏：《罗马法原论》下册，北京，商务印书馆 1994 年版，第 934 页。

⑥ D. 1，5，2.

力”（*naturalis facultas*），“是每个人，除了受到物质力量或法律阻碍外，可以任意作为的自然能力”①。自由原则上不得让与。② 可见，罗马法承认“人”在从事社会生活中的自由意志。至于奴隶，是“违背自然地受制于他人的所有权”的人③；他没有任何自由意志可言——不是自由人，即为“非人”④。

广义上的自由人，包括生来自由人（*ingenuus*）和解放自由人（*libertinus*）。前者是指“一出生立即就是自由人的人”，后者是指“从合法的奴隶状态中被解放的人”⑤。狭义的自由人，仅指生来自由人。一般说来，解放自由人所享有的自由权，不及生来自由人。在优士丁尼之前，解放自由人的身份区分为三种：一是成为罗马市民，获得较大的、圆满的自由；二是成为拉丁人（*latini*），获得较小的自由；三是成为归降人（*dediticii*），获得更小的自由。⑥

在具体身份上，自由人包括罗马市民、拉丁人和外邦人（*peregrini*，又译为异邦人、旅行者⑦）。拉丁人身份介于市民和外邦人身份之间，包括：早期拉丁人（*latini veteres*），主要是指旧拉齐奥地区的居民和拉丁同盟城邦的居民，他们在共和国时期已经获得罗马市民籍；殖民区拉丁人（*latini coloniarii*）是指居住在罗马人在其征服地建立的殖民区的拉丁人；尤尼亚拉丁人（*latini Iuniani*）是指产生于解放奴隶行为的拉丁人。外

① 优士丁尼 I. 1，3，1。此据〔古罗马〕优士丁尼（又译为查士丁尼）：《法学总论（法学阶梯）》，张企泰译，北京，商务印书馆 1989 年版，第 12 页。这里没有采取徐国栋教授的译本，因其译文似不通；见徐国栋：《〈法学阶梯〉评注》，北京，北京大学出版社 2011 年版，第 54 页。优氏该段采自 D. 1，5，4pr.，罗智敏博士在翻译后者时对“*naturalis facultas*”系翻译为自然权利；见罗智敏译《学说汇纂（第 1 卷）·正义与法、人的身份与物的划分、执法官》，北京，中国政法大学出版社 2008 年版，第 91 页。但在古罗马当时，“权利”概念并未正式产生，亦似非所宜。

② 作为例外：“根据市民法，有如一个 20 岁以上的自由人为了分享价金，忍受自己被出卖的情况”；见 I. 1，3，4。另见 D. 1，5，5，1。

③ I. 1，3，2.

④ 据周枏教授介绍，除奴隶以外，还有一种“蛮民”（*barbari*），罗马人认为他们是未开化的人，不给予任何法律保护，不适用市民法和万民法；即便在优士丁尼时，他们也不能取得市民身份；见周枏：《罗马法原论》上册，北京，商务印书馆 1994 年版，第 106 页。

⑤ I. 1，4pr.，I. 1，5 pr.. 另见 D. 1，5，5pr.，D. 1，5，6。

⑥ I. 1，5，3.

⑦ 拉丁文 *peregrini* 是由动词 *peregerinor* 来的，后者相当于英文的 travel、中文的“旅行”。本来 *peregrini* 等于 traveller、旅行者，即在本地没有住所的人、外来的人，这样，*peregrini* 渐渐地也有了“外人”“外国人”的意思。参见〔德〕弗兰克·闵策尔：《求大同：德国民法典立法的成果和错误》，载《中外法学》2001 年第 1 期。

邦人是指不属于罗马市民的自由人，即来自其他国家的外国人（*hoste*）或者其他行省的属民（*peregrini alicuius civitatis*）；归降人属于外邦人。① 他们都不能适用罗马市民法。

公元212年，卡拉卡拉（Caracalla，186—217）皇帝将罗马市民籍授予帝国境内的除归降人以外的所有外邦人和殖民区拉丁人，史称“卡拉卡拉告示”（*edittl di Caracalla*；或“关于市民籍的安东尼谕令”[*constitution Antoniniana de civitate*]）。自此，市民身份失去了其原有的重要性——“市民籍”变成为罗马帝国普遍的“公民籍”，市民法和万民法的区别也失去了实际意义。② 到了优士丁尼的时候，其他非罗马市民的自由人（如尤尼亚拉丁人、归降人）都取得了市民身份。③ 优士丁尼“出于提高和改善一切人的身份的愿望”，取消了生来自由人与解放自由人的区分，宣布“赠予所有的解放自由人罗马市民权，毫不区分被解放者的年龄、解放者的所有权以及解放的方式”，允许解放者把自由权和罗马市民权一同授予奴隶。④

三、人格变动

在罗马法上，存在多个可以用于指示“人格”概念的术语，没有形成整齐划一的“人格”概念。这一方面是由于术语使用上尚未成熟，另一方面则是由于罗马法上的“人格”概念具有一定的流动性，要稳定下来还需要经过一段较为漫长的时间。人格的变动，可以发生在人格本身之上（如

---

① 〔意〕朱塞佩·格罗索：《罗马法史》，黄风译，北京，中国政法大学出版社1994年版，第207、218页；黄风：《罗马私法导论》，北京，中国政法大学出版社2003年版，第84～87页。

② 后来优士丁尼编纂《法典》，才在形式上最终结束了市民法与万民法并立的局面。现在，我们所赞誉的罗马法所具有的高度的制度理性的特性，主要来自于追求衡平、简洁、灵活和不拘形式的万民法，而市民法则因其保守、繁复、死板和拘于形式的特点，对此贡献不大。“卡拉卡拉告示”打开了作为罗马本法的市民法经由万民法得以醇化的枷锁，为罗马法之转型与发达开出新篇。

③ 〔意〕朱塞佩·格罗索：《罗马法史》，黄风译，北京，中国政法大学出版社1994年版，第378～379页；〔意〕彼德罗·彭梵得：《罗马法教科书》，黄风译，北京，中国政法大学出版社1992年版，第37～40页；周枏：《罗马法原论》上册，北京，商务印书馆1994年版，第103～106页。

④ I.1，5，3、I.1，7pr.；C.7，5，6. 随后，539年颁布的《新律》取消了生来自由人和解放自由人的区分。参见〔意〕桑德罗·斯奇巴尼：《〈民法大全选译·正义和法〉（Ⅰ.1）汉译本序Ⅱ——优士丁尼及其〈民法大全〉》，黄风译，载〔意〕桑德罗·斯奇巴尼：《桑德罗·斯奇巴尼教授文集》，北京，中国政法大学出版社2010年版，第342页注释25。

人格限制)，也可以发生在级差身份之间（如人格减等)，还可以在人与人之间延续（如人格继承)。人格变动是罗马法特有的制度。

（一）人格限制

对人格本身产生限制的事由，称为名誉减损（*existimationis rainutio*)。名誉减损意味着某人在人格上存在瑕疵，从而限制其从事一些具体的社会生活的资格。名誉减损主要有如下四种类型。

1. 破廉耻。是指裁判官和监察官运用自己的管辖权判处的名誉减损，分为直接破廉耻和间接破廉耻。前者是由监察官根据事实在登记户口时所定，后者是裁判官在判罪或判决当事人败诉时附加判处的刑罚。破廉耻虽然主要由裁判官法所创立，但其具体事由则大多由监察官所确立，包括违反市民道德、重婚、被宣告破产、逃避兵役、从事卑贱职业等。① 在罗马古时，破廉耻对个人活动范围的影响非常广泛。到优士丁尼的时候，破廉耻就只是限制诉讼权和禁止做官吏，并且可经皇帝恩准或法院判决而恢复名誉了。②

2. 无信用（*intestabilis*)。是指丧失作证人或请他人为自己作证人的资格。这是一种极严厉的制裁，因为罗马法上对于一定法律效果的发生系强调形式主义，在很多情况下要求有证人参加。如果不能担任证人，实际上将使该人在社会生活中寸步难行。无信用在强度上一般强于破廉耻，但也有人认其为破廉耻的一种类型。③

3. 污名（*turpitudo*)。是针对有劣迹或丧失信义的人施加的否定的道德评价，使他们不得担任人身信用性的职务，如监护人、保佐人、证人等。由于污名主要属于道德评价的范畴，并非由法律所规定，因而又称为事实上的破廉耻（*infamia facti*)。

4. 记录抹杀刑（*damnatio memoriae*)。又称为死后社会唾弃（*ignominia post mortem*)。这是课加给被判死刑并被处决者的名誉刑，只适用于叛国罪。④

（二）人格减等

这是罗马市民法上的制度。按照盖尤斯的解释，人格减等是指对先前

---

① 徐国栋：《罗马私法要论——文本与分析》，北京，科学出版社 2007 年版，第 51 页以下。

② 周枏：《罗马法原论》上册，北京，商务印书馆 1994 年版，第 114 页以下。

③ 黄风：《罗马私法导论》，北京，中国政法大学出版社 2003 年版，第 93 页；徐国栋：《罗马私法要论——文本与分析》，北京，科学出版社 2007 年版，第 54 页。

④ 徐国栋：《罗马私法要论——文本与分析》，北京，科学出版社 2007 年版，第 54 页。

地位的改变（*prioris status permutatio*）。① 由强至弱包括三种类型。②

1. 人格最大减等（*capitis deminutio maxima*）。是指自由人身份和市民身份的同时丧失。该人因此而沦为奴隶，“等同于市民法上的死亡”（*iure civilimorti coaequatur*）③，即发生人格的丧失。例如，按照严厉的判决被罚作奴隶，解放自由人因对恩主忘恩负义而受到判处，为了分享价金忍受自己被出卖等。④

2. 人格中减等（*capitis deminutio media*）。是指自由人丧失市民身份，是真正意义上的人格减等。该人因此而处在无城邦人的地位。如罗马市民因犯罪而被流放，他们“在市民法上不享有权利，但是拥有万民法上的权利”⑤。徐国栋教授认为，这还包括因信仰异教而被革除市民籍。⑥

3. 人格小减等（*capitis deminutio minima*）。是指丧失家庭身份。第一种是自权人变成他权人，如自权妇女归顺夫权、自权人被收养；第二种是他权人变成自权人，如家子被家父解放。即使是脱离家父权，也不必然意味着人格的“增”，说不定是“减”，遭受这种处遇的人至少丧失了继承权。⑦

萨维尼认为，将三种人格减等放在一起，令人不可思议。这与罗马法上公法、私法的共生关系直接相关。徐国栋教授也认为，前两种人格减等与人格小减等之间缺乏同质性，前两者针对的是公法上的身份，后者则针对的是私法上的身份。这正为后世人格法分裂为人格公法（人之为人作为宪法意义上的前提条件）和人格私法（家庭法）埋下了伏笔。⑧ 此外，自

---

① 盖尤斯 I. 1，159。对于“人格减等”，周枏教授系翻译为“人格变更”，见周枏：《罗马法原论》上册，北京，商务印书馆 1994 年版，第 108～109 页注释 1。徐国栋教授原采周教授的译法，见徐译优士丁尼 I. 1，16 pr.，北京，中国政法大学出版社 1999 年版，第 71 页；后来改采黄教授的译法，见徐国栋：《优士丁尼〈法学阶梯〉评注》，北京，北京大学出版社 2011 年版，第 117 页。在优氏《法学阶梯》中，采取盖氏的上述定义和分类。

② 对照盖尤斯 I. 1，159～163；优士丁尼 I. 1，16 pr. ～3。

③ 转引自〔意〕彼德罗·彭梵得：《罗马法教科书》，黄风译，北京，中国政法大学出版社 1992 年版，第 41 页。

④ I. 1，16，1.

⑤ D. 48，19，17，1；载《学说汇纂（第 48 卷）·罗马刑事法》，薛军译，北京，中国政法大学出版社 2005 年版，第 317 页。

⑥ C. 1，5，4pr.；徐国栋：《民法哲学》，北京，中国法制出版社 2009 年版，第 132～134 页。

⑦ 徐国栋：《优士丁尼〈法学阶梯〉评注》，北京，北京大学出版社 2011 年版，第 117、120 页。

⑧ 徐国栋：《优士丁尼〈法学阶梯〉评注》，北京，北京大学出版社 2011 年版，第 120 页。

由人依法定事由取得罗马市民籍①，或者被皇帝授予罗马市民籍的②，都不包括在“人格减等”的范围之中。

（三）人格继承

人格继承是古罗马家庭法上的制度，在古罗马后期就基本湮灭了。在语源上，*Familia* 既指家庭，也指家产，原意是指一个人的全体奴隶，后来则包括了在家父权统治下的一切人。家父是家庭的人格载体，在他身上，统合着抽象家庭和具体家产的双重意义。③ 家父死亡，家庭就作为遗产（*hereditas*）被概括地转移到继承人手中，从而产生一个新的家父。尤里安（Julianus）说：“遗产继承只不过是对死者原有的法律地位的概括继承。”④这种法律地位的转移，起初是指家父人格的转移，即人格继承，它与概括继承（*successio in universum ius*）是相适应的。在这里，继承人承接原来家父对于家庭的主权，而他对于家产的承接，则只是附带的效果而已。

通过人格继承，作为家庭绵延不绝的象征，家祭得到顺利延续。后来，这种被转移的法律地位“退化”为财产性的法律地位。尤里安说：“继承是指继承死者所有的财产。”⑤ 单纯从财产利益上考虑，概括继承乃至家祭都被认为是“一种不公正的负担”而被逐渐废弃。随着限定继承制的确立，人格继承被财产继承所取代。梅因指出：“死亡者的肉体人格虽已死亡，但他的法律人格仍旧存在，毫无减损地传给其继承人”；在法律上，他的同一性将在继承人身上延续下去，继承人“不仅仅代表着死亡者”“并且继续着他的民事生活、他的法律生存”。“在古罗马‘继承法’中，遗嘱或遗命这个观念是和一个人死后生存于其继承人人格中的理论，不能分解地纠缠在一起的，我甚至可以说，是混合在一起的。”⑥

---

① 盖尤斯 I. 1，28～35。

② I. 1，5，3.

③ D. 50，16，195，1，载〔意〕桑德罗·斯奇巴尼选编：《罗马法民法大全翻译系列·婚姻、家庭和遗产继承》，费安玲译，北京，中国政法大学出版社 2001 年版，第 5 页。

④ D. 50，17，62、D. 50，16，24；〔意〕彼德罗·彭梵得：《罗马法教科书》，黄风译，北京，中国政法大学出版社 1992 年版，第 424 页。

⑤ 转引自周枏：《罗马法原论》下册，北京，商务印书馆 1994 年版，第 435 页。

⑥ 〔英〕梅因：《古代法》，沈景一译，北京，商务印书馆 1959 年版，第 104、108、117～119 页。另见〔意〕彼德罗·彭梵得：《罗马法教科书》，黄风译，北京，中国政法大学出版社 1992 年版，第 420～427 页；〔德〕恩格斯：《家庭、私有制和国家的起源》，载《马克思恩格斯选集》，第 4 卷，北京，人民出版社 1972 年版，第 52～53 页；周枏：《罗马法原论》下册，北京，商务印书馆 1994 年版，第 434～436 页。有学者认为，梅、彭二氏与周教授系采不同的观点；见费安玲：《罗马继承法研究》，北京，中国政法大学出版社 2000 年版，第 29～32 页。笔者认为，上述学者观点之间似乎没有严格意义上的冲突之处。

四、结　语

诚如斯奇巴尼所指出的，优士丁尼《民法大全》“将人置于整个体系的核心，不仅不再将任何人视作异邦人，还在历史允许的限度内，在法律上努力做到平等对待所有的人，并以此为以后法律平等的进一步发展指明了方向”；《民法大全》“指引着全人类”。“在人类历史发展过程中，曾经在罗马帝国出现过以人为本并且人人平等的时期。那时，在这一理念的指引下，在罗马帝国的版图内，自由人之间不再有任何区别，全体自由人均享有公民的权利。”① 罗马法及其以降的民法发展，乃“逐渐导向一种对所有的人（这里用的复数的人，指的并非某个人，而是所有人的集合体）来说都良善的平等的体制”。“罗马不再是城墙之内的那个罗马，而是像其市民身份一样宽泛——它向所有人开放，如同其法律制度——虽然有矛盾也有错误，但旨在‘使自由均等’，因此也旨在保护弱势群体，他们需要法律给予他们与其（状况）相应的保护。”②

首先，以各种不同的身份对“人”进行识别，是罗马法确立近、现代民法意义上法律主体的主要技术。各色“人”等因其不同的身份，适用不同的法律（市民法、万民法），享有不同的权利。自由人身份是罗马法上“人”的最基本身份，身份是其第一位的特征，“人”因而也第一次成为“法律人”。“生物人”（如奴隶等）虽然不具有法律意义的身份，但“无身份”本身也是一种身份。身份人格是罗马法上对“人”进行分类的技术手段，具有服务城邦治理的功能，其并不着眼于人的生物性。③ 身份人格具有级差性，从自由人身份到市民身份再到家父身份，是逐一递进的关系。这些身份之间，可以因法定事由而变动（如人格减等）甚至消灭。罗马法上这种人格—身份的流动性，为后世民法的人格分配技术（如权利能力、行为能力等）提供了参照系。

其次，在罗马法发展的中、后期，身份人格的级差特征趋于减弱。这

---

① 〔意〕桑德罗·斯奇巴尼：《法典化及其立法手段》，丁玫译，载〔意〕桑德罗·斯奇巴尼：《桑德罗·斯奇巴尼教授文集》，北京，中国政法大学出版社 2010 年版，第 58、67 页。斯氏在这里仅提及优士丁尼《法典》（第 58 页），笔者将其扩及至《民法大全》。

② 〔意〕桑德罗·斯奇巴尼：《序一》，〔意〕桑德罗·斯奇巴尼、徐涤宇主编：《罗马法与共同法》，第 1 辑，北京，法律出版社 2012 年版，第 3、4 页。

③ 徐国栋教授认为：“在古罗马，身份是从生物学意义上的人迈进到法律意义上的人的障碍”；见徐国栋：《“人身关系”流变考（上）》，载《法学》2002 年第 6 期。对此，笔者不予赞同。

表现在市民身份的普及化，以及更重要的大家庭趋于毁灭带来的家父身份的普通化。本来，市民身份的确立，是为了在法律上承认罗马人与“外人”（*hostos*）的差别待遇，这也是市民法与万民法的区分缘由。家父身份的确立，则是为了在法律上承认家父对其家庭的主权，还有家子对于家父的绝对服从。但当上述变化发生后，人格的去身份化也就慢慢变成了现实。前述卡拉卡拉和优士丁尼两位皇帝的举动，都对此给予了顺应和证明。特别是优氏，他以总成的姿态，“努力朝着将人的条件加以基本统一的方向前进”，甚至使罗马法出现了“删除‘自由人’和‘奴隶’间的区分”的可能。① 至于卡氏，在否定那种轻视“卡拉卡拉告示”效用的观点后，梅因指出：“不论我们对这件事作如何解释，但它必然无疑地大大扩大了‘家父权’的范围，并且据我看来，它使家族关系更加紧密，而这正是我们必须比以前更加注意的，可以用来说明正在改变着世界的伟大道德革命的一种媒介。”②

再次，至于 *persona* 后来的意义延伸过程，颇值一书。法国人文主义法学派学者雨果·多诺（Hugues Doneau，1527—1591）在其《市民法评注》一书中，把 *persona* 与罗马法中的三种身份（自由人、市民与家庭身份）联系起来，认为后者是前者的基础，某人只有具备这些身份，才能参与法律生活，使得 *persona* 成为一个具备技术—法律意义的术语，实际上相当于古罗马的 *caput*。比多氏稍晚一些的德国学者赫尔曼·乌尔特尤斯（Hermann Vultejus，1565—1634）对 *persona*、*caput* 与 *homo* 的关系给予了高度概括：*persona* 是具备 *caput civile* 的 *homo*，而 *caput civile* 由三种身份构成。易言之，*persona* 是具备市民法人格的人，即人格体。③

优士丁尼去世后过了大约 700 年（约 13 世纪，教会法时期），法律上才将“人”正式界定为自然人（生物人），认为一切自然人都是人；再过了大约 300 年，即 15、16 世纪时，自然人才正式与其他的被造物明确区分开来，法律上明确只有自然人才具有法律上的人格，这与美洲大陆被发

① 〔意〕桑德罗·斯奇巴尼：《〈民法大全选译·正义和法〉（Ⅰ.1）汉译本序Ⅱ——优士丁尼及其〈民法大全〉》，黄风译，载〔意〕桑德罗·斯奇巴尼：《桑德罗·斯奇巴尼教授文集》，北京，中国政法大学出版社 2010 年版，第 342 页。

② 〔英〕梅因：《古代法》，沈景一译，北京，商务印书馆 1959 年版，第 83 页。

③ Helmut Coing，Zur Geschichte des Privatrechtsystems，Vittorio Klostermann，Frankfurt am Main，1962，S. 64. 转引自杨代雄：《主体意义上的人格与客体意义上的人格——人格的双重内涵及我国民法典的保护模式选择》，载《环球法律评论》2008 年第 4 期。

现后如何处理印第安人的地位问题有关。① 正是以此为前提，个人主义在民法上才得以真正成就。个人尽管不是罗马法上的基本单位，却成为近、现代民法的基本单位。近、现代民法一方面将罗马法上的“人”转换成单一的个人，实现人格的抽象化、普遍化和实证化；另一方面更将罗马法上“人—物—讼”体系转换为私权体系，从而完成了个人主义的民法建构。总之，个人与权利的结合，最终成就了民法的近代化。至于罗马法的身份制度，作为人法的根本遗产而传留下来，包括：权利能力属于所有的自由人的原则；对行为能力的限制，只可以年龄或精神状态为根据的原则。②

第二节　近代民法上的个人（法国篇）

人之理性是近代以降全部西方思想的主题词，理性是对“人”的基本界说。所谓理性人，是指将人视为系理性的一般存在，社会—国家是依据人之理性的人为建构。依此，人皆能作出符合理性的判断，包括缔结契约、追求财富乃至选择生活方式等。经济学上有所谓“经济人假说”，认为人皆追求自身利益的最大化，即根源于理性人这一基本预设。如果说，此前（指中世纪及之前）法律上的“人”的形象完全是碎片化的（根据身份的不同而对人进行区分），那么，近代以降民法上的“人”则逐渐走向抽象化和划一化。展望民法的未来，乃面临着如何沿着“理性”所指明的道路，摆脱开古代法认知“人”的藩篱，对“人”进行重新界定的历史任务。至于近代民法的任务，是将近代科学认知意义上的所谓“理性人”“经济人”转换为“法律人”。本节（包括次节）所要处理的问题点，是“人”（即个人）以何种具体形象、何等法律技术被植入近代民法的肌体之中；相对于此前的古代法（主要是罗马法），民法由此而发生了何种重大变化，引起并实现了其自身的近代化。

---

① 〔德〕汉斯·哈腾豪尔：《民法上的人》，孙宪忠译，载《环球法律评论》2001年冬季号；孙教授原将该文作者的姓名翻译为汉斯·哈腾鲍尔。1537年，罗马教皇保罗三世（Alessandro Farnese，1468—1549）宣告，印度人、黑人或新大陆的土著居民也是“真正的人类”。参见〔日〕大木雅夫：《比较法》，范愉译，朱景文审校，北京，法律出版社1999年版，第1页。此可证哈氏之说不谬。

② 〔意〕阿尔多·贝特鲁奇：《从身份到契约与罗马的身份制度》，徐国栋译，载《现代法学》1997年第6期。

近代以降，民法的中心任务是对“人”的社会生活进行规制，尤其是对个人从事社会生活的规矩方圆作出擘画。为此，民法将尊崇人作为社会生活自在个体的自然价值作为其构建的基调，确立符合理性的、能够推展人类生活的人性观点，通过建基于此之判断和评价，确认、衡量和分配社会生活中主体的诸种正当利益，使之获得“合法性”的保护和发展。即使是对异于自然人（即个人）的所谓“法人”的设计，本质上也是着眼于个人生活的自我扩张，回应个人从事团体生活的现实要求。可见，近、现代民法主要是立足于对个人从事社会生活的充分体察，罗致个人从事社会生活的诸种样态，从而给予合理化的规制。总之，浓缩了包括生物人、“理性人”“伦理人”乃至“经济人”等在内的“人”，是近、现代民法的全部出发点和最终归结点。

一、启蒙中勃兴的现代自然法论

近代民法之始兴，表现为 18、19 世纪之交激荡欧洲大陆的自然法法典编纂运动。其中标志性的事件，是 1804 年《法国民法典》之诞生。该法典既为法国大革命之产物，亦与后者同为此前席卷欧洲之启蒙运动之产物无疑。启蒙运动之为思潮，接续此前之欧洲宗教改革，其核心在于高举平等、自由、博爱的大旗，解放人，实为改变人类精神历史之盛宴。其果实，在哲学上表现为理性主义的高扬，在法学上则表现为以自然权利为标记的现代自然法论的勃兴。

（一）宗教改革的完成

欧洲启蒙运动的发生，首先得益于欧洲宗教改革的完成，甚至可以认为是后者的有机延续。一般认为，约翰·加尔文（John Calvin，1509—1564）是欧洲宗教改革的最后代表。虽然加氏自以为继承马丁·路德（Martin Luther，1483—1546），但其实他的教义与后者的迥然不同。加氏教义中有三个紧密相连的概念：将上帝视作意志；灵魂得救是预先决定的；基督教国是个体意志的目的。路氏认为信仰、爱以及一定程度的理性能使个体意识到达上帝。但到了加氏那里，爱退居次要，理性只适用于俗世。加氏心中的上帝是意志的典型，这间接地表明人本身也是意志，这直接导致个体得到了强烈的表现，或是与理性对立，或是高于理性。于此，个体主义一直容忍的敌对的俗世因素消失了；“个体现在在俗世里，个体价值在统治，不受任何限制”——我们面对的是一个个入世的个体。

加尔文不需要人的自由，神恩才是其学说的中心。“当人在上帝的律法前低头时，不管是出于自愿还是被迫，他维护了上帝的荣耀”。这里出现了入世的个体主义及其固有的困难，选民对神恩的隶属就是使这个决定性过渡至合法化的必要条件。与路德所主张的传统的静修参与对比，加氏不再用来世这个避难所来勉强地对付俗世的缺憾，而是在俗世的行动中由个人自己来体现来世。这种人为主义的模式十分重要，它有计划地把外来的价值强加给俗世的事物。而且，这种被强加的价值并不来自个人对世界的从属性，也不来自世界的和谐或个人与世界的和谐，它根植于个人与世界的混杂。由此，个人的意志乃等同于上帝的意志。这令人隐然窥见勒内·笛卡尔（Rene Descartes，1596—1650）所说的人将成为“自然的评价与拥有者”，以及马克斯·韦伯（Max Weber，1864—1920）所称的人的合理性的身影。①

（二）理性主义的兴起

近代欧洲兴起的理性主义，被英国学者迈克尔·欧克肖特（Michael Oakeshott，1901—1990）称为“文艺复兴以后欧洲最值得注意的思想样式的特征和谱系”②。它起源于弗朗西斯·培根（Francis Bacon，1561—1626）和笛卡尔。培氏批判的对象是中世纪经院哲学，在《新工具》（1620）一书中，他探讨了一种探索知识的新的“艺术”（或“方法”），以全面改造人类的知识。这种方法的特征包括：一种真正的技术，可以被制定为一套精确的、可以记住的指示；一套规则，其应用纯粹是机械的；一套普遍应用的规则，即一种与探索的问题无关的工具。总之，真正的知识必须始于确定性也终于确定性，它趋向于一种“技术的霸权”。和培氏一样，笛氏的目标也是确定性，他主张人心灵中有一种天赋观念，依靠理性方能认识事物和辨别真伪。他把几何学的推理方法和演绎法应用于哲学上，认为清晰明白的概念就是真理。然而，他对这一“技

① 〔法〕路易·迪蒙：《论个体主义——对现代意识形态的人类学观点》，谷方译，上海，上海人民出版社 2003 年版，第 48～51 页。

② 〔英〕迈克尔·欧克肖特：《政治中的理性主义》，张汝伦译，上海，上海译文出版社 2003 年版，第 1 页。这里使用的广义的理性主义概念，其主要特征是推崇人的理性，反对经院哲学。在哲学上，广义的理性主义可以分为经验派和理性派（狭义的理性主义）两个派别。经验派强调观察、实验，强调感性认识的重要性和实在性，强调认识的经验来源，以培根为代表；理性派则强调数学方法的普遍意义，强调理性认识的可靠性和必要性，强调认识的理性来源，以笛卡尔为代表。参见陈修斋主编：《欧洲哲学史上的经验主义和理性主义》，北京，人民出版社 1986 年版，第 58～60 页。

术的霸权”尚存警醒，认为如果假定这方法能永远是探索的唯一手段，将是一个错误（但是，笛氏的这一警醒并未引起其后继者——笛卡尔主义者的充分注意）。[①]

以培根和笛卡尔为代表的理性主义，覆盖了18世纪的欧洲思想界：科学家，试图揭示自然界的真正面目；社会改革家，认为历史是一座横遭误用滥用的博物馆，致力于改造整个社会体系；法学家，认为法律必须是可以由少量普遍自明的原则推论出来的体系；经济学家，将经济力量的作用设想为类似人体的结构；政治家，设想着通过立法便能够改正以往所有的错误。在方法论上，理性主义承宗教改革之余绪，提出自由检验（free examination）的原则。这既是近代宗教自由的起源，也是近代所有自由主义的起源。经过宗教改革，人与《圣经》之间、信徒与上帝之间均不存在中介，个人从而获得了内在的信仰与责任感。在哲学上，在个人的理性与理性思考的特定对象之间，拒绝任何权威与传统的介入，由此重构了个人的理想世界。[②] 自由检验原则的采取，首先是在方法上，其次是在本体上，基本扫清了个人作为理性独立主体的障碍。

在法学方面，理性主义的兴起为自然法论的转型奠定了方法论的基础。尽管学者一般将荷兰学者胡果·格劳秀斯（Hugo Grotius，1583—1645）作为现代自然法论的创始人，但笔者更愿意将其列为理性主义进入现代自然法论的过渡人物。格氏的自然法论被认为不同于经院哲学的地方，并不在于内容，而在于方法。格氏所欲证明的是：有可能建立一套独立于神学预设之外的法律理论（对这一任务，格氏自己并未完成）。其基本理路是，既然自然法不外乎一套具有绝对效力的规律，有关它的论述便应该完全基于内在的一贯性与必然性；为了要成为一门学问，法律不该依于经验，而该依于定义，不该依于事实，而该依于逻辑演绎。为了论证他的名言“即使上帝不存在，自然法也仍然不失其效力”（这常被视为是世俗化的理性自然法论的开端），格氏说：“上帝的力量尽管大得无法衡量，我们仍然可以说有些东西不是他的力量所能左右的……正如即使上帝也不能使二加二不等于四，他也不能使本来是恶的东西成为不是恶。”这不啻

① 〔英〕迈克尔·欧克肖特：《政治中的理性主义》，张汝伦译，上海，上海译文出版社2003年版，第14～17页。

② 〔意〕圭多·德·拉吉罗：《欧洲自由主义史》，杨军译，长春，吉林人民出版社2001年版，第19～20页。

是为自然法提供了一个新的方法论上的假定。[1]

（三）自然法论的转型

现代自然法论有三个胎记：一是世俗化，这是宗教改革的结果；二是启蒙，此乃理性的异辞；三是权利，将此前止于规范性的自然法引入“权利”的轨道上来，从而转换了自然法论的论说模式。现代自然法论的真正创构者，是托马斯·霍布斯（Thomas Hobbes，1588—1679）。

霍布斯从一种不同于格劳秀斯的人类学和心理学的前提出发，改换了自然法的论说模式。在《利维坦》（1651）一书中，霍氏从性恶论出发，认为人的自利本性使得相互之间处于战争状态，他称此为自然状态。基于理性，在自然状态中，每个人都有维持自己的生存即“自保”的自然权利。“著作家们一般称之为自然权利的，就是每一个人按照自己所愿意的方式运用自己的力量保全自己的天性——也就是保全自己的生命——的自由。因此，这种自由就是用他自己的判断和理性认为最适合的手段去做任何事情的自由。”[2] 然而，由于战争状态中缺之安全保障，人的自由使无从谈起。因此，人们为求自保而寻求和平，依据理性而形成维系和平的自然法，并且通过订立一项契约而成立国家（“利维坦”，*Leviathan*），将各自的全部权力或力量转让给主权者。主权者至高无上且不受法律约束，他通过制定“国内法”（civil laws，又译为民约法；此系以罗马法上的市民法称之）将其意志强加于人民（命令说）。这是霍氏的另一创见，将对法律的论说引入实证主义的轨道上来。自然法与国内法是法律的不同部分，它们之间互相包容而范围相同，制定法律的目的是要对自由的自然权利给予限制。[3]

从结果来看，霍布斯所使用的自然法概念具有双重性：一是在被自私的

---

① 〔意〕登特列夫：《自然法：法律哲学导论》，李日章等译，北京，新星出版社 2008 年版，第 56～61 页。关于理性主义是如何促使自然法（“理性法”）进入逻辑一体系化的阶段的详细论述，可参见〔德〕弗朗茨·维亚克尔：《近代私法史——以德意志的发展为观察重点》上册，陈爱娥、黄建辉译，上海，上海三联书店 2006 年版，第 248～252 页。除格劳秀斯以外，维氏还列举了稍早于格氏的约翰内斯·阿尔特胡修斯（Johannes Althusius，1557～1638）。据德国学者奥托·冯·基尔克（Otto von Gierke，1841—1921）的考证，阿氏的学说影响了格氏；见〔德〕米夏埃尔·马丁内克：《德意志法学之光：巨匠与杰作》，田士永译，北京，法律出版社 2016 年版，第 137 页。阿氏指出了法律上的人必须具备“社会”的属性，即“作为法律社会团体成员的自然人”。参见〔德〕汉斯·哈腾豪尔：《民法上的人》，孙宪忠译，载《环球法律评论》2001 年冬季号，孙教授将该文作者的姓名翻译为汉斯·哈腾鲍尔。

② 〔英〕霍布斯：《利维坦》，黎思复、黎廷弼译，北京，商务印书馆 1985 年版，第 97 页。

③ 〔英〕霍布斯：《利维坦》，黎思复、黎廷弼译，北京，商务印书馆 1985 年版，第 207～208 页。

本能所控制的、并因此必须被克服的自然状态中存在着的“法律”；二是由理性所规定的自然法则。① 即使在后一重意义上，霍氏所谓自然法的实质为道德规范，这为他转而以自然权利为核心展开自然法论奠下了前提。他说：

> 自然法是理性所发现的戒条或一般法则……（即——引者加）每一个人只要有获得和平的希望时，就应当力求和平；在不能得到和平时，他就可以寻求并利用战争的一切有利条件和助力。②
>
> 虽然谈论这个题目的人经常把 *ius* 和 *lex*（即权利与法律）混为一谈，我们却应该把它们分开；因为权利的本质在于去做或去克制之自由，法律则决定去做或去克制，而且使人不得不去做或不得不去克制；因此法律和权利之区分大得犹如义务和自由之区别。③
>
> 我发现民法和民约权利这两个字，甚至在最渊博的著作家手中也是浑然不分地用来表示同一种事物，其实这样是不应当的。因为权利就是自由，也就是民约法留给我们的自由。民约法则是一种义务，它取消了自然法赋予我们的自由。自然界使每一个人都有权利运用自己的力量保卫自己，并先发制人地进攻受怀疑的邻人以自保，但民约法却在一切法律的保障有恃无恐的地方都取消了这种自由。权利与法律的不同正和义务与自由的区别一样。④

以此认识作为基础，霍布斯列举了 19 个自然法条款，并对如下前三个条款进行了详细的论述：寻求和平、信守和平；利用一切可能的办法来保卫我们自己（这是自然权利的概括）；所订信约必须履行。⑤ 霍氏的理论贡献，主要有如下四个方面：一是在论证上始于个人（或个人之痛苦），近代意义上的方法论——个人主义得以奠基；二是设想人们之间订立将其各自的全部权力或力量转让给主权者的契约，是社会契约论的重要起源；三是指出国家存在的目的是保障个人的最基本的自保权，使现代自由主义得以创立；四是，也是最为重要的，将自然法论转变为一套有关权利的理

---

① 〔德〕罗伯特·霍恩：《法律科学与法哲学导论》，罗莉译，北京，法律出版社 2005 年版，第 213 页。

② 〔英〕霍布斯：《利维坦》，黎思复、黎廷弼译，北京，商务印书馆 1985 年版，第 97～98 页。其中的“自然法”，原译为自然律。

③ 转引自〔意〕登特列夫：《自然法：法律哲学导论》，李日章等译，北京，新星出版社 2008 年版，第 68 页。另译见〔英〕霍布斯：《利维坦》，黎思复、黎廷弼译，北京，商务印书馆 1985 年版，第 97 页。

④ 〔英〕霍布斯：《利维坦》，黎思复、黎廷弼译，北京，商务印书馆 1985 年版，第 225 页。

⑤ 〔英〕霍布斯：《利维坦》，黎思复、黎廷弼译，北京，商务印书馆 1985 年版，第 98 页以下。

论，对“权利”和“法律”作出了明确的区分。就由霍氏所开启的现代自然法论在政治实践中的发酵，正如美国学者列奥·斯特劳斯（Leo Strauss，1899—1973）所指出的，“要使得现代自然权利论发挥实效，需要做的不是道德感化，而是启蒙或宣传”[①]。这正是1776年美国《独立宣言》和1789年《人权和公民权利宣言》被赋予的任务。

至于近、现代意义上“权利”概念的产生，应上溯至比霍布斯更早的法国人文主义法学派学者雨果·多诺（Hugues Doneau，1527—1591）。[②]多氏从古罗马法学家多米第·乌尔比安（Domitius Ulpianus，约170—228）的“法的准则是：诚实生活，不损害他人，各得其所”[③]的法言出发，认为这三个命题可以概括为“正当地生活”，即给予每个人其权利，从而正式提出了“权利”概念。多氏赋予了罗马法上的“*ius*”以“按愿望的方式生活和行动的权能”这一“权利”的现代含义，使之区别于“*ius*”原初意谓的正当（或应得），并依此整理《学说汇纂》（*Digesta*，533），从而完成了法律体系从客观到主观、法律概念从法到权的转变，并形成了新的法律材料阐述体系。[④]应予指出的是，“权利”概念于其时尚未取得如其

---

① 〔美〕列奥·斯特劳斯：《自然权利与历史》，彭刚译，北京，生活·读书·新知三联书店2003年版，第187页。斯氏指出：“霍布斯第一个以无与伦比的清晰明确，对‘权利’和‘法’加以区分，以至于他试图论证，国家首先奠基于‘权利’之上，而‘法’只是派生的后果。”见〔美〕列奥·斯特劳斯：《霍布斯的政治哲学》，申彤译，南京，译林出版社2001年版，第190页。

② 德国学者弗里德里希·卡尔·冯·萨维尼（Friedrich Carl von Savigny，1779—1861）称赞多诺是“唯一能科学地透彻研究罗马法并集中研究罗马法本质的法学家”而“令其钦佩”；见〔德〕米夏埃尔·马丁内克：《德意志法学之光：巨匠与杰作》，田士永译，北京，法律出版社2016年版，第11页。

③ D.1，1，10，1；载《学说汇纂（第1卷）·正义与法、人的身份与物的划分、执政官》，罗智敏译，〔意〕纪蔚民校，北京，中国政法大学出版社2008年版，第15页。另见优士丁尼I.1，1，3；载徐国栋：《优士丁尼〈法学阶梯〉评注》，北京，北京大学出版社2011年版，第32页。其中，徐氏将前译中的“各得其所”（*suum ciuque tribuere*），翻译为分给各人属于他的。

④ 〔美〕罗斯科·庞德：《法理学》，第4卷，王保民、王玉译，张英、王玉校，北京，法律出版社2007年版，第47页以下；徐国栋：《优士丁尼〈法学阶梯〉评注》，北京，北京大学出版社2011年版，第32页。其中，徐教授将优士丁尼《法学阶梯》中所引进的乌尔比安法言中的“*iuris*”翻译为“法律”，并认为多诺所创立的“权利”概念仅指利益；见徐国栋：《优士丁尼〈法学阶梯〉评注》，北京，北京大学出版社2011年版，第30页。笔者不采此。对于徐教授的前一个观点，笔者采取罗智敏博士的译法，翻译为“法”，以区别于罗马法上“*lex*”的译法；对于徐教授的后一个观点，所谓关于权利本质的利益说，实际上是19世纪由德国学者鲁道夫·冯·耶林（Rudolf von Jhering，1818—1892）所提出，其目的正在于反对发端于多诺而后由萨维尼等所承继之意思说。关于近、现代意义上“权利”概念的发生史，可参见方新军：《权利概念的历史》，载《法学研究》2007年第4期。

日后在民法中的支配性地位，只能视此为该概念的发萌。其中的消极作用，似乎在于“*ius*”原有的动态意涵被逐渐消解，而作为“权利”概念的静态意涵则不断扩张，终致日后实证主义对法学和法律领域的全面进驻，此乃后话。至于“*ius*”在自然法意谓方面的发展，则系中经多氏之后的格劳秀斯（此前多氏的主要著作《市民法评注》正是在荷兰完成的，而格氏的主要著作《战争与和平法》则是在法国完成的），由霍布斯和约翰·洛克（John Locke，1632—1704）等最终完成，蜕变为现代的自然权利。

二、1789年《人权和公民权利宣言》中的自然权利观

法国大革命爆发后不久，1789年8月26日由国民议会更名而来的制宪议会（Assemblee constituante）通过了一个对人类社会具有划时代意义的法律文献——《人权和公民权利宣言》。该宣言后来作为《法国宪法》的序言而被保留下来。宣言的核心精神，是“天赋人权”（natural rights，直译为自然权利），其理论背景正是现代自然法论——自然权利理论。它不仅意味着对特权的全面否定，因为只有人之为人的权利才是最古老的和不可剥夺的；而且意味着个人先于国家，因而彻底动摇了此前政治制度的基础。①

（一）《人权和公民权利宣言》所本何处

《人权和公民权利宣言》分导言和17个条文两个部分。导言的内容是：

> 组成国民大会的全体法国人民代表，鉴于不识、漠视或轻视人权乃是公众之不幸与政府之腐化的惟一原因，决定透过一份庄严的宣言，主张若干自然的、不可让渡的神圣的人权，以期这份宣言，由于永远呈于全体社会成员面前而不断提醒他们各自所具有的权利与义务；以期立法机关与行政机关的行动，由于随时都可以衡诸一切政治体制之最终目标，而变得更值得尊重；以期公民的不满，由于今后乃是基于若干简单与无可争论的原理而发，永远有益于宪法的维护与全民幸福的增进。

其中，将“自然的、不可让渡的神圣的人权”（natural，inalienable rights of man）置于最高的地位；而且，这里所使用的是“人”（man），一个单数形式的人。

---

① 〔意〕圭多·德·拉吉罗：《欧洲自由主义史》，杨军译，长春，吉林人民出版社2001年版，第22～23页。

关于《人权和公民权利宣言》的内容所本何处，学者间历来聚讼。按照我国学者张奚若（1889—1973）教授的观察，其各条的理论渊源如下。①

第 1 条：叙述自由平等，受让-雅克·卢梭（Jean-Jacques Rousseau，1712—1778）的影响。

第 2 条：叙述自然权利，受洛克与查理·路易·孟德斯鸠（Charles Louis de Montesquieu，1689—1755）的影响。

第 3 条：叙述主权问题，受卢梭的影响。

第 4 条：叙述自由的范围，间接受卢梭的影响。

第 5 条：叙述法律限制问题，受卢梭的影响。

第 6 条：叙述法律是表现普通意志的问题，受卢梭的影响。

第 7、8、9 条：叙述刑法问题，受孟德斯鸠的影响。

第 10 条：叙述宗教方面的事，受孟德斯鸠的影响。

第 11～15 条：叙述国家的治权问题，受英美思想的影响。

第 16 条：叙述分权问题，受孟德斯鸠的影响。

第 17 条：叙述人民财产的保障问题，受 18 世纪普遍政治思想的影响。

《人权和公民权利宣言》的理论基础，无疑是现代自然法论。唯原来霍布斯扶持君权、捍卫专制之要旨，却为宣言所不采。宣言更多地反映洛克、卢梭的思想。霍、洛、卢三者的理论界说各不相同。一是对于自然状态，霍、卢二氏均不认为系历史上必有之事，而洛氏则是之。但在霍、卢二氏之间，霍氏之自然状态为战乱好杀的政治社会，而卢氏之自然状态则为非道德的原人社会。二是对于自然法，霍、洛二氏均认有自然法，在霍氏那里，系要求个人放弃自然状态中的自然权利而成就社会契约，以自然法来限制个人之自由；但到了洛氏那里，则系以自然法为维持自然权利之工具，构建社会契约系为了更好地执行自然法。卢氏则反对存在一成不变的自然法，认为自然法乃人类道德进化的反照，视时势为变迁，并非固定之物，因而自然法在卢氏那里便遭遇到危机。② 洛、卢一脉的共同点在于，较之理性或者公理，他们更重视个体的意愿，认为它是政治权利和法

① 张奚若：《卢梭与人权》，载张奚若：《张奚若文集》，北京，清华大学出版社 1989 年版，第 138 页。

② 张奚若：《社约论考》，载张奚若：《张奚若文集》，北京，清华大学出版社 1989 年版，第 40～50 页。

律的源泉；由于确认了理论的出发点是抽象的人，那就不再需要观察外部世界，自然法只来自于人的形成，来自于人的自由和意愿。① 但在是否采取自然权利的方面，洛、卢二氏则各有分野。

值得注意的是，德国学者格奥尔格·耶里内克（Georg Jellinek，1851—1911）反对将《人权和公民权利宣言》归宗于卢梭学说，认为宣言本身就是反社会契约论的。“社会契约理论实际上只有一条规定，即：将个人权利完全地转化为公意。个人从进入国家的那一刻起不再享有任何个别的个人权利”“《社会契约论》的原则是与《人权和公民权利宣言》相矛盾的。《社会契约论》的原则并不是要保证个人的权利，而是公共意志的不受法律限制的全能的权力”。宣言“绝大部分都是从美国各种各样的‘权利宣言’里抄过来的”②。笔者认为，仅从宣言的表面文字来看，确实有许多表述与卢梭学说相一致；但究其实质，则系由霍布斯所开启之现代自然法论，而此正为卢氏所反对，可知耶氏论述基本不谬。

（二）《人权和公民权利宣言》的自然权利宣示

《人权和公民权利宣言》的实质，是关于平等、自由、博爱的宣言书。于此，自然法不再被看作是为具体法律问题提供答案的原则，个体的权利也不被认为系由客观规则作为寻求公平的手段而赋予的；它是直接从人的本质中归结出来的，是自然的权利。③

首先，关于平等，《人权和公民权利宣言》第1条第1句规定：“人在自由和权利上，生来而且始终是平等的。”这基本上就是卢梭名著《社会契约论》（1762）第1章第1句的重复。这里所言的平等，并非能力或才智上之平等，乃是权利或法律上之平等。“自由是卢梭思想的名义目标，但实际上他所重视的、他甚至牺牲自由以力求的是平等。”④ 卢氏说：“如果我们探讨，应该成为一切立法体系最终目的的全体最大的幸福究竟是什么，我们便会发现它可以归结为两大主要的目标：即自由与平等。自由，是因为一切个人的依附都要削弱国家共同体中同样大的一部分力量；平

---

① 〔法〕雅克·盖斯旦、吉勒·古博、缪黑埃·法布赫-马南：《法国民法总论》，陈鹏等译，谢汉琪审校，北京，法律出版社2004年版，第13页。

② 〔德〕格奥尔格·耶里内克：《〈人权与公民权利宣言〉：现代宪法史论》，李锦辉译，北京，商务印书馆2013年版，第6页以下。耶氏在该文第5章中，针对《人权和公民权利宣言》逐条列举了其在美国各州宣言中的具体渊源。

③ 〔法〕雅克·盖斯旦、吉勒·古博、缪黑埃·法布赫-马南：《法国民法总论》，陈鹏等译，谢汉琪审校，北京，法律出版社2004年版，第13页。

④ 〔英〕罗素：《西方哲学史》下卷，马元德译，北京，商务印书馆1976年版，第237页。

等，是因为没有它，自由便不能存在。”①

其次，关于自由，《人权和公民权利宣言》第 2 条规定：“一切政治结合的目的都在于保存自然的、不可消灭的人权；这些权利是自由、财产权、安全和反抗压迫。”其中所列四种自然权利，洛克所言已含其三，即自由、财产及压迫之抵抗。在洛氏那里，有三种最重要的自然权利：一是生命，保存生命为人一切行为最重要的，故凡关于保存生命合理之道，皆为自然法上应有之权利；二是自由，行为自由为保存生命不可缺少之要素，故凡在自然法之中，人人皆有自由之权，不受他人限制；三是财产，财产为维持生命必需之物，揆之自然法，为人生所不可或缺。②。至于“安全”，则认为已包括在以上三者之中，而特举“安全”之名而有系统论述者，则为孟德斯鸠。

再次，《人权和公民权利宣言》所追求的，是平等基础上的自由。除第 1、2 条外，其第 4 条又进一步规定：“自由就是指有权从事一切无害于他人的行为。因此，各人的自然权利的行使，只以保证社会上其他成员能享有同样权利为限制。此等限制仅得由法律规定之。”霍布斯、洛克、卢梭三者对自由有不同的界定。其中，霍、洛二氏较为接近，霍氏主张扩大君权、减少个人自由的范围；洛氏则主张对个人自由的限制降到最低限度。按照伊曼努尔·康德（Immanuel Kant，1727—1804）的说法，他们都属于否定的自由观。而卢氏的自由观，则属于肯定的自由观，即要求享有权利、采取行动、参与社会事务。③ 卢氏说：“放弃自己的自由，就是放弃自己做人的资格，就是放弃人类的权利。”在卢氏那里，自然状态与自然的自由相对应，社会状态与社会的自由相对应；所谓社会的自由，是受“公意”（general will）约束的自由；“唯有服从人们自己为自己所规定的法律，才是自由”④。

最后，《人权和公民权利宣言》所反对的，是旧制度下的权力滥用、特权、缺乏正义、不宽容的时代以及专断的政府。现代自然法论为此贡献

① 〔法〕卢梭：《社会契约论（修订译本）》，何兆武译，北京，商务印书馆 1980 年版，第 69 页。

② 张奚若：《法国人权宣言的来源问题》《社约论考》，载张奚若：《张奚若文集》，北京，清华大学出版社 1989 年版，第 203、47 页。

③ 郁建兴：《自由主义批判与自由理论的重建——黑格尔政治哲学及其影响》，上海，学林出版社 2000 年版，第 41～48 页。

④ 〔法〕卢梭：《社会契约论（修订译本）》，何兆武译，北京，商务印书馆 1980 年版，第 16、30 页。

了一种自个人勃发而出的扩张力，而且趋于逐渐扩大其自由与权利的领域。一方面，良心自由被认为对人性至关重要，这暗示着宗教自由与思想自由。另一方面，自由涉及所有与其他个人关系的内容：表达与交流思想的自由，免除所有压迫的人身安全，迁徙自由，经济自由，法律上的平等，以及财产权。①

(三)《人权和公民权利宣言》的法律影响

以大革命为背景，《人权和公民权利宣言》“包括三种革命的萌芽：严格意义上的自由革命、民主革命与社会革命；但是这三种革命，仅仅代表了从单一的个人主义精神，发展为社会主义极端观点的进步性拓展”②。在法律的层面，以《人权和公民权利宣言》作为底色的“革命”，主要表现为如下两个方面。一是个人至上。在自由方面，即将个人从家庭的或经济的既定秩序中，从行业的或宗教的规制中解放出来。个人财产权摆脱了封建遗留因素和家庭共有束缚；通过取缔行会的结社禁令，为个体自由扫除了障碍；任何人都可以随意地订立契约，公共秩序是对这种自由唯一的限制。此外还实行工商业自由原则。在平等方面，著名的废除封建制度的“八月法令”，将所有的特权都废除了，不仅个人实现了平等，土地作为最重要的财产也为个人所平等享有。③ 此外，还实现了政教分离，婚姻只被看成是一个民事合同，民事身份法律完全摆脱了教会的控制。二是法律至上。革命者急于重新制定一套法律。这一方面是出于对革命成果的固化要求，因为革命导师卢梭说过：“法律乃是公意的行为”④，有必要将革命中的政策以公意的形式固定下来，这就走向了一种带有实证化倾向的“法律崇拜”。另一方面，革命者对代表旧秩序和旧制度特权的罗马法、习惯法

---

① 〔意〕圭多·德·拉吉罗：《欧洲自由主义史》，杨军译，长春，吉林人民出版社 2001 年版，第 24～25 页。

② 〔意〕圭多·德·拉吉罗：《欧洲自由主义史》，杨军译，长春，吉林人民出版社 2001 年版，第 68 页。

③ 但是，“八月法令”被普遍认为是虚伪的，因为它要求农民对原来加于土地的种种负担予以赎买。据载蒋相泽主编：《世界通史资料选辑·近代部分》上册，北京，商务印书馆 1964 年版，第 120～121 页。直到雅各宾派上台后的 1793 年 7 月 17 日法令，规定全部和无偿地废除一切封建权利、义务和租税，土地自由才得到完全实现；见同书，第 145～146 页。尽管如此，“八月法令”因赋予个人以自治，仍被法国学者弗朗索瓦·弗雷（François Furet）称为“现代社会诞生的证明”。参见〔法〕让-保罗、让-皮埃尔·鲁瓦耶：《民法典：从政治意志到社会需要——两个世纪以来的评估》，石佳友译，载《法学家》2004 年第 2 期。

④ 〔法〕卢梭：《社会契约论（修订译本）》，何兆武译，北京，商务印书馆 1980 年版，第 51 页。

及其司法制度怀有很大的不信任。对司法权力的不信任促使他们彻底否认判例的价值，拒绝赋予法院任何创设法的权力。[①]

1804年《法国民法典》的制定，是大革命的任务之一，为《人权和公民权利宣言》所明确规定。应当认为，正是由于有了宣言及其后的一系列措施，为该法典的诞生铺平了道路。制宪议会在1790年8月16日关于司法制度的公告中规定："立法者应再研讨、改革民事诸法，制定出单纯、明晰、符合宪法的民事法的一般法典。"接着，由该议会于1791年9月3日制定的宪法中，明定"应制定全王国共通的民事法典（Code de lios civiles)"。正如日本学者星野英一（1926—2012）所指出的：1804年《法国民法典》"是在习惯法的素材中加入人权宣言的精神、理念制定出来的……民法的理念，就意味着人权宣言的理念"。针对《人权和公民权利宣言》，他对寓于其中的国家与个人、公法与私法的关系问题予以特别指出：第一，国家的目的仅在于保全上述自然权利，而不包含其行使，其行使是自然权利归属者的自由；第二，国家的主权者是国民，国家为了保全个人的自然权利而存在，因而公法是以维持私法为目的的法。[②]

三、1804年《法国民法典》中的个人理性人格

作为大革命的产物，1804年《法国民法典》将由《人权和公民权利宣言》所确立的自然权利"转换"为民事权利。在该法典中，专门用于指示法律主体的"人格"概念并未正式产生，但从上述"转换"中，仍然可以寻得对个人民事主体资格的确认。考虑到该法典系以理性的自然法论为其精神实质，故可以将这一阶段的"人格"概念称为理性人格，处于从罗马法上的身份人格向德国民法上的实证人格变动的中间阶段。[③] 一方面，

① 〔法〕雅克·盖斯旦、吉勒·古博、缪黑埃·法布赫-马南：《法国民法总论》，陈鹏等译，谢汉琪审校，北京，法律出版社2004年版，第92～94页。

② 〔日〕星野英一：《民法劝学》，张立艳译，于敏校，北京，北京大学出版社2006年版，第44～45、91页。

③ 有学者将此一阶段民法上的人格界定为伦理人格，如见马俊驹：《从身份人格到伦理人格——论个人法律人格基础的历史演变》，载《湖南社会科学》2005年第6期；马俊驹：《人格与财产的关系——兼论法国民法的"总体财产"理论》，载《法制与社会发展》2006年第1期。但是，"伦理人（格）"（personae morales）是17、18世纪德国理性自然法论中的特定概念，系由萨缪尔·普芬多夫（Samuel Pufendorf，1632—1694）所提出、克里斯蒂安·沃尔夫（Christian Wolff，1679—1754）所发展。参见杨代雄：《伦理人概念对民法体系构造的影响——民法体系的基因解码之一》，载《法制与社会发展》2008年第6期。将"伦理人"概念套用于1804年《法国民法典》上的人格概念，似乎不太合适。

该法典解除了罗马法上的身份人格意涵，仅以“他是人”（即人之为人）作为人格的理由，对个人的天赋权利和理性价值具有承载作用，而没有发展出彻底实证化的法律人格概念。另一方面，该法典仅停留在理性的层面上去认识“人”，延续并放大财产在人格构成中的地位和作用，此为其不足之处。明确将个人作为规范的对象，将人格平等地赋予所有具有理性的人，是该法典最为重大的历史功绩。

（一）现代自然法论映照下的民法典

与《人权和公民权利宣言》相一致，1804 年《法国民法典》在精神上也承接了掺杂了强烈意识形态的现代自然法论。该法典的政治使命不言而喻，其起草委员会主席让·蒂安纳·玛丽·波塔利斯（J.-Étienne-Marie Portalis，1746—1807）说：“民法典是在政治性法律的指导之下，它必须要与之相适应。”依此，该法典具有服务于拿破仑专制政体的明确目的，因而不得过高估价它所赋予公民的民事自由，这充其量只是公民作出政治自由让步的“对价”而已。①

首先，从法典编纂的背景来看，除了由于大革命而引发的强烈的国家—理性激情以外，法国内部已经分裂为两个法域的现状以及法学家已经成为国内最有教养并且最有势力的阶级这两大因素，均不容忽视。在罗马法的继受过程中，法国分裂为南部受罗马法影响的成文法区域和北部以日耳曼习惯法为基础的习惯法区域两个法域。与此同时，以巴黎为中心形成了一个备受尊重而且力量强大的职业法律家群体，这在同时期的欧洲邻国中均未出现，对法国民法的整体成熟贡献甚巨。② 正是为了调和两个法域之间的矛盾，“自然法”便成为法学家手中最有力的武器。它“跳过了所有的省市界限；它不管一切区分，不论是贵族和市民之间的，市民和农民之间的；它……可以说已成为法国的普通法”③。学者评论说，该法典起草于“两大智慧高潮间的凹槽时期：一个是在 16、17 世纪达到顶峰的自然法理论的高潮，一个是直到 19 世纪才清楚显现的以意志为中心的个人主义理论的高潮”④。可见，自然法对于以追求理念单纯性和适用一致性

---

① 〔法〕让—路易·安贝翰：《民法典的制定历史：民法典，拿破仑的?》，石佳友译，载《法学家》2004 年第 2 期。

② 〔德〕K. 茨威格特、H. 克茨：《比较法总论》，潘汉典、米健、高鸿钧、贺卫方译，潘汉典校订，贵阳，贵州人民出版社 1992 年版，第 145 页以下。

③ 〔英〕梅因：《古代法》，沈景一译，北京，商务印书馆 1959 年版，第 47～49 页。

④ 〔美〕詹姆斯·高德利：《法国民法典的奥秘》，张晓军译，载梁慧星主编：《民商法论丛》，第 5 卷，北京，法律出版社 1996 年版，第 593 页。

为目的的 1804 年《法国民法典》来说，可谓是因缘际会。

其次，从法典编纂的理念来看，1804 年《法国民法典》系以现代自然法论为基调，具有构建以个人为中心的法律—政治形式的意义。波塔利斯说，自然法“作为成文法的见证人或守护者，给予所有规则以生气，对规则加以说明和补充，并分别赋予其真正地位”。1799 年法典最后草案第 1 条宣布：“作为一切实在法之渊源的乃是一种普遍而不变的法律，这只能是主宰全人类的自然理性。”① 在自然法论的脉络中，对于个人—国家关系存在两种理论导向：一是由洛克开端并由卢梭等发展起来的自由民主契约论，一是源于霍布斯并以普芬多夫为代表的绝对契约论。社会契约的获得是天赋权利的减少以使共同生活成为可能，在绝对契约论看来，这种权利的减少所涉及的范围极广；而在自由民主契约论看来，个体的权利理应凌驾于国家之上。对于 1804 年《法国民法典》来说，无疑应属于自由民主契约论之列。② 此种自然权利论虽然起始于公共领域，但事实上却是一种对私法地位的安排，其内里具有私法的属性，指涉个人之间的关系是其原初且终极的意义所在。因此，该法典实际上承载着组织与协调每个人发展其人格所必需的权利的方式的意涵。

再次，从法典编纂的技术来看，1804 年《法国民法典》并没有像同时期的 1794 年《普鲁士普通邦法》和 1811 年《奥地利普通民法典》——此三者被并称为近代自然法法典编纂的代表——那样，在具体的条文叙述中明确采取自然法的论调，而是以现实主义的立场兼顾自然法的教训。一方面，该法典与此前的共同法传统一脉相承，目的在于统一法律，而非创设新法律。罗马法因而仍被作为解释新法典、填补法律漏洞的工具，同时也终结了此前地方法普遍多样的局面。③ 另一方面，该法典遵循了启蒙主义的思想：法律应该简单明了、能为非法律职业者所理解、无须解释即可适用的尽善尽美之物。尽管波塔利斯本人对此种想法表达了震惊，但该法

① 〔日〕大木雅夫：《比较法》，范愉译，朱景文审校，北京，法律出版社 1999 年版，第 178 页。另见〔爱尔兰〕J. M. 凯利：《西方法律思想简史》，王笑红译，汪庆华校，北京，法律出版社 2002 年版，第 254 页。

② 〔葡〕叶士朋：《欧洲法学史导论》，吕平义、苏健译，北京，中国政法大学出版社 1998 年版，第 156～157 页。

③ 〔德〕莱因哈德·齐默曼（又译为赖因哈德·齐默尔曼）：《罗马法、当代法与欧洲法：现今的民法传统》，常鹏翱译，北京，北京大学出版社 2009 年版，第 9 页。这与 1896 年《德国民法典》诞生后该国法学界决意放弃此前的共同法教学，转而围绕该法典进行讲授的做法恰成对照。

典被时人作为文学著作来阅读，却是事实。[①] 正因为其现实主义的立场和通俗易懂的文体，使该法典在法国始终被视为国宝，并长期屹立于世界民法典的群山之巅。但是，由于欠缺稳定的术语体系，难以确保法典的协调和精确适用，该法典也受到诟病。[②]

（二）全体法国人享有平等民事地位

大革命所焕发的 *homo novus*（新人），他既是自己的统治者，又与其他所有人一律平等；他拥有一种区别于封建特权的新的自由，这是一种及于所有领域的、人之为人的、普遍的权利。一个人只从属于所有人的共同根源，而没有对他人的特权，这就是平等的意谓。[③] 英国学者亨利·萨姆纳·梅因（Henry Sumner Maine，1822—1888）指出：平等在所有“1789年的各种原则（指《人权和公民权利宣言》——引者注）”中，是“曾最彻底地影响现代意见并将最深刻地改变社会构成和国家政治的原则”[④]。至此，身份——这一长期占据界定“人”的中心词——至少在法文表达上被排除出“人”的界定，人之为人是个人存立的唯一理由，这就是大革命带给个人在新社会中的法律特性。

实现平等是1804年《法国民法典》所负有的对法国社会进行全新规划的历史使命。“这一规划的最深层次的意图是实现由不同的社会等级所组成的政治社会向由不同的阶层所组成的经济社会的变迁。资产阶级非常乐意这样的变迁，旨在建构一个私法体制，并在这一体制的基础上，将所有权完全赋予给个人，与此相对的是，将政治权利完全赋予给主权者。这是一个以社会成员的形式上的平等——或者是自由地取得财产的所有权——为核心的体制，它拒绝回到以前的具有封建特征的以‘身份’

---

① 〔日〕大木雅夫：《比较法》，范愉译，朱景文审校，北京，法律出版社1999年版，第179页以下；〔爱尔兰〕J. M. 凯利：《西方法律思想简史》，王笑红译，汪庆华校，北京，法律出版社2002年版，第254页。

② 〔法〕弗朗索瓦·惹尼：《现代民法典编纂的立法技术（民法典百年）》，钟继军译，徐国栋校，载徐国栋主编：《罗马法与现代民法》，第2卷，北京，中国法制出版社2001年版，第184页以下。日本学者大木雅夫（1931—）也认为：“然而问题在于，使民众容易理解是否有益、是否民主。由于法律主要是由法律家运作的，所以必须在专门性、技术性知识的基础上加以运用，因此毋庸讳言，法律的简明性反过来亦会招致其意义的暧昧性之弱点。”见〔日〕大木雅夫：《比较法》，范愉译，朱景文审校，北京，法律出版社1999年版，第184页。

③ 〔意〕圭多·德·拉吉罗：《欧洲自由主义史》，杨军译，长春，吉林人民出版社2001年版，第47～48页。

④ 〔英〕梅因：《古代法》，沈景一译，北京，商务印书馆1959年版，第55页。

(Status）为核心的社会等级的体制。"[1] 从法律技术的层面来看，1794 年《普鲁士普通邦法》最早从概念上对生物人和法律人作出明确的区分，它以能否"在市民社会中享有一定的权利"为标准，确立了法律人格的概念。[2] 但是，其时的法律人格概念尚属初创，其所对应的"权利"只能是自然权利。1804 年《法国民法典》对此予以继承，第一次赋予了法律人格以平等的实质性内涵，成为近代民法中"人格"概念的首要特征。波塔利斯宣称，该法典将消除以宗教信仰或世袭社会地位为基础的所有公民之间的差别，"是公民们的共同母亲，它与为所有人提供平等保护的要求相吻合"。然而，这个"平等的理想"却被后来的事实所无情否定。该法典被证明适合于不同形式的政府，这说明当特权被需要时，要恢复它们再容易不过了！[3]

1804 年《法国民法典》第 1 编的标题是"人"（Des personnes），尽管这与其罗马法先祖相似，但在意涵上已然去除了原有的身份气味，经由理性价值而赋予个人存立的法律特性。该编第 7 条规定："民事权利的行使不以按照宪法取得并保持的公民资格为条件。"[4] 虽然似可将此视为该法典关于私权（/私法）与公权（/公法）区分原则的规定，但却是该法典上的个人尚保持与国家的联系（"法国人"）的明证。[5] 个人从此摆脱教会而直接面对国家，故包括国籍、身份登记等事项均被纳入规定；更以团体之存在将侵害个人之自由为由，故几无社团或财团之规定。[6] 但该法典

① 〔意〕索马：《第三个千年之中的民法典编纂——对法律史与立法政策的反思》，薛军译，载《中外法学》2004 年第 6 期。

② 1794 年《普鲁士普通邦法》第 1 部分第 1 题第 1 条规定："人（Mensch）如果在市民社会中享有一定的权利，就称之为［具备法律人格的］人（Person）。"

③ 〔美〕詹姆斯·高德利：《法国民法典的奥秘》，张晓军译，载梁慧星主编：《民商法论丛》，第 5 卷，北京，法律出版社 1996 年版，第 581、583～584 页。

④ 《拿破仑法典（法国民法典）》，李浩培、吴传颐、孙鸣岗译，北京，商务印书馆 1979 年版，第 2 页；本章以下凡引《法国民法典》，均据该译本。

⑤ 1804 年《法国民法典》第 3 条第 3 款规定："关于个人身份与法律上能力的法律，适用于全体法国人，即使其居住于国外时亦同。"同时，该法典给予外国人以对等待遇，其第 11 条规定："外国人，如其本国和法国订有条约允许法国人在其国内享有某些民事权利者，在法国亦得享有同样的民事权利。"

⑥ 曾世雄：《民法总则之现在与未来》，北京，中国政法大学出版社 2001 年版，第 3 页。意大利学者 P. G. 蒙那代里（Pier Giuseppe Monateri）指出：1804《法国民法典》"用很长的篇幅来规定居所、住所、死亡、失踪等等诸如此类的东西，并将它们确认为法律上的身份，以此对抗数个世纪以来，专属于教会的对人的生活中的事件所进行的登记"；见〔法〕蒙那代里：《关于中国民法典编纂问题的提问与回答》，薛军译，载《中外法学》2004 年第 6 期。

对于个人的法律属性，除规定住所、家族、无能力等以外，尽管并非不考虑对个人各种人格利益的保护，却未对人之为人的权利作出直接而全面的规定。① 在第 1 编第 1 章第 2 节“民事权利的丧失”中，第 1 目讨论的是“因丧失法国人资格而丧失民事权利”，第 2 目则是“因法院判决而剥夺民事权利”，其中引入了“民事死亡”的概念。可见，该法典所确立的“人”，是在摆脱上帝而以国家作为前提的、理性的人。它不区分个人所处在的社会阶层，将以人之为人为内容的理性人格赋予每一个个人，在人格概念的发展史中具有重大的转折意义。

1804 年《法国民法典》第 8 条规定：“所有法国人都享有民事权利。”学者认为其中有四层含义：一是该法典创设私权并规范私权之享有；二是适用该法典者，方唯享有私权；三是并非自然人即当然适用该法典；四是法国人均适用该法典，均能享有私权，非法国人原则上不适用该法典，不能享有私权。② 于此，“人首先是从私法上权利义务主体的层面来把握的，在这一点上，所有的人皆是平等的。一言以蔽之，任何人皆享有相同的私法上的权利和义务乃是近代私法把握人的方法方面的首要的最大的特色”③。它所展现的是一幅“启蒙主义的社会图像：在那里，人是一种理性的可以自己负责的创造物，自出生之日便获得了关于良心、宗教信仰和经济活动的自由的不可割让的权利。人们无须再与旧制度的那个中间身份集团打交道，而只和国家本身发生联系。这个国家有义务通过它的立法把公民从封建的、教会的、家庭的、行会的以及身份集团的传统权威中解放出来，并赋予全体公民以平等的权利”④。但是，作为旧法的残余物，该法典在家庭法方面仍然确认所谓“家父权”以及丈夫的优越地位，如父母对子女婚姻的干预权（第 148 条以下，其中有父系优先同意的原则）、针

---

① 〔日〕星野英一：《私法中的人——以民法财产法为中心》，王闯译，载梁慧星主编：《民商法论丛》，第 8 卷，北京，法律出版社 1997 年版，第 165 页。

② 曾世雄：《民法总则之现在与未来》，北京，中国政法大学出版社 2001 年版，第 75 页。对于 1804 年《法国民法典》第 8 条规定中的“法国人”，谢怀栻（1919—2003）教授指出：“在那个时代，民族国家是人类最高的生活共同体，用‘法国人’这个字眼是完全正当的。”但后来为 1811 年《奥地利普通民法典》第 16 条、1896 年《德国民法典》第 1 条规定的“人”所超越；见谢怀栻：《大陆法系国家民法典研究》，载谢怀栻：《谢怀栻法学文选》，北京，中国法制出版社 2002 年版，第 387～388、399 页。

③ 〔日〕星野英一：《私法中的人——以民法财产法为中心》，王闯译，载梁慧星主编：《民商法论丛》，第 8 卷，北京，法律出版社 1997 年版，第 156 页。

④ 〔德〕K. 茨威格特、H. 克茨：《比较法总论》，潘汉典、米健、高鸿钧、贺卫方译，潘汉典校订，贵阳，贵州人民出版社 1992 年版，第 153 页。

对妻子单方的行为能力限制（第 213 条以下）等，均构成对家属自由、妇女自由的限制。总的说来，“市民在法律之前的平等（特别是关于土地与继承法制），以及个人范围内的自由（尤其是契约与经济活动的自由），要在法国民法典里面，才变成新社会形象活生生的公理”①。而这种平等的对象，主要是针对男性公民而言的。②

（三）以财产为中心的个人理性人格

18 世纪的现代自然法论延续了罗马法上将财产作为人格的要素之一、“人”与“物”（*res*）尚未完全分离的做法，赋予财产以相对特殊的地位，这与其人格观念尚且处于理性人格的阶段相关联。财产取代了身份，成为个人理性人格的质料。财产权作为天赋人权，代表着个人最直接的活动领域，没有这个活动领域，个人的独立与自治将沦为空谈。只有有产者，才能真正地“享有”他自身，才有能力抵制其他个人或国家对他的侵犯。③洛克认为，财产先于公民社会，公民社会的目的就是“保护财产”。“人们在国家中联合起来并将自己置于政府之下的……重大的和主要的目的就是要保护他们的财产”。即使是公民的财产——在实在法基础上所拥有的财产——在关键的方面也是不依存于社会的：它并不是社会的产物。“人”，亦即个人，“在其自身之内仍然具有着财产的重要基础”④。正是基于此，《人权和公民权利宣言》第 17 条规定：“财产权是不可侵犯的、神圣的权利，因此，除非由于合法证明的公共需要明显地要求的时候，并且在公正的、预付赔偿的条件下，任何人的财产权都不受剥夺。”总之，财产是个人理性人格的质料，个人因之才得以存立。

表面看来，大革命只是卸除了封建身份的枷锁，而其真正的目的，则

① 〔德〕弗朗茨·维亚克尔：《近代私法史——以德意志的发展为观察重点》上册，陈爱娥、黄建辉译，上海，上海三联书店 2006 年版，第 339 页。

② 学者指出：作为 1804 年《法国民法典》之基础的“个人主义尽管主张个人是自由平等的，具体地说，这是指具有基于理性的、能够自觉战胜日常生活的狂风恶浪之能力的人；但这种能力却不是对女人、而是仅对男性的期待。因此，即使在个人主义的原则下，女性也处于受男性的庇护之下”。转引自〔日〕大木雅夫：《比较法》，范愉译，朱景文审校，北京，法律出版社 1999 年版，第 181 页。

③ 〔意〕圭多·德·拉吉罗：《欧洲自由主义史》，杨军译，长春，吉林人民出版社 2001 年版，第 25 页。

④ 〔美〕列奥·斯特劳斯：《自然权利与历史》，彭刚译，北京，生活·读书·新知三联书店 2003 年版，第 250 页。

是要解放土地，使平民成为真正的、唯一的、绝对的土地所有者（有产者）。[①] 以此为基调，1804 年《法国民法典》一方面十分简约地将《人权和公民权利宣言》所确立的“人”的平等地位，转换成平等的民事地位（第 8 条）；另一方面则保持了罗马法将“人”与“物”相对应的处理方式，确立了以财产为中心的法典构造模式。该法典第 544 条规定：“所有权是对于物有绝对无限制地使用、收益及处分的权利，但法令所禁止的使用不在此限。”波塔利斯认为，所有权是“所有立法的普遍灵魂”，是一项基本的权利，是社会的基石之一。[②] 作为追加的限制，该法典第 545 条规定：“任何人不得被强制出让其所有权；但因公用，且受公正并事前的补偿时，不在此限。”上述两个条文合起来，最终完成了《人权和公民权利宣言》第 17 条所确定的革命任务。《法国民法典》第 544 条是该法典“真正的中心”“唯一的基石”，它保证了法典的内在一致性，还对未来的一切保持开放；这不仅是法律上的判断，更是政治上的判断。[③] 财产自由（所有权自由）原则的确立，是该法典对“人”的实质性诠释；其所展示的，正是“有产者的市民阶级的理想形象”[④]。尽管如此，这与其后趋于纯粹的个人主义解释仍然存在不少的距离，盖因在该法典中，所有权从一开始就是受限制的，它与所有者的意志毫无关联。后世学者常以纯粹的个人主义理解之，只是一种一厢情愿甚至生吞活剥的解释而已。

《法国民法典》第 1134 条规定：“依法成立的契约，在缔结契约的当事人间有相当于法律的效力。”“前项契约，仅得依当事人相互的同意或法律规定的原因取消之。”“前项契约应以善意履行之。”该条第 1 款规定乃直接源出于罗马法[⑤]，一般认为这是该法典承认意思自治、契约自由的标志。事

---

① 这是法国学者阿历克西·德·托克维尔（Alexis de Tocqueville，1805—1859）在其名著《旧制度与大革命》（1856）一书中分析大革命起因的开篇（第 2 编第 1 章）观点。

② 〔美〕詹姆斯·高德利：《法国民法典的奥秘》，张晓军译，载梁慧星主编：《民商法论丛》，第 5 卷，北京，法律出版社 1996 年版，第 557 页。学者指出：1804 年《法国民法典》第 2、3 编“完全是关于所有权，关于取得所有权的方式以及所有权可能发生的变更。从政治上说，这是法典的心脏，其他条文（包括第 1 编关于人法的内容）被附加于它之上”。〔法〕让-保罗·让、让-皮埃尔·鲁瓦耶：《民法典：从政治意志到社会需要——两个世纪以来的评估》，石佳友译，载《法学家》2004 年第 2 期。

③ 〔法〕让-保罗、让-皮埃尔·鲁瓦耶：《民法典：从政治意志到社会需要——两个世纪以来的评估》，石佳友译，载《法学家》2004 年第 2 期。

④ 〔德〕K. 茨威格特、H. 克茨：《比较法总论》，潘汉典、米健、高鸿钧、贺卫方译，潘汉典校订，贵阳，贵州人民出版社 1992 年版，第 173 页。

⑤ D. 50，17，23；载〔意〕桑德罗·斯奇巴尼编：《契约之债与准契约之债》，丁玫译，北京，中国政法大学出版社 1998 年版，第 463 页。

实上，缔结契约只是个人依赖其自身所取得的力量之一，法律将此作为个人的自由来看待，因而不予介入。仅以此为前提，个人才成为自由制定与他人之间法律的主体。[①] 正如不宜对该法典第544条关于所有权绝对的规定作过度诠释那样，莫如将此三款规定作为一个整体来理解。波塔利斯指出："契约自由除依正义、善良习俗和公共利益外，不受限制。"以合乎正义作为前提，"人"终于成为法律的中心；他不仅须受自我约束（同法典第1119条），还须承担自己责任（同法典第1147条）。应当承认，这里的"人"尚不能从后世契约意志理论的角度进行界定，毋宁应从所服务的目的（如正义、公平、平等等）而被认知。它由于摆脱了存在于每个个人之间的具体差异而实现了彻底的理性化，展示出一个"有识别力、明智、敢于负责，同时也精通本行和熟悉法律"的"经济人"形象。[②] 究其实质，则仅止于有产者之间平等地享有财产权而已。这正是该法典在明确采取契约自由的同时，又基于平等原则而采取约因理论（同法典第1108、1131条），而与后世民法所采取的意思中心主义（契约意志理论）相悖离的奥秘所在。[③]

为以财产为中心构造民法并确立理性人格，19世纪法国著名学者查尔斯·奥普利（Charles Aubry，1803—1883）和查尔斯·劳（Charles Rau，1803—1877）发展出"总体财产"（*patrimoine*，又译为广义财产）的理论：总体财产由积极财产和消极财产组成。积极财产为财产之整体，亦即权利的总和；消极财产则为债务及负担。[④] 总体财产必然附着于人，是"人格的流露和一个人本身所具有的法律能力的表现"；任何一个人都有总体财产，但都只有一项总体财产，因而不得转让和分割之；从某种意义上说，总体财产与人是同一的，"总体财产是单一的，就像人是单一的一样"[⑤]。我国学

---

① 〔日〕星野英一：《私法中的人——以民法财产法为中心》，王闯译，载梁慧星主编：《民商法论丛》，第8卷，北京，法律出版社1997年版，第166页。

② 〔德〕K. 茨威格特、H. 克茨：《比较法总论》，潘汉典、米健、高鸿钧、贺卫方译，潘汉典校订，贵阳，贵州人民出版社1992年版，第173页。

③ 〔美〕詹姆斯·高德利：《法国民法典的奥秘》，张晓军译，载梁慧星主编：《民商法论丛》，第5卷，北京，法律出版社1996年版，第562页以下。另有学者则认为，1804年《法国民法典》汲取了启蒙哲学的精华，后者将个人意志作为私法关系中的至关重要的基准点；见〔德〕罗伯特·霍恩：《法律科学与法哲学导论》，罗莉译，北京，法律出版社2005年版，第229页。似非确论。

④ 尹田：《无财产即无人格——法国民法上广义财产理论的现代启示》，载《法学家》2004年第2期。尹教授同时指出：总体财产"理论第一次从整体的角度对人的财产状况进行观察，其抽象、概括和独特的视角具有里程碑意义"。

⑤ 〔法〕雅克·盖斯旦、吉勒·古博、缪黑埃·法布赫-马南：《法国民法总论》，陈鹏等译，谢汉琪审校，北京，法律出版社2004年版，第150～152页。

者尹田教授指出：总体财产理论“最为精妙之处，便在于将抽象的整体性财产与人格合为一体，从最为广阔的社会视角出发，揭示了人格与财产的统一性。……与此同时，《法国民法典》以所有权为中心而设置的全部财产法制度，也获得了其个人主义、人道主义和人文关怀的观念基础”①。

四、结 语

归结1804年《法国民法典》上的“人”，包括两层含义：一是凡人均有人格（toutêtre humain a la personnalité）；二是仅人方有人格（seuls lesêtre humains ont la personnalité）。这一“人—人格”的架构，对后世影响至巨。② 法国学者萨瓦第埃（Savatier）指出：该法典中的“人”包含了物质主义和精神主义的二重意义。在物质主义的方面，该法典所服务的自由是有关所有权和财产的契约。在精神主义的方面：首先，这个“人”是“有尊严的存在，是自己和自己命运的主人，他忠实于自己的约定，觉悟到自己责任的存在”；其次，即使是土地所有者，也是一种“哲学性的人格、是一种抽象存在”，立法者们抬高这些精神，将自由与其所处的周围环境相分离；再次，在所有权与契约中，自由的人不需要任何监护，平等中的自由充分地保护着他。③ 这正是该法典所确立的个人理性人格的实质内涵。

关于1804年《法国民法典》上有无对“人”进行民事主体资格化的处理，尹田教授存有疑问。他认为：“事实表明，基于天赋人权的理念，法国民法典没有对‘人’进行任何技术上的处理，亦即没有运用‘主体资格’、‘法律资格’这样的技术性观念去表达或者替代伦理意义上的实实在在的‘人’，因此，即使仅在技术的层面，法国民法也完全没有继受或者在实质上使用罗马法的人格概念。”④ 笔者认为，该法典确立个人理性人格的意义，主要体现在两个层面：一是对罗马法上的身份人格进行彻底改造，清除身份等因素对“人”的束缚，实现人格的独立和平等；二是以现代自然法论为基础对民法上的“人”进行重新定义，使“人”享有自然权利，尤其表现在对所有权、契约权等财产权利的享有。该法典所确立的个人理

① 尹田：《无财产即无人格——法国民法上广义财产理论的现代启示》，载《法学家》2004年第2期。

② 曾世雄：《民法总则之现在与未来》，北京，中国政法大学出版社2001年版，第81页。

③ 〔日〕星野英一：《私法中的人——以民法财产法为中心》，王闯译，载梁慧星主编：《民商法论丛》，第8卷，北京，法律出版社1997年版，第165、169页。

④ 尹田：《论人格权的若干问题》，载米健主编：《中德法学学术论文集》，第2辑，北京，法律出版社2006年版，第319页。

性人格，是“人格”概念从身份人格向实证人格变动的中间阶段。其后，民法上产生了一个纯粹技术性的“人格”概念：权利能力（Rechtfähigkeit），这由 1896 年《德国民法典》所最终完成。

对 1804 年《法国民法典》所确立的个人理性人格中财产性的证立，某种程度上也暗示了近代民法乃以财产法作为主体内容。被誉为真正的“德国民法典之父”的萨维尼也十分看重财产之于人格的意义，他指出：“通过所有权和债这两种权利，权利人的力量向外扩展超出其本质的自然界限。以这种方式扩展个人权力的关系的整体就被称为此人的财产（Vermögen）”对财产的重视，已经内化于近代以降的传统民法的血脉之中。根据西方社会在其历史发展过程中形成的理解，所有权是个人自由的保障。德国联邦最高法院曾经指出：“如果一个被纳入国家的个人要在同类中作为一个法律上的人而存在，即自由并且自我决定的生活，要免于沦为巨大的国家权力的纯粹的客体，即要拥有自由和尊严，那么他就必须有受到法律严格确保的所有权权利的范围。”①

从民法调整对象的角度来看，近代以降的传统民法的主要调整对象是财产关系。即使是调整身份关系的家庭法，其实质也只是以身份关系作为纽带的特别财产法。作为近代以降民法两大调整对象的财产关系和身份关系，它们之间并非平行关系，毋宁是主、从关系。② 这在无论是 1804 年《法国民法典》还是 1896 年《德国民法典》之中，均莫能外。美国学者罗斯科·庞德（Roscoe Pound，1870—1964）指出了近代法律创建的这一“秘密”：“在 17、18 世纪时，当今世界上的法律正在从中世纪的严格中创建；而成熟化法律则主张保障既有财产和交易安全，从而主张财产规则是所有法律规范的典范。”③ 至于现代民法上对身份关系法的重塑，即取得相对于财产关系法的独立地位，这以个人在民法中取得“绝对性”的独立地位为前提，也可以看作是对罗马法上“人法”传统的某种超越性的回归。

总之，1804 年《法国民法典》所开创性确立的个人理性人格，是民法近代化的标志。

---

① BGHZ6，270、276. 转引自〔德〕罗尔夫·克努特尔：《〈德国民法典〉中自由之保障》，涂长风译，田士永校，载米健主编：《中德法学学术论文集》，第 2 辑，北京，法律出版社 2006 年版，第 200～201 页。

② 苏永钦：《寻找新民法》，北京，北京大学出版社 2012 年版，第 466 页。我国 1986 年《民法通则》第 2 条规定有所谓“人身关系”，是否包括传统民法上的身份关系，学说上存在分歧。

③〔美〕罗斯科·庞德：《法律与道德》，陈林林译，北京，中国政法大学出版社 2003 年版，第 21 页。

第三节　近代民法上的个人（德国篇）

以自然权利为内容的现代自然法论，发展至以德国哲学家伊曼努尔·康德（Immanuel Kant，1727—1804）为代表的“批判”理性论阶段，已然接近尾声。退潮的先兆，既来自于它的内部，包括同时开创自然权利论和法实证主义的托马斯·霍布斯（Thomas Hobbes，1588—1679），以及持理性自然法论的让—雅克·卢梭（Jean-Jacques Rousseau，1712—1778）和康德；也来自于它的外部，包括大卫·休谟（David Hume，1711—1776）的经验主义批判，以及持严格法实证主义的杰里米·边沁（Jeremy Bentham，1748—1832）等。伴随着 18、19 世纪之交席卷欧洲的浪漫主义运动，作为人类思想史上的一座高峰，现代自然法论在法实证主义的冲击下黯然陷落。美国学者罗斯科·庞德抱怨称，当我们在不同的背景下使用“人”和“人格”这些存在已久的术语时，“除了直面困难和缺陷外别无他法”①。可以说，庞氏所言的“人”和“人格”概念所存在的“困难和缺陷”，很大程度上形成于现代自然法论谢幕、法实证主义登台这一思想剧烈变动的时期。1896 年《德国民法典》正是这一思想剧烈变动的产物，它对个人的设定也大异于此前的 1804 年《法国民法典》。

一、“批判”自然法论中的个人

“批判”自然法论的命名，系源于康德学说。康氏又常将其学说归宗于卢梭。作为对介绍卢、康二氏学说的铺垫，暂且放下现代自然法论的创始人霍布斯，先行介绍康氏其时德国的法学状况。

（一）前奏：德国理性自然法论

法国人文主义法学派学者雨果·多诺（Hugues Doneau，1527—1591）在其《市民法评注》一书中把 *persona* 与罗马法中的三种身份（自由人、市民与家族身份）联系起来，认为后者是前者的基础，某人只有具备这些身份，才能参与法律生活，这使 *persona* 正式成为一个具有法律意义的术语。此后，德国学者赫尔曼·乌尔特尤斯（Hermann Vultejus，1565—1634）对 *persona*、*caput* 与 *homo* 的关系进行了高度概括：*persona* 是具备 *caput*

---

① 〔美〕罗斯科·庞德：《法理学》，第 4 卷，王保民、王玉译，张英、王玉校，北京，法律出版社 2007 年版，第 153～154 页。

civile 的 *homo*，而 *caput civile* 由三种身份构成。“奴隶是 *homo*，但不是 *persona*。在市民法上，自然意义上的 *homo* 被称为 *persona*。”[①] 德国理性自然法论的奠基人萨缪尔·普芬多夫（Samuel Pufendorf，1632—1694）将人区分为物理存在体和伦理存在体两种存在形式，前者指向人的自然属性，后者指向人的伦理属性。伦理人（personae morales）是伦理世界的主体，具备理智与意志，因而区别于动物。于此，普氏延续勒内·笛卡尔（Rene Descartes，1596—1650）“我思故我在”的理路，理智与意志决定人的行为，义务则是自由意志的界限；基于义务，伦理人具有引导、节制自己意思行为的自由，以此确保自由生活的秩序。[②]

继普芬多夫之后，第一次正式提出“主体”（Subject）概念的克里斯蒂安·沃尔夫（Christian Wolff，1679—1754）认为，人（Mensch）如果作为一定权利义务的主体，就成为伦理人，其伦理状态（sittlicher Zustand）系由权利义务所决定的；团体虽然可以视为一个人，是自然自由（von Natur frey）的，但只有其成员才是伦理人，团体本身还不是真正的人。学者指出，伦理人概念的出现改变了民法理论以及民法体系的基因序列，直接导致权利成为民法的核心范畴，为一个区别于法学阶梯式民法体系的学说汇纂式民法体系的出现打响了发令枪。自沃氏始，法学上对于权利及其主体的专门探讨日渐普遍，直接影响到 1794 年《普鲁士普通邦法》的制定。该法典第 1 部分第 1 题第 1 条规定：“人（Mensch）如果在市民社会中享有一定的权利，就称之为［具备法律人格的］人（Person）。”[③] 由普氏、沃氏所开创的理性法学，乃下启自康德以降德意志的法学理论。沃氏的概念构成思想，使他被认为日后学说汇纂法学（Pan-

① 徐国栋：《民法哲学》，北京，中国法制出版社 2009 年版，第 114、134 页；杨代雄：《主体意义上的人格与客体意义上的人格——人格的双重内涵及我国民法典的保护模式选择》，载《环球法律评论》2008 年第 4 期。

② 杨代雄：《古典私权一般理论及其对民法体系构造的影响》，北京，北京大学出版社 2009 年版，第 6 页以下。杨教授指出，普氏这一“主体”观念可以上溯于约翰内斯·阿尔特胡修斯（Johannes Althusius，1557—1638），后者将人定义为相互之间的权利的拥有者。但无论是普氏抑或阿氏，均未直截了当地将人界定为权利义务的主体；见同书，第 32～33 页。

③ 杨代雄：《古典私权一般理论及其对民法体系构造的影响》，北京，北京大学出版社 2009 年版，第 32 页以下。经由沃尔夫，“伦理人”概念更成为日后“法人”概念的引源。《普鲁士普通邦法》这一规定的目的，实际上是想在法律上实现人格人对人的置换，即人不必然是法律主体，只有人格人才是法律主体；见〔德〕罗尔夫·克尼佩尔：《法律与历史——论〈德国民法典〉的形成与变迁》，朱岩译，杜景林、卢谌校，北京，法律出版社 2003 年版，第 59 页。

dektenwissenschaft，又译为潘德克顿法学）的精神之父。①

德国理性自然法学的自然权利理论对后世民法的影响是巨大而深远的。它不仅催生了18世纪欧洲专制君主国和19世纪自然法法典编纂活动，还从根本上改写了民法的定义。此前，罗马法意义上的市民法具有统一的特征，即兼具有私法和公法的意涵；此后，民法便被缩减为规范和保护个人权利的法，确定和限制国家权力的内容则统归于宪法。这也是卢梭等人所主张的社会契约理论的重要基础，即对个人权利和国家权力、民法与公法作严格的区分。②

（二）卢梭

以世俗化、启蒙和个人的自然权利为胎记的现代自然法论，首先在卢梭那里遭遇到危机。卢氏虽然从霍布斯那里汲取了自然状态的概念，但否认霍氏的性恶论。首先，所谓自然状态是一种假定，而不是人类进入政治社会之前的实际状态。卢氏说："由自然状态进入社会状态，人类便产生了一场最堪注目的变化；在他们的行为中正义就代替了本能，而他们的行动也就被赋予了此前所未有的道德性……对于从此使得他永远脱离自然状态，使他从一个愚昧的、局限的动物一变而为一个有智慧的生物，一变而为一个人的那个幸福的时刻，他一定会感恩不尽的。"③ 既然以自然状态作为出发点，其中的人只能是抽象的人，同时也是孤独的人。这也区别于霍氏学说中的社会的人。

其次，自然法是在自然状态中调节人们相互关系的法。在自然状态中，人尚无善恶的观念，但由于天然的怜悯心，倾向于性善。自爱心和怜悯心是建立自然法一切规则的两项原理。同时，自然状态中的人，只能是平等的人，人们之间不存在任何从属关系。卢梭说："权利平等及其所产生的正义概念乃是出自每个人对自己的偏私，因而也就是出自人的天性。"④ 在这里，自然权利乃系先于主权者的。为了以整体的共同

① 〔德〕格尔德·克莱因海尔、扬·施罗德主编：《九百年来德意志及欧洲法学家》，许兰译，北京，法律出版社2005年版，第462页。

② 〔意〕阿尔多·贝特鲁奇：《从市民法（Ius Civile）到民法（Diritto Civile）——关于一个概念的内涵及其历史发展的考察》，薛军译，载吴汉东主编：《私法研究》，总第2卷，北京，中国政法大学出版社2002年版，第92～93页。

③ 〔法〕卢梭：《社会契约论（修订译本）》，何兆武译，北京，商务印书馆1980年版，第29～30页。可见，在卢氏那里，自然状态系与动物相对应，社会状态则系与人相对应。

④ 〔法〕卢梭：《社会契约论（修订译本）》，何兆武译，北京，商务印书馆1980年版，第42页。

力量来保护和捍卫每个人的人身和财富，每个人必须缔结社会契约，毫无保留地把他的全部自然权利让渡给整个社会，从而确立起从全体出发的、对全体都适用的“公意”(general will)。主权即意味着执行公意，每个人在服从公意的同时也就是服从他自己。至此，公意取代了此前还属于自然法的超越地位：“主权者正由于他是主权者，便永远都是他所当然的那样。”①

再次，在卢梭看来，自由是比生命更高的善，就是服从于人对自己的立法。不仅是对法律的服从、而且立法本身，都必须源自于人。与其说自由是德性的前提或结果，不如说自由就是德性本身。因此，不是理性，而是自由，成为人的特质——这是“人”的一个全新定义。社会中的自由，只有通过每个人（尤其是政府）都彻底服从于自由社会的意志才成其为可能，自由社会植根和依赖于实在法对自然权利的吸纳。② 应予承认的是，卢氏学说上的人是受自然状态概念局限的人，并非现实的人。正如英国学者亨利·萨姆纳·梅因（Henry Sumner Maine，1822—1888）批判说：“在卢梭的一切理论中，其中心人物，不论是穿着英国服装在一个社会契约上签名的或者是率真地把所有历史特性完全剥光的，都一律是在一种假设的自然状态中的‘人’。”③④

（三）康德

康德是德国近代思想的开山者，也是德国古典哲学的奠基人。他以“批判”命名其哲学，即批判地研究人的认识能力，确定认识的方式和限度。他将哲学分为形式的和实在的两种，形式的哲学是逻辑学，实在的哲学是物理学和伦理学。物理学探寻自然的法则，伦理学探寻自由的法则。

---

① 〔法〕卢梭：《社会契约论（修订译本）》，何兆武译，北京，商务印书馆 1980 年版，第 28 页。

② 〔美〕列奥·斯特劳斯：《自然权利与历史》，彭刚译，北京，生活·读书·新知三联书店 2003 年版，第 282～285、292 页。

③ 〔英〕梅因：《古代法》，沈景一译，北京，商务印书馆 1959 年版，第 50 页。

④ 据德国学者奥托·冯·基尔克（Otto von Gierke，1841—1921）的考证，卢梭学说的德意志先祖为阿尔特胡修斯，基氏假定卢氏抄袭了阿氏的《政治学》（1603）一书。此外，阿氏的学说还影响了荷兰的胡果·格劳秀斯（Hugo Grotius，1583—1645），但与稍早之前法国的多诺也有许多共同之处。参见〔德〕米夏埃尔·马丁内克：《德意志法学之光：巨匠与杰作》，田士永译，北京，法律出版社 2016 年版，第 137 页；〔德〕格尔德·克莱因海尔、扬·施罗德主编：《九百年来德意志及欧洲法学家》，许兰译，北京，法律出版社 2005 年版，第 23、25 页。后书中称多氏晚于阿氏，有误；其中的“30 年代”（第 23 页第 2 行），疑为“30 年前”之误，盖多氏较阿氏年长30 岁。

在伦理学中，经验性的部分称为实践的人类学，先验性的部分称为道德。康氏晚年将其关注的焦点放在道德形而上学之上，在其重要著作《道德形而上学》(1797) 一书中，将道德形而上学分为法权论和德性论两个部分。法权论是康氏道德形而上学乃至其整个哲学体系中的重要一环。康氏自承，其理论深受卢梭学说的影响，是卢氏教会他尊重人的本性，它使一切人具有价值，并树立起人的权利。两者的不同之处在于，卢氏是从自然的人着手综合性地进行研究，康氏则是从文明的人开始分析性地进行研究；卢氏对人的本性采取性善论，康氏则认为人既有善的一面，同时又具有作恶的可能性。

首先，康德从人的欲求这一本性出发，探讨人的心灵的能力与道德法则的关系。在主体的理性中发现、具有内在规定根据的人的欲求能力，称为意志。只有人这一有理性的存在者，才具有这种按照法则的观念而动作的能力。所谓法则，是指把应当发生的行动在客观上表现为必然，使行动成为义务的“绝对命令”(Categorical Imperitive)。早在《道德形而上学原理》(1785) 一书中，康氏提出了两条著名的道德命令，第一条是形式的：“只要按照你同时认为也能成为普遍规律的准则去行动。”第二条是质料的：“不论是谁在任何时候都不应把自己和他人仅仅当作工具，而应该永远看作自身就是目的。”① 人是目的，这一振聋发聩的宣言，至今依然镌刻在人类自由的思想柱上。② 这同时也宣告了启蒙运动在理智层面的终结。康氏宣称：“启蒙运动除了自由而外不需要任何别的东西，而且还确乎是一切可以称之为自由的东西之中最无害的东西，那就是在一切事情上有公开运用自己的理性的自由。”③

其次，义务是康德伦理学的核心范畴。他把立法（法则）区分为伦理的和法权的两种类型，前者本身就是行动的规定根据（“内在的义务”），“仅仅因为它是义务而不考虑其他动机就遵守它的命令，只属于内在的立

---

① 〔德〕康德：《道德形而上学原理》，苗力田译，上海，上海人民出版社 2005 年版，第 39、53 页。

② 对此表示反对的学者认为：“从历史角度来看，他（指康德——引者注）既没有在历史哲学领域，也没有在社会哲学领域中提供新的知识；他有所创新的大多只是伦理目的论的表述方式，或者是说，他在理论的装饰方面有所创新。”参见〔德〕亨利希·库诺：《马克思的历史、社会和国家学说——马克思的社会学的基本要点》，袁志英译，上海，上海译文出版社 2006 年版，第196 页。

③ 〔德〕康德：《答复这个问题：“什么是启蒙运动?”》，载〔德〕康德：《历史理性批判文集》，何兆武译，北京，商务印书馆 1990 年版，第 24 页。

法”；后者则只涉及纯然外在的行动（“外在的义务”），准许另外一个与义务本身的理念不同的动机，“是那种也可能是外在的立法”。德性论和法权论的区分根据，在于立法的差异。义务是某人有责任采取的行动，因而是责任的质料；责任是服从理性的绝对命令式的一个自由行动的必然性。行为服从责任法则，意味着行动中的主体被按照其任性的自由来看待，他由于这样一个行为而被视为结果的事主，而且这结果连同行动本身都可以归责于他。康氏由此引出“人格”概念。

> 人格是其行为能够归责的主体。因此，道德上的人格性不是别的，就是一个理性存在者在道德法则之下的自由（但是，心理学的人格性只是意识到其自身在其存在的不同状态中的同一性的那种能力）。由此得出，一个人格仅仅服从自己（要么单独地、要么与其他人格同时）给自己立的法则。①
>
> 正是人格，也就是摆脱了整个自然的机械作用的自由和独立，但它同时却被看作某个存在者的能力，这个存在者服从于自己特有的、也就是由他自己的理性给予的纯粹实践法则，因而个人作为属于感官世界的个人，就他同时又属于理知世界而言，则服从于他自己的人格；这就不必奇怪，人作为属于两个世界的人，不能不带有崇敬地在与他的第二个和最高的使命的关系中看待自己的本质，也不能不以最高的敬重看待这个使命的法则。②

再次，与多诺创设“权利”概念的理路相似，康德从古罗马法学家多米第·乌尔比安（Domitius Ulpinianus，约 170—228）“诚实生活，不损害他人，各得其所”的“法的准则”③ 出发，指出：“法权上的正派（*honestas iuridica*）在于，在和他人的关系中维护自己作为一个人的价值的那种价值……（它——引者加）出自我们自己人格中的人性法权的责任（*Lex iusti*〔正当的法则〕）。”为此，康氏明确提出了“承担义务的能力”

---

① 〔德〕康德：《道德形而上学》，张荣、李秋零译，载李秋零主编：《康德著作全集》，第 6 卷，北京，中国人民大学出版社 2007 年版，第 231 页。

② 〔德〕康德：《实践理性批判》，邓晓芒译，杨祖陶校，北京，人民出版社 2003 年版，第 118～119 页。

③ D. 1，1，10，2，载《学说汇纂（第 1 卷）·正义与法、人的身份与物的划分、执法官》，罗智敏译，北京，中国政法大学出版社 2008 年版，第 15 页。其中的“诚实生活”（*honeste vive*），张荣博士、李秋零教授翻译为“正派地活着”；见〔德〕康德：《道德形而上学》，载李秋零主编：《康德著作全集》，第 6 卷，北京，中国人民大学出版社 2007 年版，第 245 页。

即“自由能力”概念。他指出：

> 作为使他人承担义务的（道德的）能力，亦即作为对他人的一个法律根据（*titulum*）的法权，其最高划分就是划分为生而具有的法权和获得的法权，其中前者是那种不依赖于一切法权行为而应天生归于每个人的法权；后者则是需要这样一种法权行为的法权。[①]

这一论述可以溯源于罗马法。优士丁尼（Justinian Ⅰ，483—565）《法学阶梯》（*Institutiones*，533）称：“自由人得名于自由一词。自由是每个人，除了受到物质力量或法律阻碍外，可以任意作为的自然能力（*naturalis facultas*）。”[②] 在康德的法权理论中，生而具有的法权只有一种，就是自由，这是“唯一的、源始的、每个人凭借自己的人性应当具有的法权。”自由的意味十分广泛，包括生而具有的平等、人做自己主人（*sui iuris*［自主］）等。具有这一完全超感性的自由能力的人，既独立于物理学规定的人格性（*homo noumenon*［作为本体的人］），也与被表现为受那些规定所累的主体的人（*homo phaenomenon*［作为现象的人］）不同。[③]

最后，康德法权学说中的自然法与此前的自然法论中的自然法存在明显的区别。“法权划分为自然法权和实证法权，前者建立在全然的先天原则之上，后者则来自于一个立法者的意志。”康氏改换了此前学说常用的“自然状态”概念的意涵，使之与公民状态而非社会状态相对立，进而将法权划分为自然的法权（私人法权）和公民的法权（公共法权）。所谓公民状态，系指向通过公共法律保障“我的”和“你的”的公民社会。[④] 由此，自然法不再是某种道德实体，毋宁是一种居于实证法之上、用以指导实证法创制的永恒原则，“一种对现有法律秩序进行维护、正当化和系统

---

① 〔德〕康德：《道德形而上学》，张荣、李秋零译，载李秋零主编：《康德著作全集》，第6卷，北京，中国人民大学出版社2007年版，第245～246页。

② I.1，3，1；载〔古罗马〕优士丁尼（又译为查士丁尼）：《法学总论（法学阶梯）》，张企泰译，北京，商务印书馆1989年版，第12页。这里没有采取徐国栋教授的译本，因其译文似不通；见徐国栋：《〈法学阶梯〉评注》，北京，北京大学出版社2011年版，第54页。优氏该段采自D.1，5，4pr.，罗智敏博士在翻译后者时将“*naturalis facultas*”翻译为自然权利，而非自然能力；见罗智敏译《学说汇纂（第1卷）·正义与法、人的身份与物的划分、执法官》，北京，中国政法大学出版社2008年版，第91页。

③ 〔德〕康德：《道德形而上学》，张荣、李秋零译，载李秋零主编：《康德著作全集》，第6卷，北京，中国人民大学出版社2007年版，第245～246、249～250页。

④ 〔德〕康德：《道德形而上学》，张荣、李秋零译，载李秋零主编：《康德著作全集》，第6卷，北京，中国人民大学出版社2007年版，第246、251页。

化的方法”。康氏既将法权的终极归结为自由意志，将自然法直接纳入法权体系之中，也不试图从法律之外引入新的素材，遑论创设法律。如果说此前的自然法论一般具有某种超越的意义，那么康氏的自然法论则是相对地下沉了，故其学说被称为“批判”自然法论。[①]

总之，康德确立“人只服从于自己的人格”的伦理原则，为日后包括民法学在内的法学走向人性化、科学化奠定了坚实的理论基础。但是，他把法权从属于道德，把法学从属于伦理学的做法，却逐渐遭到遗弃。

二、18、19 世纪德国思想界的概观

（一）对启蒙运动的反动

1760 年至 1830 年间，欧洲发生了始于德意志、被英国学者以赛亚·伯林（Isaiah Berlin，1909—1997）称为“改变了西方世界的生活和思想”“在西方意识领域里最伟大的一次转折”的“近代史规模最大的一场运动”：浪漫主义（Romanticism）。[②] 这场以反启蒙运动、反理性主义为特征的运动之所以发生在德意志，与其时该地区相比于那些启蒙运动蓬勃兴起的地区，如英国、法国来说，还相当的落后、混乱相关联。在英国、法国等已经相继建立起权力集中的民族国家的时候，18 世纪的德意志却是由 300 个王公和 1 200 个领主统治着，这一方面造就了德国文艺的忧郁气质，另一方面又引发了德意志人强烈的内倾生活方式，以后者为特征的虔敬运动被伯林称为“真正的浪漫主义之源”[③]。虽然与英国、法国同样受到启蒙运动的洗礼——尽管程度上大有不同，但正是在德意志，由于上述诸因素的共同作用，启蒙运动后遗的“潘多拉魔盒”被打开了。

浪漫主义的精神领袖约翰·格奥尔格·哈曼（Johann Georg Hamann，1730—1788）首先向启蒙运动宣战。他认为，人所采取的一切行动源于他自身力量的联合，所有的分离都应该被否定。但按照伯林的观点，真正称

---

① 〔美〕罗斯科·庞德：《法律与道德》，陈林林译，北京，中国政法大学出版社 2003 年版，第 14～17 页。另见朱高正：《朱高正讲康德》，北京，北京大学出版社 2005 年版，第 71～72 页。

② 〔英〕以赛亚·伯林著，亨利·哈代编：《浪漫主义的根源》，吕梁、洪丽娟、孙易译，张箭飞校，南京，译林出版社 2008 年版，第 9～10、18 页。伯氏的前辈伯特兰·罗素（Bertrand Russell，1872—1970）也曾指出：“从 18 世纪后期到今天，艺术、文学和哲学，甚至于政治，都受到了广义上所谓的浪漫主义运动特有的一种情感方式积极的或消极的影响。”见〔英〕罗素：《西方哲学史》下卷，马元德译，北京，商务印书馆 1976 年版，第 213 页。

③ 〔英〕以赛亚·伯林著，亨利·哈代编：《浪漫主义的根源》，吕梁、洪丽娟、孙易译，张箭飞校，南京，译林出版社 2008 年版，第 40～44 页。

得上浪漫主义之父的只有两个人：一是约翰·哥德弗雷德·冯·赫尔德（Johann Gottfried von Herder，1744—1803），一是他的老师康德。赫氏从哈氏那里袭取了表白主义（expressionism）的观点，认为一个人无论做什么事情，都是在充分地表白自己的本性。表白需要语言，每个人是通过语言找到他所归属的群体，这就是"根"的概念。语言和土地，是民族的纽带；隶属于同一群体的人的存在状态，是由他们之间的这些共同点所直接影响的。由此，赫氏发展出整个历史主义、进化论的观念，即每个人只能通过了解与其自身所处环境很不相同的环境，才能了解他人。总之，每个人类群体都应该为自己与生俱来的东西而奋斗，或者说，为了他们的传统而奋斗。①

赫尔德在其早期著作《关于人类形成的另一种历史哲学》（1774）一书中，第一次以极端的方式对历史主义的原则作全面表述（后来他从这一激进立场退却）。首先，赫氏以个体观念修正了启蒙运动的共同人性观点。他强调人的多样性以及人的个性、理性与非理性的方方面面相互联系，成为一个和谐的整体。其次，赫氏强调民族的"尚古观念"②，创设"民族精神"（Volksgeist）概念。历史是一个持续不断的运动，民族是一切真理的源泉，所有价值都来自于民族精神。"要理解一个异民族的某种思想或业绩，就必须先进入它的民族精神之中。"自此，"民族精神"概念在19世纪德国思想界流行开来，如威廉·冯·洪堡（Wilhelm von Humboldt，1767—1835）也说"语言仿佛是民族精神的外在表现"③。再次，赫氏开创了乐观的历史主义传统，认为历史是一个仁慈的过程，是真正价值的中心。这里面存在着相对主义的萌芽，因为它假设所有知识和价值都是与具体的文化和历史背景相连的。历史的意义并不是在通向理性终点的各种事件里被发现的，而是在各个不同民族中人类意志借以表达自身的众多方式中被发现的。赫氏的上述观念，与此前流行的理性自然法论、社会契约论和进步观

① 〔英〕以赛亚·伯林著，亨利·哈代编：《浪漫主义的根源》，吕梁、洪丽娟、孙易译，张箭飞校，南京，译林出版社2008年版，第45～50、61～71页。在这里，伯氏否定那种将卢梭称为浪漫主义之父的通常观点（如罗素），他认为卢氏的"作用被夸大了"，详见同书，第57～59页。

② 这里的"尚古观念"，采自伯林对赫尔德的界说。伯氏认为，"赫尔德不是民族主义的创始人、原作者……是各类名目的尚古主义的始作俑者"；赫氏使用了"民族"概念，但在18世纪，德语里的"Nation"一词尚未具有19世纪的内涵；见〔英〕伯林著，亨利·哈代编：《浪漫主义的根源》，吕梁、洪丽娟、孙易译，张箭飞校，南京，译林出版社2008年版，第68、65页。

③ 朱晓喆：《近代欧陆民法思想史——十六至十九世纪》，北京，清华大学出版社2010年版，第202页。

念判然两分。赫氏之后，经由“人道理想”（Humanitätsideal）和唯心主义哲学，德国历史主义完成了它的基本构建。[①]

（二）哲理法学中的个人

现代自然法论发展至康德，已然接近尾声。按照庞德的说法，自然法论在此后分裂为两种门径：一是使自然法成为纯粹用于辩护和解释的工具，如哲理法学；一是使自然法等同于习俗，这种习俗孕育于文明社会的生活经验之中，如历史法学。[②] 这里先谈哲理法学。[③] 19 世纪德国哲理法学的领袖是安东·弗里德里希·尤斯图斯·蒂堡（Anton Friedrich Justus Thibaut，1772—1840）及其好友、著名的古典唯心主义哲学家黑格尔。

1. 黑格尔。黑格尔被视为现代民法的主要奠基人。[④] 政治问题是终黑氏一生的思考中心，启蒙运动、狂飙运动、浪漫主义乃至历史主义都是其所接续的思想脉络。学者指出，现代文明中的各种危机，均导源于启蒙运动和浪漫主义运动的张力，黑氏是企图把二者综合起来的第一人。[⑤] 黑氏的政治哲学是从批判康德哲学开始的，他以“历史意志”取代康氏的“自由意志”，目标是构建伦理国家（事实上这仍然可以视为系对康氏思考的接续）。客观地说，黑氏政治哲学影响了整个 19 世纪的法学，无论是历史法学还是社会法学等，本质上都是一种黑格尔式的法学。[⑥] 例如，黑氏将法律的最终价值置放在国家合理化之上，历史法学则转换为民族精神（Volksgeist）。[⑦]

黑格尔将逻辑学置于其唯心主义哲学体系的中心位置，其核心是以循

① 〔美〕格奥尔格·G. 伊格尔斯：《德国的历史观》，彭刚、顾杭译，南京，译林出版社 2006 年版，第 41～50 页和第 51 页注释 17。

② 〔美〕罗斯科·庞德：《法律与道德》，陈林林译，北京，中国政法大学出版社 2003 年版，第 20～22 页。

③ 应予说明的是，哲理法学并不是一个稳定的法学流派，毋宁是后人对 18 世纪末、19 世纪初德国受康德哲学影响的一种法学现象的概括，这些法学家既没有统一的宣言和学术纲领，也没有形成特定的学术圈子。参见舒国滢：《德国 1814 年法典编纂论战与历史法学派的形成》，载《清华法学》2016 年第 1 期。

④ 〔德〕罗尔夫·克尼佩尔：《法律与历史——论〈德国民法典〉的形成与变迁》，朱岩译，杜景林、卢谌校，北京，法律出版社 2003 年版，第 54 页。

⑤ 〔英〕C. 泰勒：《黑格尔与现代社会》，台北，联经出版事业公司 1990 年版，第 1 章第 1 节；转引自郁建兴：《自由主义批判与自由理论的重建——黑格尔政治哲学及其影响》，上海，学林出版社 2000 年版，第 70 页。

⑥ 〔美〕罗斯科·庞德：《法律史解释》，邓正来译，北京，中国法制出版社 2002 年版，第 105 页。

⑦ 〔德〕阿图尔·考夫曼：《法律哲学》，刘幸义等译，北京，法律出版社 2003 年版，第 36 页。

沿正—反—合的次序不断进展为内容的辩证法，自然哲学和精神哲学均居于应用逻辑学的地位。精神哲学分为主观精神、客观精神和绝对精神三大部门，其中客观精神又分为法、道德、伦理三个环节。黑氏关于客观精神的论述，集中在其晚年著作《法哲学原理》（1821）一书中，该书的另一个标题是“自然法和国家学纲要”，可见其系将自然法和国家学作为其法哲学的两个基点。该书按照客观精神的三个环节来编排。在这三个环节中，每一个都是特种的法或权利，都是自由的体现：在抽象法的阶段只有抽象的形式的自由，在道德阶段就有了主观的自由，伦理阶段是前两个环节的真理和统一，意志自由得到充分具体的实现。① 黑氏指出：“法的基地一般说来是精神的东西，它的确定的地位和出发点是意志。意志是自由的，所以自由就构成法的实体和规定性。”② 这种法的理念（即意志自由）经过直接定在、反思和统一这三个环节构成了法（客观精神）发展的全部内容，包括抽象法、道德、家庭、市民社会和国家。

抽象法是客观精神的第一个环节，又称为形式法。抽象法是自在的法，是人自然享有的普遍权利（这与同时期理论中常见的“自然权利”相近，黑格尔并未明确使用该概念）。这个阶段所体现的自由，是抽象的形式的自由，指“主体在自身中所具有的单个意志”，即人（Person）。这种自为自由的意志具有形式的普遍性。

> 人格的要义在于，我作为这个人，在一切方面（在内部任性、冲动和情欲方面，以及在直接外部的定在方面）都完全是被规定了的和有限的，毕竟我全然是纯自我相关系；因此我是在有限性中知道自己是某种无限的、普遍的、自由的东西。
>
> 自为地存在的意志即抽象的意志就是人。生物人（Mensch）最高贵的事就是成为人（Person）。但是尽管这样，人这种赤裸裸的抽象，在称谓上已经有些可鄙。人实质上不同于主体，因为主体只是人格的可能性，所有的生物一般说来都是主体。所以人是意识到这种主体性的主体，因为在人里面我完全意识到我自己，人就是意识到他的纯自为存在的那种自由的单一性。
>
> 人格一般包含着权利能力，并且构成抽象的从而是形式的法的概

① 贺麟：《黑格尔〈法哲学原理〉一书评述》，载〔德〕黑格尔：《法哲学原理》，范扬、张企泰译，北京，商务印书馆1961年版，第2～3、7页。

② 〔德〕黑格尔：《法哲学原理》，范扬、张企泰译，北京，商务印书馆1961年版，第10页。

念、和这种法的本身及其抽象的基础。所以法的命令是："成为一个人，并尊敬他人为人"。

对于在自身中无限的而且普遍的那种人格来说，使它仅仅成为主观的这一限制是矛盾和无意义的。人格是肯定的东西，它要扬弃这种限制，使自己成为实在的，换句话说，它要使自己的定在成为它自己的定在。①

黑格尔意图跳出传统自然法论的概念体系去理解法，将法的发展划分为抽象法和实在法两个阶段。"法一般说来是实定的"。由于市民社会的出现，抽象法转化为实在法。实在法是自在自为的法，是被国家以法律形式加以确认的法律权利。实在法与抽象法之间具有内在的一致性。实在法必须反映和符合抽象法，否则就不是真正的法律。他将自然法与哲学上的法相等同，认为其与实在法之间并非相互对立、彼此矛盾的关系，而是"正同于《法学阶梯》跟《学说汇纂》的关系"。黑氏对实在法特性的下述理解比较全面。

从内容上说，这种法由于下列三端而取得下列三个实定要素：(1) 一国人民的特殊民族性，它的历史发展阶段，以及属于自然必然性的一切情况的联系；(2) 一个法律体系在适用上的必然性，即它必然要把普遍概念适用于各种对象和事件的特殊的、外部所给予的性状，——这种适用已不再是思辨的思维和概念的发展，而是理智的包摄；(3) 实际裁判所需要的各种最后规定。②

在自然法论的发展脉络上，黑格尔第一次对自然法的历史哲学难题作了全面探讨。③ 大约在《法哲学原理》一书发表的20年前，黑氏曾发表过一篇题为《自然法的科学研究方法》(1802) 的论文，一般被看作是前书的一个大纲。在该文中，黑氏开始质疑康德学说的个人主义前提，认为必须克服原子论的迷误加给整个自然法传统的桎梏。此前对于自然法的两种研究方法——经验和形式，都假定"个体存在"是"第一位和最高级

① 〔德〕黑格尔：《法哲学原理》，范扬、张企泰译，北京，商务印书馆1961年版，第44～48页。

② 〔德〕黑格尔：《法哲学原理》，范扬、张企泰译，北京，商务印书馆1961年版，第4～5页。

③ 〔德〕阿图尔·考夫曼：《法律哲学》，刘幸义等译，北京，法律出版社2003年版，第36页。

的”，但是，前者欠缺对个体的共同体组织形式的必要尊重，后者则在强调理性的同时将其内容彻底抽空。这两种方法中的个人，都是孤立自存的，因而无法发展出一种伦理一体化的状态。为此，黑氏首先将亚里士多德（Aristotle，公元前 384—322 年）《政治学》（公元前 326 年）一书中的“城邦”移用为“民族”（Volk）概念，指出民族“在本质上等于个体。如果孤立存在的个体根本不能自足，他就必须与一个整体的民族全体相关联，正如其他部分也与其整体相关联一样”。主体必须受到来自伦理的约束。其次，黑氏重新解释约翰·戈特利布·费希特（Johann Gottlieb Fichte，1762—1814）的“承认”理论，同时解释霍布斯的“斗争”概念，阐明个人是从自然伦理状态过渡到绝对伦理状态——社会组织形式的，绝对伦理的整体就是民族。黑氏以主体间性来界说个人，即所谓个人系源于主体之间的相互承认，这是由人与人之间的特殊关系所决定的。主体间性构成了黑氏整个实践哲学也是历史哲学的基础。①

黑格尔的国家主义学说本质上是反个人的，因而同时也是反私法的。黑氏将国家而不是人作为法的核心，将要求个人作为国家的基本原则。国家具有神的属性，并使与国家理性相一致的人，成为一种受限制且分层次的伪泛神论意义上的、包含自我，同时也是最高精神原则的强化的再临。究其实质，系以国家理性取代个人理性，以“法为国家而创制”取代“法为人而创制”。其结果，乃否认私法的精神独立性，并摒除私人自治。这对于私法的存立本身来说，是最危险的。②

2. 蒂堡。蒂堡于 1803 年发表在体系上具有划时代意义的《学说汇纂法体系》，其中在“权利义务的主体”部分，第一次正式提出了“权利能力”（Recthfähigkeit）概念。“任何一个权利的主体者，尤其是人们将其称为民事权利的主体的时候，立即成为法律上的人。”由此而对权利主体和“人”作出了区分。在蒂氏的理论中，“人”只是一定的权利和约束力、

---

① 〔德〕阿克塞尔·霍耐特：《为承认而斗争》，胡继华译，上海，上海人民出版社 2005 年版，第 16～22 页；郁建兴：《自由主义批判与自由理论的重建——黑格尔政治哲学及其影响》，上海，学林出版社 2000 年版，第 75～94、132～144 页。另见〔德〕里夏德·克朗纳：《黑格尔哲学的发展》，载〔德〕里夏德·克朗纳，关子尹编译：《论康德与黑格尔》，上海，同济大学出版社 2004 年版，第 194～198 页。关于黑格尔上述各种伦理关系的内在结构，黑氏系在同年紧接着《自然法的科学研究方法》之后发表的《伦理体系》一文中予以详细论述；具体可参见霍耐特前揭书，第21～31 页。

② 〔德〕奥科·贝伦茨：《〈德国民法典〉中的私法——其法典编纂史、与基本权的关系及其古典共和宪法思想基础》，吴香香译，田士永校，载《中德私法研究》，第 7 卷，北京，北京大学出版社 2011 年版，第 102～104、109 页。

与一定的地点和法律制度以及与其承担的义务之间的一个连接点而已。从此，“人”的概念本身已经显得不再重要，重要的是权利能力，“人”则下降为一个概念工具，而不再是法律制度的最高概念。① 只有成为权利主体，才是 Person，其中的媒介即为权利能力。

蒂堡将权利能力等同于身份，区分为市民法上的权利能力（bürgerliche Recthfähigkeit）和自然的权利能力（natürliche Recthfähigkeit）两个类型。前者是依据实证法规定而确定，包含所有由法律——单个的权利依赖于该法律——创造的属性，相当于罗马法上的 *caput*（人格）或者 *status*（身份），称为民事身份；后者则是依据“事物之本性”（Natur des Sache）而确定，包含所有能产生特定法律关系的物理属性，称为自然身份。由于取决于法律专断的规定，市民法上的权利能力可以被完全或者在特定情况下取消。与自然法上的权利能力相关的属性包括：（1）符合人的特征的身体，畸形儿（monstrm）不具备权利能力；（2）已经出生，胎儿在与母体分离之前属于母体的一部分，不具备权利能力，但在对胎儿有利的事项上，应当将其视为有权利能力的人；（3）出生时是活的而且具备在母体之外继续生存的能力；（4）具备运用理智（Vernunft）的能力。② 可见，蒂氏的权利能力概念并未摆脱罗马法上身份人格的影响。其中的第（4）项理性要素，后来从“权利能力”概念中被分离出来，成为“行为能力”（Geschäftsfahigkeit）概念的引源。③

---

① 〔德〕汉斯·哈腾豪尔：《民法上的人》，孙宪忠译，载《环球法律评论》2001 年冬季号。关于“Recthfähigkeit”的翻译，郑永流教授主张翻译为法律资格或者法律能力；见郑永流：《人格、人格的权利化和人格权的制定法设置》，载郑永流主编：《法哲学与法社会学论丛》，第 8 期，北京，北京大学出版社 2005 年版，第 148 页。另见周清林：《主体性的缺失与重构：权利能力研究》，北京，法律出版社 2009 年版，第 99 页。

② Anton Friedrich Justus Thibaut，System des Pandekten—Rechts，Bd. I，2. Aufl.，Johann Michael Mauke，Jena，1805，S. 156～159. 转引自杨代雄：《古典私权一般理论及其对民法体系构造的影响》，北京，北京大学出版社 2009 年版，第 74～75 页。杨教授于此有一误解，即蒂堡所指出的四项属性，属于自然法上的权利能力的项下，而非市民法上的权利能力的项下；此依沈建峰博士的论文予以纠正，见沈建峰：《权利能力概念的形成和变迁》，载《北方法学》2011 年第3 期。

③ 在蒂堡的理论提出后不久，S. L. 施耐勒（S. L. Schnell）于 1811 年出版的《市民法手册》中就出现了不同的观点。他认为，一个生物人具备权利能力被称为自然人的条件是“活体、有生存能力并且具有人形的出生”，其中并不包括理性要素。由此出发，施氏尝试区分拥有权利的能力和行使权利的能力，“尽管我们的法律在上述条件下将所有的人视为有权利能力的事物，但它还是将他们的某些权利的行使系于某种自然的（如性别、年龄）或者法律的条件（如市民权）”。S. L. Schnell，Handbuch des Civilrechts，in der Ludw. Rud. Walthard'schen Buchhandlung，Bern，1811，S. 121，123. 转引自沈建峰：《权利能力概念的形成和变迁》，载《北方法学》2011 年第 3 期。

蒂堡身处德意志诸邦趋于继受法国民法的历史时刻，他本人也在海德堡大学教授法国民法。伴随着海德堡所在的巴登公国糅合法、德民法，制定《巴登邦法》（1810 年），蒂氏于 1814 年发表《论统一民法对于德意志的必要性》一文，积极推动制定统一的德意志私法典，由此而引发了其与弗里德里希·卡尔·冯·萨维尼（Friedrich Carl von Savigny，1779—1861）之间著名的法典化论战。

（三）历史法学中的个人

历史法学是德国浪漫主义思潮的产儿，其创始人是萨维尼。尽管萨氏谦虚地将此归功于古斯塔夫·胡果（Gustav Hugo，1764—1844；以主张法学历史主义、批判沃尔夫理性自然法论而著称），认为胡氏对历史法学“功劳卓著”[①]，但却遭到胡氏本人的断然拒绝（其反对萨氏的民族精神说）。[②] 胡氏是康德的学生，萨氏则与黑格尔是柏林大学的同事，胡、萨二氏均为黑氏的论敌。胡氏对黑氏的重要政治著作采取一笔否定的态度；萨氏认为黑氏比费希特“远更市侩气”[③]，其哲学理论“不过是一堆错综复杂而又晦涩不清的主观臆造物”[④]。黑氏称萨氏对法典化的敌视是对一个文明民族和它的法学界“莫大的侮辱”[⑤]，是有害的立法寂静主义。[⑥]

除胡果以外，萨维尼的历史法学说还受惠于下列人士：一是赫尔德。萨氏从赫氏那里袭取了“民族精神”（Volksgeist），认为民族精神产生了

---

① 〔德〕弗里德里希·卡尔·冯·萨维尼：《论立法与法学的当代使命》，〔英〕亚伯拉罕·海沃德英译，许章润译，北京，中国法制出版社 2001 年版，第 12 页。

② 尽管如此，德国学者冯·弗朗茨·维亚克尔（von Franz Wieacker，1908—1994）仍然将胡果列为历史法学派的开路先锋；见〔德〕维亚克尔：《近代私法史——以德意志的发展为观察重点》下册，陈爱娥、黄建辉译，上海，上海三联书店 2006 年版，第 369 页以下。但学说上一般将胡果归入稍早于历史法学派的哥廷根法学派；参见舒国滢：《德国十八九世纪之交的法学历史主义转向——以哥廷根法学派为考察的重点》，载《中国政法大学学报》2015 年第 1 期。

③ 转引自薛华：《译者序：谈谈黑格尔的几篇政治著作》，载〔德〕黑格尔：《黑格尔政治著作选》，薛华译，北京，中国法制出版社 2008 年版，第 2 页。

④ 转引自薛军：《蒂堡对萨维尼的论战及其历史遗产——围绕德国民法典编纂而展开的学术论战述评》，载徐国栋编：《中国民法典起草思路论战——世界民法典编纂史上的第四大论战》，北京，中国政法大学出版社 2001 年版，第 394 页。

⑤ 〔德〕黑格尔：《法哲学原理》，范扬、张企泰译，北京，商务印书馆 1961 年版，第220 页。

⑥ 〔德〕米夏埃尔·马丁内克：《德意志法学之光：巨匠与杰作》，田士永译，北京，法律出版社 2016 年版，第 11 页。

实证法，正是从所有个体共同作用的活动中产生了习俗、语言和法律。①这使历史法学明显区别于此前的理性自然法论，但不意味着其与自然法学已然隔绝。二是康德。尽管萨氏反对包括康氏学说在内的理性自然法论，但其私法体系构建中所关注的，乃是以康氏哲学原理为基础的、私法上的自由和自我负责行为的个人之展开。萨氏对主观权利、私法自治、法律行为与意思表示的规定，也符合康氏对自由——可和他人之自由并存——的要求。② 1814年，萨氏发表与蒂堡论战的著名论文《论立法与法学的当代使命》，并于次年与卡尔·弗里德里希·艾希霍恩（Karl Friedrich Eichhorn，1781—1854）等共同创办《历史法学杂志》，历史法学乃于兹定名。

"法律关系"（Rechtsverhältnisse）概念由胡果所提出，萨维尼将其加以系统化。胡氏从罗马法上的"无体物"（unkörperliche Sache）概念出发提出"法律关系"概念，将之作为权利（义务）的另一种表达方式。③ 在

① 〔德〕米夏埃尔·马丁内克：《德意志法学之光：巨匠与杰作》，田士永译，北京，法律出版社2016年版，第9、11页。萨维尼对"民族精神"（Volksgeist）概念的使用，是受其学生格奥尔格·弗里德里希·普赫塔（Georg Friedrich Puchta，1798—1846）在二卷本《习惯法》（1928—1837）一书中使用该概念的启发，普氏被认为是最早将赫尔德所使用的该概念引入历史法学中之人。萨氏在论战中所发表的《论立法与法学的当代使命》（1814）一文中并未使用该概念，而是更多地使用"民族信念"（Volksglaube/Volksüberzeugung）概念。参见舒国滢：《德国1814年法典编纂论战与历史法学派的形成》，载《清华法学》2016年第1期。德国学者赫尔曼·坎托诺维茨（Hermann Kantorowicz，1877—1940）则把萨氏继受的对象推前至法国学者查理·路易·孟德斯鸠（Charles Louis de Montesquieu，1689—1755），认为孟氏在其名著《论法的精神》（1748）一书中主张法律的制定取决于许多自然与社会因素，其所列举的14项因素中就包括一项"民族的精神"，同时对萨氏的民族精神说不无轻蔑；见〔德〕坎托诺维茨：《萨维尼与历史法学派》，许章润译，载许章润编：《萨维尼与历史法学派》，桂林，广西师范大学出版社2004年版，第349页。其中所引孟氏观点，可参见孟著第19章第4、5节（《论法的精神》上册，张雁深译，北京，商务印书馆1961年版，第305页）。

② 舒国滢：《德国1814年法典编纂论战与历史法学派的形成》，载《清华法学》2016年第1期。维亚克尔指出：萨维尼受康德的影响最深，如他认为法律对实现伦理的助益，不是以法律"执行伦理诫命，而是藉由开展内存于每个人之力量"；法律"在其支配范围内是不受限制的"，除"人类本质的伦理性规定"外，并不为诸如以公益为名的国家经济要求服务；见〔德〕维亚克尔：《近代私法史——以德意志的发展为观察重点》下册，陈爱娥、黄建辉译，上海，上海三联书店2006年版，第350、364页。有学者认为，对萨氏产生影响的还包括黑格尔，黑氏历史学说中追溯一种神秘的"精神"的作用，也影响了萨氏；见〔英〕F. P. 沃顿：《历史法学派与法律移植》，许章润译，载《比较法研究》2003年第1期。

③ 杨代雄：《古典私权一般理论及其对民法体系构造的影响》，北京，北京大学出版社2009年版，第83～84页。但是，胡果最早使用的术语是"rechtliche Verhältnisse"（1789），后来才改用"Rechtsverhältnisse"（1799）。朱虎博士提出，是费希特在其《自然法权基础》（1796）一书中较早使用"Rechtsverhältnisse"术语的；见朱虎："萨维尼视野中的法律关系的界定——法律关系、生活关系和法律制度"，载《比较法研究》2009年第3期。

《当代罗马法体系》第1卷（1840）中，萨氏指出："法律关系本质被规定为个人意思独立支配的领域""任何一项法律关系都是由法律规则规定的人（Person）与人之间关系（Beziehung）。通过法律规则所进行的确定，属于依赖于个人意思的领域，该领域内，个人意思独立于他人意思而居支配地位。"① 权利的本质在于它提供给个人一个自由的空间，在这个空间里，个人的意思可以独立于任何一个自由意思，并且在道德行为的范围内得以展开。在这个思考之中，不仅蕴藏了康德关于合法性与合道德性的区别，也对后来学说汇纂体系中"主观权利"这一核心概念具有决定意义。② 萨氏将"人"限定在法律关系主体的意义上，这使人的问题所涉及的范围大为缩小。他指出：

> 生物人（Mensch）存在于外部世界，这种情况下最重要因素是与那些与其本质和目的（Bestimmung）相同者发生接触。这种相互接触本质上是自由的，它需要双方相互支持而不是相互阻碍各自发展。要实现这一点，有一种可能的方式，那就是承认存在一条看不见的边界，该边界的存在和效果在于，边界内的个人有一个安全、自由的空间。确定这一边界并确定该自由空间的规则，就是法（Recht）。
>
> 迄今所考虑到的一个人对他人的关系中，任何一个将自己作为独立整体的人，都在抽象人格上将他人作为一个完全不同的（尽管是相同的）本质的人。③
>
> 法律规则最初的直接适用对象是人：首先，人的一般品性决定了他是所有权利的主体与核心，而且，也正是由于人在许多极为重要场合下的自由行动，产生了或帮助产生了法律关系。④

在《当代罗马法体系》第2卷（1840）中，尽管也是在有如罗马法的

---

① 〔德〕弗里德里希·卡尔·冯·萨维尼：《萨维尼论法律关系》，田士永译，载郑永流主编：《法哲学与法社会学论丛（七）》，北京，中国政法大学出版社2005年版，第4、5页。另见〔德〕萨维尼：《当代罗马法体系Ⅰ·法律渊源、制定法解释、法律关系》，朱虎译，北京，中国法制出版社2010年版，第260、258页。

② 〔德〕格尔德·克莱因海尔、扬·施罗德主编：《九百年来德意志及欧洲法学家》，许兰译，北京，法律出版社2005年版，第363页。

③ 〔德〕弗里德里希·卡尔·冯·萨维尼：《萨维尼论法律关系》，田士永译，载郑永流主编：《法哲学与法社会学论丛（七）》，北京，中国政法大学出版社2005年版，第3～4、9页。另见〔德〕萨维尼：《当代罗马法体系Ⅰ·法律渊源、制定法解释、法律关系》，朱虎译，北京，中国法制出版社2010年版，第257～258、263页。

④ 〔德〕弗里德里希·卡尔·冯·萨维尼：《当代罗马法体系Ⅷ·法律冲突与法律规则的地域和时间范围》，李双元等译，北京，法律出版社1999年版，第6页。

“自然的权利能力及实在法对它的限制”项下展开讨论，但萨维尼明确指出权利能力概念之于区别人格人和生物人的作用。

> 作为法律关系第一个必要组成部分，对这个概念需要进行研究的，是人可以和他人相互之间建立起法律关系的这一本质。对此还应该回答这样一个问题：谁可以作为法律关系的承担者或者说是法律关系的主体？这个问题涉及某种权利享有的可能性，或者说涉及到权利能力……①
>
> 所有的法律都为道德的、内在于每个人的自由而存在。因此，人格人或法律主体的源初概念必须与人的概念相一致，并且可以将这两个概念的源初同一性表述为：每个人，并且只有每个人，才具有权利能力。②

萨维尼并没有在“人”的定义上多作纠缠，而是致力于构筑更加技术性的“权利能力”概念，他最早对权利能力和行为能力（Handlungsfähigkeit）作出明确区分：权利能力是指人所拥有的能够与他人形成法律关系的属性，解决谁能够成为法律关系的承担者（Träger）或者说主体，这个问题只涉及享有权利（haben der Rechte）的可能性，不涉及取得权利（erwerben der Rechte）的可能性，后者属于行为能力的范畴。③ 这就直接肢解了蒂堡所创设的权利能力概念，权利能力只需以人的本质、人的形态以及与母体相分离为前提，不再需要什么理性要素，从而与人格、法律主体等概念画上了等号。萨氏在说到人时总是使用复数，因为要建立一个法律关系至少需要两个人。但是，“人”被抽离了，它不再是法律的基础，这里只有人格人。对人格人的确立起决定性作用的，是对法律关系的建立发挥作用的那个特性：权利能力。④ 萨氏的上述理论被伯恩哈德·温德沙伊德（Bernhard Windscheid，1817—1892）所继承，经后者之手精致化后，被植入到1896年《德国民法典》的肌体之中。

按照庞德的归纳，萨维尼的历史法学有三个特征。一是认为法律只能

① 转引自〔德〕汉斯·哈腾豪尔：《民法上的人》，孙宪忠译，载《环球法律评论》2001年冬季号。

② 转引自〔德〕罗尔夫·克尼佩尔：《法律与历史——论〈德国民法典〉的形成与变迁》，朱岩译，杜景林、卢谌校，北京，法律出版社2003年版，第62~63页。

③ 杨代雄：《古典私权一般理论及其对民法体系构造的影响》，北京，北京大学出版社2009年版，第88页。

④ 〔德〕汉斯·哈腾豪尔：《民法上的人》，孙宪忠译，载《环球法律评论》2001年冬季号。

被发现，而不能被制定。法律不是凭借理性、依据特定原则——如自然法——便可得出的外部创构，而只能经由历史研究而发现。二是坚持对法律史采用某种唯心主义的解释方法。于此，萨氏在接受自然法论关于法律只是宣告性的主张的同时，却将法律的基础置换为黑格尔的历史哲学，认为观念乃是在法律中得到实现的。三是强调法律规则背后的社会压力。为了反对《人权和公民权利宣言》中用代数公式表达的自然法抽象命题，呼吁诉诸深深植根于民族内部的各种观念。历史法学在两个方面背离了晚期的自然法论：一是背离了自然法关于制定成文宪法的观念及其狂妄无视传统政治制度和法国大革命时代特定时空下的条件的做法；二是背离了自然法相信理性的力量可以在立法中创造奇迹的思想。①

萨维尼是德国法学从自然法论向法实证主义过渡的关键人物，他对前者施行了一次重大手术，为长期流于空玄的“自然神”注入了历史—民族的血液——其所谓民族精神本身就是一种“自然神”。萨氏既不承认自然法与实证法的二元论，也不承认实证法之外还存在着“标准法”；更不认为其学说是实证主义的，实证法系以法条表象承载理性与秩序，这需要系统加工方能达到。事实上，萨氏在许多方面继承了自然法的传统，如他认为法的一般任务就是“回归人间本性的伦理规定”，诚如“基督教生活观所表现的那样”。由萨氏所创立的历史法学的基本原则对于19世纪的德国私法具有权威性，此后，法主要是从技术的意义上走向系统化，法的研究也不再掺入哲学的自然法的原则。经由普赫塔、温德沙伊德、鲁道夫·冯·耶林（Rudolph von Jhering，1818—1892）、基尔克等，最终结束了这个过渡时期。②

（四）法学实证主义的篡权

萨维尼的历史法学早已含有日后被耶林揶揄为“概念法学”（Begriffsjurisprudenz）的因子。萨氏曾经称赞古罗马的法律家，说他们的方法在确实性上可与数学相媲美，他们是以概念来计算的。在法的实践上，可以通过发现“指导原理”并加以体系化，使各种问题均可以纯粹地在法体系

① 〔美〕罗斯科·庞德：《法律史解释》，邓正来译，北京，中国法制出版社2002年版，第23～27、18页。

② 〔德〕格尔德·克莱因海尔、扬·施罗德主编：《九百年来德意志及欧洲法学家》，许兰译，北京，法律出版社2005年版，第361、7页。维亚克尔详细列举了历史法学接受的自然法论四个方面的遗赠，见〔德〕维亚克尔：《近代私法史——以德意志的发展为观察重点》下册，陈爱娥、黄建辉译，上海，上海三联书店2006年版，第363页以下。

内获得解决。正如由两条确定长度的边与其夹角，便可以决定一个三角形，法中也存在由某些部分决定其他各部分的情形。这种可以决定其他部分的要素，称为“指导原理”。“找到这些指导原理，看到它们之间的内部联系，并且理解所有的法律概念和原理之间的相互关系，这就成为法律科学中最困难的任务。同时，也只有做到这一点，我们的活动才能够具备一种科学的品质。”指导原理在法的领域内部，不受任何限制，可以支配一切；而存在于法以外的，如立法理由、目的、公共福利、国家经济等，均不能限制法的解释。这种法体系本身具有自足性、完美性，此正为日后的概念法学所极力张扬。① 需加注意的是，与后来概念法学转入制定法至上的轨道不同，萨氏在其学说起航时即对制定法保有相当的警觉，主张将法律科学从制定法中解救出来：“法律科学（如果）将当下的成文法作为其唯一的研究对象，那么这样的法律科学会像成文法一样充满不确定性并且左右摇摆。”②

事实上，胡果才是“法学实证主义之父”。他通过新的方法转换了传统的自然法论，建立起一种实证的（非批判的）、经验的法学理论，尽管他自己并未使用“法学实证主义”的概念。胡氏的著作标志着德国的法学开始由理性自然法论转向实证主义。③ 后来，弗里德里希·尤利乌斯·施塔尔（Friedrich Jurius Stahl，1802—1861）从正面论述了法的实证性（Positivität）问题。他说：“每个人都认可——任何规范，只要它尚未作为实际的、实现了的共同体意志（制定法或习惯），那么个人就有权利不受其束缚。”实证性是法的“外部存在”“即使人们知道它与现实不一样，也必须遵守它”。实证性是一个法的概念，民众意识只有通过习惯才能获得实证性。从此，“实证性”这个词结束了萨维尼和普赫塔被讥讽为“精神的”（spiritualistisch）的观点，同时也为日后法学实证主义向法律实证

---

① 林文雄：《德国历史法学派——萨维尼》，载林文雄：《法实证主义（第5版）》，台北，元照出版有限公司2003年版，第11页。另见〔德〕弗里德里希·卡尔·冯·萨维尼：《论立法与法学的当代使命》，〔英〕亚伯拉罕·海沃德英译，许章润译，北京，中国法制出版社2001年版，第18页；余履雪：《德国历史法学派：方法与传统》，北京，清华大学出版社2011年版，第63页。其中的“指导原理”，许教授翻译为“基本公理”，余博士翻译为“基本原理”。

② 余履雪：《德国历史法学派：方法与传统》，北京，清华大学出版社2011年版，第70页。另见〔德〕萨维尼：《论立法与法学的当代使命》，〔英〕亚伯拉罕·海沃德英译，许章润译，北京，中国法制出版社2001年版，第5页。

③ 舒国滢：《德国十八九世纪之交的法学历史主义转向——以哥廷根法学派为考察的重点》，载《中国政法大学学报》2015年第1期。

主义的转变埋下了伏笔。① 再后来，基尔克第一次将“实证主义”（Positivismus）用于法学上，他以此概括将“实证的”法律视为唯一真正的法律的观念，并给予强烈批判。②

1. 普赫塔。将历史法学的巨轮驶离自然法论而转入法学实证主义（Gesetzespositivismus）航线的，是萨维尼的门生和教席继承人、开创学说汇纂法学的普赫塔。普氏创设了后人所谓“概念的金字塔”（Begriffspyramide），即从公理出发向下无漏洞地创设出概念的上下阶层，依此从事个别法条与裁判的严格推论；法条的正当性只建立在体系上的正确、逻辑上的真理与合理性之上，法的形成只是“概念的演变”；这种程序不是由法规范、判决与社会上的评价归纳出体系与概念，毋宁是由概念推导出定理与裁判。于此，学术性概念完全摆脱生活基础，成为某种智性的存在；法学也因此与法的社会、政治与伦理现实决然分离，原本因反对理性法之形式唯心论开始的学术更新，最终却导致了形式主义的胜利，因而被耶林揶揄为“概念法学”③。普氏衔接了一种历史法学本来要打破的传统，认为理性发展于实证法之中。而在萨氏那里，则认为应“有机地”把握法律制度的核心概念，强调其“构成部分中活着的关联”与“持续的发展”④。

与萨维尼一样，普赫塔将权利作为法律关系的核心，认为法律关系是权利的复合体，它们通过人在关系中的交往和相互作用而得以确定。“权利使人（Mensch）成为人（Person），并通过人的活动本身加以确定。”依客体的不同，普氏将权利分为对本人的权利（Rechte an der eigenen Person）、对物权、对（他人）行为的权利、受权人（Berechtigten）之外的对人权和（财产）转入受权人并由其代表的对人权等五种类型。⑤ 其

① 〔德〕霍尔斯特·海因里希·雅科布斯：《十九世纪德国民法科学与立法》，王娜译、米健校，北京，法律出版社 2003 年版，第 64、67 页。学者指出，施塔尔的“法律关系”理论对萨维尼产生的影响较大；见朱虎：《萨维尼视野中的法律关系的界定——法律关系、生活关系和法律制度》，载《比较法研究》2009 年第 3 期。

② 吴从周：《民事法学与法学方法：概念法学、利益法学与价值法学：探索一部民法方法论的演变史》，北京，中国法制出版社 2011 年版，第 157 页注释 313。

③ 〔德〕维亚克尔：《近代私法史——以德意志的发展为观察重点》下册，陈爱娥、黄建辉译，上海，上海三联书店 2006 年版，第 387～388 页。

④ 〔德〕格尔德·克莱因海尔、扬·施罗德主编：《九百年来德意志及欧洲法学家》，许兰译，北京，法律出版社 2005 年版，第 335 页。

⑤ 舒国滢：《19 世纪德国“学说汇纂”体系的形成与发展》，载《中外法学》2016 年第 1 期；舒国滢：《格奥尔格·弗里德里希·普赫塔的法学建构：理论与方法》，载《比较法研究》2016 年第 2 期。

中，对本人的权利包括人格权（Recht der Persönlichkeitrecht）和占有权，此一类型为萨氏所反对。普氏认为，人格（Persönlichkeit）包括权利能力和名誉；权利能力是所有权利的条件（或要素），不特别属于任何一种权利。① “作为一个在其能力中被构思出的意志的主体，人为人格人……即是说，人格是一种法律上的意志或者说是一种法律上的权利在主体上表现出来的那种可能性。”② 于此，普氏系以“意志”取代先前在理性自然法论中居于核心地位的“理性”，同时尝试用“人格”概念来代替“权利能力”概念，以解决后者因采取理性要素而带来的内在矛盾，这又与萨氏区别开来。③

2. 温德沙伊德。温德沙伊德是学说汇纂法学的集大成者，也是《德国民法典》第一起草委员会的委员（1874～1887），该法典的第一草案被喻为写入法条的温氏《学说汇纂教科书》。《德国民法典（第一草案）》对该法典从体系到内容甚至语言风格——这使我们联想到萨维尼将法学与语言所作的类比，温氏则力主法概念的德语化，这也配合了法典所肩负的统一化使命——等，都具有实质性的影响。温氏认为，其已经一劳永逸地确定了民法的任务：划定共同生活的个人意志统治的界限。④ 以“意志力”（Willensmacht）为依据的主观权利成为其民法体系中的最高概念。⑤ 随着德国的政治统一，后期温氏逐渐偏离历史法学的法源论航向，将制定法的地位提高至习惯法之上［从《学说汇纂教科书》第 4 版（1875）开始］，这是施塔尔学说对温氏产生的直接影响，也标志着温氏与历史法学的决裂。1884 年温氏发表《法学的使命》一文，指出法学只具有服务于立法者的特性，只限于纯法律的斟酌，而不应及于伦理、政治和国民经济等方面，并反对自然法、法哲学与法史。这事实上降低了温氏参与制定

---

① 〔德〕弗里德里希·卡尔·冯·萨维尼：《萨维尼论法律关系》，田士永译，载郑永流主编：《法哲学与法社会学论丛（七）》，北京，中国政法大学出版社 2005 年版，第 8 页注释 7。另见〔德〕萨维尼：《当代罗马法体系Ⅰ·法律渊源、制定法解释、法律关系》，朱虎译，北京，中国法制出版社 2010 年版，第 262 页注释 1。

② 〔德〕罗尔夫·克尼佩尔：《法律与历史——论〈德国民法典〉的形成与变迁》，朱岩译，杜景林、卢谌校，北京，法律出版社 2003 年版，第 63 页。

③ 沈建峰：《权利能力概念的形成和变迁》，载《北方法学》2011 年第 3 期。

④ 〔德〕罗尔夫·克尼佩尔：《法律与历史——论〈德国民法典〉的形成与变迁》，朱岩译，杜景林、卢谌校，北京，法律出版社 2003 年版，第 64 页。

⑤ 〔德〕格尔德·克莱因海尔、扬·施罗德主编：《九百年来德意志及欧洲法学家》，许兰译，北京，法律出版社 2005 年版，第 452～454 页。

一部新法典的能力。① 同时，温氏并未着意于建立一套面向现代、旨在满足市场交易要求的民法理论，某种程度上更对社会现实采取完全忽视的态度，遑论去引导该现实，由此而对民法发展所产生的消极影响延续至今。②

温德沙伊德的理论表达的是一种人的本位的原则，即把“人”置于民法的中心位置。通过确立区别于行为能力的权利能力概念的，成就仅以权利享有为导向的“人格人”概念，后者通过包含将法律资格化的能够因素（Könnenselement）而获得法律的颜色：所有的人、甚至是非理性的人都是人格人。人格人虽然不是自然法（即制定法之外）的概念，却是建立在诸如与生俱来的尊严、不可或缺的人格等充满自然法色彩的理性价值之上，这使它凸显出“一个自然的情感、一个建立在通向人格的深刻运动基础之上的情感”③。为了解决丧失意志能力的生物人如何成为权利主体的问题，温氏从《学说汇纂教科书》第 6 版（1887）开始提出拟制说，即权利的享有和主体没有意志能力将不存在任何矛盾。由此，权利能力的现代界定基本形成，那就是“权利能力是成为权利和义务载体的能力”。它不仅是一种潜在的能力，也是一种现实的能力。④ 总之，人在既定的意义上是法律上的人，“该人是因为并只有通过法律授予方具有权利能力”⑤。

在普赫塔、温德沙伊德等历史法学继承人的手中，法学实证主义最终完成了对此前高踞王座的理性自然法论的篡权，同时也实现了从历史法学的叛逃。法学实证主义始于康德，将法从伦理中独立出来，以及其认识批判性的形式主义，奉行“伦理上的无责任性”的价值中立信条，因而又被称为法学形式主义。它强调法的体系的封闭性，概念在概念金字塔中的定位与符合逻辑的体系脉络，始终可以透过“有创造力的建构”，逻辑一贯地填补实证法的漏洞。我国学者王伯琦（1908—1961）教授将概念法学/法学实证主义在 19 世纪德意志的兴盛，归因于其时德意志各地法律杂乱

---

① 〔德〕米夏埃尔·马丁内克：《德意志法学之光：巨匠与杰作》，田士永译，北京，法律出版社 2016 年版，第 50～52 页。

② 〔德〕罗尔夫·克尼佩尔：《法律与历史——论〈德国民法典〉的形成与变迁》，朱岩译，杜景林、卢谌校，北京，法律出版社 2003 年版，第 65～66 页。

③ 〔德〕罗尔夫·克尼佩尔：《法律与历史——论〈德国民法典〉的形成与变迁》，朱岩译，杜景林、卢谌校，北京，法律出版社 2003 年版，第 81～82 页。

④ 沈建峰：《权利能力概念的形成和变迁》，载《北方法学》2011 年第 3 期。

⑤ 〔德〕罗尔夫·克尼佩尔：《法律与历史——论〈德国民法典〉的形成与变迁》，朱岩译，杜景林、卢谌校，北京，法律出版社 2003 年版，第 60 页。

无章，只能通过先验的概念，建立起许多抽象的原则，再用严格的逻辑来建立其法律系统。[①] 法学实证主义止于法学在法产生过程中只起部分作用的认识，天然地有着走向法律实证主义的元素。法律实证主义认为法律仅源于国家权力的创制，即仅为制定法，因其显见的狭隘性、极端性而走在历史法学的反面（本已为萨维尼所明确反对）。可见，法学实证主义与法律实证主义尽管都放弃形而上学式的法论证，但它们之间的区别还是十分明显的，不可加以混淆或作简化的等视同观。[②] 然而在后来的发展中，两者却发生了某种命定式的合流。

三、1896 年《德国民法典》上的个人实证人格

萨维尼并不是单纯的反对制定统一的民法典，而是认为至少在资源、条件乃至准备上，制定统一民法典的时机尚未成熟。[③] 萨氏此论一出，客观上阻延了制定统一的《德国民法典》的工作。然而，萨氏的学术活动，却为民法典的最终成就奠定了坚实的学术基础，他本人也因此而被誉为真正的“德国民法典之父”。客观来看，如果没有一个统一的德意志作为前提，一部统一的《德国民法典》是难以成就的。时机终于随着 1871 年德意志帝国（史称第二帝国）的建立而到来。

（一）法学实证主义笼罩下的民法典

19 世纪中叶，德意志各邦进入私法法典化的活跃期。作为世纪结束时被赋予民族国家统一标志性事业的法典化总成巨著——1896 年《德国民法典》，与法律实证主义之间的关系并不十分明确。该法典在记载和统一现有法的方面，具备法学性；但在排除政治因素的方面，又具有实证主义性。而事实上，该法典的编纂并没有限制法学上形成法的技术因素。《德国民法典》为实证主义法典，其优点与缺陷均与此直接相关。[④]

首先，从法典编纂的背景来看，19 世纪下半叶在德国掀起了以寻求

---

① 王伯琦：《论概念法学》《自然法之复兴与概念逻辑》，载王伯琦：《近代法律思潮与中国固有文化》，北京，清华大学出版社 2005 年版，第 146、175 页。

② 〔德〕维亚克尔：《近代私法史——以德意志的发展为观察重点》下册，陈爱娥、黄建辉译，上海，上海三联书店 2006 年版，第 415 页以下。另见〔德〕霍尔斯特·海因里希·雅科布斯：《十九世纪德国民法科学与立法》，王娜译、米健校，北京，法律出版社 2003 年版，第 126～127、5～7 页。

③ 具体可参见〔德〕弗里德里希·卡尔·冯·萨维尼：《论立法与法学的当代使命》，〔英〕亚伯拉罕·海沃德英译，许章润译，北京，中国法制出版社 2001 年版，第 118 页。

④ 〔德〕霍尔斯特·海因里希·雅科布斯：《十九世纪德国民法科学与立法》，王娜译、米健校，北京，法律出版社 2003 年版，第 117、3 页。

民族法律统一为目的的法典化浪潮。尽管处于政治分裂状态，形成德意志一元化经济圈的要求推动了 1834 年德意志关税联盟的创立，从而迈出了通向法律统一的决定性的一步。由于废除了境内关税，促进了商业贸易突飞猛进的发展，导致了 1848 年《德国普通汇票法》和 1861 年《德国普通商法典》的制定，它们在德意志帝国成立后都成为帝国法的组成部分。随后，对邮政、电讯、度量衡、营业、股份公司、工会等进行统一的法律调整也成为大势所趋。与此同时，德意志各邦也分散地开展了私法统一的探索工作，1863 年《萨克森民法典》、1866 年《德累斯顿（债法）草案》被视为“未来德意志法典的先锋与一般性试验”。1873 年通过的《米克尔—拉斯克法》实现了对宪法的修改，确立“全部民法、刑法以及审判程序法”都属于帝国的立法权。在此背景之下，1874 年先后组建民法典起草准备委员会和第一委员会，正式启动制定统一的《德国民法典》的工作。[①] 当然，这些都似乎接续了 1814 年蒂堡发表论战文章时所设想的未竟之业。

其次，从法典编纂的理念来看，1896 年《德国民法典》表现出了自由主义以及个人主义的基本观念，它以经济自由作为基础，因而特别规定了个人之间的财产法关系。依此，个人可以通过自由决定，自主安排其私人生活，而无须国家的协助或者监护。个人的平等和自由将会产生人类共同生活的最优规则，因为个人利己的追求和竞争中力量的自由投入应对各方面有益。因此，法律赋予个人以下自由：亲自为其生活关系确定被法律规范所认可的规则，此即私法自治原则。这包括但不限于：合同自由，即个人可以自由决定，是否以及与谁订立合同（缔约自由）和合同内容（设计自由）；所有权自由，即物的所有权人可以随意处置该物并排除他人的一切干涉；遗嘱自由，即个人有权通过遗嘱决定其死亡后由谁来继承其财产。但是，尽管该法典在上述诸领域均一定程度地吸收了社会平衡的思想，但正如对其第一草案进行批评的人士所指出的，该法典在实现社会平衡方面并不出色。[②]

---

① 〔日〕大木雅夫：《比较法》，范愉译、朱景文审校，北京，法律出版社 1999 年版，第 197 页以下；〔德〕维亚克尔：《近代私法史——以德意志的发展为观察重点》下册，陈爱娥、黄建辉译，上海，上海三联书店 2006 年版，第 444～445 页。

② 〔德〕汉斯·布洛克斯、沃尔夫—迪特里希·瓦尔克：《德国民法总论》，张艳译、杨大可校，北京，中国人民大学出版社 2014 年版，第 18～19、22 页。布氏等同时指出：《德国民法典》“在较小范围内还含有关于非财产法问题的规定。例如对姓名权的保护（第 12 条）以及婚姻家庭法的大部分规定”；见同书，第 23 页。

再次，从法典编纂的基础来看，法典化本身就是源于一种实证主义的理想：意欲对素材作终局穷尽的描述，借由严格的概念运用与全面放弃罗马法上逐案决疑的方式，达到可概观性与简洁性。制定法典的决定性标准是：学术体系与法学概念、实证法秩序的无漏洞性，以及法官受学术方法拘束而司法借由学术性来确保其政治上的中立性，等等。这些无一不是学说汇纂法学的方法和基本假定。维亚克尔称此为“学术性的法律实证主义”，它就对抗伦理上没有责任感之立法者的政治权力意志，并未做好准备（后来法学实证主义的“变质”于此已经隐然可见，而在19世纪这尚不能被预见到）。德意志各邦及帝国近半个世纪的法典化活动，实际上都是从学术向立法的过渡，其中包含了这样一种确信，即基于专制主义的理性信仰与法国大革命对国民意志之合理性的信仰，现代国族应该透过法典化，合理而有计划地彻底安排其全体法律生活。[①] 1896年《德国民法典》正是在这样一种气氛中诞生。

最后，从法典编纂的技术来看，1896年《德国民法典》无论在用语、技术、结构和概念构成等方面，都不失为学说汇纂法学深邃、精确而抽象的学识的产儿。该法典采取已先由1863年《萨克森民法典》采取的五编制，包括总则、债法、物权法、亲属法、继承法五个部分。这种编排多少存在体系的断裂，前三者是主观权利的概念性表现形式，后二者则以相关生活事件为规范对象。总则是其特色所在。正是针对这个总则，维亚克尔讽刺其为“反生机的”形式主义，无法取得“精神上的经济性与和谐的清晰性”，与积极介入社会或社会伦理性事物的自然主义、合目的且正当地形塑社会的（权力政治或伦理上的）诸意图相对立。[②] 这只是一台“优良的法律计算机”，其阅读、使用的对象不是普通公民，而是法律专家；它只顾紧盯着实证主义的释义，而忽视时代所提出的重大秩序课题。德国学者恩斯特·齐特尔曼（Ernst Zitelmann，1852—1923）称它是“一个历史现实的审慎终结，而非一个新的未来的果敢开端”；古斯塔夫·拉德布鲁赫（Gustav Radbruch，1878—1949）称它“与其说是20世纪的序曲，毋

---

① 〔德〕维亚克尔：《近代私法史——以德意志的发展为观察重点》下册，陈爱娥、黄建辉译，上海，上海三联书店2006年版，第442页。

② 〔德〕维亚克尔：《近代私法史——以德意志的发展为观察重点》下册，陈爱娥、黄建辉译，上海，上海三联书店2006年版，第456～457、466页。另见〔德〕罗尔夫·克尼佩尔：《法律与历史——论〈德国民法典〉的形成与变迁》，朱岩译，杜景林、卢谌校，北京，法律出版社2003年版，第33页。

宁说是 19 世纪的尾声”；维亚克尔称它“就像浇铸匀的钟一样，无法鸣响宣告新世纪的来临”①。

苏永钦教授反方向地认为，通过杰出的、精思妙想的体系构造技术实现意识形态上的中立（“中性”），是《德国民法典》最大的特征，同时也是其优势和长盛不衰的奥秘之所在，这使它明显区别于负有社会建构理想的《法国民法典》，属于一种真正具有创造性的民法典模式。② 质言之，解决社会问题并不一定甚至一定不是《德国民法典》的任务，该法典并不大考虑当事人事实上不平等的各类事情。③ 最终，正如萨维尼在大半个世纪前所预言的那样，1896 年《德国民法典》的诞生不但终结了此前盛行的法学实证主义的历史，更亲手埋葬了它的母体——学说汇纂法学。此后很长一段时间，德国法学不再如此前一个阶段致力于“生产”（或“建构”），而是仅仅围绕法典进行亦步亦趋的注释作业。这尤其是对于作为学说汇纂法学产物的《德国民法典》来说，更显吊诡。④

（二）人格概念的彻底实证化

尽管 1804 年《法国民法典》致力于赋予生物人以平等的法律人格，但从法律技术的层面来看，则没有实现“人格”概念的最后抽象。紧随其后，作为“三大自然法典”之一的 1811 年《奥地利普通民法典》第一次明确采取“权利能力”概念，其第 16 条规定：“人类中的每个人（jeder Mensch），

---

① 〔德〕K. 茨威格特、H. 克茨：《比较法总论》，潘汉典、米健、高鸿钧、贺卫方译，潘汉典校订，贵阳，贵州人民出版社 1992 年版，第 266 页以下；〔德〕维亚克尔：《近代私法史——以德意志的发展为观察重点》下册，陈爱娥、黄建辉译，上海，上海三联书店 2006 年版，第 463 页。

② 苏永钦：《中国需要什么样的民法典——从物权法立法引发的争议谈起》，见 http://wenku.baidu.com/view/69ea3bd233d4b14e85246866.html，2014 年 10 月 10 日访问。在该文中，苏教授还引述《德国民法典》立法时重量级的戈特利布·普朗克（Gottlieb Planck，1824—1910）法官所言，民法典从来都不想要解决社会问题，它的任务不是要做上层建筑，而是要做下层建筑。笔者认为，这也可以解读为民法典在社会建构功能上的彻底工具化论调。然而，在大的方向上，民法并不可能完全地去意识形态，这就是所有立法都会有与生俱来的时代烙印。所谓民法的中性化，其实质不过是基于这样一个事实，即依个人主义所建构的社会制度已经稳固，像社会主义那样的“异质分子”仍可通过民法“体”内的转介条款，以“润滑油”的方式渗入民法的“用”当中。在这个意义上，民法仍是要面向、并且解决社会问题的，不论是通过立法抑或解释的途径。此时，问题已经不在于民法要不要意识形态，而在于如何实现意识形态了。近观之，可以“用”统“体”；长远来看，还可以“体”统“用”。

③ 〔德〕弗兰克·闵策尔：《求大同：德国民法典立法的成果和错误——纪念德国民法典生效一百周年》，载《中外法学》2001 年第 1 期。闵氏认为，相对于是否重视当事人事实上的不平等，更为重要的是，近代以降包括《法国民法典》《德国民法典》在内的法典都无一例外地摈弃了共同的罗马法基础，而这才是罗马法的本质和最大优点。

④ 舒国滢：《19 世纪德国“学说汇纂”体系的形成与发展》，载《中外法学》2016 年第 1 期。

均享有与生俱来的、已由人类理性所阐明的权利，并因此而应理所当然地被作为法律意义上的人（eine Person）。禁止奴隶制或农奴制，禁止与该制度相联系的权力行使。”第 18 条规定：“任何人均有依法律规定的条件取得权利的能力。”① 前一规定首先对生物学意义上的人（生物人）和法律上的人（人格人）予以明确区分（这显然系袭自 1794 年《普鲁士普通邦法》），以此为基础，后一规定针对人格人赋予其取得权利的资格，即权利能力。前一规定中所谓“天赋的权利”，是自然法上的权利，即自然权利；后一规定中的“权利”，则是实证法上的权利，即实证权利。于此，不仅将“权利能力”概念带入民法典之中，而且明确其对象是实证权利，而非自然权利，尽管前者系以后者作为基础。② 尽管如此，由于该法典仍然处在自然法论的笼罩之下，其对人格人的理解还停留在对“奴隶非人”的反对之上，遑论赋予“权利能力”概念更多实质性的内涵。此后，经过 1865 年《巴西民法典草案》、1867 年《葡萄牙民法典》，它们在使用“权利能力”概念时赋予其更多的内涵。③ 真正完成对“权利能力”的实证法建构的是 1896 年《德国民法典》，它标志着从罗马法上的身份人格，中经 1804 年《法国民法典》所确立的理性人格，最终完成向实证人格的过渡。④

德国学者卡尔·拉伦茨（Karl Larenz，1903—1993）指出：“《德国民法典》的基本概念及其基本价值观，都以关于人的某种特定的观念为出发点。”“私法的第一个基本概念是作为‘权利主体’的人，即权利的所有者和义务的承担者。”⑤ 该法典第 1 编第 1 章规定“人”（Personen）。⑥ 这

---

① 《奥地利普通民法典》，戴永盛译，北京，中国政法大学出版社 2016 年版，第 9～10 页。

② 〔日〕星野英一：《私法中的人——以民法财产法为中心》，王闯译，载梁慧星主编：《民商法论丛》，第 8 卷，北京，法律出版社 1997 年版，第 163 页。尽管可以将《奥地利普通民法典》第 16 条等规定看作是该法典所表达的自然法纲领之一，其制定者弗兰茨·冯·蔡勒（Franz von Zeiler，1751—1858）正是这样认为的，但其事实上却超越了当时晚期专制主义烙印的奥地利极权国家的社会现实，其时该国大部分农业人口仍然处于一种几乎无异于财产从属地位的隶农制之下。直到该法典颁布 40 多年后，上述规定仍被学者约瑟夫·翁格尔（Josef Unger，1828—1913）批评为“完全多余的，毫无实际意义的条款”。再过了大约 20 年，上述规定才被认为愈发符合奥地利社会生活的现实。参见〔德〕K. 茨威格特、H. 克茨：《比较法总论》，潘汉典、米健、高鸿钧、贺卫方译，潘汉典校订，贵阳，贵州人民出版社 1992 年版，第 294 页以下。

③ 徐国栋：《民法哲学》，北京，中国法制出版社 2009 年版，第 137～138 页。

④ 姚辉：《人格权法论》，北京，中国人民大学出版社 2011 年版，第 13 页。

⑤ 〔德〕卡尔·拉伦茨：《德国民法通论》上册，王晓晔等译、谢怀栻校，北京，法律出版社 2003 年版，第 45、255 页。

⑥ 《德国民法典》，杜景林、卢谌译，北京，中国政法大学出版社 2014 年版，第 3 页。有学者主张该章名应翻译为“人格”；见周清林：《主体性的缺失与重构：权利能力研究》，北京，法律出版社 2009 年版，第 102 页。

里的“人”与1804年《法国民法典》第1编的“人”含义不同。后者仅指自然人（“法国人”），前者则包括自然人（该章第1节）和法人（同章第2节），它将此二者统辖在“权利能力”概念之下。《德国民法典》第1条规定：“人的权利能力始于出生的完成。”[①] 其中的“人”，首先是与生物意义相分离的人格人（该法典于此并未如1794年《普鲁士普通邦法》、1811年《奥地利普通民法典》那样提及生物人），其次才是作为个人的自然人（区别于法人）。至此，近代民法最终摆脱了理性自然法论的论调，通过“权利能力”概念使“人”直接进入法律角色，实现“人”的完全而彻底的实证化。“权利能力”与人格概念相等同，原来常见的“现实自然的人”被所谓“人格人”所取代。[②] 学者指出：“法的历史和法的比较证明：权利能力的普遍化，其通过人类的平等而伟大起来，即使其与结构相配合，即使人格人的概念通过一种‘角色’被转译，这仍被评价为进步和解放。”[③]

首先，“权利能力”概念隐含着实证法对“人”的基本设定。“权利能力”概念源自康德伦理人格主义哲学（ethischer Personalismus）对“人”的设定：人依其本质属性，有能力在给定的各种可能性的范围内，自主地和负责地决定他的存在和关系，为自己设定目标并对自己的行为加以限制。“人”本身就是价值，而不是其他人达到目的的手段。[④]《德国民法典（第一草案）》说明书指出：“不论现实中的人的个体性和其意志，承认其权利能力是理性和伦理的一个戒律。”[⑤]“权利能力”概念既然隐含了以理性作为根据的意义，则其在民法典中具有彰显理性的作用。通过它，民法

---

① 《德国民法典》，杜景林、卢谌译，北京，中国政法大学出版社2014年版，第3页。孙宪忠教授将《德国民法典》第1条规定中的“人”意译为自然人；见〔德〕汉斯·哈腾豪尔：《民法上的人》，载《环球法律评论》2001年冬季号。此外，《德国民法典》第1条规定系袭自1863年《萨克森民法典》第30条的规定。

② 当然，现代有不少学者主张“人格”与“权利能力”的区别观点，如见江平主编：《法人制度论》，北京，中国政法大学出版社1994年版，第3页；梅夏英：《民事权利能力、人格与人格权》，载《法律科学（西北政法学院学报）》1999年第1期；尹田：《论自然人的法律人格与权利能力》，载《法制与社会发展》2002年第1期；柳经纬：《权利能力的若干基本理论问题》，载《比较法研究》2008年第1期；胡玉鸿：《围绕“人格”问题的法理论辩》，载《中国法学》2008年第5期。

③ 〔德〕罗尔夫·克尼佩尔：《法律与历史——论〈德国民法典〉的形成与变迁》，朱岩译，杜景林、卢谌校，北京，法律出版社2003年版，第61页。

④ 〔德〕卡尔·拉伦茨：《德国民法通论》上册，王晓晔等译、谢怀栻校，北京，法律出版社2003年版，第45～46页。

⑤ 转引自〔德〕罗尔夫·克尼佩尔：《法律与历史——论〈德国民法典〉的形成与变迁》，朱岩译，杜景林、卢谌校，北京，法律出版社2003年版，第58页。

典乃打通理性、主体和权利三者，实现从哲学上的伦理人格人到法律上的人格人的转换。与 1804 年《法国民法典》相比，1896 年《德国民法典》第一次将“人”脱离开家庭（以及国家）而被独立规定，这既意味着该法典对“人”的设定，已经全然脱离开源于家庭的身份人格，迈出了人格纯化最为关键的一步；也意味着该法典在处理“个人—国家”关系时，进一步凸显出个人相对于国家的独立地位。

其次，“权利能力”的设定，系基于实证法。尽管在法典所处的社会生活背景方面并无太大差异，但与 1804 年《法国民法典》相比，“人”在 1896 年《德国民法典》中已经完全技术化了。一方面，“权利能力”概念的创设“不涉及去创造人格人的本质，而是经由法律使得在法律之外被创造的人适格”。这与《法国民法典》旨在消除等级差别、寻求公民平等之趣旨相一致。[①] 事实上，为自己取得财产的能力是权利能力中最重要的方面。“一个人如果不具有拥有财产的能力，也就被剥夺了权利能力中最重要的部分，因此他也就不再是一个人。”[②] 另一方面，“人”在《德国民法典》中已经退化为一个形式上的概念，即仅以具有权利能力作为标志。立法之时，“权利”是法律关系的核心概念（温德沙伊德称之为最高概念），“权利能力”概念的创设，意味着系将“权利”放置在人格人之间的法律关系之上来理解，而非“人”与“物”的关系上来理解（《法国民法典》对“人”与“物”的铺排似乎隐含了后一种理解）。人格人是其所享有的权利范围的核心，他仅以具有权利能力作为标记。[③]

再次，“权利能力”的配置，亦系基于实证法。对此，萨维尼指出了两个方向：“首先，成文法可以全部或部分否定一些单个人具有权利能力。其次，成文法可以将权利能力转授予单个人之外的某些主体即经由拟制所构建的法人。”[④] 换言之，法律上并未将全体生物人与人格人完全等同起来，即并非每个人都能成为人格人。对于什么人能够成为人格人的问题，系交由实证法来解决。这正是“权利能力”概念所肩负的形式性（体系

① 〔德〕罗尔夫·克尼佩尔：《法律与历史——论〈德国民法典〉的形成与变迁》，朱岩译，杜景林、卢谌校，北京，法律出版社 2003 年版，第 59～60 页。

② 转引自〔德〕罗尔夫·克努特尔：《〈德国民法典〉中自由之保障》，涂长风译、田士永校，载米健主编：《中德法学学术论文集》，第 2 辑，北京，法律出版社 2006 年版，第 203 页。

③ 〔德〕卡尔·拉伦茨：《德国民法通论》上册，王晓晔等译、谢怀栻校，北京，法律出版社 2003 年版，第 47～48 页。

④ 转引自〔德〕罗尔夫·克尼佩尔：《法律与历史——论〈德国民法典〉的形成与变迁》，朱岩译，杜景林、卢谌校，北京，法律出版社 2003 年版，第 63 页。

性）任务。为了跨越生物人对“人格”概念的局限，采取“权利能力”概念可以同时涵盖所有自然人和法人。但是，伦理上不具有理性的智力障碍者、团体何以产生意志？民法典乃通过抽掉“权利能力”概念中的理性要素，最终实现该概念的纯化。对此，学说上将权利能力区分出诸如一般（绝对）权利能力、具体（相对）权利能力、部分权利能力、限制权利能力等。① 笔者认为，这些所谓类型其实并不在一个逻辑层面之上。在本义上，“权利能力”概念与“人格”概念相等同，只能是抽象的和一般的，不涉及任何一项具体的权利。人格不受限制，则权利能力也不受限制。所谓“限制权利能力”，其实质既不是对主体资格的限制，也不是对权利能力的限制，而是就具体权利范围对主体行使权利的限制。至于如何构筑法人的权利能力，笔者认为，在抽掉其中的理性要素之后，权利能力概念作为一个更加纯粹和技术化的法律概念，有利于在自然人和法人之间构筑不同的意义基础，并没有必要赋予两者相同的伦理意涵。法律赋予自然人权利能力的基础在于合道德性，赋予法人权利能力的基础则在于合目的性（这在采取法人拟制说、法人有机体说或者法人实在说之间并无差异）。②

总之，经由“权利能力”而实现的人格概念彻底实证化的后果，是民法上“人”的形式化。在分化出“行为能力”之后，“权利能力”在本质上已经远离于康德意义上的“自由能力”，无法继续负担任何伦理意涵。拉伦茨指出：“《德国民法典》中使用的‘人’，是一个形式上的人的概念。构成这一概念的必要条件只有权利能力……这个形式上的‘人’的内涵，没有它的基础——伦理学上的‘人’那样丰富。在伦理学上的‘人’所具有的所有特性中，它只具有惟一的一个：权利能力。”其后果，是使“人”可以适用于一些法律上的形成物，如作为人的总和体（Personengesamtheiten）的法人。③ 该法典在“人”法中，正式确立法人这一“人”的类型，使之与自然人相对。与自然人不同的是，法人不具有也不可能具有理性，这意味着该法典否弃了《法国民法典》以理性人格来界定“人”的做法。对此，

---

① 此为德国目前通说；参见沈建峰：《权利能力概念的形成和变迁》，载《北方法学》2011年第3期。我国学者的相关研究，可参见刘召成：《胎儿的准人格构成》，载《法学家》2011年第6期；刘召成：《部分权利能力制度的构建》，载《法学研究》2012年第5期；刘召成：《权利能力与行为能力的合与分》，载《国家检察官学院学报》2013年第5期；张保红：《权利能力的双重角色困境与主体资格制度重构》，载《法学家》2014年第2期。

② 沈建峰：《权利能力概念的形成和变迁》，载《北方法学》2011年第3期。

③ 〔德〕卡尔·拉伦茨：《德国民法通论》上册，王晓晔等译、谢怀栻校，北京，法律出版社2003年版，第57页。

有学者提出质疑："法律上的人被缩成了权利主体，而权利主体归根结底仅仅是权利和义务的联结点"，然而，"法律上的人是依据根本的，即法律本体论和法律伦理学方面的基础产生的，无论是立法者还是法律科学都不能任意处分这些基础"①。此外，在一定意义上，在何种意义以及程度之上承认与自然人相对的法人（法人仅止于是自然人的总和体，还是承载着源于自然人而高于自然人的所谓共同意志），实际上都会映射到民法上对"人"的界定上来，而不仅仅是一个"源于规范性"的简化命题所能解答的。"权利能力"是法实证主义的推演产物，充其量只是一个精致的技术设定。简单说来，"人"在民法上之所以为人，或者说能够成为民事主体，仅仅因为他/她是人，这就是《德国民法典》上所谓"权利能力"的具体意涵。②

不能认为德国法学家在面对学说汇纂法学无视社会生活实际的状况无所警觉。普赫塔的学生、原属罗马法派的耶林尽管没有参与民法典的制定工作，但他对上述状况率先发难，尝试从法所产生的社会基础的角度去理解法，提出社会是法的目的主体，法的目的是确保社会的生活条件。社会中的目的主体主要有四：个人（Induviduum）、国家、教会、社团（Vereine），它们同时是法律上的权利主体，即法律上的人（Personen）。③ 他警告称：此前的法律的特征是重视财产权而轻视人。④ 耶氏的学说以个人为核心，将"人格的自由发展"作为所有治国之术的目的，同时反对黑格尔将意志作为权利的目的，认为这与私法的基本原则不相容。⑤ 耶氏的学

① 转引自〔德〕卡尔·拉伦茨：《德国民法通论》上册，王晓晔等译、谢怀栻校，北京，法律出版社 2003 年版，第 57 页注释 13。

② 在伦理价值上，具有自由暗示意义的行为能力概念，可能较其母体权利能力概念具有较强的适应性。余履雪博士指出："在参与平等层面上讲，权利能力实际上是个冗余概念。行为能力足够解决问题"；见余履雪：《自然人权利能力："不能"与"能"》，载《朝阳法律评论》，第 11 辑，杭州，浙江人民出版社 2015 年版，第 56 页。

③ 吴从周：《民事法学与法学方法：概念法学、利益法学与价值法学：探索一部民法方法论的演变史》，北京，中国法制出版社 2011 年版，第 134 页。耶林学说中的社会元素比较浓厚，即使在他著名的《为权利而斗争》的演讲（1872）中，除要求个人必须敢于主张自己的权利以外，也指出行使权利归根到底是为社会服务。耶氏社会实证主义的思想，乃下启本国的马克斯·韦伯（Max Weber，1864—1920）和法国的涂尔干、狄骥、弗朗索瓦·惹尼（François Gény，1861—1944）等人的学说。也有学者认为耶氏已经从实证主义突围而出，应归属于非实证主义的阵营。见同书，第 165、162、484 页。

④ R. von Jhering，Scherz und Ernest in der Jurisprudenz，4ed.，1891，p. 418. 转引自薛军：《人的保护：中国民法典编撰的价值基础》，载《中国社会科学》2006 年第 4 期。

⑤ 〔德〕奥科·贝伦茨：《〈德国民法典〉中的私法——其法典编纂史、与基本权的关系及其古典共和宪法思想基础》，吴香香译，田士永校，载《中德私法研究》，第 7 卷，北京，北京大学出版社 2011 年版，第 102～103、105 页。

说事实上也影响到民法典的制定，如《德国民法典（预备草案）》的起草人就曾引述耶氏著作，明认“人类具备权利能力是不言自明的”①。该国学者沃尔夫冈·菲肯切尔（Wolfgang Fikentscher，1928—）称：“德国民法是以温德沙伊德的精神来制定，但以耶林的精神在适用。”或者说，德国民法的精神源自于耶林。②

比耶林更为激烈的，要数日耳曼派的基尔克。基氏批评由温德沙伊德主笔的《德国民法典（第一草案）》充斥着过多的罗马个人主义私法理论，指责草案对私法的定义使得权利持有人的权能受不到制约，而对特有的团体权却只在草案中显现出了羸弱的理论萌芽，等等。“我们必须向公法中吹入一股自然法自由空间的清新空气，为私法加入一滴社会主义的润滑油!”必须为法寻找一种实质的标准，如德意志法律生活的一种核心现象是一切均形成了团体（Verbände），从家庭到现代国家，它们是有机体，是“实在团体人格”（reale Verbandspersönlichkeit），这与源于罗马法的个人主义仅着眼于个人的理解，形成了鲜明的反差。③ 此外，基氏对《德国民法典》使用语言的通俗化还作了有效的提醒。上述耶氏、基氏的批判态度，给因秉承实证主义而难避僵化质疑的《德国民法典》赋予了活的因子。④

（三）后启蒙时期的人类形象

1896 年《德国民法典》在继承 1804 年《法国民法典》关于人格平等的精神的同时，赋予“人格”概念以更多的时代内涵，促使人格在法律层

---

① Albert Gebhard，Die Vorlagen der Redaktor für die erste Kommission zur Ausarbeitung des Entwurfs eines Bürgerlichen Gesetzbuches，Allgemeiner Tell，Teil 1，Walter de Gruzter und Co.，Berlin，New York，1981，S. 351. 转引自沈建峰：《权利能力概念的形成和变迁》，载《北方法学》2011 年第 3 期。耶林影响《德国民法典》的另一事例，为其对过错责任原则对个人行动自由具有保障作用的论述；参见〔德〕罗尔夫·克努特尔：《〈德国民法典〉中自由之保障》，涂长风译、田士永校，载米健主编：《中德法学学术论文集》，第 2 辑，北京，法律出版社 2006 年版，第 202 页。

② 吴从周：《民事法学与法学方法：概念法学、利益法学与价值法学：探索一部民法方法论的演变史》，北京，中国法制出版社 2011 年版，第 168 页和同页注释 343。

③ 〔德〕格尔德·克莱因海尔、扬·施罗德主编：《九百年来德意志及欧洲法学家》，许兰译，北京，法律出版社 2005 年版，第 152 页以下。学者称基尔克的思想是“反实证主义和反潘德克顿法学的酶”；见〔德〕米歇尔·施托莱斯：《德国公法史：国家法学说和行政学（1800—1914）》，雷勇译，北京，法律出版社 2007 年版，第 484 页。

④ 现在看来，1896 年《德国民法典》所谓穿越时空的生命力，消极来看也在于其在反抗非人道上所表现出来的无力感。一个比较极端的例子是，拉伦茨在纳粹时期（1935 年）曾经撰文表示，该法典第 1 条规定中的“人”，是指“具有日耳曼血统者”。参见〔德〕奥科·贝伦茨：《〈德国民法典〉中的私法——其法典编纂史、与基本权的关系及其古典共和宪法思想基础》，吴香香译、田士永校，载《中德私法研究》，第 7 卷，北京，北京大学出版社 2011 年版，第 102～104、109 页。

面进一步的普遍化。日本学者星野英一（1926—2012）引述德国学者古斯塔夫·博莫尔（Gustav Boehmer）所言，《德国民法典》并非 20 世纪之母而是 19 世纪之子，它所描述的人类形象（das Bild des Menschen）是“植根于启蒙时代、尽可能地自由且平等、既理性又利己的抽象的个人（abstrakte Einzelmensch），是兼容市民及商人的感受力的经济人（homo oeconomicus）”。星野氏将该论述予以引申，笔者将其分解出如下三个层次：一是承认所有的人的法律人格完全平等，这种平等是抽象的平等，不考虑知识、社会及经济方面的力量差异；二是被承认的法律人格可依其自身意志自由地成为与自己有关的私法关系的立法者，在其背后的是在理性、意思方面强而智的人像；三是《德国民法典》在对个人的设定上排除了国家，这与《法国民法典》上的个人尚保持与国家的联系（“法国人”）不可等同看待。①

首先，1896 年《德国民法典》忠实反映了其时德国的社会关系，却对社会结构、经济活动的新发展采取忽视的态度。当时，在这个国家起主导作用的乃是一个有自由主义倾向的大市民阶层，经济生活完全由一种色彩鲜明的自由主义所左右，其内里包含着经济力量自由扩展、不受国家干预的思想。尽管在 19 世纪 70、80 年代，一种出于家长式极权国家的关怀思想的社会政策已经开始出现，甚至促成了劳工保护特别是社会保险等重要立法，但这些社会性的倾向几乎还没有涌入到私法之中。② 为此，基尔克基于其所持劳动法是自由人格的证明和后果的观点，对《德国民法典（第一草案）》对雇用合同采用个人化形式予以严厉批评。基氏认为，劳动合同标的并不是雇员的人身，所涉及的也不仅仅是纯粹的出卖“劳动”这种商品。基氏对第一草案的上述批评促成了第二草案中采纳了雇主对在实施劳动中雇员所遭受的损害负补偿义务。但是，基氏对劳动法的设想并没有更多地进入法典之中。③ 可见，该法典严格遵循了 1804 年《法国民

---

① 〔日〕星野英一：《私法中的人——以民法财产法为中心》，王闯译，载梁慧星主编：《民商法论丛》，第 8 卷，北京，法律出版社 1997 年版，第 154～155 页和第 155 页注释 2。拉德布鲁赫还指出：“《德国民法典》乃处于两个时代的交接点上：它的双足仍然立于自由市民的、罗马个人主义法律思想的土壤之上，但是，它的双手却已踌躇迟疑地、偶尔不时地向新的社会法律思想伸出。”〔德〕拉德布鲁赫：《法学导论》，米健、朱林译，北京，中国大百科全书出版社 1997 年版，第 66 页。

② 〔德〕K. 茨威格特、H. 克茨：《比较法总论》，潘汉典、米健、高鸿钧、贺卫方译，潘汉典校订，贵阳，贵州人民出版社 1992 年版，第 266～267 页。

③ 〔德〕米夏埃尔·马丁内克：《德意志法学之光：巨匠与杰作》，田士永译，北京，法律出版社 2016 年版，第 123 页以下。

法典》所确立的人格平等的既有信念，但却未能顾及因社会现实的变迁而带来的对民法上人类形象的变动需求。

其次，1896 年《德国民法典》所包含的人类形象是强有力的智者形象。学者指出：“作为《德国民法典》基础的人类形象，因此就不再是小手工业者或工厂工人的人类形象，而是富有的企业家、农场主或政府官员的人类形象；换言之，就是这样一种人，即人们能够指望他们具有足够的业务能力和判断能力，在以契约自由、营业自由和竞争自由的基础上成立的市民营利团体中理智地活动并避免损失。”① 拉德布鲁赫将这种对民法上的人“强而智”形象的设定归因于立法的任务：“法律不是针对善，而是针对恶制定的”。“因为立法并不着眼于通常情况的人，而是最坏情况下的人：人如此自私，以至于假使对他没有限制，他就不会关心任何他人的利益，而且如此地聪明，以至他可能会立刻认识到这种限制的每一漏洞。这种新的法律技术的观点尤其针对父权制。”② 在《德国民法典》施行后不久，学者就开始质疑该法典中所表现出的“作为法律制度的人格”到底是谁？这是“一个自治的个人、一个孤立的、褪掉个人历史特性和历史条件的个人，一个绝对的法定的我的图像”。它既缺乏对相处间的人、主体间性和交互的真实理解，也没有追随《法国民法典》从处在“现实自然”中一个自治的个人出发，而更多地将人放置在某些紧密关系之上，包括个人、家庭、国家和权利享有者。③

四、结　语

个人实证人格是法实证主义在“人格”领域的表现，是对此前个人理性人格的取代。但是，不能将实证人格与理性人格完全割裂开来看待，而应视实证人格为理性人格的更高阶段。这是因为，实证人格不仅将理性人格所蕴含的伦理价值予以内在化，更以一个强有力的智者形象予以充实，从而使得“人格”概念更加丰满。星野英一提醒说：“由于对所有的人的法律人格即权利能力的承认成为民法典的规定从而成为实

① 〔德〕K. 茨威格特、H. 克茨：《比较法总论》，潘汉典、米健、高鸿钧、贺卫方译，潘汉典校订，贵阳，贵州人民出版社 1992 年版，第 267 页。

② 〔德〕古斯塔夫·拉德布鲁赫：《法学导论》，米健、朱林译，北京，中国大百科全书出版社 1997 年版，第 70 页。

③ 〔德〕罗尔夫·克尼佩尔：《法律与历史——论〈德国民法典〉的形成与变迁》，朱岩译，杜景林、卢谌校，北京，法律出版社 2003 年版，第 74、76 页。

定法上的原理，得到从法律实证主义立场的承认，故而其自然法的基础却逐渐被忘却了。”① 弱者保护的规则尽管在罗马法上已受重视（尤其在契约领域），但在学说汇纂法学中却被忽略掉了，这与当时崇尚自由竞争、弱肉强食的意识形态密切联系。② 耶林取道目的、利益和社会，探寻隐藏在概念背后的价值观念和法的普遍原理，也可以看作是对自然法传统的某种“回归”③。这当然也适用于对“人格”概念和制度的未来展望。

无论是备受基尔克、拉德布鲁赫等重视的劳动者，抑或是 20 世纪下半叶后更具新颖意义的消费者等，都是所谓社会人的具体形象。那么，具体人格会是实证人格的下一个阶段吗？日本学者北川善太郎（1932—2013）、我国学者梁慧星教授均明认具体人格乃现代民法模式的第一特征。④ 1986 年我国《民法通则》第 104 条规定：“婚姻、家庭、老人、母亲和儿童受法律保护。”“残疾人的合法权益受法律保护。”⑤ 第 105 条规定：“妇女享有同男了平等的民事权利。”⑥ 这两条规定系位于该法第五章第 4 节“人身权”的项下，可见该法系将其中的老人、母亲、儿童、残疾人和妇女作为自然人在特定场合下的身份（“人身”项下）来看待，即均为自然人的具体人格。2000 年修改的《德国民法典》于第 1 编第 1 章第 1 节“自然人”的标题中增加“消费者”（Verbraucher）、“企业者”（Unternehmer，又译为经营者），此二者均为自然人的具体人格，分别规定于该法典第 13、14 条。消费者或企业者的身份不是像一种性质那样依附于

① 〔日〕星野英一：《私法中的人——以民法财产法为中心》，王闯译，载梁慧星主编：《民商法论丛》，第 8 卷，北京，法律出版社 1997 年版，第 164 页。

② 这是意大利学者阿尔多·贝特鲁奇（Aldo Petrucci，1957—）的观点；参见薛军：《蒂堡对萨维尼的论战及其历史遗产——围绕德国民法典编纂而展开的学术论战述评》，载徐国栋编：《中国民法典起草思路论战——世界民法典编纂史上的第四大论战》，北京，中国政法大学出版社 2001 年版，第 440 页注释 2。

③ 〔德〕米夏埃尔·马丁内克：《德意志法学之光：巨匠与杰作》，田士永译，北京，法律出版社 2016 年版，第 100～101 页。

④ 〔日〕北川善太郎：《民法总则》，东京，有斐阁 1993 年版，第 14～15 页；梁慧星：《从近代民法到现代民法——二十世纪民法回顾》，载《中外法学》1997 年第 2 期；梁慧星：《民法总论》，北京，法律出版社 2007 年版，第 4～5 页。

⑤ 我国《民法通则》第 104 条规定系部分转换自 1982 年《宪法》第 49 条，后者规定：“婚姻、家庭、母亲和儿童受国家的保护。”

⑥ 我国《民法通则》第 105 条规定系转换自 1982 年《宪法》第 48 条第 1 款，后者规定：“中华人民共和国妇女在政治的、经济的、文化的、社会的和家庭的生活等各方面享有同男子平等的权利。”

人身，而是根据具体法律行为的目的上的关联关系而互相区别。[1] 此岂非民法上的个人人格进入具体人格阶段之征兆耶?!

第四节 权利能力制度述评

学界对于权利能力的理解，自清末从日本移植民法以来，大体上总结有四种观点。第一种，是人格要素说。该说将权利能力视为人格要素之一，与人的生命、名誉、自由等人格要素相并列。由于我国《民法通则》并没有规定人格，所以我国学者概不持此说。第二种观点，是主体资格说。该说认为权利能力就指主体法律资格，即人格。此说可称为人格说。第三种观点，是抽象资格说，其认为权利能力是一个人作为法律主体的能力或者资格，其要义为权利能力既是能力也是资格，但又与人格不同。支持这种学说的学者认为，由于权利能力反映抽象意义上的平等性，而人格与等级身份紧密相关，是制造不平等的工具。认为权利能力仅仅只是获得权利与承担义务之资格，而与人格、民事主体身份无关。第四种观点，是能力说，认为权利能力仅仅是一种享有权利、承担义务的能力，而非资格。能力是一种内在自发的概念，而资格带有外加赋予的概念。在此说学者的理解上，权利能力与人格不能等同。本节拟通过词源上的权利能力分析，逐一对上述四种学说进行评价，并通过对权利能力制度功能的探索，寻找权利能力制度存在的正当依据。

一、词源上的权利能力

凡此种种费解主要源自对德语 Rechtsfähigkeit 一词的通译。该词由 Recht 和 Fähigkeit 组合而成。其中 Recht 有法和权利两义，这两种含义互为表里，所谓客观权利主观法；Fähigkeit 主指能力，也可转指资格、地位。但在翻译中，通常人们将 Recht 直接译为“权利”。学者认为出现这种不假思索的翻译的原因，在于译者希望提升权利而不是义务在人的主体地位中的意义，这种观念也反映了近现代个人主义的价值观，避免造成权利由主权者赐予的错觉等。而将 Fähigkeit 一律直接译为“能力”，尽管

---

① 〔德〕迪特尔·施瓦布：《民法导论》，郑冲译，北京，法律出版社 2006 年版，第 86～87 页。

符合翻译规范，而且这种翻译可以与行为"能力"及责任"能力"概念相区别，但是却不能体现"Fähigkeit"该词具有的实质性和技术性两种功能。[①]

Rechtsfähigkeit 的实质性功能是指人作为权利和义务主体的资格，在德语法学文献中通行的定义为"Rechtsfähigkeit ist die Fähigkeit, Träger von Rechten und Pflichten zu sein"，如拉伦茨的定义是"一个人作为法律关系主体的能力，也即是作为权利的享有者和法律义务的承担者的能力"[②]。这里把"Fähigkeit"不译为"能力"而译为"资格"更好。其技术性功能的体现是指与"行为能力"及"责任能力"相区别的"权利能力"，因为如未出生的和刚出生的人虽没有行为能力行使权利，但行为能力来源于对权利的"能力"。也是出于技术性的考虑，第二种表达不仅说人享有权利，且在权利之后加上"能力"，以更好体现它与行为"能力"及责任"能力"的不同。考虑到该词具有的两种含义和两种功能，在实质性功能上，如果将 Recht 译为法律，将 Fähigkeit 译为资格，在中文上更为准确，更易为人理解。[③] 通常认为人的"权利能力"始于生而终于死，实际上意味人从生到死具有法律资格，是权利和义务的承担者，这种资格为客观法赋予，而不是因人的自身能力获得。

二、权利能力概念的分析

关于权利能力的四种理解，抽象资格说恐不能成立。尽管如上文所述，Rechtfähigkeit 一词在德语的翻译上应当被理解为"资格"。并且就权利能力在民法典中的实质功能来看，它是民事主体从国家处取得的一种可以成为主体的资格。在这种语境下，可以将其理解为一种国家赋予的资格。在这种意义上人格说与抽象资格说是合理的。抽象资格说的错误主要体现在它将"权利能力"理解为虚无缥缈的资格，但是这种资格是具体的，一种强有力的证明是不同民事主体的资格是不同的。也就是说，权利能力尽管是国家赋予的，但它仍然可以影响具体的民事主体的活动，权利

① 〔日〕山本敬三：《民法讲义 Ⅰ 总则》，解亘译，北京，北京大学出版社 2004 年版，第 23 页。

② 〔德〕卡尔·拉伦茨：《德国民法通论》上册，王晓晔等译，北京，法律出版社 2003 年版，第 119～120 页。

③ 郑永流：《人格、人格的权利化和人格权的制定法设置》，载《法哲学与法社会学论丛（八）》，北京，北京大学出版社 2005 年版，第 148 页。

能力范围上的限制就是一种表现。人格说也不能成立。自从罗马法上的身份人格转化为大陆法系的伦理人格，人格平等就是一项不证自明的公理。但是，权利能力，作为法律赋予的一种资格（或能力，下文会证明能力说也有其局限性），是不平等的。相信没有人会认为不同法人之间的权利能力范围是相同的，也不会有人认为法人与自然人拥有相同的权利能力。同样，人格要素说也不能成立。如果简单地将权利能力理解为一种人格要素，并进一步将其认为是民法上的一项人格权，这显然是将宪法的问题与民法的问题相混同。另外，人格说与人格要素说不能成立还有一个法律术语上的原因，就是人格说与人格要素说均没有被 Rechtsfähigkeit 的含义所涵盖。能力说与资格说相似，它们均能被 Rechtsfähigkeit 的含义所涵盖。但是支持者的观点，即认为权利能力是主体自发的，而并非国家赋予的，则需要进一步探讨。

总而言之，人格说与人格要素说由于与词源上的权利能力概念不符而失去根基，但是资格说与能力说均由于其不同的侧重而存在一定的局限性。笔者认为，在这里不妨将两者统一起来。权利能力当然是社会成员的内在自发的能力，但是这种能力如果需要被使用，则需要通过国家赋予社会成员以资格的形式来实现。通过权利能力制度的设计，政治国家得以实现对市民社会的组织与调控。因此，权利能力亦拥有公法的性质。仔细探究，权利能力其实仍然沿袭了古罗马法上的人格制度的功能，即其仍然具有身份的性质，只不过它不像身份人格那样标签化而直接作为一种隐蔽的治理技术，它撇开脸谱化的“身份人格”之名，但实际达到了同样的效果。法律技术上就是政治国家得以直接限制特定主体的权利范围，但是不言明这种区分与身份相关。所以，不能仅从伦理层面观察权利能力，它的一大功能是向公权力提供介入私人生活的工具。

三、权利能力与民事主体

根据上文的分析，权利能力实质上是一种享有权利、承担义务的资格或能力，只是这种资格并非抽象，而是具体的，依据民事主体身份的不同而有所区分。据此，笔者认为将权利能力同民事主体相等同，是存在疑问的。若将权利能力同民事主体等同，笔者认为至少在以下几方面，会出现解释上的疑惑。

其一，权利能力范围的存在可以证明权利能力与民事主体并非同义。试想，在判断是否是民事主体时，其回答只有是和非两种，而不存在一定范围作为回答的前提。实际上一些学者已经充分认识到权利能力与民事主体同义的矛盾，他们将权利能力区分为一般的权利能力与特别的权利能力，后者被定义为“就特定之权利，得为其主体资格”①。而民事主体难谓一般和特殊，后者一定是以取得前者的资格为前提。

其二，若将权利能力与民事主体等同，则无法回答若公司的经营范围是有限的，那么如何评价其在经营范围之外的权利能力这一问题。如果这个答案为否，那么如何评价其此时的民事主体身份？如果答案仍然为否，那么必须要回答的是，能否存在断续的民事主体，即民事主体是在一定的范围内存在的，超出此范围民事主体即不存在。笔者认为这显然是不合理的推断，尚且不论有范围的民事主体是否能够逻辑上自洽，这样的理解势必会增加主体间交易的资格审查成本，降低交易的效率。

其三，若将权利能力与民事主体等同，则无法解释《民法总则》关于自然人、法人与非法人组织所采取的不同定义。根据《民法总则》第14条的规定，自然人的民事权利能力一律平等；根据《民法总则》第57条的规定，法人是具有民事权利能力和民事行为能力，依法独立享有民事权利和承担民事义务的组织；然而根据《民法总则》第102条非法人组织的定义，非法人组织是不具有法人资格，但是能够依法以自己的名义从事民事活动的组织。很明显，非法人组织并不具有权利能力，但是它是一种民事主体。

四、权利能力制度功能及其存废

从权利能力发展成形之过程，了解其根源可溯至罗马法上Persona及法国法上“人格”之概念；当初之目的无非在于提供适用或不适用民法之标准。权利能力之设计，乃秉承罗马法上Persona及法国法上“人格”，细化为纯法律概念之制度。设计之目的依旧在于提供适用民法之标准：有权利能力者，适用民法；无权利能力者，不适用民法。目的既然如此单纯，则于民法总则中径予规定适用主体之范围，同样可以达到目的。民法在其规定与适用何主体之间，加设权利能力之制度，似属多余。权利能力之设计，应非不可或缺之制度，唯是否仍具残余价值，值得检讨。就权利能力而言，曾世雄教授指出，制度设计之过程几近遗忘，仅着重设计之结果，因而导致非正确之论说，并成通说。其原因之一在于法国民法颁行后

① 史尚宽：《民法总论》，北京，中国政法大学出版社2000年版，第122页。

所开发出之论说。法国法上之论说以具有“人格”为要件，权利为权利之主体。对于有无人格，则以下列二元则决定：(1) 凡人均有人格；(2) 仅人方有人格。因此，人类与人格结在一起，而人格又与权利之主体画上等号。法国民法之此一架构，影响后世至巨，几乎所有大陆法系之民法，接受其结果，认为人为权利之主体，又唯人为权利之主体，而忽略探索设计过程。原因之二在于德国民法自创“权利能力”以代“人格”。因使用“人格”之语词，容易陷于“人类”与“人格”难分难舍之情结，使用“权利能力”之语词，则“人类”与“权利能力”两者关系，存有探索之空间。

实际上，权利能力概念所承载的文化信息与法律上的人的理论密切相关。谈到法律上关于人的理论，伊曼努尔·康德是无法绕开的，他在《习惯的形而上学》之导论中指出，法律上的人是指那些能够以自己的意愿为某一行为的主体。人不能服从那些不是由他（他自己单独或者和他人一起）、而是由别人制定的法律。至此，关于人的理论在康德那里被推向了顶峰。康德提出这一理论的目的，如果从法律和伦理上看，是为了让自然人能够为自己负责，根源在于自然人拥有自己的能力。在此基础上，康德建构了人的概念理论。而在这一理论提出之后，人之与动物相区分，在于人所拥有的智慧，在于人的能力，人能够为其行为抱有善意或恶意的心态，以及在此基础上形成的内心意思。这种责任自负的能力使得康德把人的行为扎根在自由这一民法的基本理念上，在人的选择是自由时，他就必须为自己的选择负责。由此，自由之理想与法律之人牢牢地融合在一起。①

康德的理论阐述了法律思想的巨大变革，因为与自然法不同，他所探讨的自然人已经不再是纯粹意义上的自然人，而成为主体。时代越发展，“人”这一概念的使用就越来越少。理性法学家们为这一概念所作的种种斗争似乎已经被人忘记，因为他们的胜利似乎是确定无疑的了。随着“法律主体”替代“人”，产生了“权利能力”理论，即一个自然人享有权利和承担义务的能力的理论。因此，《德国民法典》第 1 条规定人的权利能力这一概念的当然性，也就是毫无疑义的了，因为民法典很清楚地要贯彻在当时已经非常清楚的法学理论。② 这一替代所产生的结果是，人的概念本身已经不再显得重要，重要的是人的权利能力。当法律把人规定为一个

---

①② 〔德〕汉斯·哈腾鲍尔：《民法上的人》，孙宪忠译，载《环球法律评论》2001 年第 4 期。

上位概念的时候，法律只是把人这一概念当作一个工具，借助于这个工具，立法者可以建立作用于社会的规范体系。①

权利能力制度的出现与其时代背景密切相关。然而时至今日，权利能力制度是否仍然需要存在值得拷问。学界对权利能力制度的功能也观点纷纷。一般认为，《德国民法典》之所以创设权利能力制度以代替“人格”制度，在民法学意义上有以下几方面的原因，这也是权利能力制度存在的功能之体现。

其一，权利能力制度可以共用于个人和团体。尽管团体因被认为有理性而富有人格，经过判断被认可为法律上的主体。但是毕竟团体意志的产生不同于自然人，其容易产生伦理冲突，因而为避免争议的出现，使用权利能力以替代人格。正如评论，德国民法典在创造法人这一主体时，“小心翼翼地避开了人格这一古老而常新的概念中所包含的伦理属性，以权利能力的概念替换了人格的表达，使权利能力明确地从伦理的人格中解放出来，可以同时适用于自然人与法人”②。

其二，权利能力制度可以彰显主体法律地位平等。权利能力制度可以抽象出法律上的无差别的人，法律赋予了任何一个生物人以平等的权利能力，这一能力、资格并不以生物人的年龄、性别、宗教信仰、健康的区别而有所不同。而同时，权利能力制度也抽象出了法人这一概念，并赋予了其与自然人平等的地位。正是由于平等地位的存在，意思自由才得以在私法领域中实现。③

然而当下，权利能力制度是否仍然具有以上的功能，值得深究。至少有以下两个问题需要回答。问题一：人类社会演变迄今，对于人权须得到保护，已经成为世界范围内的价值共识。保障人权，就是指只要是自然人，不管其种族、国籍、性别、宗教等不同，在法律上一律平等，一律享有平等的法律地位，法律对其适用也当平等。至此，自然人不区分外国人和本国人，均具有相同的法律地位。则权利能力制度的主体平等彰显功能，在自然人之范围内，几无价值可言。若定要承认肯定权利能力之制度在自然人上的价值，则只有从权利能力范围之问题上予以探讨。但是，这则与当初权利能力制度设计之初衷不符，更何况如此残存之价值，尚可以

① 〔德〕汉斯·哈腾鲍尔：《民法上的人》，孙先忠译，载《环球法律评论》2001年第4期。

② 付翠英：《人格·权利能力·民事主体辨思——我国民法典的选择》，载《法学》2006年第8期。

③ 张保红：《权利能力的双重角色困境与主体资格制度重构》，载《法学家》2014年第2期。

通过直接规定民事主体制度取代。问题二：权利能力制度的适用可能与法人制度相互冲突。权利能力制度在法人制度上的投射是：存在一些被承认为法人的组织体，也存在没有经过承认的组织体。经承认为法人的组织，有权利能力，没有经过承认为法人的组织，无权利能力。通过这一投射，似乎权利能力制度在法人制度上应当被肯定。但是，上述原则制造了不少问题，使法律规定与实际社会生活脱节：组织体有依法律之规定不具法人资格并无权利能力，在实际社会生活中却扮演权利义务之主体。因此，权利能力制度在组织体中究竟有多少残存之价值，似乎应该以其所制造之问题能否顺利克服而定。①

① 曾世雄：《民法总则之现代与未来》，北京，中国政法大学出版社 2001 年版，第 78～79 页。

第十章　法人的本质与分类

第一节　法人分类问题的提出

一、法人分类的源起

自罗马法创造人格技术，将自然人与法律人分离，人格技术的分离功能为法人制度的出现创造了可能。正如学者所说，当赋予法律人格仅是法律技术运用的结果而与法律主体的生命性无关时，无生命团体法律人格自始诞生。[①] 最早将法人制度规定于民法典主体制度中的是德国民法典，其通过赋予以一定的自然人和财产为基础的组织以权利能力的方式，承认其得以参与民事法律关系。诞生于商品经济土壤中的法人制度不仅满足了民事生活的需要，还满足了人们结社自由的需要。

根据《民法通则》的规定，法人是具有民事权利能力和民事行为能力，依法独立享有民事权利和承担民事义务的组织。根据定义，这一组织既可以是人的集合或财产的集合，或人与财产的结合。在法人制度的正当性已无必要证成的当下，法人的分类模式就成为下一步的必要研讨问题。讨论法人的类型化区分，首先应明确法人分类的意义。如果分类只是将简单的概念需要复杂化，那必然是毫无意义的。在法律的概念里，所有有意义的类型区分都是有目的指向的，因为人类对世界的认识就是从分类开始的，类型化区分是认识外部世界的主要手段，所以讨论法人应当如何进行分类之前应该明确法人分类的意义。

法人分类的意义可从其与其他民事主体区分的角度来进行分析。法人

① 尹田：《论法人的权利能力》，载《法制与社会发展》2003 年第 1 期。

是民事主体的一种类型，其与自然人、非法人组织并列，那为何自然人和非法人组织无须进行类型化区分而法人须进行类型化区分呢？本书认为，因为法人本身并无独立存在的价值，其不过是为了自然人的需要而存在的组织体，因而制度设计就应当着眼于如何更好地服务自然人。而如果对自然人进行分类，可能想到的是根据性别、人种、民族等标准来作分类，但该种分类却在民法上意义甚微，因为人人平等是民法的基本要求。但法人却不同，法人并非都是平等的，其会因为类型的不同而具有不同的法律地位，而不同法律地位的法人是具有不同的权利能力和行为能力的。而如何创设和限制这些能力，也是从更有利于自然人的角度出发的，当然，“有利于自然人”应该做广义的理解，其不仅仅指作为私主体的人，更是指国家通过对法人进行分类来更好地调控社会生活，以达到更有利于自然人的目的，这也是对法人进行类型化区分的意义根本所在。

此观点可从多角度进行观察。例如，从行为能力的角度观察，在企业法人和非企业法人的分类中，企业法人就具有从事营利活动的行为能力，而非企业法人中的机关法人则不具有这种从事营利活动的行为能力。同样，机关法人具有的一些特别的行为能力，企业法人并不具有。这样设计的意义在于，其不仅能够更好地划定公权力的界限，也能够最大程度地保护交易相对人。再比如从国家对法人的管理角度进行分析，当前中国出台的行政法律法规大多是针对企业法人制定的，为何非企业法人的管制规范如此之少，究其原因还是因为非企业法人特别是机关法人，就如同国家本身的代理人，自然无须过分的管制，而由于企业法人可以从事营利性活动，国家自然要更多地对其进行监管，防止其披着独立责任的外衣从事损害他人的欺诈活动，所以对法人进行分类不仅需完成为法官裁判提供依据、为民事主体提供行为守则的基本使命外，还需要承担国家层面的一些特殊管制使命，以促进社会资源的利用、维护社会的稳定、体现中国的独特国情。当然这只是笔者的一点浅见，关于法人分类的意义还有许多不同的看法，随着时代的发展也会具有许多不同的意义。

《民法总则》第三章法人部分采取了“营利法人、非营利法人和特别法人”的分类模式，一改《民法通则》企业法人、机关单位、事业单位法人和社会团体法人的分类模式，引发了巨大的争议。本节拟在分析《民法通则》法人分类存在的问题的基础上，梳理比较法和理论上现有的各种法人分类制度，从法人的本质入手探究理想的法人分类标准，进而对《民法总则》所采取的法人分类标准进行评析。

二、我国《民法通则》上的法人分类

我国《民法通则》将法人分为企业法人、机关单位法人、事业单位法人和社会团体法人四种。对于《民法通则》的分类，学界有两种观点。通说认为，《民法通则》以法人所从事的活动为标准，将法人分为企业法人与非企业法人，然后，将企业法人按照所有制性质分为全民所有制企业法人、集体所有制企业法人和私营企业法人，将非企业法人按照功能和组织形式分为机关法人、事业单位法人和社会团体法人。① 另一种观点从意识形态（所有制）和行政本位的角度，将法人作企业、机关、事业单位和社会团体之四分。② 不论这两种观点何种正确，但可以达成价值共识的是，《民法通则》更注重企业法人该项，其有关法人的规定基本上是以企业法人为对象的，因为《民法通则》有关法人的制度主要集中于企业法人，有关非企业法人（机关、事业单位和社会团体法人）只有一条原则性规定。虽然本书现在讨论的主题应当围绕《民法总则》进行，但其本身是以《民法通则》为基础修订的，因而有必要对《民法通则》中法人分类的背景和依据进行研究，以探求当时的立法土壤在现今中国是否仍然具有。《民法通则》对法人的分类比较散乱，许多学者也对其提出了批评，但一部法律的制定自然有其本身的原因，在此着重分析《民法通则》法人分类的背景和依据。

（一）《民法通则》法人分类的背景及依据

1986 年制定的《民法通则》其实是前几次民法典编纂运动无疾而终的妥协产物，而考察之前的四次民法典编纂，都在一定程度上受到了苏联民法典的影响，苏联民法典是根据法人的职能对法人进行分类的，蔡立东教授将这种分类模式称为“职能主义”模式。③ 回望 20 世纪 90 年代的中国，当时正处于改革开放的初期，政治和经济并不像现在这么开放自由，法学理论也没有像现在这样百花齐放，当时的管制色彩还比较浓厚。《民法通则》的作用绝不仅是规范民事主体之间的交往和生活，更是体现出国家对经济生活的指导和管理，因为《民法通则》本身就被定位为一部权利与管制并存的法律，而法人特别是企业法人被赋予了以创造社会财富、推

① 张新宝：《从〈民法通则〉到〈民法总则〉：基于功能主义的法人分类》，载《比较法研究》2017 年第 4 期。

② 龙卫球：《民法总则》，北京，中国法制出版社 2002 年版，第 341 页。

③ 蔡立东：《法人分类模式的立法选择》，载《法律科学》2012 年第 1 期。

动经济发展这样一个重要的经济地位，自然国家应当重视，所以关于企业法人的规定自然会比较多。而对于非企业法人而言，《民法通则》赋予它们的职能是从事生产经营活动之外的其他社会活动，简而言之就是服务于人民。立法者以每种法人应该承担的职能对法人进行的分类，将其认为应该进行营利从而推动社会经济发展的法人分入企业法人类别，将不应从事营利活动而只应该为人民服务的归入非企业法人类别，以此达到经济社会的和谐发展。限于当时中国的意识形态和法律科学的发展水平，这种分类方法在当时具有历史的合理性。

然而在当下，这种分类是否仍然具有历史合理性，值得怀疑。正如全国人大常委会副委员长李建国作关于民法总则草案说明时表示："法人制度是民事法律的一项基本制度。随着我国经济社会发展，新的组织形式不断出现，法人形态发生了较大变化，民法通则关于企业法人、机关法人、事业单位法人和社会团体法人的分类已难以适应新的情况，有必要进行调整完善。"①

（二）《民法通则》中法人分类存在的问题

通过上述分析，可以得出《民法通则》在特定历史阶段具有合理性的结论。然而其中存在的诸多问题也不容忽视，特别是在经济社会发展的当下，很多问题的严峻性不容小觑。相比于《民法通则》，无论是《民法总则》一审稿、《民法总则》二审稿、《民法总则》三审稿以及最后颁布的《民法总则》都对法人的分类进行了不少修改，这也说明了《民法通则》存在的问题。通过查阅资料，问题主要有以下两大方面。

第一是理论与实践的脱节。在《民法通则》制定时，立法者希望法人之间能够各司其职，并最终服务于国家政治经济的发展，但该目的在实践中难以实现。这是因为在现实中，法人之间并不是一个融洽无间、各得其所、没有内部利益冲突的理想集体。② 尽管所有制形式不同，但在经济活动中，均面临着相同的竞争。随着中国的经济模式由计划经济向市场经济的转型，全民所有制和集体所有制企业也相继进行改革，各类企业必须通过竞争才能在市场上生存，以公司为主的企业法人自不必说，适者生存法则影响着每一个企业，甚至非企业法人也是如此。高校间关系与理论上的

---

① 李哲：《民法总则创新性规定改变你我生活》，载《经济日报》，2017年4月30日，2版。

② 尹田：《区分"营利性法人"与"非营利性法人"的意义》，载《南方都市报》，2016年7月13日，AA15版。

各得其所相去甚远，它们之间存在的竞争是不容忽视的事实。高校间竞争存在的一个简单的表现就是专项教育资金不可能平均地分配给每一所高校。所以，即使立法者在制定法律时有正当目的，但市场经济下的竞争机制使该目的之间存在冲突。

第二是职权模式的分类方式和民法固有的被动实施机制存在冲突。民法属于私法，奉行不告不理的被动干预原则，这是民法作为私法和公法的重要区别。而依职能对法人进行分类，体现了国家对法人行为的管控目的，然而，问题在于，在私法实践中，执法机关对法人行为进行干预的情况很少，企业法人的法律行为，行政机关没有义务也没有权利获知，例如如果作为非企业法人中的机关法人有违反《民法通则》的行为，也无法根据民法要求其承担相应的责任，而只能通过其他途径去解决。因此，试图通过民法的法人制度实现国家的指导和管制这一目的非常困难，或者说要达到这个目的采用的手段成本过高。基于此，此种分类方法也必须作出改变。

三、比较法视域下的法人分类模式

由于经济基础、意识形态以及社会价值理念之间的差异，世界各国关于法人的分类模式不尽相同；不仅如此，理论界对于法人分类模式的观点也莫衷一是。总体而言，在理论上和立法上，主要的法人分类方式，有如下几类。第一种是将公法人和私法人作为第一层级的分类，在私法人下再设社团法人与财团法人二分模式，这种分类模式被以德国、瑞士为代表的大陆法系国家所采用；第二种是不区分公法人和私法人，直接以营利法人与非营利法人作为第一层级的分类，再在营利法人下设社团法人和财团法人二分。除开大陆法系国家的分类，英美法系国家主要是以营利法人与非营利法人二分，其中非营利法人部分设单行法，一般不区分社团与财团法人。特别是财团法人部分主要被信托制度所取代。

这三种法人的分类模式，在理论和立法上都各有特色，但其实这些分类模式之中也存在共通之处，比如都注重法人的成立基础及成立目的，分类模式之间也存在互相借鉴以弥补缺陷的现象。这一点在《日本民法典》的法人制度变迁过程中体现得格外明显。2001 年前，日本的法人制度为营利法人、公益法人和中间法人三分模式。2006 年，日本通过了《一般法人法》，废除了中间法人制度，而改以营利法人、非营利法人二分为第一层级，在营利法人项下依据其结构做社团法人和财团法人的第二个层级的分类。日本的这次修法很明显受到了其他大陆法系国家法人制度的影响。[①] 由此可以说，对《民法总则》的法人分类模式进行探讨离不开从比较法的视角对各国法人分类模式的研究。这种研究不仅可以加深对法人分类问题的理解，也可以为《民法总则》的分类及后期的完善提供一定的启示和借鉴。

（一）公法人与私法人

公法人是指基于国家公权力行为而设立的法人，私法人指的是依私法的设立行为而成立的法人。二者的区别主要在于设立基础、设立目的、设立要求、组织机构、行政职能等方面。从设立目的上看，公法人的设立主要在于执行国家的公共任务，承担公共职能，而私法人的设立主要在于实现私人的目的或满足私人的利益。从设立要求上看，公法人需要行政机关的批准，通常不需要登记，而私法人中除一些从事特殊的经营事业外，一般不需要行政机关的批准，但是需要登记。典型的公法人包括机关法人和具有政府管理职能的事业单位；典型的私法人包括企业、社会公益组织、实行企业化管理的事业单位以及在国家事业单位改革中剥离出的独立核算实体等。[②]

以公法人形式辅助行政机关作为国家行政管理抑或行政服务的一种组织技术，进而将这种技术上升为法律制度。此价值共识的达成满足了社会管理的需求。同时，公法人制度也随着各国公法理论、公法体系的成熟，成为各国行政改革的统一趋势。从法人设立的目的和使命并结合公私法的背景来看，法人概念在公法领域的确立有着独特的意义。不同于私法人强调财产、责任与成员的独立，公法人更注重的是行为自主性，这也与该项组织技术在去政治化与行政分权的背景下提出有着不可分离的关系。[③] 但是，可以发现，若从法人的本质角度审视公法人和私法人，两者实际上在理论渊源上保持一定的统一性。这里需要额外说明的是，尽管公法人的称谓中有一个“公”字，但是其实际上仍然是一个私法上的概念，这就表明只有公法人进入民事活动领域时，才可以被称作是公法人。而当其依照行政法进行公共管理活动时，并不将其作为法人看待。事实上，这种理解正体现了公法体系的成熟以及公私法的交融。公法人制度的出现的本质原因

① 周江洪：《日本非营利法人制度改革及其对我国的启示》，载《浙江学刊》2008 年第 6 期。

② 周玉超、蔡文灏：《我国法人分类制度的重新思考》，载《东华大学学报（社会科学版）》2010 年第 3 期。

③ 李昕：《论公法人制度建构的意义和治理功能》，载《甘肃行政学报》2009 年第 4 期。

是私法需要为公权力主体，机关和事业单位进入私法领域提供制度依托。因此，只有在这些行政机关、行政组织参与民事法律关系或承担民事责任时，才成为民法层面的主体——“公法人”。

在具体的实践中，这些行政组织可能承担双重角色，一方面是民事活动的主体，一方面又是行政活动的主体。因此，有可能出现民事责任和行政责任竞合的情况。在此须对公法人中可能承担的民事责任和行政责任给予简要说明。由于公法人参与民事活动时形成的经济法上的组织管理性的流转与协作法律关系，本质上主要为政府商事合同的经济合同关系。① 因而，公法人承担的民事责任就是基于经济合同关系而产生的债务、违约责任或侵权责任。与民事责任不同的是，其在行政活动中所承担的责任是行政赔偿责任，是当行政机关违法行使职权造成受害人合法权益受损时所必须承担的赔偿责任。②

根据上述分析可知，公法人制度的主要功能是为行政机关、行政组织涉足民事领域时提供民事主体地位。但是公法人毕竟是一个公权力机关，正如学者所言：怎么可能设想在民法中详细规定这些机构的组织法问题?③ 但是除去组织法问题，公法人在参与民事关系时又与私法人没有本质的区别，其享受民法上的权利、承担民法上的义务和责任应适用民法上的规则。从这一意义上来讲，民法上公法人与私法人是相同的。因此，将公法人与私法人在民法上作立法的区分的意义值得拷问。

（二）日本法上的营利法人与非营利法人

顾名思义，营利法人是以营利为目的的法人，非营利法人是不以营利为目的的法人。但作为区分标准的“营利”一词始存争议。④ 一般认为，营利和非营利的区分以目的事业和分配利润作为双重标准。所谓“营利”即指不仅从事营利性事业，而且向其股东等出资人分配所取得的利润。非营利法人是以公益为目的或其他非营利目的，且不向出资人、设立人或会员分配所取得利润的法人。非营利法人通常是指在非经济领域，如文化、教育、慈善事业等领域进行活动的法人。在判断非营利法人时，从法律规则的属性来看，第一个标准为积极标准，强调非营利法人必须是为了公益或其他非营利目的；第二个标准为消极标准，强调不能向其出资人、成立

① 史际春、邓峰：《经济法总论》，北京，法律出版社2008年版，第173页。

② 刘冲：《环境侵权民事责任问题研究》，哈尔滨商业大学2013年硕士学位论文。

③ 葛云松：《法人与行政主体理论的再探讨》，载《中国法学》2003年第3期。

④ 姜静娜：《法人分类研究》，郑州大学2016年博士论文，第163页。

人或会员分配利润。以营利法人与非营利法人为第一层级分类的典型是日本法。如上文所论，尽管没有离开对“营利与否”的关注，但是日本法人分类模式经历了一系列的演变，才逐步达到目前的法人分类模式。在此，笔者拟对日本法人分类模式的演进作简单说明，以增进对营利法人和非营利法人这种立法模式的理解。

原《日本民法典》是采取“营利法人”和“公益法人”为第一层级的分类。原《日本民法典》第 34 条规定：“有关祭祀、宗教、慈善、学术、技艺及其他公益的社团或财团而不以营利为目的的，经主管官署许可，可以成为法人。”第 35 条第 1 款规定：“以营利为目的的社团，可以依商事公司设立的条件，成为法人。”① 可以发现，此时《日本民法典》采取了“公益法人”的概念，且日本民法仅仅承认以公益为目的的社团法人或者财团法人，对于以营利为目的的社团法人，日本民法并不调整，而是交由商法调整。这就使《日本民法典》的营利法人与公益法人的分类在逻辑上是不能自洽的。这一点也被日本学者认识到了。他们认为日本民法对法人分类最大的缺陷在于，没有覆盖那些既非营利又非公益的团体，即中间法人。此类团体如“依特别法不能作为法人承认的（社交俱乐部、以会员相互扶助为目的的社团等），没有作为法人的途径。所谓‘无权利能力社团’就是这种情况，民法缺乏关于这种情况的规定，是重大缺点”②。该法人制度的第二个缺点是，公益法人的成立采许可制，并且其业务的开展受到主管机关的监督。③ 在许可主义下，主管机关的自由裁量权很大，设立非营利法人效率低下，同时在法人治理与法人的运营上，公益法人受到主管机关的干涉，私法自治原则贯彻不彻底。

实际上，日本法人制度的演进过程可以说就是如何妥善解决上述两个问题的过程。其一，“中间法人”的妥善安置过程。日本于 2001 年通过了《中间法人法》，以单行法的方式赋予了中间法人以法律主体资格。依该法，该类法人为营利法人、公益法人之外的区别于合伙的中间法人，又可以根据成员的责任承担方式细分为有限责任法人和无限责任法人，前者参

---

① 《日本民法典》，王书江译，北京，中国法制出版社 2000 年版，第 9 页。

② 〔日〕我妻荣：《我妻荣民法讲义一·新订立民法总则》，于敏译，北京，中国法制出版社 2008 年版，第 119 页。

③ 〔日〕四宫和夫、能见善久：《民法总则第 7 版》，东京，弘文堂 2005 年版，第 91、77 页；转引自周江洪：《日本非营利法人制度改革及其对我国的启示》，载《浙江学刊》2008 年第 6 期。

照有限公司的规定、后者参照无限公司的规定进行规制。[①] 该法被认为为各种团体活动的顺利开展和民法上主体的多元化开辟了道路。[②] 但是这种营利法人、中间法人与公益法人三分的法人分类模式很快就在 2006 年被替代。2006 年，日本通过了《一般法人法》《公益法人认定法》和《相关法律完善法》，取代了《中间法人法》和《日本民法典》中有关法人分类的规定。《一般法人法》明确了该法调整的一般法人的非营利性质，对一般社团或财团来说，均不得分配利润给其社员或设立人。[③]《相关法律完善法》的内容包括以下几个方面：中间法人法的废除、民法部分的修改、伴随中间法人法的废除的过渡措施等。

其二，许可主义的缓和过程。就主管机关对非营利法人的管控过严致使私法自治原则受限的问题，日本法人的立法进程也予以了回应。《中间法人法》即规定中间法人由希望成为社员的人共同作成章程，经设立登记成立，并且法人的运营也不受主管机关的监督。[④] 而《一般法人法》与《公益法人认定法》则更进一步。新一轮的改革下，公益法人的设立与认定设置两道程序。要成为一个公益法人，第一步是依照《一般法人法》去登记机关进行登记。公益法人进行设立登记不再需要主管机关的许可，而只需要其具备法定要件并在行政机关进行登记确认就可以获得一般社团法人或一般财团法人的资格。第二步，进行公益法人资格的认定。此时欲申请公益法人资格的一般法人则需要再去向由业界专家而非行政官僚所组成的专门机构进行公益性质认定的申请，而该专门机构则须依照统一的认定标准对其是否具有公益性质进行认定。只要成功获得了对于其公益性质的认定，一般法人即可转变为公益法人并使用公益法人的名称及字样；而即使没有获得公益性质的认定也并不妨碍其以一般社团法人或一般财团法人的资格来进行活动。[⑤]

日本法人分类模式经历了一系列的演变，都没有离开对营利法人与非营利法人分类的坚持，尤其注重对非营利法人制度的完善。但是这种分类

① 周江洪：《日本非营利法人制度改革及其对我国的启示》，载《浙江学刊》2008 年第 6 期。

② 〔日〕谷口知平、石田喜久夫：《新版注释民法（1）》，东京，有斐阁 2002 年版，第 35 页。

③ 〔日〕山田诚一：《关于一般社团法人及一般财团法人的法律》，载《民事研修》2006 年第 590 号，第 16 页。

④ 周江洪：《日本非营利法人制度改革及其对我国的启示》，载《浙江学刊》2008 年第 6 期。

⑤ 张哲：《社会团体法人制度："官"到"公"——日本公益法人制度改革对我国社会团体管理制度之意义》，载《苏州大学学报（法学版）》2016 年第 3 期。

模式也并非没有弱点可寻，由于日本法人分类与我国《民法总则》的分类模式比较接近，笔者拟在《民法总则》法人分类方式的反思部分具体展开对营利法人与非营利法人分类模式的缺点分析。

（三）德国法上的社团法人与财团法人

“社团”和“财团”自德文翻译而来，前者对应 Verein，意为“（人的）联合体”，后者对应 Stiftung，意为“基金会”①。作为私法人的再分类，作为法律概念，社团法人是指为追求共同目的而结成的人的集合；财团法人则是旨在实现财产捐助者特定目的的财产集合。典型的社团法人如公司；财团法人如基金会、寺庙等。《德国民法典》是最先将私法人划分为社团法人和财团法人的民法典。据学者探究，这种分类方式与《德国民法典》制定之时的环境有关。1898 年《德国民法典》颁布前后，德国公司的发展已经具有相当规模。在立法上，德国 1861 年颁布《商法典》、1892 年颁布《有限责任公司法》、1937 年颁布《股份及股份两合公司法》。而财团法人则可追溯到罗马法时期的“基金会”，在中世纪，便有赋予以宗教财团法人的形式收到的捐助财产抽象人格的做法，只是此时仍由教会把持着捐助财产的控制权。随着文艺复兴与宗教改革的完成，教会势力开始衰弱，捐助财产得以独立于捐助人和管理人，获得独立的、抽象的法律人格。②

依德国法理论，社团法人和财团法人在成立基础、设立目的、设立人地位、设立行为、法人意志的形成、组织机构以及解散事由等方面均存在根本区别，当然，这些区别在不断地被模糊。

1. 成立基础。社团法人以人的集合为成立基础，有自己的成员或社员；财团法人以捐助或遗赠的财产为成立基础，没有成员或社员。③

2. 成立目的或称目的事业。社团法人设立的目的既可以是为了营利，也可以是为了公益，因而社团法人可以分为营利法人、公益法人和中间法人。但财团法人的设立只能为了公益，这是由于财团法人建立在财产的集合上，并不存在成员，自然就无法进行利润的分配，不满足营利性的条件。当然通说的观点也有其时代的局限性，目前一些学者已经认识到，尽管财团法人不存在成员，但是其并不一定需要为公益目的建立，可以通过

① 朱庆育：《民法总论》，北京，北京大学出版社 2013 年版，第 417 页。

② 王雪琴：《论社团法人和财团法人划分的局限性及改良》，载《法学杂志》2010 年第 4 期。

③ 高庆新：《财团法人制度基础解析与立法模式选择》，载《经济理论研究》2008 年第 8 期。

投资项目、直接分配财产或财产利益等方式为捐助者的家属分配利润。

3. 设立行为。社团法人的设立需要共同行为，并且设立人均需在世，属于生前共同行为。尽管由于一人公司的出现，社团法人的设立不一定需要多于一人的共同行为，仅凭单方法律行为也可以设立社团法人。但是一人公司毕竟是社团法人中的极个别例外，因而通说仍认为社团法人的设立需要生前共同行为。而财团法人的设立仅需要捐助者的单方法律行为，并且不需要是生前行为。死因行为也可以设立财团法人。例如，诺贝尔基金会的设立即是诺贝尔通过遗嘱完成的。

4. 设立人地位不同。社团法人的设立人，在法人成立后成为法人的成员（社员），并享有成员权；财团法人的设立人在法人成立后与法人相脱离，并不成为法人的成员，实际上财团法人也没有成员。①

5. 组织机构不同。社团法人作为人的意思集合，其所作出的意思是集体的意思，同时为了让成员参与到该意思形成过程中以及参与到法人的日常事务管理中，社团法人需要一定的组织机构来实现这一目的，因此，社团法人不仅有意思机关（股东会及股东大会）来决定社团法人的重要事务，同时还存在执行机关，以负责执行意思机关作出的团体意志。而财团法人由于是建立在财产上的集合，因而不存在意思机关。

另外，社团和财团法人在法人主体是否能以独立的意志贯彻私主体自治方面还存在根本差异，社团和财团法人分类存在充分贯彻私主体自治原则与近乎于他律的对立：社团法人可以通过成员大会实现社团自治；而财团法人原则上服从于立法认可的目的的他律，私主体自治几乎只存在于捐助设立行为。② 故，在《德国民法典》采纳社团和财团的法人分类方法之后，这一分类方法迅速被大陆法系其他国家所广泛借鉴和采纳。

四、关于社团法人和财团法人的分类

社团法人和财团法人二分法是比较法上经常采用的立法体例，我国也有很多学者支持这一分类方法。因此，笔者认为有必要将这一分类单列出来着重说明。就学者统计，在《民法总则》（草案）建议稿中，采用最多的基本类型构造方法是二分法，其中，中国法学会的《民法典·民法总则专家建议稿》以及中国社会科学院民法典立法研究课题组的《民法总则建

① 王雪琴：《论社团法人和财团法人划分的局限性及改良》，载《法学杂志》2010 年第 4 期。

② 谭启平、黄家镇：《民法总则中的法人分类》，载《法学家》2016 年第 5 期。

议稿》两个建议稿采用了社团法人与财团法人二分的模式。[①] 然而在团体发展越发成熟的今天，或者说由于我们对团体的认识越来越深入，社团法人和财团法人的区分标准似乎已没有最初那般清晰。这种分类模式的缺点也逐渐被学者发掘。学界对社团法人和财团法人的批评主要集中于以下几个方面。

（一）分类标准日趋模糊

首先，就二者的成立基础而言，社团和财团实际上都是人和财产的共同结合。将社团看成人的集合，而将财团看成财产的集合，但若抛却社员和管理者的身份，单纯地观察社团和财团的运转，那么可以发现实际上两者无非是人支配财产和管理财产的区别，而支配和管理在表现形式上是类似的，并没有清晰的界限。所以，笔者认为，以人的集合和财产的集合来区分社团和财团法人更多的是观念上的区分。

其次，就设立人的地位而言，据上文论述所言，财团法人的设立人在捐助设立财团法人后就脱离财团法人。然而事实上，财团法人的设立人只是不以社员的形式存在，但是财团法人设立的目的、管理人员的任命、财产的用途与分配等都是由设立人事先决定的，只是在财团法人设立之后、解散之前保持不变而已。因此，财团法人的设立人并没有脱离财团法人，他的意志实际上一直影响着团体。从这个意义上来看，其甚至比社团法人的设立人对社团的影响更大。同时，从实际操作上来看，社团法人的设立人也可以通过团体章程的方式，限制社团法人的设立目的、管理人员任命、财产的用途与分配等。因此，以设立人的地位来区别社团法人和财团法人缺乏正当性。

最后，营利性不应成为当下二者区分的重要依据。“财团法人只能是公益法人，社团法人既可以是公益法人又可以是营利法人”[②] 观点的逻辑性值得拷问。尽管财团法人没有成员，因此当然不能向成员分配利润，这一点与社团法人是不同的。然而，这并不意味着财团法人不能将利润分配出去，假设财团法人在章程中规定其所获得的利润须分配给特定的对象（并非为了公益），那么从这个特定的对象获得利益的结果出发，设立人设

---

① 中国法学会民法典编纂项目领导小组和中国民法学研究会组织撰写的《中华人民共和国民法典·民法总则专家建议稿》，见民商法律网：http：//www.civillaw.com.cn/zt/t/？id＝30198#，最后访问日期：2017-07-05；梁慧星主编：《中国民法典草案建议稿附理由·总则》，北京，法律出版社 2013 年版，第 149～155 页。

② 魏振瀛：《民法》，北京，北京大学出版社、高等教育出版社 2013 年版，第 81 页。

立的是财团法人或是设立社团法人并没有任何区别。要注意的是，德国法上允许此种财团法人的存在。[①] 正如学者所言："慈善、公益和营利之间的界限越来越模糊，故而以法人经营的目的作为划分标准，理论上已经变得非常困难。"[②]

（二）概念的外延不周

社团法人和财团法人的定义不能覆盖一些后出现的新型法人（组织）形式，造成了逻辑上的不完整。据笔者分析，至少有以下三种法人形式不能被社团法人和财团法人所涵盖。

其一，一人公司。顾名思义，一人公司是指设立人或股东只有一人的公司。随着公司法理论的发展，越来越多的国家承认一人公司的存在。一人公司的出现可能有几种方式，或是通过直接设立的方式，或是通过其他股东退出或者股东只剩一人的方式。然而不论以何种方式出现，一人公司均挑战了原有的社团法人和财团法人的定义。社团法人是人的集合，然而一人公司只有一位股东；财团法人是财产的集合，但一人公司却有股东存在。

其二，国有独资公司。国有独资公司是指国家单独出资、由国务院或其他地方人民政府授权本级人民政府国有资产监督管理机构履行出资人职责的有限责任公司。这是《公司法》基于我国国情规定的一种特殊的有限责任公司。[③] 但很明显，国有独资公司的设立人只有国家，而国家难谓人之集合，亦不可能是财产的集合。

其三，社团化的慈善组织。在大陆法系的传统观念上，基金会是财团法人是无可争议的命题。然而，随着慈善组织的发展，不少基金会也开始采取会员制的方式。例如，《俄罗斯联邦慈善行为和慈善基金会法》草案第二章就规定了慈善基金会可以吸纳会员，会员资格的获得遵循自愿原则。基金会的最高管理机构是慈善基金会全体成员会议，其管辖的权限范围有：接纳成员、除名、变更章程等。[④] 实际上，我国对于基金会的规定也体现了社团法人性质的一面。我国现行《基金会管理条例》的规定，例

---

① 〔德〕迪特尔·梅迪库斯：《德国民法总论》，邵建东译，北京，法律出版社 2000 年版，第 864 页。

② 邓峰：《普通公司法》，北京，中国人民大学出版社 2009 年版，第 111 页。

③ 赵中孚、邢海宝：《商法通论》，北京，中国人民大学出版社 2013 年版，第 168 页。

④ 徐冀鲁：《社会募捐也应有一定的法律规范——俄罗斯慈善法草案简介》，载《现代法学》1994 年（xd）。

如理事会是基金会的决策机构，依法行使章程规定的职权，并明确规定经2/3以上多数同意的特别决议，理事会即有权修改基金会的章程，决定基金会合并分立。① 不仅如此，很多慈善组织还采取了协会化的方式，这些协会的形式难以纳入社团法人或财团法人中。例如在红十字会中，会员享有重大事项表决权，但其财产又来自于捐赠。②

第二节　法人的本质与法人分类问题的关联

对法人分类的优劣判断，离不开对法人的本质的探索。"可以说法人所有的问题其实都可以归结为法人本质的问题，有关法人问题的所有争执也都完全集中于法人本质问题。"③"视团体像一个真的人那样有利益需要、思维、观点、痛苦和幸福，对它像一个具体的人那样，就其道德生活的若干方面提出质问"④，作为一个组织体，法人在多大程度上被法律认为是与自然人等同的是学者们一直探索的问题，又在多大程度上与自然人是不同的。也许这些相同与不同的部分，正可以构成法人分类的标准。同时，要达到对我国法人制度的科学构建的目的，也当然要对传统法人理论进行分析和反思。立法是一国法律思想在最大价值共识层面的表述，显然并非来自个人的武断判断，实际上立法就是"对单个信仰的突破，应当在法学思维中排除武断……是多种知识比较综合的产物，是对各种观点再理解的结论，它的法律考虑了多方面的意见，考虑了更充分的理由"⑤。因此，笔者在就法人分类标准的采取进行分析之前，拟对法人的本质学说进行梳理，而对后者的研究离不开对法人的理性来源的说明。

一、法人的理性说明理论

如何在德国民法典以降的"理性——主体——意志"图式下对团体主体的理性作出说明，更为重要的是如何将法人的理性之产生与团体被赋予主体资格背后所彰显的立法政策相联系，以及不同国家是如何为落

① 参见《基金会管理条例》第20、21条。
② 王雪琴：《论社团法人和财团法人划分的局限性及改良》，载《法学杂志》2010年第4期。
③ 蒋学跃：《法人制度法理研究》，北京，法律出版社2007年版，第185页。
④ 江平、龙卫球：《法人本质及其基本构造研究》，载《中国法学》1998年第3期。
⑤ 龙卫球：《民法主体的一般理论》，中国政法大学1998年博士论文，第21页。

实该政策而选取的不同的立法技术。这就导致对法人的理性作出说明时不能只停留在私法的领域，而必须联系政治理念、公法技术，尽管私法本身一再排斥法与政治的关系，并力求纯化。这正如川岛武宜博士指出的：社团的设立是否可以得到法律上的允许是结社自由这一基本人权问题；财团的设立是否得到法律上的允许是所有权自由这一涉及所有制的问题。①

以理性人为标准构建的民法体系看起来是严密的："权利为意志的自由，该意志自由即为人，并且只有人是意志天赋的。每一单个法律关系作为人格人与人格人之间的关系，通过一个法律规则加以确定。"② 正如格雷所指出的："为了法律权利得以实现，意志是必要的，故一如法律权利之实现所关涉的程度，主体必须具有意志。"从而形成了"理性——主体——意志"的主体资格解释模式。③ 但按照这一解说模式对团体主体进行解释时却遇到了障碍，即其理性基础及意志如何体现。为此，学理上也出现了颇具争论的各种关于法人的理性说明理论与学说构造。而问题的核心即在于：团体或法人独立于自然人而取得法律上的主体地位，究竟是国家单方面拟制的产物还是私法主体通过契约所做的安排，私法自治抑或国家强制？而这一问题也是我国一些学者对待法人问题态度的写照。主要表现为这些学者仍然固守萨维尼所开创的将法人严格限于私法范围内进行研究的进路，将其定位成为一个纯粹私法技术问题。④ 需要指出的是，反思主体资格立法的技术与政策本无可争议，且是本书的主旨所在，问题是，在检讨相关立法技术与政策时，不应忽视相当因素对技术与政策选择的影响甚至是决定，在团体主体资格问题上，由于对其公、私属性界

---

① 〔日〕川岛武宜：《民法总则》，东京，有斐阁 1965 年版，第 104～105 页。转引自渠涛：《中国社会团体法律环境的民法制度整合》，载吴玉章主编：《社会团体的法律问题》，北京，社会科学文献出版社 2004 年版，第 350～351 页。

② 〔德〕罗尔夫·克尼佩尔：《法律与历史》，朱岩译，北京，法律出版社 2003 年版，第 64 页。

③ 〔美〕John Chipman Gray：《法律主体》，龙卫球译，载《清华法学》2002 年第 1 期，第 232 页。

④ 梁慧星教授认为："法人的本质就是法人何以得以与自然人同样具有民事权利能力，成为可以享有权利负担义务之民事主体。"梁慧星：《民法总论》，北京，法律出版社 2001 年版，第 140 页。尹田教授认为："与民法创制团体人格的目的相符，团体人格纯粹是团体的一种私法地位，一种享有私权利的资格，并不包含享有任何政治权利或其他公法权利的资格。团体人格在本质上不同于自然人人格，其不具有社会政治性。尤为重要的是，团体之人格是一种无论理性的法律人格，故其仅为团体的财产权主体资格"。尹田：《论法人人格权》，载《法学研究》2004 年第 4 期。

定的差异，对于我们提炼其背后的立法技术与政策将有不同的后果。

（一）拟制说明理论

对于主张拟制说的学者而言，法人或团体仅仅是一种拟制或想象，因为在这些学者的理路中，唯有自然人方得为权利义务主体，才是实在之人，法律若要将权利主体之资格赋予人所组成之团体，仅能透过拟制的方式来达成。此处所谓的拟制，即明知与事实相反，仍以其为事实的通常意义。对此种现实中不存在的实体，若想赋予其法律上之人格，必须透过法律之想象来创设。此种需求使得国家的介入变得理所当然。进言之，国家在此的介入，表现为一种授予人格之特许。也因此，国家理所当然地得随时以各种理由撤回此一特许。

根据德国法学家耶林的阐述，拟制存在两种，一种为历史拟制，一种为独断拟制。所谓“历史拟制”，是指将新法添加到旧法中去而无须改变旧法形式的拟制。其功能是通过将不属于诉讼范围内的事件通过拟制扩大归属，而增加原告得提起诉讼的范围。① 对此种拟制，梅因是这样予以评述的：“这种拟制，是要用以掩盖或者目的在于掩盖一条法律规定已经发生变化这样事实的任何假定，其时的法律文字并没有被改变，但其运用规则已经发生了变化。这种情况下，法律已经完全被改变了，而拟制仍旧和改变以前一样。为什么各种不同形式的拟制特别适合于社会的新时代，这是不难理解的。它们能够满足并不十分缺乏的改进的愿望，而同时又可以不触犯当时始终存在的、对于变更的迷信般的厌恶。在社会进步到了一定阶段时，它们是克服法律严格性最有价值的权宜办法。”② 由于当今的法律体系已较为完善，所以历史拟制逐渐退出了适用的舞台。

所谓“独断拟制”，是指将一些已经取得价值共识并以在一些法律或信念中确立起来的原则，通过归类的方式，达到最便利的效果。在权利意义层面上，就是将自然人和非自然人的权利归于一类，因为其所保护的利益在两种类型中是同样的。③在康德哲学基础上形成的“理性——主体——意志”模式下，这种无意志的团体要获得主体资格显然存在较大困难。于是有学者认为：“理性的存在，只有在决定自己的目的，并具有自

① 〔美〕John Chipman Gray：《法律主体》，龙卫球译，载《清华法学》2002 年第 1 期，第 234 页。

② 〔英〕梅因：《古代法》，沈景一译，北京，商务印书馆 1995 年版，第 16 页。

③ 〔美〕John Chipman Gray：《法律主体》，龙卫球译，载《清华法学》2002 年第 1 期，第 237～238 页。

发地予以现实的能力时，才被称为人格。”[①] 在这种理解下，主体需要有意志，而法人由于不能自发地予以现实的能力而被认为没有意志。因而，如何将个人的意志转化为法人的意志，从而为法人的主体地位提供合理依据，就成为理论急需解决的问题。在这种情况下，人们诉诸拟制这一项法律技术。

（二）秩序说明理论

这一理论的代表人物是凯尔森，学者总结其观点为：“法人只不过是调整有些人行为的秩序的人格化而已，就是对所有那些由秩序所决定的人的行为提供归责的共同点。”[②] 所谓自然人就是调整同一个人的行为规范综合体的人格化。因而在这两种情况下，人格化的基础在原则上是相同的。只是在以统一性给予人格化了的规范综合体的因素之间才有差别。[③] 与这种理念相符的是社团的主体定位。社团之所以被认为是一个人，就是由于法律秩序规定某些权利和义务，而这些权利和义务被解释为社团本身的权利和义务。[④] 社团被认为是法人的决定性理由看来是这样的事实或者说法律秩序的决定：社团的法律地位、独立权利和义务由法律秩序所规定；社团的民事不法行为的责任，在原则上限于社团本身的财产。[⑤] 问题是，既然法律秩序只能为人设定义务并授予权利，因为只有人的行为才受法律秩序所调整，那么，作为法人的社团的义务与权利也就一定是个人的义务与权利。实际上，法人的行为始终是人的行为，只是在法律秩序下被视为法人的行为而已。这里的问题就表现为社团作为权利和义务主体背后的逻辑机理为何。实际上，任何调整一些人的行为的秩序都可以被认为是一个“人”，意思是可以人格化的。然而，一个狭义的、技术意义上的法人却只有在下列情况下才能被推定，即只有被认为作为一个法人的共同体机关在法律上有能力代表社团，代表属于社团的那些人；此外，共同体的责任则在特定的方式下加以限制，限于法人的财产的范围，即法人成员的

---

① 〔日〕星野英一：《私法中的人——以民法财产法为中心》，王闯译，载梁慧星主编：《民商法论丛》，第 8 卷，北京，法律出版社 1997 年版，第 163 页。

② 李永军：《民法上的人及其理性基础》，载《法学研究》2005 年 9 月。

③ 〔奥〕凯尔森：《法与国家的一般理论》，沈宗灵译，北京，中国大百科全书出版社 1996 年版，第 112～113 页。

④ 诸远征：《外国法人在内国的主体资格与能力问题探讨》，中国政法大学 2002 年硕士学位论文。

⑤ 宋全胜：《“实在”背后的“拟制”——法人本质与法人格否定》，载《山东理工大学学报（社会科学版）》2004 年第 2 期。

集体财产。[①] 这种所谓的“有限责任”只有在“国家的法律”已使构成社团的法律取得确认的效果时才有可能。而“国家的法律”授予社团法律人格这一表示就是要达到这一目的。[②] 在凯尔森“法律上的人”的理论下，自然人与法人人格化的基础在原则上是相同的，只是在以统一性给予人格化的规范综合体的因素之间存在差别。也就是说，无论自然人还是法人，具有主体资格、成为权利和义务的主体都借助了人格化的立法技术，对于自然人而言，人格化的基础在其伦理人格，立基于理性基础，对于法人而言，人格化的基础在其独立财产，立基于可归责性。

凯尔森认为将意志拟制于法人，或者将法律主体与意志联系起来的观点是错误的。拟制说的支持者还提出了未成年人或者精神病患者与监护人之间的那种假想为相似的关系来证明拟制说的正确。正像法人本身虽无意志但由于其机关的意志而仍然有义务与权利一样，未成年人和精神病患者虽无法律上承认的意志，但由于他们监护人的意志，而仍然具有义务与权利。社团机关就被视为社团的一种监护人，而转过来社团则被设想为一种未成年人或者精神病患者。机关的意志，“归诸”社团，就像监护人的意志归诸他的被监护人一样。[③] 但是，凯尔森认为，社团其实是有意志的。就如万物有灵论一样，拟制说犯了一个二重推论的错误，因此并没有注意到法人具有人格这一结果命题的本质。即一个调整人的行为的秩序先被人格化，然后这一人格化又被认为是一个新的本体。实际上新的本体的存在之前提是因为秩序的存在。[④]

二、关于法人本质的学说

“如果说法律对自然人主体的承认源于对于个人伦理和理性的尊重的话，而对团体主体——法人的承认则少了尊重的意味，多了功利的目的。”[⑤] 法人资格的确立是近代私法上的重大成就，关于法人理性的说明理论也往往表现为关于法人的本质属性的界定上，而关于法人资格以及法人本质的

① 姚金菊：《转型期的大学法治》，中国政治大学 2005 年博士学位论文，第 96 页。

② 〔奥〕凯尔森：《法与国家的一般理论》，沈宗灵译，北京，中国大百科全书出版社 1996 年版，第 114 页。

③ John C. Gray，The Nature and Sounes of the Law 51，2nd ed.（Boston，1938），转引自江平、龙卫球：《法人本质及其基本构造研究——为拟制说辩护》，载《中国法学》1998 年第 3 期。

④ 〔奥〕凯尔森：《法与国家的一般理论》，沈宗灵译，北京，中国大百科全书出版社 1996 年版，第 121～122 页。

⑤ 陈梦坤：《论社团主体的法律属性》，中国政法大学 2006 年博士论文，第 27 页。

争论，也是近现代私法上最大的理论争议之一。[①] 具体来说，这些争议包括对法人之所以获得主体资格及其主体地位是专属自身抑或其特定个人（成员），法人存在的目的是专属其自身还是特定个人（成员）目的的集合与投射，法人在多大程度上与其成员的人格所分离，还是根本没有分离，尤其是对于人合团体是否以及在何种程度上真正具有自己的人格争论最为激烈。大陆法系关于法人本质的诸多学说一般被归结为拟制说、否定说和实在说三种，英美法上则被描述为拟制说、契约性组织（合伙说）、实体说三种。[②]

由罗马法学的代表人物在 19 世纪开创的拟制说只是将法人视为一种法律技术：团体只是被设想为法律人，为的是使某些问题可以得到满意的解决。与此相反，主要由德国私法的代表人物所维护的另外一种学说则把法人视为具有真实的人格，因此，法律制度所作出的权利能力规定只不过是对已经存在的事物的认可。这种争论，产生出许多对于法律的看法的不同的基本观点；各种见解甚至一直影响到对具体冲突的解决方案。最终所涉及的是这样的问题，即人们是否把由人组成的共同体视为个人生存表现的化身和总体，抑或视为一个超越其个体成员的存在物。就法人本质而言，大陆法系的学理上一般有三种主要观念：法人实在说、法人拟制说和法人否认说，这三者的划分实际上都直接或者间接来源于德国法。[③] 法人实在说和有机体说混同，用来说明法人的实体性；而拟制说则是指人格与责任均来源于法律，否认说则是指公司是自然人的集合。事实上，这三者并不是同一层面的归纳，并且显然这三种归纳都难以涵盖现实生活中的多元化的组织模式。[④]

“拟制说与实在说的根本分歧在于：法人的确立基础到底是技术意义上的还是当然意义上的?”[⑤] 实际上两者都不否认法人作为主体概念的规范实在，但在主体确立基础是否是当然而然的实在上，两者观点对立。拟制说坚持认为法人主体的确立是技术意义上的，法人是观念上的整体、是

---

① 该论断出自崔拴林：《论私法主体资格的分化与扩张》，厦门大学 2005 年博士学位论文，第 91 页。

② HAGER，MARK M，“The Progressive History of Organizational ‘Real Entity’ Theory”，*University of Pittsburgh Law Review*，1989，50：580；MARK，GREGORY A，“The Personification of the Business Corporation in American Law”，*University of Chicago Law Review*，1987，54. 1455ff.

③ 刘道远：《关联交易本质论反思及其重塑》，载《政法论坛》2007 年第 6 期。

④ 邓峰：《作为社团的法人：重构公司理论的一个框架》，载《中外法学》2004 年第 6 期。

⑤ 龙卫球：《民法基础与超越》，北京，北京大学出版社 2009 年版，第 204 页。

法律拟制的产物；而实在说则认为法人是实实在在的社会存在，是一种客观存在的实体。“严格来说拟制说与实在说没有谁能够完全站住脚。前者把法人制度单纯看成一种技术手段过于简单，后者回避法人主体与自然人的实际差别则显得过于夸张。”① 抛开观点的纷争，不同学者可能对外国学说的观点也有着一定程度的误解，这也是导致论争的缘由。从历史社会学的角度出发，拟制说试图解决的问题，主要是面对社会工业化和商业化后公司兴起的挑战。有学者进而提出拟制说并非理论创造，而是对历史素材、社会观念、权力实践的总结的观点。在拟制说中仍然体现着国家集权主义，并保留了国家对法人的控制。② 从这一角度来说，拟制说之所以衰落而实在说之所以兴起，均是由于社会的变化而要求法律放松对公司的监管所致。

回归最初开始的地方，其实法人概念的设定，假定组织体与具体生命人类似而具有主体资格，这种人格化的深奥之处在于它把团体作为有别于个人总和的一个目的统一体。③ 从法人制度的功能入手可以发现，我们必须承认组织与个人有着不同的功能，而组织一旦成立，也脱离了个人而成为了一个不可避免的存在。从立法逻辑上来看，不能说法人是团体在法律上的当然反映，而是先由团体事实的存在，而后才由法律赋予其法人资格。正是在法律思维发挥作用的领域，由于法律的确认和构造，团体才能转化为民事主体的法人。④ 从与自然人主体身份的获得来看，法人是拟制的产物这一点似没有争议。然而是由谁将法人拟制出来的呢？是国家，是团体成员，还是其他成员？这一问题可能永远都不存在答案。但是毋庸置疑的是，一些组织成为法人已经为社会所承认，在这种情形下，即使民法典不将其规定为法人，也不影响其民事主体地位的存在。尽管这些仅仅是一种观念上的存在，但对于法律而言，它就是一种先于法律、而且法律必须加以承认的现实。所以，法人观念实际上是我们从法社会学角度上对这

---

① 龙卫球：《民法基础与超越》，北京，北京大学出版社 2009 年版，第 205 页。

② 谢鸿飞：《论民法典法人性质的定位——法律历史社会学与法教义学分析》，载《中外法学》2015 年第 6 期。

③ 龙卫球：《民法基础与超越》，北京，北京大学出版社 2009 年版，第 200 页。

④ 而之所以要用法人概念表示联合，便表达了联合的人们之间存在一种被独立组织化或主体化了的内在联系。被称为法人的某些组织体或共同体之所以是法人，并非仅仅是一群人组成了联合，而是他们的联合被法律视为具有一种紧密不可分的组织上的独立性。参见江平、龙卫球：《法人本质及其基本构造研究》，载《中国法学》1998 年第 3 期。

种现象进行观察的结果，并非一个纯粹法律构建之物。①

从法人内部构造考虑："法人组建的意义不在于将法人作为一种摆设，而在于如何通过法人组织来实现作为法人设立基础的成员联合或财产组合所追求的共同目的……一个动态的人格组织体，能够仅仅围绕法人目的而不断做出有效行为的独立组织。"② 实在说在解释如何将应然层面的拟制转化为实然层面的行动时存在着很大的缺陷，由于它认为法人是现实存在，具有自己的团体意志和思维，担任法人机关的具体人的意志被视为法人意志，法人有自发的行为能力，设定法人机关的行为就是法人行为。这一点与社会现实不符，即严重忽视了具体执行人和法人组织之间的差异。在这一点上，拟制说则显得更为优越。法人需要代理人，根据法人组织法任命自然人担任机关成员，行使代表职责，法人参与法律活动必须由法人机关来代表。在这个过程中完成法人的"双层拟制"③：法律通过第一次拟制，拟制法人具有类似于自然人的主体资格，解决团体的独立性；法律构造上为其建立代表机关，对内以类似委托关系为支持，对外根据代理规则将该机关的行为效果归属于法人，由此完成第二次效果归属意义上的拟制。

总的来说，拟制说所坚持的自然人仅得为伦理意义上的主体无疑是正确的，因为从社会经验现实告诉我们法人毕竟与自然人不同。但是它将法人视作是法律技术拟制的产物又忽视了法人是现实存在的组织，在这一点上拟制说似乎是一叶障目了。实在说认为法人不仅是一种社会实在，这一点是对社会经验的准确判断而且法人是具有内部绝对价值的组织体，甚至是有思想、有道德能力的有机体，这一点就将法人推向伦理意义上的主体，是否过于夸张暂且按下不表。正确的理解应该是如学者指出的"法人实体是法律认为需要做出主体承认的区别于自然人的另一类实体，这种个体（成员或财产）联合人格化的深奥之处在于其'体现出一种认真把某些组织体当成是有别于个人总和的一个目的统一体的一种法律需要'"④。

三、法人分类标准的采取

尽管学界对法人的分类议论纷纷，但在"一国民法上法人的分类应当

---

① 仲崇玉：《从他治到自治论我国法人人格制度改革——从法人本质理论出发》，载《法学论坛》2011 年第 3 期。

② 龙卫球：《民法基础与超越》，北京，北京大学出版社 2009 年版，第 209 页。

③ 龙卫球：《民法基础与超越》，北京，北京大学出版社 2009 年版，第 212 页。

④ 龙卫球：《民法基础与超越》，北京，北京大学出版社 2009 年版，第 218 页。

与一国所采取的法人的本质之学说相协调”这一命题上似不存在争议。“法人的分类应当从法人的本质出发。法人是一种团体，但自然存在团体与法律上的法人并不等同，各类团体上升为法人是自然人人格转用至团体上的结果。”① 若认为法人本不存在，其实是为了自然人的利益而由法律拟制出的一种主体，那么似乎就不再需要在法人的分类中考虑法人的设立目的，因为该目的其实是设立法人的自然人的目的。但是，在考虑采取何种法人的分类时，法人的本质并非唯一考虑，甚至可能不是首要考虑。据笔者分析，原因主要是两个层面的。其一，是法律体系层面的要求。法人制度作为民事制度的重要组成部分，“在进行制度性研究的过程中应采取体系化的思考方法，遵循体系强制的要求……包括实质意义上，应维持法律制度之间价值取向的和谐……形式意义上，应维持法律制度之间的逻辑和谐”。② 不仅如此，作为一国法律体系的组成部分，法人的分类也须满足一定的立法传统。其二，是立法技术层面的要求。法人分类作为一项立法技术问题，作为沟通法人理论与现实组织体的制度，且作为裁判依据，在概念上必须满足确定性和周严性。

各国学界对法人的分类问题争论不休，每一种分类都存在着支持与反对的意见。在此，笔者并不奢求直接提出尽善尽美的分类。笔者甚至认为是否能存在这样的分类也是值得拷问的。相比于直接研究法人分类的标准，去研究法人分类标准的采取依据似乎更有意义。分类标准的采取之重要性已经为学者所认知。“法人的元分类是十分重要的，因为法典需要提取公因式，对元分类的法人进行最基本的规定。”③ 例如，有学者将法人的本质作为分类标准的基础，其从“法人的本质是法律的构造物……是立法者塑造的另一个法律上的自然人，即具有独立人格的拟制人。自然人的人格意义在于独立，体现为法律上的自治。人格概念转用于团体也就是要将其塑造为独立的‘法律人格’，彰显团体的独立资格与自治。因此，法人分类的基本标准应当是私主体自治理念及作为其对应物的团体自治原则，亦即该法人主体贯彻私主体自治原则的程度与方式”④。有学者将法人的本质要素作为分类标准的基础，“其一是主体性，这是法人概念最抽

① 谭启平：《中国民法典法人分类和非法人组织的立法构建》，载《现代法学》2017 年第 1 期。

② 王轶：《对中国民法学学术路向的初步思考——过分侧重制度性研究的缺陷及其克服》，载《法制与社会发展》2006 年第 1 期。

③ 王涌：《法人应如何分类》，载《中外法学》2017 年第 3 期。

④ 谭启平：《中国民法典法人分类和非法人组织的立法构建》，载《现代法学》2017 年第 1 期。

象的规定性，各类型的法人在这一点上是绝对相同的，就如同‘存在’是万事万物共同具有的最抽象的质；其二是特定形态的法人的目的，如行使公法目的或私法目的、营利目的或非营利目的等；其三是法人的内部意思形成机关、外部的意思表示机关，包括机关、资本、名称等”①。

一个客观的事实是，学者在重视分类标准的同时，并没有对不同分类标准之间的逻辑关系进行阐释。这就导致了学者之间无法形成有效的沟通。这种对分类标准基础之间的逻辑关系不进行分析的另一个问题表现在论证理由的逻辑不明。例如，有学者将《民法通则》法人制度的缺陷分为以下四个部分。(1) 缺乏对公法人和私法人的区分，而民法的首要功能是保障私法自治，只有明确公私法人的区分才能完成对公法人进入私法领域的限制。(2) 法人分类的标准不是所有制的身份，而是法人的组织、结构和运行机制。(3) 事业单位法人类型杂糅，并非提取公因式的结果，没有按其特征抽象出同一类别的因素和基础。(4) 没有规定财团法人，不能包容现有的基金会、寺庙、捐赠财产构成的各种组织。② 很明显，如果从逻辑的周严性角度看，第一个理由与第四个理由实际指向的是一个问题。

因此，笔者试图将现存的各种法人分类标准原则进行整合，并按照一定的逻辑顺序进行排序。对法人的分类的优劣之判断，在于对这些层级分类标准原则的融合程度，对排序在先的分类标准的融合程度越高，则法人的分类模式越优；只有在对排序在先的分类标准的融合程度类似的情况下，才比较后一层级的分类标准的融合程度。

(一) 须体现我国民法典的立法目的和基本价值理念

法人分类系中国民商法制之顶层设计，不但攸关经济发展，且与人民结社权利有涉，理应呈现兼容并蓄之宏大格局。《民法总则》的立法目的体现在《民法总则》的第 1 条，保护民事主体的合法权益，调整民事关系，维护社会和经济秩序，适应中国特色社会主义发展要求，弘扬社会主义核心价值观，根据宪法，制定本法。从条文语义解释入手，《民法总则》的立法目的是多维度的，分别是个人视角、法律整体视角、政治视角。③可以发现，尽管民法是典型的私法，但是其立法目的却绝不只是保护私权主体合法权益那么单薄，民法还承担着维护社会和经济秩序以及适应中国

① 王涌：《法人应如何分类》，载《中外法学》2017 年第 3 期。

② 马俊驹：《法人制度的基本理论和立法问题之探讨（上）》，载《法学评论》2004 年第 4 期。

③ 陈甦主编：《民法总则评注（上册）》，北京，法律出版社 2017 年版，第 7 页。

特色社会主义发展要求的目的，这就体现了民法作为法律体系的整体功能以及民法所必须完成的政治目的。当然，不能认为《民法总则》的目的仅仅局限于其第 1 条所表述的内容，进而推断《民法总则》不存在其他目的。笔者认为，其至少应当包括维护民事主体的自由和尊严，促进社会、经济与人的全面发展，等等。

“法律目的是法律指向的目标，法律价值则是法律本身的抽象概括：事物指向的目标与事物本身不应相同，犹如箭靶与箭不相同一样。”① 据此，笔者认为不应当将立法目的与基本价值理念等同起来。实际上，《民法总则》对其二者的规定也有所不同。一般认为，基本原则的内容反映了民法的价值。从基本原则的内容来看，我国民法的基本价值理念主要包括，合法权益受保护、平等、自愿、公平、公序良俗、诚实、生态保护。这些价值理念遵循两条价值线索，分别是构成社会效率的源泉，即“基本体制原则”和为弥补市场机制的缺陷，即“体制限制原则”②。基本体制原则与体制限制原则所体现的价值理念在民法上并非位于同一逻辑层级。具体而言，平等、自愿、合法权益受保护原则处于主导地位，这些价值是民法最基础的价值理念，若这些理念不存在，则民法也就不复存在。而体制限制原则则居于辅助地位，其功能主要是对基本体制原则形成一定的限制和修正。“从根本上说，社会正义价值主要依靠公法和社会法去实现，作为私法的民法虽然也要对社会发展和需求作出回应，并在自己的弹性范围内进行一定的调整，但这种调整绝非否定自我；否则，社会效率价值在法律中就无从贯彻了。”③

因此，职权主义模式的法人分类模式的正当性也从民法典的立法目的与基本价值理念中被体现出来。一些学者认为职权主义模式的法人分类模式之所以不可取，是因为它所追求的目的在于“从国家的视角出发，立足于国家目的的实现，从而使法人以‘适应社会主义现代化建设事业发展的需要’的方式各自安分守己履行其应向国家承担的职能……而民法主要通过民事主体的主动利用，立足于对制度实效的考虑，只能从民事主体之间、而不是民事主体与国家间的权利义务关系之角度界定问题的所在和实

---

① 陈甦主编：《民法总则评注（上册）》，北京，法律出版社 2017 年版，第 9～10 页。

② 基本体制原则与体制限制原则的提法，见龙卫球：《我国民法上的“生态环境保护原则”如何把握——〈民法总则〉第 9 条评析》，见 http：//www.dongguanchangpinglawyer.com/news/html/？1759.html，最后访问日期：2017－07－01。

③ 陈甦主编：《民法总则评注（上册）》，北京，法律出版社 2017 年版，第 23 页。

现问题的解决”①。这种理解的错误在于，它将民法的立法目的和价值理念限制于私法领域，而忽视了其实际上是多元化的、多层次的。总而言之，民法绝不是只为了私法主体而服务的。

（二）须反映各类别法人的本质区别

法人的分类在立法上之所以争议不断，其根本原因就是各种法人之间的区别很多，但正如上文对公法人和私法人的分析，并非所有的分类均能成为法人之间的本质区分。而什么能够成为法人的本质区分，则必须从法人的本质中去探寻。不论是法人实在说、法人拟制说还是法人否认说，均认可法人为一种组织体，法人与自然人是不同的，三种学说的区别主要表现在对法人的主体资格的评价。否认说认为法人不能成为民事主体；拟制说认为法人主体的确立是技术意义上的，法人是观念上的整体、是法律拟制的产物；而实在说则认为法人是实实在在的社会存在，是一种客观存在的实体。因此，笔者认为在分析法人的本质区分时，可以考虑的有以下几个维度。

1. 法人设立的目的。法人是组织体，法人的存在绝不在于将法人作为一种摆设。从经济效率的角度来看，之所以将法人纳入民事主体，国家是希望通过法人组织来实现作为法人设立基础的成员联合或财产组合所追求的共同目的。换句话说，为何国家承认一些组织体进入民事活动领域，而拒绝其他组织体进入民事活动领域的根本原因，在于国家认为让这些组织体参与民事法律关系，可以达到促进社会发展的作用。由此，“法人应当是一个动态的人格组织体，能够仅仅围绕法人目的而不断做出有效行为的独立组织”②。据此，法人设立的目的是区分各类法人不同的一个维度。

2. 法人的内部组织结构。法人是组织体，法人的存在绝不仅仅是观念上的，而由实在的机构、成员、管理者、财产集合而成。从这个意义上来说，“法人的实在性质决定了法人必须有实体构造，实体构造是其存在的基础，这决定了‘实体构造’是法人的本质要素”③。以法人的结构不同作为区分各类法人不同的一个维度，还能表征法人与自然人的不同。自然人可以凭借自己的独立意志作出法律行为，但是法人需要机构（一定的程序）的运作才能形成自己的意志。自然人可以凭借自己的行动执行自己

① 蔡立东、王宇飞：《职能主义法人分类模式批判：兼论我国民法典法人制度设计的支架》，载《社会科学战线》2011年第9期。

② 龙卫球：《民法基础与超越》，北京，北京大学出版社2009年版，第209页。

③ 王涌：《法人应如何分类》，载《中外法学》2017年第3期。

的意志，而法人需要机构（一定的程序）的运作才能执行自己的意志。因此，法人的组织结构是区分各类法人不同的另一个维度。

（三）须符合立法传统

在讨论法人分类模式的问题时，不能忽视一国的法人制度历史发展、实际情况以及制度价值，简单地套用传统大陆法系的结构主义分类模式对于我国现有的法人进行分类，可能并不符合我国法人的历史和发展实际。实际上，即使是大陆法系的国家，其法人的分类也不具有完全等同性。这就说明，法人的分类标准必须满足其国家独特的立法传统；否则，恐造成民法体系内部、民法体系与其他法律体系的冲突，以致影响法律体系之整体性。

由于社会政治经济制度不同，以苏联为代表的社会主义国家的法人制度与传统大陆法系法人制度有所不同。在社会主义国家，法人组织设立和活动的目的不再是集中资本和单纯的营利，还包括实现国家组织政治、经济、文化活动的职能，满足人民物质文化生活的需要。

（四）须具有一定的确定性

分类标准须具有一定的确定性是毋庸置疑的。“确定性标准是指特定类型模式下的类型区分标准本身必须是明确的和稳定的。所谓明确，是指依据选定的类型标准，在观念上和实践中、从内涵到外延均能明确区分相关法人类型；所谓稳定，并非仅指同一类型模式下类型标准不得变换，而是指选定的类型标准的固有含义不能轻易随社会发展而变化，其典型反例如因附带了价值判断或者政策考量而导致类型标准在不同时空条件下的含义不同。”①确定性标准的意义更多的是立法技术的实践要求，尽管在理论上可以明确区分法人的类型，但是如果区分标准本身不具有明确性，在实践中就可能由于易造成误解而不能适用。不仅如此，分类标准还必须保证长期稳定，否则即无法满足将来的要求。当然，在明确和稳定两者间，明确是排序在先的。

（五）须逻辑周严

逻辑周严性是体系性的内在要求。具体来说就是分类标准需要做到层次分明、完整和开放。层次分明的意思是，上位概念和下位概念之间不能出现逻辑上的重叠。所谓完整，是指分类标准需要涵盖尽可能多的现有法人类型；所谓开放，是指具有预见性，可以涵盖将来可能出现的新法人类型。②

---

①② 罗昆：《我国民法典法人基本类型模式选择》，载《法学研究》2016年第4期。

第三节　我国《民法总则》法人分类模式反思

学界对我国《民法总则》法人分类模式的探讨很多，其争议并未随着《民法总则》的通过而平息。如上所论，笔者认为，对《民法总则》分类模式的探讨应当分层次，不同层次的分类标准要求不应当在分析中被给予相同的重视程度。一个极端的例子可以说明给予不同的分类标准要求以同样的重视程度是荒谬的。例如，将《民法通则》的法人分类改为企业法人、机关法人、事业单位法人、社会团体法人和其他法人，在逻辑周严性上即不存在问题；然而这种分类很明显不能很好地同民事立法的目的和民法的基本价值理念相契合，也不能展现各法人之间的本质区别。

《民法总则》以营利法人和非营利法人为法人的基本分类，并在这个基础上新增了特别法人，从而形成了营利法人、非营利法人以及特别法人这一新的“三分法”模式。根据《民法总则》第 96 条特别法人的类型的规定，特别法人仅包括机关法人、农村集体经济组织法人、城镇农村的合作经济组织法人、基层群众性自治法人四种类型。除此之外的法人，均为一般法人，依照其设立目的的不同分为营利法人与非营利法人。

一、对体现民法典的立法目的和基本价值理念的检讨

《民法总则》中营利法人、非营利法人和特别法人的分类方式显然仍属于职权主义的分类模式。学者因此认为：“《民法总则》营利法人、非营利法人和特别法人的分类仍然延续了《民法通则》企业法人与非企业法人分类的管制思路，从管控法人行为的角度出发进行制度构建，关注国家与法人之间的公权力义务关系，而不是法人内部的私权利义务关系，有失妥当。”① 还有学者从民法与行政法的区别来反驳“营利法人与非营利法人”的分类模式。强调“区分法人目的最典型的意义应该在于公法上如税费以及外部监管等方面的制度差异”②，因此民法不应过多关注营利性，而应当交由行政法来调整。“基于营利与非营利而设计的不同的管理措施，应由行政法等公法规范予以规定，不属于民法范畴。在团体自治与国家管制

① 谭启平：《中国民法典法人分类和非法人组织的立法构建》，载《现代法学》2017 年第 1 期。

② 罗昆：《我国民法典法人基本类型模式选择》，载《法学研究》2016 年第 4 期。

之间，民法典应关注前者，关注民事主体如何利用法人制度以及如何裁判因利用法人制度而引发冲突的问题。”[①] 另外，也有把对营利性的关注归于商法的思维，而认为传统民法应当强调社团的组织体性质。[②] 而这些学者由此得出一个结论，即《民法总则》的法人分类并没有体现民法典的立法目的和基本价值理念——私法自治，认为“由于民法典肩负的是高扬人的主体性的历史使命，尊重个体运用自由意志创造自己意愿生活的自治权利，因此民法典的具体制度的设计首先应当旗帜鲜明地贯彻私主体自治的理念”[③]。不仅如此，《民法总则》分类采营利性的单一标准，忽略了同为反映国家水平之文化社会等面向，不无顾此失彼之憾。反之，传统社团重视以人为本之社员权，涵盖层面宽广，落实论语“子罕言利”的名训，更能展现兼容并蓄、至大至深之格局。

然而，职权主义模式的分类方式当真不能反映民法典的立法目的与基本价值理念吗？笔者认为是可以的。一国的民法典所反映的立法目的与基本价值理念离不开其制定国家的文化传统、政治背景，甚至风土人情等。因此，民法典的立法目的与基本价值理念绝不能照搬其他国家或者仅从理论上进行推断，而是要结合并立足于国情。法人的分类模式作为民法典法人制度设计的重要部分。即便是均属于大陆法系的国家和地区，如德国、日本和我国台湾地区，其法人分类模式也均不相同。因此，绝不能因为大陆法系传统民法典的法人制度反映的是私法自治的理念，就直接不假思索地将我国民法典的立法目的与基本价值理念定论为私法自治，这个判断需要一定的说明。依上文所述，笔者认为《民法总则》的立法目的绝非单一的个人视角，而是结合政治视角与法律整体视角的。同时，《民法总则》的价值理念中也包含着两条价值线索，分别为自由与限制。而职权主义模式的法人分类模式恰好同我国民法典所展现的立法目的与基本价值理念所契合。不仅如此，当前我国的法人制度总体上仍具有浓厚的管制色彩，仍然盛行国家威权主义，如果在法人分类模式上选择结构主义制度，将会与法人制度中的具体规则相违背。

实际上，私法自治理念与管控理念是无法分割的。普遍认为，私法自治理念在法人制度上的体现，即是法人制度须解决民事主体如何利用法人制度参与民事主体活动，由此须解决法人的设立、法人成员的标准问题、

---

① 罗昆：《我国民法典法人基本类型模式选择》，载《法学研究》2016 年第 4 期。

②③ 谭启平、黄家镇：《民法总则中的法人分类》，载《法学家》2016 年第 5 期。

法人意思形成、法人与其成员之间的关系。[①] 营利法人、非营利法人和特别法人在上述问题中都存在显著的不同，当然由于这一部分更多地属于后文法人之间的本质区别，所以在此不加赘述。而这些问题实际上也是国家管控的关注点。例如，是否应当给予不同的法人以相同的设立方式，法人如何吸纳成员，法人与成员的关系如何，等等，都需要国家在自治理念与管控理念中实现平衡。因此，营利法人（主要包括有限责任公司、股份有限公司和其他企业法人），其主要从事市场交易活动和各类经济行为，性质上多属于私法主体，国家不应过多干涉其决定，只对其主体和交易过程的合法性进行管制即可。而非营利法人由于承担着更多的社会责任，行为性质涉及公法，如果完全自治，可能出现组织失灵，因而需要更多国家的管控。

另外，将机关法人、基层群众性自治组织、农村集体经济组织以及合作经济组织法人归入特别法人这一分类，也在一定程度上体现了私法自治理念，特别是将基层群众性自治组织和农村集体经济组织以及合作经济组织纳入特别法人这一分类。私法自治理念要求民事主体得以自己的意思进行民事活动，同时在民事活动中产生的合法权益应当受到保护。在长期实践中，基层群众自治性组织、农村集体经济组织和合作经济组织由于没有民事主体地位，其成员和与其进行民事活动的相对人的合法权益受到损害。不仅如此，一些居民委员会、村民委员会是基层群众性自治组织，为履行其职能需要从事一些民事活动。而现行法律没有规定其民事主体地位，致使其在一些情况下不能顺利从事民事活动。这也被立法者所关注："全国人大法律委员会表示，根据我国社会生活实际，具有特殊性的法人组织主要有机关法人、基层群众性自治组织和农村集体经济组织、合作经济组织。对上述法人，单独设立一种法人类别，有利于其更好地参与民事生活，也有利于保护其成员和与其进行民事活动的相对人的合法权益。"[②] 由此，特别法人的设置确认了这些组织的民事主体地位，与其他组织共同适用民事活动的规则。

二、对体现不同法人类型之间本质区别的检讨

如上文所述，在法人的本质是组织体的基础上，法人之间的本质区别

---

① 蔡立东、王宇飞：《职能主义法人分类模式批判——兼论我国民法典法人制度设计的支架》，载《社会科学战线》2011 年第 9 期。

② 余晨：《法人一章增加特别法人类别》，载《人民日报》，2016 年 12 月 20 日，第 14 版：要闻。

主要体现在设立目的和组织架构的区别上，而营利法人、非营利法人和特别法人的三分法满足了这一分类标准。

首先，营利法人和非营利法人的分类，很好地满足了设立目的的区别。根据《民法总则》第76条营利法人的定义，营利目的是“以取得利润并分配给股东等出资人”。营利目的的定义同样可以根据反推法，从《民法总则》第87条非营利法人的定义中得出，“为公益目的或者其他非营利目的……不向出资人、设立人或者会员分配所取得利润”。设立目的的区别决定了组织体进行不同的活动。

其次，新增特别法人及由此所构成的三分法，很好地满足了组织架构的区别。先要指出，营利法人和非营利法人在组织架构上存在很大的不同。在法人意志的形成上。营利法人作为一个人和财产的组织体，具有独立的人格，要使法人健康持续运行，必然涉及如何将成员等出资人的意志转化为法人的意志这一问题，因此，在法人中需要设立最高权力机构以便于形成最高意志。同时，权力机构的设置也与营利法人的设立目的相关。营利法人的设立是为了取得利润并分配，这就决定了它的意志形成必须满足经济效率的需求。最高权力机构可以在法人的不同机构发生争议时起到一锤定音的作用。然而，并非所有的非营利法人均需要存在权力机构。可以说，各种非营利法人的组织架构之间也存在着很大的不同。例如在事业单位法人中，在其举办人具有特殊性和单一性的前提下，不存在其他成员得影响事业单位法人意志的问题，这就与大部分的营利法人不同，不能简单地套用营利法人的权力机构模式。并且由于其是我国特有的法人制度，不能简单地与非营利性社团法人和财团法人相等同，前者是典型的成员集合，成员意志须被考虑在法人意志的形成中，而后者是一种典型的财产集合，组织架构的设立应当与财产的运用相关。然而对于事业单位，其组织架构应当保证其公共服务目的的实现，保证政府或社会的意愿的实现，而非满足成员的意志或财产的分配。因此，在事业单位的治理结构中，应当考虑包含举办者、服务对象、领域专家三部分。当然，由于事业单位的表现形式纷繁复杂，尽管目的均为公益，但是其各自具体目的及行为形式差异很大，不同的领域应当因“地”制宜，采用更合适的治理结构。

就特别法人而言，将其单独列出，正体现了《民法总则》对法人组织架构的重视。特别法人不仅与营利法人与非营利法人存在较大差异，而且各个法人内部也存在不同。其一，尽管机关法人的设立定是为了非营利目的，但是机关法人内部的组织架构显然属于行政法的领域，民法作为私法是不能对其进行规定的。其二，农村集体经济组织属于我国特有的法人组织，其既是自愿互利基础上的农业劳动者的联合体，也是一种按份共有与共同共有的混合所有制，同时也是农业统一经营与分散经营结合的双层经营体制和按劳分配与按生产要素分配相结合的与经济效率挂钩的分配体制。① 其三，城镇农村的合作经济组织的性质介于营利组织和非营利组织之间。其营利性体现在有些合作经济组织从事营利性活动以取得利润分配给成员，其非营利性体现在有些合作经济组织的设立是为了提供服务，例如农机作业合作社、沼气合作社、医疗合作社等。在实践中，合作社的形式非常多样，难以一概规定。其四，村民委员会和居民委员会作为基层群众性自治组织，其组织结构主要由《村民委员会组织法》和《城市居民委员会组织法》所规定，明确了村民委员会和居民委员会是自我管理、自我教育、自我服务的基层群众性组织。《民法总则》规定村民委员会和居民委员会主要是为了解决其在实践中有时必须参与到民事活动中的问题，并且这些组织的法人资格仅限于从事履行职能所需要的民事活动的资格。

在这里必须说明的是，可能适用社团法人和财团法人的分类更加贴合法人的组织架构区分这一角度。这也说明可能并不存在尽善尽美的法人分类，只存在更合适的法人分类。社团法人是依托于人的集合，在法人的意志形成这一问题上，社团法人必须要考虑的是设置一个权力机构，以转化成员的意志为法人的意志；而财团法人由于是财产的集合，不存在成员，没有最高权力机关，从而理事会必须按照财产使用目的使用财产。

三、对符合法人分类立法传统的检讨

在我国，法人分类的立法传统是建立在国家对法人的管理和监督上的。在《民法通则》出台前，我国历次民法典草案中的法人制度设计就体现了这一制度功能。《民法通则》颁布前，立法机关曾于1954～1956年、1962～1964年、1979～1982年先后三次起草民法典。各种版本的民法典草案中均体现了这一点。1955年10月5日的《民法总则草案》第24条规定："法人在行使民事权利时，受其主管机关的监督；主管机关如发现法人违反法律规定和自己成立的目的时，可根据其具体情况有权加以制止、改组或解散其组织。"1963年北京政法学院民法教研室起草的《民法典草案（初稿）》第13条规定："工商企业、社会团体的单位，必须依法

① 陈伯庚：《创建中国特色农村集体经济组织构想》，载《上海农村经济》2016年第4期。

向工商行政管理部门或指定机关进行登记，并依照登记项目从事经济活动。”1963 年 4 月中国科学院法学研究所起草的《中华人民共和国民法（草稿）》第 12 条规定：“各单位的经济活动，必须严格符合主管部门规定和批准的业务范围，不得擅自超越。”1963 年 6 月 8 日的《民法（草案）》第 13 条规定：“各单位和个体工商业者在进行经济活动的时候，不得超越主管部门规定和批准的业务范围。”1980 年 8 月 15 日全国人大常委会法制委员会起草小组提交的《民法草案（征求意见稿）》第 36 条规定：“法人在法律规定或主管机关批准的业务范围内有权独立地开展业务活动，并有义务全面承担对国家、社会应尽的责任。”据此，可以发现，我国历来有管控法人的立法传统。①

其实学界也早已意识到这一立法传统，这一点反映在《民法总则》的建议稿中。梁慧星老师主持的《中国民法典草案建议稿》即规定了营利法人和非营利法人的二分模式②，但中国法学会提供的《民法典·民法总则专家建议稿》采取了社团—财团法人的分类方式。③《民法总则》的法人分类与《民法通则》的基本吻合，保持了我国法人制度的连续性和稳定性。《民法通则》将法人分为企业法人、机关法人、事业单位法人和社会团体法人四类，后三类均为非企业法人。企业法人在内涵和外延上基本被营利法人所继承，而非企业法人（除机关法人外）基本被目前的非营利法人所涵盖。

传统大陆法系构建法人制度以尊重社会自生自发的秩序为理念，因而在制度设计上为社会自治特别是团体自治预留下足够的空间。④ 从这一角度看，社团法人和财团法人的传统二分法模式并不适合我国的立法传统。正如学者指出：“我国立法迄未采用‘社团’及‘财团’的概念。登记实务中使用的‘社会团体’概念，与民法所谓‘社团’概念并不相同。20 世纪后期出现的一人公司（现行公司法亦承认一人公司），亦与‘社团’

---

① 立法史内容参见蔡立东、王宇飞：《职能主义法人分类模式批判——兼论我国民法典法人制度设计的支架》，载《社会科学战线》2011 年第 9 期。

② 梁慧星主编：《中国民法典草案建议稿附理由·总则》，北京，法律出版社 2013 年版，第 149～155 页。

③ 中国法学会民法典编纂项目领导小组和中国民法学研究会组织撰写的《民法典·民法总则专家建议稿》，见中国民商法律网：http：//www.civillaw.com.cn/zt/t/? id=30198#，最后访问日期：2017-07-05。

④ 仲崇玉：《从他治到自治论我国法人人格制度改革——从法人本质理论出发》，载《法学论坛》2011 年第 3 期。

为人的集合体的本质不符。'财团'概念也有难为一般人理解之虞。"①

四、对符合确定性标准的检讨

根据《民法总则》的规定，营利法人的"营利目的"的界定主要细分为两个标准。② 其一，营利法人的设立目的是取得利润。出资人出资的目的是实现资本的增值，获得超过投资额以外的利益。其二，营利法人的设立目的是将利润分配给股东等出资人。除此之外，"营利性的法律意义在于，出资者或股东依法可以分配企业的利润和清算后的剩余财产而非营利组织的举办者或成员不得从本组织获取盈余及其任何资产或财产"③。当然，营利不意味着企业和股东总是能够获得利润。

然而，用确定性标准审视营利法人和非营利法人的分类，会出现一些问题。特别是在非营利性的认定上。现行的行政法规中，如《社会团体登记管理条例》《基金会管理条例》《民办非企业单位登记管理暂行条例》等都将非营利性社会组织或非营利法人作为社会团体、基金会、民办非企业单位的上位概念。但是，由于相关法律文本中并未明确界定非营利概念的含义，因而到目前为止，非营利概念仍然未达成价值共识。学者在对非营利概念进行界定时，或采用不同概念之间的错配，比如在一定程度上借用美国管理学上的组织性、私立性、非利润分配性、自治性、志愿性五大要素学说，或采用列举和描述相结合的方式，比如借鉴日本《特定非营利活动促进法》第 2 条采用的描述和列举相结合的做法，映射出非营利法人概念的不确定性。④ 目前在概念上，争议主要集中于非营利法人能否从事营利活动。根据两大法系普遍接受的法理，"非营利性并非意味着这些组织不能进行经营活动而获得利润，而主要是指对获取利润的分配限制"⑤。然而在实践中，如何判断这些组织在多大程度上可以进行经营活动则是一个很困难的问题。另外，争议也集中在"非营利目的"的解释上。"公益目的"可以根据《公益事业捐赠法》（2016 年）第 3 条的规定推论："本法所称公益事业是指非营利的下列事项：（一）救助灾害、救济贫困、扶助残疾人等困

---

① 梁慧星：《民法总则立法的若干理论问题》，载《暨南学报（哲学社会科学版）》2016 年第 1 期。

② 由于特别法人采取列举的方式，所以不存在确定性标准问题。

③ 〔美〕罗伯特·克拉克：《公司法则》，胡平等译，北京，工商出版社 1999 年版，第 579 页。转引自史际春：《论营利性》，载《法学家》2013 年第 3 期。

④ 罗昆：《我国民法典法人基本类型模式选择》，载《法学研究》2016 年第 4 期。

⑤ 税兵：《非营利法人解释》，载《法学研究》2007 年第 5 期。

难的社会群体和个人的活动；（二）教育、科学、文化、卫生、体育事业；（三）环境保护、社会公共设施建设；（四）促进社会发展和进步的其他社会公共和福利事业”。也就是说，凡是为了社会公共利益之事业，均是公益事业。“非营利目的”还包括除公益之外的其他目的，“其他目的”也急需进一步解释。

若仔细推敲，我们可以提出这样的疑问，营利和非营利的分类是一个长条的光谱线，抑或两个相交的圆？可以说，营利组织与非营利组织好似一条光谱的两端，一端系传统非营利法人（如基金会），另一端系传统营利法人（如公司），居于两者之间者，除了各种社会企业外，尚包括以经营商业为手段而追求公益之“商业非营利（commercial non-profits）组织”等①，以及名为营利法人但却恪遵社会责任之企业，不一而足。

五、对是否符合逻辑周延的检讨

在层次分明这一角度上，《民法总则》的法人分类难称做到逻辑周延。层次分明要求分类标准中不能出现互相重叠的情况，包括同一层级的概念的重叠，和上下层级的概念的重叠。由于营利法人与非营利法人遵循“非此即彼”的语法表达，在逻辑上已经构成一个周延的类别划分体系，而在此基础上新增特别法人一类，确实在语义逻辑上存在重叠的问题。

在完整性这一角度上，“营利法人”和“非营利法人”的非此即彼的表达看似使所有的法人均能够被涵盖在这两个概念中，但是根据上文的分析，由于“非营利法人”的判断标准是积极标准和消极标准的双重集合，那么不免出现符合其一而不符合另一的情况，对于这些中间形态的法人，《民法总则》需要作出进一步的解释。

在开放性这一角度上，笔者认为《民法总则》的法人分类是符合逻辑周延的标准的。将营利目的作为分类标准，绕开了对法人组织形态的要求，可以为今后出现的新型法人形态提供法律上的支持。

第四节　事业单位法人主体定位

一、事业单位法人主体定位学术争议

事业单位法人主体定位争议是民法学界的长期热议话题。《民法通则》

① 史伊文：《浅议民办高校的法人属性》，载《兰州教育学院学报》2017年第2期。

不能很好地为事业单位法人提供准确定位。根据《事业单位登记管理暂行条例》第2条，事业单位是指“为了社会公益目的，由国家机关举办或者其他组织利用国有资产举办的，从事教育、科技、文化、卫生等活动的社会服务组织”。其一，与机关法人不同，机关法人通常履行国家职能，不需登记，直接依法或行政命令成立。而事业单位法人通常履行社会公益职能，需要依法办理法人登记。其二，与企业法人不同，企业法人以营利目的为设立目的，而改革后的事业单位的设立目的是公益目的。其三，与社会团体法人不同。根据《社会团体登记管理条例》第2条：社会团体的组成成员应为非政府组织。事业单位显然不具有这样的成员特征。

在公法人和私法人逻辑分类下，事业单位法人找不到准确的主体定位。公法人是一种由国家依照公共利益所缔造并所有的工具，由公共预算所资助，国家授予其公共权力。在我国，典型的公法人只有机关法人。在实践中，事业单位法人具有复杂的性质。在改革前，事业单位可以是一个纯粹的行政机关，也可以具有行政机关和公共服务双重职能；事业单位可以在提供公共服务的同时，是一个以营利为目的的投资公司，提供公共服务，但未必是非营利机构。① 即使是在改革以后，剩余的纯粹以社会公共利益为目的的事业单位法人同样也兼具公法人和私法人的特征。

二、事业单位法人改革

实际上，事业单位法人之所以难以找到准确的主体定位之根本原因，在于事业单位的现实复杂性。

事业单位是中国特有的一个概念，是传统计划经济体制的产物。事业单位源于中国20世纪60年代的单位制度。所谓单位制度，是指中华人民共和国成立后为了管理公有体制内人员而设立的组织形式。单位就是国家直接控制和管理社会的组织形式，具有政治、经济、社会管理等方面的诸多功能。从生产功能角度划分，单位分为机关单位、事业单位和企业单位。②最早对事业单位作出界定的文本是1963年《国务院关于编制管理的暂行办法（草案）》，将事业单位定义为：“为国家创造或改善生产条件，促进社会福利。”当时，生产性职能主要由国有企业来完成，非生产

① 方流芳：《从法律视角看中国事业单位改革——事业单位“法人化”批判》，载《比较法研究》2007年第3期。

② 崔拴林：《论我国私法人分类理念的缺陷与修正——以公法人理论为主要视角》，载《法律科学》2011年第4期。

性职能主要由事业单位来完成，政府是计划的制订者、实施者和调配者，通过国有企业和事业单位来实现整个社会的按计划运行。① 到 1984 年，《关于国务院各部门直属事业单位编制管理的试行方法（讨论稿）》进一步规定："凡是为国家创造或改善生产条件，从事为国民经济、人民文化生活、增进社会福利等服务活动，不是以为国家积累资金为直接目的单位，可定为事业单位，使用事业编制。"这扩大了事业单位的范围，包括各类学校、文化团体、医院、气象台等。这样的概念性分类与今天的法人分类距离很远。但是，不能否认今天的事业单位即使经过了从长达六年的改革，其职能依然逃脱不了"非生产性"的约束，也因此，事业单位法人被定位为"非营利法人"项下中的一类。

2011 年，国务院办公厅发布《关于事业单位分类的意见》。该行政法规将现有事业单位依社会职能划分为承担行政职能、从事生产经营活动和从事公益服务三个类别。对于承担行政职能的，要逐步将行政职能划归行政机构，或转为行政机关；对于从事生产经营活动的，要逐步转为企业或撤销。因此，根据此文件的思路，我国当前所承认的事业单位应该只包括从事公益服务的事业单位，即"承担义务教育、基础性科研、公共文化、公共卫生及基层的基本医疗服务等基本公益服务，不能或不宜由市场配置资源的事业单位"且"这类单位不得从事经营活动"②。2014 年《事业单位登记管理暂行条例实施细则》第 4 条更是以列举方式进一步细化了事业单位从事公益活动的范围："本细则所称事业单位，是指国家为了社会公益目的，由国家机关举办或者其他组织利用国有资产举办的，从事教育、科研、文化、卫生、体育、新闻出版、广播电视、社会福利、救助减灾、统计调查、技术推广与实验、公用设施管理、物资仓储、监测、勘探与勘察、测绘、检验检测与鉴定、法律服务、资源管理事务、质量技术监督事务、经济监督事务、知识产权事务、公证与认证、信息与咨询、人才交流、就业服务、机关后勤服务等活动的社会服务组织。"③

---

① 李文钊、董克用：《中国事业单位改革：理念与政策建议》，载《中国人民大学学报》2010 年第 5 期。

② 参见《国务院办公厅关于印发分类推进事业单位改革配套文件的通知》（国办发〔2011〕37 号）。

③ 参见《事业单位登记管理暂行条例实施细则》。

三、我国《民法总则》上的事业单位法人

我国《民法总则》为事业单位法人提供准确的主体定位的前提是事业单位法人的三分法改革从事实上纯化了事业单位法人。行政管理类事业单位，实际上与行政机关并无实质区别，回归行政机关是必然要求。“事业单位要回归公益属性，首先必须回归公法属性。”① 这些事业单位在《民法总则》中应当作为机关法人看待。其作为实现公共行政任务的组织由公权力机关依据公法设立，在提供公共服务活动中与服务对象的法律关系宜由公法调整，有关争议应当通过行政复议、行政诉讼、行政赔偿等途径解决，以此强化事业单位在公共服务中的公法主体责任。而仅当其参与到民事法律关系中才作为机关法人成为民事主体。企业类事业单位，徒有事业单位之名而具有企业之实。这一类事业单位实际上就是企业，应当依据组织性质归入营业法人项下的公司或其他企业。而公益属性的事业单位法人，属于典型的非营利法人，其设立的目的是非营利的，并且也不向成员分配利润。② 当然由于实践中事业单位改革仍在进行，而一些事业单位法人既具有公益性质也存在分配利润的情况，因而尽管事业单位法人在理论上找到了准确的主体定位，在实践中仍然需要对一些特殊的事业单位法人给出特定的归类解释。

① 杨欣：《论分类改革后事业单位的“公法”回归及制度设计》，载《理论学刊》2012 年第 6 期。

② 任中秀：《“事业单位法人”概念存废论》，载《法学杂志》2011 年第 6 期。

第十一章　非法人组织相关问题的探讨

第一节　非法人组织概述

非法人组织，又称非法人团体，通常是指与法人有同一实质，但无法人资格的组织（团体）。① 所谓“同一实质”，是指非法人组织与法人组织相似，在设立目的、组织结构以及外部管制上有着高度的相似性。同时，非法人组织大多与法人组织相同，可以作为民事诉讼上独立的诉讼当事人，它们与法人组织的不同仅在于不具有法人资格。在《民法总则》出台之前，这些“非法人组织”通常被称作“其他组织”。

实际上，《民法总则》的规定也体现了这些相似性。其一，从定义上来看，非法人组织与其他民事主体一样，可以以自己的名义从事民事活动。根据《民法总则》第 102 条的规定，非法人组织指的是不具有法人资格、但是能够依法以自己的名义从事民事活动的组织。同时该条以列举未尽的方式使非法人组织成为开放的民事主体类型，以应对未来可能出现的新型非法人组织。其二，从设立要求上来看，非法人组织与一般法人（一些特别法人不需要登记，直接根据行政命令设立）一样，都秉承登记设立的方式。根据《民法总则》第 103 条的规定，非法人组织应当依照法律的规定登记。法律、行政法规规定须经有关机关批准的，依照其规定。其三，从组织结构上来看，非法人组织与法人一样，都可以确定代表人以代表该组织从事民事活动。根据《民法总则》第 105 条的规定，非法人组织可以确定一人或数人代表该组织从事民事活动。其四，从解散程序上看，非法人组织与法人一样，都分为以下几个原因：章程规定的存续期满，章

① 王泽鉴：《民法总则（增订版）》，台北，三民书局 2000 年版，第 210 页。

程规定的其他解散事由出现；出资人或者设立人决定解散；法律规定的其他原因。解散程序的法律依据在《民法总则》第 106 条。

同时，《民法总则》的规定也体现了非法人组织与法人组织的不同。笔者认为正是该“不同”界定了非法人组织。《民法通则》第 37 条规定了法人具备的四项条件，其中有一项为“能够独立承担民事责任”，而这通常被认为是非法人组织和法人组织的不同之处。具体来说，就是指法人对其债务承担无限责任而法人成员对法人的债务承担有限责任，而非法人组织不满足该条件。这种理解也被《民法总则》所继承。在《民法总则》第 104 条非法人组织的债务承担规定中，确定了非法人组织与其成员的责任承担规则：非法人组织的财产不足以清偿债务的，其出资人或者设立人承担无限责任。法律另有规定的，依照其规定。

当然，非法人组织被规定为民事主体并非意味着有关非法人组织的概念、非法人组织的范围、非法人组织责任承担等问题的讨论就得到平息。这一章就对这些问题进行逐一探索。而笔者认为，厘清概念、廓清范围、明确责任承担规则的前提是对非法人组织成为民事主体的必要性进行分析。通过对非法人组织成为民事主体必要性的分析可以获知非法人组织存在的现实样态，而已有的社会现实为“非法人组织”的概念创设和法律规则设计提供了实证基础。

一、非法人组织成为民事主体的必要性探讨

根据人格制度和权利能力制度的发展过程来看，最早的民事主体是自然人，自然人的概念是随着人格与人的分离而从法律技术上实现的。罗马法从社会经济发展的需要出发，把权利赋予了法律所拟制的人。次之是社会团体，尽管社会团体真正意义上被民法所认可为民事主体是在德国民法典的制定时，但早在罗马共和国后期，罗马法学家就注意到，团体和团体的成员是不同的，团体单独于其成员而存在，不受成员变更的影响，团体的债务、权利也与成员的债务、权利所分离。① 后期注释法学派在总结罗马法学家的研究基础上提出了法人的概念——法人是法律拟制的、具备自然人全部民事主体要素的社会组织。② 后来《德国民法典》将人格理论更进一步抽象化，提出了更纯粹的法学概念“权利能力”，以此概念核心，

① 周枏：《罗马法原论》，北京，商务印书馆 2001 年版，第 290 页。

② 周枏：《罗马法原论》，北京，商务印书馆 2001 年版，第 291 页。

法人是模仿自然人所创设的，具有完全的权利能力，独立承担责任的社会组织。① 在这里必须说明的是，必须将组织成为民事主体这一命题与根据一定的标准将组织分为法人和非法人区分开来。

然而在社会实践中，另一部分不具备法人完整样貌的社会组织，尽管也发挥着与自然人不同的社会功能，但是却在很长一段时间里都没有被认可成为民事主体。1986 年制定的《民法通则》有关民事主体的分类，采用的是二分法立法体例，只承认存在自然人和法人两种主体。当然一些典型的非法人组织，由于在当时已经成为市场经济的重要组成部分，被分别编入公民或法人，例如在自然人一章下的个人合伙组织，以及在法人章下的联营组织。这一问题并非为我国所独有，其他国家的民事主体制度也存在过类似的问题，笔者将在下一节“比较法视角下”的非法人组织中作重点介绍。

某个主体是否得成为民事主体，看似是由民法的规定决定的，实际上是由法律背后的社会现实所推动、决定的。在这个意义上，非法人组织应成为民事主体的命题与自然人和法人应成为民事主体的命题的证明是一样的。学者对非法人组织应当被规定为民事主体已经有充分的论证，并且学界在这个问题上基本达成一致。在这里择取一部分观点以作说明。“确认非法人组织是独立民事主体的主要根据，一是反映了市场经济发展的需求；二是反映了民事主体制度从一元到多元的市民社会发展规律；三是符合市民社会对民事主体的客观要求；四是吸纳了我国 40 年来的民事立法、司法经验和理论研究成果。”②

具体来说，非法人组织已经成为经济生活、社会生活的重要部分。就经济生活而言，市场经济的参与者不仅有法人组织，如有限责任公司和股份有限公司，而且存在着很多的非法人组织，如个人合伙、合伙企业、合伙型联营等。即使公司已成为当今市场经济的主要主体，合伙仍然以其税收减免、组织形式灵活等优势活跃在经济生活中。在社会生活中，也存在着很多非法人组织。其中有一大部分是非营利性社团。由于我国社会团体法人的设立须通过烦琐的设立程序，并且面临着很严苛的管制。如《社会团体登记管理条例》第 9 条规定，成立社会团体，应当经其业务主管单位

① 尹田：《论非法人团体的法律地位》，载《现代法学》2003 年第 5 期。

② 杨立新：《〈民法总则〉规定的非法人组织的主体地位与规则》，载《求是学刊》2017 年第 3 期。

审查同意。第28条规定，业务主管单位履行下列监督管理职责：(1)负责社会团体筹备申请、成立登记、变更登记、注销登记前的审查；(2)监督、指导社会团体遵守宪法、法律、法规和国家政策，依据其章程开展活动；(3)负责社会团体年度检查的初审；(4)协助登记管理机关和其他有关部门查处社会团体的违法行为；(5)会同有关机关指导社会团体的清算事宜。业务主管单位履行前款规定的职责，不得向社会团体收取费用。因此，很多非营利性的社会组织并不愿意登记成为社会团体法人，这些以服务公众为宗旨的非营利性的从事社会公益事业的社会组织在社会生活中发挥着重要的作用。①

另外，非法人组织由于不能归入自然人和法人的二分法民事主体资格制度中，给民事法律生活中制造了很多不必要的问题。主要体现在以下几方面。其一，当非法人组织（除合伙）不被认可为民事主体时，提高了人们参与市场竞争、经济生活的成本。尤其是与非法人组织进行交易的当事人，其不仅需要调查非法人组织本身的财产状况，还需要调查非法人组织的成员的财产状况，而由于非法人组织不存在登记公示，所以当事人的调查成本会很高。其二，当非法人组织（除合伙）不被认可为民事主体时会导致民事法律体系的内在不协调。这是因为尽管非法人组织（除合伙）没有被《民法通则》归类为民事主体，但是其早就在其他实体法中被认可得以自己的名义参与民事法律行为及拥有民事权利。例如《合同法》《著作权法》中就明确赋予“其他组织”参与民事法律关系的资格。《合同法》第2条就明确了该法所称合同是平等主体的自然人、法人、其他组织之间设立、变更、终止民事权利义务关系的协议。婚姻、收养、监护等有关身份关系的协议，适用其他法律的规定。《著作权法》第9条中规定的著作权人包括：(1)作者；(2)其他依照本法享有著作权的公民、法人或者其他组织。而在程序法上，非法人组织则早已能够作为民事诉讼上的独立主体参与诉讼。《民事诉讼法》第48条诉讼当事人规定明确了公民、法人和其他组织可以作为民事诉讼的当事人。法人由其法定代表人进行诉讼。其他组织由其主要负责人进行诉讼。其三，非法人组织是宪法上结社自由权利的重要实现途径。市民社会以来，尽管结社自由的性质是公民最主要的政治权利，是一种公法上的权利，这一权利也投射在民法上，成为民事主体自由组成组织以参加民事活动的基础。而就结社自由权利而言，公民既

① 王涛：《论社会组织在民生建设中的作用》，载《社团管理研究》2010年第8期。

有权利设立法人组织，当然也有权利不设立法人组织，而设立非法人组织。而拒绝非法人组织进入民事生活领域会使公民的结社自由权失去私法上的依托。

二、比较法上的非法人组织制度

非法人组织作为一种组织形式，在世界各国（地区）广泛存在，但其具体称谓则不尽相同，但基本都被作为一种民事主体而存在。德国称“无权利能力的社团”（《德国民法典》第 54 条：“无权利能力的社团，适用关于合伙的规定。”）①；日本称“非法人的社团或财团”（《日本民事诉讼法》第 29 条：“非法人的社团或财团，设有代表人或管理人的，可以以其名义起诉或应诉。”）；我国台湾地区称“非法人团体”（台湾地区“民事诉讼法”第 40 条第 3 项：“非法人团体，设有代表人或管理人者，有当事人能力。”）英美称“非法人社团”或“非营利性非法人团体”②。虽然称谓不同，但其基本含义均是指介于自然人和法人之间的，未经法人登记的社会组织。这种社会组织，是为实现某种合法目的或以一定财产为基础并供某种目的之用而联合为一体的非按法人设立规则而设立的人的群体。

一般认为，法人组织须“依法成立”，这是比较法上法人制度的共通之处。例如我国台湾地区“民法”第 25 条规定，法人非依本法或其他法律之规定，不得成立。第 30 条规定，法人非经向主管登记机关登记，不得成立。《日本民法典》第 33 条规定：“法人非依据本法或其他法律规定，不得设立。”《德国民法典》第 21 条（非经营性社团）规定：“不以经营为目的的社团，通过在主管初级法院的社团登记簿上登记而取得权利能力。”第 22 条（经营性社团）规定：“以经营为目的的社团，在帝国法律无特别规定时，因邦的许可而取得权利能力。许可权属于社团住所所在地的邦。”第 23 条（外国社团）规定：“在帝国法律无特别规定时，在任何一个邦内都没有住所的社团，因联邦参议院决议许可而取得权利能力。”学者总结“依法成立”主要有三层意思：“一是法人的类型由法律规定，法定类型以外的组织不能取得法人资格；二是法人的条件由法律规定，不具备法人条件的组织不能取得法人资格；三是法人的设立须经法定程序，未经法定程

---

① 〔德〕汉斯·布洛克斯、沃尔·迪特里·瓦尔克：《德国民法总论》（第 33 版），张艳译、杨大可校，北京，中国人民大学出版社 2012 年版，第 449 页。

② 肖海军：《非法人组织在民法典中的主体定位及其实现》，载《法商研究》2016 年第 2 期。

序的组织不能取得法人资格。”① “依法成立” 在实践中表现为积极意义上的法定类型内的法人依法定程序登记设立，或经主管机关批准设立和消极意义上的法定类型外的不具备法人条件的组织不能设立。因此，在域外的实践中，法人与非法人的区别主要表现为是否能够经登记或批准获得法人资格。

至于非法人组织纳入民法的体例选择，各个国家的选择差异较大，有借鉴意义的主要有以下几种：第一种是采民事主体三分模式，直接在民法典中将非法人组织与自然人和法人并列。典型例子是《葡萄牙民法典》②，其在第一卷“总则”第二编“法律关系”第一分编“人”第三章以“无法律人格社团及特别委员会”为名规定非法人组织的内容。然而其主要内容也比较单薄。第二种是采民事主体二分模式，将非法人组织并入法人项下。典型的例子是《意大利民法典》，其在第一编“人与家庭”第二章“法人”第三节中以“非法人社团和委员会”为名规定非法人组织的内容。主要内容包括第 36 条（非法人社团的组织和管理）、第 37 条（共同基金）、第 38 条（债务）、第 39 条（委员会）、第 40 条（组织者的责任）、第 41 条（成员的责任、诉讼代表）、第 42 条（资金的其他用途）。③ 第三种是采单行法模式，典型的例子是美国。美国有《统一合伙法（uniform partnership act）》《统一有限合伙法（uniform limited partnership act）》等，必须要指出的是，这些法案实际上只是示范法，各州得自行决定是否适用或者适用多少部分。例如特拉华州就有自己的有限合伙法和有限责任合伙法（limited liability partnership law）。

第二节 作为民事主体的非法人组织

一、非法人组织的界定

“非法人组织”的概念是否需要界定？这个问题是显而易见的。如果

① 柳经纬、亓琳：《比较法视野下的非法人组织主体地位问题》，载《暨南学报：哲学社会科学版》2017 年第 4 期。

② 唐晓晴：《葡萄牙民法典：Codigo civil portugues》，北京，北京大学出版社 2009 年版，目录部分。

③ 费安玲、丁玫译：《意大利民法典》，北京，中国政法大学出版社 1997 年版，第 20～22 页。

不将非法人组织的概念予以明确，那么在实践中对一些组织的民事主体地位的认定就会出现难题，从而影响民事主体所享有的权利和所承担的义务，进而影响民事主体参与民事活动的积极性，最终影响社会生活和经济秩序。不仅如此，非法人组织的界定是分析非法人组织的法定形态的基础和前提，如果不能清晰地界定非法人组织，就不可能确定非法人组织的法定形态。

但是，直接诉诸《民法总则》有关非法人组织的定义条文恐怕不能得出令人满意的结论。尽管从直观上看，《民法总则》采用的是“定义＋列举＋开放”的方式，似乎非法人组织的概念不存在任何可讨论的空间，但是细究《民法总则》第102条非法人组织的定义规定：“非法人组织是不具有法人资格，但是能够依法以自己的名义从事民事活动的组织。非法人组织包括个人独资企业、合伙企业、不具有法人资格的专业服务机构等”，可以发现《民法总则》的定义决不能称得上是不可挑剔的。其一，《民法总则》的定义有自我论证、同义反复，恐陷入循环论证。“非法人组织”是“不具有法人资格的组织”，但是反过来，“不具有法人资格”当然就是“非法人组织”，所以这其实是一个词语的同义替换，而不能说是定义。其二，《民法总则》对“非法人组织”的列举并非完全列举，因而对“等”的解释就格外重要。然而由于本条并没有对非法人组织进行二级分类甚至是三级分类，并且只指明了个人独资企业、合伙企业两种营利性非法人组织，和专业服务机构一种非营利性非法人组织，因而这种列举之间似乎也没有很强的逻辑联系。

（一）现存法律文本中的相关概念

关于法律概念的使用，“采用哪种分类概念也许关系到立法者的政策选择，但归类概念同时是法技术中的大问题，因此政策选择应该具有同法技术密切衔接的科学性”①。究竟采用什么名称，是民法问题中的解释选择问题。实际上，不管采用什么概念都不影响学者们对非法人组织的理解。实际上，现实存在的各种非法人组织概念也正证明了这一点。

首先，即使是大陆法系的国家（地区）对非法人组织的概念也并未采取一致名称。根据德国法的规定，“既未登记也未获得国家授权的社团”被称为“无权利能力的社团”。根据日本《民事诉讼法》的规定，“非法人的社团或财团”是非法人组织；根据我国台湾地区“民事诉讼法”规定，

① 渠涛：《民法理论与制度比较研究》，北京，中国政法大学出版社2004年版，第331页。

"非法人团体"指代非法人组织。英国和美国的称谓也有所不同。

其次，在我国各种不同的法律文本中，非法人组织的概念也十分纷繁复杂。一是"其他组织"。《民事诉讼法》第3条规定：人民法院受理公民之间、法人之间、其他组织之间以及他们相互之间因财产关系和人身关系提起的民事诉讼，适用本法的规定。二是"其他单位"。《刑法》第163条规定：公司、企业或者其他单位的工作人员利用职务上的便利，索取他人财物或者非法收受他人财物，为他人谋取利益，数额较大的，处5年以下有期徒刑或者拘役；数额巨大的，处5年以上有期徒刑，可以并处没收财产。三是"民间组织"。在《全国人民代表大会法律委员会关于第十一届全国人民代表大会第一次会议主席团交付审议的代表提出的议案审议结果的报告》中有关选举法修改的用词中，"建议统一规范国家政权机关选举、城乡群众自治组织选举、群众社团组织选举、民间组织选举"。四是"非法人组织"。在最高人民法院《关于春雨花园业主委员会是否具有民事诉讼主体资格的复函（〔2005〕民立他字第8号）》的解释部分，"《物业管理条例》虽然没有明确规定业主委员会的民事主体资格，但从其成立、职责及相关财产规定方面分析，业主委员会应属非法人组织"。五是"非营利性组织"。《慈善法》第8条规定，本法所称慈善组织，是指依法成立、符合本法规定，以面向社会开展慈善活动为宗旨的非营利性组织。六是"非法人团体"。《国家体育总局关于下发〈中国登山协会登山户外运动俱乐部管理办法〉（试行）的通知》第10条规定，"注册程序（二）首次注册的俱乐部须提供以下申请材料：……3. 非法人团体的，需提供法人的授权委托书。"六是"非法人社团"。《江西省人民政府办公厅转发省民政厅关于清理整顿社会团体工作实施方案的通知》中，"四、清理整顿的方法、步骤……（二）组织实施阶段经审查作出保留结论的社团，由各级社团登记管理机关换发国家民政部统一印制的《社团法人登记证》或《非法人社团登记证》。"

最后，在民法总则各专家建议稿中也存在不同的名称选择，例如梁慧星教授主持完成的《中国民法典草案建议稿》采用"非法人团体"；中国法学会主持完成的《民法典·民法总则专家建议稿（提交稿）》第四章采用"其他组织"；徐国栋教授主持编写的《绿色民法典草案》采用"非法人团体"概念，而杨立新教授主持完成的《民法·总则编（建议稿）》2.0版本采用"非法人团体"概念。

笔者认为"非法人组织"的称谓是最佳选择。以下将对其他名称逐一分析，尤其着重“其他组织”这一概念。尽管解释选择问题的不同答案并不对概念的实质产生影响，但是这就如同法人的分类一样，必须要满足反映民法总则的立法目的与基本价值理念、该概念所指称实体之本质、确定性标准以及逻辑周严。接下来的分析将分别从这些要求入手。

就“其他组织”概念而言，支持者的理由有：在我国诸多法律中均使用其他组织概念，而实践中并未发现该概念会产生误解，理论界、实务界以及社会上已经普遍接受了其他组织概念，如果不使用其他组织概念而使用非法人组织概念，将造成大量的法律、行政法规进行修改，成本很高，并可能产生法律适用的困惑。① 然而细究可以发现，其他组织的概念存在很大的问题。其一，其他组织无法反映民法总则的立法目的与基本价值理念。如果采用其他组织，甚至无法区分民法与其他法律的区别。其二，“其他组织”并不满足逻辑周严的标准。就语义学的要求，“其他组织”的使用必须与相关语境密切结合，因为其在语言学上只是一个排除性术语，而非法律化概念。与《民法总则》这样的严谨文本要求不符。其三，实际上，尽管很多法律文本中都存在其他概念，但是这些其他概念的所指并不相同，内涵与外延因特定法律和行政法规的不同而不同，至少在范围上不一致。例如，《对外贸易法》第 8 条规定：“本法所称对外贸易经营者，是指依法办理工商登记或者其他执业手续，依照本法和其他有关法律、行政法规的规定从事对外贸易经营活动的法人、其他组织或者个人。”该条所指的“其他组织”应在权利能力范围上仅能从事对外贸易经贸活动；《电影产业促进法》第 7 条规定：“从事电影活动的公民、法人和其他组织应当增强知识产权意识，提高运用、保护和管理知识产权的能力。”该条所指的“其他组织”也很明显被限定在从事电影活动的组织中。

就“非法人社团”“非营利性组织”概念而言，不能采取这两者的理由实际上并非是解释选择的问题，而是价值判断的问题。仔细探究“非法人社团”和“非营利性组织”所框定的组织范围，可以发现这两者是对其他组织的限缩理解。因此，这两者都不能很好地满足立法上概念定义的要求。“非法人社团”“非营利性组织”都不能满足逻辑周严标准的要求。前者，从教义学上来说仅指以成员为构成要素的组织体，不包括财团组织，因而无疑不能包括所有的非法人组织。同时，这个概念也不具有开放性，

① 陈甦主编：《民法总则评注》上册，北京，法律出版社 2017 年版，第 718 页。

不能包括未来的人与财产的可能集合体。后者则存在两个问题。其一，“非营利性组织”所对应的概念是“营利性组织”，与营利法人的概念存在概念上的重叠。其二，“非营利性组织”概念的使用基本排除了合伙归属在其项下的可能性，而合伙是最典型的非法人组织。这样的概念使用可能带来混淆。

就“民间组织”和“非政府组织”概念而言，不能采取这两者的理由是多方面的。其一，“民间组织”和“非政府组织”不能反映民法的立法目的和基本价值理念。两个词汇是政治学、公共管理学、社会学的范畴，而难谓法律的概念。如果出现在法律文件中，则更多是在宪法领域，而非民法上的概念。从上文所涉“选举法修改”的提案中就能窥知一二。因此，“民间组织”和“非政府组织”概念所对应的是“政府”，这可能会使《民法总则》被涂上政治色彩抑或贴上公法的标签。其二，“民间组织”和“非政府组织”也不能满足逻辑周严标准的要求。“民间组织”和“非政府组织”在语义上仅是指没有政府参与的组织，因此完全有可能是法人组织，例如一些非营利性的社团法人组织。这样就会造成概念间的重叠。而“民间组织”和“非政府组织”在人们的观念中通常指非营利性组织，因而是否能够指代合伙也成疑问。从这个角度而言，这两个概念很有可能会引发立法者、司法者和使用者的理解困难。

就“其他单位”概念而言，它不能满足上述标准。其一，“单位”一词带有明显的时代色彩，同时期也并非法律规范术语。因而若强行使用“其他单位”，很可能会给人以计划经济的暗示，而不能很好地体现《民法总则》的立法背景，从而影响《民法总则》价值理念的实现。其二，“其他单位”一词在语义学上与“其他组织”类似，需要一个明确的语境，同时由于带有“其他”，该词似是一个排除性术语。这就与这些组织在民法上是独立的存在不符。其三，“其他单位”概念不具有逻辑周严性。例如与“机关单位、事业单位”相比，“其他单位”既可以指代“公司”一类的营利法人，也可以指代社会团体法人这类的非营利法人，甚至可以指代“合伙企业”一类的非法人组织。因此，“其他单位”与“法人”概念存在范围上的重合。

（二）现行法律文本中“其他组织”概念的使用

尽管在现行法律、行政法规中普遍使用“其他组织”概念，例如上文提及的《民事诉讼法》，还有《保险法》第 7 条“中华人民共和国境内的法人和其他组织需要办理境内保险的，应当向中华人民共和国境内的保险公司投保”；《合伙企业法》第 2 条“本法所称合伙企业，是指自然人、法人和其他组织依照本法在中国境内设立的普通合伙企业和有限合伙企业”。如果采用“非法人组织”，与“其他组织”的表述有所区别，是否会造成概念上的冲突和沟通上的困扰，从而引起民法系统稳定性以及民法和其他法律行政法规上的问题呢？笔者拟从“其他组织”在现行法中的使用情况入手分析这个问题。

1. “其他组织”概念在现行法律文本中的分布。首先，根据笔者在北大法宝以“其他组织”为关键词进行的检索，可以发现，至 2017 年 7 月 5 日，现行法律文本中“其他组织”的使用量很高，是所有表述“非法人组织”中使用量相对较高的，仅次于“其他单位”。具体的数据如下。“其他组织”概念共出现在 3 604 篇中央法规司法解释中；“非法人组织”概念共出现在 41 篇中央法规司法解释中；“其他单位”概念共出现在 4 148 篇中央法规司法解释中；“非法人团体”概念共出现在 17 篇中央法规司法解释中；“非法人社团”概念共出现在 2 篇中央法规司法解释；“民间组织”概念共出现在 598 篇中央法规司法解释中；“非政府组织”概念共出现在 221 篇中央法规司法解释中。

其次，具体来看“其他组织”和“其他单位”在各个法律文本和立法背景资料中的分布，“其他组织”并没有显著地比“其他单位”所使用的法律层级要高。“其他组织”概念在 179 篇法律中出现、在 227 篇行政法规中出现、在 286 篇司法解释中出现、在 2 672 篇部门规章中出现、在 59 篇团体规定中出现、在 180 篇行业规定中出现、在 1 篇军事法规中出现、在 712 篇立法草案中出现、在 176 篇法规解读中出现、在 20 篇白皮书中出现、在 48 篇工作报告中出现。而“其他单位”在 106 篇法律中出现、在 293 篇行政法规中出现、在 96 篇司法解释中出现、在 3 310 篇部门规章中出现、在 97 篇团体规定中出现、在 226 篇行业规定中出现、在 20 篇军事法规规章中出现、在 329 篇立法草案中出现、在 58 篇法规解读中出现、在 6 篇白皮书中出现、在 5 篇工作报告中出现。

但是，如果从法规类别来审视“其他组织”和“其他单位”概念的使用，则发现与“其他单位”相比，“其他组织”在民法学意义上使用的次数更多。所有带有“其他组织”的法律文件中，现行有效的有 2 738 篇，法规类别为民法的有 31 篇，法规类别为合同的有 19 篇，法规类别为知识产权的有 114 篇，法规类别为婚姻赡养收养继承的有 2 篇，法规类别为票据的有 15 篇，法规类别为证券的有 210 篇，法规类别为期货的有 7 篇，法规类别为保险的有 58 篇，法规类别为企业的有 23 篇，法规类别为公司的有 7 篇，法规类别为外商投资企业的有 12 篇，法规类别为个体经济的有 9 篇，法规类别为民事诉讼的有 71 篇。所有带有“其他单位”的法律，现行有效的有 2 950 篇。法规类别为民法的有 6 篇，法规类别为合同的有 19 篇，法规类别为知识产权的有 61 篇，法规类别为婚姻赡养收养继承的有 3 篇，法规类别为票据的有 3 篇，法规类别为证券的有 132 篇，法规类别为期货的有 23 篇，法规类别为保险的有 60 篇，法规类别为企业的有 80 篇，法规类别为公司的有 6 篇，法规类别为外商投资企业的有 12 篇，法规类别为个体经济的有 2 篇。

2. 民事学意义上“其他组织”概念的使用。尽管经过上文的数据对比，“其他组织”确实是目前民法学意义上现行法律文本中使用最多的概念。但是当笔者作进一步的细致搜索时，笔者发现“其他组织”的含义并非固定，在不同的法律文本中的内涵与外延都有所不同。如《合同法》第 2 条规定，“本法所称合同是平等主体的自然人、法人、其他组织之间设立、变更、终止民事权利义务关系的协议。婚姻、收养、监护等有关身份关系的协议，适用其他法律的规定。”该法条中的“其他组织”，与法人并列，是指法人以外的组织或团体，有民事主体的含义。然而在一些其他的法律中，例如《禁毒法》第 3 条规定，禁毒是全社会的共同责任。国家机关、社会团体、企业事业单位以及其他组织和公民，应当依照本法和有关法律的规定，履行禁毒职责或者义务。这里的“其他组织”是与国家机关、社会团体、企业事业单位和公民并列，是指这些组织之外的其他组织，而并没有民事主体的含义。

而实证数据也正反映了这一论断。笔者以“公民、法人和其他组织”与“公民、法人、其他组织”为关键词进行检索时，该概念的出现频率在中央法规司法解释中大幅下降，仅 1 270 篇。

(三)《民法总则》应使用非法人组织概念

博登海默指出：“法律概念可以被视为是用来以一种简略的方式辨识那些具有相同或共同要素的典型情形的工作性工具。”作为辨识和区分社会现象的工具的概念，必须具有某种确定性。“其他组织”并非一个确定的概念，它只是一个现行法律文本中的用语，而不是一个内涵和外延具有确定性的严谨的科学的法律概念，而且在实践中可以通过解释明确概念的统一性，因而使用“其他组织”的概念有失妥当。不仅如此，使用“其他组织”的最强有力的理由为立法传统，但是根据上文的分析，尽管在民法意义上“其他组织”的使用量确实是最高的，但是与“其他单位”相差不大。并且，在民事主体意义上使用“其他组织”的量仅仅是在所有中央法规司法解释量的三分之一。因此，立法传统并不能成为“其他组织”应被《民法总则》所适用的决定性理由。

不仅如此，与“其他组织”相比，“非法人组织”在其他判断标准上有着无可替代的优势。其一，在反映概念的本质层面，与“其他组织”相比，“非法人组织”其内含的组织体和非法人性质这一词义，能够比较全面、真实地反映经民法调整之后、对不具有独立法人资格之类组织的本质与特征的描述。① 其二，在逻辑周严性层面，“非法人组织”概念比“其他组织”概念更能满足逻辑性和开放性。“非法人组织”与“法人组织”直观地构成对应关系，不仅能够满足民法典关于民事主体的逻辑性和体系化需要，也能够更全面地反映我国社会组织的现实状况和本土环境，具有较强的包容性和开放性。因而，采用民法总则草案采用的“非法人组织”更为合适。

在这里必须要指出的是，也有学者质疑“非法人组织”中“组织”二字的出现使得其与“法人”概念并不相对应。因为法人与非法人在组成形态上都可以用“组织”来形容。在此基础上，“法人”所对应的概念实际上应当是“非法人”，而非“非法人组织”②。然而笔者认为，这种理解是片面的。实际上为何使用“非法人组织”概念正是要表明这些组织的本质，即它们都是组织体。为何“法人”不需要再加“组织”，是因为法人已经为学界所公认是一种组织。而由于“非法人组织”是一个新兴概念，因而需要添加“组织”二字以防出现概念上的混淆。从这个角度看，并非是“非法人组织”概念中的“组织”二字多余，而是“法人”概念中的组织被省略。

二、非法人组织的模式选择

关于非法人组织纳入民法典之后的模式选择问题，受比较法上制度的影响，学界的观点纷繁复杂。在民法典的立法方案上，学界提出的非法人组织的设计主要有以下几种模式。

---

① 肖海军：《民法典编纂中非法人组织主体定位的技术进路》，载《法学》2016 年第 5 期。

② 曹兴权：《组织类民事主体制度的民法典表达——兼评〈民法总则（草案）〉》，载《河南社会科学》2016 年第 7 期。

（一）广义法人模式[①]

这种模式的支持者认为，我国仍应当遵从大陆法系民法典的立法传统，采“自然人”和“法人”的二分法模式，而采取更开放的法人概念。将独立承担责任的条件从法人的认定中刨除。即自然人以外所有的有自己的名称、能形成自己的意志，换句话说就是能以自己的名义参与民事活动，享受民事权利承担民事义务的一切社会组织都将被归入法人一类。支持广义法人模式的学者必须论证的是，为何有限责任并非法人设立的必要条件。有学者指出，法人独立责任与成员有限责任并不能相等同，认为法人的本质在于其团体性与独立人格。但是独立责任只是指以自己的全部财产承担民事责任而与成员的财产无关。从这个意义上来说，非法人组织本质上也是团体，同时也是以其全部财产承担民事责任，因此，非法人组织也应当被并入法人一类中。[②] 需指出的是，就笔者的阅读范围，并没有《民法总则（草案）》建议稿支持这一体例。

（二）法人项下模式

法人项下模式，又称次法人模式。是指将非法人组织规定于法人一章中的独立分节，根据对法人责任形式的分类，将非法人组织纳入无限责任承担方式的次法人范畴。梁慧星教授是这种模式的支持者，在其主持编纂的《中国民法典草案建议稿》中，“非法人团体”的相关内容被安排在第三章“法人、非法人团体”，与“法人”并列，第六节“非法人团体”作为独立的一节，主要内容为非法人团体的定义、非法人团体的条件、非法人团体的成立、非法人团体的法定代表人、超越非团体目的的法律行为、非法人团体的民事责任、非法人团体的住所。[③] 这一模式的支持者看到了非法人组织与法人的相似性与不同。认为其在团体性质、意思形成、参与民事活动的过程与法人相同，但是在债务承担上，非法人组织的成员承担无限责任而与法人不同。因此，非法人组织不是完全意义上的法人。当其在对外承担债务时，与法人不同，所以称其为“次法人”[④]。在立法体例上应当编入法人项下。

---

① 张力：《私法中的“人”——法人体系的序列化思考》，载《法律科学：西北政法大学学报》2008 第 3 期。

② 许中缘：《论法人的独立责任与二元民事主体制度》，载《法学评论》2017 年第 1 期。

③ 梁慧星主编：《中国民法典草案建议稿附理由·总则》，北京，法律出版社 2013 年版，第 183～189 页。

④ 眭鸿明、陈爱武：《非法人组织的困境及其法律地位》，载《学术研究》2004 年第 2 期。

（三）民事主体三分法模式

这种模式是指，将非法人组织列为自然人、法人之外的第三类主体，专章规定。《民法总则（草案）》一审稿、二审稿、三审稿均将非法人组织列为自然人、法人以外的第三主体。多数学者的建议稿也主要支持这种模式，王利明教授、杨立新教授、中国法学会、中国民法学研究会的建议稿也都是支持这种体例。

（四）分离模式

这种模式提出的人较少，主要的构想在《中华人民共和国民法典（草案）》中呈现，该草案于2002年12月23日由全国人大法工委公布，基本沿袭了《民法通则》的规定，将非法人组织分别纳入自然人或法人章节。

《民法总则》最终采取了第三种体例，将非法人组织单独作为第三主体进行规定。笔者认为将非法人组织予以单独分类有其合理性。首先，广义法人模式的分类不妥当。法人独立承担民事责任是我国立法长久以来的做法，与大陆法系国家的法人概念保持一致。因此，若将非法人组织列入法人一章里，不仅会造成概念上的费解，还会导致逻辑上的混乱。当然笔者的这种理解的前提是否认对法人概念的重构。正如学者指出的："中国的法人概念是由历史形塑而成的。独立承担责任的法人制度对我国的改革开放事业作出了重大贡献，在我国的社会经济生活中也没有产生什么负面效果。如果重构法人的概念，不但会偏离人们原有的共识，而且会支付很大的经济成本，实在得不偿失。我国应该坚持现行法上的法人概念，稍作调整就可以适应社会经济发展的需要。"① 其次，法人项下模式也不合理，非法人组织的类型众多，如果将一些没有责任财产，或者责任财产与成员财产混同的其他组织纳入法人，客观上会弱化法人制度的功能。法人制度的功能在于为民事活动参与者提供简便的进入经济生活的方法，法人制度让法人的设立人和与法人交易的当事人都拥有灵活地参与民事活动的能力。如果把非法人组织纳入法人，将不当地提高当事人参与民事活动的成本，而法人制度的目的显然是提高交易的效率。最后，假若将非法人组织纳入法人概念，然后再作进一步区分，实质上只是通过采用广义的法人概念，机械地将先前无法纳入法人概念之下的社会团体纳入新的概念之中，维护了大陆法系对民事主体的二分法。

其实将非法人组织单独地列为一章，也确保了其作为民事主体制度的

---

① 梁上上：《中国的法人概念无需重构》，载《现代法学》2016第1期。

子制度，可以与民事主体制度一致且保持开放性。我国《民法总则（草案二次审议稿）》将“不具有法人资格”的主体定义为非法人组织，实际上是保留了依法以各种目的成立的社会团体的可能。一些法律地位尚存争议的主体可以适用非法人组织的规定，比如业主大会、业主委员会、农村承包经营户、个体经营户等，有利于维护民事关系的稳定性，同时也有利于维护经济社会秩序。

实际上，如若想要形成完整的非法人组织制度，仅仅在《民法总则》中规定非法人组织一章是远远不够的。与法人组织类似，远超自然人的单一形态，非法人组织类型众多，而众多各异的类型又决定了仅靠《民法总则》规定非法人组织制度是不现实的。实际上，《民法总则》“提取公因式”的立法，将非法人组织列为第三主体，所起到的更多的是标识作用。非法人组织成为民事主体顺应社会发展，能满足社会物质需求，也可以安抚人们的内心，鼓励人们采取非法人组织的形式进行民事活动。但是也要注意到的是，不同的非法人组织的责任承担方式非常不同，甚至一些非法人组织享受权利的形式也与其他组织的不同，因此，必须要采取像美国单行法的形式，对这些各异的非法人组织作出规定。不论是传统社会还是现代社会，各国民事法律体系的发展过程也证明了以自然人为本位（法人是对自然人的模仿）设计的民法典是容纳不了全部私法规则的。因此即使存在民法典的国家，也存在着大量的单行法。我们国家也是如此，尽管在《民法通则》中已对法人作出规定，但我国还制定了一系列法律以规定不同类型的法人，如《外商投资法》与《公司法》。既然我国已经有类似的成功经验，笔者认为在对非法人组织进行立法的时候也可以借鉴类似的模式。

三、作为不具有“法人资格”的非法人组织

要明确非法人组织的概念，还要回到“法人资格”定义中去。实际上，这就是要明确非法人组织与法人组织的区别。而何谓“法人资格”？这个问题的答案也并无定论。

（一）《民法总则》第58条流变之考

现行《民法总则》第58条法人成立的条件被规定为：法人应当依法成立；法人应当有自己的名称、组织机构、住所、财产或者经费。法人成立的具体条件和程序，依照法律、行政法规的规定。设立法人，法律、行政法规规定须经有关机关批准的，依照其规定。

本条的规定来源于《民法通则》第37条，但是相对《民法通则》第

37条而言有不少变化。《民法通则》第37条规定法人应当具备下列条件：(1) 依法成立；(2) 有必要的财产或者经费；(3) 有自己的名称、组织机构和场所；(4) 能够独立承担民事责任。可以发现，《民法总则》第58条删去了“必要的”字眼，以及“能够独立承担民事责任”，增加了“设立法人，法律、行政法规规定须经有关机关批准的，依照其规定”。

关于法人成立的具体条件的规定，正在民法总则各审议稿和各专家建议稿，存在一定程度的差异，具体而言：

《民法总则（草案）征求意见稿》（2016年5月20日修改稿）第52条规定：法人应当具备以下条件：(1) 依法成立；(2) 有必要的财产或者经费；(3) 有自己的名称、组织机构和场所、(4) 能够独立承担民事责任。

《民法总则（草案）》（一审稿）第54条规定：法人应当依法成立。法人应当有自己的名称、组织机构和住所。法人成立的具体条件和程序，依照法律、行政法规的规定。设立法人，法律规定须经有关机关批准的，依照其规定。

《民法总则（草案）》（二审稿）第56条规定：法人应当依法成立。法人应当有自己的名称、组织机构和住所。法人成立的具体条件和程序，依照法律、行政法规的规定。设立法人，法律规定须经有关机关批准的，依照其规定。

《民法总则（草案）》（三审稿）第56条规定：法人应当依法成立。法人应当有自己的名称、组织机构和住所、财产或者经费。法人成立的具体条件和程序，依照法律、行政法规的规定。设立法人，法律规定须经有关机关批准的，依照其规定。

梁慧星主编的《中国民法典草案建议稿》第62条规定：法人的成立应当具备下列条件：(1) 有自己的名称、组织机构和场所；(2) 有自己的章程或者组织规章，但机关法人除外；(3) 有符合法律规定的独立财产或者经费；(4) 履行法律规定的法人设立程序。①

王利明主编的《中国民法典草案建议稿》第66条规定：申请设立法人，应当具备下列条件：(1) 依照法定程序设立；(2) 有自己的名称、组织机构和场所；(3) 有独立的财产或者经费；(4) 法律规定的其他条件。②

---

① 梁慧星主编：《中国民法典草案建议稿附理由·总则编》，北京，法律出版社2013年版，第135页。

② 王利明主编：《中国民法典草案建议稿及说明》，北京，中国法制出版社2004年版，第12页以下。

中国法学会《民法典·民法总则专家建议稿》第 58 条规定：法人一般应当具备下列条件：（1）依照法定程序设立；（2）有自己的名称、组织机构和场所；（3）有独立的财产或者经费；（4）法律规定的其他条件。①

（二）法人成立的条件

尽管表述各有差异，学界对法人成立的条件在大体上还是能够达成一致。根据《民法总则》第 58 条规定，法人成立的条件包含以下几项：

第一，法人应当依法成立。何谓"依法成立"，即"法人成立的具体条件和程序，依照法律、行政法规的规定"。以《民法通则》第 41 条为例，全民所有制企业和集体所有制企业经过主管机关核准登记、中外合资经营企业等经工商行政管理机关核准登记方可取得法人资格，这样来看，依法成立的条件所表现的结果就是"登记"。

第二，法人应当有自己的名称、组织机构、住所、财产或者经费。就法人的名称而言，为明确交易对象和方便国家对法人的监管，法律要求法人实行显名主义，法人必须具备自己的名称。尽管法人的设立人可以自由选择法人的名称，但是这种自由是有限度的自由：（1）一个法人只能使用一个名称；（2）法人必须在名称中注明组织形式；（3）由一定的要素组成。根据《企业名称登记管理规定》第 7 条，企业名称必须包括所在地行政区划、字号、从事行业等。② 就法人的组织机构而言，我国采"法人实在说"，以组织机构为法人的实在基础，为形成并贯彻法人的独立意思，根据不同的法人类型，须有意思机关、执行机关与监督机关的全部或部分。就法人的财产或经费而言，尽管由于《公司法》不再对公司注册资本的最低限额作要求，并将实缴改为认缴，但是这并非等同于法人的设立不需要财产或经费。财产或经费是法人得以独立承担民事责任的重要保障。

（三）"非法人组织"与"法人"区别视角下的法人资格含义

然而可以发现的是，如果将以上成立条件作为法人资格的取得条件，那么几乎无法区别法人与非法人组织。就依法成立而言，恐怕"非法人组织"并非因为其不具有"法人资格"而不要求依法成立。实际上就《民法总则》第 102 条列举的非法人组织的成立目前均有相应的法律法规规范。例如，《个人独资企业法》第 8 条规定，设立个人独资企业应当具备下列条

---

① 中国法学会民法典编纂项目领导小组和中国民法学研究会组织撰写的《中华人民共和国民法典·民法总则专家建议稿》，见中国民商法律网：http：//www. civillaw. com. cn/zt/t/？id=30198#，最后访问日期：2017－07－05。

② 参见《企业名称登记管理规定》第 7 条。

件：(1) 投资人为一个自然人；(2) 有合法的企业名称；(3) 有投资人申报的出资；(4) 有固定的生产经营场所和必要的生产经营条件；(5) 有必要的从业人员。《合伙企业法》第14条规定，设立合伙企业，应当具备下列条件：(1) 有二个以上合伙人，合伙人为自然人的，应当具有完全民事行为能力；(2) 有书面合伙协议；(3) 有合伙人认缴或者实际缴付的出资；(4) 有合伙企业的名称和生产经营场所；(5) 法律、行政法规规定的其他条件。《律师法》第14条（律师事务所是律师的执业机构）规定，设立律师事务所应当具备下列条件：(1) 有自己的名称、住所和章程；(2) 有符合本法规定的律师；(3) 设立人应当是具有一定的执业经历，且三年内未受过停止执业处罚的律师；(4) 有符合国务院司法行政部门规定数额的资产；等等。就自己的名称而言，因为根据《民法总则》第102条非法人组织的定义，非法人组织能够依法以自己的名义从事民事活动，这就要求非法人组织拥有自己的名称。就住所、财产和经费而言，显然这些条件均是非法人组织从事民事活动的物质基础，并且这些条件都规定在了各个非法人组织的单行法中。就组织机构而言，根据《民法总则》第105条非法人组织的代表的规定：非法人组织可以确定一人或者数人代表该组织从事民事活动，非法人组织也存在一定的组织机构。

据此，可以发现法人成立的条件也是非法人组织成立的条件。因此，“法人资格”就不能被如此解释，否则无法说明非法人组织为何不能成为法人。从两者区分的结果视角来看，非法人组织之所以不能成为法人，是因为非法人组织不能对外独立承担债务。根据《民法总则》第60条的规定，法人以其全部财产独立承担民事责任，而根据《民法总则》第104条的规定，非法人组织的财产不足以清偿债务的，其出资人或者设立人承担无限责任。法律另有规定的，依照其规定。这才是非法人组织不具备法人资格的核心条款。

(四) 未经登记的非法人组织的民事主体地位

根据《民法总则》第103条非法人组织的登记规定，非法人组织应当依照法律的规定登记。设立非法人组织，法律、行政法规规定须经有关机关批准的，依照其规定。这就为非法人组织的成立确定了以登记为要件。

那么实际中存在的大量的未经登记的组织是否可以认定为“非法人组织”呢？2000年4月10日民政部《取缔非法民间组织暂行办法》和2003年1月6日国务院《无照经营查处取缔办法》颁布后，未经批准，擅自开展社会团体筹备活动的；未经登记，擅自以社会团体或者民办非企业单位名义进行活动的；被撤销登记后继续以社会团体或者民办非企业单位名义进行活动的都被定义为非法民间组织。① 那么这些非法民间组织的民事主体地位如何呢？学界对此有着不同的观点。林莉红教授认为合法性包含宗旨合法性、活动合法性和组织合法性，满足全部的合法性要求才能排除非法组织的认定。② 肖海军教授主要从活动合法性角度认定非法组织，因而他进行了反驳，并提出未经登记的组织应当作为非法人组织参与到民事活动中去，他指出："未经登记的组织仅仅揭示的是该组织的设立或成立没有经过法定的或必要的注册登记程序，并非指其所从事的目的事业或实施的行为违反法律规定；而非法组织则系指所从事的目的事业或所实施的具体行为违反法律、行政法规，危害国家政权、社会秩序或公共利益的组织，……而就私法主体意义上的组织而言，未经登记的组织的实质只是该组织因未经注册、登记、公示，于相对第三人而言，所欠缺的只是该组织的可识别性和信息的对称性。……质言之，未经登记而事实上已正式成立并开展经常性活动的组织在法律上就可推定为非法人组织。"③

笔者认为，将未经登记的组织推定为非法人组织并不会造成管制上、法律上的严重后果。其一，由于其未经登记，那么实际上就不受主管机关的管制，这是一个事实命题，并不会因为将其视为非法组织而有所不同。其二，如果不将其推定为非法人组织，那么对于与其进行交易的第三人而言，就意味着不能以该组织为诉讼对象，并且不能申请以该组织的财产受偿。其三，如果不将其推定为非法人组织，那么其设立者、组织者、管理者或者实际控制人就有可能以非交易当事人为理由，逃脱连带清偿责任，不利于善意第三人的利益保护。

第三节 非法人组织的具体类型及责任承担

一、非法人组织的具体类型

具体展开对非法人组织的讨论之前，必须要回答的一个问题是，究竟

① 参见《取缔非法民间组织暂行办法》第2条。

② 林莉红：《民间组织合法性问题的法律学解析》，载《中国法学》2006年第1期。

③ 肖海军：《非法人组织在民法典中的主体定位及其实现》，载《法商研究》2016年第2期。

是否有必要对非法人组织进行分类。本书持否定意见。理由如下：其一，非法人组织由于其种类繁多、形态各异，很难抽象出“公因式”，因而分类的意义不大；其二，非法人组织究竟有几种类型，目前的讨论还未成定论。例如法人的分支机构是否是非法人组织，就存在争议。①

即使在我国现行的司法解释中，非法人组织的具体类型也莫衷一是。根据最高人民法院《关于适用〈中华人民共和国担保法〉若干问题的解释》（法释〔2000〕44 号）第 15 条的规定，担保法上所称的其他组织主要包括：（1）依法登记领取营业执照的独资企业、合伙企业；（2）依法登记领取营业执照的联营企业；（3）依法登记领取营业执照的中外合作经营企业；（4）经民政部门核准登记的社会团体；（5）经核准登记领取营业执照的乡镇、街道、村办企业。而根据最高人民法院《关于适用〈中华人民共和国民事诉讼法〉的解释》（法释〔2015〕5 号）第 52 条的规定，民事诉讼法上所称的其他组织是指合法成立、有一定的组织机构和财产，但又不具备法人资格的组织，包括：（1）依法登记领取营业执照的个人独资企业；（2）依法登记领取营业执照的合伙企业；（3）依法登记领取我国营业执照的中外合作经营企业、外资企业；（4）依法成立的社会团体的分支机构、代表机构；（5）依法设立并领取营业执照的法人的分支机构；（6）依法设立并领取营业执照的商业银行、政策性银行和非银行金融机构的分支机构；（7）经依法登记领取营业执照的乡镇企业、街道企业；（8）其他符合本条规定条件的组织。

各专家建议稿的规定也有所不同。梁慧星教授主持完成的《中国民法典草案建议稿》第 94 条在非法人团体的成立一条中把“非法人团体”分为营利性与非营利性两类。② 中国法学会《民法典·民法总则专家建议稿》采取列举的形式，规定有“依法登记领取营业执照的独资企业、合伙企业等以及依法成立的业主大会、业主委员会”等。③ 杨立新教授主持完成的《民法总则（草案）》（2.0 版）的非法人团体包括合伙、有限合伙及第 98 条的“其他组织”，分别为：（1）私营独资企业、合伙组织；（2）中外合作经营企

① 柳经纬：《其他组织及其主体地位问题——以民法总则的制定为视角》，载《法制与社会发展》2016 年第 4 期。

② 梁慧星主编：《中国民法典草案建议稿附理由·总则》，北京，法律出版社 2013 年版，第 183 页。

③ 中国法学会民法典编纂项目领导小组和中国民法学研究会组织撰写的《中华人民共和国民法典·民法总则专家建议稿》，见中国民商法律网：http：//www.civillaw.com.cn/zt/t/？id=30198#，最后访问日期：2017-07-05。

业、外资企业；(3) 社会团体；(4) 法人分支机构；(5) 银行分支机构；(6) 保险公司分支机构；(7) 乡镇、街道、村办企业；(8) 业主委员会、村民委员会、居民委员会；(9) 符合本条规定条件的其他组织等九类。①

本书认为，非法人组织的具体类型应当采取法定原则，因而需要法律加以明确列举。但是我国《民法总则》只列举了个人独资企业、合伙企业和不具有法人资格的专业服务机构这三种非法人组织。这种列举显然是不完全的。除《民法总则》第 102 条规定的非法人组织类型，笔者认为，其具体类型至少包括以下几部分。

(一) 个人独资企业

个人独资企业，是指依照我国《个人独资企业法》的规定，在我国境内设立，个人出资经营、归个人所有和控制、由个人承担经营风险和享有全部经营收益的经营实体。个人独资企业的投资人只能是一个自然人。个人独资企业的成立必须符合相应的条件，包括具有合法的企业名称、有申报的出资、有固定的生产经营场所和必要的生产经营条件；有必要的从业人员等。个人独资企业财产依其投资而有所不同，尽管投资人均承担无限连带责任。投资人以其个人财产投资的，在个人独资企业财产不足以清偿债务时，投资人应当以其个人的其他财产予以清偿。而投资人在设立登记时明确以其家庭共有财产作为个人出资的，应当依法以家庭共有财产对企业债务承担无限责任。②

(二) 合伙企业

合伙企业，依照我国《合伙企业法》第 2 条的规定，是指自然人、法人和其他组织在我国境内设立的普通合伙企业和有限合伙企业。国有独资公司、国有企业、上市公司以及公益性的事业单位、社会团体不得成为普通合伙人。③

1. 普通合伙企业

普通合伙企业由普通合伙人组成，包括一般的普通合伙企业与特殊的普通合伙企业。合伙企业名称中应当标明“普通合伙”字样。在一般的普通合伙企业中，尽管所有合伙人对合伙企业债务承担无限连带责任，但合伙企业对其债务，应先以其全部财产进行清偿。合伙企业不能清偿到期债

---

① 杨立新 2.0 版《中华人民共和国民法总则（草案）》建议稿，见法制网：http：//www.legaldaily.com.cn/fxjy/content/2015－05/12/content_6079122.htm，最后访问日期：2017－07－05。

② 参见《个人独资企业法》第 2、8、31 条等。

③ 参见《合伙企业法》。

务的，合伙人承担无限连带责任。合伙人由于承担无限连带责任，清偿数额超过合伙协议、《合伙企业法》规定的其亏损分担比例的，有权向其他合伙人追偿。① 退伙人对基于其退伙前的原因发生的合伙企业债务，承担无限连带责任。

2. 有限合伙企业

有限合伙企业由普通合伙人和有限合伙人组成，普通合伙人对合伙企业债务承担无限连带责任，有限合伙人以其认缴的出资额为限对合伙企业债务承担责任。有限合伙企业仅剩有限合伙人的，应当解散；有限合伙企业仅剩普通合伙人的，转为普通合伙企业。

（三）不具有法人资格的专业服务机构

不具有法人资格的专业服务机构是《民法总则》新创造的一个概念。一般认为，不具有法人资格的专业服务机构就是《合伙企业法》中所规定的特殊的普通合伙企业，是指以专业知识和专门技能为客户提供有偿服务的专业服务机构。② 也有学者认为，不具有法人资格的专业服务机构可以采用的具体组织形态除特殊的普通合伙外还可能是普通合伙或是个人承担无限责任的组织形式。③ 将不具有法人资格的专业服务机构从合伙企业中分离，并与个人独资企业与合伙企业并列为一类单独的法人组织是因为其在市场经济中起到了重要作用，这种单独的列举也体现了立法机关对专业服务机构的重视，因而为它们提供新的法律保障。从实践来看，不具有法人资格的专业服务机构主要有非国家设立的律师事务所、合伙形式的会计师事务所、合伙形式的税务师事务所、不具有法人资格的注册建筑师聘用单位、合伙形式的评估机构等。

不具有法人资格的专业服务机构作为特殊的普通合伙企业时，其所适用的法律规则与普通合伙企业适用的法律规则有所不同。就特殊的普通合伙企业，在执业活动中因故意或者重大过失造成合伙企业债务的合伙人对于该债务应承担无限责任或者无限连带责任，其他合伙人对于该债务则以其在合伙企业中的财产份额为限承担责任。合伙人在执业过程中非因故意或者重大过失形成债务，则由全体合伙人承担无限连带责任。

---

① 参见《合伙企业法》第38、39、40条。

② 杨立新：《〈民法总则〉规定的非法人组织的主体地位与规则》，载《求是学刊》2017年第3期。

③ 张新宝：《〈民法总则〉规定的“非法人组织”基本问题探讨》，载《比较法研究》2018年第3期。

（四）营利法人或者非营利法人依法设立的分支机构

法人可以依法设立分支机构。法人的分支机构可以以自己的名义从事民事活动，由此产生的民事责任由法人承担。依据我国《公司法》的规定，公司可以设立分公司，分公司不具有法人资格，其民事责任由公司承担。外国公司在我国境内可以依法设立分支机构，但该分支机构不具有法人资格，外国公司对其分支机构在中国境内进行经营活动承担民事责任。依据我国《基金会管理条例》的规定，基金会是非营利法人，其可以依法设立分支机构，基金会分支机构不具有法人资格，其可以根据基金会的授权以基金会分支机构的名义开展活动，由此产生的民事责任也由基金会承担。

（五）业主委员会

从司法实践看，以业主委员会为例，在相当一部分案例中，法院认定业主委员会为其他组织，进而认定其具备诉讼主体资格。① 即便如此，业主委员会的法律地位依然不够明确，仍需法律进一步完善。

二、非法人组织的责任承担规则述议

根据《民法总则》第 104 条非法人组织的债务承担的规定，非法人组织的财产不足以清偿债务的，其出资人或者设立人承担无限责任。法律另有规定的，依照其规定。在民法上需要彻底解决的核心问题，是非法人组织在存续期间所产生的债权债务关系，以及出资人或者设立人在多大程度上对非法人组织的债务负责。《民法总则》第 104 条不仅明确了非法人组织及其出资人或设立人对非法人组织债务的承担规则，其更重要的是规定了债务清偿顺序。具体来说，即是指若非法人组织的债权人向非法人组织和其出资人或者设立人同时请求偿还债务，仅得在非法人组织不能清偿其债务时，才可向出资人或设立人追索，请求偿还债务。然而这样的规定只注意到了非法人组织的单独债务，而并没有把非法人组织的出资人和设立人的个人债务同时考虑进来。这就导致了如下的疑问，即《民法总则》究竟是否引入了“双重优先清偿”原则。

“双重优先清偿”原则是指在非法人组织存续期间所产生的债务与非法人组织的设立人和出资人的债务并存时，原则上非法人组织的债务应优先以非法人组织的财产清偿，而非法人组织设立人、出资人的债务应当优

① 陈金华：《业主委员会诉讼主体资格的认定》，载《人民法院报》2016 年 9 月 1 日。

先以其个人财产清偿。笔者认为《民法总则》的规定并不完善，因为根据条文的释义，仅仅要求非法人组织的财产优先清偿非法人组织存续期间的债务，但并没有涉及非法人组织设立人财产的优先清偿顺序。这样就可能在实践中引发问题，下面这个案情假设可以很好地说明这一问题。

假设现有个人独资企业 A1 和个人独资企业的设立人 A2。A1 的财产为 100 万元人民币，A2 的财产为 100 万元人民币（不算 A2 在 A1 中的权益）。再假设个人独资企业的债务人为 B1，个人独资企业设立人的债务人为 B2。那么根据双方负债情况的不同，可能根据“双重优先清偿”原则和《民法总则》第 104 条而有所不同。

第一种情况是个人独资企业 A1 负债小于 100 万元，设立人 A2 负债也小于 100 万元的情况，此时两个原则的适用结果一致。个人独资企业 A1 财产得偿还其对 B1 债务，设立人 A2 负债也得偿还其对 B2 的债务。总之，此时的 B1 和 B2 能够获得完全清偿。

第二种情况是个人独资企业 A1 负债大于 100 万元，设立人 A2 负债小于 100 万元，但是两者相加小于 200 万元的情形。此时“双重优先清偿原则”和“民法总则规定”的适用结果也是一致的。B1 可以要求先以个人独资企业 A1 财产偿还其负债，再要求从 A2 的财产中获取其未经清偿的部分。B2 可以要求 A2 从其财产中偿还其负债。总之，此时的 B1 和 B2 能够获得完全清偿。

第三种情况是个人独资企业 A1 负债小于 100 万元，设立人 A2 负债大于 100 万元，但是两者相加小于 200 万元的情形。此时“双重优先清偿原则”和“民法总则规定”的适用结果也是一致的。B1 可以以个人独资企业 A1 财产偿还其负债。B2 可以要求 A2 从其财产中偿还其负债，再要求 A2 以在 A1 中的权益偿还其负债。总之，此时的 B1 和 B2 能够获得完全清偿。

第四种情况是个人独资企业 A1 负债大于 100 万元，设立人 A2 负债也大于 100 万元。此时两个原则的适用就会导致不同的后果。若遵循“双重优先清偿”原则，则 B1 得要求以个人独资企业 A1 的财产偿还其负债，但由于此时设立人 A2 的负债超过其个人财产，所以不存在剩余财产，B1 只能获得 100 万元。而 B2 得要求从 A2 的财产中受偿，但由于个人独资企业 A1 的负债超过 100 万元，所以 B2 无法要求从 A1 的财产中受偿，B2 只能获得 100 万元。总之，此时的 B1 和 B2 都无法完全获得清偿。但是若遵循“民法总则的规定”，则 B1 得要求以个人独资企业 A1 的财产偿还其负债，但对于 B1 是否能就 A2 的财产优先受偿，这是有疑问的。如果可以就 A2 的财产优先受偿，那么此时的 B1 可以获得完全清偿（假设 A1 债务总额小于 200 万元）。若不能就 A2 的财产优先受偿，则此时的 B1 和 B2 都只能获得 100 万元，均不能获得完全清偿。简言之，无法判断在个人独资企业 A1 的财产在 B1 的债务和 B2 的债务同时存在时的优先性，因而有可能会出现个人独资企业 A1 的债务先用于偿还 B2 的个人负债。

还有一些其他问题也需要得到解决：例如是否需要根据营利性的不同，让非法人组织的设立人和出资人承担有限责任或无限责任，在非法人组织的债务不能以其财产得到完全清偿时，设立人和出资人应当如何分担这一部分债务以及如何负担这一部分债务。另外，登记是否会给非法人组织的责任分配和承担造成影响，如何准确推定非法人组织的出资人和设立人等。这些问题不能仅仅就理论谈理论，因为这些问题牵涉现实的利益衡量，而后者又受到不同国家政治、社会意识等影响，因而笔者在此并不就这些问题进行　　探讨。

第四编　法律行为

法律行为制度是德国民法的伟大贡献之一，其所蕴含的价值理性和法典化的技术理性丰富了近现代民法理论。从清末修律以来，我国民法一直采纳德国民法的模式[1]，法律行为制度自然成为我国民法理论研究和立法的重点。随着法律行为制度成为我国《民法总则》中规范的重点一章，对法律行为制度的相关研究再次成为民法研究的一个热点[2]，其背后所隐藏的不仅仅是对历史上知识继受的梳理或者批判[3]，也涉及对民法自身价值的定位。我国目前正在进行民法典的起草工作，尤其是总则民事法律行为的规定，为研究法律行为制度进一步提供了契机。本章将从制度、历史与立法论出发，着重阐述法律行为的概念、事实构成及其效力规则、处分行为与物权变动、该制度的历史起源、法律行为制度的理性价值，并从功能性的角度考察法律行为制度之于民法体系及其外部体系——民法典的功能性价值。探讨在现代社会变迁下，法律行为制度以及该制度之下的具体制度所面临的困境以及其可能的出路，力图在一个现实的社会基础下对法律行为制度、尤其是法律行为制度在民法典分则各制度中的作用作一些系统的思考。

① 民国学者吴经熊认为："但是我们试就新民法从第一条到第一千二百二十五条仔细研究一遍，再和德意志民法及瑞士民法和债编逐条对校一下，其百分之九十五是有来历的，不是照帐誊录，便是改头换面。"吴经熊：《法律哲学研究》，上海，上海法学编译社1932年版，第27页；梅仲协也认为："采德国立法立者，十之六七，瑞士立法例者，十之三四，而法、日、苏联之成规，亦常撷取一二，即现代各国民法之精英，而弃其糟粕，成巨制也。"梅仲协：《民法要义》，北京，中国政法大学出版社1998年版，出版序。

② 在董安生于2002年前出版其博士论文《民事法律行为》之后，朱庆育、谢鸿飞、易军、金可可、薛军、迟颖等学者相继围绕法律行为制度展开相关研究，当然所取的角度和方法各有侧重。

③ 如孙宪忠通过对法律行为制度的研究，批判中国民法学中苏联法学的残余以及日本民法对德国民法的"瑕疵继受"与中国民法再对日本民法的"简单沿袭"。具体参见孙宪忠：《法律行为制度构造与民法典的制定》，见 www.civillaw.com.cn。

第十二章　法律行为制度考

第一节　法律行为的概念

有关法律行为的概念存在多种表述方式，择其要者，主要可分为如下几种。其一，将法律行为定义为一种特殊的法律事实，如郑玉波从引起权利变动的法律事实角度出发认为："法律行为者，乃易于发生私法上效果之意思表示为要素之一种法律事实也。"① 梁慧星认为："所谓民事法律行为，指以发生私法上的效果意思表示为要素之一种法律事实。"② 而这与德国学者 Lange 的观点完全吻合："法律行为是基于当事人意志产生法律后果的事实构成。"③ 其二，强调法律行为通过意思表示在私法上引起的效果，如史尚宽认为："法律行为乃为以意思表示为要素，以其意思表示之内容，而发生私法上法律效力之法律要件。"④ 梅仲协指出，"法律行为者，私人之意思表示，以私法之规定，可以达到所希望之法律效果也。"⑤ 王利明认为："法律行为是以意思表示为核心，以产生、变更、消灭民事法律关系为目的的行为。"⑥ 德国学者 Lehman 认为："法律行为为一个事实构成，其核心为一个或者多个意思表示，并且表示的内容决定意思表示的效力。" 19 世纪下半叶德国最著名的法学家温德沙伊德也认为："法律行为就是意思表示。在法律行为中表述如下的意志，应当产生一个法律效

---

① 郑玉波：《民法总则》，北京，中国政法大学出版社 2003 年版，第 295 页。

② 梁慧星：《民法总论》，北京，法律出版社 1995 年版，第 152 页。

③ "Rechtsgeschäft ist derjenige Tatbestand, der, auf dem Parteiwillen aufgebaut, den Rechtserfolg herbeiführt." Heinrich Lange, BGB Allgemeiner Teil, 9 Aufl. 1967, S. 224.

④ 史尚宽：《民法总论》，北京，中国政法大学出版社 2000 年版，第 306 页。

⑤ 梅仲协：《民法要义》，北京，中国政法大学出版社 1998 年版，第 88 页。

⑥ 王利明：《民法总则研究》，北京，中国人民大学出版社 2003 年版，第 507 页。

果，由于此种效果是法律行为人所意愿的，所以法律承认此种效力。”其三，强调法律行为作为各种具体交易形态的抽象和私人自治的工具，如德国学者 Flume 认为：“法律行为的概念是各种法律规定中所有行为种类的抽象，法律行为的内容，如同法律所规定的那样，旨在通过个人的私人自治以设定调整内容的方式而成立、变更或者消灭法律关系，即实现私人自治的基本原则。”

在立法上，有关法律行为的定义也多从其法律效果的角度出发，如德国民法中将法律行为定义为：“本草案所规定法律行为是私人意思表示，其旨在产生法律后果，因为此种后果为私人所追求之意愿，从而依据法律制度产生效力。法律行为的本质存在于：践行一个旨在产生法律效力的意思，并且法律承认此种意思而在法律世界中实现了行为人所期待的在法律上的塑造活动。”1922 年的《苏俄民法典》第 20 条规定：“法律行为是设立、变更或者终止民事权利义务关系的行为。”1964 年的《捷克斯洛伐克民法典》第 34 条规定：“法律行为是旨在设定、变更或终止法律规定的某些权利或义务的意思表示。”

上述几种有关法律行为的概念都从不同角度解释了法律行为的内在特征，但从完整表述概念的角度出发，应当给法律行为作出如下定义。

法律行为至少由一个或者多个意思表示构成，依据主体的意志能够产生私法上的法律效果，可以实现民法上的私人自治，即个人依据自己所追求的法律目的塑造自己的法律生活，参与各种法律关系。

法律行为制度渗透于整个民法体系。民法作为私人自治的法律，能够引起民事权利义务关系的法律事实绝大部分都是旨在实现自我决定的主观意志的外在活动，即法律行为。法律行为不仅存在于合同法中，在物权法中也同样存在法律行为，如设立物的担保合同、抛弃所有权、互易中的所有权转移等，而这与是否承认物权行为并没有直接的关系；在家庭法中，婚约、婚约解除、结婚和离婚、继承法中的遗嘱、遗赠以及遗嘱信托等行为以及收养法中的收养契约等都是基于意思表示而发生的具体法律行为。

需要注意的是，由于法律行为是民事主体设定、变更、消灭其法律关系的各种行为的抽象表述。所以，在现实中并不存在抽象的法律行为，而只存在那些为法律所承认的具体交易形态如买卖合同等，乃至身份行为；但是如果民法典不采取法律行为的抽象概念，则法典作为一种对现实生活的抽象反映将沦落为对现实生活的简单对应关系。所以，采取抽象的法律行为制度无疑具有合理性，基于理论上创造的法律行为的概念，使得人们可以提取出各种交易行为的本质。[①] 法律行为的本质就在于，旨在产生法律效力的意志得到实现。当然，由于法律行为的抽象性，也同时带来了一种威胁，即往往忽视了现实中的各种具体行为的特殊属性。

需要注意的是，法律行为具有双重属性，其一方面表示为现实生活中的各种具体表意行为，如口头、书面和行为等，另一方面，其又表现为设权内容，即产生、变更或者消灭法律关系。

因此，法律行为作为设权行为，决定了民法本质上只能够采取意定主义的调整方式，给主体留下自治的空间。与此同时，法律可以设置倡导性规范，为当事人设定任意性行为规范，并且在意思表示不足时填补漏洞。

第二节　法律行为的构成要件

一、法律行为的核心构成——意思表示

（一）法律行为与意思表示

在德国民法中，意思表示与法律行为通常作为同义词替换使用，二者的差异主要体现在某些法律行为由两个或多个意思表示构成，在某些法律行为中还需要一些事实行为，如买卖合同中还需要有事实交付行为。非常有意思的是，法律行为的概念在德国民法典中很少出现，实际上在 19 世纪的德国民法学中，意思表示占据着核心地位。但萨维尼对民法体系化的极端偏好，将法律行为的概念置于民法外在体系的中心位置，意思表示的地位退居其次。虽然在德国民法典一稿立法理由书（Motive）中，仍然将意思表示与法律行为视为同一个概念，但在民法理论中，意思表示已经下降为只是法律行为制度的一个要素，即使仍然是核心要素。

法律行为的核心为意思表示，而意思表示的目的在于成立、变更或者消灭法律关系。所以，作为法律行为核心的意思表示与其他生活领域中的意思表示，如道德、伦理或者宗教领域活动中的人的理性活动存在本质差异。

---

① 毫无疑问，法律行为制度建立在对合同等具体制度的抽象基础上，研究抽象的法律行为制度不能够仍然以对具体制度的分析替代之，但是，法律行为制度与合同等具体制度的内在关联，决定了分析法律行为制度不可能完全建立在一个抽象的基础上。

值得注意的是，法律行为制度与民事行为能力制度密切相关。意思表示之所以能够产生法律效力，其根本还在于人类的理性，而此种理性又转而表现为法律为法律行为的效力设定了一个重要的前提，即行为人应当具有相应的民事行为能力。反之，如果行为人在丧失意志能力或者意思表示不自由的情况下，此种意思表示要么无效，要么属于可撤销的范围。

(二) 意思表示的构成

任何一个意思表示的事实构成要素都必须具有的一个外在的、能够被感知的表示行为，当然在此之外，还至少必须具有一个主观的事实构成要素，二者统一为一体，共同形成一个完整的意思表示。准确地说，意思表示有两个不同的组成因素，即内在意思与外在表示。

但需指出，动机无法成为法律行为的组成部分。例如，某人购买一幅古画，其动机是出于个人收藏还是用于投资或者赠送，都无法影响到买卖合同的成立和效力。动机无法成为法律行为的组成部分的主要原因在于：动机是一个人的主观心理活动，根本无法为社会交往中的第三人所了解，而且通过外在行为也无法直接表示动机。但在例外情况下，动机也可以成为法律行为的重要组成部分，即通过为法律行为设定条件的方式，将内心的动机转换为外在、直接影响到法律行为效力的条件。

意思表示可以分为如下两个部分。

第一，表示行为作为外在的事实构成：所谓表示，就是指在社会交往中可以感知到的外在行为，通过社会交往的习惯或者当事人之间的约定可以明确地反映出行为人的目的意思。外在表示，即表现出内在意志的外在行为，使无法查知的人的内在意思进入社会交往中，从而构成法律调整的对象，是行为人自己实现自己的意思和与第三人正常交往的手段。意思表示发生法律效力必须借助于人的外在的表示行为。在意思与表示相统一的事实构成中，表示人旨在使得生效的意思通过外在的表示行为表现出来，从而发生法律上的效力，这也就是德国学者拉伦茨所主张的意思表示是一种效力表示。外在表示的手段既可以由特定当事人之间事先进行约定，也可以依据社会交往的一般观念确定，如口头和书面语言交流，形体语言，特定情况下的默式行为。

随着科学技术的发展，在社会实践中，存在大量直接通过现代电子数据交换系统，如因特网、传真等技术手段而形成的表示载体，其是否改变传统法律效力的意思表示呢？实际上，技术手段仅仅是人的意思表示活动的辅助工具，在任何情况下，没有人的事先意思表示都不能形成具有法律效力的意思表示。例如，在运用电脑程序计算出现差错的情况下，可以类推适用法律行为制度中有关错误的理论。即使在自动售货机等全自动程序中，也不存在无意思表示的法律行为，程序本身就代表行为人事先所设定好的意思表示，只不过是提前预期不变的定型化意思表示而已。

第二，内在事实构成——内心意思。单纯的心理学上的意思并不是法律调整的对象，只有行为才能够进入法律的领地。所以，萨维尼认为，意思作为"意愿的内在结果必须进入到作为表现的可见的世界"① 才具有法律意义。温德沙伊德在其1877年所撰的《意思与意思表示》一文中，认为意思表示更多地作为意志的体现，是意志的外在语言表示。意思表示并不是产生了感知外在的表征，相反，是旨在产生法律效力的意志，从而奠定了意志在法律行为中的核心地位。

（三）内在意思的区分及其种类

现在普遍认为，意思表示中的内心意思可以分为如下三个部分。

第一，行为意思，即有意识的意志活动，旨在能够形成外在的行为，并从中可以发现行为人的目的意思。行为意思表现在书面语言或者肢体语言以及其他身体活动。例如，某人在丧失意识或者出现精神错乱的情况下，做出了一定的行为，则其外在行为缺乏必要的行为意思。在暴力胁迫的情况下，被胁迫人在违反自己的真正意思的情况下作出某种具有法律意义的外在行为，如签字或者口头通知等，其缺乏必要的行为意思，真正具有行为意思的是胁迫人，被胁迫人的行为建立在胁迫人的暴力恐吓下。

第二，表示意思，又可称为"表示意识"，即行为人意识到其外在行为是能够产生法律效果的表示行为。如果其外在行为仅仅可以被他人理解为具有目的意思的表示方法，则其不存在表示意识。例如，如果某人将正式的合同文书误以为是出席晚宴的请柬，而在上签字作为确认，那么此时其仅仅具有行为意思，但缺乏表示意思和目的意思。又如，在一次拍卖会上，拍卖开始之后，参加人见到自己的好朋友而举手示意，依据拍卖规则，举手意味着发出最新的要约，并且不可撤回，主持人依据其举手而最终确定由其拍得拍卖物。但是，该参与人仅仅具有行为意思，但缺乏表示意识，当然也缺乏目的意思。

第三，效果意思（或者目的意思），即旨在实现某种法律上的后果，此种后果通常体现为某种经济上的效果，可见，效果意思已经从表示行为

① Savigny, System, Band III S. 237.

过渡到表示行为的内容。

表示意识与目的意思的主要区别在于：表示意识仅仅表示行为人意识到自己已经作出了具有法律意义的表示行为，而目的意思又前进了一步，即行为人主观上具有追求特定的法律效果的意识。“这种表意人表示其欲然的法律后果无须具有法律上的精确性，因此，所有人，无论其是否有法律上的知识或经验，都可以实现其交易意思。换言之，具体的交易意思实现无须法定方式。”①

意思可以分为上述三个部分，那么，哪个部分最为重要，即若要真正存在一个意思表示，必须具有何种意思要素？学者们公认，在缺乏行为意思的情况下，绝对无法形成一个生效的意思表示。需要讨论的是，表示意思或者表示意识是否也属于意思表示的核心组成部分，通说认为缺乏表示意识无法产生意思表示，但有一部分学者坚持认为，只要具有行为意思即可以成立意思表示。就效果意思而言，学者们也一致认为，效果意思是否与表示事实构成的内容完全一致，并不影响到意思表示的成立与生效，但往往产生错误等后果，导致可撤销的法律状态。在实际生活中，上述对意思的划分的理论意义远远大于其现实意义。

（四）外在表示的方式

任何在社会交往中能够传递信息的行为，无论作为或者不作为都可以作为意思表示的外在行为。具体而言：

第一，作为。作为可以分为两种：其一，明示行为。所谓明示行为就是指行为人以社会交往中能够准确传达信息为方式的行为。明示行为又可以分为口头、书面和电子表示行为。由于口头表述具有瞬时性的特点，缺乏持续性，所以法律通常仅仅赋予其即时的效力。书面形式能够很好地适应举证和行为人谨慎行为的要求，所以，书面成为众多涉及民事主体重大利益的法律行为的形式要求。随着电子技术的发展，电子载体也成为表意行为的重要外在行为载体。其二，默示行为。默示行为可以成为“无言语的明示行为”，即在特定的条件下，行为人作出一定的行为，从中可以解释出其具有明确的设权意思，如我国《合同法》第 236 条规定：“租赁期间届满，承租人继续使用租赁物，出租人没有提出异议的，原租赁合同继续有效，但租赁期限为不定期。”在实践中，默示行为主要包括如下几种：

① 米健：《意思表示分析》，载《法学研究》2004 年第 1 期，第 35 页。

接受他人有偿服务①、合同结束之后继续使用他人服务或者物品、主张请求权或者诉讼等。

第二，沉默或者不作为。依据私人自治原则，任何人都不能为他人设定义务，所以，如果某人在向他人作出意思表示时，如发出合同要约，并规定，没有及时作出明确的表示时，推定其承诺，都是无效的。但是，如果在双方表意人之间已经达成一致，则不作为也可以发生法律效力，通常产生“同意”的效力，这集中体现在商事交易中基于诚信原则而产生的积极拒绝义务。所以，“沉默”在法律行为制度中原则上只意味着沉默人拒绝与其他人发生意思表示的交流。

沉默和默示行为的区别在于：沉默表现为没有任何外在的明确行为，而默示行为在缺乏具体社会交往的环境下，与事实行为无任何差别。沉默也是不作为的一种，但与不作为侵权行为也存在本质区别，后者以先行义务为前提，不作为人因故意或者过失而怠于防止某种损害后果的发生，或者主动追求某种损害后果的发生。

与上述从行为方式的角度考察意思表示不同，还可以从法律行为发生的后果——产生、变更和消灭法律关系的角度来分析意思表示。中世纪以来，学者们已经将法律行为的内容区分为要素、常素和偶素。虽然有学者反对此种划分，但其对于区分法律行为成立和生效具有较大的意义。

所谓要素就是指法律行为调整内容所必须具有的内容，否则，法律无法评价其是否生效。要素实际上是各种具体法律行为形态的本质或者目的，是对具体法律行为进行类型化区分的基础。例如，买卖合同的要素就是出卖人转移标的物的所有权给买受人，而买受人必须就此支付价金。所谓常素就是指法律为了弥补主体意思表示不足而规定的内容。例如，在买卖合同中规定标的物风险转移的规则，瑕疵担保规则。常素体现为民法中的任意法，有助于鼓励交易。所谓偶素就是指当事人主动追求不同于法律中明确规定的一般交易规则的内容，例如，在买卖合同中明确约定特殊的标的物风险转移的规则，在实践中，偶素通常表现为反映主体动机的条件和期限。

需要注意的是，要素和偶素属于法律行为直接设定的调整内容，体现了主体的私人主观追求；而常素与法律行为通常并无直接联系，其表现为

① 如顾客走进自助餐厅，直接享用饮食，这是以其行为表明接受经营者的要约，当然必须承担付款义务。

法律经过公平裁量、尤其是对各种典型交易形态的提炼和总结的法律直接规定的内容，并不是对行为人真实意思的推定，体现了法定调整方式。

二、法律行为构成的其他要件

虽然意思表示是法律行为的核心，但是，在很多情况下，法律行为取得效力还必须具有其他的法定条件。

1. 当事人或者第三人的意思表示。例如，未成年人的监护人同意未成年人从事与其年龄智力不相吻合的活动；又如，被代理人同意超越代理权限的代理人所从事的活动。法律行为的构成可以分为主要表示和此处所言的辅助表示。前者是指能够直接决定法律行为的特殊属性的表示，而后者并不能够决定法律行为的主要特征，但对法律行为的效力将产生影响。例如，监护人的事先同意和事后追认行为，种类之债履行时的确定行为，选择之债履行时确定履行内容的选择行为。

2. 事实行为，如占有转移、所有权移转中的交付行为等。

3. 在因死亡而发生效力的法律行为中，如遗嘱，只有当出现立遗嘱人死亡的事件之后，法律行为才能够产生效力。

4. 在很多情况下，在发出意思表示之后必须经过一段时间才能够使法律行为取得效力。尤其在附条件的法律行为中，法律行为的效力取决于未来一段时间内人力不可控制的一个条件成就与否。

5. 官方行为。在一些法律行为中，其取得效力的前提是必须获得官方行为的支持，如在德国不动产买卖交易中，合同文书必须经过公证，交易完成之后，必须到基层法院的土地登记部门进行不动产变更登记，才能够使不动产买卖活动完全发生当事人所期待的法律效果，又如收养协议必须获得官方部门的批准。在我国合同法中，有关技术合同的生效必须获得主管行政部门的批准。在此情况下，私人的意思表示与官方行为共同结合而产生当事人追求的法律效果。因此，虽然法律行为的核心是当事人的意思表示，但是，在此领域也并不是完全的自治，国家的他治随处可见，毕竟人的理性并不是法律正当性的唯一基础。

第三节　法律行为发展的历史沿革

法律与历史原本属于亲缘学科，随着近代民族国家和成文法的发展，法学逐步退化到对单个成文法制度的研究，但一个制度的产生不可能是法学家完全“闭门造车”的产物，它必定有其历史、社会、思潮的背景，法律行为制度的产生亦是如此。与具有两千多年历史的民法相比，法律行为制度的历史并不长久。法律行为制度是以罗马法复兴、自然法的观念深入人心为基础直至近代欧洲大陆民事法典化运动才真正出现的产物。

从法的历史的角度出发，我们可以清晰地发现法律行为制度的发展经历了如下阶段。

罗马法中单纯程式行为到表意行为——欧洲道德神学的意愿表示理论、寺院法对允诺的效力的论证——自然法运动中的契约理论、从中提炼出意思表示理论、作为私人自治载体的人的行为理论——萨维尼对一般的自由行为理论的限缩、法律行为制度的技术化——法律行为制度的理性功能与技术功能并重——法律行为制度的传播。

下文将沿着上述线索，尝试在两千多年的欧洲大陆民法史中找到法律行为制度发展的轨迹，或许能给我们理解法律行为制度提供一个更加清晰的背景。

一、罗马法时期法律行为制度的萌发

（一）罗马法中没有抽象的法律行为制度

罗马法作为“商品生产者社会的第一个世界性法律”“是纯粹私有制占统治地位的社会的生活条件和冲突的十分经典性的法律表现，以致一切后来的法律，都不能对它作为任何实质性的修改”（恩格斯语），所以，在私法领域言必称罗马法也并不为过。但是，罗马法中并没有出现法律行为的概念，也没有出现有关法律行为的法技术以及相关理论。

罗马人的思维习惯是实践性的、非体系化的，即罗马人习惯从具体的人和具体的事例出发，总结出一些特定的交易形态，如 stipulatio，emptio，mancipatio 等，所以罗马法在当时还没有能力去总结出一些普遍的规则。虽然由于司法活动需要一个稳定统一的概念，防止出现相同或者相似的法律活动出现太大差异的后果，罗马法学家也尝试提取一些共性的概念，但建立抽象的法学概念和完整的体系并不是罗马法学家的强项，此种工作还有待于后世自然法学家来完成。

由于罗马法具有浓厚的程序法性质，所以当时的诉讼法属于私法，法学家在论述具体法律行为时都与诉权一并讨论，并且将法律行为的保护与法律行为的发生相并列。[①] 早期罗马法中涉及法律行为制度的概念主要有如下几种：actio 表示诉讼，严格限于导入诉讼程序的特定种类，actus civilis 表示市民法上的行为而不包括万民法上的行为；actus legitimi 仅指古代的要式行为，既不能附加期限，更不能附加条件，也不包括以后随着经济的发展而产生的略式行为[②]；Agere 与 actus 表示所有行为，既可以是法律意义上的，也可以是其他规范意义上的；gerere 与 gestio 也表示各种类型的活动，在 Edikt 中，gestum 通常表示现代民法中法律行为意义上的行为或者管理事务，但有时也表示其他活动；negotim 表示私法上非不法行为活动，尤其指订立合同，常常与 gerere 或者 contraherer 并用；gegotium gerere 则指合法行为或有偿行为，不包括无偿行为。[③] 而 contrahere 表示负担一个责任，反映了早期罗马法债与责任概念的混杂。[④]

债的概念对于了解罗马法中的表意行为的发展至关重要。在早期罗马法中，当时的法学家发明了 conventio（契约合意）的概念[⑤]，但是，该概念并没有上升为可以适用于所有通过意思表示旨在追求一定法律效果的抽象的民法概念。而“contractus”和“pactum”的概念也仅仅表示为产生债的关系的合意的具体形式。此外，有关合同的概念还包括 contrahere、convenire、convention pacisci、pactio 等。针对不特定多数人的具有拘束力的要约体现在 iactus missilium 和悬赏广告中。虽然罗马法学家在理论上也意识到，各个具体合同类型之间具有共性，即合同当事人之间的意思必须一致。令人遗憾的是，合意的概念也没有成为罗马民法上一个抽象的概念，并且合意只有在被套入罗马法中法定的、有限的、封闭的债的关系中之后，才能够产生法律拘束力。由于罗马法具有严格的程式法的特点，即采取一种与现代物权法基本原则——物权法定原则相类似的类型强制原则（numerus clausus)。依据罗马法，如果当事人所诉请的救济不属于法定的类型范围，则此种请求将无法获得救济，“根据罗马法原理，债的拘束力是契约所不可或缺的本质要素，完整的契约概念中必然含有合意加债的内容，二者缺一不可。故早期的罗马法中以即时交易为内容的曼兮帕蓄和拟弃诉权均不构成契约，因为它们所含有的合意因素对当事人来说不具有，也无须具有信用的拘束力（不生义务）。在罗马学者看来，一项合意

---

①②③ 周枏：《罗马法原论》下册，北京，商务印书馆 1996 年版，第 582 页。

④ Kaser，Band I，§ 56 S. 227.

⑤ Vgl. D2，14，1，3.

能否成为有效的契约取决于法律是否把一个债附加上去，在合意未被法律附加上债的时候，则成为‘空虚的合意’；……”① 所以，罗马法始终没有在法理的层面上解决当事人意思表示一致具有何种效力的问题，当然无法奢谈创造法律行为制度。因此，早期罗马法对合意的重大意义缺乏深入的认识，遮蔽了对表意行为的抽象提炼。

罗马法中出现过意思表示的概念，即 Declarare voluntatem②，但是，该意思表示的概念完全不同于后世自然法学者所发明的意思表示概念，因为后者具有极其抽象性和高度的技术性。而罗马当时的法学家习惯于从个案加以考察，而缺乏对意思表示行为的共性的提炼，如，在判断某人的表示是否发生效力时，可以通过该表示是否已经到达相对人之处，是否通过信使而送达；是否某种重要的行为甚至是默示行为中隐含此种意思表示。

此外，由于罗马法中有关合同的统一抽象的概念与合同理论也付之阙如，contraherer 与 contractus 并不是现代意义上的合同概念，而 convenire、conventio、pacisci、pactum 与 pactio 都不是反映抽象合意的概念，所以，也无法产生比合同概念更加抽象的意思表示的统一概念。

（二）罗马法中存在大量的事实上的法律行为制度

虽然罗马法中并没有以抽象的表意行为表述各种具体交易形态，但罗马法中确实存在各类事实上的具体法律行为③，并且对法律行为也作出了一定的分类，例如，单方和多方法律行为，从多方法律行为中产生合同关系；生者之间的法律行为与死亡之后发生的法律行为及遗赠与遗嘱行为。特别值得注意的是，虽然罗马法在理论上并没有关于处分行为与负担行为的严格划分，但是，罗马私法却在事实上区分所谓的处分行为与负担行为。典型的处分行为包括 alienatio，即转移占有而发生所有权移转的行为，设定限定物权的行为，履行受领，债的变更（Novation），免除债务等。处分行为与负担行为的对立集中体现在有关交付原因（causa traditionis）与取得时效的讨论（usucapionis）中。

（三）从单纯程式行为向表意行为的发展

“罗马法通过其系统的具体表意行为规则、一般表意行为规则和浩瀚的法律概念和范畴，为后来的法律行为理论与立法提供了丰富的法律素

---

① 董安生：《民事法律行为》，北京，中国人民大学出版社 2002 年版，第 6 页。

② Iul. D. I，3，32，I，vgl.

③ 周枏：《罗马法原论》下册，北京，商务印书馆 1996 年版，第 582 页以下。

材，它是现代法律行为制度的真正渊源。”① 虽然罗马法中没有与现代民法中的法律行为制度相对应的抽象的制度，但是，研究罗马法中以合意为中心的表意行为在民法上的法律意义的发展过程，可以有助于我们厘清法律行为制度的早期发展线索，即从单纯程式行为向表意行为的发展趋势。在“纳克逊”中，“契约”和“让与”还混杂在一起，其中伴随着合意的手续形式甚至比合意本身还重要。从“纳克逊”发展到“要式口约”，再发展到“文书契约”，外在的程式行为的重要性已经得到减弱，例如，合意的证据能从一个罗马家庭的严格遵守的习惯中提出来。在要物契约中第一次承认了道德责任，通过外在的履行行为减少因程式行为的偏差而影响到合同的效力，最后出现了一个诺成合同，其中唯一被重视的是缔约人的心理状态，至于外界情况除非作为内在企图的证据外是不予注意的。②

“‘纳克逊’的原意是一种财产让与，在不知不觉中也用来表示一个‘契约’，并且，在最后，这个词和一个‘契约’的观念经常发生联系，不得不用一个特定名词即‘曼兮帕因’或‘曼兮帕地荷’来表明真正的‘纳克逊’或交易，这样财产是真正的移转了。现在，‘契约’便从‘让与’中分离出来，它们的历史的第一阶段于是完成了。但它们发展到这样一个时期，则还有很大的一段距离。”③

罗马法中作为债的具体发生基础，存在四种契约形态：要式口约、文书契约、要物契约、诺成契约，只有这四种类型才能够获得市民法的保护。划分四种契约类型的标准是契约的外在表现形式，从严格的口头仪式到无仪式的口头允诺，体现了从单纯的外在语言表示行为向诺成表意行为的发展。

1. 要式口约（stipulatio）

早期罗马法中，最重要的合同是要式口约（stipulatio）。所谓要式口约就是在当事人之间展开一问一答：未来的债务人作为允诺人，应将来债权人的要求作出一个确定的允诺。罗马法学家 Pompius 认为：“要式口约是由一套固定的词句构成的，以便使一个人以要式口约的词句形式提问，另一个人以同样的形式回答是否给付被问及的物品或去做被要求的事

① 董安生：《民事法律行为》，北京，中国人民大学出版社 2002 年版，第 14 页。

② 〔英〕梅因：《古代法》，沈景一译，北京，商务印书馆 1959 年版，第 190～191 页。

③ 〔英〕梅因：《古代法》，沈景一译，北京，商务印书馆 1959 年版，第 182 页。

情。”[①] 问题与回答必须完全一致，并且提问与回答之间不得有时间间隔。要式口约是罗马法最重要的、最早的一个创造。[②] 要式口约体现了早期罗马法对交易安全的保护，它要求债权人和债务人对所有将来的交易内容通过浅显易懂的语言进行意思交换，避免合同一方当事人没有了解对方的缔约目的而造成错误。[③] 要式口约体现了罗马法的简练、适用和诚信的原则，虽然它具有浓厚的程式法特征，但是，任何外在程式行为必然都具有相对应的事先形成的内心交易意思，所以，作为程式主义的代表——要式口约开创了表意行为产生法律效力的先河，即使意思在该交易方式中的地位尚不重要。所以，法律行为制度滥觞于罗马法上的要式口约行为。

要式口约存在于罗马法创立之初至古典法结束之时，为最能够代表早期罗马法契约特点的契约形式。建立在庄严词句上的形式主义表示是要式口约的典型特征。在该契约订立过程中，取得权利的人主导着整个程式，起决定性作用的是宣告的程式而不是主体的意愿，并且要式口约是一种单务契约，即从中只能够产生约束一方当事人的债权。从这一点来看，要式口约还远离真正表意行为的本质。

从今天的角度来分析要式口约可以轻而易举地发现其具有很多缺点。首先，并不是任何人都可以参与此种交易的，如聋哑人即被排除在外。其次，要式口约要求当事人必须在同一时间出现在同一地点，这对于商业不甚发达、地域仍旧未国际化的罗马市民来说，并不存在太多的困难，可是对于今天的交易而言，则显然限制着潜在的交易机会。所以，在第二次 Punic 战争之后，要式口约越发显得无法满足罗马帝国内部的交易要求，因为很多奴隶主已经开始指派自己的奴隶或者儿子替代其本人从事交易。而且，仅仅因为某个回答出现语言的偏差就认为交易无效，这显然忽视了当事人之间真正的交易目的。最后，要式口约仅仅采用口头问答的方式，对于交易证据的保存非常不利。不可否认，当时的罗马法以宣誓作为举证方式，但随着与外界的交往，罗马人也不断采取书面的形式，由此不断造成旧法传统的衰退。

---

① D. 45，1，5，1. 转引自〔意〕斯奇巴尼选编：《契约之债与准契约之债》，丁枚译，北京，中国政法大学出版社 1998 年版，第 109 页。

② Kaser，Band I. S. 538.

③ Zimmermann 教授认为，现代合同法中存在大量的缔约错误，都是因为合同当事人之间发生缔约错误造成的，尤其是现代消费者保护法，如格式条款法更是要求使用人必须向相对人作出明确的说明，这与罗马法中的要式口约的法理完全相同。

非常有意思的是，由于罗马债法中实行交易种类强制，但罗马人习惯于在封闭的体系内不断创造出新的交易模式，即利用既有的交易形式容纳新的交易形态，所以，德国法学家 Ernst Rabel 认为，罗马人在事实上的法律行为中出现了“以旧的形式出现新的法律行为（nachgeformte Rechtsgeschäfte）”。简单地说，就是旧瓶装新酒，如罗马法禁止债权转让，但通过特定的诉讼程序仍然可以起到同样的法律效果。

在要式口约中，还有一点特别值得注意：由于要式口约的效力完全取决于当事人之间的所有问答程式是否完全一致，所以，要式口约背后所隐藏的真正的交易目的并不明朗，套用现代法学的用语而言，要式口约是一种抽象的交易行为，其效力完全独立于要式口约之后的原因。从这一点来看，要式口约中隐含着后世德国学者所主张的“物权行为与债权行为的分离原则以及独立性原则”。当然，罗马法中要式口约的抽象性远未达到后世德国法中的那么彻底，例如，在要式口约之后，债务人可以基于原因未实现来对抗债权人的抽象的债权。

2. 文书契约和要物契约

随着书面形式的合同的适用范围不断加大，要式口约的口头程式逐渐被书面证据所取代。但是，此种书面合同形式的出现并不能够简单等同于要式口约中的“形式效力”，合同形式已经从合同效力的判断因素逐步过渡到对债的关系人的保护，而当事人之间的意思表示合意已经成为合同生效的根本因素。从中我们可以发现，在罗马法中，事实上的法律行为的效力基础从纯粹的口头言语逐渐过渡到当事人的意思表示，合同效力的基础从绝对的程式过渡到当事人之间通过书面表示出来的合意。当然，在罗马帝国时代，书面合同具有不同于现代社会的意义：它首先是征税的基础。

梅因指出，虽然罗马法中的文书契约的记载模式很难确定，“但是有一个主要之点是可以确定的，即在这种‘契约’中，只要条件遵守了，所有的手续都可以省却。这是契约法历史中向前推进的另一步”①。

要物契约在很大程度上摆脱了程式行为对合意的影响，因为“一方的履行就允许使对方负担法律责任——这显然是基于伦理的根据。第一次把道德上的考虑认为‘契约’法中的一个要素，这是‘要物契约’和前两种（口头和文书契约——作者）不同之处，……”

3. 典型的诺成契约：合意买卖（emptio venditio）作为罗马法中的表

① 〔英〕梅因：《古代法》，沈景一译，北京，商务印书馆 1959 年版，第 187 页。

意行为

罗马法中的交易行为从单方行为逐步发展到承认双方行为。例如，要式口约 stipulatio 和拟弃诉权都是单方行为，其只要求相对人作出默许或者充其量的附和行为，而口头买卖行为则成为纯粹的合意行为。罗马法中的一个重要贡献就是只要存在一个约定就可以产生效力，即合意或者诺成合同。诺成合同是罗马法中最重要的、也是后期最普通的一种合同形态。"毫无疑问它在'契约'法史上开创了一个新的阶段，所有现代契约概念都是从这个阶段发轫的。"①

诺成合同在罗马法中分为四种：委任（Mandatum）、合伙（Societas）、买卖（Emtio Venditio）和租赁（Locatio Conductio）。诺成契约的最重要的特点就在于，无须任何特别的外在表现形式或者手续，即可产生债的效力，从而可以被强制执行。在四种诺成合同形态中，合意买卖合同最具有研究价值。

合意买卖契约产生于公元前三世纪，主要目的在于满足与罗马帝国市民之外的外国人交易而产生的契约形式。"它是一种只需基于合意而无须任何程式即可以完成的契约。它是以善意为基础的，也就说，善意是这一契约的唯一制约力。"② 罗马法学家 Paul 在《论告示》第 33 编中认为，"买卖契约属于万民法的范畴，以合意完成。因此，可以在当事人不在的情况下，通过书信或以传递消息的方式订立。"③

到了万民法（ius gentium）时代，随着各种新型交易形式的发展，罗马法逐渐摆脱了对形式要件的依附，而这恰恰体现了合同的核心——合意。在无形式要件的交易行为中，罗马法学家从中发现了意思一致是合同成立并生效的要件。

合意买卖合同是罗马法最伟大的贡献之一，对后世的买卖合同法作出了很大的贡献。④ 合意买卖合同的效力仅仅依据当事人之间的合意，无须

① 〔英〕梅因：《古代法》，沈景一译，北京，商务印书馆 1959 年版，第 189 页。

② 〔意〕桑德罗·斯奇巴尼选编：《契约之债与准契约之债》，北京，中国政法大学出版社 1998 年版，前言，第Ⅲ页。

③ D. 18. 1，1，2. 转引自斯奇巴尼选编前揭书，第 129 页。

④ "The Roman law of sale has provided us with the basic tools for our modern analysis of this economically most important of contracts，and it has invariably shaped our way of thinking about sale，irrespective of whether certain individual rules were preserved or rejected. Even where modern legislators have chosen not to follow the example of Roman law，the latter provides the background against which to evaluate such a decision and to appreciate its implications" Zimmermann，p. 230.

任何形式要件、证人，表意行为在法律上的效力意义即凸现出来。在该类合同中，只要当事人就要素（essentia negotii）达成一致，则该口头买卖合同即可生效，要素仅仅包括标的和价金条款。至于其他合同条款，如合同履行地点、合同解除的条件，都属于偶素（accidentalia negotii），是否具有此种约定并不影响合同的效力。口头买卖合同已经明显地反映了私人自治的原则。至于合同当事人之间的权利义务关系，以及合同的效力和后果，属于买卖合同法所要调整的内容，所以，此种合同条款属于“常素（naturalia negotii）”。

当然，罗马法在此采用了一种“类型强制（numerus clausus）”的方法，即只有在口头买卖（emptio venditio）、雇佣合同（locatio conductio）、承租合同（mandatum）、合伙（societas）等合同类型中才能够赋予合意以法定的效力。所以，如果某种约定无法被归入上述四种经由合意所产生的合同中，则无法获得裁判官诉讼强制力的保护。所以，乌尔比安说：“nuda pactio obligationem non parit（裸露的允诺尚无法产生债的效力）。”①

值得注意的是，罗马法中的诚实信用诉讼方式（iudicai bonae fidei）扩大了合意产生法律效力的范围。虽然原告仅仅依据允诺提起诉讼（nudum pactum）无法获得救济，但是，如果该合意附属于上述四种法定的合意合同种类，则此类允诺具有间接可执行性（pacta adiecta）。②

（四）作为实践行为的交付与债的合意的分离对表意行为法律意义的影响

在传统的罗马法买卖中，主要存在两种所有权转移的方式，即要式买卖或者曼兮帕蓄（Mancipatio）与交付（traditio）（在此不讨论拟弃诉权的形式）。要式买卖是一种古老而令人敬畏的、罗马市民所享有的并且具有严格仪式的交易，其仅仅适用于确定的富有价值的标的物③：依据盖尤斯（Gaius）的论述，在曼兮帕蓄式中，买受人当着证人的面并于出卖人在场的时候用一个硬币敲打秤、拿起买卖标的物并宣称该物的所有权归于他。④ 这其中有一点特别值得注意：盖尤斯所描绘的要式买卖用于履行一个事前订立的买卖合同⑤，即在履行要式行为之前，当事人之间应当已经存在买卖的

---

① D. 2，14，7，4.

② 乌尔比安认为：“pacta conventa inesse bonae fidei iudiciis”。

③ 奴隶、土地、确定的牲畜，是所谓的要式移转物（res mancipi）。

④ 盖尤斯，I，第 119 页。

⑤ 其可以被用于一个出于其他原因而负担的权利转移。

意思。由于所有权转移完全取决于当事人之间的程式行为，所以，所有权移转具有一定程度上的抽象性。曼兮帕蓄看起来像一个买卖合同，但它实际上等同于《德国民法典》第929条第1句所规定的合意和交付。

罗马法中的traditio一词被翻译成交付：出卖人通过交付标的物而将其所有权转移给买受人，伴随着该物的交付必须存在一个关键的“合法原因（iusta causa)”。交付的原因为买卖合同、赠与、借贷、债务履行。通过买卖和交付而发生所有权转移。罗马法一方面规定取得所有权必须交付，但另一方面却又将买卖合同和交付混合在一起，而真正令所有权发生转移的是各种原因，该交付原因统一了整个债权的和物权的因素。

传统罗马法原则上仅仅认识到特定物买卖（Stückkauf）而不认识种类物买卖（Gattungskauf)①，所以，买卖应同时转移买卖标的物所有权，因为所有权转移的对象仅仅是一个具体的标的物，而种类物买卖时当事人的合意在物权层面上尚未足够确定。② 当然，在高度发达的罗马经济中，对于种类物买卖的物权方面的需求是不容否定的，例如，各省份必须以原材料给养首都罗马（Rom)。从学理方面而言，法律很难对此种事实上的强制置之不理，相反，其建构模式必须以经济为导向。就此人们在种类物交易中使用相互的抽象债之允诺（wechselseitiges abstraktes Schuldversprechen)，即所谓的Stipulationen（要式口约)。

买卖不仅仅是一个双务性（synallagmatisch）的、而且同时是一个具有对称性（sysmetrisch）的交易：出卖人负有向买受人转移货物所有权的义务，与此相对应，买受人必须负有向出卖人转移价金所有权的义务。但就罗马法追根溯源会发现：虽然买受人负有向出卖人转移买卖价金所有权的义务，但是出卖人却不负有设法使得买受人取得买卖标的物所有权的义务。③ 罗马的买受人当然也要成为所有权人，只是买卖本身、而不是与买卖相区分的一个合意将买卖标的物所有权转移给买受人。在此种逻辑下，只须令出卖人承担一个交付标的物的负担义务，此种交付将使得买受人获得标的物所有权。④

《德国民法典》建造在该素材之上，但对罗马法中交付与合同的关系

① Kaser，Band I. S. 548.

② 彼得斯，萨维尼基金关于法的历史杂志（Zeitschrift der Savigny-Stiftung für Rechtsgeschichte)，罗马法部分，96（1979)，第173页以下，第189页。

③ 保罗，D. 19. 4. 1. pr. 。

④ 另外，出卖人负有使买受人不受干扰地占有并享有该物的权利。Kaser，Band I. S. 550.

作了新的发展——发展出抽象理论。抽象原则的历史无法脱离萨维尼（Savigny）的理论贡献，但并不是说，罗马法中就根本不存在抽象原则的因素。罗马法的多个地方就交付（traditio）要求一个事先的合法原因（iusta causa praecedens）。[①] 尤利安（Julian）和乌尔比安（Ulpian）论述了非常有意思的事例：以转移所有权目的而交付货物，但是接受人和给予人却就法律原因意见不一。后来的乌尔比安在此否定了所有权转移，因为此处缺乏一个作为“iusta causa traditionis（合法交付原因）”的法律原因[②]，这在学理上看来是正确的，而尤利安也同意乌尔比安的观点[③]，这也应当符合实践中的理性。但是，该决定奠定了抽象的物权合意的基石，因为转移所有权的东西并不是拟制的交付，而必须是在没有合法的原因存在的前提下，通过交付而表现出的当事人转移所有权的意志。在萨维尼时代之前形成此种观点：即使是错误认为的原因也足以产生取得所有权。

就此看来，虽然萨维尼所提炼的抽象的物权合意是一个重要的学术创新，但其在罗马法中可以找到根据。萨维尼将重点置于交付、traditio，并且其在交付那里首先看到了交付中所表现出的转移所有权的意志。萨维尼将交付的原因评价为此种意志的动机（Motiv）并是此种意志的标志。[④] 对于萨维尼而言，关键是其认为无法否定当事人就所有权转移所达成的意志。[⑤] 在萨维尼看来，体系化方面的清晰也是同样重要，此种“体系化方面的清晰”源自就债法和物权法的关系而承认抽象原则。[⑥] 萨维尼认为其就此完全与罗马法的原始资料相一致[⑦]，其却只是——从我们的角度——片面解释了该罗马法的原始资料。[⑧] 与罗马法的矛盾之处只是到了后来才较为清晰地展现出来。[⑨] 当人们就取得标的物而无须检查是否出卖人自身已经依据一个有效的买卖合同获得该标的物时，抽象原则首先意味着交易保护。这是一个物权的角度，而萨维尼在其新的结构性的发现中显然并没

---

① 尤其参见保罗，D. 41. 1. 31 pr.，亦可参见盖尤斯，II，19 以下。

② 乌尔比安，D. 12. 1. 18pr.。

③ 尤利安，D. 41. 1. 36.。

④ 具体参见〔德〕拉尼尔利：《19 世纪德国民法学中的抽象的所有权转移学说（第 2 卷）》，1977 年版，第 90 页以下，第 97 页以下。

⑤ 拉尼尔利前揭书，第 102 页以下。

⑥ 拉尼尔利前揭书，第 101 页以下；费尔根特来格尔（Fegenträger），萨维尼对所有权转移理论的影响，1927 年，第 39 页。

⑦ 拉尼尔利前揭书，第 97 页。

⑧ 拉尼尔利前揭书，第 98 页。

⑨ 参见德恩堡（Dernburg），AcP（民事法律案卷）40，（1857）2。

有赋予该角度以特殊的意义。①

我国学者对此也有深刻的认识，例如，董安生认为：在罗马法中，交付行为逐渐从契约中独立出来，有力地促进了契约的本质——合意在法律意义上的发展，“交付行为在罗马法中被普遍采用之意义不仅在于便利了社会经济交往，更在于它直接推动了诺成契约的发展，为罗马法契约观念的成熟提供了现实根据”。“由上可见，罗马法中契约观念的形成实际上表现为要式交易行为中的合意行为因素与交付移转行为相分离的过程。”“现代民法中的要物行为并不能反映法律行为的实质，它实际上将设权行为和履行行为合而为一，只有诺成行为才体现了这一实质。”② 而这与梅因在《古代法》上的论述也是完全吻合的。

（五）小结

罗马法具有浓厚的程式法特点，所以，在早期罗马法中，法律考察的重点集中在行为人的程式是否符合法定的要求，即使当事人之间已经就某种法律后果达成一致，但只要法定的程式行为出现错误，将无法发生此种法律后果。但是，罗马法学家逐渐认识到，产生效力的关键不在于外在的行为，相反是行为内在的意思，所以，罗马法中对法律行为的形式要件要求逐渐减弱，只有在必须对行为人作出特殊保护的情况下，才要求行为人的行为必须满足特定的形式要件，即出现了所谓的“效力形式向保护形式”发展的趋势。③

与之相对应，对法律行为的解释也出现了变动，在严格的程式主义下，裁判官从外在典型程式出发，去判断行为人的内心意思，只要行为人从事了此种典型行为，则推定其具有真实意思；随着新型交易形式的发展，解释的重点转移到探求行为人个人的真实意思，所以，有关错误（error）的理论也逐步发展起来。

到了罗马法昌明时期，早期罗马法的程式性特征进一步减弱。尤其是随着新型交易的频繁发生，基于诚信（fides）即可产生债之关系，使得债法获得了巨大的发展，这也是罗马法能够取得比其他早期社会的法律、包括日耳曼法在内享有更大成就的重要原因。④ 诚信行为以表意人的真实意思为准，它不拘泥于形式，只要当事人的意思表示真实合法，即可发生法

---

① 拉尼尔利前揭书，第103页。

② 董安生：《民事法律行为》，北京，中国人民大学出版社2002年版，第2～6页。

③ Dulckeit，Fs. Schutz I 161，zitiert nach Kaser，S. 230.

④ Kaser，Band I，S. 475.

律效力。[①] 依据此种诚信法律关系，只要存在允诺，无须任何形式要件，即承认被允诺人享有一种履行请求权。“当有一年的‘裁判官’在‘告令’中宣称：他将对还没有成熟为‘契约’的‘合约’赋予可衡平的诉讼，只要争执中的‘合约’是根据一个要因（Causa）的话，在这时候，古代‘契约’法的革命就完成了。”[②] 当然，由于罗马法在债法仍然实行类似于现代物权法中的“类型强制”，所以，罗马法中的诚信还不同于现代民法中的诚实信用原则。

但正是此种新型诚信诉讼方式的产生，带来了债法总则的发展，即抽象地承认一个具有法律效力的法律关系，但是，罗马法中的债法仍然没有脱离“列举式”的模式，还远远不能满足现代商品经济的要求。所以，如果说罗马法中存在合同自由的话，那此种合同自由的内涵仅仅表现为在既定的债的合同种类之中享有订立自由、内容自由等自由，但不能够享有随意创造合同类型的自由。

西罗马灭亡之后，东罗马定都君士坦丁堡，罗马法进入一个新的时期，其日益呈现出世俗化的倾向。对法律行为的形式要件要求也进一步减弱，保护交易安全的价值逐渐上升。不仅如此，法律行为的形式要件逐渐由公证以及其他政府部门的官员参与取代了原来的严格的当事人程式主义。

在罗马法后期，口头合同的重要性日益提高，合同不断摆脱形式的束缚。非常遗憾的是，东罗马皇帝查士丁尼在编纂《国法大全》时，却尝试同时采纳罗马法昌明时期的口头合同与当时实践中盛行的书面合同，这二者本来是难以调和的，同时采纳该两种合同制度的直接结果就是造成公证制度的发达，并且此种做法直接延缓了确立口头合意是合同真正效力基础的合同法理论。

二、欧洲中世纪法学对法律行为制度的发展

虽然宗教法大全（Condex iuris canonici）在其第 103 和 104 章部分曾经规定了有关“行为（actus）”和错误、强迫以及欺诈对行为的影响，但宗教法大全中的“actus”并不是后来德国法中的法律行为，而是其上位概念——“法律上的一切行为”。欧洲中世纪法学对后来德国法中的法律

① 周枏：《罗马法原论》下册，北京，商务印书馆 1996 年版，第 584 页。

② 〔英〕梅因：《古代法》，沈景一译，北京，商务印书馆 1959 年版，第 190 页。

行为制度最大的贡献就是关于“单方允诺能够产生法律效力”的理论。随着日耳曼人的不断入侵，以及罗马帝国自身内部的问题，罗马法在欧洲大陆的管辖效力逐渐被地方习惯法所替代。到了欧洲中世纪，寺院宗教法取代罗马法成为统治神圣与世俗生活的唯一法律。但是，“黑暗”的中世纪并没有完全吞噬掉“文明”的罗马法，相反，确立了“允诺必须遵守（pacta sunta servanta）”原则。

早在《国法大全》（Corpus iuris civilis）中，即存在“允诺必须履行（pacta sunt servanta）”的法谚①，但是，罗马法并不承认纯粹的诺言（nuda pacta）可以受到法律的保护。在《国法大全》中，单方表示的行为原则上不成立法律上的义务，只有当针对城邦或者信仰的神时才能够产生效力。

但梅因指出，随着诺成契约在罗马法上的发展，出现了“自然债”和“民事债”的区分，“当一个智力完全成熟的人有意使其自己受到一个合意的约束，即使他并没有履行某种必要的手续以及由于某种技术上的障碍，他缺少制定一个有效契约的正式能力，他仍被称为在一个自然债之下。法律（而这时区分所暗示的）不强制执行债，但它也不绝对拒绝承认它；……”②

而欧洲中世纪的道德宗教学首先发展出了以允诺为基础的合同法的基础法理，中世纪的注释法学家 Glossator 将罗马法中 pactum 提炼为债之关系的最基础性要素。

中世纪的法学家首先将允诺区分为“裸露的允诺（pacta nuda)”和“着衣的允诺（pacta vestita）”，并且采取了盖尤斯（Gaius）关于合同的划分。其中着衣的允诺产生法律效力，具有可执行性，而裸露的允诺不产生法律效力。中世纪的民法和中世纪的教会法最早认为，只有当单方允诺为他人所接受时，才能够产生效力。但就此存在例外：第一，宣誓的单方诺言具有法定效力；第二，针对特殊主体（如国家、城邦或者上帝）的单方允诺具有效力。由此可以发现，允诺尚没有成为一个基础行为的概念，与后世法律行为理论中的意思表示存在很大差距。但是不可否认，允诺学说是法律行为制度的最先理论基础，正是在这个基础之上，西班牙的伦理

① D2，14，1 sqq. U. bes. 7 § 7，zitiert nach Wieacker，aaO. S. 294.

② 〔英〕梅因：《古代法》，沈景一译，北京，商务印书馆 1959 年版，第 189 页。

宗教学构建了意思表示的概念，并在此基础上发展出法律行为理论。①

虽然罗马法中“单纯诺言无法产生债的效力”的原则的影响力如此强大，但是到了中世纪后期，法定的允诺所包含的范围越来越广，而无法律效力的单纯允诺的范围不断缩小，实际上不断趋向于一般性地承认允诺能够产生法律效力。到了17世纪之后，“单纯诺言无法产生债的效力”原则逐渐遭到抛弃，并逐渐确立了“契约必须严守（pacta sunt servanda）”的原则。

抛弃“单纯诺言无法产生债的效力”，转而承认“契约必须严守”原则具有深厚的历史和社会原因，这集中体现在：

第一，社会实践的发展迫切要求普遍承认允诺具有法律效力，尤其是随着商事交易的发展，此种要求日益突出。在实践中，被告不能够仅仅凭借原告没有遵循必要的程式而主张自己的允诺无效。

第二，欧洲中世纪的采邑制也需要遵守诺言的诚信基础。所以，非正式的“成文协议（convenientia)”或者“惯例（convenances)”应当具有法律效力。17世纪之后，“经过单纯的允诺也可以产生诉讼救济（ex nudo pacto oritur actio)”的原则也获得了普遍的承认。

第三，14世纪之后，宗教法逐渐普遍承认如下原则：所有非正式的允诺合意都具有法律效力，此种效力体现在，可以通过宗教法上的不当得利强制执行单方允诺（condictio ex canone)。当然，就此种观点是否可以适用到民事领域仍然在此后的几个世纪里具有很大的争议。但依据中世纪重要法学家Bartolus及其门徒Baldus的观点，宗教法被视为对于世俗法应当享有先例拘束力的地位。当然，就在多大程度上宗教法的上述原则排斥了隐藏在欧洲中世纪共同法（ius commune）中的罗马法原则——无效允诺不能产生债的效力，存在争议。但毫无疑问的是，“单纯诺言可以产生法律效力（ex nudo pacto oritur action）”原则在实践中逐渐获得承认。

宗教法对确认“契约必须严守（pacta sunt servanda）”的原则也作出了重要贡献。在中世纪，由于通过允诺达成合意需要经过宣誓的外在程序，这使得教会扮演了至关重要的角色，并且逐步获得了对此类法律活动的司法管辖权。依据宗教法的逻辑，违反了自己的诺言，实际上就是违反了对基督教对诚信的要求，而这恰恰是原罪的体现。在上帝看来，非正式的允诺与通过发誓作出的允诺并无二致，小小的撒谎等同于原罪。所以，

① Coing, Band I, S. 182.

宗教法大全（Corpus Juris Canonici）开宗明义在第一编中讨论允诺的道德与法律意义。当然，宗教法中讨论的首先是单方的、非正式的允诺。

非常有意思的是，欧洲中世纪教会法最为关心的允诺信赖责任没有被欧洲大陆法系所接受，反倒成为英国合同法中最重要的责任形式——信赖责任（promissory liability）的理论基础，这也导致英国合同法没有从合意的角度，而是从单方允诺的角度出发建构合同的效力来源。

从历史中，我们可以发现一个法律原则的确立绝非是偶然的，它背后隐藏着道德哲学、宗教哲学、经济需求以及社会结构的变迁，将允诺作为合同的效力基础并不是某个学者或某个法学派的贡献，它是欧洲法学文明奔腾长河中逐渐形成的一朵璀璨的浪花。

三、自然法学思想与法律行为制度的形成

自然法运动的鼻祖、荷兰法学家格劳秀斯创造性地将允诺的拘束力理论提升为一般的意思表示理论，奠定了意思表示成为整个债法的中心概念。[①] 受到道德宗教教义和 16 世纪西班牙自然法学派的影响，格劳秀斯尝试解释，为什么允诺具有拘束力，从这个角度他重点探讨了意思表示与合同订立、意思与表示的关系等重要问题。在格劳秀斯看来，表示之所以能够在法律上产生效力，是因为自然人应当是能够承担自我责任的，其不能与自己的意志处在矛盾中。因此，格劳秀斯认为，有效的意思表示不仅仅需要以一个充分的表示要件为前提，而且需要一个“慎重的意思”。契约必须严守原则（pacta sunt servanda）被视为人类共同生活的基本条件。格劳秀斯的理论受到了其他自然法学者的承认，霍布斯、普芬道夫等学者进一步发展了有关意思表示的理论。[②]

（一）关于允诺的效力

伴随着启蒙运动产生的自然法运动，产生了探求人的理性与自由、平等等形而上学问题，在探讨人的自由时，自然法学者在中世纪法学的基础上，继续深入追问“允诺的效力基础是什么?”

格劳秀斯作为自然法学派的鼻祖，也是近代民法和国际法的创始人，对允诺的效力、合同理论都作出了卓越的贡献。在格劳秀斯的合同法理论

---

① 详细内容参见 Diesselhorst, Die Lehre des Hugo Grotius vom Versprechen, 1959。

② 有关霍布斯（Hobbes, 1588—1697）与普芬道夫（Pufendorf, 1632—1694）对于意思表示理论的论述，参见 Demetrios Bailas, Das Problem der Vertragsschließung und der vertragsbegründende Akt, Göttingen, 1962。

中，其并没有采用合同或者合意的概念，相反，他以单方允诺为基础构建自己的合同法理论。从法哲学的思潮来看，格劳秀斯的思想受到中世纪经院学派（Scholistic）较大的影响，经院学派认为，信守诺言是对上帝的忠诚，格劳秀斯也从基督教教义的角度论述允诺的拘束力。①

格劳秀斯认为，从社会责任的角度，单方允诺才具有不可随意撤回的性质，但在表示相对人作出承诺的前提下，能够产生一个意思表示合意——合同。格劳秀斯认为，在相对人作出承诺之前，虽然表示人可以撤回其意思表示，但其可能要承担信赖责任。从这一点出发，格劳秀斯还可能是现代缔约过失责任的鼻祖，其认为，在发生外在表示与内心意思出现错误的情况下，虽然可以免于外在表示的社会责任，但是表示人却必须承担信赖责任。

格劳秀斯受到伦理宗教学的启发，展开了对意思表示和合同订立的讨论。格劳秀斯认为，意思表示的法律效力的基础在于能够自我承担责任的人的意志，人不能自身就外在表示及其意志产生矛盾，但是，不能仅仅将内在的意志行为赋予社会的效力，必须通过外在的某种表示方式了解行为人的内在意思，即使可能出现偏差。格劳秀斯的表示理论试图沟通意思伦理与信赖伦理。而构建法律行为理论也是建立在对人与人之间如何理解传统理论的基础上，也就是建立在斯多葛（Stoa）语言与理解哲学基础上。而早在 13 世纪，伦理宗教学就已经采纳了此种方法。例如，格劳秀斯认为："法学家一致认为，没有比如下观点更自然了：注意所有权人愿意向他人转移其所有权，并且没有比遵守自己的诺言更加符合人的诚信了。"在他看来，无须遵守法则的上帝都信守自己的诺言，违反自己的诺言，将违反自己作为上帝的本质。格劳秀斯还认为，人享有行动自由和不以特定方式行为的自由，在买卖合同中，产生拘束力的诺言的正当性基础只能够在于所有权转让的效果是转让人所意愿的。但是，格劳秀斯就此还认为，必须存在一个"外在的表达（signum volendi）"，即产生拘束力的意愿必须具有一个外在的表示方式，并且此种外在的表示方式被受允诺人所"接受（acceptatio）"。

---

① "……在这一点上，伟大的《圣经》给我们提供了极有说服力的证据。它告诉我们，仅观上帝自己不可能受已经确立的法律规范的约束，但他如果不履行其允诺的话，他就会作出与其自身性质相冲突的行为。由此可见，履行允诺的义务起源于那种不可改变的正义的性质，它就是上帝的品性，并且使所有有着上帝之性、能够理性地行事的人共同具有的品性。"〔荷〕格劳秀斯：《战争与和平》，何勤华等译，上海，上海人民出版社 2005 年版，第 183 页。

受到斯多葛学派与伦理宗教学（Moraltheologie）的影响，格劳秀斯认为，一个道德上能够自我负担责任的人的意志应当具有法律拘束力，因为道德上能够自我承担责任的人不能够使自己陷入外在表示与内在意志的矛盾之中。所以，失去了外在表示的支持，仅仅依据内在的意思无法产生法律效力。当然，外在的表示并不保证就能够绝对正确地反映内心意思，所以，有关表意行为的制度必然要规定意思表示错误以及意思表示不自由的情况下的意思表示效力问题。格劳秀斯认为，在外在表示与内心意思出现偏差的情况下，仍然应当赋予前者以法律效力。由此可见，格劳秀斯所主张的表示学说设法统一意思伦理与信赖伦理。[①] 此种理论在后来德国学说汇纂法学派关于法律行为效力的论证，即表示理论与行为理论的对立中也得到了体现。

实际上，作为民事主体法律活动中的一个重要制度，法律行为建立在相互理解外在行为的法律效力的基础上，从这个角度出发，法律行为与语言哲学以及交互理论具有内在的联系。

在自然法时代，格劳秀斯的合同理论为法律行为理论作出杰出贡献。格劳秀斯认为，“自愿表示”是现代法律效力的根本。那么实质上格劳秀斯的理论也是建立在西班牙伦理宗教学之上。例如，该学派的代表人物莫里拿区分了纯粹的表示意图和具有拘束力的外在表示，后者给予该表示的接受人在表示的相对人处产生拘束力的权利。格劳秀斯合同理论的最大贡献表现在，他在合同概念之上创造了一个上位的概念——意思表示。德国民法学在继受自然法理论的时候，将意思表示与行为结合起来，产生了早期的法律行为概念。该概念仅仅表示具有法律意义的各种行为的总称，显然与后世的法律行为概念还存在一定的差距，但是，这个概念的形成，为其进一步的发展及法律行为概念理论的形成奠定了基础。

由于近代自然法学派的贡献，从合同理论中抽取了原子性的要素——意思表示，这就为基于表意行为构建一个满足民法法典化的概念——法律行为奠定了基础。此外，合同法的发展，还为整个债法的发展奠定了基础，实际上，在产生法律行为制度之前，合同法一直是表意行为的核心，债法制度也是以合同法为核心逐渐形成的。

普芬道夫在此基础上发展了一个体系化的有关合同的理论。最终，德国哲学家 Wolff 发展出了现代的“合同概念”，他强调，合意是合同之债

---

① Franz Wieacker，Privatrechtsgeschichte der Neuzeit，Aufl. 2，1967，S. 293.

的基础。普芬道夫顺着格劳秀斯有关诺言的思路，强调一个合同必须具有两个合意：首先，双方当事人都必须具有订立合同一致的意愿；其次，双方当事人必须同时具有一致的体现此种内在意愿的外在行为。所以，订立合同的关键是两个一致的“意思表示”。

（二）合意对于建立法律行为制度的重大意义

论述法律行为制度的起源，必须从合同的效力来源学说谈起。合意作为现代合同法的基础，在“国法大全”中无法找到有关此的定义或者概念方面的分析。但是，从法史的角度出发，罗马法中有关合同法的发展趋势表现为：债的发生基础从早期的责任限制，逐步摆脱程式的限制并向当事人合意约定的方向发展，当然，此种约定必须通过某种特定的外在行为表现出来，体现了一种“法律关系主观化”的趋势。① 尤其在罗马私法中有关“错误（error）”的理论中，集中体现了当时的法学家对当事人内在意愿之于法律效力的考察。

但是，东罗马时代的法学家阻断了此种“主观化”的发展趋势，他们采纳了建立在斯多葛学派道德哲学和基督教思想上的“内在意愿”学说，导致了合同之债的“内在化”趋势。②

在自然法运动之前，法学家在探讨合同效力的正当性基础时，将核心设定在达成合意的程序。自然法运动逐步认识到了合同效力的真正原因——意思表示的交换，形成了单个主体交往过程中对自由的限制。此前，人们将经由合同产生权利义务的正当性基础设定在一个外在的事实，而随着自然法运动的开始，人们将此种正当性基础转移到了作为合意前提的意思表示。③

自然法将法的正当性置于人类的理性之上，更加注重对人的意志的探讨。尤其是早期的自然法学家，对允诺（promissio）的研究倾注了很多心血，但仍未形成抽象的合同理论。格劳秀斯有关允诺的理论奠定了现代合同法的基础。格劳秀斯在讨论允诺的效力时，以此为契机重点探讨了意思表示与合同的订立的问题，格劳秀斯就此所作的贡献影响深远，现代合同法和法律行为制度在很大程度上都借鉴了格劳秀斯关于意思表示的理论贡献。

---

① 关于罗马法中口头买卖合同的论述参见上述部分的论述。

② Kaser，Band II，S. 366，“doctrine of volition，based on stoic moral philosophy and on the influene of Christian thinking”.

③ Hartenbauer，Grundbegriff，S. 74.

依据格劳秀斯的观点，诚信构成正义的基础。所以，无论允诺是否具有特定的外在形式都必须获得遵守，即使是上帝也必须遵守自己的诺言。在德国学者普芬道夫的著作《自然法与民族法》中，他认为，“必须遵守诺言”具有最为重要的意义。在自然法学者看来，合同是调整人的事务的最本质工具，是整个私法制度的基石（包括有关国家起源的社会契约的自然法理论）。①

而康德提出关于合同拘束力前提的问题应当通过几何方法而加以证明。康德指出了一种“困境”，合同作为“两个法律上抽象的人一致意愿的行为”源于两个意志表示，其在时间上必然继起。在此段时间内，磋商的双方可以就意志表示加以“后悔”，从而自由表示的意志亦可以被撤回，这些是完全出于理性行使意志的基础。“问题是，‘我为什么应该遵守我的诺言？’这种问法就是假定大家都明白：我应该这样做。但无论如何，绝对不可能对所说的绝对命令提出进一步的论据，正如一位几何学家不可能用理性的三段论去证明：为了画一个三角形，我们必须用三条线（此为一个分析命题），其中两条线之和必须长于第三条线（一个综合命题）。这是一个纯粹的（撇开时间和空间的所有可以感觉的条件）理性的公设。”特殊的合同效力的绝对命令也是“共同的法则，即外在地要这样去行动：你的意愿的自由行使，根据每个人的自由依据一个普遍法则能够同时存在”，法律与合同并无区别；法律与合同是否有拘束力的问题并不存在；法律的普遍相互强制在理性中与每个人的自由相联系。②

任何表意行为都必须具有行为人的内心追求一定法律效果的意思和令其意思为他人所了解的外在行为，如上所述，法律行为是对起源于合同行为的表意行为的更高层次的提炼，所以必须从合同中的表意行为——双方合意中，寻求法律行为的本质——意思表示。

需要注意的是，由于法国法中保留了罗马法中“原因理论（causa）”，所以，其合同法的发展也受到了较大的制约，而德国法却抛开原因理论的束缚，一直围绕着主体的内在意志展开，从这一点来看，这为进一步提炼出法律行为的理论铺平了道路。

① “Thus, to the natural lawyers, contract was the essential tool for the regulation of human affairs, the cornerstone of all the institutions of the positive law (including, incidentally, the State-the famous natural law theory of the ‘contrat social’)”.

② 〔德〕罗尔夫·尼克佩尔：《法律与历史》，朱岩译，北京，法律出版社 2003 年版，第 146 页。

四、近代欧洲大陆民法体系化及法典化运动对法律行为制度的确立

虽然在罗马法中已经出现了有关法律行为以及意思表示的概念，但该概念对民法的体系建构没有产生任何影响。德国学者经过知识考古证明，在民法大全中只在一处论及“意思表示”，但此种意思表示并不是指现代民法中法律行为意义上的意思表示，而是全体市民投票表决是否同意通过法律。直到18世纪欧洲大陆兴起了法典化运动，并且受到自然法运动和理性主义法学运动的影响，意思表示成为法律行为制度的核心，并进而成为近代大陆法系中德国法系民法体系中的核心概念。

（一）意思表示理论的发展

法律行为制度最早萌芽于“单方允诺（promissio）”的概念中。如上所述，欧洲中世纪的寺院法、尤其是西班牙的道德哲学对此作了深入的研究。十七、十八世纪的自然法学派在此基础上，逐渐发展出有关意思表示的理论。而这集中体现在自然法鼻祖格劳秀斯的著作《战争与和平》中。意思表示成为合同法的最抽象的概念，成为构建合同法的基础，如有关行为能力、错误和代理的制度都建立在意思表示概念的基础之上。

意思表示概念及相关理论的出现，与法律行为制度的发展具有密切的关系。因为法律行为制度建立在意思表示基础上，意思表示既可以是法律行为制度的核心构成、也可以本身就构成一个独立的法律行为。

法律行为制度建立在合同概念的基础之上，是对合同概念的抽象和超越。买卖合同是整个抽象过程的出发点，从买卖合同以及其他双务合同中发展出债法的一般规则，其中发展出合同订立的一般规则。而德国学说汇纂学派将债的合同作为整个民法体系中所有基于合意而产生的行为的基础，并且从中提取出较之于合同更为抽象的意思表示的概念，而中世纪的共同法仅仅在合同的要约和承诺中探讨意思表示的概念。

（二）从意思表示到法律行为

在格劳秀斯等自然法学派学者开始使用意思表示概念之后，后期的自然法学者致力于如何为各种法律事实和行为建立一个完整而又封闭的体系。法律行为的概念首先出现在德国19世纪学说汇纂学派（Pandekten）法学家的著作中。①

德国哲学家沃尔夫的学生内特布拉德将意思表示与法律行为制度联系

① Hugo，Lehrbuch der Pandekten.，3. Aufl.

起来，并且将其视为法律行为的特殊表现形式。内特布拉德在其 1748 年的作品《普世成文法的体系构成》[①] 中，在民法制度发展史上第一次对法律行为作出了定义，该文还将意思作为法律行为中的核心构成要件，因而具有最为重要的意义。但在内特布拉德的法律行为概念里，并没有严格区分程序法和实体法上的不同行为，如其将现代民事诉讼法上的诉讼行为也称为法律行为。

在此之后，历史法学派的最早创始人胡果在其 1789 年的作品《当代罗马法的制度》一书中，开始采用法律行为的德语表述方式 Rechtsgeschäft，此外还采用 Willensäußerung 一词来表述意思表示。

在此之后，关于法律行为概念的表述并不统一，学者们经常在拉丁语和德语的表述上换用。直到 18 世纪末期才逐步形成现代德国民法中的法律行为的概念“Rechtsgeschäft”，海德堡大学教授海瑟在其 1807 年所撰的《学说汇纂讲座体系大纲》中，将该概念真正用于构建一个全新的民法外在体系。

德国民法学家在 18 世纪就构建了一个以“总则、物权、债法、家庭和继承”为内容的五编制的民法体系，该五编制民法体系为近代民事立法最高水平的德国民法典奠定了基础。在此之后，“Rechtsgeschäft”概念成为德国民法中的法律行为制度的固定用语，成为一个涵盖所有基于个人自治追求特定法律效果的人的活动的抽象概念。从民法体系构建的角度开创了法律行为在民法体系中的核心地位。

在著名的民法学家蒂堡的著述中，也从最抽象的“行为”出发，进一步区分双方的行为（合同）、单方的合法行为以及不法行为，并且认为，“一个行为的核心构成要件就是完整的意思表示”[②]。

历史法学派的代表人物萨维尼，通过吸收上述自然法学派学者的成果，尤其是德国学者内特布拉德和胡果等人的论述，在其成名之作《当代罗马法的体系》一书中，系统地阐述了有关法律行为的思想。萨维尼以法律关系建立自己的民法体系，比较有意思的是，萨维尼将“法律事实的无效”作为其整个民法体系的基础，在此基础上将法律事实分为两种：直接形成或者消除法律关系的法律事实与非旨在追求法律目的的事实。萨维尼将形成或者消除法律关系的法律事实称为法律行为和意思表示。

---

① Nettelbladt，Systema elementare universae jurisprudentiae positivae，1748 Bd I，V § 63.

② Thibaut，System des Pandekten-Rechts，6. Aufl.，1. Bd. 1823，§ § 133.

萨维尼的私法体系统治着整个德国民法。在民法总则中，法律行为制度享有核心地位，民事行为能力、错误、胁迫、欺诈、代理、条件等制度都是围绕法律行为制度而展开的。不仅如此，法律行为制度也成为民法体系中的核心和枢纽，它不仅调控着债的合同，而且直接作用于物权法、婚姻法和继承法中所有的表意行为，成为构建民法体系的“内在骨架”。

1794 年的《普鲁士普通邦法》在其第一编第四节中第一次采用了“意思表示（Willenserklärung）”的概念①，但此后的《法国民法典》和《奥地利普通民法典》都没有采用这一概念。显然，意思表示概念成为欧洲大陆德语国家民法体系的一个专利。1794 年的《普鲁士普通邦法》虽然没有使用“Rechtsgeschäft”的概念，但是，“Willenserklärung”作为法律行为概念的同义语成为该部法典民法编中的重要内容，在其第一部分第四章中，有关意思表示的规定多达 169 条。当然，该部法典中有关意思表示的规定仍未尽精确。例如，该法第 1 条规定：“意思表示就是依据表示人的意图既可以发生也可以不发生的表述。”第 5 条规定：“所有的物和能够取得权利或者转让权利的行为都可以成为意思表示的标的。”它在其第一编第五章第一条以下以抽象的合同理论为基础规定了有关合同制度，将所有基于合意可以产生效力的行为规定为“合同”。自从《普鲁士普通邦法》第一次使用了“意思表示”的概念②，这表明，表意行为的重点已经不再是格劳秀斯所主张的“单方允诺”，而是人的意志作为发生效力的基础。任何人享有行动的自由，但是，通过外在的表示为他人所接受时，其行为将产生可归责于其的法律后果。

1865 年的《萨克森民法典》在第 88 条规定：“如果一个意思行为的目的在于，与法律一致而成立、取消或者变更一个法律关系，则该行为为法律行为。”③ 可以毫不夸张地说，法律行为制度是 19 世纪德国民法的最重大贡献，德国民法获得世界范围内的声誉与法律行为制度的创造是分不

---

① § 1，Willenserklärung ist eine Äußerung dessen，was nach der Absicht des Erklärenden geschehen，oder nicht geschehen soll. § 4，Die Willenserklärung muß frey，ernstlich und gewiß oder zuverlässig seyn.

② “第一条，意思表示就是依据表示的意图而应当发生或者不发生的外在表示。第二条，当意思表示应当产生法律效力时，则表示人必须有权支配其表示的标的和内容。第三条，表示人应当具有理性和谨慎思考而行为的能力。第四条，意思表示必须自由、真实、确定或者可以信赖。”《普鲁士普通邦法》第一章第四节。

③ “Geht bei einer Rechtsverhältnis zu begründen，aufzugeben oder zu ändern，so ist die Handlung ein Rechtsgeschäft.” § 88，das Königreich Sachsen von 1863.

开的。自 1865 年的《萨克森民法典》第一次在总则中正式规定了法律行为制度之后，《德国民法典》的起草同样陷入了“法律行为制度中心论”中，直至今天，虽然面临各种各样的挑战和批评，法律行为制度在《德国民法典》和民法理论中的地位仍旧没有受到任何本质性的颠覆。

（三）小结

从法律行为制度的历史发展来看，我们可以发现法律行为制度的贡献。在仅仅认识到各种具体的交易行为的罗马法中，法学家还无法精确地看到各种具体交易行为的共性，还无法发现意思表示的法律意义。即使在自然法运动之后，出现了合同的概念，但作为私人自治的集中体现的人的自由行为并不限于合同领域。德国民法抽象出法律行为概念实际上将其与民法的基本原则——私人自治相对应，最大程度地彰显了民法的价值。

第十三章　法律行为制度的效力规则

第一节　意思主义与表示主义

在通常情况下，民事主体从事法律行为活动时，其内心意思与外在行为可以形成有机的统一，即在社会交往中可以通过自己可以预见到的外在行为所产生的效果去正确地表达自己的内心意思，即表示行为彰显内在意思，所以，民法中的法律行为制度也是尝试如何从意思与表示取得一致的角度来规定意思表示和法律行为的效力。

一、意思主义与表示主义的对立

德国学者在设计意思表示制度时，已经深刻地认识到意思和表示作为法律行为制度的核心——意思表示的两个要素，是不可分离、互为表里的，这集中体现在萨维尼和温德沙伊德的论述中。萨维尼认为："不能将意思与表示的关系理解为二者本质上是相互独立的，就像一个人的意志与另外一个人的意志相独立那样，两个人的意志合一在现实中完全是偶然的，而应当将意志与表示的关系依据其本质视为相互关联的，……"① 温德沙伊德也认为："意思表示也是告知一个现存的意思，但此种意思并不是脱离意思表示的，而是其中包含的，不是过去的，而是现行的一个意志。意思表示是体现在意义外在体现中的意思。"②

德国民法典起草过程中，针对意思和表示相分离的情况如何处理也存

---

① 〔德〕萨维尼：《当代罗马法的体系》，朱虎译，北京，中国法制出版社2010年版，第258页。

② Windscheid, Wille und Willenserklärung, 1878, in: Reden und Abhandlungen, S. 341, zitiert nach Flume, Rechtsgeschäft, § 4 4, S. 50.

在较大的争议，并在德国民法典具体条文中具有鲜明的体现。德国民法典第一稿的起草者绝大多数坚持意思理论，所以在立法理由书中规定："法律行为赋予单个的行为人在既定的、受到较高注意所限定的范围内自由设定自己法律关系的可能。在能够识别的意思的后果中存在旨在引起法律效果的意思。因为行为所旨在的效果为其所意愿，所以有效。"①

但到了德国民法典第二起草小组那里，有关意思表示的理论发生了变化，立法者认为："无论是意思理论还是与之相对立的信赖原则（表示理论），在没有重大修正的情况下无法贯彻下去，因此有必要区别对待可以观察到的具体情况，而不必积极采取此种或者另外一种理论。"② 可见，第二起草小组更加侧重现实情况，希望从案件的具体情况出发，尤其是当事人之间的利益关系，来确定意思表示的效力。最为典型的就是，在缺乏真实意思的情况下出现错误时，此种表示并非绝对无效，而仅仅具有可撤销的效力，此后，无论表示人是否就此种错误具有过失，其都必须承担因此给相对人所造成的损害。确定意思表示的效力，不能够依据一种理论调整意思瑕疵对法律行为效力的影响，而应当依据尽可能地考虑到各种利益的实践观点决定之。这集中体现在《德国民法典》第119条的规定上，在出现错误的情况下赋予错误表示人以撤销权。

人是理性与感性的混合体，在人活动的领域，就必然存在内心意思与外在行为出现偏差的情况，尤其表现为"错误或者重大误解"的情况。所以，讨论意思与行为的关系的前提，是外在的行为与内心意思出现不一致。所以必须在决定法律行为的效力时，确定意思和表示的地位及其相互关系是什么，就此在历史上形成了两个重要的学派理论：意思主义理论和表示主义理论。

（一）意思主义

1. 意思主义的基本理论

所谓意思主义，就是指在决定法律行为效力时，行为人的内心意思是产生特定的法律效果的核心要素。意思理论的核心体现在，在缺乏与意思相一致的情况下，表示无效，不产生任何效力。

意思理论来源于萨维尼，受到德国哲学家康德的极大影响，历史法学派创始人萨维尼赋予意志在民法学中享有最根本的意义，在设计法律行为

① Mot. I, S. 190.

② Prot. I. S. 94.

制度时，他就意思在法律行为制度中的核心地位作了经典的论述。一方面他认为："不能将意思与表示的关系理解为二者本质上是相互独立的，就像一个人的意志与另外一个人的意志相独立那样，两个人的意志合一在现实中完全是偶然的，而应当将意志与表示的关系依据其本质视为相互关联的"；但另外一方面，他又强调："因为意志本身必须被视为唯一正确的和有效的，也仅仅是因为意志是一种内在的、无法察知的活动，所以我们需要一个外在的表征从而他人可以了解到此种意志。此种表示意志的表征就是意思表示。从中可以得出，意志与表示的吻合并不是偶然的，而是一个符合自然的关系。"① 毫无疑问的是，意思与表示的自然统一关系在现实中总会出现偏差，所以法律必须纠正此种偏差。

此后的学说汇纂学派的许多学者都坚定地持意思理论，如温德沙伊德②，齐特尔曼③等。萨维尼坚持意思理论并不奇怪，因为其将整个民法体系建立在德国传统理性哲学基础上，将私法视为主体意志的实现领域，因此法律行为就是实现意思的过程。

依据该理论，行为人如果缺乏目的意思，则外在表示原则上无效。从法律行为制度的本质出发，此种理论具有正确性，因为之所以承认意思表示的特殊性，就在于法律承认民事主体享有依据自己的意志主动追求特定的法律后果的自由，如果在缺乏主观上明确追求特定的法律后果的情况下，仍旧单纯依据外在行为令行为人承担自己主观上根本没有任何意识的法律后果，则有悖于法律行为制度的本质。

2. 意思理论评价

不可否认，在特殊的意思表示中，内心意思成为产生效力的决定性要素，如设立遗嘱和捐赠行为。虽然意思是决定法律行为效力的核心，并且私人自治是法律行为的价值理性，但是，法律仍然为私人自治空间设定了界限，尤其在涉及人身关系的法律关系中，如婚姻和继承法律关系，法律设定了强行性的自治空间，即只能够在法律许可和不违反风俗的情况下从事法律行为，法律的界限主要体现在对法律行为效力的评价上，在一些特殊交易类型中，还设定了类型法定原则，这集中体现在物权法中。所以，意思主义中的意思也不是绝对的，它仍旧受到法律的限制。

---

① 〔德〕萨维尼：《当代罗马法的体系》，朱虎译，北京，中国法制出版社 2010 年版，第 258 页。

② Windscheid, Pandektenrecht, 9. Aufl., § 75; ders., AcP 63 (1880), S. 72 ff.

③ Zittelmann, Irrtum und Rechtsgeschäft (1879); ders., JJb 16 (1878), S. 357 ff.

不仅如此，意思理论过度地偏重于表示人的单方利益，而忽视了在社会交往中第三人对他人外在行为的信赖利益，毕竟行为人的主观意思通常无法为第三人所了解。此外，随着民法“社会本位”的确立，法律保障法律行为的效力，并不完全取决于当事人的意思追求，还在当事人之间的法律关系中设定了许多特定的法定权利义务关系，如依据诚实信用原则对债之关系当事人提出了特定的从义务和附随义务。所以，绝对的意思主义是不存在的。特别值得注意的是，意思理论在法律行为制度发展史中长期占有重要的地位，但在实践中一直缺乏与理论上相同的地位，司法实践对其并未完全迷信。

在人类进入国家和法律社会中之后，所有的义务和效力都源于法律的承认，所以，法律行为的效力同样来源于法律的承认。但作为事实的一种，法律行为与其他法律事实的不同之处在于，法律针对其他事实在决定是否赋予其效力时，并不考虑行为人的主观状态，而法律行为的效力发端于行为人的意志决定。

(二) 表示主义

1. 表示主义的基本理论

“意思主义”理论到了19世纪后期受到很大挑战，“表示主义”理论逐渐盛行。学说汇纂学派对萨维尼创造的法律行为理论也作了很大的修订，即从意思理论转到表示理论。

德国近代另外一位民法学家耶林在1861年完成了民法学上的一个伟大的发现——“缔约过失（culpa in contrahendo）”①，他尝试以此奠定要求赔偿信赖利益的请求权基础，开启了表示理论的先河。但真正提出系统的表示理论的学者却是Roever②，他从“问题的实质”出发，认为意思理论是完全错误的，生者作出缺乏意思的表示并不导致无效，在出现错误的情况下，表示也出现在这个世界上，不可能不产生任何效力。③ Roever的观点主要建立在实践的基础上，他认为，意思与表示出现偏差在实践中非常普遍，并不是例外情况，没有意思的表示也具有一定的效力。

此后，德国学者Bähr较为系统地论证了表示理论④，他将信赖利益保护视为表示理论的基础，认为任何人在作出意思表示时，使得相对人依

---

① Jhering, JJb 4 (1861), 1 ff.

② Wilhelm Roever, Ueber die Bedeutung des Willens bei Willenserklärungen, Rostock 1874.

③ Roever, aaO S. 47.

④ Bähr, JJb 14 (1875), 393 ff.

据诚实信用原则具有合理信赖利益时，不得主张其缺乏真正的意思。相反，其必须依据外在表示所体现出的意思承担相应的责任。

表示主义理论将法律行为理论的重心移转到表示，就其内部亦存在两个学派：其中一派较为温和，其主张缩减意思理论中所强调的产生法律后果的目的；而另外一派较为激进，主张即使没有表示意思或行为意思亦可产生法律行为后果，换而言之，引发信赖的法律表象即可产生法律行为的效力，实际上，表示理论已经具有信赖保护或交易安全保护的雏形。

与意思主义相对立，在内心意思与外在表示出现不一致的情况下，表示主义理论认为，外在的表示行为决定该法律行为的效力，套用萨维尼的话，"表示才是意思表示唯一重要的因素"，因为在社会交往中，一个行为在相对人处已经产生了一种期待，此种期待必须受到法律的保护，否则社会共同生活将无法正常进行。表示理论已经隐含了法律行为理论客观化倾向，并且外在表示已经逐渐取代探寻主观意思成为法律行为理论的中心。但是，表示理论仍然没有脱离学说汇纂体系，其坚持只有法律行为才能产生法律效力（包括合同在内）。到了 20 世纪之后，法律行为理论客观化的倾向越来越明显，例如，德国当代著名民法学家 Lehmann 提出"具有法律行为效力的客观事实构成"。

表示理论的主要代表人物包括 Bähr、Danz、Bekker、Kohler、Leonhard 等人，依据该理论，为了保护交易安全，法律应当保护第三人对行为人外在行为所表现出来的法律意思的信赖，禁止行为人基于自己缺乏或者存在错误的目的意识，而主张自己的外在行为无效。毫无疑问，表示理论偏重于相对人的利益。在很多情况下，即使外在行为已经脱离了行为人的意思控制，其仍然具有法律效力，例如，在必须到达才能够生效的意思表示中，在行为人发出该意思表示之后，即使行为人死亡，也无法影响到该意思表示的效力。又如，在附条件法律行为中，即使表示人并无法控制该外在条件的成就，但仍然必须受到该附条件法律行为的拘束。德国学者 Baehr 在 1875 年认为："在订立合同时，一方以一种可归责于其的方式产生表示其意志的外在行为，相对方可以基于信赖而要求不存在现实中的意思错误，表示人就应当承担外在表示的信赖责任。"①

2. 表示理论分析

基于理性而产生法律效力的意思表示的构成包括意思和表示两个部

---

① Jher. Jb. 14，401，zitiert nach Flume Rechtsgeschäft，§ 4 4，S. 55.

分，但此处所说的意思并不是一个主体内心形成、无法为他人所了解的意思，人的内心意思活动实际上一直处在一种波动的状态，而法律又是一种客观的规范的集合，所以，外在的意思表示才是产生效力的真正要素，并且在特殊情况下，外在的表示可以脱离内心意思而一直具有法律效力，如某人发出要约之后死亡，则此种要约的拘束力并不当然失效。

意思理论的衰落给法律行为制度造成很大的冲击，不仅法律行为的两个核心因素“内在意思”与“外在表示”的地位发生对调，而且法律行为制度在很多方面受到信赖利益保护制度的限制。在传统私人自治理论中，自我责任是对自我决定的补充和限制，但是自我责任的前提是当事人在主观上能够或者应当能够意识到自己行为对他人利益造成的不法后果。随着社会交往程度深化，客观化的归责——信赖利益的保护削弱了合同责任和侵权责任的二重划分，法律行为制度必须协调主体意思自治与外在交往中信赖保护的要求。

从表示行为的发展历史来看，“一般说，原始社会倾向于重视客观的、形式的和要式主义的概念，即倾向于表示主义。值得注意的是，使用复杂的法律行为的高度发展的法律体系往往旨在追求效益和社会安全，在很大程度上回到了要式主义”①。在纯粹的表示行为主义下，只有在内心意思被吸收到外在行为中时，才能够具有法律意义。表示一旦作出，视为表达表意人的意思，即使在实际上由于错误或虚假行为并不符合表意人的内心的、真正的意思。第三人视为只知道表示的内容。表示主义把保护第三人的利益放在首位。

值得注意的是，法律保护行为人在从事法律行为时的效力，体现了对通过行为所表示出来的个人意思的客观评价。例如，当民事主体以遗嘱方式处分自己的生前财产时，必须通过明确的外在表现形式；在转移所有权时，必须通过外在的转移占有的行为——交付。法律在确定法律行为的效力时，并不受到行为人之间对其交易形态错误认识的影响。例如，甲和乙两人签订以转移所有权为目的的消费借贷合同，但误以为是租赁合同，二人对法律知识的欠缺并不影响法律将其二人之间的双方法律行为按照借用合同的效力加以保护。又如，订立买卖合同的人可能误以为合同订立之后，标的物的所有权就已经归属于自己，所以，事后的交付行为仅仅是实

① 沈达明、梁仁洁编著：《德意志上的法律行为》，北京，对外贸易教育出版社 1992 年版，第 88～89 页。

现现实的占有，而这并不妨碍法律仍然赋予事实的交付行为中含有当事人转移所有权的意思。

后世很多学者都对“意思理论”和“表示理论”加以折中，此理论认为，在行为人没有或者错误地为外在行为的情况下，如果存在保护相对人的必要，则法律必须保护此种社会交往中的信赖利益，否则应当允许行为人作出撤销。

（三）拉伦茨的效力理论

德国当代著名民法学者拉伦茨尝试调和意思理论和表示理论的对立，提出了自己的效力理论。在他看来，意思与表示是统一的，意思表示具有双层功能：一方面，意思表示是表示人实现一个法律后果意思的媒介；另一方面，它还是社会交往的行为，表示人针对该行为应当承担可归责于其的责任。① 拉伦茨反对将意思表示仅仅视为一个反映意思的“表述”的观点。在他看来，允诺不仅仅意味着允诺人简单的意思，相反，也反映其将受到该允诺的拘束。因此，一个允诺并不是表明“事实上过去存在的意愿，相反，它旨在某种最终的效力”。因此，效力理论的关键就是强调意思表示的本质在于成立、变更或者消灭法律关系的效力，所以意思表示为效力表示。②

但是，拉伦茨的效力理论并没有得到德国学者一致赞同。很多学者认为，意思表示中意思与表示密切相关，只有在表示符合其内在意思的情况下，表示人才受到其行为的拘束，否则在分离的情况下，将产生错误的问题，或者依其他法定的方式处理此种问题。

此外，弗卢梅也指出，效力理论在结果上与表示理论并没有本质区别，只是在理论建构上不同：表示理论的法理基础为信赖利益的保护，而效力理论的法理基础为法律行为的设权功能，即其效力来源为法律所承认的个人设权行为。

二、对意思主义和表示主义的协调

（一）私人自治、自我责任与信赖利益的协调

意思主义在民法中代表着民法的基本价值——私人自治，而表示理论

① Larenz，AT (7. Aufl.)，§ 19 I，S. 355.

② K. Larenz，Allgemeiner Teil des Deutschen Bürgerlichen Rechts，Aufl. 7，1989，§ 19 I “Die Willensnserklärung als Geltungserklärung und als Akt sozialer Kommunikation”.

反映了自我责任，同时是对他人信赖利益的保护，二者的冲突是客观存在的，完全在理论上克服是无法做到的。实际上，意思理论的代表人物Windscheid早就明确指出，意思并不是纯粹的内心状态，而是在表示中反映出来的意思，此种理论同样将意思和表示视为一个统一体。[①]

（二）正确认识意思主义与表示主义的差别

意思表示概念的功能在于规定明确的事实构成要素，并且规定其相应的法律后果，所以意思表示的概念完全是一个法律的概念，而不能将纯粹心理活动领域的人的意思表示纳入法律领域中的“意思表示”制度中，即使当因错误或者其他心理活动影响到意思表示时，此种心理活动必须首先具有法律的意义，而不仅仅是心理学的研究对象，其原因在于：法律调整的是客观的事实，而不是无法查清的纯粹的主观心理活动。

此外，意思表示事实构成中并不包括行为人具体追求的某种经济后果。在德国民法典起草前后，学者们还普遍认为，追求某种特定的经济后果是意思表示的构成要素之一。[②] 但当代德国民法普遍认为，只要是能够产生法律上的后果即可满足意思表示构成要素的要求。

从比较法来看，表示主义和意思主义几无差别，二者在实践中差别很小。[③] 实际上，在德国民法典制定过程中，也采取了一个折中的方案。[④] 目前学者普遍认为，在内心意思与外在表示出现偏差的情况下，不能简单地从逻辑或者制度的理论结构出发，相反，应当从利益冲突衡平的角度，去判断在行为人缺乏或者错误地为外在行为的情况下，如何更好地平衡双方当事人的利益。从法律行为的本质——私人自治的角度出发，法律必须在行为人缺乏真正私人自治的角度下，去判断此种行为应当具有何种效力，尤其必须考虑到将自我责任作为私人自治的一个重要组成部分。

综上所述，在此应当坚持如下原则：在行为人没有目的意思的情况下，如果其撤销其外在行为所带来的客观法律效果等于或者小于给第三人

---

① Windscheid, AcP 63 (1880), 72 ff.

② 例如，Lehmann-Huebner认为：“auf einen bestimmten wirtschaftlich gesicherten Erfolg gerichteten Absicht”仍旧是意思表示的构成要素。Vgl. Ders. § 24 IV 1b aE.

③ 法国民法被视为使用了意思主义，而德国民法采用了限缩的表示主义。参见沈达明、梁仁洁编著：《德意志上的法律行为》，北京，对外贸易教育出版社1992年版，第92页。

④ “人们首先认为，无论是意思说还是与之相对的表示说，均没有导致什么较大的修改，故有必要对具体的情况分别考虑，而不是对这个或那个学说去做积极的肯定。”Mugdan, Protokolle, Band I, S. 710. 转引自米健：《意思表示分析》，载《法学研究》，2004年第1期，第38页。

所带来的损害，则其行为不产生法律效力，反之，则保护相对人的利益。

第二节　意思表示瑕疵与归责

如上文所述，如何协调内在意思与外在表示出现偏差的情况是法律行为制度的一个核心构成。传统法律行为制度中的意思表示瑕疵主要包括错误、欺诈和胁迫。而错误理论是意思表示瑕疵的最重要内容，尤其考虑到，欺诈正逐渐演化为相对人诱使的“错误”，所以，下文将重点讨论错误问题。

一、法律行为与意思表示中的错误

从法律行为制度产生之日起、甚至在罗马法中，错误理论就成为当时具体交易法中的一个重要的制度。在传统欧洲大陆法系，法律行为中的错误理论经历了罗马法、欧洲中世纪、19 世纪法典化运动以及最新的欧洲私法统一过程，呈现了较为复杂的理论和司法发展局面。我国《民法通则》《合同法》以及新近的《民法总则》中都涉及中国法上的“错误”理论，即“重大误解”。通过比较法的研究成果，进一步研究我国法律行为制度中的错误理论仍然具有重要的意义，且是下一步民法典分则合同法修订工作的一个重点内容。

（一）错误理论的历史发展

纵观整个欧洲大陆错误制度的发展，都是围绕如下这个中心展开的，即错误究竟是引起法律行为可撤销而无效的外在事实构成，还是错误本身就是法律行为制度的内部事实构成内容。如果将错误作为法律行为事实构成之外的独立的事实构成，则研究的重点就是二者之间的相互关联。反之，如果错误是法律行为内部事实构成的有机组成部分，那么，就需要在法律行为制度的内部框架，分析错误对法律行为效力的影响。

在错误制度的发展历史中，出现过三个重要的错误理论阶段：一是罗马法中的消极错误理论；二是法律行为事实构成的外在错误理论；三是统一的错误理论，包括法律行为本身以及法律行为之外的错误。

1. 罗马法中的错误理论

罗马中的错误理论直接与法律行为的事实构成联系在一起，但独立于具体交易的事实构成。罗马法学家就错误问题首先就会提出，错误是否影响到所涉及的法律行为的有效实现。当然，罗马法上并没有现代民法意义上的法律行为，其所使用的概念，准确说，应当是“法律上的各种行为”。错误对于法律行为效力的影响并不是直接的；相反，错误是独立于法律行为事实构成之外的生效要件，因此，学者将罗马法中错误制度看作是法律行为制度的另外一面，将其视为“消极的错误理论”。

以买卖中的错误为例：依据当时的罗马法，买卖成立具有严格的生效要件，即当事人需要就标的物、价金在内的各种因素达成一致。如果合意中存在瑕疵，裁判官将不会应买受人的要求，令出卖人向其交付原物，因为出卖物交付必须建立在合意的基础上，而因为错误导致买卖无效，买受人无权要求裁判官授予其获得买卖标的物的权利。罗马法学家认为，错误必须达到明显可以观察到的程度，以致无法订立有效的合同。而这一点演化为后世错误理论中判断是否错误的“严重性”标准。

因此，在罗马法中，错误作为阻碍法律上的各种交易生效的消极要件，即成为当事人之间合意的瑕疵。当然，在早期罗马法中，法律行为的生效要件不仅包括合意，还包括大量的其他要件，如交易标的必须现存、严格的形式要件等。因此，错误就是所有引发各种交易行为无法达成合意的瑕疵，如双方没有共同指定标的物、没有约定价金等。具体错误的形式不限于合意瑕疵，同时也包括形式要件瑕疵、标的物瑕疵，在实践合同中，还包括交付瑕疵等。

不仅如此，如果一方当事人单方面具有错误，如错误同意对方提出的价格而主张事后反悔，此种单方面的“想象错误”无法得到裁判官的支持，因为此种错误不是显而易见的。这也反映出，罗马的法学家在当时始终从法律行为内在的结构出发判断错误对法律行为效力的影响。德国法学家弗卢梅认为：“从罗马法昌明时期流传下的各种判决中，找不到一个因为一方合同当事人的错误被认为是明显的，而导致明确表达的合同表述无效。”① 正是因为单方错误无法影响意思表示的效力，所以，现代法律行为制度中，因一方当事人错误而产生的表示人的私人自治利益与相对人的信赖利息的冲突解决机制，在罗马法中是不可能出现的。罗马法中的错误都是影响双方意思表示合意的“事件”。不仅如此，在罗马法中的错误理论中，也不讨论错误表示人的主观状态，即其是否具有过错的问题。

需要注意的是，在罗马法中，错误针对法律行为所产生的法律效果是

① Flume，Rechtsgeschäft，Aufl. 4，1992，436.

导致法律行为无效，而胁迫等意思表示瑕疵导致法律行为可撤销。例如，某人受到威胁而订立合同，裁判官将判决威胁人必须支付罚金，被威胁人可以享有一个主张因胁迫而买卖无效的救济，但是否主张买卖无效，完全取决于被威胁人的意见。显然，胁迫下的法律行为的效力是可撤销，而不是无效。

此外，在罗马法中，胁迫（metus）、欺诈（dolus）和错误（error）是意思表示瑕疵的三个最基本的类型，但三者在敕令等立法文件和民法理论上表现不一：就胁迫和欺诈一致存在较为体系化的抽象理论，而就过错理论一直缺乏明确的规定，学术中也没有清晰的理论梳理。

当然，早期罗马法中缺乏统一抽象的法律行为理论，其有关交易的各种制度建立在程序法和严格的类型化基础上。所以，统一抽象的错误理论也不太可能形成。

2. 欧洲中世纪的错误理论

欧洲中世纪法律行为制度中的错误理论仍然延续了国法大全中的错误制度，将错误建立在对错误想象的区分上，即错误是属于明显的，还是可以忽略的，判断的参考标准关键是当事人之间具体的交易形态。如果错误涉及特定交易形态下的主要负担义务，则此种错误就是明显的错误，否则为可以忽略的错误。可以将中世纪的错误理论特点归结如下：如果当事人之间出现错误，包括一方当事人单方面出现的错误，只要此种错误符合罗马法国法大全中有关错误必须明显的要求，则导致法律行为无效。①

中世纪法律行为理论对于错误理论的最大贡献体现在，将各种错误形态加以体系化，最终形成了三种基本的错误形态：内容错误、标的物错误以及人的错误。

（1）内容错误。所谓内容错误就是指当事人将交易定格在某种特殊的形态上，但由于错误而导致交易形态在法律上发生了变化。例如，当事人之间发生标的物的转移，交付人认为是借用，而接受人认为是赠与；又如，某人在买卖合同文书上签字，而误以为这是租赁合同。内容错误所引发的法律问题表现在，此时此种错误是否对已经发生履行的法律行为的效力产生影响？

（2）标的物错误。所谓标的物的错误是指当事人就合同标的产生错

① Wolfgang Ernst，Irrtum-ein Streifzug durch die Dogmengeschichte，in：R. Zimmermann（Hrsg.），Störung der Willensbildung bei Vertragsschluss，2006，S. 11.

误，即双方当事人虽然共同指定了标的物，但是标的物的具体品质却完全超出了双方当事人所设想的标的品质。例如，双方当事人针对某个特定的杯子订立买卖合同，都认为该杯子是全金质的，但事后证明，该杯子仅仅是镀金的。又如，双方针对某种液体订立了酒买卖合同，但事后发现，该酒仅仅是醋。需要注意的是，并不是所有有关品质的错误都是标的物错误。在罗马法中，法学家就已经开始尝试区分“完全的错误”和“单纯的错误评估”，后者并不影响合同的效力。可以看出，标的物的错误与物的瑕疵担保责任在功能上具有重叠，后者在近代民法中具有优先适用的地位。

需要注意的是，错误标识合同标的不属于标的物的错误，如双方当事人在买卖合同中已经共同约定了标的，但同时认错了标的的名称，此时不影响交易的效力。

（3）人的错误。人的错误体现为法律行为在非约定或者单方指定的当事人之间产生了履行或者其他效力后果。例如，将某物赠与某人，事后发现受赠人并非遗嘱指定的人。又如，在欧洲中世纪，教会法具有很大的影响，尤其对家庭法和继承法，在当事人，如果就合同当事人的婚姻状况出现认识错误，也属于意思表示中的人的错误。

上述欧洲中世纪普通法上的三种基本错误对法律行为产生的影响体现在，依据法律直接导致法律行为无效。

错误类型化的形成对欧洲民法法典化产生了直接的影响。例如，《德国民法典》第 119 条中明确采用了错误三分法的立法模式：“表意人所为意思表示的内容有错误时，或表意人根本无意为此种内容的意思表示者，如可以认为，表意人若以其情事，并合理地考虑其情况，即不为此项意思表示者，表意人得撤销其意思表示。”“对于人或物之交易上重要的性质所发生的错误，视同于表示错误。”

3. 近代欧洲民法法典化中的错误理论

近代欧洲民法法典化中错误理论的重大发展体现在：错误发生基础从罗马法和欧洲中世纪的双方当事人缺乏各种具体合意的错误，发展到一方当事人因各种原因所产生的错误同样可以影响到法律行为的效力。在罗马法和欧洲中世纪意思表示理论中，双方当事人出现错误，意味着没有合意，没有合意，即意味着合同没有生效，各种具体的法律行为当然也就无效。但此种逻辑在近代民法法律行为制度中却没有得到承认，一方当事人出现错误，虽然在当事人之间缺乏真正的合意，但原则上仍旧不影响法律行为的效力，只是产生了错误的一方当事人能否通过行使撤销权的方式而使错误之下的法律行为具有可撤销的效力。

在一方错误下，才真正产生了表示人的私人自治价值与相对人信赖利益的冲突问题。针对此种矛盾，民法法典化时期出现了一些新的理论发展。

第一，单方错误的过错。如果合同一方当事人出现错误并且导致双方当事人之间订立的合同无效，则必须考虑错误方应当承担一定的责任。例如，如果此种错误是不可避免的、错误人具有重大过失或者错误是可以理解的，则此种单方错误不能引起法律行为无效。①

第二，因果关系。该理论尝试在错误发生基础与法律行为效力之间建立一个因果联系，即如果双方当事人或者一方当事人正确认识的话，将不会发生现在的交易。此种因果关系理论建立在区分错误事实构成和法律行为事实构成的基础上。

第三，可撤销的法律效果。依据罗马法和中世纪普通法，在发生双方错误的情况下，整个法律行为无效。例如，在买卖合同中，甚至相对人都可以主张合同无效，但如果错误人希望继续保持该法律行为效力时，这显然不利于保护错误人的利益。而欧洲从 18 世纪开始，就法律行为的效力产生了一个影响较为深远的讨论，即合同的相对无效（可撤销）独立于滥觞于罗马法的绝对无效理论。此外，就此种因错误而产生的撤销权究竟是程序法意义上的还是实体法意义上的，也存在较大的争论。②

第四，撤销权行使的期间。在罗马法中，因胁迫或者欺诈所导致后果就已经是相对无效，但享有撤销权的人必须在一定的时间内主张此种权利。在错误的法律后果趋近于胁迫和欺诈之后，导致因错误所产生的撤销权同样应当具有期限的问题。

第五，与撤销权的行使应当建立在撤销人没有过错的基础上相关联的另外一个问题就是，撤销人是否需要承担损害赔偿责任。德国法学家耶林提出，如果错误人具有在合同磋商时的过错，则错误人应当承担撤销法律行为给相对人所造成的损害的赔偿责任。当然，在此需要讨论相对人是否应当获得保护的问题，例如，如果相对人就表示人具有错误存在过错，或

---

① M. J. Schermaier, Die Bestimmung des wesentlichen Irrtums von den Glassatoren bis zum BGB, 2000, S. 69.

② M. Harder, Die historische Entwicklung der Anfechtbarkeit von Willenserklärung, AcP 173 (1973), 209 ff.

者相对人可以较为轻松地发现表示人具有错误，此时表示人主张撤销权可以不承担损害赔偿责任。

特别需要讨论的是，德国法学家萨维尼针对错误提出了系统的理论，该理论直到今天，对德国民法仍然产生深远的影响。

萨维尼的错误理论的最大贡献就体现在将意思表示一方当事人的错误与传统罗马法中的错误理论统一起来。萨维尼将错误分为真正的错误和非真正的错误。所谓非真正的错误体现为涉及法律行为的事实构成的表示人的内在意思内容，即此种错误直接影响到法律行为的事实构成要件。如果表示人作出了某种意思表示，但此种表示缺乏其真实的意思，则法律行为缺乏完整的生效要件。萨维尼认为：在表示具有错误时，此种错误并不是向错误人提供免受不利的保护的积极基础，相反，此种基础是消极的，即缺乏意思。① 换言之，在表示人具有错误的情况下，法律行为的事实构成无法实现。

而真正的错误表现为任何一个积极的错误想象，即动机错误。在萨维尼的错误论中，动机错误虽然是"真的错误"，但动机只是意志形成的缘由，并不是意思表示的事实构成内容，因此，为了维护交易安全，不应当令动机错误影响到法律行为的效力，否则将严重威胁到法律的安全性和稳定性。

（二）欧洲私法统一中有关错误的最新立法

由于欧洲私法的统一仅仅在具体法律部门展开，通过有关民法总则的模范法典仍需时日，所以，有关错误的理论主要体现在合同法中。

《欧洲合同法原则》第 4：103 条规定："（一）如有下列情形，一方当事人可基于合同成立时存在的关于事实或法律的错误而宣布合同无效：1.（1）错误是由于对方当事人给出的信息造成的；或（2）对方当事人已知道或本应知道该错误，而且让错误方陷于错误状态有悖于诚实信用和公平交易；或（3）对方当事人也犯有相同的错误，以及 2. 对方当事人已知道或本应知道，如果错误方知道了真实情况，错误方就不会缔结该合同或只会以完全不同的条款缔结合同。（二）然如有下列情况，当事人不得宣布合同无效：1. 在该具体情事中，它的错误是不可原谅的；或 2. 此种错误的风险已被它承担，或在该具体情事中应当由它来承担。"

---

① Savigny, System des heutigen römischen Rechts, Bd. 3 1840, 263.

最新的《欧洲私法共同指导框架草案（Draft-Common Frame of Reference）》在合同法中延续了欧洲合同法原则的规定内容。此外，国际统一私法协会的《国际商事合同法通则》也在第 3：4 条中规定了错误理论。值得注意的是，上述最新的立法都放弃了有关错误的类型化立法模式，而只是将错误规定为“任何在合同订立时对事实或者法律的错误设想”①。

可见，在最新的合同法立法文件中，错误问题具有如下特点。

第一，错误分为法律上的错误和事实上的错误。法律上的错误包括一切对法律效果的错误认识，但不限于民法狭义上的法律效果。例如，当事人对订立合同之后税法上的效果出现错误，仍然属于法律上的效果。后者实际上已经属于动机错误的范围。而事实上的错误包括表示人对意思表示所涉及的各个事实要素的判断错误。

第二，错误的发生基础更加抽象。首先，不再将“严重性”作为判断是否具有错误的标准，相反，只要错误涉及相对人应当认识到的交易基础情况，即否则当事人将以完全不同的条款订立合同。其次，错误是由相对人引起或相对人在订立合同时知晓此种错误，此时，错误人都可以主张撤销合同。而表示人的完全单方面个人错误却往往不能引起撤销权。需要指出的是，由于错误中包括了相对人引发的错误，即因相对人的欺诈所导致的错误，这在立法上导致传统的欺诈制度被广义的错误理论吸纳，逐步丧失了独立的地位。

第三，错误扩张到动机错误，并且动机错误成为这些最新的合同立法文件中的核心类型。但恰恰是此种广义的错误立法模式，遭到了较多学者批评。实际上，将动机错误纳入可以导致法律行为可撤销的法律后果层面，将导致对相对人非常不公平的法律后果，使得相对人承担了表示人在心理活动层面上的风险，而且此种风险根本无法证明。德国法学家弗卢梅正确地指出：“如果将对事实的错误想象设定为导致无效或者可撤销的效力层面，则相对人必须承担表示人就现实正确想象的风险。显然，就动机错误应当采取一个不同于表示错误的规则，二者不仅仅在心理存在差别，而且在法律上也应当存在差别，不应同等处理该两种错误。”②

---

① UNIDROIT-Principles Art 3.4：“Mistake is an erroneous assumption relating to facts or to law when the contract was concluded.”

② Flume，Rechtsgeschäft，Aufl. 4，1992，432.

二、错误制度的构成要件

（一）错误所涉及的内容是否须具有重大性

大部分学者都认为，错误所涉及的内容必须具有重大性，这就在很大程度上限定了重大误解适用的范围。在大陆法系的错误制度中，虽然未使用“重大”的表述，但也都要求错误导致了严重的后果，以至于合同目的不能实现或者当事人若未发生错误就不会订约。对于误解或错误的重大性，各国法律的规定方法不同，大体分为两种。一种以《法国民法典》为代表，侧重于规定错误所涉及的内容的重大性。依照《法国民法典》第1110的规定，只有对标的物的性质和当事人的资格发生错误，才有可能产生法律承认的错误情形。标的物的性质和当事人的资格，乃是《法国民法典》上构成错误的条件。另一种以《德国民法典》为代表，侧重规定错误本身造成后果的重大性，同时也对误解所涉及的内容作了具体规定。《德国民法典》第119条规定：“（1）表意人所作意思表示的内容有错误，或者表意人根本无意做出此种内容的意思表示，如果可以认为，表意人若知悉情事并合理地考虑情况后即不会作出此项意思表示时，表意人可以撤销该意思表示。（2）交易中认为很重要的有关人的资格或物的性质的错误，视为意思表示内容的错误。”此外，《意大利民法典》《日本民法典》也都采取了此种规定方法。

我国《民法通则意见》将错误制度规定为“重大误解”，第71条对重大误解作出解释：行为人因对行为的性质、对方当事人、标的物的品质、质量、规格和数量的错误认识，使行为的后果与自己的意思相悖，并造成较大损失的，可以认定为重大误解。将误解所涉及的内容规定为行为的性质、对方当事人、标的物的品质、质量、规格和数量几个方面。

但如同上述，欧洲的最新合同立法中规定的错误的发生基础更加抽象，不再将“严重性”（“重大性”）作为判断是否具有错误的标准，相反，只要错误涉及相对人应当认识到的交易基础情况即可，否则，当事人将以完全不同的条款订立合同。

（二）当事人因错误而单方面作出了意思表示

当事人必须因为错误而作出了明确的意思表示，这是构成错误的另外一个条件。假如当事人只是内心产生了重大误解，但是并没有表示出来，那么也就不会对其利益造成实质的影响，更不会影响到其他第三人的利益。

（三）错误人是否必须不存在故意或重大过失

值得讨论的是，错误与表意人的过失的关系。有学者认为，构成重大误解，误解是由误解方自己的过失造成的，而不是因为受到他人的欺诈或不正当影响造成的。[①] 也有学者认为，这种过失应当是一般的过失，因误解人故意或重大过失造成的误解，误解人不得主张撤销合同，因为法律没有必要保护那些对自己权益漠不关心的人。[②] 从表意人的角度来说，在其不存在过失或仅有轻微过失的情形，才可以错误为由请求撤销。但依据风险归责原则，显然不采取过失的判断标准。

三、意思表示错误的具体情况分析

（一）错误发出的意思表示

依据意思表示是否需要到达才能够生效，意思表示可以分为必须到达的意思表示和无须到达的意思表示，前者如要约和承诺，后者如遗嘱。

意思表示的生效建立在表示人发出的前提下，即表示人必须依据私人自治在自己的力量行使范围内发出此种意思表示。例如，在必须到达的意思表示中，表示人必须将信件投入信件流通领域，并且可以合理地预计到信件将会在合理期间内到达相对人处。换言之，表示人具有相应发出意思的发出行为是必须到达的意思表示的前提。如果某人仅仅将写好的信件放在办公桌上，而他人（如家庭成员或者工作秘书）将该信件发出，此时，由于缺乏表示人的发出意思，该意思表示并不满足发出的要求。

那么，此种错误发出的意思表示到底具有何种效力？学者就此具有不同的看法。[③]

第一种观点认为，在表示人本人并没有作出具体表示行为的“行为意思”下，该意思表示并非由其本人发出，因此，该错误发出的意思表示无效。也有学者进一步指出，在他人错误发出的情况下，根本就没有表示人自己的表示行为，因此，仅仅存在表示人的内在意思，而缺乏行为意思，当然也就没有内在的效果意思。此种观点单方面从私人自治角度出发，过度保护表示人，忽视了在很多情况下，表示人对错误发出的意思表示甚至具有过错。

第二种观点认为，不能仅仅从保护意思表示人的角度出发，更多的需

①② 郭明瑞主编：《合同法学》，上海，复旦大学出版社 2005 年版，第 95 页。

③ Ulf Werba, Die Willenserklärung ohne Willen, 2005, S. 140 ff.

要从相对人的角度考察，即相对人对于未经表示人发出的意思表示内容是否具有合理的信赖利益。此种观点更多从保护相对人的信赖利益出发，没有很好地平衡表示人的私人自治价值与信赖利益保护间的关系。

第三种观点认为，在未经发出的意思表示情况下，需要考察意思表示人是否具有过错，例如，在意思表示具有非常重要内容的情况下，表示人应当就这些表示的载体、如信件等作出妥善的保管或者指示，在违反社会交往必要注意义务的情况下，应当承担由此所造成的损害后果。实际上，此种观点，将非本人发出的意思表示归责问题建立在表示人是否具有过错的前提下。但此种过错归责存在一定的不足，例如，董事将重要信件放在办公桌上而没有交代秘书如何处理，导致信件被错误发出，这可以认定董事存在过错，但如果是其在家里工作之后将起草的信件扔在垃圾桶里，未成年的孩子将其拣出寄到相对人的手里，此时很难认定该董事具有过错，但如果该董事不承担任何责任，对相对人也极其不利。

我们认为，依据风险负担的归责原则更能够公平地认定错误发出意思表示情况下的损害归责问题。原则上，表示人必须就其意思表示行使范围内可能出现的风险承担责任。而接受人同样必须就对方意思表示到达其所控制的范围承担风险责任，如在工作人员丢失信件或者盗窃信件的情况下，他仍然需要受到该到达的意思表示的拘束。

（二）条件反射性质行为

如前所述，在一些条件反射性质的行为中，如在拍卖行中见到了自己的朋友而站起来打招呼，依据意思表示中缺乏效果意思的理论，此种表示行为无效。从风险负担原则角度出发，条件反射的行为人本身并没有给社会交往增加额外的危险，因为此种本能的反应中，行为人根本没有时间考虑如何减少其瞬间行为给他人所带来的信赖利益损害。

但是，有如下两种情况值得考察。

第一，如果第三人故意迫使行为人作出条件反射行为，如在拍卖会上，通过外在的工具刺激行为人抬起手来，则条件反射人不承担任何责任；相反，“恶作剧”的行为人应当承担赔偿其不当行为给他人造成的损害。由于其本人也没有效果意思，因而被迫的行为人的表示行为对其也无效。

第二，如果条件反射行为人明知自己患有某种疾病，如“帕金森氏”综合征，体现为无意识的点头或者晃手，在一些特殊的场合，如合同谈判或者拍卖会上，其应当事先采取一定的手段避免其疾病行为可能给其他人带来信赖利益的损害，否则其必须承担损害赔偿的归责责任。当然，就此也同样需要考虑对患者包括残疾人的特殊保护问题。

四、意识表示瑕疵下的归责问题

虽然意思表示制度建立在行为人能够自我决定地实现意思自治而行为，但实际上，意思与表示发生分离成为意思表示制度调整的重心。因此，在意思与表示发生分离的情况下，产生如何将真实意思及其内在私人自治价值与外在表示及其内在的信赖利益加以平衡的问题，解决此种问题的方法被称为归责问题。

需要指出的是，意思表示的解释规则优先于归责。在逻辑顺序上，先必须在规范的层面上确定意思表示的真实内容，即从相对人可以理解的程度客观化地确定表示人的意思，在此之后才发生真实意思与外在表示分离的问题，进而将出现损害赔偿的归责问题。

（一）归责的概念

在我国民法中，归责通常是一个侵权法上的概念，表示行为人的不法行为或者某种特殊的危险活动基于何种价值思考从而令行为人或者危险实现人承担侵权责任。在民法许多制度中，都涉及如何将民事主体在社会交往中所可能产生的利益冲突、风险，依据不同的民法价值分配给特定民事主体的问题。可见，我国民法在狭义上使用了归责问题。当然，并不是在所有的情况下都会发生归责的问题，例如，在动产的善意取得制度下，涉及一个“纯粹的法律表见原则”，无法适用民法上的归责。①

因此，归责是一个不限于侵权法的概念，它成为论证损害发生与损害赔偿义务之间的法理基础。具体而言，在意思表示中，归责涉及以一种价值裁量的方式将意思表示与其责任主体联系起来，即表示人是否应当就各种损害向相对人承担损害赔偿；如发生错误表示时，第一层次的问题是是否存在有效的意思表示以及能否撤销的问题，而此后将发生归责问题，即因为此种撤销所带来的损害是否应当以及将由谁承担的问题。

意思表示的归责问题以必须到达的意思表示为前提，在无须到达的意思表示中，不存在需要保护相对人的信赖利益的问题。例如，在遗嘱法中，遗嘱自由是最基本的原则，法律顺位上的各个继承人原则上不享有法定的信赖利益保护。相反，在需要到达的意思表示中，由于意思表示对相

① Vgl. Canaris，Die Vertrauenshaftung im deutschen Privatrecht，1971，S. 471 f.

对人的固有利益关系产生了一定的影响，因而，在确定意思表示是否生效及其具体内容时，就产生了相对人信赖利益保护与表示人私人自治原则相平衡的问题。

（二）归责原则

意思表示瑕疵所引起的归责问题集中在因相对人信赖表示人的意思表示而产生的信赖利益受到侵害的事实基础上，前提是表示人依据法律规定在合理的期限内行使撤销权，但其必须由此赔偿相对人信赖其表示行为有效而带来的信赖利益损害。

意思表示中的损害归责的法理基础体现为自我责任。在民法中，责任既可以来源于自身的行为，也可以来源于因自己的活动所产生的各种特殊风险。毫无疑问，在法律行为的归责问题上，信赖利益是最基本的原则，实际上也体现为对表示人和相对人之间的冲突利益的平衡和裁量。当然信赖利益原则不仅仅体现在归责中，在解释法律行为的生效内容时，也同样应遵守信赖原则，即从相对人依据社会交往能够理解的层次来确定生效的意思表示内容。

在判断表示人是否需要承担相对人就信赖其表示内容所遭受的损害承担赔偿责任时，既不能完全单方面从相对人的角度出发，更不能仅仅从意思主义出发，单方面保护表示人的利益，在此情况下，需要考量各种相关要素，尤其是如下几个要素。

第一，错误表示与损害后果之间的因果联系作为归责的一个前提要件。在行为人作出瑕疵表示与相对人具有合理信赖之间必须具有因果联系。在侵权法中，有关因果联系的各种理论可以适用于意思表示中的损害归责。需要强调的是，此处的因果联系也绝对不是孤立的、脱离价值判断的客观因果关系判断；相反，此种因果联系必须结合意思表示中的价值体系与利益冲突解决机制才能作出最后的判断。

第二，过错原则。过错原则是侵权法中的一个重要归责基础，在意思表示归责中同样可以适用。意思表示的价值基础在于个人自治与信赖利益保护，任何违反了社会交往中应尽的注意义务，从而使得一个一般的相对人合理信赖其所作出的表示生效，并且由此对相对人的利益产生相应的影响，在此情况下，如果法律从保护个人自治的角度承认该表示无效或者可撤销，则从个人责任的角度出发，表示人必须赔偿相对人所遭受的信赖利益的损害。过错责任建立在行为人违反了法定或者约定的义务，从而承担因违反此种义务所造成的损害后果的赔偿责任。而下文将要讨论的风险归责并不是建立在过错基础之上，相反建立在合法行为的基础上，只是因为此种行为给社会交往中的其他人带来了风险并造成损害，故而依据一定的价值衡量机制在当事人之间进行合理的分配。

第三，无过错情况下的风险分配与责任分担。过错原则并不是判断意思表示归责问题的唯一责任成立基础，因为在意思表示中，存在一些特殊情况，即表示人和相对人都没有过错。就此需要通过利益衡量的方法在当事人之间进行风险分配。例如，在戏言、错误传达、重大误解以及在狭义无权代理——表见代理的情况下，无论是表示人还是相对人都完全可能没有过失，但就相对人所遭受的损害，在法律规范层面上仍然产生了如何保护相对人的信赖利益的问题。德国民法典一稿中，针对上述情况采取了缔约过失责任①，但由于过失责任建立在主观“过失基础上”，因而，许多学者被迫将缔约过失中的过失概念扩大化，即“引起损害的行为都具有过失”②。在一些情况下，甚至通过拟制表示人具有过失的方法论证缔约过失责任在瑕疵表示情况下的合理性。但德国学者 Mommsen 正确地指出，耶林在此将意思表示的归责建立在缔约过失基础上，但实际上并不需要过失要件。也有学者生动地指出，虽然表示人没有过失，但相对人更没有过失，所以令相对过失的行为人承担责任是合理的。依据当前的权威观点，在意思表示的归责中，过错责任并非唯一的归责原则，除了过失之外，其他一些因素，如信赖利益的保护等价值也是归责的重要基础。

第四，风险负担作为意思表示客观归责的一般规则。正是因为过错原则并不是意思表示的唯一归责原则，也应当不是最本质的归责原则，所以，很多学者从更为基础的角度提出，风险负担应当是意思表示客观归责的最一般归责原则。

风险负担原则作为意思表示归责的一般规则，前提是，必须在个案中明确界定哪些风险是适用该原则的对象。就此发展了出了重要的风险负担控制判断规则：意思表示的当事人中能够最有效控制风险的人，应当承担此种风险。所谓最有效控制风险，就是指能够可以完全避免风险的发生或者至少能够以较小的成本减少危险的出现概率。当然，此种风险负担的判断归责建立在“自我风险”的基础上，即原则上应当从行为人因自己行为

---

① Motive, Band I, S. 195.

② 例如，耶林认为，在转达错误的情况下，表示人选择此种转达方式本身就存在过失。JJb 4 (1861), 1 (83)；德国学者 Koeppen 也认为，“错误表示人造成了损害，就表明其具有过失 (Culpa des Irrenden... dass der den Schaden veranlasst hat.) ” JJb 11 (1871), 139 (385)。

所造成的风险角度来适用该规则，而不能要求行为人为他人行为所造成的风险负责。

在实践中，社会交往中的一般风险不能成为风险负担调整的对象。例如，某人冒充他人骗取合同定金，被冒充人不承担此种事后违约的责任。但当此种风险超出社会交往中正常行为的程度，即此种风险具有“额外增加风险”的属性，则发生风险负担归责问题，如行为人向第三人出具专家委托授权书，但实际上并未真正授予他代理权，此时将发生表见代理的归责后果。

在适用此种风险负担归责原则时，法律的经济分析成果可以发挥较大的作用。在实践中，能够以较小的成本规避或者转移此种风险，或者能够从承担此种风险中获取经济利益的人，原则上应当承担瑕疵意思表示的法律后果。

第十四章　从《民法通则》到《民法总则》——“民事法律行为”制度变迁

第一节　“民事法律行为”概念的变迁——“合法性”之争

从 1987 年《民法通则》开始施行起，到 2017 年 3 月 15 日通过并公布《民法总则》止，三十年时光弹指一挥间。三十年间，我国从经济到社会的方方面面都发生了天翻地覆的改变。民事立法、司法与学理的发展也概莫能外。从“民通”到“民总”，在章节架构到重要概念上虽然基本维持，但是改变之处也随处可见。具体到“民事法律行为”部分，首当其冲的，就是其概念的变化。

一、对中国模式的“民事法律行为”概念的评析

我国《民法通则》第 54 条规定：“民事法律行为是公民或者法人设立、变更、终止民事权利和民事义务的合法行为。”据此，德国民法中的“法律行为”概念在我国成为必须是“合法行为”的“民事法律行为”。为了弥补逻辑上相互矛盾的无效、可撤销等“民事法律行为”，《民法通则》又创造了“民事行为”的概念。虽然《民法总则》对此已经有所修正，其于第 133 条规定：“民事法律行为是民事主体通过意思表示设立、变更、终止民事法律关系的行为。”但是，对于中国民法上的此种法学概念的“创造”，仍有必要从比较法的角度作简要的分析。

（一）“民事法律行为”概念的由来

清末继受德国民法至中华人民共和国成立，我国民法一直采用与德国

法中完全一致的“法律行为”概念。① 我国台湾地区的“立法”和民法理论也延续了传统大陆法系的法律行为概念，强调法律行为作为一种设权性的意思表示行为，主体主观上追求的法律效果与法律上的最终效力评价是不同的。② 中华人民共和国成立之后，立法工作在政治意识形态和法典的科学性上更倾向于前者，所以，必须从苏联民法入手才能够厘清我国民法中“民事法律行为”概念的由来。

法律行为的概念应为合法行为，源于苏联学者对法律行为概念究竟是指合法的意思表示还是一切旨在设立、变更或终止民事法律关系行为这一问题的讨论。别尔任斯基在1929年《法律行为·合同》一书中首先指出：“并非一切旨在设立、变更或终止民事法律关系的行为都属于法律行为，法律行为应当仅是合法的意思行为。”其后，阿尔加柯夫在《苏维埃民法中法律行为的概念》一书中也指出，法律行为“应当专门用来表示那些不仅以达到一定法律后果为目的，而且也能产生这种后果的行为”③。诺维茨基在其《法律行为·诉讼时效》一书中认为：法律行为是合法行为“乃是法律行为所特有的本质特征之一”，同时批判那种“认为合法或不合法并不是法律行为这一法律事实的必要特征，而只决定着法律行为的这些或那些法律后果”的见解。此种观点逐步成为苏联民法学中的一种重要观点，并为我国民法学者所接受。④

（二）对合法的“民事法律行为”和无效力评价的“民事行为”概念的简要评价

苏联民法理论之所以将传统民法中的“法律行为”概念缩减为必须是合法的“民事法律行为”概念，反映了如下几个值得反思的问题。

---

① “法律行为”的概念应当是由日本学者梅谦次郎通过德文“Rechtsgeschäft”而来，后通过中日法学交流传入中国。参见胡长清：《中国民法总论》，北京，中国政法大学出版社1997年版，第184页。

② 如史尚宽认为：“法律行为以一定法律效力之发生为内容，然有因有无效原因之存在，自始不生法律效力者。亦有虽一度发生所期待之法律效力，而因撤销，使其法律效力消灭者。然虽有无效法律行为，以系以法律效力之发生为目的，当不失为法律行为。……故法律行为乃为应发生法律效力之法律要件，有发生与否之可能。一部分无效之法律行为，所以乃为法律行为之理由，非以其有效部分之法律效力基于当事人之意思表示，乃以其行为基于意思表示，理应发生法律效力而具有法律行为之性格。”史尚宽：《民法总论》，北京，中国政法大学出版社，第306～307页。

③ 〔苏〕诺维茨基：《法律行为·诉讼时效》，康宝田译，北京，中国人民大学出版社1956年版，第8页。

④ 关于苏联学者就法律行为概念的争论，参见董安生：《民事法律行为》，北京，中国人民大学出版社2002年版，第68～69页的论述。

第一，法律行为必须是合法行为的观念与法学变成所谓的“国家与法”的学科基础密不可分。从民法的角度来看，列宁一直不承认在社会主义国家可能存在私法，其结果就是，作为人类重大贡献的罗马法中的公法和私法的区分被“一切都是国家的主权命令”取代了。

第二，要求所有的“法律行为”都必须是合法的民事行为，这直接否定了民事主体在社会活动中个人塑造自己生活关系的自由，而这恰恰抹杀了民法的基本原则“私人自治”，因为法律行为的效力直接源于法律的授权规定，体现在法律行为的核心——意思表示的功能，在此之后法律才作出进一步的评价。如果法律行为必须是合法行为，则法律的授权功能不复存在，作为民法的基本调整方法——意定主义的调整方法将完全被法定主义模式取代。

第三，要求民事法律行为必须是合法的民事行为，还在法律行为的概念上造成很大的混淆。如果坚持法律行为必须是合法行为，则无效、可撤销和效力待定的法律行为都被排除在外，所以，有必要在“民事法律行为”之外重新创造一个新的概念。我国学者为此的确创造了新的“民事行为”的概念，《民法通则》第58条以下也多处使用了该概念，作为一种尚未由法定效力评价的各种行为的总称。

在大陆法系中，存在“法律上的行为（Rechtshandlung）”的概念，如德国法中的“法律上的行为”包括的范围远远大于中国民法中的“民事行为”概念，它包括了法律行为、事实行为、侵权行为等，而并没有与“民事行为”概念相对应的概念。实际上，中国民法上的“民事行为”概念就是德国法上的“法律行为（Rechtsgeschäft）”概念。中国民法在继受欧陆民法开始之际就因为苏联政治意识形态而造成法学继受的偏差。创造出“民事行为”的概念以补充合法的“民事法律行为”概念，从概念法学的角度出发，此种创造缺乏逻辑性：如民法上的行为不仅包括法律行为，还包括侵权行为和事实行为，这些行为的统称才应该是“民事行为”。

实际上，在《民法通则》颁行以前，我国民法学者也提出了与传统大陆法系国家一致的法律行为的概念。[①]“值得重视的是，尽管苏联学者对

---

① “法律行为是权利主体所从事的、旨在设定、变更和废止民事法律关系的行为。”佟柔：《民法概论》，北京，中国人民大学出版社1982年版，第53页；法律行为是“公民或法人确立、变更或消灭民事法律关系的行为”。王作堂等：《民法教程》，北京，北京大学出版社1983年版，第78页，及其他著作中都出现类似的表述。转引自董安生：《民事法律行为》，北京，中国人民大学出版社2002年版，第66页。

法律行为概念的认识长期存在分歧，但是立法机关却始终坚持传统民法对法律行为概念的理解。不论是《苏联民事立法纲要》还是《苏联民法典》，均以相同的方式确认：法律行为是指‘公民和组织旨在确立、变更或终止民事权利和民事义务的行为’，并且均保留了传统民法中的‘有效法律行为’和‘无效法律行为’的概念。”① 因此，我国《民法总则》中恢复了传统大陆法系中的法律行为概念，是符合法典的科学性的。

（三）“法律行为”还是“法律交易”

曾有中国学者撰文指出，德文法律行为概念的正确中文翻译应当为“法律交易”②，此种观点不可谓不具有新意。从语义学上出发，德文“Geschäft”的确具有“交易”的意思，并且在日常德语使用语言中也多表示“交易”，而不是“行为”。但是，我们认为，将法律行为翻译为“法律交易”存在多处不妥。

第一，德文中的“Rechtsgeschäft”自始与交易无本质联系，虽然Geschäft的词源为“schaffen”，具有“创造、制造、劳动”的意思，但无论是海瑟的《学说汇纂教科书》③，还是萨维尼的《当代罗马法的体系》，都是从归纳引起私法上权利和义务关系的角度来提炼“法律行为”概念的，而丝毫没有提及“交易”的问题。

第二，法律行为概念中的“法律”在德语中既表示法律也表示权利，所以，法律行为的概念实际的内涵为行为人通过意思表示而产生的设权行为，此种行为能够引起私法上的效果，并且为法律所承认。

第三，法律行为制度具有浓厚的价值理性，即伦理性，当代德国研究法律行为制度的集大成者Flume在其名著《法律行为论》一书中，开宗明义探讨私人自治与自我决定的问题，显然，其将法律行为制度定义为实现私人自治的抽象行为，而不是什么交易。

第四，法律行为的核心，即意思表示仅仅指出了基于内心意思所形成的表意行为的重要性，而根本没有要求什么交易的内容。特别值得注意的是，在分析意思的三重内容中，学者们普遍否定，能够发生某种经济上的

---

① 参见《苏联民事立法纲要》第14条第1款；《苏联民法典》第41条第1款，转引自董安生：《民事法律行为》，北京，中国人民大学出版社2002年版，第69页。

② 米健：《法律交易论》，载《中国法学》2004年第2期。

③ Grudriss eines Systems des Gemeinen Civilrecht-Zum Behuf von Pandecten-Vorlesungen, Von Arnold Heise, Ehemaligem Professor der Rechte, Dritte Verbesserte Ausgabe, Heidelberg, Bey Mohr und Winter 1819.

效果并不是法律行为中的要件。

最为重要的是，行为是法律调整的对象，法律行为作为引起民事权利义务关系的最重要的法律事实，并不限于具有经济内容的交易，如果是，那也只能是作为私法特别法的商法中的商行为的要求。在罗马法中，具体的交易行为是当时的法学研究和法律调整的中心，但罗马法中并没有抽象的法律行为制度，所以，罗马法中的各种交易行为不能作为判断德国民法中的法律行为制度的例证。从法律行为的发展历史来看，民法作为私法的核心，具有浓厚的伦理性，即使在强调其作为交易法的功能性时，也不能够完全让它成为单独调整“交易”的法律，否则的话，婚姻、遗嘱、收养等身份行为都成为“拜金主义”下的交易。

二、“民事法律行为”的“合法性”之争

中国《民法通则》在第54条将民事法律行为规定为“合法行为”，有如前述。且为了避免“可撤销的法律行为”“无效法律行为”等逻辑上自相矛盾的表述，又创制了“民事行为”的表述作为其上位概念，此种“合法性”观念的来源前文已经详述。

在法律行为理论的起源地德国，其民法理论多侧重从私法自治和意思表示的层面来界定法律行为的内涵，对于无效法律行为是否应当称为法律行为，则不甚关注，也就是说，几乎不会触及“合法性”的讨论问题。

在继受德国民法的我国台湾地区民法的理论上，有“适法行为”一说。其是指适合于法律精神，法律认许其得发生法律上效果之行为。①“适法行为”包括传统的“法律行为”与“事实行为”。对此，一般也不会产生无效法律行为不合逻辑的疑问。

1986年《民法通则》颁行之初，对于“民事法律行为”应当是“合法行为”的界定在学界几乎没有争议。但是自20世纪90年代之后，渐渐有了一些不同的声音。例如梁慧星教授在界定法律行为的概念时，只注重其中私法自治与意思表示部分的阐述，对于“合法行为”的界定并不涉及。② 王利明教授也认为法律行为不应限于“合法行为”③。这其中态度最为鲜明反对将民事法律行为界定为“合法行为”的要属董安生教授，其

① 史尚宽：《民法总论》，北京，中国政法大学出版社2000年版，第303页。

② 梁慧星：《民法总论》，北京，法律出版社2001年版，第175页。

③ 王利明：《民法总论》，北京，中国人民大学出版社2015年版，第226页。

在《民事法律行为》一书中提出：民法的一般规则中只对合法的民事法律行为予以认可，而在分则中确存在诸如“无效合同”“无效婚姻”等概念，这样一般规则与分则之间就出现了矛盾。而且，若法律行为中包含合法有效的内容会造成如下结果：“某一具体的表意行为可能不属于合法有效的法律行为，但在诉讼判断这一行为有效与否以及是否属于法律行为时，又须首先根据法律行为有效成立的规则和法律行为的解释规则。”① 这显然会造成逻辑上的死循环。

薛军教授对“合法性”的规定也提出了质疑，他认为：“法律行为是私人创设调整其相互利益关系的法律规范的行为，‘规范性’是法律行为的本质属性。法律对法律行为的调整主要表现为‘效力性’评价而非‘合法性’评价。通行的法律事实体系理论将‘事实性’界定为法律行为的本质属性，这是一种错误的定位。将‘合法性’看作法律行为本质属性的主张就源于这一错误定位。将法律行为看作是实现私人意思自治的法律工具，区分法律对社会生活的不同调整方法，认可私人作为创制法律规范的主体，必然要求抛弃以‘合法性’为法律行为基本属性的错误理论。”② 迟颖教授也认为：“法律行为的本质是私法自治，迄今为止，由于我国民法没有能够充分认识到法律行为的私法自治的本质，因此在法律行为制度及其项下具体制度的设计上存在着许多错误解读甚至是错误演绎的现象。”③ 总体而言，对于民事法律行为的概念中是否应当保留“合法性”的界定，如今的主流观点倾向于否定。

对此，我国立法机关在《民法总则》的制定过程中，充分吸纳了学理上的意见，在《民法总则（草案）》（一审稿）的第112条即规定：“民事法律行为是指自然人、法人或者非法人组织通过意思表示设立、变更、终止民事权利和民事义务的行为。”在此后的《民法总则（草案）》（二审稿）、《民法总则（草案）》（三审稿）中仅仅将“自然人、法人或者非法人组织”的表述改为了“民事主体”，其余均保持了一审稿的内容。可见，立法机关正本清源，废除了“合法性”的界定，充分践行了民法作为私法的私人自治原则，使法律行为的本质回归到按照意思表示发生相应法律效果的轨道上来。从此以后，民事法律行为不必再“天然合法”，还会有无

① 董安生：《民事法律行为》，北京，中国人民大学出版社2002年版，第73页。

② 薛军：《法律行为“合法性”迷局之破解》，载《法商研究》，2008年第2期。

③ 迟颖：《法律行为之精髓——私法自治》，载《河北法学》2011年第1期。

效民事法律行为与效力待定的民事法律行为等。

三、《民法总则》“民事法律行为”概念的简要评述

《民法总则》第133条是一个说明性的条文，其规定了民事法律行为的概念。民事法律行为在民法总则中处于核心的位置，其是民事主体通过意思表示设定自身权利义务的最重要的法律工具。在传统大陆法系的民法典中，对于法律行为制度进行规定的国家，一般都没有在法条中对法律行为予以定义，而通常将之规定于意思表示或者合同制度中。而我国早在1955年《民法总则草稿》第37条中就对法律行为进行了定义，其后，1986年《民法通则》第54条也对民事法律行为作出了定义。因此，在《民法总则》中对民事法律行为的概念进行定义，应当是因袭了一贯的法律传统。

确立“民事法律行为”制度的基本意义，乃在于确定民事主体享有权利、承担义务以及责任的法理根据。民事法律行为制度是民法典得以体系化的核心所在，也是整个民事法律制度的支点。私人自治作为现代民法的基本原则，其要求民法可以有效保障民事主体得以独立自主地安排自己的生活，民事法律行为正是实践这一原则的基本工具，通过民事法律行为，民事主体可以依据自由的意志决定与自身有关的法律关系的设立、变更和终止，从而实现法律意义上的“行为自由”。可见，民事主体的私人自治正是通过民事法律关系来实现的。

我国《民法通则》中规定的“民事法律行为”的概念强调民事法律行为必须为合法行为。《民法总则》则作出了不同的规定，民事法律行为不再要求必须为合法行为。我国目前的民事法律行为的概念已经大致等同于德国民法中的“法律行为”。该规定强调民事法律行为以意思表示为核心要件，体现了民事主体对该意思表示蕴含的法律效果的追求，此追求能否实现则并不强求，这样也就划分出了民事法律行为效力的不同类型。

具体而言，《民法总则》中“民事法律行为”的概念主要有如下特点。第一，强调了民事法律行为是民事主体之间产生的意欲产生私法上效果的行为。《民法总则》第2条规定：“民法调整平等主体的自然人、法人和非法人组织之间的人身关系和财产关系。”从该规定来看，民事主体包括自然人、法人和非法人组织。由于民法调整平等主体之间私的法律关系，因而，民事法律行为作为私法自治的工具，其是民事主体，即平等主体的自然人、法人和非法人组织之间旨在发生私法上的效果的行为，该处的效果

应当包括人身方面和财产方面的效果。

第二，强调了民事法律行为的核心在于意思表示。法律行为的概念是使所有在法律秩序中形成的行为类型抽象化，从而排除由法律规定法律后果的法定主义的调整方式，转变为由当事人通过意思自治来形成相应法律后果的意定主义的调整方式。作为民事法律关系发生变动的法律根据，最核心的要素即是民事主体通过自己的意思表示，实现私法自治。需要注意的是，意思自治并不单单指无限制的“个人自主”，同时也包含了“自我负责”的意旨，表现就是民法对于相对人的信赖以及交易安全等因素也予以了充分的关注与保护。

第三，强调了民事法律行为所追求的效果是旨在设立、变更或者终止民事法律关系。民事法律行为充分体现了民法私人自治的意涵，其所要追求的法律效果主要包括：在民事主体之间创设民事法律关系，通过民事法律行为对当事人之间既有的民事法律关系作出变更以及通过民事法律行为终结当事人之间既有的民事法律关系。民事法律行为是引起民事法律关系变动的最主要的法律事实。民事法律行为是民事主体依其自由意志追求其所欲的法律效果的行为。民事主体为了自身权益而自愿实施民事法律行为，因此产生的法律效果是民事主体主动追求且希望得到法律肯定的。正是通过民事主体自发的追求各种民事法律关系的设立、变更与终止，才使得各民事主体之间不断进行着利益交换，使得社会的整体利益最大化。

第二节　“民事法律行为”效力规则的变迁

一、民事法律行为的“可变更”与“可撤销”

（一）我国民法中的“重大误解制度”

如前所述，传统大陆法系国家的民法理论多用错误表示意思表示的瑕疵。错误是指表意人非故意的表示与意思不一致；误解是指相对人对意思表示内容的了解的错误。[①] 错误仅仅涉及意思表示人自身，而误解则是相对方对表意人的表达产生理解上的错误，表意人本身并没有出现意思与表示不一致的情形。从字面上看，我国法律中的重大误解似乎与传统民法中

① 梁慧星：《民法总论》，北京，法律出版社1996年版，第169页。

的误解更为接近，然而，我国学理上却一致认为，我国法上的重大误解，同德国法及日本法上的错误是在同一意义上使用的。① 有重大误解的行为在传统民法中被称为“无意识非真意表示”的一种，它又称为错误、法律行为错误等。②

《民法通则》第 59 条第 1 款第 1 项规定：“下列民事行为，一方有权请求人民法院或者仲裁机关予以变更或者撤销：（一）行为人对行为内容有重大误解的；……”《合同法》第 54 条第 1 项规定：“下列合同，当事人一方有权请求人民法院或者仲裁机构变更或者撤销：（一）因重大误解订立的；……”可见，从《民法通则》开始到《合同法》，乃至《民法通则意见》等诸多法律所规定的“重大误解”，在表述上与传统民法中的“错误”虽然不一致，但是从实质内容来讲，并没有什么本质差异，因此在《民法总则》中，“重大误解”的概念得到了沿用。

(二)《民法总则》中“可变更”民事法律行为的消亡

与上述规定不同，我国《民法总则》第 147 条规定：“基于重大误解实施的民事法律行为，行为人有权请求人民法院或者仲裁机构予以撤销。”本条规定中，没有再出现“变更”，而仅有“撤销”。值得一提的是，同法第 151 规定：“一方利用对方处于危困状态、缺乏判断能力等情形，致使民事法律行为成立时显失公平的，受损害方有权请求人民法院或者仲裁机构予以撤销。”在显失公平的情形下，同样取消了“变更”的规定。

对此，有的学者持并不完全肯定的观点。如朱广新研究员认为：“对于可撤销的法律行为，在撤销权之外再赋予当事人一方一种变更法律行为的权利，不会直接产生权力意志妨碍私人自治之弊，因为法院能否介入法律行为之中，完全取决于当事人一方是否行使变更权的自主意思。域外关于法律行为的最新立法也普遍承认可撤销法律行为于个别情形下可予以变更。我国法院也不乏合理适用可变更法律行为规定的判决。总体而言，完全沿袭与全部废弃我国现行法关于可变更法律行为规定的极端做法皆不可取，部分保留可变更法律行为制度并对其加以补充完善的做法比较可行。”③

但是，亦有学者对该改变予以了充分的肯定。如尹田教授认为：“《民

---

① 李永军：《合同法》，北京，法律出版社 2005 年版，第 344 页。

② 董安生：《民事法律行为》，北京，中国人民大学出版社 1994 年版，第 209 页。

③ 朱广新：《论可撤销法律行为的变更问题》，载《法学》2017 年第 2 期。

法总则（草案）》剔除了《民法通则》有关当事人就相对无效行为享有变更权的规定，实实在在是纠正了我国民法理论上的一个重大失误。”①

在我国以往的民事立法中，民事法律行为的“可变更”与“可撤销”可谓形影不离，凡是可撤销的民事法律行为，通常都可以变更。从立法与司法上来看，可变更甚至比可撤销具有更广泛的适用范围，根据《民法通则意见》第73条的规定：“对于重大误解或者显失公平的民事行为，当事人请求变更的，人民法院应当予以变更；当事人请求撤销的，人民法院则可以酌情予以变更或者撤销。”实际上，相比对民事法律行为予以撤销的法律效果而言，要求人民法院对民事法律行为进行变更的实际意义并不大。法律规定允许（甚至是鼓励）人民法院对民事法律行为的内容进行变更，这无异于让民事法律行为的双方当事人强制性地形成一个新的民事法律关系，这是对当事人的真实意思表示的罔顾，与民法的基本原则中的自愿原则不相符合。且在民事法律行为被“撤销”的结果出现之前，当事人完全可以通过自由协商对其内容进行变更，并不需要人民法院的介入。基于上述理由，《民法总则》中删除了“可变更”的规定，将意思表示存在瑕疵的民事法律行为的效力，限定为无效或可撤销这两种类型。

（三）“可撤销”民事法律行为除斥期间与放弃规则的增设

1. 比较法上研究

在比较法上，有关撤销权的除斥期间在大陆法系各个国家的民法典中几乎都有所规定。如《德国民法典》第124条规定：“（1）第123条规定可撤销的意思表示，只能在1年的期间内撤销。（2）在恶意欺诈的情形，期间自撤销权人发现诈欺时开始，在胁迫的情形，期间自急迫情势停止时开始。（3）自意思表示做出时起已经过10年的，该项撤销被排除。”

《法国民法典》第1304条规定：“请求宣告契约无效或取消契约之诉，应在5年内提起；凡是特别法律规定有短期期限的所有情形，依特别法之规定。在有胁迫的场合，前款所定期间仅自胁迫停止之日起计算；在有错误或有欺诈之场合，前款所定期间仅自发现错误或欺诈之日起计算。”

我国台湾地区“民法”第93条规定：“前条之撤销，应于发现诈欺或胁迫终止后，一年内为之。但自意思表示后，经过十年，不得撤销。”

① 尹田：《〈民法总则（草案）〉中法律行为制度的创新点之评价》，载《法学杂志》2016年第11期。

2.《民法总则》有关“撤销权”除斥期间和放弃规则的规定

我国《民法通则》中并没有规定“撤销权”的除斥期间和放弃规则。但是《民法通则意见》第73条规定：“……可变更或者可撤销的民事行为，自行为成立时起超过一年当事人才请求变更或者撤销的，人民法院不予保护。”《合同法》在此规定的基础上，针对可撤销合同的类型，对撤销权的消灭进行了概括式的规定，其第55条规定：“有下列情形之一的，撤销权消灭：（一）具有撤销权的当事人自知道或者应当知道撤销事由之日起一年内没有行使撤销权；（二）具有撤销权的当事人知道撤销事由后明确表示或者以自己的行为放弃撤销权。”在此基础上，《民法总则》于第152条规定：“有下列情形之一的，撤销权消灭：（一）当事人自知道或者应当知道撤销事由之日起一年内、重大误解的当事人自知道或者应当知道撤销事由之日起三个月内没有行使撤销权；（二）当事人受胁迫，自胁迫行为终止之日起一年内没有行使撤销权；（三）当事人知道撤销事由后明确表示或者以自己的行为表明放弃撤销权。当事人自民事法律行为发生之日起五年内没有行使撤销权的，撤销权消灭。”

3.增设该规定的目的

我国1986年《民法通则》对相对无效行为的撤销权的行使期间与放弃规则都未作出规定，这应当是一个立法上的疏漏。对此，《民法总则》在第152条对撤销权的除斥期间和放弃规则进行了明确规定。撤销权作为一种形成权，权利人可以单方面主张撤销相应的法律行为，改变当事人双方法律关系的存续状态，该权利的行使与否如果没有时间限制，将十分不利于法律关系的稳定，对相对方失之公允。同时，撤销权作为一种私权，民事主体可依意思自治对其处分，对撤销权之放弃在法律上予以承认，自不待言。需要说明的是，本条文对重大误解的当事人行使撤销权的除斥期间设定为3个月，与一般情形下1年的期间不同。在立法理念上来考量，应当是考虑到了撤销权人的可归责性。但是笔者认为，对于可归责性的差异对撤销权的影响，应当为撤销权应否发生，以及撤销后当事人应当承担的责任。而在除斥期间上予以区别对待，除了使得规则的适用更加复杂之外，并没有很大的意义，徒增成本。

二、民事法律行为无效的违法性判断

（一）比较法上法律行为违法性判断的立法情况

在传统大陆法系国家的民法典中，一般都规定了违反强制性规定和违反公序良俗的法律行为无效，属于通行性的规则。如《德国民法典》分别在第 134 条与第 138 条第 1 款规定：“除法律另有规定之外，违反法定禁令的法律行为无效，以及违反善良风俗的法律行为无效。”《日本民法典》于第 90 条规定：“以违反公共秩序或善良风俗事项为目的的法律行为无效。”《瑞士债法典》也于第 20 条第 1 款规定：“含有不能履行、违反法律之内容或者违反公序良俗的合同无效。”我国台湾地区的“民法”在第 71 条规定：“法律行为，违反强制或禁止之规定者，无效。但其规定并不以之为无效者，不在此限”；同法第 72 条规定，法律行为，有悖于公共秩序或善良风俗者，无效。

（二）我国民事法律行为无效的违法性判断的发展历程

关于法律行为无效的违法性判断，我国最早在理论上认为法律行为是否一般性地“符合法律规定”为其是否具有导致其无效的违法性的判断标准。反映到立法中即是《民法通则》第 55 条第 3 项规定，法律行为应“不违反法律或者社会公共利益”，以及第 58 条第 1 款第 5 项规定：“违反法律或者社会公共利益的”民事行为无效。这两个法条对于民事法律行为不得违反的法律的性质和范围均未有任何限制。由于立法和学说的原因，早期的司法实践也均从一般的意义上理解法律行为的合法性要求。即违反任何性质的法律规定，法律行为均应当无效。这种理解使得司法实践中出现了很多错误，尤其是对于一些违反行政管理程序的法律行为就径自认定为无效，完全背离了私人自治的要求，与市场经济的本质也不相符合，阻碍经济发展。

经过长期理论和实践的研究，法律行为无效的违法性判断标准获得了长足的进步。在立法上主要体现在《合同法》第 52 条第 4 项的规定：“损害社会公共利益”的合同无效；以及同条第 5 项：“违反法律、行政法规的强制性规定”的合同无效。其后，《合同法司法解释一》第 4 条规定：“合同法实施以后，人民法院确认合同无效，应当以全国人大及其常委会制定的法律和国务院制定的行政法规为依据，不得以地方性法规、行政规章为依据。”可见，彼时立法与司法上已经在很大程度上对《民法通则》中的规定进行了限缩，将确定法律行为无效的法律从全部法律法规限定到全国人大和国务院制定的强制性法规。随后，《合同法司法解释二》第 14 条对其进行了进一步的限缩，规定《合同法》第 52 条第 5 项规定的“强制性规定”，是指效力性强制性规定。这里进一步进行了目的性限缩解释。此后，为了正确适用强制性规定，稳妥地认定民商事合同的效力，2009

年最高人民法院发布了《关于当前形势下审理民商事合同纠纷案件若干问题的指导意见》，其中第15、16两条详细规定了一些认定规则，此处不作引述。

其后，在《民法总则》的制定过程中，各个草案均充分借鉴了上述立法和司法解释中的规定，将各条予以合并，并将“社会公共利益”统一表述为“公序良俗”。但是，其也作出了一些重大的修正，表现在，一方面放弃了司法解释中确立的效力性强制规定和管理性强制规定的类型区分，另一方面将不法和违反公序良俗分置为两款。最终，《民法总则》第153条规定为：“违反法律、行政法规的强制性规定的民事法律行为无效，但是该强制性规定不导致该民事法律行为无效的除外。违背公序良俗的民事法律行为无效。”此一规定，不仅便于在司法中对法条进行援引，而且对司法解释中的一些错误予以了纠正，是《民法总则》立法中的重大进步。

（三）对于违反“公序良俗”的民事法律行为无效的评价

本规范的第2款规定体现了法律规范对私法自治的外在约束，对私人自治设定了边界。不得违背公序良俗的条款是一款概括性的条款，其授权法官在具体个案中对相应的民事法律行为是否违背社会的公共秩序和善良风俗进行判断。该规定对于法律与社会的价值保持同步具有重要的意义。

与违反法律、法规的无效不同，违背公序良俗的民事法律行为的无效，一般是基于不同的理由的。在违背公序良俗而使民事法律行为无效的情形中，对民事法律行为的无效作出判断的理由，并不是具体的、确定的法律规范，而是法律本身所存在的价值体系，即社会公共秩序。或者说违背了善良风俗，这里更像是说法律外的伦理秩序。

法律之所以如此规范，并不是意欲使道德规范上升为法律规范，而是不希望法律行为制度有沦为违反道德义务的工具之嫌。法律不得因其自身的规定使得违反法律本身所处的社会价值体系或违反道德义务的行为获得法律上的强制力。但是，由于公序良俗是模糊的、不易涵摄的①，且鉴于违背公序良俗将导致民事法律行为径直无效的严重后果，因而，司法实践中在以违背公序良俗确定民事法律行为无效时，需要就法律行为的内容、附随情形以及行为人的动机、目的和其他因素加以综合考量，持谨慎之态度。

---

① 王泽鉴：《民法总则》，北京，北京大学出版社2014年版，第277页。

第三节　数据电文与意思表示

科学技术对法律、尤其对民法的影响显而易见，例如，随着各种新型科学技术投入生产生活中，建立在单个自然人基础上以不法行为为调整对象的“过错侵权法”显然不能适应工业化革命之后所形成的以企业危险活动为中心的“风险社会”的需要。而此种科学技术的进步对于以意思表示为中心的法律行为同样产生了深远的影响。在合同法中，当事人之间直接面对面通过自由磋商而形成的合意主要保留在一些即时交易中；即使在重要的商业会谈中，当事人之间此前往往也经历了多次电子邮件、电话等形式的磋商，因此，在各种以意思表示为中心的法律行为活动中，电子化对传统法律行为制度提出了新的挑战。

一、电子意思表示的属性

在欧洲大陆民法法典化时期，尚未出现电子化的技术，即使在我国《民法通则》制定的 1986 年，我国通信和网络基本设施仍然非常落后，所以传统的法律行为以及意思表示制度不可能有意识地或者可预见性地调整复杂的“电子意思表示”。而这就需要我们在法律行为和意思表示制度的基本理论基础上，通过意思自治与信赖利益保护的基本原则，尤其从风险公平负担的角度，认真研究电子信息时代的法律行为制度的特殊性。

（一）电子信息技术下的表示是否为人的意思表示

随着科学技术的发展，人们更多地通过电子信息的方式从事各种活动，如网络银行、电子邮件、在线服务以及电子数据交换（EDI）等形式。在现代电子商务中，无论是 B2B（网上商事交易 business to business）还是 B2C（business to customer）都建立在因特网的技术支持下。这些电子形式的技术手段，成为人们形成意思表示和传播意思表示的工具。传统意思表示主要是通过人的语言在当事人之间进行交流，即通过声波的传播而在两个民事主体之间形成意思交流；当然，通过传统的载体，如书面表达，同样可以进行意思表示。此外，包括默示行为在内的身体语言也是内在意思的外在表达形式。而在电子技术支持下的意思表示中，一个人的表示首先经过电子技术手段的加工，如电脑、手机等，并且通过电子存储手段经过多个电子中继服务站才到达相对人处。相对人既可以同样通过电子媒体直接获取该电子信息，也可以通过电子存储的方式事后获取。与传统信件方式获取信息不同，电子技术下的信息没有有形的载体，它是通过电子技术的支持，向相对人发出一个电子信号，如收到电邮、SMS 等，然后再由相对人作出相应的人体反应。因此，电子表示并不是有形世界中的话语表现形式，相反，它在两个作为生物的人之间构建了一个或者多个复杂的电子载体中继环节，而这些环节不仅可以节约成本、提高效率，也同样隐含着风险以及由此可能带来的损害。

从法律行为制度的角度来看，利用电子技术进行意思表示具有一些特殊形态或者种类。

1. 电子媒介方式的人的意思表示

电子媒介方式的人的意思表示借助于电子技术支持而由行为人本人作出意思表示，即电子技术仅仅是一个记载和传播手段，其在本质上与传统法律行为制度中的人的意思表示并无不同。行为人在借助使用电子技术之前，首先必须在自己的脑海中形成特定的内在意思，然后再有意识地选择使用电子手段作出相应的表示，而在此选择和使用过程中，充分地反映了行为人的“行为意思”。不仅如此，行为人使用电子手段，在通常情况下同样清楚自己行为所可能引发的法律效果，因此，其电子技术支持下的表示同样具有“效果意思”。

实际上，在过去的几十年中，世界各国的民事立法、尤其是合同立法中，都普遍考虑到电子媒介对意思表示的影响，但基本都是将此种影响放置在传统合同法中有关合同形式要件的规定中。例如，我国《合同法》第 11 条规定：“书面形式是指合同书、信件和数据电文（包括电报、电传、传真、电子数据交换和电子邮件）等可以有形地表现所载内容的形式。”

2. 电子技术部分自动生成的意思表示

随着现代电子技术日益发达，在很多情况下，电子手段不再仅仅是人的意思表示的载体和传播媒介，相反，已经开始进入表示内容生成的层面，例如，在网络银行中，某人在网上在线申请贷款，那么在其填写各种必要的数据之后，贷款电子格式将自动生成各种数据，如利率、还款方式等内容，而这些并不是银行或者顾客事先约定好的，而是通过事先一个编制好的程序自动生成。虽然银行在开发和使用这些在线软件时，应当预见到可能发生的各种自动生成情况，但从顾客的角度来看，他无法预见到在自己填写一些必要的数据之后就会在其填写的表格中自动生成哪些重要的信息，而且其无法对此内容施加任何影响，如果他缺乏网络经验，非常“倒霉”地发出了这些电子表格，那么，此时顾客的“电子自动生成”部分的意思表示还是传统意义上的人的意思表示吗？

我们认为，表示人在面对电子技术手段部分自动生成的补充内容时，应当能够了解该自动生成所补充的内容，因此通过事后的认知了解，使得其包括此种电子生成的部分内容之内的意思表示具有完整的“内在意思”，并且在使用该电子手段时具有了“行为意思”，在阅读该全部电子载体的意思表示之后，如果其最终决定发出此种表示，则行为人也具有相应的“效果意思”。所以，此种包含电子技术部分自动生成的意思表示仍然是人的意思表示。

当然，不可否认的是，行为人在此过程中能否真正了解电子自动生成的内容是一个需要依据其他法律制度解决的内容，如相对人使用了电子格式合同，明显违反了公平和透明原则，致使一个普通的消费者就该电子合同的内容所形成的理解完全不同于事后的结果，此时，应当从保护消费者的角度出发，认定此种自动生成部分的内容无效，由当事人之间重新磋商形成的内容或者以法律的直接规定加以填补。

3. 电子技术全部自动生成的意思表示

除了上述两种电子技术辅助和部分自动生成的意思表示之外，还存在一种完全意义上的“电子自动意思表示”，例如，在上述网络银行电子汇付系统下，顾客填写完全部表格并且提交之后，将自动出现“您的交易将在两天内完成”。又如，在证券买卖中，顾客下单购买之后，交易系统自动生成“您的交易已经成功”的字样。在电子商务中，同样出现填写订单之后，出现“一周之内收到货物”的承诺。以证券交易为例，由于采用了电子交易自动撮合系统，出卖人和买受人根本不可能出现现实世界中的合意，而且不存在事后因重大误解解除或者撤销的情况。

由于此种电子技术全部自动生成的意思表示往往出现在网络上，而网络的优势就体现在全天候的工作状态，从表面看，在线顾客提出申请之后，即会引起电子程序自动生成，而使用电子设备的人当然无法也全天候作出控制，仿佛在此过程中，电子设备使用人缺乏“行为意思”，当然也就缺乏“效果意思”。

在这些情况下，具体的行为人的意思表示体现在哪里呢？能否将这些完全依据程序自动生成的“独立电子表示”视为相对人的承诺，从而在双方当事人之间成立了完全有效的合同？实际上，如果要将此种电子自动生成的“承诺”视为相对人的个人表示，就需要判断，在多大程度上此种自动生成的程序建立在电子设备使用人的事前内在意思基础上，即此种自动生成的“独立电子意思表示”与“人的内在意思”之间具有因果联系并且可以归责于电子设备使用人事前的个人意思判断能力。

实际上，类似于软件程序“自动意思表示”的情况早在自动售货机中就出现了。当购买人将硬币投入自动售货机时，依据事先已经设定好的程序达成交易。此时如同电子化的网络交易一样，自动售货机针对一切不特定的多数人发出要约，只要有人以投入货币的方式承诺，即将获得商品。此时同样缺乏即时的现场的人的“意思表示”。

针对此种完全依据事前编制的程序自动生成的“独立电子意思表示”，多数理论仍然认为，其属于电子设备使用人的意思表示，但理论路径却不尽然相同。①

第一，“事前预期”或者“概括意思”理论。持该理论的学者认为，网络在线软件的使用人，在决定使用该自动生成电子意思表示时，已经“事前预期”到将会出现所谓的“独立的电子意思表示”，而“事前预期”使得事后的电子意思表示可以归结为人的意思表示。又有学者将此种“事前预期”使用决定解释为“概括的意思”，即针对未来因程序自动生成可能出现的各种电子意思表示一揽子性质作出事先的意思，即所有自动生成的电子意思表示都可以回归到事前的“概括意思”。

但此种“事前预期意思”或者“概括意思”仅仅涉及电子设备使用人的“内在意思”，使用人的“行为意思”和“效果意思”体现在哪里呢？持上述理论的学者认为，电子设备的使用人或者其雇佣人，通过设定相应的程序直接导致后来生成此种独立的电子意思表示，在二者之间已经具有直接因果联系，因此，启动程序中就含有电子设备使用人的“行为意思”。而就“效果意思”而言，由于使用人必须负担使用该自动生成的程序所有可能出现的结果的各种后果责任，实际上也是在启动程序时隐含了一个“概括性质的效果意思”，虽然此种“效果意思”没有直接体现在具体的自动生成电子意思表示中，但实现可预期的“效果意思”直接渗透到各个具体自动生成意思表示中，弥补了此种意思表示中人的直接“效果意思”的不足。

---

① 以下理论参见 Eidam，Elektronischer Rechtsgeschäftsverkehr，S：34；Krüger/Bütter，WM 2001，224；Kuhn，Rechtshandlungen mittels EDV，S. 71；A. Schmidt，Rechtsfiguren，S. 101 ff。

第二，“代理人意思表示理论”。持该种理论的学者认为，软件程序如同电子设备使用人的代理人一样，在相对人启动程序的情况下，该程序自动生成的“独立意思表示”就如同本人事先授权给代理人一样产生代理人的意思表示，并且该意思表示的法律效果直接归属于本人。

但是此种理论普遍受到质疑，因为电子程序与作为代理人的人的活动完全不同，代理人在代理权范围内具有完全独立的“意思表示”空间，而电子设备仅仅执行事先设定好的软件程序，根本没有真正意义上的代理人的独立意思表示。

第三，“转达人理论”。正是因为电子设备不具有代理人意义上的独立意思表示功能，所以有学者转而将没有独立意思表示空间的“转达人理论”应用到此种情况。依据该理论，电子设备并没有作出独立的意思表示，而是在利用电子设备和软件程序间接转达使用人本人的意思表示，因此，在功能上，此种电子设备独立自动生成的“意思表示”实际上“转达本人意思表示”。但是，此种理论存在明显的不足，即在自然人作为转达人的情况下，必须事先存在一个本人的意思表示，而在电子设备自动生成“意思表示”中，本人根本没有独立的具体意思表示，而仅仅是设定了一个自动软件程序。

第四，“空白文书理论”。依据该理论，设定自动程序的电子设备使用人，如同在实际中为他人提供空白文书一样，由对方当事人填写和决定，但其本人必须就此承担责任。德国学者指出：“无论外在表示是通过人的手段还是机器的手段得以确定，私人自治的基本原则与使用具体的帮助工具没有矛盾。关键是，使用设备的人必须承担责任，并且将电子数据加工的结果归责为自己的表示。”① 有人认为，设备使用人在设定程序时可能并不能够完全预见到程序可能产生的结果，例如，在B2C交易中，可能商家已经将所有货物售罄，但程序仍然接受顾客的订单，在此情况下如果令设备使用人全部承担责任，可能不太公平。我们认为，此种理论是不正确的，因为设备使用人事先享有是否使用此种电子设备和自动生成软件的程序的权利，而且其也应当对软件所可能出现的情况作出理性的判断，此

---

① “ob der Inhalt einer Erklärung mit Hilfe von Menschen oder mit Hilfe von technischen Einrichtungen konkretisiert wird. Der Grundsatz der Privatautonomie steht der Hinzuziehung von Hilfsmitteln nicht im Wege. Entscheidend ist nur, dass die Verantwortung beim Anlagenbetreiber verbleibt und er sich die Ergebnisse der Datenverarbeitung als eigene Erklärung zurechnen lassen will.” Köhler, AcP 182 (1982), 134.

种“自动化”风险应当由从中获取经济利益的使用人承担。否则的话，在实践中，签订“空白文书”的所有意思表示都无效。

因此，依据风险负担理论，使用载有软件程序的自动设备的人必须承担因此种电子设备以及软件程序所可能产生的风险。

总之，电子技术的发展大大提高了人类交流的效率，缩短了空间和时间，但同时也带来了因为投入技术而导致的风险，依据本书所讨论的“风险负担理论”，原则上“独立自动生成的电子意思表示”也归属于电子设备使用人的责任范围，但就其具体存在的各种风险、尤其是电子化的意思表示的到达问题却不可不察，下文将就此作重点讨论。

（二）电子信息技术下的意思表示瑕疵的种类

如上所述，在电子化的意思表示中，随着科学技术的投入，导致归责原则更加采用风险责任，而风险责任适用的前提是确定各种“各种特定的风险”，因此，有必要对电子信息技术下的意思表示瑕疵进行类型化划分，以此增加适用风险归责的可行性和准确性。

以信息技术产生的表示是使用人的意思表示为依据。使用人在使用电子设备以及软件程序时，目的在于表达其效果意思并且将此种意思发给相对人，因此，他在从事意思表示时在法律行为制度上的地位不得高于未使用电子设备的人。

相反，电子设备和软件程序不可能影响到使用人的表示意思以及行为意思，因此，有关表示意思和行为意思的瑕疵只能归结于行为人自身的瑕疵，而不能归结于因电子辅助设施所导致的意思表示瑕疵。

1. 程序错误

程序错误建立在一个错误的或者具有瑕疵的软件程序上，此种错误不包括硬件等其他错误。一个程序建立在不同的计算机程序语言上，如C语言等，通过这些计算机语言可以使用计算机硬件。软件错误可能是因为编程人使用了错误的编程软件，或者错误嵌入符号等。从法律的角度来看，无论程序错误具体可以归结为何种原因，都不影响法律对此种瑕疵意思表示的归责处理，意思表示制度所关心的是此种瑕疵对表示的影响，即此种错误必须在效果意思层面影响到使用人的真实意思表示，否则不发生可撤销和损害归责问题。

程序错误对使用人的意思表示的影响往往集中在其内在意思的层面，所欲动机错误的问题，并不能影响到意思表示的效力。除非相对人已经知晓使用人的意思表示是因为程序错误而导致的瑕疵表示，否则将不产生可以撤销的问题。

2. 输入错误

与程序错误不同，输入错误是指使用电子设备人在录入时，错误地输入信息，从而导致在存储器中真实地记载了行为人错误给出的信息。例如，在网络商店中，行为人在录入价格时，将 1 000 元人民币录入为 100 元人民币，此时构成典型的输入错误。

此种输入错误在不使用电子信息设备的情况下同样存在，例如，超市的店员将价格标签错误地贴在其他商品上，如果顾客将该商品买走，是否可以主张此种交易无效？依据传统意思表示理论，此种错误存在于意思形成阶段，即交流的准备阶段，而不是出现在表示的发出阶段，因此，此种错误属于动机错误的范围，错误人无权主张表示无效。

当然，如果相对人也明确知晓此种输入错误，如在网上投保时，行为人明知保险人错误填写了自己的出生时间，而导致人寿保险承保范围存在较大的出入，此时，保险公司可以主张此种输入错误无效。

3. 系统错误

所谓系统错误是指硬件以及支持硬件运行的操作系统产生错误，在实践中，发生系统错误的原因究竟是硬件还是软件，并不是法学家关注的问题。

在出现系统错误的情况下，计算机往往无法正常工作，通常也无法形成一个电子化的意思表示，自然不会发生发出以及归责的问题，但在例外情况下，不排除在系统错误的情况下仍然可以生成一个电子化的意思表示。学者们普遍认为，此种系统错误所导致的瑕疵意思表示仍然属于行为人在形成自己的意思表示过程中所产生的动机错误，无法为相对人所了解，因此，不影响此种瑕疵表示的效力。

4. 转达错误

转达错误是指表示在向非现场的相对人作出表示时，因为第三方因素的介入而导致内容出现偏离。转达错误可以分为如下两种情况：一是即时性通信工具的转达错误，如电话通话中，因声音不清晰导致的转达错误；二是在表达人和相对人中间出现了存储，即相对人需要通过电子存储手段重新获得该信息。

电话转达并不是真正意义上的转达，因电话通话错误造成的瑕疵视为表示人自己的表示瑕疵，可以依据错误理论要求撤销。

二、电子意思表示的风险归责

(一) 信赖保护与电子化意思表示

人们在享受电子化手段给人与人之间在法律上交流带来便利的同时，也面临着更多的风险，如何在法律行为和意思表示的层面上合理地分配此种风险并且将此种风险公平地归责于特定的主体，是现代法律行为制度的一个重要任务。

信赖是任何一种合作的基础，因此，只要在需要到达才能够产生拘束力（包括所谓的形式拘束力和实质拘束力）的意思表示中，都必须从维护合理的信赖出发，才能够将无法了解的当事人回归到可以合作的轨道上。所谓信赖，就是双方当事人对既定相互影响的行为的可期待性。在需要到达的意思表示中，信赖表现为满足双方的合意要求。信赖可以为合作提供更大的空间，能够克服社会交往中的复杂性，在法律规范的层面，信赖保护成为民法中的基本原则。

科学技术下的信赖保护，较之于传统民法中的人与人之间的信赖保护，具有更加明确的客观化趋势。在人与人的直接交往中，经验性的知识成为判断是否具有合理信赖的真正前提；而在技术化的“生活世界”中，人们面对的是无法预见、无法全部掌握的技术系统，因此，纯粹的主观经验很难作为判断是否具有合理信赖的基础，而法律上将风险分担作为规范层面的信赖基础。

在法哲学上，此种技术风险给法理学带来了新的课题。德国著名的法社会学家马克斯·韦伯曾就信赖作出区分，即同意行为（Einverständnishandeln）与对理性制度复杂性的理解（Verständnis der Komplexität einer rationalen Ordnung）；例如，从传统的习惯交易过渡到对那些行为人本身并不了解的技术流程的信赖需要。[①] 显然，韦伯从法社会学角度有关信赖的分析主要建立在人与人的社会交往关系前提下，而当代德国另外一位重要法社会学家鲁曼却认为，当代信赖已经从对人的信赖转入到对系统的信赖（vom persönlichen Vertrauen zum Systemvertrauen）。[②] 鲁曼认为，随着科学技术的发展和技术不断投入人的生活世界（Lebenswelt），人类对于生活世界中不可理解

---

① M. Weber，Über einige Kategorien der verstehenden Soziologie，in：ders.，Gesammelte Aufsätze zur Wissenschaftslehre，7 Aufl. Tübingen 1988，427，471.

② Vgl. Zum Systemvertrauen Luhmann，Vertrauen，Ein Mechanismus der Reduktion sozialer Komplexität，3 Aufl. Stuttgart 1989，S. 50 ff.

的内容在增加，对此种体系的信赖利益也在增加。虽然从人的主体价值哲学出发，此种技术化的生活世界导致作为主体的人的生存意义的降低，但在功能层面也给人带来了很多益处，而从法律的角度来看，对各种不同系统的信赖成为法律的保护对象。

德国学者 Canaris 认为，任何从事意思表示的人都应当承担一个“一般的表示风险（ein allgemeines Erklärungsrisiko）”①。法律行为交往中的一个核心要素是人的意思的交流，因此，在交流过程中，如果本人的意思表示必须得到对方的理解，即到达相对人处，此时，表示人就必须承担在此种信息传递过程中可能发生的风险，例如，转达人风险。依据 Canaris 的划分方法，风险划分的主要观点建立在“引致了风险提升（Schaffung eines erhöhten Risikos）”和能够“较大程度地控制该风险（eine größere Beherrschung des jeweiligen Risiko）”。在意思表示中，此种风险表现为“错误风险”“滥用风险”以及在针对第三人时的公开表示的“正确性风险”。在遗失证书的情况下，如果证书上具有签名，则风险加大，遗失人应当承担风险责任。又如，在代理中，代理人各种活动所出现的风险原则上应当由被代理人承担，因为较之于相对人，被代理人更加能够控制代理人的风险。

上述分析对于电子化的意思表示直接具有指导意义。传统意思表示理论建立在人与人的话语（包括各种载体乃至人的身体语言）基础上，随着技术化的手段直接隔离了人与人之间的声波和有形物质载体，行为人对于机器系统的信赖成为意思表示理论中的保护对象。技术下的社会交流具有人工性、可重复性等特征。因此，技术手段下的交流应当比传统社会中的人与人之间的直接交流更为可靠。

（二）风险归责对于“电子化意思表示”的重要意义

从过错归责到风险归责原则的变化反映出，随着民法社会基础的变化，归责体现为“从过错到负责的转化（Umstellung von Schuld auf zuständigkeit）”②，具体而言，从自治的行为主体——个人就其可以控制的私人空间承担过错责任，转化到从社会的宏观层面，将特定的各种风险依据一定的裁量原则分配给不同的社会交往群体；前者具有伦理性，而后者具有功利性。

此外，风险归责的出现还给民法体系带来了一个新的变化，即合同责

---

① Canaris, Die Vertrauenshaftung im deutschen Privatrecht, S. 479 ff.

② Meder, Schuld, Zufall, Risiko, S. 326.

任与侵权责任的二重划分的界限趋于模糊，因为风险负担既超出了当事人可以约定的范围，也摆脱了传统侵权法中的过错责任①，而是在二者的真空地带形成了以“信赖责任”为中心的一个新型责任类型。

在判断风险归责时，需要参考不同的裁量要件，尤其是如下几种。

第一，引起危险原则，即导致危险实现的人是责任主体。

第二，分配的正义取代矫正正义。

第三，功利原则，即在风险与受益之间进行衡量，而法律的经济分析的功能主要体现在该领域；风险和受益不应当仅仅限制在个案中，而应当扩大到整个社会层面，例如，在环境侵权中，损害后果可能远远超出了具体受害人的范围。

第四，危险实现人可以内化和外化风险的可能性，如保险、组织优化等；但与此同时，需要考察成本与受益关系（benefit and costs）。

当然，所有这些因素并没有绝对的顺位。依据奥地利法学家 Wilburg 动态系统论（das bewegliche System）②，在判断归责时，应当依据个案的要求，随时调整上述的各种参照因素，以求得风险分配的公平性。

危险责任中的客观归责理论建立在风险责任人就其管领下的物和企业应当承担的组织控制义务，实际上是在法律规范的层面为特定的人或者企业设定了风险责任范围。考察责任的基础从传统侵权法中的人的行为转入特定风险来源。

如同上述，在因瑕疵意思表示所导致的归责问题上，风险归责原则逐步取代了过错原则。而电子技术化的“意思表示”使得风险归责原则显得更为重要，因为电子化的意思表示比人与人之间的意思表示隐含着更大的风险，这也是科学技术导致人类社会从“风车磨房”时代进入“风险事故社会”的一个重要体现。

电子技术手段的投入使用，一方面带来了迅捷、减低成本等优势，另一方面也造成不可预见、不可避免等风险。因此，越是企业投入更多的智能化机器设备，潜在的危险系数就越是提高，而且使得过错归责原则的适用范围在缩小。例如，当一个潜在的风险具有确定的发生概率，仍然采取过错归责，显然不具有合理性，因为就此种风险实现无法归结于某个具体

① 德国学者 Esser 早在 20 世纪 40 年代就指出，当物致人损害仍然视为是该物的占有人潜在的“意思实现”的体现，显然只能是拟制的。Vgl. Esser，Grundlagen und Entwicklung der Gefährdungshaftung，1944，S. 94.

② Walter Wilburg，Die Elemente des Schadensrechts，1941，S. 40 f.

行为人的主观过错。何况每个行为人的认知能力不可能完全跟上科学技术的发展，从这一点来看，传统道德哲学对法律行为制度的影响，在电子化的意思表示领域正在消退。取而代之的是建立在公平分配基础上的客观风险归责，从而也使得电子法律行为和意思表示制度具有“非自然人化”的倾向。

三、《民法总则》中电子意思表示的规范

我国《民法总则》中就数据电文的意思表示虽然没有规定统一的、成套的规则。但是相较于此前的立法规定，也有了长足的进步。该法第137条第2款规定：“……以非对话形式作出的采用数据电文形式的意思表示，相对人指定特定系统接收数据电文的，该数据电文进入该特定系统时生效；未指定特定系统的，相对人知道或者应当知道该数据电文进入其系统时生效。当事人对采用数据电文形式的意思表示的生效时间另有约定的，按照其约定。”

此前，《合同法》第16条第2款规定：“采用数据电文形式订立合同，收件人指定特定系统接收数据电文的，该数据电文进入该特定系统的时间，视为到达时间；未指定特定系统的，该数据电文进入收件人的任何系统的首次时间，视为到达时间。”第26条第2款对承诺规定了相同的规则。《民法总则》中对该法相关规定进行了一定的修改，主要体现在一方面对“未指定特定系统的”情况，规定相对人知道或者应当知道该数据电文进入其系统时生效，而不是“进入任何系统的首次时间”；另一方面，增加了当事人另有约定的从其约定。笔者认为此处修正具有重要意义，《合同法》中对受领人采取了较为严格的客观到达方式，这种彻底的客观到达主义往往使得受领人在完全不知情的情况下，意思表示就已经生效。但是，身处大数据时代的当下，民事主体每天都被海量的数据信息轰炸，期望人们拥有的所有可以送达的方式都能够被随时检索到和收到生效的意思表示信息是不合理的。尤其是在当下的网络环境下，防火墙和过滤器等安全措施加大了数据电文不能及时收到的风险性。因此，规定当事人能够检索并了解到数据电文的时间为到达时间，显然更为合理。对于当事人有约定依照约定的规定，则是在数据电文意思表示的领域贯彻私人自治的原则。

第五编　代　理

第十五章　代理制度的基础理论

第一节　代理制度的历史沿革

一、代理在罗马法的萌芽

与大多数的私法制度不同，“言必称罗马”的思路似乎在代理制度的探讨中难以通行。按照迄今主流的观点，“代理人于代理权限内，以本人名义向第三人所为意思表示或由第三人受意思表示，而对本人直接发生效力”的代理制度①，在古罗马时期并未形成。② 日本学者我妻荣教授认为，在古代，只有家长有权利能力，家子和奴隶的活动不被承认为独立的法律行为，而是被考虑为家长手足的延伸，在此时代，无特别的代理观念的必要。不仅如此，在尊重法律关系简明的古代法中，由他人的独立行为承认法律关系的变动不是人们希望的。③ 而《民法大全》（C. 4. 27. 1 pr.）中关于“任何物都不能通过不受制于他人权力的自由人取得，占有的情况除外，这是无可置疑的法”④ 和《法学阶梯》（I. 3. 19. 12）中关于“任何人皆不能为他人订立要式口约”⑤ 的记载，以及罗马法学家彭梵得关于

---

① 王泽鉴：《民法总则》，北京，中国政法大学出版社 2011 年增订版，第 440 页。

② 〔日〕富井章政：《民法原论（第一卷）》，陈海瀛、陈海超译，北京，中国政法大学出版社 2003 年版，第 278 页；张俊浩：《民法学原理》，北京，中国政法大学出版社 1997 年版，第 258 页。

③ 〔日〕我妻荣：《新订民法总则》，于敏译，北京，中国法制出版社 2008 年版，第 301 页。

④ 〔意〕桑德罗·斯奇巴尼选编：《民法大全·法律行为》，徐国栋译，北京，中国政法大学出版社 1998 年版，第 111 页。

⑤ 〔古罗马〕优士丁尼：《法学阶梯》，徐国栋译，北京，中国政法大学出版社 2005 年版，第 369 页。

“至于债权，通过非从属中介人实现的取得，直到更晚的时期，原则上都是被明确否认的，无论是一般地说，还是在特殊的债关系上”的论断①，也都充分证明：基于他人独立的行为而发生法律关系变动，这对于个人主义色彩浓厚的罗马法而言难以接受，任意代理在罗马法几乎没有存在的空间。②

然而，代理在罗马法上也并非无迹可寻。有学者从委任与代理二者的密切关系出发，认为代理制度可以追溯到古罗马法的委任制度③，指出，即使在罗马法中没有被称为代理的法律制度，但其委任契约中却蕴含着我们今天所谓的代理法律关系。④ 而在古罗马的“总管之诉”中，也不难窥见代理制度萌芽的痕迹。在古罗马社会后期，随着土地和财富的增长，以家庭为单位，封闭的经营模式已经难以适应社会的实际需求，贵族除利用作为其“手臂延展”的奴隶和家子从事经营活动外，也开始授权自由人（主要是获解放的奴隶）为其从事经营和管理。此类获授权而可得代替贵族进行经营管理的人即是总管。因总管经营而引发的诉讼纠纷即被称为“总管之诉”。总管之诉中始终存在三方当事人，企业主、总管和缔约相对人。企业主授权总管从事经营活动，总管和他人进行交易，裁判官通过总管之诉赋予该缔约相对人对企业主直接的诉权，把合同的后果归于企业主。⑤ 虽然根据告示，总管之诉的法律效果是单向的，作为被代理人的企业主还不能直接起诉和总管缔约的人。⑥ 但其绕过总管直接将合同的后果归于企业主的做法，无疑已初具代理制度的“韵味”。是以，也就有了英国学者施米托夫关于“在罗马法上，代理的概念出现在查士丁尼（Justinian）时期和后查士丁尼时期。它来源于作为万民法一部分的古罗马执政官法”一说。⑦

---

① 〔意〕彼得罗·彭梵得：《罗马法教科书》，黄风译，北京，中国政法大学出版社 2005 年修订版，第 236 页。

② 顾祝轩：《民法概念史·总则》，北京，法律出版社 2014 年版，第 370～371 页。

③ 在古罗马查士丁尼的《法学总论》中，委任作为契约的一种被详细地予以规定。〔古罗马〕查士丁尼：《法学总论》，张企泰译，北京，商务印书馆 1996 年版，第 181～184 页。

④ 吕柳玲：《两大法系之代理理论及其比较》，载《安康学院学报》2008 年第 3 期。

⑤ 王莹莹：《论两大法系代理制度统一的基础——通过古罗马法学家的发现》，载《社会科学》2009 年第 12 期。

⑥ 周枏：《罗马法原论》，北京，商务印书馆 1994 年版，第 616～621 页。

⑦ 〔英〕施米托夫：《国际贸易法文选》，赵秀文译，北京，中国大百科全书出版社 1993 年版，第 369 页。

我国早期的民法学者也认为，后期的罗马法已有类似代理的规定。[①]编纂于公元533年的《学说汇纂》援引乌尔比安《告示评注》第9卷中的记载指出："代理人（Procurator）是根据被代理人（Dominus）的委托管理他人事务的人。"（D. 3. 3. 1 pr.）"而被设立的代理人，可以是全部实务或一项事务的代理人；可以当面设立，也可通过信使或书信设立。尽管某些法学家并不认为受一项事务之委托的人是代理人，就像受转交一物或转交一封信或一个口信（之委托）的人确实不被称作严格意义上的代理人一样，彭皮尼在其第24卷中就是这样写的，但被授予一项事务（之委托）的人也是代理人（的观点），更为正确。"（D. 3. 3. 1. 1）而不得不说的是，罗马法上的代理原则上为"间接代理"，代理人以自己的名义与他人发生法律行为，但在本人（被代理人）的内部关系上，负有向对方实施报告的义务。[②] 鉴于此种内涵构造，兼虑彼时的经济社会情况和法制理念，将罗马法上的代理视为现代代理制度的直接源头，甚至将二者等同而论，确实仍颇有疑问。

二、代理在中世纪的发展

在欧洲中世纪早期，出现了国王或教皇授权他人以其名义借债一类事情，由此产生了委托代理的雏形。12至13世纪，自罗马帝国灭亡后衰落已久的商业开始复苏，委托代理便逐步运用于商事活动之中。在欧洲整个中世纪，随着地中海沿岸城市商业的繁荣，无论在意大利、法兰西或德意志的普鲁士，越来越多的富商将业务委托他人经营。特别是海上贸易，由其特点所决定，商人往往并不亲自出海，而将货物的购销业务交给他人经营。商事代理的运用，产生了规范这类活动的商事习惯，使代理在商事习惯中得到反映。[③] 在长期海外贸易中，由于缺乏有效的监督，常常发生被派遣在海外的代理人滥用信用委托，侵害委托人的情况。为了防止代理人滥用代理权，使其能够勤勉、诚实地为委托人完成委托事务，委托人逐渐加重了代理人的风险责任——使代理人以自己的名义经营委托人的委托业务，并使代理人自己承担经营的风险责任，而委托人只要给付其佣金即可。[④] 由是引致欧洲商业行纪制度的形成。

---

① 佟柔主编：《民法原理》，北京，法律出版社1983年版，第97页。

② 顾祝轩：《民法概念史·总则》，北京，法律出版社2014年版，第369页。

③ 李开国：《民法总则研究》，北京，法律出版社2003年版，第310页。

④ 汪渊智：《代理法论》，北京，北京大学出版社2015年版，第10页。

欧洲中世纪代理制度的发展还突出体现在诉讼代理的发展上。后人从中世纪法国大量的《习惯法书》中可以看出，除非拥有国王的特权授权或者具有正当合理的困难，裁判代理（alloué）一般被禁止。但是随着社会的变迁，以上特权的适用范围趋于扩大。例如，一般承认教会以及高级僧侣拥有此项特权。进入14世纪以后，在法国只要支付印税（droit de sceau），任何人都可以获得“特惠王状”，对诉讼代理的一般限制消除。至1484年“特惠王状”被废除，诉讼代理不仅成为合法，而且基于保护诉讼当事人的利益理由，不久开始强制实施诉讼代理。而在德国，早在法兰克王国时期，国王就已承认在诉讼中可以以本人（被代理人）的名义实施公然代理。对于中世纪欧洲代理制度的发展而言，教会法无疑起到十分重要的作用。其不但在私人和公共领域中引入和许可了大量代理行为的存在，而且，最早明确承认了“通过他人实施的行为等同于自己实施的行为”的原则。①

在普通法系国家，按照其学者的观点，英国代理制度的发展与罗马法并无关系②，而发端于中世纪，是许多的历史事件影响的产物。按照我国学者的总结，英国中世纪代理制度的萌芽主要得益于以下三个方面的因素。③ 一是王室法院的指定代理人的广泛适用，12世纪至13世纪初，指定代理人是一项特权，必须经过王室的特许，并应在法院履行正式手续。但自英国《莫顿法》［the Statute of Merton（1235）］以来颁布的一系列法律，赋予每个人以指定代理人的权利。二是教会法的影响，主要体现在爱德华一世（Edward I）在位期间发生的一起案例上。在该案例中，原告以修道院的一名僧侣购买了自己的货物并用于该修道院为由，对该修道院的院长提起了货物价款给付之诉。三是中世纪商业贸易的发展。值得一提的是，在中世纪的英国，作为家事代理初级形态，夫妻之间的代理关系也得到了确认。至迟在爱德华一世，只要丈夫使用了妻子通过缔结合同而取得的金钱或者商品，丈夫就要对该合同负责。妻子签订的合同只要获得了丈夫的事前授权或事后追认，就被视为与丈夫亲自缔结的合同具有相同的效力。④ 至于其代理制度的理论源头，有学者认为，英国代理法渊源于古

---

① 顾祝轩：《民法概念史·总则》，北京，法律出版社2014年版，第373～374页。

② F. M. B. Reynolds, *Bostead on Agency*, 15th edition, Sweet & Maxwell, 1985, p. 22.

③ 江帆：《代理法律制度研究》，北京，中国法制出版社2000年版，第48～50页；汪渊智：《代理法论》，北京，北京大学出版社2015年版，第25～28页。

④ 徐海燕：《英美代理法研究》，北京，法律出版社2000年版，第41页。

代的用益理论，主张中世纪被代理人对其代理人的购买负担债务的法律根据在于被代理人取得了对所购买货物的使用和收益。① 而按照德国学者缪勒菲尔斯的观点，英国代理法还存在其他两个渊源：一是盎格鲁—撒克逊人使用的“蒙德”（Mund）的概念，这一概念专门用于主人和仆人之间的关系；二是诺尔曼人建立的代理人（attomey）制度。②

三、代理制度的确立与发展

主流理论认为，在大陆法系国家，代理理论的正式提出应该归功于自然法学派。③ 格劳秀斯在其著名的《战争与和平法》中提出：“代理人的权利直接来源于本人，他的行为基于本人的委任。”此论述被认为是提供了代理关系构成的理论基础，即代理人具有实施代理行为权限和代理人应当以被代理人名义与第三人缔结法律关系，对大陆法系代理论和制度的建立产生的极大影响。④ 在该种理论的影响下，1804 年，拿破仑制定《法国民法典》时，在充分继受罗马法基本规范经验的同时，将代理制度纳入委任契约的范畴中，予以明确的肯认和规定。《法国民法典》第 1988 条规定：“委任人对于受任人依授予的权限所缔结的契约，负履行的义务。委任人对于受任人权限外的行为，仅在其为明示或默示追认时，始负责任。”拿破仑民法典不但从规范层面揭示和肯认了代理制度的基本内涵，同时，从平衡各方当事人利益的角度，对无权代理（第 1998 条第 1 款）、越权代理（第 1997 条）、表见代理（第 2005 条）等也作出了较为具体的安排。在对中世纪海外商业代理实践加以总结和回应的基础上，初步形成了较为全面的代理制度体系框架。同时，针对商事代理的特殊性，本着民商分立的立法思想，拿破仑还在其 1807 颁布的《法国商法典》的“商人”编中就商事代理作出了专门的规定。并且，出于适应现代商业发展的需要，法国先后于 1958 年和 1991 年颁布《关于商业代理人的法令》（58－1345 号）和《关于商业代理人与其委托人之间的法律》（第 91－593 号）两部专门法律，从商业代理人主体资格及与委托人之间的权利义务关系的角度予以规定，强化了代理人在商业领域的独立责任地位。⑤

---

① S. J. Stoljiar, *The Law of Agency*, Sweet & Maxwell, 1961, pp. 37－39.

② 汪渊智：《代理法论》，北京，北京大学出版社 2015 年版，第 26 页。

③ 王利明：《民法总则研究》，北京，中国人民大学出版社 2003 年版，第 612 页。

④ 吕柳玲：《两大法系之代理理论及其比较》，载《安康学院学报》2008 年第 3 期。

⑤ 江帆：《代理法律制度研究》，北京，中国法制出版社 2000 年版，第 42 页。

《法国民法典》虽然肯认了代理行为的法律效力，但仍将其视为作为基础关系的委任契约的外部效力，不承认独立授权行为的存在，代理作为一种独立制度的地位未获彰显。此种境遇在19世纪中后期的德国，获得较大的改变。德国法学家耶林首先从法律行为中动态的行为与静态的法律效果分离的视角，否认了代理与授权并存的必然性：受任人无代理权者有之，代理人未受委任者亦有之。而后，德国法理学家拉邦德（Labande）于1866年发表的《代理权授予及其基础关系》一文中，提出了代理权授予是一个独立于其基础关系（委托合同）的合同行为的主张。① 受此影响，《德国民法典》不但在规范体系安排上，将代理和代理权的概念和内容规定在总则编，而委任却作为一种"债之关系"放在法典的第二编；并在其第167条中明确规定："代理权的授予，应向代理人或向为代理行为的第三人以意思表示为之。前项意思表示不需要依照有关代理权的法律行为所规定的方式。"通过区隔代理与作为基础关系的委托契约的联系，并将授权行为作为代理人代理权的基础的方法，不但凸显了代理本身的独立性，并在较大程度上弱化了其在法律效力判断上对委托契约的依赖。德国民法的该种做法受到此后世界诸国（地区）的普遍接受和效仿，1896年《日本民法典》、1911年《瑞士债法典》《瑞典代理法》、1942年《意大利民法典》、1992年《荷兰民法典》、中国《民法通则》及我国台湾地区"民法"无一不受区别论的影响。②

在英美法系，作为其代理理论基石的等同论提出于15世纪。其理论内涵，恰如科克（Coke）爵士所言，"通过他人去做的行为同自己亲自做的一样"③。此种基础理论构建，不但成为其日后与以德国为代表的大陆法系代理权独立说（区分说）产生分歧的主要原因所在；而且成就了英美法上广泛的代理概念。按照英美法上判例的判断标准，某种法律关系是否构成代理，主要取决于某人是否经过另一人同意或授权并在他的指导或监督下为他的利益而行为；如果存在这种受托信义关系即成立代理关系，前者的法律后果自然地由后者承担。④ 据此标准，包括合伙、经纪、企业经

① Laband, Die Stellvertretung bei dem Abschluß von Rechtsgeschäften nach dem allgemeinen Deutschen Handelsrecht, Goldschmidts Zeitschrift für das gesamte Handelsrecht, Bd. 10 (1866), S. 203ff.

② 吕柳玲：《两大法系之代理理论及其比较》，载《安康学院学报》2008年第3期。

③ 〔英〕施米托夫：《国际贸易法文选》，赵秀文译，北京，中国大百科全书出版社1993年版，第381页。

④ 高富平：《代理概念及其立法的比较研究》，载《比较法研究》1997年第2期。

理及下属等皆可以纳入代理的范畴。回顾历史，据学者所述，尽管 17 世纪以前英国的法院判例已开始零敲碎打地承认代理关系，但是英国此时还远未形成高度发达的代理制度，有关代理的法律更是微乎其微。① 到 17 和 18 世纪，由于已纳入普通法中的商法的影响，两种商业代理人随即出现：代理商（factors）和经纪人（brokers）。自 18 世纪以来，英国法中出现了该国法中特有的概念——未公开的本人（undis closed principal）。这说明，当时英国代理制度已达到了相当完备的程度。② 18 纪上半叶，英国代理法只承认明示授权的代理和追认代理权的代理，到 18 世纪下半叶和 19 世纪上半叶，"不可否认原则"得到确立，关于隐名代理的法律规定也出现。③ 19 世纪以后，英国代理法跨入了一个进一步完善的历史时期，以满足变动不居的市场经济活动对代理法的要求。例如，普通法与 1889 年《代理商法》进一步明确了代理商具有类似代理人的广泛代理权限。④ 至 1993 年，为实施关于统一独立商事代理人立法的指令，英国首次尝试将商事代理制度立法化，制定并颁布了《商事代理条例》，对其普通法中商事代理规则进行较大的变动，规定了商事代理人的佣金请求权、代理合同终止后的补偿金请求权等制度，加强了对商事代理人利益的保护。

作为普通法系另一个重要国家的美国，其代理制度的起步相对较晚。19 世纪末，英国法官霍尔姆斯在美国提出了代理人与被代理人概念，并主张对这些主体的法律调整构成了一个独立的法律部门，对美国法律界产生较为深刻的影响。⑤ 作为曾经殖民地，美国在沿袭英国判例法传统的同时，也在努力以民间学者的"示范法"的形式对一些重要的法律制度加以重述梳理。此类法律重述虽非正式法律文件，不具法律效力，但却对美国的立法、司法具有不可小觑的影响力。就代理制度而言，此一方面的努力，自 20 世纪初即以开始，并分别于 1933 年、1958 年和 2006 年发布了三次《代理法重述》。其第三次《代理法重述》将代理界定为：代理是一种由一方（委托人）向另一方（代理人）作出要求代理人为委托人的利益行为并受委托人控制的意思表示，另一方（代理人）同意该意思表示或者

① 徐海燕：《英美代理法研究》，北京，法律出版社 2000 年版，第 42 页。

② 韩长印：《英国商事代理制度述略》，载《比较法研究》1994 年第 2 期。

③ 佟柔主编：《中国民法学，民法总则（修订本）》，北京，人民法院出版社 2008 年版，第 190 页。

④ 徐海燕：《英美代理法研究》，北京，法律出版社 2000 年版，第 45 页。

⑤ 汪渊智：《比较法视野下的代理法律制度》，北京，法律出版社 2012 年版，第 34 页。

接受其行为约束而产生的受托信义关系。同时，对代理权的产生方式和终止事由、商事代理人对委托人的基本义务、委托人对商事代理人的基本义务等作出了较为明确的规定，较为集中和充分地反映了当前美国代理理论和制度的发展现状。①

四、我国代理制度的历史沿革

我国立法上关于代理的规范最早可见于《大清商律草案》和《大清民律草案》，为法律移植的结果。1910 年草拟的《大清商律草案》在总则编中规定了代办商制度。而 1911 年草拟的《大清民律草案》以德国、日本的民法典为蓝本，在总则编的“法律行为”章中设专节以 30 个条文分别从概念、类型、代理权滥用、复代理、无权代理五个方面对“代理”作出了专门的规定。其后南京国民政府颁布的《中华民国民法》参照德国法上的代理权独立模式，在总则“法律行为”章中设“代理”专节的同时，在“债”编中设立“代理权的授予”，对意定代理权的授予、共同代理、表见代理、无权代理、无权代理相对人的撤回权等予以规定，形成了较为全面的代理制度。

中华人民共和国建立以后，我国关于代理制度的规定首先集中体现在 1986 年颁布的《民法通则》中。与德、日等大陆法系国家将“代理”置于“法律行为”章节之下的体系安排不同，我国《民法通则》将第四章命名为“民事法律行为和代理”，并在其下“民事法律行为”之后设立“代理”专节，以 8 个条文对代理内涵、类型、代理委托、无权代理、超越代理权、违法代理、复代理以及代理终止情形等予以具体规定。据学者认为，此种将法律行为和代理并列分述，主要是沿用了苏联的先例和其他社会主义国家的民法典的做法，旨在把民事法律行为的普遍性和代理的特殊性统一于一体之中，正确地反映代理是法律行为的特殊形式。② 其后，最高人民法院在 1988 年发布了《关于贯彻执行〈中华人民共和国民法通则〉若干问题的意见（试行）》，采取司法解释的方式，对共同代理（第 79 条）、复代理（第 80 条、第 81 条）、代理行为在被代理人死亡后继续有效的条件（第 82 条）、代理人与被代理人承担连带责任的诉讼（第 83 条）

① 任科晋等译：《美国代理法重述（第三次）》，载梁慧星主编：《民商法论丛》，第 46 卷，北京，法律出版社 2010 年版。

② 齐珊、斯鸣：《〈民法通则〉中的代理制度》，载《法学杂志》1988 年第 6 期。

等问题作出了补充性的规定。1991年经贸部为适应对外贸易代理实际需要发布的《关于对外贸易代理制的暂行规定》第15条规定："受托人根据委托协议以自己的名义与外商签订进出口合同，并应及时将合同的副本送交委托人。委托人与外商修改或变更进出口合同时不得违背委托协议。受托人对外商承担合同义务，享有合同权利。"对隐名代理（间接代理）予以了肯认。2000年颁布《合同法》将因无权代理而签订的合同效力规定为"效力待定"（第48条），并明确了表见代理的法律效力（第49条）；在分则"委托合同"部分，对隐名代理（间接代理）作出明确和具体的规定（第402条和第403条）。此外，《证券法》《保险法》等商事专门法也皆对其相关领域内的商事代理人、商事代理行为等作出了较为细致的规定。

2017年颁布的《民法总则》在总结我国既往立法和司法实践的基础上，在第六章"民事法律行为"之后，专设第七章"代理"，采用"一般规定＋委托代理＋代理终结"的规范体系安排的方式，在充分考虑未来民法典体系安排和民法总则地位与效用的基础上，对我国的代理法律体系作出了较为科学的调整和完善。《民法总则》不但合理继承了《民法通则》关于代理制度的相关规定，将以往散落于《合同法》《民法通则意见》等法律和司法解释中关于"共同代理"（《民法总则》第166条）、"无权代理"（《民法总则》第171条）、"表见代理"（《民法总则》第172条）等相关规定，加以细化、修改并汇编于民法总则当中；而且根据既往的司法实践经验，对以往民事立法和司法解释中关于"复代理"（《民法总则》第169条）、"无权代理"（《民法总则》第171条）等的具体规则予以了细化，增强了规范的实际可操作性；同时，在充分总结和借鉴已有代理学术研究成果的基础上，增加了关于"代理人责任"（《民法总则》第164条）、"自己代理和双方代理的禁止"（《民法总则》第168条）、"职务代理"（《民法总则》第170条）的规定，形成更具体系、更富实际可操作性的代理规范体系。

第二节　代理制度的基本内涵

关于代理，当前学说与规范对其的界定和描述可谓大同小异，不外乎指"代理人在代理权限内，以被代理人名义实施的民事法律行为，对被代理人发生效力"的行为①，系以扩张及补充私法自治为目的，而依他人行为而取得权利负担义务之制度。② 对其结构、特征等概览性的介绍，在坊间教科书中也俯拾可得。此类界定和介绍，对于代理基本形象认知的形成固有裨益，然就寻求对制度内涵更为深入和全面理解而言，仅凭如上概念或表象化的描述，则难免略显不足。此时，引入一种自内而外、纵横结合的体系化观察视角，于深化对代理制度内涵的理解而言，无疑是颇具裨益的做法。

一、内部构造：代理制度的独立性

就其基本结构来看，代理是由多个主体（本人、代理人和第三人）、多个行为（授权行为、代理行为）和多种法律关系组成的集合体。代理权的产生以及代理行为的成立与生效等皆不免需要受到多方因素的影响和制约。是以，代理与其内部构造中诸种要素的关系如何，代理行为能否被视为代理人自己的独立行为，代理权是否具备独立于作为其产生基础的委托、雇佣等关系，不仅是关切代理能否被视为私法体系中一项独立制度的关键，也是准确理解代理实质内涵的基本前提。

（一）代理行为的独立性

代理行为，依其概念理解，即代理人在其代理权范围内，以被代理人的名义作出意思表示，并将意思表示的法律效果归属于本人（被代理人）的行为。其中，"以本人名义"和"法律效果归属于本人"的行为模式构造，令人难免对其本质究竟是否一种独立的法律行为产生疑问。对此，大陆法系国家的民法学理论便曾存在多种学说。（1）本人行为说，主张"代理的法律意义的实质在于，代理人处于被代理人的'位置'为他进行法律行为；而就它的法律后果而言，把它视为与被代理人自己所为法律行为相同"③。该说认为不仅代理人发出的意思表示的法律效果，由被代理人承受，而且从法律上说，被代理人是借助其代理人，在发出意思表示的表意人不是代理人，而是被代理人本人。④（2）代理人行为说，认为代理是代

① 参见《民法通则》第 63 条；《民法总则》第 162 条；《德国民法典》第 164 条第 1 款；台湾地区"民法"第 103 条；王利明：《民法总则研究》，北京，中国人民大学出版社 2003 年版，第 603 页；刘得宽：《民法总则》，北京，中国政法大学出版社 2005 年增订第 4 版，第 267 页。

② 梁慧星：《民法总论》，北京，法律出版社 1998 年版，第 207 页。

③ 〔德〕卡尔·拉伦茨：《德国民法通论》，北京，法律出版社 2004 年版，第 815 页。

④ 〔德〕博伊庭：《公司法中的代表理论》，邵建东译，载梁慧星主编：《民商法论丛》，第 12 卷，北京，法律出版社 1998 年版，第 546 页。

理人自己的行为，只不过代理人在这一自己的行为，表达了为他人的意思而已，而代理的法律效果仍然可以归属于本人，这不是因为代理是本人行为的缘故，而是因为代理人以代理权为基础，以及代理人为代理时同时表达了代理意思的结果，法律为尊重代理人的效力意思的结果。① (3) 共同行为说，该学说认为法律行为中的意思表示，未必不能分割开来，而是相互合作地加以实施；在代理行为中，本人的授权行为已实施了部分意思表示，代理人的代理行为又实现部分意思表示，由此，本人与代理人共同完成了代理行为。② 十分明显，其中，除代理人行为说外，其他二者皆对代理行为的独立性采取否定态度，仅是从工具、辅助的角度理解和界定代理人的行为或意思表示。

在我国，自《民法通则》第 63 条第 2 款至《民法总则》第 162 条，皆采用了"代理人在代理权限内，以被代理人名义实施的民事法律行为"的规范表述，民事立法对于代理人独立行为说的立场不言而喻。而作为大陆法系范围内较为主流的立场③，代理行为不但可以与"传达"形成明显的区分④，在私法体系中"谋得一席之地"；而且，更为重要的是获得了相对独立的法律评价和适用的空间：依代理人行为说，代理在法律上的必然结论是，其成立或生效构成的一切要件，以视作代理人的法律行为所需具备的要件为准，凡是代理时代理人在主体各种能力、意思表示等要件方面的状况或特点，都将是考察代理成立和生效的准据。⑤ 例如，按照《德国民法典》第 166 条的规定："意思表示在法律上之效力，因意思之欠缺或明知其事情或可得而知其事情而受影响时，应根据代理人之情况决定，而非根据被代理人之情况决定。"《荷兰民法典》第 3：63 条第 1 款则规定："不能为自己实施法律行为的人，并非不能担任他人的代理人。"而我国《民法通则》（第 6 条第 4 项、第 7 条第 3 项）和《民法总则》（第 173 条第 3 项和第 175 条第 2 款）也将"代理人丧失民事行为能力"作为代理

① 龙卫球：《民法总论》，北京，中国法制出版社 2001 年版，第 645 页。

② 江帆：《代理法律制度研究》，北京，中国法制出版社 2000 年版，第 105 页。

③ 张俊浩：《民法学原理》，北京，中国政法大学出版社 1997 年版，第 256 页；王泽鉴：《民法实例研习·民法总则》，台北，三民书局 1997 年版，第 364 页。

④ 譬如按照德国学者的观点，代理与传达二者都涉及意思表示的归属（Zurechnung einer Willenserklärung），二者的区别，在于意思表示的形成（Entstehung der Willenserklärung），或者更确切地说，在于其形成时的对外表现。代理人表达的是自己的意思，而传达人只是以他人意思表示的转达人身份出现。参见〔德〕迪特尔·梅迪库斯：《德国民法总论》，邵建东译，北京，法律出版社 2000 年版，第 673 页。

⑤ 黄立：《民法总则》，北京，中国政法大学出版社 2002 年版，第 408 页。

（包括法定代理和委托代理）终止的原因之一。

（二）代理权的独立性

“否定代理行为是代理人自己的行为，也就否定了代理权的独立性。”① 就基本逻辑规律来讲，只有在承认代理关系中代理人行为独立性的基础上，才有讨论代理权利来源、范围、独立性等方面问题的空间。而作为代理制度内涵中的基础问题，所谓代理权的独立性，旨在讨论代理权（代理授权）与其基础关系（特别委托代理与委托）间有无区别和联系的问题。对此，学说和立法上“等同论”和“区别论”由来已久。

1．“等同论”和“区别论”的内涵

诚如上文所言，在大陆法系早期的相关学说和立法例中，代理与委托基于其相互间的紧密关系，常被作一事而论。有关代理的规则被包含在委任合同中，代理人所为法律行为之效力归属于本人，被视为委任合同的一种附属性法律效果。②而当事人之间的委任合同，就是代理人代理权产生的直接基础：委任合同就是代理权之授予，二者具有同一性的观点，即属于代理权与委托“等同论”的内涵。③

按照“区分论”的发现者拉邦德的观点，所谓代理权与委托的区别，大体可以概括为如下方面。（1）代理权限与委任合同无论如何不是同一关系的两个侧面，而是两个互相独立的法律概念。委任合同仅仅指向与被代理人有关的代理人的义务及能力，而代理权限的概念却使代理人有权在与第三人缔结法律关系时拘束被代理人。只不过由于事实上的重叠，这两个概念有时显得像一个概念而已。（2）代理权限与委任合同的严格区别不仅表现在概念上，而且还表现在法律效果上。详言之，尽管代理人的行为违反了委任合同约定的义务，但不妨碍代理人仍然享有代理权限。④《德国民法典》第167条可谓是对“区别论”的经典规范表达，该条规定：“代理权的授予，应向代理人或向为代理行为的第三人以意思表示为之。”“前项意思表示不需要依照有关代理权的法律行为所规定的方式。”

① 尹田：《民事法律行为与代理制度研究》，重庆，重庆大学出版社1993年版，第169页。

② 梁慧星：《民法总论》，北京，法律出版社2007年版，第219页。

③ 龙卫球：《民法总论》，北京，中国法制出版社2001年版，第654页。

④ H. L. E Verhagen, *Agency in Private International Law, the Hague Conventionon the Law Applicable to Agency*, Martinus Nijhoff Publishers, 1995, pp. 15－16. 转引自徐海燕：《英美代理法研究》，北京，法律出版社2000年版，第353～354页。

2. “等同论”和“区别论”的价值分析

虽然自《德国民法典》以后，“区别论”在大陆法系国家和地区的学说与立法中彰显出了更为广泛的影响力，但“等同论”也未完全失去其理论和规范的“市场”。相反，不仅在法国，在以“通过他人去做的行为同自己亲自做得一样”理念作为代理制度理论基石的英美国家中，代理权与委托合同合一而论的思想仍在其学说和立法中获有十分坚定的支持。而就实际功能以论，这两种学说也自有其各自不同的价值：大陆法上的区别论由于将代理权的授予和基础法律关系分离，代理权不容易受到基础关系的影响，具有稳定性。换言之，使交易资格具有独立存在的可能性，因而有利于对第三人利益的保护，而英美法上的等同论将代理权的授予和基础法律关系捆绑在一起，当基础法律关系不存在时，行为人就不能获得授权，其行为就不会影响到本人，所以该理论更倾向于保护本人的利益。① 此外，按照学者的分析，代理权授予行为是否具有独立性，直接影响到本人能否以单方行为授予代理权或撤销代理权而不必与代理人达成一致。② 也即是说，将代理权与基础关系相区分，在保护第三人利益的同时，对尊重被代理人的意思自治，也可起到较为积极的作用。

3. 我国民事立法的立场选择

诚如上文所言，自《大清民律草案》编纂时起，受德日民法的影响，我国民事立法便十分注重从体系安排和规范表述的角度，将代理权与其基础关系相区分。至《民法通则》制定时，因其第 64 条第 2 款中采用了“委托代理按照被代理人的委托行使代理权”的表述，容易令人产生代理权自委托而生，立法思想向“等同论”靠拢的误解。其后颁布的《合同法》在关于委托合同界定的第 396 条中规定：“委托合同是委托人和受托人约定，由受托人处理委托人事务的合同。”以规范体系和合同相对性理论为凭依，再次明确了代理授权与委托合同“二分”的立场。而《民法总则》在其第 165 条规定：“委托代理授权采用书面形式的，授权委托书应当载明代理人的姓名或者名称、代理事项、权限和期间，并由被代理人签名或者盖章。”通过强调“委托代理授权”而非“民事法律行为的委托代理”（《民法通则》第 65 条）的方式，明确授权与委托的区分立场，也使

① 汪渊智：《代理法论》，北京，北京大学出版社 2015 年版，第 82 页。

② 范李瑛：《论代理权授予行为的独立性和无因性》，载《烟台大学学报（哲学社会科学版）》2003 年第 2 期。

代理权的独立性品质得到了更为明确的认可。

二、外延界定：职务代理的是与非

借由与代表、使者、传达、居间、行纪、经销等相似制度的横向比较，以期实现对代理概念内涵和外延更为精确和深入的解析，是当前域内外相关研究中较为常见的做法。[①] 而以其行为模式和法律效果来论，在众多参与比较的制度中，代表与代理的相似程度无疑是最高的。且以实践来看，法人除通过代表人进行民事活动外，还通过代理人进行民事活动，而孰为代表人，孰为代理人，容易混淆。而无论是通过代表人抑或代理人，所为民事法律行为之效果，均直接归属于法人，在法律效果上二者并无区别。[②] 甚至，按照我国台湾地区部分学者和裁判的观点，代表与代理的法律性质虽异，功能则相类似，故民法关于代理的规定得类推适用之。[③]

尤其是在《民法总则》将原本《民法通则》第三章“法人”第二节“企业法人”中第43条关于“企业法人对它的法定代表人和其他工作人员的经营活动，承担民事责任”的规定，结合《合同法》第50条修改后，以“执行法人或者非法人组织工作任务的人员，就其职权范围内的事项，以法人或者非法人组织的名义实施民事法律行为，对法人或者非法人组织发生效力。法人或者非法人组织对执行其工作任务的人员职权范围的限制，不得对抗善意相对人。”（《民法总则》第170条），规定在第七章“代理”第二节“委托代理”中，依体系解释的思路，不免令人得出此为对“职务代理”而非“代表”的规定的认识。[④] 学者据此认为，《民法总则》在法人制度（第三章）中从正面规定了法人的法定代表人的性质（代表）与行为后果（第61条）。该条中以法人名义从事“民事活动”既包括从事法律行为，也包括从事事实行为。从事法律行为时，准用代理制度。[⑤] 代理与代表的关系变得更加扑朔迷离。

按照目前较为主流的认识，代表与代理的区别主要在于：(1) 在代表

---

① 王利明主编：《民法》，北京，中国人民大学出版社2010年版，第130～131页；〔日〕山本敬三：《民法讲义Ⅰ·总则》，解亘译，北京，北京大学出版社2004年版，第231～232页；刘得宽：《民法总则》，北京，中国政法大学出版社2005年增订第4版，第271～273页。

② 梁慧星：《民法总论》，北京，法律出版社1998年版，第208页。

③ 王泽鉴：《民法总则》，北京，中国政法大学出版社2001年版，第444～445页。

④ 方新军：《〈民法总则〉第七章“代理”制度的成功与不足》，载《华东政法大学学报》2017年第3期。

⑤ 耿林：《〈民法总则〉关于“代理”规定的释评》，载《法律适用》2017年第9期。

行为实施之际，代表人仅作为被代表人的机关，他自己的人格被被代表人吸收，与此不同，在代理行为实施中，代理人并不作为被代理人的机关，而要表现自己独立的法律人格。(2) 代表行为被法律视为被代表人的行为，而代理行为仍属代理人自己的行为，只不过它的法律效果归属于被代理人而已。(3) 代表行为所可以实施的范围，不以民事法律行为为限，还包括事实行为与侵权行为；而代理行为所可以实施的范围，却以民事法律行为为限制。① 可见，是否采取"职务代理"(或代理与代表二元区分)的制度设计，不仅与民法典的体系安排密切相关，还在较大程度上取决于立法者在对作为被代理(或被代表)人的"法人"本质问题的理解上采取何种基本的态度和立场。在法人"组织体说"居于主流的当下②，法人的法定代表人、工作人员被视为法人机关或组织体的一部分，在职务行为中与法人实现人格重合，视为一体，其行为自然也就难以符合以三方主体为基本构造的代理概念的要求，称其为代表而非代理，自属当然。诚如学者所言，"法律为维护法人整体性的价值，在外部，将机关的独立性消除，名义上只有法人，法人与机关的关系不是主体与主体的关系，而是一体的关系。这种技术显然超过代理技术，后者导致的有机构造是局部和分立的，远远不能满足法人构造的需要"③。但是，法人"组织体说"也并非尽然合理，有学者便指出，该说没有完全考虑到法人和自然人的区别，该说将法人机构的行为认为是法人的行为，使得法人机构所从事的任何越权行为甚至是明显违反法人意志的对法人的侵权行为，都由法人负责，这不利于对法人的保护。④ 曾世雄先生也对组织体采机关说设立代表人的做法提出了诸多的批评，认为其除理由说服力尚嫌不足外，还存在许多显著的缺点，并主张：一则以法律行为规定组织之负责人为组织体的法定代理人；二则以法学理论解释代表人具有法定代理权，以简化代理制度，不需为组织体巧立名目另设代表。⑤ 究其实质，即是主张以"职务代理"取代代表，取消代理与代表二元划分。

依循后者的分析思路，《民法总则》将"代表"中的关于法律行为的部分移至"代理"章下，设立"职务代理"制度的做法，对于提升民法规

---

① 张俊浩：《民法学原理》，北京，中国政法大学出版社 1997 年版，第 259 页。

② 梁慧星：《民法总论》，北京，法律出版社 2011 年版，第 118～119 页。

③ 江平、龙卫球：《法人本质及其基本构造研究》，载《中国法学》1998 年第 3 期。

④ 王利明：《民法总则研究》，北京，中国人民大学出版社 2003 年版，第 382 页。

⑤ 曾世雄：《民法总则之现在与未来》，北京，中国政法大学出版社 2001 年版，第 247 页。

范体系科学性而言，应是一种可值肯定的进步。但观诸具体规范，不应忽视的是，《民法总则》第 170 条第 2 款借鉴《合法企业法》第 37 条的规定，作出关于“法人或者非法人组织对执行其工作任务的人员职权范围的限制，不得对抗善意相对人”的规定。虽然此种做法有益于实现职务代理人越权行为效力规范问题的统一。但是，据学者的解读，此处的“善意”，应当解释为该相对人有理由相信与其进行交易的人是在其职权范围内实施民事法律行为，即有理由相信其具有代理权。① 相较于此前《合同法》第 50 条的规定，即“法人或者其他组织的法定代表人、负责人超越权限订立的合同，除相对人知道或者应当知道其超越权限的以外，该代表行为有效”，按规范解释的一般逻辑理解，似乎将原本应由被代理（代表）人承担的关于“善意”的举证责任转移至了由越权代理中的相对人承担，客观上加重了相对人的诉讼负担。此种规范表述与其所代表的举证责任分配规则的改变，是否为进步，仍值进一步思考。

三、体系定位：与法律行为的区合

在以德国为代表的大陆法系国家的立法体例中，如我国《民法通则》中将“代理”与“民事法律行为”并列的体系安排着实颇具个性。此种做法虽声称有苏联和其他社会主义国家的民法典为先例②，但仍不免受到“学说汇纂派”学者的反对和批驳。特别是当《民法总则》的制定者表现出依旧沿用《民法通则》在此项问题上的思路时，反对声音更是再度响起。反对者认为，代理不过是由他人代本人从事法律行为而已。从逻辑关系来看，代理乃是法律行为的下位概念，其立法位置应当比法律行为低一个层次才对。③ 代理规则的本质属性是关于法律行为实施主体的特殊规定，其本质上仍然属于法律行为的范畴。而且从结构上看，法律行为的代理在民法典中不具与其他各章一样的重要地位，将其从法律行为中独立出来，在民法总则的结构上不具有严谨性与合理性，将代理作为民事法律行为章的独立一节不失为一个回避困难的好方法。④

---

① 张新宝：《〈中华人民共和国民法总则〉释义》，北京，中国人民大学出版社 2017 年版，第 368 页。

② 齐珊、斯鸣：《〈民法通则〉中的代理制度》，载《法学杂志》1988 年第 6 期。

③ 彭诚信、戴孟勇：《论我国未来民法典总则编的结构设计》，载《烟台大学学报（哲学社会科学版）》2005 年第 3 期。

④ 马新彦：《民法总则代理立法研究》，载《法学家》2016 年第 5 期。

以上反对意见虽以制度、规范的体系安排为着力点，但所集中反映的却是对代理与法律行为的关系以及代理本身内涵认识上的分歧。而对此，以当前域内主流的理论来看，反对者的立场似乎更应获得支持。在目前学者的论述中，代理与法律行为间存在超乎寻常的密切关系。（1）以适用范围来看，代理的适用，限于为意思表示及受领意思表示，仅于法律行为方能成立。对准法律行为（如催告、物之瑕疵的通知）得类推适用之。事实行为，如占有、无主物先占、遗失物拾得或侵权行为，则无代理的适用。① 代理制度是与法律行为制度相关联的姊妹制度，这是由代理的客体——法律行为——性质所决定的。自从法律行为制度产生以来，代理从委托制度中分离，并以法律行为为代理制度的客体，代理就是代理人为被代理人（本人）实施法律行为，用自己的意思能力来补充被代理人的意思能力，无论出于客观原因还是经济上的原因。②（2）以其功能来看，代理制度的价值主要体现为扩张主体行为能力的功能和补充行为能力的不足③，亦是主要围绕着意思表示和法律行为的基本结构展开的。（3）就其概念来看，较主流的观点认为："代理是行为人以他人名义实施法律效果归属于他人的法律行为。"④ 代理行为虽然在其结构和形式上与法律行为存在差异，但是其实质仍是法律行为的一种。与法律行为一样，代理行为的成立与生效同样涉及两种不同性质的判断。对于成立与否，属于事实的判断；对于生效与否，属于（法律）价值的判断。⑤

正是基于如上认识，即便是强调代理制度独立价值的支持者，也在如何"安置"代理制度问题上，也持相对"温和"的态度。譬如，王利明教授就认为，因为法律行为的核心是意思表示，而代理制度主要解决的是他人代为意思表示的问题，它是民事主体实施民事法律行为的延伸与辅助，所以代理与法律行为制度是不可分割的。但是，代理毕竟是民法中的一项独立制度，完全将其纳入法律行为制度之中也是不妥当的。⑥ 孙宪忠教授也曾主张，从理论上看，代理是实现私法自治的法律工具，是民事主体从事法律行为的重要方式，而且仅仅于法律行为范围内存在才具有法律意义，但它

---

① 王泽鉴：《民法总则》，北京，中国政法大学出版社 2001 年版，第 443 页。

② 耿林：《〈民法总则〉关于"代理"规定的释评》，载《法律适用》2017 年第 9 期。

③ 张俊浩：《民法学原理》，北京，中国政法大学出版社 1997 年版，第 259 页。

④ 李开国：《民法总则研究》，北京，法律出版社 2003 年版，第 317 页。

⑤ 江帆：《代理法律制度研究》，北京，中国法制出版社 2000 年版，第 108～109 页。

⑥ 王利明：《民法总则研究》，北京，中国人民大学出版社 2003 年版，第 529 页。

又不同于民事主体直接以自己名义从事法律行为的情形，故它既依附于、也独立于法律行为。如果注重“代理”对“法律行为”的依附性，可将之放在民法典的“法律行为”制度体系框架之内；如果注重其独立性，当然也可与“法律行为”制度并列存在。故而，上述两种立法体例各有其合理性。①

而以既定的体系安排为考虑，保持代理相对于法律行为的一定独立性，也并非全无意义，其至少可以为代理制度的后续发展拓展出了更为广阔的空间。譬如，虽然《民法总则》第 161 条第 1 款规定，“民事主体可以通过代理人实施民法律行为”，但该款意在宣示而非强制。在规范的解释上，准法律行为也不妨通过代理所谓准法律行为，就是行为人表示一定的意思以告知他人事项的行为。② 又譬如，不少学者指出，在我国，无论是现有立法还是民法典建议稿，规范模式均注重民事代理而忽视商事代理，在民法典编纂之时，应预留商事代理的规范空间，对商事代理作出特别规定。具体而言，在民法总则当中规定商事代理的一般规则，以及商事代理的类型、范围、代理权的创设以及代理行为后果的归属，针对两种不同类型的商事代理，即组织内的重复性代理（职务代理）和组织外的重复性代理（以代理商为代表）予以区别规范。③ 虽囿于民法典总则体系定位，这些关于商事代理的规范不可能尽皆纳入“代理”章节内，但不可否认，超脱“法律行为”的体系束缚，未来的民法典将获得更大的可能和空间，利于对商事代理的特殊性予以更为充分的关注。

第三节 关于代理类型化构建的再思考

一、指定代理的存废问题思考

《民法总则》根据当事人意思在代理权来源中的不同，采用“两分说”将代理分为法定代理和委托代理，否定指定代理为一种独立的代理类型，将其纳入法定代理中。对指定代理的舍弃，无疑是《民法总则》（第 163 条）在代理基本类型划分问题上对《民法通则》（第 64 条）所作的重大改

① 孙宪忠主编：《民法总论》，北京，社会科学文献出版社 2004 年版，第 230 页。

② 王利明主编：《中华人民共和国民法总则详解》，北京，中国法制出版社 2017 年版，第 707 页。

③ 蒋大兴、王首杰：《论民法总则对商事代理的调整——比较法与规范分析的逻辑》，载《广东社会科学》2016 年第 1 期。

变。《民法通则》第 64 条将指定代理作为与委托代理和法定代理相并列的一种代理类型，只是照搬了法定监护与指定监护的划分。[①] 虽然从表面上看，指定代理中代理人的法定代理权来自法院、被监护人父母的遗嘱或居民委员会、村民委员会、民政部门的指定，从一定程度上不同于法律的直接规定。但是，从实质上看，法院、遗嘱和其他机构指定法定代理人的权力依然来源于法律的直接规定。[②] 而且，从我国相关法律的规定来看，法律一般对指定顺序进行了明确的规定，有指定权的机关只是在同一顺序的有权代理人中行使自由裁量权，确定其中一个或几个，指定机关的权限在很大程度上仍然受到法律的限制。以代理权来源作为分类标准，指定代理除了在来源方式上增加了指定的环节，在权利来源、代理事项、范围和行使规则等方面均与法定代理相同，在本质上仍然是一种法定代理。德国学者也明确指出，法定代理既可以基于法律规定而产生，也可以基于特别指定而产生，两者并无不同。[③]

二、民商界分与商事代理构建

从法制史的角度分析，代理之所以成为一种独立制度，并非观念革命的结果，而是商人为适应交易需要进行制度创新的结果，源于商业交易中分工的细密化和交易的复杂化。[④] 自 17 世纪以来，随着英国的商品经济，尤其是海外贸易活动和贸易公司的长足发展，经纪人和代理商这两类重要的法律主体在商事实践中日益崛起，与这一繁荣的经济基础相适应，代理关系逐渐独立出来，作为一种独特的法律关系引起了商人和法官的瞩目。[⑤] 可以说，代理制度自其诞生起便带有商事制度构建中的痕迹，如何处理民事代理和商事代理的关系一直是代理所要面临的重要问题之一。相对于域外立法对商事代理的重视，我国现行法则更多地重视民事代理而忽视商事代理，导致二者之间分野的模糊，给代理结构体系的构建和相关法律的适用带来了不少的困扰。例如，《合同法》第 410 条在没有区分商事

① 陈甦主编：《民法总则评注》下册，北京，法律出版社 2017 年版，第 1152 页。

② 张新宝：《中华人民共和国民法总则释义》，北京，中国人民大学出版社 2017 年版，第 351 页。

③ 〔德〕弗卢梅：《法律行为论》，迟颖译，北京，法律出版社 2013 年版，第 931 页。转引自陈甦主编：《民法总则评注》下册，北京，法律出版社 2017 年版，第 1152 页。

④ 谢鸿飞：《代理部分立法的基本理念与重要制度》，载《华东政法大学学报》，2016 年第 6 期。

⑤ 徐海燕：《英美代理法研究》，北京，法律出版社 2000 年版，第 42 页。

委托和民事委托的前提下，一律赋予委托方和受托方以任意解除权，一定程度上损害了商事委托的稳定性和营利性。① 而《合同法》第 403 条将主要针对商事领域的《国际货物销售代理公约》第 13 条中关于隐名代理情势下第三人选择权和被代理人介入权引入并统一适用于民商事领域，事实上给民事委托带来了不稳定因素，甚至可能会导致民事代理制度的立法功能难以实现。② 我国正处于“民法典编纂”过程中，在民商合一的体例之下，如何区别对待民事代理和商事代理，充分考虑后者的特殊性，以回应商事活动现实的需求成为重中之重。

（一）商事代理的特殊性

商事代理本质上属于一种商行为，与民事代理最大的不同，首先体现在民事代理中的代理人是单纯为他人利益行动，并无谋取个人利益意图；而商事代理中的代理人的根本目的是通过为他人利益行动为自己获取经济利益。③ 因代理行为目的的差别，商事代理和民事代理在代理权行使过程中的勤勉注意义务、损害赔偿责任、委托人的解除权等规则自然会有所差别。其次，从被代理人身份来看，商事代理是基于组织关系的代理，或基于组织内部的雇佣关系，通常表现为组织内的雇员对组织的代理，或基于组织外部的组织之间的代理，通常表现为组织外的主体对组织的代理，基于这种组织性，商事代理呈现出持续性、反复性和独立性等特征④，而民事代理则表现为单一性代理。商事代理主体通常具有丰富的专业技能和风险防范能力，而民事代理主体因时空所限，往往缺乏相应的经验和能力。这也就导致了二者在形式要求上的明显差别，商事代理更多地表现为隐名或半隐名代理，比如《合同法》第 402 条和第 403 条所规定的代理最初起源于外贸代理；而民事代理多要求显名代理，以减少代理风险。

（二）商事代理的立法模式

在 21 世纪，解法典化喧嚣尘上，各种特别法的出现一再挑战着民法典体系的圆满性，立法出现碎片化，将所有的法律部门都纳入民法典已经不再可能。在坚持民商合一的前提下，民法典作为私法的基本法，如要兼

---

① 邹晓玫、王雪姗：《比较法视角下商事代理制度之重构》，载《法治社会》2019 年第 3 期。

② 武亦文、潘重阳：《民法典编纂中代理制度的体系整合》，载《浙江社会科学》，2016 年第 10 期。

③ 陈徐奉：《论商事代理》，载《河北法学》，2009 年第 7 期。

④ 蒋大兴：《论民法总则对商事代理的调整》，载《广东社会科学》，2016 年第 1 期。

顾商事代理的特殊性和代理制度体系的稳定性，必须根据提取公因式的立法技术，根据民事代理规则和商事代理规则的普世性程度放在民法典不同的位置，甚至不惜将变动性和特殊性都很高的商事代理规则排除在民法典之外，由商法特别法来规定。易言之，在《民法总则》中仅规定一般性制度，原则上可以适用于所有的民商事领域；而将一些仅适用于商事领域的特殊性规则交由合同法分则或者商事特别法调整。①

三、显名原则与隐名代理规范

（一）显名原则的法理基础

代理尤其是委托代理，可以令本人在民商事活动中超越其时间、精力和专业能力等方面的限制，增强其意思自治的能力，扩大活动范围。但是，代理人的介入难免会在实际交易的双方之间造成一定的信息遮蔽效果，带来交易的不确定性，因此，考虑到维护交易安全，代理人在从事代理行为时需以"被代理人名义"即显名代理为原则。毕竟相对人只有在识别出代理人背后的真正交易者之后才会同意与之交易，容许代理效果的发生，显名代理有利于相对人在交易中行使消极的拒绝权。显名原则的目的就在于保护相对人，俾其知悉本人究为何人。② 同时，不可忽略的是，显名也有利于保护代理人的利益。对代理人来说，显示被代理人名义可以避免法律行为的效果在自己的法律领域内发生，本质上显名具有拒绝行为效果对自己发生的消极含义。③ 代理本为法律行为的特殊种类，解决的是法律行为后果由他人承担的例外情形。在不符合公开原则的情况下，应当推定为行为人是为自己行为，其自行承担行为效果。④ 比如，《日本民法典》第100条规定，"代理人未明示为本人而进行的意思表示，视为为自己所为"。而依据《合同法》第403条的规定，代理人在隐名代理的情况下，可能因相对人行使选择权要求其承担责任，反之，在显名代理时，代理人只要没有违反代理规则，就不会承担代理责任。

（二）显名原则的缓和

显名代理固为大陆法系普遍采用的原则，比如，《德国民法典》第164

① 谢鸿飞：《代理部分立法的基本理念与重要制度》，载《华东政法大学学报》，2016年第6期。

② 王泽鉴：《民法总则》，北京，北京大学出版社2009年版，第423页。

③ Dei contratti in generale, in Commentario dei codice civile, art 1387－1424, a cura di Emanuela Navarretta, Andrea Orestano, diretto da Enrico Gabrielli, UTET, 2012, p. 22；转引自殷秋实：《论代理中的显名原则及其例外》，载《政治与法律》2016年第1期。

④ 尹飞：《代理：体系整合与概念梳理》，载《法学家》2011年第2期。

条规定，代理人于代理权限内，以被代理人名义所为之意思表示，直接对被代理人发生效力。与此不同的是，英美法系形成了隐名形式的代理。隐名代理是指代理人非以本人名义，而是以自己名义从事代理行为，代理后果仍由被代理人承担的代理类型。具体来说，隐名的形式包括以下两种：一种是既不公开本人也不公开自己的代理人身份，称为完全隐名代理；另一种是只公开自己的代理人身份，却不公开本人的代理，即半隐名代理。因其可能损害相对人的不缔约自由，隐名代理自诞生以来便多遭诘难。例如，霍姆斯便指出，“我本来以为与一个好友订立合同，但法律允许一个我从未听说过的陌生人冒出来与我建立合同关系，这显然与常理相悖。”① 而从法经济学的角度去看，隐名代理之所以在英美法系扎根发芽，其根本原因在于它有利于确保商事活动的便捷性和降低交易成本。②

随着两大法系的融合，为了本人的交易便捷和个性化考虑，比如在艺术品市场，某些委托人不愿公开自己的身份，大陆法系开始借鉴隐名代理规则，其对显名原则的要求也有所缓和。隐名代理的设置，不但可省去代理活动中的公示成本，而且可以为被代理人提供更加多元的交易方式选择。③ 而正如学者所言，就内容而言，代理人在显名时不再必须确定被代理人的身份，而是表现出被代理人的存在即可；就方式而言，尤其是在商事领域中，代理人不再需要明确地显示被代理人，而是可以通过默示的行为甚至沉默来表示，只要结合客观情境和商业惯例，合理谨慎的相对人可以相信代理人是在为被代理人进行交易即可。④ 例如，《日本民法典》第100条在坚持代理显名主义原则的同时，规定，“但是，相对人已知其为本人时，准用第一款的规定”。《德国民法典》第164条第2款也规定，只有在代理人没有明确以被代理人名义而且相关情势也无法使相对人知悉其是为了他人而行为时，法律才推定该行为是代理人自己的行为。

在我国《民法总则》颁布以前，《民法通则》在借鉴大陆法显名主义的基础上，规定了显名代理。在制定《合同法》的过程中，立法者基于外贸代理的需求，借鉴英美法中的隐名代理，采用“拿来主义”，分别在第402条和第403条规定了半隐名代理和隐名代理，以缓和《民法通则》绝对的显

① O. W. Holmes, “The history of agenery” in Select Essay in Anglo, *American Legal History*, Vol. 6, p. 404.

② 倪万英：《论隐名代理制度》，载《政治与法律》，2005年第3期。

③ 马新彦：《总则代理立法研究》，载《法学家》2016年第5期。

④ 殷秋实：《论代理中的显名原则及其例外》，载《政治与法律》2016年第1期。

名主义带来的不利影响。但是，这种对两大法系代理制度的杂糅移植，不但容易动摇两种代理制度自身的完整体系，造成立法内容抵触、顾此失彼。① 比如，《合同法》第 423 条规定行纪合同没有规定的，“适用委托合同的规定”，至于委托合同中的哪些规定可以适用于行纪，却未言明；当受托人为了委托人的利益，以自己名义从事交易活动时，究竟是适用《合同法》第 402 条、第 403 条抑或第 421 条规定的行纪合同，在实践中不无疑问。而且，诚如学者所言，其虽然仍然可以勉强容纳于大陆法的框架之内，但与隐名代理对待公开原则的态度，已近天壤之别。② 就其实质而言，隐名代理与显名代理的冲突乃是意思自治与信赖保护的冲突，从意思自治角度来看，代理是用来丰富和扩张本人的自由意志的，隐名代理能够更好地根据本人的意志来实施代理行为，但是，如果不对其施以限制可能会损害相对人的信赖保护，因为相对人并未与本人从事法律行为，但却要承接与其发生法律行为的效力。相反，如果对相对人的信赖保护的保护过度，又会减损自由意志的深度，甚至侵害自由意志。

（三）隐名代理的制度设计

域内外的实践中，隐名代理主要适用于商事领域，为商事代理的主要表现形式之一，而作为一种以部分牺牲信赖保护为代价，从而提升交易效率的代理方式，隐名代理亦更加适合在具有专业知识和经验的主体中实施。虽然有学者认为，民事代理在现实生活中发生的频率及其效率越来越不容忽视，而隐名代理（或称为间接代理）的适用领域也已经从商事领域扩张至民事领域，隐名代理可以作为代理的基本规则规定在《民法总则》中。③ 但是，已经颁布的《民法总则》却并未采纳此种观点。在未来的民法典分则制定中，较为妥当的做法是将隐名代理继续以有名合同的方式规定在合同编，同时，必须着重解决以下两个问题。第一，隐名代理与行纪合同的适用冲突问题。鉴于二者不同的理论构造，立法上的双重构造导致了法律规范的不协调和法律适用的困难与混乱。而行纪合同制约了被代理人与第三人权利义务关系的建立，维护交易安全有余，促进交易效率而显不足，且其功效已经被隐名代理所覆盖，未来合同法分则可以将行纪合同

① 吴夏：《隐名代理的法律地位研究》，载《当代法学》2002 年第 5 期。

② 尹飞：《代理：体系整合与概念梳理》，载《法学家》2011 年第 2 期。

③ 马新彦：《总则代理立法研究》，载《法学家》2016 年第 5 期。

的规则整合到隐名代理中，将行纪合同予以删除。[①] 第二，相对人的选择权问题。《合同法》第 403 条虽然规定相对人在因本人违约的情况下赋予相对人以选择权，但是第三人有效行使选择权的前提是事前获得代理人和本人有效的信用信息，这对与本人素未谋面的相对人来说实际颇有难度，相对人一旦选择错误，就有可能在实质上失去获得救济的权利，同时增加了相对人对本人和代理人的信息调查成本和决策成本，对于相对人殊为不利。在比较法中，一些国家和地区已经注意到选择权给相对人带来的不利后果，比如美国法学会在制定《代理法第二次重述》时，一些司法区域就已经明确地废弃了选择权，法官认为直到第三人的权利主张得到满足之前，无论是代理人还是本人都不能免除责任。[②] 以此为借鉴，为了更为有效地保护相对人的交易安全，未来民法典对于隐名代理的规定应该考虑废弃相对人的选择权，在因本人原因导致不能向相对人履行义务时，改为代理人和本人对相对人承担连带责任。

---

① 雷裕春：《关于完善我国合同法商事代理制度的思考——以〈合同法〉第 402 条、第 403 条为视角》，载《广西政法管理干部学院学报》2008 年第 3 期。

② *Williamson v. O'Dwyer & Ahern Co.*，127 Ark. 530，192 S. W. 899 (1917).

第十六章　代理权的理论与实践

第一节　代理权取得与消灭

一、代理权的内涵

（一）代理权的性质

代理权的概念首创于德国学者拉邦德，为强调代理权授予与其基础关系区分的结果。然而，就其究竟是一种权利还是法律地位，学者间却历来有不同看法。（1）能力说。主张“代理权为一种能力，与行为能力相类似，其与行为能力不同者，行为能力乃自己所为或所受之意思表示，直接对于自己发生效力；代理权，则为代理人所为或所受之意思表示，直接对于本人发生效力也。”① （2）资格说。认为“代理权虽亦名为权，但与其他权利不同，盖其他权利皆以利益为依归，而代理权对于代理人并无利益可言（效果归属于本人），故代理权仅为一种资格或地位”②。（3）权利说。此说认为代理权为一种权利。至于具体属于何种权利，有的学者认为是形成权，有的则认为代理权属于一种财产管理权③，还有的学者认为代理权是代理人对不特定范围的第三人进行活动的绝对权利。④ 代理关系是一种“权力—义务关系”。代理权是“代理人被授予改变被代理人与第三人间的法律关系的权力，而被代理人则承受这种被改变了的相应义务”⑤。

在民法学理论的研究中，诸如此类的争论不乏其见，关于监护权本质的探讨即是另一典型。虽不可否认，此类讨论对于界定权利及其特性、明

---

① 胡长清：《中国民法总论》，北京，中国政法大学出版社 1997 年版，第 303 页。

② 郑玉波：《民法总则》，台北，三民书局 1979 年版，第 292 页。

③ 梁慧星.《民法总论》，北京，法律出版社 2001 年版，第 240 页。

④ 〔苏〕格里巴诺夫主编：《苏联民法》上册，北京，法律出版社 1984 年版，第 196 页。

⑤ Markesinis Munday, *An Outline of the Law of Agency*, Butterworths, 12nd edition, 986, p. 7.

确权利构建基础和机能、完善权益保护模式等方面所具有意义①，但在关于民事权利本质认知仍旧存在“意思说”“利益说”“法力说”等众多分歧的情势下，寄希望于自其中抽象出某种确定标准，以对另一个本就存在多种面向的对象的属性作出一种周延性的判断，难切现实。就代理权而言，基于其内部构造，一种将其与具体法律关系相结合的分析思路或许更具现实价值：就代理的内部关系而言，代理权或是使被代理人（委托人）充分地行使自己民事行为能力的工具，或是法律用以补救无行为能力或限制行为能力人民事行为能力之欠缺的措施，代理应当从属于代理关系当事人行为能力的概念；而从代理的外部关系来考虑，代理权只是一种代理人得以被代理人的名义向第三人为意思表示或受领第三人的意思表示的资格或地位。②

（二）代理权的义务面向

值得注意的是，无论采以何种视角，在对其性质界定中，代理权内涵中所包含的义务面向皆是不可回避的问题。虽然，“代理权与监护权一样，有权利之名而无权利之实，代理权只不过是代理人的职责（义务）”的主张③，未免有些言过其实。但是，正如学者所言：“由于代理行为的法律效果直接归属于被代理人，代理人是否以诚信的态度行使代理权，实施代理行为，对被代理人利益的影响十分重大，因此代理制度理所当然地要根据代理活动中的常见问题，从维护被代理人的利益出发，对代理人行使代理权提出若干准则，以规范代理人的代理行为，防止代理人利用代理损害被代理人的利益。”④ 此种准则虽然多以对代理行为规制的形象出现，然究其实质，毋宁说是对代理人义务的列举。尤其是按照《民法通则》第66条第2款和《民法总则》第164条第1款的规定，代理人不履行或者不完全履行职责，造成被代理人损害的，应当承担民事责任。虽然有学者将此款规定解释为是代理人与被代理人之间委托合同中的义务，并主张未履行该项义务，给被代理人造成损失，属于违约行为，应当承担违约责任。⑤ 但在强调代理权与基础关系相区分的语境下，尤其是在某些委托阙

① 张驰：《民事权利本质论》，载《华东政法大学学报》2011年第5期。

② 佟柔主编：《中国民法学·民法总则（修订本）》，北京，人民法院出版社2008年版，第205页。

③ 彭万林主编：《民法学》，北京，中国政法大学出版社1999年版，第151页。

④ 李开国：《民法总则研究》，北京，法律出版社2003年版，第332页。

⑤ 马新彦：《总则代理立法研究》，载《法学家》2016年第5期。

如的代理授权中，此种解释恐难得周延。其概念中所包含的义务面向，也正是代理权虽几经解释，却仍难与所有权、姓名权等一般民事权利等同而论的主要原因所在。

而正视代理权中的义务面向，蕴含其中的具体的义务内容究竟有哪些，对此，基于法律具体规定或者本人授权的不同，以及权利行使语境（譬如民事代理和商事代理）的差异，很难存在一个统一、全面的回答。但究诸代理制度的主旨及其基本结构，在蕴含纷繁复杂的代理关系中抽象出较具基础意义的代理义务内容，却并非不可能。（1）依照法律或本人的指示从事代理活动的义务。其具体内涵可细分为三个层次。首先，代理权的设立与行使不得违反法律法规的规定（尤其是禁止性规定），当事人不得借用代理形式，从事违法行为。其次，代理人须在法律或本人的授权范围内、按照授权的方式行使代理权。《民法总则》第 163 条第 2 款规定："委托代理人按照被代理人的委托行使代理权。法定代理人依照法律的规定行使代理权。"再次，在代理权行使的过程中，除基于监护等弥补本人行为能力的法定代理外，如本人就代理行为作有具体指示的，代理人应按照本人具体的指示进行代理行为。（2）勤勉义务。作为信义义务的核心之一，勤勉义务集中体现在公司治理的制度中，旨在要求公司高管要以一个谨慎的人在管理自己的财产时所具有的注意程度去管理公司财产，强调公司高管的专业水准和敬业精神。① 而在代理权中，所谓代理人的勤勉义务主要是指要求其以"一个谨慎的人在管理处理自己事务"的注意程度行使代理权，从事代理行为；避免因不恰当或怠于履行代理职责，而给被代理人带来不必要的损害。（3）忠实义务。忠实义务为信托法基础性义务，根据学者的总结，其含有三个原则：一是不得置身于信托财产的利益和受托人个人利益相冲突的地位；二是在信托事务的处理之际不得谋取自己的利益；三是在信托事务的处理之际不得为第三人谋求利益，禁止取得信托报酬以外的利益（No Profit Rule）；忠实处理信托事务。② 以此为借鉴，在代理权中，代理人也应符合两方面的基本要求：代理人行使代理权须以维护本人的利益为基本准则，积极、及时地为被代理人计算并汇报与其利益相关的事宜；努力避免利益冲突问题的出现。

---

① 〔美〕弗兰克·伊斯特布鲁克，丹尼尔·费希尔：《公司法的经济结构》，张建伟、罗培新译，北京，北京大学出版社 2005 年版，第 116 页。

② 张军建：《受托人的忠实义务与善管义务》，载《河南财经政法大学学报》2012 年第 4 期。

二、代理权的授予

虽然在制定《民法总则》的过程中，有学者指出，结合我国民商合一的立法体制和代理制度复合继受的背景，我国民法典应当承认意定代理权来源的多元论，即除代理权授与行为之外，代理权还可以来自法律的直接规定、社会一般观念或者交易习惯以及当事人之间的基础关系。① 但是，按照目前民法学研究中的主流观点，以及《民法总则》第 163 条的规定，代理人权利的来源仍主要有两个：法律规定和本人的委托。而其中，对于法定代理而言，代理人的权利来源、范围甚至权利行使规则已有法律的明确规定，自无须在此赘言；唯在委托代理中，代理的权利来源主要为本人的授权，其权利是否产生、如何产生，代理人获得授权的内容或范围如何等，皆与被代理人的授权行为密切相关，为理论探讨所不能忽视。

（一）授权行为的性质

关于意定代理中授权行为的性质，学说上素来存在双方法律行为说与单方法律行为说的争议。双方法律行为说，如法国等主张委托契约与代理授权行为“等同论”者自不必言，在强调授权独立性的国家和地区，如日本，亦不乏其支持者。日本学者认为，代理权虽非产生于委任契约本身，但它是附随债权契约的一种无名契约②，认为“在授权人与代理人之间，不以授权人的单独行为为已足更须有代理人的承诺”③。然而，代理授权行为属于单方法律行为的观点，在以德国为代表的国家和地区中的学说和立法中似乎更占主流的地位。譬如，《德国民法典》第 167 条第 1 款规定：“全权的授予，应向全权代表或者向其为代理行为的第三人表示。”德国学者据此认为，委托代理权的授予是一种单方面形成的法律行为，只要有委托代理权的授予人的意思表示就够了。④ 而我国台湾地区“民法”第 167 条也规定：“代理权系以法律行为授予者，其授予应向代理人或向代理人对之为代理行为之第三人，以意思表示为之。”王泽鉴教授认为，由此规定可知代理权之授予，是一种有相对人的单独行为，于相对人了解（对

① 尹飞：《体系化视角下的意定代理权来源》，载《法学研究》2016 年第 6 期

② 史尚宽：《民法总论》，北京，中国政法大学出版社 2000 年版，第 530 页。

③ 〔日〕富井政章：《民法原论》，陈海瀛等译，北京，中国政法大学出版社 2003 年版，第 288 页。

④ 〔德〕卡尔·拉伦茨：《德国民法通论》，王晓晔等译，北京，法律出版社 2003 年版，第 860 页。

话)，或到达相对人（非对话）时，发生效力，不以相对人承诺为必要。①

而在我国大陆学者的相关论述中，单方法律行为说似乎也占据了主流的地位。② 学者认为："将授权行为视为双方法律行为既不符合授权的性质，也混淆了基础行为和授权行为之间的关系，因为基础关系大多都是合同关系，当事人不可能在基础关系成立以后再订立一个关于授权行为的合同。"③ 有学者则结合现行法的规定，认为《民法通则》第 65 条第 2 款规定，"书面委托代理的授权委托书应当载明代理人的姓名或者名称、代理事项、权限和期间，并由委托人签名或者盖章"，根据这一规定，授权委托书中并未要求代理人签名、盖章即无须代理人的承诺就能完成授权行为。④

虽然已普获支持并确有优势，但仍需指出的是，将代理授权行为视为单方法律行为的主张其实并非完美。如学者所言："代理权之授与者，只不过授与代理人一种代理资格而已，并未使代理人负荷义务或享受权利（此乃内部契约的问题），自无取得代理人承诺之必要。因此，因本人之单独行为向授与代理权亦无妨。"⑤ 单方法律行为说的正当性主要是建立在将代理权视为一项与义务无涉的资格甚至是权利的基础上的。而诚如上文分析，代理并非纯粹（一般）意义上的民事权利，而是有着其义务性的一面。"代理人的权力约束着本人，而本人的授权也限制着代理人。"⑥ 若将授权行为划归单方法律行为的范畴，无异于允许本人仅依其意思表示即可对代理人苛以负担，显然难得公平。特别是在缺乏基础关系的代理授权（如向不特定人所做的公告授权）中，其合理性难说不受置疑。而从法律解释的角度，在即便是更多以"赋益"形象示人的赠与合同都被划归为双方法律行为的语境下，将代理授权行为解释为单方法律行为的做法，明显缺乏足够的说服力。

或许是认识到此种不足，德国学者在将代理授权行为界定为单方法律行为的同时，才专门强调"但是，人们必须承认他却享有推掉他所不希望有的委托代理权的权利"⑦。而我国学者在对作为《民法通则》第 65 条第

① 王泽鉴：《民法总则》，北京，中国政法大学出版社 2001 年增订版，第 440 页。

② 李开国：《民法总则研究》，北京，法律出版社 2003 年版，第 336 页。

③ 王利明：《民法总则研究》，北京，中国人民大学出版社 2003 年版，第 529 页。

④ 汪渊智：《论代理权的授予行为》，载《山西大学学报（哲学社会科学版）》2015 年第 6 期。

⑤ 刘得宽：《民法总则》，北京，中国政法大学出版社 2005 年增订第 4 版，第 279 页。

⑥ Dowrick，"The Relationship of Principle and Agent"，(1954) 17 *MLR* 24 at 36.

⑦ 〔德〕卡尔·拉伦茨：《德国民法通论》，王晓晔等译，北京，法律出版社 2003 年版，第 861 页。

2 款的延续的《民法总则》第 165 条作出释评时，也对此提出了一种理论解释上的改正方案，即“代理授权是一个单方法律行为，同时受托人的拒绝委托也是一个单方法律行为”。该学者认为，这种独立、对应的两个单方法律行为构造，既清楚表明授权行为的法律性质，也恰当地平衡了代理授权的外部安定性需求以及内部利益安排的需求，从而使得外部第三人通过授权可以知晓代理人已确定获得一个代理权，代理人本身获得一个决定是否接受委托的利益选择手段。① 只是，此种双单方法律行为的授权理论构造，究竟是否可以给“单方法律行为说”存在的问题带来根本的解决，抑或只是叠床架屋，导致授权与拒绝活动的频繁发生，给当事人徒增烦扰，仍不无疑问。综上来看，在对代理授权行为法律性质的认定上，诸如日本学者主张的双方法律行为说观点，似乎更显简洁和可接受。

（二）授权的形式与内容

1. 代理授权的形式

西方的古代法律传统（主要是罗马法与日耳曼法）都相信，形式行为具有神圣的力量，因此必须通过形式行为才能产生法律约束力。而在民法的范围内，法律行为的形式要求往往对行为效力产生影响。这一现象被视为法律传统的产物。② 而对于代理权的授予而言，授权形式不仅是委托人取得代理效果的法律依据，也是受托人、第三人要求委托人承担代理责任的法律依据，对代理关系中的三方当事人皆有影响，对授权行为的形式的重视份属应然。③《民法总则》第 167 条在对《民法通则》第 65 条关于代理授权形式规范的继承中，舍去其第 1 款关于“可以用书面形式，也可以用口头形式。法律规定用书面形式的，应当用书面形式”的规定，只取第 2 款规定：“委托代理授权采用书面形式的，授权委托书应当载明代理人的姓名或者名称、代理事项、权限和期间，并由被代理人签名或者盖章。”似乎为对该问题的解说留下了某种解释和选择的空间。但据学者的解释，本条中“委托代理授权采用书面形式的”，并非表明委托代理必须采用书面形式，相反，其意味着委托代理授权可采用也可不采用书面形式。④ 而且，对“法律规定用书面形式的，应当用书面形式”的省略，也在表明立

① 耿林：《〈民法总则〉关于“代理”规定的释评》，载《法律适用》2017 年第 9 期。

② 唐晓晴：《论法律行为的形式》，载《法学家》2016 年第 3 期。

③ 李开国：《民法总则研究》，北京，法律出版社 2003 年版，第 356 页。

④ 王利明主编：《中华人民共和国民法总则详解》，北京，中国法制出版社 2017 年版，第 737 页。

法者在对代理授权形式要求上的放松。而在将代理授权视为“无名契约”的语境下，按照《合同法》第 36 条的规定，法律、行政法规规定或者当事人约定采用书面形式订立合同，当事人未采用书面形式但一方已经履行主要义务，对方接受的，该合同成立。形式对于授权行为成立与效力的影响，已颇显微弱。

另值一提的是，代理权的授予，除可以书面或口头等明示的方式作出外，在一定情况下，根据特定事实，就可以推论完成代理权授予，无须一般的授权意思表示。[①] 对于此，域外立法略有分歧。如《意大利民法典》第 1392 条明确规定，“如果未采用与代理人应当缔结的合同的形式给与授权，则代理权是无效的”。其明显对默示授权表达了否定的态度。而在更多的国家和地区的立法和司法实践中，则对此采取了积极肯定的立场。如《法国民法典》第 1985 条第 2 款规定：“接受委托，得仅以默示而成立，以及因受委托人（委托代理人）执行向其委托的事务而成立。”《德国民法典》第 167 条也规定：“代理权之授与，应向代理人或其为代理行为之第三人以意思表示为之。”“前项意思表示不需依代理权之法律行为所规定之方式。”我国《民法总则》虽未就默示授权表达直接的态度，但是从体系解释的角度，代理授权作为法律行为的一种，按照《民法总则》第 140 条的规定，可以默示的方式作出，当属无疑。实际上，按照学者的解释，《民法通则》第 170 条关于“职务代理”的规定，即可算是代理权默示授予情形的一种。[②] 除此以外，按照学者总结，默示授权的方式还主要包括以下三种：(1) 职业授权（usual authority），即代理人所为代理行为是在其职业的惯常权力范围之内时，尽管没有本人的明确授权，同样对本人产生约束力；(2) 习惯授权（customary authority），即当代理人在某一特定场所、市场或营业中代表被代理人实施某种法律行为时，视为拥有按照该场所、市场和营业中的惯例实施有关代理行为的默示代理权；(3) 附带授权（incidental authority），即在明示授权未能详尽其授权范围的情况下，合理地附属于其履行明示代理权所必不可少的默示行为，如受雇参加诉讼的律师或法律顾问享有和解的默示代理权。[③]

---

① 龙卫球：《民法总论》，北京，中国法制出版社 2001 年版，第 659 页。

② 王利明主编：《中华人民共和国民法总则详解》，北京，中国法制出版社 2017 年版，第 737 页。

③ 汪渊智：《论代理权的授予行为》，载《山西大学学报（哲学社会科学版）》2015 年第 6 期。

2. 授权书的内容及其效力

《民法总则》第 167 条对授权书应记载的事项予以了较为明确的列举。有学者根据事项记载欠缺所导致的结果不同，将其划分为绝对必载事项和相对应载事项。其中，代理人的姓名或者名称、代理的事项属于绝对必载事项，这些事项记载的阙如，令相对人根本无法依据授权委托书获知其面对的代理人是否具有代理权，相对人据此与该代理人从事法律行为的，除被代理人追认或同意的意外，不对被代理人产生效力；该“授权委托书”在法律属性上也不能被认定为授权委托书。而绝对必载事项以外，代理的权限和期间则属于相对应载事项，其记载的阙如不影响授权委托书的效力，而影响对该授权委托书的解释。① 特别需要说明的是，在形式要求对授权行为的成立和生效不存在影响成为学说和规范共识的背景下，代理委托授权书的效能更多地体现为一种表彰和证明功用，即向代理人和第三人(无论特定与否）以明确的方式表明代理授权的存在及其范围。因此，即便授权因绝对必载事项的阙如而失去其效力，也不能当然地否认授权委托的存在。譬如，在某些商事交易活动中，不具名的授权委托书其实非常普遍，商事交易习惯通常将授权委托书的持有人视为有权代理人，如仅因授权书上的代理人姓名或名称阙如，即判定授权不存在，似乎与实际难符。

当然，除《民法总则》第 167 条所规定的绝对必载事项和相对应载事项外，被代理人还可以根据委托授权事项的特殊性对代理授权作出更多的授权、说明或者限定，但须以授权并未超出法律所规定的范围为限。根据《民法总则》第 161 条第 2 款的规定：“依照法律规定、当事人约定或者民事法律行为的性质，应当由本人亲自实施的民事法律行为，不得代理。”因此，无论代理委托授权是否以书面的形式作出，是以明示还是默示的方式作出，皆不得在以上事项的范围内作出授权。

（三）授权不明的后果

除《民法通则》第 65 条第 1 款外，作为“继承者”，《民法总则》第 167 条对《民法通则》第 65 条中内容的“舍弃”还集中体现在第 65 条第 3 款上。依据该款原本的规定，委托书授权不明的，被代理人应当向第三人承担民事责任，代理人负连带责任。此番修改受到了不少法学研究者的肯定。据学者概括，授权不明，即授权的意思表示不明确，可能表现为如下

① 张新宝：《〈中华人民共和国民法总则〉释义》，北京，中国人民大学出版社 2017 年版，第 355 页。

几种情况：（1）从意思表示中难以判断其是否授权；（2）从意思表示中难以判断向谁授权（或将代理权授予谁）；（3）从意思表示中难以判定其授权的具体事项范围或权限；（4）从意思表示中难以判断其授权的有效期限(起止日期)。[①] 有学者指出，委托授权不明一般在产生纠纷时才会显露出来，此时法官的任务就是通过意思表示的解释使得这种“不明”变得“明确”。解释的结果无非两种情况：一种是有权代理，一种是无权代理。对这两者的法律效果，民法总则已经明确规定[②]，此款规定不仅有叠床架屋之嫌，而且还不恰当地增加委托人和代理人的法律责任，自然没有继续存续的道理。针对实践中代理授权不明时有发生的现实，也有学者建议，《民法总则》增设一条代理权范围确定的缺省规定，其目的在于确定代理权的范围，而不是厘定当事人之间的责任。[③] 对此，本书认为，在《民法总则》第142条和《合同法》相关规范对法律行为的解释已经作出较为明确指引的情况下，关于代理权范围确定的缺省规定是否增设，对法律适用的实践并无明显影响。在代理实践中，若遇有授权不明的情形，只需按照法律行为意思表示解释的一般规则操作即可。

第二节　共同代理与复代理

一、共同代理

（一）共同代理的内涵

1. 共同代理的界定

所谓共同代理，依据《民法总则》第166条的规定，即是指数人为同一代理事项的代理人的代理。与单独代理不同，在共同代理中，作为被代理人委托的代理人数量为多数，是数人就同一代理事项从事代理行为的代理。共同代理又有别于所谓“集合代理”，即同一内容的数代理权属于数人，而各代理人均有独立的代理权。集合代理的代理人虽为多数，但其乃

---

① 佟柔主编：《中国民法学·民法总则（修订本）》，北京，人民法院出版社2008年版，第207页。

② 方新军：《〈民法总则〉第七章“代理”制度的成功与不足》，载《华东政法大学学报》2017年第3期。

③ 谢鸿飞：《代理部分立法的基本理念和重要制度》，载《华东政法大学学报》2016年第5期。

单独代理的集合，各代理人均有独立的代理权，各得单独为代理行为。① 共同代理的内涵实质在于由被代理人委托数个代理人，共同一项代理事项，分享一项代理权，数个代理人都是有权代理人，就委托事项享有平等的代理权。

按照体系解释的方法，《民法总则》第 166 条规定仅为委托代理中的共同代理。但实际中，共同代理也有可能，甚至在多数情况下，适用于法定代理权，例如未成年人的父母作为共同代理人。因此，有学者指出，《民法总则》只规定委托代理中的共同代理，而未规定法定代理中的共同代理，不能不说是立法的缺失。② 对此问题，则另有学者提出，基于同样的制度目的和利益状况，应类推适用本条规定，以避免法定共同代理人意见不一致时出现无所适从局面③，亦不失为一种有益的思路。

2. 共同代理权的授予

对于共同代理权的授予方式，我国法律未作明确的规定，原则上属于当事人意思自治的范畴。其中需要注意的是：首先，对于数个代理人的委托授权，原则上应由被代理人作出，但亦非绝对。譬如，根据《美国代理法重述》的规定，共同代理人可以通过本人任命，也可以通过本人授权的其中一人来任命其他共同代理人。④ 其次，对于代理人的任命可以同时进行，也可以分开进行，但是，原则上须所有共同代理人皆知悉存在其他代理人与其一起共同分享代理权的事实，并同意共同行使代理权。一般情况下，共同代理应当规定在一份授权委托书中。但是，如果虽然存在数个授权委托书，但是授权委托书中规定或者有证据证明数个代理人是就同一事项进行代理，且各代理人知悉存在数个代理人，数个代理人必须共同代理同一事项这一事实，此情形也应该被认定为共同代理。⑤

（二）共同代理权的行使

数人分享一项代理权是共同代理的基本特点。与财产的共享不同，代理权的功能在于赋权代理人以被代理人的名义与第三人从事代理行为，其以法律行为（意思表示）为基本指向，以权利的行使（而非享有）为常

① 王泽鉴：《民法总则》，北京，中国政法大学出版社 2001 年增订版，第 440 页。

② 马新彦：《民法总则代理立法研究》，载《法学家》2016 年第 5 期。

③ 王利明主编：《中华人民共和国民法总则详解》，北京，中国法制出版社 2017 年版，第 743 页。

④ The American Law Institute，Restatement (Third) Of Agency Intro.（2006），§ 1.04 (1).

⑤ 张新宝：《〈中华人民共和国民法总则〉释义》，北京，中国人民大学出版社 2017 年版，第 357 页。

态。因此，在实际的代理活动中，数个代理人如何行使代理权，以被代理人的名义，作出意思表示，是共同代理制度中的关键问题。对此，域外立法存在着“须共同行使”和“可单独行使”的分歧。《奥地利普通民法典》第 1011 条的规定：“数个受任人如同时受任处理事务时，除委任状明白授与其中一人或数人以全权者外，对有效处理该项事务，与对委任人成立一项义务，需要全体受任人之共同行为。”而按照《欧洲私法共同参考框架草案》（DCFR）第 2 - 6：110 条的规定，数个代理人都有代理权限为同一被代理人实施一定行为的，每个代理人都可以单独实施代理行为。《荷兰民法典》第 3：65 条也规定，“除另有规定外，代理权被一并授予两个或两个以上的人的，每个代理人均有权独立实施代理行为”。甚至，据《美国代理法重述》的规定，处于较高地位的共同代理人可以根据本人的授权指挥处于从属地位的共同代理人。① 而我国《民法总则》第 166 条则仍持“应当共同行使代理权”的立场。

所谓“共同行使”，按照意思表示的基本原理，不在乎行为的时间和方式是否一致，而应当理解为“形成合意”。但对于合意的形成，学者间亦有不同的理解，如学者所言：“所谓共同行使，是指共同代理人行使代理权时应予协商，至于如何协商，应交由共同代理人之间约定，如果欠缺明确的约定，应认为须由全体共同代理人一致同意。”② 另有学者则认为，数个代理人应当按照多数决的方式形成共同代理权，并依该意见行使代理权。③ 从代理人代理行为的性质，即以被代理人的名义，实施的是法律效果归属于被代理人的法律行为的角度出发，并结合代理权本身所具有的义务面向来看，对共同代理行为应苛以更为严格和审慎的义务，因此，应由全体代理人“一致同意”的主张似乎更具说服力。当然，《民法总则》第 166 条对于“应当共同行使代理权”，也设置了相应的除外条款，即“但是当事人另有约定的除外”。在当事人存有特殊约定的情况下，不但对于代理权的共同行使无须遵循“全体一致”的原则，甚至按照学者观点：“在所有共同代理的情形中，享有共同代理权的人可以授权其中一名代理人单独实施行为。”④

---

① The American Law Institute, Restatement (Third) Of Agency Intro. (2006), §1.04 (9).

② 王利明主编：《中华人民共和国民法总则详解》，北京，中国法制出版社 2017 年版，第 743 页。

③ 杨立新：《民法总则》，北京，法律出版社 2013 年版，第 503 页。

④ 〔德〕弗卢梅：《法律行为论》，迟颖译，北京，法律出版社 2013 年版，第 932～933 页。

二、复代理（转代理）

（一）复代理的内涵解构

所谓复代理，又称转代理，指代理人为处理其权限内的全部或者部分事务，而以代理人自己的名义为被代理人选任代理人的行为。由代理人选任的代理人为复代理人。[①] 作为代理制度下一个极具复杂性的概念，以解构式的视角来看，复代理的内涵大体包括以下三个方面。（1）复代理人既不是由被代理人任命，也并非由代理人以被代理人的名义（即代理行为的方式）任命，而是由代理人以自己名义选任。（2）复代理人是被代理人的代理人，以被代理人的名义从事代理活动。德国学者认为，再代理人以原代理人名义作为，但表明其代理人的代理身份时，也构成再代理，但如再代理人只以原代理人的名义作为，则不构成再代理，而是原代理人的原代理人（Hauptvollmacht）。[②] 同时，其与代理人之间并未构成共同代理关系，可以在转委托授权的范围内，独立地从事代理行为，无须经过代理人的同意。（3）复代理权以代理人的代理权为基础，一方面，代理人对复代理人的选任和授权，须以其自身代理的存为基础，因此，复代理人的代理权的存在须以代理人代理权的存在为前提，诚如学者说所，“复代理权并非原代理权的转移，如果原代理权在复代理成立时即告消灭，也就无复代理可言”[③]；另一方面，由于复代理人是原代理人以自己名义委任的，因而复代理人的代理权限只能等于或小于原代理人的代理权限，不能大于原代理人的代理权限。[④] 此外，值得注意的是，《民法通则》虽然只是将关于复代理的规定置于“委托代理”一节之下，但按照目前学界较为主流的观点，再代理不限于意定代理，在法定代理也可以发生。我国最高人民法院《民法通则意见》第 22 条规定，“监护人可以将监护职责部分或者全部委托给他人”，所以，我国不仅在意定代理，在法定代理和指定代理也可以进行复代理。[⑤]

（二）转委托代理的条件

民法学理论认为，代理权的行使应当以代理人亲自行使为原则。“代

---

① 徐海燕：《复代理》，载《当代法学》2002 年第 8 期。

② 黄立：《民法总则》，北京，中国政法大学出版社 2002 年版，第 414 页。

③ 张俊浩：《民法学原理》，北京，中国政法大学出版社 1997 年版，第 265 页。

④ 李开国：《民法总则研究》，北京，法律出版社 2003 年版，第 364 页。

⑤ 龙卫球：《民法总论》，北京，中国法制出版社 2001 年版，第 674 页。

理关系具有浓厚的人身信赖色彩，被代理人常常是基于对代理人的知识、技能、信用等的信赖而委托代理人的。既然代理是基于高度信任关系而产生，代理人必须亲自从事代理行为，才符合被代理人的意志和利益。”①因此，只有存在特殊的事由，代理人才可将其代理权转委托予第三人。而自域内外相关立法与学说来看，可兹作为代理权转委托授权的事由主要包括“被代理人的同意或追认”和“紧急情况下代理人为了维护被代理人的利益需要”两种情形。如《日本民法典》第 104 条规定：“委托代理人除非经本人许诺或有不得已事由，不得选任复代理人。”而我国《民法总则》第 169 条第 1 款规定：“代理人需要转委托第三人代理的，应当取得被代理人的同意或者追认。”同条第 3 款规定：“转委托代理未经被代理人同意或者追认的，代理人应当对转委托的第三人的行为承担责任，但是在紧急情况下代理人为了维护被代理人的利益需要转委托第三人代理的除外。”其中，对被代理人同意和追认，无须多言，但是，对“在紧急情况下代理人为了维护被代理人的利益需要”中的“紧急情况”，基于其用语的模糊，及对代理和复代理关系影响的重大，不得不加以解释。对此，最高人民法院《民法通则意见》第 80 条的规定颇具参考价值，该条规定，由于急病、通信联络中断等特殊原因，委托代理人自己不能办理代理事项，又不能与被代理人及时取得联系，如不及时转托他人代理，会给被代理人的利益造成损失或者扩大损失的，属于《民法通则》第 68 条中的“紧急情况”。

（三）复代理中的责任承担

复代理的发生使得代理关系结构的复杂程度大为提升，由复代理人代理行为所引发的法律效果或责任应如何归咎，便成为一个需要认真对待的问题。在此问题上，《民法总则》大体继承了《民法通则》的做法，采取了一种区分论的思路。(1) 在复代理有效成立的情况下，原则上按照代理制度的基本规则，由被代理人承受因复代理人代理行为而产生的法律效果。但在此过程中，因为代理人基于其所谓“复任权”而对复代理人享有选任、监督和指示的权利，此时，若由于代理人的选任和指示失误，而导致复代理人行为不当，给被代理人或第三人造成损害的，代理人仍需就其选任和指示过错承担责任。为此，最高人民法院《民法通则意见》第 81 条规定：“委托代理人转托他人代理的，比照民法通则第六十五条规定的条件办理转托手续。因委托代理人转托不明，给第三人造成损失的，第三人

① 王利明：《民法总则研究》，北京，中国人民大学出版社 2003 年版，第 646 页。

可以直接要求被代理人赔偿损失；被代理人承担民事责任后，可以要求委托代理人赔偿损失，转托代理人有过错的，应当负连带责任。”（2）在复代理未能成立，即转委托不存在法律认可的“紧急情况”，也未获得被代理人的同意或追认的情况，依照民法总则的规定，被代理人无须对复代理人的行为承担法律后果，并且，被代理人或复代理行为的相对人，因为复代理行为遭受损害的，可以要求代理人对此承担法律责任。

三、代理权的消灭

（一）代理权消灭的原因

与代理权的产生相对应，代理权的消灭，即意味着代理关系的终结。与所有的法律关系变动一般，代理权的消灭也需以特定事由的出现作为基础。《民法总则》基本延续《民法通则》的规定在其第173条和第175条中分别就委托代理和法定代理中代理权终止的事由集中作出了列举。比照该两个条文的规定，作为两类代理权消灭的事由主要包括：（1）代理人丧失民事行为能力；（2）代理人或者被代理人死亡。其中，作为以三方主体为基本构造，代理权因其中代理人和被代理人其中一方面的民事主体的消灭而终结，自是当然。但对“代理人丧失民事行为能力”应作如何解释，却不无疑问。对此，学者以德国民法典的规定为基础认为，也没有必要要求代理人是完全行为能力人，限制行为能力人即可（《德国民法典》第165条）。因为代理人在代理权限的范围内作出或受领意思表示，那么，代理人所为意思表示的后果不由其自己，而由被代理人承受。如果被限制行为能力的代理人并无代理权，那么，他将通过《德国民法典》第179条第3项但书得到充分保护。① 也有学者从区分委托代理和法定代理的角度认为，在委托代理中，由于代理事项是确定的，因而可以根据代理事项的性质判断进行该代理行为需要何种程度的民事行为能力；但在法定代理中，代理事项的概括性使得对代理人需要具备何种程度的行为能力无从判断。因此，从保护被代理人的利益出发，应当要求法定代理人具有完全的行为能力。② 本书认为，后一种区分论的思路在充分考虑两种代理不同主

① 耿林、崔建远：《民法总则应当如何设计代理制度》，载《法律适用》2016年第5期；《德国民法典》第179条第3项规定：“合同另一方当事人明知或者可知代理人无代理权的，代理人不负责任。代理人为限制行为能力的，亦不负责任，但经其法定代理人同意的行为除外。”

② 张新宝：《〈中华人民共和国民法总则〉释义》，北京，中国人民大学出版社2017年版，第381页。

旨和功能的基础上，有效地平衡了各方的利益需求，显得较周延也较具实践的合理性。

除共同的代理权消灭事由外，按照《民法总则》第 175 条的规定，法定代理权的消灭事由还包括：（1）被代理人取得或者恢复完全民事行为能力；（2）法律规定的其他情形。而据其第 173 条的规定，委托代理消灭的事由还包括：（1）代理期间届满或者代理事务完成；（2）被代理人取消委托或者代理人辞去委托；（3）作为代理人或者被代理人的法人、非法人组织终止。而且，针对委托代理中的特殊情况，出于维护被代理人或其继承人利益考虑，《民法总则》第 174 条还在继承最高人民法院《民法通则意见》第 82 条的基础上，对委托代理终止的例外情形作出了具体的规定，认为被代理人死亡或作为被代理人的法人、非法人组织终止后，有下列情形之一的，委托代理人实施的代理行为有效：（1）代理人不知道并且不应当知道被代理人死亡；（2）被代理人的继承人予以承认；（3）授权中明确代理权在代理事务完成时终止；（4）被代理人死亡前已经实施，为了被代理人的继承人的利益继续代理。

（二）代理权消灭的效果

代理消灭事由的出现，代理权无论是基于法律规定产生抑或因被代理人的授权而得，皆随即消灭，代理关系终止，原代理人不得再以被代理人的名义从事代理行为，被代理人也不再对代理人的行为享有权利和承担义务。此乃代理权消灭的直接法律效果。而除此以外，虽然我国《民法总则》中未作具体规定，然而基于被代理人与代理人之间存在委托授权关系，并出于维护交易安全和被代理人利益的考虑，在代理权消灭后，代理人还应承担相应的后合同义务：（1）代理权消灭后，本人应收回能够证明代理权的法律文件如介绍信、授权委托书等①，以防止代理权消灭后，表见代理发生的可能。譬如，《德国民法典》第 175 条即规定："代理权消灭后，代理人应当将授权书交还授权人；代理人无权留置授权书。"（2）代理权消灭后，被代理人还应就代理事项及时做好汇总、计算工作，向被代理人汇报，并转移代理过程中为被代理人获得的利益。（3）保密和辅助义务，代理权消灭后，代理仍需就因代理权行使而获知的被代理人的隐私或商业秘密事项等保密，同时，为保障被代理人能够充分地享有代理效果，代理人还应在代理关系结果后，继续向被代理人承担相应的辅助工作。

① 江帆：《代理法律制度研究》，北京，中国法制出版社 2000 年版，第 94 页。

第三节　代理权滥用的限制

在代理制度中，代理人以被代理人的名义，独立地作出意思表示，并将意思表示的法律效果直接归属于被代理人。虽然代理的授权大多建立在一定的信赖基础之上，但此种将他人意思表示几乎等同于其自身行为的模式建构，对于被代理人而言，无疑蕴含着较高的风险。通说认为，代理权是一种赋予代理人为本人设定负担的权力，存在着为自己利益而滥用的危险。对于这种危险，被代理人只有很有限的监控可能性，而且往往能采取监控也为时已晚。所以，有必要限制代理权的滥用。①

一、自己代理与双方代理

所谓自己代理，依据《民法总则》第 168 条的规定，即代理人以被代理人的名义与自己实施民事法律行为，其常见的行为方式表现为以被代理人的名义向自己发出要约并以自己的名义予以承诺，或以自己的名义发出要约继而以被代理人的名义给予承诺。而双方代理，则是指代理人以被代理人的名义与另一个由自己所代理的被代理人从事法律行为，表现为以其所代理的被代理人的名义向另一个由其担任代理人的被代理人发出要约，并以后者的名义作出承诺。

对于自己代理与双方代理，各国和地区立法原则上采取了禁止主义的立场。如《德国民法典》第 181 条规定："不经被代理人许可，代理人不得以被代理人的名义与自己或者作为第三人的代理人采取法律行为，但该法律行为系专为清偿债务的除外。"《日本民法典》第 106 条和我国台湾地区"民法"第 108 条也基本采取了相同的思路和立场。而我国《经济合同法》第 7 条第 3 项（失效）曾规定，代理人超越代理权限签订的合同或以被代理人的名义同自己或者同自己所代理的其他人签订的合同时，该经济合同为无效。

法律对自己代理和双方代理抱以禁止立场的原因主要在于对代理或合同本质的坚守以及出于避免因代理过程中的利益冲突而对被代理人造成损

① 〔德〕迪特尔·梅迪库斯：《德国民法总论》，邵建东译，北京，法律出版社 2000 年版，第 673 页。

害方面的考虑。在市场交易活动，作为“理性人”的交易主体，无不皆以自身利益的最大化为其追求。交易中的量价协商机制是一个利益博弈过程①，交易的达成虽表现为双方利益一致的结果，却无不需经历利益冲突、碰撞的过程。而由于交易双方的利益难免冲突，一人操纵包办，不免顾此失彼，并且名为双方协议，实际上却毫无协商余地，因而很容易伤害被代理人的利益。此外，同自己代理一样，在双方代理中，也没有第三人实际参加进来，与代理关系的概念有所不符。② “关于禁止自己契约和双方代理的法理，一方面在于，合同属于双方法律行为，而在自己契约与双方代理的场合，却一人兼任双方当事人，与合同的本质颇为不合；另一方面，合同双方的利益是对立的，由一人同时代理，难期公正。”③

然而，利益冲突仅仅意味着一方损害的风险或可能性，虽然从“理性人”的基本假设来看，此种可能性颇高，但仍不能完全将其等同与损害的事实本身。一方面，理性人假设虽是认识和解释人类行为、建构行为规范的有效工具，但却未能涵盖人类行为的全部方面。“每个个体在每件事情上都诉诸理性，是不经济的。他只能在少数事情上诉诸理性，而在多数事情上听凭习惯。”④ 在实践中，有不少的自己代理和双方代理行为，如作为法定代理人的父母向其被监护人的赠与并代理接受，其实并非出于代理人的利益（特别是物质利益）的最大考虑。一方面，从追求的利益最大的视角看，交易双方的利益确实是存在冲突的，但也不能因此否认双方利益亦存在一定相容性区间，一方利益的实现必须以对方的利益减损为代价的情形其实并不多见，这也是市场实践中交易得以付诸实施的基础。对于自己代理或双方代理而言，只要代理人的代理行为落入此种相容区间，则其实并未对被代理人的利益造成损害。相反，由代理人同时担任交易双方的代理人，还可以有效地降低因信息不称而引发的交易成本过高问题，提高交易的效率。正是基于此种认为，当今的理论研究者指出，法律禁止自己代理和双方代理的原因，在于担心自己代理和双方代理可能损害交易的公平，因此在特殊情况下，如果自己代理和双方代理无损害交易公平之嫌，

① 汪朝忠等：《作博弈下的电力联盟交易机制研究》，载《西南民族大学学报（人文社科版）》2016 年第 5 期。

② 佟柔主编：《中国民法》，北京，法律出版社 1990 年版，第 208 页。

③ 张俊浩：《民法学原理》，北京，中国政法大学出版社 1997 年版，第 271 页。

④ 郑也夫：《新古典经济学“理性”概念之批判》，载《社会学研究》2000 年第 4 期。

法律也就没有再行禁止的理由。① 德国的法律实务工作者也指出，不宜采取一方面使被代理人享受由代理人代其参与法律行为的好处，另一方面又广泛地否认自己代理、双方代理，消减鼓励交易原则及其功效。禁止自己代理、双方代理就是偏离鼓励交易原则。权衡利弊，不如把《德国民法典》第 181 条的规定解释为任意性规定，允许当事人通过约定排除其适用。②

在我国的司法实践中，对于未加重委托人负担，且合同已按委托人的要求实际履行，代理人以自己代理方式完成合同项下义务的自我代理行为，法院亦实际将其确认为有效行为。③ 而按照我国《民法总则》第 168 条的规定，“代理人不得以被代理人的名义与自己实施民事法律行为，但是被代理人同意或者追认的除外。”“代理人不得以被代理人的名义与自己同时代理的其他人实施民事法律行为，但是被代理的双方同意或者追认的除外。”在表明原则上否认态度的同时，以被代理人的“同意和追认”为例外，对两种利益冲突的代理形式予以了有限的认可。以当前的市场交易实践来看，无疑是一种可值肯定的进步。但尤需指出的，虽然从“理性人”的假设出发，当事人是自己利益的最佳判断者，将自己代理与双方代理是否侵害其利益，交由作为利益主体的被代理人自行决断，固然有其道理，却多少显得有些主观。尤其是在交易存在机会利益的情况下，难免可能出现被代理人因出现其他交易机会而拒绝追认自己代理或双方代理行为的情况，对交易的稳定性及相对人合理信赖保护产生不利的影响。对此，民法学者在其起草的《合同法（草案）》第 37 条规定双方代理的效果为无效，并设“但书”规定：“但符合法律规定或者商业惯例的，或者经过双方当事人许可或追认的，不在此限。”第 38 条规定自己代理的效果为无效，并设“但书”规定：“但合同纯使被代理人一方获得利益的，不在此限。”④ 本书认为，就恰当平衡利益冲突代理行为中各方利益的角度来看，此种在尊重被代理人意思自治基础上，兼顾交易客观情势以及代理人、相对人合理期待和利益的思路，无疑更显周延和合理。

二、代理人与相对人恶意串通

代理的功能在于补充和扩展被代理人的行为能力，增强其在民事交往

---

① 李开国：《民法总则研究》，北京，法律出版社 2003 年版，第 336 页。

② 耿林、崔建远：《民法总则应当如何设计代理制度》，载《法律适用》2016 年第 5 期。

③ 俞建林、章丽美：《国际海运中自己代理行为的效力》，载《人民司法》2012 年第 2 期。

④ 马新彦：《总则代理立法研究》，载《法学家》2016 年第 5 期。

中维护和获取利益的能力。代理人因被代理人的信赖而获授权以被代理人的名义从事法律行为，需对被代理人负有忠实和勤勉义务，应以维护和扩展被代理人的利益为其代理行为的基本准则，不能怠于履行代理职责给被代理人造成不应有的损害，更不能与他人串通，恶意损害被代理人合法权益。对此，我国《民法总则》第 164 条第 2 款规定，代理人和相对人恶意串通，损害被代理人合法权益的，代理人和相对人应当承担连带责任。不但对代理人与相对人恶意串通损害被代理人利益的行为予以禁止，对恶意串通代理中的责任承担问题也作出了较为明确的安排。

（一）代理人与相对人恶意串通的构成判断

1. 存在与代理人恶意串通的相对人。该“相对人”按照民法总则用语习惯的理解，应被解释为“与代理人以被代理人名义从事法律行为的人”，即代理行为中，代理人意思表示的相对人。但也有学者认为，此处的相对人应当作适当扩大的解释，并不仅仅指代理人行为的相对方，而是泛指代理人与被代理人之外的所有民事主体。因为代理人完全可以与代理行为的相对方之外的人恶意串通，来侵害被代理人的合法权益。① 但本书认为，此种主张虽可更为周延地回应代理实践中存在的问题，但是从《民法总则》在沿袭《民法通则》第 66 条第 3 款规定时，将“第三人”更改为“相对人”的表述来看，似乎较难获得语义解释上的支持。

2. 代理人与相对人间须存在损害被代理人的恶意串通。对于“恶意串通”，有学者结合《民法通则》实施后三十年的司法实践认为，其存在着被裁判者任意运用，边界日趋模糊，侵蚀了其他概念的效力范围的问题，甚至从某种意义上说，裁判者已经把“恶意串通”当作可用于认定法律行为无效的万能钥匙，使恶意串通行为成为民法上一个最不确定的概念，同时也极大地损害了交易安全。② 针对此一现象，本书认为，对于被代理人与第三人的“恶意串通”应着相对严格的理解。按照目前民法学理论中较为主流的看法，所谓“恶意”是相对于“善意”而言的，即明知或应知某种行为将造成对被代理人的损害而故意为之。而互相串通，首先是指当事人在主观上都具有共同的意思联络、沟通，都希望通过实施某种行为而损害被代理人的利益。③

---

① 张新宝：《〈中华人民共和国民法总则〉释义》，北京，中国人民大学出版社 2017 年版，第 354 页。

② 杨代雄：《结构·民事法律行为·代理》，载《东方法学》2016 年第 6 期。

③ 王利明：《民法总则研究》，北京，中国人民大学出版社 2003 年版，第 650 页。

3. 须有被代理人合法权益受到损害的事实。此即要求，首先，被代理人的利益损害为已经确定发生的事实，而非仅仅是损害发生可能。因为仅依被代理人的合法权益存在某种损害发生的可能性，即对代理人与相对人苛以法律责任，对于后两者而言委实显得过分严苛，有失公平。其次，被代理人所受损害的利益，既应包括可因代理行为而获得的期待利益（代理人以被代理人名义与相对人签订合同的履行利益），也应包括被代理人已实际享有的其他利益。

4. 被代理人利益损害与恶意串通之间存在因果关系。否则，即便代理人与相对人间存在着恶意串通的事实，也不应苛求二者对被代理人损害承担责任。

（二）代理人与相对人恶意串通的法律后果

依据《民法总则》第 164 条第 2 款的规定，在代理人与相对人恶意串通损害被代理人利益的情况下，由恶意串通的当事人就被代理人因此所遭受的损害（包括既有利益的损害和期待利益的损害）承担连带责任，自无疑议。民法总则作此安排的目的在于强化对被代理人在恶意串通代理中利益的救济，而其理由则主要是因“恶意串通”行为的存在，代理人与相对人对被代理人损害，已实质上符合“共同侵权”的构成条件。

而有学者对《民法总则（草案）》作出评析时曾指出，就恶意代理而言，仅规定“由代理人和第三人承担连带责任”是不够的，没有回答代理的民事法律行为是否有效的问题，容易导致实践中法律适用的不确定性。建议将该款修改为：代理人和第三人恶意串通，损害被代理人民事权益的，由代理人和第三人承担连带责任，代理人实施的民事法律行为无效。① 笔者认为，对此问题仍须结合对《民法总则》第 164 条第 2 款中所规定“相对人”范围的理解加以分析。（1）若将相对人作狭义理解，认为其仅是与代理人作出法律行为的“相对人”，则按照《民法总则》第 154 条关于法律行为无效的规定即可对其做判定，实在无须另起条文，重复说明。（2）若将“相对人”拓展至法律行为相对人以外的第三人，则代理所从事法律行为的效力状态，还需结合行为当时是否存在重大误解、显失公平等具体情势而定，一概判定其法律行为无效，未必符合相关当事人（尤其是被代理人）的利益要求。

① 杨代雄：《结构·民事法律行为·代理》，载《东方法学》2016 年第 6 期。

三、违法代理的责任承担

可被代理的行为在私法行为中只能是适法行为，法律所不容许的行为，应受法律之制裁。违法行为不仅本人不得实施，而且不允许本人利用代理人去实施。[①] 因此，被代理人利用代理人或代理人凭借被代理人的名义，从事违法行为，挑战既有法秩序，侵害他人合法权益时，不但无法获得法律的认可，不能发生代理的效果，而且还将引致责任的承担。基于此种理念，我国在《民法总则》第 167 条承袭并改进《民法通则》第 67 条的规范内容的基础上，规定："代理人知道或者应当知道代理事项违法仍然实施代理行为，或者被代理人知道或者应当知道代理人的代理行为违法未作反对表示的，被代理人和代理人应当承担连带责任。"对被代理人或代理人利用代理形式从事违法行为的法律后果作出了明确的规定。

（一）违法代理的构成

依据民法总则的规定，违法代理主要存在被代理人授权违法和代理人代理行为违法两种基本类型。而违法代理的责任构成主要需要满足三个基本条件。（1）存在违法授权（如授权被代理人从事走私行为）或违法代理行为（如代理人以被代理人的名义，利用走私的方式从事授权范围内交易事项）。对于此处所说的"违法"，按照学者的解释，应当从两个方面理解。第一，在规范的效力层级上，应当理解为法律、行政法规。否则，可能对与代理人或被代理人科以过重的责任。第二，在规范的性质类型上，应当包括效力性规范和管理性规范的全部。因为违反管理性强制性规范同样会产生不利的法律后果。[②]（2）代理人知道或应当知道授权事项违法，被代理人知道或应当知道代理人的代理行为违法。相较于《民法通则》第 67 条，《民法总则》第 167 条关于违法代理问题规范的最大改变即在于引入了"应当知道"的规定，为违法代理中当事人主观过错的判定设置了相关客观的标准。按照民法学理论的一般理解，应当知道是一种法律上的推定，即不管当事人实际上是否知道某一事实，只要客观上存在知道的条件和较大可能性，而且依据一般人的认识在此情形下是理应知道，即可认定当事

① 汪渊智：《比较法视野下的代理法律制度》，北京，法律出版社 2012 年版，第 273 页。

② 张新宝：《〈中华人民共和国民法总则〉释义》，北京，中国人民大学出版社 2017 年版，第 360 页。

人知道。[①]（3）代理人或被代理人对违法代理事项或行为予以了“同意”。此种同意，根据代理人与被代理人在代理关系的角色定位不同而在具体表现方式上存在差异。对于代理人而言，其是授权事项执行者，其对违法授权的认同主要表现在对授权事项的执行上；而被代理人在授权作出后，一般不参与具体代理事项的执行过程，其“同意”方式主要体现为在知道或应当知道代理人的代理行为违法时，并未及时地予以反对，是一种默示的同意或许可。[②]

（二）违法代理的责任

代理人和被代理人在存在违法代理的情形时，按照民法总则的规定，应由代理人和代理人就此承担连带责任。需要特别说明的是，在实践中，违法代理所引发的法律责任并不限于民事领域，而是依据其所违反法律的性质，往往还包含行政责任和刑事责任，对于后两者责任的适用，宜应由其各自法律作出明确规定，在民法总则体系内所规定的连带责任应当限缩解释为民事法律责任，其主要体现为：（1）因违法代理而导致合同无法履行时的违约责任；（2）因授权事项或代理行为违法而导致代理人以被代理人名义所签订合同无效时的缔约过失责任；（3）因违法代理侵害他人合法权益时的侵权责任。

对于《民法通则》和《民法总则》对违法代理中代理人和被代理人科以连带责任，学者间存在不同的理解。依据学者早期的解释，考虑到违法事项具有公知性，在代理事项违法或代理行为违法的情况下，本人或代理人仍然继续进行该行为，就表明其主观上具有一定的意思联络，故而《民法通则》规定此时应当由二者承担连带责任。[③] 但亦有学者指出，代理人在代理权限内实施的法律行为后果由被代理人承担，这是代理所固有的本质特征。被代理人授权代理人的代理事项违法，意味着法律行为因内容违法而无效，该无效的法律后果，与法律行为有效的法律后果一样应由被代

---

① 张新宝：《〈中华人民共和国民法总则〉释义》，北京，中国人民大学出版社2017年版，第358～359页。

② 就被代理人因“默示同意”而与代理人就后者的违法代理共同承担责任，学者曾存在不同的看法。例如，有学者认为，《民法总则草案》已经废除了《民法通则》的“容忍代理”，被代理人对无权代理的默示，不再视为对代理的追认或容忍，而视为拒绝。在代理人未经授权实施违法行为时，《民法总则草案》无视“容忍代理”的废除，而以“容忍代理”的逻辑让被代理人承担“默示”即为追认的责任，不仅造成法条之间的矛盾，而且对于被代理人有失公允。参见马新彦：《总则代理立法研究》，载《法学家》2016年第5期。

③ 王利明：《中国民法典学者建议稿及立法理由》，北京，法律出版社2005年版，第351页。

理人承担，方符合代理制度的本质；若法律行为有效的后果归属于被代理人，无效的后果由代理人与被代理人承担连带责任，有失法律的形式正义。[①] 对此，可能的正当理由在于，为了加强代理人和被代理人相互之间对违法事项的监督，避免违法行为的发生，因一方违法而另一方知道或者应当知道违法事由且不反对的情形下对相对人承担连带责任。[②] 并且，基于对现行规定的不同理解，学者认为，如果代理人知道或者应当知道代理事项违法仍然实施代理行为，或者被代理人知道或者应当知道代理人的代理行为违法未作反对表示的，则相对人有权根据上述情形分别依据《民法总则》第162条（代理的一般规定）、第171条（无权代理）或第172条（表见代理）请求代理人或被代理人承担不同责任，同时，相对人也有权依据本条请求代理人和被代理人承担连带的缔约过失责任或侵权责任。[③]

第四节 无权代理与信赖保护

一、无权代理的构成与效果

（一）无权代理的内涵构成

所谓无权代理，顾名思义，是指缺乏代理权的代理。其具体内涵主要可概括为两个基本方面。（1）无权代理人以被代理人的名义从事法律行为。“无论是狭义无权代理或是表见代理，从形式上必然具有‘代理’的类似表征，否则将不属于代理制度的调整范畴，更无考察是否存在狭义无权代理之必要。”[④] 将无权代理纳入代理制度范围予以讨论和规范的主要原因在于无权代理人虽然缺乏代理权，但从其基本的行为模式的外在表现上，仍基本具备与正常、有权代理相似甚至是基本一致的特征，即以被代理人而非代理人自己的名义对外作出意思表示，并表明该意思表示法律效果将归属于被代理人承担。（2）行为人以代理行为方式作出意思表示时，

① 马新彦：《总则代理立法研究》，载《法学家》2016年第5期。

② 王利明主编：《中华人民共和国民法总则详解》，北京，中国法制出版社2017年版，第747页。

③ 王利明主编：《中华人民共和国民法总则详解》，北京，中国法制出版社2017年版，第747～748页。

④ 江帆：《代理法律制度研究》，北京，中国法制出版社2000年版，第160页。

缺乏法律或者被代理人的委托授权。代理人的代理权或因法律的直接规定产生或自被代理人的授权取得，是其得以以被代理人的名义从事法律行为并将法律行为的效果直接归属被代理人的依据和基础。欠缺此一基础，除法律基于特殊的理由作出特别的规定外，即便行为人在行为方式上具备代理行为的某些表征，亦无法产生代理的法律效果。而依据《民法总则》第171条第1款的规定，无权代理人代理权阙如的具体原因主要包括（自始）无代理权、超越代理权或者代理权终止。在此三种情形下，如果代理人仍以代理的方式对外从事法律行为、作出意思表示，即应被认定为无权代理。

（二）无权代理的法律效果

1. 被代理人的追认权

代理人代理行为法律效果的产生和归属须以代理权的有效存在为前提，而在无权代理中，由于代理权的阙如，无权代理人代理行为的法律效果不能当然归属于被代理人。无权代理行为可否对被代理人产生效力，依据《民法总则》第171条第1款的规定，须以被代理人对代理行为是否追认为判断标准。关于被代理人的追认权，学理上的解析众说纷纭，而以实践和法律条文的表述来看，其核心内涵不外乎有四。（1）被代理人的追认权，自其性质上看，应属于形成权，被代理人追认的意思表示一旦作出，即可令无权代理行为对其发生法律效力，无须相对人或无权代理人相关意思表示的配合。（2）追认的意思表示究应向何人为之，民法未设规定，解释上应认得对代理人，或对代理人向之为代理行为之第三人为之。① （3）追认权的行使既可以采取明示的方式，也可以采取默示（如积极履行无权代理行为而产生的义务）的方式作出。（4）虽然属于事后追认，但追认权一经行使，代理将溯及地生效。②

至于追认权的存在或行使范围，《民法总则》并未作具体限定。按照《德国民法典》第180条规定，"对于单方法律行为，不允许无代理权的代理。但如果在采取单法律行为时，单方法律行为的相对人对代理人所主张的代理权没有提出异议，或者同意代理人采取无代理权的行为的，准用关于合同的规定。经其同意，对无代理权的代理人采取的单方法律行为，亦同。"据此规定，被代理人的追认权的存在或适用范围，原则上只限于无

① 王泽鉴：《民法总则》，北京，中国政法大学出版社2001年增订版，第469页。

② 龙卫球：《民法总论》，北京，中国法制出版社2001年版，第633页。

权代理人所从事的双方法律行为。德国学者亦认为，对于无代理权之代理人从事的单方法律行为，第三人是毫无抵御能力的，亦即这种行为并非效力未定，而是无效的。因此，对于这种行为，被代理人无法追认之，而只能重新为之。[①] 本书认为，此种对被代理人追认权适用范围的限制并不可取。其理由在于：首先，单方法律行为的实质意义在于基于一方当事人有效意思表示的作出即可发生法律关系的变动，而无权代理中，被代理人的追认权所处理的是无权代理人的意思表示是否发生效力的问题，二者分处不同层次，不存在依此否彼的问题。其次，就对利益平衡的角度而言，无权代理行为无效抑或不生效对被代理人并无实质差别，但对代理行为的相对人而言，却可能意味着不同结局，尤其是在强调追认权溯及效力的情况下，被代理人是否追认，对其利益影响颇为明显。再次，从行为成本的角度看，若被代理人同意该单方法律行为，则究是采取追认方式还是另作意思表示其实并无太大区别，甚至，在单方意思表示结构较为复杂的情形下，就已有意思表示的追认往往要比另作一个意思表示更具效率。

2. 相对人的催告权与撤销权

在被代理人作出追认表示之前，对于作为合同当事人的第三人（der dritte Vertragspartner）来说，合同是否对被代理人产生效力处于不确定状态（in Ungewißheit）。[②] 此种不确定状态的延续，对受其拘束的代理行为相对人而言，无疑是一种负担：不但须因合同有可能被代理人追认而生效而积极做好履约准备，而且还有可能因为等待而导致其他缔约机会的丧失。因此，出于平衡无权代理中被代理人与相对人利益的考虑，民事立法在赋予被代理人追认权以决定是否接受无权代理合同效力的同时，也赋予相对人以催告和撤销的权利。根据《民法总则》第 171 条第 2 款的规定，对于因无权代理而实施的法律行为，相对人可以催告被代理人自收到通知之日起一个月内予以追认。被代理人未作表示的，视为拒绝追认。行为人实施的行为被追认前，善意相对人有撤销的权利。撤销应当以通知的方式作出。其中需要注意的是，相对人催告权的行使并不直接导致无权代理法律行为的失效，其功能仅在于消除被代理人因无权代理行为与其实际利益

---

① 〔德〕迪特尔·梅迪库斯：《德国民法总论》，邵建东译，北京，法律出版社 2000 年版，第 741 页；我国部分学者亦持此观点，参见龙卫球：《民法总论》，北京，中国法制出版社 2001 年版，第 633 页。

② 〔德〕迪特尔·梅迪库斯：《德国民法总论》，邵建东译，北京，法律出版社 2000 年版，第 740 页。

无涉而滋生的怠惰而已。而撤销权的行使则可以直接导致法律行为效力的丧失，只是此种权利只有善意即行为当时不知道且不应当知道代理人为无权代理的相对人才可享有，并且，只能在被代理人追认的意思表示作出之前行使该项权利。

（三）无权代理人的法律责任

按照《民法总则》的规定，无权代理若获得被代理人的追认，则代理行为直接对被代理人发生效力，无权代理相对人基于代理行为的利益期待得以实现，无权代理人与相对人之间不存利益纠葛；若因此而给被代理人造成利益减损，则自可依照其事后约定或者侵权责任法相关规定处理，不存太大疑问。然在无权代理行为因被代理人拒绝追认或因善意相对人的撤销而无法对被代理人发生效力时，代理人对相对人因此而遭受的损害应当承担何种性质和程度的责任则是一个颇为复杂的问题。

1. 无权代理人责任的性质与构成

德国学者曾言："就无权代理责任而言，法律判断力被同情和恐惧所包围。"[①] 就无权代理人应对相对人承担责任的性质，学者间曾存在侵权责任说、合同责任说、缔约过失责任说、默示担保契约说和法律特别责任说等多种主张。[②] 而按照《民法总则》第 171 条第 3 款、第 4 款的规定，"善意相对人有权请求行为人履行债务或者就其受到的损害请求行为人赔偿，但是赔偿的范围不得超过被代理人追认时相对人所能获得的利益。""相对人知道或者应当知道行为人无权代理的，相对人和行为人按照各自的过错承担责任。"立法似乎是倾向采取合同责任、缔约过失责任和侵权责任三者并列结合的责任性质构造：请求权可以是针对缔约责任、也可以是针对违约责任，还可以是针对侵权责任，对其分别按照相应的法律制度处理。[③] 其中若善意相对人所请求的是"行为人履行债务"，则应依合同责任的思路展开无疑，从责任的性质和构成角度来看，其除符合合同责任的构成条件的基本要求外，还至少须以其撤销权的未行使为前提。

2. 无权代理人赔偿责任的范围

关于无权代理人的赔偿责任范围，各国立法和学说的主张多有不同。按照《德国民法典》第 179 条的规定，依无权代理人是否知道代理权的欠

① Mitteis, Lehr von der Stellvertretung, 1885 (Neudruck 1962), S169.

② 江帆：《代理法律制度研究》，北京，中国法制出版社 2000 年版，第 160 页。

③ 张新宝：《〈中华人民共和国民法总则〉释义》，北京，中国人民大学出版社 2017 年版，第 372 页。

缺来规范无权代理责任的范围，即无权代理人知道代理权欠缺的，应当承担实际履行或履行利益的损害赔偿责任，无权代理人不知道代理权欠缺的，应当承担信赖利益的损害赔偿责任。《日本民法典》第117条则规定："（1）作为他人代理人缔结契约者，如不能证明其代理权，且得不到本人追认时，应依相对人的选择，或履行契约，或负损害赔偿责任。（2）前款规定，不适用于相对人已知而不知无权代理情形或者作为代理人缔结契约者无其能力情形。"而我国《民法通则》第171条第2款、第3款的规定则采取的另一种区分论的立场：对善意相对人，允许其请求行为人履行债务或者就其受到的损害请求行为人赔偿，但是赔偿的范围不得超过被代理人追认时相对人所能获得的利益；而对存在过错的相对人，则相对人和行为人按照各自的过错承担责任。有学者认为，《民法总则》将善意相对人的赔偿权利不恰当地合并、杂糅了《德国民法典》第179条和《日本民法典》第117条。既然相对人可以选择请求代理人履行债务或请求损害赔偿，这种损害赔偿就只能是履行利益的赔偿，不会涉及"赔偿的范围不得超过代理行为有效时所能获得的利益"，因为它属于信赖利益赔偿范围的限定。① 然而，本书认为，此正是民法总则在无权代理人责任问题上兼容多种学说见解的结果，而且也较为切合我国的司法实际：相对人依缔约过失责任请求的赔偿属于信赖利益，其不得超过代理行为有效时所能获得的利益自是不必提；而即便相对人依合同责任请求赔偿，则其赔偿的范围即是履行利益本身，自然也未超过相对人基于"代理行为有效时所能获得的利益"。

二、授权行为无因性的理论

无权代理的发生往往对交易相对人利益产生较大的影响。而正如学者所言，在代理行为的特殊有效要件上，无权代理只欠缺代理权这一有效要件，并不欠缺被代理人存在、确定、合格等有效要件。② 且代理权的授予发生于被代理人与代理人之间，多藏于代理关系内部，不易为相对人所认知。若任由被代理人无限引用其内部授权委托关系的阙如对抗相对人的正常交易行为，无疑将对交易相对方的合理预期造成巨大的损害，甚至侵袭

① 谢鸿飞：《代理部分立法的基本理念和重要制度》，载《华东政法大学学报》2016年第5期。

② 李开国：《民法总则研究》，北京，法律出版社2003年版，第377页。

市场交易的基石。因此，世界各国的立法通过利益衡量，认为善意第三人的利益比被代理人或无权代理人的利益更值得保护，因此将保护的重心偏向于第三人，以适度地牺牲被代理人或无权代理人的利益，来换取交易秩序的稳定与安全。① 而在既有的信赖利益保护制度和理论中，诞生自德国的授权行为无因性理论，无疑是其中独具特色，且颇受争议的选项。

（一）无因性理论的内容与价值

所谓授权行为的无因性，按照学者的解释是指代理授权行为独立于基础法律关系而存在，基础法律关系不成立、无效、被撤销或者终止，授权行为的效力不受影响，代理关系可以继续有效。② 关于授权行为无因性的观点最早可以追溯至德国法学家拉邦德提出的代理授权与基础关系相区别的思想。《德国民法典》第 167 条借鉴拉邦德的理论，将代理权授予分为内部授权与外部授权。前者是被代理人向代理人发出意思表示而授予；后者由被代理人通过向代理人行为的当事人即第三人发出意思表示而授予。③ 无因性理论产生于德国，是德国法学抽象思维作用的结果。施瓦布指出，代理权授予和基础关系的分离产生这样一个问题：前者在产生、存续和消灭上是依赖于后者还是与之无关（抽象的）。④ 对此，多数学者的选择是强调二者间的无关性，认为在外部授权中，意定代理权与基础法律关系之间的关系具有根本性的不同。外部意定代理权的存续和内容原则上不依赖于其基础法律关系而存在。这是因为，外部意定代理权的存续和内容仅由本人和第三人之间的关系所决定。因此，基础关系无效或被撤销不会对外部代理权产生影响。⑤ 由此来看，就如我国学者所指出的那样，授权行为的无因性则是对独立性在逻辑和价值上的推演，在法律上完全割裂了代理授权行为与基础行为的效力关联。⑥ 将代理权的授予独立于委托合同的根本目的，也应当是切断代理权与委托合同或者其他基础关系的直接牵连，使授权行为的效力不受委托合同或者其他基础关系瑕疵的影响，即

---

① 汪渊智：《代理法论》，北京，北京大学出版社 2015 年版，第 535 页。

② 王利明：《民法总则研究》，北京，中国人民大学出版社 2012 年版，第 650 页。

③ 冉克平：《代理授权行为无因性的反思与建构》，载《比较法研究》2014 年第 5 期。

④ 〔德〕迪特尔·施瓦布：《民法导论》，郑冲译，北京，法律出版社 2006 年版，第 40 页。

⑤ 〔德〕弗卢梅：《法律行为论》，迟颖译，北京，法律出版社 2013 年版，第 1004～1006 页。

⑥ 谢鸿飞：《代理部分立法的基本理念和重要制度》，载《华东政法大学学报》2016 年第 5 期。

赋予授权行为以无因性特征，否则，这种切割的价值便会大打折扣。①

与物权行为无因性和票据行为的无因性一样，通过切断授权行为与基础关系间的联系，授权行为无因性理论的主旨在于保障无权代理行为中相对人的信赖利益，维护交易安全。“无因性通过切断授权行为和基础行为的关系，免除了相对人探求被代理人和代理人之间内部关系的义务，相对人可以直接依据授权行为判断代理人的权限，从而解决了相对人所面临的信息不对称的问题。”② 无因性理论的精华在于，本人内部指示不能限制代理权的范围，其将代理从委任中分离出来，使委托代理能成为独立交易正当性基础，以适应商事交往的迅捷、简便、高效、抗风险等特殊要求。③ 在授权行为无因性理论的支持下，相对人仅须通过观察授权行为的存在与否，以及被代理人通过授权行为对代理人的授权范围，即可对代理人的代理权有无和大小形成较为直观的判断，并基于此项判断而决定是否与代理人从事法律行为。即便其后发现授权行为的存在或大小与作为基础关系的委托合同存在差距，其亦可基于授权行为所表现出来的授权形式和范围，而获得法律的保护。采纳无因性可使第三人（相对人）不必顾虑代理人的内部基础法律关系，有助于促进交易安全。④

（二）无因性理论的不足与取舍

在无权代理的理论和制度构建中，授权行为无因性理论因过分强调对相对人信赖的保护而忽略了对被代理人利益的考量，因此，受到不少学者的严厉批评。有学者认为，授权行为无因，在强调有因论的支持者认为无因性理论将授权行为从基础关系中硬性加以剥离，将两种行为事实上的联系进行强制切断，违反事理逻辑和常理。⑤ “今以捏造二种互为独立之契约，不仅会混乱现实的法律过程，实定决亦会因极端之形式思考而受到妨害。”而在无因说的立法例下，如果基础关系无效或被撤销，第三人明知这一情形仍与代理人实施代理行为，本人仍应当承担行为的法律后果，显然有损本人的正当利益，容易造成代理权的滥用。⑥ 而且，一方面，无因

① 尹田：《论代理制度的独立性——从一种法技术运用的视角》，载《北方法学》2010 年第 5 期。

② 殷秋实：《论代理权授予与基础行为的联系》，载《现代法学》2016 年第 1 期。

③ 吴前煌：《从两大法系间的冲突与融合构建商事代理制度——以商事代理授权行为之无因性为契机》，载《商事法论集》第 16 卷。

④ 王泽鉴：《民法总则》，北京，北京大学出版社 2014 年增订新版，第 524 页。

⑤ 叶金强：《论代理权授予行为的有因构造》，载《政法论坛》2010 年第 1 期。

⑥ 尹田：《民法典总则之理论与立法研究》，北京，法律出版社 2010 年版，第 635 页。

性提供的不区分的保护会将恶意相对人也纳入保护范围之中，无因性也不能对相对人的所有合理信赖都提供保护。① 或许是基于此种考虑，从《德国民法典》的立法理由来看，代理授权行为无因性的规定似乎也未获得肯认，在其立法者看来，代理权授予并非无因行为，始终依附于其他法律关系。②

在代理制度中，私法自治与信赖保护的价值冲突较法律行为制度更为剧烈。其根源在于，从自由意志的角度看，代理恰好是用来丰富和扩张自由意志的，被代理人并未与第三人从事法律行为，但却要承接他人之间法律行为的效力，若信赖保护的程度过高，必然减损自由意志的深度，甚至侵害自由意志。③ 比较而言，授权行为无因性理论意在保护相对人的合理信赖，但被构建成一种纯粹技术性措施，排除了价值判断的空间，致使其本身并不包含信赖有无以及是否合理的识别机制，其结果是将恶意或有过失的相对人一并纳入保护范围之中，损害本人的正当利益，导致价值实现的偏离。其构造上的僵硬化，带来的必然是法律调整的粗糙不堪。④ 就当前我国主流的民法学理论学说来看，否定授权行为无因性的思想无疑占据主流。在民法典编纂的过程，也仅有北京航空航天大学法学院课题组完成的《中华人民共和国民法典通则编》草案建议稿在其第 176 条对“代理权授予的效力无因性”表达了认同，“代理权授予的效力，不受代理人与被代理人之间基础关系不成立、无效或者被撤销、消灭的影响。”但从最终颁布的《民法总则》的相关规范来看，主张代理行为无因性的思想最终也未能获得我国立法者的采纳。

三、表见代理的构成与效果

诚如学者所言，表见代理制度的构成中，留有进行价值权衡的充分空间，具备识别、筛选机制，可以将恶意及有过失的相对人排除在保护范围之外，真正实现对合理信赖的保护。并且，可以将本人归责性因素纳入考量范围，寻得当事人间利益的平衡。可见，表见代理制度显然是较优的技

---

① 殷秋实：《论代理权授予与基础行为的联系》，载《现代法学》2016 年第 1 期。

② 陈自强：《代理权与经理权之间——民商合一与民商分立》，北京，北京大学出版社 2008 年版，第 53 页。

③ 谢鸿飞：《代理部分立法的基本理念和重要制度》，载《华东政法大学学报》2016 年第 5 期。

④ 叶金强：《论代理权授予行为的有因构造》，载《政法论坛》2010 年第 1 期。

术性选择。[①] 因此，我国立法在无权代理信赖保护问题上最终选择了“有因性＋表见代理”的基本思路。《民法总则》第 172 条规定：“行为人没有代理权、超越代理权或者代理权终止后，仍然实施代理行为，相对人有理由相信行为人有代理权的，代理行为有效。”所谓表见代理，是指因相对人有理由相信行为人有代理权而由法律直接认定代理行为有效的无权代理。与其相对应，其他的不具令相对人有理由相信行为有代理权的无权代理，则被称为狭义的无权代理。

(一) 表见代表的构成要件

1. 关于构成要件的争议

关于无权代理的构成要件，学说上素来存在着“一元论”和“二元论的”的争议。依单一要件说，表见代理的成立只要求相对人无过失地信赖代理人享有代理权，或者说相对人有充分的理由相信代理人有代理权，不要求被代理人有过失。[②] 而构成要件“二元论”的支持者则认为表见代理的构成除要求第三人善意无过失之外，还要求被代理人对权利外观的发生有过失。[③] 长期以来，两派学者围绕着表见代理构成要件中“代理人对权利外观的发生有过失”的有无问题，展开了激烈的争论。二元论者认为，在表见代理的认定中完全不考虑被代理人的因素，只从相对人是否有理由相信无权代理人有代理权这一个角度进行考量，确实不符合民法的公平原则。[④] 其反对者则指出，传统双重要件说初衷是完美的，即既保护交易安全又兼顾私法自治，但其实践归宿却并不完好。该说把本人过错作为表见代理法定构成要件，要求相对人举证证明本人主观过失，无疑加重相对人的举证负担，相对人在主张表见代理时，一要举证证明自己善意且无过失，二要举证证明本人有过失。处于相对不利地位且不完全了解情况的相对人很难举证证明本人的过失，这在实践中表现为即使在客观上已存在因权利外观形成的合理信赖亦难以得到保护。[⑤] 一元论者主张，我国《合同法》第 49 条及相关司法解释的文义并不包括本人归责性，司法实践也不

---

① 叶金强：《论代理权授予行为的有因构造》，载《政法论坛》2010 年第 1 期。

② 李锡鹤：《民法哲学论稿》，上海，复旦大学出版社 2009 年版，第 506～507 页。

③ 尹田：《论表见代理》，载《政治与法律》1988 年第 6 期。

④ 方新军：《〈民法总则〉第七章“代理”制度的成功与不足》，载《华东政法大学学报》2017 年第 3 期。

⑤ 侯巍、杨培连：《论表见代理中本人的可归责性》，载《广西大学学报（哲学社会科学版）》2008 年第 3 期。

以本人归责性作为表见代理的独立构成要件。① 二元论者则从法条文义、民法体系、比较法和司法实践四个层次，确认本人可归责性在表见代理构成要件中的地位。②

对于表见代表构成要件体系的争论，本书认为，相较而言，包含被代理人可归责性要求的二元论，似乎更显周延和合理。其理由在于：首先，就表见代理制度设立的宗旨来看，其意在最大限度地追求被代理人与相对人在无权代理责任中的利益平衡，授权行为无因性理论在我国立法和主流学说中的境遇深刻地表明，在无权代理中，向被代理人或相对人任何一方过分明显的利益倾斜皆难以获得认可，因此，在强调对无过失的相对人予以保护的同时，也不能忽略对无过错的被代理人利益的维护。更何况，即便是在双方皆无过失的情况下，作为与无权代理人实际进行接触和交易的相对人相较于未曾参与交易接洽的被代理人，更具风险识别的机会和能力。其次，采取积极信赖保护方式的善意取得和表见代理具有结构相似性，可透过善意取得规范抽取出权利外观责任的一般性评价，因此，与善意取得的构成相一致，表见代理的构成中也应包括被代理人的可归责性的要件要求。③

2. 表见代表构成要件的判断

从大陆法系和英美法系对表见代理制度处理的实践来看，法律条文并非判断表见代理制度是否完善的主要标准，建立较为精细完善的法律适用判断标准，已成为完善表见代理制度的重点。④ 因此，本书认为，对于表见代理构成要件构建的判断，宏观体系上的构建固然不可缺少，但是，基于表见代理基本理念和实践情况，对具体构成判断标准和方法上的分析，则更具现实的指导意义。（1）对相对人有理由的判断。按基本文义解释，《民法总则》第172条所规定的“相对人有理由相信行为人有代理权”首先应当坚持一般社会大众的判断标准，即按照民众的普通的认识和判断水平，再结合代理人身份、代理行为场合以及是否存在具有可信度的授权证

---

① 冉克平：《表见代理本人归责性要件的反思与重构》，载《法律科学（西北政法大学学报）》2016年第1期。

② 王建文、李磊：《表见代理判断标准重构：民商区分模式及其制度构造》，载《法学评论》2011年第5期。

③ 朱虎：《表见代理中的被代理人可归责性》，载《法学研究》2017年第2期。

④ 王建文、李磊：《表见代理判断标准重构：民商区分模式及其制度构造》，载《法学评论》2011年第5期。

明文件等方面予以分析。[①] 除此以外，本书认为，诸如商业习惯、行为风俗以及相对人参与相关交易活动的次数和频率等，也皆可以用作判断的依据和参考。此外，尤需注意的是，信赖合理性要件的弹性化处理，集中表现在其认定本身的非唯一性与非固定化上，可以参酌本人的可归责性程度相应变动其认定结论，而呈现出认定结果一定程度的灵活性。[②]（2）对被代理人可归责性的判断。在无权代理中，对于表见代理的形成，被代理人的可归责性通常表现为"不真正义务"的违反。因此，其判断的第一步应当先结合被代理人自身所处的具体情势，如是否存在某种身份、是否存在某种先前行为（如发出授权文件）等对被代理人是否存在某种不真正义务作出判断；继而通过考察其是否存在违反不真正义务的情况，以及违反行为与表见外观的形成是否存在因果关系等方面对其在无权代表中的可归责作出具体的判断。

（二）表见代表的法律效果

按照《民法总则》的规定，在无权代理中，如果存在"相对人有理由相信行为人有代理权的"情形即构成表见代表的，代理行为有效。对于英美法系而言，表见代理制度（apparent agency）也被称为不容否认的代理制度，或者叫禁止反言的代理（agency by estopel）。禁止反言原则适用于一方当事人将一事实为虚伪意思表示予相对人，该相对人信其意思表示为真实，而为一定作为或不作为致受损害，法院即援用此一原则，禁止虚伪意思表示之当事人，再为任何与其先前虚伪表示表示相左之陈述或者主张。[③] 具体而言，如果一方当事人的言论或行为表明或者使得善意第三人理解为，与第三人缔结法律关系的另一方当事人是自己的代理人，那么对于信赖这一代理关系的第三人来说，假定的被代理人不得否认与其假定代理人之间的代理关系，即使客观上不存在代理权的授予事实，也是如此。[④]

值得一提的是，无论大陆法系的表见代理还是英美法系的禁止反言规则，其实质皆是通过将交易相对人在交易当时合理信赖为真实的条件，拟

---

① 张新宝：《〈中华人民共和国民法总则〉释义》，北京，中国人民大学出版社 2017 年版，第 373 页。

② 吴国喆、张飞虎：《表见代理制度中第三人信赖合理性的判断及弹性化机制的应用》，载《西北大学学报（社会科学版）》2007 年第 3 期。

③ 杨祯：《英美契约法论》，北京，北京大学出版社 2000 年修订版，第 147 页。

④ F. M. B. Reynolds, *Bostead on Agency*, 15th edition, Sweet & Maxwell, 1985, p. 90.

定其真实存在，以促成当事人合理信赖积极实现的方式，达至保护信赖、维护交易安全的效果。对于作为无权代理的主要诱发者的无权代理人的责任大多没有明确的规定，而是留给被代理人与无权代理人借由事后协商或侵权诉讼的方式解决。就无权代理人对相对人所应负的责任，默认由于表见代理的实现而已经免除。此种责任分配的方式是否合理，颇值思考。有学者认为，基于表见代理行为自身的无权代理属性及第三人保护之宗旨，该行为自身应界定为效力待定。据此，第三人享有主张表见代理与要求代理人承担无权代理责任的选择权。就第三人所享有的救济性请求权而言，依代理人对无权代理的主观心态区分为实际履行与信赖利益损害赔偿请求权两种，但第三人不能获得超过有权代理时的利益系属一般规则，故而就有了表见代理人在特定情形下的实际履行替代权。① 此种主张虽有消解表见代理制度之嫌，但是也不失为一种颇具启发性的思路。

---

① 吴国喆：《表见代理中第三人的对人性救济权——以表见代理人为请求对象》，载《甘肃政法学院学报》2007年第7期。

第六编　民事责任

第十七章　民事责任沿变略考

第一节　民法史中的民事责任

民事责任是民法上的重要范畴，但由于长期隐没在诸如合同责任、侵权责任等民事责任发生原因之项下，故而未被作为一个独立而且有效的范畴而获得足够的重视。日本学者近江幸治指出，“责任”是被20世纪社会科学遗忘的概念，必将在21世纪突出出来，与“人”“所有”“契约”相并立，共同作为构建现代社会科学的基础。① 本章之意旨，即在于揭示作为民法基本范畴的民事责任从萌芽、发展以至成熟的演变过程，乃起于与债的融合、隐身于“诉权—权利”的内部，而终于作为法律关系内容建构的“权利—义务—责任”新范式。

一、引言：传统民法建构之基本理路

民法是私法的基本法。传统大陆法系意义上的私法（本章以下简称“传统民法”）的诞生，是以18世纪弥漫整个欧洲的启蒙运动为背景；其建构，是以人的自由意志为轴心，寄寓了伊曼努尔·康德（Immanuel Kant，1727—1804）的意志自律（Autonomie）论。首先，康氏区分了道德与法律，前者要求其本身应当是行动的规定根据，后者则仅仅涉及纯然外在的行动。早在《道德形而上学原理》（1785）一书中，康氏提出了两条著名的道德命令，第一条是形式的：“要只按照你同时认为也能成为普遍规律的准则去行动。”第二条是质料的：“不论是谁在任何时候都不应把自己和他人仅仅当作工具，而应该永远看作自身就是目的。”② 其次，康氏区分

① 〔日〕近江幸治：《民法讲义Ⅰ·民法总则》，渠涛等译、渠涛审校，北京，北京大学出版社2015年版，第3页。

② 〔德〕康德：《道德形而上学原理》，苗力田译，上海，上海人民出版社2005年版，第39、53页。

了生而具有的法权和获得的法权:“前者是那种不依赖于一切法权行为而应天生归于每个人的法权;后者则是需要这样一种法权行为的法权。”生而具有的法权只有一种,就是自由。“自由(对另一个人的强制任性的独立性),就它能够与另一个人根据一个普遍法则的自由并存而言,就是这种惟一的、源始的、每个人凭借自己的人性应当具有的法权。”自由是每个人依据人的本性而享有的自然权利,是人格的表现形式。“一个人格仅仅服从自己(要么单独地、要么至少与其他人格同时)给自己立的法则。”①

基于对“自由—自治”于“法律—法治”具有前提性意义的承认,以上述康德的意志自律论为导引,权利乃成为法的核心范畴,即“对法律生活多样性的最后抽象”(安德烈亚斯·冯·图尔[Andreas von Tuhr]语),传统民法正是围绕它进行体系化建构的。② 权利首先意味着自由意志,即每一个人都有权依其意志自由地作出决定(jedermann frei entscheiden)是否从事某一行为。在民法的领域中,有权依其意志自由作出决定的“人”被转换为“权利人”,其决定因而也具有法律上的效力,此即私法自治(Privatautonomie)的要义。③ 权利与义务常相对举,义务事实上也具有表彰权利的作用,有权利即有与之相对应的义务。随着实证主义向法领域的侵入,法同时又被作为某种客观化的建构,实证法乃逐渐成为法的主要表现形式。于是,法被区分为主观权利和客观法,主观权利的具体内容乃经由客观法而获得展现(或“规定”)。这尤其指向围绕主观权利的保护(或救济)而引起的法律后果,它既可以是积极的(如合同履行),也可以是消极的(如损害赔偿)。上述内容也被认为是传统民法对此前在法学领域长期占据统治地位的理性自然法论的某种接续。

史尚宽(1898—1970)教授指出:“自法律发达史观之,及于‘勿欺勿

---

① 〔德〕康德:《道德形而上学》,张荣、李秋零译,载李秋零主编:《康德著作全集》,第6卷,北京,中国人民大学出版社2007年版,第246、231页。

② 传统民法的体系化努力,也没有超出康德的哲学框架。康德认为,所谓体系就是“一个理念之下各种知识(Erkenntnis)的统一”或者“依据原则所编排的知识的整体”。Claus-Wilhelm Canaris, Systim-denken und Systembegriff in der Jurisprudenz, S. 11, Fn. 3 und Fn. 4;转引自朱岩:《社会基础变迁与民法双重体系建构》,载《中国社会科学》2010年第6期。从更大的范围来看,康德的“科学”概念被广泛接受,使得“(内在)体系”成为判断“科学”(Wissenschaft)、判断一切学科之“科学性”(Wissenschaftlichkeit)的准绳,因而推动了一场广泛的“哲学、科学革新运动”,其中包含了法律学科。这场声势浩大的法学革新运动核心,即在于法学的重新体系化。这一体系化运动自然也席卷了私法领域。参见金可可:《论支配权概念——以德国民法学为背景》,载《中国法学》2006年第2期。

③ 〔德〕迪特尔·梅迪库斯:《德国民法总论》,邵建东译,北京,法律出版社2000年版,第67、47~49页。

盗’之道德规训为法律之义务时，始生民法上之物权与债权。有义务然后权利生，权利生而义务益重。故今日实际上权利与义务常相对应，尤其民法与其他私法为然。”① 以此作为传统民法建构基本理路之写照，洵属适宜。然而，现代民法乃从反思传统上围绕“主观权利”建构的局限出发，提出以“法律关系”取而代之的观点。德国学者卡尔·拉伦茨（Karl Larenz，1903—1993）从康德伦理人格主义哲学（ethischer Personalismus）出发，以肯认“人是目的”为前提，导引出法律生活中的“相互尊重原则”。“每个人都负有尊重任何其他人的义务，每个人都有权要求任何其他人尊重自己，这种相互尊重关系是‘法律上的基础关系’。它是人们在某个法律共同体中共同生活的基础，也是每一项具体的法律关系的基础。这一‘法律上的基础关系’的基本要素是：权利（正当的要求）、义务，以及人与人之间权利和义务的相互关系。”法律关系是私法中除作为“权利主体”的人（即权利的所有者和义务的承担者）以外的第二个基本概念。将法律关系定义为“人与人之间权利和义务的相互关系”，拉氏承认这一概念的含义是宽泛的，但他似乎无意于克服这种宽泛。他指出：“毫无疑问，应把法律关系看成一个包含有各种联系的综合的整体，以便在法律术语上将它和具体的权利、义务区别开来。”②

法律关系理论尽管系由德国学者弗里德里希·卡尔·冯·萨维尼（Friedrich Carl von Savigny，1779—1861）所奠基，但就其在民法体系构建中重要性的凸显而言，却系由拉伦茨所赋予。的确，从整个民法的体系建构和论说框架来看，如果以主观权利作为唯一的核心范畴，难免不会重回概念法学的窠臼。德国学者海尔姆特·科因（Helmut Coing，1912—2000）明确指出，将整个私法体系归结为各种主观权利的体系，将遮蔽私法的核心对象——法律关系。③ 民法的核心范畴遂从“主观权利”转换为“法律关系”，前者被置于后者的内部而作为其内容，从而建构起“权利—义务”的经典范式。“权利”范畴因而下降到法律关系的内里，作为法律关系内容的核心。在笔者看来，“权利”毋宁是作为法律发展的起点而存在。图尔称“权利使自己继续发展成法律关系”④，可谓是一语成谶。在

① 史尚宽：《民法总论》，北京，中国政法大学出版社2000年版，第20页。

② 〔德〕卡尔·拉伦茨：《德国民法通论》上册，王晓晔等译、谢怀栻校，北京，法律出版社2003年版，第47 、255、262～263页。

③ 朱岩：《论请求权》，载《判解研究》2003年第4辑（总第14辑）。

④ 转引自〔德〕卡尔·拉伦茨：《德国民法通论》上册，王晓晔等译、谢怀栻校，北京，法律出版社2003年版，第255页注释1。

传统民法的法律关系内容建构中，并没有赋予“责任”范畴以平行于权利、义务的独立地位，毋宁是将之作为义务的“影子”来看待。

二、早期民法中债与责任的融合

债的关系居于罗马法制度的核心。[①] 罗马法上指称“债”的拉丁文 *obligatio*，来自动词 *ligare*（捆绑），是指保障履行义务的法律约束。[②] 依使用情形的不同，*obligatio* 有时指债权，有时指债务，有时则指债权债务关系，有时称作“法锁”。优士丁尼（Justinianus Ⅰ，483—565）皇帝在其《法学阶梯》（*Institutiones*，533）中对“债”下有定义：“现在朕转向债。债为法锁，约束我们必须根据我们城邦的法清偿某物。”[③] 所谓法锁，意思是捆起来，分为自捆和他捆两种，前者是契约之债，后者是责任之债。从历史的角度看，“债”是个新概念，《十二表法》（*Lex Ⅻ Tabularum*，公元前 450 年）上与此相对应的概念为 *nexus*。[④] 将“债”定义为法锁，据信系法学家盖尤斯（Gaius，130—180）的贡献。盖尤斯在其《论日常事务》中构造了这一意义，他希望证明：“债—锁”（*vinculum-obligatio*）是与信用、良心等伦理价值相对的，它暗指一种债权人针对债务人人身的、具有司法权性质的措施的存在，债权人可以通过它强制债务人履行债务。这一诉讼上措施的存在，使“债”具有了强制性（*necessitassolvedaerei*），从而有异于对伦理义务的单纯遵守。[⑤] 后来，这种债权人针对债务人的现实权利，逐渐蜕变为债权人获得损害赔偿或者原物返还的期待。当“债”发展到总是能够通过金钱来赎回时，它的概念内涵便发生了颠覆。[⑥]

历史地看，“债”的概念经历了一个漫长的演变过程，其始于人身性而终于财产性，始于责任性而终于义务性，始于私罚性而终于“公/私法

---

① 〔意〕桑德罗·斯奇巴尼：《债的若干问题之原始文献再解读》，李飞译、薛军校，载〔意〕斯奇巴尼、徐涤宇主编：《罗马法与共同法》第 1 辑，北京，法律出版社 2012 年版，第 5 页。

② 〔意〕彼德罗·彭梵得：《罗马法教科书（修订译本）》，黄风译，北京，中国政法大学出版社 2005 年版，第 216 页。

③ I. 3，13pr.；载徐国栋：《优士丁尼〈法学阶梯〉评注》，北京，北京大学出版社 2011 年版，第 392 页；以下凡引优士丁尼《法学阶梯》，均据该译本，不赘。

④ Vease Pedro Gomez de la Serna，D. Justiniani Institutionum Libri IV，Tomo II，Libreria de Sanchez，Madrid，1856，pag. 116；转引自徐国栋：《优士丁尼〈法学阶梯〉评注》，北京，北京大学出版社 2011 年版，第 392 页。

⑤ 〔意〕朱塞佩·法尔阔内：《义务和法锁：追溯债的经典定义之起源》，齐云译，载徐国栋主编：《罗马法与现代民法》，第 6 卷，厦门，厦门大学出版社 2008 年版，第 103～104、116 页。

⑥ 〔意〕马西莫·布鲁提：《关于债的一般理论的若干问题》，陈汉译，载费安玲主编：《学说汇纂》，第 2 卷，北京，知识产权出版社 2009 年版，第 40～41 页。

性”（即一种将具有公法性质的“责任”概念与具有私法性质的“义务”概念相融合的状态）。在“债”发生之前的阶段（学说上称此为“原始债”），表现为一种具有私罚性质的对人身的执行。无论是小偷还是借贷人，首先均系以自己的人身负责，使自己隶属（*soggezione*）于他人，如陷于受役状态（*mancipium*）。《十二表法》第3表规定在专门用于金钱借贷的债务口约（*nexum*）中，须规定关于债务人自我买卖的条款。只要债务人没有清偿债务或者其他人未为他清偿债务的，债权人即取得对债务人或其隶属人的人身支配权，使他们成为债务奴隶（*nexus*），给其戴上锁链，用棍棒揍他们，强迫他们为自己劳动。后来，出于维护自由人人身自由的目的，在债务未获清偿时，债权人应先要求债务人支付“罚金”（*poena*）或“债款”（*pecunia* 或 *res credita*）；唯于债务人不能支付时，债权人才能通过执行方式对其人身采取行动。此时，诉讼（*actio*）和清偿（*solutio*）的标的变成了罚金或钱款，而不再是人身（*corpus*），陷入受役状态变成一种次要的执行程序。①

在形式上，债产生于契约之债（*obligatio ex contractu*），如上述之债务口约，后来“私犯”（*delitum*）也被纳入。② 在《十二表法》之后，人们在契约之债和私犯之债之间找到了共同的因素，即金钱在这两个领域中都能起到解除债务约束的效力。在契约之债的领域，当契约未被履行时，需要确定债权人可以通过强制手段索取一笔金钱，其数额应当与未被履行的契约中债权人的收益价值相当；在私犯之债的领域，金钱成为一种对因私犯所造成的损害进行赔偿的方式，其数额由法官根据私犯本身作出判断。可见，在诉讼程序和约束债务人的其他强制机制中，金钱都处于中心地位。③

① 〔意〕彼德罗·彭梵得：《罗马法教科书（修订译本）》，黄风译，北京，中国政法大学出版社2005年版，第216页；〔意〕朱塞佩·格罗索：《罗马法史（校订译本）》，黄风译，北京，中国政法大学出版社2009年版，第87页。关于债务口约以及《十二表法》第3表内容的介绍，可参见周枏：《罗马法原论》下册，北京，商务印书馆1994年版，第664～665页。

② 〔意〕朱塞佩·格罗索：《罗马法史（校订译本）》，黄风译，北京，中国政法大学出版社2009年版，第87页。在这里，格氏的观点与彭梵得的观点相左，前者认为债起源于契约，后者则认为系私犯；见〔意〕彼德罗·彭梵得：《罗马法教科书（修订译本）》，黄风译，北京，中国政法大学出版社2005年版，第216页。笔者采取前一观点，盖因“私犯”概念与因契约违反而受罚的观念同时源出于原始制度中的犯罪，因而肯定晚出于犯罪，不宜将私犯与犯罪相等同，进而得出债源出于私犯的结论。马西莫·布鲁提（Massimo Brutti）的观点与格氏的观点相同，见布氏：《关于债的一般理论的若干问题》，陈汉译，载费安玲主编：《学说汇纂》，第2卷，北京，知识产权出版社2009年版，第40页。

③ 〔意〕马西莫·布鲁提：《关于债的一般理论的若干问题》，陈汉译，载费安玲主编：《学说汇纂》，第2卷，北京，知识产权出版社2009年版，第40～41页。

由金钱所表现的财产性在“债”的概念中占据主要地位的标志，是公元前326年颁布的关于废除债务奴隶制度的《博埃得里亚法》(*Lex Poetelia*)。历史学家蒂图·李维（Titus Livius，公元前59年—公元17年）对此评价说：“除了那些因犯罪而受罚的人外，任何仍在接受惩罚的人均不应受到捆缚或监禁：所欠的钱款应当用债务人的财产而不是躯体来偿还。”至此，“债”被解释为单纯的财产性的关系，它的标的是给付，债务人以其财产作为担保。①

事实上，在优士丁尼“债为法锁”的定义中，已经并存着债和责任两种因素。按照意大利学者彼德罗·彭梵得（Pietro Bonfante，1864—1932）所言：“债是这样一种法律关系：一方面，一个或数个主体有权根据它要求一定的给付，即要求实施一个或一系列对其有利的行为或者给予应有的财产清偿；另一方面，一个或数个主体有义务履行这种给付或者以自己的财产对不履行情况负责。”② 这里的前一个方面，即债务；后一个方面，即责任。一般认为，罗马法上“债务与责任合而成为债务之观念，责任常随债务而生，二者有不可分离之关系”③。而事实上，罗马法并没有发展出抽象的权利观念，而是强调经由法定程式的救济，因而其时权利系经由“*actio*”（诉权，又译为诉讼）来表现。因此，称罗马法为权利法，毋宁称之为责任法（或救济法）。“债”的概念包含着国家强制力或者责任的因素，“责任”尚未从“债”的概念中独立出来。

按照徐国栋教授的总结，把债看作一个兼具公私性质的制度是罗马法的传统。在债权关系中，支配他人意志的可以是私人，如契约之债的情形；也可以是国家，如私犯之债、无因管理之债和不当得利之债的情形。前者可大致称为交换之债，后者可称为责任之债。按照《学说汇纂》(*Digesta*，533）的记载：“当我们根据法律的规定做某事；或违反法律的规定做某事时，就是依法承担债务。”(D. 44，7，52，5）在前者，支配他人意志的目的是利益，而且往往是财产性得益；在后者，支配他人意志的目的是秩序，以求贯彻“毋害他人”的原则，使被扭曲的利益关系恢复原状。这种债不是私人实现自己目的的工具，而是国家实现治理、矫正被扭曲的社会关系

① 〔意〕彼德罗·彭梵得：《罗马法教科书（修订译本）》，黄风译，北京，中国政法大学出版社2005年版，第270～271页。

② 〔意〕彼德罗·彭梵得：《罗马法教科书（修订译本）》，黄风译，北京，中国政法大学出版社2005年版，第215页。

③ 史尚宽：《债法总论》，北京，中国政法大学出版社2000年版，第3页。

的工具。①

三、责任取得相对独立地位的萌芽

罗马法上的“债”脱胎于对债务人人身的约束，初为私罚性，及后则为公法性，债务人的人身责任（responsabilità materiale）被放置在“债”概念的中心位置。“责任”（respondere）概念的产生，源于债务人必须向法庭的审判作出“回答”，在其支付“罚金”或“债款”后得到自由。再往后，随着现金赔偿之债的出现，“赔偿之目的不再是赎罪，而是填补行为所造成的损害”的观念取得主导地位。②“债”概念中责任（iuris cinculum）的因素备受强调，学者称此为“债务与责任的失衡”。责任意味着一种敦促债务人进行履行的、间接的强制机制，并不对债务人的人格与自由发生影响。这种债与责任之间的紧密关系，始终是“债”概念中不可或缺的因素。③张文显教授所言早期立法呈现出的“责任中心”的特点，是义务本位法的显著特征④，洵属有理。

近代民法上关于权利本质的界说，始自萨维尼在界定法律关系时所提出的“意思说”（“意志说”）。萨氏依意思支配的标的（Gegenstände），将“取得权利”[das erworbene Recht，与“原始权利”（das Urrecht）相对应，萨氏不认为后者属于民事权利] 的标的区分为对他人行为的意思支配和对物的意思支配两种，前者对应于债（Obligation）的关系（以及家庭关系；此从略），后者对应于物权关系，此二者共同构成财产法（Vermögensrecht）。债的关系是一种对他人特定行为的支配关系；“对他人的支配就不是该他人的全部，而仅能涉及该他人的特定行为。该特定行为，就排除于该他人的自由，而服从于我们的自由意思”⑤。萨氏“意思说”的实质是支配（笔者称之为“支配说”），具有法律上强制，即责任的意涵；此应区别于后来民法上在界定物权特征时所使用的“支配权”

---

① 徐国栋：《民法哲学》，北京，中国法制出版社2009年版，第88～89、91页。

② 〔德〕冯·巴尔：《欧洲比较侵权行为法》上卷，张新宝译，北京，法律出版社2001年版，第4～5页。

③ 〔意〕里卡尔多·卡尔迪里：《合同与债的关系：历史与理论的考察》，陈汉译，载费安玲主编：《学说汇纂》，第2卷，北京，知识产权出版社2009年版，第147页。

④ 张文显：《法哲学范畴研究（修订版）》，北京，中国政法大学出版社2001年版，第117页。

⑤ 〔德〕弗里德里希·卡尔·冯·萨维尼：《萨维尼论法律关系》，田士永译，载郑永流主编：《法哲学与法社会学论丛（七）》，北京，中国政法大学出版社2005年版，第8～9页。另见〔德〕萨维尼：《当代罗马法体系Ⅰ·法律渊源、制定法解释、法律关系》，朱虎译，北京，中国法制出版社2010年版，第262～263页。

(Herrschaftsrechte) 概念中的支配。[①] 可见，在萨氏的权利—债的定义中，债与责任并未分离。同时，萨氏为构建起债与所有权两者之间的逻辑关联，明确指出债的第一特征就是“可用金钱来衡量，这种衡量不外乎就是转变为金钱所有权”[②]。

不为人所注意的是，萨维尼的权利定义到了伯恩哈德·温德沙伊德(Bernhard Windscheid，1817—1892) 那里便遭遇危机。温氏表面上继承了萨氏的“意思说”，却去除了萨氏定义中的支配意义，认为“权利是某种由法律秩序所赋予的意思力 (Willensmacht) 或意思支配 (Willensherrschaft)”。其中，没有出现萨氏定义中的强制因素，其所谓“意思支配”仅为对应物权的范畴。[③] 有学者认为，温氏权利定义中的“意思力”与其所发明的“请求权”(Anspruch) 概念具有对应关系，他将强制因素交由该概念来表达，而未纳入其权利定义之中。[④] 在笔者看来，这或许可以与温氏的同龄人鲁道夫·冯·耶林 (Rudolph von Jhering，1818—1892) 对权利的界定方法作关联看待。耶氏认为，权利的本质是利益，客观法对此予以保护。于此，强制因素被归于客观法的项下，而排除出权利定义。无论是温氏的“意思说”，还是耶氏的“利益说”，均将强制因素排除在权利定义之外，这客观上为债与责任的分离创造了条件。

责任相对于债的独立地位，由学说汇纂法学中罗马派学者阿洛里斯·冯·布里茨 (Aloris von Brinz，1820—1887) 所发现。布氏从罗马法上的“Obligatio”出发，认为其“法锁” (iuris vinculum) 之意，盖指当事人间之羁束 (Gebundenheit) 状态，实与责任 (Haftung) 之意相当。布氏将债等同于责任，固见其谬；唯其经此而发现债与责任之间的区分，自属难

---

① 被誉为“晚期学说汇纂学王子”的海因里希·邓恩伯格 (Heinrich Dernburg，1829—1907) 于 1888 年出版的《学说汇纂》第 2 版一书中首次使用“支配权”概念；见金可可：《论支配权概念——以德国民法学为背景》，载《中国法学》2006 年第 2 期。

② 〔德〕弗里德里希·卡尔·冯·萨维尼：《当代罗马法体系 I·法律渊源、制定法解释、法律关系》，朱虎译，北京，中国法制出版社 2010 年版，第 263 页。田士永教授将该句翻译为：“将金钱之债作为金钱所有权变更而不是其他而对金钱之债的可能的敬重”；见田士永译：《萨维尼论法律关系》，载郑永流主编：《法哲学与法社会学论丛 (七)》，北京，中国政法大学出版社 2005 年版，第 9 页。

③ 金可可：《温德沙伊德论债权与物权的区分》，载《中德私法研究》总第 1 辑，北京，北京大学出版社 2006 年版，第 162～164、171～172 页。温德沙伊德权利定义的核心是“意思力”，“意思支配”虽然对应物权，但不排斥“意思力”，即物权中也含有“意思力”的内容。

④ 金可可：《温德沙伊德论债权与物权的区分》，载《中德私法研究》总第 1 辑，北京，北京大学出版社 2006 年版，第 168 页和第 164 页注释 15。或许，温德沙伊德对萨维尼“意思说”作出的这一稀释，与“意思说”后来逐渐丧失在权利本质论中的优势地位，不无关系。同时，温氏也正是那位放弃“法律关系”，而以“主观权利”作为核心范畴来建构民法体系的重要学者。

得。真正确立责任与债的相互独立地位的，是日耳曼派学者卡尔·冯·阿米哈（Karl von Amira）。阿氏在1882—1885年间出版的两卷本《北部日耳曼债法》（Nordgermanioches Obligationeurecht）中，明确指出责任与债务为对立之观念。责任为当为承当（Einstehen），债务则为当为给付（Leisten-sollen）；责任之目的，非在债务之履行，而系在债务不履行时，负有代偿责任。责任恒为债务而存在，债务为责任之原动力，因有此原动力，法律始使人或物负其责任。①

迄至日耳曼派学者奥托·冯·基尔克（Otto von Gierke，1841—1921）于1910年发表《早期德意志法中的债务与责任》一文，债务与责任的区分理论乃趋于完善。基氏认为，债务（Schuld）是指法的当为（Rechtliches Sollen），而不含有法的强制（Rechtliches Müssen）之观念。因此，债务不伴有责任，债务人是否履行债务乃属于其自由。在古日耳曼法上，责任（Haftung）乃Varpa，系指“替代”（dafür Zustehen或Haften），性质上属于一种给付之代偿（Surrogat）。在债务人当为给付而未为给付时，应服从债权人之强制取得（Zugriftsmacht）；正是由于此种强制取得附加于债务，后者才具有拘束力（Bindung）。可见，责任对于实现债的目的，具有担保（Garantie）之作用。② 林诚二教授指出：“从法制史观察，日耳曼法对后世贡献最大者，诚为‘责任’与‘债务’之区别观念的确立。”③

第二节　民法学中的民事责任

一、责任在“权利—义务”范式中的地位和意涵

在拉伦茨的法律关系论中，“责任”范畴一方面是作为伦理起点意义

① 李宜琛：《债务与责任》，载何勤华、李秀清主编：《民国法学论文精萃（第3卷）·民商法律篇》，北京，法律出版社2004年版，第178～183页。

② 林诚二：《论债之本质与责任》，载林诚二：《民法理论与问题研究》，北京，中国政法大学出版社2000年版，第207～208页；邱雪梅：《民事责任体系重构》，北京，法律出版社2009年版，第25、31页。

③ 林诚二：《论债之本质与责任》，载林诚二：《民法理论与问题研究》，北京，中国政法大学出版社2000年版，第208页。然而，科因抱怨称，尽管在进入传统民法之前的共同法时期，已经发展出不限于以经济利益来理解“债”的观点，但由于学说汇纂法学的阉割，直接导致了后来德国民法对个人的非物质性权利很长时间都难予保护；见〔德〕科因：《德国的“潘德克吞法学”：从与其先前之“普通法”的关系看》，于莉译，载《清华法学》总第8辑，北京，清华大学出版社2006年版，第35页。

上人的必备要素，另一方面则是作为法律义务的有机延展。在前一个方面，拉氏指出："伦理学上的人的概念，也包含着人必须对自己的行为和不行为承担责任的思想。承担责任，是指接受其行为所产生的后果，并对这种后果负责。承担责任是人类生存中的一个基本现象……他一旦认识到自己对他人从事了非法行为，认识到相对于他人违反了义务，他就会感受到一种道德上的迫切要求，去把他人所遭受的不利后果承担过来，去'赔偿'非法行为所产生的损害……主动承担责任以及被对方要求承担责任，是人的特权，也是人的负担。"由此，拉氏区分了两种法律关系。"法律关系总是法律规定的人与人之间的关系，它可以存在于两个或多数的特定的人之间，也可以存在于一个人同所有否定这种法律关系、不尊重这个人的权利的其余的人之间。"① 这里的后一种法律关系，即责任关系。

在后一个方面，拉伦茨仍然首先从人的相互尊重这一伦理义务出发，认为"人作为这个法律共同体的成员，必须履行法律义务。不遵守法律义务的人，通常必须接受某种制裁，即接受某种不利的后果，如丧失某种权利，或承担损害赔偿义务，或在极端的情况下遭受刑事处罚"。其次，法律义务是指对人们提出的某种要求，一种"应为"的行为。"'违反义务'意味着从事了一项法律所不允许的行为，亦即它包含着一项法律上的消极判断。"法律义务的拘束性并非取决于义务人内心同意与否，而是以法律制度的客观的效力要求为基础的，这就是《德国民法典》所蕴含的思想。再次，应当将法律责任与道德责任区分开来，这与法律义务与道德义务的区分是一致的。"承担法律责任必须具备法律上的可归责性，而可归责性又必须具有特定的、适用于全体人的归责标准。在民法中，法律责任的后果是产生某种损害赔偿义务。《德国民法典》通常将从事某项既为违法、又具有过错的行为作为承担损害赔偿义务的前提（参见《德国民法典》第276条、第823条）。"②

在这里，拉伦茨谈及法律义务与法律责任之间一致性的根源，是"拘束"（或"约束"）。一方面，拘束首先是规范性的，它在一般情况下的作用是，如果"受拘束的一方"（＝义务方）违反了对他的约束，他就必须承担不利的后果，这是由法律关系的本质是法律规范关系（而非宽泛的"生活关系"）的总和所决定的。另一方面，法律义务中所谓"应为"，是

① 〔德〕卡尔·拉伦茨：《德国民法通论》上册，王晓晔等译、谢怀栻校，北京，法律出版社2003年版，第50～51、257页。

② 〔德〕卡尔·拉伦茨：《德国民法通论》上册，王晓晔等译、谢怀栻校，北京，法律出版社2003年版，第49～51页。

“非自动的应该”，这与道德义务中所寓有的“自动”意涵不同。在法律义务中，具有法律要求的法律制度就带有某种“制裁”的威慑力，尽管这并不是必需的，也不总是如此，这些制裁可以是损害赔偿或直接强制。①

法律责任是实体法中指示法的强制性的主要联结因素，是指行为人因违反一定法律义务所引致的法律上不利后果。法律责任的要素包括：一是否定性即违反义务性，法律责任的发生须以一定法律义务的存在为前提，行为人对其行为负责是由于其违反一定法律义务；二是当为性，法律责任在本质上系由法律所赋予，体现了法律对违反义务行为的否定，对符合法律规定的一定事实构成的行为予以追究；三是强制性，法律责任系由国家强制力予以保障，由国家司法机关和国家授权的专门机关依照专门程序予以最终追究。刑法和民法是现代法律体系中两个最为重要的法律部门，刑事责任和民事责任是法律责任中两个最为重要的类型。刑民交叉问题的本质，乃源于在现代法框架下刑事责任与民事责任所呈现出来的异质性。

二、民事责任与刑事责任的区分

在法的早期史上，并无刑法、民法区分的类型观念。作为古代法上唯一的特例，古罗马早期的《十二表法》对此已有相当的区分。但是，直到罗马晚期的优士丁尼皇帝时期，这一区分仍未最终完成。“公罪私罪及民事仍是混在一起，我们现代单纯的民事损害赔偿，以填补损害为目的的制度，在罗马法上还找不到。民刑事责任真正分清，以法国而言，是 13 世纪的事。”② “在中世纪的德国，刑法仍具有私法的性质，他将犯罪当做对于被害人的损害，因此刑罚是从被害人的观点出发，而非从国家的观点……”③ 后来，赔偿成为与单纯的惩罚相并列的责任方式，民法与刑法由此逐渐分野，原来的罚金则分别演变成民事金钱赔偿和刑事罚金刑。德国学者克劳斯·罗克辛（Claus Roxin，1931—）认为：“刑法与民法在概念上的明确

---

① 〔德〕卡尔·拉伦茨：《德国民法通论》上册，王晓晔等译、谢怀栻校，北京，法律出版社 2003 年版，第 258、266 页。

② Demogue，De la réparation civile des délits，pp. 9 - 10. 转引自王伯琦：《从义务本位到社会本位》，载王伯琦：《近代法律思潮与中国固有文化》，北京，清华大学出版社 2005 年版，第 242 页。

③ 德国学者古斯塔夫·拉德布鲁赫（Gustav Radbruch，1878—1949）语；转引自陈惠馨：《德国法制史——从日耳曼到近代》，北京，中国政法大学出版社 2011 年版，第 158 页。该书详细引述了德国中世纪身体伤害和杀人损害赔偿的等级；见同书，第 158 页以下。拉氏还举了发生在 1520 年的一个事例：被杀者的遗孀在取得了 10Kronen（货币单位）之后就满足了，因为被杀者是个整日无所事事的人，而杀人者只需要持着蜡烛在教堂前忏悔便无事；见同书，第 161 页。

区别，系 19 世纪法学的重大成就。但在今日，我们必须认为此项严格区别是一个错误的概念。刑法与民法的再接近实有必要。"①

刑事责任与民事责任的区分源于公法与私法的区分，区分标准可以包括目的、关系、利益、主体、生活等众多不同的论说角度，但这反过来又影响刑法的归属。对于公法与私法的区分，现代法国法以利益说为通说，德国法则以主体说为主导。以此为背景，法国法将刑法归属于私法，德国法则将刑法归属于公法。笔者倾向于将刑法归属于公法，并依上述决策约束/自由之有无的标准，认为刑法与民法之间存在调整领域/方法上的根本区别。学者指出："于是刑事责任与民事责任乃判然划分，前者求社会秩序之维持，后者求个人相互间之满足，各有其特殊领域，法律进化至此，社会利益乃得维持于最高水准，个人利益之剥夺，亦仅止于最低限度，而吾人之生活理想在求个人与社会之调和者，乃于此见之。"② 但在既定情况下，刑事责任与民事责任之间也具有一定的相互依托关系。一方面，刑法属于侵权责任构成中保护他人法益的法律，对民事责任的归责构成具有意义；另一方面，如果不法行为所造成的损害在刑事执法之前已经获得填补的，一般会导致刑罚的减轻或者免除。③

在现代法上，刑事责任与民事责任的区别主要表现在如下五个方面。

1. 责任的基础不同。刑事责任立足于报应—预防（Vergeltung-Vorbeugung），关注对过去有责的不法行为人（即犯罪人）实施公正的报应（惩罚），主要追究行为人对社会的、公的责任，同时预防将来可能发生的犯罪。④ 刑事责任的功能包括法益保护（Rechtsgüterschutz）和行为预防两个方面，其中行为预防包括促使行为人不再违反规则的特殊预防（Spezialpraevention）；又称为个别预防（Individualpraevention），以及警示其他潜在违反者的一般预防（Generalpraevention）。民事责任立足于矫正正义（corrective justice），关注对被害人所遭受的损害后果的平复，主要追

① 转引自王泽鉴：《损害赔偿》，北京，北京大学出版社 2017 年版，第 36 页注释 2。

② 韩忠谟：《刑法原理》，北京，中国政法大学出版社 2002 年版，第 10 页。

③ 参见《最高人民法院、最高人民检察院关于办理盗窃刑事案件适用法律若干问题的解释》（法释〔2013〕8 号）第 7 条；已被废止的《最高人民法院关于审理盗窃案件具体应用法律若干问题的解释》（法释〔1998〕4 号）第 6 条第 2 项；《奥地利刑法典》第 42 条、第 167 条第 1 款；〔奥〕海尔姆特·库齐奥：《侵权责任法的基本问题（第 1 卷）：德国国家的视角》，朱岩译，北京，北京大学出版社 2017 年版，第 67 页。

④ 《法国刑法典》第 130—1 条规定："为保护社会，预防犯罪发生和恢复社会平衡，本着保护受害人利益的精神，刑罚具有如下功能：1. 惩罚犯罪人；2. 促使犯罪人改过自新、融入社会或者复归社会。"

究行为人对被害人的、私的责任，同时合理分担社会损害。民事责任的功能也包括法益保护和行为预防两个方面，其中行为预防仅指一般预防，而不包括特殊预防，但例外情形（如惩罚性赔偿①）下除外。

2. 责任的构造不同。刑事责任由于受到责任主义和罪刑法定主义的拘束（同时防止国家刑罚权之滥用），其所保护的法益范围比较狭窄；民事责任由于必须追随社会生活的发展变化，其所保护的法益范围则十分广泛。在主观构成方面，刑事责任原则上只处罚故意犯，例外地才处罚过失犯，而且过失范围具有缩小倾向，只有相当高程度的过失才须被处罚，同时对于未遂犯有时亦加以处罚，被害人的过失几乎不被考虑。② 民事责任基于公平分担损害的理念，对行为人系由于故意还是过失一般不作区分，过错的性质和程度对答责一般不生影响（极而言之，过错在一些场合［如无过错责任］下径行失落），只考虑实际损害的大小，而对未现实发生的损害则不必赔偿，亦无所谓未遂的问题，并且可以适用过失相抵的规则。③ 在责任能力方面，刑事责任能力以对自我行为的独立控制为前提，以刑罚的适当性作为核心；民事责任能力则旨在为正当的损害平衡设定条件，原则上每个人都具有这样的能力。④

3. 责任的方式不同。刑事责任以行为制裁为中心，以人身制裁为一般方式，科处刑罚的轻重须审酌各种情状，就行为人的改善、更生等社会

---

① 参见我国《民法总则》第 179 条第 2 款等。

② 对于故意和过失在刑事责任中的体系位置，学说上存在分歧，有认为系作为主观构成要素，也有认为系作为违法要素。本书采前说。

③ 郑玉波：《民法债编总论（修订 2 版）》，陈荣隆修订，北京，中国政法大学出版社 2004 年版，第 117 页；〔日〕曾根威彦：《刑法学基础》，黎宏译，北京，法律出版社 2005 年版，第 244～251 页；于敏：《日本侵权行为法》，北京，法律出版社 2015 年版，第 10 页。在 1855 年德国学者弗里德里希·蒙森（Friedrich Mommsen，1818—1892）提出著名的差额说（Differenztheorie）之前，各国民法学说一般采取责任须与过错程度保持平衡的观点。如 1811 年《奥地利普通民法典》第 1324 条前段规定：“对于恶意或重大过失所致之情形，受害人得请求完全赔偿；在其他情形，仅得请求实际损害的赔偿。”1896 年《德国民法典》明确改采损害赔偿与责任原因无关的、与差额说接近的完全赔偿观点（差额说旨在金钱补偿，完全赔偿原则旨在恢复原状），认为若非如此，将混淆民事责任与刑事责任之间的界限。依此，过错是确定刑事责任的条件，但在确定民事责任则无此意义。参见王利明：《侵权行为法归责原则研究》，北京，中国政法大学出版社 1992 年版，第 52 页；〔德〕格哈德·瓦格纳：《损害赔偿法的未来——商业化、惩罚性赔偿、集体性损害》，王程芳译，熊丙万、李翀校，北京，中国法制出版社 2012 年版，第 14～16 页；〔德〕贝福柯：《德国惩罚性损害赔偿的神话与现实》，王萍译，载《中德私法研究》总第 10 卷，北京，北京大学出版社 2014 年版，第 127 页。

④ 〔德〕莱因荷德·齐柏里乌斯：《法学导论》，金振豹译，北京，中国政法大学出版社 2007 年版，第 77～78 页。《瑞士债法典》第 53 条规定：“刑法上关于刑事责任能力的规定，以及刑事法院的无罪判决，对民事法院判断当事人有无过错或有无判断能力，无拘束力。”“同样，刑事法院的判决，对民事法院判断过错和认定损害，亦无拘束力。”

化问题作出个别的政策考量，但对被害人不具有填补损害的功能。[①] 刑事责任方式即刑罚包括主刑和附加刑，其中主刑包括管制、拘役、有期徒刑、无期徒刑和死刑；附加刑包括罚金、剥夺政治权利和没收财产等。[②] 在类型上，其可以区分为生命刑、自由刑、资格刑、财产刑等。民事责任以损害填补为中心，以财产补偿为一般方式，兼具有合理分担社会损害的作用。民事责任方式包括停止侵害；排除妨碍；消除危险；返还财产；恢复原状；修理、重作、更换；继续履行；赔偿损失；支付违约金；消除影响、恢复名誉；赔礼道歉等。[③] 在类型上，其可以区分为责任合同之履行、权利维持和损害赔偿等，其中权利维持包括绝对权维持和相对权维持两大类型，损害赔偿包括回复原状和金钱赔偿两大类型。

4. 责任追究的程式不同。对刑事责任的追究实行国家垄断，称为刑事诉讼。刑事诉讼是国家追究行为人刑事责任的法定程式，不得采取诸如仲裁、调解及协商和解等其他纠纷解决程式。刑事诉讼以行为人为中心，被害人不得放弃追究行为人的刑事责任（允许通过被害人及其家属表示谅解而对行为人从宽量刑，可能是唯一的例外）。对民事责任的追究系以当事人为中心，包括民事诉讼、仲裁、调解及协商和解等纠纷解决程式。民事诉讼须由与本案有直接利害关系的当事人主动提起，实行要求原则。人民法院只能根据当事人的主张对民事责任进行处理，原则上既不得主动予以追究，也不得未经当事人同意而予以减免。我国《刑事诉讼法》（2018年修正）中规定的刑事附带民事诉讼程序（第 1 编第 7 章），是刑事责任与民事责任未分化的残迹。[④]

---

① 有学者认为，刑罚具有使被害人获得一定经济补偿的功能；见陈兴良主编：《刑法总论精释（第 2 版）》，北京，人民法院出版社 2011 年版，第 733 页。

② 参见我国《刑法》第 33 条、第 34 条第 1 款。

③ 参见我国《民法总则》第 179 条第 1 款，《民法通则》（2009 年修正）第 134 条第 1 款。王云海教授指出：“刑事法与民事法的界限在于是否涉及到对公民的人身权利的限制或剥夺，而非是否涉及‘惩罚’或‘制裁’。”见王云海：《日本的刑事责任、民事责任、行政责任的相互关系》，载《中国刑事法杂志》2014 年第 4 期。张维迎教授指出：“刑事和民事界限的设定本身就是激励机制设计的一个重要问题。在一种案件中，如果民事赔偿责任比刑事责任可以为当事人提供从社会角度讲更有效的激励，该案件就应该属于民事，否则，应该属于刑事”。见张维迎：《经济学如何划分刑、民边界》，载《中国社会科学报》2009 年 9 月 15 日。在笔者看来，前一观点以是否限制或者剥夺公民人身权利作为唯一标准区分刑事法和民事法，似嫌过于表面化和简单化，反而会不利于刑事法与民事法调整范围、方法的相互协调和补充；后一观点似乎过于抽象，刑事法与民事法的分类本来就不是逻辑上的周延划分，毋宁是作为社会、历史、传统等因素综合作用的结果，单纯依靠“激励”的有效性是无法给出正解的。

④ 郑玉波：《民法债编总论（修订 2 版）》，陈荣隆修订，北京，中国政法大学出版社 2004 年版，第 117 页。

5. 责任分析的方法不同。刑事责任的分析方法是双向的，即既具有报应这种向后看的特征，也具有预防这种向前看的特征。民事责任的分析方法则是单向的，即只具有弥补此前发生的损害这种向后看的特征，而不具有向前看的特征。追究刑事责任须遵循责任主义，一般只承认主观责任和个人责任；至于损害的修复和犯罪所得的退还等，一般认为不属于刑法上的观念。民事责任由于直接为被害人的利益服务，只在少数场合下采取诸如严格责任或者无过失责任的责任原则；追究责任的重点系放在有关损害的事实、对被害人所造成的影响，以及不法行为的性质和特点之上，对其他因素则几乎不予考虑。刑事责任由于事关人权保障，刑罚权之行使应慎重谦抑，并遵循最后手段（*ultima ratio*）的原则。从这个角度来看，刑事责任与民事责任至少在功能上是可以相互衔接的。①

作为公法与私法分化的内容之一，刑事责任与民事责任的分化包含两个面向：一是随着私人交易的发展，损害赔偿的性质逐渐净化；二是随着国家组织的建立，国家独占了刑罚权。近年来，出现了重新考虑刑事责任和民事责任的范围，将两者联系起来考虑的倾向。从刑事责任中出现了损害赔偿性质的功能，民事责任中具有了惩罚的要素这些新动向来看，对作为社会统治手段的两种责任的法的功能进行协调和整合，应属于可期待之事。又如，刑法上尽管限定了对过失犯的处罚，但将预防过失犯的功能委诸民事制裁以及其他措施，也是完全合理的。从这个角度来看，似应进一步提升民事责任的预防功能，甚至将之提升为不法行为制度的目的。②

从法益保护的角度来看，无论在功能抑或结构上，刑事责任与民事责任之间具有一定的互补性，此为刑民交叉的实体性基础。作为公法上比例原则在刑法领域中的投射，刑法上有所谓最后手段原则，是指只有在所有其他手段无法成功地避免社会损害时，才能运用刑法。刑法作为“第二次规范”，在某种法益完全可以由其他法律保护时，便无须给予保护。具体到刑民关系而言，对于民法能够完全处理的问题，刑法上便无须作为犯罪

---

① 〔日〕曾根威彦：《刑法学基础》，黎宏译，北京，法律出版社 2005 年版，第 246～247 页。澳大利亚学者皮特·凯恩（Peter Cane）指出：刑事责任的分析是单面的，即只针对犯罪本身，关注行为人所作出的行为和精神状态，如存在“没有被害人”的犯罪（如持有犯罪）和未完成的犯罪（如企图犯罪），被害人可以说毫无地位可言；民事责任的分析则是双面的，即不仅关注行为本身，还关注行为对他人的影响，即既针对人、也针对事。见〔澳〕皮特·凯恩：《法律与道德中的责任》，罗李华译、张世泰校，北京，商务印书馆 2008 年版，第 76～77 页。

② 〔日〕曾根威彦：《刑法学基础》，黎宏译，北京，法律出版社 2005 年版，第 245、251～252 页。

处理。按照德国学者伯恩特·许乃曼（Bernd Schünemann）的观点，最后手段原则是预防刑法（Präventionsstrafrecht）的标志，是被害人教义学（Viktmodogmatik；又译为被害人信条学）的基准所在。被害人是作为保护对象的受侵害法益的享有者。民法由于不具有阻止法益损害发生的功能，而以法益损害的发生作为启动的前提，这使其与刑法相比较具有软弱的特点。刑法保护是作为民法保护失败后、最后的一个国家权力救济途径，即民事责任应被置于刑事责任的前面。但是，最后手段原则不能作为一项普适性的规则，而应通过具体的案例群和事件情境，围绕法益保护的必需性（Schutzbedürfnis）进行分析。①

在世界各国的现实法制中，刑事责任与民事责任绝非判然两分。据日本学者穗积陈重（1855—1926）介绍：

> 印度之旅客运送，乃靠当地抬轿之脚夫，其待遇甚劣于我国轿夫，乃货真价实之赤贫，所谓民事责任赔偿，一概免谈。且旅客通行之处，多为森林沙漠等荒无人烟之地，倘若此时脚夫违约，置老弱妇孺于不顾，扬长而去，实为危及人身安全之举，若以民事责任论，制裁尤显不足。印度刑法因此定其为刑事责任，委实合情合理。可见，即便该行为之性质为民事责任，特殊情况下，不定其为刑事责任，法律之目的便无法贯彻。立法者须多加留意。墨守成规、胶柱鼓瑟等事，绝非有才干之法学家所为。②

三、结语：什么是民事责任

我国于民国时期已有针对“民事责任”的专门论述。如汪翰章主编的《法律大辞典》中谓：“民事责任（债）”是指“因自己之不法行为，而使他人受不利益，所应为损害赔偿之责任也。对刑事责任而称之语”③。其特点在于，民事责任属于债法项下的概念；非与义务相联结，而与“不法”相联结；具体内容系为“损害赔偿”。在我国《民法通则》（2009 年修正）中，“民事责任”有两种含义。④ 一是指“主体行为的民事法律后

---

① 申柳华：《德国刑法被害人信条学研究》，北京，中国人民公安大学出版社 2011 年版，第 204 页。

② 〔日〕穗积陈重：《法窗夜话》，曾玉婷、魏磊杰译，北京，法律出版社 2015 年版，第 257 页。

③ 汪翰章主编：《法律大辞典》，陈颐点校，上海，上海人民出版社 2014 年版，第 155 页“民事责任”条。

④ 佟柔主编：《中国民法》，北京，法律出版社 1990 年版，第 43 页。

果，包含民事义务”，是为广义说。如第 43 条规定：“企业法人对它的法定代表人和其他工作人员的经营活动，承担民事责任。”① 另如第 63 条第 2 款后段、第 65 条第 3 款②、第 66 条第 1 款前段规定的“民事责任”等。二是指“债务不履行或侵权行为的民事法律后果”，不包含民事义务，是为狭义说。如第 106 条第 1 款规定：“公民、法人违反合同或者不履行其他义务的，应当承担民事责任。”《民法总则》也存在这一现象，多数场合系采取狭义说（如第 60、62 等条），少数场合系采取广义说（如第 74 条第 2 款、第 75 条第 2 款）。笔者采取狭义说。所谓民事责任，是指民事主体对造成民事权利侵害后果所应承担的民事法律后果。民事责任虽然一般是因违反一定民事义务而引起，但可以直接对民事权利发生保护和救济的作用，而不以违反一定民事义务为前提。

首先，在概念意涵上，民事责任不再隐身于民事义务的背后，而是直接作为蕴含于民事权利内部的因子，体现主观权利与客观法的统一，而与民事义务发生一定程度的分离。在“权利—义务”的经典范式中，对于权利与义务的关系，学者尝以“同一事物之两面”概括之。所谓权利，是指民事主体针对特定利益的法律上之力（法力说）。就此法律上之力，自权利一面观察，为支配或请求之力；自义务一面观察，为拘束之力；自责任一面观察，为强制之力，系将上述支配及拘束二力加以统合，平日恃而不用，待权利人不能实现其权利、义务人不履行其义务之际，乃有其发动。就责任与义务之关系，李宜琛（1905—1976）教授尝有一喻：“有若一个蜜柑，责任为其外皮，而债务则为其内实。内实系存于外皮之中，为外皮所保护，依外皮而出现者也。”③ 日本学者我妻荣（1897—1974）指出：“但责任不仅是存在于债务自身之外的，概念上也与债务相区别的，而且

① 关于本条规定中民事责任的构成的讨论，可参见梁展欣：《企业法人民事归责论——兼评〈民法通则〉第 43 条》，载梁慧星主编：《民商法论丛》，第 13 卷，北京，法律出版社 2000 年版，第 324 页以下。王泽鉴教授认为，本条寓有社会主义国家集体化的思想；见王泽鉴：《〈中华人民共和国民法通则〉之侵权责任：比较法的分析》，载王泽鉴：《民法学说与判例研究（修订版）》，第 6 册，北京，中国政法大学出版社 2005 年版，第 283、292 页。

② 关于本款规定中民事责任的构成的讨论，可参见梁展欣：《试论代理制度中因委托书授权不明而引起的民事归责问题——评〈民法通则〉第 65 条第 3 款之规定》，载梁慧星主编：《民商法论丛》，第 14 卷，北京，法律出版社 2000 年版，第 83～111 页。

③ 李宜琛：《债务与责任》，载何勤华、李秀清主编：《民国法学论文精萃（第 3 卷）·民商法律篇》，北京，法律出版社 2004 年版，第 198～199 页。对于李氏此喻，林诚二教授有所引申，将前者之蜜柑换作橘子矣；见林诚二：《论债之本质与责任》，载林诚二：《民法理论与问题研究》，北京，中国政法大学出版社 2000 年版，第 222 页。

如果仔细观察，即使在现代法中，债务与责任归属于不同人的情形并非少数，不伴随责任或受到限制的情况的例子也绝非少数。所以，区别两者对理解现代法的债之关系具有重要意义。”① 依笔者之上述界说，作为“蜜柑之外皮”的责任所包含（或保护）的，不仅仅是义务的“内实”，更为权利的“内实”。由此，责任遂从义务的“影子”转换成为保障权利的独立范畴，法律关系内容建构也从“权利—义务”的经典范式，转换为“权利—义务—责任”的新范式，“义务”在其中居于过渡性的或然地位。②

其次，依“权利—义务—责任”的新范式，我国《民法通则》在第五章规定“民事权利”之后，马上以第六章规定“民事责任”，已然凸显出民事责任相对于民事权利——债权的独立地位。在该章第一节“一般规定”中，首条首款（即前引第 106 条第 1 款）关于不履行义务即应承担民事责任的规定③，以及第 108 条中前段“债务应当清偿”和后段“否则即受强制偿还”的规定，均揭示了民事责任与民事义务之间的逻辑关系。该章第二、三节分别规定“违反合同的民事责任”和“侵权的民事责任”这两种最为典型的民事责任，是从责任原因的角度对民事责任的分类。对此，学者指出：“我国《民法通则》第一次突破了传统民法的立法体例，不是把侵权行为列入债法中，而是将民事责任独立为章，并在其中专门规定了侵权的民事责任。这样规定，既不否定侵权行为是债的一种发生根据，又突出了侵权行为的法律后果的法律责任性质。”④《民法总则》延续了《民法通则》所采取的“权利—义务—责任”的新范式，但在第 8 章

① 〔日〕我妻荣：《新订债权总论》，王燚译，北京，中国法制出版社 2008 年版，第 65 页。

② 梁展欣：《民事责任与诉讼类型》，载《中国民商审判》总第 5 集，北京，法律出版社 2004 年版，第 244～245 页。

③ 与笔者的观点不同，王泽鉴教授认为：《民法通则》第 106 条第 1 款及第 2 款“系分别就违反合同及侵权行为而设”；见王泽鉴：《〈中华人民共和国民法通则〉之侵权责任：比较法的分析》，载王泽鉴：《民法学说与判例研究（修订版）》，第 6 册，北京，中国政法大学出版社 2005 年版，第 291 页注释 1。

④ 佟柔主编：《中国民法》，北京，法律出版社 1990 年版，第 562 页。对此，梁慧星教授评价说：“民法通则不仅对民事义务与民事责任严格区分，而且进一步实现了责任法的统一。……使民事责任成为一项统一的民法制度。此应属民法通则之首创”；见梁慧星：《民法总论》，北京，法律出版社 2007 年版，第 85 页。曾世雄教授评价说：“法律关系自发生，经变更，至消灭，其变动之轨迹有正态反态两面。变动之结果如为反态时，终将以民事责任收场，……民法通则第 6 章第 106 条以下规定民事责任，体例上具创见而合理”；见曾世雄：《民法总则之现在与未来》，北京，中国政法大学出版社 2001 年版，第 234 页。王泽鉴教授评价说：“从法学的观点而言，第六章关于民事责任的规定，最值重视”；见王泽鉴：《〈中华人民共和国民法通则〉之侵权责任：比较法的分析》，载王泽鉴：《民法学说与判例研究（修订版）》，第 6 册，北京，中国政法大学出版社 2005 年版，第 266 页。

“民事责任”中则去除了作为民事责任原因的两大类型，从而坐实“总则”的意义。仍依上述李宜琛教授“蜜柑之喻”：“外皮与内实，观念上明为别物，事实上亦可分离。譬如蜜柑成熟时，叫卖于市之所谓蜜柑，盖即指此衣有外皮之蜜柑而言，购买人所谓一个蜜柑，其义亦然。”① 从概念体系出发，可以说责任与债是分属于不同层次的问题，两者服务于不同的法律范畴。责任旨在对权利发生保障作用的潜在强制，而债则旨在确认法律关系上的相对性质。义务是责任的主要来源，但不是唯一来源；责任是违反义务的主要后果，但不是唯一后果。

再次，民事责任上所蕴含的强制之力，系以国家公权力为其后盾，因而民事责任是联结民事权利与国家公权力的媒介，民事权利因受民事责任关系之保护，其法律上之力系借助于国家公权力及程序法的规定而得以贯彻。② 有学者认为：“责任关系之具体表现，则在于诉权之行使，因是，责任乃债权与诉权之中间桥梁。”③ 笔者认为，责任与债权均属于实体法之内容，而诉权则属于程序法之内容，此三者之间畛域分明，不容混淆。所谓诉权，是指当事人基于其民事权利而请求国家公权力予以介入的程序权利。其中之“民事权利”，系谓当事人于实体法上之权利主张，而非谓其所实际享有之权利（新诉讼标的理论）。当事人依诉权而提起诉讼，其中之权利主张系为此而作出的暂时性拟定，该拟定须以其就本诉具有一定之诉讼利益为条件。借用物理学的术语来说，该权利主张尚为权利之虚像，并不意味着其实在地享有实体权利，须迨其主张获得国家公权力确认之后，虚像方得转变为实像。可见，诉权与实体权利实相分离，前者之成立与否，与后者并无实质关联；而国家公权力否定当事人之诉讼请求的，不是对其诉权之否定，而是对其实体权利（或责任追究）之否定。④

总之，在法律关系内容建构的“权利—义务”经典范式中，“责任”范畴更多地被视为义务的“影子”，而没有取得与权利、义务相平行的独立地位。责任虽然起源于债，但逐渐取得相对独立的地位，这催生了法律关系内容建构的范式转换，即采取“权利—义务—责任”的新范式。民事

---

① 李宜琛：《债务与责任》，载何勤华、李秀清主编：《民国法学论文精萃（第 3 卷）·民商法律篇》，北京，法律出版社 2004 年版，第 199 页。

② 梁慧星：《论民事责任》，载《中国法学》1990 年第 3 期。

③ 林诚二：《论债之本质与责任》，载林诚二：《民法理论与问题研究》，北京，中国政法大学出版社 2000 年版，第 224 页。

④ 梁展欣：《民事责任与诉讼类型》，载《中国民商审判》总第 5 集，北京，法律出版社 2004 年版，第 263～264 页。

责任是民事实体法与民事程序法的联结点，其与刑事责任的区别乃系民法与刑法的基本区别。梁慧星教授早已指出："民事责任为保障民事权利义务实现的法律手段，乃是现代民法之生命力所在。民事立法之进步与完善，其着重点不在于规定人民可以享有民事权利之多寡，而在于制定尽量完善的民事责任制度。"① 诚哉斯言。

① 梁慧星:《论民事责任》，载《中国法学》1990年第3期。

第十八章　民事责任能力问题研究

大陆法系各国民法中，对于民事权利能力和民事行为能力多设有明文规定，在理论上也均对其予以承认。然对于责任能力的内涵，其是否为一种民事能力，其与行为能力的关系如何，是否应对其加以明文规定则未见共识。《民法通则》和《侵权责任法》立法时，对于是否应规定责任能力制度就曾有过较大争议①，但最终责任能力未能跻身二法之中。②《民法总则》第二章第一节规定了自然人的民事权利能力和民事行为能力，但却仍只字未提民事责任能力，似乎责任能力一词已经被中国法逐渐淡忘。但事实上，民事责任能力制度不仅作为判断过错之前提条件而发挥效能，还担当着贯彻意思自治的立法技术之重任，对于维系民法整体内部体系价值评判的一致性亦发挥至臻重要的作用。故本章拟对民事责任能力问题加以探讨。

第一节　民事责任能力的本体论考察

民事责任能力虽为民法上的重要概念，然而对于究竟何为民事责任能

---

① 立法机关在其编著的立法理由书中提到了彼时的争论："如果规定责任能力，就涉及没有责任能力的行为人造成他人损害的，监护人是否需要承担责任？如果监护人不承担责任，被侵权人的损失将得不到弥补，会有悖于我国的国情和现实的做法"。参见全国人大常委会法制工作委员会民法室编：《中华人民共和国侵权责任法条文说明、立法理由及相关规定》，北京，北京大学出版社2010年版，第125页。

② 我国《侵权责任法》并未规定责任能力制度表现在三方面，其一是《侵权责任法》并无对责任能力制度的一般规定；其二是关于无行为能力人和限制行为能力人致害责任，《侵权责任法》为了防止监护人无力承担赔偿责任时无人担责的情况，故并未要求以责任能力作为判断过错的前提；其三，《侵权责任法》规定了多种归责原则，并将客观化过错的过错推定原则单独加以规定，这限制了建立在过错基础上的责任能力制度的适用范围。参见王利明：《自然人民事责任能力制度探讨》，载《法学家》2011年第2期。当然有相反意见认为，我国从《民法通则》开始便间接规定了责任能力制度，因为从《民法通则》监护人承担民事责任的规定解释，可以推出凡依法具有民事行为能力者均具有民事责任能力的结论。参见梁慧星：《民法总论》，北京，法律出版社2011年版，第68页。

力，学界可谓众说纷纭。意欲更好地理解责任能力制度的确切内涵，把握责任能力制度于我国的价值取舍，则需对民事责任能力的概念、本质及功能进行详细考察。

一、民事责任能力的概念与本质

（一）民事责任能力的概念之争

在我国民法学理论中，关于民事责任能力之概念的学说，至少有广义行为能力说、识别能力说、过错能力说、独立责任资格说、不法行为能力说以及侵权行为能力说六种。① 而之所以学界会产生如此大的分歧，表象的背后是责任能力制度在不同语境下的话语权之争。

通常而言，“民事责任能力”的表述已将侵权责任能力、违约责任能力和其他诸如不当得利、无因管理和缔约过失等责任能力问题囊括其中，但是考虑到侵权法最贴近责任能力制度的运行机制，也最能凸显责任能力制度的理论价值，故多数大陆法系国家都将该制度置于侵权法领域中予以规制。② 在德国民法的经典著作中，责任能力又被称为“归责能力”或“过错能力”，其被定义为是“行为人侵害他人民事权利时能够承担民事责任的资格，或者说是对自己的过失行为能够承担责任的能力”③。

将前述六种学说进行分类，可知无论广义行为能力说、识别能力说抑或过错能力、不法行为能力说和侵权行为能力，其着眼点皆在于从“责任构成”角度展开，即民事责任能力是承担侵权责任的构成要件，无责任能力则不构成侵权行为。而独立责任资格说则是从“责任承担”角度展开，即民事责任能力是责任承担的要件，即无责任能力时自然人的行为仍可能

---

① 广义行为能力说认为民事责任能力是广义上的民事行为能力，识别能力说是指民事责任能力是依据于自然人的识别能力，过错能力说指民事责任能力实质是过错产生能力，独立责任资格说指民事责任能力是自然人独立承担民事责任的资格，不法行为能力说指民事责任能力是为不法行为的能力，侵权行为能力说是指民事责任能力是为侵权行为的能力。参见孙毅：《处于多重语境中的民事责任能力》，载《北方法学》2007年第1期。事实上也还有一些学者提出新的学说，诸如民事权利能力构成说等，但事实上都与上述六种学说的定义大同小异，故没有一一列举。

② 事实上，“责任能力”之定义的关键便在于论者在何种意义上使用“责任能力”一词，如有论者直接将“责任能力”等同于侵权责任能力，亦有论者严重界定“责任能力”一词，认为其包含侵权责任能力、违约责任能力等。但囿于民事责任能力制度恰是从过错责任主义中演绎而言，而违约责任通常为无过错责任，侵权责任则多为过错责任，故讨论民事责任能力多为讨论侵权责任能力所服务，故本节对此不作区分，“责任能力”即指代“侵权责任能力”。

③ 〔德〕卡尔·拉伦茨：《德国民法通论》上册，王晓晔等译，北京，法律出版社2003年版，第156页。

构成侵权行为，只不过不能承担侵权责任。但笔者认为，无论从责任构成抑或责任承担的角度出发，上述对责任能力的定义都存在与我国现行法规定不融洽之处。

在责任构成说的语境下，民事责任能力被作为侵权行为的构成要件对待，该说有着深厚的哲学背景，其明确了“责任能力”在内涵上是过错行为的归责能力，同时在与识别能力的关系上，责任能力是识别能力的抽象化，其来自于识别能力又有别于识别能力，两者在一定范围内相分离，责任能力是思维层面的归责能力，而识别能力是事实的、具体的判断能力。[①] 该说最初发源于罗马法，并被大陆法系多国民法吸收，再由我国台湾地区学者使用后传入大陆。[②] 然而该说可以回答为何传统侵权行为的构成要求存在过错，但却难以对特殊的侵权行为作出回应，因为某些特殊侵权行为的构成并不需要行为人存在过错。在我国《侵权责任法》第 7 条[③]规定了无过错也应承担责任的情况下，责任构成说便难以与我国现行法之规定和谐自洽。

在责任承担说的语境下，民事责任能力被理解为承担民事责任后果的资格，其不关注行为人是否有识别能力或过错能力，而仅关注行为人是否有责任承担能力。责任承担说相较于责任构成说，可以回答缘何行为人没有过错却仍然需要承担责任的难题，但仍然无法回应“在责任构成上被判定没有责任能力为何在后果承担上又有了民事责任”的问题。[④] 因而从责任承担说出发，无论行为人有无过错，如果行为人被判定构成侵权行为，就需要承担相应责任，而不考虑其是否有财产。如此带来的后果便是，责任的承担被推给没有财产能力的行为人，不利于对被侵权人提供充分的救济。尤其是我国侵权责任法要求有财产的无民事行为能力人、限制民事行为能力人造成他人损害的，从本人财产中支付赔偿费用，便造成了被监护

---

① 陈帮锋：《民事责任能力：本原与异化》，载《中外法学》2012 年第 2 期。

② 罗马法时期乌尔比安所著《告示评注》第 18 卷中载明：“由此便产生疑问，如果一个精神病人造成损害，是否也可提起阿奎利亚法诉讼？贝加苏予以否定：因为在精神不正常的情况下又何以存在过错呢？这种看法是完全正确的。”其指明没有责任能力的人根本无法产生过错。参见〔意〕桑德罗·斯奇巴尼：《债·私犯之债·阿奎利亚法》，米健译，北京，中国政法大学出版社 1992 年版，第 6 页。关于大陆法系的主要立法例，后文将进行详述。

③ 《侵权责任法》第 7 条规定：“行为人损害他人民事权益，不论行为人有无过错，法律规定应当承担侵权责任的，依照其规定。”

④ 孙毅：《处于多重语境中的民事责任能力》，载《北方法学》2007 年第 1 期。

人在责任构成上被判定没有责任能力而在责任承担上又有责任能力的问题。①

通过语境分析可以发现，事实上，在责任构成语境和责任承担语境中所谓的民事责任能力并非同一概念，其完全可以拆分为数个不同的概念加以定义。② 笔者认为，在任一语境下单独使用民事责任能力的概念均不甚妥当，其会造成对行为人的保护和对被侵权人的救济的偏废，而详细考察责任能力概念的本质，则有助于在不同语境下对该概念的准确内涵进行准确把握。

（二）民事责任能力的本质

德国学者卡尔·拉伦茨在论及“责任能力”的概念时，将之落脚为一种资格，即所谓“归责能力”或者“过错能力”，其意在表征自然人作出侵犯损害他人人身、财产等权利之行为时所具备的能够负担相应民事责任的资格，或者认为这是能够承受自身过错的行为责任的一种能力。③ 基于对这一制度的内涵意蕴与外部表征的理解，行为人承担其所造成的结果的义务的必要条件是其对自身行为的属性与结果拥有识别的能力，也即是行为人能够认识到他自身的行为具有不法性，以及伴随着这种不法性所产生的需要承担的责任，而且其能够意识到这种不法行为所造成的后果。④

责任能力制度所重点突出的理念在于，行为人所具备的可谴责性需要以其本身拥有相当的精神和智力能力作为基础而建立，因为只有在其能够认识到自身行为具有导致一定的后果之虞的前提下，其方能在客观上从事这一过错行为，进而对其所致结果负责，所以以认识其责任所必要的理解力为责任能力的概念内核不证自明。相应的，责任能力的制度就不仅仅与过错相关涉，其与私法自治这一民法基本理念于更深层面也具有极大的关联性：私法自治意指自然人可以依照其本身的意思自主行为，不受他人干

---

① 《侵权责任法》第 32 条第 1 款规定，无民事行为能力人、限制民事行为能力人造成他人损害的，由监护人承担侵权责任。其意味着从责任承担说出发，无行为能力人和限制行为能力人在责任构成上不具有责任能力（因为其不用承担责任），但第 2 款又规定在后果上无行为能力人和限制行为能力人需要以自己的财产承担赔偿责任，即在后果承担上又具有了责任能力。

② 如有学者创造出“过责能力”加上“财产责任能力”的概念来拆分民事责任能力，以便于在不同语境下进行准确使用。参见孙毅：《处于多重语境中的民事责任能力》，载《北方法学》2007 年第 1 期。

③ 〔德〕卡尔·拉伦茨：《德国民法通论》上册，王晓晔等译，北京，法律出版社 2003 年版，第 156 页。

④ MünchKomm-Mertens，1999，§828，Rn. 1. 转引自王利明、周友军、高圣平：《侵权责任法疑难问题研究》，北京，中国法制出版社 2012 年版，第 259～260 页。

涉，其作为贯穿民法始终的价值理念彰显出的是私法领域的自由之光；当我们从反面对私法自治进行解读时，可以得出其所蕴含的另一层意义——自然人应当对自身的行为负责——这亦理应是自己责任的理论基础所在。

因此责任能力的本质可以被概括为是一种对因过错而实施的行为承担侵权责任的资格或能力。肇因于法律行为所引致出责任承担之情态的基础则在于私法上的基本理念——自主决定以及自我负责，而且依照这样的法则推演，在法律关系中的自然人可以依凭意思表示为一定行为并使得相应的法律效果得以出现，复之使得自身亦受到该意思表示之相对方的约束，从而达至以自己意思规制本人与他人的相互关系。[①] 如前所述，责任能力制度在为行为自由之充分展开铺就道路的同时，也为行为后果预设了承担主体，其与侵权法意在实现行为自由与法益保护之间平衡的理念相契合，故责任能力无可替代的优点就在于，其更够从头至尾地贯彻民法理论中意思自由这一基本理念的逻辑一致性，并且能够充分展示出逻辑价值的同一性。[②]

二、民事责任能力制度的功能

（一）民事责任能力功能的传统诠释

自《民法通则》颁布以来，民事责任能力问题便受到广泛关注，其可谓为理论研究的一大重点课题。民事责任能力通常被认为具有多方面的难以替代的功能，这些功能贯穿了整个民法体系，亦对私法自治产生了深远影响。

首先，责任能力制度具有保护无行为能力人和限制行为能力的功能。无论是未成年人抑或精神病人，由于其不具有相应的认识能力，如果仍要求其对在没有认识能力下所为的行为承担赔偿责任，则未免会使得无责任能力人承担过重的负担。尤其是对于未成年人，如果因为其未成年人时的错误而导致其终身承担负担，则会致使未成年人“未来发展的权利”难以实现。[③] 因此，责任能力制度的重要功能之一便在于保护无行为能力人和限制行为能力人。

其次，责任能力制度的功能在于惩罚过错。如前所述，传统法上责任

① 〔德〕卡尔·拉伦茨：《法学方法论》，陈爱娥译，北京，商务印书馆2003年版，第350页。

② 王利明、周友军、高圣平：《侵权责任法疑难问题研究》，北京，中国法制出版社2012年版，第261～262页。

③ 王利明：《自然人民事责任能力制度探讨》，载《法学家》2011年第2期。

能力的有无多以识别能力为重要判断依据，如若自然人具备了完整的识别能力，则意味着其可以预测到自己的行为可能面对的后果，亦即具备了主观可谴责性，因此，要求有责任能力人承担相应的民事责任，实质即在于惩罚过错。

再次，责任能力制度的功能在于维护民法的协调性与完整性。传统大陆法系国家区分自然人的行为能力制度与责任能力制度，是基于该两种制度作用于不同的领域发挥作用。[①] 具体而言，行为能力制度所调整的范围主要是交易中的法律行为领域，而责任能力制度所调整的范围主要是非交易的事实行为中的侵权行为领域，二者分别作用于不同的领域，以维护民法体系的协调性。[②] 此外，责任能力制度在体系架构上至少在监护人责任、过失相抵、衡平责任等部分发挥作用，因此，责任能力制度与民法体系之完整性亦息息相关。

最后，责任能力制度最初始亦为最重要的功能在于维护自然人的行为自由。19世纪的侵权法着力于在“自由的合法行为”与“应负责任的不法行为”之间划定界限。由于责任能力制度一定程度上体现了法律对于主观精神能力的伦理评价，此种评价结果的存在可以为过错侵权责任的认定提供合理化论证，如果否认责任能力制度的存在，将使过错责任的承担失去合理性，其后果就是结果责任原则的复活，而这是现代法治社会无法接受的。[③] 在彼时，强调自然人的责任能力在根本上即强调侵权法维护行为自由的功能，这种功能与当时鼓励自由竞争的经济制度密切相关。[④]

正是基于民事责任能力制度具有的上述功能，其成为我国民法学研究绕不开的一大话题，然时过境迁之际，责任能力制度的上述功能被逐渐淡

① 事实上，行为能力与责任能力不仅存在作用领域上的不同，其在价值取向、利益衡量和对年龄与智识的要求上均存在本质性的差异。如在价值取向上，行为能力主要是为了平衡行为人自身的行为自由和交易中相对人的合理信赖，而责任能力制度则是为了平衡加害人的行为自由与受害人的法益保护；在利益衡量上，行为能力制度的目的在于降低交易成本，其需要统一化的标准，而责任能力制度则需要考虑个案争议；在年龄和智识要求上，虽然二者均具有以年龄和精神标准作为判断的特征，但行为能力对此的要求比责任能力对此的要求要更高。详细的论述参见朱岩：《侵权责任法通论·总论》，北京，法律出版社2011年版，第322～324页。

② 我国民法理论亦有对民事行为能力与民事责任能力区分说的批判，认为民事责任能力在本质上是广义民事行为能力的一种，与狭义民事行为能力即传统意义上的行为能力并列。参见杨代雄：《重思民事责任能力与民事行为能力的关系——兼评我国〈侵权责任法〉第32条》，载《法学论坛》2012年第2期。

③ 郑晓剑：《不应被淡化的侵权责任能力——对侵权责任能力制度若干功能的考察与审思》，载《法律科学（西北政法大学学报）》2011年第6期。

④ 王利明：《自然人民事责任能力制度探讨》，载《法学家》2011年第2期。

化，这与我国侵权法的根本功能和体系效应息息相关。

（二）中国法语境下责任能力制度的功能新说

民事责任能力制度的主要目的是保护欠缺识别能力和责任能力的行为人，其蕴含于具体制度即监护人责任的相关规定中，监护人责任最早规定于《民法通则》第 133 条，其后《侵权责任法》第 32 条延续了该规定，《民法总则》基于《侵权责任法》已经对无民事行为和限制行为能力人造成他人损害作出规定，故没有进行重复规定，可以预见如若近年来的价值判断结论没有发生重大变化，《民法分则·侵权责任编》将继续沿用该规定。这意味着在我国成文法中，责任能力的表述将被彻底摒弃。然而责任能力制度是否已经日薄西山，其传统功能是否已经被其他制度所完全替代，笔者认为下此结论为时尚早，责任能力制度的传统功能虽在我国法上没有得到完全发挥，但仍在具体制度设计上保持着影响力。

首先，在我国《侵权责任法》以“救济”为核心的立法目的下，责任能力制度保护无行为能力人和限制行为能力人的功能极为有限。如前所述，近代侵权法的出发点在于行为，而现代侵权法的出发点则在于责任即如何救济被侵权人，因此，所谓责任能力制度保护无行为能力人和限制行为能力人的功能的出发点在于保护为侵权行为之人，一旦行为人因责任能力的欠缺而免于对被侵权人予以赔偿时，便难言公平。虽然在制度设计上可以适用替代责任对其进行补充，但如果监护人也无力承担责任时，便可能出现被侵权人无法得到任何救济的情况，这与以救济为核心的现代侵权法不相符合。

其次，随着过错概念的客观化以及无过错责任①和公平责任在我国侵权法的正式确立，责任能力制度惩罚过错的功能逐渐淡化。责任能力制度的最初联系之一即主观过错，然而为了适应现代侵权法救济功能的需要，

① 无过错责任也叫做严格责任、危险责任或者风险责任。在美国，无过错责任叫做严格责任（徐爱国：《英美侵权行为法》，北京，法律出版社 1999 年版，第 110 页。）；在德国，被称为危险责任（王泽鉴：《侵权行为法》，第 1 册，台北，三民书局 1999 年版，第 17 页。）；在我国澳门特别行政区，则依照葡萄牙民法的习惯被称为风险责任（《澳门民法典》第 492 条）。有人认为，无过错责任不是严格责任，也不是危险责任或者风险责任，而是独立于严格责任之外的一种最严格的责任。这种观点是不正确的。学者一般都认为，严格责任就是无过错责任，为通说（王泽鉴：《侵权行为法》，第 1 册，台北，三民书局 1999 年版，第 17 页）。转引自：杨立新：《侵权法论》，北京，人民法院出版社 2013 年版，第 188～189 页。除直接引用外，本节均采用“无过错责任”这一表达方式。

过错的判断逐渐趋于客观化而不再单纯考虑行为人的主观过错①，同时，随着不考虑意识状况的无过错责任和只考虑财产状况的公平责任的确立，责任能力制度于惩罚过错的功能还具有多少适用的余地便颇为值得怀疑。

最后，在风险社会的大背景下，责任能力制度在维护行为自由的功能上亦受到限制。由于现代社会危险数量、种类及其复杂性的增加，对于认识因素的强调更多关注的是对危险的发生、后果及可能影响的认识，这并不必然导致对行为自由的限制，此外，责任能力要求“辨别和实施行为的能力”逐渐被仅要求认识到“立即对其行为承担某种责任的义务”所取代。② 这意味着责任能力不再是单纯强调认识与控制自己行为的能力，如此一来，其维护行为自由的功能便大为受限。

然而，虽然责任能力制度的传统功能受到了各种各样的质疑，但其绝非可有可无的一项制度，相反，其在具体的制度设计上存在着诸多影响，其典型例证是我国侵权法关于监护人责任和无行为能力人和限制行为能力人造成他人损害时的责任承担规定，以下以《侵权责任法》具体条文为切入点进行考察。

我国《侵权责任法》于第 38 条规定了无行为能力人在幼儿园、学校或其他教育机构受到损害的责任承担规则，第 39 条规定了限制行为能力人在学校或其他教育机构受到损害的责任承担规则。③ 两条文对无行为能力人和限制行为能力人在学校或教育机构受到损害时适用不同的归责原则，而之所以要求无行为能力人受到损害时教育机构承担过错推定责任，限制行为能力人受到损害时教育机构仅需承担过错责任，很大程度是考虑到限制行为能力人已经具有一定的识别能力，能够认识到自己行为的性质

---

① 过错客观化尤为明显地体现为在医疗损害责任事故中，判断医疗机构和医务人员是否有过错时，不再使用传统的谁主张、谁举证的方法去证明主观过错，亦不采用举证责任倒置的办法去证明没有主观过错，而是直接采用客观的标准（即《侵权责任法》第 55 条、第 58 条和第 60 条的标准），去判断医疗机构和医务人员是否有过错。关于这一问题的探讨，参见杨立新：《〈侵权责任法〉改革医疗损害责任制度的成功与不足》，载《中国人民大学学报》2010 年第 4 期，梁慧星：《论〈侵权责任法〉中的医疗损害责任》，载《法商研究》2010 年第 6 期。

② 王利明：《自然人民事责任能力制度探讨》，载《法学家》2011 年第 2 期。

③ 《侵权责任法》第 38 条规定：“无民事行为能力人在幼儿园、学校或者其他教育机构学习、生活期间受到人身损害的，幼儿园、学校或者其他教育机构应当承担责任，但能够证明尽到教育、管理职责的，不承担责任。”第 39 条规定：“限制民事行为能力人在学校或者其他教育机构学习、生活期间受到人身损害，学校或者其他教育机构未尽到教育、管理职责的，应当承担责任。”

和后果，并具有一定的举证能力。[①]

故教育机构对于限制行为能力人的责任要轻于对无行为能力人的责任，换言之，限制行为能力人的自己责任要重于无行为能力人的自己责任，由此可知，事实上侵权责任法仍然考虑了责任能力对责任承担的影响。此外，《侵权责任法》第 32 条和第 33 条的制度设计，同样也是考量了责任能力问题后的产物。[②]

第二节　民事责任能力制度的域外立法例及启示

由于责任能力制度的主要适用领域是民法上"弱而愚"的人侵犯他人权益问题该如何解决，故本部分主要以关涉未成年人侵权领域的表征为基点展开。在多数大陆法系国家和地区，对于责任能力制度都予以承认，其关于民事责任能力的判断标准则有多种模式，亦有国家并不接受责任能力的概念。下文主要择取有代表性的国家和地区关涉责任能力的立法例作为分析对象，以期得到完善我国民事责任能力制度相关规则的启示。

一、大陆法系主要国家的立法模式

（一）肯定责任能力的立法例

1. 采主观"识别能力"标准的立法例

大陆法系中的日本民法，采取以识别能力作为民事责任能力唯一的判断标准，这体现在《日本民法典》第 712 条[③]关于未成年人造成他人损害的责任承担规则和第 713 条[④]规定的精神障碍者造成他人损害的责任承担规则之中。该两条规定排除了需要考量年龄等因素的条件，而仅以有无识别能力作为判定责任能力的唯一依据。此外，《日本民法典》第 714 条规

---

① 王利明：《自然人民事责任能力制度探讨》，载《法学家》2011 年第 2 期。

② 王利明教授对此进行了详细的分析，参见王利明：《自然人民事责任能力制度探讨》，载《法学家》2011 年第 2 期。

③ 《日本民法典》第 712 条规定："未成年造成他人损害时，如不具有足以辨别其行为责任的知识和能力，则不对其行为承担赔偿责任。"《日本民法典》，王爱群译，北京，法律出版社 2014 年版，第 114 页。

④ 《日本民法典》第 713 条规定："因精神上的障碍，在对自己的行为责任明显缺乏辨识能力期间给他人造成损害的，不承担赔偿责任。但是，因故意或过失暂时导致该状态的，不在此限。"《日本民法典》，王爱群译，北京，法律出版社 2014 年版，第 114 页。

定了监护人的责任①，该规定认为监护人仅在存在过错时需要承担补充责任，如能证明其没有过错则不必负责。

日本民法典的规定的优点在于，可以通过在个案中对行为人的识别能力的考察，确认其是否具有产生过错的能力，进而判断该行为人是否需要承担相应的责任，其体现了实质正义的要求，具有鲜明的人文精神和伦理色彩。②

然而这种在个案中认定识别能力的做法亦存在诸多弊端。首先，由于识别能力属于抽象标准，判断标准难以明确从而导致法律不具有可预测性；其次，这种做法将给司法带去较重的负担，法官不得不在个案中考察加害人在实施侵权行为时的主观心理状态，这种情景化地认定方式无疑比整齐划一地认定加害人的过错更加困难；最后，以事后客观化的判断方法去判断主观化的识别能力的有无，是否能够客观还原案发时行为人的主观精神状态亦值得怀疑。此外，由于日本法缺少诸如德国法般的衡平性规定，因而在未成年人财产状况不明时，受害人行使求偿权往往人财两空。③ 因此，日本司法实践也逐步开始接受除识别能力外判断责任能力的一些客观标准。

2. 采客观"年龄"标准的立法例

大陆法系的荷兰是以年龄标准认定责任能力的典型，根据 1992 年通过的《荷兰新民法典》第 6 编第 162 条的规定，只有在不法行为满足可归责性的前提下，方可认定构成侵权责任，而第 6 编第 164 条则规定，未满 14 岁的儿童实施的行为，不能以不法行为为由对其进行归责；而根据第 6 编第 165 条和第 166 条，年满 14 周岁的人，就算其具有身体或者生理残疾，对其自身实施的举动也需要承担严格责任。④

由此可见，荷兰民法完全采用客观标准即年龄来判断行为人责任能力的有无，此种模式相较于采识别能力为唯一判断标准的立法例，优点在于可以实现法律的安定性和可预测性，同时避免了个案审查，减轻了裁判者

---

① 《日本民法典》第 714 条规定："前两条规定的无责任能力人不承担责任的，对该无责任能力人负有法定监护义务的人，对责任能力人造成的损害承担赔偿责任。但是，监护义务人没有怠于履行该义务或者即便没有怠于履行该义务损害也会发生的，不在此限。""代替监护义务人监护无责任能力人的，也应承担前款的责任。"《日本民法典》，王爱群译，北京，法律出版社 2014 年版，第 114 页。

② 郑晓剑：《侵权责任能力判断标准之辨析》，载《现代法学》2015 年第 6 期。

③ 郑晓剑：《侵权责任能力与监护人责任规则之适用》，载《法学》2015 年第 6 期。

④ 朱岩：《侵权责任法通论·总论》，北京，法律出版社 2011 年版，第 320 页。

的负担。但是缺点在于，以客观的年龄标准衡量产生过错的能力，从而判定过错责任的承担，缺乏伦理内涵，同时由于个体的差异，此种一致化的判断难免在个案中产生偏差。此外，“对于加害人而言，如果完全从机械的年龄跨度客观化地判断其是否具有民事责任，而不考虑在具体个案中行为人所具有的具体识别能力，将导致未成年人和精神智（障）碍者被迫承担其根本无法预见和预防的行为后果”①。

3. 采主观“识别能力”与客观“年龄”混合标准的立法例

《德国民法典》第 827 条②规定了精神障碍者造成他人损害时的责任承担，第 828 条第 1 款与第 3 款③规定了未成年人造成他人损害时的责任承担，结合第 829 条的立法语句用意，在受害人对第 828 条范围下所受的伤害与损失无法向负有监督义务的第三人请求损害赔偿时，其可以直接向致其损害的未成年加害人请求赔偿，而这种赔偿应当被限定在合理的范围之内。④ 在解释论上，第 828 条第 1 款规定的应是“绝对无责任能力”，相应的第 2 款规定的是“相对无责任能力”，第 829 条规定的则是未成年人合理范围内补充的赔偿责任，这是责任能力的例外，为基于衡平的赔偿责任。⑤

由此可见，《德国民法典》对于精神障碍者是否承担责任采取的是识别能力的标准，而对于未成年人采取的则是年龄和识别能力相结合的标准。根据其第 828 条第 1 款，可知未满 7 周岁的未成年人无责任能力，无须对其造成的损害负责，而根据第 3 款并结合第 1 款和第 2 款可知，7 周

① 朱岩:《侵权责任法通论 · 总论》，北京，法律出版社 2011 年版，第 323 页。

② 《德国民法典》第 827 条规定:“处于无意识状态或者处于排除自由意志决定的精神错乱状态，对他人造成损害的人，对损害不负责任。其因饮酒或者类似方法而使自己一时处于此种状态的，对自己在此种状态下不法引起的损害，负与自己负担过失的情形相同的责任；其无过错陷于此种状态的，不发生责任。”《德国民法典》，杜景林、卢谌译，北京，中国政法大学出版社 2014 年版，第 251 页。

③ 《德国民法典》第 828 条第 1 款规定:“未满 7 周岁的人，对自己给他人造成的损害，不负责任;”第 3 款规定:“未满 18 岁的人，以其责任不依第 1 款或者第 2 款被排除为限，在其于实施致害行为之际，不具有认识责任所必要的辨识时，对自己给他人造成的损害不负责任。”《德国民法典》，杜景林、卢谌译，北京，中国政法大学出版社 2014 年版，第 251 页。

④ 《德国民法典》第 829 条规定:“在第 823 条至第 826 条所称情形的一种情形，对由其引起的损害依第 827 条、第 828 条不负责任的人，在不能向有监督义务的第三人取得损害赔偿时，以衡平事由，依情形特别是依当事人的情况要求赔偿损害，并且不剥夺其为适当的扶养以及为履行其法定扶养义务所需要的资金为限，仍然应当赔偿损害。”《德国民法典》，杜景林、卢谌译，北京，中国政法大学出版社 2014 年版，第 251～252 页。

⑤ 黄立:《民法债编总论》，北京，中国政法大学出版社 2002 年版，第 254～255 页。

岁到 18 周岁的未成年人是否具有责任能力需要依据其相应的识别能力具体判断。这样的规定旨在实现对于未成年人的保护，其以法条的形式规定未成年人的侵权责任能力取决于年龄和识别能力，相对应，未成年人的父母在对其没有过错进行抗辩之时，主要问题便在于考察父母应对其子女尽到多大的注意义务，而这种注意义务亦取决于其子女的年龄，即子女的年龄越大则具有更强的识别能力能够形成过错，监护人的举证责任就相应降低。① 此外，为了防止出现极端不公正情形，在对于责任认定的性质尚存争执的境况下，适用第 829 条衡平责任的方式便可以使得规范的适用不受妨碍。

（二）否认责任能力的立法例

虽然如前所述，多数的大陆法系国家均对责任能力及相应制度作出规定，但比较法上仍然存在着否认责任能力的立法例，以法国法为代表。法国在其制定的民法典中于对待责任能力制度时，充分彰显了其充满激情的立法作风，这体现为法国法经历的数次变迁。

在 1968 年以前，受制于人文主义和理性主义思想盛行，《法国民法典》亦认为“侵权责任的承担人必须具有识别能力，即可得对自己所行为之结果具有相应的认识，如果一个人没有该种能力，即不能责令他就其行为的后果承担侵权责任”②，故欠缺识别能力的行为人没有侵权责任能力，自然无法要求其承担责任。

然而法国法意识到采取主观的认定方法，对于未成年人而言，一旦其父母能证明其对于损害的发生没有过错，则受害人便不能获得任何的救济，加之其后法国开始推行强制保险制度，将未成年人侵权的最终风险转嫁为由保险公司承担，故 1968 年后法国在立法上出现了转变。1968 年修改后的《法国民法典》第 1382 条规定：“人的任何行为给他人造成损害时，因其过错致该行为发生之人有义务赔偿损害。”③ 这意味着法国完全抛弃了所谓有识别能力，即有责任能力才可承担责任的理论，将过错的认定完全客观化。换言之，“只要未成年人未达到个案中‘谨慎小心’的行为标准，其就需要承担客观过错责任”④。

法国理论和实务界虽对这种完全客观化的认定方法也提出了诸多批

① 郑晓剑：《侵权责任能力与监护人责任规则之适用》，载《法学》2015 年第 6 期。

② 张民安：《现代法国侵权责任制度研究》，北京，法律出版社 2003 年版，第 57、140 页。

③ 《法国民法典》，罗结珍译，北京，北京大学出版社 2010 年版，第 351 页。

④ 朱岩：《侵权责任法通论·总论》，北京，法律出版社 2011 年版，第 315 页。

评，但在司法实践中，法官亦通过诸多重要判例确认了这种过错绝对客观化的做法。① 时至1984年，司法界通过判例的方式彻底抛弃了传统过错中的主观可归责性要素，彻底实现了过错的客观化。② 至此，法国法在确认未成年人是否具有过错时，并不考虑未成年人是否有对其行为具有可归责性作为前提要件，而仅仅因为其不符合客观的谨慎小心的标准便承认过错的存在。

二、大陆与台湾地区立法模式比较分析

我国台湾地区“民法”第187条规定：“无行为能力人或限制行为能力人，不法侵害他人之权利者，以行为时有识别能力为限，与其法定代理人连带负损害赔偿责任。行为时无识别能力者，由其法定代理人负损害赔偿责任。”“前项情形，法定代理人如其监督并未疏懈，或纵加以相当之监督，而仍不免发生损害者，不负赔偿责任。”“如不能依前二项规定受损害赔偿时，法院因被害人之声请，得斟酌行为人及其法定代理人与被害人之经济状况，令行为人或其法定代理人为全部或一部之损害赔偿。”“前项规定，于其他之人，在无意识或精神错乱中所为之行为致第三人受损害时，准用之。”我国台湾地区可谓效仿了德国民法典的立法例，并在此基础上借鉴并改进了德国民法的相关规定，以是否具有识别能力为标准判断，进而确定是否承担民事责任。

对此条规定，在解释上通常被认为是规定了责任能力制度，即此项识别能力“乃侵权行为的责任能力，其所以设此规定，主要理由系以侵权行为法具有指导行为及预防损害的功能”③。而没有识别能力的人，不具备认识自己所为之危险性的能力，从而于自己做出任何行为时加以辨别、甄选抑或是控制，故“不应径使其负侵权行为损害赔偿，以保护无识别能力的行为人”。而对于上述法条规定的无识别能力之未成年人在受害人不能从法定代理人处获得赔偿时承担的全部或一部之损害赔偿责任，台湾地区学说称之为法定代理人的衡平责任，“虽仍用损害赔偿等字样，但其性质，

① Cass. civ. 2e. 4 May 1977，Cases，*Materials and Text on National*，*Supranational and International Tort Law*，Hart Publishing 2000，[3. 2]，p. 333；Cass. Ass. plen. 9. 5. 1984. Sem. Jur. 1984. II，20256（Nr. 1）. 转引自朱岩：《侵权责任法通论·总论》，北京，法律出版社2011年版，第314～315页。

② 郑晓剑：《侵权责任能力制度源流考》，载梁慧星主编：《民商法论丛》，第57卷，北京，法律出版社2015年版，第56～57页。

③ 王泽鉴：《侵权行为》，北京，北京大学出版社2009年版，第381、401～402页。

已迥异其趣。此种将衡平责任认系道德规范之法律化，乃在实践分配正义的理念”[①]。也就是说，法律法规在从一个角度上使得缺乏识别能力者不用承担因侵权而造成他人损失与伤害的赔偿责任，他的法定代理人也不用负担举证之责任，而从另一个角度而言，为了维护受害人的利益而令具有一定经济能力的行为人和他的法定代理人，承担所有或者部分的赔偿责任，这种制度属于我国台湾地区民法所特有的制度。

回观大陆民法，《民法通则》立法时，我国的理论与实践均受到苏联民法的深刻影响。[②] 民事责任能力制度理论亦不例外，具体在监护人责任的规定上，1922 年制定的《苏俄民法典》第 9 条规定：“未成年之满 14 岁者，得经法定代理人之同意，为法律行为。有权独立支配其所得之工资，并对于因其行为所致他人之损害负赔偿之责任。”第 405 条规定：“无行为能力人对于其所致之损害不负责任。负有监督义务之人应代为负责。未成年人于本法第 9 条所规定之情形所致之损害，其父母或监护人亦应与未成年人共同负责。”1964 年的《苏俄民法典》继承了上述规定。[③] 在解释论上，上述规定可以被理解为无行为能力人无论如何均不承担责任，限制行为能力人则在特定情况下需要承担责任，同时限制行为能力人的监护人在限制行为能力人承担责任的情况下仍不能免责。

此规定表象的背后则是苏联独创的“广义民事行为能力说”理论，该理论将自然人的侵权行为能力包含于行为能力之中，有行为能力便有责任能力，无行为能力则无责任能力，限制行为能力属于有部分行为能力，自然就有部分责任能力。我国《民法通则》立法时借鉴了苏联的这种做法，但同时进行了自身创新，即在监护人责任规定中将未成年人造成他人损害整体进行规定，在解释上可知，我国实质上是认为无行为能力人没有侵权责任能力，但没有承认限制行为能力人具有部分侵权责任能力。[④]

自《民法通则》在我国颁行至今，于立法层面对“责任能力”这一

---

① 王泽鉴：《侵权行为》，北京，北京大学出版社 2009 年版，第 381、401～402 页。

② 关于我国民法通则与苏联民法的联系及评价，可参见李秀清：《中国移植苏联民法模式考》，载《中国社会科学》2002 年第 5 期；杨立新：《编纂民法典必须肃清前苏联民法的影响》，载《法制与社会发展》2016 年第 2 期。

③ 《苏俄民法典》，王增润译，北京，新华书店 1950 年版，第 5 页。转引自郑晓剑：《侵权责任能力与监护人责任规则之适用》，载《法学》2015 年第 6 期。

④ 有学者专门考察过为何我国仅部分借鉴苏联规定而非完全照搬的原因，即我国之所以对限制行为能力人的侵权责任能力问题进行异化处理是为了与 1957 年制定的《治安管理处罚条例》第 29 条及 1980 年的《婚姻法》第 17 条相衔接。参见郑晓剑：《侵权责任能力判断标准之辨析》，载《现代法学》2015 年第 6 期。

"对自己的过失行为能承担责任的能力"[①] 就采取了不予规定的长期回避态度，既未明文承认该制度的地位，也没有直言要求缺乏以及被限制民事行为能力之人对其致害行为承担赔偿的责任；而在学理层次的讨论中，虽有学者提出了《侵权责任法》第 32 条之规制就是关于民事责任能力的相关立法表述[②]，以及这一条款就是在借鉴域外立法经验的基础上，对我们国家民事责任制度某种程度上之完善[③]等主张，虽不乏其见，然而从整体上来看，大多数学者对此是持否定态度的。有的学者明确指出，我国现行侵权法在立法层面上是拒绝责任能力这一概念的，从司法角度上也从没有对这一概念加以肯认及采用[④]，更有学者主张，将责任能力规定为我国侵权责任必要的构成要件，既没有一定的根据也没有实实在在的必要。[⑤] 更为准确地说，在我国的立法概念中，责任能力在实质上是融于民事行为能力这一制度中的。立法、司法以及学说在责任能力制度问题认识上的不一致，客观上为替代责任解构式思路在监护人责任中造成了阻碍，进而也给被监护人的诉讼地位和责任状态的判断带来了诸多的不确定或分歧。

三、小 结

通过分析前述比较法上责任能力的相关立法例可知，责任能力制度不仅在理论上的探讨历久弥新，其域外立法例中也可谓大相径庭。考察大陆法系各国与地区的立法模式，法国民法典的做法可谓特立独行，是比较法上的孤例，不具有普遍意义，其余多数国家均在制度设计上要求未成年人造成他人损害的责任承担与责任能力制度紧密关联，而在责任能力制度的具体判断之中，比较法上也多采识别能力和年龄作为其判断标准。我国台湾地区采用了与日本法相似的做法，以识别能力作为判断责任能力的标准。

我国大陆虽与台湾地区的民法有着相似的法律历史，但由于主要借鉴了苏联的广义行为能力的理论和立法模式，将责任能力制度包含于行为能力制度之中，而在实定法上拒绝对责任能力制度明文作出规定。事实上，

① 〔德〕卡尔·拉伦茨：《德国民法通论》上册，王晓晔等译，北京，法律出版社 2003 年版，第 156 页。

② 杨善长：《民事责任能力的基本理论及立法完善》，载《天津法学》2011 年第 4 期。

③ 向金波：《自然人民事责任能力立法规制探究》，载《黑龙江省政法管理干部学院学报》2002 年第 4 期。

④ 陈帮锋：《民事责任能力：本原与异化》，载《中外法学》2012 年第 2 期。

⑤ 杨立新：《侵权法总则》，北京，人民法院出版社 2009 年版，第 324 页。

学界已经对这种做法展开了诸多批评①，亦有不少针对于此的完善意见。② 下文将对不同的批评意见作出评述。

第三节　民事责任能力制度的反思与完善

一、责任能力的淡化

所谓责任能力的淡化基调，是指应将行为能力与责任能力融为一体，在对未成年人监护责任的建构上，凡是无民事行为能力或者限制民事行为能力者所为行为导致他人受到伤害与损失，均应以民事行为能力为衡量标准。持此论调者主要基于如下理由。

随着时代的变迁，民法在外在体系、内在价值以及具体制度上，皆经历了深刻的变革。于外在体系而言，民法大致经历了从盖尤斯的法学阶梯到欧洲大陆法典化运动，再到当代民法体系的重构。而于内在价值体系，民法亦经历了“人可非人”的早期商品经济下的民法价值到自由竞争社会模式下“抽象平等”的民法价值，再到风险社会中“权利本位兼顾社会本位”的变化。此种变化亦深刻地影响了侵权法的建构。③ 在现代侵权法视野下，归责原则的多样化、过错概念的客观化以及侵权法任务的转变，皆对责任能力理论提出了挑战。

在归责原则方面，无过错责任的出现，动摇了责任能力制度的基本地位。过错责任原则萌芽于罗马法时期，《十二表法》关于私犯的条文中就多次使用了过错概念，此后过错责任原则在 1804 年的《法国民法典》中

① 批判意见主要认为我国现行做法本身逻辑并不周延、且忽略了行为能力和责任能力的本质差异、抹杀了责任能力的独立价值、难以对过错责任认定的内涵作出逻辑自洽的解释等。具体内容可参见朱岩：《侵权责任法通论·总论》，北京，法律出版社 2011 年版，第 322～329 页；郑晓剑：《不应被淡化的侵权责任能力——对侵权责任能力制度若干功能的考察与审思》，载《法律科学（西北政法大学学报）》2011 年第 6 期；郑晓剑：《侵权责任能力与监护人责任规则之适用》，载《法学》2015 年第 6 期。

② 完善意见有从解释论出发，提出判断责任能力的基本流程，如朱岩：《侵权责任法通论·总论》，北京，法律出版社 2011 年版，第 330～331 页；亦有从立法论出发，认为应从多方面对责任能力相应制度进行完善，如郑晓剑：《侵权责任能力判断标准之辨析》，载《现代法学》2015 年第 6 期；杨代雄：《适用范围视角下民事责任能力之反思——兼评〈中华人民共和国侵权责任法〉第 32 条》，载《法商研究》2011 年第 6 期。

③ 朱岩：《风险社会与现代侵权法体系》，载《法学研究》2009 年第 5 期。

被正式确立为一般的归责原则。① 然而伴随着事故频发的大规模工业生产的普及，如果拘泥于被侵权人必须证明工业主具有过错的存在才能获得损害赔偿，在工业事故难言何者具有过失的情况下，便无异于剥夺了被侵权人请求赔偿的权利，其与侵权法的救济功能完全相悖。故侵权法随之发展出无过错责任或严格责任的规定，以对此加以应对。责任能力制度是以行为人的过错即主观可谴责性为判断标准，而由于上述风险社会的来临，主观可谴责性在判断责任承担中的重要性大打折扣，如果主观可谴责性不再是判断责任承担的重要依据，则责任能力制度在社会生活中的作用也相应地大为降低。② 甚至有观点认为，由于自然人的民事责任能力制度事实上是从过错责任主义演绎而来，因而在无过错责任和公平责任中，并没有民事责任能力制度的适用余地。③

在过错的概念方面，过错的客观化使责任能力不再成为过错认定的前提。由于责任能力制度的最初联系之一即主观过错，然而为了适应现代侵权法救济功能的需要，过错的判断逐渐趋于客观化而不再单纯考虑行为人的主观过错。④ 依照过错客观化的标准，在判断行为人是否尽到注意义务时，是以社会一般人的理性标准出发，行为人因未尽注意义务致害既可能是依个人能力能注意却不注意，也可能是依个人能力不能注意而不注意，在此判定过程中，无法推导出行为人行为时具体预见能力存在的必然要求，责任能力也就不能成为过错认定的前提。⑤

在侵权法理念方面，由于现代侵权法逐渐由以惩罚为核心向以救济为核心转变，责任能力制度亦与救济理念不相适应。我国的《侵权责任法》批判性地借鉴了两大法系的先进经验，同时结合国内近几十年来的侵权理论与实践，在诸多制度上彰显了鲜明的中国特色，其中典型表现便在于其是以保护受害人为中心建立，体现了对人的终极关怀。⑥ 然而

① 杨立新：《侵权责任法》，北京，北京大学出版社 2014 年版，第 51 页。

② 王利明：《自然人民事责任能力制度探讨》，载《法学家》2011 年第 2 期。

③ 余延满、吴德桥：《自然人民事责任能力的若干问题——与刘保玉、秦伟同志商榷》，载《法学研究》2001 年第 6 期。

④ 如前所述，过错客观化虽以法国为代表，但法国将过错绝对客观化的规定有矫枉过正之嫌，故我国《侵权责任法》仅在部分条文设计上采用了过错客观化的做法，典型例证为医疗损害责任的相关规则。

⑤ 郑永宽：《论民事责任能力的价值属性》，载《法律科学（西北政法大学学报）》2010 年第 4 期。

⑥ 王利明：《侵权责任法的中国特色》，载《法学家》2010 年第 2 期。

责任能力制度保护无行为能力人和限制行为能力人，事实上其出发点在于保护为侵权行为之人，其作为“保护加害人”的制度，与现代法的救济也不相适应。

此外，通过分析域外立法例的相应规定可知，在承认有责任能力方能承担责任的域外立法例中，同样存在着无责任能力人监护人监督管理义务发生的情况，也从侧面表征出监护人责任的承担并非一定依托于责任能力的存在。换言之，倘若不规定责任能力，从制度的实际运行层面也并非必然会导致监护人责任的承担机制无法运行。如此，侵权责任能力在域外法中的例外，也就为责任能力在我国的淡化洞开了一扇明窗。

相较于以上域外的立法模式，我国的淡化责任能力的体系构造使得实践操作更加简便易行。具体而言，淡化责任能力的模式规避了有无责任能力的分析、行为主体是否有过错的判断以及主观是否可谴责性判定等这些纷繁复杂的理论模式；同时由于在我国绝大部分的家庭中，作为被监护人的未成年人，他们的财产与其作为监护人的父母的财产是相融合的，并无严格区分，所以直接诉请监护人支付赔偿费用无疑更为高效且可行。因此，在司法裁判认定时，只需要判定非完全民事行为能力人确有实行行为并且造成了损害，行为人之监护人就应当负担相应的责任，无须进行责任能力的判别，对于这种简化以烦琐手续著称的司法手续进而提高司法效率的制度架构应当予以肯认。

二、责任能力的强化

在学界，同样有诸多学者认为如果不规定侵权责任能力，将会使诸如替代责任在监护人责任的运用失去理论根基。故持此论调者认为，应当在我国民法典中承认侵权责任能力的客观存在，并将之作为过错能力的基础，以发挥其所具有的相应的体系功能。持此观点者主要有如下一些理由。

首先，持此观点的学者认为责任能力淡化论的理由并不成立。第一，过错客观化并不会使得责任能力制度的构建没有必要。即使过错的客观化的确对责任能力的相应原理产生了重大影响，但过错的客观化仅意味着转换了过失认定的角度和方法，而并没有完全排除考察行为人的认识判断能力的需要。第二，责任能力制度并不必然不利于保护受害人。强调对于受害人的救济固然重要，但是亦不应忽视了对行为人利益的保护，而应追求二者的有机平衡。① 第三，民事行为能力不应也不能取代责任能力制度。行为能力和责任能力存在本质差异，故我国现行以广义行为能力包含责任能力的做法并不妥当。因此，论者便认为主张淡化责任能力的理由均不构成否认责任能力的存在及价值的充分论据。

其次，如果不承认责任能力制度，过错侵权责任的判定便将缺乏合理化的论证。我国现行法根据年龄确定自然人的行为能力，进而根据行为能力判断是否得以独立承担责任，因此，年龄事实上被作为判断责任能力的唯一标准。这种做法虽然具有操作便宜的好处，但是其难以对过错侵权责任的认定及承担的逻辑内涵、法理依据和伦理基础作出妥善的说明，这将是过错责任中难以抹去的硬伤。②

最后，如果我国继续延续《民法通则》和《侵权责任法》不规定责任能力的做法，将会极大地削弱我国侵权法的体系尤其是过错侵权责任体系的功能完整性。在具体的制度构建诸如监护人替代责任、未成年人的衡平责任、过失相抵之中，缺乏侵权责任能力将导致上述制度缺乏相应的理论基础和逻辑前提。相反，如果在未来的侵权法理论中承认侵权责任能力的客观存在，将会使得侵权法的体系更加完善。

基于上述理由，便有学者认为应当从解释论上完善我国责任能力的相关规则。具体而言，在司法实践中应当进行四步判断，其一，应将是否具有意识活动、意志控制的行为作为判断侵权责任能力的起点，其二，结合行为人的年龄和主观识别能力进行进一步判断，其三，在无责任能力人致使他人遭受损害的情况下，先考虑监护人责任，其四，即使具有责任能力，再结合过错责任的构成要件做判断。③ 同时，还有学者从立法论出发，建议我国未来民法典承认责任能力制度。具体而言，该论者认为应当借鉴比较法上的相关制度，以客观的年龄标准结合识别能力对自然人的责任能力加以判断，如此则既可发挥采客观年龄标准的简便易行的优势，又能使侵权责任的判定及承担更具法理依据和伦理基础。

---

① 郑晓剑：《不应被淡化的侵权责任能力——对侵权责任能力制度若干功能的考察与审思》，载《法律科学（西北政法大学学报）》2011 年第 6 期。

② 郑晓剑：《侵权责任能力判断标准之辨析》，载《现代法学》2015 年第 6 期。

③ 该种观点的具体展开，参见朱岩：《侵权责任法通论·总论》，北京，法律出版社 2011 年版，第 330～331 页。

三、简短的结语

侵权责任能力是侵权责任法的内部制度，旨在解决责任构成之问题，然由于侵权法本为事后救济措施，现代法律早已于侵权法外寻求多元的解决方案。因此，与其苦求逻辑形式的完整性和救济理论上的周延，莫不如更多地关切和回应社会现实，给被监护人的智力、精神以及财产的实际状态以更充分的尊重，对责任能力阙如的被监护人在因其行为致害案件中免责地位予以适当的正视和肯定。此外，随着责任保险制度的不断完善，尝试建立健全未成年人侵权的责任保险制度，以保险的方式实现对受害人的救济，则无疑也会是可行的选择。

第十九章　民事责任承担方式研究

第一节　赔礼道歉的异化与回归①

《民法总则》于第 179 条规定，承担民事责任的方式包括赔礼道歉，何为“赔礼道歉”？依照社会大众最朴素的理解和认识，所谓赔礼道歉，是指在社会交往过程中对他人利益造成妨碍或损害后，体认到自己行为的不当，向对方表示歉意进而请求对方原谅的一种情感表达行为。这种情感来源于人在道德上的内疚感或者说负罪感，最终源自人的良心。通过赔礼道歉对自己先前的行为进行“补救”，进而在道德上、良心上寻求解脱，“获得一种令自己满意的自我界定”②，则是促成赔礼道歉的根本动因。因此，从本质上来说，赔礼道歉应当是一种自发式、自愿式、自向性的行为，并不关注相对人的反应。作为独具特色的责任承担方式，赔礼道歉受到了诸多夸赞，被认为是符合我国国情，并且行之有效的民事责任形式，有利于缓和矛盾、切实保护受害人的权利，符合我国的民族传统，是民间调处纠纷经验的法律化、制度化。③

然而，倘若将论题的语境限定在法律——具体而言乃侵权法——的范

---

① 姚辉、段睿：《赔礼道歉的异化与回归》，载《中国人民大学学报》2012 年第 2 期，本部分在收录于本书时做了增改。

② 在 20 世纪 70 年代早期，高夫曼从社会学的角度指出了道歉的社会动因，他认为，道歉是一种补救性交换形式，当一个人已经或将要侵犯他人的利益或活动范围，或者他发现自己将要给别人留下不好的印象，或者以上两种情况兼而有之的时候，这个人可能要采取补救性行为，其目的是获得一种令自己满意的自我界定。转引自王立峰：《民事赔礼道歉的哲学分析》，载《判解研究》2005 年第 2 辑。

③ 黄忠：《一个被遗忘的“东方经验”——再论赔礼道歉的法律化》，载《政法论坛》2015 年第 4 期。

围内，赔礼道歉则会呈现出截然不同的面貌形态。我国《民法通则》第134条将赔礼道歉规定为承担民事责任的方式之一；第120条第1款还限定了其适用范围，即“公民的姓名权、肖像权、名誉权、荣誉权受到侵害的，有权要求停止侵害，恢复名誉，消除影响，赔礼道歉，并可以要求赔偿损失”；《侵权责任法》第15条第7项亦延续了该项规定，将赔礼道歉规定为侵权责任承担方式之一种；《民法总则》第179条第1款第11项延续了《民法通则》和《侵权责任法》的做法，将赔礼道歉规定为民事责任承担方式的一种。这意味着在法律语境下，赔礼道歉完成了由道德范畴向法律范畴的转换，进而可以作为一种被法官判令的具有强制性的责任承担方式加以运用。很久以来，学术界对《民法通则》所创设的这种颇具“中国特色”的责任承担方式并未进行过普遍且深入的探讨。而在《民法总则》的制定过程中，随着对责任承担方式研究程度的提升，赔礼道歉作为一种责任承担方式而出现是否在法理上行得通、是否符合立法的科学性则越来越受到学术界以及实务界的广泛关注。在笔者看来，这种由《民法通则》所创设的特殊责任承担方式，不仅在理论上存在无法回避的“硬伤”，在司法实践中也引发了诸如对该种责任承担方式无法强制执行之类的难题。因此，本节拟从历史以及比较法的角度对赔礼道歉责任承担方式得以形成的原因进行解读，进而探析其在现代法背景下作为一种责任承担方式的合理性，以求对赔礼道歉的应然状态加以还原。

一、赔礼道歉责任承担方式在我国得以形成的历史解读

与大陆法系传统民法对于责任承担方式的立法模式有所不同，《民法总则》第179条规定了多种责任承担方式，其中不仅包括侵权责任承担方式，也包括违约责任承担方式；在侵权责任承担方式中也未对学理上的绝对权请求权与侵权请求权作出区分，而是将多种责任承担方式一并规定。规定若此，究其原因，乃是作为我国立法模式的理论支撑“权利—义务—责任”体系，得到了学界的认可，在司法实践中亦未见不良后果。① 故《民法总则》延续了《民法通则》单列民事责任的立法技术，在单独的民事责任一章中，民事责任一般规定、按份责任、连带责任位列在前，随后出现的责任承担方式则必须涵盖各种责任，其呈现出多样化的形态实属逻

① 陈甦主编：《民法总则评注》下册，北京，法律出版社2017年版，第1274页。

辑使然。[①] 但问题在于，赔礼道歉这一“充满道德意义的话语行为”[②] 何以作为责任承担方式之一种呢？按照参与《民法通则》起草制定工作的学者的解释，之所以将赔礼道歉列为民事责任承担方式之一，是总结了革命老区的经验。“民事纠纷有些就是一口气，赔礼道歉也就解决了，作为民事责任，提高到法律高度，有利于解决实际中存在的这种问题，基本上是调解解决，赔礼道歉，对方气消了，也就完了。”[③] 若以此为依据对赔礼道歉责任承担方式进行法律解释，进而探究立法者原意的话，不难发现，赔礼道歉责任承担方式的形成是“经验世界”向“法律世界”转换的结果。在人际关系、社会关系相对简单的历史环境中，由于赔礼道歉在息事宁人、化解矛盾方面的确发挥了重要作用，所以立法者将一个原本归属于道德范畴的行为强行纳入法律范畴之下进行规范调整。如果严格以立法的科学性而论，则此等转换实在过于简单机械，因为立法者在实现转换的过程中并未对其原本的道德属性加以慎重考虑，对将其纳入法律范畴的理论依据也未作深究。不过，可以理解也必须承认的一点是，《民法通则》制定的时代背景决定了其必然存在一定的历史局限性。

《民法通则》诞生于中国社会一个特殊的历史时期。中华人民共和国成立后，曾多次开展民法典起草工作，《民法通则》就是第三次起草民法典的结果。在此之前的两次民法典起草，均因为社会变革或各种政治运动影响而被迫停辍。直到十一届三中全会全面认真纠正“文化大革命”及其以前的“左”倾错误，提出“为了保障民主，必须加强法制”“做到有法可依、有法必依、执法必严、违法必究”之后，才于1979年11月由全国人大常委会法制委员会组建了民法起草小组，进行第三次民法典起草工作，并于1982年5月提出了《中华人民共和国民法草案（四稿）》。由于随后对立法时机、立法模式的争论，最终决定以《中华人民共和国民法草案（四稿）》为基础，先制定民法总则。1985年6月，全国人大法工委民法室着手开始民法总则的起草工作，经过多次修改和意见征求，更名为《民法通则》。1986年4月12日，《民法通则》最终在第六届全国人大第

---

① 尽管从比较法的角度来看，《民法通则》所采用的此种立法技术较为少见，但还是有不少学者对此立法创建有较高评价。参见王轶：《论侵权责任承担方式》，载《中国人民大学学报》2009年第3期。而《侵权责任法》的颁布实施，以及民法典侵权法独立成编，实则继承了《民法通则》所建构的此种立法模式。

② 江平、巫昌祯：《民法词典》，北京，北京出版社1988年版，第244页。

③ 顾昂然、王家福、江平：《中华人民共和国民法通则讲座》，北京，中国法制出版社2000年版，第245页。

四次会议上正式通过。[①] 可以说，《民法通则》是在中华人民共和国经历了各种社会动荡和政治变故后应运而生的，这种时代背景不可避免地会将特定历史时期的若干社会职能或政治上的价值取向加于其上。具体到赔礼道歉这种责任承担方式来说，其或多或少也受到意识形态上“拨乱反正”思想的影响，尤其是在纠正各种错误的政治运动、“平反昭雪”、调和人民内部关系的过程中，将赔礼道歉这种原本属于道德范畴的责任上升为法律责任，以法律的强制力作为其实现的最终保障，也是同特定历史时期立法的功能和价值取向相契合的。

但问题在于，历史时代背景以及社会生活场景并不是一成不变的，时移世易，特定阶段被迫采用的立法技术在面对不断更新的价值观念的冲击以及不断变化的适用情境的检验时，难免会遭遇尴尬和困窘。加之其原本就缺乏足够的法理支持，赔礼道歉责任承担方式，或者说这种特定历史时期所采用的立法技术，在现代法的背景下能否维持其生命力、是否依然具有相当的合理性，颇令人怀疑。

二、赔礼道歉责任承担方式的比较法观察

通过上述对赔礼道歉责任承担方式在我国得以形成的历史背景的回顾，可以看出，赔礼道歉责任承担方式在我国侵权法上的形成乃特定历史时代的产物。在笔者有限的观察范围之内，法律上以明文的形式规定赔礼道歉为侵权责任承担方式之一种，从比较法的角度来看也实属首例。“在基本法中规定赔礼道歉的民事责任形式，是我国的首创。”[②] 由此而言，赔礼道歉责任承担方式上所凝聚的“中国特色”颇为明显。然而需要指出的是，在比较法上，尽管其他各国的法律并未以明文的形式对赔礼道歉作

① 早在1954年我国制定了第一部社会主义宪法之后，全国人大常委会办公厅即开始研究民法典的起草工作，并成立了民法起草组；1955年至1956年间，民法起草组在借鉴苏联民法典的基础上起草了民法总则、所有权篇、债篇、继承篇，加上中华人民共和国成立初期制定的《婚姻法》，民法的体系已基本形成；后来，由于1956年年末结束的社会主义改造在所有制方面发生重大变化，加之1957年兴起的“整风”“反右”运动，民法典的起草工作被迫停辍；在对“大跃进”以来“左”的思潮进行纠正以后，1963年，全国人大常委会办公厅又一次提出民法的起草工作，并于1964年11月1日提出了《中华人民共和国民法草案试行拟稿》，但由于该阶段国际政治形势的恶化、法律虚无主义的影响，加上接踵而来的“四清运动”和“文化大革命”，使该次起草工作再次中断。参见杨振山：《一部历史性的基本法律——纪念〈民法通则〉实施十周年》，载《中国法学》1997年第1期；赵中孚、刘运宏：《〈民法通则〉的制度及其对现今民法典编纂的启示——纪念〈民法通则〉颁布20周年》，载《法学杂志》2006年第6期。

② 魏振瀛：《侵犯人身权的民事责任》，载《法学杂志》2009年第3期。

出规定，但从解释论及实务的操作来看，在日本、韩国以及我国台湾地区等，赔礼道歉作为恢复名誉的一种手段是一直存在的。

例如，《日本民法典》第723条规定："对于损坏他人名誉的人，法院根据受害人的请求，可以替代损害赔偿或与损害赔偿同时命令其作出有利于恢复名誉的适当处理。"该条文乃日本民法对于损害名誉权的恢复原状责任承担方式的规定。由于考虑到在名誉遭受侵害的情况下，损害赔偿救济方式的有限性，所以对于名誉以及信用的毁损，特别地认可了恢复原状的请求。为名誉、信用的恢复可以命令实施的处置，通常采用在报纸上登载谢罪广告的方法。收到谢罪广告的命令而不遵守时，一般解释为可以代替执行。①

韩国民法亦有类似规定，如《韩国民法典》第764条规定："对侵害他人名誉者，法院根据受害者的请求可以作出给予损害赔偿或与损害赔偿并处恢复名誉的适当处分。"这里提到的恢复名誉的适当处分，也通常被解释为在报纸上登载道歉广告，实务中也曾有相应的判例出现。

我国台湾地区"民法"第195条第1项规定："不法侵害他人之身体、健康、名誉、自由、信用、隐私、贞操或不法侵害其他人格法益而情节重大者，被害人虽非财产上之损害，亦得请求赔偿相当之金额，其名誉被侵害者，并得请求恢复名誉之适当处分。"对于该条文规定的"恢复名誉之适当处分"，我国台湾学者王泽鉴先生将其解释为"登报道歉启事"，他说："登报道歉启事系恢复名誉的适当处分，对于保护名誉权至属重要。"② 就实务上的操作而言，也通常将"登报道歉启事"作为"恢复名誉之适当处分"③。

上述作为恢复名誉适当处分方法的"道歉广告"与我国《民法总则》规定的赔礼道歉责任承担方式均着眼于"道歉"之用意且在本质上均属于精神上的恢复原状的具体运用，表面上似乎并无二致，但实际上仍存在一定的区别。在笔者看来，具体有以下几点区别。其一，日本、韩国及我国

---

① 于敏：《日本侵权行为法》，2版，北京，法律出版社2006年版，第355～356页。

② 王泽鉴：《侵权行为》，北京，北京大学出版社2009年版，第111页。

③ 在我国台湾地区的司法实务中，曾多次出现以"登报道歉启事"作为"恢复名誉之适当处分"的判例，典型的如"高等法院"九十一年上字第四〇三号判决、"最高法院"九十三年台上字第八五一号判决、"最高法院"六十二年台上字第二八〇六号判决、"最高法院"五十一年台上字第二二三号判决等。实际上，在大陆法系国家，恢复名誉不过为恢复原状的一种表现，而侵权法上的"恢复原状"，其内容可以是对身体健康的救治、销毁有损人格权的张贴画或标语、更正有损名誉的陈述、公开所涉及的判决书、消除秘密制作的录音录像等，方式非常多样。参见〔德〕冯·巴尔：《欧洲比较侵权行为法》下卷，北京，法律出版社2004年版，第163页以下。

台湾地区在立法条文中并没有明确规定“赔礼道歉”或“道歉广告”，而是通过法律解释在司法实践中进行实质操作运用。其二，日本、韩国及我国台湾地区在道歉的具体方式上均倾向于解释为“登报书面道歉”或者“道歉广告”的方式，也即是说道歉的方式较为固定。其三，上述规定均将“道歉广告”限定在明确的范围内，即名誉受到损害的情况下。对于这一点，有日本学者认为：《日本民法典》第723条所规定的除了损害赔偿，亦可同时命令恢复原状如谢罪广告，其宗旨不是为了通过对加害者予以制裁来给予受害者主观上的满足，而是为了在仅通过金钱给予损害赔偿而无法填补时，能够恢复被损害的受害者的人格价值自身的社会性及客观性评价，这种恢复原状的救济方式最适合用于人的社会名誉被损害的场合，并且仅限于这样的场合。① 其四，在规定“恢复名誉的适当处分”之前，都先行对损害赔偿作出了明确规定，换句话说，在名誉受到损害的情况下，首先考虑到的救济方式仍然是损害赔偿即金钱赔偿，这依旧坚持的是以金钱赔偿为原则、以（精神上的）恢复原状为补充的损害赔偿方法。相比之下，我国在法律上明文规定了赔礼道歉责任承担方式，而由于用语过于概括抽象，在司法实践中，请求赔礼道歉的具体方式更为多样，如要求当庭赔礼道歉、书面赔礼道歉、公开赔礼道歉、登报道歉等；另外，对适用赔礼道歉的范围以及赔礼道歉与其他责任承担方式的逻辑适用关系也未予规定。这些未尽之处都在一定程度上制约着司法实践中赔礼道歉责任承担方式的实际运用。

事实上，大陆法系的多数国家（地区）均没有对赔礼道歉责任承担方式作出规定，如德、法两国，立法中并不存在赔礼道歉的规定，司法实务中也绝少有类似的判例出现。笔者认为，对于侵权责任的立法形式来说，尽管存在恢复原状主义与金钱赔偿主义两种不同的立法模式，但在现代侵权法背景之下，金钱赔偿主义基于其较强的可操作性、可适用性而被越来越多地运用于实践中。即便在采恢复原状主义的德国，司法实务中，金钱赔偿仍然是原则而不是例外。② 而就精神性的恢复原状来说，与我国立法上的消除影响、恢复名誉、赔礼道歉以及日本、韩国及我国台湾地区的“道歉广告”有点相似，德国与法国在特别法上均有将判决书在报纸上进

① 〔日〕圆谷峻：《判例形成的日本新侵权行为法》，北京，法律出版社2008年版，第85～86页。

② 周友军：《我国侵权责任形式的反思》，载《法学杂志》2009年第3期。

行全文或摘要刊登的规定，如《德国著作权法》《法国知识产权法典》均有规定，法院可判令败诉方付费将判决书全文或摘要在法院指定的报纸上予以刊登。

总的来说，在比较法的视域下，赔礼道歉作为一种责任承担方式在大陆法系多数国家（地区）的立法和实务中并不常见，在日本、韩国等国家以及我国台湾地区的实务中有所运用，但其运用不仅存在理论上的争议（对于此类争议下文详述），而且与我国的立法及实践状况也有所不同。

三、赔礼道歉责任承担方式合理性之批判

（一）赔礼道歉责任承担方式的司法运用现状

《民法总则》第 179 条第 1 款第 11 项对赔礼道歉责任承担方式作出了规定，但对于该种责任承担方式的适用范围、适用标准问题并没有明确的规定①，这给法官在司法实践中具体适用该种责任承担方式带来了一定的困难。首先可以想到的一个问题是，赔礼道歉究竟适用于哪些民事纠纷？一般认为，赔礼道歉是一种精神型责任承担方式②，适用于侵害精神性人格权的案件。对此，《民法通则》第 120 条第 1 款规定："公民的姓名权、肖像权、名誉权、荣誉权受到侵害的，有权要求停止侵害，恢复名誉，消除影响，赔礼道歉，并可以要求赔偿损失。"但对于物质性人格权的侵害，如生命权、身体权、健康权受到侵害的，能否要求赔礼道歉？再进一步追问，财产权利受到侵害，是否也可以要求侵权人承担赔礼道歉的民事责任呢？对于这些问题，现行法律并没有明确规定。因此，法官对于赔礼道歉的适用范围往往难以把握。

即便是在侵害精神性人格权的案件中，仍然存在赔礼道歉适用标准如何判断的问题，换言之，是否所有的侵害精神性人格权的案件都可以适用赔礼道歉这种责任承担方式，还是说必须满足一定的条件（比如需要考察侵权人的主观过错、侵权行为发生的场合、侵权行为造成的影响），当事人赔礼道歉的诉讼请求才会被法官支持。这些都是在具体的适用过程中必须面对和解决的。

---

① 《民法通则》第 120 条，最高人民法院《关于审理名誉权若干问题的解答》第 10 条，《精神损害赔偿解释》第 8 条，《国家赔偿法》第 35 条，《消费者权益保护法》第 50 条，《著作权法》第 46、47 条规定了赔礼道歉所适用的权利受侵害范围。

② 杨立新：《中华人民共和国民法总则要义与案例解读》，北京，中国法制出版社 2017 年版，第 664 页。

即使在当事人赔礼道歉的诉讼请求被法官支持，判决侵权人承担赔礼道歉的民事责任之后，依然存在一个如何执行的难题。如果侵权人拒不承担赔礼道歉之民事责任，如何强制执行？司法实践中不乏“钱可以赔，歉绝不道”的判例出现，典型的如“庄羽诉郭敬明抄袭案”，被告如期交付赔偿金，但坚决拒绝赔礼道歉，法院只得将判决书的部分内容在报纸上进行公告，视为强制执行赔礼道歉的判决。

由此可见，赔礼道歉责任承担方式在审判实践中可谓困难重重，北京市第一中级人民法院民二庭对“赔礼道歉请求支持情况”的抽样调查结果也充分证明了这一点。在其所抽样的 91 件审结的二审民事案件中（均有赔礼道歉的诉讼请求），仅有 17 件案件的赔礼道歉诉讼请求在一、二审中均被支持，其中 14 件属于名誉权纠纷，肖像权纠纷、姓名权纠纷、其他人身权纠纷各一件。[①] 正是由于赔礼道歉这种责任方式在适用范围、适用条件、适用标准以及执行中存在各种问题，因而其倡导者所主张的赔礼道歉责任承担方式具有的各种作用和功能，诸如“平复受害人愤恨；最大程度修补受害人的精神创伤；使侵权人在内心获得平静；有助于化解义愤、伸张正义、重树法律权威”[②] 等，从实证的角度看来都未免过于理想化。

（二）法理的探究：赔礼道歉功能的异化

主张赔礼道歉作为一种必要的责任承担方式的学者大都以赔礼道歉具有重要的法律和社会功能为论据。有学者主张，赔礼道歉的法律化可以有效防止民法的去道德化，可以最大程度地修补受害人的精神创伤，对侵权人有重要的惩罚或教化作用。[③] 但在笔者看来，赔礼道歉作为一种民事责任承担方式的各种功能在法理及逻辑上都或多或少存在缺陷，过分夸大其功能不但使赔礼道歉承受了其不能承受之重，更有使赔礼道歉发生异化的危险。

首先，作为市民社会基本法的民法规范固然有其坚实的道德基础，但民法的道德化或对民法体系内部道德原则的强调，并不意味着要将所有的道德规范都纳入民法当中，恰恰相反，不当的道德法律化、不加选择的道

---

① 资料来源于北京市第一中级人民法院民二庭：《侵权民事责任承担方式相关问题研究》，该调研报告发表于 2009 年 10 月 25 日中国人民大学民商事法律科学研究中心、北京市第一中级人民法院、中国法律援助基金会共同举办的“侵权责任承担方式理论、实践与立法研讨会”。

② 黄忠：《认真对待“赔礼道歉”》，载《法律科学》2008 年第 5 期。

③ 黄忠：《赔礼道歉的法律化：何以可能及如何实践》，载《法制与社会发展》2009 年第 2 期。

德民法化更容易导致民法道德基础的流失。在此，不得不提及一个老生常谈却又历久弥新的话题，即法律与道德的关系。富勒在《法律的道德性》一书中曾经将道德区分为愿望的道德和义务的道德，他认为："愿望的道德在古希腊哲学中得到了最明显的例示，它是善的生活的道德、卓越的道德以及充分实现人之力量的道德。""如果说愿望的道德是以人类所能达致的最高境界作为出发点的话，那么义务的道德则是从最低点出发。它确立了使有序社会成为可能或者使有序社会得以达致其特定目标的那些基本规则。"① 很显然，法律作为最低限度道德的体现，只能将义务的道德纳入其中。"不能把较高的道德要求法律化，不能用法律制裁来对付所有的道德上的恶行，只是在维护基本社会秩序所必需的条件下，法律才会强制执行最低限度的公共道德。"② 而源自人的良心的内疚感或负罪感、以获得满意的自我界定为目的的赔礼道歉，应当属于一种"善的生活道德""愿望的道德"范畴。

其次，主张赔礼道歉可以最大程度修复受害人的精神创伤，并认为"对于精神性的损害用金钱损害赔偿的方式进行救济不仅不道德而且不充分"③，实乃有失偏颇。不可否认，在现实生活中的确存在"为讨个说法"而诉诸法院的情形，但因此认为赔礼道歉较之金钱损害赔偿的方式对受害人的救济更加充分，则缺乏普遍性和客观性。所谓精神损害，本质上是指人所感受的痛苦。就痛苦而言，其具有无可弥补性的特征。正如我国台湾学者曾世雄先生所言："人类所感受之痛苦，纵嗣后不再感到痛苦，但已发生并已感受之痛苦，就痛苦之当时言，将永远烙存。痛苦纵嗣后不再，仅止乎痛苦，自某嗣后之时点起消灭而已，绝无溯及使已发生之感受之痛苦，自始不存在。"④ 精神损害或者说非财产损害的这种无可弥补性特征，彻底排斥了恢复原状的可能，而只能采取"拟制恢复"的方法。赔礼道歉是一种精神抚慰，金钱赔偿本质上也是一种精神抚慰，只不过其采用了物质抚慰的形式。⑤ 在这一点上，赔礼道歉与金钱赔偿根本不存在任何道德上之优劣的问题，而哪一种责任方式更加充分，或许因个案当事人主观感受的不同而有结论上的差异，但客观来看，金钱赔偿更加符合现代社会理

① 〔美〕富勒：《法律的道德性》，北京，商务印书馆2005年版，第7～8页。

② 张文显主编：《法理学》，北京，法律出版社2007年版，第427页。

③ 黄忠：《认真对待"赔礼道歉"》，载《法律科学》2008年第5期。

④ 曾世雄：《非财产上之损害赔偿》，北京，中华书局1989年版，第134页。

⑤ 姚辉：《民法的精神》，北京，法律出版社1999年版，第195～205页。

性的求偿意识。

再次，主张赔礼道歉可以实现对侵权人的惩罚或教化，则是严重违背了逻辑常识。前已述及，赔礼道歉的来源在于人的内疚感或者说负罪感，最终源自人的良心。是否认为自己应当道歉、是否选择通过道歉实现良心解脱、获得满意的自我界定，完全属于行为人的内心自由。“只有经过内心的审视判断后，与我们自己相关的良心的恰当的轮廓和大小才能够被真正地看清楚，或者说，只有这样，我们才能够对我们自身利益和他人利益作出恰当合理的比较。”“理性、道义、良心、内心中的那个居民、内心的那个人，才是判断我们行为的伟大法官和仲裁者。”① 因此，每个人心中都有一杆秤，都有权利对正义与非正义作出自己的价值判断，每个人自己才是自身利益的最佳判断者，以所谓强制的赔礼道歉对行为人进行内心惩罚或道德教化，实在是有点儿一厢情愿。

（三）宪法的视角：更大的问题

1. 日本及韩国的宪法判例引发的争论

前已述及，在日本以及韩国的民法上，倾向于将“恢复名誉的适当处分”解释为“道歉广告”，在两国的司法实践中也曾有过相关的判例。但是，两国涉及“道歉广告”的判例均曾引起过“是否符合宪法”的争议。

例如，在日本曾发生过这样的判例：在众议院议员选举期间，被告在其发表的政见广播中攻击原告曾经在副知事任职期间受贿，对此，法院命令被告作出“上述广播及报道与事实不符，伤害了贵方的名誉，给贵方添了麻烦。在此表示歉意”这样一种意思的谢罪广告。对于该事件，最高裁判所判决（最高裁判所 1956 年 7 月 4 日判决，载《最高裁判所民事判例集》第 10 卷第 7 号第 785 页）认为该命令是合宪的，但也有两位法官认为其违宪。对于所谓的“道歉广告”，反对意见通常认为，道歉或称谢罪这一行为是伦理判断、感情和意思的表露，对谢罪者本人是具有屈辱意味的行为，所以命令谢罪广告不仅违反保障良心自由的宪法第 19 条（思想以及良心的自由不受侵害），而且脱离了作为近代社会中可以施加司法强制的事项范围。另有学者指出，在日本的宪法学说上，道歉公告违宪的观点更加有力，更能站得住脚。②

① 〔英〕亚当·斯密：《道德情操论》，北京，三联书店 2008 年版，第 138～140 页。

② 对于该问题在日本宪法学说上的观点，可参见〔日〕君塚正臣：《表述导致的侵权行为和宪法的第三人效力论》，载《横滨国际经济法学》，12 卷 1 号、1 卷 2 号；转引自〔日〕圆谷峻：《判例形成的日本新侵权行为法》，北京，法律出版社 2008 年版，第 151 页注释 4。

在韩国也曾发生过一则赔礼道歉广告被宪法法院认定违宪的判例。在该案件中，请求人以韩国某报社的报道侵害了自己的名誉为由，向民事地方法院提起损害赔偿请求，并要求该报社根据《韩国民法典》第 764 条作出赔礼道歉的广告。作为被告的某报社以《韩国民法典》第 764 条违反宪法为由向法院提出违宪提请申请，但其请求被法院驳回，随后，某报社向韩国宪法法院提出宪法诉愿请求。韩国宪法法院最终于 1992 年 4 月 1 日作出判决，认定《韩国民法典》第 764 条规定的恢复名誉的处分中包括赔礼道歉广告处分违反宪法。韩国宪法法院在判决中认为：赔礼道歉行为应源于合理的伦理判断、感情和意志，是一种从心底里发出的自发行为，这种表白才是社会的美德。而强制当事人违心作出赔礼道歉是一种使之被迫认罪的形式，是强制要求当事人以歪曲自己的忍受心为代价而表示所谓的良心自由，造成良心自由价值的扭曲，造成外部与内心不一致的“二重人格”，违反了禁止强迫良心的宪法原则；同时，在存在其他恢复名誉措施的条件下，强制的赔礼道歉不仅不符合立法目的，也是不必要的。①

2. 我国台湾地区“司法院”第 656 号大法官解释②

在我国台湾地区的司法实务中，出现过不少“以道歉广告作为恢复名誉之适当处分”的判例。在最为著名的“吕某诉台湾某周报”的案件中，台湾“最高法院”在三审中最终驳回了某周报的上诉（“最高法院”九十三年度台上字第八五一号判决），支持了二审“台湾高等法院”的判决（“高等法院”九十一年上字第四〇三号判决），判令一审被告台湾某周报将“道歉声明”及判决主文和理由刊登于《中国时报》《联合报》《自由时报》《工商时报》头版一天。之后，某周报以台湾地区“民法”第 195 条 1 项及上述判决等违宪为理由，向台湾“司法院”提出“释宪申请”。其争议的焦点在于：台湾地区“民法”第 195 条第 1 项后段由法院为恢复名誉之适当处分是否“合宪”？我国台湾地区“司法院”大法官于 2009 年 4 月 3 日作成“释字第 656 号解释”，释文指出，所谓恢复名誉之适当处分，如属以判决命加害人公开道歉，而未涉及加害人自我羞辱等损及人性尊严之情事者，即未违背“宪法”第 23 条比例原则，而不抵触“宪法”对不表意自由之保障。在理由书中，大法官对该释文作出进一步的说明：首先

① 关于该宪法判例的案情概要及裁判要旨，参见韩大元：《韩国宪法法院关于赔礼道歉广告处分违宪的判决》，载《判解研究》2002 年第 1 辑。

② 关于我国台湾地区“司法院”第 656 号大法官解释的释文、理由书、部分大法官的意见书以及所涉及的相关判例，详见“法律法源网”，http：//www. lawbank. com. tw/indes. php。

肯认“宪法”第11条保障人民之言论自由，该言论自由不仅包括积极之表意自由，也包括消极之不表意自由；但转而指出，如果在侵害名誉的案件中，为恢复受害人的名誉有限制加害人不表意自由的必要，则应当就不法侵害人格法益情节之轻重与强制表意之内容等，审慎斟酌而为适当决定，以符合“宪法”第23条所规定的比例原则。而针对这一“审慎斟酌”的过程，理由书进一步指出：法院在原告声明之范围内，权衡侵害名誉情节之轻重、当事人身份及加害人之经济状况等情形，认为诸如在合理范围内由加害人负担费用刊载澄清事实之声明、登载被害人判决胜诉之启事或将判决书全部或部分登报等手段，仍不足以恢复被害人之名誉者，法院以判决命加害人公开道歉，作为恢复名誉之适当处分，则并没有逾越必要之程度；如果在要求加害人公开道歉涉及加害人自我羞辱等损及人性尊严的情况下，则属于过度限制公民的不表意自由、逾越恢复名誉的必要程度。

尽管该号大法官解释最终并不认为所涉案件判决赔礼道歉有违“宪法”，但必须指出的是，依据该解释，并非所有的侵害名誉权案件都可以直接判定赔礼道歉，法官必须于个案中作相应的利益衡量，只有在刊登澄清声明或公开判决书仍不足以恢复被害人名誉时，才可以使用赔礼道歉的责任承担方式。同时亦需要说明的是，该解释在作出之时，十五位大法官中有相当部分大法官持反对意见。例如，大法官许宗力就明确指出：法官进行利益衡量的最基本要求是不得偏袒任何一方基本权，致作出全有或全无之认定，而是必须在对双方基本权尽可能兼顾、尽可能都伤害最小的前提下作出适当之调和，以避免对任一方基本权造成过度侵害，否则将构成错误、违宪的利益衡量，而强迫登报公开道歉作为恢复名誉之适当处分之一种，明显不是在对双方基本权尽可能兼顾、尽可能都伤害最小的前提下所作出之适当调和，而是明显错误、违宪的利益衡量。因受害人一旦赢得侵害名誉诉讼，通常胜诉判决本身就已还其公道，恢复其名誉。如考量个案情形，为恢复名誉而有进一步让胜诉判决广为周知之需要，则充其量采取诸如由法院判令败诉之加害人负担费用，刊载澄清事实之声明，或被害人胜诉判决之启事，或将判决书重要内容登报等手段，即为已足，因为这些手段，都是既可以达成恢复被害人名誉之目的，又不致对加害人之不表意自由、人格权与良心自由等构成侵害的两全其美手段，根本无须命令公开道歉。强迫公开道歉于恢复被害人名誉之外，所产生的副作用实在太大、太强了，此种解释方式或许迎合了一般人的朴素法感，但站在宪法高度看，天秤明显严重偏向一方，难谓是对相冲突基本权所作之适当调和。

3. 评析

日、韩两国的宪法判例及我国台湾地区“司法院”的大法官解释，对于我们理解和认识赔礼道歉是否应当作为一种民事责任承担方式有重要的启发和借鉴意义。学理上赔礼道歉的道德属性与法律责任存在天然的矛盾前已述及，而从上述宪法判例所折射出的一个重要问题——“民法与宪法关系”的角度出发，我们必须意识到，作为“高级法”的宪法位于整个法律体系金字塔的顶端，具有最高的法律规范效力，成为形式上法律效力的来源①，宪法所规定的基本权利尽管不能被直接适用于私法实践，但民事权利、民事制度的构建不得与宪法价值体系相冲突，民法规范的适用与解释也必须尊重和顺应宪法精神。尽管上述判例在结论上并未达成一致，但即使是在判决赔礼道歉并不违宪的判例中，也存在着各种不同意见的激烈碰撞。透过我国台湾地区“司法院”第 656 号大法官解释，我们更是可以发现在将赔礼道歉解释为“合宪”背后所采取的极为小心谨慎的态度，强制赔礼道歉仅能作为“最后的手段”且在不涉及加害人自我羞辱等损及人性尊严的情况下使用。而在笔者看来，这种“最后的手段”在实际生活中究竟有多大的适用可能性是充满疑问的，法官在决定使用这种“最后的手段”以及判明“是否属于涉及加害人自我羞辱等损及人性尊严的情况”时所必须作的利益衡量和价值判断亦是十分复杂且异常艰难的。

从这个意义上来说，我国侵权法无视强制赔礼道歉与宪法上基本权利所可能发生的冲突，而直接将赔礼道歉规定为一种民事责任承担方式的非合理性是显而易见的。

（四）责任承担方式体系的逻辑混乱：赔礼道歉与消除影响、恢复名誉

就责任承担方式的内部体系而言，赔礼道歉与同为责任承担方式的消除影响、恢复名誉之间在逻辑上存在一定的混乱。

《民法通则》第 134 条将消除影响、恢复名誉与赔礼道歉区作为两种责任承担方式，《侵权责任法》第 15 条和《民法总则》第 179 条采取了同样的做法，只是在出现的先后顺序上有所调整。虽然区分为两种不同的责任承担方式，但在司法实践中，其适用情形均在精神性人格权受到侵害的案件中，而就消除影响、恢复名誉与赔礼道歉的逻辑关系来看，二者的区分则更不明显。所谓消除影响，是指在公民或法人的人格权受到侵害后，

① 姚辉、周云涛：《关于民事权利的宪法学思维——以一般人格权为对象的观察》，载《浙江社会科学》2007 年第 1 期。

在影响所及的范围内消除不良后果。所谓恢复名誉，是指在公民或法人的名誉受到侵害后，在影响所及的范围内将受害人的名誉恢复至未侵害时的状态。① 消除影响、恢复名誉乃精神上的恢复原状，换言之，其所追求的是精神上恢复原状的效果，消除影响、恢复名誉属于效果意义上的责任承担方式。相比较而言，赔礼道歉则是消除影响、恢复名誉的手段或方式之一，通过赔礼道歉达到消除影响、恢复名誉的效果，属于手段意义上的责任承担方式。因此，消除影响、恢复名誉与赔礼道歉之间的逻辑关系实则为目的与手段的关系。忽略目的与手段在逻辑上的先后关系，将赔礼道歉独立为一种责任承担方式，其实造成了责任承担方式内部体系的逻辑混乱。

四、作为道德责任的赔礼道歉之还原

“立法层面对‘道德’的吸收不仅是有条件的，而且必须是严格限制的，否则就会导致实践中扩大法律强制的范围，侵占‘道德’调整的范围，从而构成对公民自由的妨碍和侵害。”② 如前所述，由于片面强调和追求赔礼道歉所能带来的社会效果，忽视赔礼道歉在本质属性上的道德渊源，把赔礼道歉这种道德范畴法律化，将其规定为一种法律责任承担方式，非但没有真正实现赔礼道歉原本应有的功能，而且造成了司法实践中适用上的诸多问题。试问，是否一定要将赔礼道歉作为一种法律责任承担方式，赔礼道歉才可以发挥功效？笔者认为并非如此。

就赔礼道歉的实质运用来说，其原本就应属于消除影响、恢复名誉责任承担方式的实施手段或方法之一，而在其实际运用时，必须以当事人自愿为原则，在侵权一方当事人坚持不作出赔礼道歉的情况下，赔礼道歉不得强行运用。在此情况下，法院可以考虑刊载澄清声明或将判决书予以登报公布，进而实现消除影响、恢复名誉的效果，登报费用由侵权方当事人承担。必须指出的是，刊载澄清声明或将判决书予以登报公布属于消除影响、恢复名誉的另一种手段，其与赔礼道歉存在本质的区别，绝不可将二者简单等同。

毫无疑问，赔礼道歉对于构建和谐社会、建设社会主义精神文明具有

---

① 奚晓明主编：《〈中华人民共和国侵权责任法〉条文理解与适用》，北京，人民法院出版社 2010 年版，第 120～121 页。

② 姚辉：《论民事法律渊源的扩张》，载《北方法学》2008 年第 1 期。

重要作用。从道德属性来看，赔礼道歉原本就是归属于道德范畴的一种道德责任。由良心上的内疚而引发的自发性、自愿性的赔礼道歉才是一个社会的道德建设所真正倡导和迫切需要的。赔礼道歉功能的发挥必须以将其放置在道德场域为前提基础。社会控制不仅需要法律规范，也同样需要道德规范。法律规范的效力毕竟有一定的限度，不足以解决和应对社会生活中的所有问题。将所有问题都归结于法律，试图一劳永逸地加以解决，不过是法律万能主义者所满怀憧憬却又无法实现的美丽神话而已。

第二节 损害赔偿的坚守与突破

一、侵害生命权的损害赔偿责任研究①

2003年通过的最高人民法院《关于审理人身损害赔偿案件适用法律若干问题的解释》（以下简称《人身损害赔偿解释》）对侵害生命权的损害赔偿问题作了较为详尽的规定。该解释在此问题上所采立场与以往立法和司法解释似有较大不同，其实施效果也备受争议。特别是其第29条以“受诉法院所在地上一年度城镇居民人均可支配收入”和“农村居民人均纯收入”为基准来分别计算城乡居民死亡赔偿金的规定，更被视为“城乡二元歧视”的又一体现，招来了“同命不同价”的疑问甚至指责。2009年通过的《侵权责任法》第17条规定，“因同一侵权行为造成多人死亡的，可以以相同数额确定死亡赔偿金”，在《民法总则》第179条第1款第8项将“赔偿损失”规定为承担民事责任的方式之际，有必要对生命权的内涵及其受侵犯后的损害赔偿问题予以整理探究，辨明条理，清晰方略。

（一）生命权

作为民法上具体人格权之一的所谓生命权，乃是以生命安全的利益为内容的权利。它首先在诸如法国的《人权宣言》、美国的《独立宣言》等宪法性文件中得到确认，随后被世界许多国家宪法明确加以规定。② 但民

① 姚辉、邱鹏：《论侵害生命权之损害赔偿》，载《中国人民大学学报》2006年第4期，本部分在收录于本书时做了增改。

② 据统计，全世界177个国家的宪法中，有138个国家的宪法规定了生命权。参见上官丕亮：《生命权的全球化与中国公民生命权入宪研究》，载《金陵法学评论》2004年春季卷。

法学者间对民法是否应该规定生命权却存有不同的见解。

反对者所持主要理由为：其一，“无救济则无权利”，而生命权一经侵害，则受害人民事主体资格即告消亡，再无请求法律救济之能力。法律对生命消逝的爱莫能助说明生命权概念没有存在必要；其二，“日本学者有认生命权为身体权之一部分者，谓生活之身体为身体权成立之要素。身体之保护，当然包括生命之保护在内。盖所谓保护身体，乃谓保护生活之身体，而使生命绝止，系侵害身体之最者故也。”① 生命保护为身体保护所吸收，自然没有独立存在之必要了。

但上述理由均无法承受如下反驳。第一，身体权尚且可以作为一项具体的权利而受到民法的保护，那么生命法益作为更高的人格利益更应上升为权利受到民法的保护。此乃举轻明重法理之使然。并且，“人格权之为权利，不以受侵害时得由被害人请求损害赔偿为必要”②。第二，生命权也并非完全缺乏救济。在生命遭遇侵权威胁时，主体可以借生命权要求消除危险或排除妨害。另外，在本节后面还要讲到的生命侵权损害赔偿继承主义的理论构造中，受害人正是基于自己的生命权遭受侵犯而要求损害赔偿的。如果否认生命权的民事权利属性，则继承主义无立锥之地。第三，生命权和身体权有着明显区别——从理论上讲，即使受害人身体权遭受极大侵害以致命悬一线，但只要死亡尚未发生，便不能认为其生命权遭受了侵犯。当然，在实务中，侵犯身体权与侵犯生命权常常彼此交织，需要相当的专业素养和经验积累才能分割清楚。

现在学界通说认为生命权是一项独立的人格权。具体说来，其内容如下。

第一，生命享有权。所谓生命享有权就是生命权人有权享有自己的生命利益。生命权人只有享有生命，才能作为一个主体在社会中生存并与他人交往。

第二，生命维护权。所谓生命维护权，包括生命权人对生命利益享有的消极维护权以及在遭受侵害时享有的积极防御权，它们都是基于生命权人对生命利益的有限支配性而产生的权利。正是因为生命权人享有生命维护权，所以，在其权利遭受侵害或面临危险时，权利人可以请求排除妨

---

① 龙显铭：《私法上人格权之保护》上海，中华书局 1948 年版，第 2 页。

② 龙显铭先生指出，根据民法，权利受到侵害可以请求损害赔偿或给付慰抚金，这就为不能获得损害赔偿的法益上升为权利开了一个口子。参见龙显铭：《私法上人格权之保护》，上海，中华书局 1948 年版。

害、消除危险。与生命享有权不同，生命维护权是一种防御性的权利，它存在的目的主要是保护生命的安全，而非赋予其积极使用的权能。

第三，生命利益的有限的支配性。生命权中所说的支配，实际上就是对生命利益的维护以及在特殊情况下对生命利益的决定权。并且这种支配权能必须在法律或者社会习惯可以接受的范围内进行。①

（二）"同命不同价"

人类社会自产生伊始，就发明了复仇的方式来保护自己和部落人群的生命。"复仇的观念和习惯，在古代社会及原始社会中极为普遍。……特别是族人被人杀死，或因伤重而死，报仇的责任全落在死者的族人身上，更是责无旁贷，义不容辞了。报仇可说是一种神圣的义务。"② 大体来看，来自他人的对生命的侵害可分为两种：一种来自氏族之外，另一种来自氏族内部的其他氏族成员。前者会招致被害方所属氏族同仇敌忾的血亲复仇，而后者则因同根而生虽不会引发血亲复仇但可能带来单个复仇。③

社会在进步、人智在提升。"复仇"作为对不法行为的最原始的反动逐渐地被更为高级的法律处置措施所取代。"复仇之目的，原为满足愤怒之感情。迨理智进步，改于经济计算下，以获得财资，平解其激情，遂有赎金（Suhngeld）制度，以代复仇。……赎金（Suhnegeld）一语，原亦谓之 Busse。中世纪以后，则自由人被杀害时，其赎金谓之 Wergeld，其他之赎金始谓为 Busse。Wergeld 之数额主因被害人之国籍而有差异；同一国籍者间，复因身份、年龄、性别，而有不同。妇女之赎金因其缺乏防御能力，且有怀孕能力，原为男子之二倍或三倍，其后则反少于男子。"④ 并且这种赎金（或称赎杀金）还因人之等级高低被加以明细，一个人所享有的赎杀金代表该人所值的价格。如果该人被杀，那么其所享有的赎杀金将被直接支付给其家人。

此种"化干戈为玉帛"的做法，不管是被解读为"人类社会为了生存

---

① 王利明：《人格权法研究》，北京，中国人民大学出版社 2005 年版，第 318～320 页。

② 瞿同祖：《中国法律与中国社会》，北京，中华书局 2003 年版，第 72～73 页。

③ 麻昌华：《侵权行为法地位研究》，北京，中国政法大学出版社 2004 年版，第 34 页。该书作者因为"没有相应的资料佐证"而对氏族成员内部的自相残杀是否一定会导致单个复仇没有充分把握。但他指出："从复仇所包含的正义性来推测，应是可以进行复仇的。因为除此之外，很难想象有什么其他更好的方法。"与此同时，他还提到："有的氏族采取的是'逐出平和之外的'的方法，在人类以氏族为生存条件的时期，这种方法无异于处死，因为没有氏族力量保护的单个人是很难生存的。"

④ 李宜琛：《日耳曼法概说》，北京，中国政法大学出版社 2003 年版，第 132～133 页。

与发展而对自己本性的第一次妥协”[①] 还是“复仇制度在法律上的最大转型”[②]，都标刻了人类社会的一个重要进步——它抚慰复仇之心、稳定社会秩序、协调人们“团结一致向前看”，以征服强大的自然力而为人类社会的进步奠定丰厚的物质之基。但是此种以金钱来标识人命价值的做法是与当时若干历史条件相适应的——“第一，人类社会还处于物质非常匮乏的时期。因而物质对当时的人们来说，远比人命贵重；第二，已经出现私有财产和商品交换，赔命价成为可能；第三，当时的人类对本身价值的意识还处于比较低的层次，人和物还并没有太大的区别；第四，同态复仇和血亲复仇给社会带来极大的混乱，也造成很大的物质浪费和人们之间更深的仇恨；第五，社会发展产生国家机器，统治阶级需要一个和平的手段来解决人命纠纷，以维护社会稳定。”[③] 而随着社会生产力进一步发展，人的价值进一步被发现和被重视，赎金买断人命的做法不再通行。特别是在古代中国，在对人命价值有了更深理解以后，“中国的汉族自古即奉行‘杀人偿命’的观念和做法，没有 Wergild（即命价赔偿金——笔者注）的历史记载”[④]。尽管在民间用金钱处理命案的“私了”做法一直存在，尽管中国某些少数民族曾经并且现在也还在一定程度上认可对人的生命本身进行赔偿以免去刑事处罚的做法[⑤]，但是对人命本身进行明码标价，在其受侵害后照价赔偿的制度在中国封建史上始终没有被正式确立。不仅如此，以亲友之命换赔偿之金从而与加害人握手言和可被判处“私和罪”。“……父母被人杀死，子孙不告官而私自和解，实非人子之道……亲等愈近愈有报仇的责任，同时私和的罪也就愈重。若是受财私和，贪利忘仇，无骨肉情，其情可恶，自不可恕了，所以处分更重。”[⑥]

---

① 张群：《“人命至重”的法度：烧埋银》，载《读书》2003 年第 2 期，第 59 页。

② 姚辉：《权利不能承受之轻》，载杨立新主编：《民商法前沿》，长春，吉林人民出版社 2002 年版，第 391 页。

③ 张群：《元朝烧埋银初探》，载《内蒙古大学学报（人文社会科学版）》2002 年第 11 期，第 61 页。

④ 张群：《“人命至重”的法度：烧埋银》，载《读书》2003 第 2 期，第 59 页。

⑤ 《魏书·刑法志》记载：“民相杀者，听与死者家马牛四十九头，及送葬器物以平之。”《辽史》（卷一一五卷）记载：西夏的党项族“杀人者，纳命价一百二十千”。另外，“赔命价”在历史上曾经是藏族地区处理斗殴致死人命案的重要法律手段，目的在于以钱赎刑，通过经济上的赔偿以免除刑事上的追究。由于种种原因，以“赔命价”来私了人命案的做法在九十年代初的藏族地区又有所抬头。参见吴剑平：《对藏族地区赔命价案件的认识和处理》，载《法律科学》1992 年第 4 期。

⑥ 瞿同祖：《中国法律与中国社会》，北京，中华书局 2003 年版，第 92～93 页。

这里尤其要提到的是中国古代的“烧埋银”制度。“烧埋银（或烧埋钱）是元朝开始出现的法律制度，后来又为明清两朝在不同程度上继承。其具体内容是指，对枉死者的尸首经官验明，行凶者除按罪判刑外，家属须出烧埋钱予苦主，作为烧埋尸体的费用。这是中国法律史上第一个要求在追究行凶者的刑事责任的同时，还要其承担民事责任的法律制度。”① 它和以钱偿命的“赎杀金”或“命价银”旨趣迥异。所以《红楼梦》里的贾雨村在胡判“葫芦案”时，在断给冯家“许多烧埋银子”之外还要装神弄鬼、扶鸾请仙得个“薛蟠今已得了无名之病，被冯魂追索已死”的乩批方能“压服口声”②，足见烧埋银制度突破了“打了不罚、罚了不打”处断模式，绝非是对人命本身的赔偿。它关注的是“苦主”（被害人家属）的利益，“不但使得对犯罪的刑事处罚达成了报仇雪恨的心愿，精神上得到了安慰，由于亲人死去而遭受的物质损害也得到了一定程度的补偿”③。

简要梳理完毕人类历史上对侵害生命的处断措施，我们可以获致这样的印象：以金钱砝码衡量人命价值、对人命本身进行赔偿的做法是人类历史上比较古旧的生命侵权责任承担方式。生产力越发达、社会越进步，人的价值就越会被发现，人命就越不可能以金钱价值来衡量，对人命本身进行赔偿的责任方式就会越罕见乃至逐渐走向消亡。随着人类逐渐启蒙，自由、独立观念深入人心，生命无价，生命不再是某个集体的附庸等意识日益蓬勃，民法更不可能要求加害人对其所侵犯的生命本身进行赔偿。当历史的车轮已然进入 21 世纪的时候，重新提出“命价赔偿”，以同样遇难却获得不同赔偿来推断出“同命不同价”的结论，是一种完完全全的误导。所谓“近世之个人主义，不认以近亲被杀一事之本身为理由之损害赔偿请求权”④，其原因亦在于此。

侵害生命权须负民事赔偿责任，是几乎所有法治国家都予以认可的。但这个赔偿不是对生命本身进行的所谓“命价赔偿”。于此必须进一步指出：

1. 人格权是非财产性权利，人格权所体现之人格利益与财产权所体

① 张群：《烧埋银与中国古代生命权侵害赔偿制度》，载范忠信、陈景良：《中西法律传统（第四卷）》，北京，中国政法大学出版社 2004 年版，第 290 页。

② 《红楼梦》第四回“薄命女偏逢薄命郎 葫芦僧乱判葫芦案”。

③ 张群：《烧埋银与中国古代生命权侵害赔偿制度》，载范忠信、陈景良：《中西法律传统（第四卷）》，北京，中国政法大学出版社 2004 年版，第 307 页。

④ 龙显铭：《私法上人格权之保护》，上海，中华书局 1948 年版，第 48～49 页。

现之财产利益的重大区别就在于前者不可以用金钱来计算价值，而后者则可。[①] 人格权受到侵害以后无法采取等价补偿的方式来进行赔偿。当自然人遭受人身伤害时，法律所提供的救济绝对不是将健康、身体等人格权利折算成金钱、计量出损失范围后的补足。质言之，侵权法上对健康、身体等人格权提供的赔偿也不是所谓的“健康价”“身体价”，而是为着恢复健康等人身权利所支出的费用（医疗费）、误工费用、因身体受损增加的生活上必要支出以及因丧失劳动能力导致的收入损失乃至对精神痛苦的抚慰。

2. 民事法律关系乃具有权利能力的民事主体之间的权利义务关系，所以，民法无必要也无可能作出对死者进行赔偿的制度安排。但是，个体生命的出现和陨落都不是不关他人的自生自灭。在马克思看来，“人的本质并不是单个人所固有的抽象物。在其现实性上，它是一切社会关系的总和”[②]。死者的逝去必然要撕裂其生前所处的社会关系的某些环节。世俗的民法几乎不能再对死者提供什么救济，但却关注这些被撕裂的社会关系之环所蕴含的尘世的利益。事实上，“人的最高利益——生命，其在侵权行为法上的意义是很小的；致人死亡的后果都是由另外一些人承担的，如近亲属、生活伴侣、雇佣人或交易伙伴”[③]。所以，死亡赔偿制度设置的真实内涵，是从上述人等（近亲属、生活伴侣等）的角度来分析他们中的哪些人可以就哪些损失主张权利。“在这里必须区分两种损害形态，即以纯粹经济损失形式出现的反作用于第三人（如因失去扶养人、失去雇员的损失）的损失和作为‘直接’损失形态出现的因丧失亲人的悲痛而导致的本人健康的损害。”[④] 故而，死亡赔偿的多少应视第三人因此而受有的损害大小来定，而不应是基于生命本身的所谓“价值”。

人命本身在侵权法上得不到赔偿的现实可能刺痛部分学者的心。有论者曾对死亡赔偿项目逐一进行因果关系的剥离，得出没有一项是对死者人命本身进行救济的结论（也即没有“命价赔偿”），并进而感慨生命权“实际上成为一种空权利”[⑤]。其实，前文已经述及，生命权不是“空筒”权利；“命价赔偿”之不可能性，前文亦已讨论。以民法不设“人命赔偿”

---

① 王利明、杨立新、姚辉：《人格权法》，北京，法律出版社1997年版，第13页。

② 《马克思恩格斯选集》，第1卷，北京，人民出版社1972年版，第18页。

③④ 〔德〕冯·巴尔：《欧洲比较侵权行为法》下卷，北京，法律出版社2001年版，第72页。

⑤ 冯恺：《生命损害赔偿请求权理论再思考》，载《政法论丛》2004年第2期，第50页。

便怀疑法律对生命权的保护力度者，可能忽略了另外一个现实：正因生命如此宝贵，侵犯生命的行为被认为同时构成对国家及社会秩序、对国家保护公民生命权义务的极大侵犯和挑战，从而受到公法特别是刑法的制裁。承认民法对生命权救济的局限，既是一种理智的清醒，也是对生命的谦逊和尊重——生命的不可挽回性及终局意义上的不可救济性正是生命高贵的表现之一，也是其高居法律价值金字塔之巅的原因之一。①

（三）问题与主义

1. 关涉死亡赔偿请求权基础及赔偿范围的两种“主义”

死亡赔偿制度真正要救济的是因受害死亡事件而受到利益影响的第三人。那么该第三人损害赔偿请求权的基础是什么呢？

大致可将学者对此问题的主张分为两派：一为“继承主义”，二为“固有受害主义”。

继承主义的要义在于：第一，先认可加害人与受害人之间成立损害赔偿关系，受害人获得对加害人的损害赔偿请求权；第二，该损害赔偿请求权因受害人的死亡而由其继承人继承。此派学说下又有若干分说。

（1）间隙取得请求权说。被害人从受致命伤到其生命丧失之时，理论上总有一个或长或短的间隙，在这个间隙中，被害人是有民事权利能力的，故可取得损害赔偿请求权。他死亡之后其请求损害赔偿的权利可以依继承转移给其继承人，他的继承人可以通过法院要求赔偿损失。

（2）民事权利能力转化说。认为民事权利能力由存在到不存在，有一个转化的过程，在这个过程中产生损害赔偿请求权。

（3）加害人赔偿义务说。认为加害人的赔偿义务不因被害人死亡而消灭，所以被害人得受赔偿的地位当然由其继承人继承。

（4）极限概念说。认为可把生命侵害作为身体侵害的极限概念，虽然二者在概念上必须严格区别，但在计算损害赔偿额时，无限大的身体侵害产生的损害程度与生命侵害产生的损害相比其差别是无限小的，实际上可以忽略不计。

（5）死者人格存续说。认为损害赔偿请求权随生命消亡没有根据，主张在赔偿请求权的限度内，将被害人视为法律观念的权利主体，使其人格

---

① 有宪法学者指出：“法律规定和社会秩序的价值是重要的，但对于执法者来说，放在第一位的，首先是对公民基本权利的尊重，而生命权是最高的价值和不可逾越的底线。”韩大元：《中国宪法学应当关注生命权问题的研究》，载《深圳大学学报（人文社会科学版）》，2004年第21卷。

存续。

(6) 同一人格继承说，认为继承人与被继承人系纵向联系的系列人格，继承的对象并非被继承人的权利和义务，实则被继承人的人格或法律上之地位。

与“继承主义”相对立的是“固有损害主义”。其要义在于：第一，逝者民事主体资格消灭，与加害人之间亦不能成立生命侵权损害赔偿关系，无必要也无可能再对加害人主张损害赔偿；第二，民法直接关注的是“死亡后果的承担者”，即因受害人的去世而遭受了现世损失的第三人。民法需要做的事情是在受损失的第三人和侵权人之间架起损害赔偿关系的桥梁。固有损害主义也有若干分说。

(1) 双重直接受害人说。认为在侵害生命权的法律关系中，存在双重的直接受害人，死者是丧失生命的直接受害人，其近亲属是侵害生命造成财产损失的直接受害人，这两重直接受害人享有一个共同的损害赔偿请求权。当一个直接受害人死亡后，另一个直接受害人直接享有该损害赔偿请求权，因而加害人的赔偿义务并未发生任何变化，只是向仅存的直接受害人履行赔偿义务而已。

(2) 死者近亲属直接受害说。该说认为死者近亲属所享有的损害赔偿请求权来源于其自身权利遭到侵害而受有损失的事实。侵害生命权的行为在使生命权人丧失生命的同时，正好破坏了正常的亲属身份关系，直接侵害了死者近亲属的身份权，造成其精神损害和亲属身份利益的丧失，从而应承担相应的民事责任。①

从理论上看，继承主义无法回答的一个难题便是：受害人不死，难谓生命权已受侵犯，生命侵权损害赔偿关系无由成立；受害人已死，其民事主体资格丧失，生命侵权损害赔偿关系亦无由成立。“间隙取得请求权说”也好，“权利能力转化说”也好，都会出现被日本判例所嘲笑过的“死前亦死，死后又死”的尴尬。其他诸说里，“加害人赔偿义务说”割裂了权利义务的相对性，无法圆释何以“加害人的赔偿义务不因被害人死亡而消

---

① 上述“间隙取得说”“加害人赔偿义务说”“双重直接受害人说”均参见王利明、杨立新：《侵权行为法》，北京，法律出版社1996年版，第168页。“极限概念说”参见于敏：《日本侵权行为法》，北京，法律出版社1998年版，第378页。“死者人格存续说”“同一人格继承说”均参见孙鹏：《生命的价值——日本死亡损害赔偿的判例与学说》，载《甘肃政法学院学报》2005年第7期。“死者人格存续说”“同一人格继承说”均参见孙鹏：《生命的价值——日本死亡损害赔偿的判例与学说》，载《甘肃政法学院学报》2005年第7期。“死者近亲属直接受害说”参见曹诗权、李政辉：《论侵害生命权在民法上的责任》，载《法学评论》1998年第5期。

灭”。“极限概念说”抹杀了生命权和身体权的区别，给人以偷梁换柱之感。“死者人格存续说”纯属法律拟制，不足服人。“同一人格继承说”则违背了现代继承法的基本理念——继承的对象是权利义务而不是所谓的“人格或法律上之地位”。

与继承主义极尽理论雕琢之能事掩饰理论尴尬相比，固有损害主义显得较为自然和顺畅，但也并非完美无瑕。“双重直接受害人说”试图引入“共有”的概念来帮助解释，但不能说明何以“两重直接受害人享有一个共同的损害赔偿请求权”——也即共有如何发生，故而仍嫌神秘和生涩。“死者近亲属直接受害说”在中国身份权地位极其微弱的背景下显得有些力不从心。并且，固有损害主义面临的一个重大问题便是：民法怎么让侵权人对受有损失（往往并不是权利受到了侵犯）的第三人负起责任来了？日本民法典在起草过程中，横田国臣委员的提案认为，应该承认子女被杀时惋惜悲叹的父母就自己的悲痛提出损害赔偿请求，但问题是父母并不享有让子女活下去的“权利”，于是以“权利侵害”为一般侵权行为构成要件的日本民法便特别设立了日本民法草案原案第 732 条（现行第 711 条）以承认受害者近亲属的抚慰金请求权。① 王泽鉴先生指出：“就原则而言，第三人就其因被害人死亡而受之损害，欲向加害人请求损害赔偿时，须依第 184 条关于侵权行为之一般规定。惟此等损害多属财产上之损失，而非特定权利遭受侵害，并多系间接，是否符合一般侵权行为之构成要件，容有疑问。为此，‘民法’乃特设明文，规定特定范围之人就特定类型之损害，得径向加害人请求损害赔偿；是否符合一般侵权行为之构成要件，在所不问。”② 但何种“特定范围之人”凭什么可“径向加害人请求损害赔偿”？其中涉及侵权行为法中复杂的因果关系认定和法政策的慎重考量。

实际上，不管采继承主义还是固有损害主义，损害赔偿请求权的最终享有者都是因受害人的去世而遭受了现世损失的第三人。二说争论的实际意义不在于争辩死者本人是否真有损害赔偿请求权，而在于对死亡赔偿额度的认定上。

根据继承主义，被害人死亡前（瞬间）已取得的赔偿请求权的内容是在相当因果关系的范围内侵权行为发生前后被害人利益状态上的差额。为

① 于敏：《日本侵权行为法》，北京，法律出版社 1998 年版，第 375 页。

② 王泽鉴：《民法学说与判例研究》，第 4 册，北京，中国政法大学出版社 1998 年版，第 300 页。

了准确地计算出该利益差额，又具体化出若干的损害项目。即首先将损害二分为财产损害与非财产损害（精神损害），再将财产损害细化为积极损害与消极损害。积极损害包括丧葬费、被害人受伤与死亡间的治疗费、看护费、交通费等；而消极损害则是指被害人如果继续生存可以取得的、在其寿终正寝时可由继承人继承的利益，又称可得利益。① 有学者也称之为“余命损害”②。

而根据固有损害主义，第三人就自身固有利益的损害提出的请求项目一般包括丧葬费，扶养费，被害人父母、子女、配偶等近亲属的抚慰金等。③ 相形之下，依固有损害主义获得的扶养利益损失赔偿和抚慰金赔偿数额一般都要远远低于依继承主义获得的死者余命损害赔偿数额。

所以，尽管继承主义有若干理论尴尬，但日本判例“仍旧牢守继承说，恐怕主要是因应死亡赔偿高额化的要求并维持死亡赔偿与伤害赔偿的均衡。在资本主义高度发达的日本，即使普通人的收入也远远超过其个人生活及家务方面的支出。也就说，按继承说可由遗族继承的、正常计算出的被害人可得利益在额度上往往大大高于按固有被害说计算出的遗族的扶养利益。在被害人没有扶养权利人时继承说的优势更显现无遗”④。就维持死亡赔偿与伤害赔偿的均衡来讲，判例显然不希望出现“撞伤不如撞死”的道德风险。

2. 中国死亡赔偿立法与实践中的“问题”

(1)“主义”先行

1986 年通过的《民法通则》第 119 条规定：“侵害公民身体造成伤害的，应当赔偿医疗费、因误工减少的收入、残废者生活补助费等费用；造成死亡的，并应当支付丧葬费、死者生前扶养的人必要的生活费等费用。”法条没有提到赔偿死者余命收入，据此似可推断我国立法例采纳的是“固有损害主义”。但需注意，“死者生前扶养的人必要的生活费”后紧跟的一

① 孙鹏：《生命的价值——日本死亡损害赔偿的判例与学说》，载《甘肃政法学院学报》2005 年第 7 期。

② 邱聪智：《新订民法债编通则》上册，北京，中国政法大学出版社 2003 年版，第 170 页。

③ 需要指出的是，被害人受伤与死亡间发生治疗费、看护费、交通费等，因被害人仍然存活，所以仍由被害人获取相应的损害赔偿请求权。这些赔偿请求权又因被害人的死亡而由被害人的继承人继承。参见王泽鉴《侵害生命权之损害赔偿》，载王泽鉴：《民法学说与判例研究》，第 4 册，北京，中国政法大学出版社 1998 年版，第 300 页。

④ 孙鹏：《生命的价值——日本死亡损害赔偿的判例与学说》，载《甘肃政法学院学报》2005 年第 7 期。

个“等”字，大有可观。实际上，立法和司法解释很快突破了《民法通则》第 119 条列举的项目范围：

1991 年 9 月由国务院颁发的《道路交通事故处理办法》第 36 条规定：“损害赔偿的项目包括：医疗费、误工费、住院伙食补助费、护理费、残疾者生活补助费、残疾用具费、丧葬费、死亡补偿费、被扶养人生活费、交通费、住宿费和财产直接损失。”在造成死亡后果的赔偿中增加了“死亡补偿费”以及“交通费、住宿费和财产直接损失”。

1991 年 11 月出台的最高人民法院《关于审理涉外海上人身伤亡案件损害赔偿的具体规定（试行）》（以下简称《规定》）第 4 条详尽罗列了死亡赔偿范围，包括收入损失（明文规定“是指根据死者生前的综合收入水平计算的收入损失”，并给出了计算公式①），医疗、护理费，安抚费（明文规定“是指对死者遗属的精神损失所给予的补偿”），丧葬费和其他必要的费用（包括寻找尸体、遗属的交通、食宿及误工等合理费用）。可以说，同其前后的若干相关法律、法规及司法解释相比，上述《规定》开列的死亡赔偿项目内容最为丰富，数额也显著增大。

1993 年 2 月通过的《产品质量法》第 32 条规定，因产品质量造成死亡的，并应当支付丧葬费、抚恤费、死者生前扶养的人必要的生活费等费用。看得出，此法没有“死亡补偿费”“安抚费”，但另外提出了“抚恤费”。1993 年 10 月通过的《消费者权益保护法》又开始发生改变：“经营者提供商品和服务，造成消费者和其他受害人死亡的，应当支付丧葬费、死亡赔偿金以及由死者生前扶养的人所必需的生活费等费用。”此条首次出现了“死亡赔偿金”的概念。2000 年 7 月修正的《产品质量法》第 44 条改变了原第 33 条的规定，明定因产品质量造成受害人死亡的，“应当支付丧葬费、死亡赔偿金以及由死者生前扶养的人所必需的生活费等费用”；其内容与《消费者权益保护法》中的相关规定如出一辙。

上述立法或司法解释中，在死亡赔偿方面突破《民法通则》第 119 条明列内容的赔偿项目先后有：“死亡补偿费”“交通费、住宿费和财产直接损失”“收入损失”“其他必要的费用”“安抚费”“抚恤费”和“死亡赔偿金”。对照前后规范，“交通费、住宿费和财产直接损失”与“其他必要费用”性质相同，并且让人易于理解。“安抚费”被明确阐释为“对死者遗

---

① 该解释规定：收入损失＝（年收入－年个人生活费）×死亡时起至退休的年数＋退休收入×10。而死者年个人生活费占年收入的 25%～30%。

属的精神损失所给予的补偿”，“收入损失”则为“根据死者生前的综合收入水平计算的收入损失”，亦无须多做解释。让人费解的是“死亡补偿费”与“死亡赔偿金”。通说认为，“死亡补偿费”和“死亡赔偿金”虽名称不同，但应属同一性质。因为《消费者权益保护法》与《道路交通事故处理办法》对受害人死亡赔偿的结构设计完全一致，均包括“丧葬费”“被扶养人生活费”，以及“死亡赔偿金”或者“死亡补偿费”。但它们的性质究竟为何？立法和司法解释却又作出了不同的回答。

1994 年通过的《国家赔偿法》（2012 年修正）第 34 条第 3 项明确规定：“造成死亡的，应当支付死亡赔偿金、丧葬费，总额为国家上年度职工平均工资的二十倍。对死者生前扶养的无劳动能力的人，还应当支付生活费。”据此，死亡赔偿金的内涵应该是对受害人收入损失的赔偿。

但在 2001 年最高人民法院《关于确定民事侵权精神损害赔偿责任若干问题的解释》中，死亡赔偿金又被诠释为精神损害抚慰金。该《解释》第 9 条规定：“精神损害抚慰金包括以下方式：（一）致人残疾的，为残疾赔偿金；（二）致人死亡的，为死亡赔偿金；（三）其他损害情形的精神抚慰金。”该解释之所以认定死亡赔偿金为精神损害抚慰金，是因为该解释的制定者认为《民法通则》第 119 条系采固有损害主义，而固有损害主义的赔偿项目是不能含有死者收入损失的。①

这种“双悬日月照乾坤”的局面终于在 2003 年得到改变。是年的最高人民法院《关于审理人身损害赔偿案件适用法律若干问题的解释》第 17 条第 3 款规定：“受害人死亡的，赔偿义务人除应当根据抢救治疗情况赔偿本条第一款规定的相关费用外，还应当赔偿丧葬费、被扶养人生活费、死亡补偿费以及受害人家属办理丧葬事宜支出的交通费、住宿费和误工损失费等其他合理费用。”其第 18 条还规定了近亲属的精神损害抚慰金的赔偿。这就意味着死亡补偿费无论如何不会是对近亲属的精神损害抚慰金。根据该司法解释起草者的解释，第 17 条采取的是继承主义。②

追溯至此不难发现，除《民法通则》外，其他相关法规或司法解释都

---

① 该解释出台的详尽背景可参阅黄松有主编：《最高人民法院人身损害赔偿司法解释的理解与适用》，北京，人民法院出版社 2004 年版，第 356～359 页。

② 王利明《人格权法研究》，331 页，北京，中国人民大学出版社 2005 年版。另外，最高人民法院《关于审理人身损害赔偿案件适用法律若干问题的解释》17 条提到的是死亡补偿费，第 29 条提到的却是死亡赔偿金。认真解读该解释，可以认定两种称谓所指实为同一事项。

规定了“死亡赔偿金”“死亡补偿金”或“死者收入损失”。可见，上文存疑的《民法通则》第119条中的那个“等”字，应属辞书上所谓“列举未尽”——《民法通则》对赔偿项目是不完全列举，在被扶养人生活费之外是否包括其他赔偿项目，须通过后来的单行民事法律、法规予以补充。所以，《民法通则》第119条也可以被看作采用了继承主义。

（2）改良了的继承主义

然而，现行法中的所谓继承主义，乃是具有中国特色的改良方式。

首先，采用继承主义的日本判例在计算死者余命收入损失时，通常以被害人死亡时的收入为基准，乘以被害人剩余的可劳动年限（该年限为67岁与被害人死亡时年龄之间的差额），计算出其如果生存可能取得的总收入。① 日本判例这种以死者生前的个体收入为基准计算出来的赔偿数额，自然会因人各有异而千差万别。而《人身损害赔偿解释》却以“城镇居民人均可支配收入”“农村居民人均纯收入”为计算基准，并以20年固定赔偿年限为计算的时间。据说，这种采定型化赔偿和客观计算的方式，“旨在既与过去的法律法规相衔接，又不致因主观计算导致两极分化、贫富悬殊”②。

其次，根据继承主义，一般不能再对死者的被扶养人生活费进行规定。被扶养人的生活费是基于固有损害主义而产生的赔偿项目，实际上已被包含在继承丧失说的死者收入损失之中，再作规定就是重复。采继承主义的《人身损害赔偿解释》一方面为与《民法通则》和现行有关立法衔接，仍保留了过去的被扶养人生活费的赔偿，另一方面以分解的方法对继承丧失主义的“收入损失”赔偿作了技术处理，即将“收入损失”分解为“人均可支配收入”及“被扶养人生活费”两个部分。以人均可支配收入为标准计算“死亡赔偿金”，以平均生活费为标准计算“被扶养人生活费”，二者之和大致等于“收入损失”。因此，“分解的结果既体现了继承丧失主义的赔偿理念和标准，又避免了与现行法律、法规相冲突”③。

---

① 孙鹏：《生命的价值——日本死亡损害赔偿的判例与学说》，载《甘肃政法学院学报》2005年第7期。

② 黄松有主编：《最高人民法院人身损害赔偿司法解释的理解与适用》，北京，人民法院出版社2004年版，第366页。

③ 黄松有主编：《最高人民法院人身损害赔偿司法解释的理解与适用》，北京，人民法院出版社2004年版，第366～367页。

（3）面对责难

一旦民法采用继承主义而将死亡赔偿金定性为“死者收入损失”，就意味着赔偿至少在理论意义上是以“死者”为中心在进行计算——即死亡赔偿的数额是以死者的某个参数为依据来进行衡量的。而这马上会被民间误解其为对死者生命的赔偿——死者就是因为丧失了生命才要求赔偿吗？所以，以城乡收入分别算定“收入损失”的计算标准所带来的计算结果的巨大反差，自然会引发“同命不同赔”的责难风暴。相形之下，固有损害主义在理论上是以死者的被扶养人、近亲属的实际利益损害为中心进行计算，将其联想为“命价赔偿”不是特别自然。并且，以往扶养费的计算一般参照当地居民生活困难补助标准，所以计算出来的对不同死者的赔偿数额差异往往较小。特别是“死亡赔偿金”被解释为精神损害赔偿而由法官根据具体情况自由裁量，死亡赔偿数额总体上不显悬殊。

既然以往采固有损害主义，将死亡赔偿认定为精神损害赔偿没有招致如此责难，那是否意味着我们不如归去、回到从前？

高法在较短的时间内断然改弃前见，事出有因。其一，过去依固有损害主义得出的死亡赔偿数额太低，甚至孕育“撞伤不如撞死”的道德风险。新解释虽然不能从根本上遏制这个道德风险（尚需同时发挥刑罚制裁作用），但至少在很大程度上平衡了死亡赔偿和伤害赔偿的关系。其二，我国法律不支持刑事案件受害人家属提起精神损害赔偿，如果继续坚持将死亡赔偿金解释为精神损害赔偿，就意味着刑事受害人的家属永远不能获得死亡赔偿金。“由于被扶养人生活费以赔偿权利人未成年或没有劳动力又没有生活来源为限，很多情形下，赔偿权利人几乎得不到任何赔偿。显然，这是极不合理、极不公平的，往往导致严重的利益失衡。”① 相关的刑事立法调整受制于多种因素，很难预期。通过司法解释进行司法调整便成为必要而又必然的选择了。

既不能回到过去，是否可以为“收入损失”的计算确定一个整齐划一的标准呢？

继承主义背景下的死亡赔偿金对应的就是死者的余命收入损失。个体劳动能力的差异决定了收入差异，这是朴素的平等感情所不能掩盖的客观现实。依据死者劳动能力的价值而作出对死者余命收入损失的判断怎么说

① 黄松有主编：《最高人民法院人身损害赔偿司法解释的理解与适用》，北京，人民法院出版社2004年版，第361页。

也有相当的合理性。反之，对死者余命收入损失进行一刀切的赔偿却找不到合理的解释。以所谓“人命平等”来主张一刀切的“平等”赔偿数额，其逻辑上的舛误已如前述——死亡赔偿绝对不是“命价赔偿”。生命平等在法律上的翻译应是，受害人因其遭受侵犯而产生的财产或非财产损害，均可获得平等的实现矫正正义的机会。简言之，就是使法律视野中程度殊异的各种损害均能获得与其相称的赔偿。一个生命的陨落给其曾处的社会关系带来的裂痕和损伤都是现实的和充满个性的，给第三人带来的损失和伤害亦是现实和充满个性的。死者劳动能力的差异而产生的余命收入损失的差异必然要反映到死亡赔偿金的数额上来。第三人可要求与损害相适应的赔偿，但没有理由攀比损害赔偿的绝对数额。整齐划一的收入损失标准实际上是在分配正义的理念下不顾生命消逝带来的现实损害程度而施行的“社会救灾”。果真如此，就无异于为侵权行为法唱起了挽歌。

在这样一个人口流动日趋频繁的时代，在这样一个对城乡二元结构和户籍制度异常敏感的阶段，采继承主义的《人身损害赔偿解释》分别以“城镇居民人均可支配收入”“农村居民人均纯收入”为基准计算死亡赔偿金的所谓“定型化赔偿和客观计算的方式”，完全可被看作是：不惜违背矫正正义，忽略当今社会城镇居民、农村居民各自相互间的差异而凸显城乡差距；致使死亡赔偿金在城镇居民和农村居民间呈现巨大反差。也许，这才是为“同命不同赔”的谴责声浪推波助澜的原始动力。既然如此，何不还继承主义以本来面目，扎扎实实地以死者生前收入为基准来计算死亡赔偿金的数额呢？毕竟这更加符合法理，毕竟这不会触动那根关于公平的敏感神经。

二、损害赔偿的突破——惩罚性赔偿①

《民法总则》第 179 条第 2 款增加了“惩罚性赔偿”的规定，惩罚性赔偿是损害赔偿的一种类型，是指由法院所作出的赔偿数额超出实际的损害数额的赔偿。与传统损害赔偿不同之处在于，惩罚性赔偿除了具有一般赔偿损失的功能外，还兼具惩罚、遏制不法行为的功能。② 由于损害赔偿仍以补偿性为原则，故惩罚性赔偿的适用应以法律的具体规定为前提。在

---

① 姚辉、刘艳阳：《论食品安全责任中的惩罚性赔偿》，载《河南财经政法大学学报》2013 年第 1 期。本部分在收录于本书时做了增改。

② 王利明主编：《中华人民共和国民法总则详解》，北京，中国法制出版社 2017 年版，第 826 页。

现行有效的法律和司法解释中，惩罚性赔偿规范主要包括：《侵权责任法》第 47 条、《消费者权益保护法》第 55 条、《食品安全法》第 148 条第 2 款、《商标法》第 55 条及最高人民法院《关于审理商品房买卖合同纠纷案件适用法律若干问题的解释》第 8、9、14 条。

国家政策将食品安全作为公共安全的分支与国家安全并列，足以看出食品安全的重要程度，政策亦是指引法学研究的方向，故本节重点研究食品安全中的惩罚性赔偿规范。

随着食品安全事故一波未平一波又起。在食品安全案件中，消费者往往只能获得赔礼道歉、全额退款或一般的损害赔偿。面对处于弱势地位的单个消费者，低廉的违法成本使企业的道德操守和社会责任感已然让位于经济利益的优势。因此，食品安全案件中的惩罚性赔偿责任已成为法律为消费者合法权益设置的最后屏障。然而，《消费者权益保护法》与《食品安全法》出台以来，学界关于其中惩罚性赔偿规范构成要件不明确、赔偿标准过低、过于固化的诟病一直不断，对该两法以及《侵权责任法》有关惩罚性赔偿条款的适用关系也莫衷一是。解释这些条文，厘清条文间的适用关系，实现法律内部自洽的同时达到最大限度保护消费者权益的立法目的，是本节试图解决的主要问题。

（一）现行立法之检讨

惩罚性损害赔偿（punitive damages），也称示范性的赔偿（exemplary damages）或报复性的赔偿（vin-dictive damages），是指由法庭所作出的赔偿数额超出实际的损害数额的赔偿。① 在大陆法系，无论是侵权损害赔偿还是违约损害赔偿，都是奉行单纯的补偿性民事法律责任制度。② 然而在生产、销售食品而致消费者遭受损害的案件中，从惩罚、遏制严重违法行为，补偿受害人损失，激励消费者维护自身权益等角度出发，赞同适用惩罚性赔偿的观点已成为主流，并为立法所接受。

中国大陆在食品安全责任中适用惩罚性赔偿责任始于《消费者权益保护法》（已修订）第 49 条："经营者提供商品或者服务有欺诈行为的，应当按照消费者的要求增加赔偿其受到的损失，增加赔偿的金额为消费者购买商品的价款或者接受服务的费用的一倍。"《合同法》第 113 条第 2 款也

① Note, "Exemplary Damages in the Law of Torts", 70 *Ha v. L. Rev.* 517, 517 (1957), and Huckle v. Money, 95 Eng. Rep. 768 (K. B. 1763). 转引自王利明：《惩罚性赔偿研究》，载《中国社会科学》2000 年第 4 期。

② 谢怀栻：《外国民商法精要》，北京，法律出版社 2006 年版，第 186 页。

规定："经营者对消费者提供商品或者服务有欺诈行为的，依照《中华人民共和国消费者权益保护法》的规定承担损害赔偿责任。"

与之相对，《侵权责任法》第 47 条规定了侵权性的惩罚性赔偿责任。该条规定："明知产品存在缺陷仍然生产、销售，造成他人死亡或者健康严重损害的，被侵权人有权请求相应的惩罚性赔偿。"① 针对频发的食品安全事故，《食品安全法》第 148 条第 2 款也规定了惩罚性赔偿责任："生产不符合食品安全标准的食品或者经营明知是不符合食品安全标准的食品，消费者除要求赔偿损失外，还可以向生产者或者经营者要求支付价款十倍或者损失三倍的赔偿金；增加赔偿的金额不足一千元的，为一千元。但是，食品的标签、说明书存在不影响食品安全且不会对消费者造成误导的瑕疵的除外。"

在生产、销售不符合食品安全标准的食品致人损害的案件中，受害者可以依据《食品安全法》第 148 条要求生产者、销售者承担惩罚性损害赔偿责任。在适用中，该条与《消费者权益保护法》第 55 条、《合同法》第 113 条第 2 款、《侵权责任法》第 47 条在适用范围上存在重叠，但各自适用要件不相同，"十倍""三倍"与"相应的"惩罚性赔偿在赔偿范围上也相去甚远。在法律适用中，准确适用《食品安全法》第 148 条，帮助消费者最大限度地维护自身权益，需要对该条作出解释，以明确该条与以上各惩罚性赔偿条款的适用关系。

（二）食品安全责任中惩罚性赔偿的构成

1. 合同责任中惩罚性赔偿的构成

针对食品经营者欺诈消费者的行为，《合同法》第 113 条第 2 款及《消费者权益保护法》第 55 条第 1 款规定了经营者应承担的惩罚性损害赔偿责任。学者大多认为，此种惩罚性赔偿责任为合同责任。究其理由，在于该项惩罚性损害赔偿发生的场合乃是消费者与经营者间的消费问题的纠纷，因合同关系所生②；又因该条规定的产品欺诈的惩罚性赔偿责任所着

① 修订后的《消费者权益保护法》第 55 条规定："经营者提供商品或者服务有欺诈行为的，应当按照消费者的要求增加赔偿其受到的损失，增加赔偿的金额为消费者购买商品的价款或者接受服务的费用的三倍；增加赔偿的金额不足五百元的，为五百元。法律另有规定的，依照其规定。""经营者明知商品或者服务存在缺陷，仍然向消费者提供，造成消费者或者其他受害人死亡或者健康严重损害的，受害人有权要求经营者依照本法第四十九条、第五十一条等法律规定赔偿损失，并有权要求所受损失二倍以下的惩罚性赔偿。"

② 朱广新：《惩罚性赔偿制度的演进与适用》，载《中国社会科学》2014 年第 3 期。

眼的是欺诈的恶意[①]，无须具备损害事实要件[②]；此外，《合同法》也已明确将此种责任归于合同责任制度中。[③] 在此基础上，更有学者认为惩罚性赔偿责任以合同的有效存在为适用前提，是违约的补救措施，合同若被宣告无效或者被撤销，当事人即丧失加倍赔偿的依据。[④] 但也有观点认为，《消费者权益保护法》第 55 条第 1 款所规定的惩罚性赔偿，与合同命运没有必然的联系，如果合同因消费者请求而被撤销，则该消费者合同自始没有法律约束力，可得发生缔约上过失责任。在缔约过失或违约责任中，都可以并用惩罚性赔偿。[⑤] 笔者认为，不仅在违约责任中，消费者在缔约过失责任中也同样可以提出惩罚性损害赔偿请求。从我国现行立法来看，最高人民法院《关于审理商品房买卖合同纠纷案件适用法律若干问题的解释》第 8 条、第 9 条也明确规定，在出卖人欺诈买受人，导致合同无效、被撤销或解除的情况下，买受人仍得请求惩罚性损害赔偿，此种规定从另一方面证明了在缔约过失责任上附加惩罚性赔偿亦已为民事审判实务所接受。

在法律适用中，依据这两条追究食品经营者的惩罚性赔偿责任，需要满足的要件有：第一，请求权主体为消费者，对象为与消费者订立合同的食品经营者。消费者是指不以生产经营为目的购买、使用商品或接受服务的自然人。鉴于消费者购买商品、服务时不以生产、销售为目的，经营者以食品销售者、餐饮服务提供者为主。第二，主观方面，食品经营者有欺诈消费者的故意。构成欺诈，要求经营者有欺诈的故意，实施了故意告知虚假情况或隐瞒真实情况的欺诈行为，并因此而使消费者陷入错误进而作出错误的意思表示。[⑥] 依据《食品安全法》第 148 条第 2 款，食品经营者的违法行为在符合以上要件的情况下，消费者得依《合同法》第 43 条、第 54 条，撤销合同，要求经营者承担缔约过失责任，或者依《合同法》第 113 条第 1 款，要求经营者承担违约责任，在以上两种情形下，消费者

① 杨立新：《对我国侵权责任法规定惩罚性赔偿金制裁恶意产品侵权行为的探讨》，载《中州学刊》2009 年第 2 期。

② 杨立新：《消费者权益保护法规定惩罚性赔偿责任的成功与不足及完善措施》，载《清华法学》2010 年第 3 期。

③④ 王利明：《惩罚性赔偿研究》，载《中国社会科学》2000 年第 4 期。

⑤ 韩世远：《消费者合同三题：知假买假、惩罚性赔偿与合同终了》，载《法律适用》2015 年第 10 期。

⑥ 牟瑞瑾：《〈消费者权益保护法〉第 49 条的适用条件》，载梁慧星主编：《民商法论丛》，第 15 卷，北京，法律出版社 2000 年版，第 230～239 页。

均得依《消费者权益保护法》第 55 条第 1 款和《合同法》第 113 条第 2 款规定，要求增加赔偿其受到的损失。

应当看到，相较补偿性赔偿，惩罚性赔偿有其特殊性。在功能上，一般认为惩罚性赔偿以制裁、遏制为其目的；在构成要件方面，惩罚性赔偿的成立也要求在一般责任成立要件基础上具备特殊的构成要件。但惩罚性赔偿责任仍然具有附随性，具体表现在惩罚性赔偿的适用，需要建立在一定的基础法律关系之上，或是基于合同关系或是基于侵权关系①，因此，惩罚性赔偿责任究竟为合同责任或侵权责任也应依其所依附的补偿性赔偿责任的性质而定。在法条的内部逻辑结构上，第 148 条第 2 款针对生产、销售不符合安全标准的食品这一违反《食品安全法》的行为，是对该条第 1 款所作的补充规定。该款所规定惩罚性赔偿责任的性质，取决于依据第 1 款提出的补偿性赔偿责任的性质。

依对第 1 款的解释，第 1 款所指赔偿责任可以为侵权责任，也可以为违约责任、缔约过失责任，那么第 2 款所规定惩罚性赔偿责任也不限于侵权性质，还可能为合同责任。在与其他法律条文的关系上，要求生产者对消费者承担惩罚性赔偿责任并不会与《侵权责任法》《产品责任法》规定的产品召回制度产生冲突。

因此，消费者请求销售者承担违约责任或缔约过失责任亦可以依据《食品安全法》第 148 条第 2 款，附加惩罚性赔偿责任，该项责任的成立需具备以下要件：第一，主体方面，责任主体为食品销售者，请求权主体为与销售者订立合同的消费者；第二，主观方面，销售者明知食品不符合食品安全标准，具有欺诈消费者的故意；第三，客观方面，生产者生产的食品不符合食品安全标准。食品安全标准分为国家标准、地方标准和企业标准，具体包括《食品安全法》第 26 条规定的食品、食品相关产品中危害人体健康物质的限量规定，食品添加剂的品种、使用范围、用量等八项内容。该项惩罚性赔偿的数额为消费者购买食品所支付价款的 10 倍。

2. 侵权责任中惩罚性赔偿的构成

《侵权责任法》第 47 条和《消费者权益保护法》第 55 条第 2 款适用于缺陷产品致害的惩罚性赔偿责任。根据《产品质量法》第 2 条，产品是指“经过加工、制作，用于销售的产品”。产品应当经过“加工、制作”，未经加工制作的初级产品，生产者难以对其质量加以控制，但该类产品亦

① 王利明：《惩罚性赔偿研究》，载《中国社会科学》2000 年第 4 期。

有相关的质量标准，由于行为人的过错致使初级产品具有致人损害的缺陷，例如明知会造成农药残留超标，仍然对苹果的果实喷洒农药，将苹果出售后，造成他人食物中毒，农户仍要依据《侵权责任法》承担侵权责任，但不能适用该法第五章关于产品责任的规定。此外，产品需用于销售。非用于销售的制造物，如自己制作、自己使用或馈赠他人的物品，不能对其制作者适用产品责任。在《食品安全法》中，食品是指“各种供人食用或者饮用的成品和原料以及按照传统既是食品又是药品的物品，但是不包括以治疗为目的的物品”。食品不仅包括经过加工制作的能够直接食用的各种食物，还包括未经加工制作的原料，囊括了从农田到餐桌的整个食物链中的食品。按照传统既是食品又是药品的物品，如山楂，既是食品，又因其具有药用价值而可以作为中药，也属于食品范畴。《食品安全法》调整食品、食品添加剂、食品相关产品如食品包装材料、食品经营工具的生产、经营活动。因此，受该法调整的食品同样是用于销售的食品。此类食品经过加工、制作即构成《侵权责任法》第 47 条所指产品。因此，生产者、销售者明知食品类产品存在缺陷仍然生产、销售，造成他人死亡或健康严重损害的，依据《侵权责任法》第 47 条和《消费者权益保护法》第 55 条第 2 款之规定，受害人有权请求相应的惩罚性赔偿。

在补偿性赔偿的基础上，适用《侵权责任法》第 47 条和《消费者权益保护法》第 55 条第 2 款的惩罚性赔偿责任还需附加以下要件。第一，主体方面，责任主体不限于与消费者直接订立合同的食品类产品的销售者，还包括生产者，但不包括运输者、仓储者等其他主体。值得注意的是，该条未对请求权主体作出限定，即请求权主体并不限于消费者，还包括其他因缺陷产品而遭受严重健康损害的自然人以及已死亡受害人的近亲属。第二，主观方面，食品生产者、销售者应对损害后果的发生存在故意，即明知其生产、销售的食品类产品存在缺陷，但仍然生产、销售。第三，客观方面，食品类产品存在缺陷并造成受害人死亡或严重健康损害。《侵权责任法》以生产、销售的产品有无缺陷作为客观行为要件，与我国《产品质量法》的规定保持了一致①，“缺陷”是指产品不符合《产品质量法》第 26 条规定的质量标准，即不存在危及人身、财产安全的不合理的危险，有保障人体健康和人身、财产安全的国家标准、行业标准的，应当符合该标准；同时，除已对瑕疵作出说明外，产品应当具备应有的使用性

① 孔冬菊：《论惩罚性赔偿在我国立法中的确立和完善》，载《法学杂志》2010 年第 8 期。

能；此外，符合在产品或者其包装上注明采用的产品标准，符合以产品说明、实物样品等方式表明的质量状况。损害后果上，该条要求损害后果具有严重性，即造成受害人死亡或健康受到严重损害。食品经营者的违法行为符合以上要件，受害人得依《侵权责任法》第 47 条和《消费者权益保护法》第 55 条第 2 款，要求食品类产品生产者、销售者承担相应的惩罚性赔偿责任。《侵权责任法》所称“相应”，应指被侵权人要求的惩罚性赔偿金的数额应当与侵权人的恶意相当，应当与侵权人造成的损害后果相当，与对侵权人的威慑相当，具体赔偿数额由人民法院根据个案判定。① 而《消费者权益保护法》第 55 条第 2 款则明确说明受害人有权要求经营者依照本法第 49 条、第 51 条等法律规定赔偿损失，并有权要求所受损失 2 倍以下的惩罚性赔偿。

除此之外，依据对《食品安全法》第 148 条第 2 款的解释，在侵权责任之上附加惩罚性赔偿，亦可以该款作为请求权基础。依据该款，在成立侵权责任的基础上，惩罚性赔偿因责任主体是生产者或销售者的不同其构成要件又有区别，主要体现在主观方面，销售者承担惩罚性赔偿责任，必须存在故意，即明知食品不符合安全标准，而生产者的惩罚性赔偿责任为严格责任，不以故意为构成要件。关于生产者的主观状态，《食品安全法》草案曾规定：“生产或者销售明知不符合食品安全标准的食品，消费者可以要求生产者或者销售者支付价款十倍的赔偿金。”由此，追究生产者的责任，仍需生产者“明知”。在对该条的审议意见中，有些委员提出，生产者生产不符合食品安全标准食品的行为，不存在是否是明知的问题，建议修改。② 在该条的修改中，生产者的主观方面要件被删除。主体方面，该条请求权主体仍然限定为消费者，主要为自然人，但不以自然人为限；客观方面，生产或销售食品不符合食品安全标准。食品安全标准包括国家标准、地方标准和企业标准，依据《食品安全法》第 26 条，具体包括食品、食品添加剂、食品相关产品中的致病性微生物，农药残留、兽药残留、生物毒素、重金属等污染物质以及其他危害人体健康物质的限量规定；食品添加剂的品种、使用范围、用量；专供婴幼儿和其他特定人群的主辅食品的营养成分要求；对与卫生、营养等食品安全要求有关的标签、

① 王胜明：《中华人民共和国侵权责任法解读》，北京，中国法制出版社 2010 年版，第 236 页。

② 参见全国人民代表大会法律委员会关于《中华人民共和国食品安全法（草案第四次审议稿）》修改意见的报告。

标志、说明书的要求；食品生产经营过程的卫生要求；与食品安全有关的质量要求；与食品安全有关的食品检验方法与规程；其他需要制定为食品安全标准等八项内容。食品安全国家标准由国务院卫生行政部门统一公布，没有国家标准的适用地方标准，没有地方标准的适用企业标准。

（三）食品安全责任中惩罚性赔偿的确定

1. 合同责任内部的竞合

在法律后果上，适用《消费者权益保护法》第 55 条第 1 款追究食品销售者的惩罚性赔偿责任，消费者可请求的惩罚性赔偿数额为购买食品价款的 3 倍；但依《食品安全法》第 148 条第 2 款，该数额为消费者购买食品价款的 10 倍，法律效果存在冲突。

在法律适用中，同一法律事实符合数个法条的构成要件，数个法条的构成要件间有包容、重合或交集情形的，构成法条竞合。在出现法条竞合的情况下，数个法条所规定的法律效力不同的，数个法条在适用中不能并存，只能选择其一适用。在选择优先适用的法条时，同位阶的法律之间应当遵循上位法优于下位法、后法优于前法、特别法优先于普通法的原则。① 反观以上竞合的法律，二者属同一法律位阶，《食品安全法》修改后颁布较晚，但该法第 148 条第 1 款引用了《消费者权益保护法》的规定，无法依据新法优于旧法原则，判定《食品安全法》应当优先于《消费者权益保护法》适用。在特别法与普通法的判断上，特殊规范的适用范围完全包含于一般规范的适用范围内，则二者具备逻辑上的特殊性关系，换言之，特殊规范的构成要件除包含所有一般规范的要素外，至少还有一个额外的因素。② 从构成要件来看，主体方面，《消费者权益保护法》第 55 条第 1 款所适用的责任主体为经营者，《食品安全法》第 148 条第 2 款所适用的责任主体为食品销售者，前者范围能够涵盖后者，后者更具备特殊性；客观方面，《消费者权益保护法》第 55 条第 1 款未对行为类型作出限制，而《食品安全法》第 148 条第 2 款将违约行为限于生产或销售食品不符合食品安全标准一项，亦能为前者所包容。除此之外，两款在构成要件上重合。因此，在逻辑上，《食品安全法》更具特别性。此外，从规范的目的来看，《食品安全法》第 148 条第 2 款专门就食品销售者欺诈消费者的行为作出特别规定，并提高了惩罚性赔偿的数额，意在加重食品销售者

①② 〔德〕卡尔·拉伦茨：《法学方法论》，陈爱娥译，北京，商务印书馆 2003 年版，第 146 页。

的责任，是对一般性的欺诈消费者行为的补充性规定，相较《消费者权益保护法》，在内容上也具有特殊性质。因此，应当认定，运用该二条追究食品销售者的惩罚性赔偿责任，《食品安全法》第 148 条第 2 款应为特别法，优先于《消费者权益保护法》第 55 条第 1 款适用。消费者在合同责任中请求销售者承担惩罚性赔偿责任的，应当根据该款，请求销售者支付购买食品价款 10 倍的赔偿金。

2. 侵权责任内部的竞合

食品类产品存在缺陷造成损害，追究生产者与销售者的侵权责任，可以依《食品安全法》第 148 条第 1 款和《消费者权益保护法》第 55 条第 2 款，适用《侵权责任法》第 47 条规定，也可以直接适用《食品安全法》第 148 条第 1 款和《消费者权益保护法》第 55 条第 1 款的规定。在法律效果上，适用前者，消费者可以获得“相应的”惩罚性赔偿，而适用后者，该赔偿数额为消费者购买食品价款的 10 倍，法律效果亦有不同。

从构成要件来看，《食品安全法》第 148 条第 2 款、《消费者权益保护法》第 55 条第 2 款与《侵权责任法》第 47 条之间存在交集，构成要件部分重叠。三个规范的构成要件部分重叠，一些事件属于其中某个法条下，一些事件则属于其他某个法条下，然而有些事件同时属于三个法条之下，此时产生三个请求权并存的情形，学者称之为请求权竞合。① 此种情况下，三种请求权能否同时发生或者其中之一排除他者适用取决于各该规范的意义、目的及背后的价值判断，即法律是否基于特殊理由意欲对特定事件作终局性的规定，从而使一请求权取得优先于另一请求权的地位。比较上述法条，在具备以下法律事实的情况下，受害人仅可能依据《侵权责任法》第 47 条提出请求：第一，受害人为以生产经营为目的，购买、使用食品的自然人，即不属于“消费者”的范畴；第二，造成损害的食品符合食品安全标准，但具有《产品质量法》第 26 条规定的其他缺陷。而在存在以下法律事实的情况下，不满足《侵权责任法》第 47 条的构成要件，受害人仅能依据《食品安全法》第 148 条第 2 款提出请求：第一，造成损害的食品是未经加工、制作而供人食用或饮用的原料，即不符合“产品”的要求；第二，追究生产者的责任，生产者对食品不符合食品安全标准不存在故意或受害人难以证明该项故意存在；第三，不符合安全标准的食品造成该食品以外的财产损害或造成人身损害但未达到“死亡或健康严重损

① 姚志明：《侵权行为法研究（一）》，台北，元照出版公司 2002 年版，第 129 页。

害”的程度。在出现以上法律事实的情况下，应当认为，所适用之特定法条就该法律事实取得特别法的地位，应当优先适用。排除以上情形，《食品安全法》第148条第2款、《消费者权益保护法》第55条第2款与《侵权责任法》第47条的构成要件重叠，从规范的目的来看，无法得出其中之一请求权排除另一请求权适用。从赔偿数额的计算来看，“价款十倍”以食品价格为基点，“相应的惩罚性赔偿”包含了侵权人恶意、损害程度等因素的综合考虑，从保护消费者权益出发，应当允许两种请求权竞合，由受害人根据个案选择更有利于自身的法律效果。

3. 合同责任与侵权责任的竞合

销售者故意销售不符合食品安全标准的食品，作为合同当事人的消费者得依据《合同法》请求其承担违约责任，造成消费者死亡或严重健康损害的，销售者的行为同时满足侵权责任的构成要件，此时合同责任与侵权责任构成竞合。针对此种竞合情况，《合同法》第122条继承了源自德国的选择性竞合的法律技术，即允许消费者作出选择，请求销售者承担违约责任或侵权责任。

在此基础上，消费者能否同时请求合同性与侵权性的惩罚性赔偿责任呢？笔者认为，惩罚性赔偿包含了对行为的否定性评价，对一个行为适用两种类型的惩罚性赔偿不符合一事不二罚的法律适用原则。从另一角度来看，既然惩罚性赔偿是依附于补偿性赔偿的责任类型，那么在消费者选择确定补偿性损害赔偿请求权的类型后，应根据该选择，确定适用合同或者侵权性质的惩罚性赔偿。具体而言，消费者选择违约责任的，可依据《食品安全法》第148条第2款和《消费者权益保护法》第55条第1款请求销售者支付价款或服务费用10倍的惩罚性赔偿金，此种惩罚性赔偿责任的性质依附于合同上的请求权，亦为合同责任。消费者选择侵权责任的，可以进一步依据侵权性惩罚性赔偿责任内部竞合的选择方法，在《侵权责任法》第47条、《消费者权益保护法》第55第2款和《食品安全法》第148条第2款当中作出选择，依据前者要求销售者承担与其损害等各方面情况相应的惩罚性赔偿责任或依据后者要求消费者支付价款或服务费用10倍的惩罚性赔偿。

在方法论上，人们把由个别要素组成的、无抵触的、有序的关联体称为“系统”①。在调整食品安全责任的各项规范中，允许竞合及选择请求

① 〔德〕齐佩利乌斯：《法学方法论》，北京，法律出版社2009年版，第52页。

权使惩罚性赔偿的各项规范成为一个体系化的能够有效规范社会生活的系统。这一做法也有效回应了学者对于《食品安全法》《消费者权益保护法》惩罚性赔偿标准过低以及《侵权责任法》惩罚性赔偿要件过于严苛的诟病。造成消费者死亡或健康严重损害的案件中，消费者可以选择适用《侵权责任法》第 47 条，请求支付以所受损害为计算基点，同时考虑主观恶性等因素的惩罚性赔偿，其效果与学者所推崇的灵活、有力的美国式惩罚性赔偿无异。在此类案件中，如若食品经营者并无故意或消费者难以证明该故意存在，或固有利益损害尚未达到严重程度，消费者仍可以退而选择合同责任或者侵权责任，都得以适用《食品安全法》的 10 倍赔偿。如此，三法在对于食品安全责任中的惩罚性赔偿问题的调整上，形成了轻重有序、内部和谐的规范体系。

第三节　民事责任承担方式的新内容

一、何以“继续履行”

继续履行，又称“实际履行”“强制履行”，是指违约方不履行合同义务时，另一方有权要求违约方依据合同的规定继续履行合同义务。①《民法总则》相较于《民法通则》，在民事责任承担方式中增加了“继续履行”的内容，继续履行是合同违约责任中的一种类型，《合同法》第 107 条规定：“当事人一方不履行合同义务或者履行合同义务不符合约定的，应当承担继续履行、采取补救措施或者赔偿损失等违约责任。”第 110 条规定，当事人一方不履行非金钱债务或者履行非金钱债务不符合约定的，对方可以要求履行，但有下列情形之一的除外：第一，法律上或者事实上不能履行；第二，债务的标的不适于强制履行或者履行费用过高；第三，债权人在合理期限内未要求履行。

对于依何种具体情形方可使用继续履行这一救济方式，最高人民法院《关于审理买卖合同纠纷案件适用法律问题的解释》回避了这一问题，然随着我国经济社会的发展，大量的经济往来需要契约加以维系，而双方当事人亦更为重视订立契约之前的沟通与接触，锁定交易机会这一现代交易

① 王利明主编：《中华人民共和国民法总则详解》，北京，法律出版社 2017 年版，第 824 页。

实践之需，表征着未来缔结合同的预约行为在实践中大量衍生，预约合同也从幕后走向台前。在预约合同之中，何种情况得以继续履行颇值研商。

应当承认的是，法律既不能不加区分地要求预约合同当事人实际订约使得双方当事人给付不均衡成为可能，亦不可对之放任自流而动摇预约合同的拘束效果：实际履行应当依具体情况而允许当事人得以运用，因为预约合同本身亦是独立之存在，其具备一般合同所拥有的法律约束力，违反预约合同即应当承担相应的责任，否则预约合同极易“沦为”不具拘束力的书面“合意”之表达。因此，对于不履行或者不适当履行预约的违约责任，实际履行这一方式得以当然地适用。而且从预约合同的理论构造出发，其从一般的行为演化为独立之合同，就是为了明定与强化其自身的法效，使得其能够对双方当事人产生相应的拘束力。《合同法》第 107 条承认了继续履行为违约的责任方式之一。

继续履行也称为强制履行或实际履行，其内涵是在违约一方不履行合同或者不适当履行合同时，由人民法院对违约一方进行强制性继续履行合同义务从而对非违约方实施救济的违约责任方式。对预约合同而言，问题在于人民法院是否能够采用判决或裁定的方式强制违反预约合同的一方当事人签订合同。否定说主张，继续履行并非是预约合同不履行或者不适当履行责任的形式，因而其不能得以强制履行，主要理由如下所述。第一，继续履行违背了合同法的意思自治这一基本原则，预约标的指向的是人的行为，其是建立于双方当事人之间的诚实信用与信赖心理而作出的订立契约之行为，其当然地具备人身属性，在民法学理中意思不能被强制，意思表示亦不能被强制理属应然。第二，若法院强制违约方继续履行预约、缔结本约，那么面对未确定的条款，则势必需要根据漏洞补充条款进行解释，法院在实质上对本约缺失条款进行了补足，从而引发由预约合同产生当事人实际履行本约合同的法律结果，这将产生违背当事人拟定预约合同时的本意之虞，人为地模糊了预约与本约的界限，削弱了预约合同独立存在的价值与意义。第三，并非所有合同都适用强制履行；鉴于合同的性质以及订立合同当事人的人身属性等条件的制约，某些合同并不能适用继续履行；预约的标的所指向的是订立本约这一行为，而非指向的是纯粹给付金钱之行为，因而当事人一方拒不履行预约合同的行为当属《合同法》规定的不适用强制履行的情形。第四，强制预约合同的双方当事人继续履行无法契合强制执行的基本理念与基本理论。因为依照强制执行的法理要求，当事人向人民法院申请强制执行，必须要有具体的执行内容，意志给付自然不属其中，现有的强制执行类型对没有执行内容的预约合同无法适用。

否定说的上述理由恐难以有效成立，值得商榷。第一，私法自治的精神在于“个人自主”，自我决定的必然逻辑结果即是自我负责，一旦缔结合同，就应当严守合同，认为违反预约合同而承担继续履行有违意思自治，是对违约这一前提因素的选择性忽略，实质上是对意思自治最大的不尊重。第二，认为继续履行“抹杀了预约合同与本合同的本质区别”，也是缺乏深究之逻辑的。因为这只考虑到了沿循违约责任的固定逻辑和定性思路，也就是说，不履行或不适当履行预约合同就需要承担继续履行的责任，即签订本约，因而承担无法履行本约的责任，从而实际上与违反本约承担相同的责任。但这样的推演思路忽视了定量分析即没有考虑具体的损害赔偿方案，违反预约合同和违反合同之赔偿所生期待利益还是信赖利益？第三，我国《合同法》所规制的不认可的强制履行通常发生在对人身的强制，而预约合同的当事人承担的是对本约的订立义务，这是对预先的承诺行为，倘若一方不履行，法院强制其按照之前双方的意思表示缔结本约，这种强制与人身自由无涉。第四，一般而言，强制履行的方法与具体形态有以下三种。一是直接强制，是指不管债务人意思如何，借助于国家公权力，直接实现债权内容的强制方法。一般限定于金钱债务或者与交付财产有关的债务。二是代替执行，指的是债务人对相关判决、裁定或者其他法律文书指定的行为，没有按照执行通知加以履行的，人民法院可以委托相关单位或者个人来完成，由此产生的费用由被执行人承担。[①] 三是间接强制，是指采取对债务人施加心理压力以促使之履行债务的强制方法。[②] 对于预约合同的强制履行，即符合上述三种方式之二——代替执行，倘若违约方拒不执行判决或裁定而订立本约，则由法院代替违约方依照之前双方的预约订立本约，至于条款的确定可以依照漏洞填补的解释方法。

就预约合同的违约责任而言，继续履行是有其一定的适用空间的。继续履行这一违约责任的承担方式在预约合同中实际上是对“应当缔约说”

① 《民事诉讼法》第252条规定了代替执行：“对判决、裁定和其他法律文书指定的行为，被执行人未按执行通知履行的，人民法院可以强制执行或者委托有关单位或者其他人完成，费用由被执行人承担。”

② 《民事诉讼法》第253条与第255条分别规定了间接强制：“被执行人未按判决、裁定和其他法律文书指定的期间履行给付金钱义务的，应当加倍支付迟延履行期间的债务利息。被执行人未按判决、裁定和其他法律文书指定的期间履行其他义务的，应当支付迟延履行金。”“被执行人不履行法律文书确定的义务的，人民法院可以对其采取或者通知有关单位协助采取限制出境，在征信系统记录、通过媒体公布不履行义务信息以及法律规定的其他措施。”

这一效力的体现与衍生。在预约合同的效力理论研究方面，存在“应当缔约说”与“强制磋商说”之争，这反映到违约责任中为是否承认继续履行在预约合同中的适用性问题。继续履行作为合同法规定的违约责任承担方式，对其加以限制主要体现在《合同法》第110条所规定的三种情形。预约合同之违反并不涉及上述限制，自然应当可以适用对于合同的一般规则。证成方面，违反预约合同的约定，即是不履行订立本约的义务，则在没有其他因素使得履约不能时法院要求实际履行最为妥适，从而对于合同的目的达至最为有成效。而且，强制履行订立本约的义务，也可以防止磋商流于形式，在履约和违约所需负担成本出现异常时，能够防止违约方宁可选择违约也不愿意促成能够履行的本约之订立，利用违反合同设置初衷的、有违道德评判的法律漏洞。此外，强制履行也能够启发后来者谨慎对待预约合同，在缔结预约合同时充分考虑其后果，强化预约合同的“独立”价值，而不是给订约双方一种仅是意向书、订约想法表达的“错觉”。域外立法中，我国台湾地区与意大利采取“应当缔约说”①，为继续履行奠定效力基础，而《俄罗斯联邦民法典》第429条第5款极具代表性，“当签订了预约合同的一方当事人拒绝订立主合同时，适用本法典第445条第4款规定的规则”② 即“根据本法典或者其他法律有义务签订合同的一方拒绝签订合同时，另一方当事人有权向法院提出强制签订合同的请求”③。综上，承认继续履行这一违约责任形式在预约合同中的适用性，既合乎《合同法》的基本理论，亦契合合同法所提倡的“意思自治”“鼓励交易”之精神，对双方当事人慎重订立合同发挥引导功能，在保护守约方的合理利益的同时制裁预约订立人的恶意订约行为，从而更能彰显预约制度的法律价值。④

二、“修复生态环境”的存废⑤

《民法总则》于第一章“基本规定”部分第9条规定：“民事主体从事民事活动，应当有利于节约资源、保护生态环境”，其被称为“绿色原则”或“生态原则”。《民法总则》将绿色原则规定为民法的基本原则统率民法

---

① 刘承韪：《预约合同层次论》，载《法学论坛》2013年第11期。

② 黄道秀译：《俄罗斯联邦民法典》(全译本)，北京，北京大学出版社2007年版，第175页。

③ 黄道秀译：《俄罗斯联邦民法典》(全译本)，北京，北京大学出版社2007年版，第179页。

④ 宋晓明、张勇健、王闯：《关于审理买卖合同纠纷案件适用法律问题的解释的理解与适用》，载《人民司法》2012年第15期。

⑤ 本节内容根据笔者于2017年5月5日在“环境损害担责原则制度化研讨会”中的发言稿整理而成，本部分在收录于本书时做了增改。

典，以加强对环境和资源的保护，对于我国现实情况而言具有特别的价值。[①] 然而，《民法总则》第 179 条规定的责任承担方式在立法内容之上，相对于《民法总则（草案）》一审稿却并未保留修复生态环境此种责任形式。《民法总则（草案）》一审稿第 160 条第 1 款第 5 项规定："承担民事责任的方式主要有：恢复原状、修复生态环境"[②]，但从草案二审稿开始，此项规定中的"修复生态环境"便被删去，而只保留了"恢复原状"，删除的原因主要是考虑到民事责任中"恢复原状"可以扩展适用于污染环境、破坏生态以及荒废地域的复原。[③]

在生态文明建设已被全面纳入国家战略布局的今天，是否应以立法之形式确认"修复生态环境"作为新的责任承担方式殊值探讨。欲明晰此问题，可先从民法与环境法中"损害"之内涵差异与"修复生态环境"与"恢复原状"之分歧展开。

于损害赔偿角度，民法之损害赔偿规范与环境损害的不同。民法上曾有一种提法叫"统一损害赔偿法"，这实际上并不存在，其可谓是一种思潮而非现实的规范状态。此种提法之背景是损害赔偿范畴面临的内外交困，就内部而言，损害赔偿包括违约之损害赔偿和侵权之损害赔偿，然随着社会的发展，刻意保持此种界分的问题则越来越凸显，某些损害赔偿往往难以界定究竟属于违约还是侵权。就外部而言，民事损害赔偿、刑事附带民事的损害赔偿以及行政法上的损害赔偿三者间错综复杂的关系导致了矛盾与重叠，在司法实务操作中也经常遇到这样的困惑，即民事损害赔偿、刑事附带民事的损害赔偿以及行政赔偿赔偿究竟如何处理，这些损害赔偿能否整合在一起。

坦诚而言，曾经有个概念叫"民法帝国主义"，研究民法时间长了之后，往往会形成一种认识，即认为难道有民法解决不了的问题吗？损害赔偿、恢复原状这些责任方式，难道还不够吗？例如谈到损害赔偿之时，思维习惯便是，有损害最终不就归于损害赔偿吗，怎么会有民法解决不了的问题，而且民法上的损害赔偿，也并非一成不变而是与时俱进。民法的损害赔偿中创设了侵害生态后的赔偿。但正如学者所言"民法归民法，环境法归环境法"，环境生态损害赔偿中间接损失的范围远比民法的要宽泛

---

① 杨立新：《民法总则：条文背后的故事与难题》，北京，法律出版社 2017 年版，第 31 页。

② 参见《中华人民共和国民法总则（草案）》，见 http://www.civillaw.com.cn/zt/t/?id=31037，最后访问日期：2017-06-29。

③ 陈甦主编：《民法总则评注》，北京，法律出版社 2017 年版，第 1276 页。

得多。

于责任形式角度，虽然“修复生态环境”作为民事责任中“恢复原状”的一种形式，但其责任判断标准、责任内容、履行方式等，都与民法上的“恢复原状”大相径庭，更多体现的是环境法的整体主义思维、风险预防和公众参与原则、技术与法律的协同等理念和制度。①

因此，虽然建立独立的生态损害赔偿责任是完全有必要的，但是是否在《民法总则》中写入“修复生态环境”则仍存争议，“修复生态环境”是否可以作为一种独立的民事责任承担方式尚需理论的充分支撑。事实上，民法典总则部分未纳入“修复生态环境”责任不失为一种更好的选择。诚如民法与商法之关系一般，《民法总则》对商事规范规定较少、规制也较为简单，似乎对商事规则的特殊性缺乏关注与重视，实则不然，《民法总则》对商事规则不作规定或者说少作规定、对商事制度不作设计，从实际效果出发恰恰就是最好的规定、最好的统筹、最理性的安排。因为《民法总则》的这种“留白”立法技术为下一步我国商事立法提供了足够的机会和空间。② 故从立法技术角度而言，民法典总则部分最终没有将“修复生态环境”纳入民事责任承担方式之中，更为科学，其为将来的专门环境立法留下了充分空间。将“修复生态环境”作为环境公益救济而非私力救济的主要责任承担方式，在专门的环境立法中加以规定，或许是更加切实可行的制度安排。③

---

① 吕忠梅、窦海阳：《修复生态环境责任的实证解析》，载《法学研究》2017 年第 3 期。

② 参见赵旭东教授在 2017 年 3 月 17 日于中国人民大学举办的“民法总则通过研讨会”上的发言。

③ 吕忠梅、窦海阳：《修复生态环境责任的实证解析》，载《法学研究》2017 年第 3 期。

第二十章　民事责任的新发展

第一节　过错责任的批判与坚守①

一、须直面的问题

必须声明，对于如此宏大的选题而言，本节勉强不过是一篇论纲。过错侵权责任实际上是罗马法上的阿奎利亚法典所规定的侵权责任的延伸和发展。其真正被确立为近代民法三大基本原则之一，则完全要归因于《法国民法典》。《法国民法典》的编纂者们吸收了自然法学者的思想，在该法典第1382条规定了过错责任原则。但是《法国民法典》并没有对过错概念进行界定，这一任务是通过学者的理论阐述完成的。法国法上通过对过错概念的变换来维持对过错责任原则的坚守，从另外一个角度看又何尝不是对过错责任原则的貌合神离。事实上，过错责任在现代社会所遭遇的尴尬境地也在一定程度上体现了法律功能的局限性，而学者们通过对过错概念的转化也正反映了学者们试图突破这种局限性的种种努力。在中国法上是否也应该继续这种形式上的坚守，抑或还语词以本来含义？如同我们已经观察到的，在立法文本中展示的归责原则与学者理论阐述的归责原则存在着不小的差距和背离；相反，学者之间所谓的理论争议倒并不存在真正具有实质性的分歧，最大的笔墨官司毋宁是前提概念的纷争。因此，如果在这些争论中厘清、统一包括“原则”“归责”“过错”“危险”这样一些前提性的概念，将所有的争议都建立在同一个平台上的话，甚嚣尘上的争议或许会复归平静。

---

① 姚辉：《过错责任的批判与坚守》，载《法学论坛》2009年第1期，本部分在收录于本书时做了增改。

面对这些纷纷扰扰的争议，我们要选择的是方法论上的立场选择和理论廓清。也就是说如何用民法学术语去归纳立法文本所展现出来的侵权行为法归责原则。具体而言，在理论构建的时候，必须对立法文本中的规范进行理论阐述，并形成一个圆满自足的理论体系，确立一个必须坚守的价值，以价值倡导体系，围绕核心价值进行体系构建。当然，任何一种价值体系都能找到诸多种正当化的理由。因此，每一个构建中国侵权行为法归责原则体系的企图都无法回避以下几个问题并作出自己的解答：那就是过错原则的衰弱及勃兴；过错责任原则的重新评估；过错的准确含义或者其现代定位；以及相关联的其他领域，包括但不限于如何还原过错推定原则的本质属性；对于严格责任、危险责任、无过错责任理论术语争议背后的实质性含义的解读；“公平原则”与其他原则的冲突与磨合，及其实践价值的探讨；等等。

二、对过错原则的重大挑战

近代以来，欧洲大陆侵权法在摆脱了罗马法中以列举具体侵权形态为特征的模式以后，代之以一个非常抽象的一般归责条款，在一般条款中，过错成为最为核心的要件，并且确定了以绝对权为中心的损害赔偿救济范围。此种以过错为中心的一般条款的典型代表就是《法国民法典》第1382条和第1383条。然而，在过错责任享有多年盛誉之后，随着无过错责任原则的出现以及盛行，过错责任原则似乎遭到了致命一击。对过错责任原则的批判，学者同样是不遗余力，以往那些对过错责任原则功能的阐述陡然间似乎在一些特殊侵权行为场合变得不合时宜了。请允许我旧话重提，再次概述一遍对于过错责任原则的几项重大挑战。

1. 过错责任建立在道德法哲学基础之上，主体原型为一个“理性人（rational person）”。“现代法律秩序对自主化了的道德是一种同源的补充。”① 自罗马法以来侵权法隶属于债法的根本原因之一，就是侵权法的首要目的不是被设定为预防损害或者抑制人的行为，而是在自然人违反“理性”情况下的事后补偿。对于过错责任的伦理基础和道理基础，有许多学者已经作出了详尽的阐述，诸如维护行为自由、确定行为标准、醇化道德风尚、预防损害的发生等功能。“相对于一种说教式个人主义的表述

① 〔德〕哈贝马斯：《在事实与规范之间——关于法律和民主法治国的商谈理论》，北京，三联书店2003年版，第131页。

而言，如果它（过错责任制度）不是更多地、至少也是同样地反映了社会预防的规则，以防止一切致害行为。”[①]《法国民法典》在第1382条中所明确的过错责任原则，其基础是道德上的责任观念，任何人因为过错致他人损害都必须承担损害赔偿责任。无过错即无责任。过错责任在生活中的绝大多数领域仍然诚如《奥地利普通民法典》第1306条所规定的：“某人造成了损害……没有过错……作为一个规则，他不需要进行赔偿。”[②] 过错责任原则以行为人的过错作为责任的基础，体现了法律以人为本的人文关怀。“主张以过错为根据的侵权行为法与人的尊严相联系，看来并非武断，它有着一定的教育意义。”[③]

自己责任原则虽然体现了个体自由，但是以过错作为责任的基础也并不是没有检讨价值。过错责任一个潜存的含义在于，通过对过错行为课以责任可以减少过错行为的发生，使一个理性人从事行为时，在衡量行为的效益和成本之后，放弃或减少过错行为的发生。然而实际的情形是过错责任对于降低过错行为的发生并非理想的那么奏效。“大多数侵权行为从道德角度上讲是无辜的”[④]，过错责任中所讲的过错与具有道德谴责意义的过错并不完全等同，二者甚至可以是两个完全不同的界定。过错毕竟非单纯的社会事实，而是经过法律评价的概念。按照极端一点的说法，过错不过是一个由想象而来的虚假的问题，它不是事实，而是一个法律问题。可能与其他所有的民法部门法都不同，侵权法本质上只是裁判法，而不是行为规范法。因此，试图通过过错责任原则的广泛适用来矫正人们的行为和提升人们的道德水准似乎也是徒劳。其更多的意义还在于为人们的自由行为设定一个界限，侵权法其实又是给人一个自由的界限，只有知道什么不能为，才能无顾虑地自由行为。从过错行为本身来看，这其实是一个不可以克服的行为，也正因为如此，试图通过损害赔偿甚至惩罚性赔偿消灭甚至减少过错行为，几乎就是一个无法实现的梦想。但是这并不意味着过错责任的价值就此丧失了。

2. 过错责任的预防功能逐渐削弱，其补救功能得到了大幅度的加强，当代侵权法最为关注的是事故损害，即非故意的损害。而在这一领域，侵权法最为关注的乃是分配现实生活中的损失和风险，其惩罚、劝诫及威慑

① Jean-Louis Halpérin, Histoire du droit privé français depuis 1804. PUF, 1996, p. 33.

② 〔德〕冯·巴尔：《欧洲比较侵权行为法》，北京，法律出版社2001年版，第10页。

③④ 〔法〕安德烈·蒂克：《过错在现代侵权行为法中的地位》，载《外国法译丛》1989年第2期，第27页。

功能已被日益淡化。①然而我们看到，即使在损害发生以后，在适用过错责任原则的时候，也由于该归责原则在实务操作上存在的困难，不可能得到完全的贯彻。首先，对于过错的证明是第一大难题。尽管现代侵权法理论的发展对过错的判断标准从主观标准日渐向客观标准靠近，但是对于客观过错的证明同样存在着困难。过错证明的发展轨迹从主观过错到客观过错，再到过错推定，包括“客观过失学说”在法律上的采纳，是侵权行为法的职能从制裁、抑止向补救转化的表现，目的无非是要回应现代工业化社会注重对无辜受害人提供补救的需要。这一系列为减轻过错证明难度的方法的出现足以显现过错证明之不易。过错是一个评价性概念，只有将其本质理解为主观的东西，才能获得合理的说明。只是根据判断标准、方法的不同，才有所谓主客观过错的区分问题，而在现代社会，客观过错占据了主导地位。在这样的大趋势下，有些国家的学说用主观过错的语汇行客观判断之实，使本就纷繁复杂的主客观过错更显盘根错节。这就要求作为理论继受国的我国学界对过错的本质、判断及其来源、流变善加区分。其次，由于过错责任作为一项归责原则是以损害的发生为前提，也就是说在损害没有发生的情况下，一些有过错行为可能得不到法律的制裁，而一次又一次的侥幸将使得过错责任原则本身的预防功能大大削弱。再次，过错侵权责任还有一个受非难的硬伤在于，与合同责任不同，人们对于自己应该对损害承担多少赔偿责任无法准确地预见，这种缺乏预见性势必削弱人们预防损害的积极性。

3. 过错本身包含故意和过失两种，对于两种过错而造成的损害，大多数国家的损害赔偿法并不予以区别。“侵权行为民事责任既然是一种财产责任，其责任范围的大小，不取决于行为人的过错程度，而以行为人对其违法行为所造成的财产损害的大小为依据，承担全部赔偿责任。”②这也就造成了故意和过失两种主观恶性程度不同的行为，其法律后果却在损害赔偿上达到相同。正如《法国民法典》的起草人 Tarrible 在解释民法典第 1382、1383 条关于过错责任的规定时所指出的：“这一条款广泛地包括了所有类型的损害，并要求对损害作出赔偿。赔偿的数额要与受损害的程度相一致。从杀人到轻微伤人，从烧毁大厦到拆毁一间价值甚微的板棚，

① John G. Fleming, *The Law of Torts*, 8th. ed, Sydney: The Law Book Company Limited, 1992. pp. 3 - 4.

② 佟柔：《民法原理》（修订本），北京，法律出版社 1985 年版，第 249 页。

对任何损害均适用同一标准。”[①] 这种内在构造的遗患甚至波及侵权责任构成的其他要件。比如，按照影响甚广的确定损害赔偿责任的“差额说”，损害被明确界定为财产总额的差额，一个加害行为带来的各种损害泯灭了“个性”，均在一个统一的损害概念中获得赔偿，从而躲过“过错”的一一审查。由于计算上过于复杂、不切实际，因而甚至依朴素的公平正义观念都能发现的损害有时却会被差额说否认，而且该学说没有考虑到精神损害赔偿问题，在侵权法发展的今天，已被认为硬伤累累、数度诟病。类似这样的先天不足显然不利于过错责任原则预防和惩戒功能的发挥。

三、成见之厘清

对于归责原则的讨论在学界目前已渐渐趋向平息，甚至从概率或排列组合上计算，几种可能出现的学说都已悉数登场，而接下来的工作毋宁只是进一步坦诚己见，以及将理论学说贯彻到立法设计之中。在现行法之中，《侵权责任法》第 6 条规定了过错责任原则，第 7 条规定了无过错责任原则，第 24 条规定了公平责任[②]，同时于分则部分规定了严格责任、危险责任等。理论的抽象以及概念的选择必然会带上学者的个人偏好以及学承背景，而这也正是理论概念产生分歧的一个重要原因。这也就提示了我们在理论研究中从事概念辨析的意义。申言之，在估量概念的选择以及一些带有定论性质的判断对于立法设计以及司法适用产生的影响上，还是应该保持一个审慎的态度。至少我们看到，无论是对于我国归责原则体系中是否应该确立公平责任的争议；还是对于严格责任、危险责任、无过错责任、过错推定责任之间的概念厘定与界分保持何种理论立场；对于司法实务界在具体侵权案件的审理裁判中的影响，并不如想象的那么大。如果理论争议的目的仅仅在于使得教科书的编纂或者理论专著的书写更具有一种言说的力量或者是形式的美感的话，那么这显然与法律作为一门实践性主导的社会科学的本质属性相去甚远。相反，厘清若干固有的成见，则有

① Jean Limpens, *International Encyclopedia of Comparative Law*, Vol. 4, Torts, Chapter 2, Liability for One's Own Act, J. C. B. Mohr (Paul Siebeck, Tübingen), 1975, p. 13.

② 关于公平责任能否成为一项独立的归责原则，学界尚存争议，肯定意见认为《侵权责任法》第 24 条规定的是公平责任原则，否定意见则认为《民法通则》和《侵权责任法》对公平责任的编排不属于归责原则部分，同时公平责任适用范围狭小，不适宜成为独立的归责原则。参见杨立新：《侵权责任法》，北京，北京大学出版社 2014 年版，第 50 页。

可能进一步坚定我们在现代侵权法中坚守过错责任的信心。

1. 民事责任中不计较过错形态对于裁判结果的影响的状况，在现代法律上已经有所改变。比如惩罚性损害赔偿制度的出现在一定程度上就是为了对故意侵权者施以更大的惩罚。在大陆法系和英美法系的许多国家，对于一些侵权行为也并非完全不区别过错程度，实践中，法官经常要求故意的侵权行为人承担比过失侵权行为人更重的责任，只不过，在人身伤害和死亡的案件中，一般不区分故意和过失问题。① 在德国法中，《德国民法典》第826条所规定的背俗侵权行为即需要以行为人的故意为构成要件。而在英美法上已经区别了故意和恶意（malice）；对于恶意控告（malicious prosecution）、诽谤（defamation）、恶意欺诈（malicious falsehood）、恶意通谋（conspiracy）的追究，行为人只有具有恶意才负责任。

2. 应当承认，适用过错原则可能导致不一致的规则和判决，因为最后过错的认定以及相应的损害赔偿额常常取决于法官的自由裁量以及律师的诉讼技巧。过错证明的非确定性也使得过错责任的补偿功能不能完全实现。但是我们看到，上述指责不独是过错责任甚至是侵权责任的问题，而是整个成文法中所有涉及抽象性规定的条文都有可能面临的窘境，即法律条文承受着被司法扭曲和延误的风险，要逃离这一困境，在很大程度上已经不限于立法的完善，而是在相当程度上取决于判例的制度化和自由裁量的规则化。事实上，在讨论上述现象时，将过错责任原则替换为其他规则仍然可能面临同样风险。因此，以此作为质疑过错责任原则的论据，其说服力显然是不够的。

3. 侵权行为法所体现出来的是自由及其限制以及二者的冲突。一方面侵权行为法通过其惩戒功能的发挥对自由进行外部限制。“对自由的限制大体上分类为外在限制和内在限制。外在限制是人之外的条件，诸如惩罚之威胁或身体强制。外在限制以使某种事情不值得去做的方式起作用。……内在限制使一个人不能做出理性的选择。”② 侵权行为法其实承担的就是一个外在限制的功能；而这种惩戒功能的发挥仍然是通过过错责任原则来发挥的。过错责任肯定人类自由，承认个人抉择、区别善恶的能力。举凡个人基于其自由意思决定从事某种行为，造成损害则因其具有过

① Jean Limpens, *International Encyclopedia of Comparative Law*, Vol. 4, Torts, Chapter 2, Liability for One's Own Act, J. C. B. Mohr (Paul Siebeck, Tuebingen), 1975, p. 28.

② 〔美〕迈克尔·D. 贝勒斯：《法律的原则——一个规范的分析》，北京，中国大百科全书出版社1996年版，第10页。

失予以制裁，使其负法律上赔偿责任，最可表现对人类尊严之尊重。[①] 以《德国民法典》为例，第一其第 823 条和第 826 条构筑了一个范围极其广泛的侵权赔偿范围，但以其中始终坚持的过错要件而贯穿的过错归责原则，则有效约束了责任的泛化。具体而言，除第 823 条（1）可以保护绝对权外，第 823 条（2）及第 826 条均可被用以保护其他民事权利及利益。第二，三个侵权行为类型虽均以过错为归责原则，但各自的构成要件是有差异的。第 823 条（1）所规定的侵权行为具有不法性，行为人主观上有故意或过失，行为与损害之间有因果关系。第 823 条（2）仍强调要有过错，但实际上是推定行为人有过错。第 826 条因其保护的对象较为宽泛，故要求主观上应为故意。经过这样的处理，人们在社会生活中仍保留了行为自由，而不必担心动辄得咎。

4. 法律不能防止人们不出任何偏差，但能够阻止有偏差活动的继续，最轻微的责任也能够给侵权行为人某种有用的警告，使其意识到自己活动的危险性。[②] 尽管人们对过错责任原则有种种微词，但是，作为传统民法的三大基本原则，尽管在现代民法中得到不同程度的修正，其仍然是侵权行为法的最基本形态。在中国法上，我们认为仍然有必要确立过错责任的基础性地位，同时我们也看到，随着现代社会的发展，出于对人的权利的全面保护，尤其是高科技产业、高危险行业中以及许多新兴领域中各种新型的无过错责任形态层出不穷；对于无过错责任也实有必要进行重点规定。但是对于如何区别过错责任原则和无过错责任原则的适用范围，必须确立一个基本的原则并使这一原则在具体立法之中得到有效的贯彻。

5. 过错的预防功能得以发挥的一个前提是侵害行为的可控制性，对于无法控制的危害，当然也就难以通过主观上的努力予以避免，而只能通过事后的补救予以填补损害。尽管如前所述，过错责任原则的预防功能现今已经大大削弱；但是，在确定什么行为应该适用过错责任原则的时候，判断上仍然有一个基本的考虑。那就是在对于通过个体理性能够控制或者减少损害发生的侵权行为，应当适用过错责任原则；而对于难以控制甚至不能控制的行为，则应该适用无过错责任原则。因此，在对不同的行为确定适用不同的归责原则的时候，一个前提性的工作就是要对于行为本身有

① 王泽鉴：《侵权行为法之危机及其发展趋势》，载《民法学说与判例研究》，第 2 册，北京，中国政法大学出版社 1998 年版，第 145～146 页。

② André Tunc: *International Encyclopedia of Comparative Law*, Vol. 4, Torts, Chapter 1, Introduction, J. C. B. Mohr (Paul Siebeck, Tuebingen), 1975, p. 85.

一个清晰的判断。法律上通行的办法就是设立一项可供衡量的义务标准。历史上，侵权责任的前提性义务在很大程度上都是道德施加的“善”。这种“善的义务”放到社会生活中就成为社会生活主体的一般义务。在民商法的发展上，其根本依据为私法自治具体化下的契约自由原则与自己责任原则。继而为配合规整人的行为，建立过错责任主义。至于无过失行为，只能归属损害，不能规整行为，所以例外地课以无过错责任。其目的不在非难或规整行为，而在分配损害给能够吸收该损害的或者引入不必要危险的人。① 其归责依据更多依赖于因果关系理论和判定规则。因此，对于一般侵权行为而言，课以责任的前提，是法律赋予了一种强制性的义务。责任的承担是对于义务的违反，这是一个最为基本的法学原理，迄今仍未动摇。所应注意者，在于这种义务有时候不是直接表述在法律条文上，而是隐含在价值判断和法律适用中。

6. 适用过错推定原则的侵权行为类型，本身已经给行为人附加了一个法定行为标准，当行为人违反了法定义务时，这一行为本身即可说明其具有过错。从这个意义上说，过错推定最终的落脚点仍然是在过错上，只是过错的证明方法以及适用这一归责原则的前提性义务不一样。探究一下可以发现，许多适用所谓无过错责任原则的特殊侵权行为，也同样存在过错的证明，两者的区别仅仅在于免责事由范围的不同。而法律上设立免责事由，也不过在于给行为人一个证明自己无过错的机会。现代高科技无远弗届，以至于无过错责任的适用前景无量；但是侵权法在其本质上仍然坚守着过错在侵权责任成立中的基础性地位。过错原则的许多变种以及实务上提出的诸多可操作性方案，都在于使得过错责任的适用更为便利。过错作为侵权行为法的一个基础性要素，并不表明过错责任原则成为唯一的归责原则，这是两个截然不同的问题。

第二节 “权利的救济”取代“民事责任”的思考

一、“民事责任”的存废之争

在《民法总则》立法过程中，学者对《民法总则》是否需要专章规定民事责任各抒己见，莫衷一是。主张《民法总则》应专章规定民事责任的

① 黄茂荣：《法学方法与现代民法》，北京，中国政法大学出版社 2001 年版，第 486 页。

学者认为民法的基本问题是民事权利，因而顺着“权利—义务—责任”的逻辑思路，必然要规定民事责任。而持反对意见的学者则主要认为，《民法通则》专章规定民事责任乃一大败笔，《民法通则》之后的民事立法，亦以单行法形式规定了“合同责任”与“侵权责任”，《民法总则》再专章规定民事责任是画蛇添足，多此一举。①

《民法总则》最终于第八章专章规定“民事责任”，并将民事责任独立于民事义务，这种立法模式是对我国既有立法和司法经验的承继，其完全不同于《德国民法典》的立法模式。②

在《民法通则》的语境中，“民事责任”有两种含义。③ 一是指民事主体对债务不履行或者侵权行为需承担的法律后果。这种意义上的“民事责任”不包含民事义务，是为狭义说。如第 106 条第 1 款规定：“公民、法人违反合同或者不履行其他义务的，应当承担民事责任。”二是指民事主体所应承担的义务以及违反后果的承受。这种意义上的“民事责任”包含民事义务，是为广义说。如第 43 条规定：“企业法人对它的法定代表人和其他工作人员的经营活动，承担民事责任。”④ 另如第 63 条第 2 款后段、第 65 条第 3 款、第 66 条第 1 款前段规定的被代理人所应承担的“民事责任”等。“民事责任”实质是从“反面”表现法律对民事权利的保护，这种连接是有其内在逻辑联系的。学者指出，传统民法“没有导致债务与责任这两者的完全脱离，相反两者之间的关系还是非常的紧密的”⑤。尽管在理论上已经逐渐承认责任与债务之间的相对独立，但传统民法却仍然采取将责任隐身于债务背后的做法，这与其所采取的“权利—义务”经典范式密切相关。

《民法总则》因袭了《民法通则》的做法，将权利行使的一般规则尤

① 杨立新：《民法总则规定民事责任的必要性及内容调整》，载《法学论坛》2017 年第 1 期。

② 陈甦主编：《民法总则评注》，北京，法律出版社 2017 年版，第 1255 页。

③ 佟柔主编：《中国民法》，北京，法律出版社 1990 年版，第 43 页。

④ 关于本条规定中民事责任的构成的讨论，可参见梁展欣：《企业法人民事归责论——兼评〈民法通则〉第 43 条》，载梁慧星主编：《民商法论丛》，第 13 卷，北京，法律出版社 2000 年版，第 324～369 页。王泽鉴教授认为，本条寓有社会主义国家集体化的思想；见王泽鉴：《〈中华人民共和国民法通则〉之侵权责任：比较法的分析》，载王泽鉴：《民法学说与判例研究（修订版）》，第 6 册，北京，中国政法大学出版社 2005 年版，第 283、292 页。

⑤ E. Betti：Teoria generale delle obbligazioni（vol. 2），Struttura dei rapporti di obbligazione，Milan，1953，pp. 59 - 60. Talamanca：Obbligazioni，pp. 20 - 21. 转引自〔意〕里卡尔多·卡尔迪里：《合同与债的关系：历史与理论的考察》，陈汉译，载费安玲主编：《学说汇纂》第 2 卷，北京，知识产权出版社 2009 年版，第 147 页。

其是其保护定位至“民事责任”的标题之下。在总则中规定权利保护的一般规则，有其存在的理论与现实意义。首先，权利保护是权利主体行使权利的必然后果，也是滥用权利应该承担的不利后果。其次，民事责任基本上贯彻于民法典的全编，既然侵权责任法独立成编，侵权责任不可避免地要与债权责任的规定冲突，如果在民法典的总则中对民事责任的内容加以规定，可以很好地将其统率在民法典的“权利保护的一般规定”之下。

但是，“民事责任”的标题不能很好地反映民法典权利法的特征，而且还在一定程度上冲淡了民法典的权利法的性质。在传统债法中，债务和责任是一对被长久争论的范畴。如果从诉讼（权利保护）的角度来看，债务处于权利保护的起点，责任则处于权利保护的终点，两者各有侧重。① 相对于债务（义务）范畴而言，责任范畴由于内容过于宽泛，难以与债权（权利）直接发生对应作用。从法典内容编排的角度来看，像《民法通则》那样直接从第五章“民事权利”“跳跃”到第六章“民事责任”，理据上也难谓充足。而且，直接使用“民事责任”作为章名，也不无仿照公法上设置“法律责任”的嫌疑，与民法作为权利法的本质要义相枘凿。

在内容上，《民法总则》中“民事责任”不但囊括了违约责任和侵权责任，而且扩张了民事责任的责任方式，将德国法系中本属物权请求权的救济方式纳入民事责任的体系之内。这种扩张在逻辑上使得民事责任在我国法上当然地成为民事权利保护的法律制度及措施，而且在事实上成为近三十年来我国大陆民法学学理上的教义；但同时也引发了种种弊端，其中最为显著的就是以民事责任把绝对权请求权与侵权责任混合杂糅，对其适用的条件不作明确区分，造成法律适用上的混乱。我国《民法总则》第 179 条第 1 款所建构的民事责任方式体系是一个综合性的责任方式体系。而与此同时，以我国《物权法》为代表的一系列民事法律，又分别针对权利类型规定其保护方式。表面看来，这里面至少发生了规范重叠的问题。以《物权法》第 34、35 条所规定的物权请求权为例，其与《民法总则》第 179 条第 1 款所列举的责任方式之间到底是何关系，尤其是在《侵权责任法》第 15 条第 1 款将上述绝大部分的责任方式直接转变为侵权责任方式，第 21 条又有“侵权行为危及他人人身、财产安全的，被侵权人可以请求侵权人承担停止侵害、排除妨碍、消除危险等侵权责任”这一关于防御性侵权责任请求权的单独规定的情况下，对于《侵权责任法》的上述规定与《物权法》

① 梁展欣：《民法与民事诉讼法的协同》，北京，人民法院出版社 2015 年版，第 35 页。

第 34、35 条是何关系，前者能否适用于物权请求权等问题，引发学界诸多争议。① 再如，《物权法》第 37 条规定的侵害物权所产生的损害赔偿，从权利的角度观察，应为损害赔偿请求权，但其规定于物权法第三章“物权的保护”之中，该“保护”方式究属何种性质，其与物权请求权、债权请求权之间的关系如何，产生诸多疑问，导致学界发生各种不同理解。②

现代权利的救济主要是通过扩大侵权行为的保护范围来实现其权利的保护。但是，这种保护仍然具有一定的弊端，一是如果将其权利的范围保护过于扩大，则会无端地扩大侵权行为法的范围，会使民法体系出现冲突。如有一些本属于合同法、物权法中调整的内容，划归为侵权行为法进行保护，会造成体系的不协调；同时，也会导致法官的自由裁量权过于扩大，造成法官的司法权力的膨胀。

笔者认为，在《民法总则》中应该在“民事权利”一章下设立“民事权利的救济”部分，分为公力救济和自力救济两节，置于《民法总则》主干内容的末端；在名称选择上，不宜称为“民事权利的保护”，尽管在《物权法》中已有“物权的保护”（第三章）的措辞，但“保护”之所指颇不明确，盖因所有法律规范都具有保护民事权利的功能，不如“救济”所指明确，可以囊括公力救济和自力救济。③

公力救济是民事救济的通常方式，其中又以损害赔偿作为其核心内容。在传统民法上，损害赔偿是民事责任的核心方式，是整个损害法的基础所在，在民法上也具有极高的一般性，理应在《民法总则》中对损害赔偿的“元规范”进行规定。由于受限于《民法通则》原有的体例，《合同法》和《侵权责任法》“各自为政”，迄未发生统合的效果，此正应为《民

---

① 主要有三种观点：一是侵权请求权取代物权请求权说，以魏振瀛教授为代表，可参见魏振瀛：《论民法典中的民事责任体系——我国民法典应建立新的民事责任体系》，载《中外法学》2001 年第 3 期，第 360 页以下；魏振瀛：《侵权责任法在我国民法中的地位及其与民法其他部分的关系——兼与传统民法相关问题比较》，载《中国法学》2010 年第 2 期，第 34～36 页。二是物权请求权排斥侵权请求权说，以崔建远教授为代表；可参见崔建远：《论物权救济模式的选择及其依据》，载《清华大学学报（哲学社会科学版）》2007 年第 3 期，第 111 页以下。三是物权请求权与侵权请求权竞合说，以王利明教授为代表。可参见王利明：《侵权责任法研究》上卷，北京，中国人民大学出版社 2010 年版，第 602～603 页；王利明：《物权法研究（修订版）》上卷，北京，中国人民大学出版社 2007 年版，第 215～216 页。

② 崔建远：《侵权责任法应与物权法相衔接》，载《中国法学》2009 年第 1 期，第 141 页。

③ 在术语使用上，中国民事立法中并非从不采纳“救济”一词，如见于《劳动争议调解仲裁法》（2007 年）第 27 条第 2 款，有“权利救济”的表述。在其他民事立法例上，1862 年美国学者戴维·达德利·菲尔德（David Dudley Field，1805—1880）起草的《纽约州民法典草案》第 4 编“一般规定——适用于人、财产和债，或上述主题中的两项”中第 1 分编即为“救济”。

法总则》的着力点。《民法总则》应放弃原来《民法通则》“民事责任”章中责任法的内容，仅保留其损害法的内容，从“救济”的角度将“民事责任”统合在“民事权利的救济”部分当中，协调侵权法和合同法之间的冲突。至于自力救济，则包括正当防卫、自助、紧急避险等内容。对于其中的正当防卫、紧急避险，《民法通则》和《侵权责任法》仅以之作为侵权责任之违法阻却事由，而非扩及于权利人对其民事权利的一般维护的意义之上，又嫌过狭。自助则素为我国民法所缺失，理应予以补充规定。

二、民事自助行为的价值定位及其制度构建①

《民法总则》于第 180 条至第 184 条分别规定了不可抗力、正当防卫、紧急避险、见义勇为及紧急救助的责任豁免，唯独没有规定民事自助行为，然在民法的发展史上，无论是在所谓的义务本位时期还是所谓权利本位和社会本位时期，都强调对于私权的充分保护。② 由于受传统思维的桎梏，学者对于自助行为研究不多，故自助行为在理论上一直处于边缘地带，然而诸如餐厅扣押已用餐但未付账顾客的随身物品、债权人破坏即将携款潜逃的债务人之交通工具等事件时有发生，此时理论的匮乏易导致实践中判断的误差。所以，本节从民事自助行为所具有的四个性能出发，沿循探求价值——界定概念——建构制度——反思价值的法律思维模式，企望通过对自助行为价值的再认识，将民事自助行为准确定位，并尝试构建我国的民事自助制度，以期权利人实施自助行为后的法律效果达至预期，司法工作者也能“有法可依”，划清“合法”与“非法”之界限。

（一）正当性——民事自助行为的源起与价值定位

1. 民事自助行为的历史演进

“人们所追求的并不是纸面上的权利，而是实际得到的权利”③，因此，法律的关注点业已逐渐从赋权转向实现、维护权利。“没有救济的权利不是权利”（A right without remedy is not right），理论上一般将作为保障权利的最后支柱的救济制度分为公力救济与私力救济；史尚宽先生认为，公力救济即所谓私权受侵害者，对于公权力者有保护请求权。④ 而私力救济与

---

① 焦清扬：《民事自助行为的价值定位及其制度构建》，载《法学杂志》2014 年第 7 期，本部分在收录于本书时做了增改。

② 王利明：《民法总则研究》，北京，中国人民大学出版社 2003 年版，第 23 页。

③ 李永军：《民法总论》，北京，法律出版社 2009 年版，第 116 页。

④ 史尚宽：《民法总论》，北京，中国政法大学出版社 2000 年版，第 33 页。

公力救济相对应，指权利主体在法律许可的范围内，依自身实力通过实施自卫或自助行为救济被侵害的民事权利。① 由于私力救济最为典型的形式——同态复仇最为接近人类本能的反应，故私力救济的历史较之于公力救济更为久远，随着国家的产生、政权的出现，救济权利作为一种社会控制手段逐渐被国家所垄断，自卫行为与自助行为的生存空间日趋受到挤压。

然而，社会文明的前行使人与人的沟通交流更为密集和频繁，由此产生的民事、商事、刑事等纷争也渐趋增多，特别是我国“社会正处在快速转型过程中，经济体制和社会结构的双重转轨加剧了社会的分化，是社会纠纷的活跃期和多发期”②，公力救济固有的局限性被逐渐放大——国家有限的人力物力资源在庞大的案件数量面前显得捉襟见肘，严格烦琐的程序使公力救济在面对亟待解决之案件时缓不济急，高额的经济成本让企图用法律维护自身权益的弱者进退维谷，私力救济的价值重新受到了学界的重视与肯定，私力救济的部分合法化成为发展的必然趋势。

2. 民事自助行为的价值定位

自助行为作为私力救济的一种主要方式，其在弥补公力救济之难以及时保护权利人急迫需要以及高成本、低效率等缺陷上，作用显著，有助于公民的权利得到及时、切实的保护。遗憾的是，我国现行民事立法仅对自卫行为即“正当防卫”“紧急避险”进行了规制，尚未对自助行为予以明确承认。面对国家权力垄断的前提，一个法治国家理应在私力救济完整存在这一问题上进行无理由妥协，对我国而言，解决这一问题的前提在于对自助行为正当性的认识，即需要对自助行为的存在基础、存在价值和功能进行探讨分析，并以此为基础厘定自助行为的概念，并且在民法体系中加以合理定位，以期引导权利主体合法实施自助行为，维护和谐的社会秩序。

法律所保障的或值得法律保障的（存在着这种必要性）的价值，我们将其称为“法律价值”，各种法律价值的总体，又被抽象为所谓的“正义”③。与法律永相伴随的基本价值，便是社会秩序。④ 自助行为源自于权利的自我保护与实现，是人内心朴素的正义观、秩序观之行为体现，法

---

① 江平：《民法学》，北京，中国政法大学出版社 2000 年版，第 88 页；李开国、张玉敏：《中国民法学》，北京，法律出版社 2002 年版，第 72 页。

② 胡洁人：《当前新型社会纠纷解决机制研究》，载《当代法学》2012 年第 2 期。

③ 〔日〕川岛武宜：《现代化与法》，王志安等译，北京，中国政法大学出版社 1994 年版，第 246 页。

④ 〔英〕彼得·斯坦、约翰·香德：《西方社会的法律价值》，王献平译，北京，中国法制出版社 2005 年版，第 45 页。

律不必绝对禁止权利主体采用自力救济的手段排除妨害与危险、实现自身权益，其只应当通过制定行为规则对行为加以引导、完善，使得个人的自助行为在不危急社会整体秩序的基础上，解决非正义行为引致的困境，这即是法律规制自助行为而限制自力救济的滥用、实现正义与秩序之统一的体现。“（一种）秩序能否被定义为法的秩序，取决于被社会承认的社会和个人利益平衡的规范是否体现于其中”①，自助行为是权利主体在遭受侵害时捍卫自身权益的本能反应，其在社会所容忍的适当的范围里具有正义性、秩序性。

法可以理解为导致个人采取的有效率的行为的诱因体系；对法的评价标准是促进效益最优选择的效率性。② 在私权纷争中，公力救济在维护权利时彰显其最“有力”的特质，但其并非一定具有最“有效”的因素，因为公力救济更加注重程序的严格合法，所以经济成本较高、手续繁杂，且由于法律与情理并非在任何情况下都是完美统一的，所以处理结果可能会陷入合法却并非一定合理的境遇。而自助行为却明显符合效率性——不占用公共资源、程序简易、法理与情理高度契合，法律若加以合理规制，可以将自力救济主观化、易失控等缺陷竭力规避，令其效率性得以淋漓尽致地体现。

综上所述，民事自助行为的法理价值在正义、秩序、效率等法的价值中得以体现，而自助行为的法律价值、社会功能又与人性价值并行不悖，且其与我国的传统社会文化价值如“厌讼”从根源上是相辅相成的。自助行为是一种底线救济，其价值的实现必须建立于有正确引导、良好规制的法之示范、指引作用之上，唯有如此，正义与秩序、私人权利与国家权力、维护权益与防止权利滥用这些矛盾体才能在对立中实现统一。所以，在完善我国立法的进程中，民事自助行为理应被给予更多的关注与思考。

（二）科学性——民事自助行为的概念与构成要件

1. 民事自助行为的概念

我国对自助行为的上位概念——私力救济的研究成果较为丰富，但在立法层面，自助行为长久缺失，学术界对于自助行为关注度也不高。我国《民法通则》仅规定了正当防卫和紧急避险这两种私力救济方式，《民法总

① 李昕：《法是善的底限——索洛维约夫法哲学思想的核心》，载《当代法学》2012 年第 6 期。

② 季卫东：《追求效率的法理（代译序）》，载〔美〕波斯纳：《法理学问题》，北京，中国政法大学出版社 1994 年版，第 3 页。

则》虽增加了见义勇为和紧急救助等私利救济方式，但自助行为仍未被纳入民事法律体系当中，较之于正当防卫和紧急避险的防御功能，自助行为更具有主动性，欲使其功能更为凸显，必须将民事自助行为的内涵与外延严格界定，将其精细化。

目前，对于民事自助行为的定义，各国学者从不同的角度出发，形成了不同的学说。

(1) 进攻说。德国学者梅迪库斯、拉伦茨以及国内学者王利明、梁慧星、张俊浩均持此说，认为自助行为具有进攻性，这是自助行为与正当防卫、紧急避险的主要区别。德国学者梅迪库斯认为，自助行为是为了阻止那些依靠官署的援助仍无法避免的危害请求权行为的发生，在法定条件下，权利人侵害他人之物并对债务人实施暴力的行为。① 王利明教授在其主持的《中国民法典学者建议稿及立法理由·总则编》第289条规定："自助行为"中规定，"如果不能及时获得国家权力的保护，而且如不及时处理则请求权无法实现或其行使会有困难时，为了自助而扣押、毁损他人之物，或限制有逃亡嫌疑的债务人的人身自由，或者制止债务人对有义务容忍的行为进行抵抗的，行为人不承担民事责任。"②

(2) 权利保全说。徐国栋教授、我国台湾地区学者史尚宽、王泽鉴、梅仲协先生以及日本学者於保不二雄持此说，认为自助行为是在公力救济不能发挥作用时方可采取的保全措施，故应对自助行为的实施进行严格的限制。其中，徐国栋教授在其主编的《绿色民法典草案》第1535条中将自助行为规定为："如果在相当长的时间内不能获得法律的干预，而只有侵害他人的权利才能保护自己的权利，此等情况下所为的侵害，行为人不承担责任。"③ 王泽鉴先生则主张："'为保护自己权利，对于他人之自由或财产施以拘束、押收或毁损者'，称为自助行为，为法律所容许之权利保全措施，亦不负赔偿责任，但以不及受法院或其他有关机关援助，而且非于其时为之，则请求权不得实行或实行显有困难者为限。"④

(3) 公力救济例外说。德国学者冯·巴尔持这种学说，他认为："对

① 〔德〕迪特尔·梅迪库斯：《德国民法总论》，邵建东译，北京，法律出版社2000年版，第133页。

② 王利明：《中国民法典学者建议稿及立法理由·总则编》，北京，法律出版社2005年版，第512页。

③ 徐国栋：《绿色民法典草案》，北京，社会科学文献出版社2004年版，第166页。

④ 王泽鉴：《民法总则》，北京，中国政法大学出版社2009年版，第451页。

物或人施加暴力以保护自己的权利原则上是禁止的。因为暴力的行使被国家垄断；它不允许任何人通过自己的力量实施法律。但这一规则不适用于无法及时获得国家力量帮助的情形，或寻求国家力量帮助理性地看过于夸张的情形。”该说支持的体系是自助行为有广义与狭义之分，狭义的自助行为是公力救济之例外，在欧洲一些国家，如德国、奥地利、希腊、葡萄牙采取狭义的自助行为概念，并进一步将一些特别条款具体化，典型的就是占有自助。①

笔者认为，鉴于法系以及民法逻辑框架的不同，我国将公力救济与私力救济视为两种方式，而非其一是另一的补充或例外，所以，公力救济例外说并不适用于我国现行的民法架构；权利保全说严苛地限制了民事自助行为的适用条件，侧重于规制民事自助行为的行为模式，将民事自助行为限制于公力救济的补充手段，具有逻辑上的严谨性，使得公力救济方式与自助行为泾渭分明，但如此规定使得民事自助行为成为公力救济的附属品，地位的不平等势必会缩小自助行为的适用范围，削弱自助行为的效力。有学者认为，进攻说不利于法示范作用的发挥，易导致法律制度对自助行为的失控②，但是，笔者并不赞同进攻说即是“以暴制暴”的法律思维。进攻说鲜明地指出民事自助行为与正当防卫、紧急避险的标志性区别即是主动性、进攻性，而这也恰当地弥补了我国现行民法体系中私力救济部分所缺失的——精细化、类型化的制度建构。依理而言，在民法体系内设立民事自助行为，其本身目的之一即是引导权利主体采取“非暴力”的手段维护合法权益，规范那些不得已而实施的“暴力”行为，所以，进攻说也需要更为强调“在法律的允许”下实施自助行为，这本身就是一种淡化暴力色彩的表现——毕竟“公权力有所不逮，私权利在所难免”③，完全平和的方式在实践中必定举步维艰。

2. 民事自助行为的构成要件

民事自助行为的构成要件是民事自助行为理论的核心，自助行为必须同时满足构成要件方能行使而依法不承担责任，任何条件的缺失将使得自助行为的行使具有瑕疵，自助行为人的行为将从阻却违法性的合法行为转

---

① 〔德〕冯·巴尔：《欧洲比较侵权行为法》下卷，张新宝译，北京，法律出版社2004年版，第583页。

② 沃耕：《民事自助行为研究》，黑龙江大学2010年博士学位论文，第32页。

③ 王泽鉴：《民法学说与判例研究》，第8册，北京，中国政法大学出版社1998年版，第189页。

化为侵权行为。鉴于此，大陆法系学者大多对自助行为的实施进行概念化的分析和归纳，进而探讨自助行为的构成要件。

（1）六要件说。学者孟继超认为，自助行为的要件包括目的要件、情势要件、对象要件、方法要件、限度要件、及时申请六个必要条件。①

（2）五要件说。王利明教授、杨立新教授主张自助行为必须具备五个必要条件：第一，必须保护自己的合法权利；第二，必须是情况紧迫而来不及请求有关国家机关的援助；第三，自助的方法是保障请求权的实现所必需的；第四，必须为法律或社会公德所许可；第五，不得超过必要的限度。②

（3）四要件说。以徐建伟为代表的学者认为，自助行为只需满足四个要件：第一，权利人进行自助行为是为了保护自己的合法的民事权利；第二，情况紧急，不进行自助行为，将使权利人的请求权无法实现或难以实现；第三，自助行为的手段要适合其请求权的实现；第四，自助行为不得超过保全请求的限度。③

（4）三要件说。持此说的学者以卡尔·拉伦茨教授和郑玉波先生为代表。卡尔·拉伦茨教授认为，自助行为的成立要件有：第一，存在请求权；第二，不能及时得到官方的帮助；第三，如果不及时反击，请求权就有受到阻碍或很难实现的危险。④

基于对上述观点的比较分析，不难看出，各种观点都承认民事自助行为的要件必须包含以下两点——目的为己与情势紧迫，其他要件则或因角度不同或因思维方式差异而有所区别。笔者认为，在保证要件齐备的前提下，应尽量精简要件个数，希冀于此，理应沿循民事自助行为的发生和实施两个阶段进行研究，条分缕析，不余不漏。

综上，笔者认为，民事自助行为应从狭义角度定义，在体现进攻说即以其区分正当防卫、紧急避险为主的同时，又应兼顾权利保全说以体现其补充公力救济缺失的作用；故，笔者尝试对民事自助行为作如下定义：所谓民事自助行为，应是权利主体为实现与保护其合法利益，于情势紧迫且

① 孟继超、刘鹏崇：《自助行为浅探》，载《南阳师范学院学报》2003年第7期。

② 王利明：《侵权责任法研究》，北京，中国人民大学出版社2011年版，第438～440页。杨立新：《侵权法论》，北京，人民法院出版社2013年版，第361页。

③ 徐建伟：《论自助行为》，载《理论观察》2001年第1期。

④ 〔德〕卡尔·拉伦茨：《德国民法通论》，王晓晔等译，北京，法律出版社2003年版，第371页。

公力救济所不及之时，采取自力使权利恢复到未被侵害的状态，或对加害人人身、财产采取强制手段以排除加害的适法行为。根据定义，基于行为发生和实施的阶段其构成要件有四：存在适法的自助请求权、情势紧迫且公力救济所不及、行为须为维护自身权益、行为须有必要的限度。

（三）妥适性——民事自助行为的制度建构

在民法上，一项权利作为被类型化的利益不能仅仅是法律条文的宣誓，我们追求的是从权利中抽象出的实际利益，权利的实现过程也即是从抽象权利到具体权利的过程，该历程即彰显制度架构的重要性。同时，对于立法而言，“需要从纷繁复杂的社会现象和法律现象中，发现法律自身具备的规律，并通过严谨和精练的语言将之表述出来”①，而这种对于规律的探寻也正是制度建构的前提。

1. 国内外民事自助行为的立法考察

（1）大陆法系国家和地区民事自助行为之立法例

《德国民法典》不仅在总则中对自助行为作出了一般性规定以及各具体规定，在分则中还厘定了特别自助行为。《德国民法典》第 229 条规定：“以自助为目的而取走、破坏或毁损物的人，或以自助为目的而扣留有逃跑嫌疑的义务人的人，或以自主为目的而除去义务人对某一行为的抵抗（该行为系义务人有义务加以容忍的）的人，如不能适时地获得官方的救助，且存在不立即介入则请求权的实现将会落空或极为困难的危险，则不是不法地实施行为。”② 该法典第 230 条还规定了自助的限度、第 231 条规定了错误自助。③ 不仅如此，德国法还规定了特别自助权包括出租人的自助权、旅店主人的自助权、占有人及占有辅助人的自助权。《瑞士债法典》第 52 条第 3 款规定，“为保全有权利的请求权之目的，自行保护者，按其情形，若来不及请求官署援助，惟依自助得阻止请求之无效或阻止其主张有重大困难时，不负赔偿责任”④。

我国台湾地区“民法”第 151 条规定了一般自助行为：“为保护自己权利，对于他人之自由或财产施以拘束，押收或毁损者，不负损害赔偿之责。但以不及受法院或其他有关机关援助，并非于其时为之，则请求权不得实行或其实行显有困难者为限”。第 152 条规定了自助人的事后义务：

---

① 屈茂辉、匡凯：《论民事法律的科学性问题》，载《当代法学》2012 年第 6 期。

② 陈卫佐译著：《德国民法典》，北京，法律出版社 2010 年版，第 78～79 页。

③ 陈卫佐译著：《德国民法典》，北京，法律出版社 2010 年版，第 79 页。

④ 吴兆祥、石佳友、孙淑妍译：《瑞士债法典》，北京，法律出版社 2002 年版，第 12 页。

“依前款之规定，拘束他人自由或押收他人财产者，应即时向法院声请处理。前项申请被驳回或其申请迟延者，行为人应负损害赔偿之责。”① 此外，该法律规范第 447 条、第 961 条还分别规定了出租人之自助权、占有人的自助和占有辅助人的自助权。②

(2) 英美法系国家和地区民事自助行为之规定

英国立法之规定。在英国，对于自助行为的规定主要体现在动产取回权上。《英国民法汇编》第 177 条规定：“动产之权利人，于必要时，得用暴力攫取之，但对于土地之占有，不得用暴力为之。”③

《美国侵权法重述》尽管没有明确规定民事自助行为的概念，而是将其视为“某种免责抗辩事由”，或者“正当理由”中行为人的“特权”，“该特权的行使为保护行为人或公众的某种权益所必需，该权益的重要性使得行使该特权造成或可能造成的伤害正当化”④。相对于大陆法系国家逻辑体系较为完整明确的民事自助规则，美国侵权法中对人身、土地和动产的自助制度所适用的法域似乎更为宽泛。

(3) 两大法系民事自助行为立法例之评析

综上所述，民事自助行为被两大法系予以承认已是不争的事实，各国（地区）都以其各自的立法指导思想规制自助行为，以期最大程度地发挥其积极作用，将其消极作用限制到最小。大陆法系国家（地区）大多明文规定了民事自助行为这一制度，除瑞士外，多将其定位于请求权体系中；在立法体例上，德国、我国台湾地区都采用了在民法总则中规定一般自助行为，在分则中具体规定特别自助行为的总—分形式。英美法系国家并未厘定民事自助行为的概念，而是将其作为一种违法抗辩事由加以规定；在立法体例上，英美法系国家特色鲜明地将民事自助行为分散规定于侵权法的各分领域，此种做法使得民事自助行为在不同的领域具有更为精细的划分，且实践中的可操作性更强。

2. 我国民事自助行为在民法典请求权救济体系中的逻辑定位

时至今日，我国的民事立法尚未对民事自助行为作明文规定。随着理

① 杨立新主编：《中国百年民法典汇编》，北京，中国法制出版社 2011 年版，第 403 页。

② 杨立新主编：《中国百年民法典汇编》，北京，中国法制出版社 2011 年版，第 436、491～492、492 页。

③ 《外国法制史》编写组：《外国法制史资料选编》上册，北京，北京大学出版社 1985 年版，第 408 页。

④ 〔美〕肯尼斯·S. 亚伯拉罕、阿尔伯特·C. 泰特选编：《侵权法重述——纲要》，许传玺、石宏等译，北京，法律出版社 2006 年版，第 6 页。

论研究的深入、实践探索的积累，学界普遍认识到自助行为与正当防卫、紧急避险的适用范围是有区别的，三者并不可互相替代，进而学界形成共识，即自助行为理应是权利保护制度中不可或缺的内容。在立法例的探寻中，受英美法系和一些大陆法系国家将自助行为与正当防卫、紧急避险共同列为侵权责任抗辩事由而置其于侵权立法中的启示，我国有不少学者认同并建议借鉴此种立法例。梁慧星教授与徐国栋教授在各自主持起草的民法典草案中均将自助行为编入侵权行为（责任）编中的抗辩事由，认为应从维护社会稳定的角度出发，不应对自助行为正面规定和倡导。但学界主流观点还是更为倾向于借鉴德国的立法体例。毕竟，总则中设定一般条款，概括规定对具体制度具有衍生作用的类型谱系对于整个民法的开放发展是有利的。① 王利明教授也主张将自助行为定位于整个请求权救济体系中，将其置于总则编，使自助行为成为主动保护和实现权利的有力措施。同时，也有学者认为应采用第一种立法例，因为第一种立法例与民法的权利本位相吻合，而第二种立法例易使人们产生误解，难以确定自己实施的行为合法与否。②

笔者认为，民事自助行为制度适宜在民法典总则部分加以规制，同时，还应该在原权利法律制度中构建具体权利保护与实现的自助行为，理由如下。

第一，总则中一般规定、分则中特别规定的形式能使民法典中自助行为制度形成完整的体系，且结构简单明了，同时也契合今后制定我国民法典的“总则统辖分则，从而使民法典对于民事关系的调整内容体系化、简约化，并且具有实用性”③ 的总—分之结构精神。

第二，法律应当以积极的姿态鼓励权利人维护合法权益，若仅以抗辩事由定义之，只能起到消极的防御作用，不利于实现民法的权利本位之精髓。

第三，民事自助行为的一般性规则为实践中的有法可依奠定基调，而类型化规则可以适用于特殊自助行为，利于自由裁量权的发挥，加强制度的可操作性。

3. 民事自助行为的具体法条设计

一般民事自助行为应规定在未来我国民法典总则编的“民事权利之行

① 李建华、王琳琳：《构筑私权的类型体系》，载《当代法学》2012 年第 2 期。

② 冯志刚：《民法上之自助行为研究》，西南政法大学 2011 年硕士学位论文，第 16 页。

③ 韩松：《论我国未来民法典总则编结构》，载《当代法学》2012 年第 4 期。

使”一章之下，特别自助行为规定在分则的各相应编中。根据本节的分析讨论，笔者建议对于一般自助行为作出如下规定。

第一条：（自助行为）权利主体为实现与保护其合法利益，于情势紧迫且公力救济所不及之时，采取自力使权利恢复到未被侵害的状态，或对加害人人身、财产采取强制手段以排除加害的适法行为。

第二条：（自助限度）自助行为不应超过保全请求的限度。

第三条：（自助后义务）实施拘束人身自由、扣押物品等自助行为后，应当立即申请国家机关处理，但依情况无须申请的除外。

第四条：（错误自助）一方因误认具备阻却违法性的条件而实施自助行为，无论主观意愿，均负有向另一方赔偿损害的义务。

（四）价值性——民事自助行为的理论与实践之纬

法律的功能，于整体精神上旨在构建社会生活和经济生活，于部分规则上致力于架构逻辑范式，将人的行为引入有序的轨道。为了防止“法律的最主要的任务之一是保持和保证法律的和平，而法律和平则要求，任何人不得对他人使用暴力”① 与因民事自助行为而导致“最终必将导致回到原初的‘拳头法’（Faustrecht）状态，故为法秩序所不容”② 的窘境，无论从理论探讨还是实践需要的角度分析，给予民事自助行为制定法上的空间都是必要的。

1. 民事自助行为法定化的价值意蕴

第一，满足法律的价值诉求。在社会生活中，民事自助行为是广泛存在的，因为民事主体面临紧迫情形以至于来不及向公力救济求助获得帮助时，即在国家法律保护于具体情形出现所谓的失灵抑或涵盖不周时，民事主体始可以采取沿循私力救济的途径，以获得周全的保障甚或是例外地满足自己的请求权，民事主体所采取的上述行为是被社会的普遍观念所认同的。“市民社会中，民法给予每个主体最细致的关爱。随着时代发展，民法的外延更是无限的细化、膨胀”③，所以，此时法律不能且不应当苛责于民事主体，要求其静候公力之救济而不采取任何哪怕是有益的行动，而应当“顺意民心”，允许民事主体在一定的条件下采取适当的措施抵抗侵

① 〔德〕卡尔·拉伦茨：《德国民法通论》，王晓晔等译，北京，法律出版社2003年版，第358页。

② 杜景林、卢谌：《德国民法典评注——总则·债法·物权》，北京，法律出版社2011年版，第84页。

③ 赵玉、江游：《民法中“民”的诠释》，载《当代法学》2012年第6期。

害、消除威胁之虞，甚至直接实现自己合理的请求而要求民事主体“对于施加于他的恶行，不予反抗，忍受下去”的法必然违背了其本应有的价值，良法应当体现的价值，是作为一种社会规范所体现的、可以满足人需要的功能和属性。①

第二，弥合立法的逻辑漏洞。沿袭《民法通则》第128条和《侵权责任法》第30条，《民法总则》第181条规定了正当防卫：“因正当防卫造成损害的，不承担民事责任。”“正当防卫超过必要的限度，造成不应有的损害的，正当防卫人应当承担适当的民事责任。”；《民法总则》第182条还在《侵权责任法》第31条和《民法通则》第129条的基础上完善了紧急避险制度：“因紧急避险造成损害的，由引起险情发生的人承担民事责任。”“危险由自然原因引起的，紧急避险人不承担民事责任，可以给予适当补偿。”“紧急避险采取措施不当或者超过必要的限度，造成不应有的损害的，紧急避险人应当承担适当的民事责任。”由此可见，正当防卫与紧急避险分别在《民法通则》的侵权责任部分与《侵权责任法》的不承担责任和减轻责任的情形部分中有所规定，而同属于私力救济方式的自助行为却没有被纳入立法的范畴。与正当防卫和紧急避险所保护的权益不同，自助行为的保护范围并不包含他人的权利和利益，其针对的仅仅是自身的权益，且该权利“主要是合同之债的请求权和基于绝对权被侵害所产生的请求权，因此在实施自助行为之前，当事人之间已经形成了一种债的关系，而正当防卫和紧急避险行为在尚未实施以前，行为人与义务人之间并无债权债务关系”②。不难发现，相较于正当防卫和紧急避险，自助行为保护的更加接近于行为人自身的核心利益，在以“权利本位”为宗旨的民法价值选择下“举轻以明重”，在为他人的利益而有所为尚且都可以免责的立法前提下，为自身利益而设置的自助行为制度的制定法化，可弥补现行立法的逻辑疏漏。

第三，明晰实务操作的规范。自助行为与正当防卫和紧急避险在功能配置上本就有所区隔。“正当防卫和紧急避险只是使防卫某种侵害或防卫某种直接出现在眼前的危险的行为合法化。但它们却不能使一种具有侵犯性的但却是为了实现某种合理要求、实现一种请求权的行为合法化。”③

① 〔德〕魏德士：《法理学》，丁晓春、吴越译，北京，法律出版社2003年版，第54页。

② 王利明：《侵权责任法研究》，北京，中国人民大学出版社2011年版，第437页。

③ 〔德〕卡尔·拉伦茨：《德国民法通论》，王晓晔等译，北京，法律出版社2003年版，第370页。

民事自助行为的立法化，对于实务中基于行为人为保护自己的合法权利而对他人的人身自由进行拘束或对财产施行扣押的正当性提供了法律依据，使得一些从表象上属于侵权的行为区别于真正意义上的侵权行为[①]，也可以避免实务中面对自助行为的案件，法官须使用比较法方法填补法律漏洞以贯彻不能拒绝裁判的司法原则。[②]

2. 民事自助行为具体条文的意义剖析

确定一般自助行为的概念，其意义在于通过对自助行为之内涵与外延的界定，理解其逻辑与体系功能、表征其实践价值，因为法律概念是“以一种简略方式辨识具有共同或相同要素的典型情形的思维工具”“是法学逻辑体系建构的基础”[③]，同时也是“司法推理的有价值的工具——没有概念，司法活动就不能得到准确的实施”[④]，对一般自助行为进行定义，既明确其含义以区别于正当防卫与紧急避险，又能为司法实务作出一定的指引。

对自助行为的限度与自助后的义务加以规制的意义在于对民事自助行为进行较为严格的限制。一般而言，一个法治社会对公民的法律保护是充分的，公民利用自力救济的途径实现自己的请求权，只能是一种例外，否则法律的安全性就会消失，公共秩序将受到破坏。这种限制体现于自助行为的施行手段与目的是否合乎正当以及实施效果与受损利益是否合乎比例。同时，自助后即应向有关机关申请援助、由自力救济转向公力救济是防止自助被滥用的程序性壁垒，正如有学者指出，面对可诉事项，当事人基于不同价值取向而选择自力救济时只是妨碍了司法初审救济，司法最终救济的原则还是应当被遵守的。[⑤]

错误自助的规定，建立在为其设定无过错之损害赔偿责任的基础之上。法律原则上对于自助行为是持一种谦抑态度的，法律认为更为普适的方式是公力救济，所以行为人若实施自助行为，其会承担法律允许的自助

---

① 例如杨立新教授所分析点评的“协商解决未经同意进行录音不构成侵害人身自由权案”。参见杨立新：《侵权法论》，北京，人民法院出版社 2013 年版，第 361～362 页。

② 有实务界人士认为我国未规定民事自助行为制度是法律漏洞，法官需要借助法律漏洞补充方法寻找裁判依据。参见刘澜平、向亮：《民事自助行为的司法认定与责任承担》，载《人民司法》2013 年第 16 期。

③ 韩光明：《论作为法律概念的“意思表示”》，载《比较法研究》2005 年第 1 期。

④ 〔美〕博登海默：《法理学、法律哲学与法律方法》，邓正来译，北京，中国政法大学出版社 1999 年版，第 489～490 页。

⑤ 傅郁林：《多层次民事司法救济体系探索》，载《当代法学》2013 年第 2 期。

行为的要件必须实际存在这样的风险分配。错误自助是一个客观上的违法行为，其不涉及过错与否，这里涉及的只是一种法定的风险归责的问题。[①] 所以，规定错误自助既是对该自助行为作为一种保护与实现权利的手段而规制责任承担方式以完善制度架构，又扮演了对民事主体进行自助行为时的导向性选择指引之角色。

综上，民事自助行为制度的构建不仅具有理论与实践的重要价值，其还因能够深化意思自治原则在民法权利本位理念中的运用而与社会治理结构的民众化相契合，使公民的正当化诉求在法律的框架下得以更为快捷的实现。民事自助行为制度的法定化，将使得公民行为与法律规制进行良性互动，这对于构建和谐社会，推进我国的法治建设均有所裨益。

第三节　名誉权侵权的是与非[②]

《民法总则》第 110 条规定："自然人享有生命权、身体权、健康权、姓名权、肖像权、名誉权、荣誉权、隐私权、婚姻自主权等权利。法人、非法人组织享有名称权、名誉权、荣誉权等权利。"第 185 条规定，侵害英雄烈士等的姓名、肖像、名誉、荣誉，损害社会公共利益的，应当承担民事责任。《民法总则》出台后，第 185 条引起了广泛讨论，原因在于《民法总则（草案）》各次审议稿均不包含此条文，在草案提交第十二届全国人民代表大会第五次会议审议后，有代表提出在党的十八大以来，习近平总书记多次向人民英雄敬献花篮、缅怀先烈，加之前段时间发生的一些歪曲历史事实、恶意诋毁英烈名誉的案件，为尊重英烈，弘扬社会主义核心价值观，建议在《民法总则》中加入保护英雄名誉等的规定。[③] 这个建议最终被全国人民代表大会法律委员会采纳，故形成了第 185 条。《民法总则》通过后，对名誉权加强保护的做法得到了诸多好评，但也有学者担忧对名誉权的倾斜保护，是否会对言论自由造成不当限制。就批评自由

---

① 〔德〕卡尔·拉伦茨：《德国民法通论》，王晓晔等译，北京，法律出版社 2003 年版，第 373 页。

② 姚辉、雷震文：《文艺批评中的名誉权界限》，载《东方法学》2011 年第 6 期，本部分在收录于本书时做了增改。

③ 央视网：《李红代表：关爱英雄，〈民法总则（草案）〉有了回应》，见 http：//news.cctv.com/2017/03/13/ARTIAun52AMiAjoaWjEueJCq170313.shtml，最后访问日期：2017－06－27。

与名誉权保护的关系，本节拟对此进行讨论。

葛某生、宋某保诉洪某快侵害名誉权、荣誉权一案①，让人们再次见识到了学术批评与名誉权之间剑拔弩张的紧张关系。文艺批评所代表之言论自由，与人格权法上名誉权所维护之人格尊严，二者可谓伯仲难分，却又总是针尖麦芒相持不下。近年来，随着传播手段的不断发展，言论自由与名誉权大有关系越处越僵的趋势。文艺家迭出不穷的笔墨官司一再敦促我们去认真检讨：表达自由、文艺评判的底线究竟在哪里，该如何划清正常的批评与侵害名誉权的界限。

一、基本立场：应给予文艺批评更大的宽容

（一）权利冲突中的棘手问题

近年来，权利冲突问题在法学界引起了颇为激烈的讨论。学者们的笔墨大多集中于对权利冲突是否存在以及如何化解权利冲突的探讨之上。在前一问题的争论中，言论自由与名誉权的对峙无疑为冲突存在论者提供了强有力的实证支援。而就冲突的解决而言，二者的碰撞却给既有理论提出了新的挑战。主流观点认为，权利冲突的解决路径包括权利位阶原则、利益（价值）衡量原则以及个案衡平原则。笔者以为，对权利价值以及诉讼双方利益的考量已经内含于权利位阶或个案衡平之中，因而，权利冲突的解决应主要遵循权利位阶和个案衡平两个路径。而将二者适用于言论自由与名誉权的冲突时，却遭遇了理论与事实的困境。

1. 位阶原则的困窘

普遍认为，权利位阶是最为有效和简捷的权利冲突解决思路。两相冲突的权利在位阶上的高下之分，为二者的取舍提供了最具说服力的依据。但是，位阶原则的运用须以权利间位阶差异的存在为前提，而言论自由与名誉权在位阶上的平等性，却使二者难以享受到位阶原则的眷顾。

权利位阶实质上是权利效力位阶或价值位阶。② 亦即，权利位阶高低可以从效力位阶和价值位阶两个方面加以判断。效力位阶是实证主义的，以权利所在的法律规范的位阶为归依，价值位阶则是主观的，在效力平等

---

① 即“‘狼牙山五壮士’名誉纠纷案”，该案一审法院为北京市西城区人民法院，案号：（2015）西民初字第27841号，二审法院为北京市第二中级人民法院，案号：（2016）京02民终6272号。

② 张平华：《权利位阶论——关于权利冲突化解机制的初步探讨》，载《法律科学》2007年第6期。

基础上从对主体重要性程度的方面对权利加以区分。从效力位阶上看，名誉权虽未能与言论自由一样获得宪法的明文支持，却仍可借由“人格尊严”的“庇护”，跻身于基本权利之列，二者在效力位阶上应该是平等的。就价值位阶而言，无论是“说话的自由”，还是“做人的尊严”，皆为现代社会和个人所不可或缺，都带有根本性的价值。正如我们不能说明吃饭和穿衣服哪一方面更为重要一样，也无法说明名誉权保护相较言论表述、新闻出版自由哪一方面更为重要。①

2. 个案衡平的弊端

在权利冲突的化解中，位阶原则主要致力于抽象性权利取舍规则的构建，然而，权利间的平等性往往导致我们无法一般性地在二者间得出高下立判的结论。因此，有时不得不需要就个案进行具体的价值衡量。② 个案平衡讲求对权利冲突发生时的诸种利益因素进行充分的考量，最大限度地实现个案公正，确实不失为一种解决问题的理想选择。然而，个案衡平对于法的妥当性的维护往往是以牺牲其稳定性为前提的。一切以时间、地点为转移的思想，首先不利于法律行为导向功能的发挥；而一方名誉受到贬损总是另一方行使其言论自由（权利）的副产品。③ 言论自由与名誉权冲突的常态性要求法律为人们提供通行意义上的行为指导，以尽量减少纠纷的发生。个案衡平实在难以挑起如此重担。此外，逐案平衡过多地依赖于法官自由裁量，容易引致自由裁量权的滥用。实践中，法院对言论自由与名誉权纠纷的裁判结果纷繁不一也常为世人所诟病。诚如学者所言，具体解决模式虽然肯定能解决问题，能对个案作出判断，然而这种没有规范依据而任由法官内心确信的方法又何异于凭空捏造呢？④

（二）言论自由的倾斜保护

在两种法益发生冲突的情况下，法律对其中一种法益作出倾斜保护是必要的。⑤ 虽然这种倾斜保护仅限于初始和表面意义上的，并非终局、确定性的判断。但其首先向社会透露了法律的某种基本态度，使人们获得方向意义上的行为指引，一定程度上摆脱了无所适从的尴尬境地。在缺乏明

---

① 张新宝：《名誉权的法律保护》，北京，中国政法大学出版社 1997 年版，第 104 页。

② 林来梵、张卓明：《论权利冲突中的权利位阶——规范法学视角下的透析》，载《浙江大学学报（人文社会科学版）》2003 年第 6 期。

③ 梁治平：《名誉权与言论自由：宣科案中的是非与轻重》，载《中国法学》2006 年第 2 期。

④ 张翔：《基本权利冲突的规范结构与解决模式》，载《法商研究》2006 年第 4 期。

⑤ 王利明：《人格权法研究》，北京，中国人民大学出版社 2005 年版，第 230 页。

确裁判依据的情形下，这种倾斜保护对裁判的作用是十分明显的，其为法官的自由裁量提供某种原则性的指导，不但限制了自由裁量权的行使，还通过影响裁判标准的倾斜和责任认定标准的松紧程度，左右着相互冲突的两项权利的诉讼命运。

倾斜保护虽只是赋予权利冲突一方某种先发优势，但毕竟其仍是在原本平等的二者间人为地制造出一种歧视，因此，应该向谁倾斜必须拿出足够充分且正当的理由。有学者从有利于社会的更加开放和改变社会的封闭性出发，认为应该确立言论自由高于名誉权的制度配置。① 笔者认为，这种结论决定理由的逻辑是缺乏说服力的。偏倚名誉权的一方，同样可以抛出人格尊严是宪法的核心价值和所有基本权利的基础，因而具有绝对优先的地位的理由。言论自由和人格尊严都不是绝对的，二者发生冲突时，有时可能是言论自由优先，有时却可能是人格尊严优先。究竟应采取倾向于何者的立场，应当取决于权利发生冲突的领域。

借鉴政治哲学关于政治国家与市民社会的划分，我们可以将人类生活整体划分为社会公共领域与私人领域两部分。社会公共领域得成于私人权利的让渡，公共领域中的人和事往往牵涉公众福祉，从维护公共利益的角度出发，应当鼓励公共积极参与。而在私人领域中生活则大多与他人无关，推崇私人自决，要求社会保持最大限度的节制。就权利的属性而言，言论自由主要体现个体对社会的能动，是人们积极参与公共生活的主要方式，而名誉权则偏性于社会对个体的维护，凸显个人的一己私利。因此，在公共领域中，言论自由应该得到彰显，而名誉权先发性的优势则应该在私人领域获得。

就文艺批评而言，且不论作为其批评对象的文艺现象原本便是社会现象之一角，仅就其以批评所促进的文艺繁荣中所包含的公共利益，便可以将其划归公共领域无疑。学术批评、艺术评论、知识探讨、思想交锋，这些言论的公共性自不待言。② 因此，文艺批评应属于社会公共领域中的一个部分，在该领域中，言论自由理所当然地获得了法律的倾斜保护，其应当享有比名誉权更为宽广的权利空间。

（三）文艺批评自身的比较优势

公共领域范围广泛，其麾下远非文艺批评一家，文艺创作、新闻作品

① 苏力：《〈秋菊打官司〉的官司、邱氏鼠药案和言论自由》，载《法学研究》1996 年第 3 期。
② 梁治平：《名誉权与言论自由：宣科案中的是非与轻重》，载《中国法学》2006 年第 2 期。

等的公共性已是不争的事实。对文艺创作、新闻作品中的言论自由同样加以倾斜保护也已成为学界的共识。然而，给予文艺批评更大宽容的基本立场却并不满足于这种一般性的倾斜保护。它还包含着相较于另二者而言获得保护程度更大的内涵。此乃文艺批评相较于其他作品所具有的程度上的比较优势。在新闻侵权和文艺作品侵权裁判已日臻成熟的语境下，文艺批评可以借由这一比较优势进一步廓清其中言论自由的范围：如果某种言论幅度在新闻作品和其他文艺作品中获得了许可，则在文艺批评中更不能被认定为侵权。

文艺批评的比较优势实际上是赋予其更为超然的地位，而这一地位的取得则有赖于文艺批评自身的特殊属性。

首先，文艺批评与新闻作品不同。新闻报道的主要功能在于促进信息的交流与传播，满足公众的知情权以及实现舆论监督。而文艺批评则以评判者的名义表达具有鲜明个性的批评态度，坚守某种审美立场，对纷繁复杂的文艺现象作出判断和评论，对于规范、引导文学艺术的创作生产，促进文艺的发展繁荣具有重要作用。[①] 客观、公正是新闻作品的基本要求。强调作者的新闻创作必须以基本事实为归依。而文艺批评更倚重于批评者的主观判断，彰显其审美立场和学术思想。文艺批评不仅衣着言论自由的“黄马褂”，更是与思想自由、学术独立“沾亲带故”，在面对名誉权的责难时腰杆自然要挺得直一些。

其次，文艺批评亦有别于一般文艺创作。普希金曾将文艺批评界定为“揭示文学艺术作品的美和缺点的科学”，诚哉斯言。文艺批评虽然包含着褒扬的内涵，但其功能的发挥则更多依赖于批评。文艺批评主要以“批评”来促进文艺的发展，批评得越彻底，就越有助于作者创作水平的提高和文艺的繁荣。批评当然带有否定的意味，给批评对象带来不快甚或难堪则是在所难免。若忽视批评的本质，将之与一般作品一视同仁，则批评只能流于形式或演变为曲意的奉承附和，失去了文艺批评本身的功能。一如西方有人所述名言：“若批评不自由，则赞美无意义。”给予文艺批评更大的宽容，是其本质使然。

二、文艺批评的范围

基于给予文艺批评更大宽容的基本立场，一篇作品能否被纳入文艺批

① 廖文：《文艺批评：为人民而担当》，《人民日报》2010 年 6 月 25 日。

评的范围内，决定着其能否在与名誉权的角逐中取得先发优势，以及能在起跑线上与后者拉开多大的距离。言论自由在文艺批评中的地位是强势的，但如果作品超越了文艺批评的范围则可能要忍受名誉权更为严厉的苛责。因此，文艺批评的范围在某种程度上扮演着划分言论自由与名誉权界限的大分水岭的角色，从宏观上勾勒出二者的“势力范围”。

关于文艺批评范围的界定，文艺界的学者认为，文艺批评是对文艺的批评，从作家、创作、作品到读者以至文艺思潮，无一不在批评的对象范围之中。具体说，包括文艺思潮、文艺运动、风格流派、作家作品、读者鉴赏接受，以及与之相联系的社会生活和文艺批评自身等各种有关的问题。① 实践中，文艺批评引起的名誉权官司多因对文艺家的批评而起，因此，有必要对有关文艺家的批评问题做进一步的探讨。一般而言，作者与文艺家作为文艺创作中不可或缺的一部分，将其作为文艺批评的对象并无太大问题，实践中这样的例子也不胜枚举。但是，社会生活多元化所带来的个人角色多样性是十分明显的，并非文艺家的一切都是文艺的。因而，对有关文艺家的文艺批评范围作出限定尤显必要。有学者认为，可以对作家和文艺家的经历、世界观、创作风格、创作方法、思潮归属、美学特征以致创作手法、技巧等进行文艺批评。② 我们认为，这一范围虽然明确且安全，但并不周延。实践中，对文艺家在此之外的批评大量存在，绝对地将之排除于文艺批评之外显然与现实不符。从本质上讲，文艺批评主要是将文艺家作为一种文艺现象加以批评的。而文艺家的某些方面是否属于文艺现象，则需以是否具有文艺相关性加以判断。若文艺家的某些表现或品质可能对其文艺创作产生影响或者反映出了文艺界的某种风气或趋势，则将之纳入文艺批评的范围是无可厚非的。而对文艺家与文艺无关方面如生活作风等妄加评论则已然超出了文艺批评的范围，不应享受法律对文艺批评的优待。

三、责任构成

自由止于他人权利，而权利的享有以责任为后盾。因此，文艺批评是否逾越言论自由的边界构成对他人名誉权的侵害，侵权责任构成要件最具说服力。构成要件的作用是双向的：当行为全部符合要件的要求时便构成

---

① 黄展人：《文艺批评学》，广州，暨南大学出版社 1990 年版，第 42 页。

② 周忠厚主编：《文艺批评学教程》，北京，中国人民大学出版社 2010 年版，第 20 页。

了侵权，引致责任的承担；反之，任一要件的不圆满，都将使行为获得豁免。从这个意义上讲，构成要件亦有权利边界的属性。名誉权侵害责任的四个构成要件犹如四面高墙，圈划出名誉权的领地，而高墙之外则属于言论自由的空间。

（一）加害行为：区分事实和意见

区分事实和意见是在审理表达自由和保护名誉案件时的通行做法。其首先指引了在有无加害行为判断上的两种不同思路：对事实性陈述主要考察内容真实性的问题，恶意歪曲事实诋毁他人便构成诽谤；而意见则无涉真假，观点正确与否也非法律评价的范围，其主要关注的是言语上是否存在谩骂、丑化等侮辱他人的情形。

1. 如何区分

就事实和意见的区分，日本学者五十岚清曾提出了一个一般性的标准：事实言明是指针对某特定人的实际存在的事实进行叙述的行为，其真假可以通过证据加以证明。而意见的言明，是指除了事实言明之外的表达，是对意思或内容留有争议余地的言明，或是对特定人的行为或性质加以评价或评论的言明。① 而在评论性的文章中，就事实与意见的区分仍有两个问题是需要具体讨论的。

其一是夹叙夹议中事实与意见的区分问题。在评论性文章中，作者为了行文和说理的方便，写作时常采用叙议结合的手法，文中的事实与意见通常是交织混杂的。笔者认为，较为严谨的做法应当是，先绕开极富迷惑性的行文语言，将作者所欲陈述的事实完整地抽离出来，而文章的语言色彩则主要属于作者的态度、意见表达。前者是事实性问题，需要证据的支持；而后者则属于作者意见的范畴，不应加以真实性的苛求。

其二是在写作评论性文章时，作者或为求支持或为表反对，常在文中转引他人的陈述。此种转引常以“某人曾言……”的事实性陈述方式行文，若转引的是他人关于某事的事实陈述，则自属事实表述无疑；但如转引的是他人的评论，便出现了形式与内容的相悖，如何定性便不无疑问。本书认为，对意见的转引仍应属于事实范畴，理由不仅在于其表达方式上的事实性特点，更在于作者转引之主旨仍意在将之作为对自己观点的一种事实上的支持。

---

① 〔日〕五十岚清：《人格权法》，铃木贤、葛敏译，北京，北京大学出版社 2009 年版，第 57 页。

2. 真实性的判断

在真实性判断上，最高人民法院的司法解释采取了“基本属实”的立场。学者也认为，我们所要求的真实，应该是基本真实，符合事物的本来面目，在性质上应该是真实的。① 而何谓基本属实，本书认为可以从以下方面加以把握。

首先，是对事实陈述完整性的要求。公正评价以对事实的全面了解为前提，孤立式的描述则是引起价值偏见的根源。价值判断的形成机理，要求作者陈述必须满足事实完整性。而文章的表述至何种程度才被视为满足完整性要求，则因表述是直接来自作者还是转引自他人而有所区别。直接陈述依赖于作者对客观事实的主观认知。而囿于主、客观条件，人们对事物认知总是有限的，不可苛求作者反映事物的方方面面。对于直接陈述的完整性要求应该以社会一般认识范围为限。即使别人对于作者对比和研讨、认真创作的阐述，亦仅是其主观揣测而已，并非表现于外的客观事实。就转引性陈述而言，限于文章篇幅以及保护知识产权的要求，不可能将他人论文全部援引。一般仅要求在主要事实以及情感色彩保持一致即可，部分援引并不构成对完整性的切割。同时，对转引表述的真实性判断，也仅限于被转述者曾真实地做过该种事实陈述或意见表达而已，无须对作者就转述内容苛以真实性要求。

其次，真实性主要是性质上的要求。一般仅需事实陈述在性质上应该是真实的即可，对数量、程度上的精准性要求则是其次的。

3. 关于侮辱性语言

对于意见，必须要重申的是：作为批评者的主观价值判断，其无须面对真实性的苛责，意见正确与否，也只能留待经验检验，并非法律裁判的范围。由此，有关学者要求批评者对文艺家态度认真与否的评价“切合实际”的观点是不切实际的，忽略了事实与意见之间的区别。意见与法律的交集仅在于对意见表达的语言是否构成对他人侮辱的审度上。而文艺批评语言是否带有侮辱性，则主要可以遵循以下两个路径加以判断。

首先，评论是否在客观事实陈述的基础上作出。人们对事物的评价主要有两种形成途径：一是对客观事实全面了解基础上，基于自己的价值先见独立作出判断；另一个则是对他人意见、评价的习得。从理性人的角度，评价对事实的依赖是基础，人们总是希望能够在完全认识事物基础

① 杨立新、张新宝、姚辉：《侵权法三人谈》，北京，法律出版社2007年版，第179页。

上，对其作出自己的独立评判，只有在信息不对称的情形中，才会甘于被他人的意见所左右。因此，如果文章已经就客观事实作出了陈述，读者便可以在事实认识的基础上对他人作出独立的判断，作者贬低性言辞所能产生的不良影响则变得十分有限了。就像有学者所指出的，侮辱人格的言辞，限于那些一无事实、二不讲理，以贬损他人人格为目的的情绪化表达。① 反之，只要陈述的事实是客观的，则即使批评者的语言比较激烈、辛辣，也不应该被认定为具有侮辱性。

其次，须结合作品所在的语言环境。同为否定性言论，侮辱与批评之间仅存在程度上的差异。语言是否突破了批评的限度构成对他人的侮辱，取决于公众对该批评语言的态度。而公众对语言的包容程度是因语言环境而异的，人们不会因为郭德纲在德云社的戏台上对捧哏的于谦骂了几句脏话便认为其构成了对后者侮辱。语言环境不仅体现了言论表达的一般经验，更反映了受众对语言的包容限度。因此，结合语言的环境对其是否具有侮辱性作出判断，具有实践的合理性。对文艺批评而言，批评家的激情一直为学界所推崇，文坛笔锋犀利已为不争的事实，不信可以去看看报纸上的那些书评、乐评和影评。

（二）损害结果：社会评价的降低

通常认为，侵害名誉权的损害后果主要包括名誉利益的减损、精神损害以及财产利益损失三个方面。仅就认定名誉权损害责任成立的结果要件而言，只需满足名誉利益减损的标准即可。精神损害以及财产利益的损失与其说是责任成立要件，毋宁说是要求侵权人承担赔偿损失的条件。而所谓名誉利益减损，其实便是指权利人社会评价的降低。因而，判断行为是否满足名誉权侵害责任中损害结果要件的标准，最终落到了是否造成了他人社会评价降低的认定上。

有学者认为，名誉是一种观念，存在于公众的心里，公众如果不把这种心理表现出来，则实际后果是难以确定的。因此，应以侵害名誉权的行为是否为第三人知悉为认定名誉利益损害的标准。② 这一思想源自于英美法，《美国侵权法重述》（第二版）第569～574条便规定了书面诽谤和某些口头诽谤无须证明特殊损害，诽谤一旦公布即可要求行为人承担责任。

---

① 魏永征：《把事实和意见分开：名誉权案的重要原则——评点〈新闻记者〉点评假新闻文章引起的名誉权案》，载《新闻记者》2011年第8期。

② 杨立新：《人身权法论》，北京，人民法院出版社2006年版，第593页。

当然，这仅是基于经验的高度盖然性而作的推定，应当低位于客观现实。对行为具有诽谤、侮辱的认定仅表明该行为具有造成他人名誉降低的可能性而已，而事实是否如此，则未尽必然。社会评价虽然一般是藏于公众内心但亦不排除其借助某种形式客观表现于外的可能性。若该种可能变为现实，且是有利于被告的现实时，仍固执地坚守“第三人知悉”标准，则是缺乏妥当性的，会造成对被告的不公。

还必须注意到原告的公众人物特征。公众人物地位的取得有赖于公众对其态度的外现。人们对于公众人物的评价常常是彰显于外的，因而，对言论是否造成了某公众人物社会评价的降低，并非是不可捉摸的。尤其是随着网络技术的发达，公众意见更容易形成和被认识。公众人物的社会评价是否降低，往往通过对网络环境下的主流评价的考察便可认知。此外，歌手的唱片销量增减、演员片酬的高低等都曾被认为是判断其社会评价升降的重要因素。特别是当被告能证明，原告这些方面的利益非但没有降低反而得到了增加时，认定其社会评价的降低则更是缺乏说服力的。

（三）批评与名誉减损间的因果关系

不得不说，传统理论在损害结果认定时采取的“第三人知悉”标准，压榨了名誉权损害构成中因果关系要件的适用空间。只要第三人一旦知悉了行为人对他人的侮辱、诽谤便可认定造成了权利人社会评价的降低，从逻辑上看，中间基本无须对因果关系的判断。学者也由此认为，在侵害名誉权的案件中，侵害他人名誉权的行为与社会评价降低的损害后果之间的因果关系，是不证自明的，无须进行特别举证。但是对于侵害行为与精神损害之间的因果关系则需要受害人进行证明。①

本书认为，首先，侮辱、诽谤性言论为第三人知悉后将导致权利人社会评价降低的效果仅是一种推论，事实未必如此。其次，对某人的社会评价是多方面的，包括才干、品德、思想、作风等，而侮辱、诽谤常常仅是针对某一个或某几个方面。这使得在以下两种情形中，因果关系的判断非但不是无意义反而变得十分重要：（1）如果 A 仅就 B 的才干方面进行诽谤，但 B 在其所在的领域是公认的技术能手，诽谤被大众视为无稽之谈，丝毫没有对 B 才干的社会评价产生影响；但是，由于 B 生活作风不端，与单位某女同事 C 发生不正当关系而被告发，使得公众对其生活作风的社会评价降低，此时，认为 A 的行为与 B 的社会评价降低具有因果关系

① 张新宝：《名誉权的法律保护》，北京，中国政法大学出版社 1997 年版，第 151 页。

则是不合理的。(2) 在 (1) 的情形当中，B 并非与 C 发生不正当关系，而是 D 故意捏造并散播的，此时，仍认定 A 的行为与 B 的生活作风的社会评价降低具有因果关系也是不合理的。社会评价的多方面性，要求社会评价的降低与侮辱、诽谤的内容至少应具有一致性才能认为二者间具有因果关系。

(四) 批评者的主观过错

评论家由于个人艺术上的偏爱和喜好，论述中有一些偏于主观的倾向；或囿于艺术修养的局限，批评中产生某些不够准确的看法，这同样是难免的，关键是要有真心和善意。[①] 批评者对其侮辱、诽谤等行为所造成的他人社会评价降低的结果具有主观上的过错是要求其承担侵权责任的基础。这种主观的过错包含故意和过失两个方面。而对被告行为是否存在主观过错的认定中，有两个问题应该引起我们的注意。

第一是不点名批评的问题。在名誉权案件中，对于点名与否，主要考虑行为是否指向特定的人。若虽对批评的对象未作点名，但通过文章中对文艺家作画过程的描述以及其在公共场合的语言的复述，确实能够使一般公众辨认出其批评所指向的对象，但是如果被告在批评中作了隐名化处理的，表明其仅是针对原告文艺家的身份，将其作为文艺现象的一部分加以评论，便很难说存在造成被告社会评价降低的故意。

第二是交易关系对主观过错的影响。一般而言，如果是出于自私的动机侮辱、诽谤他人名誉的，则应该被认为是具有主观故意。若是出于维护公共利益的目的，则不应被认为是具有主观过错的。这一思路具有一定参考意义，但是其忽视了动机也是需要证明的，在没有足够证据支持的前提下，便以商业交易关系推定存在自私动机，则难免要遭到普遍质疑。

四、抗辩事由

(一) 真实性抗辩

对于事实性陈述而言，真假性的判断是第一位的。美国《侵权行为法重述》认为：“公布诽谤性事实的行为人，如果该陈述属实，不须承担诽谤责任。”事实陈述的真实性对名誉权的抗辩是强有力的。若陈述属实，则无论陈述目的何在、行为人主观恶意与否，都不应被认为是对名誉权的侵害（当然，若是对他人与公益无关的私生活的描述，即便属实，亦不可

---

① 李华章：《真心·善意——文艺批评断想》，载《当代文坛》1983 年第 11 期。

避免地构成对隐私权的侵犯）。因为名誉权所保护的是客观的社会评价，对权利人基于信息的不对称而获得的虚高评价，法律是无须加以维护的。值得注意的是，真实性抗辩仅限于对诽谤的阻隔，如果表达构成了对他人的侮辱，则是无法引用内容的真实性加以抗辩的。

日本法中，以“真实性、相当性”法理作为一般民事上的名誉权毁损的免责要件。

其内容是：作为民事侵权行为的名誉毁损，如果该行为事实是与公共利益相关的事实，且以实现公共利益为目的，如果能够证明所揭示的事实具有真实性，那么上述行为就不具有违法性，所以理解为侵权行为不成立是恰当的。如果对上述事实无法证明其真实性，但行为人有相当理由确信其为事实的时候，对上述行为因不具有故意或过失，结果也应当理解为侵权行为不成立。① 虽然其中“相当性”的抗辩功能主要在于否定过错，但是试图使真实性抗辩突破客观真实，而向主观真实延伸的做法，还是值得我们加以借鉴的。

（二）公正评论抗辩

涉及评论与名誉权的纠纷中，最常被提及的便是英美法中的“公正评论抗辩”原则。其主要指在涉及公共性事务时，评论是自由的，只要是出于公共利益而非侮辱他人的目的，在客观事实的基础上所作的评论，即使观点片面、表达激烈，甚至客观上造成了被评论者社会评价的降低，也不应因此而对评论人苛以责任。公正评论是建立在事实和意见的划分的基础上的，是意见自由在公共利益之上取得的绝对优势。

简单地说，“公正评论”是指为了公共利益“而诚实地作出”评论。②就其构成要件，英国法认为，第一，被告要证明其评论涉及的是有关公共利益的事项；第二，被告必须证明其评论具有事实上的根据；第三，被告还要证明其评论不是恶意的。③ 我国学者则更加详尽地指出，如果对有关社会利益的公众事件进行评论，以及就某些学术观点进行争论和批评，只要评论人从维护公共利益出发，善意地表达自己的真实见解，而非故意贬

---

① 〔日〕五十岚清：《人格权法》，铃木贤、葛敏译，北京，北京大学出版社 2009 年版，第 37 页。

② 徐爱国编：《英美侵权行为法（二）》，北京，法律出版社 1999 年版，第 184 页。

③ 〔日〕五十岚清：《人格权法》，铃木贤、葛敏译，北京，北京大学出版社 2009 年版，第 37 页。

损他人人格的，一般不应认为侵害名誉权。[①] 因此，若文艺批评当属学术争论和批评，被告出于促进文艺发展的目的，在陈述事实的基础上，对以原告为代表的文艺现象作出批评，应属于“公正评论”，可得以免除责任的承担。

① 徐爱国编：《英美侵权行为法（二）》，北京，法律出版社 1999 年版，第 184 页。

第七编　诉讼时效

第二十一章　诉讼时效

第一节　诉讼时效的意义

所谓时效，是指因时间之经过而发生一定的法律后果的法律制度。传统民法上的时效，主要有取得时效和消灭时效两种类型。在我国民法上，将消灭时效称为“诉讼时效”，而无取得时效的规定。诉讼时效是指权利人对其请求权因于一定期间内不行使而限制其行使的法律制度。我国《民法通则》(1986 年制定，2009 年修正）第七章在民法上正式确立了诉讼时效制度，《民法总则》(2017 年）第九章对前法的相关内容予以发展和完善。

一、诉讼时效的源起

我国《民法总则》第 188 条第 1 款规定：“向人民法院请求保护民事权利的诉讼时效期间为三年。法律另有规定的，依照其规定。”在我国民法上，诉讼时效有时亦简称为“时效”，如《海商法》(1992 年）第 13 章“时效”所规定的内容，即为诉讼时效，此举或许与该法将时效同时适用于诉讼与仲裁有关。梅仲协（1900—1971）教授指出，德国民法上“时效”(Verjaehrung）一语，在法律上之意义，应解释为“请求权因一定期间不行使，而减损其力量”之意，最为恰当，因而应删去“消灭”二字。[①] 笔者将诉讼时效对权利（请求权）所产生的影响，界定为“限制其行使”，即“减损其力量”之谓也。至于如何“限制其行使”，则视法律上对诉讼时效的效力采取何种态度。

---

① 梅仲协：《民法要义》，北京，中国政法大学出版社 1998 年版，第 154 页注释 1。依梅教授所言，我国民国时期民法引进所谓“消灭时效”，系转自日本民法；日本民法认消灭时效，为某种权利消灭之原因，故与取得时效，同列于一章；我国民国时期民法中所定“请求权因若干期间不行使而消灭”云云，“消灭”二字，似均应改为“罹于时效”或其他与此四字意义相似之字样，较为妥洽。

除此以外，有学者意欲赋予诉讼时效以区别于传统民法上消灭时效的意义，指出："我们与资本主义国家规定的消灭时效的制度有重要的不同，我们时效制度是规定人民与国家间的关系，人民与法院间的关系。资本主义的消灭时效是规定个人与个人间关系的，只间接地影响人民与国家间的关系。"① 另有学者则认为，"诉讼时效"的概念，"既是对权利人行使请求权所作的限制，当然也是对权利人通过法院主张权利之限制，因此是对一方诉请对方履行义务之限制，称作诉讼时效是恰当的。既然以诉请方式行使权利尚受时效之限制，则非以诉之方式行使请求权，岂不更应受限制，举重以明轻，法理上亦能通畅无碍"；另一方面亦"可以避免使人误认为时效届满就是使请求权消灭"②。

笔者认为，"诉讼时效"的称谓具有一定的科学性。一方面，这固然与所谓"消灭"与其实际效力在表达上存在明显差距，其效力之本质乃在于限制，而非消灭。另一方面，这可以与诉讼时效效力上的抗辩权发生主义发生深刻关联，特别是可以直接指向相关证明责任之分配上，为所谓"消灭"所不具备。即使在传统民法的"消灭时效"上，亦并非没有"诉讼"的一席之地。在古罗马法上，诉权是无限期的。随着裁判官管辖权的发展，出现了"无限期诉讼"（*actiones perpetuae*）和"时效诉讼"（*temporalesa* 或 *temporariae*）之分。前者乃市民法上之诉讼，其诉权为永久保有；后者乃裁判官法上之诉讼，其时效期间一般为 1 年，债权人不于时效期间内起诉的，其诉权消灭，债权亦因此而消灭。至狄奥多西一世（Teodosio Ⅰ，约 346—395）皇帝时代，对于无限期诉讼，亦限定其时效为 30 年，有特定情形者则延至 40 年，无限期诉讼于是名存实亡；对于时效诉讼，债权人不于时效期间内起诉的，其诉权消灭，但债权不因此而消灭，而成为自然之债。所谓时效，是指一切诉权，即一切体现在诉讼时刻的权利，在经过一定时期之后，可以通过抗辩而加以消灭；该抗辩称为"时效抗辩"（*exceptio* 或 *praescriptio temporis*）。在法律诉讼时期，不存在所谓"抗辩"；在程式诉讼时期，允许裁判官最广泛地干预审判，抗辩由此产生，债务人得据以对抗原告的诉权，间接地使裁判官纠正法律的不公平之处，当然，债务人也可以放弃抗辩。③ 可见，在罗马法初期，时效

① 谢怀栻：《民法总则讲要》，北京，北京大学出版社 2007 年版，第 200 页。

② 王利明：《民法总则研究》，北京，中国人民大学出版社 2003 年版，第 711 页。

③ 〔意〕彼德罗·彭梵得：《罗马法教科书》，黄风译，北京，中国政法大学出版社 1992 年版，第 107、327、100～101 页；郑玉波：《消灭时效制度在罗马法上之形成》，载郑玉波：《民法总则（第 11 版）》，台北，三民书局 1979 年版，第 389 页。其中，彭氏还指出：虽得作此"自然之债"的定性，但没有任何原始文献指明之，而且不属于纯自然债；见同书，第 302 页。

完成可以导致权利消灭；罗马法后期产生了时效抗辩的概念，即时效完成不导致权利消灭，而是使债务人产生时效抗辩的诉权。

即使在传统民法上的消灭时效项下，“诉讼”仍有其独特的意义。传统民法承罗马法之余绪，认为提起诉讼为时效之绝对中断事由，而否认权利人之履行请求可以中断诉讼时效，或者以之为相对中断事由。这与罗马法上“*actio*”（诉权）概念尚未分离出实体法意义上的“请求权”概念的现实相关联。时至今日，“请求权”从“*actio*”（诉权）中分离出来，获得独立于诉讼法意义上的诉权的发展。我国民法为达致逻辑上之一贯，遂使权利人之履行请求取得与提起诉讼相同等的地位，均可以中断诉讼时效。① 尽管如此，仍不意味着“诉讼”在诉讼时效中独特意义的取消，笔者将此一独特意义称为诉讼优位主义（详后）。

关于诉讼时效的性质，学说上存在不同观点。有的认为，“时效之效果，为因一定事实状态在一定期间之继续而当然发生，不以当事人之精神作用为要素，故为事件”②；有的认为，时效属于自然事实中的状态③；有的认为，时效毕竟“与当事人的有意志的行为在性质上是不同的”，但“因为时效的要件是权利不行使的状态持续一段时间，因此不属于事件，而应属于状态”④；有的认为，时效制度属民事法律事实中的事实行为。⑤笔者认为，诉讼时效既以时间之经过为表征，并不以当事人之精神作用为要件，故应属于自然事实；唯其以某一时点之到来而引起法律效果之发生，故应属于自然事实中的事件。

二、诉讼时效的功能

（一）诉讼时效的积极功能

因其限定权利人保全其权利（效力）之期间，而有恣意扼杀私权之嫌，是为其制度之消极面。然在积极面，主要有以下两个方面的功能。

1. 维护社会公益。诉讼时效制度之设，乃系套箍于权利人之头上，并辅以一定期间的“紧箍咒”，以防其眠于权利之上而不自觉；促其从速行使权利，以阻断权利搁置状态之继续；加速社会经济流转，稳定社会经

---

① 参见我国《民法总则》第195条。
② 史尚宽：《民法总论》，北京，中国政法大学出版社2000年版，第623页。
③ 梁慧星：《民法总论》，北京，法律出版社2007年版，第237页。
④ 王利明：《民法总则研究》，北京，中国人民大学出版社2003年版，第700页。
⑤ 王利明主编：《民法》，北京，中国人民大学出版社2000年版，第130页。

济秩序。详言之，权利之存在须以行使/实现为目的。如果任由权利人长期地“眠于权利之上”而不予行使/实现，而义务人又长期地受制于该权利而无法摆脱，这既会对义务人造成不公平，也会造成全社会经济秩序的不稳定，因而走向秩序的反面。一旦权利人在事隔多年之后才主张权利，就会轻易推翻原来围绕义务人已经趋于稳定的社会经济秩序。由此可见，诉讼时效制度之设乃属事所必然。但是，如果义务人在诉讼时效期间届满后仍予以履行或者同意履行的，则不在此限。我国《民法总则》第 192 条第 2 款规定：“诉讼时效期间届满后，义务人同意履行的，不得以诉讼时效期间届满为由抗辩；义务人已自愿履行的，不得请求返还。”学者尝将维护社会公益与促使权利人行使权利作为诉讼时效制度的两项功能分作论述。事实上，促进权利人行使权利只是诉讼时效制度的表现，维护社会公益方为其实质，因此，应以诉讼时效制度维护社会公益，吸收其促进权利人行使权利的功能。

2. 作为证据之代用。诉讼时效制度使权利人长时继续享有权利而得免于随时备证，以抗御外围绕存之“干扰因素”。有学者认为，此点为时效存在之真正理由：“消灭时效原为绝大多数主体免于随时备证抗御干扰之利益而开发，运作之结果，却成少数例外主体摆脱义务之工具。真正请求权人因消灭时效期间之经过，请求权难以伸张，反使义务人逍遥于义务之外。消灭时效之如此反射效果，乃例外非原则。时至今日已喧宾夺主，传统法学以例外解释消灭时效存在之理由。”① 因此，诉讼时效制度对相关证明责任具有分配作用。在诉讼中，义务人主张诉讼时效抗辩的（抗辩权发生主义），负有证明权利人所行使之请求权已经超过诉讼时效期间之证明责任；权利人如欲反对义务人之举证，则负有反向的证明责任，即除否认义务人之证明以外，还须对其请求权之诉讼时效期间尚未届满负证明责任。我国《民法总则》第 193 条规定：“人民法院不得主动适用诉讼时效的规定。”既然作为案件事实的一个组成部分，法院自不得自行援用诉讼时效，亦无须向当事人作出释明，以免逾越形成事实原则上须为当事人责任之诉讼职责界线。

（二）诉讼时效公益性的体现

诉讼时效的公益性，可以体现在以下两个方面。

① 曾世雄：《民法总则之现在与未来》，北京，中国政法大学出版社 2001 年版，第 212～213 页。

1. 变更诉讼时效期间的协议无效。我国《民法总则》第 197 条第 1 款规定："诉讼时效的期间、计算方法以及中止、中断的事由由法律规定，当事人约定无效。"当事人以协议变更（包括延长或者缩短）诉讼时效期间，这种协议为无效协议。

在立法例上，关于当事人能否以协议变更诉讼时效期间，主要有以下三种观点。一是绝对禁止主义。认为诉讼时效期间既为关乎公益的规定，则一概为强行性规定，当事人不能以协议加以变更。换言之，诉讼时效期间的长短应依法律的规定，不得因当事人的意思而有所改变。[①] 二是允许缩短主义。认为当事人可以合意缩短时效期间，并不违背时效制度的本旨，应属有效，但延长者为无效，主要立法例为 2001 年修改前的《德国民法典》第 225 条。日本民法虽无明文规定，但学者通说作此解释。[②] 三是合同自由主义。认为当事人可以根据一般的合同自由，以协议延长或者缩短时效期间，但该期间仍应受到最长时效期间的限制，同时故意或过失责任的时效期间不得预先缩短，主要立法例为 2001 年修改的《德国民法典》第 202 条。[③] 我国民法采取绝对禁止主义，系依诉讼时效为强行法之性质，其制度之功能关乎公益，当事人之间预期的诉讼时效利益更为法律明定之分配，当事人不得以协议排除或者变更已为法律所明定之诉讼时效期间，这种协议应为无效协议。此为法律政策之抉择，亦为我国学者之通说。[④] 特别是在禁止协议延长诉讼时效期间方面，与我国《民法总则》第 188 条第 2 款后段规定的诉讼时效期间的延长制度须由人民法院依职权为之是相对应的。

---

① 参见《法国民法典》第 2220 条，《瑞士债法典》第 129 条，《意大利民法典》第 2936 条，《俄罗斯联邦民法典》第 198 条第 1 款，我国台湾地区"民法"第 147 条前段，我国澳门特别行政区《民法典》第 293 条前段。

② 梁慧星主编：《中国民法典草案建议稿附理由·总则编》，北京，法律出版社 2004 年版，第 242～243 页。该书在引 2001 年修改前的《德国民法典》第 225 条规定时，未标明为旧法，容易引起读者误解。

③ 但是，德国民法上存在如下例外情况：使用格式合同变更时效期间的，必须接受严格的内容控制；有关保护消费者的时效期间为强行法，无合意调整空间；之于债权人利益债务人不能恶意缩减法定时效期间；之于债务人的利益，合意时效期间不能超过最长法定客观时效期间。《英国时效法》（Limitation Act 1980）亦采纳此种模式，但此种约定受到《英国不公平合同条款法》（Unfair Contract Terms Act）规定内容的限制。参见朱岩：《消灭时效制度中的基本问题——比较法上的分析——兼评我国时效立法》，载《中外法学》2005 年第 2 期。于此，朱教授将"Limitation Act 1980"翻译为《英国限制诉讼法案》。

④ 王利明：《民法总则研究》，北京，中国人民大学出版社 2003 年版，第 712 页；梁慧星：《民法总论》，北京，法律出版社 2007 年版，第 237 页。

除诉讼时效期间的长度以外，对于诉讼时效期间的计算方法，亦应适用绝对禁止主义，禁止当事人以协议变更之，主要立法例为《意大利民法典》第 2936 条、《俄罗斯联邦民法典》第 198 条第 1 款等。我国《民法通则意见》第 199 条规定："按照日、月、年计算期间，当事人对起算时间有约定的，按约定办。"该规定不适用于诉讼时效期间的计算。后来，《民法总则》对此予以修改，第 201 条规定："按照年、月、日计算期间的，开始的当日不计入，自下一日开始计算。""按照小时计算期间的，自法律规定或者当事人约定的时间开始计算。"依此，凡是涉及年、月、日期间计算的，当事人不得约定起算方法；当事人仅得约定涉及小时期间的起算方法。与此相对应，在对诉讼时效期间的长度采取合同自由主义的 2001 年修改的《德国民法典》，其在涉及时效期间的开始、停止、不完成、重新开始或者时效放弃等问题的解释上，亦均采取合同自由主义。①

2. 预先放弃诉讼时效利益的协议无效。我国《民法总则》第 197 条第 2 款规定："当事人对诉讼时效利益的预先放弃无效。"诉讼时效利益是指义务人因诉讼时效的经过而享有的利益，是诉讼时效的效力在当事人利益状态上的体现，因而也属于诉讼时效效力的实体内容。所谓诉讼时效利益的预先放弃，是指在诉讼时效期间届满前，义务人向权利人作出的在诉讼时效期间届满后将不主张诉讼时效抗辩权的意思表示。其中的诉讼时效利益系从狭义，特指义务人因诉讼时效期间届满而享有的利益。此一狭义的诉讼时效利益，其内容溯及于诉讼时效期间起算之时。② 与禁止当事人以协议变更诉讼时效期间的理由相同，当事人不得以协议预先放弃诉讼时效利益。盖因诉讼时效的性质为强行法，当事人预先放弃诉讼时效利益，其实质是将法定之诉讼时效期间延长至无限期，有违于社会公益，故当属禁止之列，其协议为无效。预先放弃诉讼时效利益，在性质上为单独行为、处分行为，其行为人称为诉讼时效利益受益人。该行为之构成，包括诉讼时效利益受益人及其对诉讼时效利益有处分能力两个方面。在诉讼时效受益人的范围上，本来不限于义务人，还可以包括义务继承人、义务受

---

① 杜景林、卢谌：《德国债法改革：〈德国民法典〉最新进展》，北京，法律出版社 2003 年版，第 150 页。《国际商事合同通则》（PICC2010）第 10.3 条第 1 款与《欧洲合同法通则》（PECL）第 14：601 条于此采取同一态度。对于我国民法应否追随这一发展趋势，梁慧星教授认为，应慎重研究，"即使采肯定立场，亦应特别注意两点：其一，对当事人的时效期间变更权应有最低限制，以免损害公共秩序；其二，仅应许可商事合同的当事人变更诉讼时效期间"；见梁慧星：《民法总论》，北京，法律出版社 2007 年版，第 237～238 页。

② 《日本民法典》第 144 条规定："时效的效力，溯至其起算日。"

让人和义务保证人等。

三、诉讼时效的客体

通说认为，诉讼时效的客体（即适用对象）是请求权。在我国学说上，长期以来认为诉讼时效的客体不应限于请求权，而应适用于全部权利；后来学者乃采取传统民法的观点，认为诉讼时效仅适用于请求权。事实上，早在《民法通则》中，已对诉讼时效的客体有所规定。尽管该法第135条（对应于《民法总则》第188条第1款）关于诉讼时效的定义规定中对此未予涉及，但在该法第139条前段关于诉讼时效中止的规定中，则明确规定诉讼时效的客体为请求权。对此，《民法总则》第194条第1款规定予以沿袭。因此，对于《民法总则》第188条第1款规定中的“民事权利”，应当解释为请求权。在立法例上，《德国民法典》最先对请求权（Anspruch）下有定义，2001年修改的该法典第194条第1款规定：“请求他人作为或者不作为的权利（请求权），受消灭时效的拘束。”从而确立了诉讼时效的适用对象为请求权。

1. 诉讼时效与请求权的关系小史

从请求权概念产生的历史来看，是由德国学者伯恩哈德·温德沙伊德（Bernhard Windscheid，1817—1892）从罗马法中的“*actio*”（诉权）发展而来。从内容上来说，“*actio* 只不过是通过审判要求获得自己应得之物的权利”[①]，因而兼具有现代意义上的实体法和程序法（诉讼法）两个方面的权利意义，即是一个结合体。罗马法正是通过一个个的“*actio*”而得到形塑的，但到了温氏那里，他区分了私法意义上的两种权利，其一是私法权利，这是第一位的；其二是通过诉讼程序予以实现的权利，则是第二位的。前者就是由温氏发明的“请求权”概念，后者则是温氏意义上的“诉权”概念（私法诉权说）。当然，请求权的概念不仅表明一种客观（实体法）上的权利，而且表明一个特定人针对他人的特定请求可以通过诉讼来主张和执行，即它首先说明一种实体法的地位，同时也表明了“程序上的功能”。而诉权概念所针对的则是原告的一种权利，即只要其所提起的诉讼符合程序法上规定的前提条件就应该获得法院受理。[②]

---

① J.4，6，pr.；D.44，7，51；转引自〔意〕彭梵得：《罗马法教科书》，黄风译，北京，中国政法大学出版社1992年版，第85页。

② 〔德〕卡尔·拉伦茨：《德国民法通论》上册，王晓晔等译、谢怀栻校，北京，法律出版社2003年版，第322～323页。

但是，在温德沙伊德理论的意义上，作为诉讼时效适用对象的请求权至少还具有如下意义：一是请求权本身因时效而消灭，即实体权消灭主义[①]；二是尽管请求权时效的实际意义在程序中更为明显，但《德国民法典》仍然是将其作为实体法的制度加以规定，这使以诉讼法的观点来考虑程序问题的重点转移到实体法的考虑上来。[②] 对于前者，《德国民法典》并未采取温氏的观点，而是采取抗辩权发生主义，将诉讼时效对请求权的效力影响，从温氏意义上的消灭，减弱至请求力的或然性丧失。对于后者，则应摆脱原来仅从诉讼上来考虑对权利行使的限制，而从权利行使的实体法角度来设置诉讼时效制度。在温氏之前，弗里德里希·卡尔·冯·萨维尼（Friedrich Carl von Savigny，1779—1861）在诉讼时效的效力观点上系采取诉权消灭主义，其时，“请求权”概念尚未被提出来，故萨氏所谓的诉权消灭主义自非目前完全意义上的“诉权”概念，毋宁是一种尚与“请求权”相结合的、兼具实体法和诉讼法两重含义的权利类型。[③] 总之，从实体法的角度来认识诉讼时效制度，意义重大。

对于我国《民法总则》第 188 条第 1 款规定的“向人民法院请求保护”的权利，在文义解释上似与诉权更相接近。但是，凡请求权均得以诉权的方式行使之，因而在民事实体法所规定的诉权，均为其所对应的实体权利——请求权的影子。只不过在理论上，请求权与作为本权的权利究有区别，本权为相对权（如债权）的，请求权内容常与之一致；本权为绝对权（如物权、人格权）的，“在权利不受侵害时，其请求权则隐不显现，然若一旦遭遇侵害，则随时可以发动”[④]。因而在判断具体某项请求权能否作为诉讼时效适用对象时，须予区别考察。诉讼时效之所以适用于请求权，原因在于：一方面，请求权在内容上是请求他人为一定的行为或不为一定的行为的权利，请求权的实现有赖于义务人履行一定的给付义务，但这种给付义务实际上对义务人来说是一种负担，相反，这种负担应当在一定的期限内存在，而不能无期限地持续下去。否则，义务人长期负担某项

---

① 史尚宽：《民法总论》，北京，中国政法大学出版社 2000 年版，第 699 页。

② 〔德〕卡尔·拉伦茨：《德国民法通论》上册，王晓晔等译、谢怀栻校，北京，法律出版社 2003 年版，第 324 页。

③ 关于从罗马法上的“*actio*”，到萨维尼，再到温德沙伊德的请求权学说的变迁考察，可以参见朱岩：《论请求权》，载《判解研究》2003 年第 4 辑（总第 14 辑）。

④ 梅仲协：《民法要义》，北京，中国政法大学出版社 1998 年版，第 37 页；王利明：《民法总则研究》，北京，中国人民大学出版社 2003 年版，第 215～217 页；朱岩：《论请求权》，载《判解研究》2003 年第 4 辑（总第 14 辑）。

给付义务，不利于社会经济关系的稳定。另一方面，请求权虽有赖于义务人履行义务才能实现，但如果义务人不履行义务，权利人有权请求法院保护其权利的实现。但这种请求保护的权利，也要有一个时间的限制，否则可能因年代久远而出现举证困难等问题，使当事人的合法权益难以受到法院的保护。所以，从诉讼保护的需要出发，也需要使请求权受到诉讼时效的限制。正是由于诉讼时效的适用对象是请求权，因而为对抗请求权，使义务人对于诉讼时效期间届满的请求权产生抗辩权，这也是符合请求权与抗辩权相对抗的法理的。①

2. 诉讼时效的主要客体是债权

凡债权请求权，无论其发生原因及请求权内容为何，原则上均得为诉讼时效的适用对象，包括合同履行请求权及债务不履行损害赔偿请求权、缔约上过失损害赔偿请求权、不当得利返还请求权、侵权行为损害赔偿请求权等。②《瑞士债法典》第 127 条明确规定诉讼时效的客体为债权。我国也有学者认为，诉讼时效的适用应以债权为限。③ 最高人民法院《关于审理民事案件适用诉讼时效制度若干问题的规定》（法释〔2008〕11 号；以下简称《诉讼时效司法解释》）第 1 条规定："当事人可以对债权请求权提出诉讼时效抗辩，但对下列债权请求权提出诉讼时效抗辩的，人民法院不予支持：（一）支付存款本金及利息请求权；（二）兑付国债、金融债券以及向不特定对象发行的企业债券本息请求权；（三）基于投资关系产生的缴付出资请求权；（四）其他依法不适用诉讼时效规定的债权请求权。"依此，对不适用诉讼时效的债权请求权作出了明确的排除规定。其中的"其他依法不适用诉讼时效规定的债权请求权"，例如在第三人侵害债权的妨害除去责任中，第三人背俗加害之除去或防止责任，系基于对债权应有状态的尊重所发生，对债权人而言，此种给付并不构成独立于受到侵害的债权之客体的新的利益。因此，在债权人与责任人之间并未发生独立于原债权的债权债务关系，妨害除去仍系受到侵害之债权自身的效力内容。在该受到侵害的债权尚未罹于时效之前，这种妨害除去责任并无独立

① 王利明：《民法总则研究》，北京，中国人民大学出版社 2003 年版，第 716～717 页。

② 王泽鉴：《民法总则（增订版）》，北京，中国政法大学出版社 2001 年版，第 522 页。

③ 王利明主编：《中国民法典学者建议稿及立法理由·总则编》，北京，法律出版社 2005 年版，第 400～415 页。

罹于时效的可能。① 至于债权请求权以外的其他请求权是否适用诉讼时效，则须视其性质具体确定。

此外，我国司法解释上还明确规定国家公产不适用诉讼时效。最高人民法院《关于贯彻执行〈中华人民共和国民法通则〉若干问题的意见（试行）》（法（办）发〔1988〕6号，经法释〔2008〕15号修改；以下简称《民法通则意见》）第170条规定："未授权给公民、法人经营、管理的国家财产受到侵害的，不受诉讼时效期间的限制。"《宪法》（2004年修正）、《民法通则》和《物权法》（2007年）均规定了国家财产制度。依其用途，可以将国家财产分为国家公产和国家私产，这里对物权抑或债权似乎不作区分。其中，国家公产又分为共用公产和公用公产，前者是指公众直接使用的国家财产，又称为公众用公产；后者是指公务作用的国家财产，又称为公务用公产。② 学者认为，上述《民法通则意见》的规定是我国最早的可以被看作为国家公产制度的规范③，表明法律对国家财产所给予的特殊保护。国家对土地、矿藏、水流、森林等自然资源，对公共设施、军事设施财产等享有专有权，这类权利受到法律绝对的保护，同时，当财产未授权给公民、法人经营，尚未从国家财产中独立出来，不适用诉讼时效的限制。④ 可见，该条司法解释规定的适用对象，不限于国家公产中的请求权，更主要地是指对国家公产中的所有权的特殊保护。

3. 诉讼时效不适用于支配权、形成权和抗辩权

（1）诉讼时效不适用于支配权。支配权是本权，体现为权利人对客体的管领，一般不直接涉及与第三人的关系。支配权的实质在于利益的直接

---

① 王利明主编：《中国民法典学者建议稿及立法理由·总则编》，北京，法律出版社2005年版，第415页。

② 王名扬：《法国行政法》，北京，中国政法大学出版社1988年版，第306～308页。这一分类是1946—1947年由法国民法改革起草委员会作为建议提出的，旋即被采为通说。"某项财产是否应享受公产的保护，根据它所履行的功能决定，不是根据它的性质决定。……19世纪时认为公产是非生产性财产，不能产生收益。20世纪以后公产制度不完全排除政府可以取得收益。公产制度和经济收益不是对立的。"对于国家私产，"也不是任何问题都只能适用民法规则，完全排除公法规则。在私产管理中也有不受一般民法规则支配的情况，例如国家作为债务人时消灭时效的期间比一般债务人短。"见同书，第304～306页。我国有学者采取这一分类，称为公用物和公有物；见梁慧星主编：《中国物权法草案建议稿：条文、说明、理由与参考立法例》，北京，社会科学文献出版社2000年版，第218～219页。该书认为："公有物仅指行政财产，不包括收益财产，是采狭义的公有物概念。"有学者则仅采"公用财产"的概念，见王利明主编：《中国民法典学者建议稿及立法理由·物权编》，北京，法律出版社2005年版，第150页。

③ 张建文：《社会转型与国有财产制度的变迁——以公产、私产区分的国家财产理论为视角》，载《长白学刊》2005年第5期。

④ 梁书文主编：《民法通则贯彻意见诠释》，北京，中国法制出版社2001年版，第145页。

实现性和对应义务人的消极性，在权利的行使过程中，第三人只负担消极义务，双方无从发生积极性的请求权的法律关系。对支配权而言，无论是对财产利益的支配还是对人身利益的支配，大多不可能有时间的限制。因此，像物权、人格权这些在性质上为支配权的民事权利，不适用诉讼时效。我国《民法总则》第196条规定："下列请求权不适用诉讼时效的规定：（一）请求停止侵害、排除妨碍、消除危险；（二）不动产物权和登记的动产物权的权利人请求返还财产；……"例如，人格权作为支配权，其本身不适用诉讼时效，因而为维护人格利益所必要的人格权请求权（如侵害除去请求权）亦应不适用诉讼时效，但非为维护人格利益所必要的人格权请求权（如损害赔偿请求权）则应适用诉讼时效。①

（2）诉讼时效不适用于形成权。形成权系依权利人单方的意志而使法律关系产生、变更和消灭，不需要对方当事人的配合。由于在形成权行使之前，法律关系处于不确定的状态，为促进法律关系的稳定，法律或者当事人往往会对形成权的行使，规定或者约定一个除斥期间加以限制。我国《民法总则》第199条前段规定："法律规定或者当事人约定的撤销权、解除权等权利的存续期间，除法律另有规定外，自权利人知道或者应当知道权利产生之日起计算，不适用有关诉讼时效中止、中断和延长的规定。"

（3）诉讼时效不适用于抗辩权。抗辩权是对抗请求权的权利，在性质上附从于请求权，即如对方不行使请求权，则己方亦无由行使抗辩权。② 正如史尚宽教授所言："抗辩权（催告权、检索抗辩权及同时履行抗辩权）附随于请求权，于请求权存续之期间，不因时效而消灭。"③

四、诉讼时效与除斥期间的区别与识别

除斥期间是指权利因一定期间内不行使而消灭的法律制度，与诉讼时效同属于民法上的时间制度。除斥期间可以分为法定除斥期间和约定除斥期间，司法实践中一般遇到的是法定除斥期间，而事实上当事人可以为自己的权利行使进行约定，甚至对法律规定的除斥期间加以变动，予以延长

---

① 王泽鉴：《民法总则（增订版）》，北京，中国政法大学出版社2001年版，第524页。

② 王利明：《民法总则研究》，北京，中国人民大学出版社2003年版，第717～718页。

③ 史尚宽：《民法总论》，北京，中国政法大学出版社2000年版，第633页。刘得宽教授称此为"抗辩权之永久性"理论，即抗辩权系以防御（Defensiv）之形态，对他方之变更现状请求，主张消极的现状维持，表现于诉讼上时，则不应受到权利行使期间之限制；见刘得宽：《抗辩权之永久性——抗辩权不应罹于时效》，载《民法诸问题与新展望》，北京，中国政法大学出版社2002年版，第539页。

或缩短，或在法律未规定除斥期间的情形下自行约定。例如，依我国《合同法》（1999 年）第 95 条第 1 款的规定，当事人可以自行约定合同解除权的行使期限，此行使期限的性质即为除斥期间。①

1. 诉讼时效与除斥期间的区别。主要体现在如下八个方面。

（1）立法的精神不同。诉讼时效在于维持新建立之秩序；除斥期间则在于维持存在的原秩序。

（2）适用的对象不同。诉讼时效适用于请求权；除斥期间则一般适用于形成权。②

（3）期间的起算不同。诉讼时效期间一般从权利人知道或者应当知道权利被侵害时起算；除斥期间则一般从权利成立时起算（《合同法》第 55 条第 1 项关于合同撤销权、第 75 条前段关于债权人撤销权的 1 年的除斥期间的起算时间规定，属于例外）。

（4）期间是否可变不同。诉讼时效有中止、中断，遇有特殊情况还可以延长期间；除斥期间则是不变期间，一般不存在中止、中断或者期间延长的情形。③

（5）能否自行约定不同。当事人不得自行延长或缩短诉讼时效期间，或者预先放弃诉讼时效，却可以自行延长或缩短除斥期间，或者预先放弃除斥期间。

（6）届满后的效果不同。诉讼时效期间届满将产生限制权利行使的效果，并不消灭权利本身，而系“增加其时间上之分量”，同时产生权利（诉讼时效抗辩权）；除斥期间届满则消灭权利本身，即权利自始即有存续期间之限制，余无所及。

（7）援用的方法不同。法院不得主动援用诉讼时效，而须待义务人之主张；但对于除斥期间之已否经过，法院应依职权调查并援用之。

（8）是否允许放弃不同。当事人不得预先放弃诉讼时效利益，但于诉

---

① 徐国栋：《民法总论》，北京，高等教育出版社 2007 年版，第 402～403 页。王利明教授反对除斥期间可由当事人约定；见王利明：《民法总则研究》，北京，中国人民大学出版社 2003 年版，第 756 页。

② 就除斥期间的适用对象，梅仲协教授谓“不以请求权为限”；见梅仲协：《民法要义》，北京，中国政法大学出版社 1998 年版，第 155 页。史尚宽教授谓“多关于无请求权之权利”；见史尚宽：《民法总论》，北京，中国政法大学出版社 2000 年版，第 625 页。

③ 有学者主张不可抗力情形下的除斥期间中止，参见杨立新：《汶川大地震应急民法思考》，载《光明日报》2008 年 6 月 23 日。在立法例上也有此观点，如《德国民法典》第 124 条第 2 款规定：“在欺诈的情形，期间自撤销权人发现诈欺时开始，在胁迫的情形，自强迫情事停止时开始。对于期间的进行，相应地适用第 206 条、第 210 条和第 211 条关于时效的规定。”

讼时效期间届满后可以放弃之；除斥期间届满后，权利当然消灭，自无当事人放弃其利益之余地。[①]

例如，《合同法》第 54 条规定的合同撤销权，在性质上属于形成权，存续期间 1 年（同法第 55 条第 1 项），在性质上为除斥期间，不适用诉讼时效中止、中断或者期间延长的规定。《诉讼时效司法解释》第 7 条第 1 款规定："享有撤销权的当事人一方请求撤销合同的，应适用合同法第五十五条关于一年除斥期间的规定。对方当事人对撤销合同请求权提出诉讼时效抗辩的，人民法院不予支持。"但是，由于行使合同撤销权而产生的返还财产、赔偿损失请求权，则应适用诉讼时效。因此，该司法解释同条第 2 款规定："合同被撤销，返还财产、赔偿损失请求权的诉讼时效期间从合同被撤销之日起计算。"与前一个问题相关，最高人民法院《关于适用〈中华人民共和国合同法〉若干问题的解释（一）》（法释〔1999〕19 号；以下简称《合同法司法解释一》）第 8 条规定："合同法第五十五条规定的'一年'、第七十五条和第一百零四条第二款规定的'五年'为不变期间，不适用诉讼时效中止、中断或者延长的规定。"有法官认为，该三者规定的权利（即合同撤销权、债权人撤销权、债权人提存物领取权）"涉及撤销权和对权利的抛弃，均和形成行为有关"，因而其行使期间均应属除斥期间。[②] 笔者认为，此一定性，对于后二者不无疑义。

2. 诉讼时效与除斥期间的识别。民事实体法上有多种多样的期间规定，特别是在诉讼时效期间抑或除斥期间的定性问题上，常滋困扰。王泽鉴教授指出："法律所定期间究为除斥期间，抑或为消灭时效，须斟酌条文所使用'因不行使而消灭'或'时效'等字样、权利性质，以及法规实质具体内容而为判断。"[③] 此一语言分析的方法，于立法语言严谨的法律（体系）中自可遵循，唯此正为我国立法所欠缺，故未可完全遵循。笔者

---

① 胡长清：《中国民法总论》，北京，中国政法大学出版社 1997 年版，第 353～354 页；郑玉波：《民法总则（第 11 版）》，台北，三民书局 1979 年版，第 354 页；王泽鉴：《民法总则（增订版）》，北京，中国政法大学出版社 2001 年版，第 518～519 页；王利明：《民法总则研究》，北京，中国人民大学出版社 2003 年版，第 758～762 页。胡氏指出，诉讼时效与除斥期间之区别，始于 1880 年 Grawein 之学说。

② 陈现杰：《最高人民法院〈关于适用《中华人民共和国合同法》若干问题的解释（一）〉的理解与适用》，载《民事审判指导与参考》2000 年第 1 卷（总第 1 卷），北京，法律出版社 2000 年版，第 136～137 页。

③ 王泽鉴：《民法总则（增订版）》，北京，中国政法大学出版社 2001 年版，第 518 页。就其中语言分析的方法，亦可参见郑玉波：《民法总则（第 11 版）》，台北，三民书局 1979 年版，第 354 页；史尚宽：《民法总论》，北京，中国政法大学出版社 2000 年版，第 625～626 页。

认为，尚须斟酌权利性质及法规内容进行定性，方属正途。因此在司法实务中，对于权利行使期间的定性存在诸多的争议问题。

（1）我国《合同法》第75条规定的“一年”和“五年”。该条规定：“撤销权自债权人知道或者应当知道撤销事由之日起一年内行使。自债务人的行为发生之日起五年内没有行使撤销权的，该撤销权消灭。”对于其中两个法定期间的性质，立法部门的释义统一解释为诉讼时效期间①，有法官则将“1年”解释为诉讼时效期间，将“5年”解释为除斥期间②，学者通说则统一解释为除斥期间。③ 依通说，债权人撤销权在性质上为形成权与请求权之结合体，在其保护债权人之点言之，应为形成权；在其同时顾及第三人利益之点言之，应为请求权。因此，就其权利行使之法定期间，应认为债权人撤销权之效果系以其形成力为基础，其行使又以破坏原有法律秩序为目的，法定期间之经过则可继续维持原有秩序，故以认系除斥期间为当。④ 对此，《合同法司法解释一》第8条规定仅认《合同法》第75条规定的“5年”是除斥期间，而对此前的“1年”则未予定性，笔者认为应当从同，统一解释为除斥期间。

（2）我国《合同法》第104条第2款规定的“五年”。该款规定：“债权人领取提存物的权利，自提存之日起五年内不行使而消灭，提存物扣除提存费用后归国家所有。”《合同法司法解释一》第8条明确该“五年”的性质是除斥期间。立法部门的释义同此⑤，亦为学者通说。⑥ 少数学者则采诉讼时效说。⑦ 依通说，提存行为在性质上为私法行为，属于“向第三人履行的保管合同”，因而债权人对提存物有领取权。相对于本来的给付请求权，提存物领取请求权为新发生的请求权，是前者履行方式的变形，其性质与范围则与前者完全一致。唯该项请求权的性质为物权请求权（所有物返还请求权）抑或债权请求权，学说上有分歧，立法部门的释义和梅

---

① 胡康生主编：《〈中华人民共和国合同法〉释义》，北京，法律出版社1999年版，第126页。

② 曹守晔等：《关于适用〈合同法若干问题的解释（一）〉的理解与适用》，载《人民司法》2000年第3期。

③ 王利明：《合同法研究》，第2卷，北京，中国人民大学出版社2003年版，第190页。

④ 孙森焱：《民法债编总论》下册，北京，法律出版社2006年版，第532、554页。

⑤ 胡康生主编：《〈中华人民共和国合同法〉释义》，北京，法律出版社1999年版，第174页。

⑥ 王利明：《合同法研究》，第2卷，北京，中国人民大学出版社2003年版，第347页。

⑦ 张谷：《论提存》，载《清华法学》第2辑，北京，清华大学出版社2003年版，第205～210页。

仲协教授、王利明教授采前者①，韩世远教授、张谷教授采后者。② 既为债权请求权，似宜受诉讼时效之限制为宜。盖就除斥期间之立法精神以言，乃在维持继续存在的原秩序，而诉讼时效则在维持新建立之秩序，然而，在时间上限制提存物领取请求权，并不存在"维持继续存在的原秩序"之余地，反而是诉讼时效说更为适宜。然而，司法解释既然采取除斥期间说，除其起算时间为"提存之日"更符合除斥期间起算时间一般为绝对客观的特点以外，更重要的是期间届满的效果为提存物"归国家所有"，与诉讼时效期间届满仅使义务人取得拒绝给付的抗辩权的效果确有不同。此一效果之规定，反过来又使前述之物权请求权一说获得支撑。③ 笔者认为，此一矛盾之解决，宜修改《合同法》，承认债务人对提存物之取回权，将该期间规定变更为诉讼时效期间；于此期间届满时，并以债务人之取回权消灭为条件，债务始真正溯及自提存时归于消灭。④

(3) 我国《合同法》第 158 条第 2 款规定的"两年"。该款规定："当事人没有约定检验期间的，买受人应当在发现或者应当发现标的物的数量或者质量不符合约定的合理期间内通知出卖人。买受人在合理期间内未通知或者自标的物收到之日起两年内未通知出卖人的，视为标的物的数量或者质量符合约定，但对标的物有质量保证期的，适用质量保证期，不适用该两年的规定。"就该"两年"的性质，有学者认为是除斥期间⑤，也有认为

① 胡康生主编：《〈中华人民共和国合同法〉释义》，北京，法律出版社 1999 年版，第 173 页；梅仲协：《民法要义》，北京，中国政法大学出版社 1998 年版，第 315 页；王利明：《合同法研究》，第 2 卷，北京，中国人民大学出版社 2003 年版，第 347 页。

② 韩世远：《合同法总论》，北京，法律出版社 2004 年版，第 661 页；张谷：《论提存》，载《清华法学》第 2 辑，北京，清华大学出版社 2003 年版，第 202～203 页。

③ 显然，除斥期间说并非正确，唯法条如此，司法上自应遵循。作为《合同法》第 104 条第 2 款的参考立法例的我国台湾地区"民法"第 230 条，也对提存物领取请求权规定了一个"10 年"的行使期间，台湾地区学者如孙森焱、邱聪智、黄立等亦采除斥期间说，唯皆以提存系公法上关系作为基础。就提存的性质采私法关系说者，则就该期间多采时效期间说，如李谟、黄景柏、胡长清等。于此，读者不可不察也。1999 年台湾地区"民法"债编修改，修改后的第 330 条坚持除斥期间说，删除原条文中的"不行使而消灭"的用语，俾杜争议。有关台湾地区学者就该期间性质争论的整理，可参见张谷：《论提存》，载《清华法学》第 2 辑，北京，清华大学出版社 2003 年版，第 206～207 页。

④ 此系采提存消灭债务的停止条件说。《德国民法典》第 378 条规定："提存物的取回权被排除的，债务人因提存而以与其在提存时向债权人给付同一的方式免除其债务。"

⑤ 王利明主编：《中国民法典学者建议稿及立法理由·总则编》，北京，法律出版社 2005 年版，第 480 页。

系质量异议期间之一[①]，亦有认为系诉讼时效期间。[②] 笔者采末说。首先，其适用的对象是买受人的标的物数量或质量瑕疵补救请求权，尽管该请求权是以“异议”这一意思通知的形式存在，与形成权的行使相近似，但其本质仍然是请求权。其次，其起算时间与《民法总则》第 188 条第 2 款前段规定普通诉讼时效期间的起算时间为“权利人知道或者应当知道权利受到侵害以及义务人”时不同，系采取买受人收到标的物时这一绝对客观标准。

（4）我国《产品质量法》（2009 年修正）第 45 条第 2 款规定的“十年”是诉讼时效期间还是除斥期间？该款规定：“因产品存在缺陷造成损害要求赔偿的请求权，在造成损害的缺陷产品交付最初消费者满十年丧失；但是，尚未超过明示的安全使用期的除外。”有学者认为，该“十年”的性质是除斥期间。[③] 笔者认为，该“十年”的性质是诉讼时效期间，并且是最长诉讼时效期间。首先，该“十年”的诉讼时效期间的起算采取“缺陷产品交付最初消费者”时这一绝对客观标准，与《民法总则》第 188 条第 2 款后段规定的“权利受到侵害”时这一最长诉讼时效期间起算标准不同。其次，该“十年”在性质上应构成产品缺陷损害赔偿请求权的最长诉讼时效期间，不适用诉讼时效中止、中断的规定，但适用诉讼时效期间延长的规定。[④]

（5）我国《物权法》第 107 条前段规定的“二年”是诉讼时效期间还是除斥期间？该条规定：“所有权人或者其他权利人有权追回遗失物。该遗失物通过转让被他人占有的，权利人有权向无处分权人请求损害赔偿，或者自知道或者应当知道受让人之日起二年内向受让人请求返还原物，但受让人通过拍卖或者向具有经营资格的经营者购得该遗失物的，权利人请求返还原物时应当支付受让人所付的费用。”通说认为，该“二年”的性质是除斥期间；少数学者则认为是诉讼时效期间。[⑤] 笔者从通说。首先，本条规定的遗失物返还请求权，是作为善意取得（同法第 106 条）的例外

① 崔建远：《房屋买卖合同与诉讼时效》，载《人民法院报》2003 年 6 月 13 日。

② 李国光主编：《合同法释解与适用》上册，北京，人民法院出版社 1999 年版，第 731 页。

③ 梁慧星：《民法总论》，北京，法律出版社 2007 年版，第 240 页注释 1。但是，梁教授同时承认：“最长时效期间不发生中止中断问题，性质上为不变期间，类似于除斥期间”；见同书，第 247 页。

④ 参见我国《民法通则意见》第 175 条第 2 款。

⑤ 江平主编：《〈中华人民共和国物权法〉精解》，北京，中国政法大学出版社 2007 年版，第 142 页。

之一，虽然名为请求权，但其内容在于复活遗失前的权利关系，具有形成权的性质，即于遗失人请求返还后，善意受让人纵未将标的物交付于遗失人，原权利关系仍当然回复原状。[①] 其次，与有关立法例不同的是，立法例上的该项除斥期间在起算时间上系采绝对客观标准，即自遗失人丧失占有时起算[②]，而本项规定的除斥期间则采相对客观标准，即知道或者应当知道受让人之日起算。

(6) 我国《物权法》第 245 条第 2 款规定的“一年”是诉讼时效期间还是除斥期间？该款规定：“占有人返还原物的请求权，自侵占发生之日起一年内未行使的，该请求权消灭。”立法部门的释义认为，该“一年”的性质是除斥期间，其理由是诉讼时效可以中断、中止，容易使权利处于长期不稳定的状态。[③] 王利明教授则认为系诉讼时效期间。[④] 在立法例上，德国、日本民法亦采除斥期间说，而瑞士、我国台湾地区“民法”则采诉讼时效说。[⑤] 就本条规定的行文而言，系采取我国台湾地区“民法”第 963 条规定的模式，即“不行使而消灭”，此“不行使”于除斥期间一说则属赘文，故本条应属于诉讼时效的行文模式。就本条规定的意旨以言，该“一年”系为维持新建立之秩序，似以采诉讼时效说较为适宜。盖占有之侵害状态，于经过一定期间后，已成为社会之平静状态，倘仍准予复旧，反将成为现有秩序之扰乱，致妨害社会之安宁，与占有制度重在对于标的物现有事实上管领力之维护已有不符之故。[⑥] 唯该项诉讼时效期间的起算时间为“侵占发生之日”，属于绝对客观标准，与《民法总则》第 188 条第 2 款前段规定的“权利人知道或者应当知道权利受到侵害以及义

① 谢在全：《民法物权论》下册，北京，中国政法大学出版社 1999 年版，第 977～978 页；王泽鉴：《民法物权 2：用益物权、占有》，北京，中国政法大学出版社 2001 年版，第 289 页。依此通说，在遗失人请求返还之前，对该遗失物的所有权归属系采占有人归属说，又称为善意受让人归属说。但是，我国通说却采原权利人归属说，见王利明：《物权法研究（修订版）》上册，北京，中国人民大学出版社 2007 年版，第 468 页。

② 有关立法例的列举，可参见胡康生主编：《〈中华人民共和国物权法〉释义》，北京，法律出版社 2007 年版，第 242～243 页。但是，我国台湾地区“民法”第 949 条规定的立法理由认为，该规定的“2 年”为“时效”；见王泽鉴：《民法物权 2：用益物权、占有》，北京，中国政法大学出版社 2001 年版，第 282 页。

③ 胡康生主编：《〈中华人民共和国物权法〉释义》，北京，法律出版社 2007 年版，第 522 页。

④ 王利明：《物权法研究（修订版）》下册，北京，中国人民大学出版社 2007 年版，第 758 页。

⑤ 史尚宽：《物权法论》，北京，中国政法大学出版社 2000 年版，第 596 页。

⑥ 谢在全：《民法物权论》下册，北京，中国政法大学出版社 1999 年版，第 1022 页。

务人”的相对客观标准不同，应属例外。①

第二节 诉讼时效的效力

诉讼时效的效力，是整个诉讼时效制度的核心问题。如果说，诉讼时效是一个箍，法律以之套于权利人之头上，诉讼时效的效力规定则为“紧箍咒”，立法者这个“唐僧”如何把这个咒语念至妥当、合理，最值研究。

一、抗辩权发生主义之采取

我国《民法总则》第192条第1款规定：“诉讼时效期间届满的，义务人可以提出不履行义务的抗辩。”此系在诉讼时效的效力问题上明确采取抗辩权发生主义。在民法学说上，一般认为各国民法关于诉讼时效效力的规定，可区别为下列三种主义。一是实体权消灭主义。认为诉讼时效完成后，实体权利即行消灭，此为温德沙伊德所主张。二是诉权消灭主义。认为诉讼时效完成，使诉权归于消灭，此为罗马法消灭时效之本旨；时效届满后的权利，因诉权消灭不能请求法院为强制执行，即所谓自然债，此为萨维尼所主张。三是抗辩权发生主义。认为诉讼时效完成，权利并不消灭，义务人因而取得拒绝履行义务的抗辩权；如义务人自动履行的，视为抛弃其抗辩权，该履行应为有效，此为保罗·厄尔特曼（Paul Oertmann，1865—1938）所主张。②

笔者认为，以上三种主义中，前二种主义直接回答了诉讼时效完成之

---

① 梁展欣主编：《诉讼时效司法实务精义》，北京，人民法院出版社2010年版，第37～44页。

② 胡长清：《中国民法总论》，北京，中国政法大学出版社1997年版，第379页；梁慧星：《民法总论》，北京，法律出版社2007年版，第240～241页。有学者认为，这“三个主义的学说是从法典规定的表面进行分类，有牵强的嫌疑”；这一“分类不仅无助于我们认识理解消灭时效的效力内容，反而会扰乱我们的视线、妨碍我们看清问题的实质”；侯利宏：《消灭时效的效力》，载梁慧星主编：《民商法论丛》，第22卷，香港，金桥文化出版（香港）有限公司2002年版，第280～282页。有法官则提出：“三种主义”中，“前二者是关于消灭时效标的主义，后者是关于消灭时效效力发生方式的主义，三者不可并列”“‘时效的效力’由‘时效的标的’和‘时效发生效力的方式’复合构成。前者有实体权利消灭、起诉权消灭和胜诉权消灭三主义，后者有权利直灭和抗辩权发生两主义。日、法、德民法典在时效发生效力的方式上均为抗辩权发生主义”；胡志超：《消灭时效效力若干“通说”质疑》，载《西南政法大学学报》2005年第4期。

际，对该权利究生何种消极效果的问题。但是，该二种主义对诉讼时效应由何人援用、得否放弃的问题，未予直接解决。纯从理论逻辑上推导，在实体权消灭主义，权利既因诉讼时效完成而消灭，法院在审理时应得主动援用诉讼时效，并进而驳回权利人之诉讼请求；因该效果之发生为法律所明定，故义务人不得放弃之；即使当事人未援用诉讼时效而义务人履行义务，对权利人仍因构成不当得利而应返还之。在诉权消灭主义，虽然其观点提出时实体权利与诉权相区别的观念尚未正式形成，唯因诉讼时效完成而消灭者为诉权，故法院在受理时即应援用诉讼时效而不予受理，方合于诉权法理；与前相同，因该效果之发生为法律所明定，故义务人亦不得放弃之。

在抗辩权发生主义，义务人因诉讼时效完成而享有诉讼时效抗辩权，此项抗辩权之发动以权利人要求履行义务为条件，即对抗请求权；义务人行使诉讼时效抗辩权，即生永久阻止权利人向其主张权利（请求履行）之效力。有学者称此为“附条件之请求权消灭主义”，即“时效之效力，以义务人之行使抗辩权为法定停止条件而发生”①。此一“消灭”，是指权利之请求力之丧失，因义务人行使时效抗辩权而阻止权利人予以主张。在此主义下，诉讼时效须由当事人援用，法院不得主动援用。笔者将作为诉讼时效适用对象的请求权的“法锁”（效力、权能），由里至外分为受领力（保持力）、请求力和实现力（寻求公力救济之力）三个层次。抗辩权发生主义在义务人行使诉讼时效抗辩权时，所消灭的正是请求权的请求力，由此而连带地消灭请求权的实现力。② 而与抗辩权发生主义相对应的诉权消灭主义，则是因诉讼时效完成而直接消灭请求权的实现力，由此而连带地使请求力欠缺（而不是消灭）。

目前，抗辩权发生主义为各国民法中关于诉讼时效效力之立法通例。如《德国民法典》第 214 条第 1 款规定：“在时效完成之后，债务人有权拒绝给付。”也见于《欧洲合同法原则》（PECL）第 14：401 条第 1 款和《欧洲示范民法典草案》（DCFR）第 3－7：501 条第 1 款。我国学说上通常认《日本民法典》系采取实体权消灭主义，《法国民法典》系采取诉权

---

① 史尚宽：《民法总论》，北京，中国政法大学出版社 2000 年版，第 698 页。

② 德国学者拉伦茨（Karl Larenz，1903—1993）指出，请求权“不能通过司法程序得到执行，也就是在这个意义上成为‘无诉权’了”；见〔德〕卡尔·拉伦茨：《德国民法通论》上册，王晓晔等译、谢怀栻校，北京，法律出版社 2003 年版，第 347 页。

消灭主义。[①] 笔者认为，《法国民法典》虽未直接规定抗辩权发生主义，但从侧面来看却有所反映，其第 2247 条规定："法官不得依职权（替代当事人）援用因时效产生的方法。"似非如通说所谓系采取诉权消灭主义。与该法相近，《日本民法典》第 145 条规定："时效非经当事人援用，法院不能依时效裁判。"参与制定该法典的富井政章（1855—1935）指出："消灭时效，于理论上，为排斥请求权之抗辩方法，非消灭权利之本体也。然为明文所拘，不得已遂采前说（指实体权消灭主义——引者注）云。"[②] 可见，通说称该法典系采实体权消灭主义，实为其立法之败笔所致，应以其更接近于抗辩权发生主义。

抗辩权发生主义符合诉讼时效制度的本旨。在维护社会公益方面，依抗辩权发生主义，诉讼时效制度具有督促权利人在期间内及时行使其权利的作用，同时又不致过于勉强其意志，仅是使其权利将因义务人之主张诉讼时效抗辩而丧失请求力。这就给予了权利人充分的自治空间，以此加速社会经济流转，稳定社会经济秩序。相对而言，实体权消灭主义直接取消权利本身，诉权消灭主义径使权利的实现力丧失，实属以法律之强力凌驾于社会利益之自由流动与分配，这既不符合私法自治原则的要求，也与维护社会公益的要求相去甚远。于此，诉讼时效制度展现出其促进社会进步之姿态，而非完全对当事人听之任之，以此来实现个人利益与社会利益的平衡。在作为证据代用方面，依抗辩权发生主义，诉讼时效作为证据之代用，在期间尚未届满之前，使权利人继续享有权利，使其可以抗御外围绕存之"干扰因素"，此亦属制度支撑权利人自由意志之结果。而在期间届满后，对于义务人意欲行使其诉讼时效抗辩权的，亦使其免于备证，以直接影响权利人之请求权效力为其便宜，从而使义务人免因时隔久远而举证困难。质言之，由于采取抗辩权发生主义，在权利人与义务人之间发生系属的对抗关系，诉讼时效制度产生证明责任分配的效果，以此来平衡权利人与义务人之间的利益关系。

---

① 梁慧星：《民法总论》，北京，法律出版社 2007 年版，第 240～241 页。

② 〔日〕富井政章：《民法原论》第 1 卷，陈海瀛、陈海超译，杨廷栋修正，北京，中国政法大学出版社 2003 年版，第 372 页。上述《法国民法典》和《日本民法典》的规定，亦见于《瑞士债法典》第 142 条，《意大利民法典》第 2938 条，《俄罗斯联邦民法典》第 199 条，我国澳门特别行政区《民法典》第 296 条。

二、诉讼时效抗辩之主张

诉讼时效抗辩权为永久的抗辩权，须待抗辩权以意思表示主张之。一经抗辩权行使，即产生永久阻止权利人要求其履行义务的效力，从而在事实上毁灭权利人的权利。拉伦茨称此为“一个为永久的抗辩权所对抗的债权，在许多情形常被看做已不存在”。作为实体法抗辩在诉讼上的投射，行使诉讼时效抗辩权属于权利抗辩，能够阻止一个给付判决的作出。但这不是只要有抗辩原因就可以使请求权消灭，而是由于抗辩权的行使而发生对请求权行使的阻却。否则，即使法院知道存在请求权罹于诉讼时效的这一抗辩事实，仍只能判决被告履行义务。可见，行使诉讼时效抗辩权尽管能产生具有形成权意义——即废止了请求权——的一定效力，但由于“诉讼外的表示并不是对反对权的最终的行使”，而得因当事人在诉讼中不予行使而被否定。而在形成权项下，一经行使即对法律关系产生创设、变更或者消灭的效力，而不论其权利人此后在诉讼中如何主张。因此，诉讼时效抗辩权在性质上不同于形成权。①

行使诉讼时效抗辩权，包括诉讼外行使和诉讼上行使两个层面。就前一个层面而言，诉讼时效抗辩权之发动，一般是以权利人（请求权人）向义务人（抗辩权人）提出履行请求（即行使请求权）为条件。在理论上，义务人非于权利人要求其履行义务之际，不得主动行使诉讼时效抗辩权。唯于实务中，义务人主动行使诉讼时效抗辩权的情形，并不鲜见，应得认为系以权利人提出履行请求作为停止条件发生其效力。该项抗辩，为意思表示，得为明示或者默示。义务人行使诉讼时效抗辩权，须以诉讼时效期间已经届满作为意思基础；义务人虽拒绝履行，而未以诉讼时效期间已经届满作为理由的，不构成行使诉讼时效抗辩权。就后一个层面而言，行使诉讼时效抗辩权以义务人在诉讼中的意思表示为准，笔者称此为诉讼时效抗辩的诉讼优位主义。“抗辩权人如果想让法院在判决中考虑他的反对权，他就必须要在诉讼程序中行使他的反对权。”② 这就牵涉到在诉讼中、诉讼时效问题上当事人与法院的作用如何分担的问题了。

---

① 〔德〕卡尔·拉伦茨：《德国民法通论》上册，王晓晔等译、谢怀栻校，北京，法律出版社2003年版，第330～332页。

② 〔德〕卡尔·拉伦茨：《德国民法通论》上册，王晓晔等译、谢怀栻校，北京，法律出版社2003年版，第331页。

(一) 诉讼优位主义的界说

诉讼时效抗辩的诉讼优位主义，是指不论义务人在诉讼外有无主张诉讼时效抗辩，皆以其在以该权利作为诉讼标的的诉讼中有无主张为准，即以义务人在诉讼中的主张作为最终行使诉讼时效抗辩权的标志。诉讼时效抗辩权属于需要主张的抗辩权，其目的主要是阻止法院作出判决，因而其主要意义应该体现在诉讼程序之中。① 此亦为诉讼时效之所以以“诉讼”名的理由之一。

义务人在诉讼中行使诉讼时效抗辩权具有决定性的意义。义务人在诉讼外主张诉讼时效抗辩，不妨碍权利人依其权利提起诉讼；权利人不顾义务人之诉讼时效抗辩而提起诉讼的，法院在受理时仍将推定其权利的效力仍为完整，而待义务人于诉讼中主张才生其效力。而义务人于诉讼外之主张，亦非全无诉讼上之拘束力，只不过此拘束力之发生系以义务人于诉讼中之重行主张为停止条件，即溯及于诉讼外之主张之时生其效力。如果义务人于诉讼外曾主张而于诉讼中不主张的，则应以其在诉讼中的意思为准，即视为放弃行使诉讼时效抗辩权。② 于此情形，法院应以义务人在诉讼中的意思为准，使其原于诉讼外之主张归于无效。义务人因受此确定判决之拘束，而丧失其诉讼时效抗辩权。③ 如义务人曾于诉讼外作出履行行为或者履行同意等视同于放弃诉讼时效抗辩权的行为的④，依诚实信用原则，自不得于诉讼中重行主张诉讼时效抗辩，唯权利人对此尚须承担证明责任。

有学者主张，诉讼时效必须通过诉讼或者仲裁主张，才能适用。⑤ 笔者认为，对于实体法权利的行使场所，虽为立法政策之抉择问题，唯如无特别理由，应均得于诉讼外行使之；法律明定其须于诉讼中行使之权利，多为效力极强之权利，如我国《合同法》上的合同变更和撤销权（第 54 条）、债权人代位权（第 73 条）、债权人撤销权（第 74 条）、约定违约金变更权（第 114 条第 2 款）等。在法理上，必须有特别之理由，方得设定此等权利，

---

① 〔德〕迪特尔·梅迪库斯：《德国民法总论》，邵建东译，北京，法律出版社 2000 年版，第 87 页。

② 〔德〕卡尔·拉伦茨：《德国民法通论》上册，王晓晔等译、谢怀栻校，北京，法律出版社 2003 年版，第 328～329、331～332 页；史尚宽：《民法总论》，北京，中国政法大学出版社 2000 年版，第 702 页。

③ 史尚宽：《民法总论》，北京，中国政法大学出版社 2000 年版，第 702 页。

④ 参见我国《民法总则》第 192 条第 2 款；《诉讼时效司法解释》第 22 条。

⑤ 梁慧星教授主持的《中国民法典草案建议稿（第 3 版）》第 202 条第 1 款（北京，法律出版社 2013 年版，第 42 页）。在该稿的理由书中，并未就此点说明理由，所附亦无相应立法例。

以确保私法自治之特质。从成本上分析，限定权利之诉讼中行使，不仅增加当事人之交易成本，同时增加法院之司法成本，因而更应慎重。总之，将诉讼时效抗辩权限定为须于诉讼中行使，难称合理，亦无实益。

此外，对于义务人已经主张之诉讼时效抗辩能否撤回，司法实务上有肯定说和否定说之分，以前者为通说，这从义务人可以通过自愿履行而否弃其诉讼时效利益即可知之。① 这相当于允许义务人以默示撤回其诉讼时效抗辩。义务人在诉讼中主张其诉讼时效抗辩，如需明示撤回的，则必须在诉讼中进行，其在诉讼外的明示撤回对该诉讼不生效力。于此，也可窥见诉讼时效抗辩权之不同于形成权，后者之行使原则上乃不可撤回。

（二）诉讼优位主义的内容

我国《诉讼时效司法解释》第 4 条规定："当事人在一审期间未提出诉讼时效抗辩，在二审期间提出的，人民法院不予支持，但其基于新的证据能够证明对方当事人的请求权已过诉讼时效期间的情形除外。""当事人未按照前款规定提出诉讼时效抗辩，以诉讼时效期间届满为由申请再审或者提出再审抗辩的，人民法院不予支持。"这是关于义务人主张诉讼时效抗辩的诉讼优位主义的集中规定，主要有如下三个方面的内容。

1. 诉讼时效抗辩原则上应于第一审言词辩论终结前予以主张。对于义务人主张诉讼时效抗辩的时间（审级）限制，学说上主要有无限制说、事实审说和第一审说三种观点。无限制说认为，义务人可以在第一审或者第二审中行使诉讼时效抗辩权，当事人在第二审期间才主张诉讼时效抗辩的，法院仍应予以审查和支持。②《法国民法典》第 2248 条规定："除抛弃时效之外，无论诉讼进行至何种程序，即使在上诉法院，均得主张时效。"③ 事实审说认为，诉讼时效"惟得在事实审为之。第一审虽为援用，不妨在第二审为之，无需证明其在第一审系属时不知其时效完成。然在法

① 参见我国《民法总则》第 192 条第 2 款；日本大审院 1918 年 7 月 6 日判决；史尚宽：《民法总论》，北京，中国政法大学出版社 2000 年版，第 703 页。

② 古锡麟、王静：《适用诉讼时效制度若干问题研究》，载吕伯涛主编：《商事审判研究》2004 年卷，北京，人民法院出版社 2004 年版，第 105～106 页；张雪楳：《债的同一性与债务加入人的诉讼时效抗辩——中国工商银行内蒙古自治区通辽分行与通辽市科尔沁区工商农村信用合作社借款合同纠纷案》，载《民商事审判指导》2006 年第 1 辑（总第 9 辑），北京，人民法院出版社 2006 年版，第 244 页以下。

③ 《法国民法典》第 2248 条系从原第 2224 条修改而来，前者中的但书"除抛弃时效之外"，在后者中系表述为"但是没有提出时效抗辩并且按照具体情形应推定其已经抛弃时效的当事人除外"。参见《法国民法典》，罗结珍译，北京，北京大学出版社 2010 年版，第 495、706 页。

律审之第三审，已不得为之，盖以时效之援用，有停止请求权行使之效力，故应以事实审为限”①。

在我国民事诉讼法上，不存在事实审和法律审的区分，原来解释上系将第二审程序定位于复审制，后来则倾向于大陆法系民事诉讼法通行的续审制。依续审制，第二审法院以第一审言词辩论结束时的状态为基础、围绕当事人的上诉请求继续进行审理②，当事人在第一审程序中实施的诉讼行为在第二审程序中继续有效③；为否定第一审法院认定的事实，当事人可以提出新的诉讼资料④，但须以其在第一审期间未予提出没有过错为限，否则，第二审法院将对第一审法院认定的事实不予审查。以此为前提，诉讼时效抗辩作为当事人的攻击防御手段，如果当事人在第一审期间未予主张者，则应限制其在第二审期间予以主张。但是，此限制并非绝对禁止其主张，或者即使其主张，第二审法院也不予审查。在《诉讼时效司法解释》出台之前，最高人民法院在裁判中曾经认为，当事人在第一审期间不主张诉讼时效抗辩的，在实体上应视为其放弃其诉讼时效抗辩权，在程序上则构成答辩失权，其在第二审期间中才予以主张的，第二审法院不予审理。⑤ 但司法实务中对此有反对的观点。⑥ 后来，《诉讼时效司法解释》第 4 条第 1 款规定根据续审制的精神，规定诉讼时效抗辩原则上须于第一审期间予以主张，如于第二审期间主张的，须与提出新的攻击防御方法作相同的限制。

至于将义务人主张诉讼时效抗辩的时间具体限定于第一审程序中的哪

---

① 参见日本大审院 1916 年 7 月 6 日判决；史尚宽：《民法总论》，北京，中国政法大学出版社 2000 年版，第 702 页。另见王泽鉴：《民法总则（增订版）》，北京，中国政法大学出版社 2001 年版，第 542 页。

② 我国《民事诉讼法》（2017 年修正）第 168 条规定：“第二审人民法院应当对上诉请求的有关事实和适用法律进行审查。”

③ 我国最高人民法院《关于适用〈中华人民共和国民事诉讼法〉的解释》（法释〔2015〕5 号；以下简称《民事诉讼法司法解释》）第 342 条第 1 款规定：“当事人在第一审程序中实施的诉讼行为，在第二审程序中对该当事人仍具有拘束力。”另见《日本民事诉讼法》第 298 条第 1 款，我国台湾地区“民事诉讼法”第 447 条第 1 项、第 448 条。

④ 参见我国《民事诉讼法》第 169 条第 1 款。

⑤ 最高人民法院（2005）民二终字第 210 号民事判决。

⑥ 《广东省高级人民法院关于民商事审判适用诉讼时效制度若干问题的指导意见》（粤高法〔2003〕200 号）第 5 条，载广东省高级人民法院编：《广东法院年鉴（2003）》，广州，广东人民出版社 2004 年版，第 211 页。

个阶段，上述司法解释未予明确。有人认为应为第一审言词辩论终结前[①]，也有人认为应为第一审庭审终结前。[②] 笔者赞同前一种观点。在我国《民事诉讼法》上，也有一些涉及言词辩论终结效力的规定，如第 45 条第 1 款关于回避申请的提出规定等。[③] 应将《诉讼时效司法解释》第 4 条第 1 款规定的“一审期间”解释为第一审言词辩论终结前。对此，笔者从前采取从宽认定的观点，认为应与《诉讼时效司法解释》第 23 条规定的“一审或者二审阶段”中的“阶段”，作相同理解。[④] 现在则认为，该观点在法理上不通。第一审判决系以言词辩论作为基础，换言之，则在第一审言词辩论终结后、判决作出前，当事人已不得再行提出任何辩论意见，否则将有违言词辩论的严肃性。

2. 义务人在第一审期间未主张诉讼时效抗辩的，在第二审期间可以基于新的证据予以主张。当事人在第二审期间主张诉讼时效抗辩，其抗辩及以之作为基础的新的证据属于新的攻击防御方法。对于何为第二审期间的“新的证据”，我国最高人民法院《关于民事诉讼证据的若干规定》（法释〔2001〕33 号，经法释〔2008〕18 号修改；以下简称《民事诉讼证据规定》）第 41 条第 2 项规定：“二审程序中的新的证据包括：一审庭审结

---

① 王利明主编：《中国民法典学者建议稿及立法理由·总则编》，北京，法律出版社 2005 年版，第 419 页。

② 王卫松、赵运寿：《应为诉讼时效抗辩权行使设定期间》，载《法制早报》2005 年 9 月 5 日第 15 版。

③ 我国《民事诉讼法》第 45 条第 1 款规定：“当事人提出回避申请，应当说明理由，在案件开始审理时提出；回避事由在案件开始审理后知道的，也可以在法庭辩论终结前提出。”《民事诉讼法司法解释》第 232 条规定：“在案件受理后，法庭辩论结束前，原告增加诉讼请求，被告提出反诉，第三人提出与本案有关的诉讼请求，可以合并审理的，人民法院应当合并审理。”最高人民法院《关于审理人身损害赔偿案件适用法律若干问题的解释》（法释〔2003〕20 号）第 19 条第 2 款规定：“医疗费的赔偿数额，按照一审法庭辩论终结前实际发生的数额确定。器官功能恢复训练所必要的康复费、适当的整容费以及其他后续治疗费，赔偿权利人可以待实际发生后另行起诉。但根据医疗证明或者鉴定结论确定必然发生的费用，可以与已经发生的医疗费一并予以赔偿。”其中，对于现实医疗费的赔偿，限于第一审言词辩论终结前实际发生的部分。对于此后发生的后续医疗费，即使发生在第一审判决之前，或者发生在第二审审理期间，均在第二审审理中不予涉及，而只能另行起诉。

④ 作为参照，我国最高人民法院《关于涉及担保纠纷案件的司法解释的适用和保证责任方式认定问题的批复》（法释〔2002〕38 号）第 1 条前段规定针对最高人民法院《关于适用〈中华人民共和国担保法〉若干问题的解释》（法释〔2000〕44 号；以下简称《担保法司法解释》）第 133 条第 3 款的规定，以“尚未审结的第一审、第二审担保纠纷案件”解释“尚在一审或二审阶段”的担保纠纷案件，以是否“审结”为标准，将本条司法解释中的“一审期间”解释为第一审判决作出前。参见最高人民法院民事审判第二庭：《最高人民法院关于民事案件诉讼时效司法解释理解与适用》，北京，人民法院出版社 2008 年版，第 89 页。

束后新发现的证据；当事人在一审举证期限届满前申请人民法院调查取证未获准许，二审法院经审查认为应当准许并依当事人申请调取的证据。”但是，其中的“新发现”所指甚广，有掏空“新的证据”的内在意涵之嫌。最高人民法院复又专门发文予以限制，规定尚须结合以下因素综合认定：一是证据是否在举证期限或者其他期限内已经客观存在；二是当事人未在举证期限或者司法解释规定的其他期限内提供证据，是否存在故意或者重大过失的情形。[①] 为此，《民事诉讼法司法解释》明确赋予当事人以说明理由的义务，其第 342 条第 2 款规定：“当事人推翻其在第一审程序中实施的诉讼行为时，人民法院应当责令其说明理由。理由不成立的，不予支持。”如当事人对其在第一审期间未能提出该攻击防御方法不能说明理由，或者其说明之理由不被第二审法院接受的，第二审法院可以对其提出的新的攻击防御方法不予允许。

基于新的证据，第二审法院允许义务人主张诉讼时效抗辩的，对于第一审裁判来说，系由于当事人方面的原因而构成适用法律错误，但其本质上并非真正错误。[②] 于此情形，依我国《民事诉讼法》第 170 条第 1 款第 2 项的规定，第二审法院应“以判决、裁定方式依法改判、撤销或者变更”第一审裁判，而不得发回重审。一方面，由于法院无须主动查明系争权利是否已经罹于诉讼时效，因而在当事人未提出系争权利的诉讼时效问题，或者虽提出但未就此作出举证证明时，第一审法院便无从构成“严重违反法定程序”（同款第 4 项）。另一方面，义务人在第一审期间未主张诉讼时效抗辩而导致其败诉的，也不构成第一审裁判“认定事实错误”（同款第 2 项）。尽管第二审法院允许义务人主张诉讼时效抗辩，但如果义务人未能在第一审期间主张诉讼时效抗辩是因其自身的原因所致的，则其对于权利人因此而增加支出的合理费用，应予以赔偿。[③]

3. 义务人不得以主张诉讼时效抗辩为由申请再审，但在再审程序中能否主张诉讼时效抗辩，须视其所“按照”适用的程序来确定。

一是诉讼时效抗辩能否直接作为再审事由？我国《民事诉讼法》第 200 条规定明确列举了 13 项具体的再审事由，诉讼时效抗辩并不能直接

① 我国最高人民法院《关于适用〈关于民事诉讼证据的若干规定〉中有关举证时限规定的通知》（法发〔2008〕42 号；以下简称《举证时限通知》）第 10 条。

② 参见我国《民事诉讼证据规定》第 46 条前段，最高人民法院《关于民事经济审判方式改革问题的若干规定》（法释〔1998〕14 号，以下简称《民事审判方式规定》）第 38 条。

③ 参见我国《民事诉讼证据规定》第 46 条后段，《民事审判方式规定》第 39 条。

归属于其中任何一项。虽然《诉讼时效司法解释》第 4 条第 2 款规定禁止当事人以诉讼时效抗辩作为申请再审的事由，但这并不能排除当事人以有新的证据为由主张诉讼时效抗辩。① 对于当事人仅仅以诉讼时效抗辩申请再审的，由于系争权利已经获得确定判决的支持，义务人自应受此确定判决之拘束，故审查法院可以驳回其再审申请。但是，对于以有新的证据为由主张诉讼时效抗辩的，则应另当别论。

二是系争权利虽非因主张诉讼时效抗辩为由而进入再审，但义务人能否在该再审审理中主张诉讼时效抗辩。对此，《诉讼时效司法解释》第 4 条第 2 款规定系采取否定说，似系认为由于其程序本质上为再审程序，故不允许当事人主张诉讼时效抗辩，即禁止当事人以此作为“再审抗辩”。笔者认为，根据《民事诉讼法》第 207 条第 1 款的规定，再审审理既可能适用第一审程序，也可能适用第二审程序。依《诉讼时效司法解释》第 4 条第 1 款的规定，义务人在第一审言词辩论终结前仍可主张诉讼时效抗辩，但不得在第二审程序中主张诉讼时效抗辩。与一般的第一、二审程序有所区别的是，在再审审理中，当事人以提出新的证据为由主张诉讼时效抗辩的，其证据须于申请再审时提出，并能够对诉讼时效期间已经届满的事实予以证明。

4. 诉讼优位主义中的诚信限制。在诉讼中，义务人行使诉讼时效抗辩权，应受权利失效（简称失权，Verwikung）规则的限制。如果义务人在此之前曾给人造成其不准备行使诉讼时效抗辩权的印象，或者他故意或非故意地阻碍权利人为了中断诉讼时效而及时提起诉讼，那么，义务人在嗣后行使诉讼时效抗辩权与其此前的行为构成自相矛盾行为，应适用权利失效规则，使其不得行使诉讼时效抗辩权。但是，这里适用权利失效规则不能永久地对抗诉讼时效抗辩权，即权利人必须在一个附加的合理期限内行使其权利，否则其权利将不得再对抗此后义务人行使诉讼时效抗辩权了。② 该附加的合理期限，应就具体个案，综合各项因素确定之；如依德国法院的判例为数星期或者 2 或 3 个月。法院在为此项判定时，应持严格

① 关于我国《民事诉讼法》第 200 条第 1 项规定的再审事由中的“新的证据”的界定，可参见《民事诉讼法司法解释》第 388 条，最高人民法院《关于适用〈中华人民共和国民事诉讼法〉审判监督程序若干问题的解释》（法释〔2008〕14 号；以下简称《审判监督程序解释》）第 10 条，《民事诉讼证据规定》第 44 条，《举证时限通知》第 10 条。

② 〔德〕卡尔·拉伦茨：《德国民法通论》上册，王晓晔等译、谢怀栻校，北京，法律出版社 2003 年版，第 347～348 页。

标准，以免诉讼时效制度兼顾公益之立法目的难以达成。因此，义务人之单纯沉默，或未立即主张诉讼时效抗辩，或权利人只是一相情愿地认为义务人将顾及其身份、地位或财力而不为诉讼时效之抗辩者，均不足以认定诉讼时效抗辩权为失效。[①] 对于此项权利失效，法院得不待当事人之主张，径依职权加以审查。

事实上，我国《民法总则》第 188 条第 2 款后段“但是自权利受到损害之日起超过二十年的，人民法院不予保护；有特殊情况的，人民法院可以根据权利人的申请决定延长”的规定，已经具有权利失效规则的意义。依其解释，得认为系赋予人民法院以自由裁量权，在认为义务人主张之诉讼时效抗辩不符合诚实信用原则时，得依职权延长诉讼时效期间，使义务人之诉讼时效抗辩权失效。人民法院得依职权判定义务人之自相矛盾行为构成诉讼时效期间延长事由的“特殊情况”。可见，诉讼时效期间的延长制度在内涵上与权利失效规则有一定的相通之处。[②]

三、诉讼时效问题上当事人与法院的作用分担

学者以“当事人与法院的作用分担”为视角，切入对当事人主义与职权主义两种民事诉讼模式的探讨[③]，颇具启发意义。这主要表现在事实阐明和法律观点形成两个方面。传统民事诉讼法上所谓处分权主义、辩论主义等，均以此二者作为主要面向。在事实阐明方面，突出表现在当事人与法院在诉讼资料收集的分工上，此应遵循传统的辩论主义。一方面，当事人须承担完全陈述与裁判有关的事实的责任；另一方面，法院须受当事人的事实描述之拘束，原则上不得依职权将新的与个案有关的事实引入诉讼。[④] 现代民事诉讼法乃以保障当事人宪法上的法定听审权（Rechtliches Gehör）为鹄的，设置法院的诉讼领导职责，实行以对话民事诉讼（dialogischer Zivilprozess）为特征的、基于民事诉讼诚实信用原则（Prinzip von Treu und Glauben）的、超越于传统上当事人主义与职权主义两大模式分野的“工作共同体”（Arbeitsgemeinschaft）主义［或协同主义（Ko-

---

① 詹森林：《中断时效之债务承认与时效消灭后之契约承认债务，兼论时效利益之抛弃、时效抗辩与权利之不法行使——1991 年度台上字第 789 号民事判决评释》，载詹森林：《民事法理与判决研究》，北京，中国政法大学出版社 2002 年版，第 54～56 页。

② 梁展欣：《论诉讼时效抗辩》，载《判解研究》2008 年第 6 辑（总第 44 辑）。

③ 刘荣军：《程序保障的理论视角》，北京，法律出版社 1999 年版，第 166 页以下。

④ 〔德〕罗森贝克、施瓦布、戈特瓦尔德：《德国民事诉讼法》上册，李大雪译，北京，中国法制出版社 2007 年版，第 524～525、528 页。

operationsmaxime）]。[①] 诉讼中就诉讼时效问题的援引和辩论，也同时指向上述两个方面。

（一）当事人就诉讼时效问题负主张责任和证明责任

在辩论主义的框架下，裁判所必需的事实应由当事人提出。当事人必须提出显示有利于自己的规范之抽象前提条件的具体主张，此为主张责任。在标的和范围上，主张责任与证明责任原则上相一致。[②] 原告起诉要求被告偿还债务，被告认为该债权已经罹于诉讼时效的，则对与此相关的事实构成负主张责任。被告主张诉讼时效抗辩的，不必以罹于诉讼时效的字样，亦不必引用诉讼时效的法条，其拒绝给付系以系争权利已经罹于诉讼时效而不得行使为理由者，即属主张此项抗辩。[③] 在诉讼中，原告原就其权利之诉讼时效状态不负主张责任，但在被告主张诉讼时效抗辩的情况下，则原告应就该权利尚未罹于诉讼时效而负主张责任。即使在承认被告之诉讼时效抗辩的情况下，原告仍得主张被告之诉讼时效抗辩权失效，或者其权利的诉讼时效发生中止、中断或者期间延长等事由。

在传统民事诉讼法学上，证明责任分为客观证明责任（objektive Beweislast）和主观证明责任（subjektive Beweislast）。前者又称为结果意义的举证责任，是指法律上在对裁判具有显著意义的事实处于真伪不明(non-liquet）时，决定由该方当事人承担证明不能（Beweislosigkeit），即其所主张法条不被适用（败诉）的后果，是狭义的证明责任。后者又称为行为意义的举证责任，是指当事人为证明其所主张的事实而向法院提出证据或者证明申请，从属于作为辩论主义基础的提出原则。两者之间的关系类似于目的与手段的关系，都以解决案件事实真伪不明的诉讼状态作为指向，前者为事实真伪不明之结果责任，后者为证明事实真实与否之行为责任。我国《民事诉讼法》仅对主观证明责任作出了明确规定[④]，文义上尚未及于客观证明责任。《民事诉讼法司法解释》第 90 条规定："当事人对

① 〔德〕罗尔夫·施蒂尔纳：《当事人主导与法官权限——辩论主义与效率冲突中的诉讼指标与实质阐明》，周翠译，载《清华法学》2011 年第 2 期。

② 〔德〕罗森贝克、施瓦布、戈特瓦尔德：《德国民事诉讼法》下册，李大雪译，北京，中国法制出版社 2007 年版，第 856 页。

③ 王泽鉴：《民法总则（增订版）》，北京，中国政法大学出版社 2001 年版，第 542 页。

④ 我国《民事诉讼法》第 64 条第 1 款规定："当事人对自己提出的主张，有责任提供证据。"第 65 条第 1 款、第 2 款前段规定："当事人对自己提出的主张应当及时提供证据。""人民法院根据当事人的主张和案件审理情况，确定当事人应当提供的证据及其期限。"我国法上的"举证责任"措辞，最早见于 1989 年《行政诉讼法》第 32 条规定，亦指向主观证明责任。

自己提出的诉讼请求所依据的事实或者反驳对方诉讼请求所依据的事实，应当提供证据加以证明，但法律另有规定的除外。”“在作出判决前，当事人未能提供证据或者证据不足以证明其事实主张的，由负有举证证明责任的当事人承担不利的后果。”其中，第1款规定指向主观证明责任，第2款规定指向客观证明责任。就证明责任的分配，我国通说采取经修正的、原来由德国学者莱奥·罗森贝克（Leo Rosenberg，1879—1963）提出的规范理论（又称为法律规范要件说），具体规则是：原告对权利发生的（包括消极的）事实构成承担证明责任，被告对权利消灭规范、权利阻却规范和权利延缓规范的事实构成承担证明责任。简而言之，各方当事人对有利于自己的规范的事实构成承担证明责任。就阻止权利发生的事实，原则上应由原告证明其不存在。①

就诉讼时效问题，当事人的证明责任的标准内容应当为：一是被告主张诉讼时效抗辩的，应就原告权利罹于诉讼时效负证明责任。在具体内容上，被告在承认原告权利成立的前提下，应就其诉讼时效抗辩权之性质、发生原因及得行使之时期等主要事实负证明责任。对于诉讼时效期间从何时起算、是否具有中止或者中断的事由等，抗辩权人不负证明责任。② 二是在被告主张诉讼时效抗辩之前，原告对其权利尚未罹于诉讼时效不负证明责任，盖因诉讼时效制度本身即作为证据之代用使然。针对被告的诉讼时效抗辩，原告若要否定之者，得为被告所主张之诉讼时效抗辩不存在的再抗辩，原告对此负证明责任。具体说来，原告须证明如下一些主要事实：其权利的诉讼时效期间的起算时间、具有诉讼时效中止或者中断的事由等。上述内容，均以被告对诉讼时效抗辩的发动为前提，这与法院主动援用诉讼时效的调查原则是相排斥的。

（二）人民法院不得主动适用诉讼时效

我国《民法总则》第193条规定：“人民法院不得主动适用诉讼时效的规定。”此乃采取抗辩权发生主义的各国民法上的通例。我国《诉讼时效司法解释》第3条规定：“当事人未提出诉讼时效抗辩，人民法院不应对诉讼时效问题进行释明及主动适用诉讼时效的规定进行裁判。”

1. 法院在受理民事案件时，不得就本案有关诉讼时效的事项进行主

---

① 参见我国《民事诉讼法司法解释》第91条；〔德〕罗森贝克、施瓦布、戈特瓦尔德：《德国民事诉讼法》下册，李大雪译，北京，中国法制出版社2007年版，第850页。

② 史尚宽：《民法总论》，北京，中国政法大学出版社2000年版，第701页。

动审查，更不得以主动审查该起诉之请求权已罹于诉讼时效为由而裁定驳回起诉。我国《民事诉讼法司法解释》第219条前段规定："当事人超过诉讼时效期间起诉的，人民法院应予受理。"

2. 法院在审理民事案件的过程中，不得主动查明有关本案请求权的诉讼时效期间是否已经届满，也不得主动对诉讼时效问题进行释明。对于诉讼时效抗辩，其是否被主张属于当事人自己的事务范畴。只要在当事人的陈述中不含有该意思表示，法院便不得对此进行释明。具体言之，法院既不得对当事人是否行使诉讼时效抗辩权进行发问，也不得就该项抗辩权之行使进行晓谕，否则将有违法院中立的原则。由此可见，诉讼时效制度与法院释明的本旨是相冲突的，如果允许法院以释明之名而行干预之实，直接告知当事人可以行使诉讼时效抗辩权，将有悖于释明制度的本旨。[①]

3. 当事人在诉讼中主张诉讼时效抗辩的，须予以相应的举证证明。[②]于此情形，法院有义务引导当事人就系争权利是否罹于诉讼时效的案件情况和争议情况进行事实方面和法律方面的讨论，促使当事人主张有说服力的、实质性的主张或者实质性的证据，以从法律上澄清其抗辩。[③] 如果当事人仅陈述了抗辩事实，发出实体法上抗辩有效所需的"形成权意思表示"，法院应当告知当事人：只有在发出这样的意思表示之后才能发生权利防御的后果。如果当事人陈述的行为不明或者需要解释，法院也有义务进一步发问：特定的行为是否应被理解为系对诉讼时效抗辩的主张。[④] 换言之，法院依各项诉讼资料，可以认为当事人有主张诉讼时效抗辩的意思的，应令其明确意思；若无此等情事，法院不得作出此项释明。[⑤]

4. 在被告主张诉讼时效抗辩并予以相应的举证证明时，否定该项抗辩的证明责任由原告承担，原告须就被告之该项抗辩举证证明予以否定；否则，法院将依关于诉讼时效的规定作出裁判。法院经审查，认为原告的

---

① 我国民国时期司法院1943年院字第2708号解释指出："依书状之记载或其他情事，可认当事人有提出消灭时效抗辩之意思者，依民事诉讼法第199条第2款规定，审判长固应向当事人发问或晓谕，令其为提出与否之陈述。若无何种情事可认当事人有提出消灭时效抗辩之意思者，审判长不得援用同条项规定为此发问或晓谕。"

② 参见我国《民事诉讼法司法解释》第91条第2项。

③ 〔德〕罗森贝克、施瓦布、戈特瓦尔德：《德国民事诉讼法》上册，李大雪译，北京，中国法制出版社2007年版，第529～531页。

④ 转引自周翠：《现代民事诉讼义务体系的构建——以法官与当事人在事实阐明上的责任承担为中心》，载《法学家》2012年第3期。

⑤ 史尚宽：《民法总论》，北京，中国政法大学出版社2000年版，第702页；王泽鉴：《民法总则（增订版）》，北京，中国政法大学出版社2001年版，第542页和同页注释2。

权利已经罹于诉讼时效，被告之该项抗辩成立的，应判决驳回原告的本项诉讼请求。我国《民事诉讼法司法解释》第 219 条后段规定："受理后对方当事人提出诉讼时效抗辩，人民法院经审理认为抗辩事由成立的，判决驳回原告的诉讼请求。"

四、诉讼时效利益的事后放弃

诉讼时效利益不得预先放弃，但允许事后放弃。我国《民法总则》第 192 条第 2 款规定："诉讼时效期间届满后，义务人同意履行的，不得以诉讼时效期间届满为由抗辩；义务人已自愿履行的，不得请求返还。"这是关于诉讼时效利益的事后放弃的规定，此系采自《诉讼时效司法解释》第 22 条规定："诉讼时效期间届满，当事人一方向对方当事人作出同意履行义务的意思表示或者自愿履行义务后，又以诉讼时效期间届满为由进行抗辩的，人民法院不予支持。"诉讼时效利益的事后放弃，主要包括下列类型。

1. 义务人同意履行。笔者称此为诉讼时效的认诺（Anerkenntnis），是指义务人向权利人就权利的完满性在诉讼中予以承认。换言之，对我国《民法总则》第 192 条第 2 款前段规定的"义务人同意履行"，原则上是指诉讼上权利自认，以与"诉讼时效"的称谓相符。义务人于诉讼外为此自认，复于诉讼中予以否认的，权利人应举证证明义务人曾经为此意思表示，而类推适用上述规定，但协议承认的除外。义务人同意履行的意思表示以到达权利人为生效条件，诉讼时效期间溯及于义务人为此同意时起重新计算。有学者认为，诉讼时效期间届满后的履行同意，使"该债权债务因此回复强制履行的效力"①。唯所谓"回复强制履行的效力"的前提，是强制执行力的丧失；如强制执行力尚未丧失的，则无所谓"回复"矣。故如义务人曾行使诉讼时效抗辩权的，履行同意即产生恢复权利的强制执行力的效力；未曾行使的，则否。此与协议承认，亦无不同。

2. 义务人自愿履行。义务人向权利人作出履行的，权利人对于义务人之履行行为得为适法受领。依我国《民法总则》第 192 条第 2 款后段规定，义务人"不得请求返还"。即使此前义务人已经行使诉讼时效抗辩权的，权利人之权利虽然丧失请求力和实现力，但仍然保有其受领力，故仍为适法受领。尽管诉讼时效抗辩权属于永久的抗辩权，却不适用如抗辩权

① 梁慧星：《民法总论》，北京，法律出版社 2007 年版，第 242 页。

人已履行给付义务的仍得主张抗辩权而请求返还之的规则，这主要是从实现诉讼时效维护安全的宗旨考虑的。[①] 义务人作出部分履行行为，如债务为可分的，以权利人接受为条件，对剩余部分债务构成履行同意，但义务人为部分履行时声明其清偿不包含承认剩余部分债权的意思的除外；债务为不可分的，则对全部债务构成履行同意。[②] 对此，反对的观点则认为，从义务人的部分履行行为不能认定其放弃部分或者全部义务的诉讼时效抗辩权，义务人仍可拒绝权利人要求继续履行剩余部分义务的请求，除非有其他证据予以佐证其放弃诉讼时效抗辩权。[③] 笔者认为，这种观点过于简单化。在诉讼时效期间届满后，对于义务人部分履行行为构成履行同意的认定，应较于中断诉讼时效的履行同意更为严格，否则不利于保护义务人一方的利益，实际上也极有可能与义务人本身的意愿相违背。[④]

3. 协议承认和提供担保。在传统民法上，对于诉讼时效期间届满后的履行同意方式，限于协议承认和提供担保。[⑤] 所谓协议承认，系以义务人负担义务的意思（Verpflichtungswille）为内容的双方法律行为，而非观念通知；具有创设义务之意义，而非仅有加强之意义。[⑥] 所谓提供担保，则系单方行为。[⑦] 但在解释上，义务人知道诉讼时效期间届满的，仍可以依单方行为放弃其诉讼时效利益，义务人于此尚须具有处分能力；义务人不知道诉讼时效期间届满的，虽不构成放弃诉讼时效利益，但仍可使之发生有如协议承认的效力。[⑧] 我国上述司法解释则仅规定为单方行为，

---

① 对照《德国民法典》第 214 条第 2 款前段、第 813 条第 1 款；参见〔德〕迪特尔·梅迪库斯：《德国民法总论》，邵建东译，北京，法律出版社 2000 年版，第 102 页。

② 史尚宽：《民法总论》，北京，中国政法大学出版社 2000 年版，第 672 页。

③ 最高人民法院民事审判第二庭：《最高人民法院关于民事案件诉讼时效司法解释理解与适用》，北京，人民法院出版社 2008 年版，第 376～377 页。

④ 此与诉讼时效期间届满前债权人提出部分请求的情形亦成对照。对于后者，我国《诉讼时效司法解释》第 11 条的规定，“诉讼时效中断的效力及于剩余债权，但权利人明确表示放弃剩余债权的情形除外”。唯债权人提出部分请求的，应认为含有处分之意，如其不明确对剩余部分债权提出请求的，则此一中断诉讼时效的效力仅应及于其所主张的部分债权，而不应推及于剩余部分债权。参见梁展欣：《〈民法通则〉“诉讼时效”章之条文要旨与例示》，见法学思想网。

⑤ 参见《德国民法典》第 214 条第 2 款后段，我国台湾地区“民法”第 144 条第 2 项后段。

⑥ 史尚宽：《民法总论》，北京，中国政法大学出版社 2000 年版，第 709 页。梁慧星教授主持的《中国民法典学者建议稿（第 3 版）》第 204 条规定：“时效期间届满后，债务人与债权人合意变更债的内容的，视为债务人对债务的承认，诉讼时效期间从变更生效时起重新计算。”其中的“合意变更债的内容”，只是协议承认的一种具体情形，而该稿未能正面规定协议承认，形成漏洞。

⑦ 参见《德国民法典》第 232 条。

⑧ 史尚宽：《民法总论》，北京，中国政法大学出版社 2000 年版，第 711 页。

显然系从传统民法上的提供担保扩张开去，直至与诉讼时效期间届满前的、单方的履行同意方式（简称为单方承认）相重合，反映出对诉讼时效问题系采取从宽认定的态度。其中，却未涉及协议承认的履行同意方式。唯依举轻以明重的解释规则，应使之发生与义务人单方承认相同的效果。但在立法论上，似宜强化对诉讼时效期间届满后的履行同意的外部控制，以区分诉讼时效期间届满前、后不同性质的履行同意。

原来，对于如何理解我国《民法通则》第138条规定的“当事人自愿履行”，学说上素有争议，分有狭义说和广义说两种观点。狭义说认为，应指不仅当事人须表示自愿履行，并且已实际履行完毕的情形。广义说认为，除狭义说所列情形以外，尚包括当事人表示自愿履行但尚未履行以及表示自愿履行后又反悔两种情形。在广义说的内部，对所采取的方法，有认为系文义解释，有认为系扩张解释。狭义说项下对于当事人表示自愿履行情形的处理，系认为须双方达成一个新的协议，从而变更了原有的合同关系，可以依此协议来强制债务人履行债务。① 唯单方承认与协议承认的区别在于，前者仅系原权利义务关系的有效延续，后者则系以原权利义务关系为内容，成立一个新的基础关系，依此确定新的诉讼时效拘束。日本学者富井政章（1855—1935）指出：“抛弃消灭时效，与负担新债务无异，然苟如此说，则必至消灭担保，并生其他不便之结果，而与时效之目的，及当事者之意思相反。要之抛弃者，使既生效力之时效为无效力，即追认之一种也。”② 该观点具有一定道理。

4. 其他类型。

（1）诉讼时效期间届满后，债务人主动向债权人提出减额给付的，应认为其中含有如债权人不许可其减额则不改变该债权之本来面目，即债务人之同意系以债权人同意减额给付为停止条件者，其提出之行为不构成单方承认③；于债权人同意债务人之请求时，债务人之该行为才构成单方承认。

（2）诉讼时效期间届满后，债务人向债权人提供担保的，构成单方承认；担保人亦不得再主张债务人原有的诉讼时效抗辩权，不论其为担保时

① 梁慧星：《裁判的方法》，北京，法律出版社2003年版，第83页以下。

② 〔日〕富井政章：《民法原论》，第1卷，陈海瀛、陈海超译，杨廷栋修正，北京，中国政法大学出版社2003年版，第379页。

③ 参见日本大审院1931年12月3日判决；转引自史尚宽：《民法总论》，北京，中国政法大学出版社2000年版，第711页。

是否知道该债权的诉讼时效期间已经届满。[①]

（3）诉讼时效期间届满后，债务人向第三人转移该债务且债权人同意的，以第三人知道或者应当知道该债权的诉讼时效期间已经届满而仍然受让为条件，构成协议承认，诉讼时效期间从该债务转移生效时起重新计算[②]；就未转移的部分债务，该诉讼时效同时拘束债务人。但是，如果第三人不知道或者不应当知道该债权的诉讼时效期间已经届满而受让的，依我国《合同法》第85条"债务人转移义务的，新债务人可以主张原债务人对债权人的抗辩"的规定，该第三人可以主张原债务人的诉讼时效抗辩。可见，受让债务的第三人不属于最高人民法院《关于超过诉讼时效期间当事人达成的还款协议是否应当受法律保护问题的批复》（法复〔1997〕4号）中"当事人就原债务达成还款协议"中"当事人"的范围。[③] 与此不同，梁慧星教授主持的《中国民法典学者建议稿（第3版）》第205条规定："债务人移转诉讼时效期间届满的债务的，视为债务人对债务的承认，自债务移转时起重新计算时效。"唯此将与我国《合同法》第85条的规定显相抵牾，故可商榷。

（4）诉讼时效期间届满后，债务人以其下列债权主张抵销的[④]，应作如下处理：其债权的诉讼时效期间尚未届满的，抵销自通知到达对方时生效，并对债权人的债权原已完成的诉讼时效构成单方承认；其债权的诉讼时效期间虽已届满，但于届满前已经抵销适状的，抵销自通知到达对方时生效，并对债权人的债权原已完成的诉讼时效构成单方承认；其债权的诉讼时效期间已经届满，且于届满前尚未抵销适状的，以对方对其债权不主张诉讼时效抗辩权为条件，抵销自通知到达对方时生效[⑤]，并对债权人的债权原已完成的诉讼时效构成协议承认。

---

① 参见我国《担保法司法解释》第35条，并对照《担保法》（1995年）第20条第1款后段。

② 参见我国《合同法》第84、85条。

③ 张雪楳：《债的同一性与债务加入人的诉讼时效抗辩——中国工商银行内蒙古自治区通辽分行与通辽市科尔沁区工商农村信用合作社借款合同纠纷案》，载《民商事审判指导》2006年第1辑（总第9辑），北京，人民法院出版社2006年版，第246页以下。在该案中，最高人民法院判决系推定债务受让人通辽工行应当知道原债务的诉讼时效期间已经届满，而仍与债权人订立还款协议，构成协议承认。

④ 参见我国《合同法》第99条。

⑤ 参见《国际商事合同通则》（PICC2010）第10.10条，《欧洲合同法原则》（PECL）第14：503条。

第三节 诉讼时效期间的类型及其起算

一、诉讼时效期间的类型

诉讼时效期间是指法律规定的权利人有权向义务人行使请求权的期限。《民法总则》对诉讼时效期间区分为普通诉讼时效期间、特别诉讼时效期间和最长诉讼时效期间三种类型。

（一）普通诉讼时效期间

《民法总则》第 188 条第 1 款前段规定："向人民法院请求保护民事权利的诉讼时效期间为三年。"该规定将原来《民法通则》第 135 条规定的 2 年普通诉讼时效期间延长为 3 年。但在立法过程中，多数学者主张延长至 5 年。如梁慧星教授认为：《民法通则》"规定的时效期间显然过短，系受苏联民法思想的影响，着重于促使权利人尽快行使其权利，以图达到加速社会经济流转的目的。但时效期间过短，致对债权人的保护不周，不适应市场经济的要求。现实中，仅 2 年的时效期间经过，债务人就可拒绝还债，与传统道德观念、社会正义和诚实信用原则抵触太甚"①。

在立法例上，2001 年修改的《德国民法典》将原来的 30 年普通诉讼时效期间修改为 3 年。1994 年《俄罗斯联邦民法典》、1994 年《蒙古国民法典》、2002 年《欧洲合同法通则》（PECL）均将普通诉讼时效期间规定为 3 年。唯就 3 年与 2 年相比较，孰优孰劣，自难断定。与此一问题相类似，立法史上曾有如下一评："查士丁尼规定，男子订婚后 2 年未能成婚，女子可以退婚而不丧失她的妆奁。以后他又更改这条法律，给这位可怜的穷小子 3 年的期限。但在这样的一种案情，2 年和 3 年是一样的，3 年并不比 2 年用处大。"对此，查理·路易·孟德斯鸠（Charles Louis de Montesquieu，1689—1755）的结论是："如果没有充足的理由，就不要更改法律。"②

在笔者看来，对普通诉讼时效期间确定为 2 年、3 年还是 5 年，讨论的实益似乎不大。在这里，倒是应当检讨立法上的成本问题，此正为此次

① 梁慧星：《民法总论》，北京，法律出版社 2007 年版，第 246 页。

② 〔法〕孟德斯鸠：《论法的精神》下册，张雁深译，北京，商务印书馆 1963 年版，第 298 页。

立法过程所严重忽略。例如，此前的《环境保护法》(2014 年修正) 第 66 条规定的环境污染损害赔偿请求权的 3 年诉讼时效期间，《海商法》(1992 年) 第 265 条前段规定的船舶油污损害赔偿请求权的 3 年时效期间，均从特别诉讼时效期间转变为普通诉讼时效期间；而更多规定的 2 年诉讼时效期间，则从普通诉讼时效期间转变为特别诉讼时效期间矣。

（二）特别诉讼时效期间

《民法总则》第 188 条第 1 款后段规定：“法律另有规定的，依照其规定。”此系授权特别法律对诉讼时效期间进行特别规定，但不涉及特别诉讼时效期间的特别起算规则，后者由同条第 2 款中段的规定予以调整。唯本法未就特别诉讼时效期间作出规定。原来《民法通则》第 136 条规定：“下列的诉讼时效期间为一年：（一）身体受到伤害要求赔偿的；（二）出售质量不合格的商品未声明的；（三）延付或者拒付租金的；（四）寄存财物被丢失或者损毁的。”该条规定在《民法总则》施行后何去何从，值得关注。

除此以外，我国民法上丨余部法律中规定有特别诉讼时效期间，主要有以下情形：

1. 票据权利［包括付款请求权和追索权，《票据法》(2004 年修正) 第 4 条第 4 款］时效期间中的 6 个月（同法第 17 条第 1 款第 2、3 项)、3 个月（同法第 17 条第 1 款第 4 项)；

2. 给据邮件和汇款赔偿返还请求权的诉讼时效期间为 1 年［《邮政法》(2015 年修正) 第 34 条第 2 款后段］；

3. 拍卖标的瑕疵损害赔偿请求权的诉讼时效期间为 1 年［《拍卖法》(2015 年修正) 第 61 条第 3 款后段］；

4. 就海上货物运输向承运人要求赔偿的请求权的时效期间为 1 年（《海商法》第 257 第 1 款前段)；

5. 海上货物运输责任人的追偿权的时效期间为 90 日（《海商法》第 257 条第 1 款后段)；

6. 海上拖航合同项下的请求权的时效期间为 1 年（《海商法》第 260 条)；

7. 船舶碰撞连带责任人的追偿权的时效期间为 1 年（《海商法》第 261 条后段)；

8. 共同海损分摊请求权的时效期间为 1 年（《海商法》第 263 条)；

9. 产品缺陷损害赔偿请求权的诉讼时效期间为 2 年（《产品质量法》第 45 条第 1 款)；

10. 专利权侵权请求权的诉讼时效期间为 2 年［《专利法》(2008 年修

正）第 68 条第 1 款]；

11. 专利权人使用费支付请求权的诉讼时效期间为 2 年（《专利法》第 68 条第 2 款）；

12. 人寿保险以外的其他保险合同项下的保险金给付请求权的诉讼时效期间为 2 年 [《保险法》(2015 年修正）第 26 条第 1 款]；

13. 航空运输的诉讼时效期间为 2 年 [《民用航空法》(2015 年修正）第 135 条]；

14. 继承权的诉讼时效期间为 2 年 [《继承法》(1985 年）第 135 条]；

15. 国际货物买卖合同项下的债权请求权的诉讼时效期间为 4 年（《合同法》第 129 条）；

16. 技术进出口合同项下的债权请求权的诉讼时效期间为 4 年（《合同法》第 129 条）；

17. 人寿保险合同项下的保险金给付请求权的诉讼时效期间为 5 年（《保险法》第 26 条第 2 款）。

其中，前 14 项为短于 3 年普通诉讼时效期间的较短的特别诉讼时效期间，后 3 项为长于 3 年普通诉讼时效期间的较长的特别诉讼时效期间。

（三）20 年的最长诉讼时效期间

《民法总则》第 188 条第 2 款后段规定："但是自权利受到损害之日起超过二十年的，人民法院不予保护；有特殊情况的，人民法院可以根据权利人的申请决定延长。"此前，对于该"二十年"的性质，有学者认为系除斥期间①；另有学者则认为系权利的最长保护期限。② 笔者认为，从该条中段与后段的连接来看，该"二十年"属于诉讼时效期间的类型之一，为最长诉讼时效期间，应属无疑。《民法通则意见》第 175 条第 2 款规定对此亦予明确。③ 最长诉讼时效期间与普通诉讼时效期间的区别，除了时间的长度以外，更主要的是起算时间的不同，最长诉讼时效期间的起算时间是采取"权利被侵害之日"的绝对客观标准，而普通诉讼时效期间的起

① 佟柔主编：《中国民法学·民法总则》，北京，中国人民公安大学出版社 1991 年版，第 321 页。

② 佟柔主编：《中国民法》，北京，法律出版社 1990 年版，第 611 页。于此，作者认为我国《民法通则》第 137 条中段规定的"20 年"，与《继承法》第 8 条后段规定的"20 年"，性质是一致的。

③ 反对意见认为，我国《民法通则》第 137 条后段规定的诉讼时效期间的延长，不适用于同条中段规定的作为除斥期间的 20 年；见佟柔主编：《中国民法学·民法总则》，北京，中国人民公安大学出版社 1991 年版，第 321、328 页。

算时间则是采取“权利人知道或者应当知道权利受到侵害以及义务人”的相对客观标准（《民法总则》第188条第2款前段）。由于起算时间采取绝对客观标准，故最长诉讼时效期间只适用期间延长的规定，而不适用中止、中断的规定。

对于最长诉讼时效期间与普通诉讼时效期间的关系，一般认为，最长诉讼时效期间是普通诉讼时效期间的“补充”，或者说最长诉讼时效期间是普通诉讼时效期间的“例外”①。笔者认为，最长诉讼时效期间是对普通诉讼时效期间的限制，即进一步限制权利之存续。由于诉讼时效得因中止、中断而使其期间在事实上得以延长，如果任其无休止地延长下去，必定会对整个社会的经济秩序产生困扰。为此，法律上对权利之存续在普通诉讼时效期间之外又作进一步的限制，俾使经济秩序在这个最长诉讼时效期间届满时即得稳定。对于同一权利，同时适用最长诉讼时效期间与普通诉讼时效期间，构成诉讼时效的聚合；在最长诉讼时效期间内，只要权利适用普通诉讼时效期间不超出之，则两者并行不悖。

学者指出，最长诉讼时效期间的合理性在于：“为债务人的利益，并出于法律安定性的考虑，必须同时规定在客观上确定的、绝对的最大期间（Maximalfristen，Hoechstfrissten），一俟其届满，债务人就可以肯定地认为消灭时效已经完成，至于债权人知情与否，在所不问。如果不做出此种规定，则将会存在下述危险：即在债权人很晚知悉设定请求权的事由或者债务人人身的情形，消灭时效要在这些事由发生之后很长时间才会开始。在债务人长期不明的情形，例如在一起交通事故中一直找不到肇事者，请求权将永远不会完成消灭时效。为避免此种情况的发生，必须规定一经届满即告消灭时效完成的固定期间。”② 诚哉斯言。

除此以外，我国民事特别法就特定情形的最长诉讼时效期间的长度有特别规定，主要有：（1）产品缺陷损害赔偿请求权的最长诉讼时效期间为10年（《产品质量法》第45条第2款）；（2）海上旅客运输中有关旅客死亡向承运人要求赔偿的请求权的最长时效期间为3年（《海商法》第258

---

① 梁慧星：《民法总论》，北京，法律出版社2007年版，第247、251页。

② 杜景林、卢谌：《德国债法改革：〈德国民法典〉最新进展》，北京，法律出版社2003年版，第144～145页。在立法论上，有学者主张不规定一个一般的最长诉讼时效期间，而是就特定情形规定一个起算时间为绝对客观的长期诉讼时效期间，在性质上属于特别诉讼时效期间；见梁慧星主编：《中国民法典草案建议稿附理由·总则编》，北京，法律出版社2004年版，第255～257页。

条第 2 项)；(3) 船舶油污损害赔偿请求权的最长时效期间为 6 年（《海商法》第 265 条)；(4) 地面第三人损害赔偿请求权的最长诉讼时效期间为 3 年（《民用航空法》第 171 条后段；此系相对于 2 年的特别诉讼时效期间而言的)。

对于我国《继承法》第 8 条后段规定中的“20 年”，是否与《民法总则》第 188 条第 2 款后段规定的最长诉讼时效期间相同，不无疑问。前者规定：“但是，自继承开始之日起超过二十年的，不得再提起诉讼。”有学者采取相同说，认为两者“都是从当事人的权利客观上发生时起计算”①。笔者采取区别说。《继承法》第 8 条后段是关于继承回复请求权的最长诉讼时效期间的规定，其起算时间为“继承开始之日”，明显区别于《民法总则》第 188 条第 2 款后段规定的“权利受到侵害”②。所谓继承开始时，是指被继承人死亡（同法第 2 条）时，这与继承回复请求权被侵害的时间尽管可能相同，但性质上却是不同的，故有区分的必要。

二、普通诉讼时效期间的起算

《民法总则》第 188 条第 2 款前段规定：“诉讼时效期间自权利人知道或者应当知道权利受到侵害以及义务人之日起计算。”这里规定的是诉讼时效期间的起算方法；其中的“诉讼时效期间”，不包括最长诉讼时效期间。对于普通诉讼时效期间的起算时间的标准，学说上一般区分为主观标准和客观标准，主观标准是指从权利人知道或者应当知道权利被侵害时起算，客观标准是指权利成立或者可得行使时起算。③ 此所谓主观和客观，主要是指该标准所考察的对象，如果是考察权利人的，则属主观标准；如果是考察权利本身的，则属客观标准。笔者认为，从考察诉讼时效期间的起算本身出发，如果其时间本身是绝对确定的，可以称为绝对客观标准；其时间本身虽有标准，但是待定的，则可以称为相对客观标准。

在立法例上，少数对诉讼时效期间的起算采取绝对客观标准，如

① 佟柔主编：《中国民法学·民法总则》，北京，中国人民公安大学出版社 1991 年版，第 321 页。

② 王利明教授认为，《继承法》第 8 条后段规定的 20 年的性质为期间，不是最长时效；见王利明：《民法总则研究》，北京，中国人民大学出版社 2003 年版，第 760 页。

③ 王利明主编：《中国民法典学者建议稿及立法理由·总则编》，北京，法律出版社 2005 年版，第 430 页。有学者指出：“诉讼时效期间的起算，是从权利人主观上可以请求法院保护其权利之时起算，至于客观上权利人能否行使这一请求权并不影响诉讼时效期间的开始。”见佟柔主编：《中国民法》，北京，法律出版社 1990 年版，第 610～611 页。

2001年修改前的《德国民法典》第198条第1款规定:“消灭时效自请求权成立时开始。”多数则系采取相对客观标准,如《瑞士债法典》第130条规定:“时效,自债权的清偿期届至时开始。”“债权的清偿期,依通知而确定者,其时效,自得为通知之日开始。”2001年修改的《德国民法典》第199条第1款规定:“以未规定的其他的时效开始为限,普通时效的期间开始于:(1)请求权成立;及(2)债权人知悉或者在无重大过失情形应当知悉设定请求权的事由和债务人人身的年度终止之时。”① 对我国《民法总则》第188条第2款前段规定的“知道或者应当知道权利受到侵害以及义务人”,应与多数立法例上的“权利可得行使”作相同理解,即采取相对客观标准。②

(一)请求权已经成立

成立通常指请求权到期、效力未定的请求权得到承认或者附停止条件的请求权的条件成就等;换言之,成立系指一项请求权在实体法上可以以诉讼的方式主张之。③ 如果权利人知道权利被侵害,但不知明确的加害人,因其尚不能提出请求,故诉讼时效期间也不能开始计算。④

从理论上说,这里面隐含了权利人行使请求权须无法律上之障碍的要件。所谓法律上之障碍,是指内存于权利之障碍,权利人本身所存之个人的障碍或一般使权利行为不能之事实上障碍(如疾病、不在、不知权利之存在等),不包括在内。⑤ 自理论上言,“权利行使之可能,为消灭时效自始至终之成立要件,权利行使之不能,于时效进行之初既使其开始不能,同样于进行之中途亦应使其进行不能”⑥。例如,权利人的行为能力有欠缺,诉讼时效期间不得起算。但是,由于《民法通则》就诉讼时效的障碍类型并无诉讼时效期间的不起算,因而,对于上述虽于诉讼时效期间起算时即已存在之法律上之障碍,只有两种方法应对之:一是以其构成客观的障碍而适用诉讼时效期间延长的制度(《民法总则》第188条第2款后

---

① 另见《意大利民法典》第2935条,《日本民法典》第166条第1款,我国台湾地区“民法”第128第8条前段,我国澳门特别行政区《民法典》第299条第1款前段。

② 孙亚明主编:《民法通则要论》,北京,法律出版社1991年版,第261页。

③ 杜景林、卢谌:《德国债法改革:〈德国民法典〉最新进展》,北京,法律出版社2003年版,第143页。

④ 王利明:《民法总则研究》,北京,中国人民大学出版社2003年版,第729页。

⑤ 史尚宽:《民法总论》,北京,中国政法大学出版社2000年版,第634页。

⑥ 史尚宽:《民法总论》,北京,中国政法大学出版社2000年版,第687页。

段）①；二是待其持续地进入诉讼时效期间的最后 6 个月内，适用诉讼时效的中止制度（同法第 194 条）。

（二）权利人知道或者应当知道请求权的成立

其中，“知道”是指权利人在主观上知道请求权已经成立；“应当知道”是指权利人按照善良管理人的注意程度应该可以得知。如果权利人主张其不知道或者不应当知道的，须就其不知道乃非因重大过失，或者于其情形须以超乎善良管理人的注意程度承担举证责任。就“应当知道”的认定，如《民法通则意见》第 168 条规定：“人身损害赔偿的诉讼时效期间，伤害明显的，从受伤害之日起算；伤害当时未曾发现，后经检查确诊并能证明是由侵害引起的，从伤势确诊之日起算。”对于伤害明显的人身损害赔偿请求权，受害人（权利人）应当于受伤害之日知道其损害，因而其诉讼时效期间应当从受伤害之日起计算；但对于伤害当时未曾发现，后经检查确诊并能证明是由侵害引起的人身损害赔偿请求权，受害人按照善良管理人的注意程度，不应当于受伤害之日知道其损害，因而其诉讼时效期间应当从伤势确诊之日起计算。

（三）权利人知道或者应当知道义务人

所谓知道义务人，是指知道义务人的人身，包括姓名、名称及地址等。

此外，普通诉讼时效期间也有可能适用特别起算规则，此亦在我国《民法总则》第 188 条第 2 款中段规定的射程之内。特别起算规则一般是采取绝对客观标准，如《海商法》第 265 条前段规定：“有关船舶发生油污损害的请求权，时效期间为三年，自损害发生之日起计算。”

三、特别诉讼时效期间的起算

我国《民法总则》第 188 条第 2 款前、中段规定：“诉讼时效期间自权利人知道或者应当知道权利受到损害以及义务人之日起计算。法律另有规定的，依照其规定。”与《民法通则》于第七章“诉讼时效”章末第 141 条统一规定“法律对诉讼时效另有规定的，依照法律规定”不同，《民法总则》第九章于第 188 条第 1、2 款先后两次出现特别法优于普通法的规则，分别针对特别诉讼时效期间和诉讼时效期间的特别起算规则两个方面，此与同法第 11 条关于特别法优于普通法的规定不无重复。究乎原

---

① 《民法通则意见》第 169 条规定：“权利人由于客观的障碍在法定诉讼时效期间不能行使请求权的，属于民法通则第一百三十七条规定的‘特殊情况’。”

来《民法通则》第 141 条规定，在宣示诉讼时效领域的特别法优于普通法规则的同时，又有将该项制度作为法律保留项目的意味，即以诉讼时效制度属于民事基本制度，只能制定法律。①

诉讼时效期间的特别起算规则，一般系采取绝对客观标准，既包括普通诉讼时效期间的特别起算规则，又包括特别诉讼时效期间的特别起算规则。对于后者，如我国《民用航空法》第 135 条规定："航空运输的诉讼时效期间为二年，自民用航空器到达目的地点、应当到达目的地点或者运输终止之日起计算。"另如同法第 171 条规定的地面第三人损害赔偿请求权，《保险法》第 27 条规定的保险赔偿或者保险金给付请求权，《邮政法》第 34 条第 2 款规定的给据邮件和汇款赔偿返还请求权，《合同法》第 158 条第 2 款规定的标的物的数量、质量瑕疵补救请求权，还有《海商法》上大多数的请求权，其诉讼时效期间的起算时间均系采取绝对客观标准。

四、最长诉讼时效期间的起算

《民法总则》第 188 条第 2 款后段规定："但是自权利受到损害之日起超过二十年的，人民法院不予保护；有特殊情况的，人民法院可以根据权利人的申请决定延长。"其中规定的"权利受到损害"，是采取绝对客观标准。例如，《产品质量法》第 45 条第 2 款规定："因产品存在缺陷造成损害要求赔偿的请求权，在造成损害的缺陷产品交付最初消费者满十年丧失；但是，尚未超过明示的安全使用期的除外。"产品责任损害赔偿请求权的最长诉讼时效期间为 10 年，其起算时间为"缺陷产品交付最初消费者"时。《海商法》第 258 条第 2 项规定："有关旅客死亡的请求权，发生在运送期间的，自旅客应当离船之日起计算；因运送期间内的伤害而导致旅客离船后死亡的，自旅客死亡之日起计算，但是此期限自离船之日起不得超过三年"。因海运旅客死亡的人身损害赔偿请求权的最长诉讼时效期间为 3 年，其起算时间为旅客"离船之日"。

第四节 诉讼时效的障碍

就诉讼时效的障碍，我国《民法通则》原来规定为诉讼时效的中止、

① 参见我国《立法法》（2015 年修正）第 8 条第 8 项。

中断和诉讼时效期间的延长三种类型；《民法总则》就特定情形的诉讼时效期间起算规则作有专门规定，其实质为诉讼时效期间的不起算，亦为诉讼时效的障碍类型之一。

一、诉讼时效期间的不起算

诉讼时效期间的不起算，是指诉讼时效期间因特定事由的存在而不起算，须待该事由完成后方可起算。究其实质，是在诉讼时效期间的起算问题上，存在法律上的障碍，似不应视此为起算规则的特别规定。对此，我国《民法总则》规定有两种情形。

1. 民事行为能力欠缺人对其法定代理人的请求权的诉讼时效期间，在该法定代理关系存续期间不起算。我国《民法总则》第 190 条规定："无民事行为能力人或者限制民事行为能力人对其法定代理人的请求权的诉讼时效期间，自该法定代理终止之日起计算。"对于该项情形，除此不起算说以外，立法例上还有三种观点：一是停止进行说，如《法国民法典》第 2252 条、《德国民法典》第 207 条第 1 款第 2 项规定采此；二是不完成说，如《日本民法典》第 158 条第 2 款、我国台湾地区"民法"第 142 条规定采此；三是不起算和停止进行选择说，如《瑞士债法典》第 134 条第 1 款、《墨西哥民法典》第 1167 条规定采此。此前，我国学者多采取中止说。[①]《诉讼时效司法解释》第 20 条第 1 项规定的"权利人被义务人或者其他人控制无法主张权利"的诉讼时效中止事由，实际上也包含该项情形。[②]《民法总则》乃将该项情形从司法解释规定的诉讼时效中止事由中独立出来，规定为诉讼时效不起算，但在解释上，仍然存在起算后再中止的可能，故实际上应系采取不起算和停止进行选择说。

我国《民法总则》第 194 条关于诉讼时效中止的规定中，列有"权利人被义务人或者其他人控制"的事由（第 1 款第 4 项）。在立法例上，就诉讼时效期间的不起算事由项下的当事人之间存在法定代理关系情形，系扩及于当事人之间存在某种类如控制的关系。《瑞士债法典》第 134 条第 1 款规定："债权，有下列情形之一者，其时效不开始，已开始者，停止进行：（1）子女对父母的债权，在子女受父母照护期间；（2）无判断能

---

① 王利明：《民法总则研究》，北京，中国人民大学出版社 2003 年版，第 739 页。

② 最高人民法院民事审判第二庭：《最高人民法院关于民事案件诉讼时效司法解释理解与适用》，北京，人民法院出版社 2008 年版，第 344 页。

力人在照护受任人的债权，在委任照护期间；(3) 夫妻相互间的债权，在婚姻关系存续期间；登记的同性伴侣相互间的债权，在登记的同性伴侣关系存续期间；(4) 受雇人对与其共同生活的雇用人的债权，在雇佣关系存续期间；(5) 债务人对债权人享有用益权期间；债权人不能向瑞士法院提起诉讼期间。”依此，对于我国《诉讼时效司法解释》第 20 条第 1 项规定的解释，仍应照旧。

我国《民法总则》第 190 条规定的“法定代理终止”的认定，应适用同法第 175 条关于法定代理终止的规定。后者规定：“有下列情形之一的，法定代理终止：（一）被代理人取得或者恢复完全民事行为能力；（二）代理人丧失民事行为能力；（三）代理人或者被代理人死亡；（四）法律规定的其他情形。”

2. 未成年人遭受性侵害的损害赔偿请求权的诉讼时效期间，在其成年前不起算。我国《民法总则》第 191 条规定：“未成年人遭受性侵害的损害赔偿请求权的诉讼时效期间，自受害人年满十八周岁之日起计算。”此系参照《德国民法典》第 208 条的规定：“基于性的自主决定权受侵害的请求权，于受害人年满 21 周岁前，时效不开始进行。”

二、诉讼时效的中止

诉讼时效的中止是指在诉讼时效期间行将届满之时（最后 6 个月内），权利人因特定事由而不能行使权利，诉讼时效不得完成，须待该事由结束后再经过一定期间（6 个月）方可完成，又称为诉讼时效的不完成、诉讼时效完成的停止。我国《民法总则》第 194 条规定：“在诉讼时效期间的最后六个月内，因下列障碍，不能行使请求权的，诉讼时效中止：（一）不可抗力；（二）无民事行为能力人或者限制民事行为能力人没有法定代理人，或者法定代理人死亡、丧失民事行为能力、丧失代理权；（三）继承开始后未确定继承人或者遗产管理人；（四）权利人被义务人或者其他人控制；（五）其他导致权利人不能行使请求权的障碍。”“自中止时效的原因消除之日起满 6 个月，诉讼时效期间届满。”此系参考《诉讼时效司法解释》第 20 条的规定，对原来《民法通则》第 139 条前段规定的诉讼时效中止事由予以扩张，同时对诉讼时效中止的法律后果予以进一步明确。

1. 诉讼时效中止的构成，有以下三项要件。

(1) 时间要件：中止事由须发生在或者持续地进入到诉讼时效期间的最后 6 个月内。如果事由发生在诉讼时效期间的最后 6 个月之前的，不必然为中止事由，因其仍有可能在最后6个月之前结束；必须待其持续地进入到最后6个月内时，才能构成中止事由。此项“持续”，不是指作为事由的事件本身的持续，而须以其阻碍权利人行使请求权之关系判断之。笔者称此为中止事由对诉讼时效的“介入”。至于该中止事由具体阻碍权利人行使权利多长时间，在所不问，盖因其不影响诉讼时效。

（2）内容要件：中止事由须为客观情况。该“客观情况”，一般界定为“不可避之事变”①。所谓事变，是指非因当事人之故意过失而发生之变故，如不可抗力（地震等）自应属之。意外事件为除不可抗力之外的事变类型，又称为通常事变，是指当事人虽尽其应尽之注意义务仍不免发生，但如果予以特别严密的注意则有可能避免的事变。② 就某一事变，有可能对某一当事人而言是不可抗力，而对另一当事人而言则是意外事件。在权利人一方如发生意外事件，原则上不得构成诉讼时效的中止事由。例如，权利人在生产过程中由于电线短路而发生火灾，属于意外事件，却不构成中止事由。但在义务人一方如发生意外事件，则可以构成中止事由，盖因其对于权利人为不可避之事变也。有学者强调中止事由须“与权利人无关”③，似乎寓有斯旨。

（3）结果要件：中止事由须致使权利人不能行使请求权。中止事由与权利人不能行使请求权之间，须具有一定之客观联系。此项“客观”，是指依社会普通观念，该事由对于权利人中止诉讼时效为不能或者存在明显困难。所谓明显困难，是指如依社会普通观念，即使权利人虽然尚有行使权利之可能，但将付出过分的代价，甚至需冒生命危险的情形。至于权利人不行使请求权与该事由之间是否具有一定因果关系，在所不问。盖因本项中止并不问权利人主观上是否具有中止诉讼时效之认识，即使其全无中

---

① 史尚宽：《民法总论》，北京，中国政法大学出版社2000年版，第689页。

② 郑玉波：《民法债编总论（修订2版）》，陈荣隆修订，北京，中国政法大学出版社2004年版，第262～263页。在法律有特别规定的情形下，意外事件可以发生与不可抗力同样的后果。例如，我国1981年《经济合同法》第27条第1款规定：“凡发生下列情况之一者，允许变更或解除经济合同：……四、由于不可抗力或由于一方当事人虽无过失但无法防止的外因，致使经济合同无法履行……”其中的“由于一方当事人虽无过失但无法防止的外因”，即为意外事件。该项关于意外事件之规定，于1993年该法修正时被删除。

③ 梁慧星：《民法总论》，北京，法律出版社2007年版，第248页。在立法例上，对于不可抗力作为诉讼时效的障碍事由的理解是比较宽泛的，如《德国民法典》第206条规定将不可抗力作为消灭时效的中止事由，是指纵使尽极大之注意发生中变、突患重病或者司法机关采取瑕疵行动等。参见杜景林、卢谌：《德国债法改革：〈德国民法典〉最新进展》，北京，法律出版社2003年版，第155页。

止诉讼时效之认识，亦不妨发生诉讼时效的中止。[①] 无论该事由所直接影响者为权利人抑或义务人，只要客观上致使权利人不能行使请求权的，即得构成诉讼时效的中止。

对于当事人的下落不明，一般认为不构成诉讼时效的中止事由。[②] 有学者认为，“义务人逃避民事责任而下落不明”应为诉讼时效的中止事由。[③] 笔者认为，即使义务人下落不明，权利人仍然可以通过提起诉讼等方式（《民法总则》第195条第3、4项），或者通过在媒体上公告（《诉讼时效司法解释》第10条第1款第4项）以中断诉讼时效，因而不构成诉讼时效的中止事由。

2. 不可抗力障碍。我国《民法总则》第180条第2款规定：“不可抗力是指不能预见、不能避免且不能克服的客观情况。”所谓不能预见，是指非凭当事人之意志所可预见；不能避免，是指非凭当事人之行为所可避免；不能克服，是指非凭当事人之能力所可克服；客观情况，是指独立于当事人行为之外的客观情况。在类型上，不可抗力包括自然事变和社会事变，自然事变如地震等自然灾害，如2008年发生的四川汶川特大地震[④]；社会事变如战争、社会异常事件和政府行为等。参与制定《民法通则》的学者系采取客观说，认为：“所谓‘客观情况’是指民事法律关系当事人的业务范围以外的情况。如严重的自然灾害、战争等，发生在当事人的业务范围之外。当事人业务范围内发生的无法预防的情况，是意外事件、不是不可抗力，如生产经营过程中引起的火灾等。确定不可抗力没有统一固定的标准，而是应以同时期、同地区、同行业的一般经济和技术水平为标准。”[⑤] 目前学说转趋采取折中说，认为不可抗力乃外部袭来之事变，纵尽交易观念上之一切方法，亦不能防止其发生；至于是否可以预期，以及损害之大小如何等，均非所问。[⑥]

在立法例上，针对2001年修改前的《德国民法典》第203条第2款

① 史尚宽：《民法总论》，北京，中国政法大学出版社2000年版，第690页。

② 史尚宽：《民法总论》，北京，中国政法大学出版社2000年版，第689页。

③ 梁慧星：《民法总论》，北京，法律出版社2007年版，第248页；孙亚明主编：《民法通则要论》，北京，法律出版社1991年版，第265页。

④ 参见我国最高人民法院《关于依法做好抗震救灾恢复重建期间民事审判和执行工作的通知》（法〔2008〕164号）第4条前段。

⑤ 孙亚明主编：《民法通则要论》，北京，法律出版社1991年版，第220页。

⑥ 郑玉波：《民法债编总论（修订2版）》，陈荣隆修订，北京，中国政法大学出版社2004年版，第262～263页。

中作为诉讼时效的停止事由的不可抗力，学者认为是指任何一种请求权人要回避其影响的事件，这种事件使权利人即使通过最大的、竭尽全力的努力也不能进行权利追诉，比如重病、意外事故或者一个事先无法预见的交通中断等。同时，与作为损害赔偿责任法上的免责事由的不可抗力不同，这里的不可抗力不一定要求是“来自外部”的事件，并且请求权人的很小过失就可以排除之了。① 这对于解释其他诉讼时效中止事由，具有一定的借鉴意义。换言之，意外事件也有可能构成诉讼时效的中止事由。

不可抗力障碍作为诉讼时效中止的事由的具体表现如下。

(1) 发生突发事件。我国《突发事件应对法》(2007 年) 第 13 条规定：“因采取突发事件应对措施，诉讼、行政复议、仲裁活动不能正常进行的，适用有关时效中止和程序中止的规定，但法律另有规定的除外。”所谓突发事件，是指突然发生，造成或者可能造成严重社会危害，需要采取应急处置措施予以应对的自然灾害、事故灾难、公共卫生事件和社会安全事件。按照社会危害程度、影响范围等因素，自然灾害、事故灾难、公共卫生事件分为特别重大、重大、较大和一般四级（同法第 3 条第 1、2 款）。突发事件是指那些对全社会产生重大影响的事变，可以作为诉讼时效的中止事由。

(2) 当事人因重大传染病事件而被依法隔离。我国最高人民法院《关于在防治传染性非典型肺炎期间依法做好人民法院相关审判、执行工作的通知》(法〔2003〕72 号) 第 6 条规定：“当事人因是‘非典’患者、疑似‘非典’患者或者被依法隔离人员，不能及时行使民事请求权的，适用《民法通则》第 139 条关于诉讼时效中止的规定。”② 其中之“当事人”，应解释为权利人和义务人。在诉讼时效期间的最后 6 个月内，由于防治传染病的需要，权利人因被采取限制自由措施而不能行使请求权，可以作为诉讼时效的中止事由。如义务人是“非典”患者、疑似“非典”患者或者被依法隔离人员的，宜采取宽泛解释，认为其亦得构成诉讼时效的中止。

(3) 法院不能正常工作。对此，《瑞士债法典》第 134 条第 1 款第 6 项、2001 年修改前的《德国民法典》第 203 条第 1 款都作有专门规定。2001 年修改的《德国民法典》第 206 条规定虽然删除了该项时效中止事

① 〔德〕卡尔·拉伦茨：《德国民法通论》上册，王晓晔等译、谢怀栻校，北京，法律出版社 2003 年版，第 342 页。

② 其中的“非典”，是指重症急性呼吸综合征（SARS），为一种由 SARS 冠状病毒（SARS-CoV）引起的急性呼吸道传染病，2003 年曾在我国局部地区发生。

由的专门表述，但解释上系将其作为不可抗力障碍的一种情况。[①] 我国最高人民法院《关于处理涉及汶川地震相关案件适用法律问题的意见（一）》（法发〔2008〕21号）第7条规定，人民法院在确定《民法通则》第139条后段规定的“中止时效的原因消除”之日时，可以将“人民法院恢复正常工作的情况”作为考虑的因素之一。

3. 民事行为能力障碍。本项障碍为我国《民法总则》第194条第1款第2项规定所明定。民事行为能力障碍是指自然人欠缺民事行为能力的客观情形。盖因无民事行为能力人不得自己行使其权利，而由其法定代理人为之；限制民事行为能力人亦须经其法定代理人之同意，始得行使其权利。因此，自然人欠缺民事行为能力的，若无法定代理人，均难以行使其权利，故构成诉讼时效的中止事由。[②] 权利人之有无民事行为能力，不以其被宣告为无民事行为能力人或者限制民事行为能力人（同法第24条）为条件。权利人没有法定代理人，一般是指法定代理人之不存在，既指法定代理人在法律上不存在，如对未成年人尚未设立监护人；也指法定代理人在事实上不存在，如下落不明，此不以其被宣告失踪（同法第40条）为条件。法定代理人发生民事行为能力欠缺等法定代理终止事由的（同法第175条第2项），对权利人而言视为没有法定代理人，此不以法定代理人被宣告为无民事行为能力人或者限制民事行为能力人（同法第24条）为条件。

4. 遗产障碍。本项障碍为我国《民法总则》第194条第1款第3项规定所明定，是指由于权利人或者义务人的死亡，而就该权利或者义务的承接人未能确定。这是一项“双向”设计，即该项遗产既可能与权利人有关，也可能与义务人有关。[③] 权利内容须与遗产有关，主要是指以下两种情形：一是权利人死亡，成为遗产的财产上的请求权的诉讼时效中止；二是义务人死亡，以其遗产作为责任财产的请求权的诉讼时效中止。在前一种情形，权利因权利人的死亡而不能行使，往往须待确定遗产的继承人或者管理人才能行使；在后一种情形，义务人死亡，权利人因而无法确知向谁行使权利，往往须待确定遗产的继承人或者管理人才能行使。此外，本

---

① 朱岩：《德国新债法：条文及官方解释》，北京，法律出版社2003年版，第42页。

② 史尚宽：《民法总论》，北京，中国政法大学出版社2000年版，第694页。

③ 有关立法例的法条列举，可参见梁慧星主编：《中国民法典草案建议稿附理由·总则编》，北京，法律出版社2004年版，第269页。

项之"遗产"可以扩张解释为暂划为遗产中的他人的财产。①

遗产障碍的持续时间，为自继承开始后至确定继承人或者遗产管理人的时间，且须在诉讼时效期间的最后6个月内"介入"诉讼时效。其中的"继承开始"，是指被继承人死亡（我国《继承法》第2条）；"确定继承人或者遗产管理人"，是指不须待遗产处理，以继承人或者遗产管理人确定即可。确定继承人，是指继承人已为限定之继承（同法第5条），或者已有接受继承之行为（同法第25条），继承人因而确定。继承人虽已为限定，但其于遗产处理前放弃继承的，则对其之确定亦溯及地结束。确定遗产管理人，是指在没有继承人或者继承人均放弃继承时，确定遗产管理人（同法第32条）。②

5. 控制关系障碍。本项障碍为我国《民法总则》第194条第1款第4项规定所明定，是指当事人之间存在特定的人身控制关系，致使权利人不能行使权利的客观情况。权利人因被他人限制人身自由，致使其不能行使权利。这既包括权利人的人身被他人非法限制，也包括其意志处于被胁迫的状态。非法限制，是指权利人的人身自由非因国家机关采取强制措施而被他人所限制。意志被胁迫，是指权利人因他人之胁迫而发生恐怖之念，不法地预告将来加以祸害。如果权利人所遭受的"胁迫"并非不法，如甲无照驾车撞伤乙，乙称"汝若不速为赔偿，则告发汝罪"，则不能谓乙之行为为胁迫。

对于胁迫的判断，主要有以下三种情形。一是手段不法。如"若不出卖汝手表，即杀汝"，买卖手表虽为法之所许，但以杀害为手段，固属手段不法之胁迫。二是目的不法。如"若不出资经营赌场，即告发汝漏税之事实"，告发漏税虽属合法，但因系出于达成法律禁止或违反公序良俗之行为，固属目的不法之胁迫。三是手段与目的关联之不法。手段与目的，分别观之，均属合法者，如"若不偿债，即起诉汝"，盖偿债系债务人应尽之义务，而起诉亦为索债之正当方法。唯于例外情形，倘手段与目的失其平衡者，亦具有不法性，此应斟酌一切情事，尤须考量施行胁迫者对其所欲促成之意思是否具有正当利益，以及依胁迫之方法实现此项利益是否适宜而判断之。如前例中乙称"汝若不速为赔偿，则告发汝罪"，其目的

① 梁慧星主编：《中国民法典草案建议稿附理由·总则编》，北京，法律出版社2004年版，第270页。

② 我国《继承法》第32条规定："无人继承又无人受遗赠的遗产，归国家所有；死者生前是集体所有制组织成员的，归所在集体所有制组织所有。"

与手段有内在关联，自不具有不法性；然而，如乙称“汝若不速为赔偿，则殴打汝”，其目的虽合法，然手段不可谓为合法，故亦构成胁迫。[①]

6. 诉讼时效中止的法律效果。对此，我国《民法通则》第 139 条后段曾规定：“从中止时效的原因消除之日起，诉讼时效期间继续计算。”对于其中的“继续计算”，争议很大。通说采取合并计算说，认为中止使诉讼时效期间暂停计算，待该事由结束后，剩余的诉讼时效期间继续计算，即中止前、后经过的诉讼时效期间合并计算。[②] 但学说上仍有分歧。如有学者认为，如果剩余的诉讼时效期间不足 6 个月的，应延长到 6 个月。[③] 另有学者则认为，不应延长到 6 个月，“如果一定要留足 6 个月，这样在时间上要重新计算，徒增麻烦”，即使“权利人没有 6 个月的时间行使权利，此时可以通过提出请求或提起诉讼的方式而导致诉讼时效中断”[④]。为杜争议，《民法总则》第 194 条第 2 款规定将上述规定修改为：“自中止时效的原因消除之日起满六个月，诉讼时效期间届满。”

笔者赞成这一做法。诉讼时效中止是指特定事由的发生并不停止诉讼时效的进行，只是法律赋予权利人即使诉讼时效期间届满，非于该事由结束后经过一定期间，诉讼时效仍不完成。这不是“暂停计算”，而是“继续计算”但不完成。权利人可以享有于该事由结束后一定期间（6 个月）的“外加的诉讼时效期间”，而不管在该事由“介入”诉讼时效时诉讼时效期间还剩余多长。但是，对于剩余的诉讼时效期间，纳入到该 6 个月中一并计算。至于该 6 个月的确定，参与制定《民法通则》的学者认为：“在中止时效事由消灭之后，权利人仍有 6 个月的诉讼时效时间，根据我国的通讯交通及法院设置的状况，这一时间是足够权利人向法院提起诉讼的。”[⑤] 在具体时间的计算上，中止事由须在诉讼时效期间的最后 6 个月内“介入”诉讼时效，在其结束后诉讼时效期间继续计算 6 个月。例如，某请求权适用 3 年的普通诉讼时效期间，于 1 年 8 个月的时候发生不可抗力障碍，导致诉讼时效的中止，于 1 年 10 个月时该障碍结束。于此时起，

---

① 王泽鉴：《民法总则（增订版）》，北京，中国政法大学出版社 2001 年版，第 398～400 页。

② 佟柔主编：《中国民法》，北京，法律出版社 1990 年版，第 613 页；顾昂然等：《中华人民共和国民法通则讲座》，北京，中国法制出版社 2000 年版，第 266 页；梁慧星：《民法总论》，北京，法律出版社 2007 年版，第 248 页；王利明：《民法总则研究》，北京，中国人民大学出版社 2003 年版，第 737 页。

③ 梁慧星：《民法总论》，北京，法律出版社 2007 年版，第 248～249 页。

④ 王利明：《民法总则研究》，北京，中国人民大学出版社 2003 年版，第 740～741 页。

⑤ 佟柔主编：《民法原理（修订本）》，北京，法律出版社 1986 年版，第 128 页。

诉讼时效期间应当继续计算 6 个月，即至 2 年 4 个月，而不是只计算原来剩余的 4 个月，即至 2 年 2 个月。

三、诉讼时效的中断

诉讼时效的中断是指在诉讼时效期间进行中，因当事人为一定行为而推翻诉讼时效的基础，致使此前经过的诉讼时效期间全归无效，须待该事由结束后重新计算，又称为诉讼时效的重启。① 我国《民法总则》第 195 条规定："有下列情形之一的，诉讼时效中断，从中断、有关程序终结时起，诉讼时效期间重新计算：（一）权利人向义务人提出履行请求；（二）义务人同意履行义务；（三）权利人提起诉讼或者申请仲裁；（四）与提起诉讼或者申请仲裁具有同等效力的其他情形。"依此，诉讼时效的中断事由有履行请求、同意履行、提起诉讼或者申请仲裁、其他与提起诉讼或者申请仲裁相类似的方式四种。

（一）履行请求

本项事由为我国《民法总则》第 195 条第 1 项规定所明定。履行请求是指权利人向义务人作出请求其履行义务的明确的意思表示，默示原则上不得构成履行要求。笔者原来认为，债权人向债务人部分免除债务的，当然地含有向债务人要求履行之意义，故对其剩余的部分债权构成诉讼时效的中断。但现在看来，难以从债权人之免除意思中解释出具有履行请求的意思，因而债权人之部分免除债务之意思表示，应不构成诉讼时效的中断事由。权利人须采取适当的方式，作出客观上能发生请求义务人履行义务作用的意思表示，并且到达义务人；其方式之是否适当，或者其行为之是否到达义务人，应依法律之规定或者社会之普通认识予以确定。至于义务人对权利人之履行请求是否了解或者同意，均非所问。

履行请求须到达义务人。所谓到达，是指实际到达，即权利人之履行请求处于相对人得了解之状态。得了解，不是已了解，即不以义务人对权利人之履行请求是否了解或者同意为要件。② 针对履行请求的不同方式，对于"到达义务人"的认定则有不同。例如，根据《诉讼时效司法解释》

---

① 2001 年《德国民法典》修改时，将旧法中的消灭时效中断，形象化地改称为消灭时效的重新开始。参见杜景林、卢谌：《德国债法改革：〈德国民法典〉最新进展》，北京，法律出版社 2003 年版，第 152 页。

② 最高人民法院民事审判第二庭：《最高人民法院关于民事案件诉讼时效司法解释理解与适用》，北京，人民法院出版社 2008 年版，第 180 页。

第10条第1款的规定，履行请求为书面的主张权利文书的，须到达义务人（第1项）；为信件或者数据电文的，则为到达或者应当到达义务人（第2项）。后者中“应当到达”，应依法律之规定或者社会之普通认识，认为履行请求可以实际到达义务人。对于因邮政部门的原因，履行请求的信件未实际到达义务人的情形，有法官认为如“在正常情形下，可以递交义务人的，我们也应认定其应当到达义务人，具有诉讼时效中断的效力”①。笔者认为，该观点从到达主义完全转变为发出（投邮）主义，并不妥当。对于履行请求之通知能否实际到达义务人，义务人不应负担比权利人更高的注意义务和交易风险。

履行请求为即时中断事由，其权利的诉讼时效从该请求生效时，即到达义务人时起即时中断，诉讼时效期间亦从此时起重新计算。《诉讼时效司法解释》第11条规定：“权利人对同一债权中的部分债权主张权利，诉讼时效中断的效力及于剩余债权，但权利人明确表示放弃剩余债权的情形除外。”对此，笔者颇持异议，在债权为可分的情形下，既然权利人仅请求义务人履行部分义务，则应尊重其意思，并无必要使之对全部义务产生诉讼时效中断的效力。因此，权利人就其权利之部分请求履行的，仅对该部分权利构成诉讼时效的中断，但权利为不可分的除外；权利人请求履行，就其权利之部分抑或全部不明确的，视为就全部权利请求履行。

在立法例上，为救权利人之履行请求“过于随便”地中断诉讼时效之弊，一般规定权利人须于请求履行后6个月内提起诉讼，否则不产生中断诉讼时效的效力，如《日本民法典》第153条、我国台湾地区“民法”第130条。多数立法例乃上承罗马法之余绪，以提起诉讼为诉讼时效之绝对中断事由，而否认权利人之请求履行可以中断诉讼时效。有学者指出：以履行请求作为诉讼时效的中断事由，“只注意到诉讼时效制度督促请求人及时行使权利的功能，却忽视了诉讼时效制度保护被请求人利益、保障法院公平裁判的核心目的”；同时，这“会导致法律关系长期处于不确定状态。在我国，由于请求可以中断权利的时效期间，于是在实践中形成了一请求、再请求的局面，导致法律关系长期处于悬而未决的状态，这显然不符合诉讼时效制度的目的”；此外，“我国现行的《海商法》，借鉴了比较法上的大多数做法，没有把请求作为时效期间的中断事由（第267条），

① 最高人民法院民事审判第二庭：《最高人民法院关于民事案件诉讼时效司法解释理解与适用》，北京，人民法院出版社2008年版，第181页。

值得肯定”[①]。诚哉斯言。因此，法院在认定履行请求中断诉讼时效时，宜采取更为严格的事实认定标准。

（二）履行同意

本项事由为我国《民法总则》第 195 条第 2 项规定所明定，是指在诉讼时效期间，义务人对权利人承认其权利之存在，其法律后果为表示权利人确有权利，明确推翻过去无权利之事实状态，又称为义务承认。

履行同意的性质为以属于准法律行为的观念通知，即仅以义务人对权利人承认其权利之存在为已足，不以其有中断诉讼时效之意思为要件。即使义务人不知相对人权利之存在而为同意者，在相对人有权利存在之限度，仍有中断诉讼时效之效力。[②] 这里的履行同意，与同法第 192 条第 2 款规定的义务人在诉讼时效期间届满后的“同意履行”性质不同：前者是观念通知，不以有处分能力或处分权限为必要，而以有管理能力或管理权限为必要[③]；后者是法律行为，义务人须有处分能力。两者一致的地方在于，均不以权利人之同意为要件。

关于履行同意的具体方式，我国《诉讼时效司法解释》第 16 条规定：“义务人作出分期履行、部分履行、提供担保、请求延期履行、制定清偿债务计划等承诺或者行为的，应当认定为民法通则第一百四十条规定的当事人一方‘同意履行义务’。”[④] 义务人之上述行为中，提出分期履行、部分履行、提供担保、请求延期履行、制定清偿债务计划等承诺者，均构成明示的履行同意；作出分期履行、部分履行的行为者，则构成默示的履行同意。就默示的履行同意（如部分履行），系径对全部权利发生中断诉讼时效的效果，不论权利人是否予以接受，也不论义务人在作出部分履行时有无声明其清偿不包含对剩余部分权利的承认。义务可分且权利人予以接受的，则该部分履行行为为有效，剩余部分权利的诉讼时效期间重新计算。

履行同意为即时中断事由，以通知到达权利人时即可生效，而无须权利人复为同意，溯及于通知作出时中断诉讼时效，诉讼时效期间从义务人

---

① 李永锋：《起诉对诉讼时效的影响》，载《环球法律评论》2007 年第 5 期。

② 史尚宽：《民法总论》，北京，中国政法大学出版社 2000 年版，第 670～671 页。

③ 《日本民法典》第 156 条规定：“在做出应发生时效中断效力的承认时，就相对人的权利的处分，无须具有行为能力或权限。”

④ 参见《法国民法典》第 2240 条；《德国民法典》第 212 条第 1 款第 1 项；《瑞士债法典》第 135 条第 1 项；《意大利民法典》第 2944 条；《日本民法典》第 147 条第 1 项；我国台湾地区“民法”第 129 条第 1 项第 1、2 款；《国际商事合同通则》（PICC2010）第 10.4 条第 1 款；《欧洲合同法原则》（PECL）第 14：401 条第 1 款。

作出同意履行的通知时起重新计算。一般说来，履行同意系于诉讼外为之。义务人于诉讼中为履行同意者，因被此前提起诉讼的中断事由所吸收，因而如权利人胜诉的，该同意不单独构成诉讼时效的中断事由；如义务人胜诉的，其同意仍得构成诉讼时效的中断事由，由此而引起的中断，诉讼时效期间从诉讼程序结束时起重新计算。① 但在诉讼中，义务人为达成调解协议或者和解的目的而为履行同意，其后调解或者和解不成的，该同意不影响有关权利的诉讼时效。②

（三）提起诉讼

本项事由为我国《民法总则》第 195 条第 3 项规定所明定，是指权利人向法院提出起诉，要求以判决为其权利提供法律保护的申请，简称起诉。本项事由与申请仲裁具有相同效力。

起诉是诉讼的通常启动方式，它以要求法院作出判决为目的。在民事诉讼法上，起诉的意义在于对它所启动的程序的内容和范围具有决定作用，开启了诉讼和诉讼法律关系，并且使所提出的请求权发生诉讼系属，包含了诉讼纲领并以此确定了待提供的法律保护的种类和范围。根据起诉的内容，一般将诉分为给付之诉、确认之诉和形成之诉。③ 起诉必须合法，即符合《民事诉讼法》第 119 条规定才能有效成立。就提起诉讼如何中断诉讼时效，学说上主要有三种观点：一是提交说，认为诉讼时效期间应当从当事人向法院提交起诉材料或者口头起诉时起中断；二是受理说，认为诉讼时效期间应当从法院立案受理当事人之起诉时起中断；三是送达说，认为诉讼时效期间应当从法院将原告的起诉状副本送达被告时起中断。我国《诉讼时效司法解释》采取提交说，其第 12 条规定："当事人一方向人民法院提交起诉状或者口头起诉的，诉讼时效从提交起诉状或者口头起诉之日起中断。"

起诉被撤回或者驳回的，能否中断诉讼时效呢？学者一般依立法例，认为诉讼时效因起诉而中断者，若撤回其诉或因不合法而受驳回者，原则上不发生中断诉讼时效的效力。④ 我国《海商法》亦采此观点，其第 267

---

① 史尚宽：《民法总论》，北京，中国政法大学出版社 2000 年版，第 675 页。

② 我国《民事诉讼证据规定》第 67 条规定："在诉讼中，当事人为达成调解协议或者和解的目的作出妥协所涉及的对案件事实的认可，不得在其后的诉讼中作为对其不利的证据。"

③ 〔德〕罗森贝克、施瓦布、戈特瓦尔德：《德国民事诉讼法》下册，李大雪译，北京，中国法制出版社 2007 年版，第 643～645 页。

④ 史尚宽：《民法总论》，北京，中国政法大学出版社 2000 年版，第 657 页；佟柔主编：《中国民法》，北京，法律出版社 1990 年版，第 613 页。

条第 1 款后段但书规定："但是，请求人撤回起诉、撤回仲裁或者起诉被裁定驳回的，时效不中断。"即揭此旨。关于起诉之被撤回，简称撤诉，应认为系原告放弃其由起诉所生法律上效力之意思表示，相当于未起诉，因而不发生中断诉讼时效的效力。对此，司法实务上有不中断说和中断说两种观点，中断说为目前之有力说，认为原告起诉后撤诉的，如果权利人主张权利的意思表示已经到达义务人的，应认定诉讼时效中断。[①] 笔者认为，中断说并未解明撤诉之实际意义，仅以其具备权利人要求履行之表面形式即予中断诉讼时效，对于义务人利益之损害未免过苛。关于起诉之被驳回，又称为驳回起诉，是指原告所提起之诉因不合法而被驳回。笔者认为，与撤诉的性质相类似，起诉被驳回原则上也不发生中断诉讼时效的效力，但系由于特殊原因而驳回者则弗是。

（四）其他方式

对此，我国《民法总则》第 195 条第 4 项规定为"与提起诉讼或者申请仲裁具有同等效力的其他情形"。《诉讼时效司法解释》第 13 条规定："下列事项之一，人民法院应当认定与提起诉讼具有同等诉讼时效中断的效力：（一）申请仲裁；（二）申请支付令；（三）申请破产、申报破产债权；（四）为主张权利而申请宣告义务人失踪或死亡；（五）申请诉前财产保全、诉前临时禁令等诉前措施；（六）申请强制执行；（七）申请追加当事人或者被通知参加诉讼；（八）在诉讼中主张抵销；（九）其他与提起诉讼具有同等诉讼时效中断效力的事项。"例如，债权的诉讼时效因申请支付令而中断。因债务人依法提出书面异议，督促程序被裁定终结的，仍维持诉讼时效中断的效力，该债权的诉讼时效期间从法院作出该裁定时起重新计算，即使申请支付令的一方当事人不同意提起诉讼的亦同。[②]

四、诉讼时效期间的延长

诉讼时效期间的延长，是指虽然诉讼时效期间已经届满，但因有特殊情况，法院可以延长诉讼时效期间。我国《民法通则》第 137 条中、后段

---

① 宋春雨：《最高人民法院关于长沙铁路天群实业公司贸易部与四川鑫达实业有限公司返还代收货款一案如何适用法（民）复〔1990〕3 号批复中"诉讼时效期间"问题的请示与答复》，载《民事审判指导与参考》2001 年第 1 卷（总第 5 卷），北京，法律出版社 2001 年版，第 149 页。

② 我国《民事诉讼法》第 217 条规定："人民法院收到债务人提出的书面异议后，经审查，异议成立的，应当裁定终结督促程序，支付令自行失效。""支付令失效的，转入诉讼程序，但申请支付令的一方当事人不同意提起诉讼的除外。"

曾规定："但是，从权利被损害之日起超过二十年的，人民法院不予保护。有特殊情况的，人民法院可以延长诉讼时效期间。"在解释上，其中的后段规定应可适用于诉讼时效期间的所有类型。现在，《民法总则》将上述两段规定合并为一句，于第 188 条第 2 款后段规定："但是自权利受到损害之日起超过二十年的，人民法院不予保护；有特殊情况的，人民法院可以根据权利人的申请决定延长。"将诉讼时效期间的延长的适用对象，限于最长诉讼时效期间，而不包括普通诉讼时效期间和特别诉讼时效期间。

实行诉讼时效期间延长制度的立法初衷，是"给予法院根据有无正当理由而决定时效是否予以延长的权力，以弥补法定中止和中断事由的不足。但对于这种处理，法院必须严格掌握，否则有违设立诉讼时效制度的目的"①。究其实质，系赋予法院以自由裁量权，依职权延长诉讼时效期间，使义务人之诉讼时效抗辩权失却效力。对此，有学者表示担心："这是立法者赋予法院的权限，可以说审判人员权力大了！在实践中如何掌握什么是特殊情况？具体问题，要具体对待，对延长诉讼时效期间要考虑诉讼时效制度的精神，违反了诉讼时效制度的精神，就丧失了规定诉讼时效制度的意义，对于这一点，法院要特别从严掌握。"② 有学者基于相同的担心，认为将来民法典不应保留该制度。③ 笔者认为，这种担心具有一定的合理性，因为法律一方面赋予义务人在诉讼时效期间届满时的诉讼时效抗辩权，另一方面又允许法院破除之，必须具有十分重大、正当之理由，否则将会对整体的诉讼时效制度造成破坏。

关于诉讼时效期间的延长的适用对象，谢怀栻教授认为，普通诉讼时效期间和特别诉讼时效期间当然可以延长，20 年的最长诉讼时效期间如果延长就失去了时效的意义。④ 梁慧星教授则与此相反，认为根据《民法通则》第 137 条后段规定诉讼时效期间的延长，而同条中段则规定 20 年

---

① 佟柔主编：《民法原理（修订本）》，北京，法律出版社 1986 年版，第 131 页。

② 顾昂然等：《中华人民共和国民法通则讲座》，北京，中国法制出版社 2000 年版，第 267 页。

③ 王利明：《民法总则研究》，北京，中国人民大学出版社 2003 年版，第 742～743 页。这与王教授反对权利失效规则的观点是一致的；见同书，第 244～245 页。另见朱岩：《消灭时效制度中的基本问题——比较法上的分析——兼评我国时效立法》，载《中外法学》2005 年第 2 期；李永锋：《英国诉讼时效延长制度具体改革——兼论对我国民法典的启示》，载《法学》2006 年第 12 期。朱教授认为，我国未来《民法典》中的时效立法应采允许合意变更时效的模式，以体现合同自由原则。

④ 顾昂然等：《中华人民共和国民法通则讲座》，北京，中国法制出版社 2000 年版，第 267～268 页。

的最长诉讼时效期间，因而诉讼时效期间的延长只能适用于20年的最长诉讼时效期间；其他诉讼时效期间因有中止、中断的规定，不发生延长的问题。① 笔者认为，诉讼时效期间的延长制度之设，系为解决在特殊情况下适用诉讼时效制度将产生严重的不合理的情形。在最长诉讼时效期间内，如果权利所适用的普通诉讼时效期间届满的，则最长诉讼时效期间隐而不彰，更无适用期间延长之可能。因此，诉讼时效期间延长制度的适用对象，应可包括诉讼时效期间的所有类型。对此，《民法通则意见》第175条规定设有明文。但是，由于立法上已经作出修改，故该司法解释的规定也应予废止。

就诉讼时效期间延长的“特殊情况”事由，《民法通则意见》第169条规定：“权利人由于客观的障碍在法定诉讼时效期间不能行使请求权的，属于民法通则第一百三十七条规定的‘特殊情况’。”然而何为“客观的障碍”，亦难解明。最高人民法院《关于人民法院处理涉台民事案件的几个法律问题》（1988年8月9日）第“七、关于诉讼时效问题”规定：“为了保护去台人员和台胞的合法权益，我们在适用诉讼时效方面，对涉台民事案件作了特别规定。根据《中华人民共和国民法通则》的规定，从权利被侵害之日起超过二十年，权利人才向人民法院提起诉讼的，人民法院不予保护。由于涉及去台人员和台湾同胞的案件，许多已经超过二十年了，因此，对去台人员和台湾同胞的诉讼时效期间问题，根据《民法通则》第一百三十七条的规定，人民法院可以作为特殊情况予以适当延长。”是其适例。

曾参与制定《民法通则》的顾昂然先生指出：“当时主要是考虑祖国还没有实现完全统一，还有在‘文革’期间发生的一些特殊情况也要考虑。”② 笔者认为，如果仅仅从“客观的障碍”出发考虑诉讼时效期间的延长制度，主要是因为我国民法上诉讼时效的其他障碍制度（即中止、中断）比较狭窄和严格。顾氏所列举的事由，本来可以通过诉讼时效期间的不起算或者诉讼时效进行的停止制度加以解决。因此，笔者更倾向于从权利失效规则的角度理解诉讼时效期间的延长制度，系赋予法院以自由裁量权，在认为义务人提出之诉讼时效抗辩不符合诚实信用原则时，得依职权延长诉讼时效期间，使义务人之诉讼时效抗辩权失效。换言之，法院得依职权判定义务人之自相矛盾行为构成诉讼时效期间延长事由的“特殊情况”。

---

① 梁慧星：《民法总论》，北京，法律出版社2007年版，第250页。

② 顾昂然：《新中国民事法律概述》，北京，法律出版社2000年版，第72页。

致谢

本书的出版得到了国家社科基金后期资助项目的资助。在本书撰写过程中，除了本书的撰稿人外，还得益于我在中国人民大学的同事朱岩教授，以及先后就读于中国人民大学法学院的博士研究生，现已在各个实务部门工作的段睿博士、邱鹏博士、周云涛博士、刘生亮博士、刘艳阳博士等的大力协助，谨致谢忱。

图书在版编目（CIP）数据

民法总则基本理论研究/姚辉主编．—北京：中国人民大学出版社，2019.7
国家社科基金后期资助项目
ISBN 978-7-300-26762-3

Ⅰ.①民… Ⅱ.①姚… Ⅲ.①民法-法的理论-研究-中国 Ⅳ.①D923.01

中国版本图书馆 CIP 数据核字（2019）第 028595 号

国家社科基金后期资助项目
民法总则基本理论研究
主 编 姚 辉
副主编 梁展欣
Minfa Zongze Jiben Lilun Yanjiu

出版发行 中国人民大学出版社
社 址 北京中关村大街 31 号 邮政编码 100080
电 话 010－62511242（总编室） 010－62511770（质管部）
010－82501766（邮购部） 010－62514148（门市部）
010－62515195（发行公司） 010－62515275（盗版举报）
网 址 http://www.crup.com.cn
经 销 新华书店
印 刷 涿州市星河印刷有限公司
规 格 165 mm×238 mm 16 开本 版 次 2019 年 7 月第 1 版
印 张 51.25 插页 2 印 次 2019 年 7 月第 1 次印刷
字 数 847 000 定 价 168.00 元